CUBA

Wolfgang Ziegler

Text und Recherche	Wolfgang Ziegler
Lektorat	Horst Christoph, Ute Fuchs, Peter Ritter
Redaktion und Layout	Esther Steuding, Dirk Thomsen
Fotos	alle Fotos Wolfgang Ziegler (wz), außer: Carlos Torres, Cubaimagen (ct): S. 17, 33, 66, 385 Condor GmbH: S. 69 Ministerio de Turismo de Cuba (mintur): S. 1, 99, 107, 112, 129, 130, 140, 147, 159, 194, 341, 343, 361, 365, 401, 409, 412, 460, 468, 474, 476, 506, 512, 525, 580, 582, 606, 626, 635, 645 Sandra Delgado: S. 282
Cover	oben: Wolfgang Ziegler unten: Carlos Torres
Covergestaltung	Karl Serwotka
Karten	Hana Gundel, Judit Ladik, Michael Neumann

Mein besonderer Dank gilt/Muchísimas gracias a: Deborah Azcuy Carillo, Botschaft der Republik Cuba in der Bundesrepublik Deutschland; **Estefanía Escobar Díaz**, Ministerio de Turismo de Cuba, Ciudad de La Habana; **Mercedes Leander Muñoz**, Centro de Prensa Internacional, Ciudad de La Habana; **Nina Kreke**, Condor Flugdienst GmbH; **Dr. Klaus Dietsch**, Studiosus Reisen München GmbH; **Peter Ritter**, Michael Müller Verlag. Ohne sie wäre die Realisierung dieses Reisebuchs nicht möglich gewesen.

Die in diesem Reisebuch enthaltenen Informationen wurden vom Autor nach bestem Wissen erstellt und von ihm und dem Verlag mit größtmöglicher Sorgfalt überprüft. Dennoch sind, wir wir im Sinne des Produkthaftungsrechts betonen müssen, inhaltliche Fehler nicht mit letzter Gewissheit auszuschließen. Daher erfolgen die Angaben ohne jegliche Verpflichtung oder Garantie des Autors bzw. des Verlags. Autor und Verlag übernehmen keinerlei Verantwortung bzw. Haftung für mögliche Unstimmigkeiten. Wir bitten um Verständnis und sind jederzeit für Anregungen und Verbesserungsvorschläge dankbar.

ISBN 978-3-89953-350-7

© Copyright Michael Müller Verlag GmbH, Erlangen 2008. Alle Rechte vorbehalten. Alle Angaben ohne Gewähr. Printed in Germany.

Aktuelle Infos zu unseren Titeln, Hintergrundgeschichten zu unseren Reisezielen sowie brandneue Tipps erhalten Sie in unserem regelmäßig erscheinenden Newsletter, den Sie im Internet unter **www.michael-mueller-verlag.de** kostenlos abonnieren können.

1. Auflage 2008

- Pinar del Río
- Havanna (Stadt)
- Havanna (Provinz)
- Isla de la Juventud
- Matanzas
- Cienfuegos
- Villa Clara
- Sancti Spíritus
- Ciego de Ávila
- Camagüey
- Las Tunas
- Holguín
- Granma
- Santiago de Cuba
- Guantánamo

INHALT

Making of ... Cuba 13

Das Land 14

Landschaft & Geographie 16
Lage und Größe 16
Berge und Meer 16
Wind und Wetter 16

Natur & Umwelt 19

Staat & Politik 24
Die Nationalhymne 24
Die Flagge 25
Das Wappen 25
Die Politik 25
Bildungswesen 30
Gesundheitswesen 30
Sport 31

Wirtschaft & Landwirtschaft 32
Tourismus 32
Industrie 33
Landwirtschaft 33
Bodenschätze 33

Vergangenheit & Gegenwart 35
Entdeckung und Eroberung 35
Die Kolonialzeit 35
Die Unabhängigkeitskriege 36
Republik und Diktatur 38
Die Revolution 39
Die ersten Jahre 40
Die Invasion in der Schweinebucht 40
Die Cuba-Krise 41
Sozialismus unter Palmen 41
Die „Sonderperiode" 43
Das neue Jahrtausend 44
Neue Freunde 44
Ungewisse Zukunft 45
Cubas Geschichte im Überblick 46

Die Menschen 48

Die Gesellschaft 50
Bevölkerung 52
Rolle der Frau 52
Religionen 53

Die Kultur 54
Kunst 55
Architektur 57
Literatur 58
Film 60

Die Musik 61
Anfänge 61
Son 62
Rumba 63
Danzón 63
Mambo 64
Salsa 64
Trova 64
Nueva Trova 65
Casas de la Trova 65

Das Reiseland ... 66

Wege nach Cuba ... 68

Linienflüge	68	Frachtschiffe	70
Charterflüge	68	Kreuzfahrtschiffe	70
Innerkaribische Flüge	69	Einreise	70
Yachten	69	Ausreise	71

Wege in Cuba ... 72

Inlandsflüge	72	Taxen	81
Bahnen	73	Mietwagen	83
Busse	75		

Essen in Cuba ... 91

Nachtleben in Cuba ... 98

Übernachten in Cuba ... 99

Hotels	100	Campismos populares	105
Casas particulares	102		

Von A bis Z ... 106

Adressen	106	Kriminalität	118
Arbeiten in Cuba	106	Medien	120
Botschaften	107	Post	121
Feste und Festivals – der Cuba-Kalender	107	Reisezeiten	122
		Schwule und Lesben	122
Fotos	109	Shopping	122
Frauen auf Reisen	109	Sprache	125
Freizeit und Sport	110	Sprachkurse	125
Gedenk- und Feiertage – der Cuba-Kalender	114	Stromspannung	125
		Telefonieren	125
Geld	114	Tourist-Information	127
Gesundheit	115	Trinkgeld	127
Internet	117	Zeitunterschied	127

Die Reiseziele ... 128

Provinz Pinar del Río ... 130

Pinar del Río	132	Laguna Grande	154
Valle de Viñales	142	Península de Guanahacabibes	154
Puerto Esperanza	150	María La Gorda	155
Cayo Jutías	151	San Diego de los Baños	157
Cayo Levisa	152	Soroa	159
Playa Boca de Galafre	153	Las Terrazas	161
Playa Bailén	153		

Havanna 166

Havanna-Vieja 171	Vedado 240
Havanna del Este 222	Miramar 271
Regla 225	Havannas Westen 283
Centro 226	Havannas Süden 289

Provinz Havanna 294

Baracoa 296	Cojímar 306
Playa El Salado 296	Playas del Este 308
Mariel 296	Bacuranao 309
Artemisa 298	Tarará 310
Antiguo Cafetal Angerona 298	El Mégano 310
El Cacahual 299	Santa María del Mar 311
Santiago de las Vegas 300	Boca Ciega 313
El Rincón 300	Guanabo 314
Bejucal 301	Jibacoa 315
San Antonio de los Baños 302	Parque Natural
Batabanó 303	Escaleras de Jaruco 316
Guanabacoa 304	

Isla de la Juventud 318

Nueva Gerona 321	Criadero Cocodrilo 336
Finca El Abra 332	Parque Natural
Cementerio Colombia 332	Ciénaga de Lanier 336
Presidio Modelo 333	Cuevas de Punta del Este 337
Playa Bibijagua 334	Parque Nacional
Playa Paraíso 334	Marino Punta Francés 337
La Fé 335	**Cayo Largo** 338
La Jungla de Jones 335	

Provinz Matanzas 344

Matanzas 347	Cárdenas 384
Valle de Yumurí 356	Colón 388
Cuevas de Bellamar 358	Península de Zapata 390
Castillo de Morrillo 358	Central Australia 390
Río Canímar 359	Boca de Guamá 391
Cueva Saturno 360	Playa Larga 392
Playa El Coral 360	Playa Girón 393
Varadero 360	

Provinz Cienfuegos 396

Cienfuegos 398	Delfinario 410
Castillo de Jagua 409	Guajimico 411
Jardín Botánico 409	Valle de Yaguanabo 411
Rancho Luna 410	

Provinz Villa Clara ... 412

Santa Clara ... 417	Cayo Santa María ... 439
Embalse Hanabanilla ... 432	Zulueta ... 440
Remedios ... 433	Sagua la Grande ... 440
Caibarién ... 437	Playa Ganuza ... 441
Cayo Las Brujas und	Baños de Elguea ... 441
Cayo Ensenachos ... 438	

Provinz Sancti Spíritus ... 442

Sancti Spíritus ... 444	Playa La Boca ... 470
Embalse Zaza ... 453	Casilda ... 470
Museo Nacional	Gran Parque Natural
Camilo Cienfuegos ... 453	Topes de Collantes ... 471
Trinidad ... 455	Valle de los Ingenios ... 474
Playa Ancón ... 468	

Provinz Ciego de Ávila ... 476

Ciego de Ávila ... 478	Laguna de la Redonda ... 498
Los Jardines del Rey ... 487	El Pueblo
Cayo Coco ... 487	Holandés de Turiguanó ... 498
Cayo Guillermo ... 491	Florencia ... 498
Sitio La Güira ... 492	Loma de Cunagua ... 499
Parque Natural El Bagá ... 493	La Trocha Júcaro-Morón ... 500
Morón ... 494	Los Jardines de la Reina ... 501
Laguna de la Leche ... 496	

Provinz Camagüey ... 502

Camagüey ... 504	Playa Santa Lucía ... 524
Minas ... 522	Playa Los Cocos ... 527
Nuevitas ... 523	Florida ... 529
Cayo Sabinal ... 524	Guáimaro ... 529

Provinz Las Tunas ... 530

Las Tunas ... 532	Playa Corella ... 541
Puerto Padre ... 538	Playa Llanita ... 541
Playa Covarrubias ... 539	Playa Las Bocas ... 541
Playa Herradura ... 540	

Provinz Holguín ... 542

Holguín ... 545	Aldea Taína ... 564
Playa Guardalavaca ... 560	Playa Esmeralda ... 564
Museo Chorro de Maíta ... 564	Las Guanas ... 566

Mini-Zoo Playa Esmeralda ... 567	Banes ... 574
Acuario Cayo Naranjo ... 567	Birán ... 577
Playa Pesquero und Playa Turquesa ... 567	Mayarí ... 579
	Pinares de Mayarí ... 579
Bioparque Rocazul ... 569	Cayo Saetía ... 580
Playa Blanca ... 569	Playa Corinthia ... 581
Parque Bariay ... 570	Moa ... 581
Gibara ... 570	

Provinz Granma ... 582

Bayamo ... 585	Cinco Palmas ... 602
Yara ... 594	Niquero ... 603
Gran Parque Nacional Sierra Maestra ... 594	Parque Nacional Desembarco del Granma ... 603
Manzanillo ... 596	Pilón ... 604
La Demajagua ... 601	Marea de Portillo ... 604
Media Luna ... 601	Dos Ríos ... 605

Provinz Santiago de Cuba ... 606

Santiago de Cuba ... 608	La Granjita Siboney ... 645
Castillo del Morro San Pedro de la Roca ... 640	Museo de la Guerra Hispano-Cubano-Norteamericano ... 646
El Cobre ... 641	Playa Siboney ... 646
Monumento al Cimarrón ... 643	Gran Parque Natural Baconao ... 647
La Gran Piedra ... 644	Uvero ... 653

Provinz Guantánamo ... 654

Guantánamo ... 656	Playa Duaba ... 680
La Farola ... 666	Rancho Toa ... 680
Baracoa ... 667	Playa Maguana ... 681
Boca de Yumurí ... 679	Parque Nacional Alejandro de Humboldt ... 681
El Yunque ... 679	
Finca Duaba ... 680	

Etwas Spanisch ... 672

Register ... 691

Kartenverzeichnis

Baracoa	668/669
Bayamo	591
Camagüey (Provinz)	505
Camagüey (Stadt)	510/511
Cárdenas	387
Cayo Coco – Cayo Guillermo	489
Cayo Largo	339
Ciego de Ávila (Provinz)	481
Ciego de Ávila (Stadt)	485
Cienfuegos (Provinz)	399
Cienfuegos (Stadt)	403
Gran Parque Natural Baconao	648/649
Granma (Provinz)	586/587
Guantánamo (Provinz)	659
Guantánamo (Stadt)	661
Havanna (Provinz)	297
Havanna (Stadt) – Centro	228/229
Havanna (Stadt) – Miramar	272/273
Havanna (Stadt) – Übersicht	vorderer Umschlag
Havanna (Stadt) – Vedado	242/243
Havanna (Stadt) – Vieja	172/173
Holguín (Provinz)	546/547
Holguín (Stadt)	548/549
Holguín (Stadt) – Innenstadt	553
Isla de la Juventud	322/323
Las Terrazas	162/163
Las Tunas (Provinz)	534/535
Las Tunas (Stadt)	536/537
Manzanillo	598/599
Matanzas (Provinz)	349
Matanzas (Stadt)	352/353
Nueva Gerona	326/327
Pinar del Río (Provinz)	134/135
Pinar del Río (Stadt)	137
Playa Santa Lucía	526
Playas del Este	310/311
Playas im Norden	563
Sancti Spíritus (Provinz)	445
Sancti Spíritus (Stadt)	448/449
Santa Clara	422/423
Santiago de Cuba (Provinz)	611
Santiago de Cuba (Stadt)	614/615
Santiago de Cuba (Stadt) – Innenstadt	618/619
Trinidad	456/457
Varadero	366/367
Villa Clara (Provinz)	416/417
Viñales – Umgebung	149
Viñales	145

Zeichenerklärung für die Karten und Pläne

- Autobahn
- Schnellstraße (mit Straßennummer)
- Hauptstraße
- Nebenstraße
- Piste
- Bahnlinie
- Riff
- Aussicht
- Berggipfel
- Höhle
- Badestrand
- National-/Naturpark
- Leuchtturm
- Campingplatz
- Hütte
- Sehenswürdigkeit
- Schloss/Burg
- Kloster
- Kirche
- Museum
- Information
- Krankenhaus
- Bank
- Bushaltestelle
- Flugplatz/-hafen

Alles im Kasten

Die fünf schönsten Strände	18
Die fünf schönsten Parks	22
„The Miami Five" – „Los cinco héroes"	28
Cuba in Zahlen	34
„La Libreta" – Die Lebensmittelkarte	51
„Quince" – ein Mädchen wird 15	53
Die schönsten Routen	88
Ropa vieja (Rezept für vier Personen)	92
Die fünf besten Paladares	94
Mojito	97
„Operación Milagro"	101
Die fünf schönsten Casas particulares	104
Cuba im Internet	117
José Martí – der Apostel Cubas	221
Amelia Goyri de Adot – die neue Heilige Cubas	267
Yumurí – das Tal des Todes	357
Elián González – ein kleiner Cubaner wird weltberühmt	385
„Operation Pluto" – die Invasion in der Schweinebucht	395
Ernesto Che Guevara – der „ewige" Revolutionär	418
„Hasta la victoria siempre" / „Bis zum endgültigen Sieg"	430/431
„Eine Blume für Camilo"	454
Der Hahn von Morón	497
Das Geheimnis der Tinajones	516
Der Überfall auf Moncada	636
Guantanamera – die (inoffizielle) Hymne Cubas	657
Der US-Militärstützpunkt Guantanamo Bay	664
Hatuey – der erste Rebell Amerikas	678

Was haben Sie entdeckt?

Haben Sie in einem gemütlichen Paladar gegessen, in einer empfehlenswerten Casa particular übernachtet oder sich an einem besonders schönen Strand gesonnt?

Für Tipps, Anregungen, aber auch Kritik sind wir immer dankbar.

Schreiben Sie an:

Wolfgang Ziegler
Stichwort „Cuba"
c/o Michael Müller Verlag
Gerberei 19
91054 Erlangen
E-Mail: wolfgang.ziegler@michael-mueller-verlag.de

Making of ... Cuba

Es ist Montag in Havanna. Einer dieser Nachmittage, die ich so wenig mag. In ein paar Stunden geht mein Flug. Der Zufall wollte es, dass ich immer montags flog – zurück in das Land, das sich meine Heimat nennt. Zurück in die hektische Betriebsamkeit mit den vielen wichtigen Menschen, die alles haben und doch nicht genug bekommen. Noch aber bin ich in Cuba, wo das Leben jeden Tag eine neue Herausforderung darstellt, wo jeder Behördenbesuch zum Bittgang und jeder Einkauf zur Geduldsprobe wird. Und wo es – wie unzivilisiert – kein feuchtes Toilettenpapier gibt, man schon glücklich ist, wenn man überhaupt Wasser hat. Armes Cuba? Armes Deutschland!

Wehmut beschleicht mich, als ich so in meiner Stammkneipe, dem Café Paris in der Calle Obispo, sitze – wohl zum letzten Mal für Monate, weil die Recherchen zu diesem Reisebuch abgeschlossen sind. Und weil es damit auch für mich heißt, Abschied zu nehmen von einem Land, das alle Sinne berührt und das man nur mit der Seele begreifen kann. In den zurückliegenden eineinhalb Jahren war ich sechsmal auf „meiner" Insel, habe ich in distinguierten Nobel-Herbergen genauso übernachtet wie – viel lieber – in Casas particulares mit Familienanschluss und in Mietwagen, Überlandbussen und Privat-Taxen fast 19.000 Kilometer zurückgelegt. Dies bedeutet bei einer West-Ost-Ausdehnung von 1250 Kilometern zwar, das Land fünfzehnmal komplett durchstreift zu haben und einigermaßen zu kennen, dies heißt aber nicht, Cuba mit all seinen Widersprüchen und Gegensätzen auch nur halbwegs verstanden zu haben. Dafür braucht man vermutlich ein ganzes Leben.

Natürlich könnte ich nach dieser langen Zeit ein Buch schreiben – ein Buch zu diesem Buch über all die schönen, die lustigen, die traurigen und die beängstigenden Erlebnisse. Und über die vielen Begegnungen mit – meist – wunderbaren Menschen. In diesem würden sie dann alle vorkommen: Der Frosch in meinem Bett, den ich morgens um 3 Uhr partout nicht küssen wollte, weil ich nicht an Märchen glaube. Die Kompanie von „Poncheras", deren Hilfe ich ungezählte Male in Anspruch nehmen musste, weil wieder einmal ein Nagel, eine Schraube, eine Scherbe oder sonst was im Reifen steckte und meinem Gefährt im wahrsten Sinne des Wortes die Luft ausgegangen war. Die Tanzlehrerin, der es nicht gelang, mir Salsa beizubringen, was nicht nur daran lag, dass ich dafür eigentlich weder Sinn noch Zeit hatte, sondern auch an dem einen Gelenk, über das jeder Cubaner zusätzlich zu verfügen scheint. Und die neugierigen Compañeros vom Innenministerium, die es sich zur Gewohnheit gemacht hatten, mich in abgedunkelten Räumen zu verhören, weil ich als „Periodista", als Journalist also, grundsätzlich verdächtig war, auch wenn mich nur die Öffnungszeiten von Museen interessierten.

Es gäbe noch so viele Geschichten. Aber die erzähle ich Ihnen bei einer anderen Gelegenheit. Vielleicht im Café Paris, wenn Sie mögen. Jetzt wissen Sie ja, wo Sie mich finden, wenn ich wieder in der Stadt bin, die mir eine (zweite) Heimat geworden ist. Schauen Sie doch einfach mal vorbei.

Bis dahin, hasta entonces.

Herzlichst

Ihr Wolfgang Ziegler

Das Land

Willkommen in Cuba

Landschaft & Geographie	16	Wirtschaft & Landwirtschaft	32
Natur & Umwelt	19	Vergangenheit & Gegenwart	35
Staat & Politik	24		

Landschaft & Geographie

Lage und Größe

Cuba, die größte und westlichste Insel der Großen Antillen, nimmt eine Fläche von 110.860 Quadratkilometern ein, erstreckt sich auf einer Länge von 1250 Kilometern und ist zwischen 35 und 145 Kilometer breit. Damit rangiert sie unter den größten Inseln der Welt auf Platz 15. Insgesamt besteht das Land aus mehr als 4000 Inseln und Inselchen, von denen wiederum Cuba selbst oder „La Isla grande" („Die große Insel"), wie sie auch genannt wird, die größte ist – gefolgt von der Isla de la Juventud. Cuba liegt etwas südlich des nördlichen Wendekreises zwischen 23 Grad 17 Minuten und 19 Grad 49 Minuten nördlicher Breite sowie 74 Grad und 85 Grad westlicher Länge. Die Hauptstadt Havanna befindet sich auf ähnlicher Breite wie Assuan/Ägypten oder Kalkutta/Indien. Die Entfernungen zu den benachbarten Inseln betragen 140 Kilometer bis zu den Bahamas im Norden und Jamaika im Süden, 77 Kilometer bis nach Hispaniola (Dominikanische Republik und Haiti) im Osten sowie 180 Kilometer bis Florida/USA und 210 Kilometer bis Cancún/Mexiko.

Berge und Meer

Dank seiner Größe ist Cuba mit vielfältigen Landschaften gesegnet und immer für eine Überraschung gut. Denn obwohl die Insel hauptsächlich von Ebenen geprägt ist, wird das Flachland immer wieder von Höhenzügen unterbrochen. Die bedeutendsten sind die Cordillera de Guaniguanico in der Provinz Pinar del Río, die Sierra del Escambray in der Inselmitte zwischen den Provinzhauptstädten Cienfuegos und Sancti Spíritus, die Sierra del Cristal und die Cuchillas de Moa im Osten der Provinz Holguín, die Cuchillas del Toa und die Cuchillas de Baracoa ganz im Osten Cubas sowie nicht zuletzt die mächtige Sierra Maestra, die sich im Süden von der Provinz Granma bis tief in die Provinz Santiago de Cuba hinein erstreckt. 17 ihrer Gipfel erreichen eine Höhe von mehr als 1300 Metern, der höchste sogar 1974 Meter – womit der Pico Turquino gleichzeitig der größte Berg des Landes ist. Dazwischen liegen mehr als 300 Schutzgebiete, die 22 Prozent der Gesamtfläche Cubas einnehmen. Einige davon haben es sogar in den Rang eines UNESCO-Biosphärenreservats geschafft, darunter die Halbinsel von Guanahacabibes und die Sierra del Rosario ganz im Westen, die Halbinsel von Zapata in der Provinz Matanzas, der Gran Parque Natural Baconao in der Provinz Santiago de Cuba und die Cuchillas de Toa im Osten der Insel. Die Länge der Küsten, die im Norden am Atlantischen Ozean und im Süden an der Karibischen See liegen, betragen fast 6000 Kilometer. Entlang des Atlantiks sind sie meist felsig, entlang der Karibik eher flach. Die Landkarte Cubas weist darüber hinaus mehr als 200 Flüsse aus, von denen der wichtigste und mit 343 Kilometern gleichzeitig der längste der Río Cauto ist, der westlich von Santiago in der Sierra Maestra entspringt und nördlich von Manzanillo in den Golf von Guacanayabo mündet.

Wind und Wetter

Cuba hat immer Saison. Durch das randtropische Klima, das unter dem Einfluss des Nordost-Passats steht, beträgt die mittlere Jahrestemperatur rund 27 Grad Celsius und die Niederschlagsmenge etwa 1320 Millimeter. Mehr als 60 Prozent

Landschaft & Geographie

Klima Havanna und Nordküste

	Jan	Feb	Mrz	Apr	Mai	Jun	Jul	Aug	Sep	Okt	Nov	Dez
Max. Temp.	26	26	27	29	30	31	31	32	31	29	27	27
Min. Temp.	18	19	20	21	22	23	24	24	24	23	22	20
Sonnenstd.	7	7	8	9	9	8	9	8	7	6	7	6
Regentage	6	5	4	5	7	10	9	10	11	11	7	6
Wasser-Temp.	25	24	25	26	27	27	28	28	28	27	27	27

Klima Santiago und Südküste

	Jan	Feb	Mrz	Apr	Mai	Jun	Jul	Aug	Sep	Okt	Nov	Dez
Max. Temp.	30	30	31	31	32	33	34	34	33	32	32	31
Min. Temp.	20	20	21	22	23	23	24	24	24	23	23	21
Sonnenstd.	6	7	7	7	7	6	7	7	5	5	6	7
Regentage	2	3	4	6	7	5	3	4	6	7	5	2
Wasser-Temp.	26	25	25	26	27	27	28	28	28	28	27	26

davon fallen in der Regenzeit von Juni bis Oktober. Daraus ergibt sich, dass die angenehmste Reisezeit zwischen November und Mai liegt, wo weitgehend trockenes Wetter vorherrscht und die Tagestemperaturen bis zu 25 Grad Celsius erreichen.

Vor allem im Januar und Februar kann es auch kühlere Tage geben, an denen nachts das Thermometer bis auf 15 Grad Celsius fällt. Tagsüber ist es allerdings immer warm bei einer durchschnittlichen Luftfeuchtigkeit von etwa 80 Prozent. Die Hurrikan-Saison beginnt im Juni und erreicht ihren Höhepunkt im Oktober, die tropischen Wirbelstürme ziehen aber meist an Cuba vorbei, ohne allzu große Schäden anzurichten.

Hurrikan-Saison: der Atlantik zu Besuch auf dem Malecón

Die fünf schönsten Strände

Auf den Inseln dieser Welt gibt es fast immer irgendwo ein paar schöne Fleckchen, an denen das Meer azurblau oder türkisfarben schimmert und an denen man im Schatten von Palmen dem Alltagsstress entfliehen kann. Cuba tanzt da nicht aus der Reihe. Wenngleich – wie anderswo auch – nicht alles feinster Puderzuckersand ist, was weiß in der Sonne glänzt, ein Großteil der Küstenstreifen sowohl am Atlantischen Ozean als auch an der Karibischen See steht für das, was landläufig in die Kategorie „Urlaub unter Palmen" eingeordnet wird. Daneben hat Cuba aber auch einige wirkliche „Perlen" zu bieten, die nicht immer an den Haupttouristenrouten liegen, manchmal sogar über keinerlei Infrastruktur verfügen und vielleicht gerade deshalb etwas ganz Besonderes sind.

Platz 1 – Playa Corinthia: Der karibische Traum, der eigentlich am Atlantik liegt, befindet sich 42 Kilometer östlich von Cayo Saetia und 68 Kilometer westlich von Moa in der Provinz Holguín. Der schmale, weiße Sandstreifen, der sich über Kilometer am glasklaren Wasser entlangzieht, ist nicht nur Cubas schönster Strand, sondern gleichzeitig der einsamste. Meist ist er menschenleer, nur manchmal tauchen ein paar Einheimische nach Muscheln und Krustentieren. Der Grund dafür liegt auf der Hand: Die Playa Corinthia liegt so weit ab vom Schuss, dass ohne eigenes Transportmittel, sprich Mietwagen, kein Weg in dieses Paradies führt.

Platz 2 – María La Gorda: Das Stückchen Karibik wie aus dem sprichwörtlichen Bilderbuch ist das Aushängeschild der Península de Guanahacabibes ganz im Westen Cubas. Mit seinen 50 Tauchplätzen ist der Ort in der Provinz Pinar del Río zwar in erster Linie ein bevorzugtes Hideaway von Unterwassersportlern aus aller Welt, gleichzeitig verfügt María La Gorda aber über viele naturbelassene Buchten, die von Tropenwald gesäumt sind. Die

Strände sind allesamt blütenweiß, das kristallklare Wasser davor schimmert in einer Palette von Grün-, Türkis- und Blautönen.

Platz 3 – Cayo Las Brujas: Die kleine Koralleninsel bildet zusammen mit den benachbarten Cayos Ensenachos und Francés ein wahres Inselparadies – Robinson-Gefühle inklusive. Knapp 40 Kilometer östlich von Caibarién in der Provinz Villa Clara gelegen, gehören alle drei zu den westlichen „Jardines del Rey" („Königsgärten"), sind allerdings nur über einen Pedraplén, eine aufgeschüttete Dammstraße, zu erreichen, der die winzigen Inseln mit dem Festland verbindet. Das bedeutet auch, dass man mit Ausnahme des Hotel-Personals kaum mit Cubanern in Kontakt kommt.

Platz 4 – Cayo Coco: Die nach dem weißen Ibis (span. Coco) benannte Koralleninsel im Norden der Provinz Ciego de Ávila ist mit ihren rund 370 Quadratkilometern die größte der „Königsgärten" und mit über 3200 Gästezimmern eines der großen Touristenzentren Cubas. Dennoch sind die meisten der neun Strände mit einer Gesamtlänge von 22 Kilometern einsam und unberührt. Beliebt ist Cayo Coco auch bei Unterwassersportlern, die an den 57 Tauchplätzen entlang der mehr als 30 Kilometer langen Korallenbänke Riffhaie, Barracudas und Meeresschildkröten antreffen.

Platz 5 – Playa Esmeralda: Der Smaragd-Strand, so die wörtliche Übersetzung, liegt 51 Kilometer nordöstlich der Provinzhauptstadt Holguín und gehört zusammen mit den Playas Guardalavaca, Pesquero und Turquesa zu den Ferien-Hochburgen des Landes. Obwohl die von Felsen gesäumten Badebuchten als die schönsten der gesamten Nordküste gelten, haben sie einen kleinen Haken: Sie sind zum überwiegenden Teil von Hotel-Resorts in Beschlag genommen und deshalb nur zum Teil für die Öffentlichkeit zugänglich.

Natur & Umwelt

Flora und Fauna

Cuba ist eine grüne Insel. In welche Ecke des Landes man auch kommt, überall stößt man auf eine üppige Vegetation, die mit fast 7000 verschiedenen Pflanzenarten – etwa die Hälfte davon sind endemisch – zudem sehr vielfältig ist. Die bekanntesten davon sind die Palmen, unter denen wiederum die Königspalme eine ganz besondere Stellung einnimmt. Zum einen ist sie der cubanische Nationalbaum, der auch das Landeswappen ziert, zum anderen das Markenzeichen der „Cristal"-Brauerei und damit allgegenwärtig. Allein mehr als 20 Millionen der bis zu 40 Meter hohen Königspalmen soll es auf der Insel geben, heißt es – obwohl sie noch niemand wirklich gezählt hat. Daneben wachsen Kokospalmen, Sabalpalmen, Flaschenhalspalmen und die seltenen Korkpalmen, die nur in Cuba und dort nur im Tal von Viñales in der Provinz Pinar del Río vorkommen. Forscher gehen davon aus, dass dieses lebende Fossil zwischen 70 und 130 Millionen Jahre alt ist. Alles in allem findet man auf der Insel mehr als 100 unterschiedliche Palmenarten, von denen 90 nur hier vorkommen. Auch die Fauna ist von sehr vielen endemischen Arten geprägt – jedes zweite Säugetier und neun von zehn Amphibien sind „reinrassige Cubaner".

Die Pflanzenwelt

Cuba wird von Botanikern allerdings nicht nur wegen seiner einzigartigen Palmen-Vielfalt geschätzt, sondern auch wegen der zahlreichen Farne, Kakteen und Orchideen. Von den ursprünglich aus China stammenden Blütengewächsen (Song-Dynastie, ca. 500 v. Chr.) gibt es allein im sogenannten Orquideario von Soroa in der Provinz Pinar del Río mehr als 700 Arten zu sehen, die vor allem zwischen Dezember und März in voller Blüte stehen. Diese stammen allerdings nicht alle aus Cuba selbst. Der Rechtsanwalt und Hobby-Biologe Tomás Felipe Camacho hat sie vielmehr aus aller Welt zusammengetragen und in seiner Heimat angesiedelt.

Sehr wohl heimisch auf der Insel ist indes die Vielzahl von Regenwald-Gewächsen, die man in der Sierra del Escambray, der Sierra Maestra und den Höhenzügen im Osten der Provinz Guantánamo in Lagen zwischen 500 und 1500 Metern vorfindet. Die ursprünglichen Ebenholz- und Mahagoni-Bäume wurden dort im Zuge von Wiederaufforstungsbemühungen allerdings oftmals durch die schneller wachsenden hartholzigen Eukalyptus-Bäume ersetzt, die bekanntermaßen die schlechte Angewohnheit besitzen, andere Baumarten aggressiv zu verdrängen, indem sie ihnen im wahrsten Sinne des Wortes „das Wasser abgraben".

Deutlich behäbiger ist die cubanische Ceiba (Kapok-Baum), die zu den Wollbaumgewächsen gehört. Die hölzernen Riesen erreichen eine Höhe bis zu 70 Meter und bilden in der Regel einen Stamm aus, dessen Durchmesser bis zu drei Meter erreicht. Abgesehen davon, dass die Ceiba Hunderte von Früchten trägt, aus denen wasserabweisende Fasern gewonnen werden, die früher als Füllmaterial für Schwimmwesten genutzt wurden, wird dem Kapok-Baum im afrocubanischen Götterglauben auch eine gewisse Mystik nachgesagt. Eine dieser Santería-Legenden besagt, dass ein persönlicher Wunsch in Erfüllung geht, wenn man nachts einmal um die Ceiba herumgeht. Ausprobieren kostet nichts: Einer der größten Kapok-Bäume steht im Garten der Quinta de Amalia Simoni in Camagüey.

Weniger geheimnisvoll ist die Güira, ebenfalls ein typisch cubanisches Gewächs, dessen grüne, orangengroße Frucht, die ebenfalls unter der Bezeichnung Güira firmiert, von den Einheimischen als „Allzweckwaffe" verwendet wird: Einerseits hilft sie angeblich bei weiblicher Unfruchtbarkeit, andererseits ist ihr Genuss auch bei Erkältungen indiziert. Und in getrocknetem Zustand macht man daraus Rumba-Rasseln und verkauft diese auf den Touristenmärkten – mehr Wertschöpfung geht nicht.

Obwohl die nach einer Falterart benannte Mariposa (Schmetterlingsjasmin, lat. Hedychium coronarium) auf den ersten Blick in dieser Liga nicht mitspielen kann und obwohl sie ursprünglich gar nicht aus Cuba, sondern von den Inseln Mikronesiens stammt, wird der stark duftenden Blume mit ihrem weißen Blütenstand eine ganz besondere Bedeutung zuteil. Denn seit Frauen ihre Blütenblätter in den Unabhängigkeitskriegen als geheimes Erkennungsmerkmal im Haar trugen, gilt die Mariposa als Nationalblume. Deshalb wird sie auch häufig für Brautsträuße und Grabbouquets verwendet.

Die Tierwelt

Nicht minder vielfältig ist die cubanische Tierwelt, die unglaubliche 13.000 verschiedene Arten hervorbringt. Rund 40 Prozent der Säugetiere, 90 Prozent der Amphibien und sogar 96 Prozent aller Landschnecken kommen ausschließlich in Cuba vor. Die wohl größte dieser seltenen Besonderheiten sind die Manatís. Die

Einer der größten Vögel auf der Insel: der Cuba-Flamingo

zur Familie der Säugetiere gehörenden Seekühe (lat. Trichechus manatus), die bis zu viereinhalb Meter lang werden können, hatten die spanischen Eroberer – wohl aufgrund ihrer Entzugserscheinungen – zunächst für Meerjungfrauen gehalten. Vereinzelt findet man sie noch in der Bahía de Taco im Nationalpark Alejandro de Humboldt und auf der Halbinsel Zapata im Süden der Provinz Matanzas. Ebenso außergewöhnlich ist der Almiquí, der cubanische Schlitzrüssler (lat. Solenodon cubanus), ein zu den Insektenfressern zählendes Säugetier, das in den Grotten und natürlichen Höhlen der dichten, feuchten Bergwälder lebt. Die gefährdete Art ist nachtaktiv und wurde wohl auch deshalb erstmals im Jahr 1861 erwähnt. Die Tiere erreichen eine Länge von 25 bis 30 Zentimetern und haben eine variierende Fellfarbe, die von mausgrau bis braungelb reicht. Das mit bis zu 60 Zentimetern größte cubanische Landsäugetier ist die Jutía (lat. Capromys), eine Baumratte, die in 13 Arten auf der Insel vorkommt, von denen allerdings bereits fünf vom Aussterben bedroht sind. Obwohl sie in ihrem Aussehen an eine Ratte erinnert, gehört sie zur Unterordnung der Stachelschweinverwandten. Die Jutías, nach denen auch die Koralleninsel Cayo Jutías in der Provinz Pinar del Río benannt ist, auf der sie früher stark vertreten waren, sieht man heute fast ausschließlich in Wäldern und gebirgigen Regionen.

Unter den Reptilien und Weichtieren dominiert auf der Insel das Cuba- oder Rautenkrokodil (lat. Crocodylus rhombifer), das in Freiheit aber nur in den Sümpfen der Zapata-Halbinsel und auf der Isla de la Juventud vorkommt. Dennoch kann man ihm in ganz Cuba begegnen – in einer der vielen Aufzuchtstationen (span. Criadero), die sein Überleben sichern. Eine der bedeutendsten davon findet man mitten im Nationalpark der Península de Zapata, gleichzeitig das größte Feuchtgebiet der gesamten Karibik und seit 2001 ein UNESCO-Biosphärenreservat. Mehr als 3000 Exemplare in allen Größen – von der Handtasche bis zum Surfbrett-Bag –

leben auf der Farm von Boca de Guamá. Daneben gibt es eine ganze Reihe von Leguanen, Eidechsen und Schlangen, allerdings keine giftigen Arten. Die größte von ihnen ist die cubanische Schlankboa (lat. Epicrates angulifer), die bis zu drei Meter lang werden kann. Das kleinste Reptil – nicht nur des Landes, sondern der ganzen Welt – bringt es demgegenüber nur auf gerade einmal zwölf Millimeter: der Pygmäen-Frosch. Allein deshalb wird man ihn kaum zu Gesicht bekommen. Ganz anders die Polymita-Buntschnecke (lat. Polymita picta): Je weiter man in den Osten des Landes kommt, desto häufiger ist ihr Vorkommen – bis man in Holguín schließlich auf das Museo de Historia Natural Carlos de la Torre y Huerta stößt, in dem allein rund 4000 verschiedene Häuschen der Weichtiere ausgestellt sind.

Mindestens ebenso reich wie die Tierwelt an Land ist auch die Meeresfauna Cubas, weshalb die Insel bei Tauchern besonders hoch im Kurs steht. An den ausgedehnten Korallenbänken entlang der fast 6000 Kilometer langen Küstenlinie tummeln sich Heerscharen tropischer Fische wie Streifenbrassen, Snapper und Papageienfische neben Barracudas und Riffhaien. Mit etwas Glück begegnet man sogar Delfinen und Meeresschildkröten. Um die bunte Unterwasserwelt zu erleben, muss man allerdings nicht unbedingt in die Tiefen des Ozeans vordringen. Schon beim Schnorcheln fühlt man sich wie in einem großen Aquarium, in dem die Fische ebenso neugierig in die Taucherbrille hineinlugen, wie der Mensch daraus hervorschaut.

Die fünf schönsten Parks

Insgesamt gibt es in Cuba mehr als 300 Schutzgebiete und eine Reihe von UNESCO-Biosphärenreservaten, die 22 Prozent der Fläche des Landes einnehmen. Darunter befinden sich so große National- und Naturparks wie der nach dem deutschen Forscher und Entdecker benannte Parque Nacional Alejandro de Humboldt mit 700 Quadratkilometern und so kleine wie der Parque Natural Escaleras de Jaruco mit nur 18 Quadratkilometern. Und ausnahmslos jeder ist auf seine Weise etwas ganz Besonderes. Deshalb wurde unsere Rangliste unter touristischen Gesichtspunkten zusammengestellt und ist natürlich rein subjektiver Art.

Platz 1 – Topes de Collantes: Der fast 50 Quadratkilometer große Gran Parque Natural Topes de Collantes, der auf 800 Metern Höhe 18 Kilometer nördlich von Trinidad in der Provinz Sancti Spíritus liegt, ist ein Paradies für Wanderer. Sieben verschiedene Wege führen dort entlang kristallklarer Flussläufe mitten durch den cubanischen Urwald. Meist enden die schmalen Trails, auf denen man ständig von Tropengewächsen im XXL-Format begleitet wird, an pittoresken Wasserfällen, an deren Füßen oftmals ausgewaschene Naturpools oder kleine Seen zu einem Bad einladen. Von seiner allerschönsten Seite zeigt sich der Naturpark in einem Teil namens Guanayara, wo der Weg mit dem klangvollen Namen „Centinelas del Río Melodioso" („Die Wache des wohlklingenden Flusses") zum Salto „El Rocío" („Der Tau") führt.

Platz 2 – Viñales: Der Nationalpark Viñales, der sich über das gleichnamige Tal in der Provinz Pinar del Río erstreckt, misst 132 Quadratkilometer. Kennzeichnend für die einzigartige Naturlandschaft sind die sogenannten Mogotes, mächtige Kegelkarstfelsen aus der Urzeit, die wie schlafende Riesen in der Gegend liegen. Dazwischen gibt es eine ganze Reihe leicht begehbarer Höhlensysteme, die unterirdische Flüsse im Lauf der Jahrtausende in das weiche Karst- und Kalkgestein gegraben haben. Drum herum wuchert in dem von der UNESCO 1999 zum Weltkulturerbe erklärten Gebiet allerlei Tropisches sowie ausgedehnte Pinienwälder, die man auf fünf verschiedenen Wanderwegen durchqueren kann.

Platz 3 – Sierra Maestra: Undurchdringlicher Dschungel, wilde Gebirgsbäche, senkrechte Schluchten – der Gran Parque Nacional Sierra Maestra ist eine raue Landschaft, die sich im Süden der Provinzen Granma und Santiago de Cuba auf eine Fläche von 230 Quadratkilometern erstreckt. Mittendrin ragen die höchsten Berge des Landes auf, allen voran der Pico Turquino, mit 1974 Metern Cubas Nummer eins. Obwohl die Gegend unwirtlich ist, die Temperaturen kaum mehr als 25 Grad Celsius erreichen und man täglich mit Regenfällen rechnen muss, gehört die atemberaubende Natur zum Schönsten, was die Insel zu bieten hat. Natürlich lässt sich die Landschaft auch zu Fuß erkunden – ganz so, wie die Revolutionäre um Fidel Castro es taten, die in der Sierra Maestra bekanntlich ihr erstes Hauptquartier aufgeschlagen hatten. Im Nationalparkbüro nahe dem Hotel „Villa Santo Domingo" kann man jederzeit Führer anheuern und mit ihnen auf Tour gehen.

Platz 4 – Escaleras de Jaruco: Der mit 18 Quadratkilometern eher kleine Naturpark im Osten der Provinz Havanna, der etwas versteckt an der Carretera Tapaste liegt, wurde gerade „aufgemöbelt" und soll in den nächsten Jahren zu einem neuen Touristenmagneten werden. Dies kommt unter anderem dadurch zum Ausdruck, dass sich die sechs Kilometer lange Zufahrtsstraße in einem deutlich besseren Zustand befindet als so manche Seitengasse in der Hauptstadt und der Park selbst einen äußerst gepflegten Eindruck macht. Obwohl die Naturschönheiten denen der anderen National- und Naturparks in keiner Weise nachstehen, sind die Escaleras de Jaruco („Treppen von Jaruco") noch nicht überlaufen, ist man auf den Wanderwegen und den Reitpfaden weitgehend allein auf weiter Flur.

Platz 5 – Pinares de Mayarí: Der Naturpark über der gleichnamigen Stadt im Osten der Provinz Holguín ist Teil der fast 54 Quadratkilometer großen Hochebene von Nipe (span. Altiplanicie de Nipe) und beherbergt einen der größten zusammenhängenden Kiefernwälder Cubas. Darüber hinaus gedeiht in dem bis auf 600 Meter Meereshöhe reichenden Gebiet ein Großteils des cubanischen Kaffees. Dazwischen findet man in der Abgeschiedenheit der Bergwelt eine Reihe von Wanderwegen, die an Ananasfeldern vorbei unter anderem zu den Guayabo-Fällen (span. Saltos del Guayabo) führen, die bis zu 300 Meter in die Tiefe stürzen.

Ganz besondere Schauspiele erlebt man auch in den Lüften über Cuba, wo zu den vielen heimischen Vögeln immer im Herbst auch große Schwärme von Zugvögeln stoßen, die die Insel als Zwischenstation auf ihrem Flug in den Süden oder als Winterquartier nutzen. Deshalb kommen Vogelbeobachtungstouren auch immer mehr in Mode. Zu den besten Plätzen dafür zählen das Tal von Viñales in der Provinz Pinar del Río, die Halbinsel Zapata in der Provinz Matanzas, die Cayos im Norden der Provinz Ciego de Ávila, die Gegend rund um Baracoa im Osten der Provinz Guantánamo sowie nicht zuletzt der Gran Piedra wenige Kilometer östlich von Santiago de Cuba. Die dortige Aussichtsplattform in 1234 Metern Höhe nutzen sogar die Ornithologen verschiedener Universitäten, um wissenschaftliche Daten über den Flug der Vögel zu gewinnen. Zu den größten auf Cuba vorkommenden Vogelarten gehören der weiße Ibis, der Cuba-Flamingo und der Aura Tiñosa, ein schwarzer Aasgeier mit rotem Kopf, den man vielfach entlang der Autopista und der Carretera Central sieht, wo er auf den Fahrbahnen immer Futter findet. Es sind allerdings nicht unbedingt die großen Vögel, für die Cuba berühmt ist. Vielmehr sind es die kleinen und kleinsten, wegen denen Vogelkundler die Insel besonders schätzen. Zu ihnen zählt der Zunzuncito oder Hummel-Kolibri(lat. Mellisuga helenae) mit einer Körpergröße von rund sechs Zentimetern und einem Gewicht von etwa zwei Gramm. Noch kleiner und leichter ist nur noch die ebenfalls endemische Bienenelfe (lat. Calypte helenae), die es auf 5,7 Zentimeter und 1,6 Gramm bringt und als kleinster Vogel der Welt gilt. Die filigrane Kolibriart, die man vornehmlich auf der Isla de la Juventud antrifft, legt natürlich auch die weltweit kleinsten Eier. Sie sind nur 6,35 Millimeter groß und wiegen gerade einmal 0,25 Gramm. Genauso einmalig ist der Tocororo (lat. Priotelus temnurus), der aus zweierlei Gründen zum Nationalvogel Cubas erkoren wurde: Sein rot-weiß-blaues Gefieder trägt die gleichen Farben wie die Staatsflagge. Und er stirbt, wenn er in Gefangenschaft gehalten wird, weswegen er als Symbol für den Freiheitsdrang gilt.

Staat & Politik

Die Nationalhymne

Die „La Bayamesa" ist seit 1902, als Cuba endgültig unabhängig wurde, die offizielle Nationalhymne des Landes. Doch auch schon während der beiden Unabhängigkeitskriege wurde der von Pedro „Perucho" Figueredo komponierte und am 11. Juni 1868 erstmals gespielte Kriegsmarsch immer dann intoniert, wenn es um die Ehre der „Republik in Waffen" ging.

Cubanischer Originaltext	Deutsche Übersetzung
Al combate, corred, bayameses,	Auf in den Kampf, ihr Leute von Bayamo,
que la Patria os comtempla orgullosa.	damit das Vaterland voller Stolz auf euch schauen kann.
No temáis una muerte gloriosa, que morir por la Patria es vivir.	Ihr fürchtet keinen ruhmreichen Tod, denn für das Vaterland zu sterben, bedeutet leben.
En cadenas vivir, es vivir en afrenta y oprobio sumido. Del clarín escuchad el sonido: ¡A las armas, valientes, corred!	In Ketten zu leben, heißt leben versunken in Schimpf und Schande. Vom Signalhorn vernehmt den Ruf: Greift zu den Waffen, ihr Mutigen!

Uraufgeführt wurde die „La Bayamesa" noch während der Besatzung durch die spanischen Kolonialtruppen beim Gottesdienst anlässlich des Fronleichnamsfestes in der damaligen Iglesia Parroquial Mayor de San Salvador, der Kathedrale von Bayamo. Bei der Messe anwesend: der seinerzeit amtierende spanische Gouverneur Teniente Coronel Julian Udaeta. Man kann sich lebhaft vorstellen, was für ein Gesicht er angesichts dieses Textes gemacht hat.

Staat & Politik 25

Die Flagge

Die Flagge Cubas besteht aus fünf horizontalen Streifen, von denen drei blau und zwei weiß sind. Auf der linken Seite werden die Streifen von einem roten, gleichschenkeligen Dreieck überdeckt. In der Mitte dieses Dreiecks befindet sich ein weißer, fünfzackiger Stern. Die zwei weißen Streifen stehen für den Frieden, die drei blauen für die drei ehemaligen Provinzen Cubas (West-, Mittel- und Ost-Cuba), Rot symbolisiert das Blut, das während der Unabhängigkeitskriege vergossen wurde. Der weiße Stern auf dem roten Dreieck ist eine Reminiszenz an die Vereinigten Staaten von Amerika, die Cuba zur Unabhängigkeit von Spanien verhalfen und dadurch erhofften, einen weiteren Stern auf ihrer „Stars and Stripes" zu bekommen. Daraus wurde bekanntlich bis heute nichts. Der cubanischen Flagge sehr ähnlich ist die Staatsflagge von Puerto Rico, bei der nur die Farben Blau und Rot vertauscht sind. Das wird damit begründet, dass sich die puertoricanische Befreiungsbewegung bei ihrem Kampf gegen die Spanier Cuba zum Vorbild genommen hatte.

Das Wappen

Das Wappen der Republik Cuba hat die Form eines Schildes und trägt in der oberen Hälfte einen goldenen Schlüssel, der über dem Meer schwebt und von zwei Küstenstreifen eingerahmt wird. Damit soll die Schlüsselposition des Landes an der Nahtstelle zwischen Nord- und Südamerika verdeutlicht werden, wegen der Cuba auch „La llave del caribe" („Der Schlüssel der Karibik") genannt wird. Die darüber aufgehende Sonne symbolisiert die Entstehung einer neuen Nation. Links darunter stehen drei blaue, von zwei weißen Feldern unterbrochene Streifen für die ehemaligen Provinzen der Insel (West-, Mittel- und Ost-Cuba), die Königspalme rechts daneben für die mächtige Natur und die Standhaftigkeit der Cubaner. Das Wappen wird eingerahmt von einem Oliven- und einem Steineichenzweig, Symbole des Sieges und der Festigkeit. Angebracht ist das Schild an einem Bündel von Stäben, das die Einheit der Cubaner verdeutlichen soll. An ihrer Spitze befindet sich die Jakobinermütze, seit der Französischen Revolution das Zeichen für Freiheit und Demokratie.

Die Politik

Politisches System

Das ranghöchste und gesetzgebende Organ Cubas ist das Parlament (cub. Asamblea Nacional del Poder Popular, dt. Nationalversammlung), das den Staatsrat (span. Consejo de Estado) und den Ministerrat wählt – formal jedenfalls. Tatsächlich ist das Parlament relativ einflusslos und tritt nur zweimal im Jahr zusammen, um die Entscheidungen der Regierung abzusegnen. Als Generalsekretär der Kommunistischen Partei Cubas (Partido Comunista de Cuba – PCC), Vorsitzender des Staats- und des Ministerrats sowie Oberbefehlshaber der Armee fungierte jahrzehntelang Fidel Castro Ruz in Personalunion. Am 1. August 2006 übergab er all diese Ämter wegen einer schweren Erkrankung – vorübergehend – an seinen Bruder Raúl Castro Ruz.

Wahlen finden in Cuba geheim statt, bei den Parlamentswahlen im Jahr 2003 wurde für jeden Sitz aber nur jeweils eine Person aufgestellt. Die Kandidaten werden von einem Ausschuss der PCC und den Massenorganisationen (Gewerkschaften, Comités de Defensa de la Revolución etc.) benannt. Die gewählten Abgeordneten sind nebenberuflich tätig und erhalten keine Diäten.

CDR-Losung: „Revolution in jedem Stadtviertel!"

Kommunistische Partei

Die Kommunistische Partei Cubas (Partido Comunista de Cuba), die sich auf die Lehren von José Martí, Karl Marx und Friedrich Engels stützt, wurde erstmals 1925 ins Leben gerufen und 1961 ein zweites Mal gegründet. Andere Parteien sind in Cuba nicht zugelassen. Grundsätzlich besteht kein Zwang zur Mitgliedschaft in der PCC, der gegenwärtig nur etwa 15 Prozent der erwachsenen Bevölkerung des Landes angehören. Dies ist auch so gewollt, da sich die Kommunistische Partei als revolutionäre Elite ansieht, die ausschließlich Mitglieder mit besonders untadeligem Lebenslauf aufnimmt. Die Parteizugehörigkeit fördert einerseits zwar den beruflichen und gesellschaftlichen Aufstieg, erfordert andererseits aber auch eine gewisse Vorbildfunktion, etwa die freiwillige unbezahlte Arbeit für gesellschaftliche Projekte. Das offizielle landesweite Parteiorgan der PCC ist die Tageszeitung „Granma". Daneben gibt die PCC in den Provinzen jeweils eine regionale Tageszeitung heraus.

Massenorganisationen

Im Gegensatz zur Partei wird von den Gewerkschaften, den Comités de Denfensa de la Revolución (Komitees zur Verteidigung der Revolution, kurz: CDR) sowie den Frauen- und Jugendverbänden jeder einzelne Cubaner erfasst und dort hinsichtlich seines Sozialverhaltens ständig kontrolliert. Die CDR wurden am 28. September 1960 als Selbstschutz-Organisation gegen Konterrevolutionäre gegründet und zählen inzwischen fast acht Millionen Mitglieder, was faktisch allen mehr als 14 Jahre alten Einwohnern des Landes entspricht. Die Losung der Comités lautete damals „¡En cada Barrio Revolución!" („Revolution in jedem Stadtviertel!"). Heute sind die CDR, die es nicht nur in jedem Stadtviertel, sondern fast schon in jedem größeren Häuserblock, zumindest aber in jedem Straßenzug gibt, in erster Linie Augen und Ohren der Kommunistischen Partei mit Blockwart-Mentalität. Durch die Massenorganisationen erreicht die Regierung eine beeindruckende Mobilisierung der Bevölkerung bei Aufmärschen und Demonstrationen – der Rekord liegt bei sieben Millionen Teilnehmern.

Opposition

Eine Opposition, die der Kommunistischen Partei gegenübersteht, ist im politischen System Cubas nicht vorgesehen. Alle nicht staatskonformen Parteien oder Organisationen sind illegal. Dennoch existieren mit dem Partido Solidaridad Democrática (Partei der demokratischen Solidarität) oder dem Movimiento Cristiano Liberación (Christliche Befreiungsbewegung) Gruppierungen, die für Veränderungen in der politischen Landschaft Cubas eintreten. Ihre Aktionen wie Unterschriftensammlungen, Volksbefragungen und (ungenehmigte) Demonstrationen sind für die Teilnehmer nicht ungefährlich, weil sie eine regierungskritische Haltung signalisieren.

Unter den rund zwei Millionen Exil-Cubanern, die vorwiegend in Miami/Florida leben, gibt es ebenfalls eine aktive Opposition, deren wichtigste Organisation, die Cuban-American National Foundation (CANF), als rechtsradikal eingestuft wird. Ihr wird der Einsatz von Kleinflugzeugen zugeschrieben, die über Cuba regierungskritische Flugblätter abwerfen. Außerdem sollen auf ihr Konto Terroranschläge gehen, um die Lage auf der Insel zu destabilisieren. Für die cubanische Regierung sind daher grundsätzlich alle oppositionellen Aktivitäten das Werk des US-Imperialismus, was zumindest zum Teil von Tatsachen gedeckt ist. Allein im Jahr 2006 sah der Haushalt der Vereinigten Staaten 15 Millionen US-Dollar für die Unterstützung von cubanischen Oppositionsgruppen und exilcubanischen Organisationen vor.

Menschenrechte

In der UN-Menschenrechtskommission, in der Cuba selbst Mitglied ist, führt die Situation im Land zwar immer wieder zu Diskussionen, generell sind die Meinungen aber durchaus geteilt. Denn während das Recht auf Arbeit und Bildung sowie das Recht auf medizinische und soziale Versorgung besser als in vielen anderen Ländern verwirklicht werden, sind grundlegende Rechte wie Meinungsfreiheit, Versammlungsfreiheit und Reisefreiheit stark beschnitten und ist die Rechtsstaatlichkeit außerdem nicht in ausreichendem Maße gewährleistet. Cubas Rechtssystem ist zwar deutlich einfacher aufgebaut als beispielsweise das der Staaten der Europäischen Gemeinschaft, vor allem bei Verfahren mit politischem Hintergrund, die grundsätzlich dem Strafrecht unterliegen, ist allerdings nicht von unabhängigen Gerichten auszugehen. Nach Ansicht der cubanischen Regierung ist die Beschneidung von Grundrechten notwendig, um geheimdienstliche Angriffe auf das Land, speziell durch die Central Intelligence Agency (CIA) der USA und durch Exil-Cubaner, zu unterbinden.

Cuba und die USA

Das Verhältnis zwischen Cuba und dem Erzfeind vor der Haustüre – nach Florida sind es gerade einmal 180 Kilometer – ist vielschichtiger Natur. Denn zum einen befinden sich die beiden Länder seit 1961, als sich Cuba zu einem sozialistischen Staat erklärte, in einer Art Dauerfehde, zum anderen sind die USA aber gleichzeitig der zehntwichtigste Handelspartner Cubas – trotz Blockade. Jährlich werden Nahrungs- und Futtermittel im Wert von einer halben Milliarde US-Dollar aus den Vereinigten Staaten importiert. Durch Überweisungen von Exil-Cubanern an ihre

Familien fließen der cubanischen Volkswirtschaft laut der Banco Interamericano de Desarrollo (BID) überdies knapp 1,2 Milliarden US-Dollar pro Jahr zu, was ungefähr der Hälfte der Einnahmen der Tourismusindustrie entspricht. Dennoch überwiegt der Streit zwischen beiden Staaten, der von den USA stets aufs Neue angefacht wird. Seit 1992 verabschiedeten die Vereinten Nationen mit eindeutiger Stimmenmehrheit bereits zwölf Resolutionen gegen die Blockade-Politik der USA, da sie eine Verletzung der UN-Charta darstellt – allesamt scheiterten sie jedoch am Veto der Vereinigten Staaten. Der bisher durch das Embargo entstandene Schaden für Cuba wird auf mehr als 80 Milliarden US-Dollar geschätzt.

„The Miami Five" – „Los cinco héroes"

Ihre Namen sind in Cuba so bekannt wie die von Fidel Castro, Ernesto Che Guevara und Camilo Cienfuegos, ihre Gesichter sind auf Plakaten, Transparenten und Hausmauern fast so häufig zu sehen wie die Büsten von Nationalheld José Martí – „The Miami Five" oder „Los cinco héroes". Gemeint sind damit Gerardo Hernández, Antonio Guerrero, Ramón Labañino, Fernando Gonzáles und René González, die im Jahr 2001 in den USA wegen Spionage, Verschwörung und Mord zu Haftstrafen zwischen 15 Jahren und lebenslänglich verurteilt wurden – zu Unrecht, wie die cubanische Regierung nicht müde wird zu betonen. Vielmehr hätten sie unter anderem einen terroristischen Anschlag auf das Iberoamerikanische Gipfeltreffen in der Aula der Universität von Panama-City vereitelt. Dort war Fidel Castro als Redner angekündigt. Aus diesem Grund wurden die fünf nur zwei Tage nach ihrer Verurteilung von der Nationalversammlung Cubas einmütig zu „Helden der Republik" erklärt.

Das Quintett hatte Anfang der 1990er Jahre im Auftrag der cubanischen Regierung verschiedene Organisationen von Exil-Cubanern in Miami/USA unterwandert, um Informationen über terroristische Aktivitäten gegen Cuba zu sammeln. Mehr als 170 geplante Anschläge konnten so verhindert werden. Nachdem sie schließlich im September 1998 auf Anweisung der Regierung in Havanna Teile ihrer Erkenntnisse den US-Behörden mitgeteilt hatten, wurden sie in Miami verhaftet und angeklagt, Gerardo Hernández sogar wegen Mordes. Durch seine Berichte über die exilcubanische Gruppe „Hermanos de Rescate" („Brüder der Rettung") sollte er dazu beigetragen haben, dass die cubanische Luftwaffe am 26. Februar 1996 zwei Sportflugzeuge abschoss, die zu früheren Zeitpunkten unter Verletzung des cubanischen Luftraums regierungsfeindliche Flugblätter über der Insel abgeworfen hatten. Allerdings ist bis heute umstritten, ob tatsächlich cubanische Abfangjäger den Absturz der beiden Maschinen herbeigeführt haben. Nichtsdestotrotz wurden Gerardo Hernández zu zweimal lebenslänglich plus 15 Jahre, Antonio Guerrero zu lebenslänglich plus zehn Jahre, Ramón Labañino zu lebenslänglich plus 18 Jahre, Fernando Gonzáles zu 19 Jahren und René González zu 15 Jahren Gefängnis verurteilt.

Unmittelbar nach Ende des Prozesses kam es wegen angeblicher politischer Einflussnahme zu internationalen Protesten. Sogar die UN-Menschenrechtskommission äußerte erhebliche Zweifel an der Fairness und Durch-

schaubarkeit des Verfahrens, hielt die Höhe der Strafen für unangemessen und kritisierte die Verweigerung elementarer Rechte der Angeklagten. Im Besonderen wurde beanstandet, dass die fünf nicht US-amerikanische Regierungsstellen, sondern terroristische Gruppen ausgespäht hatten – unter denen sich übrigens auch die Vereinigung von Orlando Bosch befand, der international als Terrorist und Urheber von Bombenanschlägen gesucht wird. Und dies falle nach den Gesetzen der Vereinigten Staaten nicht unter Spionage, hieß es. Ein weiterer Kritikpunkt war, dass der Prozess trotz entsprechender Anträge nicht außerhalb von Miami durchgeführt worden war, obwohl das politische Klima in dieser von Exil-Cubanern dominierten Stadt ein faires Verfahren unmöglich machte, da die Geschworenen im Falle eines Freispruchs schwere Nachteile im Zivilleben zu erwarten gehabt hätten.

Vom Appellationsgericht in Atlanta wurde das Urteil schließlich am 9. August 2005 wegen schwerer Fehler auch aufgehoben und eine Wiederholung des Prozesses an einem neutralen Ort angeordnet. Die Richter hielten an ihrem Beschluss fest, dass die Urteile ein Willkürakt gewesen seien. Der mündlichen Anhörung durch dieses Gericht wohnte als internationaler Beobachter damals Rechtsanwalt Eberhard Schultz aus Deutschland ebenso bei wie einer neuerlichen Verhandlung in der nächsten Instanz, die wiederum mit 10:2 Stimmen dem Erstgericht Recht gab. Gegen diesen Spruch hat die Verteidigung am 20. November 2006 erneut Berufung eingelegt.

In der Zwischenzeit sitzen Gerardo Hernández, Antonio Guerrero, Ramón Labañino, Fernando Gonzáles und René González in den US-amerikanischen Bundesstrafanstalten von Kalifornien, Texas, Colorado, Pennsylvania und Wisconsin weiterhin in Haft – und dies seit 1998. Zwei der Ehefrauen, die ihre Männer in den Gefängnissen besuchen wollten, wurden außerdem die Einreisevisa in die USA verweigert. Betroffen davon ist auch die im April 1998 geborene Tochter von René González. Sie kennt ihren Vater nur von Fotos.

Cuba und Deutschland

Deutschland gehört zu den wichtigsten Handelspartnern Cubas, was schon am Warenexport abzulesen ist – allein 2006 stieg dieser um beachtliche 130 Prozent auf 302 Millionen Euro. In erster Linie lieferte Deutschland medizinische Geräte, Komponenten für Elektrizitätswerke, Fahrzeuge und Lebensmittel. Im Gegenzug importierte die Bundesrepublik allerdings nur Waren im Wert von rund 36 Millionen Euro, bei denen es sich hauptsächlich um Früchte, Tabak, Rum und Nickel handelte. Darüber hinaus lebt auch die cubanische Tourismusindustrie von Deutschland, das in den Statistiken stets auf einem der ersten fünf Plätze zu finden ist. Das Verhältnis zwischen Cuba und der Bundesrepublik war nicht immer so ungetrübt. Am 3. Oktober 2003 brach die Castro-Regierung sämtliche Kontakte schlagartig ab, da Deutschland an diesem Tag cubanische Oppositionelle zu den Feiern anlässlich des „Tages der deutschen Einheit" eingeladen hatte. Die Funkstille währte bis zum Jahr 2005.

Bildungswesen

Im Bildungsbereich gehört Cuba laut dem UNESCO-„Education for All Development Index" des Jahres 2004 neben Kanada, Finnland und Südkorea zu den am höchsten entwickelten Ländern der Welt. Schon Jahre davor waren cubanische Schüler bei einer Art „PISA-Studie" der UNESCO weit vor allen anderen Kindern Lateinamerikas gelegen. Obwohl die Bevölkerung Cubas damit hervorragend ausgebildet ist, kann das Land dieses geistige Potenzial kaum nutzen. Viele Akademiker arbeiten lieber im Tourismus, weil dort das Trinkgeld eines Tages dem Monatsverdienst eines Arztes oder Lehrers entspricht. Dem dadurch bedingten Lehrkräftemangel, der mit Unterrichtsausfällen einhergeht, versucht man zu begegnen, indem ältere Schüler zu sogenannten Notlehrern ausgebildet werden, die in unteren Klassen unterrichten. Ingesamt ist das cubanische Schulsystem dreigliedrig (Grund-, Mittel- und Oberschule) und sieht eine neunjährige Schulpflicht vor. Danach gibt es, abhängig vom Schulabschluss, die Möglichkeit, die dreijährige Oberschule zu besuchen und im Anschluss ein Studium aufzunehmen. Die universitäre Ausbildung ist ebenfalls kostenlos, sofern die Akademiker nach dem Erhalt ihres Diploms drei Jahre lang einen Sozialdienst für den cubanischen Staat ableisten.

Gesundheitswesen

Für die Sicherstellung der medizinischen Versorgung ist Cuba in Sektoren aufgeteilt, die jeweils von sogenannten „Medicos de la Familia" betreut werden. Einer dieser Hausärzte versorgt jeweils etwa 100 Familien in seinem näheren Umfeld. 2007 gab es auf der Insel 69.630 Ärzte, was einem Anteil von 6,11 Medizinern pro 1000 Einwohner bzw. 164 Patienten pro Arzt entspricht. Zum Vergleich: In Deutschland entfallen auf einen Arzt 349 Einwohner. Insgesamt gilt das cubanische Gesundheitswesen wegen des dichten Netzes von Behandlungszentren (442 Polikliniken, 283 Krankenhäuser und 166 Spezial-Einrichtungen) sowie der hohen Qualifikation der Mediziner und nicht zuletzt der großen Zahl der in dieser Branche Beschäftigten als vorbildlich für ein Dritte-Welt-Land. Allerdings machen die durch die Blockade-Politik der USA hervorgerufenen Mängel an Medikamenten einen Teil dieser Bemühungen wieder zunichte.

Staat & Politik 31

Die Lebenserwartung der cubanischen Frauen liegt bei 79,85 Jahren, die der Männer bei 75,11 Jahren. Als häufigste Todesursachen gelten – wie in Industriestaaten – Herz-Kreislauf-Erkrankungen und Krebs. Vom HIV-Virus ist Cuba ebenfalls betroffen, mit 3300 Aids-Patienten rangiert das Land aber auf einem der hinteren Plätze. Ebenfalls sehr niedrig ist die Sterblichkeitsrate von Säuglingen mit einem Wert von 6,22 Promille. Grund dafür ist die ausgezeichnete Vorsorge. Allein in den ersten zwölf Lebensmonaten werden die Babys zwölf verschiedenen Schutzimpfungen unterzogen.

Sport

Neben Bildung und Gesundheit zählt Fidel Castro die Förderung des Sports zu den größten Errungenschaften der Revolution. Und die Ergebnisse cubanischer Athleten können sich tatsächlich sehen lassen: Bei den Olympischen Sommerspielen 2000 in Sydney/Australien standen die Sportler des kleinen Landes 29-mal auf dem Treppchen, elfmal erhielten sie die Goldmedaille. Im Medaillenspiegel der Nationen belegte Cuba damit einen erstaunlichen neunten Platz vor Ländern wie Großbritannien, Rumänien oder Südkorea. Das Geheimnis dieses Erfolgs liegt in den Escuelas de Iniciación Deportiva Escolar (Sportgrundschulen, kurz: EIDE), von denen es mehrere im Land gibt, die jüngste an der Peripherie von Bayamo in der Provinz Granma. Die Schulen, an denen die Unterstufe der Sekundarstufe (Klassen 7–9) absolviert werden kann, haben neben den allgemeinbildenden Fächern eben den Schwerpunkt Sport. Jeweils rund 1000 Schüler werden in den Einrichtungen von einem Stab von Sportlehrern in Disziplinen wie Boxen, Ringen, Leichtathletik, Fechten und Ballsportarten trainiert. Die Besten von ihnen kommen anschließend in das Centro de Alto Rendimiento Nacional, das Zentrum des cubanischen Hochleistungssports. Das zweite Erfolgsrezept heißt Rastersichtung. Ständig sind rund 30.000 Scouts im Land unterwegs, fahren jede noch so kleine Schule an, um beim Sportunterricht oder bei Wettkämpfen nach den Talenten der Zukunft Ausschau zu halten.

Aushängeschilder der Sportnation Cuba sind seit jeher die Boxer. Seit den 1960er Jahren von dem ehemaligen DDR-Cheftrainer Kurt Rosentritt fit gemacht, eroberten sie die Weltspitze und konnten von dort nicht mehr verdrängt werden. Der größte cubanische Boxer aller Zeiten ist Teófilo Stevenson, der bei den Olympischen Spielen von 1972 in München im Finale den Deutschen Peter Hussing schlug und die Goldmedaille gewann. Später wurde er dreimal Amateur-Weltmeister im Schwergewicht und sollte sogar gegen die Legenden und Profi-Weltmeister Muhammad Ali und Joe Frazier antreten. Da Stevenson aber seinen Amateur-Status nicht verlieren wollte, kamen diese Kämpfe nie zustande. Heute zählt Cuba rund 20.000 aktive Boxer, von denen 4000 auf internationaler Ebene kämpfen.

Nationalsport auf der Insel ist allerdings nach wie vor Baseball – die amerikanischste aller Sportarten, die übrigens in Cuba erfunden wurde, ist allgegenwärtig. In jedem noch so kleinen Dorf gibt es irgendwo immer ein Baseballfeld, in den Parks des Landes entbrennen regelmäßig leidenschaftliche Diskussionen, wer denn nun die beste Mannschaft stellt. Bekannt dafür ist vor allem der Parque Central in Havanna, wo es an der „Esquina caliente" („heiße Ecke") oftmals wirklich heiß oder zumindest lautstark hergeht. Selbst Fidel Castro ist dieser Leidenschaft verfallen und wäre fast zum großen amerikanischen Baseballstar geworden. Jedenfalls hatten ihm die „Pittsburgh Pirates" zu Beginn der 1950er

Jahre einen Profi-Vertrag angeboten, nachdem der Pitcher Fidel Castro zwei Scouts bei einem Spiel in Havanna aufgefallen war.

Weit weniger lebhaft geht es beim Domino zu, für viele Cubaner die Freizeitbeschäftigung Nummer eins. Überall – in Gassen, auf Plätzen, vor Hofeinfahrten – sieht man sie zu viert um kleine Holztischchen oder umgedrehte Pappkartons sitzen und mit den schwarzen Steinen spielen. Angesichts dieser Begeisterung für den Denksport ist es nicht verwunderlich, dass Cuba im März 2003 Ausrichter der ersten Domino-Weltmeisterschaft war. 168 Teams aus 17 Ländern nahmen an den Titelkämpfen in Havanna teil – das cubanische Duo Osmir Daudinot und Salvador Cabrales schlug sie alle.

Wirtschaft & Landwirtschaft

Cuba ist eine der letzten sozialistischen Volkswirtschaften, die heute in erster Linie vom Tourismus lebt. Vorausgegangen war ab Anfang der 1990er Jahre eine sogenannte „Período Especial en Tiempos de Paz" („Besondere Periode in Friedenszeiten"), kurz: „Período Especial" („Sonderperiode"), die durch den Zusammenbruch der Sowjetunion, Cubas bis dahin wichtigsten Handelspartner, ausgelöst wurde. Die Ostblockstaaten hatten über Jahrzehnte hinweg die landwirtschaftlichen Produkte des Landes über den Weltmarktpreisen eingekauft und zudem Finanzhilfen geleistet. Auf die dramatische Wirtschaftskrise, die unter anderem dazu führte, dass Verkehrsmittel aufgrund von Treibstoffmangel weitgehend lahmgelegt waren, reagierte die Regierung mit marktwirtschaftlichen Reformen. Erstmals wurden Familienbetriebe und Ein-Mann-Unternehmen zugelassen, durften Bauern einen Teil ihrer landwirtschaftlichen Produkte auf den Mercados agropecuarios in Eigenregie vermarkten. Außerdem wurden Joint Ventures mit ausländischen Firmen erlaubt, die überwiegend in der Hotellerie zum Tragen kamen. Allerdings werden dem Einstieg internationaler Investoren bis heute enge Grenzen gesetzt: Der cubanische Staat hält grundsätzlich mindestens 51 Prozent an dem jeweiligen Unternehmen. Die Firmen können sich ihre Mitarbeiter nicht selbst aussuchen. Die Arbeitslöhne sind in Devisen an die Regierung zu bezahlen, von der die Angestellten nur das übliche Gehalt in Moneda nacional (umgerechnet ca. 15 CUC) ausbezahlt bekommen. Mit dem gesamten Maßnahmenpaket, das einherging mit der Modernisierung ganzer Industriezweige, gelang es, die Wirtschaft wieder anzukurbeln. Laut dem „Human Development Index" des Jahres 2006 gehört Cuba inzwischen wieder zu den hoch entwickelten Ländern und rangiert auf Platz 50 hinter den Vereinigten Arabischen Emiraten und deutlich vor Ländern wie Russland, Brasilien oder China.

Tourismus

Der Fremdenverkehr mit seinen 43.500 Hotelzimmern und weiteren 10.000 in Casas particulares (Stand: Juli 2007) ist der Lebensnerv der cubanischen Wirtschaft. Die mehr als zwei Millionen Touristen, die inzwischen jedes Jahr auf die Insel kommen, bescheren dem Staat regelmäßige Einnahmen von über 2,5 Milliarden US-Dollar, was fast neun Prozent des Bruttoinlandsprodukts bedeutet. Während sich der Pauschaltourismus auf wenige Zentren wie Havanna, Varadero, Cayo Coco und die Nordküste der Provinz Holguín konzentriert, erfreuen sich Individualreisen immer größerer Beliebtheit. Dem trägt das cubanische Tourismusministerium dadurch Rechnung, dass es im Mai 2007 verkündete, Privat-Quartiere in verstärktem Maße zuzulassen. Gleichzeitig sieht die von 2007 bis 2010 geltende Kampagne „Viva Cuba" vor, das Einreise-Prozedere auf den größeren Flughäfen zu beschleunigen und die Start- und Landegebühren für Fluggesellschaften zu senken. Geplant ist ferner die Errichtung von 50 kleinen bis mittleren Hotels in Varadero sowie der Bau von 26 weiteren Freizeiteinrichtungen wie Themenparks und Golfplätzen. Dieses Bündel an Maßnahmen soll dazu beitragen, den dritten Platz unter den Urlaubsgebieten der Karibik zu verteidigen.

Top-Exportgut: Tabak

Industrie

Cubas Industrie ist im internationalen Vergleich nur in Teilbereichen wettbewerbsfähig und kann den Bedarf an Gütern nicht durch die eigene Produktion decken. Hoch entwickelt ist allerdings die Biotechnologie-Sparte, die als erste weltweit Impfstoffe gegen Meningitis (Hirnhautentzündung) und Hepatitis B auf den Markt gebracht hat. Zudem verdient die Pharmaindustrie an vielen Patenten für Medikamente. Auf dem neuesten Stand der Technik sind ferner die Produktionsstätten für Solarmodule.

Landwirtschaft

Cuba gehört zwar immer noch zu den führenden Zuckerproduzenten der Welt, und die Zuckerrohrplantagen nehmen auch weiterhin rund 40 Prozent der gesamten landwirtschaftlichen Fläche ein, die Menge des früheren Exportguts Nummer eins ist allerdings massiv geschrumpft. Wurden 1990 noch 8,4 Millionen Tonnen Zucker erzeugt, sank der Ertrag in der Saison 2004/2005 aufgrund von Trockenheit in den Hauptanbaugebieten auf rund 1,3 Millionen Tonnen. Auf Platz zwei unter den landwirtschaftlichen Produkten steht der Tabak, der hauptsächlich in der westlichen Provinz Pinar del Río gedeiht und einen Anteil von 26,8 Prozent am Weltmarkt (Stand: August 2005) hat. Insgesamt sind in der Tabakindustrie mehr als 200.000 Cubaner beschäftigt. Weitere Agrarerzeugnisse sind Reis, Mais, Bananen, Kartoffeln und Maniok, die in erster Linie der Versorgung der Bevölkerung dienen, während Zitrusfrüchte und Kaffee auch für den Export bestimmt sind.

Bodenschätze

Zu den bedeutenden Bodenschätzen des Landes zählen vor allem Nickel und Kobalt, die vor der Revolution die wichtigsten Exportgüter waren und seit Anfang der 1990er Jahre erneut in größerem Umfang abgebaut werden. Dank ausländischer Investoren ist ein Wirtschaftszweig entstanden, der Cuba im Jahr 2004 Einnahmen von einer Milliarde US-Dollar bescherte. Daneben gibt es auf der Insel Erdöl-Vorkommen, mit deren Förderung (75.000 Barrels/Tag) Cuba etwa die Hälfte seines Eigenbedarfs deckt. Der hohe Schwefelgehalt des Rohöls erfordert allerdings einen kostenintensiven Veredelungsprozess.

Cuba in Zahlen

Geographie

Gesamtfläche (km^2): 110.860, davon Cuba 104.945, Isla de la Juventud 2200, Cayos und Inseln 3715
Landfläche: 110.837 km^2
Wasserfläche: 23 km^2
Küste: 3735 km
Höchster Berg: Pico Turquino (1974 m)
Längster Fluss: Río Cauto (343 km)
Durchschnittstemperatur: 25 °C
Relative Luftfeuchtigkeit: 81 %

Demographie

Bevölkerung (Mio.): 11,394, davon 66 % Weiße, 12 % Schwarze, 21,9 % Mulatten, 0,1 % Chinesen
Bevölkerungsdichte pro km^2: 102
Bevölkerungswachstum p. a.: 0,31 %
Säuglingssterblichkeit: 6,22 je 1000
Lebenserwartung Frauen: 79,85 Jahre
Lebenserwartung Männer: 75,11 Jahre
Religionszugehörigkeit: Christen 42 %, Konfessionslose 55 %, Sonstige 3 %
Hauptstadt: Havanna (2,1 Mio. Einwohner)

Gesundheit

Ärzte: 69.630 (6,11 je 1000 Einwohner)
HIV-Infizierte: 3300

Bildung

Analphabeten (Bevölkerung über 14 Jahre): 3 %
Einschulungsquote: 100 %

Wirtschaft

Bruttoinlandsprodukt: 29,447 Mrd. US-Dollar
Staatsverschuldung: 27,160 Mrd. US-Dollar
Exportvolumen: 2,73 Mrd. US-Dollar
Importvolumen: 7,34 Mrd. US-Dollar
Stromproduktion: 15,34 Mrd. kWh/Jahr (Stand: 2005)
Landwirtschaftliche Anbaufläche: 37.559 km^2
Rinder: 3,764 Mio.
Schweine: 2,430 Mio.
Schafe: 3,1 Mio.
Fischfang: 99.000 t

Kommunikation

Telefon-Hauptanschlüsse: 611.000
Mobil-Telefone: 944.000
Rundfunkgeräte: 3,342 Mio.
Fernsehgeräte: 4,66 Mio.
Computer: 910.000
Internet-Nutzer: 680.000

Verkehr

Eisenbahnnetz: 4226 km
Befestigte Straßen: 32.070 km, davon 638 km Schnellstraßen
Wasserstraßen: 240 km
Autos: 309.000

Sonstiges

Internet-Ländercode: .cu
Kfz-Länderkennzeichen: C
Landesvorwahl: 0053
Zeitverschiebung: minus 6 Std.

Stand: 2007, sofern nicht anders angegeben

Vergangenheit & Gegenwart

Die cubanische Geschichtsschreibung geht davon aus, dass die größte Antillen-Insel bereits Tausende von Jahren vor der christlichen Zeitrechnung besiedelt war. Obwohl es darüber keine genauen Erkenntnisse gibt, glauben Historiker aufgrund ihrer Studien, dass es sich bei den ersten Einwohnern um Urvölker von der Nordküste des südamerikanischen Kontinents handelte, die Cuba in Einbaum-Kanus erreichten. Während Christoph Kolumbus nach der Entdeckung des Landes grundsätzlich nur von Indios berichtete, weil er sich bekanntlich in Indien wähnte, unterscheidet die moderne Wissenschaft zwischen drei Kulturen: Die eher primitiven Guanahatabey, die als Jäger und Sammler eingestuft werden. Die schon etwas fortschrittlicheren Siboney, die bereits die Kunst des Töpferns beherrschten. Und die Taíno, die ursprünglich im Orinoco-Becken beheimatet waren und etwa 300 n. Chr. in Cuba landeten. Sie betrieben nicht nur Ackerbau und Viehzucht, sie verstanden sich vielmehr auch auf das Bauhandwerk, errichteten ihre Hütten aus Holz und Palmwedeln und lebten in sozialen Verbänden, an deren Spitze Kaziken, also Häuptlinge, standen. Obwohl die Indios Cubas längst ausgestorben sind, haben viele Worte aus ihrer Sprache alle Zeiten überdauert und Eingang in das Spanisch Lateinamerikas gefunden – „Barbacoa" für Grill etwa oder „Guateque" für Party.

Entdeckung und Eroberung

Mit der „Party" der Indios war es schnell vorbei, als Christoph Kolumbus am 28. Oktober 1492 in der Bucht von Bariay vor Anker ging und erstmals seinen Fuß auf die Insel setzte. Denn die Folge war nicht nur die Eroberung Cubas im Namen der spanischen Krone, sondern gleichzeitig die Ausrottung der indigenen Urbevölkerung durch den späteren ersten Gouverneur Diego Velázquez. Nur 50 Jahre nach Kolumbus' Ankunft waren gerade noch 4000 Indios am Leben – von ursprünglich mehr als 200.000. Der Völkermord an den Ureinwohnern – aus heutiger Sicht eine gigantische humanitäre Katastrophe – war für die spanischen Eroberer nichts weiter als ein ärgerlicher „Managementfehler": Denn ihr vornehmliches Ziel war die Ausbeutung der Goldressourcen des Landes, wozu aber (Zwangs-)Arbeitskräfte nötig waren, die nun fehlten. Allerdings waren die Vorkommen des wertvollen Edelmetalls auch bald erschöpft, weswegen schließlich mit dem Anbau indianischer Kulturpflanzen und Viehhaltung extensive Landwirtschaft betrieben wurde.

Die Kolonialzeit

Zu jener Zeit erlebte auch Havanna eine erste Blüte, das im Jahr 1607 vor allem wegen seiner geopolitischen Lage zur Hauptstadt ausgerufen worden war. Von der geschützten Bucht aus konnte man den Zugang zum Golf von Mexiko kontrollieren und gleichzeitig unter Ausnutzung des Golfstroms im Rekordtempo über den Atlantik nach Europa segeln. Nicht zuletzt deshalb war der Hafen Havannas in den 1660er Jahren auch ein wichtiger Umschlagplatz für die spanischen Flotten aus den übrigen Kolonien Südamerikas, die Gold und Silber, Hölzer und Felle sowie die verschiedensten landwirtschaftliche Produkte zunächst nach Cuba brachten, ehe die Güter immer zwischen März und August in großen Schiffsverbänden in die Heimat transportiert wurden.

Dominiert wurde die Bevölkerung Cubas damals von den sogenannten Peninsulares („die von der – Iberischen – Halbinsel"), die allesamt in Spanien geboren, aufgewachsen und ausgebildet worden waren und alle wichtigen Positionen in Verwaltung und Handel besetzten. Die Kreolen, die bereits in Cuba geborenen Nachfahren spanischer Einwanderer, wurden von der herrschenden Oberschicht hingegen als nicht standesgemäß angesehen, obwohl sie meist landwirtschaftlichen Grund besaßen und als Viehzüchter und Pflanzer erheblich zur Versorgung des Landes beitrugen. Dennoch resultierte aus der herzlichen gegenseitigen Abneigung (noch) kein Konflikt – wohl auch deshalb nicht, weil man gemeinsame Feinde hatte. Jamaika war 1655 von den Briten eingenommen worden, Haiti 1697 in die Hände der Franzosen gefallen, und viele befürchteten, die größte Antillen-Insel könnte das nächste Ziel imperialistischer Bestrebungen sein. Es dauerte allerdings bis 1762, als Spanien in den Siebenjährigen Krieg gegen die beiden anderen europäischen Großmächte hineingezogen wurde und 14.000 englische Marine-Soldaten schließlich Havanna eroberten. Die britische Besatzung dauerte zwar nur elf Monate, ehe die Spanier Havanna im „Pariser Frieden" gegen Florida zurückbekamen – in dieser kurzen Zeit veränderte sich Cuba allerdings grundlegend. Denn die Briten führten den Freihandel ein und gaben der kreolischen Bevölkerungsmehrheit damit eine erste Vorstellung davon, wie viel Geld ohne die Beschränkungen der spanischen Kolonialherren zu verdienen war.

Nicht zuletzt deshalb konnten die Spanier nach ihrer neuerlichen Machtübernahme das Rad der Geschichte nicht mehr zurückdrehen. Zur endgültigen Blüte kam Cuba ebenfalls durch eine glückliche Fügung. Nachdem es in der Folge der Französischen Revolution in dem damals von den Franzosen besetzten Haiti zu einem Sklavenaufstand gekommen war, dem selbst Napoleon nicht Herr wurde, flohen die Großgrundbesitzer, die zumeist Zuckerrohr- und Kaffeeplantagen besessen hatten, auf die Nachbarinsel. Im Gepäck hatten sie das geballte Knowhow für die Zuckerherstellung und das nötige Kleingeld, sie aufzubauen. Innerhalb weniger Jahre wurde Cuba für Spanien zu dem, was vorher Haiti für Frankreich gewesen war – ein Goldesel. Bereits Mitte des 19. Jahrhunderts kam ein Viertel der Weltproduktion aus den Zuckermühlen zwischen Trinidad und Matanzas, womit Cuba zum Marktführer aufstieg und als die reichste Kolonie auf dem Globus galt.

Der rasante wirtschaftliche Aufschwung weckte natürlich Begehrlichkeiten und förderte gleichzeitig das Selbstbewusstsein der noch immer von der spanischen Obrigkeit dominierten Kreolen. Immer wieder versuchten sie, das Mutterland zu noch größerer Handelsfreiheit und politischer Autonomie zu bewegen – vergeblich. Als im Jahr 1868 eine Delegation sogar eigens nach Madrid gereist war, ihre Forderungen aber nicht einmal vortragen durfte, lautete die Devise: „Man kann Spanien nicht überzeugen, man kann es nur besiegen!"

Die Unabhängigkeitskriege

Den Anfang machte Carlos Manuel de Céspedesein Plantagenbesitzer aus einem kleinen Dorf südlich von Manzanillo in der heutigen Provinz Granma, der am 10. Oktober des gleichen Jahres in seiner als „Grito de Yara" („Schrei von Yara") bekannt gewordenen Rede die Unabhängigkeit des Landes von Spanien erklärte. Nachdem er nur zehn Tage später mit einem zusammengewürfelten Haufen von Rebellen auch noch die wenige Kilometer entfernte Stadt Bayamo quasi im Handstreich genommen hatte, war der Erste Unabhängigkeitskrieg endgültig ausgebrochen. Er dauerte zehn Jahre – weshalb er auch als „Guerra de los Diez Años"

("Zehnjähriger Krieg") bezeichnet wird – und er endete mit einer bitteren Niederlage der Aufständischen, die 1878 im Frieden von Zanjón besiegelt wurde. Nur einer wollte sich damit nicht abfinden: General Antonio Maceo, einziger Mulatte in der militärischen Führung der Widerstandsbewegung, der wegen seiner Hautfarbe auch der „Bronze-Titan" genannt wurde. Er weigerte sich in seinem historischen „Protesta de Baraguá" („Protest von Baraguá"), die Kapitulation anzuerkennen, und kämpfte an der Seite von General Calixto García in der sogenannten „Guerra Chiquita" weiter um die Loslösung des Landes von Spanien. Im Jahr 1880 mussten jedoch auch sie die Waffen strecken.

Unterdessen hatten sich Widerstandsgruppen im US-amerikanischen Exil formiert, schlussendlich organisiert und geführt von José Martíjenem Dichter, Schriftsteller und Journalisten, der sich schon im Alter von 16 Jahren gegen die spanischen Besatzer aufgelehnt hatte, im Gefängnis gelandet und schließlich verbannt worden war. Ihm, dem damals führenden Intellektuellen Lateinamerikas, der sich von Kindesbeinen an gegen die Kolonialmacht gestemmt und seit jeher von der Unabhängigkeit Cubas geträumt hatte, gelang es letztlich auch, die legendären Generäle des „Zehnjährigen Krieges", Antonio Maceo und Máximo Gómez, zur Wiederaufnahme der Kämpfe zu bewegen. Am 24. Februar 1895 war es so weit. Mit dem „Grito de Baire" („Schrei von Baire") – benannt nach einem kleinen Dorf zwischen den heutigen Provinzhauptstädten Bayamo und Santiago de Cuba – begann der Aufstand diesmal gleich an mehreren Orten der Insel. José Martí selbst, der über keinerlei militärische Erfahrung verfügte, landete mit weiteren Rebellen am 11. April an der Ostküste Cubas – und fiel nur fünf Wochen später, am 19. Mai, bei einer Schießerei mit spanischen Truppen in der Nähe von Dos Ríos in der nördlichen Provinz Granma. Auf einem weißen Pferd sei er geritten, die Pistole in der Hand, als ihn die tödliche Kugel traf, wurde später berichtet … Sein früher Tod – Martí war gerade 42 Jahre alt – machte den Denker und Lenker der Unabhängigkeitsbewegung endgültig zum Mythos, was ihm posthum den Beinamen „El Apóstolo" („Der Apostel") einbrachte.

Martís Träume lebten indes weiter – und schon drei Jahre später war der Zweite Unabhängigkeitskrieg entschieden. In Spanien wurde bereits öffentlich über einen Rückzug aus Cuba gesprochen und General Máximo Gómez stellte zufrieden fest, dass „der Feind geschlagen" sei und „der Krieg kein Jahr mehr dauern kann", als die USA das Schlachtfeld betraten und sich sozusagen ins gemachte Nest setzten. Im Januar 1898 entsandten sie den Panzerkreuzer „USS Maine" nach Havanna, der dort die Interessen der Vereinigten Staaten wahrnehmen sollte. Doch schon wenige Tage nach seiner Ankunft ging das Schiff am 15. Februar 1898 nach einer Explosion in Flammen auf – für die USA natürlich ein gefundenes Fressen. Sie machten Spanien für den Anschlag verantwortlich, traten in den Krieg ein und hatten leichtes Spiel, da die Kolonialmacht von den Aufständischen bereits weitgehend besiegt war. Was folgte, war ein Trauma für Cuba, das das Land bis heute verfolgt: Die bereits eingesetzte Rebellen-Regierung des unabhängigen Cuba wurde von Washington einfach ignoriert, bei der spanischen Kapitulation in Havanna, zu der übrigens kein einziger Cubaner eingeladen war, wurde nicht die cubanische, sondern die US-amerikanische Flagge gehisst, bei den folgenden Friedensverhandlungen in Paris waren die Vertreter Cubas ebenfalls ausgeschlossen. Am 1. Januar 1899 übergab Spanien die Hoheit die Insel formell an die USA.

Republik und Diktatur

Cuba hatte nichts gewonnen, man war den einen Besatzer losgeworden und unter die Herrschaft des nächsten geraten. Denn fortan stand die Insel fast vier Jahre lang unter der Militärverwaltung der USA. Erst am 20. Mai 1902 wurde die unabhängige Republik Cuba ausgerufen – eine Republik von US-amerikanischen Gnaden, der jede Souveränität abging. Denn in der cubanischen Verfassung wurde das Platt-Amendment (Zusatzartikel) verankert, benannt nach Orvill H. Platt, dem damaligen Senator des US-Bundesstaats Connecticut, das den Vereinigten Staaten ein Interventionsrecht einräumte, sobald eigene Interessen bedroht sein könnten. Und davon machten sie, wie es ihnen gefiel, mit ihrer sprichwörtlichen „Kanonenboot-Politik" auch rege Gebrauch. Cuba, zunächst unter der Führung des ersten gewählten Präsidenten, Tómas Estrada Palma, wurde zur Pseudo-Republik, in der die wichtigsten Entscheidungen von der Botschaft der USA gefällt wurden.

Nachdem das Land auch noch von einer Wirtschaftskrise gebeutelt und mit dem Beginn der US-amerikanischen Prohibition seit 1920 zum Spielerparadies und „Kneipe um die Ecke" zwielichtiger Figuren aus den Vereinigten Staaten geworden war, kam im Jahr 1925 Gerardo Machado an die Macht. Er war mit jeder Menge Wahlversprechungen angetreten, von denen er zumindest den Bau der heute noch bestehenden Carretera Central von Havanna nach Santiago de Cuba einlöste. Gleichzeitig fuhr Machado einen extrem nationalistischen Kurs, der ihm den Beinamen „cubanischer Mussolini" einbrachte. Vom ersten Tag seiner Präsidentschaft an ließ er politische Gegner verfolgen und ermorden, wie etwa den Studentenführer und Mitbegründer der Kommunistischen Partei Cubas, Julio Antonio Mella. Machados Absturz ging einher mit der ab 1929 einsetzenden Weltwirtschaftskrise. Generalstreiks legten die Insel mehrfach lahm, schließlich verlor er auch noch die Rückendeckung der USA und ging 1933 ins Exil.

Auf ihn folgte Ramón Grau San Martínein cubanischer Arzt und Professor für Physiologie an der Universität Havanna. Ihm war zwar nur eine Regierungszeit von 105 Tagen gegönnt, in denen er allerdings für viel Wirbel sorgte. Sein Kabinett annullierte das Platt-Amendment und brach damit die Dominanz der USA in Cuba, beschloss das Frauenwahlrecht, führte den Achtstundentag ein, schuf ein Ministerium für Arbeit, verteilte Grund und Boden an landlose Bauern, förderte nachdrücklich die höhere Schulbildung und verstaatlichte die US-Stromgesellschaft Electric Bond and Share Company. Das war für Washington zu viel des Guten. Von einer militärischen Intervention wurde zwar abgesehen, der Regierung allerdings die diplomatische Anerkennung verweigert – für Cuba schlimm genug, schließlich war damit das Zuckerabkommen hinfällig. Im Land selbst geriet der Präsident zusätzlich unter Druck. Für die Linken war er trotz allem zu zahm, für die Rechten zu progressiv. Diese Stimmung spülte den jungen Sergeanten Fulgencio Batistanach oben, der zunächst die „Revolte der Unteroffiziere" gegen Machado angeführt und sich schnell zum Oberbefehlshaber der Armee aufgeschwungen hatte. Als er Grau San Martín mit einem Putsch drohte, dankte dieser ab. Auf ihn folgte Carlos Hevia y de los Reyes Gavilán, der allerdings nur zwei Tage im Amt war, um dann seinem Nachfolger Manuel Márquez Sterling Platz zu machen, der am 18. Januar 1934 noch nicht einmal sechs Stunden – exakt von 6.10 bis 12.00 Uhr – im Sessel des Präsidenten der Republik Cuba saß. Seine Amtszeit gehört zwar zu den Kuriositäten der cubanischen Geschichte, spiegelt aber die turbulenten Verhältnisse jener

Epoche wider. Noch war die Zeit Batistas nicht gekommen, noch ließ er Carlos Mendieta Montefur den Vortritt – um im Hintergrund weiter die Fäden zu spinnen.

Im Jahr 1940 war Fulgencio Batista aber schließlich am Ziel. Er wurde zum Präsidenten Cubas gewählt, vier Jahre später von Ramón Grau San Martín zwar erneut abgelöst, ohne allerdings jetzt die Zügel der Macht ganz aus der Hand zu lassen. Als Armeechef blieb Batista weiterhin der starke Mann im Hintergrund. Und als weder Grau San Martín noch dessen direkter Nachfolger Carlos Prío Socarrás aus den Entwicklungsmöglichkeiten des Landes etwas machten und sich die in der Tradition von José Martí stehende Oppositionspartei der „Orthodoxen" anschickte, die Präsidentschafts- und Parlamentswahlen des Jahres 1952 für sich zu entscheiden, war er zur Stelle. Er unternahm einen Staatsstreich, verhinderte damit den Urnengang, schwang sich selbst zum Diktator von Cuba auf, errichtete ein durch und durch korruptes Regime, schaffte die Verfassung ab und begann damit, die Opposition systematisch zu eliminieren.

Die Revolution

Von der Absage der Wahlen war in Havanna auch ein junger Rechtsanwalt betroffen, der für die „Orthodoxen" angetreten war und aussichtsreich im Rennen um einen Sitz im Parlament lag – Fidel Castro. Und Castro wollte diesen Schlag Batistas gegen das politische Establishment keinesfalls widerstandslos hinnehmen. Zunächst klagte er den unrechtmäßigen Staatspräsidenten vor dem Obersten Gerichtshof Cubas wegen seines Militärputsches an, was natürlich keinen Erfolg zeitigte. Danach organisierte er den bewaffneten Kampf gegen das Regime. Am 26. Juli 1953 griff er in einem beinahe selbstmörderischen Akt zusammen mit 131 Männern und Frauen aus dem orthodoxen Lager die Moncada-Kaserne in Santiago de Cuba an, die damals die zweitgrößte Garnison des Landes war, um zum einen Waffen für den Widerstand zu erbeuten, zum anderen aber auch, um mit einem Sieg über die Batista-Truppen seine eigenen Machtansprüche anzumelden. Obwohl der Überfall kläglich scheiterte, so war er dennoch die Initialzündung für die Revolution und die Geburtsstunde des „Movimiento 26 de julio" („Bewegung 26. Juli, kurz: „M-26-7"), die sich Sozialreformen und die Wiedereinsetzung der Verfassung auf ihre Fahnen geschrieben hatte. Die Verwegenheit des missglückten Coups machte Fidel Castro – im wahrsten Sinne des Wortes – über Nacht landesweit bekannt und brachte ihm jede Menge Sympathien ein. Profitieren konnte er davon allerdings nicht, jedenfalls nicht sofort. Denn zunächst wurde er vor Gericht gestellt, kam ins Gefängnis, ging ins Exil – zuerst in die USA, später nach Mexiko.

Den zweiten Anlauf zum Sturz Batistas unternahm Fidel Castro Ende des Jahres 1956. In Mexiko hatte er eine kleine Gruppe entschlossener Exil-Cubaner um sich geschart und mit ihnen den bewaffneten Kampf geübt. Am 25. November 1956 liefen die 82 Männer mit ihrer Motoryacht „Granma" in Tuxpan aus, unter ihnen ein junger argentinischer Arzt, der in Mexiko zu den Rebellen gestoßen war und nur wenige Jahre später zum berühmtesten Guerillero der Welt aufsteigen sollte – Ernesto Che Guevara. Als das Schiff am 2. Dezember 1956 an der Playa Las Coloradas in der heutigen Provinz Granma landete, schien die Aktion zunächst zu einem ähnlichen Fiasko zu werden wie der Sturm auf die Moncada-Kaserne. Denn Fidel Castro und seine Leute wurden bereits erwartet, Batistas Truppen hatten nach einer Mitteilung des Geheimdienstes einen Hinterhalt gelegt. In dem Kugelhagel starben 66 Rebellen, nur 16 gelang die Flucht in die Sierra Maestra, darunter neben

Fidel und Raúl Castro auch Ernesto Che Guevara und Camilo Cienfuegos. Und obwohl so dezimiert und durch Krankheiten geschwächt, nahmen diese 16 den Kampf auf. Ersten Nadelstichen gegen die Armee des Regimes folgten militärische Erfolge und schließlich ein anschwellender Zulauf von Sympathisanten und Mitstreitern, die nicht länger unter Batistas Knute leben wollten. Schon Mitte 1957 mussten sich die Regierungstruppen aus dem Rebellengebiet zurückziehen, danach ging es Schlag auf Schlag. Fidel Castros Heer gewann zunehmend an Stärke, operierte inzwischen an mehreren Fronten gleichzeitig, rieb nach und nach immer größere Teile der Regierungstruppen auf. Als im Frühjahr 1958 auch noch die USA von ihrem einstigen Ziehsohn abrückten und ihre Waffenlieferungen einfroren, war Batista faktisch am Ende, wollte dies aber offenbar nicht wahrhaben. Noch einmal schickte er 12.000 Mann in den Kampf – ohne Erfolg. Die kriegsmüden Soldaten desertierten oder liefen gleich zu den Rebellen über. Das letzte Aufgebot schaltete Ernesto Che Guevara am 28. und 29. Dezember 1958 in der legendären Schlacht von Santa Clara aus. In der folgenden Silvesternacht floh Fulgencio Batista aus dem Land. Die Revolution hatte gesiegt.

Die ersten Jahre

Um keine Pferde scheu zu machen, hielt sich Fidel Castro in den ersten Wochen nach dem Triumph der Rebellenarmee politisch zurück, berief Persönlichkeiten aus dem bürgerlichen Lager in Spitzenämter und setzte auf die militärische Stärke seiner Revolutionäre. Schon am 16. Februar 1959 übernahm er dann aber doch das Amt des Ministerpräsidenten und leitete umgehend radikale Reformen ein: Er verordnete den einfachen Arbeitern einen höheren Mindestlohn, senkte gleichzeitig die Mieten um bis zu 50 Prozent, reduzierte die Preise für Medikamente, Strom und Telefon. Drei Monate später, exakt am 17. Mai 1959, brachte er zudem die Land- und Agrarreform in Gang, mit der Großgrundbesitzer enteignet und Kooperativen gebildet wurden. Außerdem verkündete er das Verbot von Landbesitz für Ausländer, womit ein Konflikt mit den USA heraufbeschworen war, der in rasantem Tempo eskalierte: Cuba enteignete ausländische Ölraffinerien, die USA kürzten die Zuckereinfuhr von der Insel. Cuba verstaatlichte 26 US-Firmen, die USA strichen die Abnahme von Zucker komplett. Cuba erklärte alle US-Banken zum Staatseigentum, die USA verboten alle Exporte auf die Insel und verhängten wenig später eine völlige Handelsblockade, die bis heute in Kraft ist.

Die Invasion in der Schweinebucht

Nachdem die USA im Januar 1961 schließlich die diplomatischen Beziehungen zu Cuba abgebrochen hatten, befahl Präsident John F. Kennedy die „Operation Pluto". Die Pläne dazu hatte er von seinem Vorgänger Dwight D. Eisenhower geerbt. Sie sahen vor, in Cuba einzudringen, einen Brückenkopf zu bilden, dorthin eine in Florida gebildete Übergangsregierung einzufliegen, die dann offiziell die Unterstützung der USA erbitten sollte. Zu diesem Zweck hatte Eisenhower die „Brigade 2506" aufstellen lassen, eine Einheit aus rund 1500 Exil-Cubanern, die nur ein Ziel hatten – Fidel Castro zu stürzen. Um den Schein zu wahren, stach die Invasionstruppe am 14. April 1961 von Puerto Cabeza in Nicaragua aus in See und landete drei Tage später in der Schweinebucht, der „Bay of Pigs", bzw. an der Playa Girón, wie die Cubaner sagen. Dazwischen hatte Kennedy einen entscheidenden Fehler gemacht. Um den Angreifern den Weg zu ebnen, entsandte er mit cubanischen Hoheitszeichen getarnte Kampfflugzeuge, die die wichtigsten Luftwaffen-Stützpunkte auf der Insel bombardieren sollten. Die Aktion gelang zwar, der Überraschungseffekt aber war dahin. Fidel Castro rief den Alarmzustand aus, mobilisierte die Revolutionsarmee und verlegte sein Hauptquartier auf die Halbinsel Zapata, von wo aus er seine Truppen befehligte. Die Folge: In nur einem Tag waren die Invasoren eingekesselt, 48 Stunden später aufgerieben oder in Gefangenschaft.

Die Cuba-Krise

Ein weiteres Kapitel der Weltgeschichte schrieb Cuba nur eineinhalb Jahre später auf dem Höhepunkt des Kalten Krieges zwischen Ost und West. Die USA hatten ihre Pläne, die Insel zu annektieren, natürlich längst nicht aufgegeben. Nur der Grund für einen völkerrechtswidrigen Angriff, der diesmal von der regulären US-Army durchgeführt werden sollte, fehlte ihnen noch. Und den lieferte ausgerechnet ihr Erzfeind, die Sowjetunion. Raúl Castro, damals Befehlshaber der cubanischen Armee, war im Juli 1962 zum Verbündeten nach Moskau gereist und hatte sich dort mit den Kreml-Herren auf die Stationierung von Atomraketen in Cuba geeinigt. Die Regierung in Havanna sah darin ein Mittel zur Abschreckung einer neuerlichen Invasion durch die USA, für die Sowjets waren sie ein Ausgleich für die Atomwaffen, die die Vereinigten Staaten an der Grenze zwischen der Türkei und der UdSSR aufgestellt hatten. Als die Abschussbasen bei Sagua la Grande im Norden der heutigen Provinz Villa Clara am 14. Oktober 1962 von einem US-amerikanischen Aufklärungsflugzeug eher zufällig fotografiert wurden, läuteten im Pentagon natürlich sämtliche Alarmglocken. Zunächst wurde eine totale Seeblockade über die Insel verhängt, kurz darauf sowjetische Handelsschiffe auf dem freien Meer mit Warnschüssen bedroht. Die UdSSR reagierte mit dem Abschuss eines US-Kampfjets über Cuba – dessen Teile übrigens noch heute im Revolutionsmuseum in Havanna zu sehen sind. Kurz: Die Welt stand mit einem Mal am Rande des Dritten Weltkriegs, der atomare Schlagabtausch zwischen den Weltmächten schien unabwendbar zu sein. Der damalige US-Verteidigungsminister Robert McNamara sagte später: „Die Frage war nur noch, ob wir den Angriff bis Mittwoch oder noch bis Donnerstag hinauszögern konnten." In dieser alles entscheidenden Phase entschied sich der sowjetische Regierungschef Nikita Chruschtschow – zum Leidwesen Cubas – gegen eine weitere Eskalation und unterbreitete Kennedy in allerletzter Minute ein Angebot: Abzug der Raketen aus Cuba einerseits, Verzicht auf eine US-amerikanische Invasion auf Cuba andererseits. Fidel Castro wurde gar nicht erst nach seiner Meinung gefragt, erfuhr von dem Kompromiss vielmehr aus dem Radio, wie er später selbst zugab. Dennoch war er der große Sieger – es gab zwar weiterhin Terroranschläge auf der Insel und speziell auf Castro selbst, die man den USA zuschreibt, eine militärische Aktion unternahmen die Vereinigten Staaten seitdem aber nicht mehr.

Sozialismus unter Palmen

Nachdem die Revolution ihre Herrschaft nach innen wie außen verteidigt hatte, konnte sich die Regierung in Havanna fortan auf ihre inneren Angelegenheiten konzentrieren und damit beginnen, einen neuen Staat zu schaffen – so, wie sie es ursprünglich vorgehabt hatte. Eine ihrer ersten Errungenschaften war eine Alphabetisierungskampagne, zu der fast 300.000 „Lehrer", von denen viele noch Schüler waren, selbst in die entlegensten Landesteile geschickt wurden, um den Campesinos und einfachen Arbeitern das Lesen und Schreiben beizubringen. Bereits am 22. Dezember 1961 verkündete Fidel Castro, dass Cuba vom Analphabetismus

Inzwischen wieder gut bestückt: die Bauernmärkte

befreit sei, und ließ das Erziehungswesen gleichzeitig zu einer für die Bevölkerung kostenlosen Einrichtung ausbauen – vom Kindergarten bis zur Universität.

Weltweite Beachtung verdiente sich Cuba auch mit dem radikalen Umbau seines Gesundheitswesens. Nicht nur, dass die Zahl der Ärzte von 6000 auf rund 60.000 verzehnfacht wurde, die cubanischen Mediziner zählen zudem zu den weltweit am besten ausgebildeten. Und dies zeitigt natürlich Folgen: Die Lebenserwartung von Cubanern liegt heute bei 79,85 Jahren (Frauen) bzw. 75,11 Jahren (Männer), die Sterblichkeitsrate bei Neugeborenen hat sich bei 6,22 Promille eingependelt, Massenkrankheiten wie Polio, Diphtherie sind praktisch ausgerottet, pro Tausend Einwohner stehen 6,7 Krankenhausbetten zur Verfügung – alles Spitzenwerte, die sonst nur von sogenannten Erste-Welt-Ländern erreicht werden.

So sehr sich die Revolution in den Folgejahren politisch behauptete, so wenig Erfolg hatte sie auf wirtschaftlichem Gebiet. Nachdem viele Spezialisten das Land verlassen hatten, kamen weite Teile der Industrie zum Erliegen, durch die Überführung von Großgrundbesitz in Staatsbetriebe sanken zudem die Ernteerträge. Die Zuckerproduktion ging innerhalb von nur fünf Jahren auf etwas mehr als die Hälfte zurück, auf den Reisfeldern brach die Produktion gar um mehr als 80 Prozent ein. Um die Grundversorgung der Bevölkerung mit Nahrungsmitteln dennoch zu gewährleisten, führte die Regierung im März 1962 die sogenannte „Libreta" (wörtlich: „Notizbuch") ein, ähnlich den während des Zweiten Weltkriegs in Deutschland gebräuchlichen Bezugsscheinen. Damit erhielt jeder Cubaner pro Monat unter anderem zwei Kilogramm Reis, einen halben Liter Speiseöl, 20 Gramm Bohnen und jede Familie ein Paket Salz, eine Seife und eine Tube Zahnpasta – und erhält dies noch heute, denn die „Libreta" besitzt nach wie vor ihre Gültigkeit.

Wirtschaftlich bergauf ging es mit Cuba erst, als es 1972 auf dringendes Anraten der sowjetischen Verbündeten dem Rat für gegenseitige Wirtschaftshilfe (kurz: RGW, engl. COMECON) beigetreten war. Fortan wuchs das Sozialprodukt, stieg die Produktivität, legte das Land 1974 erstmals seit der Revolution eine positive Außenhandelsbilanz vor. Mit einer vorsichtigen wirtschaftlichen Öffnung im Jahr 1980, deren äußeres Zeichen die Zulassung der Bauernmärkte war, verbesserte sich die Versorgung der Bevölkerung spürbar. Der entscheidende Faktor der sich konsolidierenden Wirtschaft blieben aber weiterhin die engen Beziehungen zur Sowjetunion und deren Bruderstaaten. Sie nahmen cubanischen Zucker zu weit über dem Weltmarktniveau liegenden Preisen ab und lieferten zudem subventioniertes Erdöl und andere Produkte.

Die „Sonderperiode"

Aufgrund der vielfältigen Abhängigkeiten bedeutete die Implosion des Ostblocks ab 1989 für Cuba eine wirtschaftliche Katastrophe, die schließlich alle Bereiche erfasste. Der Niedergang hatte sich allerdings bereits in den Jahren davor abgezeichnet. Denn schon während seiner Politik der Perestroika hatte der Generalsekretär des Zentralkomitees der KPdSU und spätere sowjetische Staatspräsident Michail Gorbatschow die Wirtschaftshilfen für Cuba schrittweise zurückgefahren. Jetzt, da allerdings überhaupt keine Abnehmer für die Exportprodukte des Landes mehr geblieben waren, standen auf der Insel fast alle Räder still. Es fehlte an Rohstoffen für die Industrie, an Ersatzteilen für die Maschinen, an Nahrungsmitteln für die Bevölkerung. Aufgrund von Benzinmangel kam der Verkehr fast vollständig zum Erliegen, Stromabschaltungen waren an der Tagesordnung, nahezu sämtliche Waren wurden rationiert. Die Regierung rief die „Período Especial en Tiempos de Paz", die „Sonderperiode in Friedenszeiten", aus und reagierte mit Durchhalteparolen. Da davon niemand satt wurde, blieb Fidel Castro in dieser Phase kein anderer Ausweg, als auf den lange Zeit verpönten internationalen Tourismus zu setzen – irgendwie mussten einfach Devisen ins Land. Und die flossen auch, sorgten aber gleichzeitig für ein Wachsen des Schwarzmarkts und eine soziale Schieflage. Denn Servicekräfte in Hotels und Restaurants trugen jetzt allein an Trinkgeldern pro Tag das nach Hause, was Ärzte, Lehrer oder Anwälte im Monat verdienten. Castros zweiter Schachzug war die Einführung des US-Dollars als offizielle Zweitwährung, die er ausgerechnet am bedeutungsschweren Nationalfeiertag, dem 26. Juli 1993, verkündete. Wenngleich er damit die Währung des Feindes legitimierte, was auch an den ideologischen Fundamenten rüttelte, so stellte ihre Zulassung doch gleichzeitig ein kleines Licht am Ende des dunklen wirtschaftlichen Tunnels dar. Denn jetzt hatte das Land neben dem vor sich hin dümpelnden Peso plötzlich auch eine harte Währung. Und außerdem wurden damit Auslandsüberweisungen von Exil-Cubanern möglich, die ihren Verwandten von Florida aus nun Geld schicken konnten – inzwischen angeblich eine der größten Devisenquelle des Landes. Innerhalb nur eines einzigen Jahres entspannte sich die Situation deutlich. Hinzu kam die weitere Öffnung für den internationalen Tourismus, die dazu führte, dass die Gästezahl auf über zwei Millionen anwuchs und jährlich inzwischen rund 2,5 Milliarden US-Dollar in die Kassen spült, was knapp neun Prozent des Bruttoinlandsprodukts bedeutet.

Das neue Jahrtausend

Mit dem Beginn des 21. Jahrhunderts schien Cuba die „Sonderperiode" endgültig überwunden zu haben. Die Märkte waren wieder gut bestückt, die Regale in den Geschäften voll, und während der Amtszeit von US-Präsident Bill Clinton änderte sich auch die traditionell konfrontative Cuba-Politik Washingtons. Das lag unter anderem auch daran, dass das Weiße Haus mit dem Nahost-Konflikt, dem NATO-Krieg gegen Jugoslawien und dem UNO-Einsatz in Somalia andere Sorgen hatte und die sozialistische Insel vor der Haustür in der US-amerikanischen Wirklichkeit nur noch am Rande vorkam. Nur einmal musste sich Clinton mit dem Thema Cuba auseinandersetzen, als es von November 1999 bis Juni 2000 ein monatelanges Tauziehen um den kleinen Elián González gab, dessen Mutter bei einem Fluchtversuch ertrunken war und der daraufhin auf einem Reifenschlauch nach Florida getrieben worden war. Obwohl die Anti-Castro-Lobby unter der Führung der Cuban-American National Foundation nichts unversucht ließ, den sechsjährigen Jungen in den USA zu halten, verfügte der Oberste Gerichtshof der Vereinigten Staaten schließlich seine Rückführung in die Heimat. Dadurch waren die exilcubanischen Hardliner bloßgestellt und in der US-amerikanischen Öffentlichkeit diskreditiert. Ihr rapider Sympathieverlust resultierte nicht nur daraus, dass sie Clinton vorgeworfen hatten, er erhalte seine Befehle von Fidel Castro persönlich. Sie hatten Elián González auch aggressiv zu instrumentalisieren versucht und ihre eigenen Interessen über die der USA gestellt – und über das Völkerrecht. Dennoch nützte die Regierung in Washington diese historische Chance nicht für einen grundsätzlichen Politikwechsel gegenüber Cuba. Obwohl beide Staaten im „Fall Elián" an einem Strang gezogen hatten und obwohl Clinton etwas mehr als ein halbes Jahr vor dem Ende seiner zweiten Amtszeit eigentlich nichts mehr zu verlieren gehabt hätte, wollte er eine Veränderung der bilateralen Beziehungen seinem Nachfolger überlassen.

Der 43. Präsident der Vereinigten Staaten von Amerika, George W. Bush, dessen jüngerer Bruder Jeb Bush als Gouverneur von Florida dringend auf die Stimmen der exilcubanischen Gemeinde von Miami angewiesen war, dachte daran aber zuletzt. Ganz im Gegenteil: Als er von seiner „Achse des Bösen" sprach, nannte er Cuba vielmehr in einem Atemzug mit den „Schurkenstaaten" Iran, Syrien und Nordkorea. Doch trotz seiner finsteren Entschlossenheit schaffte es auch der „Cowboy aus Texas" nicht, Schluss zu machen mit dem Revolutionsführer und dessen „Sozialismus unter Palmen". Er rief zwar eine „Kommission zur Unterstützung eines freien Cuba" ins Leben, die brav ein 500-Seiten-Papier für einen „friedlichen Übergang" in Cuba erarbeitete, und setzte mit Caleb McCarry sogar einen Sonderbeauftragten für die Transition des Insel-Staates ein – zählbare Ergebnisse erbrachte der Aktionismus allerdings nicht.

Neue Freunde

Stattdessen löste Bush mit seinen permanenten Verbal-Attacken und Umsturz-Vorbereitungen eine Solidarisierungswelle der lateinamerikanischen Welt mit Cuba aus, die durch den Linksruck in den Staaten Südamerikas nach den Wahlen des Jahres 2006 noch verstärkt wurde. Vor allem der venezolanische Staatspräsident Hugo Chávez wurde zu einem engen Freund des Landes und Fidel Castros persönlich. Als im Januar 2006 in Bolivien zudem der Führer des „Movimiento al

Socialismo" („Bewegung zum Sozialismus"), der Indio Evo Morales, die Regierungsgeschäfte übernahm, hatte sich ein Trio gefunden, das den USA seitdem konsequent die Stirn bietet. Die Anfang 2005 begonnene Kooperation zwischen Venezuela und Cuba zum Aufbau einer Wirtschaftsgemeinschaft mündete formell in die ALBA (span. Alternativa Bolivariana para los Pueblos de Nuestra América – Bolivarianische Alternative für die Völker unseres Amerika), der im April 2006 Bolivien und im März 2007 auch Nicaragua beitrat und die sich als Gegengewicht zur US-dominierten ALCA (span. Área de Libre Comercio de las Américas – Amerikanische Freihandelszone) versteht. Seitdem liefert Venezuela Öl unter Weltmarktpreisen an Cuba, wofür Cuba wiederum medizinisches Personal und Alphabetisierungshelfer nach Venezuela entsendet. Schon im Vorfeld, im Juli 2004, war die „Operación Milagro" („Operation Wunder") ins Leben gerufen worden, in deren Rahmen sich die Bewohner lateinamerikanischer Länder, vorwiegend eben aus Venezuela, Bolivien und Nicaragua, in Cuba kostenlosen Augenoperationen unterziehen können.

Ungewisse Zukunft

Trotz der Tatsache, dass Cuba aufgrund der Zusammenarbeit mit den anderen lateinamerikanischen Ländern und der Partnerschaft mit Venezuela wirtschaftlich zunehmend gesundet, blickt das Land einer ungewissen Zukunft entgegen. Die in früheren Jahren oftmals gestellte Frage „Was kommt nach Fidel?" ist seit dem 31. Juli 2006 aktueller denn je. An jenem denkwürdigen Tag übergab der damals 80-jährige Revolutionsführer und dienstälteste Regierungschef der Welt seine Ämter vorübergehend an seinen fünf Jahre jüngeren Bruder Raúl Castro, weil er sich einer komplizierten Magen-Darm-Operation unterziehen musste. Die Zeit ist seitdem nicht stehengeblieben. Raúl Castro, früher als „Faust der Revolution" verschrien und als Hardliner gerne in die radikale Ecke gestellt, gilt längst als Pragmatiker und Reformer. Diesem Ruf wurde er unter anderem dadurch gerecht, dass er in der Abwesenheit seines Bruders einen eigenen Beraterstab um sich scharte, der unabhängig und parallel zu den einstigen Vertrauten Fidels arbeitet. Er tauschte gleich mehrere Minister aus, berief Manager von Staatsbetrieben ab und besetzte die vakanten Stellen mit ranghohen Militärs. Als langjähriger Armeechef ist er seinen Offizieren nämlich noch immer eng verbunden.

Eine entscheidende Weichenstellung nahm Raúl Castro am 26. Juli 2007, dem Nationalfeiertag und Jahrestag des Überfalls auf die Moncada-Kaserne, vor, als er in einer einstündigen Rede vor 100.000 Menschen, die zudem von Radio und Fernsehen im ganzen Land verbreitet wurde, eine wirtschaftliche Neuausrichtung des Landes ankündigte. Nachdem er Wochen zuvor bereits die Start- und Landegebühren sowie die Kerosinpreise für internationale Fluggesellschaften gesenkt hatte, um so mehr Touristen ins Land zu holen, sprach er von der Erhöhung ausländischer Investitionen und der schnellen Lösung der drei Hauptprobleme der Bevölkerung: die Versorgung mit Lebensmitteln, ihre Beförderung (vom und zum Arbeitsplatz) und die Bereitstellung von ausreichendem Wohnraum. Diesen Zielen, die auf einer sozialistischen Basis angesteuert würden, maß er oberste Priorität bei. Prompt wurde er vom „großen Bruder" wenige Tage später zurückgepfiffen bzw. korrigiert, was zumindest in Cuba dasselbe ist. Fidel Castro trat zwar in dieser Phase nicht mehr persönlich in der Öffentlichkeit auf, meldete sich aber beinahe täglich mit schriftlichen „Reflexiones" („Überlegungen") zu Wort. Jede wichtige

Entscheidung werde mit ihm abgesprochen, verkündete er und meinte damit zweifellos, müsse gefälligst mit ihm abgesprochen werden. Außerdem trat er Signalen von Bruder Raúl entgegen, der bei verschiedenen Gelegenheiten seine Bereitschaft zu Gesprächen mit Washington bekundet hatte. „Niemand gibt sich der Illusion hin, dass das Imperium (gemeint: die USA), das die Gene der Selbstzerstörung in sich trägt, mit Cuba verhandeln wird", schrieb er.

Raúl Castro scheint trotz aller Anstrengungen also tatsächlich nur der Übergangskandidat zu sein, und die Weichen für die „Zeit nach Fidel" sind wohl längst gestellt. Denn auch der Vize-Präsident des Staatsrates, Carlos Lage (Jg. 1951), wird nicht müde zu erklären, dass es in Cuba „keine Transformation, sondern Kontinuität" geben werde. Der Kinderarzt und Architekt der cubanischen Wirtschaftsreformen in bzw. nach der „Período Especial" gilt zusammen mit Außenminister Felipe Pérez Roque (Jg. 1965) als Schlüsselfigur in einer Zukunft ohne Fidel.

Cubas Geschichte im Überblick

ca. 8000 v. Chr.: Erste Besiedlung Cubas durch Indios des Stammes Guanahatabey. Ihnen folgen die Siboney und schließlich die Taíno.

1492: Christoph Kolumbus landet an der Nordküste Cubas in der Bucht von Bariay.

1511: Diego Velázquez gründet im Namen der spanischen Krone mit Baracoa die erste Stadt in Cuba, sechs weitere folgen.

1514: An der Karibik-Küste wird die Siedlung San Cristóbal de la Habana (Havanna) gegründet, vier Jahre später aber an die Atlantik-Küste verlegt.

1522: Santiago de Cuba wird zur ersten Hauptstadt der spanischen Kolonie ausgerufen.

1607: Havanna löst Santiago de Cuba als Hauptstadt der Insel ab.

1762: Havanna wird von britischen Truppen eingenommen, aber schon nach elf Monaten im Tausch gegen Florida an Spanien zurückgegeben.

1791: In der Folge der Französischen Revolution wird Haiti von einem Sklavenaufstand überzogen, die aus Frankreich stammenden Zuckerrohr-Farmer flüchten nach Cuba und machen das Land zum größten Zuckerproduzenten der Welt.

1837: Cuba baut als fünftes Land der Erde und als erstes der spanischsprachigen Welt eine Eisenbahnlinie.

1868: Unter Führung von Carlos Manuel de Céspedes bricht der Erste Unabhängigkeitskrieg aus, der bis 1878 dauert und deshalb auch „Zehnjähriger Krieg" genannt wird.

1879-1880: Rebellen unter Führung der Generäle Calixto García und Antonio Maceo geben den Kampf nicht verloren und ziehen gegen die spanischen Besatzer in den „Kleinen Krieg" (span. „Guerra Chiquita")

1895: Es kommt zum Zweiten Unabhängigkeitskrieg, zu dessen Beginn Nationalheld José Martí in einem Scharmützel bei Dos Ríos in der heutigen Provinz Granma fällt.

1898: Obwohl die cubanische Rebellen-Armee die spanischen Besatzer bereits am Rande einer Niederlage hat, schalten sich die USA in den Krieg ein und stellen sich auf die Seite der Revolutionäre. Die Kolonial-Truppen unterliegen.

1899: Die USA erhalten formell die Hoheit über die Insel. Die vorausgegangenen Friedensverhandlungen in Paris fanden ohne cubanische Beteiligung statt.

1902: Die Republik Cuba wird gegründet, ein Zusatz in der Verfassung (Platt-Amendment) räumt den USA unter bestimmten Umständen aber das Recht auf Interventionen ein.

1903: Die verfassungsgebende Versammlung Cubas verpachtet die Bucht von Guantánamo an die USA.

1924-1933: Gerardo Machado kommt an die Macht und errichtet eine Diktatur.

1934: Fulgencio Batista stürzt Machado mit Rückendeckung der USA und wird 1940 zum Präsidenten gewählt.

1952: Nachdem er die anstehenden Präsidentschaftswahlen als verloren ansieht, putscht sich Batista erneut an die Macht, die Wahlen werden abgesagt.

Unvergessen: die Wurzeln

1953: Fidel Castro stürmt mit seinen Gefolgsleuten die Moncada-Kaserne in Santiago de Cuba, wird festgenommen, verurteilt, ins Gefängnis gesteckt, 1955 jedoch amnestiert und verbannt.

1956: Unter Führung von Fidel Castro landet die Yacht „Granma" an der cubanischen Ostküste, der bewaffnete Kampf gegen das Batista-Regime beginnt.

1958/1959: Die Rebellen um Fidel Castro, Raúl Castro, Ernesto Che Guevara und Camilo Cienfuegos entscheiden die Revolution für sich, Diktator Batista flieht in die USA.

1960: Nach der Verstaatlichung ausländischer Großunternehmen in Cuba verhängen die USA ein Wirtschaftsembargo.

1961: Die USA brechen die diplomatischen Beziehungen zu Cuba ab und starten die Invasion in der Schweinebucht, die von der Revolutionsarmee zurückgeschlagen wird.

1962: Die Sowjetunion stationiert Atomraketen auf der Insel, die sogenannte „Cuba-Krise" bringt die Welt an den Rand eines Atomkriegs.

1967: Ernesto Che Guevaras Revolution in Bolivien scheitert, er wird festgenommen und standrechtlich erschossen.

1975: Cuba und die Bundesrepublik Deutschland nehmen diplomatische Beziehungen auf.

1991: Nach dem Zusammenbruch der Sowjetunion erlebt Cuba eine massive Wirtschaftskrise, die „Período Especial" („Sonderperiode") wird ausgerufen.

1998: Papst Johannes Paul II. besucht Cuba und erreicht größere Freiheiten für die 42 Prozent Christen unter der Bevölkerung.

2004: Nach elf Jahren wird der US-Dollar als offizielle Zweitwährung abgeschafft und durch den „Peso convertible" (CUC) ersetzt.

2006: Wegen schwerer Krankheit übergibt Fidel Castro alle Amtsgeschäfte an seinen jüngeren Bruder Raúl.

Die Menschen

Leben in Cuba

Die Gesellschaft	50	Die Musik	61
Die Kultur	54		

Die Gesellschaft

Von den rund 11,5 Millionen Cubanern – Tendenz steigend – sind 19,1 Prozent bis 14 Jahre alt, 70,3 Prozent zwischen 15 und 64 Jahren und 10,6 Prozent älter als 65 Jahre. Ihr Durchschnittsalter beträgt 35,9 Jahre, Männer sind mit 35,2 Jahren etwas jünger. Das Bevölkerungswachstum liegt bei 0,31 Prozent, die Geburtenrate bei 11,89 Prozent und die Sterberate bei 7,22 Prozent pro 1000 Einwohner. Nackte Zahlen aus dem Jahr 2007 – die viel sagen und gar nichts. Denn wenngleich sich natürlich auch Cubas Bevölkerung in Statistiken fassen lässt, so verraten diese Werte über die Menschen und ihr Land nur sehr wenig – außer eines vielleicht: Die Sterblichkeitsrate bei Neugeborenen liegt mit 6,22 Promille auf einem Level, der normalerweise nur in Erste-Welt-Staaten erreicht wird.

Zahlen hin, Zahlen her – zuallererst sind Cubaner zum weit überwiegenden Teil sehr freundliche, äußerst hilfsbereite, meist gut gebildete und trotz ihrer nicht immer einfachen Situation lebensfrohe Menschen. Fast alle verdienen sie ihr Geld in Moneda nacional, pro Monat durchschnittlich 350 Pesos cubanos – also knapp 15 CUC oder umgerechnet etwa 12 Euro. Damit kann man noch nicht einmal kleine Sprünge machen. Dies umso weniger, als die sogenannten „Luxusgüter", unter die auch viele elementare Produkte und Dienstleistungen fallen, nur für Pesos convertibles (CUC) zu haben sind. Erst wenn man sich diesen Betrag vergegenwärtigt, kann man wohl verstehen, warum die Jobs in Devisen-Hotels oder in der Tourismusbranche ganz allgemein so begehrt sind. Mit etwas Charme und Fortune erhält diese Summe ein Barkeeper in Varadero pro Tag an Trinkgeldern. Wer nicht das Glück hat, Ausländern ihre schönsten Wochen des Jahres versüßen zu dürfen, muss daher nicht selten zwei Beschäftigungen nachgehen, um das Überleben seiner Familie zu sichern. Ärzte, die sich nach ihrem Dienst in den Krankenhäusern hinter das Steuer eines Taxis setzen, Fabrikarbeiter, die sich abends als Jineteros verdingen und unwissenden Touristen minderwertige Zigarren andrehen, junge Mädchen, die als Jineteras – das weibliche Pendant – ihren Körper verkaufen, sind eher die Regel als die Ausnahme.

Daran ändert auch die sogenannte „Libreta" (wörtlich: „Notizbuch") nichts, die schon im März 1962, kurz nach Inkrafttreten des US-Embargos, eingeführt wurde, um die Versorgung der Bevölkerung mit Lebensmitteln sicherzustellen und die bis heute gebräuchlich ist. Ähnlich den Bezugsscheinen, die während des Zweiten Weltkriegs in Deutschland ausgegeben wurden, erhält jeder Cubaner bzw. jede Familie gegen Vorlage der „Libreta" eine Reihe subventionierter Grundnahrungsmittel und Hygieneprodukte. Nach offizieller Lesart soll damit der Bedarf für einen Monat abgedeckt werden, selbst bei allergrößter Sparsamkeit ist die „Libreta"-Ration aber nach längstens zwei Wochen aufgebraucht.

Dennoch: Laut dem Human Development Index, der alljährlich vom Entwicklungsprogramm der Vereinten Nationen (UNDP) veröffentlicht wird und der – anders als der Ländervergleich der Weltbank – nicht nur das Bruttoinlandsprodukt, sondern auch Lebenserwartung und Alphabetisierungsrate berücksichtigt, lag Cuba im Jahr 2006 im Feld der hoch entwickelten Länder auf Platz 50, knapp hinter den Vereinigten Arabischen Emiraten (Platz 49), aber deutlich vor Russland (Platz 65), Brasilien (Platz 69) oder China (Platz 81) – Deutschland, Österreich und die Schweiz nehmen übrigens die Ränge 21, 14 und 9 ein. Darüber hinaus wurde Cuba vom

Die Gesellschaft

Wasserversorgung in der Altstadt von Havanna

UN-Welternährungsprogramm bestätigt, das einzige Land Lateinamerikas und der Karibik ohne unterernährte Kinder zu sein. Aber wie schon gesagt: Auch diese Zahlen sagen viel und gar nichts.

„La Libreta" – Die Lebensmittelkarte

Nachdem Cuba in den ersten Jahren nach dem Sieg der Revolution unter einer Wirtschaftskrise zu leiden hatte und das US-Handelsembargo ansatzweise zu greifen begann, führte die Regierung im März 1962 die sogenannte „Libreta" ein. Gegen Vorlage dieser Lebensmittelkarte erhielt jeder Cubaner bestimmte subventionierte Grundnahrungsmittel, die eine Monatsration darstellen sollten. Die „Libreta" hat noch immer Bestand, und die dafür erhältlichen Lebensmittel bzw. Hygieneprodukte sollen bis heute vier Wochen lang die Versorgung sichern. Die Artikel werden je nach Art entweder pro Kopf oder pro Familie abgegeben.

Im Einzelnen erhält jeder Cubaner auf seine „Libreta" (Angaben in Libras, 1 Libra = 0,46 kg, 1 kg = ca. 2,2 Libras):
5 Libras Reis, 5 Libras Zucker, 0,5 Libras Speiseöl, 20 Gramm Bohnen, 1 Seife.

Pro Karte, also pro Familie, gibt es zudem:
1 Päckchen Salz, 1 Päckchen Kaffee, 1 Pasta-Sauce, 1 Tube Zahnpasta.

Familien mit Kindern unter sechs Jahren bekommen zudem Milch bzw. Milchpulver. Grundsätzlich bietet die „Libreta" aber keine absolute Gewähr für den Bezug der genannten Lebensmittel, da auch die Peso-Geschäfte oft genug von den Versorgungsengpässen betroffen sind.

Bevölkerung

Die cubanische Bevölkerung setzt sich ethnisch aus 66 Prozent Weißen, zwölf Prozent Schwarzen, 21,9 Prozent Mulatten und 0,1 Prozent Chinesen zusammen – offiziell jedenfalls. Denn bei der Erhebung, die diese Zahlen ergab, durfte jeder Befragte seine Hautfarbe selbst bestimmen. Durchaus ernst zu nehmende Schätzungen gehen demgegenüber deshalb davon aus, dass die drei großen Gruppen jeweils etwa zu einem Drittel vertreten sind. Während der überwiegende Teil der Schwarzen die Nachkommen der Arbeitssklaven sind, die in der Kolonialzeit auf die Insel gebracht wurden, stammt die hellhäutige Bevölkerung hauptsächlich von jenen Spaniern ab, die für diese Deportationen verantwortlich waren. Dennoch leben sie ohne Vorurteile zusammen, heißt es allenthalben. Und wenngleich Diskriminierung und Rassismus mit dem Sieg der Revolution formal als abgeschafft erklärt wurden, sieht die Realität doch anders aus: Schwarze leben in der Regel in den schlechteren Wohnvierteln, sind häufiger von routinemäßigen Polizeikontrollen betroffen und werden von Weißen (und selbst Mulatten) nur in Ausnahmefällen geheiratet. Auch der stete unterschwellige Konflikt zwischen den Habaneros einerseits und den überwiegend dunkelhäutigen Santiagueros im Osten andererseits, die sich gegenseitig vorwerfen, etwas anders zu „ticken", resultiert aus längst nicht überwundenen ethnischen Problemen. Dass die Regierungsspitze Cubas ausnahmslos von Weißen gestellt wird, ist nur das Tüpfelchen auf dem i.

Rolle der Frau

Nach der Unabhängigkeit Cubas dauerte es nicht lange, bis sich Frauen vorwiegend aus der Mittel- und Oberschicht zusammenfanden, um mehr persönliche Rechte einzufordern – nicht ohne Erfolg. Bereits im Jahr 1921 beschloss der Senat das Frauenwahlrecht. Dennoch: An grundlegenden Prinzipien ließ die Männergesellschaft nicht rütteln. Lohngleichheit oder Gleichberechtigung bei Bildung und beruflichem Aufstieg wurden von wenigen Ausnahmen abgesehen nicht erreicht. Zudem privilegierte die Gesetzgebung den Mann auch innerhalb der Familie. Festgeschrieben und in die Tat umgesetzt wurde die Gleichstellung erst nach dem Jahr 1959. Wenngleich auch während des Revolutionskampfes Frauen meist nur in der „zweiten Reihe" eingesetzt waren, jetzt durften sie an die Front. Und sie nutzten diese Chance. In kurzer Zeit wuchs ihr Anteil an der erwerbstätigen Bevölkerung beachtlich. Heute wird jeder dritte cubanische Peso von einer Frau verdient – und dies keineswegs nur in typisch weiblichen Domänen, sondern auch in Spitzenpositionen. Selbst in Polizei und Militär haben sich Frauen längst eingereiht, nur in herausgehobenen politischen Ämtern sind sie noch unterrepräsentiert. Dabei sind Cubanerinnen längst nicht so unpolitisch, wie man vielleicht meinen möchte. Ein Beispiel dafür ist Mariela Castro, Tochter von Raúl und Nichte von Fidel Castro, die sich als Direktorin des Centro Nacional de Educación Sexual (Nationales Zentrum für Sexualerziehung) immer wieder auch mit unbequemen Statements zu Wort meldet. Vor allem aber sind da jene Frauen, denen die Politik nicht schon in die Wiege gelegt wurde – die „Damas de blanco" („Damen in Weiß"), die jeden Sonntag möglichen Repressalien zum Trotz weiß gewandet in einem Schweigemarsch durch die Straßen Havannas ziehen, um auf das Schicksal inhaftierter Dissidenten aufmerksam zu machen.

> **„Quince" – ein Mädchen wird 15**
>
> Cubanische Mädchen sind zwar nicht früher reif als ihre Geschlechtsgenossinnen in anderen Ländern der Erde, offiziell werden sie allerdings bereits an ihrem 15. Geburtstag in die Gesellschaft eingeführt und gelten damit als erwachsen. Entsprechend groß wird der Tag begangen, selbst ärmere Familien sparen jahrelang, um ihrer Tochter ein besonderes Fest zu ermöglichen – zu Preisen von etwa 3000 CUP/ca. 125 CUC aufwärts.
>
> Während Mädchen bis zu ihrem „Quince" nicht alleine ausgehen, nicht öffentlich rauchen, keine Kurzhaarfrisur tragen, sich nicht schminken und keine sexuellen Kontakte haben (sollen), mit dem 15. Geburtstag brechen die meisten Dämme. Friseure werden bemüht, Nagelstylisten aufgesucht, in Modegeschäften lange weiße Kleider gekauft oder geliehen und – der Erinnerung wegen – Fotografen und Videofilmer engagiert. Besonders betuchte Familien mieten vielleicht noch ein Oldtimer-Cabrio, in dem die wie eine junge Braut herausgeputzte Tochter von der Wohnung zum Hotel oder Restaurant chauffiert wird, wo das Fest im Kreise der Verwandten und Freunde steigt. Wenn alle artig ihre Geschenke – vorwiegend Geld und Schmuck – übergeben haben, wird schließlich der Tanz eröffnet, der an diesem Tag ebenfalls einem eigenen Ritus folgt. Denn ehe die Hauptperson am Arm von Vater oder Onkel das Parkett betritt, warten dort bereits 14 andere Paare, um das Geburtstagskind mit seinem Partner in ihre Mitte zu nehmen. Schon tags darauf gehen die meisten 15-Jährigen übrigens erneut zum Friseur – diesmal, um sich die Haare abschneiden zu lassen und damit jedermann allein durch ihr Äußeres zu signalisieren: „Ya tengo quince." – „Ich bin schon 15."
>
> Weil die Mädchen mit dem Tag ihres „Erwachsenwerdens" durch Schönheit glänzen, hat sich in Cuba eine Redensart eingebürgert, die auf junge wie ältere Frauen gemünzt ist, die mit weniger Attraktivität gesegnet sind. Über sie sagt man: „Nunca tuvo quince." Wörtlich: „Sie war niemals 15". Soll heißen: „Sie war noch nie hübsch."

Religionen

Wenngleich offiziell rund 42 Prozent der Bevölkerung als Katholiken und Protestanten geführt werden, so ist die Zahl der praktizierenden Christen auf der Insel verschwindend gering. Auf rund fünf Prozent wird ihr Anteil von kirchlichen Organisationen geschätzt, und selbst dies ist wohl noch zu hoch gegriffen. Daran konnte auch die Visite von Papst Johannes Paul II. im Januar 1998 nichts ändern. Volksreligion in Cuba ist vielmehr die Santería. Sie kam einst mit den Sklavenschiffen aus Westafrika ins Land und vermengte sich schnell mit dem Katholizismus der spanischen Kolonialherren – zwangsläufig. Denn zum einen wurden die Sklaven strikt dazu angehalten, zum rechten Glauben zu konvertieren, zum anderen wollten diese aber ebenso strikt an ihren afrikanischen Gottheiten festhalten. Um diese weiterhin anbeten zu können, setzten sie deshalb ihre Orichas mit den Heiligen (span. Santos) der katholischen Kirche gleich. So konnten sie ihre überlieferten Traditionen aufrechterhalten und gleichzeitig den Geboten der Spanier Genüge tun. Und an dieser „Fusion" hat sich bis heute nichts geändert, obwohl die Santería längst nicht mehr nur die Religion der Nachkommen schwarzer Sklaven ist.

So hat fast jeder Cubaner „seinen" Santo, zu dem er betet – vor allem, wenn er Hilfe benötigt. Zu denen, die am meisten verehrt werden, gehört Babalú Ayé, der dem Heiligen Lazarus entspricht und der gleichzeitig als Schutzpatron der Kranken und Obdachlosen gilt. Wie viele Cubaner zu ihm aufschauen, wird vor allem am 17. Dezember deutlich, wenn die ihm geweihte Kirche in El Rincón Ziel einer großen Wallfahrt ist. Weit mehr als 50.000 Pilger kommen allein an diesem einen Tag in den Vorort von Havanna – einige sogar auf Knien aus der Hauptstadt. Noch bedeutender ist nur El Cobre, das Altötting oder Fatima Cubas. Dort wird Ochún verehrt, die Oricha-Göttin der Liebe und der Fruchtbarkeit, oder – wie man will – die Virgen de la Caridad, die Heilige Jungfrau der Barmherzigkeit, die von Papst Benedikt XV. am 10. Mai 1916 zur Schutzpatronin Cubas erklärt wurde.

Praktiziert wird die Santería in unterschiedlichster Intensität. Nachdem es keine öffentlichen Einrichtungen wie etwa Kirchen gibt und die Zeremonien der Babalaos, der hohen Priester, eher unregelmäßig stattfinden, haben viele Santería-Anhänger in ihrer Wohnung eine Nische eingerichtet, in der sie „ihrem" Oricha kleine Opfergaben darbringen. In der Regel beschränkt man sich aber darauf, die Farben des erwählten „Santos" in Form einer Kette aus kleinen Glasperlen um den Hals oder am Handgelenk zu tragen. Und oft genug tut es auch ein bisschen Rum, der beim Öffnen einer neuen Flasche mit den Worten „para los Santos" („für die Heiligen") auf den Boden gespritzt wird.

Obwohl die Santería gleichsam ein Synonym ist für den afrocubanischen Götterglauben, ist sie genau genommen nur seine am weitesten verbreitete Spielart, die auch als „Regla de Ocha" („Regel von Ocha") bezeichnet wird. Daneben existiert auch die stärker spiritistisch geprägte „Regla Conga", die auch unter dem Namen „Palo Monte" bekannt ist und auf Traditionen aus dem Kongo basiert, sowie der Geheimbund Abakuá, der ausschließlich Männer zulässt.

Absolut unterrepräsentiert sind in Cuba Weltreligionen wie das Judentum oder der Islam. Nachdem ein Großteil der zumeist aus der Oberschicht bestehenden jüdischen Gemeinde das Land verließ, als Fidel Castro an die Macht kam, bezeichnen sich heute nur noch etwa 1500 Cubaner als Juden. Die meisten von ihnen leben in Havanna, wo es im Stadtteil Vedado auch eine Synagoge gibt. Noch kleiner ist die Gruppe der Muslime, die zumeist in der „Sociedad Union Árabe-Cubano" organisiert sind, in der „Casa de los Árabes", dem islamischen Zentrum in Havanna-Vieja, aber immerhin über einen eigenen Gebetsraum verfügen.

Die Kultur

Als Alejo Carpentier, der wohl bedeutendste zeitgenössische Schriftsteller Cubas, einmal nach dem Ursprung der cubanischen Bevölkerung und ihrer Kultur befragt wurde, antwortete er: „Wir kamen alle übers Wasser." Die Ureinwohner in ihren Kanus, die Spanier in ihren Karavellen, die Schwarzafrikaner in den Sklavenschiffen und auch die chinesischen Kontraktarbeiter und die französischen Zucker- und Kaffeebarone – sie alle waren originär keine Cubaner. Was Carpentier, selbst Sohn eines Franzosen und einer Russin, damit zum Ausdruck bringen wollte, ist der Bevölkerungsmix im Schmelztiegel Cuba, der seine ganz eigene Kultur schuf. Die Literatur und der Film, die schönen Künste und das Ballett brachten immer wieder international renommierte Namen hervor. Die cubanische Musik und die von ihr geborenen Rhythmen wie der Danzón, der Son, der Bolero, der Mambo und der Cha-Cha-Cha taten ein Übriges, um Havanna schon in der Kolonialzeit zur kulturellen Hauptstadt der Karibik zu machen.

Neben seiner wechselvollen Geschichte ist die reiche Kultur noch heute das größte Unterscheidungsmerkmal zwischen Cuba und allen anderen Inseln der Großen und Kleinen Antillen. Fast 300 Museen, weit mehr als 120 Kunstgalerien, rund 70 Theaterbühnen, über 350 öffentliche Bibliotheken, 46 Ausbildungsstätten für Künstler, darunter auch die Internationale Schule für Film und Fernsehen in San Antonio de los Baños, sowie etwa 300 Kultureinrichtungen allgemeiner Art wie die selbst in kleineren Orten zu findenden „Casas de la cultura" hat kein anderer Staat der Karibik vorzuweisen.

Kunst

Die Kunst Cubas lässt sich bis zur Besiedlung der Insel durch den Indio-Stamm der Guanahatabey zurückverfolgen, der Tausende von Jahren vor Beginn der christlichen Zeitrechnung ins Land gekommen war. Auf knapp 3000 Jahre schätzt man die Höhlen-Malereien, die in den Cuevas de Punta del Este auf der Isla de la Juventud entdeckt wurden und die als die bedeutendsten der Antillen angesehen werden.

Gemälde von Oswaldo Guayasamín

Kunst im klassischen Sinn waren diese Abbildungen von Götzen und Jagdszenen freilich nicht. Von Kunst kann man im Grunde genommen erst ab der Kolonialzeit sprechen, die historisch gesehen fünf Jahrhunderte umfasste. Von Bedeutung sind während der Phase der spanischen Besatzung allerdings auch nur das 18. und 19. Jahrhundert, als der cubanische Grafiker Francisco Javier Báez damit begann, nicht mehr nur religiöse Themen, sondern erstmals auch Pflanzen darzustellen. Dazu verwandte er die im Jahr 1723 in Cuba eingeführte Xilografie, ein spezielles Verfahren zum Reliefschnitzen von Hartholz, um Druckreproduktionen zu erhalten. Das erste grafische Dokument, das diesen Namen verdient, schuf Dominique Serres 1762 mit einer Lithografie der „Toma de La Habana", der Einnahme Havannas durch die Engländer.

Schon bald danach, gegen Ende des 18. Jahrhunderts, veränderte sich die cubanische Kunstszene gravierend. Es war die Zeit der Aufklärung, als sich künstlerisches Schaffen weg von einer Berufung hin zu einem Beruf wandelte. Damals bildete der cubanische Maler José Nicolás de la Escalera y Domínguez an den Wänden der Kirche von Santa María del Rosario auch erstmals einen schwarzen Sklaven ab, Vicente Escobar y de Flores ahmte mit seiner unfertigen Porträtmalerei spanische Vorbilder nach, ist aber trotz seiner Unvollkommenheit als Symbolfigur für den Übergang vom 18. zum 19. Jahrhundert zu sehen. Denn als die Zucker-Pesos rollten und sich Cuba allgemeinen Wohnstands erfreute, wollte auch die Bourgeoisie zeigen, was sie hatte, und ließ Porträts quasi am Fließband produzieren – meist von Schwarzen und Mulatten, die die Malerei damals dominierten.

Um die Kunst für das weiße Establishment zurückzuerobern, wurde im Jahr 1818 unter Mitwirkung des Bischofs von Havanna, Juan José Díaz de Espada y Landa, einem Förderer von Wissenschaft und Kunst, die Academia Nacional de Bellas Artes (Nationale Akademie der Schönen Künste) gegründet. Als ersten Direktor holte man den Franzosen Jean Baptiste Vermay ins Land, als dessen Hauptwerk die drei großen Gemälde im Templete Havannas gelten, die die Messe anlässlich der Stadtgründung darstellen. Mit dieser Einrichtung im Rücken bildete sich etwa ab Mitte des 19. Jahrhunderts die nationale Malerei heraus. Mit der Abbildung von Landschaften hielt die Romantik Einzug, der Cubaner Estéban Chartrand schuf – ganz im europäischen Stil – nostalgische und idealisierte Landschaften im Dämmerlicht mit Bauernhäusern, Zuckermühlen und Palmen. In der Zeit des offiziellen Akademismus, der sich bis zum ersten Jahrzehnt des 20. Jahrhunderts hin ausdehnte, taten sich besonders Armando García Menocal und Leopoldo Romañach Guillén hervor, die schließlich an die Akademie berufen wurden, wo sie Generationen cubanischer Maler ausbildeten. Romañach Guillén zeichnete zusammen mit Estéban Valderrama y de la Peña und Domingo Ramos auch für die wunderbaren Wandmalereien in der Aula Magna der Universität von Havanna verantwortlich.

Die Kommerzialisierung der cubanischen Kunst setzte erst nach 1916 ein, da den Künstlern bis dahin kaum Ausstellungsräume zur Verfügung standen, in denen sie ihre Werke einer breiten Öffentlichkeit präsentieren konnten. Als Folge wurden kulturelle Einrichtungen wie das Atheneum und die Akademie für Kunst und Literatur geschaffen, die Asociación de Pintores y Escultores cubanos (Vereinigung der cubanischen Maler und Bildhauer) gebildet und der jährlich stattfindende Salón de Bellas Artes eingerichtet. Zudem wurde im Jahr 1937 das Estudio Libre de Pintura y Escultura (Freies Studio der Malerei und Bildhauerei) gegründet, das von der Akademie vernachlässigte Kunstrichtungen wie die Holzschnitzerei und die Wandmalerei förderte. Rafael Blanco präsentierte sich in dieser Phase mit seinen Aquarellen und Zeichnungen als Pionier auf der Suche nach neuen Ausdrucksformen und als Vorreiter der cubanischen Vanguardia-Bewegung. Während dieser Wende in der Malerei, in der häufig die hart arbeitende Landbevölkerung als Rückgrat der Nation in den Mittelpunkt der Kunst gerückt wurde, trat auch Wifredo Lam hervor, der zum Aushängeschild der cubanischen Avantgarde wurde und es wie kein anderer verstand, afrocubanische Mythologien mit Elementen des Kubismus und des Surrealismus zu verbinden. Besonders in seinem berühmtesten Werk, dem im Jahr 1943 geschaffenen Gemälde „La Jungla" („Der Dschungel") wird dies deutlich.

Die cubanische Kunst der nachrevolutionären Periode ist in erster Linie gekennzeichnet durch ihre Kontinuität und die Betonung des Vertrauens in die im Lande stattfindenden Veränderungen. Diese Tendenz änderte sich erst später in den 1970er Jahren, als Zeichnung und Grafik eine Blüte erlebten und Künstler wie den Pinareño Pedro Pablo Oliva nach oben spülten. Der „Picasso Cubas", wie er genannt wird, griff – wie seine Künstlerkollegen jener Tage – explizit politische Themen auf und setzte sich häufig kritisch mit den Verhältnissen im eigenen Land auseinander. Als sein späteres Meisterwerk gilt das Gemälde „El Gran Apagón" („Der große Blackout"), in dem Oliva die Auswanderungswelle in die USA thematisierte. Wenig Freunde unter den Offiziellen des Staatsapparats machte er sich auch mit seinem Werk „El Gran Abuelo" („Der alte Großvater"), das einen senilen Fidel Castro in einem lächerlichen grün karierten Anzug zeigt, auf dessen Schoß eine Katze sitzt. Lázaro Saavedra behandelte Ideologie, Kunst und Religion ebenfalls mit einer großen Dosis Humor, und Ciro Quintana verfolgte die gleiche Linie mittels des cubanischen Comics. International war diese Art von Kunst Ende des 20. Jahrhunderts gefragt wie nie zuvor. Sowohl in Europa als auch in den USA kam es zu viel beachteten Ausstellungen. 1994 holte der Aachener Kunstmäzen Peter Ludwig einen großen Teil der 5. Biennale Havannas sogar für drei Monate nach Deutschland.

Architektur

„Sanierungsfall" am Malecón

Die Kunst, Ruinen zu bauen – in Cuba kann man sie erleben, jeden Tag. Alles, fast alles, ist von Patina überzogen, strahlend blauer Himmel und kräftige Farben stehen in krassem Kontrast zu langsamem Verfall, morbidem Charme und sozialistischem Mangel. Das wohl größte Architektur-Museum des Landes ist die Hauptstadt Havanna selbst. Sie vereint wie keine andere die Baustile aller Epochen in ihren Mauern – von den gigantischen Festungsanlagen an der Bahía über die kolossale Pracht des Capitolio bis hin zu den tristen Plattenbau-Siedlungen von Marianao und Alamar. Dass man sie alle heute unverändert und ungeschminkt besichtigen kann, ist allerdings auf die besonderen Umstände zurückzuführen, die Havanna zugute kamen: Da einerseits das Umland ausreichend Platz für Ausdehnung bot, andererseits seit 1959 jegliche spekulative Bautätigkeit durch privatwirtschaftliche Unternehmen unterbunden ist und der cubanische Staat zudem an chronischem Geldmangel leidet, kam es zu keiner Substitution alter Bausubstanz. Deshalb kann man in Havanna heute eine Stadt-Architektur studieren, die die Jahrhunderte fast unberührt überstanden hat.

Allerdings – und das macht den Besuch dieses „Freilichtmuseums" so spannend – vergehen keine vier Wochen, in denen sich seine „Exponate" nicht verändern. Verantwortlich dafür ist Eusebio Leal Spengler, der Historiador von Havanna – offiziell zwar Chef-Historiker, an allererster Stelle aber oberster Denkmalschützer und -pfleger. Unter seiner fachmännischen Regie wird vor allem die 1982 von der UNESCO zum Weltkulturerbe erklärte Altstadt in Rekordtempo „aufgemöbelt". Kritiker werfen Spengler zwar vor, ein Disneyland für Touristen zu errichten, tatsächlich erfolgt die Restaurierung der meist aus der Kolonialzeit stammenden Häuser und Paläste aber nach Originalplänen und -vorlagen. Lediglich über die Kanonen- und Kanonenkugel-Imitate, die er aus Gründen der Verkehrsbeschränkung ins Kopfsteinpflaster stecken lässt, mögen Puristen vielleicht streiten.

In Trinidad hingegen gibt es überhaupt keine Debatte. Die 70.000 Einwohner zählende Stadt in der Provinz Sancti Spíritus gilt nicht nur als die am besten erhaltene Kolonialstadt Cubas, sondern ganz Lateinamerikas. Mit Ausnahme der Altstadt von Havanna gibt es nirgendwo sonst ein größeres Ensemble kolonialer Bauwerke und einen Stadtkern von größerem historischen Wert. Deshalb wurde Trinidad mit seinen gepflasterten Straßen, seinen romantischen Innenhöfen und seiner lässigen Atmosphäre bereits 1988, also noch vor Havanna-Vieja, zum UNESCO-Weltkulturerbe erklärt. Trinidads Bausubstanz stammt zumeist aus der zweiten Hälfte des 18. Jahrhunderts, als große Häuser zum Statussymbol einer reichen Bürgerschicht wurden, die ihr Geld mit dem Zuckergeschäft machte. Der Baustil dieser Zeit war geprägt von barocken und maurischen Einflüssen, vieles schaute man in Spanien ab und adaptierte es auf die örtlichen Gegebenheiten. So legte man wegen der hohen Temperaturen stets großen Wert auf eine gute Belüftung, weshalb die Fenster oft raumhoch waren und nach außen mit Gittern geschützt wurden. Die Luft konnte so ungehindert eindringen, unwillkommene Gäste nicht. Waren diese Lamellen anfangs noch aus Holz geschnitzt, brachte man später kunstvolle Gitter aus Schmiedeeisen an, die sogenannten „Rejas", die heute noch überall zu besichtigen sind.

Literatur

Das Streben nach Veränderung und das Aufbegehren gegen die Obrigkeit mit all seinen negativen Folgen für die Protagonisten sind in Cuba auf das Engste mit der Literatur verbunden. Immer waren es zuerst die Dichter und Denker, die mit geschliffenen Worten Missstände anprangerten, sich damit bei den Herrschenden unbeliebt machten – und meist das Land verlassen mussten oder ihrer Heimat aus eigenem Antrieb enttäuscht den Rücken kehrten. Von José Martí (1853–1895) über Zoé Valdés (Jg. 1959) bis hin zu María Elena Cruz Varela (Jg. 1953) hat sich daran nichts geändert. Während Ersterer allerdings auch wegen seiner Verdienste um die Unabhängigkeit als Nationalheld gefeiert wird, gilt Letztere wegen ihrer Ablehnung des Systems und ihrer offenen Kritik an Fidel Castro als verachtete Staatsfeindin. Dabei gibt es zwischen den beiden ungleichen Literaten – ebenso wie zwischen allen anderen bedeutenden Schriftsteller des Landes – durchaus eine Verbindung: die ewige Suche nach der cubanischen Identität und die schonungslose Offenlegung der sozialen und politischen Verhältnisse.

Die sich von spanischen Einflüssen lossagende cubanische Literatur entwickelte sich Anfang des 19. Jahrhunderts, was in der aufgeheizten Stimmung dieser Epoche für die Schriftsteller mit jeder Menge Unbill verbunden war. Die Kolonialmacht war Kritik nicht gewöhnt, konnte damit nicht umgehen, wollte sie gar nicht erst zulassen. Die Dichter ihrerseits waren nicht mehr gewillt, auch nur einen Schritt zurückzuweichen, formulierten vielmehr immer deutlicher den Wunsch des Volkes nach Freiheit – der Konflikt war vorprogrammiert. Als José María Heredia (1803–

Die Kultur 59

1839) im Jahr 1825 in seiner „Himno del desterrado" („Hymne des Verbannten") schrieb: „¡Cuba! Al fin te verás libre y pura" („Cuba! Einst wirst du frei dich sehen und rein"), war das wie ein Schlag ins Gesicht der spanischen Besatzer, die diesen natürlich nicht auf sich beruhen lassen wollten. Heredia musste das Land verlassen. Das gleiche Schicksal widerfuhr im Jahr 1871 auch Nationalheld José Martídessen Name zunächst immer für die cubanische Unabhängigkeit steht, was sein literarisches Werk in den Hintergrund treten lässt, obwohl es zu den herausragendsten Lateinamerikas zählt. Das von Martí geprägte Selbstverständnis des „Nuestra América" („Unser Amerika") stieß auf dem gesamten Kontinent auf breite Zustimmung – und wurde übrigens erst unlängst vom venezolanischen Staatspräsidenten Hugo Chávez in seinem Kampf gegen die Vormachtstellung der USA wieder aufgegriffen. Der Widerhall, den Martí mit seinen Essays, Theaterstücken und Gedichten fand, war in erster Linie darauf zurückzuführen, dass er die Menschen aller sozialen Schichten erreichte, weil er in einer verständlichen Sprache schrieb. Der Titel seines im Jahr 1891 erschienenen Gedichtbands „Versos sencillos" („Einfache Verse"), aus dem auch der Text zu der heimlichen cubanischen Hymne „Guantanamera" stammt, war zeitlebens sein Programm.

Obwohl Martís Werk als richtungweisend für die cubanische Literatur angesehen werden muss, gelten dennoch zwei andere Poeten als die eigentlichen Nationaldichter des Landes: der Mulatte Nicolás Guillén (1902–1989) und der Franco-Cubaner Alejo Carpentier (1904–1980), die mehr verbindet als ihr literarisches Schaffen, in dem beide erstmals die Rassenproblematik zwischen Schwarz und Weiß aufgriffen. Beide waren sie vor der Batista-Diktatur ins Ausland geflohen, beide lebten sie vorübergehend in Paris, beide kehrten sie nach dem Sieg der Revolution nach Cuba zurück, beide bekleideten sie danach hohe Ämter im cubanischen Schriftsteller- und Künstlerverband UNEAC – Guillén als Präsident, Carpentier als Vizepräsident. Doch während Carpentier 1977 für sein Werk mit dem renommierten Cervantes-Preis ausgezeichnet wurde, blieb Guillén diese hohe Ehre versagt.

Ganze 15 Jahre sollte es dauern, bis der „Literatur-Nobelpreis der Spanisch sprechenden Welt" erneut nach Cuba ging. Dulce María Loynaz (1903–1997) war nach der Spanierin María Zambrano die zweite Frau überhaupt, der diese Auszeichnung verliehen wurde. Im Gegensatz zu den meisten ihrer Kollegen hatte sie die Insel nie für längere Zeit verlassen, war trotz ihrer Zugehörigkeit zur Oberschicht auch nach der Revolution in Cuba geblieben und 1959 sogar zur Vorsitzenden der „Königlichen spanischen Akademie für Sprache" gewählt worden. Allerdings hatte sie sich in die innere Emigration begeben und fast 30 Jahre lang nicht mehr publiziert, ehe erst 1984 ein neuer Gedichtband von ihr erschien und ihre Karriere mit dem Cervantes-Preis 1992 einen späten Ruhm erfuhr.

Der nächste und vorerst letzte cubanische Schriftsteller, dem 1997 die hohe Auszeichnung verliehen wurde, war Guillermo Cabrera Infante (1929–2005), und der zählte bereits zu den vehementen Kritikern von Fidel Castro und seiner Revolutionsideologie. Das Blatt hatte sich gewendet. Während Guillén und Carpentier noch glühende Verfechter des sozialistischen Cuba waren, rechnete ihre Nachfolger-Generation schonungslos mit dem System ab. Spätestens mit seinem 1992 veröffentlichten Werk „Mea Cuba" („Mein Cuba") war Cabrera zur Symbolfigur des Widerstands gegen den Máximo Líder geworden. In seiner Tradition bewegt sich Zóe Valdés, die wie Cabrera Infante zunächst hinter dem castristischen Cuba stand und von 1984 bis 1988 sogar der cubanischen Delegation bei der UNESCO in Paris angehörte. Dorthin ging sie 1995 schließlich auch ins Exil, wo sie noch im gleichen Jahr den Roman „La Nada cotidiana" („Das tägliche Nichts"), ihre persönliche Abrechnung mit der Castro-Regierung, veröffentlichte. Die autobiografische Erzählung, die die Defizite des Systems anhand des Alltags in der „Período Especial" aufzeigen sollte, nimmt sich durch die willkürliche Verwendung pornografischer Elemente und den Einsatz von Verbalinjurien („paternalistische Scheißkerle") allerdings selbst ein Stück ihrer Glaubwürdigkeit und bleibt aufgrund fehlenden Tiefgangs und Reflexion vieles schuldig. Zu dieser Zeit war eine ihrer Gesinnungsgenossinnen schon längst in der Verbannung angekommen. María Elena Cruz Varela war für ihren Gedichtband „Hijas de Eva" („Evas Töchter") 1989 noch mit dem Nationalpreis für cubanische Poesie ausgezeichnet worden, nachdem sie mit anderen Intellektuellen einen Aufruf zu Reformen unterzeichnet hatte, aber „wegen Diffamierung der Regierung Fidel Castros" zu einer Freiheitsstrafe von zwei Jahren verurteilt worden, die sie im Gefängnis von Matanzas bis zum letzten Tag absaß. Heute lebt sie mit ihren beiden Kindern in Puerto Rico.

Film

Der cubanische Film ist so alt wie die Revolution. Denn wenngleich auch in den Tagen der Pseudo-Republik Filmschaffende arbeiteten, institutionalisiert wurde die Filmindustrie erst im Jahr 1959, nachdem Diktator Fulgencio Batista das Land verlassen hatte. Bereits wenige Wochen nach ihrem Sieg richteten die Rebellen das ICAIC ein, das Instituto Cubano de Arte e Industria Cinematográficos (Cubanisches Institut für Filmkunst und Filmindustrie) – per Gesetz. In ihm heißt es so lapidar wie programmatisch: „Film ist Kunst." Damit wurde eine Entwicklung in Gang gesetzt, die Cuba zu einem der bedeutendsten Filmländern Lateinamerikas machte.

Als Geburtsstunde des revolutionären cubanischen Kinos ist dennoch das Jahr 1955 anzusehen, als Julio García Espinosa und Tomás Gutiérrez Alea in der Tradition des italienischen Neorealismus mit „El Mégano" den ersten sozialkritischen Kurzfilm drehten, der von den Verhältnissen in einem Köhlerdorf auf der Halbinsel Zapata handelte. Espinosa wurde daraufhin ins Gefängnis geworfen, von der Castro-Regierung aber rehabilitiert und in den 1980er Jahren sogar zum Direktor des ICAIC gemacht. Als einer der „Väter" der cubanischen Filmkultur gilt auch Santiago Álvarez, der eine Dokumentarfilm-Technik entwickelte, die an Europas Filmakademien als Lehrbeispiel gilt. Weltberühmt wurde sein im Jahr 1965 gedrehter Streifen „Now!", ein Zusammenschnitt von Wochenschau-Beiträgen und Fotos über die Rassendiskriminierung in den USA. Unvergessen ist sein Che-Guevara-Film „Hasta la victoria siempre!" („Bis zum endgültigen Sieg!") von 1967, für den Álvarez nur 48 Stunden Zeit hatte und der bei den Trauerfeierlichkeiten für den Volkshelden auf der Plaza de la Revolución den optischen Hintergrund bildete. Der Dokumentarfilmer wurde daraufhin Leiter der Wochenschau-Abteilung im ICAIC und damit derjenige, der Fidel Castro fortan bei Massenaufmärschen, Parteiveranstaltungen und Auslandsreisen filmisch in Szene setzte.

Auch die anderen cubanischen Regisseure orientierten sich nicht so sehr an Hollywood, sondern stellten Geschichte, Kultur und landesspezifische Probleme in den Mittelpunkt ihrer Arbeiten. Typisch für diese Phase sind „Lucía" aus dem Jahr 1968, der als einer der bedeutendsten Filme des historischen Sujets gilt und in dem Humberto Solás vom Schicksal dreier Frauen in drei unterschiedlichen Epochen und ihren Abhängigkeiten erzählt. Oder „El Brigadista" aus dem Jahre 1977, in dem

Octavio Cortázar die Invasion in der Schweinebucht aus der Sicht eines 15-jährigen Nachwuchs-Rebellen schildert. Und nicht zuletzt „Retrato de Teresa" („Porträt von Teresa") aus dem Jahr 1979, in dem Pastor Vega am Beispiel „seiner" Teresa die Probleme einer Frau im nachrevolutionären Cuba aufzeigt.

In den 1980er Jahren setzten sich die Filmemacher zunehmend kritisch mit den wirtschaftlichen und politischen Verhältnissen in Cuba auseinander und gingen dabei bis an die Grenzen des für die Regierung Erträglichen, ohne diese allerdings zu überschreiten. Eines der viel diskutierten Beispiele war der Streifen „Cecilia" vom Humberto Solás aus dem Jahr 1981, der die Beziehung einer Mulattin zum Sohn eines Sklavenhalters thematisierte und damit heftige politische Kontroversen auslöste. Für weit mehr Zündstoff sorgte zehn Jahre später die bitterböse Satire „Alicia en el pueblo de Maravilla" („Alicia im Dorf der Wunder") von Daniel Díaz-Torres, der dem Land mit einer Fülle von Anspielungen und Doppeldeutigkeiten den Spiegel vorhielt. Díaz-Torres verteidigte seinen Film gegen die vernichtende Kritik mit den Worten: „Als cubanischer Revolutionär habe ich immer geglaubt, dass die Revolution auch fähig sein sollte, über ihre eigenen Defekte und Verirrungen zu lachen." Sie tat es nicht, „Alicia" wurde nur vier Tage nach der Premiere verboten.

Dieses Schicksal blieb Tomás Gutiérrez Alea, der alles überragenden Figur des cubanischen Kinos im 20. Jahrhundert, erspart – wohl auch, weil er seine Kritik am System charmant zu verpacken verstand. Seine Schwulen-Komödie „Fresa y Chocolate" („Erdbeer und Schokolade") aus dem Jahr 1993 handelte zwar auch von der (mangelnden) Toleranz im Reiche Fidel Castros, ohne aber die Revolution in Frage zu stellen. In Cuba wurde die Geschichte über den linientreuen Studenten David und den homosexuellen Künstler Diego, die in Wirklichkeit ein Plädoyer für die Akzeptanz Andersdenkender darstellte, zu einem Kassenschlager. Und auch international verhalf der Film dem cubanischen Kino zu neuem Ansehen. Im Februar 1994 wurde „Fresa y Chocolate" bei der Berlinale mit einem Sonderpreis der Jury ausgezeichnet und einige Monate später in Hollywood als erster cubanischer Film überhaupt für einen „Oscar" nominiert.

Die Musik

Trotz dieser Breite des kulturellen Lebens müssen Künstler aller Genres wohl anerkennen, dass weder Literatur noch Film so eng mit ihrem Land verbunden sind wie die Musik. Dies ist nicht nur auf das Cuba-Fieber zurückzuführen, das der „Buena Vista Social Club" um Compay Segundo und Ibrahim Ferrer Ende der 1990er Jahre auslöste. Die Musiktradition des Landes mit ihrem Einfluss auf die verschiedenen Stilformen in aller Welt reicht vielmehr bis in das erste Drittel des 20. Jahrhunderts zurück, als Rhythmen wie die Rumba, der Bolero oder der Cha-Cha-Cha von Cuba aus ihren Siegeszug rund um den Globus antraten.

Anfänge

Ihren Ursprung hat die cubanische Musik in jener Zeit, als die Klänge der europäischen Einwanderer mit den Rhythmen der afrikanischen Sklaven zu verschmelzen begannen. In der Praxis sah dies so aus, dass beispielsweise ein Fandango, den in Spanien Kastagnetten untermalten, oder ein Zapateo, bei dem die Stiefelabsätze den Takt begleiteten, nun mit originär afrikanischen Percussions-Instrumenten untermalt wurden. Deshalb sind Claves (Rhythmus-Hölzer), Congas (Hand-Trommeln),

In Cuba „spielt die Musik" – immer und überall

Güiros (Klang-Kürbisse) und Maracas (Rumba-Rasseln) auch elementare Bestandteile dieser musikalischen Synthese. Wohl am treffendsten wurde diese von dem Anthropologen und Musikethnologen Fernando Ortíz Fernández erklärt, der die cubanische Musik als eine „Liebesbeziehung zwischen der afrikanischen Trommel und der spanischen Gitarre" bezeichnete.

Son

„Don Fernando", wie er respektvoll genannt wurde, verstand es allerdings nicht nur, die komplexe Klangwelt Cubas in einem einzigen Satz zusammenzufassen, auch seine Beschreibung ihres eigentlichen Herzstücks wirkt wie ein Manifest: „Der Son", sagte er einmal, „der Son ist wie ein zu Klang gewordener Rum, den man mit den Ohren trinkt." Worte wie Musik – wie jene Musik, an die heute die Welt denkt, wenn von Cuba die Rede ist. Dafür sorgten die Son-Veteranen, die der US-amerikanische Musik-Globetrotter Ry Cooder für den „Buena Vista Social Club" zusammentrommelte, die der deutsche Regisseur Wim Wenders in Szene setzte und die im hohen Alter zu gefeierten Stars wurden, nachdem sie der schon fast vergessen geglaubten „Música mulata" eine Renaissance beschert hatten.

Der Son, der die Grundlage für viele nach ihm kommende Stilrichtungen legte und in Cuba als Mutter aller Rhythmen gilt, entstand zunächst im Osten des Landes bei den spanischstämmigen Campesinos. Einfache Landarbeiter, die sich in der Hoffnung auf ein besseres Leben in die Hauptstadt aufgemacht hatten, brachten die neue Musik schließlich nach Havanna. Durch die Verwendung der Décima – zehnversige Strophen zu je acht Silben im Zweivierteltakt – verband sie europäische Tradition mit afrikanischem Rhythmus. Doch nicht deshalb wurde sie schnell zum „Gassenhauer", vielmehr waren es die Texte des Son, die die Menschen ansprachen. Sie handelten nicht mehr von verschmähter Liebe und unerfüllten Sehnsüchten, sondern machten den cubanischen Alltag zum Thema – interpretiert in einfachen Worten, garniert mit unzweideutigen erotischen Aufforderungen. Das war die Sprache, die man in den Straßen Havannas verstand. Deshalb rümpfte das Establishment zunächst auch die Nase und lehnte den Son als völlig unmoralisch ab. Es dauerte aber gar nicht lange, bis auch die oberen Zehntausend zum Son lasziv ihre Hüften schwangen.

Die meist spärlich instrumentierten Gruppen – in der Regel Trios, die mit der Tres, einer cubanischen Gitarre mit drei Saitenpaaren, den Maracas und den Claves musizierten – wurden daraufhin schnell mit weiteren Instrumenten wie Kontrabass, Bongos und Trompete zum Sextett oder Septett aufgestockt und in den 1940er Jahren gar zu kompletten Tanzorchestern ausgeweitet. Das war auch die Zeit von Benny Moré, dem „Bárbaro del Ritmo" („Barbar des Rhythmus"), dem größten cubanischen Sänger aller Zeiten, über den Compay Segundo später sagte, dass ihm niemand das Wasser reichen konnte. Mit der „Banda Gigante" gründete er ein Ensemble mit bis zu 40 Musikern, denen er mit seiner samtenen Stimme die Melodien vorsang, weil sie keine Noten lesen konnten. Nach der Revolution verlor der Son allerdings zunehmend an Bedeutung, auch weil seine inhaltlichen Themen in den Hintergrund getreten waren. Er verschwand selbst aus dem öffentlichen Leben Cubas, wurde zur „Musik der Alten", bis – man ahnt es – der „Buena Vista Social Club" ihn quasi über Nacht zu neuem Leben erweckte und weltweit populär machte. Seitdem formierten sich mehr und mehr Gruppen, die sich wieder dem Son verschrieben.

Rumba

In der Zwischenzeit hatten sich aus dem „Urklang der Musik" allerdings bereits eine Reihe anderer Musikstile entwickelt. Rumba, Cha-Cha-Cha, Mambo und Salsa – sie alle werden auf den Son zurückgeführt. Speziell unter der cubanischen Rumba darf man sich allerdings nicht den Gesellschaftstanz europäischer Ballsäle vorstellen oder das, was in den Tanzschulen hierzulande unter diesem Begriff gelehrt wird – sondern eher die brasilianische Variante. Denn die Wurzeln der cubanischen Rumba – das Wort ist abgeleitet von „rumbear" („feiern") – liegen in dem spontanen Tanz der Hafenarbeiter von Havanna und Matanzas, die ihre einfachen Schlaginstrumente auspackten, wenn das Tagwerk vollbracht war.

Insgesamt kennt die Rumba drei grundverschiedene Spielarten, die noch nicht einmal der Takt, sondern nur der Rhythmus verbindet. Während der Guaguancó ein Partnertanz im Zweivierteltakt mit eindeutiger erotischer Komponente ist, wird die Colombia im Sechsachteltakt von einem Solo-Tänzer mit einer Reihe von akrobatischen Bewegungen interpretiert. Sehr langsam und kaum noch gebräuchlich ist der Yambú, ein Vorläufer des Guaguancós, der als „Rumba der alten Leute" bekannt ist. Als heimliche Hauptstadt der Rumba gilt Matanzas, wo immer im Oktober das „Festival del Bailador Rumbero" veranstaltet wird und wo mit den „Los Muñequitos de Matanzas" die berühmteste Rumba-Formation des Landes zu Hause ist, die sogar schon einen Grammy in ihrer Trophäensammlung hat.

Danzón

Matanzas steht aber auch für ein anderes Kapitel der cubanischen Musikgeschichte. Denn in der knapp 100 Kilometer östlich von Havanna gelegenen Provinzhauptstadt spielte der junge Klarinettist Miguel Failde Pérez am 1. Januar 1879 auch zum ersten Mal einen Danzón. Mit seinem für die damaligen Verhältnisse typischen, von zwei Violinen unterstützten Blasorchester fügte er der afrikanischen Musiktradition Elemente des französischen Contredanse hinzu. Eine seiner ersten Kompositionen „Las Alturas de Simpson" („Die Höhen von Simpson") widmete er einem beliebten Viertel der Stadt. Von Failde Pérez ausgehend, wurde der Musikstil von anderen Künstlern wie beispielsweise Antonio María Romeu weiterentwickelt. Der 1876 im nur etwa 40 Kilometer von Matanzas entfernten Jibacoa geborene Pianist schrieb die Musik als Erster für das Klavier um und stellte Anfang des 20. Jahrhunderts das erste Charanga-Orchester auf die Beine.

Mambo

Mit dem Beginn der 1930er Jahre entwickelte sich daraus der Mambo, dessen „Erfindung" man Dámaso Pérez Prado zuschreibt. Er fügte den Danzón-Orchestern Bläser hinzu und beschleunigte den Rhythmus. Pérez Prado komponierte übrigens auch den berühmten „Mambo No. 5", den Lou Bega im Jahr 1999 aus der Versenkung holte und mit seiner Cover-Version an die Spitze der Charts führte. Dazwischen war das Interesse am Mambo aber schnell verloschen. Da Musik und Tanz rhythmisch sehr komplex und dadurch auch kompliziert waren, war er alsbald von einfacheren Musikstilen wie dem Cha-Cha-Cha verdrängt worden. In Mode kam der Mambo erst wieder in den 1980er Jahren, als der Tanzfilm „Dirty Dancing" die Kinos eroberte – mit Patrick Swayze und Jennifer Grey in den Hauptrollen und dem Duett „The Time of my Life" von Jennifer Warnes und Bill Medley.

Salsa

Inzwischen wurde der Mambo abermals ins Abseits gedrängt – auch, weil die verschiedenen Spielarten der cubanischen Musik mittlerweile in einer Soße aufgegangen waren. Salsa (Sauce – mit scharfem Beigeschmack), die Cha-Cha-Cha, Rumba, Son und eben Mambo unter einem Namen vereint, ist der Rhythmus der Stunde. Die Salsa entstand nach der cubanischen Revolution in den USA, wohin viele Künstler vor Fidel Castro geflohen waren. Zu ihrer Leitfigur und grauen Eminenz wurde Celia Cruz, die in den 1950er Jahren mit ihrer Band „Sonora Matancera" populär geworden war und im Exil schnell zu *der* führenden Interpretin cubanischer Musik avancierte. Ihren cubanischen Konterpart spielten ab 1969 „Los Van Van", eine von dem Bassisten Juan Formell gegründete Formation, die die Salsa auf der Insel auch bei der Jugend hoffähig machte, indem sie als erste Band Synthesizer einsetzte. Seit ihnen für das Album „Llego" im Jahr 2000 der begehrte Grammy verliehen wurde, füllen „Los Van Van" heute mühelos die Sportstadien und Plazas de la Revolución des Landes, wo sie zu bestimmten Anlässen kostenlos auftreten. Als Tourist kann man ihnen für verhältnismäßig viel Geld (bis zu 25 CUC) in den Casas de la Música Havannas begegnen – wenn man überhaupt eine Karte ergattert.

Trova

Neben diesem ganzen „neumodischen Kram" entwickelte sich über die Jahre hinweg in friedlicher Koexistenz eine gänzlich andere Musikrichtung, die eigentlich nicht neu erdacht, sondern nur fortgeschrieben werden musste – die Trova. Wohl am besten übersetzt mit den Begriffen „Lieder" und „Balladen", griffen ihre Interpreten, die „Trovadores" („Troubadoure"), in ihren Texten meist die Liebe auf, die Liebe zur Heimat, zum Vaterland und zu allem, was damit verbunden ist. Ihre wohl prominentesten Vertreter waren Joseito Fernández, der das Gedicht „Guantanamera" von José Martí vertonte, und Carlos Puebla, der mit politischen Texten vom Leben der Menschen in Cuba erzählte und 1965 die unvergängliche Schmacht-Hymne „Hasta siempre, Comandante!" schrieb, als Ernesto Che Guevara das Land für immer verließ. Zur jüngeren Generation der „Minnesänger" – und als nichts anderes verstanden und verstehen sich die „Trovadores" – zählt Eliades Ochoa, jener geniale Tres-Spieler, der Ende der 1990er Jahre zur Stammformation des „Buena Vista Social Club" gehörte. In einem seiner schönsten Stücke „Las Mujeres de Mayarí" („Die Frauen von Mayarí") sang er zusammen mit seiner Gruppe „Cuarteto Patria" („Vaterland-Quartett") ein Loblied auf die Schönheit des weiblichen Geschlechts der Kleinstadt im Osten der Provinz Holguín – geschrieben übrigens von keinem Geringeren als Francisco Repilado alias Compay Segundo.

Nueva Trova

Damit waren die beiden späteren Stars des „Buena Vista Social Club" in gewisser Weise Vorreiter für die „Nueva Trova" („Neue Trova"), die Ende der 1960er Jahre entstand. Die jungen Liedermacher wie Silvio Rodríguez und Pablo Milanés unterstützten zwar die Revolution, versuchten aber nie, ihre Stimme zu sein. Ihnen ging es mit meist lyrischen und sozialkritischen Texten in erster Linie darum, die menschliche Seite des Lebens abzubilden und gelegentlich den Finger in die Wunde zu legen. Ihre größten Erfolge feierten sie zwar in Lateinamerika und Spanien, wo ihre Lieder auch verstanden werden konnten, mit ihren sanften, romantischen Weisen wurden sie aber auch international bekannt. Das Gesicht der zweiten Generation der „neuen Troubadoure" wurde Anfang der 1990er Jahre Carlos Varela, der eine kritische Haltung zum cubanischen Staat einnahm und mit seinen vom Latin-Rock beeinflussten Liedern den Nerv der Jugend traf, als er ihre Frustrationen und ihre Sehnsüchte zum Thema machte.

Casas de la Trova

Von der alten wie der neuen Trova wird man heutzutage zwar schon an den Flughäfen Cubas begrüßt – mit Fortsetzung in der Hotel-Lobby, den Restaurants und selbst auf der Straße. Eine feste Heimat hat dieses Markenzeichen des Landes aber in den „Casas de la Trova" gefunden, die Ende der 1980er Jahre eingerichtet wurden, um auch weniger berühmten Musikern Auftrittsmöglichkeiten zu eröffnen. Virtuosen sind sie nämlich alle, auch ohne großen Namen. Davon kann man sich von Pinar del Río bis Santiago de Cuba überzeugen und für ein kleines Eintrittsgeld Konzerte erleben, für die man in Europa gut und gern 50 Euro hinblättern muss. Der besondere Reiz der „Casas de la Trova" besteht darin, dass man als Tourist eben nicht unter seinesgleichen bleibt, denn die Musikhäuser sind für die Cubaner die „Social Clubs" der Gegenwart, wo man etwas trinken, sich treffen und zu den schönsten Melodien der Welt abschalten kann vom tristen Alltag draußen vor der Tür. „Casas de la Trova" findet man in beinahe jeder größeren Stadt, die berühmtesten aber stehen in Trinidad und Santiago de Cuba. In der 1986 eröffneten Einrichtung in der Calle Heredia spielt die Musik im wahrsten Sinn des Wortes immer schon ab den Mittagsstunden, obwohl es eigentlich abends erst so richtig rundgeht, wenn selbst auf dem Gehsteig davor bis in die frühen Morgenstunden getanzt wird.

Das Reiseland

Unterwegs in Cuba

Wege nach Cuba	68	Nachtleben in Cuba	98
Wege in Cuba	72	Übernachten in Cuba	99
Essen in Cuba	91	Von A bis Z	106

Wege nach Cuba

„No todos los caminos conducen a Roma" – „Nicht alle Wege führen nach Rom", heißt es auf einem großen „Cartel", einer Plakatwand, die man an der Vía Monumental zwischen Havanna und Alamar nahe dem Olympia-Stadion von Havanna aufgestellt hat. Es führen allerdings auch nicht alle Wege nach Cuba: Nachdem eine Anfahrt über Land ausscheidet, bleiben nur zwei Möglichkeiten, um auf die größte Insel der Antillen zu gelangen – eine schnelle per Flugzeug und eine beschauliche per Schiff. Die Angebote sind vielfältig, ein Preisvergleich lohnt allemal. Den dichtesten Flugplan zwischen Cuba und den deutschsprachigen Ländern Europas hat der deutsche Ferienflieger Condor. Die Charter-Airline startet – saisonabhängig – fast täglich ab Frankfurt und München in die Hauptstadt Havanna, das Urlauber-Paradies Varadero sowie in die östliche Provinzhauptstadt Holguín und bietet damit gleich drei verschiedene Ziele an. Daneben fliegt auch die LTU dreimal wöchentlich ab Düsseldorf nach Varadero. Die Flugzeit beträgt jeweils etwa zehn Stunden.

Linienflüge

Mit der spanischen Iberia, der französischen Air France und der niederländischen KLM bieten nur drei europäische Linien-Fluggesellschaften Flüge nach Cuba an. Iberia verkehrt täglich zwischen Madrid und Havanna, Air France fliegt mehrmals pro Woche ab Paris nach Cuba, KLM startet ebenfalls mehrmals wöchentlich ab Amsterdam nach Havanna, Varadero und Holguín. Zubringerflüge gibt es ab den meisten deutschen Airports. Hinzu kommt die staatliche cubanische Airline Cubana de Aviación, die von London, Madrid und Rom aus in ihre Heimat fliegt und dabei als einzige Linien-Fluggesellschaft von Europa aus Santiago de Cuba ansteuert. Beim größten europäischen Studienreisen-Anbieter, der Studiosus Reisen GmbH mit Sitz in München, die für den hohen Standard ihres Sicherheitsmanagements bekannt ist, steht Cubana de Aviación allerdings auf der internen „Roten Liste" – unter anderem wegen des veralteten Fluggeräts. Das sollte zu denken geben. Die Preise für Linienflüge bewegen sich insgesamt zwischen 850 und 1000 Euro und liegen damit deutlich über denen der Charter-Carrier.

Iberia, ✆ (01805) 442900, www.iberia.com; **Air France**, ✆ (01805) 830830, www.airfrance.com; **KLM**, ✆ (01805) 214201, www.klm.com; **Cubana de Aviación**, Büro Madrid, ✆ (0034) 91-7589751, www.cubana.co.cu

Charterflüge

Zwischen Europa und Cuba gibt es tägliche Verbindungen mit Ferienfliegern, die meisten Ziele fliegt die deutsche Condor an, die – saisonabhängig – von Frankfurt und München aus nonstop nach Havanna, Varadero und Holguín startet. Darüber hinaus fliegt die LTU im Sommer wie Winter dreimal pro Woche ab Düsseldorf nach Varadero. Zubringerflüge gibt es ab den meisten deutschen Airports sowie ab Wien und Zürich. Die österreichische Laudaair verkehrt einmal wöchentlich zwischen Wien und Holguín und die Schweizer Edelweiss Air ebenfalls einmal pro Woche zwischen Zürich und Varadero. Von Amsterdam aus startet der niederländische

Ferienflieger Martinair zweimal pro Woche nach Havanna sowie jeweils einmal nach Varadero und Holguín. Und der spanische Charter-Carrier Air Europa verbindet täglich Madrid, London, Mailand und Rom mit Havanna und Santiago de Cuba. Mit 650 bis 800 Euro liegen die Preise deutlich unter denen der Linien-Fluggesellschaften. Bei Condor bekommt man ein Oneway-Ticket zu Aktionszeiten mit etwas Glück sogar schon ab 99 Euro.

Condor, ✆ (01805) 767757 (in Deutschland), ✆ (0810) 969022 (in Österreich), ✆ (0848) 101022 (in der Schweiz), www.condor.com; **LTU**, ✆ (0211) 9418333, www.ltu.de; **Laudaair**, ✆ (0043) 820320321, www.laudaair.com; **Edelweiss Air**, ✆ (0044) 2774100, www.edelweissair.ch; **Martinair**, ✆ (01805) 100211 (in Deutschland), ✆ (0900) 359556 (in Österreich), www.martinair.com; **Air Europa**, ✆ (0034) 902401501, www.air-europa.com

Condor – nonstop nach Cuba

Innerkaribische Flüge

Auf der Nah- und Mittelstrecke wird Cuba von der mexikanischen Mexicana und der cubanischen Regional-Fluglinie Aerocaribbean mit Zielen in der Karibik und Mittelamerika verbunden. Die Mexicana fliegt täglich für ca. 180 Euro in etwa dreieinhalb Stunden von Havanna nach Mexiko City, Merida und Cancún, Aerocaribbean verkehrt für ca. 160 bis 200 Euro zwischen Havanna bzw. Santiago de Cuba und Haiti, Nicaragua, den Cayman-Inseln und der Dominikanischen Republik.

Mexicana, ✆ (06105) 206080 (in Deutschland), ✆ (01) 585363260 (in Österreich), ✆ (01) 2869977 (in der Schweiz), www.mexicana.com; **Aerocaribbean**, ✆ (0053) 7-8797524, www.aero-caribbean.com

> **Hinweis:** Bei allen Fluggesellschaften – ob Linien-, Charter- oder Regional-Airline – gibt es zwischen dem Sommer- und dem Winterflugplan zum Teil erhebliche Abweichungen hinsichtlich der Frequenz und der Flugtage.

Yachten

Die nautische Infrastruktur wird vom cubanischen Staat gezielt gefördert und ständig ausgebaut. Seglern ist fast die gesamte Küste und die komplette Inselwelt zugänglich. Nur zwei kleine Sperrgebiete vor der Playa Girón, der berühmten Schweinebucht, an der Karibik-Küste der Provinz Matanzas und vor der US Naval Base von Guantánamo sind zu beachten. Beim Einfahren in die Zwölf-Meilen-Zone muss Funkkontakt aufgenommen werden: mit den Hafenbehörden, den Autoridades Portuarias, über VHF-Kanal 68, mit der Red Costaria Nacional über HF 2760, mit der Red Turística über HF 2790 oder über Canal 19 Turismo. Wer Zeit hat, kann auch ganz Cuba umsegeln – Marinas findet man jedenfalls überall vor.

Wege nach Cuba

Marina Cayo Coco-Guillermo, Archipiélago Jardines del Rey, Morón, Provincia Ciego de Avila, ☎ (033) 301637, 301638, ℻ (033) 301737.
Marina Internacional Puerto de Vita, Carretera Guardalavaca km 38, Rafael Freyre, Provincia Holguín, ☎ (024) 30445, 30446, ℻ (024) 30475.
Marina Cayo Largo del Sur, Archipiélago Los Canarreos, Isla de la Juventud, ☎ (045) 248212, 248213, ℻ (045) 248212.
Marina Santiago de Cuba, Calle 1ra A Nr. 4, Punta Gorda, Provincia Santiago de Cuba, ☎ (022) 6691446, 6686314, ℻ (022) 6686108.
Marina Puertosol Cienfuegos, Calle 35 e/ 6 y 8, Punta Gorda, Bahía de Cienfuegos, Provincia Cienfuegos, ☎ (043) 451241, ℻ (043) 451275.
Marina Tarará, Vía Blanca km 18, Playa Tarará, La Habana del Este, Ciudad de La Habana, ☎ (07) 971462, ℻ (07) 971333.
Marina Hemingway, Avenida 5ta esquina 248, Santa Fe, Playa, Ciudad de La Habana, ☎ (07) 2097270, 2097928, ℻ (07) 2045280.
Marina Dársena de Varadero, Carretera Vía Blanca km 31, Varadero, Provincia Matanzas, ☎ (045) 668063, 668064, 614453, ℻ (045) 614448.
Marina Varadero Gaviota, Carretera Las Morlas km 21, Península de Hicacos, Varadero, Provincia Matanzas, ☎ (045) 667755, ℻ (045) 667756.
Marina Chapelín Varadero, Autopista del Sur km 12, ☎ (045) 667550, 667800, ℻ (045) 667093.
Marina Cayo Blanco, Carretera María Aguilar, Península Ancón, Trinidad, Provincia Sancti Spíritus, ☎ (041) 96205, ℻ (041) 96205.
Marina de Cabo San Antonio, Playa Las Tumbas, Cabo de San Antonio, Provincia Pinar del Río, ☎ (082) 750118, ℻ (082) 750119.

Frachtschiffe

Inzwischen ist es Touristen auch möglich, in Cuba auf Frachtschiffen einzureisen. Dies bedeutet allerdings, dass man allein für die Anreise sehr viel Zeit benötigt (ca. 15 Tage bis Cuba) und zudem in aller Regel nur Havanna sieht. Die Preise beginnen bei ca. 1250 Euro bis Cuba und bei ca. 3000 Euro für Rundreisen von/bis Europa, auf denen Cuba angelaufen wird.

Hamburg Süd Reiseagentur GmbH, Abteilung Frachtschiffreisen, Willy-Brandt-Straße 59–61, 20457 Hamburg. ☎ (040) 37052491, 37052593, 37052559, 37052652, ℻ (040) 37052420, info@hamburgsued-frachtschiffreisen.de, www.hamburgsued-frachtschiffreisen.de.

Internationale Frachtschiffreisen Pfeiffer GmbH, Friedrich-Storck-Weg 18a, 42107 Wuppertal. ☎ (0202) 452379, ℻ (0202) 453909, mail@frachtschiffreisen-pfeiffer.de, www.frachtschiffreisen-pfeiffer.de.

Kreuzfahrtschiffe

Die „schwimmenden Hotels", die in der Karibik kreuzen, laufen in der Regel Santiago de Cuba und/oder Havanna an. In beiden Fällen liegen die Terminals sehr zentral in Altstadtnähe, in Havanna wenige hundert Meter von der Plaza de Armas entfernt. Die Kreuzfahrer bleiben allerdings selten mehr als einen Tag vor Anker, zu mehr als einer kurzen Stadtführung reicht die Zeit meist nicht.

Einreise

Die Einreise nach Cuba ist für Touristen nur mit einem Visum in Form einer sogenannten Touristenkarte zusammen mit einem noch mindestens sechs Monate gültigen Reisepass möglich. Pauschaltouristen erhalten die Touristenkarte über ihr Reisebüro, Individualtouristen müssen sich vor Einreise an die zuständige cubanische Auslandsvertretung in Berlin oder Bonn wenden, wo sie die Karte mit einem Verrechnungsscheck über 22 Euro und einem frankierten Rückumschlag anfordern können. Mit Touristenkarte und Reisepass kann man sich bis zu 30 Tage im Land aufhalten, eine einmalige Verlängerung um weitere 30 Tage ist möglich. Bei längeren oder nichttouristischen Aufenthalten ist ein Visum erforderlich, das bei der cubanischen Botschaft beantragt werden muss, wofür Gebühren von derzeit 80 Euro anfallen. Das Visum sollte unbedingt frühzeitig beantragt werden, da die Bearbeitungsdauer normalerweise mindestens 20 Werktage beträgt.

Der deutsche Kinderausweis wird von Cuba uneingeschränkt anerkannt, die Einreise von Kindern bis 16 Jahren, die nur im Reisepass der Eltern eingetragen sind, ist grundsätzlich möglich. Das Auswärtige Amt der Bundesrepublik Deutschland empfiehlt jedoch, dass Kinder ab einem Alter von zehn Jahren generell mit einem eigenen Kinderausweis reisen sollten. Da sich die Einreisebestimmungen für deutsche Staatsangehörige kurzfristig ändern können, wird eine Rückfrage bei den cubanischen Auslandsvertretungen empfohlen.

Im Reisegepäck sollten grundsätzlich nur Dinge für den persönlichen Bedarf mitgeführt werden. Übermengen können beschlagnahmt werden, weil sie der Zoll (span. Aduana) als unerlaubte Geschenke ansieht. Frische Wurstwaren, Milchprodukte, Gemüse oder Obst werden bei der Einreise beschlagnahmt, da die Einfuhr aus gesundheitspolizeilichen Gründen verboten ist. Elektrogeräte dürfen ebenfalls nur für den persönlichen Bedarf und nicht als Geschenke für cubanische Staatsangehörige eingeführt werden. Für Geschenke (nichtkommerzielle Einfuhr) ab einem Gegenwert von 100 CUC wird Zoll in Höhe von 100 Prozent erhoben.

Auswärtiges Amt, Bürgerservice, Referat 040, 11013 Berlin, ✆ (030) 50002000, ✉ (030) 500051000, www.auswaertiges-amt.de.

Botschaft der Republik Cuba in der Bundesrepublik Deutschland, Stavanger Straße 20, 10439 Berlin, ✆ (030) 44737023, ✉ (030) 44737038, embacuba-berlin@botschaft-kuba.de.

Außenstelle der Botschaft der Republik Cuba, Kennedyallee 22–24, 53175 Bonn, ✆ (0228) 3090, ✉ (0228) 309244, ofidip-bonn@botschaft-kuba.de.

Ausreise

Bei der Ausreise über Flughäfen wird eine Gebühr (Airport-Tax) in Höhe von derzeit 25 CUC erhoben, die bei Pauschalreisen – abhängig vom Reiseveranstalter – allerdings oft im Reisepreis enthalten sind. Quittiert wird die Entrichtung mit einem holografierten Aufkleber in Briefmarkengröße auf der Bordkarte.

Grundsätzlich ist darauf zu achten, dass sich im Reisegepäck – wie bei der Einreise – nur Dinge für den persönlichen Bedarf befinden. Wie außerdem nur in wenigen anderen Ländern wird bei der Ausreise aus Cuba nicht nur jedes Handgepäckstück, sondern auch jeder bereits eingecheckte Koffer gescannt und im Zweifelsfall geöffnet. In jüngster Zeit wurden wiederholt selbst wertlose kunsthandwerkliche Gegenstände, die auf Touristenmärkten gekauft wurden, von den Zollbehörden mit dem Hinweis beschlagnahmt, es handle sich um cubanisches Kulturgut. Auskünfte über Ausfuhrgenehmigungen von kunsthandwerklichen Gegenständen erteilt Bienes Culturales, Calle 17 Nr. 1009 e/ 10 y 12, Vedado, Ciudad La Habana, ✆ (07) 839658. Informieren kann man sich auch unter www.aduana.com, dem spanisch- und englischsprachigen Internetauftritt der cubanischen Zollbehörde.

Außerdem hat Cuba mit der Resolución Nr. 41/2003 vom Oktober 2003 die ausfuhrrechtlichen Vorschriften für Zigarren massiv verschärft, um Schwarzmarktgeschäfte einzudämmen. Demnach dürfen ohne entsprechende Quittung der staatlichen Tabakläden nur noch maximal 23 einzelne Zigarren ausgeführt werden. Bei der Mitnahme einer kompletten Zigarrenkiste, die normalerweise 25 Zigarren enthält, muss grundsätzlich die entsprechende Rechnung des offiziellen Tabakwarengeschäfts vorgelegt werden, aus der Name, Passnummer, Menge der gekauften Zigarren und Zahlungsart hervorgehen müssen. Die Schachtel selbst muss ferner mit dem neu eingeführten, fälschungssicheren Hologramm versehen sein.

Wege in Cuba

Hat man in Cuba ein festes Ziel im Visier, reist man am schnellsten mit dem Flugzeug und am billigsten mit der Bahn. Will man allerdings Land und Leute erleben und die Insel auf eigene Faust erkunden, führt an (organisierten) Bustouren oder – besser – dem Mietwagen kein Weg vorbei. Allerdings sind Busse hinsichtlich der Verkehrssicherheit und der Benzinversorgung grundsätzlich die sicherere Variante.

Rundreisen oder Tagesausflüge per Bus können an den Info-Desks der Hotels oder in allen Tourist-Informationen wie zum Beispiel Infotur, Cubatur oder Havanatur gebucht werden. Darüber hinaus bieten die meisten deutschen Reiseveranstalter auch in ihren Katalogen Rundreisen von drei Tagen bis zu zwei Wochen an. Einziger Anbieter, der für die Trips neben den vom cubanischen Tourismusministerium zwingend vorgeschriebenen einheimischen Tour-Guides eigene, deutsche Reiseleiter entsendet, ist die Studiosus Reisen GmbH in München.

Studiosus Reisen GmbH, ✆ 00800 24022402 (gebührenfrei aus Deutschland, Österreich und der Schweiz), www.studiosus.de

Inlandsflüge

Für Flüge innerhalb des Landes haben Touristen nur drei Möglichkeiten: Die staatliche cubanische Fluggesellschaft Cubana de Aviación und die – nicht minder staatliche – Regional-Fluglinie und Cubana-Tochter Aerocaribbean. Beide Gesellschaften erschließen das ganze Land und fliegen auch Airports an, die ausländische Fluggesellschaften nicht im Programm haben. Drehkreuz ist immer der Internationale Flughafen „José Martí" der Hauptstadt Havanna. Darüber hinaus gibt es Aerotaxi, eine Fluggesellschaft, die mit kleinen, uralten Propeller-Maschinen in die Luft geht und bei der mit Devisen zahlenden Gästen prinzipiell Priorität eingeräumt wird.

Flüge von Cubana de Aviación ab Havanna

Baracoa (Prov. Guantánamo) So 4.10 Uhr.
Bayamo (Prov. Granma) Di+Do 8.00 Uhr.
Camagüey (Prov. Camagüey) Mo, Di, Mi, Fr + So 20.30 Uhr, Sa 8.40 Uhr.
Ciego de Ávila (Prov. Ciego de Ávila) Do 22.10 Uhr.
Guantánamo (Prov. Guantánamo) Mo, Mi, Fr+Sa 5.30 Uhr, So 8.40 Uhr.
Holguín (Prov. Holguín) Mo+Mi 7.00 Uhr, Di+Fr 17.00 Uhr, Sa 22.00 Uhr, So 15.35 + 22.00 Uhr.
Manzanillo (Prov. Granma) Sa 16.55 Uhr.
Moa (Prov. Holguín) Mo 9.05 Uhr.
Nueva Gerona (Isla de la Juventud) Mo, Mi, Fr+Sa 6.00 + 14.15 Uhr, Di 6.00 + 17.50 Uhr, So 17.50 Uhr, Do 6.00 Uhr, So 14.15 + 17.50 Uhr.
Santiago de Cuba (Prov. Santiago de Cuba) Mo 17.00 + 19.55 Uhr, Di 7.00 + 19.55 Uhr, Mi 19.55 Uhr, So 7.00 Uhr, Fr 19.55 Uhr, Sa 7.00 Uhr, So 4.10 Uhr.

Flüge von Cubana de Aviación nach Havanna

Baracoa So 9.00 Uhr.
Bayamo Di+Do 10.50 Uhr.
Camagüey Mo, Di, Mi, Fr + So 22.55 Uhr, Sa 12.50 Uhr.
Ciego de Ávila Do 0.25 Uhr.
Guantánamo Mo, Mi, Fr + Sa 8.40 Uhr, So 11.50 Uhr. Holguín Mo+Mi 9.20 Uhr, Di 20.05 Uhr, Sa 22.10 Uhr, So 18.35 Uhr.
Manzanillo Sa 19.45 Uhr. Moa Mo 12.55 Uhr.
Nueva Gerona Mo, Mi, Fr + Sa 7.00 + 15.25 Uhr, Di 7.00 + 19.00 Uhr, Do 7.00 Uhr, So 15.25 + 19.00 Uhr.
Santiago de Cuba Mo 20.15 + 22.30 Uhr, Di 9.35 + 22.30 Uhr, Mi 22.30 Uhr, Fr 18.00 + 22.30 Uhr, Sa 9.35 Uhr, So 10.35 Uhr.

Flüge von Aerocaribbean ab und nach Havanna

Täglich nach Santiago de Cuba, Varadero, Cayo Largo, Trinidad, Manzanillo, Bayamo,

Baracoa, Holguín, Cayo Coco – und zurück. Die Preise des Charter-Fliegers von Cubana liegen etwas über denen der Muttergesellschaft.

Flüge von Aerotaxi

Die kleine Fluggesellschaft mit den nicht mehr ganz taufrischen Propeller-Maschinen verbindet viele kleinere Orte miteinander. Tickets, die so früh wie möglich gebucht werden sollten, gibt es in den Flughafenbüros der Linie und in den Reisebüros der größeren Hotels.

Fluggesellschaften

Cubana de Aviación, Avenida Rancho Boyeros, Aeropuerto Internacional „José Martí", Terminal 1, Havanna. ✆ (07) 2664644, 6495777, pax@avianet.cu.

Aerocaribbean, Calle 23 Nr. 64 esquina P, Vedado, Havanna. ✆ (07) 8327584, 8365936, ✆ (07) 3365016, Reservierungen (07) 8797524, 8797525, 8704965, reservas@cacsa.avianet.cu, reservas@aerocaribbean.avianet.cu.

Aerotaxi, Calle 27 Nr. 102 e/ M y N, Vedado, Havanna, ✆ (07) 8334064, 8322515.

Flughäfen

Aeropuerto „Gustavo Rizo", Carretera Aeropuerto km 4, Baracoa, ✆ (021) 642580, 642216.

Aeropuerto „Carlos Manuel de Céspedes", Bayamo, ✆ (023) 423695, 424501.

Aeropuerto Internacional „Ignacio Agramonte", Carretera Nuevitas km 8, Camagüey, ✆ (032) 261010, 281564.

Aeropuerto Internacional Jardines del Rey, Cayo Coco, ✆ (033) 309165.

Aeropuerto Internacional „Vilo Acuña", Cayo Largo, Isla de la Juventud, ✆ (045) 248141.

Aeropuerto Internacional „Máximo Gómez", Ciego de Ávila, ✆ (033) 32525, 43695, 225717.

Aeropuerto Internacional „Jaime González", Carretera Caunao, Cienfuegos, ✆ (043) 2552267, 552047, 451328.

Aeropuerto Internacional „Mariana Grajales", Guantánamo, ✆ (021) 34816.

Aeropuerto Internacional „José Martí", Avenida Rancho Boyeros, Havanna, ✆ (07) 707701, 454644.

Aeropuerto Internacional „Frank País", Carretera Central, Vía Bayamo km 15, Holguín, ✆ (024) 462512, 462534, 425707.

Aeropuerto „Hermanos Ameijeiras", Las Tunas, ✆ (031) 42484, 42702.

Aeropuerto „Sierra Maestra", Manzanillo, ✆ (023) 54984.

Aeropuerto de Moa, Moa, ✆ (024) 67678.

Aeropuerto „Rafael Cabrera Mustelier", Carretera Aeropuerto km 5, Nueva Gerona, Isla de la Juventud, ✆ (046) 322300, 322690, 322184.

Aeropuerto Internacional „Antonio Maceo", Carretera Morro, Santiago de Cuba, ✆ (022) 691014.

Aeropuerto Internacional „Juan Gualberto Gómez", Varadero, ✆ (045) 612133, 613016.

Bahnen

Zugfahren in Cuba ist vor allem eines – ein Abenteuer. Denn die staatliche Eisenbahngesellschaft ist grundsätzlich langsam, jedenfalls auf Nebenstrecken. Einigermaßen pünktlich verkehren nur die Fernzüge (Tren Nr. 1 und Nr. 2) von Havanna nach Santiago de Cuba (und umgekehrt), die grundsätzlich Vorrang vor allen anderen genießen und damit auf dieser Strecke normalerweise um etwa vier Stunden schneller sind als der schnellste Überlandbus. Im Umkehrschluss bedeutet dies, dass alle anderen Züge – bedingt durch Wartezeiten auf Nebengleisen – regelmäßig Verspätung haben. Außerdem verkehren viele Züge nicht täglich, wenngleich der Fahrplan etwas ganz anderes besagt. Also erst fragen, dann warten!

In Havanna erhalten Touristen ihre Fahrkarten im Bahnhof La Coubre, einem Gebäude, das zwischen dem Hauptbahnhof und dem Hafen liegt und an seiner gelben Fassade unschwer zu identifizieren ist. Dort bekommt man auch Informationen darüber, wo welche Züge abfahren – einige verkehren direkt ab dem Bahnhof La Coubre, andere vom Hauptbahnhof, wenige auch von einem etwas abgelegenen Touristen-Eingang des Hauptbahnhofs an der Ecke der Calles Arsenal und Egido.

Wege in Cuba

Oldtimer-Lokomotiven stehen unter Dampf und nicht im Museum

In allen anderen Bahnhöfen Cubas sollte man sich grundsätzlich erst erkundigen, wo man Fahrkarten gegen Devisen erwerben kann, bevor man sich in einer Warteschlange einreiht. Ganz wichtig: Die Fahrkarten müssen mindestens eine Stunde vor Abfahrt des Zuges am jeweiligen Bahnhof rückbestätigt werden, da die reservierten Plätze – und nur solche gibt es – andernfalls weitergegeben werden.

In den (Fern-)Zügen selbst hat man zwar die Möglichkeit, Sandwiches und Getränke (in Pesos) zu kaufen, die Qualität der angebotenen Speisen ist allerdings in der Regel so schlecht, dass es sich empfiehlt, etwas Proviant und einen Wasservorrat im Gepäck zu haben. Falls die Toiletten benutzt werden müssen, was auf längeren Strecken wohl unumgänglich ist, sollte man eine Taschenlampe mit sich führen, da es oftmals kein Licht gibt, und geschlossene Schuhe tragen, da Cubaner in aller Regel keine Taschenlampe besitzen. Zu finden sind die Toiletten recht leicht – man geht einfach dem Geruch nach ...

- *Bahnhöfe* **Bayamo**: Calle Línea, ✆ (023) 423012.

Camagüey: Calle Avellaneda, ✆ (032) 292633.

Ciego de Ávila: Calle Iván Job.

Cienfuegos: Avenida 58 esquina Calle 49, ✆ (0432) 525495.

Guantánamo: Calle Pedro A. Pérez 2, ✆ (021) 325718.

Havanna: Calle Egido e/ Arsenal y San Pedro, ✆ (07) 8628021.

Holguín: Calle Vidal Pita 3 e/ Libertad y Maceo, ✆ (024) 422331.

Las Tunas: Avenida Camilo Cienfuegos, ✆ (031) 48146.

Manzanillo: Plaza Jesús Menéndez e/ José Menéndez Gómez y Villuendas, ✆ (023) 57512.

Matanzas: Calle 181, ✆ (045) 291645.

Pinar del Río: Calle Ferrocarril esquina Comandante Pinares Sur, ✆ (048) 752272.

Sancti Spíritus: Calle Jesús Menéndez, ✆ (041) 29228.

Santa Clara: Calle Estévez Norte 323, ✆ (042) 202895.

Santiago de Cuba: Paseo de Martí esquina Jesús Menéndez, ✆ (022) 622836.

Trinidad: Calle Línea, ✆ (041) 93348.

- *Die wichtigsten Zugverbindungen* Tren
Nr. 01: Havanna Estación Central – Santiago de Cuba tägl. 18.05 Uhr.
Nr. 11: Havanna Estación Central – Santiago de Cuba tägl. 15.15 Uhr.
Nr. 13: Havanna Estación Central – Bayamo tägl. 20.25 Uhr.
Nr. 15: Havanna Estación Central – Holguín tägl. 19.00 Uhr.
Nr. 17: Havanna Estación Central – Sancti Spíritus tägl. 21.45 Uhr.
Nr. 21: Havanna Estación Central – Pinar del Río tägl. 22.35 Uhr.
Nr. 31: Havanna Estación Central – Santiago de Cuba tägl. 17.35 Uhr.
Nr. 33: Havanna Estación Central – Camagüey tägl. 14.00 Uhr.
Nr. 35: Havanna Estación Central – Morón tägl. 16.45 Uhr.
Nr. 43: Havanna Estación Central – Santiago de Cuba tägl. 6.20 Uhr.
Nr. 39: Havanna Estación Central – Pinar del Río tägl. 17.00 Uhr.
Nr. 19: Havanna Estación La Coubre – Cienfuegos tägl. 7.30 Uhr.
Nr. 37: Havanna Estación La Coubre – Cienfuegos tägl. 18.45 Uhr.
Nr. 02: Santiago de Cuba – Havanna Estación Central tägl. 17.05 Uhr.
Nr. 12: Santiago de Cuba – Havanna Estación Central tägl. 20.25 Uhr.
Nr. 32: Santiago de Cuba – Havanna Estación Central tägl. 23.10 Uhr.
Nr. 44: Santiago de Cuba – Havanna Estación Central tägl. 10.30 Uhr.
Nr. 46: Santiago de Cuba – Santa Clara tägl. 4.35 Uhr.
Nr. 14: Bayamo – Havanna Estación Central tägl. 19.40 Uhr.
Nr. 34: Camagüey – Havanna Estación Central tägl. 6.35 Uhr.
Nr. 20: Cienfuegos – Havanna Estación La Coubre tägl. 7.00 Uhr.
Nr. 38: Cienfuegos – Havanna Estación La Coubre tägl. 2.00 Uhr.
Nr. 25: Combinado – Guantánamo tägl. 4.38 Uhr.
Nr. 26: Guantánamo – Combinado tägl. 18.50 Uhr.
Nr. 16: Holguín – Havanna Estación Central tägl. 18.15 Uhr.
Nr. 28: Manzanillo – Bayamo tägl. 17.20 Uhr.
Nr. 36: Morón – Havanna Estación Central tägl. 5.40 Uhr.
Nr. 22: Pinar del Río – Havanna Estación Central tägl. 8.45 Uhr.
Nr. 40: Pinar del Río – Havanna Estación Central tägl. 5.10 Uhr.
Nr. 18: Sancti Spíritus – Havanna Estación Central tägl. 21.00 Uhr.
Nr. 47: Santa Clara – Santiago de Cuba tägl. 7.45 Uhr.

Fahrplan-Auskunft unter
✆ (07) 621929, 614259.

Busse

Die für Touristen empfehlenswerteste Busgesellschaft ist die staatliche Víazul. Die weiß-blauen Busse sind zuverlässig, verkehren pünktlich und sind mit – in der Regel – sauberen Toiletten, Schlafsitzen und Bord-TV ausgestattet, auf dem Werbevideos des cubanischen Tourismusministeriums und Spielfilme in spanischer Sprache mit englischen Untertiteln laufen. Wegen der polare Kälte verbreitenden Klimaanlage ist es ratsam, zumindest einen Pullover im (Hand-)Gepäck zu haben. Bezahlt wird bei Víazul grundsätzlich in Devisen, was dazu führt, dass in den Bussen Ausländer meist unter sich sind. Dennoch sind Reservierungen mindestens 24 Stunden vor Abfahrt dringend zu empfehlen.

Ein wesentlich dichteres Streckennetz bedienen die hellblauen Astro-Busse, die auch Orte anfahren, die abseits der Hauptverkehrsadern liegen und von Víazul deshalb nicht berücksichtigt werden. Allerdings ist die Astro-Linie vorrangig auf den Überland-Transport von Cubanern ausgerichtet und hält für Touristen pro Strecke meist nur ein begrenztes Sitzplatzkontingent vor, das oftmals schnell vergriffen ist. Die offiziellen Fahrpreise werden bei Astro deshalb auch in cubanischen Pesos angegeben, obwohl Ausländer mit konvertibler Währung bezahlen müssen. Grundsätzlich sind die Tarife aber etwas günstiger als bei Víazul.

76 Wege in Cuba

Wenngleich die Astro-Liner fast im ganzen Land unterwegs sind, so weist auch ihr Fahrplan erhebliche Lücken auf. Längst nicht alle Dörfer Cubas sind mit öffentlichen Verkehrsmitteln erreichbar. Wenn deshalb in diesem Reisebuch bei den einzelnen Zielen keine Verbindungen angegeben sind, ist man grundsätzlich auf den eigenen Mietwagen angewiesen bzw. muss man für den Weg von oder zur nächstgelegenen Provinzhauptstadt ein Taxi chartern.

Terminals

Baracoa: Avenida Los Mártires esquina Marti, ✆ (021) 643880, 643090.

Bayamo: Carretera Central 501 esquina Felino Figueredo, ✆ (023) 424036.

Camagüey: Carretera Central Oeste esquina Calle Perú, ✆ (032) 271668, 27034, 270396.

Ciego de Ávila: Carretera Central Extremo Este, ✆ (033) 225109.

Cienfuegos: Calle 49 e/ 56 y 58, ✆ (0432) 515720.

Guantánamo: Carretera Santiago de Cuba km 2,5, Nr. 207, ✆ (021) 325588, 329413.

Havanna: Víazul: Avenida 26 esquina Zoológico, Nuevo Vedado, ✆ (07) 8811413, 815652, 811108, ✆ (07) 666092. Astro: Avenida Independencia e/ 19 de Mayo y Bruzón, Tel (07) 8709401, 8709405.

Holguín: Carretera Central 19 e/ 20 de Mayo y Independencia, ✆ (024) 422111, 474016.

Las Tunas: Calle Francisco Varona 240, ✆ (031) 43060.

Matanzas: Calle Calzada Esteban esquina Terry, ✆ (045) 91473.

Pinar del Río: Calle Adela Azcuy e/ Colón y Comandante Pinares, ✆ (048) 752878.

Sancti Spíritus: Carretera Central km 388 e/ Circunvalación Norte y Carretera Jíbaro, ✆ (041) 24142.

Santa Clara: Carretera Central km 383 e/ Independencia y Oquendo, ✆ (042) 222523, 2922114.

Manzanillo: Carretera Central km 64, ✆ (023) 52727.

Santiago de Cuba: Avenida de los Libertadores esquina Yarayo, ✆ (022) 628484.

Trinidad: Calle Piro Guinart 224 e/ Maceo y Izquierdo, ✆ (041) 92404, 94448.

Varadero: Calle 36 esquina Autopista Sur, ✆ (045) 612626, 614886.

Viñales: Calle Salvador Cisneros 63 A.

Víazul-Verbindungen

Von **Baracoa**
- über Guantánamo nach **Santiago de Cuba** tägl. 14.15 Uhr.

Von **Havanna**
- über Cienfuegos nach **Trinidad** tägl. 8.15 + 13.00 Uhr, bis Cienfuegos 20 CUC, bis Trinidad 25 CUC.
- über Matanzas und Aeropuerto Varadero nach **Varadero** tägl. 8.00, 12.00, 16.00 + 18.00 Uhr, bis Matanzas 7 CUC, bis Aeropuerto Varadero 10 CUC, bis Varadero 10 CUC.
- nach **Playas del Este** tägl. 8.40 + 14.20 Uhr.
- über Santa Clara, Sancti Spíritus, Ciego de Ávila, Camagüey, Las Tunas, Holguín und Bayamo nach **Santiago de Cuba** tägl. 9.30, 15.00, 18.15 + 22 Uhr; bis Santa Clara 18 CUC, bis Sancti Spíritus 23 CUC, bis Ciego de Ávila 27 CUC, bis Camagüey 33 CUC, bis Las Tunas 39 CUC, bis Holguín 44 CUC, bis Santiago de Cuba 51 CUC.
- nach **Viñales** tägl. 9.00 + 14.00 Uhr, 12 CUC.

Von **Playas del Este**
- nach **Havanna** tägl. 10.30 + 16.40 Uhr.

Von **Santiago de Cuba**
- über Bayamo, Holguín, Las Tunas, Camagüey, Ciego de Ávila, Sancti Spíritus und Santa Clara nach **Havanna** tägl. 9.00, 15.15, 18.00 + 22.00 Uhr.
- über Bayamo, Holguín, Las Tunas, Camagüey, Ciego de Avila, Sancti Spíritus und Santa Clara nach **Varadero** tägl. 20.30 Uhr.
- über Bayamo, Holguín, Las Tunas, Camagüey, Ciego de Ávila und Sancti Spíritus nach **Trinidad** tägl. 19.30 Uhr.

- über Guantánamo nach **Baracoa** tägl. 7.45 Uhr, bis Guantánamo 6 CUC, bis Baracoa 15 CUC.

Von **Trinidad**
- über Cienfuegos nach **Havanna** tägl. 7.45 + 15.15 Uhr.
- über Sancti Spíritus, Ciego de Ávila, Camagüey, Las Tunas, Holguín und Bayamo nach **Santiago de Cuba** tägl. 8.00 Uhr, bis Sancti Spíritus 6 CUC, bis Ciego de Ávila 9 CUC, bis Camagüey 15 CUC, bis Las Tunas 22 CUC, bis Holguín 26 CUC, bis Santiago de Cuba 33 CUC.
- über Sancti Spíritus und Santa Clara nach **Varadero** tägl. 14.25 Uhr.

Von **Varadero**
- über Aeropuerto Varadero, Matanzas und **Havanna** tägl. 8.00, 11.40, 16.00 + 18.00 Uhr.
- über Santa Clara, Sancti Spíritus, Ciego de Ávila, Camagüey, Las Tunas, Holguín und Bayamo nach **Santiago de Cuba** tägl. 20.55 Uhr, bis Santa Clara 11 CUC, bis Sancti Spíritus 17 CUC, bis Ciego de Ávila 19 CUC, bis Camagüey 25 CUC, bis Las Tunas 33 CUC, bis Holguín 38 CUC, bis Bayamo 42 CUC, bis Santiago de Cuba 49 CUC.
- über Santa Clara und Sancti Spíritus nach **Trinidad** tägl. 7.30 Uhr, bis Santa Clara 11 CUC, bis Sancti Spíritus 16 CUC, bis Trinidad 20 CUC.

Von **Viñales**
- nach **Havanna** tägl. 8.00 + 14.00 Uhr.

Astro-Verbindungen (Auszug)

Von **Baracoa**
- nach **Guantánamo** tägl. 5.00, 9.00 + 14.00 Uhr.
- über Guantánamo nach **Santiago de Cuba** jeden 2. Tag 14.30 Uhr.
- über Guantánamo, Bayamo und Las Tunas nach **Camagüey** jeden 2. Tag 6.30 Uhr.
- über Guantánamo, Bayamo, Camagüey, Ciego de Ávila, Sancti Spíritus und Santa Clara nach **Havanna** tägl. 19.30 Uhr.

Von **Bayamo**
- nach **Holguín** tägl. 6.20 Uhr.
- nach **Guantánamo** tägl. 5.50 Uhr.
- nach **Santiago de Cuba** tägl. 5.30, 6.50 + 13.50 Uhr.
- über Las Tunas nach **Camagüey** tägl. 8.00 Uhr.
- über Camagüey, Ciego de Ávila und Sancti Spíritus nach **Havanna** tägl. 20.00 + 21.30 Uhr.

Von **Caibarién**
- über Remedios und Santa Clara nach **Havanna** tägl. 19.00 Uhr.

Von **Camagüey**
- über Florida nach **Ciego de Ávila** tägl. 7.40, 13.30 + 18.40 Uhr.
- über Florida und Ciego de Ávila nach **Sancti Spíritus** tägl. 13.00 Uhr.
- über Florida, Ciego de Ávila und Sancti Spíritus nach **Cienfuegos** jeden 2. Tag 16.30 Uhr.
- über Florida, Ciego de Ávila und Sancti Spíritus nach **Havanna** tägl. 10.00, 15.20, 21.40 Uhr.
- über Florida, Ciego de Ávila, Sancti Spíritus, Santa Clara, Colón, Perico und Jovellanos nach **Matanzas** jeden 2. Tag 22.20 Uhr.
- nach **Holguín** tägl. 15.35 Uhr.
- nach **Las Tunas** tägl. 3.45 + 9.00 Uhr.
- über Las Tunas nach **Bayamo** tägl. 13.25 Uhr.
- über Las Tunas und Bayamo nach **Guantánamo** tägl. 17.00 Uhr.
- über Las Tunas, Bayamo und Guantánamo nach **Baracoa** jeden 2. Tag. 6.00 Uhr.
- über Las Tunas und Bayamo nach **Santiago de Cuba** tägl. 9.00 + 14.30 Uhr.
- über Las Tunas, Bayamo und Yara nach **Manzanillo** tägl. 8.30 Uhr.

Wege in Cuba

Von **Cárdenas**
- über Matanzas nach **Havanna** tägl. 13.45 Uhr.

Von **Ciego de Ávila**
- über Florida nach **Camagüey** tägl. 5.00, 10.30 + 16.00 Uhr.
- über Florida, Camagüey, Las Tunas, Bayamo und Yara nach **Manzanillo** jeden 2. Tag 7.30 Uhr.
- über Florida, Camagüey, Las Tunas, Manzanillo und Media Luna nach **Niquero** jeden 2. Tag 8.00 Uhr.
- über Florida, Camagüey, Las Tunas, Holguín und Bayamo nach **Santiago de Cuba** tägl. 6.00 Uhr.
- über Sancti Spiritus nach **Havanna** tägl. 11.30 + 20.25 Uhr.

Von **Cienfuegos**
- über Colón, Perico, Jovellanos, Cárdenas und Varadero nach **Matanzas** tägl. 14.30 Uhr.
- über Sancti Spíritus, Ciego de Ávila und Florida nach **Camagüey** jeden 2. Tag 8.00 Uhr.
- über Sancti Spíritus, Ciego de Ávila, Florida, Camagüey, Las Tunas, Holguín und Bayamo nach **Santiago de Cuba** tägl. 16.00 Uhr.
- nach **Santa Clara** tägl. 5.00, 9.10 Uhr.
- nach **Trinidad** tägl. 6.30, 11.30 + 13.30 Uhr.

Von **Colón**
- über Matanzas nach **Havanna** jeden 2. Tag 1.50 Uhr.

Von **Guantánamo**
- nach **Baracoa** tägl. 5.00, 9.00 + 14.00 Uhr.
- nach **Bayamo** tägl. 10.40 Uhr.
- über Bayamo nach **Holguín** tägl. 12.30 Uhr.
- über Bayamo und Las Tunas nach **Camagüey** tägl. 7.00 Uhr.
- über Bayamo, Camagüey, Ciego de Ávila und Sancti Spíritus nach **Havanna** tägl. 15.00 + 19.30 Uhr.
- nach **Santiago de Cuba** tägl. 6.00, 9.30, 11.20 + 13.20 Uhr.

Von **Havanna**
- nach **Matanzas** tägl. 9.10, 16.55 + 21.00 Uhr.
- über Matanzas nach **Varadero** tägl. 4.35 Uhr.
- über Matanzas nach **Cárdenas** tägl. 8.45 Uhr.
- über Matanzas, Cárdenas und Máximo Gómez nach **José Martí** jeden 2. Tag 8.35 Uhr.
- über Matanzas nach **Colón** jeden 2. Tag 21.10 Uhr.
- über Matanzas, Jagüey Grande und Playa Girón nach **Cayo Ramona** jeden 2. Tag 11.40 Uhr.
- über Matanzas nach **Jovellanos** jeden 2. Tag 13.55 Uhr.
- über Matanzas, Jovellanos, Colón und Los Árabos nach **Santa Clara** tägl. 14.00 Uhr.
- über Matanzas und Perico nach **Los Árabos** jeden 2. Tag 12.55 Uhr.
- nach **Santa Clara** tägl. 6.30 + 19.40 Uhr.
- über Santa Clara und Remedios nach **Caibarién** tägl. 10.35 Uhr.
- über Santa Clara, Sancti Spíritus, Ciego de Ávila, Camagüey und Holguín nach **Moa** tägl. 16.55 Uhr
- über Santa Clara nach **Zulueta** jeden 2. Tag 11.25 Uhr.
- über Sancti Spíritus nach **Ciego de Ávila** tägl. 2.00 + 12.25 Uhr.
- über Sancti Spíritus und Ciego de Ávila nach **Morón** tägl. 9.50 Uhr.
- über Sancti Spíritus, Ciego de Ávila und Florida nach **Camagüey** tägl. 9.20, 14.00 + 19.45 Uhr.
- über Sancti Spíritus, Ciego de Ávila und Camagüey nach **Las Tunas** tägl. 8.00, 20.45 + 23.00 Uhr.
- über Sancti Spíritus, Ciego de Ávila, Camagüey und Las Tunas nach **Puerto Padre** tägl. 22.05 Uhr.

Busse 79

- über Sancti Spíritus, Ciego de Ávila und Camagüey nach **Bayamo** tägl. 21.45 + 22.45 Uhr.
- über Sancti Spíritus, Ciego de Ávila, Camagüey und Bayamo nach **Santiago de Cuba** tägl. 7.30, 12.15 + 19.20 Uhr.
- über Sancti Spíritus, Ciego de Ávila, Camagüey und Bayamo nach **Guantánamo** tägl. 15.15 + 22.00 Uhr.
- über Santa Clara, Sancti Spíritus, Ciego de Ávila, Camagüey, Bayamo und Guantánamo nach **Baracoa** tägl. 10.45 Uhr.
- über Sancti Spíritus, Ciego de Ávila und Camagüey nach **Holguín** tägl. 9.15 + 19.00 Uhr.
- über Sancti Spíritus, Ciego de Ávila und Camagüey nach **Manzanillo** tägl. 20.15 + 21.30 Uhr.

Von **Holguín**
- nach **Las Tunas** tägl. 9.00 + 15.30 Uhr.
- nach **Bayamo** tägl. 8.10 Uhr.
- über Bayamo nach **Santiago de Cuba** tägl. 4.45 + 11.00 Uhr.
- über Bayamo nach **Guantánamo** tägl. 5.20 Uhr.
- über Bayamo und Yara nach **Manzanillo** tägl. 6.30 Uhr.
- nach **Camagüey** tägl. 10.00 Uhr.
- über Camagüey, Ciego de Ávila und Sancti Spíritus nach **Havanna** tägl. 7.30 + 20.00 Uhr.
- über Las Tunas, Camagüey, Ciego de Ávila, Sancti Spíritus und Placetas nach **Santa Clara** jeden 2. Tag 6.00 Uhr.
- über Mayarí nach **Moa** tägl. 7.00 + 16.00 Uhr.

Von **Jóse Martí**
- über Máximo Gómez, Cárdenas und Matanzas nach **Havanna** jeden 2. Tag 14.20 Uhr.

Von **Jovellanos**
- über Matanzas nach **Havanna** jeden 2. Tag 19.05 Uhr.

Von **Las Tunas**
- nach **Camagüey** tägl. 1.00 + 6.00 Uhr.
- über Camagüey, Ciego de Ávila und Sancti Spíritus nach **Havanna** tägl. 8.00, 19.30 + 23.00 Uhr.
- nach **Holguín** tägl. 7.00 + 13.30 Uhr.
- über Bayamo nach **Santiago de Cuba** tägl. 5.00 Uhr.

Von **Los Árabos**
- über Perico und Matanzas nach **Havanna** jeden 2. Tag 19.00 Uhr.

Von **Manzanillo**
- über Yara und Bayamo nach **Holguín** tägl. 11.45 Uhr.
- über Yara, Bayamo und Las Tunas nach **Camagüey** tägl. 15.10 Uhr.
- über Yara, Bayamo, Las Tunas, Camagüey und Florida nach **Ciego de Ávila** jeden 2. Tag 17.35 Uhr.
- über Bayamo nach **Santiago de Cuba** tägl. 14.30 + 19.10 Uhr.
- über Camagüey, Ciego de Ávila und Sancti Spíritus nach **Havanna** tägl. 20.00 + 21.30 Uhr.

Von **Matanzas**
- nach **Havanna** tägl. 5.30, 13.35 + 17.30 Uhr.
- über Varadero, Cárdenas, Jovellanos, Perico und Colón nach **Cienfuegos** tägl. 8.00 Uhr.
- über Jovellanos, Perico, Colón und Los Árabos nach **Santa Clara** tägl. 16.45 Uhr.
- über Jovellanos, Perico, Colón, Santa Clara, Sancti Spíritus, Ciego de Ávila und Florida nach **Camagüey** jeden 2. Tag 20.40 Uhr.
- über Jovellanos, Perico, Colón, Santa Clara, Ciego de Ávila, Camagüey, Holguín und Bayamo nach **Santiago de Cuba** tägl. 16.00 Uhr.

Wege in Cuba

Von Moa
- über Mayarí nach **Holguín** tägl. 6.00 + 15.00 Uhr.
- über Holguín, Camagüey, Ciego de Ávila, Sancti Spíritus und Santa Clara nach **Havanna** tägl. 20.00 Uhr.
- nach **Santiago de Cuba** jeden 2. Tag 14.15 Uhr.

Von Morón
- über Ciego de Ávila und Sancti Spíritus nach **Havanna** tägl. 19.00 Uhr.
- über Ciego de Ávila, Sancti Spíritus und Placetas nach **Santa Clara** tägl. 13.05 Uhr.

Von Niquero
- über Media Luna, Manzanillo und Bayamo nach **Santiago de Cuba** jeden 2. Tag 14.40 Uhr.
- über Media Luna, Manzanillo, Las Tunas, Camagüey und Florida nach **Ciego de Ávila** jeden 2. Tag 19.30 Uhr.

Von Nuevitas
- über Manatí, Las Tunas und Bayamo nach **Santiago de Cuba** tägl. 14.40 Uhr.

Von Pilón
- über Media Luna, Manzanillo und Bayamo nach **Santiago de Cuba** tägl. 14.00 Uhr.

Von Puerto Padre
- über Holguín und Bayamo nach **Santiago de Cuba** jeden 2. Tag 13.00 Uhr.
- über Las Tunas, Camagüey, Ciego de Ávila und Sancti Spíritus nach **Havanna** tägl. 20.00 Uhr.

Von Sancti Spíritus
- über Placetas nach **Santa Clara** tägl. 6.00 + 14.00 Uhr.
- über Ciego de Ávila und Florida nach **Camagüey** tägl. 7.00 Uhr.

Von Santa Clara
- nach **Cienfuegos** tägl. 7.10 + 11.20 Uhr.
- über Los Árabos, Colón, Perico und Jovellanos nach **Matanzas** tägl. 12.10 Uhr.
- über Los Árabos, Colón, Jovellanos und Matanzas nach **Havanna** tägl. 6.00, 13.00 + 23.50 Uhr.
- über Los Árabos, Colón, Perico, Jovellanos und Cárdenas nach **Varadero** tägl. 9.00 Uhr.
- über Placetas nach **Sancti Spíritus** tägl. 8.25 + 17.00 Uhr.
- über Placetas und Sancti Spíritus nach **Trinidad** tägl. 13.20 Uhr.
- über Placetas, Sancti Spíritus und Ciego de Ávila nach **Morón** tägl. 8.10 Uhr.
- über Placetas, Sancti Spíritus, Ciego de Ávila, Camagüey und Las Tunas nach **Holguín** jeden 2. Tag 6.00 Uhr.
- über Placetas, Sancti Spíritus, Ciego de Ávila, Camagüey, Las Tunas und Bayamo nach **Santiago de Cuba** tägl. 19.00 Uhr.

Von Santiago de Cuba
- nach **Bayamo** tägl. 9.10, 10.30 + 17.10 Uhr.
- über Bayamo nach **Holguín** tägl. 10.10 + 18.00 Uhr.
- über Bayamo nach **Las Tunas** tägl. 10.30 Uhr.
- über Bayamo und Las Tunas nach **Camagüey** tägl. 7.00 + 18.00 Uhr.
- über Bayamo, Las Tunas und Manatí nach **Nuevitas** tägl. 6.00 Uhr.
- über Bayamo, Manzanillo und Media Luna nach **Pilón** tägl. 6.10 Uhr.
- über Bayamo nach **Manzanillo** tägl. 8.00 + 14.00 Uhr.
- über Bayamo, Manzanillo und Media Luna nach **Niquero** jeden 2. Tag 7.10 Uhr.
- über Bayamo und Holguín nach **Puerto Padre** jeden 2. Tag 5.20 Uhr.
- über Bayamo, Holguín, Las Tunas, Camagüey und Florida nach **Ciego de Ávila** tägl. 17.45 Uhr
- über Bayamo, Holguín, Camagüey, Ciego de Ávila, Santa Clara, Colón, Perico und Jovellanos nach **Matanzas** tägl. 20.40 Uhr.

- über Bayamo, Holguín, Las Tunas, Camagüey, Florida, Ciego de Ávila und Sancti Spíritus nach **Cienfuegos** tägl. 16.00 Uhr.
- über Bayamo, Las Tunas, Camagüey, Ciego de Ávila, Sancti Spíritus und Placetas nach **Santa Clara** tägl. 16.00 Uhr.
- über Bayamo, Camagüey, Ciego de Ávila und Sancti Spíritus nach **Havanna** tägl. 5.00, 14.30 + 19.30 Uhr.
- nach **Guantánamo** tägl. 9.00, 12.10, 15.00 + 15.40 Uhr.
- über Guantánamo nach **Baracoa** jeden 2. Tag 6.50 Uhr.
- nach **Moa** jeden 2. Tag 7.20 Uhr.

Von **Trinidad**
- nach **Cienfuegos** tägl. 5.45, 9.00 + 14.35 Uhr.
- über Sancti Spíritus und Placetas nach **Santa Clara** tägl. 17.15 Uhr.

Von **Varadero**
- über Matanzas nach **Havanna** tägl. 8.20 Uhr.
- über Cárdenas, Jovellanos, Perico, Colón und Los Árabos nach **Santa Clara** tägl. 14.15 Uhr.

Von **Zulueta**
- über Santa Clara nach **Havanna** jeden 2. Tag 18.45 Uhr.

Taxen

Ohne Taxi geht in Cubas Städten für Touristen gar nichts. Öffentliche Verkehrsmittel wie U- und S-Bahnen scheiden mangels Vorhandenseins ohnehin aus, andere wie Stadtbusse, Camellos (für den Personentransport umgebaute Sattelschlepper) und Camiónes (einfache Lastwagen, in denen man in Europa Vieh zum Schlachthof bringt) sind noch nicht einmal Abenteurern zu empfehlen. Dafür hat man allerdings gleich die Wahl zwischen fünf verschiedenen Arten von Taxen: die offiziellen, die privaten, die Coco-, die Bici- und die illegalen Taxen. Von Letzteren gibt es am meisten, denn damit ist das Heer von Privat-Autos gemeint, deren Besitzer sich auch ohne Taxi-Lizenz gern ein paar konvertible Pesos dazuverdienen, indem sie Ausländer einsteigen lassen.

Staatliche Taxen: Die regulären Taxen, die man vor allen großen Hotels und anderen touristischen Einrichtungen findet, werden von verschiedenen Gesellschaften wie Cubataxi, Panataxi, Turistaxi, Habanataxi, Taxi OK oder Transgaviota betrieben, die in Konkurrenz zueinander stehen, obwohl es sich bei allen natürlich um Staatsbetriebe handelt. Die Fahrtkosten werden bei ihnen grundsätzlich per Taxameter ermittelt, allerdings variieren die bei 0,50 CUC pro gefahrenen Kilometer beginnenden Tarife teilweise deutlich. Die beiden Extreme sind das eher preisgünstige Panataxi und das wesentlich teurere Turistaxi, bei dem man vor Antritt der Fahrt unbedingt eine „Oferta especial", ein Sonderangebot also, verlangen sollte – und meist auch bekommt. Die Rufnummern der Taxen sind von Provinz zu Provinz unterschiedlich und in diesem Buch deshalb bei den einzelnen Reisezielen zu finden.

Private Taxen: Die privaten Transportmittel, meist ältere Ladas oder gar US-Schlitten aus den 1950er Jahren, die oft nur ein selbst gefertigtes Pappschild in der Frontscheibe als Taxi ausweist, muss man nicht suchen. Meist wird man als Tourist von den Fahrern gesucht – und vor Sehenswürdigkeiten, Restaurants oder Diskotheken auch gefunden. Allerdings sollte man (kurze) Wartezeiten einplanen, da die Chauffeure gelegentlich erst starten, wenn genügend Passagiere eingestiegen sind und sich die Tour lohnt. Der Preis ist grundsätzlich Verhandlungssache, was nicht automatisch bedeutet, dass private Taxen billiger sind. Wer in der jeweiligen Stadt fremd ist und die Taxi-Tarife nicht kennt, kann unter Umständen ganz schön abgezockt werden.

Fortbewegung mit Spaß-Garantie: Coco-Taxen in Havanna

Coco-Taxen: Die Open-Air-Taxen auf Motorroller-Basis sorgen für die lustigste Art der Fortbewegung in Cubas Städten, sind allerdings nur in Havanna, Santiago de Cuba und Touristenzentren wie Varadero zu finden. Die gelben „Halbkugeln" auf drei Rädern bieten Platz für zwei Fahrgäste und berechnen landesweit einheitlich 0,50 CUC pro gefahrenen Kilometer. Abgerechnet wird mittels Taxameter – wenn dieser denn funktioniert. Wenn nicht, sollte man beispielsweise in Havanna zwischen den Hotels von Vedado und dem Capitolio keinesfalls mehr als 5 CUC bezahlen.

Bici-Taxen: Die Bici-Taxen – Bici kommt von Bicicleta, also Fahrrad – sind die cubanische Antwort auf die asiatischen Rikschas. Regelrechte Schwärme davon sind auf den Straßen des Landes unterwegs, dürfen auf ihren ein oder zwei Fahrgastplätzen laut Gesetz allerdings nur Cubaner transportieren. Doch wo kein Kläger, da kein Richter, jeder Chauffeur – wie sich die Profi-Radfahrer selbst nennen – lässt auch gern Touristen zusteigen, die dann freilich anders als die Einheimischen in Devisen zur Kasse gebeten werden. Umso mehr muss mit den Bici-Taxlern vor Antritt der Fahrt der Preis ausgehandelt werden. Pro Kilometer sollte man keinesfalls mehr als 1 CUC bezahlen, von Cubanern wird noch nicht einmal die Hälfte davon verlangt.

Illegale Taxen: Neben den Privat-Taxen, deren Fahrer eine staatliche Lizenz erwerben und Steuern entrichten müssen, gibt es eine ganze Reihe „freischaffender Künstler", die ihren privaten fahrbaren Untersatz regelmäßig dazu nutzen, die Familienkasse aufzubessern. Wie die staatliche Konkurrenz sind sie überall dort zu finden, wo es nach Devisen riecht. Die Preise sind natürlich Verhandlungssache, mit etwas Geschick zahlt man nicht mehr als 40 CUC für einen kompletten Tag. Um eine bessere Basis zu haben, sollte man sich allerdings vorher grundsätzlich mit den Tarifen der staatlichen Taxen in der jeweiligen Stadt beschäftigen. Nur so kann man wissen, ob man übervorteilt wird oder ein echtes Schnäppchen macht.

Mietwagen

Mit den Autovermietungen verhält es sich in Cuba wie mit den Taxen – es gibt verschiedene Anbieter (u. a. Havanautos, Cubacar, Transtur, Micar), die sich alle in staatlicher Hand befinden, dennoch miteinander konkurrieren und aus diesem Grund auch (geringfügig) unterschiedliche Preise verlangen. Im Durchschnitt muss man für eine Woche je nach Modell mit 250 bis 600 CUC rechnen, 10 bis 30 CUC pro Tag für die Kfz-Versicherung sowie eine einmalige Kaution von 200 bis 800 CUC einplanen. Letztere ist bei einem Unfall natürlich futsch. Bei den Wagen handelt es in meist um asiatische Fabrikate wie Kía, Hyundai oder Toyota, wer mehr Geld anlegen möchte, kann aber auch Mercedes, BMW und Audi mieten. Ihre Büros unterhalten die Autoverleiher an den Internationalen Flughäfen, den großen Hotels sowie in allen Städten und Touristenzentren. Inzwischen gibt es aber auch die Möglichkeit, Autos im Voraus zu ordern, man sollte sich dabei aber – ausnahmsweise – nicht auf die Offerten im Internet verlassen. Zum einen lässt sich nur jedes dritte Angebot tatsächlich buchen, weil die gewählten Autos zum Wunschtermin nicht zur Verfügung stehen, zum anderen wartet man auf eine Rückbestätigung aus Cuba oft vergeblich. Auf Nummer Sicher geht man bei der Agentur „Islands and More" in München (089-31286947, www.cubacar.info), die zudem für sich in Anspruch nimmt, Urlaubern aus Deutschland, Österreich und der Schweiz teilweise um bis zu 50 Prozent günstigere Preise machen zu können, als man sie vor Ort erhält.

Die Jobs in den Verleihstationen sind in Cuba heiß begehrt und rangieren noch vor den Service-Pöstchen in Restaurants und Hotels sowie erst recht vor Anstellungen als Arzt, Rechtsanwalt oder Lehrer – schneller kann man nämlich nicht reich werden, zumindest mit etwas krimineller Energie. Allerdings leistet das eingeführte System dazu die entscheidende „Beihilfe".

Beispiel 1: In Cuba ist es üblich, dass die Mietwagen mit vollem Tank an den Kunden ausgehändigt und von diesem dafür mit leerem abgegeben werden. Bei der Übergabe des Fahrzeugs ist die Tankfüllung natürlich den Angestellten der Verleihfirma zu bezahlen, ohne dass klar wird, wie viel Benzin überhaupt in den Tank passt und ob er tatsächlich ganz voll getankt ist. Keine Benzinuhr der Welt misst auf fünf Liter genau. Zudem haben Cubaner, also auch die Beschäftigten der Autoverleiher, die Möglichkeit, Normalbenzin (Gasolina regular) zu 0,80 CUC/Liter zu kaufen, während an Touristen ausschließlich Super (Gasolina especial) zu 0,95 CUC/Liter abgegeben wird, weshalb bei der Übergabe von Mietwagen auch „Especial" berechnet wird. Macht bei 50 Litern immerhin 7,50 CUC und damit ein halbes cubanisches Monatsgehalt.

Beispiel 2: Der „Herr der Mietwagen" macht dem Kunden eine „Oferta especial", also ein Sonderangebot. Aus welchen Gründen auch immer – einer findet sich bestimmt – muss der Kunde 50 bis 100 CUC weniger für das Auto bezahlen, als auf der offiziellen Liste ausgewiesen sind, wofür mit einem (geübten) Handgriff augenzwinkernd der Tacho „ausgehängt" wird. Folge: ohne gefahrenen Kilometer keine offizielle Vermietung und später natürlich auch kein Kunde. Der gesamte Betrag landet logischerweise in der Tasche der aus edlerem Zwirn bestehenden Hose des Autoverleihers. Macht das Vielfache eines cubanischen Monatsgehalts. Was nach der Rückgabe des Wagens mit dem Übergabeprotokoll passiert, bedarf wohl keiner weiteren Worte. Apropos Übergabeprotokoll.

Beispiel 3: Grundsätzlich wird in Cuba vor der Übergabe eines Mietwagens ein vorgefertigtes Formular ausgefüllt, in dem nicht nur die Ausstattung des Autos wie Radio, Antenne, Spiegel, Reservereifen etc. festgehalten, sondern auch jede Schramme oder Delle eingetragen wird. Daher sollte man das Leihfahrzeug einer peniblen Kontrolle unterziehen, ehe man sich ans Steuer setzt. Wenn bei der Rückgabe beispielsweise ein Hecklautsprecher fehlt, der zwar nie vorhanden war, der aber im Protokoll steht, wird man zwangsläufig zur Kasse gebeten. Macht mindestens ein cubanisches Monatsgehalt.

Ansonsten kann das Fahren der meist kleinen Flitzer durchaus Spaß machen – wenn man den Wagen erst einmal einer groben Innenreinigung unterzogen hat, um nicht am Lenkrad kleben zu bleiben; wenn man trotz der riesigen Schlaglöcher ohne Achsbruch davonkommt; wenn man kein Loch fährt, was angesichts des Zustands der Straßen allerdings absolut unwahrscheinlich ist, und man dann bei 50 Grad Celsius in der Sonne – denn Schatten gibt es dann meist nicht – den Reifen wechseln muss; wenn man nicht von einem der freundlichen Herren in Blau an den Straßenrand gewunken wird, weil man ohne angelegten Gurt unterwegs oder „Pi mal Daumen" zu schnell war. Die Strafe dafür wird übrigens in dem Übergabeformular des Autoverleihers eingetragen und muss bei der Rückgabe des Fahrzeugs an diesen entrichtet werden. Bloß kein Geld an Polizisten aushändigen, sonst machen die auch noch Kohle, und später bezahlt man noch einmal!

Trotz aller Widrigkeiten gibt es allerdings keine Alternative zum Mietwagen, wenn man das Land auf eigene Faust durchstreifen und wirklich kennenlernen will. Viel Spaß dabei!

Autofahren in Cuba

Quizfrage: Welches Rad des Autos wird in Cuba am meisten beansprucht? Fast ernst gemeinte Antwort: das Reserverad. Zumindest wird man mit ihm wohl oder übel Bekanntschaft machen, selbst wenn man mit dem Mietwagen nur zwei oder drei Tage im Land unterwegs ist. Die Chance, ohne Reifenpanne davonzukommen, ist nämlich ungefähr so groß wie auf den sprichwörtlichen Sechser im Lotto. Grund dafür sind die zum weit überwiegenden Teil katastrophalen Straßenverhältnisse. Schlaglöcher so tief wie Schützengräben und Schotterpisten so steinig wie das Bett eines Gebirgsbachs sind keine Ausnahme, sobald man Hauptverkehrsadern wie die Carretera Central oder die Autopista verlassen hat. Und selbst dort heißt es, auf der Hut zu sein und im wahrsten Sinne des Wortes vorausschauend zu fahren, will man nicht mit einem Achsbruch liegen bleiben. Auch auf den Nebenstraßen des Zentrums von Havanna, erst recht aber in den Außenbezirken der Hauptstadt spricht angesichts von achtlos weggeworfenen Nägeln, Schrauben und Eisenteilchen die Wahrscheinlichkeit eher dafür, ein Loch (cub.) Ponch) zu fahren, weshalb man sich auch als nicht Spanisch sprechender Autofahrer ein Vokabel unbedingt einprägen sollte: Ponchera. Das ist die Person, die das Loch wieder flickt – in europäischen Augen vielleicht vorsintflutlich, aber wer fragt bei einer Reifenpanne schon nach der technischen Ausstattung desjenigen, auf dessen Hilfe man dringend angewiesen ist? Die Preise der Poncheras sind übrigens in hohem Maße variabel. Am günstigsten fährt man bei den „Reifenschustern" der landesweiten Tankstellen-Kette „Oro negro" („Schwarzes Gold"), bei denen die Tarife für die einzelnen Dienstleistungen auch offen angeschrieben sind. Die meisten Poncheras arbeiten allerdings auf eigene Rechnung nach dem gleichen Muster wie etwa Bici-Taxifahrer oder Casa-particular-Besitzer und verlangen pro Loch 1 bis 3 CUC – von Touristen eher Letzteres.

Tankstellen

Das Tankstellen-Netz ist in den Städten und Fremdenverkehrszentren Cubas relativ dicht, bei Überlandfahrten – auch auf der Carretera Central und auf der Autopista – muss man allerdings damit rechnen, dass man unter Umständen bis zu 100 Kilometer fährt, ohne eine Zapfsäule zu Gesicht zu bekommen. Und selbst wenn, ist nicht immer gesagt, dass man Benzin erhält – Devisen hin oder her. Da an Touristen ausschließlich „Gasolina especial" („Superbenzin") abgegeben werden darf, vor allem in ländlichen Gegenden einige Tankstellen aber nur „Gasolina regular" („Normalbenzin") führen, ist es nicht unüblich, an den nächsten „Servi" verwiesen zu werden. Der Begriff „Servi" kommt übrigens von der zweiten landesweiten Tankstellen-Kette „Servi Cupet Cimex" und ist im cubanischen Sprachgebrauch gleichgesetzt mit Tankstelle – auch wenn es sich gar nicht um eine Station von „Servi Cupet Cimex" handelt. Die gesetzliche Vorgabe, dass Touristen nur „Gasolina especial" tanken dürfen, egal, ob dies für den Mietwagen tatsächlich vorgeschrieben ist oder nicht, hat einen rein pekuniären Hintergrund. „Especial" kostet mit 0,95 CUC pro Liter 0,15 CUC mehr als „Regular" und spült damit mehr Geld in die Staatskassen – fertig ist der Reibach.

Nummernschilder

Woran die Tankstellen-Betreiber – und nicht nur sie – die Extranjeros, die Ausländer also, erkennen? Ganz einfach. Die Kennzeichen cubanischer Autos haben verschiedene Farben: Mietwagen, die an Touristen ausgegeben werden, tragen dunkelrote, die grundsätzlich mit „T" für „Turismo" beginnen. Gelbe Nummerntafeln kennzeichnen demgegenüber Privat-Autos, weiße Fahrzeuge von Ministerien, schwarze jene von Botschaften, grüne die der Armee und hellgrüne die Autos des Innenministeriums, also des Geheimdienstes. Darüber hinaus sind Wagen mit blauen Schildern zu sehen, die dem Staat gehören, von den Beamten aber auch für den Weg von und zur Arbeit benutzt werden dürfen, während hellrote Kennzeichen bedeuten, dass die ebenfalls in Staatseigentum befindlichen Autos nach Dienstschluss im Fuhrpark des jeweiligen Unternehmens abgegeben werden müssen. Fahrzeuge mit orangefarbenen Schildern und einem „K" als zweitem Buchstaben sind ebenfalls Dienstwagen, allerdings im Auftrag einer ausländischen, in Cuba tätigen Firma unterwegs. Sicherlich am beliebtesten sind leuchtend-orange Nummernschilder, die nur Manager und VIPs erhalten – kostenloses Tanken inbegriffen.

Los Amarillos

Fahrzeuge mit blauen und hellroten Kennzeichen sind deshalb auch die bevorzugten Objekte der „Los Amarillos" („Die Gelben"). Selbst im kleinsten Kaff des Landes unterhalten sie an den Straßenrändern ihre „Mitfahrzentralen" und stoppen dort jeden vorbeikommenden Pkw oder Lkw in Staatsbesitz, um ihrer wartenden Klientel eine Transportmöglichkeit zu eröffnen. Zum Halten ist grundsätzlich jedes staatliche Fahrzeug verpflichtet – aus Solidarität und wegen des nicht vorhandenen öffentlichen Personennahverkehrs. Grundsätzlich können sich bei den „Amarillos" auch Touristen anstellen, allerdings sollte man dabei nicht vergessen, dass Cubaner an den Haltestellen unter Umständen Tage und Nächte auf eine Mitfahrgelegenheit warten. Als „reicher" Tourist wird man deshalb möglicherweise zu Recht schief angesehen. Außerdem gleicht die Beförderung – zumeist auf den Ladeflächen von Lastwagen – nicht selten einem Viehtransport. Ihren (Spitz-)Namen haben die

„Amarillos" übrigens von ihren gelben bzw. ockerfarbenen Uniformen. Nur in Havanna sind sie inzwischen in modernerem Dunkelblau gekleidet – heißen aber auch dort die „Gelben".

Anhalter

Trotz der „Amarillos" ist es in Cuba gang und gäbe, dass an den Kreuzungen und vor den Ampeln der Städte oder an Langsam-Passagen der Landstraßen und der Autobahn Anhalter stehen, die in den nächsten Ort mitgenommen werden wollen – die Transport-Misere lässt ihnen keine andere Wahl. Und nicht selten unterstreichen sie ihren Wunsch mit Peso-Scheinen in den Händen. Aufgrund der niedrigen Kriminalitätsrate des Landes geht man sicher kein allzu großes Risiko ein, wenn man Cubaner einsteigen lässt, und kann dies noch einmal minimieren, wenn man nur bei Frauen, Paaren oder Familien hält. Neben einem dankbaren Lächeln, das man dafür erntet, hat man auch selbst einen Nutzen von den einheimischen Trampern: Man wird sich definitiv nicht verfahren, vielleicht den einen oder anderen „Geheimtipp" bekommen und in aller Regel großartige Menschen kennenlernen.

Straßenschilder

„Verfranst" hat man sich in Cuba – zumal auf dem flachen Land – schneller, als einem lieb ist. Kein Wunder: Carteles (Straßenschilder), auf denen Fahrtrichtung oder Entfernung angegeben sind, sucht man außerhalb der Städte in aller Regel vergebens. Noch nicht einmal an allen Abfahrten der Autopista geben Hinweistafeln darüber Auskunft, wohin die Reise geht – von der Carretera Central oder gar untergeordneten Landstraßen ganz zu schweigen. Die einzigen Schilder, die – dafür allerdings konsequent – verwendet werden, stehen vor Bahnübergängen und Fußgängerüberwegen. Beide sollte man ausschließlich im Schritttempo passieren – Erstere, weil es in Cuba an den Cruceros weder Schranken noch Blinklichtwarnungen vor herannahenden Zügen gibt, Letztere weil man von Verkehrspolizisten sofort an den Fahrbahnrand gewunken wird, wenn man Fußgängern an Zebrastreifen keinen Vortritt gewährt.

Polizeikontrollen

„Big brother is watching you" gilt in Cuba immer und überall – erst recht auf den Straßen. Ob Streifenwagenbesatzungen, die an den Straßenrändern unter schattigen Bäumen stehen, Motorrad-Cops, die blitzartig im Rückspiegel auftauchen, oder die berühmt-berüchtigten „Puntos de Control" („Kontrollpunkte") vor und nach den Grenzen der meisten Provinzhauptstädte, an denen Geschwindigkeitstrichter die zulässige Höchstgeschwindigkeit bis auf 40 km/h reduzieren – wirklich unbeobachtet ist man selten. Allerdings profitiert man vor potenziell kostspieligen Situationen auch als Tourist von der sprichwörtlichen cubanischen Solidarität. Wenn entgegenkommende Autofahrer die Lichthupe betätigen oder entsprechende Handzeichen geben, hat dies meist nur einen einzigen Grund.

Cubanische Autos

Überhaupt verständigen sich Cubaner am Steuer mit Vorliebe mit Händen und ... – nein, mit Füßen ausnahmsweise nicht. Sobald ein Arm verdächtig aus dem Seitenfenster der Fahrerseite hängt, ist grundsätzlich Vorsicht angebracht, denn dann wird abgebogen oder überholt – ohne jede Rücksicht. Die fehlt dem durchschnittlichen cubanischen Fahrzeuglenker oft allein deshalb, weil etwa 80 Prozent der „Mühlen", die auf den Straßen unterwegs sind, keine Außenspiegel mehr besitzen. Vor allem nachts wird Autofahren daher zum Vabanquespiel. Aber nicht nur deshalb …

Fahren bei Dunkelheit

Beginnt schon tagsüber oft ein Abenteuer, sobald man den Autoschlüssel ins Zündschloss steckt, ist Autofahren bei Dunkelheit meist ein unberechenbares Risiko: Radfahrer sind grundsätzlich ohne Beleuchtung unterwegs, Fußgänger nicht selten (zu) dunkel gekleidet, Ochsenfuhrwerke allenfalls mit einer kleinen Petroleumfunzel ausgestattet. Und wenn auf den unbeleuchteten Fahrbahnen ein einzelnes Licht entgegenkommt, bedeutet dies nicht zwangsläufig, dass ein Motorradfahrer den Weg kreuzt. Meist ist es ein Pkw oder Lkw, bei dem ein Scheinwerfer ausgefallen ist. Wenn etwas passiert ist, wird allerdings zuerst einmal der Ausländer zur Rechenschaft gezogen.

Unfälle

Trotz aller Widrigkeiten „kracht" es auf Cubas Straßen relativ selten, was unter anderem wohl auf drei Umstände zurückzuführen ist: Die vielen Oldtimer sind längst keine Rennwagen mehr, an allen Ecken und Enden lauern Polizeifallen, und drittens gibt es entweder fast keinen Verkehr wie auf der Autopista oder viel zu viel wie auf der Carretera Central, wodurch man seine Fahrweise ohnehin anpassen muss. Passieren trotzdem Unfälle, ist der Tourist in jedem Fall der Dumme. Im günstigsten Fall, also bei Blechschäden, kann man die Kaution abschreiben, die beim Autoverleiher hinterlegt wurde. Sobald allerdings Verletzte oder Tote zu verzeichnen sind, muss man als Fremder damit rechnen, das Land nicht verlassen zu dürfen, bis der Sachverhalt endgültig aufgeklärt ist. Das kann dauern – eher Monate als Wochen. Und auch danach darf man erst ausreisen, wenn man vor Gericht seine Unschuld bewiesen oder – im Fall einer Verurteilung – seine Haft verbüßt hat.

Die Autopista

Eine der wenigen Straßen, auf denen Unfälle die absolute Ausnahme darstellen, ist die Autopista, die cubanische Autobahn. Obwohl man in Cuba grundsätzlich nur von *der* Autopista spricht, gibt es davon eigentlich fünf: Die A 4 zwischen Havanna und Pinar del Río im Westen, eine sehr kurze, nummernlose von Havanna an den Rand von San Antonio de las Vegas in der südlichen Provinz Havanna. Die A 1 zwischen der Hauptstadt und Sancti Spíritus, die allerdings einige Kilometer hinter der zentralen Provinzhauptstadt in der Nähe der Ortschaft Jatibonico endet. Jene, die von Palma Soriano nach Santiago de Cuba im Osten der Republik führt und ebenfalls unter der Bezeichnung A 1 läuft. Und schließlich eine, die noch weiter östlich bei El Palenque beginnt und in Guantánamo endet.

Egal, auf welcher Autopista man gerade unterwegs ist, meist sind die sechs- bis achtspurigen Fahrbahnen, auf denen allerdings jede Markierung fehlt, so leergefegt wie die Straßen in Deutschland während des Endspiels einer Fußball-Weltmeisterschaft. Dies liegt zum einen daran, dass die Autopista weit entfernt von allen Städten mitten durch die cubanische Pampa führt, und zum anderen daran, dass sie ausschließlich auf den Fernverkehr ausgerichtet ist, an dem der Durchschnittsbürger aber nur bedingt teilhaben kann, weil er in der Regel das Geld für größere Spritmengen nicht aufbringt. So bekommt man es auf der Autopista statt mit anderen Pkw eher mit Fußgängern, Radfahrern, Eselskarren oder Ochsengespannen aus den jeweils umliegenden Dörfern zu tun, die sich natürlich weder an Fahrtrichtungen

Die schönsten Routen

Varadero – Havanna: Mit der Vía Blanca, wie die nahezu perfekt ausgebaute Landstraße heißt, die das Touristenzentrum mit der Landeshauptstadt verbindet, kommt man als Tourist am ehesten in Verbindung. Entweder man ist in Varadero untergebracht und unternimmt einen Ausflug nach Havanna oder man hat zunächst einen Städtetrip gebucht, nach dem man sich ein paar Tage an den Stränden der Halbinsel Hicacos erholen möchte – immer ist es die knapp 130 Kilometer lange Vía Blanca, die dazwischen liegt. Einer der schönsten Streckenabschnitte beginnt etwa 20 Kilometer nordwestlich der Provinzhauptstadt Matanzas um die Puente Bacunayugua, mit 112 Metern Cubas höchste Brücke, von der aus man einen überwältigenden Blick auf das sagenumwobene Tal von Yumurí genießen kann.

Nicht minder attraktiv ist die 45 Kilometer östlich von Havanna gelegene Gegend um Santa Cruz del Norte, wo die Straße dem Meer entlang verläuft und wo im Norden etwa 40 Kilometer entfernt die Höhenzüge der „Escaleras de Jaruco" („Treppen von Jaruco") grüßen. Richtig karibisch – wenngleich man sich genau genommen an der Atlantik-Küste entlang bewegt – wird es ab Guanabo, wo 26 Kilometer östlich der Hauptstadt die Playas del Este beginnen, die sich bis vor die Tore Havannas hinziehen.

Pinar del Río – Viñales: Quer durch den „Garten Cubas" führt die 25 Kilometer lange Strecke, die ihren Ausgangspunkt in der westlichsten Provinzhauptstadt des Landes hat und über die Cordillera de Guaniguanico zu der kleinen Ortschaft am Eingang des gleichnamigen Tals führt. Von der einzigartigen Naturlandschaft, die man dabei passiert, sollte man sich allerdings nicht allzu sehr ablenken lassen – die zwar gut ausgebaute, aber schmale Landstraße zählt mit ihren Serpentinen und Haarnadelkurven, die nur rudimentär durch Leitplanken gesichert sind, zu den Unfallschwerpunkten Cubas.

Trinidad – Topes de Collantes: Die Straße zwischen dem viel besuchten Touristenzentrum an der Karibik-Küste und dem Naturpark in der Sierra del Escambray ist eine Herausforderung für Mensch und Material. Hat man Trinidad in Richtung Cienfuegos verlassen, beginnt an einer beschilderten Abzweigung etwa sieben Kilometer nach der Stadtgrenze das Abenteuer. Die Passstraße, die sich an den Hängen entlang in die Höhe schraubt, ist insgesamt zwar nur etwas mehr als elf Kilometer lang, teilweise aber so steil, dass man in den ersten Gang zurückschalten muss. Dafür befindet man sich inmitten einer sensationellen Natur und wird unterwegs, etwa an der Aussichtsplattform des Mirador de Topes de Collantes drei Kilometer nach der Weggabelung, mit einem unbezahlbaren Panorama entschädigt. Die Straße wurde 1937 von Diktator Fulgencio Batista in Auftrag gegeben und ist Teil der Verbindung zwischen Trinidad und Santa Clara. Das bedeutet, dass man von der Ortschaft Topes de Collantes theoretisch über die gesamte Sierra del Escambray bis in die Stadt von Ernesto Che Guevara fahren kann. Dafür braucht man allerdings nicht nur starke Nerven, sondern auch ein geländegängiges Fahrzeug.

Trinidad – Sancti Spíritus: Exakt 65 Kilometer liegen zwischen der eigentlichen und der nominellen Provinzhauptstadt, und davon führt ein Großteil durch das legendäre Valle de los Ingenios, das Tal der Zuckermühlen. Inmitten dieser weiten Landschaft mit ihren riesigen Zuckerrohrfeldern, die immer wieder von Palmenhainen unterbrochen werden, befindet sich mit der Ortschaft Manaca Iznaga 15 Kilometer hinter Trinidad eines der früheren Zentren der Zuckerindustrie. Den besten Blick auf das Tal gewährt allerdings schon zehn Kilometer vorher der 192 Meter hohe Mirador del Valle de los Ingenios auf dem Loma del Puerto.

Yara – Santo Domingo: Wilde Gebirge, undurchdringlicher Dschungel und glasklare Bäche kennzeichnen den Weg, der über 35 Kilometer von Yara über die Ortschaft Bartolomé Masó bis nach Santo Domingo mitten in der mächtigen Sierra Maestra führt. Während der erste Teil der Straße mit Schotterpassagen und Schlaglochpisten noch cubanisches Mittelmaß ist, erfordert der 20 Kilometer lange Pass ab Bartolomé Masó deutlich mehr autofahrerisches Können. Zu einem regelrechten Höllenritt werden allerdings erst die letzten fünf Kilometer. Auf diesem kurzen Stück überwindet man einen Höhenunterschied von 700 Metern – teilweise verläuft die Straße nicht mehr in Serpentinen, sondern beinahe senkrecht. Einen anderen Weg, um zum Ausgangspunkt für die Besteigung des Pico Turquino oder zur Comandancia de la Plata, Fidel Castros ehemaligem Hauptquartier während der Revolution, zu gelangen, gibt es allerdings nicht.

Santiago de Cuba – Pilón: Wenn landschaftlich reizvolle Strecken auf Landkarten üblicherweise grün markiert sind, müsste die Küstenstraße zwischen der zweitgrößten Stadt Cubas und der kleinen Ortschaft im Süden der Provinz Granma eigentlich dunkelgrün eingezeichnet sein. Auf 185 Kilometern verläuft sie immer zwischen der Sierra Maestra auf der einen und der Karibischen See auf der anderen Seite und bietet dabei reihenweise Ansichten und Aussichten in Bildbandqualität. Und die kann man jederzeit genießen, denn schneller als 50 km/h kann man einfach nicht fahren. Die spektakuläre Route ist hinsichtlich ihres Zustands nämlich gleichzeitig eine der schlechtesten im ganzen Land.

Guantánamo – Baracoa: Das mit Abstand Schönste, was Cuba an Panorama-Route zu bieten hat, liegt auf den 145 Kilometern zwischen Guantánamo und Baracoa ganz im Osten der Insel. Dies gilt sowohl für die Straße selbst, die bestens ausgebaut ist, erst recht aber für das, was rechts und links des Weges zu sehen ist. Schon die 95 Kilometer von der Provinzhauptstadt bis zu dem kleinen Örtchen Cajobabo, auf denen man vorbei an San Antonio del Sur immer an der Karibik-Küste entlang unterwegs ist, verdienen das Prädikat „besonders reizvoll". Was aber danach kommt, stellt wirklich alles in den Schatten: Die Passstraße „La Farola", die auf einer Länge von 50 Kilometern die Höhenzüge der Cuchillas de Baracoa überquert, um in der ältesten Stadt des Landes zu enden, führt an mit Blätterkakteen bewachsenen Felswänden entlang mitten durch den üppigen Bergregenwald. Dutzende kleiner Parkbuchten, die die breite Gebirgsstraße säumen, eröffnen in regelmäßigen Abständen einen herrlichen Blick auf die umliegende Landschaft und die sich mehr und mehr entfernende Karibische See. „La Farola" war das erste große Straßenbauprojekt nach dem Sieg der Revolution, das von 1964 bis 1965 in nur zwei Jahren realisiert wurde, um das bis dahin nur auf dem Luft- oder Seeweg erreichbare Baracoa an die übrige Provinz anzubinden.

noch an Verkehrsregeln halten. Für Abwechslung sorgt zudem ein Heer von Straßenhändlern, das entlang der Strecke all das verkauft, was Küche, Garten oder Stall hergeben: Kuchen, Schokolade, Knoblauchzöpfe, Zwiebelgebinde, Käse ... Dennoch ist man zumeist allein auf weiter Flur und hat ausreichend Gelegenheit, seinen Blick schweifen zu lassen. Die herrlichen Landschaften mit ihren weiten Ebenen und den darin verstreut liegenden Hügeln, durch die sowohl die A 1 als auch die A 4 führen, sind es jederzeit wert. Oft genug wird man dabei auch die „Saubermänner" der Autobahn entdecken – große schwarze Aasgeier mit roten Köpfen namens Aura Tiñosa, die all das verputzen, was den wenigen Fahrzeugen vor die Stoßstange gelaufen ist.

Die Carretera Central

Ganz anders die Carretera Central, die sich über mehr als 1200 Kilometer von La Fe in der Provinz Pinar del Río ganz im Westen Cubas bis nach Baracoa in der Provinz Guantánamo im äußersten Osten der Insel zieht. Sie berührt alle Provinzhauptstädte und viele andere größeren Ortschaften, ist daher die mit weitem Abstand meistbefahrene Straße des Landes und in erster Linie dann zu empfehlen, wenn man nicht als „Kilometerfresser" unterwegs ist, sondern ausreichend Zeit im Gepäck hat. Wenngleich sich die zulässige Höchstgeschwindigkeit, abgesehen von den Ortsdurchfahrten, zwischen 80 und 100 km/h bewegt, wird man diesen „Schnitt" kaum realisieren können, da man viel zu oft hinter Pferdefuhrwerken, Bussen und Sattelschleppern „hängt" und Überholmanöver aufgrund des starken Verkehrsaufkommens nur selten möglich sind.

Parken

Während Überlandfahrten – so oder so – durchaus gewöhnungsbedürftig sind, ist der cubanische Stadtverkehr zumindest in Havanna jederzeit mit dem in europäischen Ländern zu vergleichen. Vielleicht fließt er einen Tick langsamer, was meist an den antiken Vehikeln liegt, die einfach nicht mehr alle „Pferdchen" auf die Straße bringen – mehr aber auch nicht. Eine völlige Umstellung erfordert indes das Abstellen seines Mietwagens, denn gebührenpflichtige Parkhäuser und Tiefgaragen oder ausgewiesene Flächen mit Parkuhren und Parkscheinautomaten sind in Cuba nicht existent. Stattdessen stößt man selbst in den kleinsten Gassen auf einen „Parqueador estatal" („staatlicher Parkwächter"), der entweder unter einem Sonnenschirm sitzt und sich einen offiziellen Anstrich gibt oder gelangweilt an einer Hausmauer lehnt und zunächst nicht weiter auffällt. Der eine wie der andere hält allerdings die Hand auf – meist wenn man parkt, selten erst dann, wenn man von seinem Bummel zurückkehrt. Mit 1 CUC ist man dabei, manchmal auch mit weniger, aber die Scham hat durchaus ihre unteren Grenzen. So lästig es auch sein mag, selbst dann das Portemonnaie zücken zu müssen, wenn man den Wagen nur am Straßenrand abstellt, so notwendig ist seine „Bewachung". Abgebrochene Seitenspiegel, entwendete Antennen oder abmontierte Fabrikatsembleme verursachen – wenngleich versichert – zumindest Ärger. Nachts sollte man sogar ganz bewusst nach einem Parqueador suchen, um Kleinschäden gar nicht erst zuzulassen. Übernachtet man in einer Casa particular, helfen die Besitzer sicher gerne weiter. Und vor Hotels gehören Parkwächter schon fast zur „Grundausstattung". Dennoch kann man am nächsten Morgen oftmals eine Überraschung erleben, allerdings eine angenehme. Denn nicht selten erkennt man sein Auto gar nicht wieder, weil fleißige Hände es ungefragt gewaschen haben, als man noch beim Frühstück saß. Macht noch einmal 1 CUC.

Mal Imbiss, mal Hauptmahlzeit: Lechón (Spanferkel) vom Grill

Essen in Cuba

Die typische cubanische Küche lässt nur zwei Arten von Gefühlen zu: Entweder man liebt sie – was bei Europäern anfangs eigentlich der Regelfall ist, weil Speisen auf den Teller kommen, die zu Hause eben nicht um die Ecke in x-beliebigen Spezialitäten-Restaurants serviert werden. Oder man hasst sie – ein Zustand, der sich meist schon nach ein paar Tagen einstellt, weil man die so ganz andere Verpflegung dann schon nicht mehr sehen, geschweige denn riechen kann. Im Grund genommen wäre „Comida criolla", also das, was man in Deutschland, Österreich und der Schweiz als deftige Hausmannskost bezeichnen würde, so vielschichtig wie der Bevölkerungsmix, der sie zubereitet. Denn kreolische bzw. cubanische Gerichte vereinen eigentlich afrikanische und spanische Einflüsse mit überlieferten Indio-Traditionen. Das in Cuba oft unzureichende Nahrungsmittelangebot reduziert die Bandbreite allerdings nicht selten auf Hähnchen mit Reis oder Reis mit Hähnchen. Dazu gibt es immer Bohnen und frittierte Bananen, manchmal Süßkartoffeln oder Yuca (Maniok), je nachdem, was gerade Saison hat und auf den Mercados agropecuarios, den Bauernmärkten, verkauft wird. In der Regel findet man auf den Speisekarten der privaten Paladares aber auch Schweinefleisch- und Fischgerichte, die vom Grill oder aus der Pfanne in riesigen Portionen auf den Tisch kommen, durchwegs phantasievoll zubereitet sind und eine willkommene Abwechslung zur cubanischen „Leibspeise" Hähnchen darstellen. In den fast ausnahmslos staatlichen Restaurants – und offiziell nur dort – werden darüber hinaus Rindfleisch und Meeresfrüchte serviert, die als Teil des Staatsbesitzes gelten und von Privatpersonen, also auch den Besitzern von Paladares, eigentlich nicht erworben werden dürfen – eigentlich. Die Realität sieht freilich ganz anders aus.

Zu den Spezialitäten, die man unbedingt probieren sollte, zählen unter anderem „Ropa vieja" („alte Kleidung"), eine Mischung aus Eintopf und Rindfleisch-Frikassee, die mit Tomaten, Paprika, Chilischoten, Zwiebeln und Knoblauch gekocht wird. Oder „Lechón", das auf landestypische Art zubereitete Spanferkel, auf das man vor allem in ländlichen Gegenden stößt und das dort über Stunden hinweg langsam über der Holzkohlenglut gegrillt wird. Als (Sättigungs-)Beilage wird dazu wie eigentlich zu allen kreolischen Gerichten Arroz congrí, der „berühmte" Reis mit Bohnen, serviert.

Ropa vieja (Rezept für vier Personen)

Zutaten: 1 kg Rindfleisch (Fehlrippe), eine gehackte Karotte, eine gehackte Selleriestange, 1½ EL Olivenöl, eine gewürfelte Zwiebel, 1 TL gepresster Knoblauch, eine entkernte und gewürfelte grüne Paprikaschote, eine ¾ Tasse gehackte milde, grüne Chilischoten (aus der Dose), 2 Tassen gehackte Tomaten, Salz, Pfeffer.

Zubereitung: Das Fleisch zusammen mit der Karotte, der Zwiebel und der Selleriestange in einen großen Topf geben, mit Wasser bedecken und aufkochen. Danach die Hitze reduzieren und zugedeckt köcheln lassen, bis das Fleisch weich ist (ca. 1½ Std.). Dann vom Herd nehmen und abkühlen lassen. Sobald man das Fleisch anfassen kann, mit der Hand in mundgerechte Stücke zerpflücken, den Sud durch ein Sieb passieren und zwei Tassen davon aufheben. Jetzt das Öl in einer großen Pfanne mit Deckel erhitzen, Zwiebel, Knoblauch und Paprika zugeben und das Gemüse erneut dünsten. Chilis, Tomaten und die zwei Tassen Brühe zugeben und weitere 15 Minuten köcheln lassen. Dann den Deckel abnehmen, abschmecken und bei mittlerer Hitze etwas einkochen. Fleisch hinzufügen, umrühren und noch einmal kurz aufkochen lassen. Mit gekochtem weißen Reis anrichten und servieren.

Übrigens: Der Name Ropa vieja („alte Kleidung") rührt daher, dass das zerpflückte Fleisch an zerrissenen Stoff erinnert.

Restaurants

Die Gastro-Szene Cubas lässt sich in vier Kategorien einteilen – Devisen-Restaurants, Peso-Lokale, Paladares und Fastfood-Cafeterías. Während man in Havanna, den Provinzhauptstädten und allen größeren Orten die gesamte gastronomische Bandbreite vorfindet, wird das Angebot umso spärlicher, je weiter man ins flache Land vordringt. Dort gibt es zumeist nur noch einfache Moneda-nacional-Gaststätten und Snackbars, neben denen vielleicht noch ein oder zwei Imbissbuden betrieben werden. Daher ist es grundsätzlich zu empfehlen, auch cubanische Pesos im Portemonnaie zu haben, da Devisen manchmal nicht angenommen werden, man damit aber auf jeden Fall „Umrechnungsfehlern" aus dem Weg geht.

Devisen-Restaurants

Unter den staatlichen Restaurants, die ausschließlich konvertible Währung akzeptieren und deshalb hauptsächlich Touristen zu ihrer Kundschaft zählen, sind zwar große Unterschiede feststellbar – hinsichtlich Angebot, Qualität und Preisen. Normalerweise kann man aber nicht viel falsch machen, wenn man vorher einen Blick in die Speisekarte (und in dieses Buch) wirft. Logisch: Je größer die Stadt, desto mehr Spezialitäten-Lokale findet man – in Havanna etwa ist die Vielfalt durchaus mit der in europäischen Metropolen zu vergleichen. Doch nicht nur die meisten Länder der Erde sind in Cuba kulinarisch vertreten, selbst drei von Chaîne Rôtisseur hoch dekorierte Gourmet-Tempel findet man unter den staatlichen Gastronomiebetrieben. Von ihnen beweist vor allem das „La Ferminia" in Havanna, dass hohe Kochkunst nicht zwangsläufig exorbitant teuer sein muss. 18 CUC für ein paniertes Hummer-Steak oder 14 CUC für mit Rum flambierte Garnelen in Knoblauch-Sauce sind Preise, die man hierzulande umgerechnet schon für ein stinknormales Naturschnitzel bezahlt. Natürlich geht es auch deutlich günstiger, in aller Regel gibt es in den Devisen-Restaurants Hauptgerichte bereits ab 5 CUC.

Peso-Lokale

Die – ebenfalls als Staatsbetriebe operierenden – Peso-Gaststätten, die in drei Klassen (Categoría I–III) unterschieden werden, sind auf den ersten Blick zu erkennen, auch wenn man noch keine Speisekarte gesehen hat: Sie sind nicht durchgängig geöffnet, legen zumindest eine ausgedehnte Nachmittagspause ein und sperren nicht selten sogar nur eine Stunde zum Frühstück, drei Stunden für das Mittagessen, zwei Stunden für den Nachmittagssnack und drei Stunden für das Dinner auf. Außerdem gilt „wait to be seated", sofern man überhaupt Einlass findet, was zumindest in den Categoría-I-Restaurants von der eigenen Aufmachung abhängt und von den gestrengen Augen des Capitán oder der Capitána. Kurze Hosen, Träger-Shirts, Badeschlappen und sogar Sportschuhe sind absolut tabu, Jeans erfüllen die Etikette gerade noch. Hat man diese Hürde genommen, ist man dem Servicepersonal ausgeliefert, das – sofern es den Drang verspürt, seinem Job nachzugehen – den Gästen oft nur mündlich die Tagesgerichte mitteilt. Dass es darin immer eine Speisekarte gibt, ist kein großer Schaden, da die meisten der darin aufgelisteten Gerichte in der Regel ohnehin „aus" sind oder an diesem Tag gar nicht erst gekocht wurden. Und dass man dabei auch nicht erfährt, was das gewählte Menü kostet, fällt ebenfalls nicht ins Gewicht, denn die Preise sind oft der einzige Vorteil, den Peso-Lokale bieten. Hauptgerichte kosten umgerechnet selten mehr als 1 CUC, Vorspeisen und Desserts entsprechend weniger. Zu beachten ist, dass manche Moneda-nacional-Restaurants die (alkoholischen) Getränke in Devisen berechnen, was dazu führt, dass ein Glas Bier unter Umständen teurer ist als das Essen, zu dem man es trinkt.

Paladares

Die familiengeführten Privat-Restaurants, in denen meist die Mamá in der Küche steht, der Herr des Hauses für die Getränke verantwortlich zeichnet und die Kinder bedienen, sind im Zweifelsfall jedem staatlichen Restaurant vorzuziehen. Das Essen ist authentisch, kommt in riesigen Portionen auf den Tisch, schmeckt vorzüglich und ist mit Preisen um 10 CUC nicht übertreuert, weil meist ein Komplett-Menü mit Vorspeise, sämtlichen Beilagen, Hauptgericht und Dessert auf den Tisch kommt. Die Paladares sind ein Ergebnis der ersten vorsichtigen Wirtschaftsreformen, die Mitte der 1990er Jahre eingeleitet wurden, nachdem sich Cuba für den internationalen Tourismus geöffnet hatte. Obwohl die Privat-Gastronomie zu den wenigen hoch besteuerten Unternehmen des sozialistischen Landes gehört, sind die Betreiber strengen Richtlinien unterworfen: Sie dürfen grundsätzlich nicht mehr als zwölf Sitzplätze zur Verfügung stellen – was dadurch umgangen wird, dass bei entsprechendem Andrang ein zusätzlicher Tisch förmlich aus dem Boden wächst.

Und sie müssen typisch cubanische Hausmannskost anbieten, dürfen also weder Rindfleischgerichte noch Meeresfrüchte verkaufen – was dazu führt, dass derartige Spezialitäten eben nicht auf der Karte stehen, sondern nur mündlich empfohlen werden. Dadurch, dass die Paladares in den Privat-Häusern ihrer Besitzer betrieben werden, ist freilich jeder anders eingerichtet und ausgestattet, fühlt man sich mal in die „gute Stube" einer cubanischen Familie, mal in das edle Speisezimmer der ehemaligen Aristokratie versetzt. Ein Erlebnis sind die Privat-Restaurants immer – wegen ihrer Küche meist ein angenehmes.

Unangenehm kann es nur vorher werden, wenn man auf der Straße nach einem Paladar fragt und dabei auf einen Jinetero trifft. Denn sobald das Privat-Restaurant diesem keine Kommission bezahlt – die im Übrigen auf die Gäste umgelegt wird –, bekommt man immer zu hören, dass der jeweilige Besitzer verstorben, in die USA ausgewandert oder das Lokal zurzeit geschlossen ist. Stattdessen wird im gleichen Atemzug natürlich eine Ausweichmöglichkeit eröffnet – die für diese Art von Kundenfang bezahlt. Bloß nicht! Alle in diesem Reisebuch angegebenen Paladares existieren, haben geöffnet, und die Besitzer-Familie betreibt zwischenzeitlich auch keinen Schnellimbiss in Florida.

Die fünf besten Paladares

Zugegeben – angesichts der Vielzahl wirklich guter Privat-Restaurants in Cuba fällt es äußerst schwer, die besten zu benennen. Dennoch: Diese fünf heben sich von der breiten Masse ab – sei es durch die hervorragende Qualität der Speisen, den perfekten Service oder durch das außergewöhnliche Ambiente. Trotzdem ist die Auswahl natürlich subjektiv. Und außerdem sollte man grundsätzlich bedenken, dass man auch in der Mehrzahl aller anderen Paladares besser isst als in den meisten staatlichen Restaurants.

Platz 1 – La Guarida, Havanna: Das berühmteste Privat-Restaurant Cubas ist zwar ein privatwirtschaftlicher Familienbetrieb, spätestens seit darin die Innenaufnahmen des Kino-Erfolgs „Erdbeer und Schokolade" gedreht wurden aber eigentlich kein typischer Paladar mehr. Selbst Königin Sofia von Spanien ließ sich hier schon bekochen, und die französische Nachrichtenagentur Agence France Press kürte das in einem renovierungsbedürftigen Kolonialpalast untergebrachte Restaurant gar zum meistbesuchten Paladar des internationalen Jetsets. Die Küche ist bekannt für ihre exquisiten Fischgerichte, der Red Snapper in Orangensauce für 14 CUC beispielsweise zergeht auf der Zunge. Tägl. 12–16 und 19–24 Uhr. Calle Concordia 418 e/ Gervasio y Escobar, ✆ (07) 8669047, www.laguarida.com.

Platz 2 – Florida Center, Santa Clara: Der in einem Kolonialgebäude aus dem Jahr 1872 untergebrachte Paladar mit seinen aus der Türkei importierten Originalfußböden ist ob der angebotenen Köstlichkeiten und des wunderschönen Ambientes *die* Top-Adresse der gesamten Region – und inzwischen zum Selbstläufer geworden. Besitzer Angel Rodríguez Martínez hat seinen Beruf als Ingenieur längst an den Nagel gehängt, um nur noch sein Restaurant zu managen, und hat dabei alle Hände voll zu tun. Seine Spezialität: Fisch in Tomatensauce (um 10 CUC) – zum Hineinlegen. Tägl. 18–23 Uhr. Calle Maestra Nicolasa 56 e/ Colón y Maceo, ✆ (042) 208161.

Platz 3 – Salón Tropical, Santiago de Cuba: Das ruhig gelegene Privat-Restaurant hat einen winzigen Haken: Es liegt völlig versteckt am Stadtrand im Viertel Santa Bárbara. Wer sich dennoch durchfragt – und eigentlich ist der Paladar nur so zu finden –, wird für seine Mühen entschädigt. Vom Holzkohlengrill auf der riesigen Dachterrasse kommt hervorragendes Grillfleisch, aus der Küche wohlschmeckende cubanische Spezialitäten. Zweimal pro Woche – immer donnerstags und freitags – werden darüber hinaus italienische Köstlichkeiten serviert. Für ein komplettes Menü zahlt man um 7,50 CUC. Tägl. 13–24 Uhr. Calle Luis Fernández Marcané 310 e/ 9 y 11, ✆ (022) 641161.

Platz 4 – La Termura, Holguín: Einer der letzten Paladares der Provinzhauptstadt hält die lange Tradition der Privat-Gastronomie in Holguín am Leben – und wie. Im Obergeschoss eines kleinen Einfamilienhauses sitzt man entweder auf einem winzigen Balkon (nur ein Tisch!) oder im reich dekorierten Salon und diniert opulent zu Peso-Preisen. Besonders zu empfehlen ist das panierte Cordon bleu, das – ganz cubanisch – mit Reis, frittierten Bananen und Salat gereicht wird (120 CUP/ca. 5 CUC). Tägl. 18–24 Uhr. Calle José Antonio Cardet 293 (altos) e/ Cables y Angel Guerra, ✆ (024) 421223.

Platz 5 – Amor, Havanna: Das Privat-Restaurant in Vedado gilt zu Recht als einer der schönsten Paladares weit über die Grenzen der Hauptstadt hinaus. Schon das Entree überrascht: Im Erdgeschoss des hübsch restaurierten Kolonialgebäudes besteigt man einen Aufzug, der im 3. Stock mitten in dem luxuriösen Barockapartement hält. In den großzügigen und luftigen Räumlichkeiten dreht sich alles um gepökelte Fleisch-Spezialitäten. Der Mittelpunkt der Komplett-Menüs (5,50–9,50 CUC inkl. Getränk) ist „Pollo ahumado", also Hähnchen, oder „Cerdo ahumado", auf die gleiche Art zubereitetes Schweinefleisch. Tägl. 12–24 Uhr. Calle 23 Nr. 759 e/ B y C, ✆ (07) 8338150.

Fastfood-Cafeterías

Wenngleich McDonald's & Co. für spätere Zeiten angeblich bereits ein Auge auf besonders attraktive Immobilien geworfen haben, macht Cuba sein Fastfood derzeit noch selbst. El Rápido („Der Schnelle") heißt der Cuba-Mac, der so sein will wie der berühmte „große Bruder" jenseits des Golfs von Mexiko und doch meilenweit hinterherhinkt. Die landesweite Schnellimbiss-Kette, die selbst noch in Orten vertreten ist, in denen man sonst nicht einmal ein Peso-Lokal findet, verkauft Hamburger, Hotdogs, Pommes frites, frittierte Hähnchen-Schenkel und Sandwiches – oder das, was davon gerade da ist. Obwohl in einigen „Rápidos" auch Pizza-Schnitten angeboten werden, ist dies eigentlich die Domäne von „Dinos Pizza". In den italienischen Fastfood-Cafeterías, deren Filial-Netz sich ebenfalls über ganz Cuba erstreckt, gehen Mikrowellen-Pizzen über die Theke, je nach Größe für 1 bis 5 CUC – und allesamt viel zu dick. Nach dem gleichen Strickmuster arbeiten die „Piropo"-Snackbars, in denen es diverse Kleinigkeiten, Eiscreme und – hört, hört! – frische Salate gibt, sowie eine Legion von „Pollo"-Buden, die übersetzt tatsächlich „Hähnchen" heißen und in denen der Name natürlich Programm ist. Wenn es schnell gehen soll, ist man allerdings auch in Cuba nicht zwangsläufig auf die meist steril wirkenden Ketten-Restaurants angewiesen. Auch jede „normale" Cafetería oder Bar hat Sandwiches auf der Karte und ist im Zweifelsfall nicht minder flott.

Getränke

Cubas Getränkepalette hält grundsätzlich jedem Vergleich stand, obwohl wegen des immer noch gültigen Embargos nicht alle internationalen Labels in den Regalen der Geschäfte und auf den Tresen der Bars stehen. Doch die Cubaner wissen seit beinahe 50 Jahren, wie man (über)lebt. Was man nicht auf direktem Weg einführen kann, wird über Drittländer importiert oder einfach selbst hergestellt – basta. So kommt das Cola beispielsweise eben nicht von der Coca-Cola-Company in Atlanta/USA, sondern von deren Tochterunternehmen in Mexiko oder vom eigenen Softdrink-Hersteller Ciego Montero aus der Provinz Cienfuegos. Aber, mal ehrlich: Wegen Erfrischungsgetränken muss man nicht nach Cuba reisen. Eher sind es schon die „harten Sachen", für die die Zuckerrohrinsel berühmt ist und die ab einer bestimmten Güte diesen Begriff eigentlich gar nicht verdienen, weil sie ganz weich über die Zunge gehen.

Alkoholische Getränke

Liebhaber von Rum-Mixgetränken und anderen Cocktails kommen in Cuba voll auf ihre Kosten. In fast keinem anderen Land der Erde werden sie perfekter zubereitet, definitiv nirgendwo sonst sind sie günstiger. Selbst in Devisen-Bars bekommt man einen „Cuba libre", einen „Daiquiri" oder einen „Mojito" schon ab 1,50 CUC – und damit beinahe geschenkt. Eine der regionalen Longdrink-Spezialitäten ist der „Canchánchara" – ein Mischung aus „aguardiente" (= Rum nach der ersten Destillation), Honig und Zitronensaft, die man ausschließlich in Trinidad und auch dort nur in der gleichnamigen Taberna bekommt – natürlich ebenfalls für kleines Geld.

Kein Wunder: Rum (span. Ron), der Hauptbestandteil sämtlicher Mixturen, wird auf der Zuckerrohrinsel quasi vor der Haustüre produziert, der Rohstoff wächst in Hülle und Fülle, und die Arbeitslöhne sind so gering, dass sie bei der Preiskalkulation kaum ins Gewicht fallen. Deshalb können sich das Nationalgetränk Nummer eins auch Cubaner leisten, die ihren Rum übrigens pur mit ein wenig Eis („Sólo un cubito" – „Nur ein Würfel") trinken. Unter den vielen verschiedenen Sorten produziert die Destilería Havana Club zweifellos die bekannteste, andere Marken wie „Siboney", „Caney" oder „Mulata" stehen dem hochprozentigen Botschafter des Landes geschmacklich aber in nichts nach. Oft sind es sogar die regionalen Labels, die den „Großen" den Rang ablaufen, wie etwa Ron „Bariay", der zwischen Ciego de Ávila und Holguín erhältlich ist – für weniger als 3 CUC pro Flasche.

Grundsätzlich unterschieden wird Rum nach der Zeit seiner Lagerung, die aus dem Etikett eindeutig hervorgeht. „Siete años" oder „tres años" bedeutet eben, dass das Destillat erst nach sieben bzw. drei Jahren abgefüllt wurde. Nur der Begriff „añejo" („veraltet") ist etwas irreführend, denn dieser Rum hat maximal zwei Jahre „auf dem Buckel", ist also so etwas wie der „Heurige". Das Gegenteil davon ist der „quince años", der 15 Jahre lang in den Fässern reifen durfte und meist in edlen Karaffen zum Preis von 80 CUC aufwärts angeboten wird. Allerdings ist dieses Ausnahmeprodukt, für das ein Cubaner fast ein halbes Jahresgehalt ausgeben müsste, nur sehr schwer zu bekommen. Selbst Fachgeschäfte oder Duty-free-Shops an den internationalen Flughäfen haben es nicht immer im Regal. Eine andere Spirituosen-Spezialität ist der ausschließlich in Pinar del Río von der Fábrica de Bebidas Casa

Garay produzierte – aber landesweit vertriebene – „Guayabita del Pinar", von dem es eine süße und eine trockene Variante gibt und dessen Geschmack je nach Typus an einen Kräuterlikör oder einen Zuckerrohrschnaps erinnert.

Obwohl Rum als Nationalgetränk gilt, wird in Cuba eigentlich wesentlich mehr Bier (span. Cerveza) konsumiert, von dem die bekanntesten Marken „Mayabe", „Cristal" und das bei Touristen besonders beliebte „Bucanero" in Holguín gebraut werden. Bei den Import-Produkten dominieren die Niederlande mit „Bavaria" und „Heineken", in einigen Lokalen kommt aber auch das deutsche „Beck's" auf den Tisch. Doch egal, für welches man sich entscheidet, meist wird es in 0,355-Liter-Dosen verkauft – selbst in Restaurants. Eine der ganz wenigen Ausnahmen ist die „Taberna de la Muralla" in der Altstadt Havannas, die ihr „Cerveza Plaza Vieja" nicht nur selbst herstellt, sondern auch frisch gezapft serviert. Größere Gruppen oder besonders Durstige können sich dort auch eine eisgekühlte Drei-Liter-Plexiglasröhre mit dem in hell und dunkel erhältlichen Spezialbier bestellen und daraus die Gläser am Tisch selbst füllen.

Wein ist indes bei Cubanern kaum ein Thema, wenngleich die meisten Lokale zumindest eine begrenzte Auswahl anbieten. In der Regel handelt es sich dabei um Tropfen aus Spanien, Chile oder dem eigenen Land, wo mit dem „Soroa" ein durchaus akzeptabler Tischwein gekeltert wird (in Restaurants ab 4 CUC pro Flasche). Grundsätzlich gilt: Je edler das Etablissement, desto sortierter der Keller. Dort lagern dann durchaus auch Weine aus Italien oder Kalifornien. Die Frage, wie Letztere trotz des Embargos nach Cuba gelangen, wird in aller Regel mit einem vieldeutigen Lächeln beantwortet. Über eines der umfangreichsten Weinsortimente des Landes verfügt übrigens das Restaurant „1830" in Havanna, wo sogar ein „Dom Pérignon" auf der Karte steht – für 388 CUC.

Mojito

Zutaten: eine halbe Limette, zwei bis vier TL Zucker, mehrere Minzblätter, 6 cl Rum (maximal drei Jahre alt), gestoßenes Eis, Sodawasser.

Zubereitung: Minzblätter in ein Longdrinkglas legen, je nach gewünschter Süße mehr oder weniger Zucker zugeben, darüber die Limette ausdrücken und die Minzblätter sowie den Zucker mit einem Stößel zerdrücken. Damit die Minze nicht in kleine Stücke zerteilt wird, mit dem Stößel nur drücken, nicht reiben oder drehen. Den Rum hinzugeben, das Glas mit dem gestoßenen Eis bis zur Hälfte füllen, mit Sodawasser aufgießen und mit einem Barlöffel umrühren. Getrunken wird der Cocktail mit einem Strohhalm, als Deko eignen sich ein Minzstängel und/oder eine Limettenscheibe.

Übrigens: Der Mojito wurde Anfang des 20. Jahrhunderts in Cuba „erfunden". Ein Mojito ohne Minze wird als Ron Collins bezeichnet.

Nichtalkoholische Getränke

Die Quelle, aus der Cuba trinkt, sprudelt im Balneario Ciego Montero. Zumindest kommt aus dem winzigen Kurort in der Provinz Cienfuegos all das Mineralwasser, das still (span. Agua natural), mit Kohlensäure versetzt (span. Agua con gas) oder zu Erfrischungsgetränken (span. Refrescos) verarbeitet landesweit den Durst löscht. Der eigenen Gesundheit wegen sollte man sich zumindest mit dem in PET-Flaschen angebotenen Wasser des Balneario anfreunden, denn Leitungswasser wird selbst von den Cubanern nur abgekocht getrunken. Vorsicht ist deshalb auch bei den an vielen Peso-Ständen angebotenen Softdrinks angebracht, die zwar für ein paar Euro-Cent zu haben sind, allerdings eben aus einem in Leitungswasser angerührtem Instant-Pulver bestehen. Völlig unbedenklich sind indes die verschiedenen Fruchtsäfte (span. Jugos), die es in Mini-Tetrapacks zu kaufen gibt. Und auch Guarapo, der frisch gepresste Zuckerrohrsaft, der vor allem auf den Bauernmärkten angeboten wird, ist ein reines Naturprodukt.

Unbedingt probieren sollte man cubanischen Kaffee, der meist als „Café cubano" schwarz und in kleinen Tässchen wie ein italienischer Espresso serviert wird und Tote zum Leben erweckt. Pur – und mit jeder Menge Zucker gesüßt – trinkt man ihn übrigens nur tagsüber, zum Frühstück wird er in großen Tassen mit viel heißer Milch (span. con leche) aufgegossen. Daneben gibt es eine ganze Palette unterschiedlichster Kaffee-Kreationen, bei denen natürlich zum Teil auch Rum eine Rolle spielt. Allein das Café „El Escorial" an Havannas Plaza Vieja kennt 17 verschiedene Zubereitungsmöglichkeiten.

Nachtleben in Cuba

Cuba ist Musik und Musik ist Cuba – spätestens an den Abenden, wenn die Sonne längst untergegangen ist, wird man feststellen, dass es auf der Insel auch nachts ganz schön heiß werden kann. Dann schallt aus allen Gassen Musik, wird auf den Straßen getanzt, gesungen, gelacht und getrunken. In vielen Kneipen und Bars unterhalten Live-Combos Touristen wie Einheimische mit traditionellen cubanischen Rhythmen, in nicht wenigen Wohnungen finden improvisierte Privat-Partys statt – irgendwo ist einfach immer etwas los. Die besten Adressen erfährt man (nicht vor 22 Uhr!) auf den Straßen, in Havanna speziell auf der Rampa in der Nähe des „Café Sofía".

Daneben läuft das Nachtleben aber auch in Cuba längst in institutionalisierten Bahnen ab. Die gefragtesten und meistfrequentierten Einrichtungen sind die „Casas de la Trova" und die „Casas de la Música", die beide Live-Musik bieten – allerdings für unterschiedliche Zielgruppen. Während hier Solisten und kleine Gruppen Sones und Guarachas spielen wie einst der legendäre „Buena Vista Social Club", gibt es dort moderne Klänge von den landesweit bekannten „Los Van Van", „La Charanga Habanera" oder anderen Größen des cubanischen Showbiz. Zumindest in den großen Provinzhauptstädten findet man in aller Regel beide. Was ebenfalls fast überall auf der Insel zum Nightlife gehört, sind die Cabarets. Dutzende gibt es davon im ganzen Land, von denen das „Nacional" und das „Parisién" in Havanna, das „Rumayor" in Pinar del Río sowie das „Guanaroca" in Cienfuegos zu den empfehlenswertesten gehören. Alle vier zeichnen sich – wie natürlich auch die vielen anderen – dadurch aus, dass sie farbenprächtige Spektakel mit vielen Tänzerinnen und Tänzern auf die Bühnen zaubern, die die Zuschauer auf eine Reise durch die cubanische Musikgeschichte mitnehmen. Nach den Shows verwandeln sich die Cabarets in aller Regel in Diskotheken, in denen die Besucher bis in die frühen Morgenstunden zu Pop, Rock und Rap abtanzen können.

Kein Cabaret ohne langbeinige Grazien mit viel Tüll und wenig Stoff

Die Krönung dessen stellen die drei „Tropicanas" in Havanna, Matanzas und Santiago de Cuba dar, die für gewöhnlich in einem Atemzug mit dem „Moulin Rouge" in Paris oder dem „Cirque du Soleil" in Las Vegas genannt werden. Unvergessliche Bühnen-Inszenierungen mit jeder Menge cubanischer Musik, knallbunten Lichteffekten und schokobraunen Grazien in knappsten Feder-Kostümen ziehen jeden Abend das Publikum in ihren Bann, das für das einmalige Erlebnis ganz schön tief in die Tasche greifen muss. Aber auch wenn die Eintrittspreise erst bei 40 CUC pro Person beginnen – zumindest eines der „Tropicanas" muss man gesehen haben.

Es geht aber auch viel einfacher, viel authentischer und viel billiger. Kenner der Insel behaupten, dass man eigentlich nicht gelebt hat, wenn man in Cuba nicht wenigstens einmal im Mondschein Salsa getanzt hat – auf der Straße, in der Kneipe nebenan, irgendwo. Und wenn man die Schritte nicht kennt – kein Problem. Cubaner sind die begnadetsten Salsa-Lehrer der Welt.

Übernachten in Cuba

Traurig, aber wahr: Obwohl Cuba Mitte der 1990er Jahre auf die Bühne des internationalen Tourismus zurückgekehrt ist, befindet sich der weit überwiegende Teil der Hotellerie des Landes nicht auf der Höhe der Zeit. Schäbige Gebäude, renovierungsbedürftige Zimmer und vorsintflutliche Bäder sind noch immer eher die Regel als die Ausnahme – zumindest bei jenen Häusern, die sich komplett in staatlicher Hand befinden. Eine höhere Qualität darf man von den Joint Ventures erwarten, bei denen renommierte internationale Hotel-Ketten wie etwa Barceló, Meliá oder Iberostar mit dem cubanischen Staat kooperieren und ihr Know-how einbringen.

Mehr als eine Minderheitsbeteiligung gewährt ihnen das Gesetz aber dennoch nicht, mindestens 51 Prozent jedes Hotel-Projekts müssen in staatlichem Besitz verbleiben, was zumindest in großen Resorts dazu führt, dass das Management doppelt besetzt ist und es zwei Direktoren gibt – einen Profi und einen Cubaner. Die Bestimmungen des Landes treiben aber auch andere seltsame Blüten. So kann sich die Geschäftsführung von Hotels ihr Personal nicht etwa auf dem Arbeitsmarkt aussuchen, sondern muss nehmen, was ihr von der „Agencia de empleo", der cubanischen Agentur für Arbeit, zugewiesen wird. Ob der ausgewählte Personenkreis über Hotellerie-Erfahrung verfügt oder wenigstens Service-Kenntnisse besitzt, spielt bei der Besetzung der wegen der Trinkgelder und anderer Vorteile heiß begehrten Stellen oft eine eher untergeordnete Rolle. Kein Wunder also, dass man als Gast Abstriche machen muss – im Vergleich zu Hotels in anderen Destinationen der Karibik mindestens einen Stern.

Nicht zuletzt deshalb ist man mit einem der rund 10.000 Zimmer in den privaten Casas particulares (Stand: 2007) in aller Regel besser bedient, denn dort wird man von den Besitzer-Familien umsorgt und bezahlt nur einen Bruchteil dessen, was man in Hotels für die Übernachtung hinblättert. Wie die Zulassung von Paladares ist auch die Möglichkeit, Privat-Quartiere zu eröffnen, ein Ergebnis der Bemühungen um Wirtschaftsreformen Mitte der 1990er Jahre. Allerdings ist auch dieses Geschäft in ein enges Korsett gezwängt: So dürfen die Besitzer einer Casa particular maximal zwei Zimmer vermieten, in denen höchstens zwei Erwachsene und ein Kind erlaubt sind, und müssen Namen sowie Passnummern ihrer Kunden in ein offizielles Gästebuch eintragen und innerhalb von 24 Stunden der Meldebehörde bekannt geben. Außerdem werden die Privat-Quartiere massiv besteuert. Pro Monat sind 100 CUC für jedes Zimmer zu bezahlen, zusätzliche 30 CUC, wenn – wie üblich – Speisen angeboten werden, und weitere 5 CUC, wenn es den Gästen gestattet ist, auch alle anderen Räume des Hauses wie Küche, Garten oder Terrasse zu benützen. Und diese Steuern werden fällig unabhängig davon, ob die Casa ausgebucht ist oder mangels Touristen leer steht. Aber trotz all dieser Hemmnisse wächst die Zahl der Privat-Quartiere in Cuba stetig – auch wenn einige nicht lange überleben.

Hotels

Innerhalb der cubanischen Hotel-Szene mit ihren derzeit rund 43.500 Gästezimmern für Ausländer (Stand: 2007) gibt es drei verschiedene Klassen: Die Peso-Häuser, in denen die Zimmerpreise in Moneda nacional berechnet werden, stellen zwar die billigste Übernachtungsmöglichkeit dar, sind aber mit so vielen Nachteilen behaftet, dass man selbst in der größten Not besser einen Bogen um sie macht und stattdessen lieber in seinem Mietwagen ein paar Stunden vor sich hin döst. Die Räumlichkeiten sind in aller Regel schmutzig und hellhörig, das Bettzeug fragwürdig, die Matratzen durchgelegen und die Bäder meist unbrauchbar, weil es entweder kein oder nur kaltes Wasser gibt. Zum Glück bleibt den meisten Touristen dieser „Spaß" aber ohnehin erspart, weil sie von Peso-Hotels oftmals erst gar nicht einquartiert werden.

Ebenfalls ein eher zweifelhaftes Vergnügen sind die rein staatlichen Touristen-Hotels der cubanischen Islazul-Kette, die sowohl den internationalen als auch den nationalen Tourismus bedienen. Da sich die einheimische Bevölkerung einen Hotel-Aufenthalt normalerweise nicht leisten kann, werden an sie Gutscheine für Ferien in den Zwei- oder Drei-Sterne-Häusern als Prämie ausgegeben, in deren Genuss beispielsweise

„Operación Milagro"

Seit Cuba und Venezuela im Juli 2004 eine engere Zusammenarbeit auf den Gebieten der Wirtschafts- und Gesundheitspolitik vereinbart haben, werden auf der Insel immer wieder Hotels auf Jahre hinaus für den internationalen Tourismus geschlossen. Betroffen von diesen Maßnahmen sind Zwei-, Drei- und Vier-Sterne-Häuser im ganzen Land – allesamt zwar nicht die Aushängeschilder ihrer Zunft, aber bis vor kurzem durchaus noch für deutsche Urlauber buchbar. Unter ihnen befinden sich beispielsweise die beiden Ferien-Anlagen der Marina Hemingway in Havanna ebenso wie die drei Resorts im Hauptstadt-Vorort Cojímar – und daneben jede Menge anderer Stadt- und Strand-Hotels bis in den tiefsten Osten Cubas hinein. Die Liste wird immer länger.

Grund dafür ist die „Operación Milagro" („Operation Wunder"), in deren Rahmen sich die Bewohner anderer lateinamerikanischer Länder, vorwiegend aus Venezuela, in Cuba kostenlosen Augenoperationen unterziehen können. Vor den chirurgischen Eingriffen sowie in der Rehabilitationsphase werden die Patienten in eben diesen Hotels untergebracht – bei All-inclusive-Leistungen. Weit mehr als einer halben Million Menschen aus den Dritte-Welt-Ländern des amerikanischen Kontinents konnten die weltweit anerkannten Mediziner des Landes bislang auf diese Art das Augenlicht erhalten.

Staatspräsident Fidel Castro will diese Hilfe aber nicht nur auf befreundete Staaten beschränkt wissen. Der „Fuchs" hat auch den Vereinigten Staaten angeboten, 100.000 minderbemittelte US-Bürger von den cubanischen Spezialisten operieren zu lassen – natürlich eher ein politischer Schachzug als eine ernst gemeinte Geste der Verständigung, auf die es übrigens bis heute auch keine Antwort aus Washington gibt. Denn tatsächlich ist die „Operación Milagro" als Gegenleistung für das Erdöl zu sehen, das Venezuela seit ein paar Jahren auf die Insel pumpt. Und von jenen Staaten, die wie etwa Haiti, Honduras oder Nicaragua selbst schlecht gestellt sind und von denen Cuba nicht materiell profitieren kann, rechnet sich die Regierung in Havanna in den Gremien der Karibik-Anrainer-Staaten zumindest Unterstützung für ihre politischen Initiativen aus.

Urlauber aus Europa sind von den Folgen der „Operación Milagro" meist nicht tangiert. Die betroffenen Hotels werden aus den Katalogen der Reiseveranstalter genommen, die Buchungsmöglichkeit auf den Internet-Seiten ohne Angabe von Gründen gesperrt – fertig. Nur für Individual-Touristen, die ohne Reservierung spontan an den Hotel-Rezeptionen erscheinen, könnte es problematisch werden – möglicherweise auch in Häusern, die während unserer Recherchen noch für den internationalen Tourismus geöffnet waren. Welche Hotels der cubanische Staat für die lateinamerikanischen „Gesundheitstouristen" als nächste in Beschlag nimmt, lässt sich nicht vorhersagen. Der Prozess ist fließend und die Liste wird – wie gesagt – immer länger.

Altersjubilare oder „Helden der Arbeit" kommen. Das bedeutet allerdings nicht automatisch, dass cubanische Hotelgäste immer besonders alt sind, besonders fleißig waren oder sich auf andere Art von der breiten Masse abgehoben haben. Vielfach werden die „von oben" gewährten „Urlaubsscheine" auch ganz einfach unter der Hand verkauft – an Cubaner mit reichen Verwandten in den USA oder anderen Ländern der Erde. So oder so ist diese Klientel aber nicht immer mit der Hotel-Etikette vertraut, was unter Umständen dazu führen kann, dass Zimmertüren grundsätzlich offen stehen, Fernsehgeräte in voller Lautstärke dröhnen und fröhliche Trinkgelage zum allnächtlichen Amüsement gehören – ganz wie zu Hause eben.

Deutlich besser – aber entsprechend teurer – ist man in den Mittelklasse-Hotels und erst recht in den Luxus-Herbergen dran, die zwar jene Art von Lokalkolorit gänzlich vermissen lassen, weil Cubaner nicht aufgenommen werden, die sich aber hinsichtlich Ausstattungsmerkmalen und Einrichtungen allesamt auf europäischem Niveau befinden. Sie sind ebenfalls alle in Staatsbesitz, entweder zur Gänze, wenn sie wie die renommierten Hotels „Nacional de Cuba" oder „Inglaterra" zur cubanischen High-Class-Kette „Gran Caribe" gehören, oder zumindest zu 51 Prozent, wenn sie wie die meisten Häuser in den Touristenzentren Varadero, Cayo Coco oder Guardalavaca gemeinsam mit einem ausländischen Investor betrieben werden. Die Preise für ein Doppelzimmer beginnen bei etwa 100 CUC und sind je nach Hotel, Art des Zimmers und anderen Faktoren weit nach oben offen. Eines der teuersten, besten und schönsten ist das „Paradisus Río de Oro" an der Playa Esmeralda in der Provinz Holguín, wo man für eine Zweier-Suite bis zu 600 CUC und für eine eigene Villa bis zu 1500 CUC hinlegt – pro Tag, versteht sich. Zu den neuesten Errungenschaften der cubanischen Top-Hotellerie zählt das „Royal Hideaway Cayo Ensenachos", ein Joint Venture mit der spanischen „Occidental"-Kette, das derzeit noch fünf Sterne auf seinem Schild trägt, nach eigenen Aussagen aber nach mehr strebt – und, wie man hört, auf den US-amerikanischen Markt ausgerichtet werden soll, wenn erst einmal die Blockade gefallen sein wird. Gegenwärtig bezahlt man dort für ein Doppelzimmer ab 350 CUC – noch.

Bei diesen und all den anderen in diesem Reisebuch angegeben Hotel-Preisen handelt es sich um „Tarifas públicas", die Individual-Touristen ohne Voranmeldung berechnet werden. Bei Vorausbuchungen über das Internet fährt man immer besser, findet meist sogar „Ofertas especiales", also Sonderangebote, die einen Aufenthalt selbst im nobelsten Fünf-Sterne-Haus erschwinglich machen. Noch günstiger werden die Hotels in der Regel in den Katalogen der großen deutschen Reiseveranstalter angeboten, bei denen man allerdings vielfach den Nachteil in Kauf nehmen muss, dass man die Unterkünfte nur wochenweise buchen kann.

Casas particulares

Wer Land und Leute kennenlernen und hautnah erleben möchte, ist in einer Casa particular (Privat-Haus) zweifellos am besten aufgehoben. Vor allem bei Rundreisen auf eigene Faust oder bei langen Überlandfahrten profitiert man davon, dass selbst im kleinsten „Nest" immer irgendwo der blaue Anker auf weißem Grund zu finden ist, der den Hausbesitzer als offiziellen „Arrendador Divisa", als Vermieter gegen Devisen also, ausweist. Natürlich sind die Privat-Quartiere vollkommen unterschiedlich – mal ein hübsches Appartement mit separatem Eingang, mal ein einfaches Zimmer mitten in der Wohnung der Eigen-

Casas particulares 103

Der blaue Anker weist legale Casas particulares aus

tümer-Familie. Stets aber sind sie sauber und sicher. Eine Klimaanlage gehört inzwischen überall zum Standard, meist verfügen die Räumlichkeiten zudem über Ventilator, Kühlschrank und teilweise sogar über ein TV-Gerät. Eigene Bäder sind ebenfalls obligatorisch, nur in seltenen Fällen teilen sich zwei Gästezimmer Dusche und WC. So verschieden wie die Casas selbst sind natürlich auch die Preise, die überdies von der Saison abhängen und davon, ob sich das Haus in der Stadt oder auf dem flachen Land befindet, ob es über eine tolle Aussicht verfügt oder nur Fenster zum Hof hat. Klar, dass für ein Luxus-Appartement in einer bevorzugten Lage Havannas, womöglich noch mit Meerblick, mehr verlangt wird als für ein Zimmer ohne eigenes Bad irgendwo in der Pampa zwischen Camagüey und Las Tunas, von dem man auf den Misthaufen schaut. Insgesamt reicht die Bandbreite von 15 bis 50 CUC, allerdings ist der Preis dann verhandelbar, wenn man sich für mehr als einen oder zwei Tage einmietet.

Neben den Zimmern offerieren die meisten Casas particulares auch Frühstück (ca. 3 CUC) sowie alle anderen Mahlzeiten (abhängig von den Gerichten zwischen 5 und 10 CUC) und befinden sich diesbezüglich durchaus auf Augenhöhe mit den Paladares. Auch in den Privat-Quartieren wird man in aller Regel besser verpflegt als in den meisten staatlichen Restaurants und hat zudem den Vorteil, morgens beim Frühstück in Auftrag geben zu können, was abends auf den Tisch kommen soll. Und dabei sind die Wünschen keine Grenzen gesetzt. Selbst die – per Gesetz verbotene – Beschaffung von fangfrischen Langusten stellt Casa-Besitzer vor keine unlösbaren Probleme und die Zubereitung natürlich erst recht nicht.

Weiter hinein in die Illegalität, etwa durch das Einmieten in eine nicht angemeldete Casa particular, sollte man sich allerdings nicht begeben. Zwar wird nur der cubanische Vermieter zur Rechenschaft gezogen, wenn sein Unternehmen auffliegt.

Bei etwaigen Schwierigkeiten halten sich dafür aber auch das Mitleid und die Unterstützung durch offizielle Stellen in Grenzen. Außerdem hat man kaum finanzielle Vorteile von den in großem Umfang angebotenen illegalen Casas, die Preise unterscheiden sich jedenfalls nicht gravierend.

Die fünf schönsten Casas particulares

Um es gleich vorwegzunehmen: In fast allen Privat-Quartieren Cubas ist man besser aufgehoben als in den meisten Mittelklasse-Hotels. Sauberkeit wird überall großgeschrieben, Herzlichkeit gibt's gratis dazu und Familienanschluss ist garantiert. Außerdem ist die Küche der Casas meist so exzellent, dass man einen Fehler machen würde, ginge man „außer Haus". Dies alles gilt für die breite Masse, unter der sich unsere „Top Five" dadurch auszeichnen, dass sie einfach noch ein bisschen mehr bieten – durch eine besondere Einrichtung etwa, durch außergewöhnliche Dienstleistungen oder besonders ausgeprägte Kundenorientierung.

Platz 1 – Casa de la Amistad, Bayamo: Das „Haus der Freundschaft" (so die deutsche Übersetzung) macht seinem Namen alle Ehre – bei so viel Herzlichkeit bleibt man zwangsläufig kein Fremder. Außerdem weiß Besitzer Gabriel Téllez Oliva sehr genau, wie man Touristen verwöhnt. Sein Haus im Herzen von Bayamo (Provinz Granma), in dem er das komplette Obergeschoss als Appartement vermietet, ist mit wirklich allen Schikanen ausgestattet. Sogar eine Haussprechanlage hat er eingerichtet, über die man in der Küche Speisen und Getränke bestellen kann, die umgehend serviert werden. Die Räumlichkeiten selbst, die natürlich über einen eigenen Eingang verfügen, bestehen aus einem großzügigen Wohnzimmer, zwei modern eingerichteten Schlafräumen, zwei Bädern, einer große Küche und einer kleine Dachterrasse. Wenn man dann noch den Preis hört, bleibt der Mund offen stehen: 20–25 CUC, je nach Saison. Mucho aplauso ...! Calle Pio Rosado 60 e/ López y Ramírez, gabytellez2003@yahoo.es.

Platz 2 – Casa Adrián y Tonia, Manzanillo: Dass man das Haus des jungen Ehepaars ebenfalls guten Gewissens als Fünf-Sterne-Casa bezeichnen kann, ist kein Zufall. Adrián und Gabriel (Platz 1) sind Brüder und haben sich gegenseitig natürlich Tipps gegeben. Auch Adrián hat sich allerhand einfallen lassen, um seine Herberge attraktiver zu machen – die zu dem Wohlfühl-Appartement gehörende Waschmaschine etwa, den (winzigen) Pool auf der Dachterrasse oder nicht zuletzt den speziellen Deal mit einem benachbarten Privat-Restaurant. Auch unangemeldet finden Adriáns Gäste dort immer einen Platz. Und wer dies nicht möchte: Tonias Küche kann jederzeit benutzt werden. DZ 25 CUC. Calle Márites de Viet-Nam 49 e/ Caridad y San Silvestre, ✆ (023) 53028, ✆ 52909601 (mobil).

Platz 3 – Casa Chez Nous, Havanna: Das Kolonialgebäude aus dem Jahr 1904 beherbergt das mit Abstand schönste Privat-Quartier in Havanna – angesichts der Masse, die in der cubanischen Hauptstadt angeboten wird, eine echte Auszeichnung. In dem Haus von Gustavo L. Enamorado Zamora, von Beruf Feuilleton-Redakteur bei „Radio Coco", passt einfach alles: das stilechte antike Mobiliar, die große Dachterrasse, die griechischen Tempeln nachempfundenen Bäder – einfach „allererste Sahne". Die mit Klimaanlage, TV und Kühlschrank ausgestatteten Zimmer sind natürlich entsprechend. Und noch ein Vorteil: In der im Herzen von Havanna-Vieja gelegenen Casa wird auch Deutsch gesprochen. DZ 30 CUC. Calle Teniente Rey 115 e/ Cuba y San Ignacio, ℡ (07) 8626287, cheznous@cenai.ini.cu.

Platz 4 – Casa Mabel, Santiago de Cuba: Das kleine Häuschen im historischen Zentrum von Santiago hat es in sich. Denn die Räumlichkeiten für die Gäste beschränken sich keineswegs nur auf das obligatorische Schlafzimmer. Vielmehr gibt es daneben ein eigenes Wohnzimmer, eine kleine Küche sowie eine Dachterrasse, auf der man die Mahlzeiten einnehmen kann und dabei einen grandiosen Blick von der Altstadt bis zur Bucht genießt. App. 25–30 CUC, je nach Saison. Calle Padre Píco 354 e/ San Basilio y Santa Lucía, ℡ (022) 655317, rfiolp@yahoo.es.

Platz 5 – Holiday Inn, Viñales: Die Casa von Claudina Alvarez Duartez trägt zwar einen außergewöhnlichen Namen, wird diesem aber durchaus gerecht. Denn der Service steht dem der weltweiten Hotel-Kette in nichts nach. Obwohl das Haus ein paar Querstraßen von Zentrum entfernt liegt und obwohl für Gäste darin nur ein Raum zur Verfügung steht, ist es ein echter Geheimtipp. In diesem Fall macht der Service den Unterschied: Das Essen (3 CUC für ein opulentes Frühstück, 7 CUC für ein komplettes Dinner) ist die eine Seite davon, die Exkursionen mit der Tochter des Hauses die andere. Die arbeitet im Museo Municipal und nimmt ihre Gäste auf die offiziellen Touren der städtischen Einrichtung natürlich gerne mit. DZ 15–20 CUC, je nach Saison. Calle Camilo Cienfuegos 26, ℡ (048) 796034, yerenia1982@correodecuba.cu.

Campismos populares

Cubas Campingplätze haben mit ihren Pendants in Europa gerade noch den Namen gemein, sonst aber auch rein gar nichts. Wie auch? Da es auf der Insel keine Wohnwagen gibt und selbst Wohnmobile für Touristen noch absolute Mangelware sind, nächtigt man auf den Campismos populares in kleinen, sehr einfachen, meist klimaanlagenfreien Beton-Hütten, deren Komfort darin besteht, dass sie über eine Nasszelle verfügen und den Gästen die Bettwäsche gestellt wird. Zur Grundausstattung der normalerweise weitläufigen Anlagen, die meist irgendwo in der „Prärie" errichtet wurden, gehören Restaurant oder zumindest Cafetería, immer aber eine Pista de Baile (Tanzfläche) oder sogar eine Diskothek – für Cubaner ein Muss, wenn sie sich in einer Freizeiteinrichtung halbwegs wohlfühlen wollen. Von den 81 Campismos zwischen dem Valle de Viñales im Westen und Baracoa im Osten steht allerdings nicht einmal ein Dutzend dem internationalen Tourismus offen. Dort, wo Ausländer willkommen sind, bewegen sich die Preise bei einer Zweier-Belegung bei etwa 15 CUC pro „Bungalow".

● *Reservierungen* **Cubamar Viajes**, Avenida Paseo 306 e/ 13 y 15, Havanna-Vedado. ℡ (07) 662523, 662524, ℡ (07) 333111, cubamar@cubarmar.mit.tur.cu, www.cubarmviajes.cu.

Grupo Empresarial Campismo Popular, Calle 15 Nr. 752 esquina Paseo. ℡ (07) 305536, 305539, promoción@campem.mit.tur.cu – sowie in allen **Regionalbüros** des Unternehmens, die im Buch bei den einzelnen Destinationen zu finden sind.

Von A bis Z

Adressen	106	Kriminalität	118
Arbeiten in Cuba	106	Medien	120
Botschaften	107	Post	121
Feste und Festivals –		Reisezeiten	122
der Cuba-Kalender	107	Schwule und Lesben	122
Fotos	109	Shopping	122
Frauen auf Reisen	109	Sprache	125
Freizeit und Sport	110	Sprachkurse	125
Gedenk- und Feiertage –		Stromspannung	125
der Cuba-Kalender	114	Telefonieren	125
Geld	114	Tourist-Information	127
Gesundheit	115	Trinkgeld	127
Internet	117	Zeitunterschied	127

Adressen

Die cubanischen Adressen sind recht verwirrend – auf den ersten Blick. Bei näherer Betrachtung sind sie allerdings wesentlich genauer als die Anschriften in den deutschsprachigen Ländern Europas. Neben dem Namen der Straße (Calle, Avenida oder Carretera) und den – nicht immer vorhandenen – Hausnummern wird nämlich mit „entre" (Abk. „e/", „zwischen") oder „esquina" („Ecke") auch die Lage des jeweiligen Gebäudes näher beschrieben. Teilweise geht aus den Adressen sogar hervor, in welcher Etage die Wohnung liegt. „Bajos" steht dabei für Parterre, „altos" für eines der Obergeschosse.

Beispiele: Calle Concordia 418 e/ Gervasio y Escobar bedeutet, dass das Gebäude an der Straße Concordia steht, die Hausnummer 418 trägt und sich zwischen den Straßen Gervasio und Escobar befindet.

Calle Virtudes 169 A esquina Amistad heißt, man findet das Haus mit der Nummer 169 A an der Ecke der Straßen Virtudes und Amistad.

Damit man sich leichter nach dem Weg erkundigen kann, sind in diesem Reisebuch alle Adressen in der cubanischen Originalschreibweise angegeben. Notfalls genügt es also, mit dem Finger auf die entsprechende Zeile zu zeigen.

Arbeiten in Cuba

Für cubanische Firmen tätig zu werden, ist Ausländern grundsätzlich nicht möglich. Allerdings suchen im Land operierende internationale Unternehmen immer wieder nach Fachkräften, vornehmlich im Tourismus, wo man als Tauchlehrer, Animateur oder Hotel-Manager durchaus Chancen hat. Entsprechende Stellenangebote findet man auf den einschlägigen Seiten im Internet. Darüber hinaus besteht für jedermann die Möglichkeit, in Cuba freiwillige Arbeit zu leisten, wie sie im Rahmen der britischen „Cuba Solidarity Campaign" (www.cuba-solidarity.org) angeboten wird. Von ihr werden sogenannte internationale „Arbeitsbrigaden" zusammengestellt, die im Land etwa bei Straßenbauprojekten eingesetzt werden. Die Einsätze dauern immer drei Wochen, die Kosten für Reise, Unterkunft und Verpflegung trägt man selbst, die Erfahrungen, die man dabei macht, sind sicherlich unbezahlbar.

Bei den Freizeit-Sportarten ist das Angebot nahezu unbegrenzt

Botschaften

Botschaften der Republik Cuba

Deutschland: Stavangerstraße 20, 10439 Berlin. ✆ (030) 91611811, ✉ (030) 916 4553, embacuba-berlin@botschaft-kuba.de, http://emba.cubaminrex.cu/alemaniaal. Außenstelle Bonn: Kennedyallee 22–24, 53175 Bonn, ✆ (0228) 3090.

Österreich: Kaiserstraße 8, A-1070 Wien, ✆ (01) 8778198.

Schweiz: Gesellschaftsgasse 8, CH-3012 Bern, ✆ (031) 3022111.

Botschaften in Cuba

Deutschland: Calle 13 Nr. 652 esquina B. ✆ (07) 8332539, 8332569, 8332460, 8333188, ✉ (07) 8331586, 8331586.

Österreich: Avenida 5ta A Nr. 6617 esquina 70, ✆ (07) 2042825, ✉ (07) 2041235.

Schweiz: Avenida 5ta, Nr. 2005 e/ 20 y 22, ✆ (07) 2042611, ✉ (07) 2041148.

Feste und Festivals – der Cuba-Kalender

Januar Internationale Kulturwoche in Holguín (eine Woche lang um den 18. Januar)

Internationale Tage des Buches in Havanna (4. Januar-Woche)

Februar Internationale Tage des Buches nacheinander in allen Provinzen, außer Havanna

April Karneval in Baracoa (1. April-Woche)

Garnelen-Festival in Cienfuegos (2. bzw. 3. April-Woche)

Internationales Percussion-Festival „PerCuba" in Havanna (3. April-Woche)

Internationales Low-Budget-Filmfestival in Gibara (eine Woche lang nach dem Osterfest)

Mai	Romerías de Mayo, eine landesweite Wallfahrt mit umfangreichem Rahmenprogramm in Holguín (eine Woche lang ab 3. Mai)
	Internationales Gitarren-Festival in Havanna (2. Mai-Woche, Zwei-Jahres-Turnus)
	Cubadisco, Verleihung der cubanischen Grammys mit einer Reihe von Konzerten in Havanna (2. Mai-Woche)
	Tanz-Festival in Santiago de Cuba (2. Mai-Woche)
	Blumen-Karneval in Ciego de Ávila (2. bzw. 3. Mai-Woche)
	Tage des Cucalambé mit Musik und Schönheitswettbewerben in Las Tunas (3. Mai-Woche)
Juni	Internationales Bolero-Festival in Havanna, Santiago de Cuba und einigen anderen Städten (3. Juni-Woche)
	Fest des Heiligen Johannes in Santiago de Cuba und Trinidad, dort verbunden mit Straßenkarneval (24. Juni)
	Karneval in Varadero (eine Woche lang ab dem 4. Juni-Wochenende)
	Karneval in Camagüey (4. Juni-Woche)
Juli	Feuer-Fest mit Musik, Tanz und Santería-Veranstaltungen in Santiago de Cuba (1. Juli-Woche)
	Karneval in Pinar del Río (1. Juli-Woche)
	Karneval in Santiago de Cuba, der landesweit berühmteste seiner Art (eine Woche lang ab dem Wochenende vor dem 25. Juni)
	Karneval in Sancti Spíritus (4. Juli-Woche)
August	Cubanisches Rap-Festival „Habana Hip Hop" in Havanna (2. und 3. August-Woche)
	Benny-Moré-Festival mit Musik des berühmten Sängers in Cienfuegos (2. bzw. 3. August-Woche, Zwei-Jahres-Turnus)
	Wasser-Karneval an der Laguna de la Leche in Morón (2. bzw. 3. August-Woche)
	Karneval in Cienfuegos (4. August-Woche)
	Karneval in Matanzas (4. August-Woche)
September	Fest der Virgen de la Caridad del Cobre, die größte Wallfahrt Cubas in El Cobre (8. September)
	Fest der Nuestra Señora de Regla, eine große Wallfahrt mit Prozession in Havanna-Regla (8. September)
	Karneval in Morón (eine Woche lang um den 15. September)
	Karneval in Las Tunas (3. September-Woche)
Oktober	Trova-Festival in Santiago de Cuba (1. Oktober-Woche)
	Rumba-Festival „Bailador Rumbero" in Matanzas (zehn Tage lang ab dem 10. Oktober)
	Internationales Ballett-Festival in Havanna (2. und 3. Oktober-Woche)
	Fest der spanisch-amerikanischen Kultur in Holguín (eine Woche lang um den 20. Oktober)
November	Biennale von Havanna, Ausstellungen mit zeitgenössischer Kunst (2. und 3. November-Woche, Zwei-Jahres-Turnus)
	Internationales Chor-Festival in Santiago de Cuba (4. November-Woche)

Dezember	Internationales Festival des neuen lateinamerikanischen Films in Havanna (1. Dezember-Woche)
	Internationales Jazz-Festival in Havanna (1. Dezember-Woche)
	Fest des Heiligen Lazarus, zweitgrößte Wallfahrt des Landes in El Rincón (17. Dezember)
	Las Parrandas mit Straßenumzügen, Feuerwerk und Musik in Remedios (24.–31. Dezember)
	Las Parrandas mit Wettbewerben zwischen zwei Ortsteilen in Zulueta (31. Dezember)
	Las Charangas, ein Pendant zu den Parrandas, in Bejucal (24.–31. Dezember)

Fotos

Ob hochwertige Filme und Batterien oder sogar Speicherkarten für Digi-Cams, in den Fotofachgeschäften gibt es heutzutage alles, was Hobby-Fotografen brauchen. Die komplette „Software" mitzubringen, ist also Unsinn, zumal die Preise in Cuba nicht „jenseits von Gut und Böse" sind. Beim Fotografieren selbst sollte man – wie auch in Europa – darauf achten, keine Soldaten oder militärische Einrichtungen abzulichten. Und auch wenn man Aufnahmen von Menschen machen möchte, worüber die sich in aller Regel freuen, schadet ein „Puedo tomar una foto de tí?" („Darf ich ein Foto von Ihnen/Dir machen?") wohl kaum.

Frauen auf Reisen

Für allein reisende Frauen gibt es eigentlich kein sichereres Ferienziel als Cuba. Gewalt gegen (ausländische) Frauen ist praktisch unbekannt, sexuelle Übergriffe kommen ebenfalls so gut wie nicht vor, selbst nachts ist es jederzeit möglich, sich unbehelligt auf den Straßen zu bewegen – und das selbst in der Millionenstadt Havanna. Wer sich von den Pfiffen, dem Zischen, den Luft-Küsschen und den unvermeidlichen Komplimenten der Cubanos nicht belästigt fühlt, wird sicherlich einen wunderbaren Urlaub verbringen. Und wer doch, muss wissen, dass „Anmache" dieser Art in der cubanischen Macho-Gesellschaft einfach dazugehört. Deshalb ist eine solche vielleicht plump anmutende Kontaktaufnahme immer nett und freundlich gemeint, und deshalb genügt meist auch ein resolutes „No!", um sie zu unterbinden. Noch hilfreicher ist es, wenn *frau* sich einige spanische „Brocken" aneignet, um dem Gegenüber im Zweifelsfall unzweideutig klar zu machen, was sie will und was nicht. Ein strenges „Déjame en paz!" („Lass mich in Ruhe!") wird zwar wohl als unfreundlicher Akt gewertet werden, aber definitiv klare Verhältnisse schaffen. Und die sind durchaus angebracht. Denn die Annäherungsversuche oder gar Liebesschwüre von Cubanern sind zu einem hohen Prozentsatz keine Herzensangelegenheiten, sondern (pekuniäres) Kalkül. Eine Frau aus einem „kapitalistischen" Land verheißt schließlich Reichtum, Wohlergehen und irgendwann die Ausreise – ist jedenfalls die landläufige Meinung. Deshalb werden selbst flüchtige Bekanntschaften oft auch sehr schnell in die Familie eingeladen und Verwandten sowie Freunden als „Novia" („Verlobte") vorgestellt. Vorsicht ist also die „Mutter der Porzellankiste", wenn es nicht schon im Urlaub zu einem Polterabend mit ungeahnten und vor allem ungewollten Folgen kommen soll.

Freizeit und Sport

Bei den Freizeit-Sportarten hat Cuba in den vergangenen Jahren massiv aufgeholt und zumindest in den Großstädten und Touristenzentren beinahe europäisches Niveau erreicht. Angeln und Hochseefischen, Fallschirmspringen und Parasailing, Reiten und Tanzen, Radfahren und Wandern – das Angebot ist breit gefächert. Einzig Golf mit nur einem akzeptablen Course in Varadero steckt noch in den Kinderschuhen – aber wer stellt sich bei Temperaturen zwischen 30 und 40 Grad im Schatten schon freiwillig ans Tee? Für Schnorchler und Taucher gehört die größte Antillen-Insel mit ihrer fast 6000 Kilometer langen Küstenlinie dagegen zu den Top-Destinationen. Hunderte von Schiffswracks, Tausende von Unterwasserhöhlen und ungezählte Korallenbänke mit Heerscharen bunter Fische begründen diesen Ruf. In den von Touristen weniger frequentierten Provinzstädten muss man freilich Abstriche machen. Aber auch dort findet man überall zu Bolzplätzen umgewandelte Parks, auf denen Cubaner dem Fußball hinterherjagen und Ausländer jederzeit mitspielen lassen, oder an Hausmauern angebrachte Basketballkörbe, auf die man ein paar Bälle werfen kann. Und Baseballfelder gibt es sowieso überall – selbst im kleinsten Dorf.

Angeln und Hochseefischen

Cuba ist das Stammland der Forelle – könnte man jedenfalls meinen, wenn man sich an den vielen Binnengewässern umhört, von denen die Insel durchzogen ist. Tatsächlich weisen die Seen von West bis Ost eine hohe Population der räuberischen Süßwasserfische auf, die angeblich schon mit einem Gewicht bis zu neun Pfund geangelt worden sein sollen. Als beste Angelreviere gelten der Embalse Zaza in der Provinz Sancti Spíritus, gleichzeitig der größte Stausee Cubas, und der Embalse Hanabanilla in der Provinz Villa Clara, der höchstgelegene Bergsee des Landes. Lohnend sind aber auch Angelausflüge an die einsame Laguna Grande in der Provinz Pinar del Río und an die aufgrund ihrer Nähe zu Cayo Coco überlaufene Laguna de la Redonda in der Provinz Ciego de Ávila. Dort ist die begehrte Trucha negra (schwarze Forelle) heimisch, weshalb passionierte Angler anstandslos 70 CUC für eine Tageskarte hinblättern.

Wenn man zum Hochseefischen auslaufen und wie weiland Ernest Hemingway Jagd auf Marline, Barracudas und Thunfische machen möchte, wird der Spaß natürlich etwas teurer. Entsprechende Angebote findet man in allen Yachthäfen an der Atlantik- und der Karibik-Küste. Die Preise für einen vierstündigen Trip liegen bei 400 CUC für vier Personen – jedenfalls in der Marina Marlin an der Playa Ancón in der Provinz Sancti Spíritus.

Fallschirmspringen und Parasailing

Fallschirmspringen ist ausschließlich in Varadero im Centro Internacional de Paracaidismo und auf Cayo Coco beim dortigen Rumbos Aeroclub möglich. Für einen Tandem-Sprung bezahlt man 40 CUC. Parasailing wird demgegenüber an den Stränden fast aller Touristenzentren angeboten – zu Preisen von ebenfalls 40 CUC für 15 Minuten.

Golf

Der erste und bislang einzige 18-Loch-Golfplatz des Landes befindet sich in Varadero. Der 6269 Meter lange PAR-72-Course mit fünf PAR-5-, fünf PAR-3- und acht

PAR-4-Löchern dehnt sich zwischen der Carretera Las Morlas und der Avenida Las Américas aus und weist insgesamt eine Wasserfläche von mehr als 130.000 Quadratmetern auf – also genügend Bälle mitnehmen. Das Greenfee für 18 Löcher beträgt 77 CUC, für neun Löcher zahlt man 48 CUC. Einen Pro kann man für 30 CUC/45 Min. engagieren.

Radfahren

Den teilweise miserablen Straßen zum Trotz kommt Radfahren in Cuba immer mehr in Mode – auch bei den Einheimischen. Diente das Fahrrad noch vor nicht allzu langer Zeit ausschließlich als Transportmittel, so sieht man heute vielerorts Rennradfahrer und sogar ganze Equipen auf ihrer Tour durch die Provinz. Auch bei Touristen erfreut sich das Fahrradfahren in Cuba steigender Beliebtheit, weswegen einige Vier- und Fünf-Sterne-Häuser dazu übergegangen sind, den kostenlosen Verleih von Rädern in ihr All-inclusive-Paket aufzunehmen. Eine geradezu rasante Entwicklung nimmt der Bike-Tourismus auf der Insel. Inzwischen landet kaum ein Ferienflieger in Havanna oder Varadero, in dessen Sperrgepäck sich nicht wenigstens zwei Fahrräder befinden.
Klar: Die Routen entlang der Küsten sind traumhaft, auf keine andere Art kommt man näher mit den Menschen in Kontakt, und zudem sorgt die Vielzahl von Casas particulares dafür, dass Tagesetappen von 50 bis 100 Kilometern nicht zu einem Abenteuer mit ungewissem Ausgang werden. Wer am Anfang oder am Ende seiner persönlichen Tour de Cuba größere Distanzen überbrücken möchte, kann sein Gefährt übrigens gegen einen streckenabhängigen Aufpreis von maximal 6 CUC in den Víazul-Überlandbussen mitnehmen.

Reiten

In einem Land, in dem es mehr Pferdegespanne gibt als Traktoren und in dem teilweise mehr Kutschen verkehren als Taxis, liegt es geradezu auf der Hand, die Tiere auch für das Freizeitvergnügen der Touristen einzusetzen. Reitmöglichkeiten finden sich folglich fast überall, wo auch nur annähernd die Chance besteht, dass „reiche" Ausländer vorbeikommen – in Havanna etwa sogar im entlegenen Parque Lenin. In den Ferienorten wurden die Ausflüge im Sattel freilich institutionalisiert, wenngleich man auch dort keinen klassischen Reitstall erwarten darf. Vielmehr stehen die Tiere irgendwo am Straßenrand im Schatten und warten neben ihrem Herrn auf Kundschaft. Die meisten Touren hoch zu Ross sind geführt, auf Nachfrage kann man manchmal aber auch frei reiten, wie beispielsweise in der „Recreación aería-terrestria" an der Playa Guardalavaca. Dort zahlt man pro Stunde 5 CUC.

Segeln

Für Segler ist Cuba ein Schlaraffenland, in dem keine Wünsche offenbleiben. Das ganzjährig warme Wetter, die günstigen Winde und einzigartigen Naturschönheiten, die sich nicht nur auf das Land beschränken, tragen dazu ebenso bei wie die nautische Infrastruktur, die vom cubanischen Staat gezielt gefördert und ständig ausgebaut wird. Für Segler sind sowohl die Küste als auch die Inselwelt fast komplett zugänglich, zu beachten sind lediglich ein Sperrgebiet vor der legendären Schweinebucht an der karibischen Seite der Provinz Matanzas sowie die Grenzen der Hoheitsgewässer (zwölf Seemeilen vor der Basislinie), die nicht überschritten werden dürfen. Vor der Südost-Küste, dort wo die Provinzen Santiago de Cuba und Granma aufeinanderstoßen, findet man übrigens das weltweit stärkste Gefälle – vom Pico Turquino mit 1974 Metern Höhe hinunter auf mehr als 7000 Meter Wassertiefe.

Die besten Seekarten für die cubanischen Gewässer, die englisch beschriftet und GPS-geeignet sind, hat das Instituto Cubano de Hidrografía herausgegeben. Zum Preis von rund 50 CUC sind sie unter anderem in der Tienda „El Navegante" in Havanna-Vieja erhältlich (Calle Mercaderes 115 e/ Obispo y Obrapía).

Tanzen

Dass man in einem Land, das für seine Musik und seine Rhythmen berühmt ist und in dem Bolero, Cha-Cha-Cha, Mambo, Rumba und Salsa entstanden sind, auch Tanz-Unterricht nehmen kann, ist keine Frage. Für die unterschiedlichsten Levels gibt es die verschiedensten Einrichtungen bis hinauf zum Conjunto Folklórico Nacional de Cuba in Havanna, wo aber in erster Linie professionelle Tänzer für ihre Bühnenauftritte getrimmt werden. Für Touristen, die aus dem Urlaub ein paar Salsa-Schritte mitbringen möchten, bietet sich vor allem die Academia de Baile „Ritmo Cubano" in Havanna an, die über den deutschen Reiseveranstalter „Sprachcaffe" in Frankfurt/Main gebucht werden kann. Für einen einwöchigen Kurs (fünf mal zwei Tanzstunden à 45 Minuten) zahlt man derzeit 132 Euro (www.sprachcaffe.de).

Tauchen und Schnorcheln

Für Unterwassersportler ist Cuba das Paradies auf Erden, wofür zum einen eine durchschnittliche Wassertemperatur von 26 Grad sorgt und zum anderen eine Artenvielfalt, die weltweit ihresgleichen sucht. Abermillionen tropischer Fische, riesige Schwammvorkommen, gigantische Korallenbänke, an denen meist auch die

Cubas Küsten zählen zu den besten Tauch-Revieren weltweit

seltene Schwarze Koralle zu finden ist, machen Ausflüge in die Tiefen des Atlantischen Ozeans und der Karibischen See ebenso interessant wie die Armada von Schiffswracks, die zum größten Teil schon seit der Kolonialzeit auf dem Meeresgrund liegen. Ganz besondere Attraktionen bietet Tauchern der Meerespark Cayo Piedras del Norte, der acht Seemeilen nordöstlich von Varadero liegt. Dort findet man unter Wasser neben einem versunkenen Kanonenboot eine 102 Meter lange Fregatte und sogar ein abgestürztes Verkehrsflugzeug. Trotzdem zählt Varadero nicht zu den bevorzugten Tauchrevieren. Die befinden sich in erster Linie vor den Cayos, rund um die kleinen Koralleninseln der „Jardines del Rey" und der „Jardines de la Reina" im Norden und Süden der Provinz Ciego de Ávila sowie vor der Küste von María La Gorda in der Provinz Pinar del Río, die bei Unterwassersportlern gar als die Top-Destination innerhalb Cubas gilt. Tauchzentren (span. Centros de Buceo) findet man allerdings auch an nahezu allen anderen Stränden, selbst wenn sich der Tourismus dort teilweise noch im Entwicklungsstadium befindet. So unterschiedlich wie die Reviere und die Infrastruktur für Taucher, so unterschiedlich sind auch die Preise für Unterwasserausflüge und Tauchkurse. Ein Tauchgang kostet 30 bis 50 CUC, ein Kurs 220 bis 400 CUC.

Um sich wie in einem Aquarium voller bunter Fische zu fühlen, muss man aber nicht zwangsläufig die Tiefen des Meeres erkunden. Schon mit einer ganz einfachen Schnorchel-Ausrüstung kann man in Cuba Unterwasserlandschaften erleben, wie man sie normalerweise nur aus Hochglanz-Prospekten kennt. Grundsätzlich ist Schnorcheln überall dort gefahrlos möglich, wo auch die „Froschmänner" ihrem Hobby frönen. Die Tauchzentren halten das entsprechende Equipment vor und vermieten es gegen kleines Geld (um 5 CUC). Wer allerdings vorhat, während seines Urlaubs nicht nur einmal ins „Goldfischglas" zu steigen, tut gut daran, Maske, Schnorchel und Flossen selbst mitzubringen, da die Leihausrüstungen nicht immer auf dem neuesten Stand sind.

Wandern

Wandern kann angesichts hoher Temperaturen und hoher Luftfeuchtigkeit zwar ganz schön schweißtreibend sein – ein Vergnügen ist es allerdings immer. Dennoch hat Cuba auf diesem Terrain noch erheblichen Nachholbedarf, auch wenn immer mehr Wege angelegt und ausgeschildert werden. Die meisten davon findet man in der Sierra Maestra, der Sierra del Escambray und in den Höhenzügen der Provinz Pinar del Río rund um Viñales und Las Terrazas. Während es vielerorts nicht erlaubt und aufgrund fehlenden Kartenmaterials zudem nicht ratsam ist, ohne Führer aufzubrechen, kann man die Wege im wenige Kilometer von Trinidad entfernt gelegenen Naturpark Topes de Collantes in der Provinz Sancti Spíritus auch auf eigene Faust angehen. Gleich sieben Stück gibt es dort – und einer ist schöner als der andere. Die bekanntesten führen mitten durch den cubanischen Urwald zum „Salto de Caburní" und zum Wasserfall „El Rocio", am Ende beider Strecken warten von den donnernden Wassermassen ausgewaschene Naturpools, die zum Baden einladen. Der Trail schlechthin liegt allerdings im Nationalpark Sierra Maestra und führt von der Provinz Granma in die Provinz Santiago de Cuba auf den Pico Turquino, mit 1974 Metern der höchste Berg des Landes. Da der Weg über 18 Kilometer teilweise sehr steil ansteigt, sollten sich dieser Herausforderung aber nur geübte Wanderer stellen.

Gedenk- und Feiertage – der Cuba-Kalender

1. Januar	Tag des Sieges der Revolution
28. Januar	Geburtstag von Nationalheld José Martí
4. April	Tag des Kindes
1. Mai	Tag der Arbeit
20. Mai	Tag der Unabhängigkeit
26. Juli	Jahrestag des Sturms auf die Moncada-Kaserne
30. Juli	Tag der Märtyrer der Revolution
8. Oktober	Todestag von Comandante Ernesto Che Guevara
10. Oktober	Jahrestag des Beginns des Ersten Unabhängigkeitskriegs
28. Oktober	Todestag von Comandante Camilo Cienfuegos
25. Dezember	Weihnachten

Geld

Die offizielle Währung Cubas ist der Peso cubano (Abk. CUP), der landläufig auch als Moneda nacional (Abk. MN) bezeichnet wird und nur für die einheimische Bevölkerung bestimmt ist. Er ist unterteilt in 100 Centavos, Banknoten gibt es im Wert von 1, 3, 5, 10, 20, 50 und 100 Pesos, Münzen von 1 Centavo bis 3 Pesos. Grundsätzlich ist es auch Ausländern erlaubt mit dem cubanischen Peso zu bezahlen, hauptsächlich dient er aber für den Bezug von staatlich subventionierten Waren und für den Zahlungsverkehr in einfacheren Gaststätten, den sogenannten Peso-Restaurants. Daneben existiert für Touristen und für den Kauf von sogenannten „Luxusgütern" (= alle Waren, die nicht für Moneda nacional erhältlich sind) der Peso cubano convertible, kurz Peso convertible (Abk. CUC). Er hat den US-Dollar seit November 2004 als offizielle Zweitwährung abgelöst, ist aber noch immer an dessen Kurs gebunden. Zunächst war das Verhältnis 1:1, im April 2005 wurde der CUC gegenüber dem US-Dollar allerdings aufgewertet. Der offiziell festgelegte Wechselkurs beträgt seitdem 1:1,08. Der Tageskurs anderer Währungen, auch des Euro, errechnet sich folglich aus ihrem aktuellen Verhältnis zum US-Dollar sowie dessen fixem Wechselkurs zum CUC.

Bargeld in US-amerikanischer Währung mitzuführen, macht für Touristen aus Europa keinen Sinn, da deren Einfuhr und Besitz zwar nach wie vor erlaubt ist, US-Dollars von cubanischen Banken anders als andere Währungen aber mit einer Umtauschgebühr von zehn Prozent belegt werden. Von den gängigen Kreditkarten werden in den Geldinstituten und Wechselstuben Cubas Eurocard/Mastercard und Visa akzeptiert. Nicht angenommen werden American Express und Diners Club sowie jene von deutschen Tochtergesellschaften US-amerikanischer Banken wie beispielsweise der Citibank, weil es wegen des US-Embargos keinen Zahlungsverkehr zwischen Cuba und den USA gibt. Als Alternative bzw. zusätzlich zu Kreditkarten und Euros ist es ratsam, Euro-Reisechecks mitzuführen, die allerdings ebenfalls nicht von American Express ausgestellt sein dürfen.

Der Wechselkurs zwischen CUP und CUC beträgt derzeit 1:24 (Stand: 2007), allerdings können Touristen die cubanische Binnenwährung nicht in den Banken, sondern nur in den „Casas de cambio" (Abk. Cadeca) erwerben. Auch ein Rücktausch in CUC ist dort jederzeit möglich, allerdings werden dabei ausschließlich mindestens 24 CUP bzw. ein Vielfaches davon angenommen, um Centavo-Auszahlungen zu vermeiden. Nicht verbrauchte Pesos convertibles werden demgegenüber von allen Instituten zurückgenommen, selbst an den internationalen Flughäfen kann man sie am Abreisetag noch in Euros rücktauschen.

Im Alltag ist darauf zu achten, dass die Preise von Waren in Geschäftsauslagen grundsätzlich mit dem Dollar-Zeichen ($) versehen sind, unabhängig davon, ob Pesos cubanos oder Pesos convertibles gemeint sind. Im Zweifelsfall fragt man also besser gezielt nach. Bei Preisverhandlungen haben es Touristen nicht viel leichter, da im cubanischen Sprachgebrauch immer, wenn es um Geld geht, von Pesos die Rede ist – egal, ob der Busfahrer zum Beispiel Pesos cubanos oder der Taxi-Chauffeur Pesos convertibles möchte. Wenn von Letzteren gesprochen wird, benutzen Cubaner zur Unterscheidung aber auch Begriffe wie „Dolares" oder „Divisa".

Dieses Peso-Dickicht umgeht man, wenn man sich ausschließlich in Touristenzentren bewegt. Nachdem der Euro zunächst im Juni 2002 in Varadero, Cayo Coco und Cayo Largo erfolgreich als Drittwährung eingeführt worden war, wurde die europäische Einheitswährung ab Juli 2003 auch in den Badeorten der Provinz Holguín, in Santa Lucía (Provinz Camagüey) und an der Playa Covarrubias (Provinz Las Tunas) als offizielles Zahlungsmittel zugelassen. Sobald man aber auch nur einen Fuß vor die Tür der dortigen Ferien-Resorts setzt, wird man vom ganz normalen Peso-Wahnsinn schon wieder eingeholt.

Gesundheit

Eigentlich kann einem nichts Besseres passieren, als in Cuba krank zu werden – aber wer will das schon, zumal in den Ferien. Doch für den Fall der Fälle ist es gut zu wissen, dass man bei cubanischen Ärzten in den allerbesten Händen ist. Nach der Revolution wurde das cubanische Gesundheitswesen sukzessive ausgebaut und gilt heute als Vorbild für den gesamten lateinamerikanischen Kontinent. Nicht umsonst reisen immer mehr Touristen ausschließlich deshalb auf die Insel, um sich dort operieren zu lassen. Allein 2006 wurden in den internationalen Kliniken Cubas über 36.000 ausländische Patienten behandelt, von denen allerdings rund 30.000 erst während ihres Aufenthalts erkrankten. Insgesamt umfasst das cubanische Gesundheitssystem 283 Krankenhäuser, 442 Polikliniken, 166 Spezial-Kliniken und mehr als 1500 andere Versorgungseinrichtungen, in denen Cubaner kostenlos behandelt werden. Pro Tausend Einwohner stehen 6,7 Krankenhausbetten zur Verfügung – ein einsamer Rekord. Außerdem wurde für die gesamte Bevölkerung das sogenannte Hausarzt-Programm aufgelegt, durch das die medizinische Erstversorgung gewährleistet wird.

Sehr beachtlich ist auch die verschwindend geringe Sterblichkeitsrate bei Säuglingen von 6,22 Promille – ein Wert, der normalerweise nur in hoch entwickelten Ländern erreicht wird. Noch einmal deutlich geringer sind die Todesfälle bei den etwas älteren Kindern: Nur 0,43 Promille erreichen das fünfte Lebensjahr nicht, nur 0,27 Promille sterben im Schulalter. Einer der Gründe dafür ist, dass Babys in den ersten Lebensmonaten zwölf verschiedenen Vorsorge-Impfungen unterzogen werden – von Polio über Diphtherie, Tetanus, Tuberkulose, Masern und Mumps bis hin zu Meningitis und Hepatitis.

Apotheken

Trotz des hervorragenden Gesundheitssystems herrscht in Cuba aufgrund des Handelsembargos ein steter Mangel an Medikamenten. Touristen sind davon zwar meist nicht tangiert, weil die internationalen Apotheken immer zuerst mit frischer Ware bestückt werden. Sobald man allerdings in Peso-Apotheken einkaufen möchte, was Ausländern jederzeit erlaubt ist, wird man ernüchtert feststellen müssen, dass die Regale mit Ausnahme von ein paar Kopfschmerztabletten meist leergefegt sind. Und die wenigen Arzneien, die es möglicherweise gibt, sind nur gegen (cubanische) Rezepte erhältlich. Grundsätzlich empfiehlt es sich daher, vor Antritt des Urlaubs seine persönliche Reiseapotheke zu überprüfen, gegebenenfalls aufzufüllen und vor allem die „üblichen Verdächtigen" wie Aspirin, Paracetamol und Imodium einzupacken. Ganz wichtig ist auch Insektenspray – in den Regenwäldern und an den Stränden wird man von Moskitos und Sandflöhen oftmals regelrecht überfallen.

Impfungen

Pflichtimpfungen sind für die Einreise nach Cuba nicht vorgeschrieben. Ärzte empfehlen trotzdem grundsätzlich einen Impfschutz gegen Hepatitis A, Tetanus und Diphtherie, bei Langzeit-Aufenthalten zudem gegen Hepatitis B und Typhus. Malaria kommt auf der Insel nicht vor, allerdings wurden in jüngster Zeit (Stand: 2007) vermehrt Fälle von Dengue-Fieber bekannt, in deren Zusammenhang auch von Toten berichtet wird. Der cubanische Staat geht dagegen mit einem umfangreichen Aktionsprogramm vor, um die das Virus übertragenden Moskitos zu vernichten. Unter anderem sieht die Prävention vor, an den Grenzen betroffener Provinzen sämtliche Kraftfahrzeuge anzuhalten, die dann an Ort und Stelle mittels chemischer Keule ausgeräuchert werden. Für Menschen sind die eingesetzten Chemikalien angeblich nicht gefährlich – es handle sich nur um „ein bisschen Gift", wird freundlich mitgeteilt.

Krankheiten

Neben den üblichen Reisekrankheiten geht man normalerweise keinerlei länderspezifische Gesundheitsrisiken ein. AIDS ist zwar in der ganzen Welt ein Thema, die Zahl der HIV-positiven Personen in Cuba allerdings eher unterdurchschnittlich. Offiziell wird ein Prozentsatz von 0,34 Promille genannt, was im Vergleich mit anderen Ländern tatsächlich niedrig wäre. Tatsache ist aber, dass HIV-Infektionen natürlich auch in Cuba vorkommen und das Ansteckungsrisiko bei Reisebekanntschaften bedacht werden sollte.

Versicherungen

Da die Ärzte in den cubanischen Krankenhäuser zwar für die Bevölkerung kostenlos tätig werden, nicht aber für Touristen und da es zudem kein Abkommen zwischen deutschen Krankenkassen und dem cubanischen Staat gibt, macht es Sinn, vor Antritt einer Reise nach Cuba eine Reisekrankenversicherung abzuschließen. Während man die 25 CUC für eine „Consulta", also den Besuch einer Sprechstunde bzw. eine Untersuchung, sicherlich noch aus dem Portemonnaie bestreiten kann, können Krankenhausaufenthalte bei einem Tarif von rund 75 CUC pro Tag ganz schön ins Geld gehen. Der deutsche Marktführer, die Europäische Reiseversicherung (www.reiseversicherung.de), bietet ab 69 Euro ein Komplettpaket an, das nicht nur eine Reisekrankenversicherung, sondern auch eine Reiserücktrittskostenversicherung, eine Reisegepäckversicherung und einen Gepäckverspätungsschutz umfasst.

Internet

Beim Zugang zum World Wide Web – für Touristen! – hat Cuba inzwischen weitgehend internationalen Standard erreicht, wenngleich die Zahl der Access-Points noch hinterherhinkt und das Tempo der Server oftmals eher mit einem Bummelzug als mit einem Intercity zu vergleichen ist. Dennoch: In jedem größeren Ort gibt es inzwischen mindestens ein Internet-Café, in nahezu allen auf den internationalen

Cuba im Internet

www.aduana.co.cu: Spanisch- und englischsprachige Seite der cubanischen Zollbehörde mit detaillierten Hinweisen über Ein- und Ausfuhrbestimmungen.

www.botschaft-kuba.de: Botschaft der Republik Cuba in der Bundesrepublik Deutschland.

www.cuba.cu: Cubanische Homepage von Citmatel (Empresa de Tecnologías de la Información y Servicios Telemáticos Avanzados) mit einer breiten Palette von Informationen über Cuba.

www.cubabella2.com: Casas particulares in Havanna mit Lageplan und vielen Zusatzinformationen – auch in Englisch und Französisch.

www.cuba-casas-particulares.com: Mehrere hundert Privat-Quartiere im ganzen Land – aber nur in Spanisch.

www.cubagob.cu: Offizielle Seite der Regierung der Republik Cuba.

www.cubainfo.de: Cubanisches Fremdenverkehrsamt in Deutschland.

www.cubanacan.cu: Cubanisches Tourismusunternehmen mit Hotels, Autovermietungen, Yacht-Charter etc.

www.cubatravel.cu: Portal des cubanischen Tourismusministeriums mit vielen Informationen zu einzelnen Reisezielen in Cuba – auch in Deutsch.

www.digiradio.ch/radiocuba: Schweizer Seite in Deutsch, Englisch und Spanisch mit der Möglichkeit, verschiedene cubanische Fernseh- und Radiosendungen live zu empfangen.

www.el-cubano.de: Deutschsprachige Cuba-Seiten für Individual-Touristen und solche, die es werden wollen.

www.gran-caribe.com: Cubanische Hotel-Gruppe mit Vier- und Fünf-Sterne-Häusern im ganzen Land.

www.granma.cu: Homepage der bedeutendsten cubanischen Tageszeitung in fünf Sprachen – auch in Deutsch.

www.kuba-cuba.com: Deutschsprachige Cuba-Linkseite für Cuba-Reisende, Cuba-Freunde und Cuba-Verrückte mit Suchfunktion und Wörterbuch.

www.met.inf.cu: Internetauftritt des Meteorologischen Instituts der Republik Cuba mit Auskünften zum Wetter auf der Insel – leider nur auf Spanisch.

www.oldhavanahotels.com/old_havana_hotels_restaurants.asp: Zweisprachige Homepage der Hotel- und Gaststätten-Vereinigung von Havanna-Vieja mit Informationen zu vielen Restaurants.

www.viazul.com: Informationen zu sämtlichen Überland-Busverbindungen von Viñales bis Baracoa.

Tourismus ausgerichteten Hotels mehrere PCs, an denen man seine E-Mails abrufen und surfen kann. Das System basiert auf Guthabenkarten mit einem mehrstelligen Zahlen- und Buchstabencode, die man zu Preisen zwischen 6 CUC (eine Stunde) und 20 CUC (fünf Stunden) erwerben kann. Die meisten Einrichtungen betreibt die cubanische Telefongesellschaft ETECSA (Empresa de Telecomunicaciones de Cuba S.A.), die unter der Bezeichnung „Telepunto" im ganzen Land ihre Niederlassungen betreibt. Dort kann man nicht nur online gehen, sondern meist auch telefonieren und faxen.

Mails

Da sich die wenigstens Cubaner die teuren Guthabenkarten für den Zugang zum Internet leisten können, haben im Grunde nur Büroangestellte der Staatsbetriebe und Beamte der Ministerien die Möglichkeit, auf das World Wide Web zuzugreifen und weltweit zu kommunizieren – offiziell jedenfalls. Sie sind relativ leicht zu identifizieren, da ihre E-Mail-Adressen allesamt auf „.cu" (für Cuba) enden. Inoffiziell stellen nicht wenige Einheimische, allen voran die Besitzer von Casas particulares, eine Verbindung zur Welt her, indem sie Telefonleitungen anzapfen und ihre meist altersschwachen Computer auf diese Weise ins Netz hängen. Auch sie sind unschwer auszumachen, weil sie ihre elektronische Post in erster Linie über Freemail-Anbieter wie die spanische Yahoo-Tochter entgegennehmen und versenden. Während es bei dem international operierenden Internet-Portal aufgrund der Rechner-Kapazitäten kaum nennenswerte Verzögerungen gibt, muss man bei reinrassigen cubanischen (cu-)E-Mails unter Umständen mit einer Laufzeit bis zu fünf Tagen rechnen. Dies liegt zum einen daran, dass alle von offiziellen Adressen des Landes versandten E-Mails – auch die von Hotels – über einige wenige Großserver geschleust werden, ehe sie die Insel verlassen. Zum anderen ist daran aber auch die Neugier der cubanischen Staatssicherheit schuld, die zumindest sporadisch mitliest. Touristen, die sich in Internet-Cafés oder den jeweiligen Stationen in den Hotels unter ihrem internationalen Account einloggen, sind von diesen „Vorsichtsmaßnahmen" freilich nicht betroffen.

Kriminalität

Verglichen mit anderen Ferndestinationen ist Cuba noch immer ein sicheres Reiseland. In jüngster Zeit registriert das Auswärtige Amt allerdings eine zunehmende Zahl von Eigentumsdelikten, Körperverletzungen und in seltenen Fällen von Gewaltverbrechen, von denen auch Touristen betroffen sind. Der cubanische Staat reagiert darauf mit verstärkter Polizeipräsenz vor allem in den Großstädten und Urlauber-Hochburgen. In der Altstadt von Havanna etwa gibt es inzwischen kaum noch eine Straßenkreuzung, an der keine uniformierten Streifenpolizisten stehen – nicht nur, um den Verkehr zu regeln. Dennoch lassen sich Taschendiebstahl und Handtaschenraub nicht ganz vermeiden – Letzterer häufig begangen vom Fahrrad oder vom Kleinkraftrad herunter. Und auch an den Stränden verschwinden unbeaufsichtigte Wertgegenstände nicht gerade selten. Deshalb ist es für Touristen besonders wichtig, Reisedokumente wie Pass und Flugtickets im Hotel-Safe zu deponieren und nur Fotokopien davon bei sich zu tragen, die bei möglichen Polizeikontrollen anstandslos akzeptiert werden.

Während die meisten Touristen von massiven Übergriffen verschont bleiben, gibt es wohl nur wenige Urlauber, die nicht irgendwann von Bettlern und „freischaffenden" Straßenhändlern behelligt werden. Vor allem in Havanna, viel mehr aber noch in Santiago de Cuba kann ihre permanente „Anmache" ganz schön auf die Nerven gehen. Dabei gehen sie fast immer nach dem gleichen Strickmuster vor: Sie erspähen einen Touristen, was aufgrund des Aussehens und der Kleidung meist kein Kunststück ist, machen sich an ihn heran und deuten auf ihr linkes Handgelenk, um zu signalisieren, dass sie gerne die Uhrzeit wüssten. Hat man sie ihnen gesagt, wissen sie natürlich sofort, woher man kommt – so viel Deutsch, Englisch, Französisch oder Italienisch können sie alle. Und auch zu einfachen Phrasen wie „Guten Tag!" oder „Alles klar?" reichen ihre Sprachkenntnisse meist aus, weil der Vetter in Frankfurt arbeitet, die Schwester in Berlin verheiratet ist, der Großvater einen deutschen Schäferhund besaß – oder weiß Gott, was sie sich alles einfallen lassen, um ins Gespräch zu kommen. Lässt man sich darauf ein, hat man einen Begleiter mehr – ob man will oder nicht. Um ihn wieder loszuwerden, bedarf es kleinerer finanzieller Zuwendungen und vieler guter oder böser Worte – „Déjame en paz!" („Lass mich in Ruhe!") oder „Pírate!" („Verpiss dich!") sind noch die harmloseren.

Jineteros

Die weitaus unangenehmste Sorte von ungebetenen cubanischen Begleitern sind die Schlepper (span. Jineteros, wörtlich Reiter), die üblicherweise mit englischen Standardsätzen wie „How are you?" oder „Where are you from?" den ersten Kontakt aufnehmen, um ihrer unfreiwilligen Klientel anschließend die verschiedensten Dienstleistungen anzubieten: Zigarren, Casas particulares, Paladares, Taxis und Mädchen – ihr Fundus und ihr Einfallsreichtum sind fast grenzenlos. Da sich bei den meisten Touristen inzwischen herumgesprochen hat, dass man cubanische Cohibas keinesfalls auf der Straße kaufen sollte, da die dort offerierten Zigarren meist aus Tabakabfällen zusammengestopft werden, sind ihre lukrativsten Einkommensquellen Privat-Quartiere und -Restaurants. Zwischen fünf und zehn CUC sogenannte Kommission bezahlen die Besitzer für die Vermittlung von Kunden, was in der Folge natürlich auf die Preise für Zimmer und Menüs umgeschlagen wird. Aus diesem Grund lungern Jineteros oftmals auch in der Nähe von Casas particulares bzw. Paladares herum und folgen den Touristen, sobald diese das Haus oder das Lokal betreten haben, um damit den Anschein zu erwecken, als seien die Gäste auf ihre Veranlassung hin gekommen.

Um diesem inselweiten Phänomen aus dem Wege zu gehen oder Jineteros zumindest „abblitzen" zu lassen, sollte man einige Verhaltensmaßregeln beherzigen:

▸ Wenn man auf der Straße angesprochen wird, helfen oftmals Sätze wie „No necesito nada" („Ich brauche nichts") oder „Tengo todo" („Ich habe alles"). Lässt man dann auch noch „No me moleste!" („Nerven Sie mich nicht!") folgen, dürfte der Fall erledigt sein.

▸ Wird man nach seiner Herkunft gefragt, lauten die Zauberwörter „Soy ruso" („Ich bin Russe") oder „Soy de Rusia" („Ich bin aus Russland"). Da vor dem Fall des Eisernen Vorhangs viele Sowjets im Land waren, wissen die Cubaner, dass bei denen nichts zu holen ist. Das Gegenteil, „Soy de CIA" („Ich bin von der CIA"), nimmt einem dagegen wohl kaum jemand ab.

▸ Ist man ortsunkundig und muss nach Adressen, Straßen oder Richtungen fragen, wendet man sich am besten an ältere Personen oder Kinder oder man geht in ein Geschäft.

▸ Beim Betreten von Casas particulares und/oder Paladares sollte man darauf achten, ob ein Cubaner folgt und das Privat-Haus und/oder -Restaurant im Zweifelsfall wieder verlassen.

Jineteras

Die weiblichen Pendants zu den Schleppern sind die Jineteras (Reiterinnen), die eine andere Art von Dienstleistung anbieten. Obwohl Prostitution in Cuba streng verboten und mit drakonischen Strafen bewehrt ist, bekommt die Polizei das Geschäft mit der käuflichen Liebe offenbar nicht so recht in den Griff. Vor allem in Cabarets und Diskotheken oder auf dem Malecón Havannas, wo sogar ein eigener Abschnitt ausschließlich für Homosexuelle „reserviert" ist, feiert das Rotlicht-Milieu fröhliche Urstände. Dies verwundert umso mehr, als Jineteras ein hohes Risiko eingehen. 1999 wurden die Verhaftungsbefugnisse der Polizei erweitert, 2003 zudem ein Gesetz erlassen, das den Besitzern von Casas particulares vorschreibt, alle cubanischen Gäste in Begleitung von Ausländern den Behörden zu melden. Taucht ein Name häufiger im Zusammenhang mit Touristen auf, droht zunächst die „Gelbe Karte", schon beim dritten Mal allerdings eines der berüchtigten Umerziehungslager – für drei Jahre.

Sex – für eine Handvoll Dolares

Drogen

Der Kontakt mit Drogen aller Art, die auf den Straßen Cubas und dort vor allem in den Touristengebieten angeboten werden, sollte unbedingt vermieden werden. Selbst der Besitz einer minimalen Menge von Haschisch oder Marihuana wird als Drogenschmuggel gewertet, für den das Strafmaß von vier bis zu 30 Jahren Haft reicht. Auf besonders schwere Fälle steht sogar die Todesstrafe.

Medien

Insgesamt gibt es in Cuba – man höre und staune – 47 Tageszeitungen, Wochenzeitungen und Zeitschriften, die natürlich alle „independiente", also unabhängig sind – behaupten sie jedenfalls. Die Realität sieht allerdings anders aus. Jede Publikation und jede Veröffentlichung unterliegt der staatlichen Zensur, egal, um welches Medium es sich auch handelt. Die beiden bekanntesten Blätter Cubas, denen zwangsläufig auch Touristen begegnen, weil sie landesweit von Zeitungsverkäufern lautstark angeboten werden, sind die „Granma" und ihr Pendant „Juventud Rebelde". Die „Granma", benannt nach der Motoryacht, mit der Fidel Castro nach seinem Exil einst auf der Insel landete, um die Revolution zu beginnen, ist das offizielle Organ des Zentralkomitees der Kommunistischen Partei – und „Juventud Rebelde", mit der man eine jüngere Leserschaft ansprechen möchte, im Grunde nichts anderes. Beide Zeitungen beschränken sich auf politischen Verlautbarungsjournalismus und lesen Fidel Castro und seinen Ministern quasi jedes Wort von den Lippen ab. Beide sind für Touristen weder von Interesse noch von Nutzen, weil

Das Land der Gegensätze:
Alte Autos und morbider Charme einerseits, Sonne, Sand und Palmen andererseits
Fotos: mintur (unten), wz (oben)

Das größte Kapital Cubas:

Geschichte auf Rädern:
Cuba ist das größte Fahrzeug-Museum der Welt
Fotos: ct (oben rechts, unten links, unten rechts), wz (alle übrigen)

zum Beispiel Veranstaltungshinweise gänzlich fehlen. Daneben erscheinen eine ganze Reihe regionaler und lokaler Periodika wie etwa der „Guerrillero", den es nur in der Provinz Pinar del Río gibt, oder die Zeitung „Venceremos" („Wir werden siegen"), die nur in der Provinz Guantánamo verkauft wird. Die Inhalte beschränken sich ebenfalls auf gesteuerte Nachrichten aus Politik und Wirtschaft, nur eben auf regionaler Ebene.

Ähnlich strukturiert ist die Rundfunk-Landschaft Cubas. Von den sechs landesweiten Sendern, deren Programm aus Nachrichten, Informationen über aktuelle Themen und Reportagen über Sportereignisse besteht, ist speziell „Radio Taíno" ganz auf die Bedürfnisse von Touristen ausgerichtet – heißt also, dass es nur sporadisch Nachrichten und neben Werbung ausschließlich Musik zu hören gibt. Außerdem sind 18 regionale Funkhäuser und 58 lokale Stationen „on air", dem Volk will schließlich gesagt werden, was es zu denken hat. Übrigens: Alle überregionalen cubanischen Rundfunksender sind auch über das Internet (www.digiradio.ch/radio cuba) zu empfangen – zur Einstimmung auf den Urlaub.

Die größte Abwechslung vom teilweise tristen sozialistischen Alltag stellt für die cubanische Bevölkerung allerdings das Fernsehen dar, das von vier Sendern ausgestrahlt wird. Während „Cubavisión" in erster Linie das Angebot an Spielfilmen sicherstellt, überträgt „Tele Rebelde" ausnahmslos Sportveranstaltungen – live oder in Form von Aufzeichnungen. „Canal Educativo" und sein kleiner Bruder „Canal Educativo 2" beschränken sich auf die Weiterbildung des Volkes, senden also beispielsweise verschiedene Sprachkurse und versuchen, andere Fertigkeiten zu vermitteln. Die beliebtesten Sendungen, die gelegentlich zu regelrechten „Straßenfegern" werden können, sind allerdings die ebenfalls von „Cubavisión" ausgestrahlten Telenovelas (Seifenopern), die auf dem gesamten lateinamerikanischen Kontinent zusammengekauft werden, um damit meist im zweitägigen Rhythmus die Nation zu beglücken. Die über Satellit ausgestrahlten US-amerikanischen und europäischen Sender bleiben hingegen den internationalen Hotels vorbehalten und sind für die meisten Cubaner tabu – schon wegen des fehlenden technischen Equipments und zudem, weil Empfangsschüsseln schlichtweg verboten sind.

Post

Die cubanische Post ist so zuverlässig wie die cubanische Eisenbahn – manchmal kommt sie, manchmal nicht. Bei Ansichtskarten oder Briefen nach Europa muss man grundsätzlich mit Laufzeiten von etwa vier Wochen rechnen. Im Zweifelsfall wissen die Lieben zu Hause also schon längst, dass man wieder gut zurückgekehrt ist, ehe die postalischen Urlaubsgrüße eintreffen. Nicht viel schneller geht es innerhalb des Landes, wo Briefe und Päckchen zwischen Havanna und Santiago ebenfalls bis zu zwei Wochen unterwegs sind – falls sie überhaupt ankommen, was zumindest bei Warensendungen alles andere als gewährleistet ist. Den „Schwund" kann man allenfalls dadurch verhindern, dass man Päckchen und Pakete durch „Transval" versendet, einen staatlichen Sicherheitsdienst, der beispielsweise für Banken und Hotels auch Geldtransporte durchführt. Die Sendungen werden dann zwar zuverlässig bis vor die jeweilige Haustür gebracht, der in allen Postämtern buchbare Service hat allerdings seinen Preis – abhängig vom Gewicht und dem Wert des Inhalts. Briefmarken, die man ebenfalls in den Postämtern und Kiosken der meisten Hotels erhält, sind vergleichsweise günstig. Für Ansichtskarten nach Europa zahlt man 0,65 CUP, für Briefe 0,75 CUP.

Reisezeiten

Die angenehmste Reisezeit ist von November bis April. Dann herrscht in Cuba trockenes Wetter und die Tagestemperaturen liegen bei ca. 25 Grad Celsius. Im Januar und Februar kann es auch kühlere Tage geben, an denen die Quecksilbersäule nachts bis auf 15 Grad Celsius fällt, insgesamt ist es dank des subtropischen Klimas aber immer warm bei einer durchschnittlichen Luftfeuchtigkeit um die 80 Prozent.

Schwule und Lesben

Spätestens seit dem Kino-Erfolg von „Fresa y Chocolate" („Erdbeer und Schokolade") ist Homosexualität in Cuba kein Tabu-Thema mehr und wird in zunehmendem Maße toleriert. Dies ist unter anderem ein Erfolg einer landesweiten Aufklärungskampagne. Unter dem Slogan „Él también es parte de nosotros" („Er ist auch ein Teil von uns") wird sowohl im Fernsehen als auch auf Plakaten darum geworben, seine Freunde aufgrund ihrer persönlichen Qualitäten zu bewerten und nicht aufgrund ihrer sexuellen Vorlieben. Dennoch: Eine offizielle Szene gibt es bislang nur in Havanna, Santiago de Cuba und einigen wenigen Provinzhauptstädten wie etwa in Santa Clara, wo sich beispielsweise der Chef der Nightlife-Location „El Mejunje" ganz offen zu seiner Homosexualität bekennt und in seinem Lokal folglich ein Plattform für Gleichgesinnte geschaffen hat. In Santiago ist vor allem die Plaza de Dolores Anlaufstelle für Schwule, in Havanna hat man(n) einen Teil des Malecón – nahe dem Hotel „Nacional" – als Laufsteg auserkoren. In erster Linie trifft man hier wie dort aber „Patos" („Enten"), also männliche Homosexuelle, während sich „Tortilleras", ihr weibliches Pendant, eher selten in der Öffentlichkeit outen. Offizielle Nachtschuppen oder Bars gibt es weder für die einen noch für die anderen. Hat man sich erst einmal gefunden, spielt sich der Rest meist auf Privat-Partys in Wohnräumen ab.

Shopping

Geldausgeben wird in Urlaubsländern grundsätzlich leicht gemacht, Cuba macht da keine Ausnahme. Ausgedehnte Einkaufstouren kann man allerdings nicht unternehmen, dafür gibt es einfach viel zu wenig interessante Geschäfte mit noch weniger lohnenswerten Luxusgütern – und wenn, dann haben diese die gleichen Preise wie in Europa. Schnäppchen macht man allenfalls in den Adidas-Stores, wo die Originalware aus Herzogenaurach teilweise um bis zu 50 Prozent günstiger zu haben ist als in den Sportgeschäften zu Hause. So bleiben meist nur T-Shirts mit dem Konterfei von Ernesto Che Guevara, cubanisches Kunsthandwerk, naive Malereien und Musik-CDs als denkbare Souvenirs. Ganz anders präsentiert sich Cuba Liebhabern von feinem Rum und edlen Zigarren. Die wichtigen Devisenbringer werden im ganzen Land in Hülle und Fülle – und in allen Preislagen – angeboten. Während man bei Rum bedenkenlos in jedem Supermarkt zugreifen kann, sollte man Zigarren ausschließlich in den ausgewiesenen „Casas del Habano" kaufen – beides jedenfalls unter keinen Umständen auf der Straße. Man weiß nie, welche Überraschung die vermeintlichen „Super-Sonderangebote" bergen, die dort feilgeboten werden. Die Spielregeln muss man auch beim Erwerb von Kunst und hochwertigem Kunsthandwerk beachten. Denn dafür benötigt man bei der Ausreise immer die Originalrechnung, meist sogar eine Ausfuhrgenehmigung. Einige Galerien wie beispielsweise die „La Acacia" in Havanna haben selbst die Berechtigung, diese

Zertifikate auszustellen, andere verweisen an das Registro Nacional de Bienes Culturales, das sein Büro in Havanna-Vedado, Calle 17 Nr. 1009, unterhält.

Geschäfte

Man muss nicht lange um den heißen Brei herumreden: Die meisten Läden des Landes halten keinem Vergleich mit europäischen Geschäften oder Einkaufspassagen stand. In aller Regel bestehen sie aus einem größeren Raum, in dem ein kunterbuntes Durcheinander herrscht und Haushaltswaren neben Parfümerieartikeln, Kleidung neben Süßigkeiten, Schuhe neben Elektrogeräten angeboten werden. Dennoch akzeptieren sie ausschließlich Devisen, weil in Cuba eben alles, was nicht unter die Grundnahrungsmittel fällt, zu den Luxus-Produkten zählt. Und die gibt es nun mal nicht für Pesos. Die einzige Ausnahme stellen die – absolut sehenswerten – „Casas de Comisiónes" dar, eine Mischung aus Secondhandshop bzw. Trödelmarkt, in denen die Einheimischen all das verkaufen lassen können, was nicht passt, nicht gefällt oder nicht mehr gebraucht wird. Entsprechend ist das Angebot, das vom Gartenschlauchventil bis zur Mausefalle, vom Lampenschirm bis zur Fernsehröhre reicht.

Ausschließlich auf die Bedürfnisse von Touristen ausgerichtet sind – logischerweise – die Geschäfte in den großen Hotels, die allerdings meist nur Souvenirs führen oder Waren, die man andernorts deutlich preisgünstiger bekommt. In den großen Shopping-Malls etwa – die gibt es in Cuba und hauptsächlich in Havanna auch. Die „Plaza de Carlos Tercero" in Havanna-Centro oder die „Galerías de Paseo" in Havanna-Vedado sind solche Konsumtempel, in denen es Dutzende von Läden gibt, die ein breites Warenangebot vorhalten. Wenngleich Passagen dieser Art noch dünn gesät sind, so findet man inzwischen zumindest in den Provinzhauptstädten wenigstens ein größeres Kaufhaus mit mehreren Abteilungen nach „Karstadt"- oder „Kaufhof"-Muster. In grundsätzlich allen Geschäften Cubas gelten übrigens besondere Sicherheitsvorschriften. So darf sich meist nur eine bestimmte Anzahl von Kunden in dem jeweiligen Laden aufhalten, hat man vor dem Betreten etwaige Taschen oder Rucksäcke immer an der „Guardabolsos" („Taschenaufsicht") abzugeben, muss man beim Verlassen die erstandenen Waren von der Security mit dem Kassenzettel vergleichen lassen – Quittungen also unbedingt mitnehmen.

Die Öffnungszeiten der Geschäfte sind variabel und höchst unterschiedlich, man kann aber davon ausgehen, dass man von Montag bis Samstag zwischen 10 und 17 Uhr nie vor verschlossenen Türen steht. Die in anderen lateinamerikanischen Ländern übliche Siesta ist in Cuba gänzlich unbekannt. Sogar sonntags haben die meisten Läden geöffnet – in den Vormittagsstunden bis maximal 14 Uhr.

Zigarren

Denkt man an Cuba, denkt man an Musik, Rum und – genau! – Zigarren. Nicht umsonst ist der Name der Hauptstadt Havanna quasi zu einem Synonym für die dicken, würzigen „Puros" geworden, wie sie in der Landessprache genannt werden. 27 verschiedene Marken, zu denen Cohiba, Upmann, Montecristo, Partagás und Romeo y Julieta zu den bekanntesten zählen, werden derzeit auf der Insel hergestellt – übrigens in Handarbeit. Und von allen gibt es mehrere Sorten, allein Cohiba hat elf unterschiedliche Zigarren auf dem Markt. Wer kein Kenner ist und von dieser Vielfalt erschlagen wird, kann entweder auf Fidel Castro vertrauen, der bis 1989, als er den Glimmstängel für immer ausdrückte, entweder „Corona Grande" aus dem Hause Montecristo oder Cohibas „Espléndidos" rauchte. Oder er kann sich an die Experten der offiziellen „Casas del Habano" halten, einer landesweiten Kette, in deren Läden man nicht nur das breiteste Sortiment, sondern auch die kompetenteste Beratung findet. So erfährt man beispielsweise, dass die Einlageblätter für die Cohibas eine dritte Fermentation durchlaufen, was ihre ohnehin hohe Qualität noch einmal steigert, dass der Geschmack der in Havanna gerollten Partagás als erdig gilt oder dass die Marke Romeo y Julieta ihre berühmteste Zigarre nach Churchill benannt hat. Die hohe Qualität hat allerdings ihren Preis, Schnäppchen darf man beim Kauf von „Habanos" keinesfalls erwarten. Die Zigarren sind zwar grundsätzlich preisgünstiger als in Europa, mit 50 CUC für eine Kiste (25 Stück) muss man aber schon rechnen – und 400 CUC sind durchaus auch keine Seltenheit. Billiger gibt es cubanische Puros nur auf der Straße zu kaufen, wovor noch einmal ausdrücklich gewarnt werden muss. Zigarren im „freien Verkauf" sind mit an Sicherheit grenzender Wahrscheinlichkeit aus Tabakabfällen gerollt.

Rum

Cubas zweiter Exportschlager neben den „Habanos" ist Rum. Um ihn zu kaufen, bedarf es keines Fachgeschäfts, wenngleich es auch davon welche gibt. Eines der größten davon findet man in der Avenida 1ra von Varadero, wo eine Auswahl von sage und schreibe 74 verschiedenen Sorten angeboten wird. Am berühmtesten – weil international vertrieben – ist der „Havana Club", eine Marke, die in der nach dem Sieg der Revolution verstaatlichten Bacardí-Destillerie produziert wird. Andere Produkte wie „Ron Varadero", „Liberación" oder „Legendario" befinden sich geschmacklich aber durchaus auf Augenhöhe mit dem Aushängeschild der cubanischen Rum-Industrie. Entscheidend ist auch gar nicht so sehr das Label, sondern die Zeit, in der das Destillat in den Eichenfässern heranreifen durfte. Und die kann man ganz einfach am Etikett ablesen, wo man den Hinweis „tres (3) años", „siete (7) años" oder – wenn es ganz teuer wird – „quince (15) años" findet. Während der feine „Siebenjährige" überall für etwa 10 CUC erhältlich ist, muss man nach dem seltenen 15-jährigen „Zungenschnalzer" selbst in einem Rum-Land wie Cuba regelrecht suchen. Noch nicht einmal Fachgeschäfte haben ihn immer vorrätig – und wenn, bezahlt man dafür mindestens 80 CUC.

Schwarzmarkt

Von wegen wirtschaftliche Engpässe und Mangelverwaltung: In Cuba gibt es alles – jedenfalls auf dem Schwarzmarkt (cub. Bolsa negra, wörtlich: schwarze Tasche). Ob man eine simple Knopfzellen-Batterie benötigt oder gerne staatlichen Restaurants vorbehaltenes Rindfleisch braten möchte, das Warenangebot unter den Ladentischen ist nicht selten größer als das darauf. Es gibt fast keinen Wirtschaftszweig, in dem der cubanische Staat nicht betrogen wird – und sei es nur dadurch, dass ein Bauarbeiter eine Packung Fliesen mitgehen lässt. Aus diesem Grund gelten etwa die Köche großer Ferien-Hotels auch als die begehrtesten Schwiegersöhne. Ihre Familie wird nie Hunger leiden müssen. Ähnlich verhält es sich mit Barkeepern, die hochwertige Spirituosen in Wasserflaschen umgefüllt durch die Kontrollen schleusen und zu Hause in Originalflaschen zurückgießen, oder mit Zimmermädchen, die den Gästen eben nur jeden zweiten Tag neue Pflegeprodukte ins Bad stellen – und dies sind nur einige wenige Beispiele. All die Waren, die auf diese Weise „abgestaubt" werden, landen früher oder später auf dem Schwarzmarkt – meist früher. Ein Wunder ist dieses Gebaren allerdings nicht: Cubaner verdienen pro Monat durchschnittlich rund 15 CUC. Und die sind zu viel zum Sterben, aber zu wenig zum Leben.

Sprache

Die cubanische Amtssprache ist Spanisch. In den Großstädten wird teilweise auch Englisch, gelegentlich sogar Russisch gesprochen. Auf dem flachen Land geht ohne Spanisch allerdings gar nichts.

Sprachkurse

Nirgendwo kann man eine Sprache besser erlernen als im Land selbst – das gilt in besonderem Maße für Cuba, das bekannt ist für seine hervorragenden Universitäten und Lehrinstitute. Und das gilt umso mehr für deutschsprachige Touristen, da die führende Sprachschule Havannas von dem deutschen Spezialveranstalter „Sprachcaffe" mit Sitz in Frankfurt/Main betrieben wird. Egal, in welchem Reisebüro man Sprachkurse in Cuba bucht, und egal, unter welchem „Etikett" der Trip firmiert, man landet immer in der „Sprachcaffe"-Einrichtung im Stadtteil Miramar. Kein Wunder: Die Klassen sind mit maximal zehn Schülern besetzt, der Unterricht findet auch für Anfänger nur in spanischer Sprache statt, so dass man vom ersten Tag an gezwungen ist, sich einen gewissen Wortschatz anzueignen, das Lehrerkollegium ist ausschließlich mit Cubanern besetzt. Neben Ferienkursen (pro Woche fünf mal zwei Stunden à 45 Minuten), Standardkursen (pro Woche fünf mal vier Stunden à 45 Minuten) und Intensivkursen (pro Woche fünfmal sechs Stunden à 45 Minuten) wird auch Einzelunterricht angeboten. Am Anfang aller Kurse stehen Einstufungstests, am Ende erhält man ein Zertifikat. Die Preise für einen zweiwöchigen Sprachkurs bewegen sich zwischen 830 und 1050 Euro ohne Unterkunft (www.sprachcaffe.de).

Stromspannung

Die Stromspannung beträgt in der Regel 110 Volt, in den meisten Hotels ist aber auch oder sogar ausschließlich 220 Volt-Strom verfügbar. Da die Steckdosen auf die US-amerikanische Norm (Flachstecker) ausgerichtet sind, benötigt man immer Adapter, die zumindest in Ferien-Anlagen auch leihweise erhältlich sind.

Telefonieren

Nichts ändert sich in Cuba so schnell wie Telefonnummern. Heute fünfstellig, morgen sechsstellig, übermorgen … Die in der zunehmenden Digitalisierung des Telefonnetzes begründeten Änderungen wirken sich meist so aus, dass vor bestehende Rufnummern eine weitere Zahl gestellt wird. Es können aber ganz plötzlich auch komplette Vorwahlen umgeworfen werden wie zuletzt im Jahr 2007 für die Provinz Pinar del Río. Bevor man die Nerven verliert, weil man von einer netten Tonbandstimme zum x-ten Male mitgeteilt bekommt, dass die gewählte Nummer nicht existiert, fragt man am besten in den Zweigstellen von ETECSA, den „Telepuntos", nach, die man in allen Städten vorfindet. Oder noch einfacher: Man wählt ✆ 00 (Auslandsvermittlung) bzw. ✆ 110 (Inlandsvermittlung) und lässt sich verbinden.

Telefonieren nach Cuba

Der internationale Telefon-Code Cubas lautet ✆ 0053, auf den die Vorwahl der jeweiligen Provinz ohne die „0" folgt sowie die Nummer des jeweiligen Teilnehmers. Da die Verbindungen ausschließlich via Satellit hergestellt werden und das Telefonnetz in Cuba nicht überall auf der Höhe der Zeit ist, braucht man unter Umständen ein bisschen Geduld, bis man schließlich dort ist, wo man hin will. Die Kosten für Telefonate nach Cuba sind höchst unterschiedlich, am meisten bezahlt man – wie so oft – bei der Deutschen Telekom, die für Festnetz-Verbindungen von Deutschland nach Cuba 79 Cent pro Minute berechnet (Stand: 2007). Deutlich günstiger sind Call-by-Call-Gespräche über die Anbieter Telecall (Vorwahl 01042) und Ventelo (Vorwahl 01040), die beide – Festnetz zu Festnetz – 51,9 Cent pro Minute verlangen (Stand: 2007).

Vorwahl-Nummern der Provinzen

Pinar del Río	048	Sancti Spíritus	041
Havanna	07	Ciego de Ávila	033
Provinz Havanna	06	Camagüey	032
Isla de la Juventud	046	Las Tunas	031
Cayo Largo	045	Holguín	024
Matanzas	045	Granma	023
Cienfuegos	0432	Santiago de Cuba	022
Villa Clara	042	Guantánamo	021

Internationale Länder-Vorwahlen

Deutschland	119-0049	Schweiz	119-0041
Österreich	119-0043		

Telefonieren in Cuba

Am preisgünstigsten telefoniert man innerhalb Cubas an den öffentlichen Fernsprechern, die zumindest in den Städten an allen Ecken und Enden zu finden sind. Sie schlucken ausschließlich Peso-Münzen, schon ab 0,20 CUP/ca. 0,01 CUC kann man Verbindungen innerhalb einer Provinz herstellen, für 10 CUP/ca. 0,40 CUC und weniger im ganzen Land telefonieren. Allerdings sind die Münztelefone oftmals defekt, besitzen keine Hörer mehr oder lassen die Geldstücke durchfallen. In einem besseren Zustand sind die neueren Kartenapparate, die man allerdings nur mit den in den ETECSA-Filialen erhältlichen Telefonkarten bedienen kann, die sich bis auf 150 CUP/ca. 6,25 CUC aufladen lassen. An den äußerst günstigen Tarifen und der sekundengenauen Abrechnung ändert sich dadurch nichts. Öffentliche Telefone findet man außerdem in den Lobbys der meisten Hotels, wo man zu einem Bruchteil der Preise sprechen kann, die man bezahlt, wenn man auf seinem Zimmer zum Hörer greift. Dort werden die Gespräche nämlich immer in CUC abgerechnet.

Telefonieren aus Cuba

Auch internationale Telefonate nach Deutschland, Österreich oder in die Schweiz sind an den öffentlichen Fernsprechern am preiswertesten, allerdings sind nicht alle Münz- oder Kartentelefone für Auslandsgespräche eingerichtet, worauf entsprechende Aufkleber hinweisen. In der Regel zahlt man derzeit für Anrufe nach Europa rund 5 CUC pro Minute, vom Hotelzimmer aus natürlich entsprechend mehr. Um in das internationale Netz zu gelangen, wählt man in Cuba zunächst den Zugangscode 119, danach die Länder-Vorwahl (für Deutschland also 0049), gefolgt von der Ortsvorwahl (ohne die Null) und schließlich der jeweiligen Teilnehmer-Rufnummer.

Mobiltelefone

Wer sein Handy (span. Móvil) mit nach Cuba nimmt, kann inzwischen – abgesehen von wenigen Ausnahmen – davon ausgehen, erreichbar zu sein und telefonieren zu können. Zumindest in und um die Provinzhauptstädte, erst recht aber in den Touristenzentren, sind die Mobilfunknetze so gut ausgebaut, dass der Empfang stets gewährleistet ist. Cubanische Netzbetreiber sind die (Staats-)Firmen Cubacel und C.com, die beide Roaming-Verträge mit den gängigen europäischen Providern abgeschlossen haben. Handy-Telefonate nach Deutschland, Österreich oder in die Schweiz schlagen mit rund 5 CUC pro Minute zu Buche, abhängig von der Vertragsart und dem jeweiligen Anbieter. Bei Auslandsgesprächen ist im Gegensatz zum Festnetz nur die internationale Länder-Kennung (für Deutschland also 0049) zu wählen.

Tourist-Information

Die offiziellen und tatsächlich besten Anlaufstellen für Touristen sind die Büros von Infotur, wo man nicht nur kompetente Auskünfte erhält, sondern auch Stadtpläne und Straßenkarten erwerben kann. Allerdings ist Infotur nicht in allen Städten vertreten. Dort treten an ihre Stelle dann die Niederlassungen von Cubanacán, Havanatur, Cubatur oder Rumbos, wobei diese staatlichen Reiseveranstalter natürlich in erster Linie ihre organisierten Ausflüge verkaufen wollen. Für Informationen vor Antritt der Reise ist die beste Adresse das Cubanische Fremdenverkehrsamt, Kaiserstraße 8, 60311 Frankfurt, ✆ (069) 288322, 288323, ✉ (069) 296664, info@cubainfo.de, www.cubainfo.de.

Trinkgeld

Bevor man Trinkgelder gibt oder – bitte nicht! – verweigert, sollte man immer bedenken, dass Cubaner, egal ob Service-Kraft im Restaurant, Zimmermädchen im Hotel, Musiker, Reiseleiter oder Toilettenfrau, im Durchschnitt maximal 15 CUC pro Monat verdienen und auf das Zubrot wirklich angewiesen sind. Und zieht man dann noch in Betracht, was man zu Hause in eine Parkuhr wirft, wenn man seinen Wagen für eine Stunde abstellt, sollte man eigentlich wissen, was man zu tun hat. Die Empfehlungen für die Höhe von Trinkgeldern sind unterschiedlich und reichen von 10 Centavos convertibles für die Toilettenbenutzung über zwei CUC pro Tag für Tour-Guides bis zu drei CUC pro Woche für aufmerksames Hotel-Personal. Ausnahmen sind die Taxifahrer, mit denen ein Fixpreis ausgehandelt wird und die ohne Taxameter chauffieren. Bei ihnen kann man davon ausgehen, dass ohnehin der komplette Betrag in die eigene Tasche fließt. Und in privaten Paladares und Casas particulares werden Trinkgelder grundsätzlich nicht erwartet – gerne genommen werden sie aber doch.

Zeitunterschied

In Cuba gilt von Oktober bis März die Eastern Standard Time bzw. von April bis September die Eastern Daylight Time. In beiden Fällen beträgt der Unterschied zur Mitteleuropäischen Zeit (MEZ) bzw. Mitteleuropäischen Sommerzeit (MESZ) minus sechs Stunden. Wenn es also in Europa 18 Uhr abends ist, schlagen die Uhren in Cuba 12 Uhr mittags.

Die Reiseziele

Cuba entdecken

Provinz Pinar del Río	130	Provinz Ciego de Ávila	476
Havanna	166	Provinz Camagüey	502
Provinz Havanna	294	Provinz Las Tunas	530
Isla de la Juventud	318	Provinz Holguín	542
Provinz Matanzas	344	Provinz Granma	582
Provinz Cienfuegos	396	Provinz Santiago de Cuba	606
Provinz Villa Clara	412	Provinz Guantánamo	654
Provinz Sancti Spíritus	442		

Die Provinz Pinar del Río birgt ein Geheimnis – ein Staatsgeheimnis. Denn wie viele Deckblätter für die berühmten cubanischen Zigarren im größten Tabakanbaugebiet der Insel gezogen werden, erfährt man nicht einmal hinter vorgehaltener Hand. Bekannt ist lediglich, dass in diesem westlichsten Landesteil rund 80 Prozent der gesamten Tabakernte Cubas eingefahren werden, weil nirgendwo sonst Klima und Bodenbeschaffenheit perfekter geeignet sind für das „braune Gold", das irgendwann in Rauch aufgeht.

Eine Niederschlagsmenge von 165 Zentimeter pro Jahr, Tagestemperaturen um die 26,5 Grad Celsius, acht Sonnenstunden pro Tag und eine durchschnittliche Luftfeuchtigkeit von 64 Prozent lassen aber nicht nur jene Pflanzen gedeihen, die zu den unübertroffenen Zigarren gerollt werden. Diese Witterungsbedingungen sind auch dafür verantwortlich, dass Pinar del Río die grünste aller Provinzen ist und zu Recht als „Cubas Garten" gilt. Sein Mittelpunkt ist die gleichnamige, etwas verschlafene Provinzhauptstadt, sein Rückgrat der 175 Kilometer lange Höhenzug der Cordillera de Guaniguanico, die sich mit dem Pan de Guajaibón nördlich von San Diego de los Baños bis auf 699 Meter erhebt. Links und rechts davon hat die Natur einzigartige Landschaften geschaffen, wie das Tal von Viñales mit seinen Kegelkarstfelsen, Soroa mit seinen ausgedehnten Palmenhainen oder die Sierra del Rosario mit ihren dichten Kiefernwäldern.

Hinsichtlich ihrer Flora und Fauna nicht weniger interessant ist die Halbinsel von Guanahacabibes, die gleichzeitig der westlichste Punkt Cubas ist und im Jahr 1987

Provinz Pinar del Río

Pinar del Río	132	Laguna Grande	154
Valle de Viñales	142	Península de Guanahacabibes	154
Puerto Esperanza	150	María La Gorda	155
Cayo Jutías	151	San Diego de los Baños	157
Cayo Levisa	152	Soroa	159
Playa Boca de Galafre	153	Las Terrazas	161
Playa Bailén	153		

wegen ihrer Artenvielfalt von der UNESCO zum Biosphärenreservat erklärt wurde. Das kaum besiedelte, 1200 Quadratkilometer große Areal, das etwas mehr als 90 Kilometer westlich von Pinar del Río in der kleinen Ortschaft La Fe beginnt, besteht im Norden hauptsächlich aus nahezu undurchdringlichen Mangroven. In krassem Kontrast dazu steht die südliche Karibik-Küste: Breite Sandstrände mit vorgelagerten Korallenbänken unter türkisfarben schimmernden Wellen, wie man sie etwa in María La Gorda findet, sind ein Paradies für Sonnenanbeter und Taucher gleichermaßen – ein Paradies, in dem das Leben etwas ruhiger und gemächlicher seinen Gang geht als anderswo.

Diese Langsamkeit, die in der gesamten Provinz zu beobachten ist und die ganz und gar im Einklang steht mit dem Wachstumsprozess der Tabakpflanzen, bringt den Pinareños immer wieder Hohn und Spott ein – vor allem von den Hauptstädtern, die ihre unmittelbaren Nachbarn gern als etwas hinterwäldlerisch hinstellen. Was wird in Havanna nicht alles über die „cubanischen Ostfriesen" erzählt? Dass bei ihnen ein Feuerwehrhaus über den Köpfen der Wachmannschaft abgebrannt sei und dass sich ein Bautrupp selbst eingemauert habe, sind noch die netteren Anekdoten. Wahrscheinlich ist es ein kleines bisschen Neid, der bei solchen Bonmots latent mitschwingt, weil man in Pinar del Río das Leben, fernab jeder Großstadt-Hektik, noch genießen kann.

Die Geschichte

Natürlich ist auch Pinar del Río eine Provinz mit Vergangenheit – allerdings mit einer eher belanglosen. Denn in der Geschichte Cubas gab der westlichste Landesteil nie den Ton an. Die Musik spielte schon immer am genau entgegengesetzten Ende der Insel, was oftmals dazu führte, dass in Pinar del Río Entwicklungen erst dann einsetzten, wenn sie andernorts bereits Alltag geworden waren. So war die Provinz beispielsweise schon zu Beginn der cubanischen Geschichtsschreibung, lange vor der Entdeckung durch Christoph Kolumbus, die letzte Gegend des Landes, in der sich die Indios niederließen – und Jahrhunderte später auch ihre letzte Zuflucht vor den Konquistadoren. Denn während der Kolonisierung rückte Pinar del Río erst sehr spät in das Bewusstsein der Spanier, was unter anderem daran abzulesen ist, dass im Westen des Landes keine einzige der sieben ersten Städte Cubas gegründet wurde. Zwar wies Don Fernando Ortíz, der nach Kolumbus und Humboldt als „dritter Entdecker" der Insel gilt, mit Nachdruck darauf hin, dass in der Gegend der Cordillera de Guaniguanico schon zwischen den Jahren 1514 und 1524 eine „Villa agrícola" („landwirtschaftliche Stadt") existiert habe, die auch als Sprungbrett für die Eroberung von Nueva España, dem späteren Mexiko, gedient haben soll. Belege dafür gibt es allerdings nicht.

Gesichert ist hingegen, dass Luis del Rizo am 19. Juli 1641 am Río Guamá einen Ort namens Pinar del Río gründete, dem am 10. September 1867 von Königin Isabel II. die Stadtrechte verliehen wurden. Und man weiß auch, dass die Provinz im Juli 1774 auf Initiative von General Felipe de Fondesviela den seltsamen Namen Nueva Filipina erhielt, der bis zum 9. Juni 1878 beibehalten wurde. Es dauerte bis nach dem Ende des Ersten Unabhängigkeitskriegs, als die spanische Kolonialregierung Cuba in sechs Provinzen aufteilte, bis der gesamte Bezirk schließlich nach der größten Stadt benannt wurde. In der Zwischenzeit hatten sich schon viele Siedler in der fruchtbaren Gegend westlich von Havanna niedergelassen, und auch die Eisenbahn hatte bereits im Jahr 1849 Einzug gehalten und verband zumindest das Tabakanbaugebiet Vuelta Abajo mit der Hauptstadt. Damit war Pinar del Río oder Nueva Filipina, wie die Provinz damals noch hieß, eine der ersten, die der Moderne begegnete – und einmal in ihrer Geschichte nicht im Hintertreffen.

Pinar del Río

Das Schönste an Pinar del Río ist die Autobahn nach Havanna, behaupten Zyniker – und haben damit gar nicht so Unrecht. Nein, wegen der Provinzhauptstadt, aus deren Titel man den Wortteil „haupt" eigentlich streichen kann, muss man die 160 Kilometer nicht auf sich nehmen, die zwischen ihr und der Metropole liegen. Denn die wirklichen Sehenswürdigkeiten kann man an einer Hand abzählen, die empfehlenswerten Restaurants an drei Fingern, das Nachtleben findet weitgehend unter Ausschluss der Öffentlichkeit statt – und wenn schon, dann im größten Stadt-Hotel und dort in einer Lautstärke, die keinen Schlaf zulässt. Noch nervtötender sind allerdings die Rudel von Schleppern, die alles im Angebot zu haben scheinen, was Provision abwirft – Casas, Kneipen, Zigarren, Mädchen. Nirgendwo in Cuba treten sie so aggressiv auf wie in Pinar del Río, und nirgendwo schauen die Polizisten so weg. Für die meisten Touristen ist die Provinzhauptstadt allerdings ohnehin nur Durchgangsstation auf dem Weg ins Valle de Viñales im Norden oder nach María

Pinar del Río

Koloniale Pracht: der Palacio de Guach in Pinar del Río

La Gorda im Westen. Den Palacio de Guach, der das naturhistorische Museum beherbergt, die Tabakfabrik Francisco Donatién und die eigentlich wesentlich interessantere Likörfabrik Casa Garay, in der der berühmte Guayabita del Pinar hergestellt wird, hat man auch tatsächlich in längstens drei Stunden gesehen. Länger in Pinar del Río zu bleiben, wäre glatte Zeitverschwendung.

Hin & Weg

- *Bahn* **Hauptbahnhof** in der Calle Ferrocarril esquina Comandante Pinares Sur, ✆ 752272. Verbindungen: Havanna jeden 2. Tag 8.40 Uhr (6,50 CUC). Candelaria 2x tägl. 1.50 + 22.00 Uhr. Palacios 1x tägl. 17.43 Uhr. Guane 1x tägl. 18.30 Uhr.

- *Bus* **Terminal** in der Calle Adela Azcuy e/ Colón y Comandante Pinares, ✆ 752878. Astro-Verbindungen: Havanna 11x tägl. 1.20, 3.00, 3.50, 5.00, 8.00, 10.00, 12.00, 13.00, 14.00, 16.00 + 18.00 Uhr.

Auf einen Blick

Telefon-Vorwahl: 048
(für die gesamte Provinz)

- *Apotheke* **Farmacia Martí**, tägl. 8–23 Uhr, Calle Martí 50 esquina Isabel Rubio.
- *Autovermietung* **Havanautos** im Hotel „Pinar del Río", tägl. 9–18 Uhr, Calle Martí y Final Autopista, ✆ 755070, 755074.
- *Banken* **Banco Popular de Ahorro**, Mo–Fr 8–15.30, Sa 8–11 Uhr, Calle Martí 61 e/ Colón y Isabel Rubio.
Cadeca, Mo–Sa 8–17 Uhr, Calle Martí 46, ✆ 778357.
Banco de Crédito y Comercio, Mo–Fr 8–15, Sa 8–11 Uhr, Calle Martí 32 y 53.

- *Feste* **Karneval** wird in Pinar del Río immer Anfang Juli mit einem Festwagenkorso gefeiert. Bei dem kollektiven Besäufnis wird natürlich viel getanzt.
- *Internet* **Etecsa**, tägl. 8–22 Uhr, Calle Gerardo Medina 127 esquina Gómez.
- *Notruf* **Polizei**, ✆ 106. **Feuerwehr**, ✆ 105. **Ambulanz**, ✆ 762317.
- *Postleitzahl* 20100
- *Post* Mo–Sa 8–20 Uhr, Calle Martí 49 esquina Isabel Rubio.
- *Shopping* **Bazar Pinareño** hat Souvenirs, Ansichtskarten, Instrumente und Kleidung im Angebot. Mo–Sa 9–17 Uhr. Calle Martí 28.

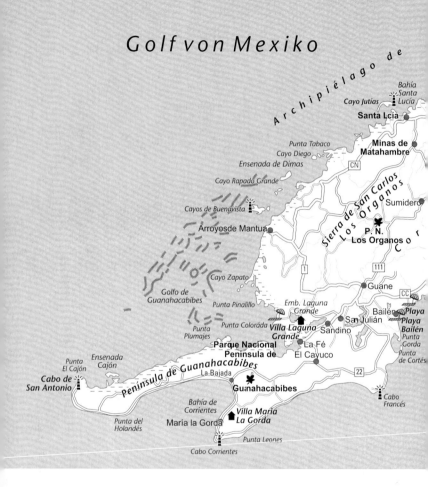

Tienda Guamá verkauft Schuhe und Kleidung, Spirituosen, Parfums sowie Haushaltswaren. Mo–Sa 9–17, So 9–12 Uhr. Calle Martí esquina Medina.

La tipica Cubana direkt neben dem „Café Pinar" führt Kleidung und Parfümerie-Artikel. Mo–Sa 9–17 Uhr. Calle Gerardo Medina e/ Antonio Robio y Isidro de Armas.

La Aurora hat Kleidung, Schuhe, Sportartikel und Drogeriewaren im Sortiment. Mo–Sa 9–17 Uhr. Calle Martí 51.

La Casa del Habano gegenüber der Tabakfabrik Francisco Donatién führt Zigarren aller cubanischen Marken. Mo–Fr 8.30–16.30, Sa+So 9–12 Uhr. Calle Maceo 26 e/ Galiano y Pérez, ✆ 772244.

- *Taxi* **Turistaxi**, ✆ 755071. **Transtur**, ✆ 778078.
- *Tourist-Information* **Cubanacán**, Mo–Fr 8–12 + 13–17, Sa 8–12 Uhr, Calle Martí.

Campismo popular, Oficina de Reservaciones, Mo–Fr 8–12 + 13–17, Sa 8–12 Uhr, Calle Isabel Rubio 21.

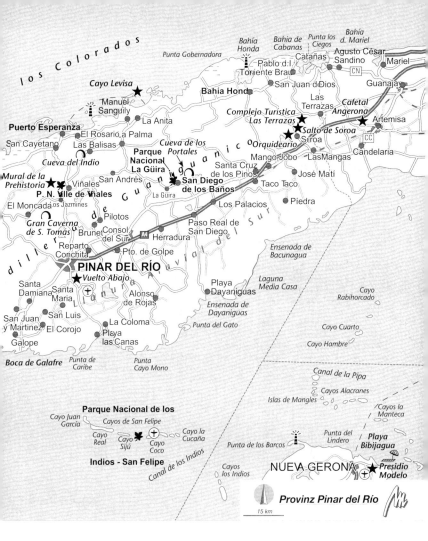

Essen & Trinken (siehe Karte S. 137)

● *Restaurants* **Rumayor (1)** gehört zum gleichnamigen Nachtclub und ist das gastronomische Aushängeschild der Stadt. Bekannt ist das an der Straße nach Viñales gelegene Lokal für sein „Pollo ahumado", ein gepökeltes Hähnchen (2,20 CUC). Es gibt aber auch saftige Rindersteaks für 5,10 CUC – und dazu süffige Tropfen aus dem recht gut sortierten Weinkeller. Tägl. 10–22 Uhr. Carretera Viñales km 1, ✆ 763007.

Parrillada (19), das Grill-Restaurant des Hotel „Pinar del Río", ist rustikal im Stil eines Ranch-Hauses eingerichtet. Die Speisen kommen allesamt vom Grill, es gibt Schweine- oder Rindersteaks sowie Hähnchen. Hauptgerichte 4–5 CUC. Tägl. 10–22 Uhr. Calle Martí y Final Autopista, ✆ 755070, 755074.

La Casona (15) ist ein cubanisches Mittelklasse-Restaurant, in dem Schweinesteaks (um 3 CUC) und Hähnchengerichte (ca. 2,50 CUC) die Speisenkarte dominieren. Daneben gibt's verschiedene Pastagerichte (1,10–1,60 CUC). Während man am Eingang mit „wait to be seated" auf fein macht, hält man diese aufgesetzte Noblesse im Inneren nicht durch. Die Tischdecken jedenfalls werden nicht nach jedem Gast gewechselt. Tägl. 11.30–23 Uhr. Calle Martí esquina Colón, ✆ 778263.

Café Pinar (7), grundsätzlich eher eine Location für Nachtschwärmer, öffnet bereits um 10 Uhr und serviert auch kleine Speisen wie Spaghetti (1,20–1,80 CUC) und Pizza (1–1,25 CUC). Das Hauptaugenmerk gilt aber Cocktails – Mojito oder Cuba libre (1,10 CUC) – und Rum. Ab 4 CUC bekommt man eine ganze Flasche, der Havana Club 7 años kostet 12 CUC. Tägl. 10–2 Uhr. Calle Gerardo Medina e/ Antonio Rubio y Isidro de Armas, ✆ 778199.

Cafetería El Ligero (4), eine einfache Open-Air-Eckkneipe, liegt direkt an einer lauten, belebten Kreuzung – also gut für Abgas-Sandwich und Bier mit Diesel-Aroma. Tägl. 8–20 Uhr. Calle Gerardo Medina 46.

El Rápido (13) residiert in der Hauptstraße und bietet dort das, was er überall im Land bietet: Sandwiches, Hotdogs, Hähnchen, Eiscreme und Getränke. Tägl. 9–23 Uhr. Calle Martí 65 e/ Colón y Isabel Rubio.

Coppelia (5) verkauft wie die vielen Filialen im Land ein buntes Sortiment von Eiscreme. Auch Touristen zahlen mit Pesos, was das eiskalte Vergnügen natürlich umso preisgünstiger macht. Mo 8–17, Di–Do 11–22.30, Fr–So 12–23.30 Uhr. Calle Gerardo Medina Norte 41, ✆ 724296.

Panadería y Dulcería Doña Neli (14) hat in erster Linie Gebäck im Angebot, serviert aber auch kleine Snacks. Auf der Karte stehen belegte Brötchen, Pommes frites, Pizza und als teuerstes Gericht Hähnchen für 1,60 CUC. Tägl. 7–19 Uhr. Calle Gerardo Medina Sur esquina Gómez.

• *Paladares* **El Mesón (17)** ist der Vorzeige-Paladar in Pinar del Río und deshalb oft ausgebucht. In gemütlicher Atmosphäre werden Hähnchen-Cordon-bleu (4,95 CUC), Fischfilets (5,20–6 CUC) oder panierte Schweinesteaks (4,95 CUC) angeboten – alles in Riesen-Portionen und mit Reis und Salat serviert. Mo–Sa 12–22 Uhr. Calle Martí Este 205.

Nuestra Casa (21), ein kleines Privat-Restaurant mit einer Terrasse in der ersten Etage, ist nur über eine wackelige „Hühnerleiter" aus Metall zu erreichen. Aus der Küche kommen vorwiegend cubanische Gerichte auf Hähnchen- oder Schweinefleischbasis, oft gibt es ein Buffet. Ob so oder so: Für etwa 7 CUC wird man pappsatt – und es schmeckt. Tägl. 11–24 Uhr. Calle Colón 161 e/ Fernández y 1ro de Enero, ✆ 726620.

Nachtleben

Cabaret Rumayor (1), die Nummer eins des städtischen Nachtlebens, liegt etwas außerhalb, weshalb ohne fahrbaren Untersatz kein Weg hinführt. Die um 23 Uhr beginnenden Shows erinnern an die „Tropicanas" in Havanna, Matanzas und Santiago de Cuba, der Eintritt ist mit 3 CUC pro Paar inkl. eines Getränks aber deutlich günstiger. Vor und nach dem farbenfrohen Spektakel gibt es ab 21 bzw. bis 2 Uhr heiße Disco-Rhythmen vom Plattenteller. Do–So 20–2 Uhr. Carretera Viñales km 1, ✆ 763051.

Café Pinar (7) ist das einzige empfehlenswerte Centro nocturno, wenn man in Pinar del Río ohne Mietwagen unterwegs ist. In dem sehr zentral gelegenen Lokal spielen jeden Abend ab 21 Uhr Live-Gruppen, im Eintritt von 3 CUC ist ein Getränk enthalten. Doch bei Cocktail-Preisen von 1,10 CUC wird man auch sonst nicht arm. Tägl. 10–2 Uhr. Calle Gerardo Medina e/ Antonio Rubio y Isidro de Armas, ✆ 778199.

Disco Azul (19), die Diskothek des Hotels „Pinar del Río", ist zumindest für die Gäste des Hauses ein Muss – wegen des nicht vorhandenen Schallschutzes machen sie nämlich sowieso kein Auge zu, solange die „Disse" geöffnet hat. In dem Tanzschuppen ist es ebenfalls mehr laut als lustig; Eintritt 5 CUC inkl. eines Getränks. Di–So 22–2 Uhr. Calle Martí y Final Autopista, ✆ 755070, 755074.

Casa de la Cultura (16) bietet nächtens, teils aber auch schon an den Nachmittagen verschiedene kulturelle Veranstaltungen wie Lesungen, Ausstellungen, Konzerte und folkloristische Live-Musik. Das jeweilige Programm entnimmt man der Infotafel am Eingang, Beginn in der Regel um 20 oder 21 Uhr, nachmittags um 14 Uhr. Calle Martí 65.

Casa de la Música (6) ist die mit weitem Abstand schlimmste Einrichtung dieses Namens in ganz Cuba und hat mit ihren

Nachtleben

1 Cabaret Rumayor
6 Casa de la Música
7 Café Pinar
16 Casa de la Cultura
19 Disco Azul im Pinar del Río

Essen & Trinken

1 Rumayor
4 Cafetería El Ligero
5 Coppelia
7 Café Pinar
13 El Rápido
14 Panadería y Dulcería Doña Neli
15 La Casona
17 El Mesón
19 Parrillada im Pinar del Río
21 Nuestra Casa

Übernachten

2 Villa Las Palmitas
3 Casa José Antonio Mesa y Aleida Cruz
8 Vueltabajo
9 Casa Juan Carlos Fonte Medina
10 Casa Maribel
11 Casa Laura González Valdés
12 Villa Lolo
18 Villa Odalys
19 Hotel Pinar del Río
20 Casa Gladys

"schönen Schwestern" absolut nichts zu tun. In schmuddeliger Hinterhof-Atmosphäre treten – meist ab 22 Uhr – Solisten, Live-Bands oder Orchester auf. Getränke gibt es nur, wenn man sie sich selbst mitbringt, dafür ist der Eintritt frei. Gelegentlich ist die betonierte Fläche auch Schauplatz von Tanzveranstaltungen. Calle Gerardo Medina Norte 21, ✆ 754794.

Übernachten

● *Hotels* *** **Vueltabajo (8)**, ein Haus der cubanischen Islazul-Kette, ist das neueste, modernste und einzige Hotel innerhalb der Stadtgrenzen von Pinar del Río, das man guten Gewissens empfehlen kann. Mitten in der Stadt gelegen und in einem hübsch renovierten Kolonialpalast aus dem 19. Jh. untergebracht, bietet das Hotel 39 Zimmer, darunter zwei Suiten, ausgestattet mit Bad, Klimaanlage, Safe, Telefon, Satelliten-TV und Minibar. In dem 2005 eröffneten Haus gibt es hin und wieder ein sehr gepflegtes Restaurant mit internationaler Küche sowie eine Snackbar. EZ 40–48 CUC, DZ 52–65 CUC, Suite 74–75 CUC inkl. Frühstück, je nach Saison und Lage des Zimmers. Calle Martí 103. ✆ 759381-83, richard@vueltapr.co.cu.

** **Aguas Claras** liegt außerhalb der Stadt an der Landstraße nach Viñales und wird hauptsächlich von Busgruppen angesteuert. Die hübsche Anlage besteht aus 50 Bungalows, die mit Bad, Klimaanlage, TV und Telefon ausgestattet sind. Im Resort gibt es Restaurant, Bar und Swimmingpool. Außerdem werden Ausritte angeboten. EZ 22,50–26,50 CUC, DZ 36–40 CUC, je nach Saison. Carretera Viñales km 7,5, ✆ 778427.

** **Pinar del Río (19)** – mir fehlen heute noch die Worte (und ich hoffe, diese zugegebenermaßen etwas subjektive Einschätzung

Provinz Pinar del Río

ist ausnahmsweise einmal erlaubt). Dass man in einem Zwei-Sterne-Hotel im cubanischen Hinterland nicht das „Ritz" erwarten darf, ist keine Frage. Aber in diesem Haus lernen selbst Hartgesottene noch dazu. Die Bettwäsche ist angeschmutzt, die 149 Zimmer sind nicht nur runtergekommen, sondern dreckig, das Hotel selbst ist eine permanente Lärmquelle, die der Startbahn West des Frankfurter Flughafens aussichtsreich Konkurrenz machen könnte. Vor allem in den Zimmern rund um den von früh bis spät mit fetten Lautsprechern beschallten Swimmingpool und in denen über der Hotel-Disco „Azul" ist an Schlaf nicht einmal nach dem dritten Gläschen Rum zu denken. Noch mehr? Das im Preis enthaltene Frühstück besteht darin, dass man gegen einen Bon ein (!) Gummi-Schinkenbrötchen bekommt. Guten Appetit! Nur der Vollständigkeit halber: EZ 24 CUC, DZ 34 CUC, Triple 43 CUC inkl. Frühstück. Calle Martí y Final Autopista. ✆ 755070, 755074, 🖷 771699, isidro@hpr.co.cu.

• *Casas particulares* **Casa José Antonio Mesa y Aleida Cruz (3)**, ein großes blauweiß gestrichenes Kolonialhaus in zentraler Lage, vermietet zwei Zimmer mit Bad, Klimaanlage und Kühlschrank. In einem davon wartet ein Pin-up-Girl – an der Wand über dem Bett. Noch schöner als das Haus ist der herrlich begrünte Innenhof, in dem es eine kleine Bar gibt und in dem man auch die Mahlzeiten einnehmen kann. Damit alles wie bei Muttern schmeckt, beschäftigt das Haus eine eigene Köchin – und, nebenbei bemerkt, auch ein eigenes Zimmermädchen. Für Gäste stehen drei Garagen zur Verfügung. DZ 15–20 CUC, je nach Saison. Calle Gerardo Medina 67 e/ Isidro de Armas y Adela Azcuy, ✆ 753173.

Casa Laura González Valdés (11) ist ein Paradies für Leseratten. In dem Haus eines sehr netten älteren Ehepaars gibt es eine Privat-Bibliothek mit sage und schreibe 15.000 Büchern, die Señor Valdés über die Jahre gesammelt hat, in verglasten Schränken verwahrt und wie seinen Augapfel behandelt. Dennoch gibt er sie gerne an seine Gäste aus – und dies nicht nur, wenn sie Spanisch sprechen. Zur Sammlung gehören nämlich auch zahlreiche Wörterbücher. In dem Kolonialgebäude mitten im Stadtzentrum, auf dem eine riesige Dachterrasse thront, werden zwei Zimmer mit der üblichen Ausstattung vermietet. Das Essen kann man in einem eleganten Speisezimmer einnehmen. DZ 20–25 CUC, je nach Saison. Calle Martí 51 (altos) e/ Colón y Isabel Rubio, ✆ 752264.

Villa Odalys (18), ein paar Schritte vom Hotel „Pinar del Río" entfernt, ist im Zweifelsfall die weitaus bessere Wahl. Vermietet wird ein schönes Zimmer mit Bad, Klimaanlage, Kühlschrank und TV. Frühstück und Abendessen gibt es auf Wunsch. Besonders gut geeignet ist die Casa für jüngere Leute, da im Haus auch erwachsene Kinder leben, die die Gäste auf ihren nächtlichen Streifzügen durch die Kneipen der Stadt gern mitnehmen. DZ 15–20 CUC, je nach Saison. Calle Martí 158 e/ Comandante Pinares y Nueva, ✆ 755212.

Casa Gladys (20), ein rosafarbenes Kolonialhäuschen in der Nähe des Palacio de Guach, hebt sich durch seinen Anstrich so sehr von den anderen Gebäuden ab, dass man es gar nicht verfehlen kann. Vermietet werden zwei Zimmer mit Klimaanlage, Ventilator, Kühlschrank und schönen Bädern. Der gemütliche Patio, in dem man Frühstück, Mittag- und Abendessen einnehmen kann, ist hübsch bepflanzt. Neben einem kleinen Swimmingpool stehen den Gästen auch zwei Garagen zur Verfügung. DZ 15–20 CUC, je nach Saison. Calle Comandante Pinares 15 e/ Martí y Gómez, ✆ 779698.

Casa Juan Carlos Fonte Medina (9) residiert in einem schönen Kolonialgebäude und weist sich auf einem Schild vor der Tür selbst als Fünf-Sterne-Unterkunft aus. Drei Sterne hat es wohl wirklich verdient – und damit mehr als etwa das Hotel „Pinar del Río". Im ersten Obergeschoss gibt es 2 Zimmer, ausgestattet mit Bad, Klimaanlage und Minibar. Neben einem schönen Innenhof haben die Besitzer für ihre Gäste auch eine kleine Bar eingerichtet. Bestellungen für Speisen werden gern entgegengenommen. DZ 20–25 CUC, je nach Saison. Calle Martí 49 C e/ Medina y Isabel Rubio, ✆ 775958, poty@correodecuba.cu.

Villa Lolo (12), ein Haus aus der Kolonialzeit, liegt sehr zentral direkt an einer der Hauptstraßen, nur ein paar Minuten vom Busbahnhof entfernt. Das Gästezimmer ist geräumig und mit Bad sowie Klimaanlage ausgestattet. DZ 15–20 CUC, je nach Saison. Calle Martí 57 e/ Colón y Isabel Rubio, ✆ 751709.

Casa Maribel (10) befindet sich in Zentrumsnähe an einer belebten Hauptstraße – es kann also etwas lauter werden. Für Gäste steht ein Zimmer zur Verfügung, ausgestattet mit Bad, Klimaanlage und Kühlschrank. Speisen gibt es auf Wunsch. DZ 15–20 CUC, je nach Saison. Calle Isabel Rubio 4 (bajos), ✆ 753217.

Villa Las Palmitas (2), ein paar Gehminuten außerhalb des Stadtzentrums, vermietet drei mittelprächtige Zimmer mit Bad, Klimaanlage, Kühlschrank, einer kleinen Küche und Balkon, die alle im ersten Stock des Hauses liegen, das ansonsten nur von einem älteren Ehepaar bewohnt wird. Dennoch ist die Casa eher etwas für – wie heißt es in Reisekatalogen so schön – unternehmungslustige Naturen bzw. Einzelreisende männlichen Geschlechts. Denn, wohl um Werbung für sein Haus zu machen, betont der Besitzer ungefragt, dass man(n) seine Begleitung natürlich jederzeit kostenlos mitbringen kann. DZ 20–25 CUC, je nach Saison. Calle Pedro Téllez 53 y Arenado, ✆ 754247.

Unterwegs in Pinar del Río

Palacio de Guach: Der Palast mit der kunstvollen Fassade, mit dessen Bau im Jahr 1909 begonnen wurde, beherbergt das Museo de Ciencias Naturales „Tranquilino Sandalio de Noda", also auf gut Deutsch das naturhistorische Museum der Stadt. Obwohl die in zehn Ausstellungsräumen gezeigte Sammlung insgesamt recht dürftig ist und aus den bekannten präparierten Tieren und Fossilien besteht, ist sie dennoch etwas Besonderes: Im Innenhof stehen Urtiere aus Pappmaché in Originalgröße – ein Tyrannosaurus Rex, ein Stegosaurus und wie die riesigen Viecher alle heißen. Etwas deplatziert wirkt die „Sala energética", in der neben Solarzellen auch eine einfache, handelsübliche Steckdose ausgestellt ist.

Mo–Sa 9–17, So 9–13 Uhr. Eintritt 1 CUC, Führung 1 CUC, Fotoaufnahmen 1 CUC, Videoaufnahmen 1 CUC. Calle Martí 202 esquina Comandante Pinares, ✆ 779483.

Museo Provincial de Historia: Das Provinzmuseum ist inhaltlich eine ähnlich schwache „Nummer" wie die naturhistorische Sammlung. Anhand von Exponaten wie Indio-Werkzeugen, Schaubildern und Dokumenten wird versucht, die Geschichte von Pinar del Río zu erzählen.

Der erste „Cubaner"

Zu sehen gibt es auch Ausstellungsstücke aus dem Bereich der dekorativen Kunst. Noch am interessantesten sind persönliche Gegenstände aus dem Besitz von Enrique Jorrín, dem „Vater" des Cha-Cha-Cha, und des einheimischen Autors Pedro Junco, der ein literarisches Werk über den Bolero verfasst hat.

Mo 12–15, Di–Sa 8.30–22, So 9–13 Uhr. Eintritt 1 CUC, Fotoaufnahmen verboten. Calle Martí 58 e/ Colón y Isabel Rubio, ✆ 754300.

Catedral de San Rosendo: Die dem Schutzpatron der Provinz Pinar del Río geweihte Kirche wurde zwar erst am 23. März 1883 eingeweiht und 1914 zur Kathedrale erhoben, die Kirchengeschichte der Stadt geht freilich aber viel weiter zurück.

Flinke Hände machen Tabakblätter zu „braunem Gold"

Der damalige Bischof von Cuba, Don Diego Evelino de Compostela, gründete die Pfarrei San Rosendo bereits im Jahr 1688, der erste Bau eines Gotteshauses – zu jener Zeit eine Einsiedelei – datiert aus dem Jahr 1710. Und auch eine zweite Kirche, die man zwischen 1763 und 1768 in der Nähe des heutigen Parque de la Independencia errichtet hatte, war alsbald verfallen. Danach mussten die Gottesdienste drei Jahre lang im Privat-Haus der Familie Delgado stattfinden, ehe man in Pinar del Río mit dem heutigen Sakralbau wieder ein wirkliches christliches Zentrum hatte. Allerdings ist die Kirche, auch wenn sie sich Kathedrale nennt, nur bedingt sehenswert. Große Buntglasfenster zeigen unter anderem die Nuestra Señora de la Caridad del Cobre, die Schutzpatronin Cubas, sowie die Himmelfahrt Marias, am Hochaltar steht eine fast lebensgroße Figur des Heiligen Rosendo – das war's.
Mo–Di 15–17.30, Mi 9–12, Do–Fr 15–17.30, Sa 9–12, So 7.30–12 Uhr. Calle Maceo 2 esquina Medina.

Fábrica de Tabacos Francisco Donatién: Die zentral gelegene Tabakfabrik erkennt man sofort – an ihrer hellblauen Fassade, an zwei Säulen der Arkaden, die man braun gestrichen und mit Banderolen versehen hat, so dass sie anmuten wie dicke Cohibas, und nicht zuletzt an den davor parkenden Touristenbussen. In dem Gebäude aus dem Jahr 1859, das bis Mitte des 20. Jahrhunderts als Gefängnis genutzt wurde und in dem seit ihrer Gründung im Jahr 1961 die Zigarrenfabrik untergebracht ist, werkeln insgesamt 250 Beschäftigte, von denen etwa 80 Prozent Frauen sind. Sie rollen, schneiden und verpacken den cubanischen Export-Schlager wie am Fließband, beflügelt von den typischen Rhythmen, die blechern aus den Lautsprechern kommen. Die Eintrittskarten muss man vor dem Besuch bei einer Tourist-Information erwerben, spontane Besuche sind nicht möglich.
Mo–Fr 9–12 + 13–16, Sa+So 9–12 Uhr. Eintritt 5 CUC inkl. Führung (auch engl., franz., ital.), Fotoaufnahmen verboten. Calle Maceo 158 e/ Galiano y Pérez, ✆ 773069.

Fábrica de Bebidas Casa Garay: In der kleinen Destillerie wird eine cubanische Spezialität gebrannt – der berühmte Guayabita del Pinar. Produziert aus besonders kleinen Guaven, die nur in den Bergen von Pinar del Río wachsen, gibt es zwei verschiedene Sorten: Der süße Guayabita ähnelt einem Kräuterlikör, während die trockene Variante eher wie ein Rum schmeckt. Bei einem Rundgang durch die im Jahr 1892 gegründete Fabrik wird der komplette Herstellungsprozess erklärt und auch gezeigt, dass jede Flasche tatsächlich eine dieser kleinen Guaven enthält. Wer nach dem Probier-Schlückchen am Ende der Führung auf den Geschmack gekommen ist, kann sich in dem angegliederten Laden eindecken – 3,85 CUC kostet eine 0,7-Liter-Flasche.
Mo–Fr 10–16 Uhr. Eintritt 1 CUC inkl. Führung (auch engl.). Calle Isabel Rubio Sur 189 e/ Fernández y País, ✆ 752966.

Museo Antonio Guiteras Holmes: Das frühere Wohnhaus des Kämpfers gegen die Diktatur und einstigen Chefs der Staatskanzlei in der Regierung von Rámon Grau San Martín ist ein einfaches, neoklassizistisches Gebäude aus dem Jahr 1882. Am 22. November 1974, jenem Tag, an dem Holmes seinen 68. Geburtstag hätte feiern können, mit viel Brimborium eröffnet, präsentiert das kleine Museums in seinen drei Ausstellungsräumen einige Dokumente, Fotos seines Geburtshauses in Philadelphia/USA und persönliche Gegenstände von „Tony", wie man ihn nannte. Unter einem Bild, das das Kabinett der „Regierung der hundert Tage" zeigt, hat man seine Aktentasche postiert. Dramatischer ist die Fotografie, die den Leichnam von Holmes zeigt, nachdem er am 8. Mai 1935 von Batista-Soldaten hingerichtet worden war.
Mo–Sa 8–17 Uhr. Eintritt frei. Calle Maceo 52 esquina Arenado, ✆ 752378.

Museo 13 de Marzo: In dem Geburtshaus von Ormani Arenado Lloch erinnert eine kleine Gedenkstätte an die 17 Männer, die am 13. März 1957 an dem Überfall auf den Präsidentenpalast in Havanna, dem heutigen Museo de la Revolución, beteiligt waren und von denen die Aktion gegen Diktator Fulgencio Batista nur vier überlebten. Das am 12. März 1978 eröffnete Museum zeigt unter den Fotos der Getöteten in Glasvitrinen persönliche Gegenstände wie Messer, Kugelschreiber, Uhren, Krawatten und Gürtel. Die eher bescheidene Sammlung ist allenfalls besonders Geschichtsinteressierten zu empfehlen – und auch ihnen nur zur Abrundung des Wissens über die historischen Ereignisse des Jahres 1957.
Mo–Fr 8–12 + 13–17 Uhr. Eintritt frei. Calle Rosario 110 e/ Maceo y Virtudes.

Museo de Arte: Das relativ nüchterne, aus einem einzigen Raum bestehende „Kunst-Museum" ist eigentlich nichts anderes als eine kleine Galerie. In monatlich wechselnden Ausstellungen werden an oder vor den beige getünchten Wänden Gemälde, Keramiken und Plastiken gezeigt – alles nicht berauschend, aber zum Durchschlendern durchaus geeignet.
Mo–Fr 9–17, Sa 10–16 Uhr. Eintritt frei. Calle Martí 9, ✆ 774671.

Parque de la Independencia: Der kleine Platz, der von den spanischen Kolonialtruppen ursprünglich als Exerzierplatz angelegt worden war, liegt am höchsten Punkt von Pinar del Río, dem Loma de Cuní. Im Lauf der Jahrhunderte trug er verschiedene Bezeichnungen wie Parque de la Plaza oder Plaza bzw. Parque del Recreo, bevor er 1917 seinen heutigen Namen erhielt. Mit seiner Glorietta und den Ruhebänken unter schattigen Bäumen wäre der Park eigentlich ein ideales Plätzchen zum Verschnaufen – wenn nicht der gesamte innerstädtische Verkehr rundherum fließen und den Platz permanent in Abgaswolken hüllen würde. Für Kunstinteressierte ist der Parque de la Independencia dennoch eine gute Adresse, denn

an seinen Seiten findet man verschiedene Ausstellungsräume und Werkstätten, von denen die des bekannten cubanischen Künstlers Pedro Pablo Oliva die mit Abstand sehenswerteste ist.
Calles Martí, Guiteras, Alameda, Maceo.

Galería Pedro Pablo Oliva: In dem Atelier des wohl berühmtesten noch lebenden cubanischen Malers sind viele seiner Originalwerke zu sehen. Der „Picasso Cubas", wie er genannt wird, hat sich darin sehr häufig kritisch mit den Verhältnissen im Land auseinandergesetzt, wurde von der Staatsmacht vermutlich auch wegen seiner Bekanntheit allerdings kaum behelligt. Als eines seiner größten Werke gilt das Gemälde „El Gran Apagón" („Der große Blackout") aus dem Jahr 1995, in dem Oliva die Auswanderungswelle in die USA zum Thema gemacht hat. Ebenfalls zu sehen ist sein Originalgemälde „El Gran Abuelo" („Der alte Großvater"), das einen senilen Fidel Castro in einem lächerlichen, grün-karierten Anzug zeigt, auf dessen Schoß eine Katze sitzt. Darüber hinaus präsentiert die Galerie verschiedene Keramiken und Bilder auch anderer cubanischer Künstler sowie eine Spezial-Bibliothek zum Thema Kunst.
Mo–Do 9–16 Uhr. Eintritt und Führung (auch engl.) frei. Calle Martí 160 e/ Volcán y Cuarteles.

Centro de Hermanos Loynaz: Das im Februar 1990 am Parque de la Independencia eröffnete Kulturzentrum ist im Besitz der persönlichen Bibliothek der bekannten cubanischen Schriftstellerin Dulce María Loynazdie 1992 für ihre Arbeiten mit dem renommierten Cervantes-Preis ausgezeichnet worden war. Neben ihren Originalwerken und verschiedenen Gebrauchsgegenständen hat die 1997 im Alter von 93 Jahren verstorbene Literatin der Einrichtung zudem viele seltene Schriften vererbt. Zu sehen sind auch Bücher und Fotografien ihrer drei Geschwister Flor, Enrique und Carlos Manuel, allesamt ebenfalls Schriftsteller. In Erinnerung an die große Autorin wurde inzwischen der Buchverlag „Ediciones Loynaz" gegründet, der ebenfalls in dem Zentrum untergebracht ist und in dem man den Herstellungsprozess von Druckwerken hautnah mitverfolgen kann.
Mo–Sa 8–17 Uhr. Eintritt frei. Calle Maceo 211 esquina Alameda. ✆ 750563, 754369, 748036, loynazpinarte@cubarte.cult.cu.

Centro Provincial de Artes Plásticas: Die kleine Kunstgalerie an der Ostseite des Parque de la Independencia stellt Malereien und Plastiken aus. Im monatlichen Wechsel kommen meist regionale Künstler zum Zug.
Mo–Sa 9–22 Uhr. Eintritt frei. Calle Antonio Guiteras 7 e/ Gómez y Martí, ✆ 752758.

Valle de Viñales

Mehr als 150 Millionen Jahre hatte „Mutter Natur" Zeit, um das Tal von Viñales zu formen – Jahre, die sie dazu nutzte, ein wahres Meisterwerk zu schaffen. Angefangen hatte alles mit einer gigantischen Höhle, die fast das gesamte Landschaftsbild der Sierra de los Órganos (Orgelpfeifengebirge) beherrschte und die um mehrere hundert Meter höher aufragte als das heute 132 Quadratkilometer große Areal. In ihr gab es ein dichtes Geflecht unterirdischer Flüsse, die permanent an den Felsformationen nagten und dabei leichtes Spiel hatten, da das weiche Kalk- und Karstgestein nicht lange widerstand. Das Höhlengebilde stürzte im Lauf der Jahrtausende folglich ein, Erosion, Wind und Wetter erledigten den Rest. Nur hier und da blieben einzelne Felskegel oder Bergrücken wie schlafende Riesen in der Gegend liegen und bereiteten ganz nebenbei einer Flora den Boden, wie man sie in dieser Vielfalt nur selten zu sehen bekommt. Daran hat sich bis heute nichts geändert. Überall wuchert tropisches Gewächs neben ausgedehnten Kiefernwäldern, überall gedeihen Mais, die kartoffelähnlichen Malangas und Tabak im Überfluss und machen Valle de Viñales zu einem der Hauptproduzenten landwirtschaftlicher Produkte. Seine Krönung erfuhr das Tal im Jahr 1999, als es von der UNESCO mit dem Titel Weltkulturerbe ausgezeichnet wurde.

Mittendrin in dieser sensationellen Naturlandschaft, die man am besten vom Hotel „Los Jazmines" aus überblickt, die man allerdings nicht nur gesehen, sondern unbedingt selbst er-fahren haben muss, liegt mit dem Ort Viñales das eigentliche touristische Herz der Provinz. Dutzende von Privat-Quartieren buhlen hier um die Urlauber – und sind trotz ihrer großen Zahl oft ausgebucht. Kein Wunder: Das 25 Kilometer nördlich von Pinar del Río gelegene Viñales ist der ideale Ausgangspunkt für Wanderungen und Ausflüge. In der einzigartigen Landschaft des Tals warten mit den sogenannten Mogotes, jenen mächtigen Kegelkarstfelsen aus der Urzeit, einer ganzen Reihe von leicht begehbaren Höhlen wie der Cueva del Indio oder der Cueva de San Miguel und den Felsenmalereien an der Mural de la Prehistoria gleich mehrere echte Attraktionen darauf, entdeckt zu werden. All die Sehenswürdigkeiten werden von Rundtourbussen (5 CUC) angesteuert, die von den Hotels in Viñales aus zwischen 9.50 bis 20 Uhr im 70-Minuten-Rhythmus verkehren.

Doch auch die kleine Stadt selbst vermag zu fesseln – mit seinem privat geführten Jardín Botánico (Botanischer Garten) etwa. Nicht nur wegen seiner wilden Pflanzenwelt ist er ein wirkliches Erlebnis, sondern auch wegen Caridad und Carmen Miranda, zwei alten Damen, die den Garten hegen und pflegen und die immer zu einem Schwätzchen aufgelegt sind.

Auf einen Blick

• *Hin & Weg* **Bus**: Haltestelle in der Calle Salvador Cisneros 63 A. Víazul-Verbindungen: Havanna 2x tägl. 8.00 + 14.00 Uhr, 12 CUC.
• *Apotheke* **Farmacia Internacional** im Hotel „Los Jazmines", Carretera Viñales km 25, ✆ 796215.
• *Autovermietung* **Cubanacán**, tägl. 8–20 Uhr, Calle Salvador Cisneros 63 C.
• *Banken* **Banco Popular de Ahorro**, Mo–Fr 8–12 + 13.30–15.30, Sa 8–11 Uhr, Calle Salvador Cisneros 54 A.
Banco de Crédito y Comercio, Mo–Fr 8–12 + 13.30–15.30, Sa 8–11 Uhr, Calle Salvador Cisneros 58.
Cadeca, Mo–Sa 8–17 Uhr, Calle Salvador Cisneros esquina Adela Azcuy.
• *Freizeit* **Wanderungen** im Parque Nacional Viñales werden im Centro de Visitantes (Besucherzentrum) an der Carretera Viñales, 1 km vor der Abzweigung zum Hotel „Los Jazmines", angeboten. Angeboten werden fünf verschiedene geführte Trails. Tägl. 8–17.20 Uhr. Carretera Viñales

km 24, ✆ 52298711 (mobil, Victor Martínez).
Exkursionen rund um die Mogotes, zu Aussichtspunkten im Valle de Viñales, zu Bauernhöfen oder Tabak-Plantagen offeriert auch das Museo Municipal in Viñales tägl. 9 und 15 Uhr. Die Touren dauern zwischen einer und vier Stunden, Preise 1 bis 8 CUC. Calle Salvador Cisneros 115.
• *Internet* **Cubanacán**, tägl. 8–20 Uhr, Calle Salvador Cisneros 63 C.
• *Notruf* **Polizei**, ✆ 106. **Feuerwehr**, ✆ 105. **Ambulanz**, ✆ 762317.
• *Postleitzahl* 22400
• *Post* Mo–Sa 9–18 Uhr, Calle Ceferino Fernández 14 e/ Cisneros y Trejo.
• *Shopping* **Tienda El Mogote** verkauft Lebensmittel, Getränke, Kunsthandwerk und andere Souvenirs. Mo–Sa 9–17 Uhr. Calle Salvador Cisneros 63 B.
Bazar ARTex „Patio Decimista" hat CDs, T-Shirts mit cubanischen Motiven und Souvenirs im Angebot. Tägl. 9.30–17.30 Uhr. Calle Salvador Cisneros 113.
• *Taxi* **Transtur**, ✆ 796060.

Provinz Pinar del Río

- *Tourist-Information* **Cubanacán** (Bustickets, Ausflüge), tägl. 8–20 Uhr, Calle Salvador Cisneros 63 C.

Havanatur, tägl. 8–22 Uhr, Calle Salvador Cisneros 65.

Essen & Trinken (siehe auch Karte S. 149)

- *Restaurants* **Casa de Don Tomás (10)**, benannt nach seinem ersten Besitzer Don Tomás Díaz, wurde 1889 erbaut und ist damit eines der ältesten Gebäude von Viñales. Seit der gelungenen Renovierung 1991 fungiert es als Restaurant, Spezialität sind die „Las Delicias de Don Tomás", eine wohlschmeckende Paella mit Schweine-, Hähnchen- und Langustenfleisch sowie Garnelen und Fisch (9 CUC). Meist wird das Essen mit Live-Musik untermalt. Tägl. 10–22 Uhr. Calle Salvador Cisneros 138, ✆ 796300.

Mural de la Prehistoria (22), ein im Finca-Stil errichtetes Restaurant an der gleichnamigen Touristenattraktion, bietet reichlich Platz – weil permanent Busgruppen bewirtet werden wollen. Trotz der vielen Besucher ist die Qualität der Speisen überraschend gut, vor allem der Schweinebraten (Cerdo asado al Estilo Viñales) schlägt alles. Serviert wird er als Komplett-Menü mit Yucca (unbedingt probieren!), Reis, Salat, danach gibt's ein Dessert und Kaffee (15 CUC). Tägl. 12–17 Uhr. Carretera Moncada km 2,5.

El Palenque de los Cimarrones (16), ein rustikales Freiluft-Restaurant am Ende der Cueva de San Miguel neben dem ehemaligen Zufluchtsort der afrikanischen Sklaven, bietet zwei (Touristen-)Menüs an – gebratenes Hähnchen (13,50 CUC) oder gebratenes Schweinefleisch (13,85 CUC), beides vom Holzkohlengrill. Im Preis sind Brot, Butter, Fruchtsalat, Salat, Reis, Kartoffeln, Nachspeise und Kaffee enthalten. Tägl. 12–16 Uhr. Carretera Puerto Esperanza km 36, ✆ 796290.

Cueva del Indio (15) am Eingang der gleichnamigen Höhle serviert in recht nüchternem Ambiente zwei Komplett-Menüs. Ob Brathähnchen à la Indio oder gebratenes Schweinefleisch, man bezahlt 8 CUC. Tägl. 11.30–17 Uhr. Carretera Puerto Esperanza km 32, ✆ 796280.

Las Magnolias (14) befindet sich gegenüber vom Eingang zur Cueva del Indio. Das Grill-Restaurant des gleichnamigen Zeltplatzes serviert grundsätzlich nur zwei Menüs – Hähnchen vom Rost oder Schweinefleisch vom Rost, beides mit Beilagen, beides für 8 CUC. Tägl. 10–16 Uhr. Carretera Puerto Esperanza km 32, ✆ 796280.

La Casa del Veguero (25), eine klare Touri-Nummer mit kreolischer Küche, bietet Gesang (11–15.30 Uhr), Zigarrendreher und alles, was man sonst meint, Ausländern zeigen zu müssen. Spezialität des am südlichen Stadtrand von Viñales gelegenen Restaurants ist Hähnchen aus dem Rauch à la Veguero für günstige 2,50 CUC. Tägl. 10–17 Uhr. Carretera Viñales km 27, ✆ 797080.

El Estanco II (17), ein modernes Imbiss-Restaurant an der Straße zur Cueva del Indio, ist nichts Großartiges, aber die Pizzen (um 1 CUC), Pastas (um 2 CUC) und Sandwiches sind in Ordnung. Direkt daneben gibt's einen kleinen Laden, in dem man sich unter anderem mit Rum und Zigarren eindecken kann. Tägl. 11–23 Uhr. Carretera Puerto Esperanza km 27.

El Viñalero (9) nahe am Parque Martí, bietet die überschaubare Palette cubanischer Speisen – Hähnchen und Schweinefleisch und Schweinefleisch und Hähnchen. Dafür bezahlt man in dem kleinen Peso-Lokal entsprechend wenig. Am Abend verwandelt sich das Restaurant in ein Centro nocturno mit Live- und Disco-Musik. Tägl. 7.30–1 Uhr. Calle Salvador Cisneros 105.

Las Brisas (6) ist eine Peso-Cafetería für eher einfachere Ansprüche, das Essen ist allerdings nicht mal so schlecht – für ein paar CUP wird man pappsatt. Tägl. 11–14 + 18–21 Uhr. Calle Salvador Cisneros 96 esquina Adela Azcuy, ✆ 793353.

Nachtleben (siehe auch Karte S. 149)

El Palenque de los Cimarrones (16) ist nicht nur ein Open-Air-Restaurant am Ende der Cueva de San Miguel, sondern auch eine Bar und Diskothek am Höhleneingang. In der rustikal bestuhlten Grotte gibt es natürlich die breite Palette cubanischer Cocktails sowie Bier und nichtalkoholische Getränke. Immer samstags wird eine Cabaret-Show auf die Beine gestellt (Eintritt 5 CUC pro Paar). Bar tägl. 24 Std., Diskothek tägl.

Valle de Viñales

22–2 Uhr. Carretera Puerto Esperanza km 36, ✆ 796290.

Casa de la Cultura (3) am Rande des zentralen Parque Martí fungiert als Musikbühne, Diskothek, Theater, Kino und Ausstellungsraum. Was gerade angesagt ist, erfährt man auf der Programmtafel am Eingang. Bei Abendveranstaltungen ist der Eintritt grundsätzlich frei, sie beginnen immer um 21 Uhr. Tägl. 8–23 Uhr. Calle Salvador Cisneros 76.

Patio del Decimista (7), eine beinahe rund um die Uhr geöffnete Cafetería, liegt an der Hauptstraße in Richtung Mogotes „Dos Hermanas". In der kleinen Freisitz-Location treten jeden Tag ab 21 Uhr Live-Bands auf. Tägl. 9–18.30 + 19–1 Uhr. Calle Salvador Cisneros 112 A.

Übernachten (siehe auch Karte S. 149)

● *Hotels* *** **Los Jazmines (24)** am Ortseingang von Viñales ist dafür bekannt, dass man vom Pool und der Terrasse aus den besten Blick auf das Tal von Viñales hat. Aber auch das Hotel selbst ist nicht ohne: Die 62 Zimmer, alle mit Bad, Klimaanlage, Telefon, Satelliten-TV und dem unschlagbaren Ansichtskarten-Blick, sind frisch renoviert und modern eingerichtet. Das 1959 im Kolonialstil gebaute Gebäude verfügt zudem über zwei Restaurants, Bar und Snackbar, Massagesalon, Wechselstube, Souvenirgeschäft und Tourist-Info, wo man auch geführte Wanderungen und Ausritte buchen kann. EZ 46–48 CUC, DZ 67–71 CUC inkl. Frühstück, je nach Saison. Carretera Viñales km 25. ✆ 796215, gerencia@jazmines.esipr.cu.

*** **La Ermita (23)** liegt am östlichen Stadtrand von Viñales in fußläufiger Entfernung zum Zentrum, bietet aber zugleich atemberaubende Blicke auf die Landschaft. Die 62 in Appartement-Blocks untergebrachten Zimmer verfügen über Bad mit Dusche, Klimaanlage, Telefon, Satelliten-TV, Minibar und Safe, zwei davon sind behindertengerecht eingerichtet. Mittelpunkt der Anlage ist der Swimmingpool, drum herum gruppieren sich Open-Air-Restaurant, Bar, Tennisplatz und ein Geschäft. EZ 46–48 CUC, DZ 67–71 CUC inkl. Frühstück, je nach Saison. Carretera La Ermita km 1,5. ✆ 796071, 796100, reserva@vinales.hor.tur.cu.

*** **Rancho San Vicente (12)** befindet sich 7 km nördlich von Viñales und 1 km nördlich der Cueva del Indio – und damit mittendrin

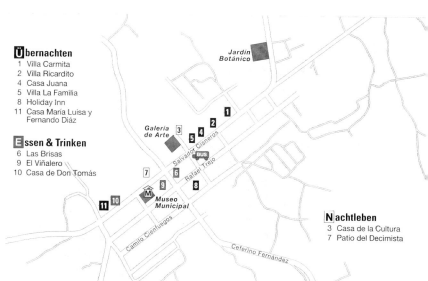

Übernachten
1. Villa Carmita
2. Villa Ricardito
4. Casa Juana
5. Villa La Familia
8. Holiday Inn
11. Casa Maria Luisa y Fernando Díaz

Essen & Trinken
6. Las Brisas
9. El Viñalero
10. Casa de Don Tomás

Nachtleben
3. Casa de la Cultura
7. Patio del Decimista

Viñales

in der herrlichen Natur des Valle de San Vicente. Da der nahe Río San Vicente u. a. aus einer Thermal-Quelle gespeist wird, bietet das Haus neben Massagen auch medizinische Anwendungen an. Die 54 Zimmer in rustikalen kleinen Bungalows haben Dusche, Klimaanlage, Telefon, Satelliten-TV, Minibar und Safe. Im Hotel selbst finden sich Restaurant, Bar und Swimmingpool. EZ 46–48 CUC, DZ 67–71 CUC inkl. Frühstück, je nach Saison. Carretera Puerto Esperanza km 33. ✆ 796201, 796221, ✆ 796265, reserva@vinales.hor.tur.cu.

Acampada Las Magnolias (13) direkt gegenüber dem Eingang zur Cueva del Indio ist einer der ganz wenigen Zeltplätze in Cuba. Wer nicht in einem der 10 Familienzelte übernachten möchte, kann auch in einem von zwei einfachen Zimmern schlafen, die im Verwaltungsgebäude der Anlage untergebracht sind. Auf dem gepflegten Gelände gibt es eine kleine Bar (7–21 Uhr) und ein Grill-Restaurant (10–16 Uhr). Zelt 5 CUC/Person, DZ 20 CUC/Person. Carretera Puerto Esperanza km 32, ✆ 796280.

Campismo Dos Hermanas (21), benannt nach den Mogotes „Dos Hermanas" („Zwei Schwestern"), ist wenige hundert Meter von der Mural de la Prehistoria entfernt. Die weitläufige Anlage verfügt über 54 einfache Bungalows, von denen zehn für den internationalen Tourismus zur Verfügung stehen. Neben Restaurant und Bar bietet der Campingplatz auch Grillmöglichkeit, Fernsehraum, Swimmingpool sowie ein kleines archäologisches Museum (Eintritt 1 CUC). Ideal ist der Campismo für Wanderer, Reiter und Mountainbiker, weil man ohne Anfahrt sofort in die Natur starten kann. Zudem im Angebot: Ausritte für 3 CUC/Std., geführte Wanderungen 2,50 CUC/Std. EZ 10,50–11,50 CUC, DZ 13–15 CUC, je nach Saison. Carretera Moncada km 3, ✆ 793223.

● *Casas particulares* **Holiday Inn (8)**, die Casa von Claudina Alvarez Duartez, hält, was der Name verspricht. Wenngleich das Häuschen ein paar Querstraßen vom Zentrum entfernt liegt, gehört es dennoch zu den Spitzenquartieren von Viñales. Das Zimmer mit Bad, Klimaanlage und zwei großen Betten ist sehr modern eingerichtet, das Essen ein Traum – 3 CUC für ein opulentes Frühstück, 7 CUC für ein komplettes Menü). Da die Tochter des Hauses im Museo Municipal arbeitet und dort u. a. Exkursionen mit Touristen führt, wird auch Englisch gesprochen. DZ 15–20 CUC, je nach Saison. Calle Camilo Cienfuegos 26. ✆ 796034, yerenia1982@correodecuba.cu.

Villa Ricardito (2) ist ebenfalls ein sehr empfehlenswertes Privat-Quartier. Die beiden modernen Zimmer (schöner Fliesenboden) befinden sich in einem separaten Häuschen und bieten eigene Bäder, Klimaanlage, zwei Doppelbetten sowie einen Balkon mit Blick auf die Berge. Speisen kann man im ruhigen Innenhof. DZ 15–20 CUC, je nach Saison. Calle Salvador Cisneros 46, ✆ 793269.

Casa María Luisa y Fernando Díaz (11) neben dem Restaurant „Casa de Don Tomás" vermietet zwei Häuschen mit je einem standardmäßig ausgestatteten Gästezimmer. Wer bei María absteigt, sollte wenigstens einmal bei ihr essen – sie ist eine großartige Köchin. DZ 15–25 CUC, je nach Saison. Calle Salvador Cisneros 142. ✆ 793390, marialda@princesa.pri.sld.cu.

Villa Carmita (1) liegt sehr zentral an der Hauptstraße von Viñales, nahe der Tankstelle und des botanischen Gartens. In dem sehr sauberen Haus gibt es ein Zimmer mit Bad, Klimaanlage, Ventilator und zwei Doppelbetten. Frühstück, Abendessen und Getränke kann man jederzeit bestellen. DZ 15–20 CUC, je nach Saison. Calle Salvador Cisneros 16, ✆ 796007.

Casa Juana (4) findet man ebenfalls in der Stadtmitte. Vermietet wird ein Zimmer mit Bad, Klimaanlage und zwei großen Betten. Getränke und sämtliche Mahlzeiten gibt es auf Wunsch. DZ 15–20 CUC, je nach Saison. Calle Salvador Cisneros 100 B, ✆ 52295057 (mobil).

Casa Tito Crespo (18), ein kleiner Bungalow mit einem Gästezimmer, steht am Stadtrand von Viñales an der Landstraße zur Cueva del Indio. Rund um das Haus wachsen tropische Früchte und Kaffee, das Zimmer ist nicht minder nett und verfügt über ein modernes Bad, Klimaanlage, Ventilator und Stereoanlage. Verpflegung gibt es auf Bestellung. DZ 20–25 CUC, je nach Saison. Las Maravillas 58, ✆ 793383.

Casa Miriam (19), ein sehr sauberes Privat-Quartier etwa 1 km vom Zentrum von Viñales, vermietet ein geräumiges Zimmer mit zwei großen Doppelbetten, Klimaanlage und modernem Bad. Essen gibt es auf Wunsch morgens und abends, Bier und Mojito immer. DZ 15–20 CUC, je nach Saison. Carretera Puerto Esperanza km 27, ✆ 793323.

Casa Luisa Crespo (20) liegt unmittelbar neben der „Casa Miriam", beide Häuser teilen sich auch das Telefon. In dem schönen Bungalow wird ein großes Zimmer mit Bad, Klimaanlage und zwei Doppelbetten vermietet. Direkt hinter der Casa liegt ein ausgedehntes Tabakfeld. DZ 15–20 CUC, je nach Saison. Carretera Puerto Esperanza km 27, ℡ 793323.

Villa La Familia (5) befindet sich im Zentrum von Viñales in einem schönen Kolonialgebäude nur 20 m von der Bushaltestelle entfernt, allerdings ist der Besitzer nicht gerade mit übertriebener Freundlichkeit gesegnet. Das Zimmer ist mit Bad, Klimaanlage und Kühlschrank ausgestattet, Essen gibt's auf Wunsch. DZ 15–20 CUC, je nach Saison. Calle Salvador Cisneros 66, ℡ 793372.

Ein Meisterwerk von „Mutter Natur": Valle de Viñales mit den Mogotes

Unterwegs im Valle de Viñales
siehe Karte S. 149

El Palenque de los Cimarrones: Das Versteck entflohener Sklaven – so die Übersetzung dieses Namens – liegt am Ende der nur 150 Meter langen Cueva de San Miguel. Auf einem kleinen Fleck wurden unter anderem Steinwerkzeuge und Koch-Utensilien zusammengetragen, die man den afrostämmigen Flüchtlingen zuschreibt, die einst aus den Baracken der Zuckermühlen getürmt waren. Eigentlich spielt das „ethnographische Museum", wie die spärliche Sammlung großspurig bezeichnet wird, aber eine völlig untergeordnete Rolle. Viel mehr geht es in der Cueva de San Miguel um „Kohle" – die der Touristen. Gleich an dem von der Landstraße nach Puerto Esperanza aus gut sichtbaren Eingang zur Höhle wurde eine große Bar platziert, die nachts als Cabaret und Diskothek dient, am Ausgang steht ein auf Busgruppen eingerichtetes Freiluft-Restaurant, das für seine kreolischen Menüs happige Preise verlangt.
Tägl. 9–17 Uhr. Eintritt 1 CUC. Carretera Puerto Esperanza km 36, ℡ 796290.

Cueva del Indio: Die berühmteste Höhle im Nationalpark Viñales hat sich zwar zu einer reinrassigen Touristenattraktion entwickelt, die tagtäglich von einer Reihe

von Rundreisebussen angesteuert wird – faszinierend ist sie trotzdem. In der im Jahr 1920 von Campesinos entdeckten Cueva del Indio, die man nach den Ureinwohnern benannte, die nachweislich in ihr gelebt hatten, sind Felsformationen zu sehen, deren Alter von Wissenschaftlern auf 165 Millionen Jahre geschätzt wird. Bei einer Tour durch die viereinhalb Kilometer lange Höhle ist man zunächst zu Fuß – und dabei oft genug in gebückter Haltung – unterwegs, ehe man kleine Motorboote besteigt, von denen aus man entlang des unterirdischen Flusses, der durch das verzweigte Stein-Labyrinth führt, riesige Stalagmiten und Stalaktiten sieht. Am Eingang zur Cueva del Indio findet sich das gleichnamige, eher nüchterne Restaurant, das mit seinen Menüs in erster Linie auf Touri-Abfütterung eingerichtet ist.
Tägl. 9–17 Uhr. Eintritt 5 CUC inkl. Bootsfahrt. Carretera Puerto Esperanza km 32, ✆ 796280.

Mural de la Prehistoria: Das 120 Meter lange und 80 Meter hohe Wandgemälde, das in bunten Farben die Evolution darstellen soll, ist ein Werk des cubanischen Wissenschaftlers und Lehrers Leovigildo González, ein Schüler des bekannten mexikanischen Künstlers Diego Rivera. González hatte Anfang der 1960er Jahre die Idee zu dieser Darstellung der Entwicklungsgeschichte, berichtete davon Fidel Castro und Celia Sánchez und wurde von beiden umgehend mit der Realisierung beauftragt. Fast fünf Jahre dauerte es, bis die drei Kilometer westlich von Viñales nahe der berühmten Mogotes „Dos Hermanas" gelegene Felswand komplett bemalt war – obwohl Leovigildo González bei seiner wegen der senkrechten Steilwand sehr riskanten Arbeit von 21 Farmern tatkräftig unterstützt wurde. Heute ist das gigantische Kunstwerk eine der großen Touristenattraktionen, an der man natürlich auch ein Restaurant findet, das zwar den besten Schweinebraten der Gegend anbietet, mit 15 CUC für ein Komplett-Menü aber ziemlich teuer ist. Allerdings ist der Eintritt zur Mural de la Prehistoria frei, wenn man zum Essen bleibt.
Tägl. 9–19 Uhr. Eintritt 1 CUC. Carretera Moncada km 2,5.

Gran Caverna de Santo Tomás: Das mit einer Ausdehnung von mehr als 46 Kilometern größte Höhlensystem Cubas liegt 18 Kilometer westlich von Viñales am Rand des kleinen Dorfs El Moncada. Die Caverna, die sich auf sieben Höhlenstockwerken ausdehnt und zu der es zehn verschiedene Eingänge gibt, ist nicht allein Touristenattraktion, sondern in erster Linie Ziel von Höhlenforschern aus aller Welt, die wegen ihrer wissenschaftlichen Arbeiten regelmäßig in die cubanische Provinz reisen. Um sie zu unterstützen bzw. weitere Spezialisten auszubilden, wurde innerhalb des Informationszentrums auch die Escuela de Espeleológica (Schule für Höhlenforschung) eingerichtet. Entdeckt wurde die riesige Höhle am 18. September 1954 von dem berühmten cubanischen Wissenschaftler Dr. Antonio Nuñez Jiménez, benannt ist sie nach dem unterirdischen Fluss Santo Tomás, der das Karstgestein durchzieht und atemberaubende Felsformationen geschaffen hat. Anders als in allen anderen Höhlen der Gegend gibt es in der Caverna kein elektrisches Licht, die Besucher werden bei den geführten Touren stattdessen mit Helmen und Kopflampen ausgerüstet. Bei dem rund zwei Kilometer langen, etwa eineinhalb Stunden dauernden Rundgang sieht man eine Reihe von mit Palmen bewachsenen Dolinen, viele außergewöhnliche Tropfsteinformationen, wie etwa die „Orgel", sowie die Replik von Wandmalereien, wie man sie in einem für die Öffentlichkeit nicht zugänglichen Abschnitt der Höhle entdeckt hat. Zusammen mit dem ältesten Skelett, das jemals in Cuba gefunden wurde, sind sie Beleg dafür, dass die Caverna de Santo Tomás vor Tausenden von Jahren von den Indios bewohnt war.
Tägl. 9–16 Uhr. Eintritt 10 CUC inkl. Führung (auch engl.). El Moncada, ✆ 793145.

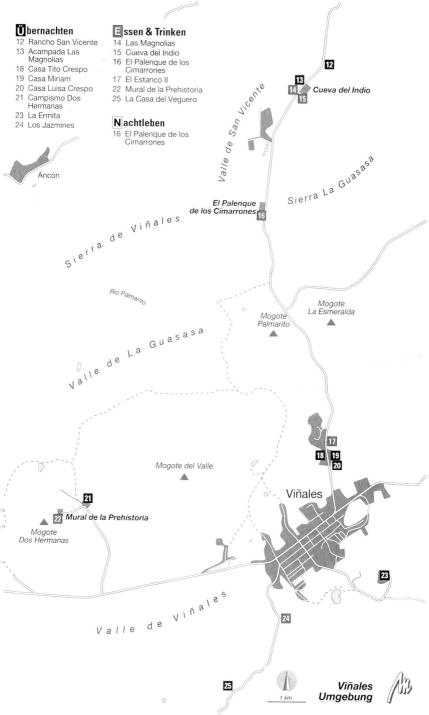

Jardín Botánico: Der privat geführte Botanische Garten von Viñales ist der Höhepunkt eines jeden Stadtrundgangs. Hinter einem mit aufgeschnittenen Zitrusfrüchten behängten Tor verbirgt sich ein grünes Paradies, das nicht nur die Herzen von Hobby-Gärtnern höher schlagen lässt. Riesige Farne wachsen dort neben leuchtend roten Papageienschnabel-Blüten, Güiras, aus deren getrockneten Früchten Rumba-Rasseln hergestellt werden, neben mächtigen Ceibas (Kapok-Bäumen). So unübersichtlich der dschungelartige Garten ist, so kunterbunt ist auch das Häuschen der beiden Schwestern Caridad und Carmen Miranda, die den Garten hegen und pflegen. Sie sammeln einfach alles – von leeren Zigarettenschachteln aus aller Herren Länder bis zu Christus-Bildern.
Tägl. 7–20 Uhr. Eintritt frei, Spenden willkommen. Calle Salvador Cisneros 5.

Museo Municipal: Das kleine Museum, das im Wohnhaus der aus dem Zweiten Unabhängigkeitskrieg bekannten Widerstandskämpferin Adela Azcuy untergebracht ist, hat in erster Linie der Geschichte von Viñales zum Thema. In den vier Ausstellungsräumen werden allerdings auch Miniaturen einer Höhle sowie die Nachbildung eines Mongote (Kegelkarstfelsen) gezeigt. Einen Namen hat sich das Museum auch mit den Exkursionen gemacht, die täglich um 9 und 15 Uhr angeboten werden und die zu Sehenswürdigkeiten in der näheren Umgebung führen.
Di–Sa 9–22, So 9–16 Uhr. Eintritt 1 CUC. Calle Salvador Cisneros 115.

Galería de Arte: Die kleine Kunstgalerie im Herzen von Viñales präsentiert hauptsächlich Werke einheimischer Künstler. Die Exponate, die von Gemälden über Skulpturen bis hin zu Kunsthandwerk reichen, werden monatlich gewechselt.
Mi–Mo 7–12, 13–19, 20–23 Uhr. Eintritt frei. Calle Salvador Cisneros 75.

Unterwegs im Norden

Puerto Esperanza

Kaum Menschen sind auf den Straßen, vom Atlantik zieht eine leichte Brise durch den Ort, Wellen klatschen an die Kaimauer, davor dümpeln ein paar Fischerboote – ein Bild, wie man es in Puerto Esperanza jeden Tag erleben kann. Das 5000-Seelen-Städtchen 22 Kilometer nördlich von Viñales, zwischen Cayo Levisa und Cayo Jutías am Atlantik gelegen, scheint die Zeit verschlafen zu haben. Touristen? Fehlanzeige. Was sollten sie auch hier? Zur Ruhe kommen und die Ruhe genießen, sagen die Einheimischen, weil es in Puerto Esperanza keine Staus gibt und keine Hektik. Tatsächlich verirren sich immer wieder vereinzelte Urlauber in den Ort, der hauptsächlich vom Fischfang lebt. Und sie werden freudig empfangen – von der Handvoll Casa-Besitzer, die dort, wo die einzige Hauptstraße am Meer endet, im Schatten auf Kundschaft warten. Da es in Puerto Esperanza keine Restaurants gibt, kann man mit den Touristen richtig Geld verdienen, weil man ihnen neben dem Quartier auch noch alle Mahlzeiten verkaufen kann – frisch aus den Tiefen des Ozeans, versteht sich. Außer schlafen und essen kann man in dem „Nest" ohnehin (fast) nichts tun. An der steinigen Küste gibt es eine kleine Allee mit Sitzbänken. Ein 150 Meter langer Holzsteg führt zu einer Plattform im Meer, auf der man sich sonnen oder angeln kann. Eine winzige Peso-Bar, die sich abends in eine Diskothek verwandelt, weil dann die Musik aus den dicken Lautsprecherboxen ein wenig lauter aufgedreht wird, ist die einzige Unterhaltungsmöglichkeit. Puerto Esperanza – zu deutsch „Hafen der Hoffnung" – ist ein hoffnungsloser Fall.

• *Übernachten* **Villa Leonila Blanco** bietet zwei zweckmäßig eingerichtete Zimmer an, eines davon ist ganz in Weiß gehalten, das andere wegen seiner Größe durchaus für vier Personen geeignet. Beide Räume haben eigene Bäder und Klimaanlage. Natürlich werden die Gäste bekocht – wenn man möchte, dreimal täglich. Als Besonderheit steht eine Pferdekutsche zur Verfügung, mit der man Ausflüge in die nähere Umgebung unternehmen kann. DZ 15 CUC. Calle Hermanos Caballeros 41, ✆ 793949.

Casa Omayda Delgado vermietet ein völlig unabhängiges Appartement mit Wohnzimmer und Terrasse – die Familie wohnt im Hinterhaus. Das Essen (Frühstück 3 CUC, Abendessen 7–10 CUC) wird in einer Laube serviert. DZ 15–20 CUC, je nach Saison. Calle Almeheira 12, ✆ 793803.

Villa Dora, ein Privat-Quartier, in dem sich scheinbar alle bisherigen Gäste an den Wänden verewigt haben, verfügt über zwei Zimmer mit einer Verbindungstür. Beide sind mit Klimaanlage und Ventilator ausgestattet, beide teilen sich ein Bad. Das Essen (Menü 6–8 CUC) wird im Innenhof eingenommen. DZ 15 CUC. Calle Pelayo Cuerro 5, ✆ 793805, 739702.

Unterwegs in Puerto Esperanza

Galería Dagoberto: Der Selfmade-Künstler Dagoberto Ferrer arbeitet zwar in der „Pampa", war aber mit seinen Werken dennoch schon oft im Fernsehen. 2005 besuchte sogar der cubanische Kulturminister Abel Prieto das kleine Atelier – für Dagoberto eine Auszeichnung, an die er sich noch heute erinnert. Seine Gemälde, die er bereits ab 10 CUC verkauft, malt der Künstler je nach Laune mal naiv, mal surrealistisch, mal impressionistisch.

Tägl. 8–20 Uhr. Eintritt frei. Calle Maceo 28, ✆ 793846.

Cayo Jutías

Wenn man von Pinar del Río oder Viñales aus einen Tag am Meer verbringen möchte, liegt (fast) nichts näher als Cayo Jutías – Mietwagen vorausgesetzt. Die nur vier Quadratkilometer große Koralleninsel, die zum Archipel Los Colorados gehört, befindet sich 65 Kilometer nordwestlich der Provinzhauptstadt am Atlantik und bietet einen sechs Kilometer langen, fast unberührten, weißen Sandstrand, der zu den schönsten in dieser Ecke des Landes zählt. Zu erreichen ist Cayo Jutías seit Ende der 1990er Jahre über einen vier Kilometer langen Steindamm (span. Pedraplén), der acht Kilometer hinter der Ortschaft Santa Lucía abzweigt und an einem Kontrollposten beginnt, an dem man erst einmal abkassiert wird. Die 5 CUC pro Person sind allerdings gut angelegt, da das Inselchen Erholung pur garantiert. Die touristische Infrastruktur ist zwar nur rudimentär vorhanden, allerdings findet man alles, was einen gelungenen Strandtag ausmacht: Liegen und Sonnenschirme (2 CUC), Tretboote (3 CUC/Std.) sowie ein Korallenriff für Schnorchler und Taucher. Seit

Seit 1902 das Cayo-Wahrzeichen

der letzte Hurrikan das Restaurant „Cayo Jutías" dem Erdboden gleichgemacht hat, werden die Badegäste von mobilen Verkaufsständen versorgt, was sich allerdings schon bald wieder ändern soll. Zusammen mit dem Neubau sollen dann auch 40 Bungalows entstehen.

Das Wahrzeichen von Cayo Jutías ist ein gelb-schwarzer Leuchtturm, der vom damaligen US-Generalgouverneur Leonard Wood in Auftrag gegeben und im Januar 1902 in Betrieb genommen wurde. Die 43 Meter hohe Metall-Konstruktion, auf deren Spitze eine 179-stufige Wendeltreppe führt, ist normalerweise für die Öffentlichkeit nicht zugänglich – gegen ein Trinkgeld allerdings jederzeit zu besteigen. Von dort aus ist auch die winzige Trauminsel Cayo Mégano zu sehen, zu der man von den Einheimischen auf Wunsch per Motorboot gebracht wird – für den unwahrscheinlichen Fall, dass einem Cayo Jutías nicht einsam genug ist.

Cayo Levisa

Das nach einer Rochen-Art benannte Koralleninselchen, das nur mit dem Schiff zu erreichen ist, gehört wie Cayo Jutías zum Archipel Los Colorados und befindet sich drei Kilometer vor der Nordküste Cubas im Golf von Mexiko. Bis zur Station der Küstenwache in Palma Rubia, von wo aus dreimal täglich Fähren nach Cayo Levisa übersetzen, fährt man von Havanna aus 146 Kilometer nach Westen, von Pinar del Río und Viñales auf gut ausgeschilderten Straßen 75 bzw. 50 Kilometer nach Nordosten. Während die Südseite der Insel von einem undurchdringlichen Mangrovenwald bedeckt ist, der Pelikanen, Reihern und Kormoranen als Nistplatz dient, wird der dem Festland abgewandte Küstenstreifen von einem drei Kilometer langen, weißen, puderzuckerfeinen Sandstrand gebildet. Dennoch ist Cayo Levisa nicht so sehr das Ziel von Sonnenanbetern, sondern in erster Linie von Tauchsportlern. 23 Reviere gibt es rund um die Insel, und die beginnen bereits an den nahen Riffbänken, wo in acht Metern Tiefe massive Hirn- und Sternkorallenstöcke zu finden sind, unter denen sich Muränen und Barracudas sowie Schwärme von Barschen tummeln. Weiter unten trifft man in der Regel auch auf Adler- und Stachelrochen, Weißspitzenhaie und Meeresschildkröten. Trotz dieser Artenvielfalt und der – abgesehen von der Anbindung ans Festland – guten touristischen Infrastruktur gilt Cayo Levisa noch immer als Geheimtipp. Im Jahr 2006 kamen insgesamt nur 13.520 Übernachtungsgäste auf die Insel, darunter 2610 Deutsche sowie 7441 Tagesgäste. Im Durchschnitt bedeutet dies, dass sich das kleine Paradies pro Tag kaum mehr als 60 Urlauber teilen.

• *Hin & Weg* Von der Station der Küstenwache in Palma Rubia aus (bewachter Parkplatz!) schippert eine **Fähre** 3x täglich um 9.15, 10.00 und 18.00 Uhr zum Hotel „Cayo Levisa" und jeweils um 9.00 und 17.00 Uhr zurück. Hotelgäste bezahlen für die 25-minütige Überfahrt 15 CUC, Tagesgäste zahlen 5 CUC mehr und erhalten dafür im Grill-Restaurant „Ranchón El Galeón" ein Mittagessen.

• *Freizeit* Das **Centro Internacional de Buceo** des Hotels „Cayo Levisa" bietet Ausflüge zu verschiedenen Tauchplätzen an, darunter „La Corona de San Carlos" („Die Krone des heiligen Karl"), eine lang gezogene Sandbettzone, in der zahlreiche Rochen leben. Daneben werden mit den beiden Tauchbooten (8 bzw. 20 Plätze) auch „La Espada del Pirata" („Das Schwert des Piraten"), „La Cadena misteriosa" („Die geheimnisvolle Kette") und „El Infierno", („Die Hölle") angefahren. Ein Tauchgang, bei dem die Gäste von vier Tauchlehrern begleitet werden, kostet 35 CUC. In Cayo Levisa beträgt die zulässige Kapazität maximal 50 Taucher pro Tag.

• *Übernachten* *** **Cayo Levisa**, eine hübsche, in Holzbauweise errichtete Hotel-Anlage an der Nordküste der Koralleninsel, verfügt über 31 Hütten, in zwei davon sind jeweils vier Zimmer untergebracht, in den restlichen jeweils eines. Alle Zimmer sind modern eingerichtet, sauber mit Bad, Radio und Satelliten-TV ausgestattet. In der Anlage gibt es Restaurant und Bar, Massage-Service und ein Geschäft, in dem es auch Insektenspray zu kaufen gibt. Am besten, man legt sich gleich einen großen Vorrat davon an – angesichts der Millionen von Moskitos und Sandflöhen ist es überlebenswichtig! EZ 46–51 CUC, DZ 67–74 CUC, Triple 90–99 CUC inkl. Frühstück, je nach Saison. Cayo Levisa. 756501-07, reservas@cayolevisa.co.cu.

Unterwegs im Westen

Playa Boca de Galafre

Der flach ins Meer abfallende Strand, der 37 Kilometer westlich der Provinzhauptstadt an der Karibischen See liegt, ist ruhig, beschaulich – und schmutzig. Bei Einheimischen, die ihn vor allem in den Sommermonaten scharenweise bevölkern, sehr beliebt, bietet der Küstenstreifen nicht gerade das, was normale europäische Touristen unter Ferien am Meer verstehen. Wenig ausgeprägt ist auch die Infrastruktur. An ein paar Marktständen bekommt man Getränke und Snacks – mehr nicht. Übernachtungsmöglichkeiten gibt es an der Playa nicht, eine einzige Casa particular nimmt Gäste allenfalls für eine Nacht auf, und auch nur dann, wenn kein Taxi mehr fährt oder der Mietwagen streikt.

Playa Bailén

Der kleine, 45 Kilometer westlich von Pinar del Río an der Karibik-Küste gelegene Badeort, zu dem man in Sábalo von der Carretera Central abzweigt, gilt als „Sommerfrische" für Cubaner. Der zwei Kilometer lange Strand ist zwar breit und sehr sauber, das Feriendorf selbst allerdings aus europäischer Sicht eher ein Fall für Hardcore-Urlauber. Unmittelbar am Meer gibt es eine schlichte Peso-Cafetería, die einfache Speisen wie Hähnchen für 20 CUP/ca. 0,85 CUC verkauft, und in der Ortschaft selbst fünf Casas particulares, die zu den einfachsten in ganz Cuba gehören. Für die Bretterbuden, die teilweise nicht einmal über fließendes Wasser verfügen, werden die gleichen Preise verlangt, wie man sie in der Provinzhauptstadt für ein Quartier mit allem Komfort bezahlt – irre! Gegrillte Langusten, die an allen Ecken und Enden angeboten und in den Privat-Häusern der Einheimischen serviert werden, kosten einheitlich 10 CUC.

• *Übernachten* Die **Casa Lucía Peralta** ist noch das schönste Privat-Quartier in Playa Bailén – vergleichsweise. Das unabhängige Holzhäuschen, in dem die Gäste für sich alleine sind, ist mit Kühlschrank, TV und CD-Player ausgestattet. Das Bad ist sehr einfach, man duscht auf einem Betonboden. Auf der kleinen Terrasse der mit Palmwedeln gedeckten Hütte kann man auf zwei Schaukelstühlen relaxen. DZ 15–20 CUC, je nach Saison. Playa Bailén, 8296145.

Casa Antonia Peralta García vermietet in einem gemauerten, aber ebenfalls sehr einfachen Häuschen drei Zimmer mit einem Bad. Frühstück und alle anderen Mahlzeiten gibt es auf Wunsch – aber wo will man sonst essen? Für eine Languste zahlt man 10 CUC. DZ 15–20 CUC, je nach Saison. Playa Bailén, 8296145.

Casa Elena Antigua ist definitiv nur für Hartgesottene geeignet, der Preis für das Zimmer eigentlich eine Frechheit. Die halbhohen Trennwände in der zusammengenagelten Bretterbude bestehen aus ungehobeltem Holz, als Toilettenspülung fungiert ein Eimer, der neben dem Klo steht, zum Waschen holt man das Wasser aus einem Container, Dusche gibt es keine. DZ 15–20 CUC, je nach Saison. Playa Bailén, 8296145.

Laguna Grande

Wer die Einsamkeit sucht, an der Laguna Grande wird er sie finden. Das sechs Kilometer lange Binnengewässer am westlichen Ende der Carretera Central bei der Ortschaft Bolívar ist ein Dorado für Angler. Forellen mit einem Gewicht bis zu neun Pfund sollen hier schon gebissen haben. Und auch Jäger kommen auf ihre Kosten – Wildenten haben an dem kleinen See immer Saison. Wer mehr als einen Tagesausflug an die Laguna Grande unternehmen möchte, kann sich in einem kleinen Hotel mit zwölf Bungalows einmieten, in dem es auch das einzige Restaurant weit und breit gibt.

- *Übernachten* *Villa Laguna Grande* liegt direkt am Ufer des Sees und bietet zwölf einfache, aber saubere und neu möblierte Bungalows mit weiß gefliesten Bädern, Klimaanlage und Kabel-TV. Das kleine Restaurant (tägl. 7–9.45, 12–14.45 + 19–21.45 Uhr) hat gerade einmal vier Tische und serviert Pasta (1,60–2 CUC), kreolische Fleischspeisen (4,40–5,15 CUC) und Fischgerichte (um 5 CUC). Die Hotel-Bar „La Trucha" ist von 7–22 Uhr geöffnet und für ein Bierchen (1 CUC) oder Fruchtsäfte (0,85 CUC) durchaus zu empfehlen. Für die Gäste des Hauses ist das Angeln in der Laguna kostenlos. EZ 19–23 CUC, DZ 24–29 CUC, je nach Saison. Carretera Miguel Cabañas, ✆ 423823, ✉ 3453.

Península de Guanahacabibes

Die rund 500 Quadratkilometer große Halbinsel im äußersten Westen Cubas ist eines der letzten nahezu unberührten Paradiese des Landes. Außer einem Hotel-Resort in María La Gorda und einem Campismo mit neun Bungalows in La Marina nahe dem Leuchtturm am Cabo de San Antonio gibt es keinerlei touristische Einrichtungen – der Nationalpark, der von der UNESCO 1987 zum Biosphärenreservat erklärt wurde, gehört der Natur. Mehr als 700 verschiedene Pflanzenarten, von denen etwa 20 Prozent nur in Cuba und 14 ausschließlich in Guanahacabibes vorkommen, hat man auf der Halbinsel gezählt. Die Tierwelt wird repräsentiert von 16 Amphibien-, 35 Reptilien-, 18 Säugetier- und 192 Vogelarten, darunter Kolibris, Eulen, Spechte und viele Exemplare des Tocororo, des cubanischen Nationalvogels. Zu ihnen gesellen sich jedes Jahr zwischen November und März Tausende von Zugvögeln auf ihrem Weg von Nordamerika in wärmere Gefilde. Der größte Schatz von Guanahacabibes ist allerdings unter der Meeresoberfläche verborgen: ausgedehnte Korallenbänke, riesige Schwamm-Vorkommen und dazwischen mehr als 500 Arten von Weichtieren und Fischen. Nicht zuletzt deshalb ist die Halbinsel trotz ihrer Abgeschiedenheit ein beliebtes Ziel von Unterwassersportlern, die in der Hotel-Anlage von María La Gorda ein ausgezeichnetes Tauchzentrum vorfinden.

Wer sich lieber oberhalb des Meeresspiegels bewegt, wird in der Estación Ecológica Guanahacabibes bedient, die gleichzeitig als Nationalparkbüro dient und sich 14 Kilometer vor dem Touristen-Resort in der Ortschaft La Bajada schräg gegenüber einer Wetterstation befindet. Vom Beginn der Halbinsel in der 41 Kilometer weiter östlich gelegenen Stadt La Fe ist der Weg bis hierher frei. Ab La Bajada geht es die 54 Kilometer zum Cabo de San Antonio nur mit einem Guide weiter (10 CUC) – auf einer unsäglichen Holperpiste und auch nur dann, wenn man selbst über einen fahrbaren Untersatz verfügt. Fünf Stunden ist man bei der „Safari", die zunächst zum alten Leuchtturm „Roncali" aus dem Jahr 1849 und danach zum neuen Yachthafen führt, insgesamt unterwegs – allerdings nur, weil dazwischen Schnorchel-Stopps eingelegt werden. So weit muss man aber nicht unbedingt fahren, um die Naturschönheiten des Nationalparks zu sehen, die schönsten Fleckchen wie etwa der Wanderweg zur Cueva de las Perlas (Perlen-Höhle) liegen nämlich nur ein paar Auto-Minuten vom Nationalparkbüro entfernt. Drei Stunden benötigt man für den etwa drei Kilometer langen Trail (8 CUC), der mitten durch den Dschungel zu einem Höhlensystem führt, das auf einer Länge von 300 Metern zugänglich ist. Festes Schuhwerk wird dringend angeraten, Insektenspray ist ein Muss, wenn man von Moskitos und Sandflöhen nicht aufgefressen werden will. Der zweite bekannte Pfad „Del Bosque al Mar" („Vom Wald zum Meer") wurde von Hurrikan „Ivan" 2004 so sehr in Mitleidenschaft gezogen, dass er wohl auf Jahre hinaus nicht betreten werden kann. Die Natur soll sich dort ohne menschliche Einflussnahme erholen.

Oficina del Parque Nacional Guanahacabibes: Tägl. 9–16 Uhr. Península de Guanahacabibes, Municipio Sandino. ✆ 750366, aylen04@yahoo.es, osmanibf@yahoo.es.

María La Gorda

Die bekannteste Ecke der Península de Guanahacabibes verdankt ihren Namen einer Ureinwohnerin Venezuelas, die dereinst von Piraten in den äußersten Westen Cubas verschleppt worden war, sagt eine Quelle. Dass sie die Tochter eines spanischen Seefahrers war, der vor der Küste der Halbinsel Schiffbruch erlitt, erzählt eine andere. Fest steht, dass das Mädchen überlebte, dass es María hieß und offenbar beleibt (span. gorda) war. Und belegt ist auch, dass die dicke María hier eine Schänke eröffnete, in der sie den vorbeikommenden Schiffsbesatzungen Proviant verkaufte – und ihren Körper. Während der Kolonialzeit scheinen ihre Geschäfte floriert zu haben, was allein mehr als 100 spanische Galeonen beweisen, die vor der Küste sanken und heute Wracktauchern aus aller Welt als Spielwiese dienen. Die Unterwassersportler zieht es allerdings nicht nur wegen der Armada von auf Grund liegenden Schiffen an dieses Fleckchen der Halbinsel. María La Gorda gilt mit seinen 50 Tauchplätzen generell als bestes Revier Cubas und wird von Experten zudem zu den zehn schönsten Unterwasserlandschaften des lateinamerikanischen Subkontinents gezählt. Spektakuläre Tunnel, ausgedehnte Gärten von Hornkorallen und riesige Wände der seltenen Schwarzen Koralle, die gleichzeitig das größte Vorkommen der gefährdeten Art auf der gesamten Insel darstellen, machen Tauchausflüge zu einem unvergesslichen Erlebnis. Der Name eines dieser Tauchplätze sagt eigentlich alles: El Paraíso Perdido – das verlorene Paradies.

Daneben ist María La Gorda aber vor allem eines: Ein Stückchen Karibik wie aus dem sprichwörtlichen Bilderbuch. Die zahlreichen, von Tropenwald umgebenen Buchten mit ihren weißen Sandstränden sind naturbelassen und meist menschenleer, das kristallklare Wasser schimmert in allen nur denkbaren Grün-, Türkis- und Blautönen. Dazu einen Mojito aus der Bar des Drei-Sterne-Hotels „Villa María La Gorda" und das, was man landläufig unter einem Traumurlaub unter Palmen versteht, ist perfekt. Um die Einrichtungen des Ferien-Resorts zu nutzen und sich an seinem gepflegten Strand zu aalen, muss man übrigens nicht zwangsläufig ein Zimmer nehmen. Kleinbusse von Transtur verkehren morgens und abends nach Pinar del Río (12 CUC) und Viñales (15 CUC), der Tageseintritt beträgt 5 CUC.

● *Freizeit* Das **Centro Internacional de Buceo María La Gorda** macht die faszinierende Unterwasserwelt erlebbar – für Tauchanfänger ebenso wie für Experten. Tauchausflüge starten tägl. um 8.30, 11 und 15.30 Uhr. Im Angebot sind Pakete von 5 bis 20 Tauchgängen (135–400 CUC). Der einzelne Tauchgang kostet 35 CUC, ein Nacht-Tauchgang 40 CUC, die Leihausrüstung 7,50 CUC, Schnorchel-Ausflüge 12 CUC. Darüber

156   Provinz Pinar del Río

Paradies für Unterwassersportler: María La Gorda im äußersten Westen

hinaus gibt es Tauchkurse für Anfänger (365 CUC), Fortgeschrittene (250 CUC), Spezialisten (150 CUC) sowie einen Rettungskurs (200 CUC). Von den 50 Tauchgründen rund um María La Gorda sollte man fünf auf jeden Fall gesehen haben: der „Jardín de las Gorgonias" („Garten der Hornkorallen") ist bestens geeignet, um Fische zu füttern, der Tauchplatz „El Encanto" („Das Entzücken") wartet in 28–33 m Tiefe mit spektakulären Tunneln auf, „Las Cuevas de Pedro" („Peters Höhlen") liegen in einem bis zu 30 m tiefen Unterwassertal, im „El Paraíso Perdido" („Das verlorene Paradies") bekommt man vor allem Großfische zu Gesicht, und das „El Laberinto" („Das Labyrinth") ist mit seinen kurzen Tunneln und 9–17 m Tiefe vor allem ein idealer Ort für nächtliche Tauchgänge. Península Guanahacabibes, Municipio Sandino. ✆ 778131, ✆ 778077, comercial@mlagorda.co.cu, www.gaviota-grupo.com.

● *Übernachten*   *** **Villa María La Gorda** liegt 14 km südlich des Nationalparkbüros an dem wohl schönsten Strandabschnitt der Halbinsel von Guanahacabibes. Die 55 Zimmer befinden sich im Hauptgebäude und in 20 blau-weiß gestrichenen Bungalows in Holzbauweise direkt am Meer. Die große Anlage verfügt über das Buffet-Restaurant „Las Gorgonias" und das Spezialitäten-Lokal „El Carajuelo" (beide tägl. 7.30–10, 13–15 + 19.30–22 Uhr, beide mit vernünftigen Preisen), Massagesalon, Geschäft, Autovermietung (✆ 757693), Apotheke und eigenen Arzt, der auf Unterwassermedizin spezialisiert ist. Da es außer dem Hotel weit und breit keine Unterhaltungsmöglichkeiten gibt, wird man im Buffet-Restaurant täglich ab 19 Uhr von einer Live-Combo mit cubanischen Rhythmen unterhalten. Ab 21.30 Uhr wandert die Gruppe dann weiter in die Bar „Energía", wo man den Tag bei einem Cocktail ausklingen lassen kann. Die zweckmäßig eingerichteten, sauberen Zimmer sind mit Bad, Klimaanlage und Minibar ausgestattet, der Safe kostet 2 CUC/Tag. Nach Voranmeldung werden die Gäste mit einem eigenen Transfer-Shuttle tägl. ab 8 Uhr vom Flughafen in Havanna abgeholt und um 14 Uhr dorthin zurückgebracht. EZ 39–44 CUC, DZ 58–68 CUC, Triple 83–98 CUC, je nach Saison. Zimmer mit Meerblick 5 CUC extra, Tageseintritt 5 CUC/Person. Península Guanahacabibes, Municipio Sandino. ✆ 778131, ✆ 778077, comercial@mlagorda.co.cu, www.gaviota-grupo.com.

Unterwegs im Osten

San Diego de los Baños

Wenn es um Heilbäder geht, sind die sonst so farbigen cubanischen Legenden recht einfallslos. Immer war es irgendein schwarzer Sklave, der die Heilquellen entdeckte und damit sozusagen den Grundstein für den Kurbetrieb legte. In San Diego de los Baños zwischen Soroa und Pinar del Río ist dies nicht anders. Auch hier soll es ein aus Afrika verschleppter Leibeigener gewesen sein, der die heilsamen Quellen am Río San Diego im 18. Jahrhundert eher zufällig entdeckte. Sogar Leprakranke seien nach einem Bad in dem mineralreichen Wasser geheilt worden, besagt die wenig glaubhafte Überlieferung. Tatsache ist indes, dass die spanischen Kolonialherren hier im Jahr 1891 ein Badehaus unter medizinischer Kontrolle eröffneten, das sich schon bald eines immer größer werdenden Zulaufs erfreute. Aus jener Zeit stammt auch das Hotel „Saratoga", das inzwischen ausschließlich cubanischen Kurgästen vorbehalten ist – weil man es aufgrund seines bedauernswerten Zustands ausländischen Touristen offenbar nicht mehr zumuten möchte. Für sie hat man oberhalb des Kurzentrums das Drei-Sterne-Haus „Mirador" eröffnet, neben dem es auch ein paar nette Casas particulares gibt. Obwohl die Mineral- und Schwefelquellen des Ortes vor allem bei rheumatischen Erkrankungen in hohem Maße indiziert sind und zudem Anti-Stress-Kurse sowie Diätprogramme zur Gewichtsreduzierung angeboten werden, darf man in San Diego de los Baños keine klassische Kur westlicher Prägung erwarten. Vielmehr wird in dem kleinen Städtchen mit einfachen Mitteln und antiquierter Technik dem Gesundheitstourismus Rechnung getragen. Das Know-how dazu hat man, schließlich leistet sich Cuba seit Jahren einen Ärzteüberschuss auf europäischem Wissensniveau. Wer also bereit ist, hinsichtlich der Einrichtungen Abstriche zu machen und das Bad nicht so sehr als Sanatorium ansieht, sondern – wie es die Cubaner nennen – als „Servicios de Calidad de Vida" (frei übersetzt „Dienste zur Verbesserung der Lebensqualität"), kann in San Diego de los Baños dennoch richtig sein. Dies umso mehr, als die Umgebung des kleinen Ortes durchaus seine Reize hat und mit dem Parque La Güira und der Cueva de los Portales auch noch lohnende Ausflugsziele anbieten kann.

• *Freizeit* Der **Balneario**, also das Kurzentrum, liegt mitten in der Stadt – dort, wo alle Innerortsstraßen enden. Massagen oder physiotherapeutische Behandlungen kosten 15 CUC. Daneben sind auch Schlammpackungen, Anti-Stress-Kurse, Gewichtsreduzierung und Bäder in dem bis zu 40 Grad warmen Thermalwasser im Angebot. So wenig zeitgemäß die Einrichtungen des Heilbades sind, so viel Know-how besitzt das medizinische Personal – cubanische Ärzte eben. Mo–Fr 8–16 Uhr. Calle 23 Final, ✆ 788180.

• *Übernachten* ***** Mirador** ist ein einfacheres Hotel der cubanischen Islazul-Kette mit grün-weißen Markisen über den Balkonen, keine hundert Meter oberhalb vom Balneario. In dem Haus gibt es ein Restaurant, eine Grillbar und eine Pizzeria. Am Swimmingpool wird den ganzen Tag dafür gesorgt, dass auch Blinde das Hotel finden – man muss nur der lautesten Musik im Ort nachgehen, sie ist ohrenbetäubend. Die 30 Zimmer sind zweckmäßig und mit Klimaanlage ausgestattet. EZ 27–31 CUC, DZ 37–41 CUC, Triple 47–53 CUC, Suite 50–55 CUC, je nach Saison. Calle 23 Final. ✆ 778338, ✆ 7866, carpeta@mirador.sandiego.co.cu.

Motel Cary y Julio, eine hübsche Casa in Sichtweite des Balneario, vermietet zwei am Innenhof gelegene Zimmer mit Bad, Klimaanlage und Kühlschrank. Im Patio werden auch die optional erhältlichen Speisen serviert, wer möchte, bekommt nachmittags sogar eine Brotzeit. DZ 20–25 CUC, je nach Saison. Calle 29 e/ 40 y 42, ✆ 52284842 (mobil).

Casa Carlos y Rayda, im Stadtzentrum nahe beim Baseballplatz gelegen, ist das wohl beste Privat-Quartier in San Diego de los Baños. Das modern eingerichtete, sehr saubere Zimmer verfügt über ein schönes Bad, Klimaanlage und Minibar. Da Rayda Englisch-Lehrerin ist, dürfte es keine Verständigungsprobleme geben. Mehrgängiges Abendessen auf Wunsch (ca. 7 CUC). DZ 20 CUC inkl. Frühstück für zwei Personen. Calle 21 A Nr. 3003 e/ 30 y 32.

Campismo Cueva de los Portales liegt 15 km nordwestlich von San Diego de los Baños und ein paar hundert Meter vor dem Eingang zur gleichnamigen Höhle am Rand eines kleinen Wäldchens. Die zwölf einfachen Hütten sind zwar nicht das Gelbe vom Ei, aber Naturfreunde ohne große Ansprüche können sich hier durchaus wohlfühlen. Im Mini-Restaurant der Anlage kann man sich mit dem Nötigsten versorgen. DZ 5 CUC/Person. El Abra San Andrés de Cainabo, ✆ 32749.

Unterwegs in der Umgebung

Parque La Güira: Der kleine Nationalpark, fünf Kilometer westlich von San Diego de los Baños auf dem Gelände der früheren Hazienda Cortina, ist – oder besser war – ein riesiger Garten voller Skulpturen, der 1926 von dem Anwalt José Manuel Cortina angelegt wurde. Inzwischen haben beide sehr gelitten: Der Park ist regelrecht verwildert, den noch nicht ganz zerstörten Plastiken fehlen zumindest Arme und Beine, manchmal auch der Kopf. Wanderer und Naturfreunde werden dennoch ihre Freude haben. Für sie gibt es verschiedene Wanderwege, an denen die heimische Flora auf Schildern erklärt wird. Am höchsten Punkt des Areals liegt ein bescheidenes Hotel-Resort, das allerdings ausschließlich cubanischen Militärs und ihren Familien vorbehalten ist. Das einfache Restaurant „La Güira" ein paar Meter weiter steht zwar der Allgemeinheit offen (12–21.30 Uhr), kann aber getrost auch den Soldaten überlassen werden – außer man stirbt vor Hunger.

Cueva de los Portales: Die Höhle im Loma de los Arcos, die 15 Kilometer nordwestlich von San Diego de los Baños bzw. 22 Kilometer nördlich der Autopista liegt, wurde zwar schon um das Jahr 1800 von einem Spanier namens Portales wieder entdeckt. Nachdem während der Kolonialzeit zunächst Indios und später entflohene Sklaven in ihr gehaust hatten, rückte sie erst durch die Cuba-Krise im Jahr 1962 wieder ins Bewusstsein der Öffentlichkeit. Das von dem 65 Kilometer langen Río Caiguanabo ausgewaschene unterirdische System wählte Ernesto Che Guevara damals nämlich für seine „Comandancia Occidental", also den Kommandostand für die West-Truppen. Zu ihm hatte nur der aus zehn Männern bestehende innerste Zirkel Zugang, die 200-köpfige Wachmannschaft campierte vor der Höhle im Freien. Die geschichtskundigen Führer, die heute an diesem Platz auf Kundschaft warten, erzählen gerne, was sich damals in der für das postrevolutionäre Cuba gefährlichsten Phase in der Höhle abspielte. Sie zeigen unter anderem das im Original erhaltene Esszimmer von Che Guevara, sein Büro, in dem er auch schlief, und jenen Höhlenteil, in dem er und seine Offiziere Schießübungen durchführten. Sogar das Schachbrett ist noch erhalten, an dem der Comandante in jenen spannungsgeladenen Tagen Ablenkung suchte.

Zur Cueva de los Portales kann man theoretisch über den Parque „La Güira" gelangen, sollte die Strecke aber tunlichst meiden, wenn man keinen Achsbruch riskieren will. Wesentlich bequemer ist die Anfahrt von der Carretera Central oder der Autopista aus, wo man bei Autobahn-Kilometer 115 rechts abzweigt.

Tägl. 9–17 Uhr. Eintritt 1 CUC, Führung 1 CUC (auch engl.), Fotoaufnahmen 1 CUC.

Soroa

Das 74 Kilometer westlich der Stadtgrenze von Havanna gelegene Naherholungsgebiet für die Hauptstädter befindet sich mitten in der Sierra del Rosario, einer bis auf 600 Meter ansteigenden Hügellandschaft mit ausgedehnten Palmenhainen und weitläufigen Kiefernwäldern, die von der UNESCO 1985 zum ersten Biosphärenreservat in der Provinz Pinar del Río erklärt wurde. Die vom Río San Juan durchflossene „Perle der Natur", die man aufgrund ihres Abwechslungsreichtums gern auch als „Cubas Regenbogen" bezeichnet, hat ihren Namen von zwei spanischstämmigen Brüdern namens Lorenzo und Antonio Soroa Muñagorri, die im Jahr 1856 in das Tal kamen. Wie so häufig, hat die cubanische Geschichtsschreibung aber auch in diesem Fall noch eine zweite Variante parat, derzufolge der Franzose Jean-Pierre Soroa, ein Plantagen- und Großgrundbesitzer, für die Namensgebung verantwortlich sein soll. Wie auch immer: Jedenfalls machten beide bzw. alle drei ihr Glück mit dem Anbau von Kaffee. Und zumindest sind sich die Historiker darüber einig, wem mit dem Orquideario, einem 35.000 Quadratmeter großen Orchideengarten, die größte Attraktion des kleinen Ortes zuzuschreiben ist. Der auf den kanarischen Inseln geborene Rechtsanwalt Tomás Felipe Camacho trug hier mehr als 700 Arten aus aller Welt zusammen, darunter auch so seltene wie die Paradiesvogel-Orchidee oder die Flor de San Pedro. Es ist al-

Ein „Fall" für Naturfreunde

lerdings nicht allein das Orquideario, das Soroa als Attraktion für seine Besucher bereithält. Der idyllisch gelegene Wasserfall „Salto de Arco Iris" ist den kurzen, aber anstrengenden Treppensteig ebenfalls wert. Weniger Schweiß vergießt man auf dem zwei Kilometer langen Weg zum Aussichtspunkt mit dem einfallslosen Namen „El Mirador" („Der Aussichtspunkt") – aber auch nur dann, wenn man am Anfang für 5 CUC ein Pferd besteigt.

• *Essen & Trinken* **El Salto** liegt am Beginn des Wegs zum „Salto de Arco Iris" und fungiert gleichzeitig als „Kassenhäuschen" für den Trail. In dem luftigen Terrassenlokal wird cubanisch gekocht, Spezialität des Hauses ist „Soroa Tentación" („Verführung Soroas"), ein Gericht aus gekochtem Rindfleisch mit Zwiebeln und Knoblauch (4,55 CUC). Ebenso empfehlenswert: „Suprema de Pollo con Salsa de Frutas" („Das Beste vom Hähnchen in Früchtesoße") für 6,55 CUC. Tägl. 8–16.30 Uhr. Carretera Soroa km 8.

Provinz Pinar del Río

- *Übernachten* **Villa Soroa** befindet sich aus Fahrtrichtung Las Terrazas am Ortseingang von Soroa – und damit in fußläufiger Entfernung zu allen Sehenswürdigkeiten. Das in die schöne Naturlandschaft eingebettete Hotel bietet 49 in freundlichen Bungalows untergebrachte Zimmer und 29 weitere in 8 Häusern oberhalb des Orquideario. Alle Räume sind mit Bad, Klimaanlage, Telefon, Satelliten-TV und Safe ausgestattet. In der modernen Anlage gibt es Restaurant, Bar, Swimmingpool, Souvenirladen, Wechselstube und Autovermietung. Auch Ausritte, Vogelbeobachtungen und Wandertouren in die nähere Umgebung werden angeboten. EZ 37–45 CUC, DZ 53–65 CUC, je nach Saison. Carretera Soroa km 8. ✆ 3534, 3512, 3556, ✆ 3861, reserva@hvs.co.cu.

Casa Mayra y Carlos ist ein sauberes Privat-Quartier an der Straße zwischen Soroa und Las Terrazas. Vermietet werden zwei geräumige Zimmer mit Bad, Klimaanlage und Ventilator. Natürlich gibt es auch Speisen, die in einer Gartenlaube serviert werden. Für den Snack kann man sich aber auch direkt in der Natur bedienen – vor der Tür findet man eine Bananen-Plantage. DZ 20–25 CUC, je nach Saison. Carretera Soroa km 8,5.

Casa Los Sauces, 1 km von der Autobahnabfahrt und 5 km vom Zentrum gelegen, ist ein entzückendes Häuschen, das vor allem durch seinen gepflegten Garten besticht. Kein Wunder: Analidia Rodríguez arbeitet im Orquideario Soroas und kennt sich mit Pflanzen bestens aus. Die Casa bietet ein großes, unabhängiges Zimmer mit Bad, Klimaanlage, Kühlschrank und drei großen Betten, Frühstück und Abendessen gibt es auf Wunsch. DZ 20–25 CUC, je nach Saison. Carretera Soroa km 3, ✆ 52289372 (mobil).

Unterwegs in Soroa

Orquideario: Der mit 35.000 Quadratmetern größte Orchideen-Garten Cubas ist das ganze Jahr über eine Augenweide, die sich in den leuchtendsten Farben präsentiert. Irgendeine der „Königinnen der Blumen" blüht immer, die meisten zeigen sich allerdings von Dezember bis März von ihrer schönsten Seite. Angelegt wurde das Orquideario zwischen 1943 und 1952 von dem Rechtsanwalt Tomás Felipe Camacho zum Andenken an seine im Kindesalter verstorbene Tochter Pilila, weswegen er den Garten ihr zu Ehren zunächst „Rancho Pilila" nannte. Nachdem er auch seine Frau Pilar 1948 nach einer Krebserkrankung verloren hatte, ging Camacho ganz in der Zucht von Orchideen auf und trug bis zu seinem Tod 1961 mehr als 700 Arten aus aller Welt zusammen.
Tägl. 8.30–16.30 Uhr. Eintritt 3 CUC inkl. Führung, Fotoaufnahmen 1 CUC, Videoaufnahmen 2 CUC. Carretera Soroa km 8, ✆ 522558.

Salto de Arco Iris: Zu dem mitten im Ort gelegenen Wasserfall führen 296 Treppenstufen, die wenige Meter hinter dem kleinen Parkplatz am Restaurant „El Salto" beginnen. Auf dem schmalen Pfad geht es, begleitet vom Rauschen des Wassers, auf und ab durch ein Wäldchen mit Johannisbrotbäumen und Fichten, ehe man etwa auf halbem Weg (nach Treppenstufe 136) eine Aussichtsplattform erreicht, von wo man sowohl den Ursprung des Wasserfalls sieht als auch den Naturpool, in den er sich ergießt. Unten angekommen, kann man sich – Badehose oder -anzug vorausgesetzt – von der angesichts hoher Luftfeuchtigkeit recht schweißtreibenden Wanderung etwas erfrischen.
Täglich 8–16.30 Uhr. Eintritt 3 CUC inkl. Getränk. Carretera Soroa km 8.

El Mirador: Der Aussichtspunkt, von dem aus man einen phantastischen Blick auf die umliegende Landschaft genießt, liegt oberhalb von Soroa auf 375 Metern Seehöhe. Für die etwa zwei Kilometer lange Strecke, die über 158 Stufen führt, benötigt man hin und zurück rund eine Stunde reine Gehzeit. Es geht aber auch schneller: Am Ausgangspunkt des Wegs an den Baños Romanos kann man für 5 CUC Pferde mieten.
Tägl. 24 Std. Eintritt frei. Carretera Soroa km 8.

Baños Romanos: Mit einem römischen Badetempel hat die Einrichtung in der Ortsmitte von Soroa zwar nur den Namen gemein, nichtsdestotrotz kann man sich in dem einfachen Steinhäuschen von Masseuren und Physiotherapeuten durchkneten und seinen Körper auf Vordermann bringen lassen. Neben Bädern in Wasser aus den Mineralquellen werden auch Fango-Heilbehandlungen (8 CUC) angeboten. Massagen kosten je nach Dauer und Umfang 5–10 CUC.
Tägl. 9–16 Uhr. Carretera Soroa km 8.

Castillo de las Nubes: Das Wolken-Schloss – so die deutsche Übersetzung des Namens – befindet sich auf einem Hügel oberhalb des Orquideario. Früher war das einer mittelalterlichen Burg ähnelnde Bauwerk ein Restaurant mit einer herrlichen Panorama-Terrasse, heute ist es nur noch ein Aussichtspunkt, von dem aus einem die dichten Palmen-, Fichten- und Kiefernwälder im Umland von Soroa im wahrsten Sinne des Wortes zu Füßen liegen. Anders als sein Gegenpart El Mirador auf der anderen Seite des Ortes, ist das Castillo auch mit dem Auto zu erreichen. Die Straße vorbei am Orquideario ist zwar steil, aber gut befahrbar.
Tägl. 24 Std. Eintritt frei. Carretera Soroa km 8.

Las Terrazas

Das Naturschutzgebiet sechs Kilometer nordöstlich von Soroa verdankt seinen Namen einer groß angelegten Wiederaufforstung aus dem Jahr 1968, die schließlich dazu führte, dass die UNESCO die Sierra del Rosario als Biosphärenreservat auswies. Um in dieser Ecke des Höhenzuges die Erosion in den Griff zu bekommen, begann der cubanische Staat damals mit Umweltschutzmaßnahmen und der Anpflanzung von sechs Millionen junger Bäume. Auf einem Areal mit einer Gesamtfläche von 50 Quadratkilometern legte man dazu auf einer Länge von 1500 Kilometern Terrassen an – Las Terrazas war geboren. Um aus den verstreuten Gehöften eine leichter zu versorgende Siedlung zu machen, errichtete man drei Jahre später an einem künstlichen See das gleichnamige Dörfchen mit Kindergarten, Schulen und vielen anderen sozialen Einrichtungen. Im Jahr 1990 schließlich rief der damalige Tourismusminister Osmani Cienfuegos, seines Zeichens Bruder des legendären Revolutionärs Camilo Cienfuegos, hier das erste und noch immer wichtigste Ökotourismusprojekt Cubas ins Leben, mit dem auf umweltfreundliche Art die Existenz der heute rund 1000 Einwohner der Comunidad Las Terrazas gesichert werden sollte. Zwischen 1992 und 1994 entstanden so ein in die Natur eingebettetes Hotel, Restaurants und Künstlerateliers, in denen selbstverständlich auch mit natürlichen Rohstoffen wie Holz und Ton gearbeitet wird.

Das Experiment gelang, Las Terrazas ist inzwischen bei In- wie Ausländern ein beliebtes Ziel, das besonders gerne von Urlaubern angesteuert wird, die die cubanische Natur hautnah erleben und am liebsten zu Fuß entdecken möchten. Die sechs Wanderwege mit eineinhalb bis 15 Kilometern Länge, die unter anderem ins Tal von Bayate, auf den Hügel von Taburete oder zu den Wasserfällen von San Claudia führen, sprechen die gesamte Bandbreite an – vom Spaziergänger bis zum Konditionspaket. Wer eine größere Herausforderung sucht, kann sich bei der Canopy-Tour in einer Art Hochseilgarten austoben, wer es ruhiger mag, die Ruinen von sieben verschiedenen Kaffee-Plantagen besichtigen, von denen jene der Hacienda Unión die lohnenswerteste ist. Und wer nur entspannen möchte, kann in der Casa del Campesino ein typisch cubanisches Bauern-Menü vom Holzkohleherd genießen und sich danach per Pferde-Kutsche durch die Landschaft schaukeln lassen.

162 Provinz Pinar del Río

Las Terrazas ist über zwei Tore zu erreichen, das eine liegt sechs Kilometer nördlich von Soroa, das zweite sieben Kilometer westlich der Ortschaft Cayajabos, zu der man an der Provinzgrenze zwischen Havanna und Pinar del Río nach rechts von der Autobahn abzweigt. Der Eintritt für Tagesgäste beträgt in beiden Fällen 4 CUC, für Hotelgäste ist er frei.

- *Freizeit* Im **Informationszentrum (1)** kann man nicht nur Wanderführer anheuern (5 CUC/Std.) oder zu Ausritten starten (5 CUC/Std.), sondern auch Boote für eine Runde auf dem Lago Palmar mieten (2 CUC/Std.). Tägl. 8–17 Uhr. Comunidad Las Terrazas. ✆ 778555, ✆ 778578, reserva@terraz.co.cu, www.lasterrazas.cu.

Canopy Tour heißt das jüngste Angebot von Las Terrazas und ist eine Art Hochseilgarten mit fünf hölzernen Plattformen, die durch Stahlseile verbunden sind. An ihnen schwebt man auf einer Länge von 800 m über das Gelände hinweg und kann dabei Las Terrazas aus der Vogelperspektive erleben. Natürlich wird man bei den nicht ungefährlichen Abenteuer von erfahrenen Guides angeleitet. Comunidad Las Terrazas. ✆ 778555, ✆ 778578, reserva@terraz.co.cu, www.lasterrazas.cu.

- *Essen & Trinken* **Moka (6)**, das Hauptrestaurant des gleichnamigen Hotels, bietet nationale und internationale Küche und ist sicher die erste Wahl in dem Touristen-Komplex. Der gratinierte Spargel (5,15 CUC) ist ein Gedicht, das mit Kaffeelikör bestrichene Brathähnchen à la Moka (8 CUC) eine Herausforderung. Wein gibt es glasweise ab 1,80 CUC. Tägl. 7.30–10, 12–15 + 19–22 Uhr. Comunidad Las Terrazas, ✆ 778600.

Casa de Botes (3), das auf Stelzen stehende „Bootshaus" am Rand des künstlichen Sees, ist nur über einen Holzsteg zu erreichen. Spezialität sind Fischgerichte, ein Filet kostet 5,20 CUC. Daneben steht aber auch das ganze übrige cubanische Programm von Hähnchen über Schweinefleisch bis zu Pizza (1,35–3,25 CUC) auf der Karte. In dem Lokal mit der großen Holzterrasse, auf der man quasi als Vorspeise einen wunderbaren Blick über den See bis hin zu den Bergen genießt, geht es recht leger zu, weshalb man Gästen mittendrin auch gern ein paar Salsa-Schritte zeigt – kostenlos, versteht sich. Tägl. 8–24 Uhr. Comunidad Las Terrazas.

Casa del Campesino (5), Bauernhaus nahe dem westlichen Eingang von Las Terrazas – ein Muss, wenn man einmal so essen möchte, wie es früher in Cuba auf dem Land gang und gäbe war. Deshalb wird in der kleinen Küche noch heute auf einem

▲ *Loma del Mulo* (453m)

Ü bernachten
4 Campismo El Taburete
6 Moka
7 Cabañas Rusticas

E ssen & Trinken
2 Rancho Curujey
3 Casa de Botes
5 Casa del Campesino
6 Moka

S onstiges
1 Informationszentrum

Casa del Campesino *Hacienda Unión* 5

▲ *Loma Tres Picos* (524m)

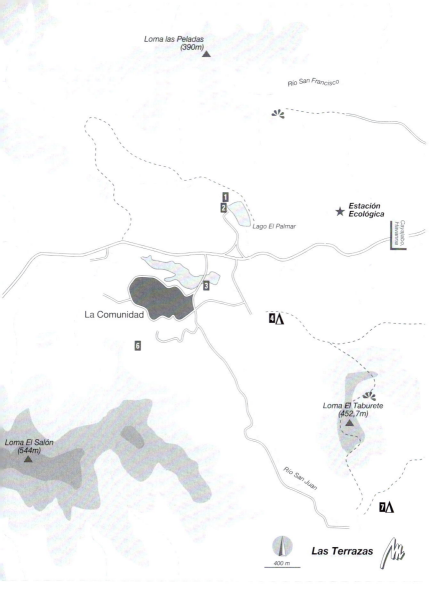

Holzkohleherd gekocht und deshalb wird auch kein Fisch serviert, weil es den auf den Bauernhöfen normalerweise nicht gab. Stattdessen serviert man leckere „Lonjas de Piernas de Cerdo asado en cazuela" („Fleisch von der Schweine-Oberkeule aus dem Schmortopf") für 7 CUC oder „Aporreado de Ternera Pinareño", eine Art cubanischer Eintopf für 7,50 CUC. Tägl. 11.30–17 Uhr, abends nur nach Reservierung. Comunidad Las Terrazas.

Rancho Curujey (2), ein bärähnliches Freiluft-Restaurant, findet man am Informationszentrum in der Mitte von Las Terrazas. Mit Blick auf den zweiten künstlichen See der Anlage, den Lago Palmar, werden Cocktails

(1,55–2,20 CUC), Sandwiches (1,75–2,45 CUC) oder gegrillte Hähnchen (6,60 CUC) und Schweinesteaks (6,60 CUC) serviert. Wer 8 CUC anlegt, bekommt das Menü „La Formula A" – Schweinefleisch, Salat, Eiscreme. Offiziell spielt tagsüber eine Live-Combo, die Kameraden werden allerdings nur dann wach, wenn wieder mal ein Bus voller Touristen vorfährt. Tägl. 8–21 Uhr. Comunidad Las Terrazas.

• *Übernachten* ****** Moka (6)**, das Hotel der Comunidad Las Terrazas, liegt auf einer kleinen Anhöhe oberhalb des künstlichen Sees und wurde dort nicht in die Natur gepflanzt, sondern schon beinahe um die Natur herumgebaut, was zumindest im Eingangsbereich deutlich wird, wo Bäume aus dem Fliesenboden und durch das Dach wachsen. In dem Haus gibt es mehrere Restaurants, darunter auch ein vegetarisches, Swimmingpool, Tennisplätze, Geschäfte mit dem täglichen Bedarf und Souvenirs sowie medizinische Betreuung und Autovermietung. Die 26 modernen Zimmer sind mit Klimaanlage, Satelliten-TV, Radio, Telefon und Safe ausgestattet und haben alle entweder Balkon oder Terrasse. Außerdem gibt es fünf Bungalows weiter unten am See mit nahezu identischer Einrichtung. EZ 60–75 CUC, DZ 80–110 CUC, Triple 115–160 CUC, Bungalow-EZ 50–65 CUC, Bungalow-DZ 60–85 CUC, je nach Saison. Comunidad Las Terrazas. ✆ 778600, ✉ 778605, alojamiento@hotel.terraz.co.cu, www.lasterrazas.cu.

Campismo El Taburete (4), wenige Kilometer südöstlich vom Informationszentrum, ist eine sehr einfache, dafür aber auch preisgünstige Übernachtungsmöglichkeit. Die im Wald gelegene Anlage umfasst 46 Hütten, von denen 30 auf vier Personen, der Rest auf zwei Personen ausgelegt sind. Versorgen kann man sich in der Cafetería gegenüber der Rezeption, wo den ganzen Tag über die Musik so laut dröhnt, dass sich garantiert kein Wildtier auch nur in die Nähe des Campismo wagt – nur die Moskitos scheinen von dem Radau förmlich angezogen zu werden. EZ/DZ/Triple 5 CUC/Person. Comunidad Las Terrazas.

Cabañas Rusticas (7), zwei sehr einfache Landhütten, werden direkt vom Informationszentrum vermietet. Erwarten darf man gar nichts, dann ist man vielleicht angenehm überrascht. EZ 9 CUC, DZ 11 CUC. Comunidad Las Terrazas. ✆ 778555, reserva@terraz.co.cu.

Unterwegs in Las Terrazas

Hacienda Unión und Casa del Campesino: Die Ruinen der ehemaligen Kaffeeplantage, von denen es in dem heutigen Gebiet von Las Terrazas einst sieben gab, findet man einen Katzensprung hinter der Casa del Campesino mitten im Wald. Viel mehr als ein paar Mauerreste sind nicht übrig, doch allein das idyllische Plätzchen ist den kurzen Spaziergang wert. Anfang des 19. Jahrhunderts von französischen Einwanderern gegründet, arbeiteten in der Anlage einmal 99 afrikanische Sklaven, die in dem unwegsamen Gelände die Kaffee-Pflanzen zogen. Der Mittelpunkt der Plantage war damals die Casa del Campesino, in der der Kaffeebaron mit seiner Familie lebte. Sie wurde 1995 nach Originalplänen wieder aufgebaut und soll die alten Traditionen hoch halten. Sogar ein kleiner Hain mit Kaffeepflanzen wurde zu diesem Zweck angelegt, liefert aber gerade so viele Bohnen, wie Gustavo Goenaga und seine Frau Raquel Enriques für den Hausgebrauch benötigen. Beide betreiben die Casa del Campesino heute als Landgasthaus, in dem wie früher bei den cubanischen Bauern gekocht wird. Auch wer nichts verzehren möchte, ist jederzeit zu einer Besichtigung eingeladen – angesichts des Bratenduftes, der das Haus durchzieht, gibt es aber wohl nur sehr wenige Besucher, die es bei einem Blick in die Küche bewenden lassen.
Tägl. 12.30–17 Uhr. Comunidad Las Terrazas.

Auf Stelzen gebaut und nur über einen Steg zu erreichen: Casa de Botes

Havanna – mit welch phantasievollen Bezeichnungen hat man diese großartige Stadt am Golf von Mexiko nicht schon bedacht: „Stadt der Säulen" als sie jung war, „Paris der Antillen", als sie sich mit dem Flair der großen weiten Welt umgab, „Perle der Karibik", als sie sich in den besten Jahren befand … Heute ist sie eine „Gran Dame", deren verblassender Schönheit man mit viel Make-up zu begegnen sucht, ohne jene Falten kaschieren zu können, die einem Gesicht erst seinen Charakter verleihen. Trotz ihrer Betagtheit ist die „alte Dame" in ihrem Innersten jung geblieben – mal quicklebendig und lebenslustig, mal zurückhaltend und charmant, immer eine gewisse Souveränität ausstrahlend und immer freundlich.

Die Seele Havannas mit seinen mehr als 2,2 Millionen Einwohnern, die Cubas Metropole nach Caracas und Maracaibo in Venezuela und Santo Domingo in der Dominikanische Republik zur viertgrößten Stadt der Karibik machen, sitzt in Vieja. Sein wirtschaftliches Herz schlägt in den unzähligen Banken, Büros und Ministerien in Vedado. Seine (grüne) Lunge atmet in den Parks und Vorgärten des Diplomaten-Viertels Miramar. Sein (politischer) Kopf denkt in den Regierungs- und Parteizentralen an der Plaza de la Revolución. Insgesamt zählt Havanna 15 Bezirke – von Centro bis Cerro, von La Habana del Este bis La Lisa bilden sie eine Synthese des ganzen Landes. Koloniale Pracht, monumentale Denkmäler und modernste Hotels neben ramponierten Straßen, heruntergekommenen Villen und maroden Plattenbausiedlungen machen die Metropole zu einer der sehenswertesten und beeindruckendsten Städte Lateinamerikas.

Kein Zweifel – Havanna ist eine Stadt der krassen Gegensätze: Während in den oftmals leeren Regalen der Peso-Geschäfte der Mangel verwaltet wird, ist auf dem

Havanna

Havanna-Vieja	171	Vedado	240
Havanna del Este	222	Miramar	271
Regla	225	Havannas Westen	283
Centro	226	Havannas Süden	289

Schwarzmarkt gegen Devisen beinahe alles zu haben. Während die Duschen der Nobel-Hotels rund um die Uhr heißes Wasser speien, tragen die Bewohner einiger Straßenzüge das kostbare Nass mangels Zuleitung in Kübeln nach Hause. Während ein Arbeiter im Monat mit umgerechnet 12 Euro im Durchschnitt auskommen muss, machen Jineteros und Jineteras, die Schlepper und Gelegenheitsprostituierten, ein Vielfaches davon an einem Tag – oder in einer Nacht. Doch trotz dieser Diskrepanzen und trotz aller Unzulänglichkeiten hat man nie das Gefühl, dass sich die in relativer Armut lebenden Menschen in ihrer Stadt nicht wohlfühlen könnten. Ganz im Gegenteil: Sie sind lebenshungrig und neugierig, freundlich und hilfsbereit, verstehen es zu feiern, zu musizieren, zu tanzen – und wie selbstverständlich das Wenige zu teilen, das sie besitzen. Aufgrund der über lange Jahre miserablen wirtschaftlichen Situation haben sie eine gewisse Solidarität kultiviert, die das (Über-)Leben erleichterte – eine Solidarität, die Fremde nicht ausschließt.

Dieses Willkommensein wird nicht nur in der Privatsphäre der Familien oder unter Freunden spürbar, selbst an den Museumskassen und Hotel-Rezeptionen, in den vielen Sehenswürdigkeiten und den Bars erlebt man, was es bedeutet, gern gesehen zu sein – meistens jedenfalls. Dennoch ist auch in Havanna ein gerüttelt Maß an Zurückhaltung und Vorsicht angebracht. Nepper und Schlepper warten nur darauf, zahlungskräftigen Touristen etwas andrehen zu können – und sei es nur eine aus Tabakabfällen zusammengestopfte Zigarre oder am besten eine ganze Kiste davon. Havanna ist eben eine Stadt der extremen Widersprüche.

Willkommen in Havanna!

Die Geschichte

Die Geschichte hat es mit Havanna schon immer gut gemeint – und die Geographie auch. Der größte Naturhafen in der Karibischen See mit seinen tiefen Wassern führte dazu, dass die Gegend bereits im Jahr 1508 von dem galizischen Seefahrer Sebastián de Ocampo entdeckt wurde. Der umsegelte Cuba damals im Auftrag des Gouverneurs von Santo Domingo, um festzustellen, ob das Land – wie von Christoph Kolumbus nach seiner Entdeckung angenommen – tatsächlich Teil eines Kontinents war, und kartographierte bei dieser Gelegenheit gleichzeitig die Küstenlinien der Insel. Doch trotz der geschützten Bucht, an der Havanna liegt, entstand die Siedlung San Cristóbal de La Habana, die Cubas erster Gouverneur Diego Velasquéz 1514 als eine der sieben Villas gründete, zunächst weit entfernt von ihrem heutigen Standort. Wie auf einer der ersten Landkarten Cubas von Paolo Forlano zu sehen ist, befand sie sich damals an der Südküste bei der Mündung des Río Onicaxinal nahe der heutigen Stadt Batabanó. Aufgrund der unwirtlichen Gegend – die im Lauf der Zeit nur unwesentlich gewonnen hat – verlegte man die Ortschaft schon vier Jahre später an die Nordküste. Wegen der Versorgung mit Frischwasser schlug man hier seine Zelte zunächst rund um die Mündung des Río Almendares auf, die die Indios damals Casiguaguas nannten und die heute die Stadtteile Vedado und Miramar trennt. Schließlich – und daran erinnert auch der kleine griechische Tempel „El Templete" in Havanna-Vieja – wurde die nach dem Heiligen Christophorus benannte Stadt 1519 von Pánfilo de Narváez an der heutigen Plaza de Armas im Rahmen einer offiziellen Gründungsmesse ein zweites Mal aus der Taufe gehoben.

Wegen seiner strategisch günstigen Lage zwischen der Alten Welt und den Kolonien in Lateinamerika entwickelte sich Havanna in kürzester Zeit zu einem der bedeutendsten Umschlaghäfen der Spanier. Gold und Silber aus den Anden, Smaragde aus Kolumbien, Mahagoni-Hölzer aus Guatemala, gegerbte Felle aus Peru, Mais, Kartoffeln, Maniok und Kakao – alle Waren landeten zunächst im Hafen von Havanna, bevor sie immer zwischen März und August von großen Flottenverbänden nach Spanien gebracht wurden. Natürlich lockte der Reichtum der Stadt auch Gesindel an, Überfälle von Piraten waren an der Tagesordnung. Die spanische Krone handelte allerdings erst, als der französische Korsar Jacques de Sores die Hauptstadt ihrer Kolonien im Juli 1555 plünderte und niederbrannte – und dies auch nicht sofort. Erst 1558 begann man damit, das Castillo de la Real Fuerza zu errichten, Jahre später folgten das Castillo de San Salvador de la Punta und das Castillo de los Tres Reyes del Morro, die die Hafeneinfahrt schützen sollten. Später zog man noch eine riesige Stadtmauer um das heutige Havanna-Vieja – und hatte mit all diesen Maßnahmen die Freibeuter letztendlich im Griff.

Nachdem König Felipe II. Havanna am 20. Dezember 1592 offiziell die Stadtrechte verliehen, es 1607 zur Hauptstadt gemacht und 1621 auch noch den Sitz der spanischen Generalität von Santiago de Cuba hierher verlegt hatte, übergab Königin Mariana de Austria der Stadt am 30. November 1665 ihr Wappen: Die drei Türme auf blauem Grund sollten die drei Festungsanlagen symbolisieren, der goldene Schlüssel dazwischen auf die Rolle Havannas als „Schlüssel zum Golf von Mexiko" anspielen. Die auf dem Schild dargestellten Castillos konnten die Stadt aber nur bedingt schützen, denn während des Siebenjährigen Krieges zwischen Spanien und England ging am 6. Juni 1762 eine riesige britische Flotte mit mehr als 50 Schiffen und rund 14.000 Marine-Soldaten in der Nähe des heutigen Cojímar vor Anker. Entsprechend vorgewarnt, begingen die Engländer nicht den Fehler, in den Hafen einzufahren, sondern ersannen eine List. Während eine kleine Einheit an der Mündung des Río Almendares landete und die Aufmerksamkeit der Spanier auf sich zog, griffen starke Verbände das Castillo de los Tres Reyes del Morro von der Landseite her an. Die Belagerung dauerte nicht lange, nach 44 Tagen waren die Spanier in der Festung ausgehungert und gaben auf. Nach der Eroberung dieses strategisch wichtigen Punktes, von dem aus ganz Havanna hätte beschossen werden können, fiel die Stadt in wenigen Stunden. Die britische Besatzung währte elf Monate, ehe die Spanier Havanna im „Pariser Frieden" gegen Florida eintauschten. Ein Jahr später initiierte König Carlos III. den Bau der Fortaleza San Carlos de la Cabaña, die in nur elf Jahren als größte Befestigungsanlage Spaniens in der Neuen Welt förmlich aus dem Boden gestampft wurde. Ein Überfall wie der durch die Engländer sollte nicht noch einmal passieren und passierte auch tatsächlich nicht mehr – was aber wohl eher am zwischenzeitlichen Desinteresse der Briten lag.

Schutz für die Hafeneinfahrt

Diese hatten ihren Beitrag für die glänzende Entwicklung Havannas allerdings schon in ihrer kurzen Regierungszeit geleistet – wenn auch indirekt. Denn während es unter der Herrschaft des Hauses Bourbon nur erlaubt war, mit dem spanischen Mutterland Handel zu treiben, hatten die Briten die Märkte für die Welt geöffnet – was die Spanier nach der neuerlichen Machtübernahme nicht mehr ändern konnten oder wollten. Im Jahr 1818 zum Freihafen erklärt, blühte Havanna auf. Die Geschäfte boten die aktuellste Mode für die Damen, die Theater engagierten die besten Schauspieler jener Zeit, die Bourgeoisie ließ prächtige Herrenhäuser erbauen, was dazu führte, dass man die Stadt fortan als das „Paris der Antillen" bezeichnete. Ab 1837 rollte in Cuba als fünftem Land der Erde und als erstem in der spanischsprachigen Welt die Eisenbahn, die Havanna mit dem 51 Kilometer entfernten Bejucal verband, von wo aus der Zucker direkt zum Hafen transportiert wurde. Und mit der Eisenbahn kamen immer mehr Menschen, so dass man 1863 damit begann, die Stadtmauern einzureißen, um eine Ausdehnung in die Fläche zu ermöglichen. Ende des 19. Jahrhunderts entstand so der Stadtteil Vedado, später auch noch Miramar.

Nachdem die Spanier nach dem Zweiten Unabhängigkeitskrieg (1895–1898) vertrieben worden waren und sich Cuba dem nordamerikanischen Einfluss nicht hatte entziehen können, wuchs Havanna weiter. In den 1930er Jahren brach ein wahrer Bauboom aus. Die ersten Hotels entstanden, Casinos und Nachtclubs folgten. Der

Havanna

US-Gangster Meyer Lansky, mit bürgerlichem Namen Maier Suchowljansky, riss sich das Hotel „Riviera" unter den Nagel, der Mafioso Charles Luciano, besser bekannt als Lucky Luciano, leitete das Hotel „Nacional" – alles mit behördlicher Genehmigung. Aus dem „Paris der Antillen" war das „Gomorrha der Antillen" geworden, Havanna war plötzlich die Hauptstadt des Glückspiels, der Korruption und der Prostitution. Erst mit dem Ende der Revolution war damit Schluss.

Ab 1959 veränderte sich das tägliche Leben in der Stadt grundlegend: Die Slums in den Außenbezirken wurden aufgelassen, stattdessen mit Hilfe der Sowjetunion Plattenbausiedlungen errichtet und die einstigen Paläste der Oberklasse dem Volk als Wohnraum zur Verfügung gestellt – was allerdings auch keine optimale Lösung war. Denn die Prachtbauten wurden binnen kürzester Zeit zu – bewohnten – Ruinen. Erst als die cubanische Regierung das historische Zentrum 1976 zu einem nationalen Denkmal erklärte und die UNESCO Havanna-Vieja 1982 den Weltkulturerbe-Titel verlieh, rückten die architektonisch einmaligen Kolonialgebäude wieder in den Mittelpunkt des Interesses und werden seitdem aufwändig restauriert – eine Herkules-Aufgabe, die wohl nie zu Ende sein wird. Dennoch: In bescheidenem Umfang trägt die Sanierung erste Früchte, erstrahlt die Altstadt in einigen Ecken bereits wieder in ihrem ursprünglichen Glanz, sorgen die Denkmalpfleger dafür, dass Havanna sein Gesicht mehr und mehr zum Positiven verändert.

Hin & Weg

• *Bahn* **Estación Central de Ferrocarriles**, Calle Egido e/ Arsenal y San Pedro, ✆ 8628021. Verbindungen: Santiago de Cuba 4x tägl. 6.20, 15.15, 17.35 + 18.05 Uhr. Bayamo 1x tägl. 20.25 Uhr. Camagüey 1x tägl. 14.00 Uhr. Morón 1x tägl. 16.45 Uhr. Holguín 1x tägl. 19.00 Uhr. Sancti Spíritus 1x tägl. 21.45 Uhr. Pinar del Río 2x tägl. 17.00 + 22.35 Uhr. **Estación La Coubre**, Calle Desemparados, ✆ 8621006. Verbindungen: Cienfuegos 2x tägl. um 7.30 + 18.45 Uhr. Matanzas 2x tägl. 12.40 + 16.30 Uhr. Canasí 2x tägl. 9.05 + 10.10 Uhr. Matanzas (mit der Hershey-Bahn) 2x tägl. 12.25 + 14.10 Uhr.

• *Bus* **Víazul-Terminal**, Avenida 26 esquina Zoológico gegenüber dem Haupteingang zum Parque Zoológico, ✆ 811413, 815652, 811108, ✉ 666092, viazul@transnet.cu, www.viazul.com.
Víazul-Verbindungen: Varadero 3x tägl. 8.00, 12.00 + 18.00 Uhr über Matanzas, 10 CUC. Trinidad 2x tägl. 8.15 + 13.00 Uhr über Entronque de Jagüey und Cienfuegos, 25 CUC. Viñales 2x tägl. 9.00 + 14.00 Uhr, 12 CUC. Santiago de Cuba 4x tägl. 9.30, 15.00, 19.15 + 22.00 Uhr über Santa Clara, Sancti Spíritus, Ciego de Ávila, Camagüey, Las Tunas, Holguín und Bayamo, 51 CUC. Holguín 1x tägl. 20.30 Uhr über Sancti Spíritus, Ciego de Ávila, Camagüey und Las Tunas, 44 CUC.
Astro-Terminal, Avenida Independencia e/ 19 de Mayo y Bruzón, ✆ 8709401, 8709405.

Astro-Verbindungen: Matanzas 3x tägl. 9.10, 16.55 + 21.00 Uhr. Varadero 1x tägl. 4.35 Uhr über Matanzas. Cárdenas 1x tägl. 8.45 Uhr über Matanzas. José Martí jeden 2. Tag 8.35 Uhr über Matanzas, Cárdenas und Máximo Gómez. Colón jeden 2. Tag 21.10 Uhr über Matanzas. Cayo Ramona jeden 2. Tag um 11.40 Uhr über Matanzas, Jagüey Grande und Playa Girón. Jovellanos jeden 2. Tag 13.55 Uhr über Matanzas. Santa Clara 1x tägl. 14.00 Uhr über Matanzas, Jovellanos, Colón und Los Árabos. Los Árabos jeden 2. Tag 12.55 Uhr über Matanzas und Perico. Santa Clara 1x tägl. 6.30 + 19.40 Uhr. Caibarién 1x tägl. 10.35 Uhr über Santa Clara und Remedios. Moa 1x tägl. 16.55 Uhr über Santa Clara, Sancti Spíritus, Ciego de Ávila, Camagüey und Holguín. Zulueta jeden 2. Tag 11.25 Uhr über Santa Clara. Ciego de Ávila 2x tägl. 2.00 + 12.25 Uhr über Sancti Spíritus. Morón 1x tägl. 9.50 Uhr über Sancti Spíritus und Ciego de Ávila. Camagüey 3x tägl. 9.20, 14.00 + 19.45 Uhr über Sancti Spíritus, Ciego de Ávila und Florida. Las Tunas 3x tägl. 8.00, 20.45 + 23.00 Uhr über Sancti Spíritus, Ciego de Ávila und Camagüey. Puerto Padre 1x tägl. 22.05 Uhr über Sancti Spíritus, Ciego de Ávila, Camagüey und Las Tunas. Bayamo 2x tägl. 21.45 + 22.45 Uhr über Sancti Spíritus, Ciego de Ávila und Camagüey. Santiago de Cuba 3x tägl. 7.30, 12.15 + 19.20 Uhr über Sancti Spíritus, Ciego de Ávila, Camagüey und Bayamo. Guantánamo 2x tägl. 15.15 + 22.00 Uhr über Sancti Spíritus, Ciego de Ávila, Camagüey und Bayamo. Baracoa 1x tägl. 10.45 Uhr über Santa Clara, Sancti Spíritus, Ciego de Ávila, Camagüey, Bayamo und Guantánamo. Holguín 2x tägl. 9.15 + 19.00 Uhr über Sancti Spíritus, Ciego de Ávila und Camagüey. Manzanillo 2x tägl. 20.15 + 21.30 Uhr über Sancti Spíritus, Ciego de Ávila und Camagüey.

• *Flugzeug* **Internationaler Flughafen José Martí**, Avenida Rancho Boyeros, ✆ 707701, 454644.

Inlandsflüge ab Terminal 1 mit der cubanischen Fluggesellschaft **Cubana de Aviación** (Calle 23 Nr. 64 esquina P, ✆ 8364950, 8344446, cliente@cubana.avianet.cu) nach Baracoa, Bayamo, Camagüey, Cayo Largo, Ciego de Ávila, Cienfuegos, Guantánamo, Holguín, Manzanillo, Moa, Nueva Gerona, Santa Clara, Santiago de Cuba, Varadero, Las Tunas.

Aerogaviota (Avenida 47 Nr. 2814 e/ 28 y 34, ✆ 2030668, 2042621, 2045603, vpcom@aerogaviota.avianet.cu) fliegt Baracoa, Cayo Largo del Sur und Varadero an.

Inlandsflüge ab Terminal 5 mit **Aero Caribbean** (Calle 23 Nr. 64 esquina P, ✆ 8334543; Airport-Terminal, ✆ 558751-54, 335017, terminal@aerocaribbean.avianet.cu) nach Cayo Coco, George Town, Holguín, Managua, Santiago de Cuba, Santo Domingo, Port-au-Prince. Charterflüge mit **Aerotaxi** (Calle 27 Nr. 102 e/ M y N, ✆ 8334064, 8334063).

Internationale Flüge ab Terminal 3 unter anderem mit Air France (Paris), Air Europa (Madrid), Air Europe (Mailand), Air Italy (Montego Bay, Verona), Air Pullmantur (Madrid), Blue Panorama Airlines (Bologna, Mailand, Rom), Condor (Frankfurt), Cubana de Aviación (Gran Canaria, London, Madrid, Mailand, Paris, Rom), Iberia (Madrid), Iberworld (Madrid), LTU (Düsseldorf), Martinair (Amsterdam), Neos (Mailand), Virgin Atlantic (London).

• *Schiff* **Marina Hemingway**, Avenida 5ta esquina 248, ✆ 2097270, 2097928, 2045280. **Kreuzfahrt-Terminal Sierra Maestra** nahe der Plaza de San Francisco de Asís, Avenida del Puerto, ✆ 8666524, 8621925.

• *Taxi* Neben den normalen Taxen (Fénix Taxi, ✆ 8666666; Panataxi, ✆ 8555555; Habanataxi, ✆ 539090; Taxi OK, ✆ 8776666; Transgaviota, ✆ 2672727) verkehren in Havanna auch die sogenannten Coco-Taxen, die an allen regulären Taxi-Standplätzen zu finden sind. Die dreirädrigen gelben „Halbkugeln" auf Motorroller-Basis sind mit derzeit 0,50 CUC pro gefahrenen Kilometer deutlich günstiger als staatliche Taxen. Dies gilt auch für die Bici-Taxis, die cubanischen Rikschas mit zwei Sitzplätzen für die Passagiere, bei denen man den Fahrpreis vorher unbedingt verhandeln sollte.

• *Pferdekutschen* Wer es beschaulich mag und Havanna gemächlich mit einem PS erkunden möchte, ist sicher am besten in eine der zahlreichen Pferdekutschen. Man kann sie gar nicht verfehlen, die cubanischen Fiaker stehen mit ihren Gespannen traditionell an allen Anlaufstellen von Touristen. Bei ihren Rundfahrten, den sogenannten „Paseos coloniales", fahren sie durch Havanna-Vieja, Centro und streifen auch neue Viertel der Hauptstadt. Die Rundfahrten, bei denen die Kutscher auch die wichtigsten Sehenswürdigkeiten erklären, dauern normalerweise rund drei Stunden. Der Preis ist zwar Verhandlungssache, in der Regel ist aber mit 10 CUC pro Kutsche und Stunde zu rechnen – am besten also, man tut sich mit Freunden oder Bekannten zusammen.

• *Stadtbusse* Bloß nicht! Die Metrobusse und die noch wesentlich überfüllteren Camellos – zu Bussen umgebaute Sattelschlepper mit zwei „Höckern", daher der Name – sind mit ihren Fahrpreisen von wenigen Cent zwar das billigste Fortbewegungsmittel in Havanna, aber nicht ohne Risiko. Einerseits hat man aufgrund der Menschenmenge in den Bussen kaum eine Chance, an der gewünschten Haltestelle aussteigen zu können, andererseits sollte man seine Wertsachen äußerst sicher verwahren. Außerdem: Kalkuliert man die Wartezeit auf die Busse ein, ist man zu Fuß kaum langsamer.

Havanna-Vieja auf einen Blick (siehe Karte S. 172/173)

Telefon-Vorwahl: 07

• *Apotheke* **Droguería Johnson (40)**, tägl. 24 St.d, Calle Obispo 280 esquina Aguiar.

Farmacía Taquechel (52), tägl. 9–18.30 Uhr, Calle Obispo 155 e/ San Ignacio y Mercaderes.

• *Ärztliche Versorgung* **Asistur**, Prado 212 esquina Trocadero, ✆ 8338527, 8338920.

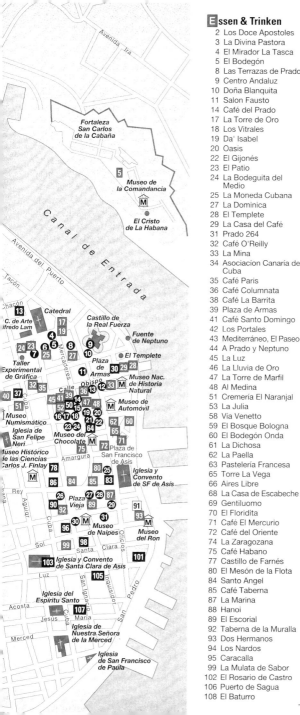

Essen & Trinken
2 Los Doce Apostoles
3 La Divina Pastora
4 El Mirador La Tasca
5 El Bodegón
8 Las Terrazas de Prado
9 Centro Andaluz
10 Doña Blanquita
11 Salon Fausto
14 Café del Prado
17 La Torre de Oro
18 Los Vitrales
19 Da' Isabel
20 Oasis
22 El Gijonés
23 El Patio
24 La Bodeguita del Medio
25 La Moneda Cubana
27 La Dominica
28 El Templete
29 La Casa del Café
31 Prado 264
32 Café O'Reilly
33 La Mina
34 Asociacion Canaría de Cuba
35 Café Paris
36 Café Columnata
38 Café La Barrita
39 Plaza de Armas
41 Café Santo Domingo
42 Los Portales
43 Mediterráneo, El Paseo
44 A Prado y Neptuno
45 La Luz
46 La Lluvia de Oro
47 La Torre de Marfil
48 Al Medina
51 Cremeria El Naranjal
53 La Julia
58 Vía Venetto
59 El Bosque Bologna
60 El Bodegón Onda
61 La Dichosa
62 La Paella
63 Pastelería Francesa
65 Torre La Vega
66 Aires Libre
68 La Casa de Escabeche
69 Gentiluomo
70 El Floridita
71 Café El Mercurio
72 Café del Oriente
74 La Zaragozana
75 Café Habano
77 Castillo de Farnés
80 El Mesón de la Flota
84 Santo Angel
85 Café Taberna
87 La Marina
88 Hanoi
89 El Escorial
92 Taberna de la Muralla
93 Dos Hermanos
94 Los Nardos
95 Caracalla
99 La Mulata de Sabor
102 El Rosario de Castro
106 Puerto de Sagua
108 El Baturro

Übernachten
7 Hostal San Miguel
12 Palacio O'Farrill
13 Hostal de Tejadillo
14 Caribbean
16 Park View
18 Casa del Científico
21 Sevilla
30 Santa Isabel
37 Florida
42 Plaza
49 Casa Señora Mery
50 Ambos Mundos
54 Parque Central
57 Telégrafo
60 Hostal El Comendador
62 Hostal Valencia
64 Hostal Conde de Villanueva
67 Inglaterra
78 Raquel
79 Casa Miriam y Goméz
80 El Mesón de la Flota
82 Casa Colonial 1717
83 Hostal Los Frailes
86 Casa Chez Nous
90 Casa Mercy y Vlady
96 Beltrán de Santa Cruz
97 Saratoga
98 Casa Rafaela y Pepe
100 Casa Jesús y María
101 Armadores de Santander
103 Hostal del Convento de Santa Clara de Asís
104 Casa Dos Hermanas
105 Casa Ramón y Maritza
107 Casa de Eugenio y Fabio

Nachtleben
1 El Polvorín
6 Cafetería Prado No. 12
15 Teatro Fausto
24 La Bodeguita del Medio
26 Cafetería Prado y Animas
35 Café Paris
39 Plaza de Armas
46 La Lluvia de Oro
61 La Dichosa
70 El Floridita
71 Café El Mercurio
73 Cabaret Nacional
76 Gran Teatro de La Habana
81 Bar Monserrate
91 Bar Havana Club
93 Dos Hermanos

Sonstiges
40 Droguería Johnson
52 Farmacia Taquechel
55 Harris Brothers
56 La Manzana de Gómez

Havanna-Vieja

150 m

174 Havanna

Asistur (Krankentransport) ✆ 8671315. **Gift-Notruf** ✆ 2601230, 26088751.

• *Autovermietung* **Cubacar/Transtur**, Calle Neptuno e/ Prado y Agramonte im Hotel „Parque Central", ✆ 8606627; Calle Trocadero 55 e/ Prado y Agramonte im Hotel „Sevilla", ✆ 8608560; Calle Agramonte 267 im Hotel „Plaza", ✆ 8608583; Paseo de Martí 416 e/ San Rafael y San Miguel im Hotel „Inglaterra", ✆ 8608594-97; Calle Obispo 153 esquina Mercaderes im Hotel „Ambos Mundos", ✆ 8609529.

• *Banken* **Cadeca** mit Geldautomaten für Visa-Cards, tägl. 8–22 Uhr, Calle Obispo 257; tägl. 9–21 Uhr, Calle Zulueta esquina Neptuno, ✆ 8338497; Mo–Sa 8–18, So 8–13 Uhr, Calle Obispo 368 esquina Compostela; Mo–Sa 8.30–18, So 8.30–12.30 Uhr, Calle Lamparilla 4 esquina Oficios, ✆ 8669628.

Banco Financiero Internacional, Mo–Fr 8–15 Uhr, Calle Teniente Rey esquina Oficios, ✆ 8609369.

Banco Nacional de Cuba, Mo–Sa 8.30–15 Uhr, Calle Amargura esquina Mercaderes, ✆ 8335664; Mo–Fr 8.30–15 Uhr, Calle Aguiar 310 e/ Obispo y O'Reilly, ✆ 8338984; Mo–Fr 8.30–15 Uhr, Calle O'Reilly 402 esquina Compostela, ✆ 8338963.

Banco de Crédito y Comercio, Mo–Fr 8.30–13.30 Uhr, Calle Aguiar 310 y Obispo, ✆ 8629513.

• *Freizeit* **Tanzunterricht** bietet das Begegnungszentrum „El Rosario de Castro" an. Calle Egido 504 e/ Monte y Dragónes, ab 17 Uhr, ✆ 8623193.

• *Internet* **Citmatel** im Palacio del Segundo Cabo, tägl. 8.30–17 Uhr, Calle O'Reilly 4 esquina Tacón. Karten für 1 Std. 6 CUC, 2 Std. 10 CUC, 5 Std. 20 CUC.

Etecsa, tägl. 8–20 Uhr, Calle Habana 406 esquina Obispo. Karten für 1 Std. 6 CUC, 2 Std. 10 CUC, 5 Std. 20 CUC.

Cibercafé, im Capitolio, tägl. 8–20 Uhr, Paseo de Martí e/ San Martín y Dragónes. Karten für 1 Std. 6 CUC, 2 Std. 10 CUC, 5 Std. 20 CUC. Internet-Service ist auch in den meisten Hotels gegen Gebühr verfügbar.

• *Kinder, Kinder* **Parque Infantil**, die Anlage neben Havannas historischem Amphitheater ist mit Hüpfburgen, Röhrenrutschen, Karussells, einem Riesenrad und einer Kindereisenbahn für die Kleinen ein Mordsspaß. Außerdem kann sich der Nachwuchs auf einem Spielplatz mit Schaukeln und Klettergerüsten austoben. Eintritt 0,20 CUP/ca. 0,01 CUC/Person, die Fahrgeschäfte kosten 0,25 CUP/ca. 0,01 CUC pro Fahrt. Für die ganz Kleinen bis 4 Jahre gibt es einen eigenen Bereich (Eintritt 1 CUP/ca. 0,04 CUC). Mi–Fr 11–19, Sa+So 10–20 Uhr. Avenida del Puerto.

• *Notruf* **Polizei**, ✆ 106. **Feuerwehr**, ✆ 105. **Ambulanz**, ✆ 551185, 552185.

• *Postleitzahl* 10100

• *Post* Tägl. 9–19 Uhr, Calle Oficios 102 (an der Plaza de San Francisco de Asís); Calle Obispo 518; San Martín esquina Paseo de Martí.

Shopping in Havanna-Vieja (siehe Karte S. 172/173)

• *Shopping* **Perfumeria Prado** hat nicht nur cubanische Düfte wie etwa „Coral Negro" im Angebot, sondern auch eine breite Palette europäischer Parfums – zu europäischen Preisen. Mo–Sa 10–18 Uhr. Prado 157.

La Primera de Prado, ein Gemischtwaren-Laden, verkauft Lebensmittel, Kosmetika, Kleidung, Rum, Zigarren und Getränke für unterwegs. Mo–Sa 9–21, So 9–16 Uhr. Prado 163.

Harris Brothers (55), ein klassisches cubanisches Kaufhaus mit verschiedenen Abteilungen auf mehreren Etagen, führt Kosmetika, Spirituosen, Lebensmittel, Schuhe, Kleidung Möbel sowie Elektro- und Elektronik-Artikel. Mo–Sa 9–21 Uhr. Calle Monserrate e/ O'Reilly y San Juan de Dios.

La Manzana de Gómez (56) in der Nähe des Parque Central ist eine Einkaufspassage europäischen Zuschnitts. Die verschiedenen Geschäfte des riesigen Shopping-Komplexes verkaufen Luxusartikel von Adidas bis Zegna, das Sortiment reicht von italienischer Designermode über Schuhe, Sportartikel und Spielwaren bis hin zu Spirituosen und Zigarren. Mo–Sa 9–21 Uhr. Calle Agramonte esquina San Rafael.

Tienda Aborígenes verkauft in erster Linie T-Shirts mit dem Konterfei von Ernesto Che Guevara (rund 15 CUC). Calle Bernaza 5 e/ Obispo y O'Reilly.

Casa del Ron y del Tobaco – der Name ist Programm. Darüber hinaus werden hochwertige Weine geführt. Tägl. 10–18.30 Uhr. Calle Obispo e/ Bernaza y Egido.

La Moderna Poesía, eine große Buchhandlung am Anfang der Calle Obispo, hat neben einer breiten Palette spanischer Literatur auch CDs und Reiseführer im Sortiment. Calle Obispo e/ Bernaza y Villegas.

Libería Ateneo gegenüber von „La Moderna Poesía" ist zwar offiziell eine Buchhand-

Havanna-Vieja 175

lung, allerdings eher für den Kauf von Ansichtskarten zu empfehlen. Calle Obispo e/ Bernaza y Villegas.

Salon Consellas hat das im Angebot, was Frauen anmacht: Parfums und Klamotten. Mo–Sa 9–19 Uhr, So 10–13 Uhr. Calle Obispo 522.

La Sopresa (die Überraschung), ein Haus weiter, ist das Pendant für den Herren – es gibt Hemden, Hosen, Pullover, T-Shirts – alles zu stolzen Preisen. Calle Obispo 520.

Taller Jorge Luis Santos, eine kleine Kunstmaler-Werkstatt, verkauft naive Gemälde und die bei Touristen besonders beliebten Bilder mit Havanna-Motiven. Calle Obispo 515.

Tienda y Salon Estilo ist Parfümerie und Schönheitssalon in einem. Mo–Sa 10–18, So 10–13 Uhr Calle Obispo 512.

La Distinguida, ein Gemischtwaren-Laden, bietet Kosmetika, Elektronik-Artikel und Haushaltswaren feil. Mo–Sa 10–19, So 10–13 Uhr. Calle Obispo 513.

Saldos führt Schuhe für Sie und Ihn in allen Variationen zu günstigen Preisen. Mo–Sa 10–19, So 10–13 Uhr. Calle Obispo 504.

Humada verkauft Haushaltwaren aller Art von der Wäscheklammer bis zum Kochtopf. Mo–Sa 10–19, So 10–13 Uhr. Calle Obispo 466.

Al Capricho ist ein schickes, kleines Geschäft für Düfte, Kleidung und Schuhe. Mo–Sa 10–19, So 10–13 Uhr. Calle Obispo 458.

La Francia, wieder so ein typisch cubanischer Laden, der beinahe alles führt, hat sowohl Kleidung als auch Haushaltswaren und Elektronikartikel im Sortiment. Mo–Sa 10–19, So 10–13 Uhr. Calle Obispo 452 esquina Aguacate.

Peletería La Habana hat edle und damit etwas teurere Schuhe im Schaufenster. Mo–Sa 10–19, So 10–13 Uhr. Calle Obispo 415 esquina Aguacate.

Asociación Cubana de Artesanos Artistas, eine kleine Schatztruhe im Herzen der Altstadt, ist die richtige Adresse, wenn es um Kunsthandwerk, Schmuck, Lampen, Humidore und kleinere Mitbringsel geht. Mo– Sa 10–19, So 10–13 Uhr. Calle Obispo 411.

Feria Arte de Obispo ist ein Markt, in dem an kleinen Ständen Schuhe, Lederwaren, Kunsthandwerk und Souvenirs verkauft werden. Do–So 9–18 Uhr. Calle Obispo 411.

Palais Royal macht seinem Namen Ehre: Es gibt (teure) Schuhe, Bekleidung und internationale Düfte. Mo–Sa 10–19, So 10–13 Uhr. Calle Obispo 406.

El Laurel hat Rum, Wein, Süßigkeiten und kalte Getränke für unterwegs im Sortiment.

Mo–Sa 10–19, So 10–13 Uhr. Calle Obispo 301.

Novator, noch eines der vielen Geschäfte in der Fußgängerzone, bietet ausgefallene Taschen, Gürtel und Fächer an. Mo–Sa 10– 19, So 10–13 Uhr. Calle Obispo 299.

Longina, ein kleiner Laden, in dem sich alles um Musik dreht, hat nicht nur CDs im Programm, sondern auch jede Menge Instrumente – für Gelegenheits-Percussionisten ebenso wie für Profis. Mo–Sa 10–18, So 10–13 Uhr. Calle Obispo 360.

Tienda Arco Iris, ein ganz wichtiges Geschäft, wenn man mit Kindern unterwegs ist, verkauft Spielwaren von A bis Z. Mo–Sa 10–19, So 10–13 Uhr. Calle Obispo 355.

Mercado Lluvia d'Oro ist ein kleiner Lebensmittelmarkt neben dem gleichnamigen Restaurant. Tägl. 9–21 Uhr. Calle Obispo 314.

Foto Obispo, eine beliebte Anlaufstelle für Touristen, bietet die ganze Palette von Fotozubehör: Batterien, Filme, Speicherkarten. Mo–Sa 10–19, So 10–13 Uhr. Calle Obispo 307.

Galería Forma gegenüber dem Hotel „Florida" verkauft cubanische Kunst, kunsthandwerkliche Gegenstände und Souvenirs. Tägl. 9–21 Uhr. Calle Obispo 255 e/ Cuba y Aguilar.

La Esquina del Café Paris gegenüber dem Traditionslokal versorgt en passant mit Getränken, Eis und Zigaretten. Tägl. 8–1 Uhr. Calle Obispo esquina San Ignacio.

Galería Viktor Manuel neben dem Touristen-Restaurant „El Patio" an der Plaza de la Catedral verkauft zwar auch Gemälde, hat sich mit Schmuck, Kunsthandwerk und sonstigen Souvenirs aber auch den Urlauber-Bedürfnissen angepasst. Tägl. 9–19 Uhr. Plaza de la Catedral.

Feria de la Catedral ist ein riesiger (Touristen-)Markt mit Dutzenden von Ständen, an denen kein Souvenirwunsch unerfüllt bleibt. Mi–Sa 9–18 Uhr. Calle Tacón.

Arte Colonial liegt an einem der Touristenpfade – das Angebot ist entsprechend: Souvenirs, Postkarten, CDs, T-Shirts. Tägl. 9–18 Uhr. Calle San Ignacio 75.

Colleción Habana hat Porzellan, Schmuck und Antiquitäten im Angebot. Tägl. 10–18 Uhr. Calle O'Reilly esquina Mercaderes.

Tienda Taberna hat sich auf Zigarren, Rum und Kaffee spezialisiert. Die Auswahl ist nicht überwältigend, aber ausreichend. Mo–Sa 9–17, So 9–14 Uhr. Calle Baratillo 53 e/ Obispo y Justiz.

La Casa del Habano verkauft – na was wohl? – Zigarren und Zigarren und Zigarren.

Jede cubanische Edel-Marke ist vertreten, ob Cohiba, Partagás oder Romeo y Julieta. Mo–Sa 10–19, So 10–13 Uhr. Calle Mercaderes 120.

Mercado del Oriente, ein völlig schräger Laden in der östlichen Altstadt, hat unter anderem Buddha-Figuren, asiatische Kleidung und Duftkerzen im Sortiment. Mo–Sa 10–19, So 10–13 Uhr. Calle Mercaderes 109.

Paul & Shark, eine Filiale der Weltmarke, neben dem Museo de Naipes an der Plaza Vieja, verkauft hier wie überall auf der Welt nicht gerade preisgünstige Polo-Shirts und Pullover. Mo–Sa 10–19 Uhr. Calle Muralla 105.

Habana 1791 führt Naturdüfte, Essenzen und Öle. Tägl. 10–18 Uhr. Calle Mercaderes esquina Obrapía.

Mercado Agropecuario Egido, ein privater Obst- und Gemüsemarkt, auf dem Bauern ihre Produkte anbieten, ist Selbstversorgern zu empfehlen. Di–So 8–18 Uhr, Calle Egido e/ Corrales y Apodaca.

Aréa de Vendedores por Cuenta Propria (Areal der Verkäufer auf eigene Rechnung) ist eine Art permanenter Flohmarkt. Mo–Sa 9–17, So 9–13 Uhr. Avenida Máximo Gómez esquina Suárez.

• *Taxi* **Fénix Taxi**, ✆ 8666666. **Panataxi**, ✆ 8555555. **Habanataxi**, ✆ 539090. **Taxi OK**, ✆ 8776666. **Transgaviota**, ✆ 2672727.

• *Tourist-Information* **Infotur**, tägl. 10–13 + 14–19 Uhr, Calle Obispo 524 e/ Bernaza y Villegas, ✆ 8624586; tägl. 10–13 + 14–19 Uhr, Calle Obispo esquina San Ignacio.

Habaguanex, Mo–Sa 8.30–18 Uhr, So 8.30–16 Uhr, Calle Oficios 110 e/ Lamparilla y Amargura.

Essen & Trinken in Havanna-Vieja (siehe Karte S. 172/173)

• *Restaurants* **Café Paris (35)**, eine Institution und mein persönliches Lieblingslokal im Herzen von La Habana Vieja: eine geniale Mischung aus Restaurant, Bar, Treffpunkt und Musik-Kneipe mit der angeblich besten Live-Combos der Stadt – und obendrein für jedermann erschwinglichen Preisen. Nicht zuletzt deshalb stimmt auch der Publikumsmix; Cubaner essen in der Boheme-Atmosphäre ihr „Pollo frito con papas" („frittiertes Hähnchen mit selbst gemachten Kartoffelchips") zu 3 CUC ebenso wie Residenten und Touristen. Darüber hinaus gibt es zu den cubanischen Rhythmen – unter anderem spielen die „Corazones del Fuego" („Die Herzen des Feuers") – Garnelen (5,80 CUC), Pizzen (2,20 bis 4,40 CUC) oder die „La Grillada Pariense", eine Grillplatte mit Schwein, Hähnchen und Rind (7,15 CUC). Cubanisches Bier kostet 1,50 CUC, Wein, rot oder weiß, ebenfalls, Cocktails stehen zu 2,20 bis 3,30 CUC auf der Karte. Tägl. 8–3 Uhr. Calle Obispo esquina San Ignacio.

El Bosque Bologna (59), ein schönes Gartenlokal an der Touristenmeile mit viel Grün, ist sowohl für ein Dinner als auch für eine Verschnaufpause zu empfehlen. An der Bar, an der der CD-Player cubanische Weisen dudelt, sofern keine Live-Band spielt, gibt es Wein sogar glasweise – je nachdem für 1–1,50 CUC. Kulinarische Spezialitäten sind „Hähnchen Bologna" mit Lobster-Streifen und Shrimps (4,50 CUC) und die große Meeresfrüchte-Grillplatte (19,80 CUC). Tägl. 11–24 Uhr. Calle Obispo 460 e/ Aguacate y Villegas, ✆ 8664139.

Vía Venetto (58), die kleine italienische Pizzeria im Herzen der Altstadt, ist nicht nur ein gemütliches Lokal. Sie bietet zudem den Vorteil, dass die Gerichte in cubanischen Pesos berechnet werden – und dies bedeutet, dass man für Pizza oder Pasta umgerechnet gerade einmal einen CUC bezahlt. Und auch ein Bier kostet gerade mal 18 CUP/ca. 0,75 CUC. Billiger geht es in Havannas Touri-Zone nicht mehr. Tägl. 9–23 Uhr. Calle Obispo 508.

La Casa de Escabeche (68), Peso-Restaurant und Devisen-Bar an der Obispo, serviert internationale und chinesische Gerichte für ganz kleines Geld. Chop Suey etwa kostet 30 CUP/ca. 1,25 CUC, Paella mit Shrimps 50 CUP/ca. 2,10 CUC. In der Bar gibt es abends regelmäßig Live-Musik vom Feinsten. Restaurant tägl. 12–23 Uhr, Bar tägl. 9–24 Uhr. Calle Obispo 507 esquina Villegas.

La Lluvia de Oro (46) ist die XXL-Ausgabe des „Café Paris", was zugleich bedeutet, dass das rustikale Bar-Restaurant in der Mitte der Calle Obispo auch deutlich unpersönlicher ist. Also: Da Speisen- und Getränkeangebot (Pizza ab 1,10 CUC, Menü ab 2,75 CUC) sowie die Live-Musik (bereits ab Mittag!) nahezu identisch sind, erst ins „Café Paris" gehen und nur, wenn man dort keinen Platz bekommt, zurück zum „großen Bruder". Tägl. 9–24 Uhr. Calle Obispo 316 esquina Habana, ✆ 8629870.

La Dichosa (61), eine der Traditionskneipen in der Fußgängerzone der Altstadt, in der von früh bis spät Live-Gruppen auftreten, ist für ein Bier (1,50 CUC) oder einen Cocktail (3–3,50 CUC) immer gut, für ein einfacheres Essen selten schlecht – allerdings gibt es nur wenige Tische. Frühstück kostet ab 4,70 CUC, Fleischgerichte um 6 CUC. Kleiner Tipp am Rande: Finden gerade Olympische Spiele oder Weltmeisterschaften in Disziplinen statt, in denen die cubanische Equipe mitmischt, bilden sich um das Lokal dichte Menschentrauben, weil man das Fernsehgerät auch von der Straße aus sehen kann. Noch näher kann man den Enthusiasmus der Habaneros nicht erleben. Tägl. 9–3 Uhr. Calle Obispo 303 esquina Compostela.

Aires Libre (66), wie der Name schon sagt, ein Open-Air-Lokal an der Obispo, ist zwar ganz nett, um eine kurze Pause einzulegen und sich bei einem kühlen Getränk (Cocktails 3 CUC) zu erfrischen, als Speise-Restaurant aber eher zweite Wahl. Wer es dennoch probieren will: Snacks und Sandwiches kosten 3 CUC, die große Grillplatte „Aires Libre" 15 CUC. Tägl. 9–1 Uhr. Calle Obispo 511.

Cremería El Naranjal (51) hat sich als Eisdiele einen Namen gemacht. Es gibt jede Menge Eissorten mit dem Geschmack der Saisonfrüchte; ein Dauerbrenner ist der Bananen-Split (1,40 CUC) und das Personal ist nicht nur freundlich, sondern auch fix. Tägl. 10–22 Uhr. Calle Obispo 253 esquina Cuba, ✆ 8632430.

Café Santo Domingo (41) liegt am Ende der Fußgängerzone nahe dem Hotel „Ambos Mundos". Die Bäckerei und Konditorei verkauft in einem kleinen Erdgeschoss-Laden Brot, Baguettes und Kuchen, in der ersten Etage, die man über eine schmale Treppe erreicht, werden Kaffee-Spezialitäten serviert. Das Lokal verfügt über einen winzigen Balkon, von dem aus man das Treiben in der Calle Obispo beobachten kann. Tägl. 7–24 Uhr. Calle Obispo 159 e/ San Ignacio y Mercaderes.

La Luz (45) ist ein Steh-Café direkt neben dem „Santo Domingo". Am langen Tresen wird hauptsächlich starker Café cortado getrunken, die cubanische Form des Espresso. Tägl. 24 Std. Calle Obispo e/ San Ignacio y Mercaderes.

Plaza de Armas (39), das Restaurant mit Bar auf dem Dach des berühmten Hotels „Ambos Mundos", zu dem man mit einem Aufzug aus den 1920er Jahren gebracht wird, muss man einfach gesehen haben – und sei es nur auf einen Drink. Mit einem Mojito (3 CUC) in der Hand Havanna von

Ein Mojito zwischendurch

oben zu betrachten, fast auf Augenhöhe zu sein mit der Cristo-Statue auf der anderen Seite der Bucht in La Habana del Este, hinunter zu schauen auf die Plaza de Armas, das Castillo de la Real Fuerza oder die Catedral und seinen Blick schweifen zu lassen bis zum Capitolio und bei gutem Wetter bis zur Plaza de la Revolución – das ist Havanna-Feeling pur. Wer den Ausblick länger genießen möchte, kann auf der vornehmen Terrasse Platz nehmen und zu den sanften Klängen einer cubanischen Live-Band tafeln. Die Speisen sind zwar etwas teurer, machen aber nicht arm: eine Suppe „El Viejo y el Mar" („Der alte Mann und das Meer") in Reminiszenz an Ernest Hemingway, den bekanntesten Gast des Hauses, kostet 4 CUC, ein Lobster-Cocktail 6 CUC, eine Paella „Vieja Habana" 12 CUC. Tägl. 7–23 Uhr. Calle Obispo 153 esquina Mercaderes, ✆ 8609529.

Café Columnata (36) neben dem Hotel „Ambos Mundos" hat auch den Begriff „Casa de infusiones y elixires" im Namen und kommt in Havannas Altstadt wohl tatsächlich dem am nächsten, was man in Europa unter Tee- und Kaffeehaus versteht. Gewidmet ist das Café dem portugiesischen Schriftsteller José Maria Eça de

Queiroz, der sein Land in Havanna von 1872 bis 1874 als Konsul vertrat. Auf der Karte des neuen, modern eingerichteten Lokals finden sich neun Kaffee- und 14 Teesorten. Daneben gibt es frische Salate und Sandwiches. Tägl. 8–22 Uhr. Calle Mercaderes 107 e/ Obrapía y Obispo.

Café O'Reilly (32) liegt nur ganz wenige Schritte abseits der Route von der Calle Obispo zur Plaza de la Catedral, auf der die meisten Touristen bei ihrer Stadtbesichtigung unterwegs sind. Das gemütliche Lokal, das auf zwei Etagen erstreckt (im ersten Stock gibt es einen großen Balkon), bietet zu moderaten Preisen traditionelle cubanische Küche wie Hähnchen (2,50 CUC), gegrilltes Rindersteak (4 CUC) und Garnelen-Spieß (6 CUC). Das Restaurant betreibt zudem eine kleine Open-Air-Dependance an der Ecke Calle San Ignacio/O'Reilly. Tägl. 10–24 Uhr. Calle O'Reilly 203 e/ Cuba y San Ignacio.

El Patio (23) ist eines der bekanntesten Restaurants in der Altstadt, was es in erster Linie seiner Lage unmittelbar vor der Kathedrale verdankt. Die Kundschaft rekrutiert sich deshalb fast ausschließlich aus Touristen, die in dem zugegebenermaßen wunderschön restaurierten und gepflegten Kolonialgebäude aus dem 18. Jh. gnadenlos abgezockt werden. Bei „Pollo con Camarones a la crema", einem Brathähnchen mit ein paar Shrimps für 16 CUC, oder einer Languste, die mit 27 CUC ein Drittel mehr kostet als anderswo, zahlt man offensichtlich sowohl den Blick als auch die (viel zu vielen) Kellner in Schwarz-Weiß mit. Tägl. 8–24 Uhr, Cafetería 24 Std. Calle San Ignacio 54 esquina Empredado, ✆ 8671034.

La Bodeguita del Medio (24), die Stammkneipe von Schriftsteller und Literatur-Nobelpreisträger Ernest Hemingway, in der er seinen Mojito – und noch einen, und noch einen, und noch einen ... – zu nehmen pflegte, ist zu einer Pilgerstätte für Touristen geworden. Das kleine, verwinkelte Lokal mit seiner zur Gasse hin offenen Bar, in dem sich Generationen von Besuchern an den Wänden verewigt haben, fehlt bei keiner geführten Sightseeing-Tour und ist von früh bis spät entsprechend voll. Dabei lebt „La B del M" ausschließlich vom Mythos Hemingway. Andere Gründe, die kleine Bodega aufzusuchen, gibt es nämlich nicht. Wenngleich man sich rühmt, den besten Spanferkel-Braten Cubas (12 CUC) zu servieren und neben vielen cubanischen Spezialitäten auch „Lomo ahumado" („Lendensteak aus dem Rauch") für 14 CUC auf der Karte stehen hat, ist das Essen allenfalls durchschnittlich. Und der Mojito ist mit 4 CUC unverschämt teuer. Dennoch: Natürlich muss man die Bodeguita del Medio gesehen haben, und natürlich muss man hier einen Mojito getrunken haben, wenn man schon in Havanna ist – pfeif' auf die 4 CUC. Tägl. 10.30–24 Uhr. Calle Empredado 207 e/ San Ignacio y Cuba, ✆ 8671374, 8671375.

La Mina (33) – bloß nicht hierher, jedenfalls nicht zum Essen! Das Doppel-Restaurant mit einer viersprachigen Speisenkarte und zwei Freisitzen direkt an der Plaza de Armas bietet kein Essen, sondern Touri-Abfütterung übelster Sorte. Fast überflüssig zu sagen, dass die Fremden, oftmals Varadero-Ausflügler, die nur ein paar Stunden in Havanna sind und im nächstbesten Lokal einkehren, auch noch ausgenommen werden wie Fische. 25 CUC für gegrillte Meeresfrüchte und 28 CUC für eine Languste sind eine Frechheit. Zum Leuteschauen bei einem Cocktail ist die Open-Air-Location wegen ihrer Lage dagegen geradezu ideal. Tägl. 10–24 Uhr. Calle Obispo 111 esquina Oficios, ✆ 8620216.

La Dominica (27), der Nobel-Italiener in der Altstadt, ist zwar etwas teurer, für sein Geld bekommt man allerdings beste Qualität. Neben dem klassischen Italo-Food gibt es traditionelle Garnelen und Fischfilets für ca. 9 CUC, Carpaccio kostet 8 CUC, Pastas 5–9 CUC. Jede Pizza gibt es in zwei Größen – argento und oro (Silber und Gold) – zu 6,50 CUC bzw. 9,50 CUC. Tägl. 12–24 Uhr. Calle O'Reilly 108 esquina Mercaderes, ✆ 8602918.

La Torre de Oro (17) nahe der Avenida del Puerto und dem Castillo de la Real Fuerza hat sich auf chinesische Küche spezialisiert. In einem schönen, schattigen Freisitz werden beispielsweise Chop Suey (2,35–3,85 CUC), Wan-Tan süß-sauer (3,85 CUC) und Tip Pan-Chicken (3,85 CUC) serviert. Cocktails kosten einheitlich 1,65 CUC. Tägl. 10–24 Uhr. Calle Empedrado 4 esquina Tacón, ✆ 8671027.

El Templete (28) in der Nähe der Plaza de Armas an der viel befahrenen und lauten Hafenstraße – was nützt da ein schöner Freisitz mit Blick über die Bucht nach Havanna del Este? Außerdem: Die Preise des auf Fisch und Meeresfrüchte spezialisierten Touristen-Restaurants sind nicht ohne. Garnelen in Knoblauch kosten 10 CUC, eine Fischplatte 18 CUC, ein Hummer 28 CUC.

Die Getränke sind gar doppelt so teuer wie woanders und 10 CUC für einen Liter Sangría sind unverschämt. Tägl. 12–24 Uhr. Avenida del Puerto e/ López y Obispo, ℡ 8668807.

Da' Isabel (19), ein schickes und daher etwas nüchternes Restaurant nahe der Kathedrale, gibt den feinen Italiener, obwohl in erster Linie Pizzen angeboten werden. Die Teigfladen werden in zwei Größen gebacken (Plata mit 24 cm, Oro mit 36 cm Durchmesser) und kosten 3,50–8 CUC. Fleischfreunde finden u. a. die „Brocheta Da' Isabel" auf der Karte, einen Spieß mit Hähnchen, Schweinefleisch und Shrimps. Tägl. 9–24 Uhr. Calle Tacón 4 e/ Empedrado y Mercaderes.

La Casa del Café (29) ist Geschäft und Tages-Café in einem und eine heiße Adresse für leidenschaftliche Kaffee-Trinker – aber nicht nur für die: Zum einen kann man an der Theke im Erdgeschoss eine breite Auswahl frisch gemahlenen cubanischen Kaffees erstehen (und nebenbei viele Rum-Sorten). Und zum anderen gibt es im Obergeschoss eine kleine Bar, an der nicht nur Kaffee-Spezialitäten, sondern auch eine Vielzahl von Cocktails kredenzt werden, die sich allerdings alle um Kaffee drehen. Mo–Sa 9–17, So 9–14 Uhr. Calle Baratillo e/ Obispo y López.

La Torre de Marfil (47) hat ein schönes Kolonialgebäude als seine Heimat auserkoren, an dem rote Lampions verdeutlichen, was drinnen auf den Tisch kommt: die wohl größte Auswahl in Havanna an traditionellen kantonesischen Gerichten. Wer gerne typisch asiatisch isst, kann sogar an den typischen niedrigen Tischen Platz nehmen. Die verschiedenen Arten von Chop Suey kosten um 5 CUC, ein komplettes Menü rund 10 CUC. Es gibt auch eine kleine Ecke, in der einfache chinesische Gerichte wie Frühlingsrollen oder Wan Tan gereicht werden sowie einen Tresen, an dem man Gewürze und Heilmittel kaufen kann. Tägl. 12–24 Uhr. Calle Mercaderes e/ Obispo y Obrapía, ℡ 8571038.

El Mesón de la Flota (80), in einem typischen Kolonialhaus untergebracht, das seit 1867 als Handelskontor für die Schiffe des spanischen Königshauses diente, ist heute Hotel und Restaurant – ein durch und durch spanisches, versteht sich. Dies lässt sich zum einen an der Speisekarte ablesen, die neben Languste mit tropischen Früchten (12 CUC), Shrimps in Knoblauchsauce (5 CUC) und diversen Spießen (6–12 CUC) verschiedenste Tapas ausweist. Und ist zum anderen nicht zu überhören, wenn die hauseigene Tanzgruppe publikumswirksam einen Flamenco vom Feinsten aufs Parkett legt. Tägl. 11–23 Uhr. Calle Mercaderes 257 e/ Amargura y Teniente Rey, ℡ 8633838.

Torre La Vega (65), eine eher einfachere Cafetería an der Plaza Simón Bolívar mitten im Gassengewirr von Havanna-Vieja, ist ein idealer Platz für eine kurze Pause. Bei einem Bier oder Fruchtsaft kommt man schnell wieder auf die Beine – im wahrsten Sinne des Wortes. Apropos Fruchtsaft: Direkt daneben findet man die **Horchatería** (Trinkhalle), die frisch gepresste Säfte (0,70 CUC) oder auch heiße Schokolade (0,75 CUC) anbietet. Tägl. 9–21 Uhr. Calle Obrapía 114 A e/ Oficios y Baratillo.

Al Medina (48) ist von den wenigen Restaurants mit türkischer, arabischer, und nordafrikanischer Küche sicherlich das beste. Auf der Basis von Hähnchen, Rindfleisch, Fisch und Meeresfrüchten wird ganz traditionell gekocht. Es gibt viele Kebabs und dazu Humus, Falafel und Salat. Die „Gran Plato Al Medina", ein Mix aller Spezialitäten, kostet 15 CUC. Da dem Speisesaal mit seinem antiken Mosaik-Fußboden jeder Schmuck fehlt, sitzt man im reich bepflanzten Innenhof wesentlich schöner. Außerdem spielt dort oftmals eine Live-Band. Tägl. 12–24 Uhr. Calle Oficios 112 e/ Obispo y Obrapía, ℡ 8671041.

La Paella (62), der Name ist in diesem schicken Restaurant des Hostals „Valencia" Programm: Es gibt sechs verschiedene Arten des spanischen Nationalgerichts (8–15 CUC), mit dem die Küche bereits einige internationale Preise eingeheimst hat. Deshalb sollte man auch unbedingt Paella bestellen, wenngleich Fisch (10 CUC), Shrimps (10 CUC) und Hummer (25 CUC) ebenfalls auf der Karte stehen. Tägl. 12–23 Uhr. Calle Oficios 53 e/ Lamparilla y Obrapía, ℡ 8671037.

El Bodegón Onda (60), die rustikale, aber edle Tapas-Bar des Hostals „El Comendador", ist nach einer Region im spanischen Valencia benannt, deren Fotos auch die Wände der spanischen Taverne aus dem 18. Jh. zieren. Im Angebot hat das kleine Lokal typische spanische Spezialitäten, allerdings zu happigen Preisen. Für eine Paella blättert man 15 CUC hin, für Tapas – wohl die größte Bandbreite in Havanna – zahlt man bis zu 25 CUC. Tägl. 12–16 + 19–22 Uhr. Calle Obrapía 55 esquina Baratillo. ℡ 8671037, ✆ 8605628, reserva@habaguanexhvalencia.co.cu, www.hostalcomendador.cu.

Café Habano (75), die kleine, günstige, typisch cubanische Bar, in der hauptsächlich Kaffee für 1 CUP/ca. 0,04 CUC über den Tresen geht, ist ein beliebter Treffpunkt der Einwohner des Viertels und damit ein perfekter Ort, sich unters Volk zu mischen. Obwohl sich das Geschehen fast ausschließlich an der Theke abspielt, gibt es auch ein paar kleine Tische, an denen Snacks wie Tortillas (3–6 CUC/ca. 0,12–0,25 CUC) oder frittiertes Hähnchen „Pio Pio" (18 CUP/ca. 0,75 CUC) serviert werden. Tägl. 24 Std. Calle Mercaderes 210 esquina Amargura.

Taberna de la Muralla (92) wäre ein ganz normales Restaurant mit Freisitz an der Plaza Vieja, das man sowohl zum Essen als auch auf einen schnellen Drink im Vorbeigehen besucht – wäre da nicht die Tatsache, dass die Taberna als einziges Lokal in ganz Cuba ihr Bier selbst braut. Das „Cerveza Plaza Vieja" gibt es hell und dunkel in 0,5-Liter-Glaskrügen (die dunkle Variante ist einen Tick besser!) und wird für 2 CUC grundsätzlich mit einem Teller gegrillter Wüstchen-Scheiben serviert. Wirklich lecker – beides! Wer mehr Durst hat oder in der Gruppe in das Lokal kommt, kann auch eine eisgekühlte Drei-Liter-Plexiglasröhre des Spezialbiers ordern, aus der man seine „Halbe" am Tisch selbst zapfen kann. Eine Besonderheit sind auch die Speisen, denn viele von ihnen werden vor den Augen der Gäste auf dem Holzkohlengrill zubereitet – die Spieße mit Garnelen (8,25 CUC) oder Schweinefleisch (7 CUC), die Hähnchen (3,50 CUC) oder die Grill-Würstchen (2,75 CUC) etwa. Daneben gibt es in „Havannas Hofbräuhaus" – der Ruf des Lokals verpflichtet – u. a. Hummer-Scheiben in Biersauce (13 CUC). Mo–Do 12–23.45, Fr–So 12–0.45 Uhr. Calle San Ignacio esquina Muralla. ✆ 8664453, tete@tmuralla.co.cu, habaguanex@tmuralla.enet.cu.

Santo Angel (84), ein elegantes Restaurant an der nordwestlichen Ecke der Plaza Vieja, ist in einem alten Kolonialpalast untergebracht, der einst als Schule für die Kinder der Armen von Alt-Havanna diente. Inzwischen kommen die Reichen – meist Touristen – hierher und dinieren auf dem Freisitz an der Plaza, auf der Veranda oder im begrünten Innenhof mit seiner Papagei-Voliere. Die Küche deckt die Bandbreite von cubanisch bis international ab, auf den Tisch kommen Gazpacho (2,25 CUC), Grill-Hähnchen in Limonensauce (9,25 CUC), gemischte Meeresfrüchte (18,95 CUC), Shrimps an Currysauce (16,25 CUC) oder Languste (27,95 CUC).Tägl. 12–24 Uhr, Cafetería 8–24 Uhr. Calle Teniente Rey esquina San Ignacio, ✆ 8611626.

El Escorial (89), das schmucke Café an der Plaza Vieja, das erst im Jahr 2007 eröffnet wurde, hat 17 verschiedene Kaffee-Zubereitungen (mit Rum, Likören etc.) auf der Karte (1,15–3,50 CUC). Dazu kommen zehn unterschiedliche Arten kalten Kaffees. Zu beiden werden auf Wunsch Croissants und Süßspeisen gereicht. Am Tresen kann man zudem diverse cubanische Kaffeesorten kaufen, darunter spezielle Mischungen, die in der hauseigenen Rösterei produziert werden. Tägl. 9–21 Uhr. Calle Mercaderes 317 esquina Muralla, ✆ 8683545.

Café Taberna (Amigos de Benny Moré) **(85)** weiß, was es dem Andenken an den großen cubanischen Sänger schuldig ist. Das Lokal atmet noch heute die Atmosphäre der 1950er Jahre, die Live-Band gehört zu dem besten, was Havanna-Vieja zu bieten hat. Auch das Essen ist nicht ohne: Es gibt Steaks für ca. 9 CUC, die Grillplatte des Hauses mit Schwein, Rind und Huhn kostet 18 CUC. Cocktails gibt es für 2,50–3 CUC. Jeden Samstag wird um 21.45 Uhr eine Dinner-Show mit viel Musik geboten – und mit stolzen Preisen. Inklusive Abendessen bezahlt man 50 CUC, ohne 30 CUC. Tägl. 7–10 (Frühstück) + 11–23.30 Uhr. Calle Mercaderes esquina Teniente Rey, ✆ 8611637.

Café del Oriente (72) an der Plaza de San Francisco de Asís ist eine der ganz feinen Adressen von Havanna-Vieja – stilvoll, aber extrem teuer, die fünf Sterne des Gourmet-Restaurants trägt es nicht zu unrecht. Vorspeisen gibt es nicht unter 8 CUC, für Hauptgerichte sind die Grenzen nach oben fast offen. Schon die diversen Hähnchen-Platten kosten zwischen 12 und 15 CUC, Fischfilets ab 14 CUC. Richtig ins Geld geht es, wenn man zum Beispiel „Steak Tartar" (20 CUC), Chateaubriand mit Sauce Bernaise (20 CUC) oder gar Langustenschwänze (30 CUC) bestellt. Das Café del Oriente kann aber auch billig – an den Tischen im Freien auf der Plaza. Bier und Sandwiches gibt es dort schon für 2,50 CUC. Tägl. 8–24 Uhr. Calle Oficios 112 esquina Amargura, ✆ 8606686.

Café El Mercurio (71), im wunderschönen Gebäude der ehemaligen Börse untergebracht, hat ebenfalls ein paar Tische direkt auf der Plaza San Francisco de Asís und ist insgesamt eher der Nobel-Kategorie zuzuordnen. Dies zeigt auch das Angebot:

Schon zum Frühstück werden Tortillas (3,95–5,25 CUC) serviert, Spezialität des Hauses ist eine Paella für zwei Personen mit Garnelen, Hummer und Muscheln, die jeweils frisch zubereitet wird (45 Min., 15,50 CUC). Die Getränkeauswahl komplettiert den guten Eindruck: Auf der Karte stehen elf Arten von Kaffee, 21 Cocktails und Longdrinks (2,50–3 CUC) sowie 17 verschiedene Whisky-Sorten – bis zum „Johnny Walker Blue Label" für 25 CUC pro Glas (!) ist alles vertreten, was Rang und Namen hat. Tägl. 7–24 Uhr. Plaza de San Francisco de Asís, Lonja de Comercio, ✆ 8606188.

La Marina (87), eine nette Freiluft-Cafeteria hinter dem Convento de San Francisco de Asís, lädt eher zu einer Pause bei einem kühlen Getränk als zum Essen ein. Das mit vielen Pflanzen dekorierte Lokal, in dem es fast ebenso viele Katzen gibt, serviert Cocktails (Einheitspreis 3 CUC), Bier (1,50 CUC), Wein (Glas 1,10 CUC) und natürlich ein breites Sortiment nichtalkoholischer Erfrischungsgetränke. Wer Hunger hat, wird zu kleinen Preisen satt. Ein Shrimps-Cocktail schlägt mit 3,50 CUC zu Buche, die drei Menüs, darunter ein vegetarisches, kosten zwischen 3–5 CUC. Tägl. 8–22 Uhr. Calle Oficios esquina Teniente Rey.

Dos Hermanos (93), im Jahr 1894 von zwei Brüdern schräg gegenüber der heutigen Kreuzfahrer-Anlegestelle eröffnet, zählt zu den ältesten Restaurants in Havanna. Viele berühmte Persönlichkeiten standen hier schon am Tresen, darunter der spanische Dichter Federico García Lorca und – natürlich – Ernest Hemingway. Die Atmosphäre scheint sich seitdem kaum verändert zu haben. Noch immer gibt es reichlich Alkohol (alle Cocktails 3 CUC, Wein ab 0,90 CUC) und zur Stärkung Sandwiches (1,20–3,30 CUC), Hähnchen „Dos Hermanos" (4,90 CUC), Grillplatte „Two Brothers" (7,50 CUC) oder Lobster natur (12 CUC). Tägl. 8–24 Uhr. Avenida del Puerto 304 esquina Sol, ✆ 8613514.

El Floridita (70), die zweite Kneipe (neben der „Bodeguita del Medio"), in der Schriftsteller Ernest Hemingway seine Gelage veranstaltete, bezeichnet sich selbst als die „Wiege des Daiquiri". Viel mehr als eine Bar ist sie heute allerdings ein – teures – Nobel-Restaurant, wenngleich eine Skulptur des berühmten Gastes noch immer auf einem Barhocker am Tresen sitzt und wohl auf den nächsten Drink wartet. Das Lokal wurde erstmals 1817 eröffnet, damals unter dem Namen „La Piña de Plata". Wenig später wurde es in „La Florida" umbenannt, ehe es die heutige Bezeichnung erhielt. Schon 1953 zählte der „Esquire" das Floridita zu den sieben berühmtesten Bars der Welt, und 1992 setzte die US-amerikanische Akademie für Gastronomie noch eines drauf, als sie dem Lokal den Preis „Best of the Best" verlieh. Viele Schickimickis haben seitdem hier ihren „Frozen Daiquiri" (für wahnsinnige 6 CUC) getrunken: Giorgio Armani, Ornella Muti, Naomi Campbell, Paco Rabanne und „James Bond" Pierce Brosnan – Letzterer natürlich „gerührt, nicht geschüttelt". Genau umgekehrt schmeckt er besser – im Ernst! Das Restaurant ist auf Fischgerichte und Meeresfrüchte spezialisiert, die zwar ganz passabel schmecken, die hohen Preise aber in keinem Fall rechtfertigen. Wenn schon, sollte man die Garnelen probieren, die im heißen Fett direkt am Tisch zubereitet werden – und man sollte mit Preisen bis zu 42 CUC für die Hauptgerichte rechnen. Tägl. 11–24 Uhr. Calle Obispo 557 esquina Monserrate. ✆ 8671299, 8671300, 8671301, 📠 8668856, reservas-floridita@floridita-cuba.com, www.floridita-cuba.com.

Gentiluomo (69), ein Edel-Italiener im Gebäude des berühmten „El Floridita", zu dem er auch gehört, ist in aller Regel stark klimatisiert (Pullover mitnehmen!). Auf rot-weiß karierten Tischdecken werden Pastas, Pizza, Fleischgerichte und Meeresfrüchte serviert – vom gleichen Personal, das auch im „El Floridita" bedient. Allerdings sind die Speisen bedeutend preisgünstiger als nebenan (Pasta 3–6 CUC, Pizza 4,50–8 CUC, Saltimboca 6 CUC, Languste 18 CUC). Der „kleine Bruder" hat einen weiteren angenehmen Nebeneffekt: Der Daiquiri ist hier wie dort absolut identisch, kostet im Gentiluomo mit 3 CUC aber nur die Hälfte. Bitte nicht an die große Glocken hängen, sonst ziehen auch hier irgendwann die Preise an! Tägl. 12–24 Uhr. Calle Obispo esquina Bernaza, ✆ 8671300, 8671301.

La Zaragozana (74) wurde bereits 1830 von der Einwanderer-Familie Lopez aus Saragossa (span. Zaragoza) als kleines Gasthaus eröffnet, in dem damals hauptsächlich Kutscher einkehrten, wenn sie von ihren oft tagelangen Reisen zurückkamen. Heute macht das Restaurant ganz in der Nähe des „Floridita", das zu den ältesten der Stadt gehört, gern auf vornehm – ohne es wirklich zu sein. Das wirkt sich natürlich auf die Preise aus, die für ein Essen bei 15 bis 20 CUC liegen. Dafür bekommt man zwar die ganze Bandbreite cubanischer wie internationaler Gerichte geboten, tatsächlich empfehlenswert ist allerdings der typisch nordspanische Lammbraten und die nach Saragossa benannte „Paella Zaragozana". Am besten, man schaut nur auf einen Drink am Abend vorbei. Denn zum einen ist der Daiquiri hier mit 4 CUC um ein Drittel günstiger als ein paar Schritte weiter im „Floridita", zum anderen gibt es ab 21 Uhr regelmäßig Live-Musik. Tägl. 12–24 Uhr. Calle Monserrate 352 e/ Obispo y Obrapía, ℡ 8671040, 8671033.

Hanoi (88) in der früheren Casa de la Parra aus dem 17. Jh. nahe der Plaza del Santo Cristo del Buen Viaje bietet kreolische und vietnamesische Küche und wirbt mit besten Preisen in angenehmster Atmosphäre. Beides ist maßlos übertrieben: Die Menüs sind zwar günstig, die Portionen dafür aber auch winzigst, das Personal fühlt sich von den Gästen partiell gestört, Servietten faltet man aus Toilettenpapier. Wer es dennoch probieren will: Es gibt fünf verschiedene Komplett-Menüs mit Brathähnchen, Rindfleisch-Frikassee, gebratener Schweine-Haxe, Fischfilet und Schweinefleisch-Frikassee als Hauptgang (2,50–3,30 CUC). Etwas teurer wird es, wenn man seine Mahlzeit selbst zusammenstellt. Shrimps mit Tomaten und Reis kosten 3,90 CUC, ein gegrilltes Rindersteak 3,50 CUC, ein Spieß mit Fisch und Meeresfrüchte 8 CUC. Dazu gibt es Wein, glas- (1 CUC) und flaschenweise (6 CUC). Tägl. 12–24 Uhr. Calle Teniente Rey esquina Bernaza, ℡ 8671029.

Café La Barrita (38) im Edificio Don Emilio Bacardi, dem früheren Sitz der Rum-Dynastie, behauptet von sich selbst, die einzige Bar Cubas im Art-déco-Stil zu sein. Wie auch immer: Mobiliar, Fußboden und Decke entstammen jedenfalls dieser Epoche und sind im Original erhalten. Die Atmosphäre in dem kleinen Lokal ist sehr gepflegt, mittags und abends werden kalte Salate wahlweise mit Hähnchen, Thunfisch oder Schinken (1,10–3,50 CUC) serviert, vom Grill gibt es unter anderem Fischfilet (3,85 CUC), Rindersteak (3,85 CUC) und Garnelen (3,50 CUC). Die Getränkepalette reicht von verschiedenen Tees (0,55–1,10 CUC) über nationale und internationale Biere (1,50–2,50 CUC) bis zu Cocktails und anderen Spirituosen. Tägl. 9–21 Uhr. Calle Monserrate 261 esquina San Juan de Dios.

Los Portales (42), der edle Italiener im Nobel-Hotel „Plaza", hat zwar keine üppige Karte, dafür speist man in sehr gepflegter Atmosphäre zu zivilen Preisen. Pizzen kosten zwischen 3,50 und 5 CUC, Pastas zwischen 2,50 und 4 CUC. Tägl. 12–22 Uhr. Calle Agramonte 167 esquina Neptuno, ℡ 8608583.

Asociacíon Canaría de Cuba (34) liegt direkt gegenüber dem Edificio Bacardí und beherbergt ein Restaurant (in der zweiten Etage), eine Bar und eine Cafetería. Obwohl es sich um das Lokal einer spanischen Gesellschaft handelt, sucht man Tapas oder Paella vergeblich auf der Karte. Gekocht wird landestypisch mit viel Hähnchen (2,50 CUC), Schweinefleisch (3 CUC), Fisch (3,50 CUC) – und noch mehr Reis. Tägl. 12–21 Uhr. Sa und So treten cubanische Live-Bands auf (jeweils ab 18 Uhr). Avenida de las Misiones 258 e/ Neptuno y Animas, ℡ 8625284.

El Rosario de Castro (102) ist ein Begegnungszentrum in Alt-Havanna, in dem man nicht nur Essen, sondern z. B. auch Tanzunterricht nehmen kann. Dennoch: Der Akzent liegt auf den Tafelfreuden. Es gibt zwei Restaurants, das preisgünstige spanische Lokal „La Gaita" (Langusten 7–9 CUC, Rinderfilet 9,99 CUC) mit einem gut gefüllten Weinkeller und die Pizzeria „El Horreo" (Pasta 1,50–3,50 CUC, Pizza 1,80–5 CUC). Tägl. 12–24 Uhr. Calle Egido 504 e/ Monte y Dragónes. ℡ 8611766 (Restaurants), 8623193 (Tanzschule, ab 17 Uhr).

Castillo de Farnés (77) besteht schon seit 1896 und ist seitdem auch eine gute Adresse in Alt-Havanna. Das Interieur erinnert an ein französisches Bistro und ist recht einfach – ganz anders als die Küche. Die kocht vorzugsweise spanisch, es gibt viel Fisch (8–14 CUC), Meeresfrüchte (Garnelen 6 CUC) und Reisgerichte. Einen Namen hat sich das Restaurant mit seinen Desserts gemacht wie etwa den „churros" und „buñuelos", Gebäck-Kringel, die in schwimmendem Fett gebacken und heiß serviert werden. Abends gibt es dazu traditionell Tanz und Gesang aus Galizien, Andalusien und Katalonien. Vor dem Restaurant stehen auf dem Gehsteig auch ein paar Bar-Tische, die bis spätnachts gut frequentiert sind. Tägl. 12–24 Uhr, Bar tägl. 8–2 Uhr. Calle Monserrate 361 esquina Obrapía, ℡ 8671030.

Puerto de Sagua (106), ein Spezialitäten-Lokal für Fisch und Meeresfrüchte, signalisiert schon nach außen, was drinnen auf den Tisch kommt. Die Fenster sind Bullaugen, vor denen im Inneren Aquarien stehen und den Eindruck vermitteln, als blicke man in eine Unterwasserwelt voller bunter Fische. Auf der Karte dominieren Fisch (7 CUC), Garnelen (8 CUC) und Langusten (23,50 CUC). Sehr zu empfehlen sind die „Brocheta Marinera", Fisch- und Meeresfrüchtespieße zu 10,50 CUC. Das feine Lokal, das bereits seit 1945 existiert, verfügt außerdem über eine sehr gepflegte Bar. Tägl. 12–24 Uhr. Calle Egido 603 esquina Acosta, ℅ 8671026.

El Baturro (108) ist ein auf Touristen eingerichtetes Restaurant im spanischen Stil, das in angenehmer Atmosphäre spanische, cubanische und internationale Küche serviert. Man bietet Tortillas (1,80 CUC), Paella (10 CUC für zwei Personen), rühmt sich aber vor allem seiner mehrgängigen Komplett-Menüs (um 20 CUC), bei denen auch das Begrüßungsgetränk (Cocktail) und der Kaffee als Gang zählen. Die Hauptgerichte sind dabei Hähnchen, Rindersteak, Grillspieß, gegrilltes Fischfilet oder Lobster. Das Baturro mit seiner langen, dunklen Edelholz-Theke ist allerdings auch nur für einen Drink gut. Cocktails kosten einheitlich 1,50 CUC, Bier 1,25 CUC. Tägl. 11–23 Uhr. Calle Egido 661 e/ Jesús María y Merced, ℅ 8609078.

Caracalla (95), das einfache und preisgünstige Open-Air-Restaurant an der viel befahrenen Calle Monserrate, wartet unter weiß-grünem Sonnenschutz mit einem bunten Essensmix auf: Spaghetti (1,75–2,95 CUC), Pizza (2–7,75 CUC), Hähnchen (2,50–3,50 CUC) und Fisch bzw. Meeresfrüchte (4,95–10 CUC). Recht preisgünstig sind auch die Menüs. Für Brot und Butter, Vorspeisensalat, Languste bzw. gegrillte Garnelen, Reis, Nachtisch, Kaffee und ein nationales Getränk zahlt man nicht mehr als 10 CUC. Tägl. 12–24 Uhr. Calle Monserrate 469 e/ Teniente Rey y Muralla, ℅ 8668801.

Los Nardos (94) findet man gegenüber vom Capitolio in der ersten Etage eines uralten Gebäudes, das schon lange stand, als die Arbeiten für das Wahrzeichen Havannas im Jahr 1912 aufgenommen wurden. Das nichtstaatliche Restaurant der „Sociedad Juventud Asturiana" zählt zu den gepflegtesten Lokalen der Altstadt und steht aufgrund seiner vernünftigen Preise und seiner riesigen Portionen auch bei Cubanern hoch im Kurs. Ein bisschen Wartezeit muss man daher in Kauf nehmen, wenn man einen Tisch bekommen möchte. Dafür wird man aber mit ausgezeichneten Speisen entschädigt, deren Zubereitung man in der gläsernen Küche mitverfolgen kann. Zu den Spezialitäten gehören Meeresfrüchte wie Garnelen (8,50 CUC) und Langusten (8,95–10 CUC), aber auch die Fleischgerichte mit Preisen von 3,95–15 CUC müssen keinen Vergleich scheuen. Tägl. 12–24 Uhr. Paseo de Martí 563 e/ Dragónes y Teniente Rey, ℅ 8632985.

Pastelería Francesa (63), das Kaffeehaus auf Cubanisch gegenüber vom Parque Central, bietet Dulces, also Kuchen, Torten und Süßspeisen, bis zum Abwinken – und das für kleines Geld. Auch die Sandwiches und Getränke kosten kaum mehr als 1–2 CUC. Der Freisitz des kleinen Lokals am Paseo de Martí ist immer stark frequentiert, weil es mitten im Zentrum Havannas kaum einen besseren Ort zum „Leuteschauen" gibt. Tägl. 8–18 Uhr. Paseo de Martí 410 e/ San Rafael y Neptuno.

Mediterráneo (43), eines der beiden Restaurants im Nobel-Hotel „Parque Central", zaubert in stilvollem Ambiente (weiße Tischdecken und Stoffservietten) Rinderfiletsteaks (22,75 CUC), Fischgerichte (ab 13,75 CUC) und Pastas (7,50 CUC) auf den Tisch. Für das Essen muss man also etwas tiefer in die Tasche greifen, es ist allerdings jeden Cent wert. Eine wirklich gute Adresse, wenn es etwas gepflegter sein soll. Tägl. 7–24 Uhr. Calle Neptuno e/ Prado y Zulueta, ℅ 8606627.

El Paseo (43), vom cubanischen Tourismusministerium mit fünf Gabeln ausgezeichnet, ist das zweite Restaurant des Hotels „Parque Central". Auf der Karte finden sich so erlesene Gerichte wie Orangen-Ente (22,75 CUC), Lobster in Spinatsauce und Kokosmilch (24,75 CUC), aber auch Spanferkelrollbraten (16,75 CUC), die alle frisch zubereitet und zu Piano-Klängen serviert werden. Den entsprechenden Wein empfiehlt ein eigener Sommelier. Calle Neptuno e/ Prado y Zulueta, ℅ 8606627.

El Gijonés (22), das Restaurant im „Centro Asturiano", ist kein vom Staat betriebenes Lokal, sondern arbeitet im Auftrag der spanischen Botschaft für die 3000 Mitglieder starke „Sociedad Asturiana". Und das sieht man: Im Erdgeschoss hängen neben einem Hochzeitsfoto des spanischen Thronfolger-Paares Prinz Felipe und Letizia Ortiz alle Wappen der Provinz Asturien. In dem ein Stockwerk darüber liegenden Lokal mit holzgetäfelten Wänden und Stoffservietten

Dinieren mit Flair

denz des zweiten Staatspräsidenten der Republik Cuba, José Miguel Gómez. Einen Eindruck von der damaligen Architektur mit ihrer ganzen Pracht bekommt man noch heute durch die feinen Stuckdecken, die reich verzierten Säulen und die monströsen Kristalllüster. Trotz des piekfeinen Ambientes ist die Atmosphäre keineswegs steif und die Preise – ca. 15 CUC für ein Hauptgericht – durchaus angemessen. Besonders schön sitzt man auf der Terrasse über dem Prado. Tägl. 12–24 Uhr. Prado 212 e/ Colón y Trocadero, ✆ 8624511.

Oasis (20) ist das Restaurant der „Sociedad Union Arabe-Cubano" und hat natürlich auch (einige wenige) arabische Gerichte auf der Karte – Humus etwa, das arabische Kichererbsenmus. Dominant sind allerdings kreolische Gerichte zu vernünftigen Preisen: gegrilltes Rindersteak kostet ebenso 4 CUC wie Hähnchen-Cordon-bleu oder ein paniertes Fischfilet, der Garnelen-Spieß schlägt mit 6 CUC zu Buche. Ab 22 Uhr verwandelt sich das Restaurant in eine Karaoke-Bar. Tägl. 12–2 Uhr. Prado 256, e/ Animas y Trocadero, ✆ 8633829.

auf den Tischen gibt es in gepflegter Atmosphäre Tapas, Paella (4–8 CUC) und sieben verschiedene Menüs für 4–5 CUC inkl. Dessert und Kaffee. Den Hauptgang bilden dabei Spezialitäten wie Rindfleisch-Frikassee, Kasseler auf Cubanisch oder Hähnchen-Cordon-bleu. In der zweiten Etage ist zudem die Bar „Oviedo" untergebracht, wo sich die Preise für Getränke ebenfalls in Grenzen halten. Tägl. 14–22 Uhr. Prado 309 e/ Animas y Trocadero, ✆ 8623626.

A Prado y Neptuno (44) ist eine modern eingerichtete Pizzeria europäischen Zuschnitts am Anfang des Prado gegenüber vom Hotel „Parque Central". Das Restaurant ist bei Touristen wie Cubanern gleichermaßen beliebt – der hervorragenden italienischen Küche wegen. Ein absoluter Traum sind die „Penne à la Langosta" (8 CUC), und auch die superdünnen Pizzen (5–13 CUC) bekommen deutsch-italienische Pizzabäcker nicht besser hin. Ebenfalls empfehlenswert die Antipasti (9 CUC) und das Carpaccio (8 CUC). Die Weinauswahl ist erfreulich groß, die Preise für eine Flasche beginnen bei 14 CUC. Tägl. 12–17 + 18.30–23.30 Uhr. Prado esquina Neptuno.

Los Vitrales (18) befindet sich in der „Casa del Científico", Anfang des 20. Jh. die Resi-

Salon Fausto (11), ein sehr einfaches, aber typisch cubanisches Lokal am Prado, hat seinen Namen vom benachbarten Teatro Fausto. Gekocht wird kreolisch mit viel Reis, Kochbananen, Hähnchen und Schweinefleisch, bezahlt wird mit Pesos. Nur für die Getränke nimmt man CUC – allerdings auch nicht zu viel. Ein Mojito etwa kostet gerade einmal 2,50 CUC. Tägl. 24 Std. Prado esquina Colón.

Prado 264 (31) ist eigentlich ein italienisches Restaurant, die Küche kann aber auch cubanisch. Neben Pizza und Pasta (2–4 CUC) stehen Hähnchen und Steaks auf der Karte. Für einen Drink im Vorübergehen gibt es einen langen, antiken Tresen. Tägl. 12–21.45 Uhr. Prado 264, ✆ 8614244.

Las Terrazas de Prado (8) bietet am unteren Ende des Prado auf einer großen Terrasse einen bunten Mix. Für den großen Hunger gibt es Filet Mignon (7 CUC), gegrillte Garnelen (8 CUC), Schweinesteak (3,50 CUC) oder die Spezialität des Hauses, Reis mit Meeresfrüchten (4,50 CUC). Wer nur ein Päuschen einlegen will, bekommt Sandwiches (2–2,60 CUC). Bier, Mineralwasser und Kaffee kosten 1 CUC, Limonaden 0,75 CUC. Tägl. 10–24 Uhr. Prado esquina Genios.

Café del Prado (14) gehört zu dem kleinen Hotel „Caribbean" und dient morgens als

Frühstücksraum für die Hotelgäste. Danach macht man auf italienische Osteria und serviert neben cubanischen Gerichten (3,95–7 CUC) Pizzen in allen Variationen (3–4 CUC). Die Weinauswahl entspricht der deutscher Pizzerias, wenngleich weniger italienische Tropfen auf der Karte stehen. Tägl. 7–24 Uhr. Prado 164 esquina Colón.

Centro Andaluz (9), eines von mehreren spanischen Restaurants in Havanna, liegt am Prado und bietet eine weite Bandbreite der iberischen Küche. Obwohl die Preise in Pesos ausgewiesen sind, ist das Lokal kein „billiger Jakob". Eine Paella für zwei Personen kostet je nach Zutaten immerhin 150–450 CUP/ca. 6,25–18,75 CUC, gegrillte Garnelen 100 CUP/ca. 4,20 CUC und Tapas zwischen 15 und 100 CUP/ca. 0,65–4,20 CUC. Abends lohnt ein Besuch des Restaurants besonders, denn dann wird das Essen regelmäßig von einer Flamenco-Show umrahmt. Di–Sa 13–24 Uhr. Prado 104 e/ Refugio y Genios, ✆ 8636745.

• *Paladares* **La Mulata de Sabor (99)**, ein günstiger Paladar in der Altstadt, serviert hauptsächlich cubanische Küche. Angeboten werden sieben verschiedene Menüs zwischen 8 und 10 CUC, Spezialität des Hauses ist „Pollo á la Mulata" (10 CUC). Besitzerin Justina Sierra sagt selbstbewusst, dass in ihrem Lokal auf den Tellern die cubanische Rumba tanzt, was wohl bedeuten soll, dass man meilenweit dafür gehen würde. Die Getränke in dem Privat-Restaurant sind ebenfalls nicht überteuert, das Bier kostet 1 CUC, eine Flasche Wein 10 CUC. Tägl. 12–24 Uhr. Calle Sol 153 e/ Cuba y San Ignacio, ✆ 8675984.

La Moneda Cubana (25) liegt nahe der Kathedrale und trägt seinen Namen wegen der Geldscheine und Münzen aus aller Welt, die die Wände zieren. Es gibt vier Tages-Menüs, z. B. mit geräuchertem Lendensteak, Fisch aus dem Backrohr, Schweine-Kotelett oder Tortilla als Hauptgang, alle mit Reis, Salat, frittiertem Kochbananen und Brot, alle für 8–10 CUC. So–Fr 12–22 Uhr. Calle San Ignacio 77 e/ O'Reilly y Empedrado, ✆ 8673852.

Doña Blanquita (10) ist in der 1. Etage eines alten Kolonialhauses am Prado zu Hause und verwöhnt dort nicht nur den Gaumen, sondern auch das Auge. Von den Tischen auf dem Balkon aus hat man beim Essen beste Sicht auf die Flaniermeile der Altstadt. Die Preise sind wie in den meisten Paladares etwas höher, für 9 CUC kommt Schweinenackensteak auf den Tisch, für 8 CUC Hähnchen, für 10–12 CUC gibt es diverse Fischgerichte. Reservierung empfohlen. Tägl. 12–24 Uhr. Prado 158 e/ Colón y Refugio, ✆ 8674958.

La Julia (53), sicherlich nicht der attraktivste Paladar in Havanna und auch nicht leicht zu finden, hat durchaus bemerkenswerte Gerichte auf der Karte und bietet superfreundlichen Service. Gekocht wird typisch kreolisch mit viel Schweinefleisch, Bohnen und Kochbananen. Es gibt aber auch eine sehr feine Hühnersuppe mit Reis und Frühlingszwiebeln, die selbst dann auf den Tisch – und danach auf die Rechnung – kommt, wenn man sie gar nicht bestellt hat. Dennoch ist das Privat-Restaurant absolut erschwinglich, pro Person zahlt man nie mehr als 10 CUC. Tägl. 12–24 Uhr. Calle O'Reilly 506 A e/ Bernaza y Villegas.

Nachtleben in Havanna-Vieja *(siehe Karte S. 172/173)*

Café Paris (35), ein idealer Ort, um den Tag bei einem Mojito (3,30 CUC) zur Live-Musik einer cubanischen Combo ausklingen zu lassen, ist mitten im Herzen der Altstadt in einem Gebäude aus den Anfängen des 20. Jh. zu Hause. 1924 eröffnete hier die erste Bar, in der man damals wie heute einfache, aber schmackhafte Gerichte servierte. 1994 nach einer Renovierung unter der Regie der cubanischen Restaurantbetreiber-Kette Habaguanex wiedereröffnet, fühlt man sich in dem einfachen Boheme-Mobiliar mit dem wunderschönen alten Tresen aus der Gründerzeit dennoch in die Anfänge des Café Paris zurückversetzt – mit einem Unterschied: Heute rühmt sich das Lokal, die beste Live-Musik Havannas zu bieten. Nicht mehr ganz so wie früher sind auch die Preise – klar. Einheimisches Bier („Cristal", „Bucanero") kostet 1,50 CUC, ein Glas Rot- oder Weißwein ebenso viel, Cocktails ab 2,20 CUC. Tägl. 8–3 Uhr. Calle Obispo esquina San Ignacio.

La Lluvia de Oro (46) ist mit seiner langen Bar und seinem rustikalen Ambiente ein idealer Ort, um – bevor man nach einem langen Sightseeing-Tag endgültig in die Federn sinkt – noch einen Absacker zu nehmen. Die Cocktails (2–3 CUC) sind gut gemixt, das Bier (1,50 CUC) ist eiskalt, die Live-Bands, die hier beinahe zwölf Stunden traditionelle cubanische Rhythmen spielen, hörenswert. Außerdem befindet man sich im Lluvia de Oro nicht in einer Touristen-Falle, das bekannte Lokal ist auch bei Cubanern sehr beliebt. Tägl. 9–24 Uhr. Calle Obispo 316 esquina Habana, ✆ 8629870.

La Bodeguita del Medio (24), die Bar, in der Literatur-Nobelpreisträger Ernest Hemingway manchmal die ganze Nacht hindurch trank und die ihren Ruf ausschließlich diesen Alkohol-Exzessen verdankt, ist eher in den Abendstunden zu empfehlen, weil dann zumindest die Tagesausflügler aus Varadero schon wieder an den Buffets ihrer All-inclusive-Hotels stehen. Richtig ruhig ist es an dem Tresen, an dem Mojitos in Serie gemixt werden und über dem Gemälde, Fotografien und mehr oder weniger schlaue Sprüche des berühmten Schriftstellers hängen, dann zwar auch nicht. Aber wenigstens hat man überhaupt eine Chance, ein Plätzchen zu ergattern. Die Mojitos – und alle anderen Cocktails – sind mit 4 CUC nicht gerade günstig, aber wirklich lecker. Noch eines: Kein Mineralwasser bestellen, sonst erntet man vom Barkeeper einen – wenn auch nicht ganz ernst gemeinten – schiefen Blick. Tägl. 10.30–24 Uhr. Calle Empredado 207 e/ San Ignacio y Cuba, ✆ 8671374, 8671375.

El Floridita (70), die weltberühmte Bar am Anfang der Calle Obispo, verdankt ihren legendären Ruf in erster Linie dem Schriftsteller, Literatur-Nobelpreisträger und Cocktail-Experten Ernest Hemingway. Der trank hier seinen „Frozen Daiquiri" in rauen Mengen, weshalb man „Papa", wie man ihn nannte, in einer Ecke des Lokals ein Denkmal in Form einer lebensgroßen Skulptur gesetzt hat, und weshalb sich die Bar bis heute als „Wiege des Daiquiri" bezeichnet. Mit 6 CUC ist die Spezialität des Hauses natürlich sündteuer, aber eben auch eine Sünde wert. Die Barkeeper, die in ihren roten Sakkos ganz und gar mit der in Rosarot gehaltenen Bar harmonieren, mixen ihn wirklich perfekt. Übrigens: Den Cocktail unbedingt geschüttelt, nicht gerührt bestellen – schmeckt wirklich besser. Tägl. 11–24 Uhr. Calle Obispo 557 esquina Monserrate. ✆ 8671299, 8671300, 8671301, ✉ 8668856, reservas-floridita@floridita-cuba.com, http://www.floridita-cuba.com.

Plaza de Armas (39) auf der Dachterrasse des „Hemingway"-Hotels „Ambos Mundos" ist eines der schönsten Plätzchen für einen Mojito (3 CUC), wenn über der Stadt die Sonne untergeht und die letzten Strahlen den Cristo de la Habana am anderen Ufer der Bucht in weiches Licht tauchen. Eingesunken in einen der Rattansessel, versunken ob der Eindrücke des Tages und umgeben von den Klängen einer cubanischen Live-Combo lässt es sich hoch über den Dächern der Altstadt herrlich träumen. Tägl. 7–23 Uhr. Calle Obispo 153 esquina Mercaderes, ✆ 8609529.

Bar Monserrate (81) liegt neben dem Restaurant „El Castillo de Farnés" zwar an der Touristenmeile, ist aber dennoch längst nicht so überlaufen wie etwa das „El Floridita", was sich auch in den Preisen spiegelt. Bier kostet 1,50 CUC, alle Cocktails – darunter der angeblich beste Mojito der Stadt – einheitlich 3 CUC. Für den kleinen Hunger gibt es Pizzen (2–4,50 CUC) und Snacks (um 3 CUC) und sogar komplette Menüs (5,25–6 CUC). Wenngleich das Essen mit den Live-Klängen einer Live-Combo garniert wird, besucht man die Bar eigentlich für einen Drink oder Absacker vor dem Schlafengehen. Tägl. 11–1 Uhr. Calle Monserrate esquina Obrapía, ✆ 8609751.

Café El Mercurio (71) ist perfekt für einen Sundowner. Direkt an der Plaza de San Francisco de Asís gelegen, wo man auf dem Pflaster auch ein paar Tische aufgestellt hat, präsentiert das Lokal eine Getränkeauswahl, die zumindest in Havanna ihresgleichen sucht – und dies zu fairen Preisen. Die Karte weist 21 Cocktails und Longdrinks (2,50–3 CUC) aus sowie 17 verschiedene Whisky-Sorten – bis zum „Johnny Walker Blue Label" für sündteure 25 CUC pro Glas. Tägl. 7–24 Uhr. Plaza de San Francisco de Asís, Lonja de Comercio, ✆ 8606188.

Dos Hermanos (93) ist zumindest für all die ein Muss, die auf Hemingways Spuren in Havanna unterwegs sind. Hier stand der Literatur-Nobelpreisträger nämlich regelmäßig an der Bar und bekämpfte seinen übermäßigen Durst. Während es allerdings andere Hemingway-Kneipen wie die „Bodeguita del Medio" und das „Floridita" zu Ruhm und in der Folge zu jeder Menge Touristen gebracht haben, fristet das Dos Hermanos ein Schattendasein – zum Glück. Denn dadurch ist die Atmosphäre noch unverfälscht, die Preise unverdorben und die Band, die hier jeden Abend spielt, authentisch. Cocktails kosten einheitlich 3 CUC, ein Glas Wein ab 0,90 CUC. Tägl. 8–24 Uhr. Avenida del Puerto 304 esquina Sol, ✆ 8613514.

Bar Havana Club (91), im Museo del Ron untergebracht, wurde im Jahr 2000 eröffnet.

Tagsüber kann man an dem originalgetreu nachgebildeten Tresen aus dem 19. Jh. seinen "siete años", den sieben Jahre gelagerten Rum, oder eine Vielzahl von Cocktails schlürfen, abends gibt es zu Mojito & Co. oftmals traditionelle cubanische Rhythmen von Live-Gruppen. Fr und Sa wird aus der Bar ab 22 Uhr eine Diskothek für die „Ü 30"-Generation, die sich dort bis 4 Uhr morgens austoben kann. Und damit man die Schritte auch beherrscht, kann man an den Vormittagen im obersten Stockwerk des Hauses Tanzunterricht nehmen. Tägl. 9–23 Uhr, Disco Fr+Sa 22–4 Uhr, Tanzunterricht Mo–Fr 9–12 Uhr, 2 Std./10 CUC. Avenida del Puerto 262 esquina Sol, 8618051.

La Dichosa (61) ist zwar auch ein einfacheres Speiselokal, der Akzent liegt allerdings eindeutig auf flüssiger Nahrung. Und für Drinks (Bier 1,50 CUC, Cocktails 3–3,50 CUC) ist die kleine Kneipe auch wärmstens zu empfehlen. Dies umso mehr, als hier beinahe rund um die Uhr Live-Gruppen die bekannten cubanischen Ohrwürmer zum Besten geben. Tägl. 9–3 Uhr. Calle Obispo 303 esquina Compostela.

Cafetería Prado y Animas (26), eine der vielen Bars, die ihre Adresse im Namen trägt, ist eine einfache Snackbar, in der es schnellen Imbiss, ein kaltes Bier und die unvermeidlichen Zigaretten gibt. Für einen letzten Drink auf dem Nachhauseweg ist die Kneipe jederzeit zu empfehlen. Tägl. 24 Std. Prado 301 esquina Animas.

Cafetería Prado No. 12 (6) hat die Zahl 12 zu ihrer Glückszahl auserkoren. Am nördlichen Ende des Prado nahe dem Malecón gelegen, ist das kleine, saubere Lokal im Haus mit der Nummer 12 untergekommen. Die Einweihung fand am 12. 12. 2004 um 12 Uhr mittags statt. Für wenig Geld gibt es kühle Getränke und Snacks, für Musik sorgt die Stereoanlage. Tägl. 8–2 Uhr. Prado 12 e/ San Lazaro y Carcel.

Cabaret Nacional (73), der Nachtclub im Souterrain des „Gran Teatro" (Seiteneingang in der Calle San Rafael), bietet täglich eine bunte Show, die mit dem „Tropicana" zwar in keinster Weise mithalten kann, dafür aber für einen günstigen Eintrittspreis (5–10 CUC) zu sehen ist. Nach dem Spektakel verwandelt sich der klimatisierte Eiskeller in eine Disco, in der Cubaner wie Touristen gern bis in die frühen Morgenstunden zu Salsa- und Pop-Klängen abtanzen. Tägl. 22–3 Uhr. Paseo de Martí esquina San Rafael.

Gran Teatro de La Habana (76) ist ein Muss für Freunde des Theaters – schon deshalb, weil das bereits 1838 eingeweihte Haus die älteste Bühne Lateinamerikas ist und ein Besuch nicht nur wegen der hochkarätigen Künstler, sondern auch des Gebäudes wegen ein Feuerwerk für das Auge darstellt. Besonders sehenswert sind die Auftritte des von der cubanischen „Primaballerina Assoluta" Alicia Alonso gegründeten National-Balletts in der „Sala García Lorca", der größten Bühne des Theaters. Karten für 10 CUC gibt es an der Tageskasse links vom Haupteingang, wo man auch das Programm erfährt. Mo–Sa 9–18, So 9–15 Uhr, Paseo de Martí 485 e/ San José y San Rafael, 8613077-79.

Teatro Fausto (15), eher Showbühne als klassisches Theater, bringt an den Wochenenden hauptsächlich Komiker, Entertainer und Sänger auf die Bühne. Die Vorstellungen beginnen Fr und Sa um 20.30 Uhr, So um 17 Uhr. Eintritt 5 CUC. Da das Theater bei Cubanern sehr beliebt ist, bilden sich häufig Warteschlangen am Eingang. Prado 201 esquina Colón.

Übernachten in Havanna-Vieja (siehe Karte S. 172/173)

● *Hotels* ***** **Saratoga (97)** am Paseo de Martí gegenüber dem Parque de la Fraternidad ist eines der exklusivsten Häuser in der Altstadt von Havanna. Als es 1930 eröffnet wurde, war es schnell eine begehrte Adresse der Schickeria. Das ist heute, nach aufwändigem Umbau und Neueröffnung im November 2005, wieder so. Die 96 Zimmer sind mit allen Schikanen ausgestattet, die sieben zwischen 60–100 Quadratmeter großen Suiten der pure Luxus. Auf dem Dach stehen den Gästen ein Swimmingpool, Solarium und Fitness-Center zur Verfügung, für das leibliche Wohl sorgen die Restaurants „Anacaona" und „Mirador Saratoga". DZ 240–290 CUC, Suite 385–650 CUC, je nach Saison. Paseo del Prado 603 esquina Dragónes. 8681000, 8681001, info@saratoga.co.cu, www.hotel-saratoga.com.

***** **Santa Isabel (30)** an der Plaza de Armas steht nur wenige Meter von jener Stelle entfernt, an der Havanna gegründet wurde. Einst der Sitz der Grafen von Santovenia, wurde das Herrenhaus bereits 1867 erstmals zu einem Hotel umfunktioniert. Mehr als 100 Jahre danach öffnete das

Haus nach einer grundlegenden Sanierung erneut seine Tore für Gäste – mit einem Ambiente von großer Eleganz und höchstem Komfort, umgeben von einzigartigen Meisterwerken der besten cubanischen Künstler. Stolz verweist man darauf, dass man im Mai 2002 auch den früheren US-Präsidenten Jimmy Carter zu seinen Gästen zählen durfte – man schmückt sich in Cuba eben gern mit großen Namen. Die nur 27 Zimmer, darunter 10 Suiten, sind wie das gesamte Haus natürlich mit viel Luxus und allen Annehmlichkeiten ausgestattet. EZ 190 CUC, DZ 240 CUC, Junior-Suite 340 CUC, Suite 400 CUC. Calle Baratillo 9 e/ Obispo y López. ✆ 8608201, ✆ 8608391, comercial@habaguanexhsisabel.co.cu, www.hotelsantaisabel.cu.

***** **Parque Central (54)**, eines der Top-Hotels in Alt-Havanna, in dem fast alle Airline-Crews nächtigen, liegt mitten im Herzen von Vieja. Ob Parque Central, von dem das Haus seinen Namen hat, Prado, Gran Teatro, Capitolio, Fußgängerzone oder eine Vielzahl der Museen Havannas – alles ist nur einen Katzensprung von dem Hotel entfernt, das die fünf Sterne völlig zu Recht auf seinem Schild trägt. Die 277 Zimmer sind sehr modern und luxuriös ausgestattet, der Service äußerst aufmerksam, die Restaurants eine Klasse für sich. Ein ganz besonderes Erlebnis ist der Swimmingpool auf dem Dach, von wo aus die Kuppel des Capitolio zum Greifen nah ist und man einen herrlichen Blick auf Havanna genießen kann. Die Poolbar „Nuevo Mundo" steht auch Nicht-Hotelgästen offen. Wenn man unbedingt einen Kritikpunkt sucht, so ist es wohl ausschließlich die Fassade des Hauses, die für die Altstadt einfach zu modern ausgefallen ist und dem Hotel optisch einen „Holiday Inn"-Charakter verleiht. EZ 205 CUC, DZ 270 CUC inkl. Frühstück. Calle Neptuno e/ Prado y Agramonte. ✆ 8606627, ✆ 8606630, nhparcen@nh-hoteles.cu, www.nh-hotels.com, www.nh-hotels.cu.

**** **Ambos Mundos (50)**, das Parade-Pferd der Hotellerie in der Altstadt Havannas, verdankt seinen legendären Ruf nicht so sehr seiner einzigartigen Lage, seiner First-Class-Ausstattung oder seiner außergewöhnlichen Services, sondern einzig und allein einem Mann: Ernest Hemingway. Der Schriftsteller und Literatur-Nobelpreisträger lebte hier von 1930 an fast zehn Jahre lang in der fünften Etage des Hauses im Zimmer mit der Nummer 511. Hier tippte er weite Teile seines Bestsellers „Wem die Stunde schlägt", von hier aus startete er seine – mit Verlaub – Sauf-Touren durch Havanna, die ihn regelmäßig in die nahe gelegene „Bodeguita del Medio" und ins „Floridita" führten. Und davon zehrt das Haus noch heute. Eine Bronzetafel verweist schon an der Fassade auf den „Novelista", Fotos des berühmtesten Gastes in allen möglichen und unmöglichen Situationen schmücken die Lobby, Gerichte sind nach ihm bzw. seinen Werken benannt, sein Zimmer hat man nie mehr vermietet, sondern ein kleines Museum daraus gemacht, das man jederzeit besichtigen kann (Eintritt 2 CUC). Die übrigen 52 Räume sind gut ausgestattet und sehr komfortabel, natürlich sind sie klimatisiert, haben Satelliten-TV und alle anderen Annehmlichkeiten. EZ 80–95 CUC, DZ 130–160 CUC, Triple 185–220 CUC, Suite 180–200 CUC inkl. Frühstück, je nach Saison. Calle Obispo 153 esquina Mercaderes. ✆ 8609529-31, ✆ 8609532, comercial@amundo.cu, comercial@habanaguexhamundos.co.cu, www.habaguanex.com.

**** **Florida (37)** ist, wenn man sich von den Hotel-Sternen leiten lässt, wohl eines der am meisten unterschätzten Hotels in Alt-Havanna. Denn das Haus hat jede Menge Vorzüge: Es liegt nicht nur äußerst zentral in der Calle Obispo, der Einkaufs-, Galerie- und Kneipenmeile Viejas, es bietet auch eine sehr gepflegte Atmosphäre und Räumlichkeiten mit jedem Komfort. 1836 erbaut, war das Florida zunächst die Residenz reicher Geschäftsleute, ehe 1885 das Hotel seine Tore öffnete und aufgrund seiner Eleganz schnell zu einem der bekanntesten in Havanna avancierte. Und dies ist – erst nach der Komplett-Renovierung im Jahr 1999 – bis heute so geblieben. Denn in den 25 bestens ausgestatteten Zimmern, darunter vier Suiten, setzt sich der aristokratische Glanz des Hauses fort. Also: Wenn man in der Calle Obispo unterwegs ist, nicht dran vorbei-, sondern auf jeden Fall hineingehen. Der koloniale Patio lohnt eine Stippvisite – und sei es nur für eine Cohiba und eine Tasse Kaffee. EZ 80–95 CUC, DZ 130–160 CUC, Suite 180–200 CUC inkl. Frühstück, je nach Saison. Calle Obispo 252 esquina Cuba. ✆ 8624127, ✆ 8624117, comercial@habaguanexhflorida.co.cu, www.hotelflorida.cu.

**** **Inglaterra (67)**, das altehrwürdige und namhafte Haus in bevorzugter Lage neben dem Gran Teatro und gegenüber vom Parque Central, wurde 1875 im neoklassizistischen Stil errichtet und wegen seiner historischen Bedeutung inzwischen zum nationalen Denkmal erklärt. Trotz der Betagtheit gehört das Hotel noch immer zu den elegantesten der Stadt, sind die 83 Zimmer, die den Glanz der Belle Epoque ausstrahlen, auf einem akzeptablen Stand. Jedes ist mit Telefon, Miet-Safe, Satelliten-TV, Radio, Haartrockner und Minibar (nicht in den Einzelzimmern) ausgestattet. Stilvoll, aber nicht übertreuert ist auch das Hotel-Restaurant „El Colonial", wo man beispielsweise ein Lachsfilet schon für 10 CUC erhält. Die Bar „La Sevillana" ist rund um die Uhr geöffnet, auf der Dachterrasse gibt es mehrmals pro Woche kleinere Shows. EZ 84 CUC, DZ 120 CUC, Triple 168 CUC inkl. Frühstück. Paseo de Martí 416 esquina San Rafael. ℡ 8608594-97, ℡ 8608254, reserva@gcingla.gca.tur.cu, www.gran-caribe.com.

**** **Telégrafo (57)** ist eines der ältesten Hotels in Havanna. Bereits 1860 gegründet, befand sich das Haus zunächst in der Calle Amistad gegenüber dem Campo de Marte, dem heutigen Parque de la Fraternidad. 28 Jahre später zog das Telégrafo an seinen heutigen Standort gegenüber dem Parque Central, wurde 1911 vollständig renoviert und war damals nicht nur die modernste Unterkunft der Stadt, sondern zählte sogar zu den elf besten Hotels Lateinamerikas. Das ist lange her. Heute ist das Haus eine gelungene Mischung aus Vergangenheit und Gegenwart mit einer Lobby, die wie eine Kunstgalerie gestaltet ist. Die 63 auf drei Stockwerke verteilten Zimmer sind großzügig, mit Telefon, Safe, Satelliten-TV sowie Klimaanlage ausgestattet und haben alle einen schönen Blick auf den Prado und den Parque Central. EZ 80–90 CUC, DZ 130–150 CUC, je nach Saison. Prado 408 esquina Neptuno. ℡ 8611010, ℡ 8614844, reserva@telegrafo.co.cu, www.hoteltelegrafo.cu.

**** **Plaza (42)**, mit seinem dreieckigem Grundriss und einer einzigartigen klassizistischen Fassade ein Musterbeispiel für die koloniale Architektur Cubas – die Lobby mit ihrer hohen, kunstvoll verzierten Decke und dem Originalmarmorboden muss man gesehen haben. 1909 eingeweiht, wurde das Plaza an jener Stelle errichtet, an der vorher das Verlagsgebäude der Tageszeitung „Marina" stand. In die Gästeliste trugen sich seitdem viele prominente Persönlichkeiten ein, darunter auch Albert Einstein. Das Mobiliar der 188 Zimmer (drei Suiten) stammt noch aus der Kolonialzeit, die übrige Ausstattung (Klimaanlage, Satelliten-TV, Safe, Haartrockner, Minibar, Radio, Telefon) ist modern und komfortabel, allerdings hat man sich bei der Renovierung der Zimmer nicht so viel Mühe gegeben wie in der Eingangshalle. Das Hotel verfügt ferner über zwei elegante Restaurants, eine 24-Stunden-Lobby-Bar und eine Bar auf der Dachterrasse (tägl. bis 22 Uhr) mit einem herrlichen Blick auf das benachbarte Edificio Bacardi, das Gran Teatro und das Capitolio. EZ 84 CUC, DZ 120 CUC, Triple 168 CUC, Suite 145 CUC inkl. Frühstück. Calle Agramonte 167 esquina Neptuno. ℡ 8608583-89, reserva@plaza.gca.tur.cu.

**** **Raquel (78)**, ein wunderschönes Haus, vertritt die „Art nouveau": die Fassade im von dem spanischen Baumeister Churriguera geprägten Schnörkelbarockstil, die Decke aus dunklem Glas und das Türmchen mit schönem Blick über die Gassen der Altstadt. 1905 von dem venezolanischen Architekten Naranjo Ferrer ursprünglich als Bürogebäude errichtet, wurde es alsbald zu einem Hotel umfunktioniert, in dem viele Details an die Bibel und das Judentum auf der Insel erinnern. Wie das Hotel tragen auch viele Zimmer alttestamentarische Namen, und selbst die Bar heißt „Jardín del Edén" („Garten Eden"). Die in Cremefarben gehaltenen 25 Räume bieten jeden Komfort, sind kategoriegerecht ausgestattet und großzügig bemessen. Einige haben kleine Balkone zur Straße. Im Haus gibt es Fitness-Center, Sauna und ein schickes Restaurant. EZ 105–115 CUC, DZ 180–200 CUC, Junior-Suite 230–250 CUC, je nach Saison. Calle Amargura esquina San Ignacio. ℡ 8608280, reservas@hotelraquel.co.cu, www.hotelraquel.cu.

**** **Sevilla (21)**, ein im maurischen Stil erbautes Haus der Accor-Kette und nur wenige Schritte vom Prado entfernt, präsentiert sich als ideales Urlauber-Hotel mit moderaten Preisen. Besondere Pluspunkte sind das Restaurant „Roof Garden" im obersten Stockwerk, wo zu einem grandiosen Panorama Frühstück, Mittag- und Abendessen serviert werden, sowie die Bar „El Patio Sevillana" in einem schnuckeligen Innenhof mit Springbrunnen. Außerdem verfügt das Haus über einen Swimmingpool, Autovermietung, Wechselstube, Internet-Ecke und Fitness-Studio. In einer Passage zum Prado findet man verschiedene Geschäfte für

Im Hotel "Florida"

Sportartikel, Tabakwaren und italienische Mode. Die 178 komfortablen Zimmer sind mit Klimaanlage, Telefon, Radio, Satelliten-TV, Safe, Minibar und Föhn ausgestattet. EZ 151–206 CUC, DZ 206–260 CUC, je nach Kategorie und Saison. Calle Trocadero 55 e/ Prado y Agramonte. ✆ 8608560, ✉ 8608582, reserva@sevilla.gca.tur.cu, www.sofitel.com, www.accorhotels.com, www.accorvacances.com.

**** Armadores de Santander (101), ein kleines, feines Premium-Hotel, residiert in einem Kolonialpalast aus dem ausgehenden 19. Jh. Früher das Bürogebäude des Schiffsbauer aus dem spanischen Santander, prangen noch heute die Initialen „JC" des ehemaligen Hausherrn José Cabrero Mier über dem Eingang. Das Haus verfügt über 39 sehr komfortable Zimmer, vier davon mit Terrasse zum Hafen, die mit Satelliten-TV, Minibar, Safe und Telefon ausgestattet sind. Im Hotel selbst gibt es das gepflegte Restaurant „Cantabria", eine Lobby- und eine Terrassen-Bar in der dritten Etage, von der aus man das Ein- und Auslaufen der Schiffe hautnah erleben kann. Überdies stehen Babysitter, Autovermietung, ein Info-Desk und Wäscheservice zur Verfügung. EZ 80–95 CUC, DZ 130–160 CUC, Junior-Suite 180–200 CUC, Suite 242 CUC, je nach Saison. Calle Luz 4 esquina San Pedro. ✆ 8628000, ✉ 8628080, comercial@santander.co.cu, www.hotelsantander.cu.

**** Palacio O'Farrill (12), ein zwischen der Bahía de La Habana und der Plaza de la Catedral gelegener neoklassizistischer Palast aus dem 19. Jh., war einst das Zuhause von Don José Ricardo O'Farrill, dem Urenkel des Iren Don Ricardo O'Farrill y Daly, einem der reichsten Aristokraten Havannas während der Kolonialzeit. Dem Gebäude, das sich um einen wunderschönen Patio schmiegt, sieht man das heute noch an. Die 38 mit Satelliten-TV, Safe und Minibar ausgestatteten Zimmer sind bewusst unterschiedlich im Stil des 18., des 19. und des 20. Jh. eingerichtet. Außerdem verfügt das Haus über das exquisite Restaurant „Don Ricardo", das traditionsbewusst nicht nur cubanische und internationale, sondern auch irische Gerichte bietet. Weitere Besonderheiten sind die Jazz-Bar „Chico O'Farrill" und die Tienda „Aromas Intramuros", die Essenzen aus dem 19. Jh. verkauft. EZ 80–95 CUC, DZ 130–160 CUC, Junior-Suite 180–200 CUC, Suite 242 CUC, je nach Saison. Calle Cuba 102 esquina Chacón. ✆ 8605080, habaguanex@ofarrill.co.cu, www.habaguanex.com.

**** Hostal El Comendador (60) residiert in einem Kolonialpalast aus dem 18. und 19. Jh., der einst dem Komtur des Ordens von Isabel der Katholischen, Don Pedro Regalado Pedroso y Zayas, gehörte. Heute beherbergt das zwischen der Plaza de San Franciso de Asís und der Plaza de Armas gelegene Haus 14 modern eingerichtete und sehr saubere Zimmer, darunter drei Suiten, mit Kabel-TV, Telefon, Safe, Minibar und Klimaanlage. Das Hostal verfügt über Frühstücksraum, Snackbar, ein Geschäft sowie nicht zuletzt über den „Bodegón Onda", eine spanische Taverne ebenfalls aus dem 18. Jh., die den Namen einer Region im spanischen Valencia trägt. Die rustikale Bar serviert verschiedene Tapas und exquisite spanische Weine. EZ 72–80 CUC, DZ 100–130 CUC inkl. Frühstück, je nach Saison. Calle Obrapía 55 esquina Baratillo. ✆ 8671037, ✉ 8605628, reserva@habaguanexhvalencia.co.cu, www.hostalcomendador.cu.

**** Hostal Valencia (62) liegt zwischen der Plaza de Armas und der Plaza de San Francisco de Asís und damit mittendrin im Geschehen der Altstadt. Das frühere Herrenhaus des Grafen Sotolongo aus dem 18. Jh. wurde 1989 einer aufwändigen Sanierung unterzogen, bei der der ursprüngliche Stil vollständig erhalten blieb. Heute bietet das schöne Haus 14 komfortable Zimmer, darunter drei Suiten, mit Satelliten-TV und Minibar. Das Hostal selbst verfügt über einen der schönsten Innenhöfe in Alt-Havanna, eine „Casa del Tobaco" und das formidable Restaurant „La Paella", das bei internationalen Wettbewerben speziell mit seinen Paella-Kreationen schon verschiedene Preise eingeheimst hat. EZ 72–80 CUC, DZ 110–130 CUC, je nach Saison. Calle Oficios 53 esquina Obrapía. ✆ 8671037, ✆ 8605628, reserva@habaguanexhvalencia.co.cu.

**** **Hostal San Miguel (7)** erlebte schon die Zeit, als Piraten Havanna unsicher machten, wurde im Jahr 1923 von Antonio San Miguel y Segalá, dem Direktor der früheren Zeitung „La Lucha", umgebaut und repräsentiert mit seinen hochherrschaftlichen Räumlichkeiten heute das Havanna der 1920er Jahre. Der „Gran Salón", in dem damals Empfänge und Bankette stattfanden, zeugt noch immer vom Prunk und Reichtum der damaligen Zeit. Die zehn luxuriösen Zimmer sind natürlich mit allen Komfort wie Klimaanlage, Safe, Minibar und Satelliten-TV eingerichtet. Ein besonderes Schmuckstück ist die große Dachterrasse, von der man einen tollen Blick auf die Altstadt und hinüber zum Castillo del Morro hat. Dort wird jeden Tag um 21 Uhr zum „Cañonazo", dem traditionellen Kanonenschlag bei Einbruch der Nacht, auch Champagner serviert. EZ 80–95 CUC, DZ 130–160 CUC, je nach Saison. Calle Cuba 52 esquina Peña Pobre. ✆ 8627656, 8634029, ✆ 8634088, reservas@sanmiguel.ohch.cu, www.hostalsanmiguel.cu.

**** **Hostal Conde de Villanueva (64)**, die ehemalige Residenz von Claudio Martínez de Pinillo, seines Zeichens Ende des 18. bis Mitte des 19. Jh. Graf von Villanueva, ist noch heute eine Reminiszenz an jenen Mann, der entscheidend zum Weltruf der cubanischen Zigarren beitrug. Das nicht zuletzt deshalb auch als „Hostal del Habano" bezeichnete Haus verfügt über einen wohl sortierten Tabak-Laden und eine gemütliche Zigarren-Bar. Die nur neun Zimmer, darunter eine Suite und zwei Mini-Suiten, sind nach Tabakanbaugebieten benannt und mit wunderschönem Mobiliar aus der Kolonialzeit fein ausgestattet. Das Haus bietet zwei edle Restaurants und eine Cafetería. EZ 80–95 CUC, DZ 130–160 CUC, Suite 180–200 CUC, je nach Saison. Calle Mercaderes 202 esquina Lamparilla. ✆ 8629293, ✆ 8629682, comercial@cvillanueva.co.cu, www.hostalcondevillanueva.cu.

*** **Park View (16)**, das moderne Hotel zwischen Prado, Museo de la Revolución und Parque Central, ist ein Haus mit Geschichte. 1928 von den griechischen Gebrüdern Economides eröffnet, war es das erste in Havanna, das mit US-amerikanischem Kapital gebaut wurde, hinter dem man immer wieder die Mafia vermutete. Beweise dafür hatte man nie. Erwiesen ist indes, dass 1935 der US-Kanadier Alvin Karpis hier abstieg, der auf der Fahndungsliste des FBI als letzte Person den zweifelhaften Status „Staatsfeind Nummer eins" innehatte. Seitdem ist viel Zeit vergangen, doch das Hotel ist keineswegs in die Jahre gekommen. Erst 2002 wurde es nach dreijährigen Renovierungsarbeiten wieder eröffnet und bietet heute 56 moderne Zimmer mit viel Komfort wie Satelliten-TV, Safe und Minibar. Einen Besuch ist das Hotel-Restaurant „Prado" in der siebten Etage wert – der günstigen Preise und der tollen Aussicht wegen. EZ 52 CUC, DZ 76–86 CUC, je nach Saison. Calle Colón 101 esquina Morro. ✆ 8613293, ✆ 8636036, comercial@parkview.co.cu, www.hotelparkview.cu.

*** **El Mesón de la Flota (80)** hieß zwar schon immer „Herberge der Flotte", war zunächst ab dem Jahr 1867 aber eigentlich Handelskontor für die Schiffe des Königshauses in Madrid. Heute dient das alte Kolonialgebäude als spanisches Spezialitäten-Restaurant und Hotel, hat allerdings gerade einmal fünf Zimmer. Dennoch: Die gute Ausstattung, die zentrale Lage und die Preise sprechen durchaus für das kleine Haus. EZ 53–85 CUC, DZ 86–102 CUC inkl. Frühstück, je nach Saison. Calle Mercaderes 257 e/ Amargura y Teniente Rey. ✆ 8633838, ✆ 8629281, habaguanexhmflota@ip.etecsa.cu, www.habaguanex.cu.

*** **Hostal de Tejadillo (13)**, das authentische Gästehaus aus der Kolonialzeit, liegt im Schatten der Kathedrale, weshalb es von 1888 bis 1945 auch als Ordensschule genutzt wurde. Die Eleganz des großzügigen Hostals setzt sich in den 32 modern gestalteten und geräumigen Zimmern fort, von denen 17 über eine Kitchenette verfügen. Besonders gelungen ist die kleine Snackbar „San Carlos", die auch den reizenden Innenhof bewirtschaftet, in dem man, eine interessante Wand-Plastik vor Augen, an vier schmiedeeisernen Tischen bei einem Cocktail abspannen kann. EZ 70–80 CUC, DZ 110–130 CUC, Junior-Suite 130–150 CUC, je nach Saison. Calle Tejadillo 12 esquina San Ignacio. ✆ 8637283, ✆ 8638830, comercial@habaguanextejadillo.co.cu, www.hoteldeltejadillo.cu.

*** **Hostal Los Frailes (83)** liegt zwischen der Plaza de San Francisco de Asís und der

Plaza Vieja. Das Herrenhaus aus dem Jahr 1793 war einst die Residenz des Marquis Don Pedro Claudio Duquesne, eines Hauptmanns der französischen Marine, in dem sich die High Society Havannas die Klinke in die Hand gab. Heute ist das Hostal eine elegante Unterkunft im Herzen der Altstadt, wo die Gäste am Eingang von einer Mönchsskulptur aus Kupfer begrüßt werden. Die 22 Zimmer, darunter vier Mini-Suiten, sind nicht nur zum Schlafen da, sondern bieten dem Auge die ganze Noblesse der Kolonialzeit. Natürlich haben sie jeden modernen Komfort wie Klimaanlage, Satelliten-TV, Minibar und Telefon. EZ 70–80 CUC, DZ 110–130 CUC, Junior-Suite 130–150 CUC, je nach Saison. Calle Teniente Rey 8 e/ Oficios y Mercaderes. ✆ 8629383, 8629718, comercial@habaguanexhfrailes.co.cu, www.hostallosfrailes.cu.

*** Beltrán de Santa Cruz (96), ein von den Denkmalpflegern Havannas wunderschön saniertes Herrenhaus aus dem Jahr 1739. Es wurde damals von den Eltern von Gabriel Beltrán de Santa Cruz y Aranda gebaut, die 1770 den Titel „Grafen von Jaruco" erhielten. Bald erwarb das Haus mit dem Marquis von Cárdenas eine der schillerndsten Persönlichkeiten Havannas. Zu seinen Gästen zählten u. a. der deutsche Wissenschaftler und zweite Entdecker Cubas Alexander von Humboldt, der französische Graf von Beaujolais und der Herzog von Orleans, der spätere König Louis Philippe I. von Frankreich. Mit seiner mit modernen Elementen vermengten kolonialen Architektur und seiner zentralen Lage nahe der Plaza Vieja ist das kleine Hotel heute sicherlich nicht zweite Wahl. Die elf Zimmer, von denen einige über eigene Treppen erreicht werden, haben wunderschöne antike Fußböden aus unregelmäßigen Terracotta-Fliesen, sind etwas einfacher, aber funktionell eingerichtet und verfügen über die obligatorischen Standards. EZ 70–80 CUC, DZ 110–130 CUC, Junior-Suite 130–150 CUC, je nach Saison. Calle San Ignacio e/ Muralla y Sol. ✆ 8608330, reserva@bsantacruz.co.cu, www.habaguanex.com.

** Hostal del Convento de Santa Clara de Asís (103), ein kleines, einfaches Hostal, verspricht Schlafen hinter Klostermauern – es ist in einem früheren Frauenkloster aus dem 17. Jh. untergebracht. Die acht Zimmer sind nur mit dem Nötigsten ausgestattet – Ventilator und Bad mit fließendem Wasser. Am besten ist die Suite, die zudem über ein Wohnzimmer, eine kleine Küche und einen großen Balkon zum Klosterhof verfügt. DZ 25 CUC, Suite 35 CUC pro Pers. inkl. Frühstück. Calle Cuba 610 e/ Sol y Luz.

** Caribbean (14), ein kleines, familiäres Hotel der cubanischen Islazul-Kette, das bereits am 27. Mai 1953 eröffnet wurde, liegt direkt am Prado und damit mittendrin im Geschehen. Egal, wohin man möchte, die wichtigsten Sehenswürdigkeiten der Altstadt liegen alle in fußläufiger Entfernung. Die 38 Zimmer sind eher klein und einfach, verfügen allerdings über Klimaanlage, Telefon, Satelliten-TV und Radio. Im Haus selbst gibt es ein Souvenirgeschäft und eine Bar. Das Frühstück nimmt man im zum Hotel gehörenden „Café del Prado" ein, das tagsüber und abends als italienische Osteria fungiert und vergleichsweise günstige Speisen anbietet. EZ 33–36 CUC, DZ 48–54 CUC, je nach Saison. Prado 164 esquina Colón. ✆ 8608210, 8608241, 8608233.

** Casa del Científico (18) wurde 1919 erbaut und war damals die Residenz des zweiten Präsidenten der Republik, José Miguel Gómez, der den bezeichnenden Beinamen „Hai" trug. Inzwischen weitgehend renoviert, ziert die Casa inzwischen Rokoko-Mobiliar. Die elf Zimmer sind Geschmackssache, nur fünf haben ein eigenes Bad. Noch am schönsten ist die Suite im obersten Stockwerk. An den Wochenenden gibt es abends auf der Dachterrasse Cabaret. EZ 25–45, DZ 31–55, je nach Ausstattung (Bad). Prado 212 esquina Trocadero, ✆ 8621607, 8621608.

Casas particulares **Casa Chez Nous (86)** aus dem Jahr 1904 gehörte dem Feuilleton-Redakteur Gustavo L. Enamorado Zamora von „Radio Coco", und ist heute wohl mit Abstand die beste Privat-Unterkunft, die man in Havanna finden kann. Angefangen vom stilechten antiken Mobiliar über die große Dachterrasse, die man über eine Wendeltreppe erreicht, bis zu den griechischen Tempeln nachempfundenen Bädern ist die Casa einfach überwältigend. Vermietet werden drei riesige Zimmer, die mit Klimaanlage, TV und Kühlschrank ausgestattet sind, sowie ein etwas kleinerer, aber topmoderner Raum auf der Dachterrasse. Natürlich werden auch Speisen serviert, das Frühstück schlägt mit 2,50 CUC zu Buche. Was noch für das Haus spricht: Es wird Englisch, Französisch und Deutsch gesprochen. DZ 30 CUC. Calle Teniente Rey 115 e/ Cuba y San Ignacio, ✆ 8626287, cheznous@

ceniai.ini.cu (Reservierung unbedingt notwendig, das Haus ist oftmals ausgebucht!).

Casa Jesús y María (100) nimmt unter den Top Five der Privat-Quartiere in Havanna-Vieja sicherlich einen vorderen Rang ein. Das Haus ist sehr sauber und gepflegt, im schön gefliesten Patio wachsen 5 m hohe Weihnachtssterne, in der ersten Etage steht den Gästen eine riesige Terrasse zur Verfügung. Die beiden Zimmer, eigentlich kleine Appartements, sind mit Klimaanlage, Ventilator, Kühlschrank und Kochecke ausgestattet – für alle, die schnell einmal selbst etwas brutzeln wollen. Wer das nicht möchte, bekommt seine Mahlzeiten selbstverständlich serviert. DZ 25–30 CUC, je nach Saison. Calle Aguacate 518 e/ Sol y Muralla, ℡ 8611378, 8667765, jesusmaria2003@yahoo.com.

Casa Dos Hermanas (Zwei Schwestern) **(104)** wird von Marías beiden Töchtern betrieben, hat nicht ganz den Stil der Casa der Mama, ist allerdings immer noch besser als die meisten Mittelklasse-Hotels in Havanna. In dem alten, zentral gelegenen Kolonialgebäude werden zwei saubere Gästezimmer mit Klimaanlage vermietet, die mit modernen Bodenfliesen ausgelegt sind. Das Haus hat zudem einen kleinen Balkon zur Calle Luz, von wo aus man bei einem Mojito das Treiben auf der Straße bestens beobachten kann. DZ 25–30 CUC, je nach Saison. Calle Luz 364 e/ Aguacate y Compostela, ℡ 8667765, 8611378, jesusmaria2003@yahoo.com.

Casa Mercy y Vlady (90) aus dem 17. Jh. ist schön saniert und bietet ein Zimmer mit Klimaanlage, Kühlschrank, Bad und Balkon, von dem man das Treiben auf der Straße beobachten kann. Das Haus verfügt über einen schönen Innenhof, vom Wohnzimmer führt eine enge Wendeltreppe auf die Dachterrasse und damit in die Sonne – wenn sie denn scheint. Señora Mercy ist Russischlehrerin, spricht außerdem Englisch, der Schwiegersohn sogar Deutsch. DZ 25–30 CUC, je nach Saison. Calle Cuba 505 e/ Teniente Rey y Muralla, ℡ 8672736.

Casa Ramón y Maritza (105), ein gepflegtes Kolonialgebäude in Blau mit weißen Fenstergittern und einem Innenhof mit Fensterbögen aus Buntglas, zwei Vogelkäfigen, und einem Aquarium, liegt sehr zentral in Alt-Havanna. Für Gäste stehen zwei Zimmer mit Klimaanlage, Ventilator, Kühlschrank und schönen Bädern zur Verfügung, die allerdings am Patio liegen. Natürlich gibt es auch Frühstück und Abendessen, das man in einem kleinen Esszimmer einnimmt, wo auch der Fernseher steht. Unbedingt probieren: Maritzas frisch gepressten O-Saft. DZ 25 CUC. Calle Luz 115 e/ San Ignacio y Inquisidor. ℡ 8623303, maritzamirabal@yahoo.es.

Casa Señora Mery (49) liegt superzentral in der Calle Obispo, wenige Schritte vom Hotel „Florida" entfernt, neben dem es auch einen bewachten Parkplatz gibt. Das Gästezimmer des sauberen Hauses bietet Klimaanlage, Ventilator, Minibar und ein schönes Bad. Frühstück auf Wunsch. DZ 25 CUC. Calle Obispo 354 e/ Habana y Compostela, ℡ 8673795.

Casa Colonial 1717 (82) in der Calle Amargura ist auf den ersten Blick zu erkennen: In das sehr schöne Haus führt ein bemerkenswertes großes Holztor mit Messingbeschlägen – weit und breit das einzige dieser Art. Vermietet wird ein geräumiges Zimmer mit Klimaanlage und Bad. Der gastronomische Service beschränkt sich auf das Frühstück. DZ 30 CUC. Calle Amargura 255 e/ Habana y Compostela, ℡ 8630622.

Casa Rafaela y Pepe (98) vermietet in der 1. Etage eines zentral gelegenen Kolonialgebäudes zwei geräumige Zimmer mit Klimaanlage, Ventilator, Kühlschrank, Balkon und großen Bädern. Frühstück gibt es auf Wunsch, zum Abendessen wird man auf die vielen nahe gelegenen Restaurants verwiesen. Obwohl das Quartier sicherlich über dem Durchschnitt eingeordnet werden muss, ist der Preis etwas zu hoch – also verhandeln! DZ 30 CUC. Calle San Ignacio 454 e/ Sol y Santa Clara, ℡ 8675551, 8629877 (auch in Englisch).

Casa Miriam y Goméz (79) mitten in Alt-Havanna in einem alten Kolonialgebäude bietet zwei großzügige Zimmer mit Klimaanlage und Bad, eines davon mit drei Betten. Auf Wunsch gibt es Frühstück (3 CUC) und Abendessen (7–8 CUC), und wer möchte, dem wäscht die sehr freundliche Hausbesitzerin auch noch die Wäsche. DZ 25 CUC. Calle Lamparilla 309 A e/ Aguacate y Compostela, ℡ 8679065.

Casa de Eugenio y Fabio (107), ein grün verputztes Haus aus der Kolonialzeit, das mit antiken „Staubfängern" vollgestellt ist, verfügt über zwei großzügige mit Klimaanlage, Ventilator und Kühlschrank ausgestattete Gästezimmer, eines davon mit drei Betten. Auf dem Dach steht den Gästen eine große, modern gestaltete Terrasse zur Verfügung. Frühstück auf Wunsch. DZ 30 CUC. Calle San Ignacio 656 e/ Jesús María y Merced, ℡ 8629877.

Wahrzeichen Havannas und geographischer Nullpunkt Cubas: das Capitolio

Unterwegs in Havanna-Vieja

Rund um das Capitolio

Capitolio Nacional: Das architektonische Juwel Havannas ist von fast keinem Punkt der Stadt aus zu übersehen – so sehr dominiert seine Kuppel die Skyline der Metropole. Das Spiegelbild des Capitols im US-amerikanischen Washington war ursprünglich als Palast des Präsidenten geplant, als die Arbeiten 1912 nahe dem ersten Bahnhof von Havanna aufgenommen wurden. Da die cubanische Wirtschaft nur wenig später zu lahmen begann, wurde der Bau vorübergehend eingestellt. Erst 1926 griff Diktator Gerardo Machado die Idee wieder auf und ließ das heute fünftgrößte Bauwerk der Welt innerhalb von nur drei Jahren von rund 5000 Arbeitern unter der Regie eines Konsortiums cubanischer Architekten, US-amerikanischer Baufirmen, französischer Landschaftsbauer und italienischer Bildhauer vollenden. Fast 20 Millionen US-Dollar verschlang das Gebäude mit seiner 62 Meter hohen Kuppel, auf der die Nachbildung einer italienischen Merkur-Statue aus dem 16. Jahrhundert thront. Danach war das Capitolio bis 1959 Sitz des cubanischen Repräsentantenhauses und Kongresses. Als beide Kammern des Parlaments nach dem Sieg der Revolution überflüssig geworden waren, zogen nach und nach die Akademie der Wissenschaften, die Nationalbibliothek für Wissenschaft und Technologie sowie Teile des Umweltministeriums in den Prunkbau ein. Aus diesem Grund kann man heute auch nur ein Stockwerk besichtigen, sieht dabei aber die beiden Hauptsäle – den riesigen, ganz in Marmor gehaltenen „Salón de los Pasos perdidos" („Saal der verlorenen Schritte") und den Hemiciclio Camilo Cienfuegos, einen aufwändig verzierten Konferenzsaal im Rokoko-Stil. Außerdem kann man die 17 Meter hohe und 49 Tonnen schwere Statue der Republik bewundern, die nach dem Buddha im japa-

nischen Nava und der Plastik von Abraham Lincoln im gleichnamigen Denkmal in Washington als drittgrößte Skulptur der Welt innerhalb eines Gebäudes gilt. Und nicht zuletzt sieht man auch die Nachbildung eines 24 Karat großen Diamanten, der in den Boden der Eingangshalle eingelassen ist und den geographischen Nullpunkt darstellt, von dem aus alle Entfernungen in Cuba gemessen werden.
Tägl. 9–18 Uhr. Eintritt 3 CUC, Fotoaufnahmen 2 CUC, Videoaufnahmen 2 CUC. Paseo de Martí e/ San Martín y Dragónes, 8611519.

Parque de la Fraternidad: Der gepflegte „Park der Brüderlichkeit" südlich des Capitolio stammt aus dem Jahr 1928. Anlässlich der Panamerika-Konferenz dieses Jahres vom französischen Stadtplaner Jean-Claude Nicolas Forestier geschaffen, wurde er just an jener Stelle angelegt, an der seit 1892 ein kleiner Exerzierplatz an die 40. Wiederkehr der Ankunft der Spanier auf Cuba erinnerte. Der riesige, inzwischen von einem schmiedeeisernen Zaun umgebene Kapok-Baum im Zentrum des Parks wurzelt in der Erde aus den damaligen 21 Teilnehmerländern der Zusammenkunft. Die Grünanlage mit Eingängen in allen vier Himmelsrichtungen schmücken Büsten berühmter Amerikaner – der ehemalige und in Cuba hoch verehrte US-Präsident Abraham Lincoln (nordwestliche Ecke) ist ebenso darunter wie der Befreier Lateinamerikas Simón Bolívar (nordöstliche Ecke), der frühere mexikanische Präsident Benito Juárez (südwestliche Ecke) und der argentinische General José de San Martín (südöstliche Ecke). Wie sehr man die Spanier mit der Umgestaltung des Parks bewusst brüskieren wollte, wird daran deutlich, dass man dort auch dem philippinischen Nationalhelden José Rizal (1861–1896) ein Denkmal setzte, der sich in seiner Heimat gegen die Spanier aufgelehnt hatte und von diesen deshalb hingerichtet worden war. Heute ist der Parque de la Fraternidad nicht nur ein beliebter Treffpunkt und Rastplatz mit Dutzenden von schattigen Ruhebänken, sondern in erster Linie als Busbahnhof Alt-Havannas bekannt. An seiner nördlichen Breitseite halten fast alle Stadtbusse, die zwischen dem Zentrum und den Außenbezirken verkehren.
Paseo de Martí, Avenida Simón Bolívar, Calles Dragónes und Industria.

Fuente de la India: Der Brunnen gegenüber dem Hauptzugang zum Parque de la Fraternidad wurde, wie der Löwen-Brunnen auf der Plaza de San Francisco de Asís, vom damaligen Grafen von Villanueva, Don Claudio Martínez de Pinillos, in Auftrag gegeben und im Jahr 1837 ebenfalls von dem italienischen Bildhauer Giuseppe Gaggini gestaltet. Ganz aus weißem Marmor gehauen, thront eine junge Indianerin auf vier stilisierten, Wasser speienden Delfinen – in ihrer linken Hand hält sie ein Füllhorn, in ihrer rechten das Stadtwappen von Havanna.
Paseo de Martí e/ Avenida Simón Bolívar y Dragónes.

Museo de los Orichas: Das Museum der „Asociación Yoruba de Cuba" gegenüber vom Parque de la Fraternidad ist eine wahre Fundgrube für alle, die etwas mehr über den auf der Insel weit verbreiteten Santería-Kult erfahren möchten. Antonio Castañeda Marquez, der Direktor und Begründer des einzigen Museums dieser Art weltweit, hat die meisten der ausgestellten Gegenstände aus Westafrika mitgebracht, wo die Religion ihren Ursprung hat. In szenischen Darstellungen werden 29 Statuen der wichtigsten der insgesamt 401 Orichas, auch Orishas geschrieben, gezeigt: Chango etwa, der König des Himmelreichs, Ochún, die Schutzpatronin Cubas, Los Beyis, Zwillinge, die über alle Kreaturen wachen, oder Babalú Ayé, im katholischen Glauben der Heilige Lazarus. Interessant ist die Geschichte von Osain, dem Gott der Pflanzen, dem ein Bein und ein Arm fehlen – Chango hatte ihm die Gliedmaßen nach einem Inzest mit der eigenen Mutter als Strafe kurzerhand

abgeschlagen. Im afro-cubanischen Pantheon blieb er trotzdem. Für Europäer aus dem christlich geprägten Abendland nicht immer ganz logisch erscheinen auch die „Zuständigkeitsbereiche" der Orichas. So ist beispielsweise die Gottheit Inle die Schutzpatronin für Ärzte und Fische oder Algayú verantwortlich für Wanderer und Flüsse. Viele Details über die Religion und ihre Götter erfährt man bei Führungen durch das Museum, die auf Anfrage auch auf Deutsch angeboten werden, und bei den Zeremonien der Babalaos, der obersten Santería-Priester, die teilweise öffentlich sind.
Tägl. 9–17 Uhr. Eintritt 10 CUC, in der Gruppe 6 CUC, Kinder bis 12 Jahren frei. Paseo de Martí 615 e/ Máximo Gómez y Dragónes. ✆ 8635953, 8637415, 8637660, ✉ 8637484, asyoruba@cubarte.cult.cu.

Rund um den Parque Central (siehe Karte S. 172/173)

Parque Central: Im Gegensatz zu vielen anderen sogenannten Parks in Cuba, die meist eher geteerte bzw. gepflasterte Plätze sind, verdient der gegenüber vom „Gran Teatro" und Hotel „Inglaterra" liegende Parque Central seinen Namen zu Recht. Im Schatten tropischer Bäume findet man Dutzende von Steinbänken, die zumeist um kleine Springbrunnen gruppiert sind und zu einer Verschnaufpause inmitten der Hektik der Altstadt einladen. Im Herzen des 1877 angelegten grünen Fleckchens steht eingerahmt von 28 mächtigen Königspalmen die 1903 von dem berühmten cubanischen Bildhauer José Vilalta de Saavedra geschaffene Marmor-Statue von Nationalheld José Martí – die erste und wohl eine der schönsten ihrer Art in Cuba. Bedeutungsschwer prangt an ihrem Sockel das Datum 24. 2. 1895, an dem aufgrund der miserablen wirtschaftlichen Lage des Landes ein Arbeiteraufstand ausgebrochen war. Wenige Meter davon entfernt stößt man fast zwangsläufig auf die „Esquina caliente", die heiße Ecke, an der es beinahe rund um die Uhr wirklich heiß hergeht, wenn cubanische Baseballfans lautstark die jüngsten Ergebnisse ihrer Teams diskutieren und kommentieren.
Paseo de Martí, Calles Neptuno, Agramonte, San Martín.

Gran Teatro de La Habana (1): Die älteste Bühne des Subkontinents ist gleichzeitig eine der bedeutendsten kulturellen Einrichtungen Lateinamerikas. Seine Premiere erlebte das Theater bereits im November 1837, ehe es drei Monate später, im Februar 1838, unter dem Namen „Gran Teatro de Tacón" feierlich eingeweiht wurde. Das prunkvolle, im Stil des deutschen Neobarock errichtete Gebäude zwischen Capitolio und Parque Central verfügt nicht nur über verschiedene Bühnen für Theateraufführungen und Konzerte, sondern auch über Konferenzräume, Kunstgalerien sowie Übungsräume für Tanz- und Ballettgruppen. Am pompösen Eingang heißt den Besucher eine große Statue aus Stein und Marmor willkommen, im Kuppelsaal thronen vier Plastiken des Bildhauers Giuseppe Moretti, Allegorien des Wohlwollens, der Erziehung, der Musik und des Theaters. Die größte Bühne befindet sich in der „Sala García Lorca", die schon viele Größen der Kunstszene sah wie die Primaballerinas Anna Pavlova und Alicia Alonso, die Opernsänger Adelina Patti und Enrico Caruso, die Musiker Arthur Rubinstein und Sergej Rachmaninow und andere berühmte Künstler des klassischen Genres aus dem 19. und 20. Jahrhundert. Nachdem man es mehrfach umbenannt hatte – einmal hieß es „Gran Teatro Nacional", später „Teatro Estrada Palma", danach „Teatro García Lorca" – nahm das Haus in seiner heutigen Form nach aufwändigen Umbauarbeiten im Jahr 1915 seinen Betrieb auf und ist seit 1965 das Zuhause des von der cubanischen „Primaballerina Assoluta" Alicia Alonso gegründeten Nationalballetts. Darüber hinaus führt das Centro Pro Arte Lírico hier seine Opern, Operetten und Konzerte auf, finden die

Auftritte des „Ballett Español" Havannas statt, kommen regelmäßig namhafte ausländische Tanzformationen wie das „American Ballet Theater", das „Ballet del Teatro Colón" aus Buenos Aires oder das „Ballet Folclórico de México" zu Gastspielen. Zu den Hauptattraktionen zählen außerdem die vielen großen Festspiele wie das Internationale Ballett-Festival, das seit 1960 im Zwei-Jahres-Rhythmus veranstaltet wird und zu dem immer bedeutende Ballerinas und Choreographen aus aller Welt in Havanna zusammenkommen, um neue Entwicklungen zu präsentieren und Informationen auszutauschen.

Mo–Sa 9–17, So 9–13 Uhr, Tageskasse Mo–Sa 9–18, So 9–15 Uhr. Eintritt 2 CUC inkl. Führung, Vorstellung 10 CUC. Paseo de Martí 485 e/ San José y San Rafael. ✆ 8613077-79.

Galería Orígines (3): Die edle Ausstellung im Gran Teatro Havannas (Eingang neben dem Theaterportal) präsentiert und verkauft Gemälde und Skulpturen bekannter cubanischer Künstler. Zu den „Stammgästen" gehören Größen der Kunstszene wie Adrián Díaz, Julio César Peña oder Pepe Lazcano, um nur einige zu nennen.

Mo–Sa 10–17 Uhr. Eintritt frei. Paseo de Martí 458 e/ San Rafael y San Martín. ✆ 8621611.

Galería La Acacia (2): Die kleine Kunstgalerie hinter dem Gran Teatro stellt im monatlichen Wechsel verschiedene cubanische Künstler aus, zumeist zeitgenössische Maler. Das wäre noch nichts Besonderes. Aber: Das La Acacia hat auch die Berechtigung, Ausfuhrgenehmigungen zu erteilen, die beim Export hochwertiger Kunstgegenstände zwingend vorgeschrieben sind.

Di–Sa 9–16.30 Uhr. Eintritt frei. Calle San Martín 114 e/ Industria y Consulado. ✆ 8613533, ✉ 8639364, lacacia@cubarte.cult.cu, www.artnet.com/acacia.html.

Museo Nacional de Bellas Artes: Das cubanische Nationalmuseum der schönen Künste ist mit seinen 47.600 Werken die größte Sammlung des Landes. Auf zwei Häuser verteilt, widmet sich der Palacio de Bellas Artes in der Calle Trocadero zwischen dem Parque Central und dem Museo de la Revolución der cubanischen Kunst, während in dem früheren Centro Asturiano in der Calle San Rafael zwischen dem Parque Central und dem Beginn der Fußgängerzone in der Calle Obispo Kunst aus der übrigen Welt präsentiert wird. Der **Palacio de Bellas Artes**, ein moderner Art-déco-Bau, der am 14. Dezember 1955 eingeweiht wurde, zeigt auf einer Ausstellungsfläche von 7600 Quadratmetern, die sich über drei Etagen erstreckt, mehr als 1200 Gemälde, Grafiken, Zeichnungen und Skulpturen. In vier Abteilungen werden Kunst aus der Kolonialzeit vom 16. bis zum 19. Jahrhundert, Werke aus der Jahrhundertwende von 1894 bis 1927, Moderne Kunst aus den Jahren 1927 bis 1960 und zeitgenössische Arbeiten ab 1960 gezeigt. Darunter befinden sich natürlich Bilder von Armando García Menocal (1863–1941), Raúl Martínez (1927–1995) und nicht zuletzt Wifredo Lam (1902–1982), einem der bedeutendsten cubanischen Kunstschaffenden.

Das frühere **Centro Asturiano**, ein herrlicher Kolonialpalast und architektonisches Juwel aus dem Jahr 1926, das nach seiner Renovierung und Neueröffnung durch Staatspräsident Fidel Castro im Jahr 2001 wieder in seiner ganzen Pracht erstrahlt, präsentiert auf fünf Etagen Kunstwerke der übrigen Welt – schwerpunktmäßig aus Asien, Europa und den USA – sowie die mit 650 Exponaten größte Sammlung Lateinamerikas von Kunst aus der Antike. Seitdem gibt es auch einen kleinen Raum, in dem 26 Werke deutscher Künstler ausgestellt werden, darunter Gemälde von Peter Baumgartner (1834–1911) und Adolf Eberle (1843–1914).

Di–Sa 10–18, So 10–14 Uhr, Führung Di–Sa 10, 14, 16 Uhr, So 10 Uhr. Eintritt 5 CUC. Palacio de Bellas Artes, Calle Trocadero e/ Agramonte y Monserrate, Centro Asturiano Calle San Rafael 1 e/ Agramonte y Monserrate. ✆ 8620140, 8613858, 8615777, www.museonacional.cult.cu.

Edificio Bacardí: Havannas schönstes Art-déco-Gebäude wurde 1930 nach einem Entwurf des Architekten Esteban Rodríguez Castells als Zweitsitz der berühmten Rum-Dynastie erbaut, die ihre Zentrale in Santiago de Cuba hatte. Rodríguez Castells verwandte für das siebenstöckige Haus nahe dem Parque Central verschiedene Arten von Granit- und Kalksandsteinen, fertigte Mosaiken aus mehrfarbigen Ziegelsteinen, setzte seinem Werk mit einem Turm die Krone auf – und erhielt dafür prompt den nationalen Architektur-Preis. Als Emilio Bacardí nach der Revolution am 14. Oktober 1960 entschädigungslos enteignet wurde, woraufhin er mit seiner Familie emigrierte, fiel mit seinem Besitz auch das Gebäude in Havanna an den Staat. Heute beherbergt das Haus die Büros verschiedener Unternehmen – und das Café „La Barrita", die einzige Bar Cubas im Art-déco-Stil mit dem Originalinterieur aus jener Epoche.
Calle Monserrate 261 esquina San Juan de Dios.

Museo de los Bomberos: Das kleine Museum zwischen dem Hotel „Parque Central" und dem Edificio Bacardí widmet sich mit Schautafeln und Vitrinen der Geschichte der Feuerwehr Havannas. Daneben sind viele Fotos von Einsätzen zu sehen sowie eine ausführliche Dokumentation des Großbrands vom 17. Mai 1890, der einen Teil der Altstadt in Schutt und Asche legte. Gezeigt werden ferner Schutzhelme und -bekleidung von den Anfängen bis zur Gegenwart sowie jede Menge Gerätschaften.
Mo–Sa 8–17 Uhr. Eintritt frei. Calle Agramonte e/ Neptuno y Anima.

Rund um den Prado

Prado (Paseo de Martí): Die Flaniermeile zwischen Malecón und Parque de la Fraternidad, die von den Habaneros im nördlichen Teil bis zum Hotel Parque Central nach ihrer alten Bezeichnung „Prado" und von dort an „Paseo de Martí" genannt wird, war einst der Laufsteg der cubanischen Aristokratie. Hier zeigten die Damen ihre schickste Garderobe aus Paris und die Herren – etwas später – ihre neuesten „Spielzeuge" aus den Automobilfabriken Detroits. Dieses noble Image hat der Prado spätestens mit der Revolution verloren. Ein Boulevard ist er noch heute. Mit Leben erfüllt wird die von Schatten spendenden Bäumen gesäumte Allee allerdings nicht nur von Touristen. Sie ist vielmehr gleichermaßen Spielplatz für Kinder nach der Schule, Treffpunkt für Familien nach Feierabend, Rendezvous-Ecke für Liebespaare nach Sonnenuntergang. Und vor allem ist sie eines: Ein „Broadway", auf dem man trotz der Hektik der Innenstadt in aller Ruhe schlendern kann, ohne Gefahr zu laufen, von einem Auto auf die Kühlerhaube genommen zu werden. Je nach Richtung hat man dabei immer entweder die Kuppel des Capitolio oder die Ruinen des Castillo del Morro am anderen Ende der Hafeneinfahrt vor Augen. Dort unten, wo die Allee auf den Malecón stößt, hat man dem cubanischen Dichter Juan Clemente Zenea ein Denkmal gesetzt. Der von den Spaniern am 25. August 1871 hingerichtete Poet hatte die Literatur des Landes maßgeblich beeinflusst. Ganz ohne Patriotismus kommt also auch der Prado nicht aus ...
Prado (Paseo de Martí) e/ Malecón y Dragónes.

Palacio de los Matrimonios: Das schönste Gebäude entlang des Prado mit einem Überfluss an kunstvollem Dekor stammt aus dem Jahr 1914 und war einst das Casino Español. Heute gehört der Palast mit seinen zwei Türmchen dem Justizministerium und ist für die Habaneros der bevorzugte Ort zum Heiraten. Am Ende einer breiten Freitreppe stößt man in diesem cubanischen Standesamt auf einen großen Saal mit einer kunstvollen Stuckdecke. Vor allem an Samstagvormittagen finden sich hier zahlreiche Paare ein, um sich das Ja-Wort zu geben.
Prado 302 esquina Animas.

Der frühere Präsidenten-Palast beherbergt das Museo de la Revolución

Rund um das Museo de la Revolución

Museo de la Revolución: Auch wenn man sich nicht zu den leidenschaftlichen Museumsbesuchern zählt, ist das Revolutionsmuseum in Havanna dennoch ein Muss – zumindest dann, wenn man wenigstens einen Hauch von Wissen über die neuere Geschichte des Landes mit nach Hause nehmen will. Das wenige hundert Meter südlich vom Monumento Máximo Gómez gelegene Gebäude war von dem cubanischen Architekten Rodolfo Maruri und seinem belgischen Kollegen Paul Belau ursprünglich als Sitz der Provinz-Regierung geplant worden, wurde aber nach seiner offiziellen Einweihung am 31. Januar 1920 und seiner endgültigen Fertigstellung am 12. März des gleichen Jahres (in dieser Reihenfolge!) zum Palast des Präsidenten umgewidmet. Die Inneneinrichtung des Prunkbaus kam von Tiffany's in New York, die Marmor-Fußböden und -Treppen aus dem italienischen Carrara. Seit jenen Tagen erlebte das Gebäude bewegte Zeiten, sah Präsidenten kommen und gehen, wurde am 13. März 1957 Zeuge des erfolglosen Überfalls auf Diktator Fulgencio Batista, hörte am 8. Januar 1959 die erste Rede Fidel Castros in Havanna nach dem Sieg der Revolution. Seit der Palast per Dekret von Raúl Castro vom 12. Dezember 1959 zum Museum der Revolution gemacht wurde, das im Januar 1974 schließlich mit einer permanenten Ausstellung seine Pforten öffnete, hatte er viel Prominenz zu Besuch – Winston Churchill war ebenso hier wie Richard Nixon oder Juri Gagarin.

Wie jährlich rund 300.000 Besucher aus aller Welt konnten sie die auf drei Stockwerke und 38 Räume verteilten mehr als 9000 Ausstellungsstücke besichtigen – Fotos, Flaggen, Waffen, Dokumente, Gegenstände aus dem Kampf gegen die Diktatur Batistas und den Schlachten der Unabhängigkeitskriege. Nach einer Grundsanierung und einem Umbau wurde das Museum 1988 wiedereröffnet und vermittelt heute im Erdgeschoss zunächst einmal Basiswissen über die Geschichte des Landes. Mehrere Säle sind außerdem dem Leben und Sterben des cubanischen Nationalhelden Ernesto Che Guevara gewidmet – die Exponate sind so vielfältig, dass sie eine fast vollständige Biographie zeichnen. Einen Kontrast dazu stellt die „Rincón de los Cretinos" („Ecke der Schwachköpfe") dar, in der Karikaturen von Diktator Fulgencio Batista und den US-Präsidenten Ronald Reagan und George Bush zu sehen sind. Die acht Ausstellungsräume im ersten Obergeschoss schildern anhand von Dokumenten die Zeit ab 1959, unter anderem die Invasion in der Schweinebucht im Jahr 1961, die Gründung des ersten Zentralkomitees der Kommunistischen Partei Cubas am 2. Oktober 1965 und den Raumflug des ersten cubanischen Kosmonauten, Arnaldo Tamayo Méndez. Das oberste Stockwerk widmet sich ganz der Kolonialzeit von 1492 bis 1898 und den Unabhängigkeitskriegen mit seinen Helden Carlos Manuel de Céspedes, José Martí, Máximo Gómez und Antonio Maceo. Darüber hinaus gibt es Ausstellungsstücke, die an die Zeit vor der Revolution erinnern – unter anderem an den Überfall auf die Moncada-Kaserne am 26. Juli 1953 und die Landung der Yacht „Granma" am 2. Dezember 1956 an der Playa Las Coloradas. Dem Schiff, das damals Fidel Castros Rebellen von Tuxpán in Mexiko an die Küste der Provinz Granma brachte, hat man am 1. Dezember 1976 ein eigenes Denkmal gesetzt. Als eines der wertvollsten Stücke der cubanischen Geschichte wurde das Boot im Garten des Museums in einen riesigen Glaspavillon gestellt und darum alte Panzer, Jeeps und Flugzeuge gruppiert, die im bewaffneten Kampf gegen das Batista-Regime und wenige Jahre später in der Abwehrschlacht in der Schweinebucht eingesetzt waren. Dort erinnert seit dem 19. April 1989 zudem eine in einem fünfzackigen Stern brennende Flamme an die „ewigen Helden des neuen Vaterlands" – entzündet von Fidel Castro höchstpersönlich.

Tägl. 10–17 Uhr. Eintritt 5 CUC, Führung 2 CUC. Calle Refugio 1 e/ Monserrate y Agramonte. ℡ 8624091-96, www.cnpc.cult.cu/cnpc/museos/musRevul/pcpal.htm.

Iglesia del Santo Ángel Custodio: Die kleine Kirche schräg gegenüber dem Museo de la Revolución wurde im 17. Jahrhundert errichtet, 1846 von einem Hurrikan schwer beschädigt und 25 Jahre später im neugotischen Stil wieder aufgebaut. In der cubanischen Geschichte spielt die Iglesia deshalb eine nicht unbedeutende Rolle, weil hier 1788 der Priester und Sozialreformer Pater Félix Varela und 1853 Nationalheld José Martí getauft wurden. Außerdem ist die Kirche Schauplatz des Romans „Cecilia Valdés" von Cirilo Villaverde, der als eines der wichtigsten Werke der cubanischen Literatur gilt.

Di, Do, Fr 9–12 + 15–18 Uhr, Mi 15–18 Uhr. Eintritt frei. Calle Compostela 2 esquina Cuarteles, ℡ 8610469.

Museo Nacional de la Música: Die außergewöhnliche Sammlung cubanischer und internationaler Musikinstrumente ist in einem der schönsten Kolonialgebäude Havannas aus dem Anfang des 20. Jahrhunderts untergebracht. 1905 ursprünglich für den Geschäftsmann Francisco Pons errichtet, wurde das Haus alsbald die Residenz der Familie Pérez de la Riva, die bis 1936 hier lebte. Danach kaufte der cubanische Staat die Villa auf und richtete Regierungsräume ein. Seit seiner Renovierung im Jahr 1981 fungiert der kleine Palast mit Blick auf das Monumento Máximo Gómez als Museum. Neben der Vielzahl an Instrumenten vom 16. bis zum 20. Jahrhundert werden auch Originalpartituren und andere wichtige Dokumente aus der Musikgeschichte gezeigt.

Mo–Sa 10–17.30 Uhr. Eintritt 2 CUC, Fotoaufnahmen 3 CUC. Calle Capdevila 1 e/ Aguiar y Habana, ℡ 8619846.

Monumento Máximo Gómez: Das monumentale Denkmal für den aus der Dominikanischen Republik stammenden General der Unabhängigkeitskriege, das der italienische Künstler Aldo Gamba schuf, wurde im November 1935 feierlich seiner Bestimmung übergeben. Das Reiterstandbild aus Bronze thront auf einem großen Sockel aus Marmor und Granit, an dem Reliefs unter anderem cubanische Männer und Frauen zeigen, die die Opfer des Volkes symbolisieren. Als im Jahr 1955 die Untertunnelung der Hafeneinfahrt in Angriff genommen wurde, wollten die Ingenieure das 22,10 Meter hohe Denkmal eigentlich verlegen, konnten es aber schließlich doch in die Planung integrieren und an seinem ursprünglichen Standort belassen. Die Folge ist, dass der 800 Quadratmeter große Platz, der das Denkmal umgibt, heute inmitten des viel befahrenen Kreisverkehrs liegt, über den man in den Túnel de Bahía einfährt.
Avenida del Puerto, Avenida de las Misiones, Capdevila.

Castillo de San Salvador de la Punta: Die Festung aus dem 16. Jahrhundert bildete einst gemeinsam mit dem 500 Meter entfernt auf der gegenüberliegenden Seite der Hafeneinfahrt in Havanna del Este errichteten Castillo del Morro den Schutzwall vor Piratenüberfällen. Dem Kreuzbeschuss der schweren Kanonen-Batterien aus beiden Anlagen konnten feindliche Schiffe nicht entgehen. Später, während der Unabhängigkeitskriege, diente das Castillo als Kerker. Teilweise wurden die Gefangenen einfach durch Löcher im Boden zehn Meter tief in die unterirdischen Zellen geworfen. Wer sich dabei nicht verletzte und schließlich an Wundbrand und Blutvergiftung starb, kam meist aufgrund der katastrophalen Haftbedingungen und hygienischen Verhältnisse ums Leben. Inzwischen aufwändig restauriert, ist die Festung heute ein Museum, das in erster Linie die kostbare Ladung verschiedener Schiffe zeigt, die in oder vor der Bucht gesunken waren: Gold- und Silbermünzen aus der Kolonialzeit, schwarze Schatztruhen, die den Requisiten von Piratenfilmen entliehen sein könnten, wertvolle Schmuckstücke, Sextanten und anderes Schiffszubehör. Im Freigelände stehen Originalkanonen aus dem Jahr 1888, daneben liegen Kugeln und Kartuschen – ganz so, als müsste man jede Stunde mit einem neuerlichen Angriff durch Freibeuter rechnen.
Tägl. 10–17.30 Uhr. Eintritt 2 CUC. Avenida del Puerto esquina Prado.

Monumento Sebastián Francisco de Miranda Rodríguez: Direkt neben dem Castillo de San Salvador de la Punta steht seit Juni 2007 ein Denkmal für den in Caracas geborenen Offizier und Revolutionär, das von keinen Geringeren als Raúl Castro und dem Staatspräsidenten Venezuelas, Hugo Chávez, persönlich enthüllt wurde. Miranda Rodríguez (1750–1816) gilt als Wegbereiter von Simón Bolívar, dem Befreier Südamerikas, weil er sich stets für die Unabhängigkeit der spanischen Kolonien in Amerika eingesetzt hatte.
Avenida del Puerto esquina Prado.

Parque de los Mártires: Im Westen, nur durch die Tangente Calle Capdevila getrennt, grenzt der kleine Park der Märtyrer an das Denkmal für General Máximo Gómez an. Er soll an das Schicksal derer erinnern, die in dem berüchtigten Gefängnis Cárcel de Tacón einsaßen und dort meist ums Leben kamen. Von dem im Jahr 1838 errichteten und 1939 fast komplett abgerissenen Kerker stehen heute nur noch zwei Zellen mit schweren Eisengittern, in denen einst auch Nationalheld José Martí wegen seiner politischen Gesinnung eingesperrt war. Zu besichtigen ist auch noch der Rumpf der kleinen, schmucklosen Rundkapelle des Gefängnisses. Von dort aus kann man durch faustgroße Löcher in der Mitte von zwei in die Wand

eingelassenen Steinkreuzen ebenfalls in die Zellen blicken. Unweit davon weist eine Glorietta auf das Schicksal von acht Medizin-Studenten hin, die am 27. November 1871 standrechtlich erschossen wurden, weil sie angeblich das Grab eines spanischen Journalisten geschändet hatten.
Avenida del Puerto, Prado, Calles Cárcel, Capdevila.

Palacio Velasco: Eines der schönsten Gebäude, das man vom Máximo Gómez-Denkmal aus sieht, ist die Jugendstil-Villa aus dem Jahr 1912, die heute die Botschaft Spaniens beherbergt. Das Haus ist zum einen an seiner einmaligen Fassade zu erkennen, zum anderen – zumindest tagsüber – an der langen Menschenschlange vor der Tür. Da inzwischen die Angehörigen vieler Cubaner in Spanien leben, muss man oftmals stundenlange Wartezeiten in Kauf nehmen, um die Formalitäten für die Beantragung von Besuchsvisa erledigen zu können.
Calle Agramonte esquina Capdevila.

Rund um die Calle Obispo

Calle Obispo: Die Fußgängerzone, die den Parque Central mit der Plaza de Armas verbindet, war einst die erste asphaltierte Straße in Alt-Havanna, in der unter anderem auch die Nationalbank ihren Sitz hatte. Und sie ist heute nach wie vor eines der Aushängeschilder in Vieja. Nur an wenigen anderen Orten der Altstadt schreitet die Sanierung der Bausubstanz so rasch voran, nirgendwo sonst gibt es mehr (teure) Geschäfte, in ganz Havanna findet man keine höhere Dichte von Restaurants, Bars und Kneipen als auf dieser Flaniermeile. Nicht zuletzt deshalb tummeln sich auf dem lebhaften Boulevard, der natürlich bei keiner Stadtführung fehlen darf, täglich beinahe rund um die Uhr Tausende von Touristen – und in ihrem Gefolge Schlepper und Gelegenheitsprostituierte. Die bedeutendsten Hotels in der Calle Obispo (Bischofsgasse) sind das „Florida" und das „Ambos Mundos", die originellsten Lokale das „Café Paris" und das „Lluvia de Oro". Daneben gibt es eine Vielzahl von Kunstgalerien, zahlreiche Souvenirläden und – seit neuestem – mit der „Feria Arte de Obispo" auch einen Markt, auf dem man von Donnerstag bis Sonntag Kunsthandwerk und Lederwaren erstehen kann.

Museo Numismático: Das neue Museum in der Calle Obispo zeigt in einer Vielzahl pyramidenartiger Glasvitrinen in chronologischer Folge mehr als 1500 Münzen und Geldscheine von der Kolonialzeit bis zur Gegenwart – darunter auch eine Reihe von Banknoten, die von Ernesto Che Guevara in seiner Funktion als Präsident der Nationalbank unterzeichnet wurden. Neben Lotterielosen, Schuldscheinen, Falschgeld und cubanischen Orden wird in einer eigenen Abteilung darüber hinaus Papiergeld aus aller Welt gezeigt. Wertvollste Exponate des Museums sind 20 Goldstücke aus dem 17. Jahrhundert.
Di–Sa 9.15–16.45, So 9–13 Uhr. Eintritt 1 CUC. Calle Obispo 305.

Museo 28 de Septiembre: Das mit nur zwei Ausstellungsräumen recht kleine Museum, das auch unter dem Namen „Museo Nacional de los C.D.R." läuft, wurde erst zum 47. Jahrestag der Gründung des ersten „Comités de Denfensa de la Revolución" („Komitee zur Verteidigung der Revolution", kurz: CDR), also am 28. September 2007, feierlich eröffnet. Fidel Castro selbst hatte seinerzeit, eineinhalb Jahre nach dem Sieg der Revolution, dieses „System der kollektiven Wachsamkeit" ins Leben gerufen, das als Selbstschutz gegen Konterrevolutionäre gedacht war. Heute sind die CDR in jedem Dorf, in jedem Stadtviertel, in jedem Straßenzug Augen und Ohren der Kommunistischen Partei Cubas und zählen fast acht Millio-

Havanna Vieja – Rund um die Plaza de la Catedral

nen Mitglieder. Dokumente und alte Fotos schildern die Entstehungsgeschichte der Organisation, Medaillen und Kleidungsstücke runden die Ausstellung ab.

Di–Sa 9–17, So 9–13 Uhr. Eintritt 1 CUC. Calle Obispo e/ Habana y Aguiar, ✆ 8643253.

Droguería Johnson: Die Apotheke, die in den 1950er Jahren noch vor der Revolution eröffnet wurde und in der die Habaneros noch vor nicht allzu langer Zeit ihre Rezepte über den polierten Mahagoni-Tresen reichten und dafür kostenlos ihre Medikamente erhielten, ging am 15. März 2006 in Flammen auf. Der Großbrand richtete nicht nur an dem Gebäude einen immensen Schaden an, auch Hunderte von antiken Porzellangefäßen in den Regalen aus dunklem Edelholz, die den Glanz der beliebten Farmacia ausgemacht hatten, wurden ein Raub der Flammen. Bei Redaktionsschluss war man dabei, die Apotheke wieder in ihren Originalzustand zu versetzen, was aber wohl noch Jahre in Anspruch nehmen wird.

Tägl. 24 Std. Calle Obispo 280 esquina Aguiar.

Farmacia Taquechel: Der alte Apothekerladen, der im Jahr 1898 von Francisco Taquechel in einem früheren Lebensmittelgeschäft eröffnet wurde, geriet bei seiner Renovierung 1996 leider einen Tick zu schick und verlor trotz der vielen französischen Porzellangefäße aus dem 18. und 19. Jahrhundert sein angestaubtes Flair, das ihn bis dahin so attraktiv gemacht hatte. Der Schwerpunkt des Pharmazie-Museums, das gleichzeitig als ganz normale Apotheke fungiert, liegt heute auf Naturheilmitteln und homöopathischen Arzneien. Zum Sortiment gehören Algen- und Calendula-Cremes ebenso wie Produkte für Diabetiker.

Tägl. 9–18.30 Uhr. Calle Obispo 155 e/ San Ignacio y Mercaderes.

Museo de la Pintura Mural (13): Das erst 2006 eröffnete Museum zeigt im Foyer neben einer alten Pferdekutsche verschiedene Wandmalereien. Dabei handelt es sich allerdings ausschließlich um Fragmente, die bei der Renovierung von Kolonialgebäuden aus dem 19. Jahrhundert entdeckt wurden. Für den Laien ist die Sammlung wohl zu speziell, für den Fachmann durchaus von einem gewissen Interesse.

Di–Sa 9–17 Uhr, So 9–13 Uhr. Eintritt frei. Calle Obispo 119 e/ Mercaderes y Oficios.

Rund um die Plaza de la Catedral (siehe Karte S. 172/173)

Catedral de la Virgen María de la Concepción Inmaculada: Die Kathedrale von Havanna, die der unbefleckten Empfängnis der Jungfrau Maria geweiht ist, stammt aus der zweiten Hälfte des 18. Jahrhunderts und ist die bedeutendste Vertreterin des sogenannten cubanischen Barocks, der gerade zu jener Zeit seine Blüte hatte. Die Jesuiten begannen 1748 mit dem Bau des Gotteshauses, der allerdings bald ins Stocken geriet, als die Ordensleute 1767 von den Spaniern aus deren Ländereien in Übersee und damit auch aus Cuba vertrieben wurden. Wenig später wurden die Arbeiten dennoch fortgesetzt und 1777 schließlich vollendet. Mit der Gründung der Diözese Havanna elf Jahre später wurde die Pfarrkirche in den Stand einer Kathedrale erhoben und gleichzeitig Sitz von Bischof Juan José Díaz de Espada y Landa. Er war es auch, der zwischen 1802 und 1832 die einfache Inneneinrichtung der Jesuiten ersetzen ließ und dafür unter anderem den französischen Künstler Jean Baptiste Vermay engagierte, der Kopien berühmter Gemälde von Murillo, Rubens und anderen namhaften Malern anfertigte.

Trotz der Anstrengungen des Bischofs hat die dreischiffige, im Inneren fast quadratische Kathedrale heute allerdings noch immer den Charme einer Pfarrkirche. Das von der UNESCO 1982 zum Weltkulturerbe erklärte Gotteshaus ist für eine Kirche ihrer Bedeutung recht schmucklos. Daran ändern auch die großen Ölgemälde

Patio der Casa de Lombillo

in den acht Seitenaltären nichts, die in vergoldeten Rahmen unter anderem die unbefleckte Empfängnis Marias darstellen. Sehenswert sind allenfalls der Altarraum mit seinem dunklen Chorgestühl und einem vergoldeten, mit rotem Samt bezogenen Bischofsstuhl sowie der Hochaltar mit dem Tabernakel, den die italienischen Künstler Francesco Bianchini und Giuseppe Perovani nach Entwürfen des spanischen Bildhauers Antonio Sola schufen. Der Eindruck der Schlichtheit mag auch dadurch entstehen, dass man die Kathedrale ihrer größten Sehenswürdigkeit beraubt hat. Denn hier im Hauptschiff waren ursprünglich die sterblichen Überreste von Christoph Kolumbus bestattet, nachdem sie von Santo Domingo in der heutigen Dominikanischen Republik nach Havanna überführt worden waren. Nach der Unabhängigkeit im Jahr 1898 nahmen die Spanier die Gebeine des Entdeckers von Cuba allerdings mit und setzen sie in der Kathedrale von Sevilla bei.

So lohnt sich heute nicht mehr als ein kurzer Rundgang und vielleicht die Besteigung der ungleichen Türme, für die man beim Bau die Symmetrie des Gesamt-Ensembles aufgegeben hat. Grund dafür war, dass man, nachdem der rechte (breitere) Turm bereits errichtet war, entgegen der anfänglichen Planung den Zugang zur Calle San Ignacio in diesem Bereich doch erhalten wollte und den linken Turm deshalb schmaler bauen musste.

Tägl. 10–15 Uhr, Messen Mo+Fr 7.15, Di+Do 8.15 Uhr in der Kapelle, So 10.30 Uhr in der Kathedrale. Eintritt frei, Turmbesteigung 1 CUC. Calle Empedrado 158 e/ Mercaderes y San Ignacio.

Casa de Lombillo (4): Wenn man die Kathedrale verlässt, stößt man linker Hand auf den ausgezeichnet restaurierten Palast des Grafen von Lombillo. In der ersten Hälfte des 18. Jahrhunderts erbaut, war er zunächst die Residenz der reichen, aus Havanna stammenden Familie Pedroso. Schließlich wurde er aber nach dem spanischen Adelsgeschlecht benannt, nachdem der Graf von Lombillo Ende des 19. Jahrhunderts eine Pedroso-Urururenkelin geheiratet hatte und mit dieser in den Palast eingezogen war. Ab 1937 war das Haus vorübergehend eine Außenstelle des Verteidigungsministeriums und Sitz des städtischen Gesundheitsamts, heute beherbergt es das pädagogische Museum Cubas. Weit interessanter als das Museum ist allerdings das Gebäude selbst mit seiner wundervollen Kolonialarchitektur. Besonders sehenswert ist der mit vielen Topfpflanzen begrünte Innenhof des zweistöckigen Palastes, der als Musterbeispiel für die damalige Bauweise gelten kann. Die Security am Hauptportal lässt Besucher jederzeit gerne eintreten.

Tägl. 9–17 Uhr. Eintritt frei. Plaza de la Catedral.

Havanna Vieja – Rund um die Plaza de la Catedral

Casa del Marqués de Arcos (5): Der vom Architekten Luis Bay ebenfalls kunstvoll renovierte Palast des Marquis von Arcos ist unmittelbar an die Casa de Lombillo angebaut (rechts daneben). Einen Unterschied stellt man erst auf den zweiten Blick fest, und auch dann nur aufgrund der Gestaltung der Fenster. Man weiß heute, dass Anfang des 18. Jahrhunderts an der Stelle des großartigen Barockgebäudes zunächst das Haus des Arztes Francisco Teneta stand, das aber schon bald durch den Prachtbau ersetzt wurde, den die Spanier für den Schatzmeister der königlichen Kassen in Havanna, Diego Peñalver y Calvo (1700–1771), errichteten. In diesem Amt folgte ihm sein Sohn Ignacio Peñalver y Cárdenas (1736–1804) nach, dem die Krone aufgrund seiner Verdienste den Titel Marqués de Arcos verlieh, was letztlich auch zu dem Namen des Gebäudes führte. Da im Palast die Einnahmen für den spanischen Hof verwaltet und damit immer große Geldsummen verwahrt wurden, nannte man den ersten Häuserblock der Calle Mercaderes damals auch die Schatzkammer. Im Lauf der Jahre war der Palast unter anderem Sitz des königlichen Hauptpostamtes und Domizil der von Ramón Pinto im Jahr 1844 gegründeten Lehranstalt für Kunst und Literatur. Heute ist in der früheren Residenz eine Kunstwerkstatt untergebracht, in der Grafiken, Lithographien und Plastiken gefertigt werden. Zwischen den Säulen davor hat man dem spanischen Tänzer Antonio Gadez erst im Jahr 2007 ein Bronze-Denkmal gesetzt. Lässig angelehnt, beobachtet er interessiert das Treiben auf der Plaza de la Catedral.
Tägl. 9–17 Uhr. Eintritt frei. Plaza de la Catedral.

Museo de Arte Colonial (6): Der frühere Sitz des Grafen von Casa Bayona gegenüber der Kathedrale war das erste Gebäude auf dem Platz und ging durch viele Hände, ehe 1969 das Museum für koloniale Kunst hier einzog. Ursprünglich als Palast errichtet, wurde das Herrenhaus 1720 für Luis Chacon, Regierungsmitglied und Schwiegersohn des Adligen, aufwändig umgebaut. Später beherbergte es die Gerichtsschreiber von Havanna, danach die Redaktion der Tageszeitung „La Discusion", dem wichtigsten Medium in den ersten Jahren der Republik, und schließlich die Verwaltung der Rumfabrik Arrechabala. Nach einer nochmaligen Renovierung widmete man das Gebäude zum Museum um, das seitdem eine umfangreiche Sammlung von Mobiliar, Porzellan, Glaswaren, Türen und Kutschen vom 17. bis zum 19. Jahrhundert präsentiert, die man aus den großen kolonialen Herrenhäusern Havannas zusammengetragen hat. In den verschiedenen Ausstellungsräumen werden außerdem die Architektur der Kolonialzeit und die Geschichte der sogenannten Vitrales dokumentiert, Bögen und Fenster aus Buntglas, die damals ein zentrales Element des Baustils darstellten.
Tägl. 9–18.30 Uhr. Eintritt 2 CUC, Führung 1 CUC, Fotoaufnahmen 2 CUC, Videoaufnahmen 10 CUC. Calle San Ignacio 61 e/ Empedrado y O'Reilly, ✆ 8626440.

Casa del Marqués de Aguas Claras (7): Die Kolonialvilla aus der zweiten Hälfte des 18. Jahrhunderts ist zwar das jüngste Gebäude auf der Plaza de la Catedral, aber gleichzeitig ihr Blickfang. Errichtet für den ersten Marquis de la Estirpe, war der Palast vor der Revolution Sitz der Industrie-Bank. Heute residiert in dem Haus das so bekannte wie teure Restaurant „El Patio", dessen Name nicht von ungefähr kommt. Denn der Innenhof mit einem Brunnen, der von tropischer Vegetation umgeben ist und in dem einige Schildkröten leben, ist tatsächlich der schönste Teil der alten Villa.
Calle San Ignacio 54 esquina Empredado.

Taller Experimental de Gráfica: Das Kunstzentrum, von dem man behauptet, es habe die Tradition des cubanischen Steindrucks aus dem 19. Jahrhundert gerettet, wurde 1962 am Ende des Callejón del Chorro, einer Seitengasse der Plaza de la Catedral, eröffnet. Natürlich kann man in der Werkstatt eine Vielzahl von Originaldrucken erwerben, es werden aber auch Kurse angeboten, in denen man die Kunst der Lithographie-Herstellung erlernen kann. Die Lehrgänge dauern zwischen einem und drei Monaten und kosten 250 bis 500 CUC.
Mo–Sa 9–16 Uhr. Eintritt frei. Callejón del Chorro 62, ✆ 8626979.

Centro de Arte Contemporáneo Wifredo Lam: Das nach dem berühmten cubanischen surrealistischen Maler und Grafiker benannte Zentrum neben der Kathedrale befindet sich im einstigen Palast des Grafen von San Fernando de Peñalver und präsentiert hier seit 1983 Werke der wichtigsten zeitgenössischen Künstler Cubas und vieler anderer Länder. Unter den etwa 1250 Gemälden der Sammlung sieht man auch einige Arbeiten von Wifredo Lam, eigentlich Wifredo Óscar de la Concepción Lam y Castilla, dessen Vorname fälschlicherweise oftmals „Wilfredo" geschrieben wird. Alle zwei Jahre richtet die Galerie die Kunst-Biennale von Havanna aus, zu der regelmäßig viele international bekannte Künstler aus aller Welt in die cubanische Hauptstadt kommen.
Mo–Sa 10–17 Uhr. Eintritt 2 CUC. Calle San Ignacio 22 esquina Empedrado. ✆ 8613419, 812096, ✉ 8338477, wlam@cubarte.cult.cu.

Rund um die Plaza de Armas (siehe Karte S. 172/173)

Plaza de Armas: Der zwischen der Hafeneinfahrt und der Kathedrale gelegene Waffenplatz ist sozusagen die Wiege Havannas – schließlich zelebrierte Bischof Juan José Díaz de Espada y Landa hier im Jahr 1519 die Gründungsmesse für San Cristóbal de la Habana. Die Plaza selbst, die erste der Stadt überhaupt, wurde freilich erst Jahre später angelegt, erhielt aber schon 1584 ihren heutigen Namen. Sein Gesicht bekam der Ort im Lauf der Jahrhunderte mit dem Bau des Palacio de los Capitanes Generales, dem heutigen Stadt-Museum, des Palacio del Segundo Cabo, des Templete und der Residenz des Grafen von Santovenia, in der inzwischen mit dem Hotel „Santa Isabel" eine der Nobel-Herbergen der Stadt untergebracht ist. Bekannt ist der Platz mit einem Standbild von Carlos Manuel de Céspedes in seiner Mitte allerdings nicht nur wegen der spektakulären Barockgebäude, die ihn einrahmen, sondern auch wegen des größten Büchermarkts Havannas. Meist sind es zwar alte „Schinken" von Engels und Marx, Fidel Castro und Che Guevara, die an den Ständen feil geboten werden – in dem riesigen Fundus der Händler zu stöbern, macht aber trotzdem Spaß.
Calles Obispo, O'Reilly, Tacon, Baratillo.

Palacio de los Capitanes Generales (11): Der Palast der Generalität, an dem man 15 Jahre lang baute, ehe er 1791 eingeweiht wurde, war bis zum Ende des Zweiten Unabhängigkeitskriegs im Jahr 1898 Sitz der spanischen Regierung. Der koloniale Barockpalast gilt als das wichtigste Gebäude an der Plaza de Armas und als Musterbeispiel der cubanischen Architektur jener Zeit. 1968 zog das Museo de la Ciudad (Stadt-Museum) in das imposante Bauwerk ein und zeigt heute Sammlungen, die die Geschichte Havannas lebendig werden lassen – von der Gründung bis zur Gegenwart. Die interessantesten Ausstellungsräume sind den Unabhängigkeitskriegen gewidmet, aber auch die im Original erhaltenen bzw. aufwändig renovierten Räume des ehemaligen Palacio sind absolut sehenswert. Erst vor nicht allzu langer Zeit

Havanna Vieja – Rund um die Plaza de Armas

wurden im Obergeschoss mehrere Säle wieder der Öffentlichkeit zugänglich gemacht, darunter der „Salón de los Espejos" („Spiegelsaal") mit einer Vielzahl von Spiegeln in vergoldeten Holzrahmen, der „Salón Dorado" („vergoldeter Saal"), der als Empfangssaal des Gouverneurs diente, und der „Salón de Trono" („Thronsaal") mit aus dunkelroten Seidenbahnen bespannten Wänden, der allerdings nie ein Mitglied des spanischen Hochadels zu Gesicht bekam. Natürlich sollte man auch einen Blick auf die zahlreichen Exponate werfen, die die Lebensweise der spanischen Kolonialherren dokumentieren. Neben Pferdekutschen sieht man antikes Mobiliar, kostbares Porzellan und Kunstgegenstände aus dem 19. Jahrhundert.

Tägl. 9–18 Uhr. Eintritt 3 CUC, Führung 1 CUC (auch engl. und franz.), Fotoaufnahmen 2 CUC, Videoaufnahmen 10 CUC. Calle Tacón e/ Obispo y O'Reilly, ✆ 8615779.

Palacio del Segundo Cabo (10): Das mächtige Gebäude aus dem Jahr 1772, das nach den Plänen von Oberst Antonio Fernández de Trebejos errichtet wurde, gilt wie das Museo de la Ciudad ebenfalls als Paradebeispiel für die cubanische Barockarchitektur. Außerdem war der Palast des Vize-Gouverneurs einer der ersten in Havanna, in dem die traditionellen Holzgitter vor den Fenstern mit solchen aus Eisen ersetzt wurden. Im Lauf der Geschichte diente das Haus den verschiedensten Herren – während der Republik war es Hauptsitz der Postverwaltung, später, bis zum Bau des Capitolio, Tagungsort des Senats, schließlich Residenz des Obersten Gerichtshofs. Heute befindet sich der Palacio im Besitz des Kultur-Ministeriums und beherbergt das cubanische Literaturzentrum. Im Erdgeschoss findet sich neben einem Shop für Kunsthandwerk auch eine Bücherei.

Mo–Sa 9–18 Uhr. Eintritt frei. Calle O'Reilly 4 esquina Tacón.

Castillo de la Real Fuerza: Die Festung der königlichen (spanischen) Streitkräfte entstand ab dem Jahr 1558 auf den Ruinen eines einfachen Forts, das der französische Korsar Jacques de Sores geplündert und gebrandschatzt hatte. Die spanische Krone schickte damals eigens den Baumeister Bartolomé Sánchez mit 14 Steinmetz-Meistern nach Cuba, um die Burganlage mit Hilfe von Hunderten von Sklaven, Dieben, Kleinkriminellen, Kriegsgefangenen und Indios wieder aufzubauen. Nachdem die Arbeiten allerdings nur schleppend vorangingen, feuerte ihn der König 1562 und ersetzte ihn durch Francisco de Calona, der die damals größte koloniale Festung Cubas und darüber hinaus des gesamten karibischen Raumes schließlich im Jahr 1577 fertigstellte. Mehrere Jahrhunderte war das Castillo die Hauptverteidigungsanlage der Stadt und Residenz der obersten Heeresführung, ehe für sie mit dem Palacio de los Capitanes Generales ein eigener Palast an der Plaza de Armas gebaut wurde. Danach wurde die Festung verschiedensten Verwendungen zugeführt, fungierte ab 1935 als Kaserne des Artillerieregiments 7, war später sogar die Zentrale der Nationalbibliothek und ist heute Museum.

Von großem symbolischen Wert für die Habaneros ist der Glockenturm des Castillos, der 1630 in der südwestlichen Ecke der Anlage errichtet wurde und auf den der Künstler Jerónimo Martínez Pinzón die sogenannte Giraldilla setzte, eine 107 Zentimeter große Bronzefigur, die inzwischen zum Wahrzeichen der Stadt geworden ist. Um „La Giraldilla" – das Original steht heute im Museo de la Ciudad, auf dem Turm eine Kopie – hat man schnell eine Legende gesponnen, eine der ersten und der schönsten Havannas. Derzufolge stellt die Bronze-Figur keine Geringere als Doña Inés de Bobadilla dar, die Ehefrau des spanischen Eroberers und Gouverneurs der Insel, Hernando de Soto. Sie leitete die Geschicke Cubas, als ihr Mann aufgebrochen war, um den Süden der heutigen Vereinigten Staaten von Amerika zu

entdecken. Jeden Tag – so die Erzählung – stieg sie auf den Turm, in der Hoffnung, die Segel der Schiffe ihres heimkehrenden Gatten zu sehen. Doch Soto kam nie zurück, er war am Mississippi längst ums Leben gekommen. „La Giraldilla" entstand lange nach dem Tod von Doña Ines, den Turm aber nennt der Volksmund in Anlehnung an diese Legende noch heute „Turm der Hoffnung". Und am liebsten erzählt man die Geschichte von der Bronzefigur des Castillos, bevor man sich mit einem Mojito oder Daiquiri zuprostet – „La Giraldilla" ist nämlich auch das Markenzeichen der Rumdestillerie Havana Club.
Tägl. 9–17 Uhr. Eintritt 5 CUC. Avenida del Puerto y O'Reilly.

Museo Nacional Cerámica Contemporanéa Cubana (9): Das Keramik-Museum befindet sich im Erdgeschoss des Castillo de la Real Fuerza und präsentiert seit 1990 in acht Ausstellungsräumen zeitgenössische Töpferwaren und Keramiken. Die gezeigten Stücke entstanden alle ab dem Jahr 1950, als man in Santiago de las Vegas, einem kleinen Dorf im Süden der Provinz Havanna, unter Dr. Juan Miguel Rodríguez de la Cruz die alte Tradition des Töpferns wieder aufnahm. Der Mediziner lud damals verschiedene zeitgenössische Künstler, darunter Wifredo Lam, Amelia Peláez und René Portocarrero ein, Vasen, Platten und Teller zu verzieren. Unter den Werken befindet sich auch ein in seine Teile zerfallendes Buch mit dem Titel „Problemática de la Poesía", das Fernando Velázquez Vigil 1988 schuf.
Mo–Sa 9–18.30 Uhr. Eintritt 1 CUC. Avenida del Puerto y O'Reilly. ✆ 8616130, 8604386, keramos@cubarte.cult.cu.

Museo de Arqueología (8): Das 1987 eröffnete Museum, das man in Havanna auch unter dem Namen „Gabinete de Arqueología" kennt, ist nicht nur Ausstellungsraum für archäologische Funde aus Cuba und anderen Ländern Lateinamerikas, sondern auch Arbeitsstätte für die Altertumskundler der Insel. In den Schauräumen sind Schmuck, Porzellan und Keramiken ausgestellt, die bei der Altstadtsanierung zu Tage gefördert wurden. Außerdem gibt es einen Saal mit herrlichen Fresken, in dem Stiche und Gemälde mit Stadtansichten von Havanna aus dem 17. Jahrhundert präsentiert werden. Im Obergeschoss findet man eine prähistorische Sammlung mit Kunstgegenständen und Tonfiguren aus der Zeit der Taíno, der Ureinwohner Cubas.
Di–So 9–14.45 Uhr. Eintritt 1 CUC. Calle Tacón 12 e/ O'Reilly y Empedrado, ✆ 8614469.

Fuente de Neptuno: Der Neptun-Brunnen, der heute an der Avenida del Puerto nahe der Plaza de Armas steht, hatte schon die verschiedensten Standplätze. Im Jahr 1839 aus italienischem Marmor an dem Ort errichtet, wo die Calle O'Reilly auf die Bucht von Havanna stößt, „verpflanzte" man ihn alsbald in die Straße im Stadtteil Centro, der er seinen Namen gab – die Calle Neptuno. Nachdem man ihn von dort nach Havanna-Vedado transferiert hatte, wo er massiv beschädigt worden war, wurde er 1997 schließlich wieder in der Nähe seines ursprünglichen Platzes aufgestellt und zur Freude der Habaneros vollständig restauriert.
Avenida del Puerto.

El Templete: Der kleine Tempel an der Ostseite der Plaza de Armas aus dem Jahr 1828 markiert genau jene Stelle, an der 1519 die Stadt San Cristóbal de la Habana nach ihrer Verlegung im Rahmen eines Gottesdienstes ein zweites Mal offiziell gegründet wurde. Die Messe wurde damals unter einem der Kapok-Bäume zelebriert, die den Platz noch heute säumen. Im Inneren des im griechisch-römischen Stil errichteten Tempels, der baugleich mit seinem Namensvetter in der baskischen Stadt Guernica ist, hängen drei große Gemälde des Malers Jean Baptiste Vermay, die die

Gründungsmesse darstellen. Der Künstler, der auch an der Ausgestaltung der Kathedrale mitwirkte, ruht in der Mitte des Raumes an der Seite seiner Frau in einem Sarkophag.
Tägl. 9–18 Uhr. Eintritt 1 CUC. Calle Baratillo e/ O'Reilly y Enna.

Museo Nacional de Historia Natural: Obwohl überschaubar, ist das Naturkunde-Museum an der Plaza de Armas das größte seiner Art in ganz Cuba. In den verschiedenen Ausstellungsräumen geht es – logischerweise – um die Flora und Fauna Cubas, aber auch anderer Regionen der Erde. Gezeigt werden ferner archäologische Funde, Fossilien und Mineralien. Das Museum pflegt einen engen Kontakt mit dem American Museum of Natural History in New York, weshalb es auch als eines der ganz wenigen des Landes mit interaktiven Exponaten bestückt ist.
Di–So 10.30–18 Uhr. Eintritt 3 CUC, Führung 4 CUC, Fotoaufnahmen 2 CUC, Videoaufnahmen 50 CUC (!). Calle Obispo 61 esquina Oficios.

Wichtige und unwichtige Köpfe

Museo de la Orfebrería (12): An dem Ort, an dem das kleine Goldschmiede-Museum steht, hatte ab dem Jahr 1707 der bekannte Silberschmied Gregorio Tabares seine Werkstatt. Das heutige Gebäude stammt allerdings aus dem ersten Viertel des 20. Jahrhunderts und war nach der Revolution zunächst eine Münzprägeanstalt. Zum Museum wurde es erst 1996. Gezeigt werden wertvolle Gold- und Silberschmiedearbeiten aus aller Welt. Im Erdgeschoss des Gebäudes, das auch als Sitz der Handwerker-Innung dient, gibt es zudem einen kleinen Juwelierladen.
Mo 9–12.45, Di–Sa 9–16.45 Uhr. Eintritt frei. Calle Obispo 113 e/ Oficios y Mercaderes.

Rund um die Calle Mercaderes (siehe Karte S. 172/173)

Mural Histórico-Cultural (14): Die Calle Mercaderes, die die Plaza de la Catedral mit der Plaza Vieja verbindet, schmückt gleich an ihrem Anfang (oder ihrem Ende) ein so außergewöhnliches wie großes Wandgemälde der künstlerisch-literarischen Gesellschaft Havannas. Auf rosafarbenem Buntsandstein hat dort der Künstler Andrés Carrillo zusammen mit einer sechsköpfigen Gruppe Gleichgesinnter vor einem aufgemalten Kolonialgebäude 67 wichtige „Köpfe" der cubanischen Geschichte abgebildet. Carlos Manuel de Céspedes, der „Vater des Vaterlandes", wie ihn die Cubaner liebevoll nennen, befindet sich ebenso unter der bunten Schar der Persönlichkeiten wie Ignacio Agramonte, José de la Luz y Caballero, José Ramón Betancourt y Aguilar und José Antonio Echeverría. Auf einer Info-Tafel daneben wird das „Who's who" des Gemäldes genau erklärt.
Calle Mercaderes 11 e/ Obispo y Obrapía.

Casa Museo de Asia (15): In dem Gebäude aus dem 17. Jahrhundert, einstmals der Sitz des Dominikaner-Ordens, wird seit der Renovierung im Jahr 1997 eine kunterbunte Sammlung von Kunstgegenständen aus Fernost präsentiert. In den fünf Sälen sind Waffen, Kimonos und Porzellan aus Indien, Japan, Korea, Vietnam und China zu sehen, teilweise aus dem 18. und 19. Jahrhundert. Einige der Stücke stammen aus der Privat-Sammlung von Fidel Castro höchstpersönlich. Der Máximo Líder stellte auch ein Foto zur Verfügung, das ihn bei seinem Besuch am 9. Mai 1960 in Indonesien zusammen mit dem damaligen Staatspräsidenten Ahmed Sukarno zeigt. In dem Museum gibt es ferner Kurse in japanischer Sprache sowie eine Ausstellung traditioneller fernöstlicher Kunst. Neben dem Gebäude findet man einen kleinen Laden, der Kräuter und Düfte aus Asien verkauft.
Di-Sa 9-16.45, So 9-13 Uhr. Eintritt frei. Calle Mercaderes 111 e/ Obispo y Obrapía.

Maqueta de la Habana Vieja (17): Das Modell der Altstadt von Havanna, das von 1995 bis 1998 entstand, steht zwar in keinem Verhältnis zur Maqueta von Groß-Havanna im Stadtteil Miramar, ist mit seinem Maßstab von 1:500 dafür allerdings erstaunlich detailliert ausgefallen. Unter den fast 4000 Miniaturgebäuden, die sich in der Realität auf deutlich mehr als zwei Quadratkilometer erstrecken, sieht man das Capitolio ebenso wie das Edificio Bacardí, den Hauptbahnhof und sämtliche Sehenswürdigkeiten rund um die Hafeneinfahrt mit ihren Befestigungsanlagen. Lebendig wird die Besichtigung durch die Sound- und Lichteffekte. Man hört Vogelgezwitscher sowie Meeresrauschen und erlebt mit, wenn es Nacht wird in der Altstadt und die Lichter in den Häusern eingeschaltet werden. Vor jeder Besichtigung kann man sich zudem einen kurzen Film über Havanna-Vieja ansehen.
Tägl. 9-18 Uhr. Eintritt 1 CUC, Führung 1 CUC, Fotoaufnahmen 2 CUC, Videoaufnahmen 5 CUC. Calle Mercaderes 114 e/ Obispo y Obrapía, ✆ 8664425.

Museo del Tabaco (18): Wer das kleine Museum mit seinen vier Ausstellungsräumen in der Hoffnung besucht, über die Geschichte des Tabaks und des Rauchens informiert zu werden, wird enttäuscht. Die Sammlung ist äußerst bescheiden, beschränkt sich auf Feuerzeuge und Zigarettenetuis, Zigarrenkisten und -banderolen sowie antike Pfeifen und Schnupftabakdosen. Mittendrin – warum auch immer: ein Modell des Geburtshauses von Fidel Castro in Birán. Dafür kann man keinen Eintritt verlangen, nicht mal in Cuba – was man im Übrigen auch nicht tut.
Di-Sa 9-17, So 9-13 Uhr. Eintritt frei. Calle Mercaderes 120 e/ Obispo y Obrapía, ✆ 8615795.

Casa de Simón Bolívar (19): Das Haus an dem gleichnamigen Platz, auf dem seit dem Jahr 1990 eine Bronze-Statue des „Befreiers von Amerika" steht, erzählt in drei Ausstellungsräumen auf 64 Schautafeln die Lebensgeschichte des südamerikanischen Unabhängigkeitskämpfers. Die Bilder sind dreisprachig (spanisch, englisch, französisch) betextet. Der einstige Präsident von Groß-Kolumbien, zu dem Teile von Venezuela, Ecuador und dem heutigen Kolumbien gehörten und dem Bolivien seinen Namen verdankt, gilt in vielen Ländern Südamerikas deshalb als Nationalheld, weil er einen entscheidenden Beitrag zum Sieg über die Kolonialmacht Spanien leistete. Außerdem war sein politisches Handeln immer auf die Unabhängigkeit Lateinamerikas konzentriert – was sich seit 1999 in dem von Hugo Chávez in Venezuela praktizierten Bolivarismus fortsetzt.
Tägl. 8-18 Uhr. Eintritt frei. Calle Mercaderes 156 esquina Obrapía.

Museo Armería 9 de Abril (21): Die Doppelfunktion des Museums wird schon an seinem Namen deutlich – zum einen zeigt es Waffen aus dem 19. und 20. Jahr-

Havanna Vieja – Rund um die Calle Mercaderes

hundert, zum anderen erinnert es an den 9. April 1958, als das damalige Waffengeschäft von Mitgliedern der „M 26-7", der „Bewegung 26. Juli", überfallen wurde und vier junge Männer den Tod fanden. In der Waffen-Abteilung sieht man neben Macheten, Busch- und Kampfmessern, Krumm-Dolchen aus dem Jemen sowie Schwertern aus Syrien und der Türkei auch 108 Gewehre, vorwiegend aus US-amerikanischer und europäischer Produktion, darunter auch eine Flinte der deutschen Marke „Merkel". Historisch bedeutendste Exponate sind der M2-Karabiner von Ernesto Che Guevara und das Gewehr der Marke „Fusil Mark", das der Revolutionärin und Fidel-Geliebten Celia Sánchez gehörte. Mindestens ebenso sehenswert ist ein kleinerer Raum dahinter, in dem die Vorgänge des 9. April 1958 dokumentiert werden. Damals überfielen Mitglieder der Jugend-Brigade der „Bewegung 26. Juli" das einstige Waffengeschäft, um Pistolen und Revolver zu erbeuten, mit dem sie sich für den Kampf gegen das Batista-Regime rüsten wollten. Die Aktion schlug fehl, Vicente Chávez Fernández, Jórge Matos Ramos, Juan Alvarado Miranda und Noél Hernández Jiménez starben – und werden seitdem als Märtyrer verehrt. Nach dem Sieg der Revolution wurde der Ort im Januar 1959 zum Gedenken an die vier Helden zum nationalen Denkmal erklärt. Das Museum öffnete unter seinem heutigen Namen seine Tore am 9. April 1971 – auf den Tag genau 13 Jahre nach dem Überfall.

Di–Sa 9–17, So 9–13 Uhr. Eintritt frei. Calle Mercaderes 157 e/ Obrapía y Lamparilla, ✆ 8618080.

Fundación Guayasamín (22): Die nach dem ecuadorianischen Maler und Castro-Freund Oswaldo Guayasamín benannte Stiftung zeigt in einem alten Kolonialgebäude, das sich seit 1744 im Besitz der Familie Peñalver befand, Fotos und einige Werke des Künstlers. Die Schätze des kleinen Museums sind die beiden Porträts von Fidel Castro, die Guayasamín 1981 und anlässlich des 70. Geburtstags des Máximo Líders im Jahr 1996 gemalt hat.

Di–Sa 9–17, So 9–13 Uhr. Eintritt 1 CUC. Calle Obrapía 112 e/ Oficios y Mercaderes.

Casa de los Árabes (20): Das islamische Zentrum mit dem einzigen muslimischen Gebetsraum Havannas ist im Gebäude des früheren Colegio de San Ambrosio untergebracht, das von 1689 bis 1774 als Glaubensschule fungierte. In den Schauräumen sind wertvolle Perlmutt-Einlegearbeiten, Gewänder, Kamel-Sättel sowie mit Gold und Silber belegte Waffen aus dem 18. und 19. Jahrhundert ausgestellt, und natürlich gibt es auch eine Sammlung von Koran-Schriften. Als Wunder der Natur wird eine ungewöhnlich große Sand-Rose präsentiert. Gleich nebenan befindet sich – was Wunder – das arabische Restaurant „Al Medina".

Mo–Sa 9–16.30, So 9–13 Uhr. Eintritt frei. Calle Oficios 16 e/ Obispo y Obrapía.

Museo de Automóvil: Wenngleich Cuba aufgrund der vielen Oldtimer auf den Straßen immer wieder als größtes Automobil-Museum der Welt bezeichnet wird, so findet man in Alt-Havanna trotzdem zusätzlich eine auf alte Autos spezialisierte Einrichtung. Unter den rund 50 Exponaten befinden sich technisch bedeutende Vehikel wie der Cadillac V 16 aus dem Jahr 1930, seltene wie der Baby-Lincoln aus demselben Jahr, historisch wichtige wie das Ford T-Modell von 1918 sowie Autos, die von prominenten Persönlichkeiten gelenkt wurden, wie das Oldsmobil von Camilo Cienfuegos aus dem Jahr 1959. Neben den vielen „Ami-Schlitten" gibt es auch einige Oldtimer aus Italien, Spanien, Großbritannien und Deutschland.

Di–Sa 9–16.30, So 9–12.30 Uhr. Eintritt 1 CUC, Kinder unter 12 Jahren frei, Fotoaufnahmen 2 CUC, Videoaufnahmen 10 CUC. Calle Oficios 13 e/ Jústiz y Obrapía.

Havanna (Stadt) Übersichtskarte vorderer Umschlag

Casa Benito Juárez (24): Das nach dem ehemaligen Präsidenten Mexikos benannte Haus, das formal den Namen „Casa del Benemérito de las Américas Benito Juárez" trägt und auch unter der Bezeichnung „Casa de Mexico" bekannt ist, stammt aus dem Ende des 18. Jahrhunderts. Einst Eigentum der Familie Pedroso, den Gründern der Eisenbahnlinie nach Pinar del Río, steht das Gebäude heute ganz im Zeichen der Geschichte und der Kultur des mittelamerikanischen Landes. Neben den Ausstellungsstücken, die sich hauptsächlich auf Volkskunst beschränken, werden anhand von Dokumenten die freundschaftlichen Beziehungen zwischen Mexiko und Cuba erklärt. Das Haus beherbergt außerdem eine Bibliothek mit mehr als 5000 Büchern über Mexiko.

Di–Sa 9–17, So 9–13 Uhr. Eintritt frei. Calle Obrapía 116 esquina Mercaderes.

Casa de África (23): Man braucht etwas Zeit, wenn man alle Winkel des Afrika-Museums erkunden möchte – Zeit, die in diesem Fall allerdings gut investiert ist. Denn afrikanische Kunst und Kultur werden hier mit mehr als 2000 Exponaten hautnah vermittelt. Neben Keramikgefäßen von den Seychellen, Tassen aus dem Kongo, Stühlen aus Angola und Schnitzarbeiten aus Sambia, Gambia und Ghana wird auch eine Kollektion riesiger Elefanten-Stoßzähne gezeigt, die Staatspräsident Fidel Castro bei seiner Afrika-Reise im Jahr 1977 geschenkt wurden. Viele der Stücke, darunter auch die unterschiedlichsten afrikanischen Instrumente, stammen aus der Sammlung des Ethnologen Don Fernando Ortíz. Eine eigene Abteilung des Museums beschäftigt sich mit der Geschichte der Sklaverei – während der Kolonialzeit waren bekanntlich Tausende schwarzer Afrikaner nach Cuba verschleppt worden, um hier niedrigste Arbeiten zu verrichten. In diesem Zusammenhang ist es nicht uninteressant zu wissen, dass das Gebäude, in dem überdies eine Bibliothek mit Schriften über die Religionen der Subsahara zu finden ist, früher einem Plantagen-Besitzer gehörte, der natürlich jede Menge Sklaven besaß.

Di–Sa 9–16.30, So 9–12.30 Uhr. Eintritt 2 CUC, Fotoaufnahmen 1 CUC. Calle Obrapía 157 e/ San Ignacio y Mercaderes.

Casa de la Obra Pía (16): Die Kolonialvilla des spanischen Hauptmanns und späteren Marquis von Cárdenas, Martín Calvo de la Puerta y Arrieta, aus dem Anfang des 17. Jahrhunderts ist ein Parade-Pferd des cubanischen Barock. Der Säulengang mit dem Familienwappen, der im spanischen Cádiz vorgefertigt und im Jahr 1793 in Havanna vollendet wurde, ist in der ganzen Stadt einmalig. Im Inneren erfüllt das 1983 restaurierte Museum eine Doppel-Funktion. Zum einen widmet es einen Großteil des Erdgeschosses dem Leben und Wirken von Alejo Carpentier (1904–1980), einem der bedeutendsten Romanschriftsteller Cubas, der es unter Fidel Castro bis zum Staatssekretär und Kulturattaché in Paris gebracht hatte – sogar sein uralter blauer VW-Käfer ist ausgestellt. Zum anderen zeigt das Museum mustergültig, wie eine Familie der Oberschicht während der Kolonialzeit gelebt hat. Man sieht beispielsweise einen antiken Flügel, das Original erhaltene Schlafzimmer, in dem besonders ein Porzellan-Nachttopf mit Deckel auffällt, sowie eine Kinderwiege aus dunklem Holz. Interessantes Detail am Rande: Die Stiftung des früheren Besitzers stattet entsprechend ihrem Namen „Obra Pía" („gute Tat") seit 1669 jedes Jahr fünf Waisen-Mädchen mit Geld aus, damit sie eine Familie gründen können.

Di–Sa 9–17, So 9–13 Uhr. Eintritt frei. Calle Obrapía 158 e/ Mercaderes y San Ignacio.

Museo de la Cerámica: In dem schmucken Kolonialgebäude aus dem Jahr 1874 wird seit 2007 außergewöhnliche hohe Töpfer-Kunst gezeigt. Momentan erstreckt

Havanna Vieja – Rund um die Plaza de San Francisco de Asís

sich die Sammlung verschiedener Plastiken und Keramikarbeiten cubanischer Künstler auf drei Räume, doch das Museum soll schon bald erweitert werden.
Tägl. 8.30–17 Uhr. Eintritt frei. Calle Mercaderes esquina Amargura, ✆ 8616139.

Museo del Chocolate: Das winzige Museum, das eigentlich mehr Geschäft und Café ist, wurde Ende des Jahres 2003 in der berühmten Casa de la Cruz Verde eröffnet, die einst die Residenz der Grafen von Lagunilla war. Wesentlich interessanter als die wenigen Exponate – antike Porzellantassen, Modeln und Rezepturen – sind die verschiedenen Schoko-Tiere, die am Tresen verkauft werden. Von Häschen über Enten, Pferde, Bären und Elefanten sind alle möglichen Tierchen zu Preisen zwischen 1,80 und 10,50 CUC erhältlich. An zehn kleinen Vierer-Tischen wird unter anderem Trink-Schokolade serviert – kalte für 0,80 CUC, heiße für 0,55 CUC.
Tägl. 10–19.30 Uhr. Eintritt frei. Calle Mercaderes 380 esquina Amargura, ✆ 8664431.

Rund um die Plaza de San Francisco de Asís (siehe Karte S. 172/173)

Plaza de San Francisco de Asís: Den zum Hafen hin offenen Platz, der im Osten von der Zollstation (span. Aduana) aus dem Jahr 1914 und dem Kreuzfahrt-Terminal „Sierra Maestra" begrenzt wird, dominiert die Lonja del Comercio, die 1909 von dem spanischen Architekten Tomas Mur im romanischen Stil errichtete Handelsbörse. Auf ihrer Kuppel thront eine prächtige Bronzefigur des italienischen Bildhauers Juan de Bologna, die Merkur, den römischen Gott der Händler, darstellt. Da in dem Gebäude heute verschiedene internationale Firmen ihre Büros haben, ist Unbefugten der Zutritt verwehrt. Ein zweites Wahrzeichen der Plaza ist die Fuente de los Leones, der Löwen-Brunnen, der 1836 von Don Claudio Martínez de Pinillos, dem Grafen von Villanueva, in Auftrag gegeben und vom italienischen Künstler Guiseppe Gaggini aus Carrara-Marmor geschaffen wurde – heute ein beliebter Rastplatz für Cubaner wie Touristen.
Avenida del Puerto, Calles Oficios y Amargura.

Iglesia y Convento de San Francisco de Asís: Die Kirche und das Kloster des Heiligen Franz von Assisi, die an der Südseite der gleichnamigen Plaza stehen, stammen beide ursprünglich aus dem Jahr 1608, wurden zwischen 1719 und 1738 aber im Barockstil weitgehend neu errichtet. Heute fungiert der Komplex als Konzertsaal, vorwiegend für klassische Musik und Kammerchöre. Außerdem ist darin das Museo de Arte Religioso untergebracht, in dem Kirchenmobiliar, geschnitzte Heiligenfiguren und andere sakrale Kunstgegenstände gezeigt werden. Lohnend ist ein Aufstieg auf den mit 46 Metern angeblich höchsten Glockenturm Cubas, von dem aus man einen schönen Blick auf die Bucht und die Dächer der Altstadt hat. Vor der Kirche steht eine Bronze-Skulptur, die den Caballero de País darstellt, einen Boheme, der auf den Straßen Havannas lebte.
Tägl. 9–18 Uhr. Eintritt 2 CUC, Führung 1 CUC, Fotoaufnahmen 2 CUC, Videoaufnahmen 10 CUC. Calle Oficios e/ Amargura y Teniente Rey, ✆ 8623467.

Casa de Carmen Montilla (25): Das mit seiner rosafarbenen Fassade und dem blauen Balkongeländer etwas kitschig wirkende Kolonialgebäude aus dem 18. Jahrhundert hat die venezolanische Künstlerin selbst restauriert. Seit der Wiedereröffnung werden aber nicht nur ihre eigenen Gemälde ausgestellt, sondern immer wieder auch Werke anderer zeitgenössischer Künstler aus Cuba und Lateinamerika. Absolutes Schmuckstück des Hauses gegenüber dem Convento de San Francisco ist allerdings eine große Wandkeramik im Innenhof, die den Titel „Flora und Fauna" trägt und von Alfredo Sosabravo geschaffen wurde.
Di–Sa 9–17, So 9–13 Uhr. Eintritt frei. Calle Oficios 164 e/ Amargura y Churruca.

Casa Alejandro de Humboldt (29): Das kleine Museum, das dem deutschen Wissenschaftler gewidmet ist, der in Cuba als zweiter Entdecker des Landes gilt, zeigt in einer ständigen Ausstellung einige Exponate von den Reisen Humboldts, der die Insel in den Jahren 1801 und 1804 besuchte. Man sieht Fernrohre und Sextanten, die er benutzt hat, sowie eine kleine Sonnenuhr, die zwar aus seiner Zeit stammt, nicht aber aus seinem eigenen Fundus. An den Wänden hängen neben einem Porträt des geschätzten Gelehrten auch Gemälde der deutschen Dichter Schiller und Goethe sowie Zeichnungen Humboldts von der cubanischen Flora und Fauna, darunter die eines Kondors. In zwei weiteren Räumen werden im monatlichen Wechsel Gemälde und Fotografien zum Thema „Natur und Umwelt" ausgestellt.
Di–Sa 9–16.30, So 9–13 Uhr. Eintritt frei, Spenden willkommen. Calle Oficios 254 esquina Muralla, ℡ 8639850.

Museo del Ron: Was wäre Havanna ohne Rum-Museum, zumal eine der weltweit bekanntesten Marken den Namen der Stadt trägt? Deshalb hat die Fundación Destilería Havana Club im Jahr 2000 in einem Kolonialgebäude am Hafen auch ihr – inzwischen gut besuchtes – Museum eröffnet und weiht dort geschickt in die Geheimnisse der Rum-Herstellung ein. Gezeigt wird der komplette Produktionsprozess – vom Schneiden des Zuckerrohrs über die Gewinnung des Zuckerrohrsafts, die Gärung, die Destillation und die Filtrierung bis zur Mischung, Abfüllung und Degustation durch die „Vorkoster". In dem dreistöckigen Gebäude, das einst dem Grafen de la Montera gehörte, ist ein eigener Raum der Geschichte der Sklaven auf Cuba gewidmet, die auf den Zuckerrohrfeldern arbeiten mussten und ohne die zwischen dem 17. und 19. Jahrhundert keine Rum-Herstellung möglich gewesen wäre. Da alle Tätigkeiten von Hand verrichtet werden mussten, brauchte man damals viele billige Arbeitskräfte – und die holte man sich aus Afrika. Die Führungen enden – wie könnte es anders sein – in der Bar des Museums bei einem Gläschen Rum oder einem sogenannten Guarabana, einem Spezial-Cocktail, den es nur hier gibt und der aus Zuckerrohrsaft, Orangensaft, Eis und weißem, einjährigem Rum besteht. Dort, im Erdgeschoss, findet man auch die Bar „Havana Club", in der jeden Abend die (cubanische) Musik spielt.
Mo–Do 9–17, Fr+Sa 9–16 Uhr, So 10–16 Uhr. Eintritt 5 CUC inkl. Führung (auch in Dt., Engl., Franz., Ital.), Kinder bis 15 Jahre frei. Avenida del Puerto 262 esquina Sol. ℡ 8618051, 8624108 contacto@havanaclub.cu, www.havanaclubfoundation.com.

Acuario del Centro Histórico (28): Das Aquarium von Alt-Havanna ist nicht zu vergleichen mit dem gleichnamigen Erlebnispark im Stadtteil Miramar. Es misst gerade einmal 120 Quadratmeter, ist düster und mit einigen wenigen Zimmer-Aquarien ausgestattet, in dem um die 70 tropische Fische zu sehen sind. Einzige wirkliche Sehenswürdigkeit ist ein Manjuari (lat. Atractosteus tristoechus), ein zur Ordnung der knochenhechtartigen Fische gehörendes lebendes Fossil, das seit 270 Millionen Jahren in der Karibik beheimatet ist. Der Manjuari, dessen Fleisch giftig ist, hat als markantes Merkmal eine Schnauze ähnlich der eines Krokodils und kann bis zu zwei Meter lang und 30 Kilogramm schwer werden – in seinem winzigen Aquarium freilich nicht.
Di–Sa 9–17, So 9–13 Uhr. Eintritt 1 CUC, Kinder bis 12 Jahre frei. Calle Teniente Rey 9 e/ Oficios y Mercaderes.

Rund um die Plaza Vieja (siehe Karte S. 172/173)

Plaza Vieja: Der Platz zwischen den Calles Muralla, Mercaderes, Teniente Rey und San Ignacio wurde bereits im 16. Jahrhundert unter dem Namen Plaza Nueva ange-

Havanna Vieja – Rund um die Plaza Vieja

legt, war einst ein Ergebnis der ersten zaghaften Versuche der Spanier in Sachen Stadtplanung und ist heute ein Musterbeispiel für gelungene Altstadtsanierung. Zunächst bis zum Jahr 1835 Zuhause des Mercado de la Reina Cristina, eines regelmäßigen Marktes, und während der Batista-Diktatur ausgehöhlt und als Tiefgarage missbraucht, gelang es den Denkmalpflegern, der Plaza ihren früheren Glanz zurückzugeben. Dies honorierte auch die UNESCO, die 1982 zuerst der Altstadt von Havanna im Allgemeinen den Titel Weltkulturerbe verlieh und nur ein Jahr später auch speziell der Plaza Vieja. Rund um den wunderschönen Platz, der im Lauf der Geschichte die verschiedensten Namen trug (unter anderem Real, Mayor, Mercado und Fernando VII.), finden sich viele hochherrschaftliche Gebäude, darunter auch der majestätische Palast der Grafen von Jaruco aus dem 18. Jahrhundert mit mehreren Kunstgalerien. Inzwischen hat man in der Mitte der Plaza Vieja auch eine Kopie jenes Brunnens wieder aufgestellt, der hier jahrzehntelang die Wasserversorgung der Bevölkerung sichergestellt hatte.

Edificio Gómez Vila

Calles Muralla, Mercaderes, Teniente Rey, San Ignacio.

Cámara Oscura (27): Hoch über den Dächern von Alt-Havanna lassen sich mit dem 360-Grad-Teleskop in der achten Etage des Edificio Gómez Vila der Alltag in den kleinen Gassen, die Oldtimer in den verstopften Straßen und die Touristen vor den anderen Sehenswürdigkeiten eins zu eins, nur deutlich vergrößert einfangen – ein tolles Schauspiel! Während der zehnminütigen Führungen in Spanisch, Englisch und Italienisch werden die Altstadt der Metropole in allen Einzelheiten erklärt und Einblicke gewährt, die man andernorts einfach nicht gewinnen kann. Unabhängig von der Cámara Oscura ist aber schon allein die Terrasse des 1933 erbauten und 2002 grundlegend renovierten Gebäudes einen Besuch wert – für Hobby-Fotografen ist sie gar ein Muss. Nur an wenigen anderen Stellen in Havanna kann man den morbiden Charme der Millionen-Stadt so einfangen und auf sich wirken lassen wie hier. Nicht wenige Besucher kommen aber auch allein wegen eines Drinks auf das Dach des Edificio Gómez Vila, wo sie die Bar „Torre Saditano" von 9 bis 17 Uhr erwartet.

Tägl. 9–17.20 Uhr. Eintritt 2 CUC, Kinder bis 12 Jahre frei. Calle Mercaderes esquina Teniente Rey.

Museo de Naipes: Der originelle Ausstellungsraum der Stiftung Diego de Sagredo an der Südseite der Plaza Vieja zeigt mehr als 2000 Kartenspiele aus aller Welt, unter denen sich auch ein Auto-Quartett aus Deutschland aus den 1960er Jahren befindet – mit Opel „Kapitän" und Borgward. Das im Mai 2001 eröffnete Museum ist das erste seiner Art in Amerika und weltweit eines von nur fünf, das sich ausschließlich mit diesem Genre beschäftigt. An einer kleinen Verkaufstheke erhält man Souvenirs, Ansichtskarten und – natürlich – Kartenspiele.

Di–Sa 9–16.30, So 9–13 Uhr. Eintritt frei. Calle Muralla 101 esquina Inquisidor.

Centro de Arte La Casona (30): Die große Kunstgalerie, die auch als kleines Museum „durchgehen" würde, ist im früheren Palast der Grafen von Jaruco untergebracht. Ausgestellt werden hauptsächlich Newcomer aus Cuba, wie etwa der 1971 in Pinar del Río geborene Abel Barroso, der einen Computer ganz aus Holz gebaut hat, der aber freilich nicht funktioniert. Barroso wollte mit diesem Werk auf die unzulängliche Ausstattung des Landes mit Elektronik hinweisen – und auf die Tatsache, dass in Cuba weite Teile der Bevölkerung keinen Zugang zum Internet haben.

Mo–Sa 8.30–17 Uhr. Eintritt frei. Calle Muralla 107 esquina San Ignacio, ✆ 8634703, 8623577.

Galería de Arte Diago (30): Die im selben Gebäude wie das Kunstzentrum „La Casona" untergebrachte Galerie zeigt in erster Linie Meisterwerke populärer Kunst. Dabei hat man sich auf naive Malerei spezialisiert, lässt aber auch andere Richtungen zu und ist insgesamt stets darum bemüht, ein stimmiges Gesamt-Kunstwerk zu präsentieren.

Mo–Fr 10–17, Sa 9–14 Uhr. Eintritt frei. Calle Muralla 107 esquina San Ignacio.

Casa del Conde Lombillo (30): Der Zweitsitz des Adelsgeschlechts an der Plaza Vieja – die eigentliche Residenz steht an der Plaza de la Catedral – wird heute während der Woche als Bürogebäude genutzt, in dem verschiedene Einrichtungen untergebracht sind. Am Wochenende ist der mit Mitteln der UNESCO restaurierte Kolonialpalast allerdings zu besichtigen. Interessanter als die Architektur des Gebäudes sind die Infotafeln in einem Laubengang, die die Sanierungsgeschichte der historischen Bauten rund um die Plaza Vieja und in den Straßenzügen Muralla, San Ignacio, Teniente Rey und Mercaderes dokumentieren. Dies umso mehr, als die Plaza selbst und der sie umgebende Bezirk als Musterbeispiel für die geglückte Rettung der alten Bausubstanz Havannas gelten.

Sa+So 9–17 Uhr. Eintritt 2 CUC. Calle San Ignacio 364 e/ Teniente Rey y Muralla.

Centro de Desarrollo de las Artes Visuales (26): Die Förderung bildender Kunst, vor allem jene junger cubanischer Künstler, hat sich das Centro de Desarolo de las Artes Visuales auf seine Fahnen geschrieben. Das Kunstzentrum stellt aber nicht nur Ausstellungsflächen zur Verfügung, sondern organisiert auch den nationalen Salon zeitgenössischer Kunst und die Beteiligung cubanischer Künstler an internationalen Projekten.

Di–Sa 10–17 Uhr. Eintritt frei. Calle San Ignacio 352 esquina Teniente Rey, ✆ 8629295.

Centro Cultural de la Torriente Brau (31): Das unabhängige Kulturzentrum wurde Mitte 1996 in Zusammenarbeit mit dem cubanischen Schriftstellerverband ins Leben gerufen. Es gibt verschiedene Publikationen heraus und widmet sich der Forschung sowie natürlich dem Werk seines Namensgebers, des Schriftstellers Pablo de la Torriente Brau, der erst in Cuba gegen die Machado-Diktator und später in Spanien gegen das Franco-Regime gekämpft hatte. Für Besucher sind vor allem die regelmäßig stattfindenden Dichterlesungen und Konzerte von Interesse.

Di–Sa 9.30– 17.30 Uhr. Eintritt frei. Calle Muralla 63 e/ Oficios y Inquisidor, ✆ 8666585.

Museo Histórico de las Ciencias Carlos J. Finlay: Das Forschungsinstitut, das den Namen des in Camagüey geborenen und zu weltweitem Ruhm gekommenen Arztes

Provinz Pinar del Río:
Der grüne Westen gilt als »Cubas Garten«
Fotos: mintur (oben), wz (unten)

Havanna:

Spiel der Farben:
In Havanna sind nicht nur die Nächte bunt, der Callejón de Hamel (unten) ist es auch bei Tage
Fotos: mintur (oben rechts), wz (alle übrigen)

Dicke Mauern:

trägt, wurde 1861 als Königliche Akademie der medizinischen Wissenschaften eröffnet und 1962 zum Museum erklärt – und zwar zu einem quicklebendigen. Denn trotz des musealen Charakters des Gebäudes gehen die Forschungsarbeiten im Bereich der Medizin unverändert weiter, und auch die mehr als 95.000 Bände umfassende Fachbibliothek wird von den Wissenschaftlern nach wie vor genutzt. Für Besucher von Interesse ist die historische Apotheke im vierten Obergeschoss sowie die fünf Ausstellungsräume, in denen Ölgemälde und Büsten berühmter cubanischer Ärzte aus dem 19. und 20. Jahrhundert gezeigt werden. Darunter befindet sich natürlich auch die Statue des Namensgebers, des Arztes Dr. Carlos J. Finlay, der als erster Mediziner nachweisen konnte, dass Moskitos für die Übertragung des Gelbfiebervirus verantwortlich sind. Nachdem er als Maßnahme gegen die Epidemien empfohlen hatte, die Moskitos zu bekämpfen, war er zunächst verhöhnt worden. Erst rund 20 Jahre später – 1881 – wurden seine Erkenntnisse in die Tat umgesetzt.

Mo–Fr 8.30–17 Uhr. Eintritt 2 CUC. Calle Cuba 460 e/ Teniente Rey y Amargura, ✆ 8634823-24.

Farmacia Museo La Reunión: Die alte Apotheke aus der zweiten Hälfte des 19. Jahrhunderts wäre selbst dann ein Museum, wenn man ihr nicht eigens diesen Stempel verpasst hätte – ein solches Kleinod stellt sie heute dar. In Reih und Glied aufgestellt, zieren Hunderte von identischen weißen Originalporzellandosen die antiken Mahagoni-Regale. Dicke Relings aus Messing trennen die mit Platten aus feinstem Marmor belegten Verkaufs- und Zubereitungstische von den Kunden, die mit ihren Rezepten noch heute in die Farmacia La Reunión eilen, weil die Apotheke trotz ihrer Rolle als Besichtigungsobjekt noch immer dienstbereit ist. Zwischen den strikt separierten Tresen für pflanzliche und chemische Arzneimittel wurde nur ein kleiner Teil zu einem reinen Museum umgestaltet, in dem man sich jederzeit umschauen darf und dabei auf Tafeln die Geschichte des Katalanen Dr. José Sarrá erfährt, der die Apotheke einst gegründet hatte. Im Jahr 1881 war er bei einer Arzneimittelmesse in Matanzas wegen der hohen Qualität des von ihm hergestellten Magnesiums mit dem ersten Preis ausgezeichnet worden, nur fünf Jahre später war seine Farmacia die einzige in ganz Havanna, in der man Produkte aus England, Frankreich und den Vereinigten Staaten erwerben konnte.

Tägl. 9–18 Uhr. Eintritt frei. Calle Teniente Rey 41 e/ Compostela y Habana.

Rund um die Kirchen der Altstadt

Iglesia del Santo Cristo del Buen Viaje: Die schlichte, aber gut erhaltene Pfarrkirche stammt aus dem Jahr 1640 und war damals als „Einsiedelei des Demütigen" bekannt. Aus dieser Zeit ist nur noch das Hauptschiff mit seiner Balkendecke erhalten, der Rest des Gotteshauses wurde später vollständig erneuert. Dennoch hat man die Kirche bewusst einfach gehalten. Die Wände ziert nur ein Kreuzweg, es gibt ein paar schöne Buntglasfenster, links einen Seitenaltar, in dem die Heilige Rita verehrt wird, und eine Nische, in der man eine Statue des Heiligen Antonius von Padua aufgestellt hat – mehr nicht. Dennoch oder vielleicht gerade deshalb ist die Iglesia ein Hort der Ruhe und der Besinnung mitten im hektischen Treiben von Alt-Havanna.

Mo–Fr 10–13 + 18–19, Sa 16–19.30, So 8–13 Uhr, Messe tägl. 19.30 Uhr. Eintritt frei. Calle Villegas e/ Amargura y Lamparilla.

Iglesia de San Felipe Neri: Die kleine Kirche, schon eher eine Kapelle, stammt aus dem Jahr 1693, war ab 1924 Sitz der Handelsbank, ab 1952 Zentrale der cubani-

schen Treuhandgesellschaft und danach, Ende des 20. Jahrhunderts, lange Zeit geschlossen. Erst am 1. Februar 2004 während des „Festivals der Alten Musik" wurde das einstige Gotteshaus als Konzertsaal wiedereröffnet. Die Aufführungen, die seitdem regelmäßig stattfinden (Programm auf einer Tafel am Eingang), sind aufgrund der hervorragenden Akustik ein absolutes Klangerlebnis. Wer sich für die Geschichte des Gebäudes und seine Restaurierung interessiert, wird darüber auf einem Schild mit vielen Fotos informiert.
Calle Aguiar 402 esquina Obrapía.

Iglesia y Convento de Santa Clara de Asís: Der Gebäudekomplex mit dem so klangvollen wie langen Namen Convento de la Seráfica Virgen de Santa Clara de Asís geht auf das Jahr 1610 zurück. Damals nahm die Oberin des Ordens, Mutter Mendoza, im hohen Alter von 90 Jahren die strapaziöse Reise von Spanien nach Cuba auf sich, um hier das erste Frauenkloster Havannas zu gründen, das schließlich 1644 eingeweiht wurde – Mutter Mendoza lebte zu diesem Zeitpunkt freilich nicht mehr. Nachdem die Nonnen den Bau 1922 verlassen hatten, um an anderer Stelle tätig zu werden, gab es einen großen Skandal, weil der Verkauf des Klosters durch einen Betrug zustande gekommen war, in den hohe Regierungskreise verstrickt gewesen sein sollten. Inzwischen restauriert, ist das Haus heute die cubanische Zentrale der Denkmalpfleger, steht allerdings auch Touristen offen, die das alte Kloster im Rahmen geführter Touren nicht nur besichtigen, sondern hier auch nächtigen können. In dem angeschlossenen Hostal stehen acht Zimmer und eine Suite zur Verfügung.
Mo–Fr 9–16 Uhr. Eintritt 2 CUC inkl. Führung (auch in Engl. und Franz.). Calle Cuba 610 e/ Sol y Luz.

Iglesia y Convento de Nuestra Señora de Belén: Havannas erste Barockkirche, die zusammen mit dem angeschlossenen Kloster der größte Sakralbau der Stadt ist, wurde von 1712 bis 1718 ursprünglich als Krankenhaus errichtet. Nachdem die Jesuiten den Orden von Bethlehem (Belén), der das Hospital betrieb, im Jahr 1842 übernommen hatten, machten sie aus dem Komplex 14 Jahre später eine Glaubensschule mit angeschlossener Kirche, die allerdings nicht nur Heimstatt für Priesteranwärter, sondern auch Zufluchtsort für Kriminelle war. Die Kirche war mit einem Asylrecht ausgestattet worden, demzufolge Verbrecher, die sich dorthin flüchten konnten, nicht weiter verfolgt werden durften. Während es das Priesterseminar namens San Carlos y San Ambrosio – übrigens das einzige des Landes – gegenüber dem Haupteingang noch heute gibt, hat die Kirche selbst keine große Bedeutung mehr. Sehenswert sind allenfalls ein paar Wandgemälde und ein Fenster in Form einer Jakobsmuschel.
Mo–Sa 8–17 Uhr. Eintritt frei. Calle Compostela e/ Luz y Acosta.

Iglesia del Espíritu Santo: Die Heilig-Geist-Kirche, die 1632 an der Stelle einer Einsiedelei errichtet, im 18. Jahrhundert aber von Grund auf neu erbaut wurde, ist eines der ältesten erhaltenen Gotteshäuser der Insel. Der alte Granitsteinbau, an dem der Zahn der Zeit gewaltig nagt, ist über dem Altar mit einem Steingewölbe versehen, während über dem Kirchenschiff eine Holzdecke angebracht ist. Einzigartig in ganz Cuba sind die Katakomben, in denen unter anderem die Gebeine von Bischof Jerónimo Valdés ruhen, im 18. Jahrhundert einer der großen Wohltäter der Stadt.
Mo–Sa 8–12 + 15–18 Uhr, So 9–12 Uhr, Messen Di+Do 18, Sa 17, So 10.30 Uhr. Eintritt frei. Calle Cuba 702 e/ Acosta y Jesús María.

Iglesia de Nuestra Señora de la Merced: Auch wenn man zu jener Gruppe gehört, die um Gotteshäuser normalerweise einen Bogen macht – die Kirche der gnädigen Gottesmutter im Herzen der Altstadt sollte man sich „antun". Die von den Paulanern, einer Gemeinschaft des Franziskaner-Ordens, zwischen 1865 und 1867 erbaute Kirche zählt zu den prunkvollsten der Stadt. Architekt Jaime Comerna y Remons und die damals bekannten Künstler Manuel Lorenzo, Esteban Chartrand und Miguel Melero schufen mit der Iglesia de Nustra Señora de la Merced eine Gebetsstätte, die nicht nur des Glaubens, sondern auch ihrer Schönheit wegen alsbald stark frequentiert wurde. Als mit der Renovierung im Jahr 1904 auch noch prächtig vergoldete Altäre aufgestellt wurden, war die Kirche schnell allsonntäglicher Treffpunkt der Oberschicht Havannas, die hier heiratete und ihre Kinder taufen ließ. Noch heute erstrahlt die Kirche mit ihren bestens erhaltenen Buntglasfenstern und den acht Altären in den Seitenschiffen in ihrer ganzen Pracht. Besonderes Augenmerk verdienen der reich verzierte und in Form einer Kathedrale gestaltete Hochaltar sowie eine Marien-Statue in einer sieben Meter hohen Grotte am linken, vorderen Seitenaltar.

Tägl. 8–12 + 15–17 Uhr. Eintritt frei. Calle Cuba 806 esquina Merced, ✆ 8638873.

Iglesia de San Francisco de Paula: Die kleine Kirche aus dem Jahr 1664 war einst Teil eines Frauen-Krankenhauses und galt damals als eine der schönsten der Stadt – bis 1730. Dann brach ein verheerender Hurrikan über Havanna herein und machte beide Gebäude dem Erdboden gleich. Später im Barockstil wieder aufgebaut, wurden das Hospital und ein Teil der Kirche 1946 abgerissen, übrig blieb eine halb verfallene Bauruine. Erst im Jahr 2000 machte man sich daran, die Kirche zu sanieren, die heute ausschließlich als Ausstellungsraum und Konzertsaal genutzt wird. Die Beziehung zur Musik wird auch dadurch unterstrichen, dass in einer Nische die Asche des bekannten cubanischen Violinisten Claudio José Domingo Brindis de Salas (1852–1911) ihre letzte Ruhestätte gefunden hat.

Tägl. 8.30–18 Uhr. Eintritt frei. Calle Leonor Pérez 9 esquina San Ignacio.

Rund um die Estación Central

Estación Central de Ferrocarriles: Der Hauptbahnhof Havannas, gleichzeitig der Hauptverkehrsknotenpunkt der cubanischen Eisenbahn, wurde im Jahr 1912 im Süden der Altstadt nahe der Bucht errichtet, weil so das Umladen von Gütern von der Schiene auf das Wasser und umgekehrt erleichtert wurde. Mit seinen zwei Türmen, der großen Bahnhofsuhr dazwischen und seiner mit Jacobsmuscheln verzierten Fassade ist er ein imposantes Musterbeispiel für den Monumentalstil, der die Eisenbahnarchitektur des beginnenden 20. Jahrhunderts bestimmte. Im Inneren ist der Bahnhof mit seinen 14 Gleisen heute wie damals nichts anderes als ein riesiger, inzwischen mit Kunststoffsitzen vollgestopfter Wartesaal dritter Klasse mit zwei schäbigen Cafeterías. Neben einer Büste des verehrten Studentenführers Julio Antonio Mella, die man in einer Ecke achtlos unter einen Treppenabsatz geschoben hat, müssen die Fahrgäste hier solange verharren, bis der jeweilige Zug eingefahren und zum Stillstand gekommen ist – erst dann werden die Bahnsteige freigegeben.

Calle Egido e/ Arsenal y San Pedro, ✆ 8628021.

Parque de Locomotoras: Die Freiluft-Ausstellung von uralten Lokomotiven neben dem Hauptbahnhof Havannas steckt mit vier nicht restaurierten Dampfloks zwar noch in den Kinderschuhen, soll aber schon bald zu einem Open-Air-Museum mit zwölf – dann aufpolierten – Lokomotiven ausgebaut werden. Zumindest für Eisenbahn-Fans sind die antiken „Dampf-Rösser" allerdings schon heute sehenswert, deren ältestes Stück, die Lokomotive namens „La Junta", 1842 von der US-amerikanischen Firma Roger Katchum & Groesvener de Patterson in New Jersey hergestellt wurde. Mit dem Lokomotiven-Museum will Cuba auch deutlich machen, dass es das erste Land Lateinamerikas war, das eine Eisenbahn hatte. Schon im Jahr 1837 war die erste Strecke zwischen Havanna und dem südlich gelegenen Bejucal eröffnet worden, die von afrikanischen Sklaven, Einwanderern von den Kanaren und einigen Iren für einen Hungerlohn gebaut worden war.

Überbleibsel der Stadtmauer

Mo–Sa 9–17, So 9–13 Uhr. Eintritt frei, Spenden willkommen. Calle Egido esquina Misión.

La Muralla: Der größte Rest der einstigen Stadtmauer, die Havanna im 17. und 18. Jahrhundert vor den Überfällen von Piraten und Korsaren schützen sollte, ist in der Calle Egido nahe dem Hauptbahnhof und dem Geburtshaus von José Martí zu sehen. Eine in die Wand eingelassene Bronzetafel zeigt den damaligen Grundriss der Stadt und beleuchtet zudem einen Teil des geschichtlichen Hintergrunds. Wenngleich es darauf heißt, dass der Bau der Stadtmauer 1674 in der Regierungszeit von Don Francisco Orejón y Gaston begann, sprechen andere Quellen vom 3. Januar 1671 unter Francisco Rodríguez de Ledesma. Wie auch immer: Einig ist man sich in der Tatsache, dass die Fertigstellung der Befestigungsanlage fast einhundert Jahre dauerte. Aus jener Zeit Ende des 18. Jahrhunderts stammt auch der Brauch des täglichen Kanonenschusses – früher ein Zeichen für die Schließung der Stadttore, heute nur noch eine Touristenattraktion. Nachdem die Bevölkerungszahl Havannas im Laufe der Zeit mehr und mehr gewachsen war und sich viele Bürger aus Platzmangel vor dem Schutzwall niedergelassen hatten, begann man 1863 damit, die Mauer wieder einzureißen – ein Prozess, der sich bis in das 20. Jahrhundert hinzog.

Calle Egido e/ Desamparados y Pérez.

Casa Natal de José Martí: Der Apostel des cubanischen Unabhängigkeitskampfes, der spätestens nach seinem Tod zum ewigen Nationalhelden des Landes avancierte, kam am 28. Januar 1853 als Sohn spanischer Eltern in diesem kleinen, unscheinbaren Häuschen in der Calle Leonor Pérez zur Welt, die damals noch Calle Paula hieß. Obwohl Martí nur seine ersten drei Lebensjahre hier verbrachte, wurde das inzwischen gelb gestrichene und mit blauen Fensterrahmen versehene Haus zum nationalen Denkmal erklärt und 1925 als Museum eingerichtet. Alte Dokumente, Briefe, Manuskripte, Fotografien und viele persönliche Gegenstände zeugen vom politischen, sozialen und literarischen Leben des größten Freiheitskämpfers, den Cuba hervorgebracht hat. Die angeschlossene Bibliothek ist natürlich auf die Bücher Martís spezialisiert, in ihr findet sich auch sein Gedichtband „Versos sencillos" („Einfache Verse"), aus dem der Text des cubanischen Gassenhauers „Guantanamera" stammt.

Tägl. 9–18 Uhr. Eintritt 1 CUC, Führung 2 CUC, Fotoaufnahmen 2 CUC, Videoaufnahmen 10 CUC. Calle Leonor Pérez 314 esquina Egido, ✆ 8633778.

José Martí – der Apostel Cubas

Mehr als ein Jahrhundert nach seinem gewaltsamen Tod ist José Martí in Cuba noch immer omnipräsent. Es gibt kaum eine Stadt, die ihren Hauptplatz nicht nach ihm benannt hat – und wenn doch, so gab man zumindest einer Straße seinen Namen. Auch der Internationale Flughafen von Havanna heißt wie der Mann, dessen Büste vor jeder Schule des Landes und vor noch mehr Häusern steht. Fast würde man meinen, sie müssten am Fließband gefertigt werden – so viele sind es und so sehr gleichen sie sich.

Wer war der Mann, der in Cuba gleichermaßen als Held und Retter, Apostel und Heiliger, Modernisierer und Visionär verehrt wird?

José Martí wurde am 28. Januar 1853 in Havanna als José Julián Martí y Pérez in einem kleinen Häuschen in der Calle Paula geboren. Seine Eltern waren beide Spanier, sein Vater Mariáno Martí Navarro ein Militär aus Valencia, seine Mutter Leonor Pérez Cabrera von der Kanaren-Insel Teneriffa. Nachdem sein Vater krankheitsbedingt ausgemustert worden war, machte sich die von da an in tiefer Armut lebende Familie im Jahr 1857 auf den Weg in ihre europäische Heimat, musste aber erkennen, dass das Leben in Spanien keineswegs besser war und kehrte 1859 erneut nach Cuba zurück – José Martí war damals sechs Jahre alt. Die Zeit verging, die wirtschaftliche Situation der Familie besserte sich kaum, der Sohn konnte zum Einkommen seiner Eltern nur unwesentlich beitragen, weil er klein von Gestalt, schmächtig und eher schwächlich war, schwerere körperliche Arbeit für ihn daher ausschied. José Martí begann, Gedichte zu schreiben – und mit dem Widerstand gegen die spanische Kolonialherrschaft zu sympathisieren, was ihn 1869 im Alter von 16 Jahren ins Gefängnis brachte. Ein Jahr darauf wurde er zu sechs Jahren Zwangsarbeit in den Steinbrüchen von San Lázaro verurteilt, 1871 allerdings nach Spanien deportiert. José Martí begann an den Universitäten von Madrid und Saragossa Jura und Philosophie zu studieren, veröffentlichte daneben sein Buch „Die spanische Republik vor der cubanischen Revolution" (gemeint war der Widerstandskampf) und schrieb sein Drama „Adúltera" („Die Ehebrecherin").

Nach Ende des Ersten Unabhängigkeitskrieges in Cuba kehrte José Martí im Jahr 1878 auf die Insel zurück und ließ sich als Anwalt nieder. Doch seine Freude war nicht von langer Dauer. Nur ein Jahr später wurde er erneut ins Exil nach Spanien geschickt, kehrte aber schon 1881 nach Amerika zurück – diesmal nach New York. Dort verfasste er mehrere Schriften, darunter auch den Gedichtband „Versos sencillos" („Einfache Verse"), aus dem der Text des weltweit bekannten cubanischen Liedes „Guantanamera" stammt. Und er organisierte in der Fremde den politischen und militärischen Kampf gegen die spanische Kolonialmacht. In Florida/USA gründete er 1892 zusammen mit cubanischen Tabakpflanzern die Partido Revolucionario Cubano (Cubanische Revolutionspartei) und brachte mit Máximo Gómez und Antonio Maceo die wichtigsten militärischen Köpfe des Ersten Unabhängigkeitskrieges auf seine Seite, die daraufhin den Kampf gegen Spanien wieder aufnahmen. Legendär ist sein Satz aus jenen Tagen: „Dos patrias tengo yo, Cuba y la noche" – „Ich habe zwei Heimaten, Cuba und die Nacht".

Im Jahr 1895 kehrte José Martí nach Cuba zurück – und fiel am 19. Mai in der ersten Schlacht, in die er jemals gezogen war, bei Dos Ríos in der heutigen Provinz Granma. Martí starb, wie er es sich wohl gewünscht hätte, sagt jedenfalls die cubanische Geschichtsschreibung: mit dem Revolver in der Hand, auf einem weißen Pferd reitend, im Antlitz der Sonne – um ein freies Vaterland zu hinterlassen, „mit allen und zum Wohle aller".

Vom Castillo del Morro hat man einen grandiosen Blick auf den Malecón

Havanna del Este

Jenseits der Hafeneinfahrt liegt der größte „Spielplatz" des Landes für alle kleinen und inzwischen vielleicht großen „Ritterburg-Besitzer". Doch nicht nur für sie ist Havanna del Este mit seinen gigantischen Befestigungsanlagen aus der Kolonialzeit sehenswert. Auch für alle anderen Besucher, die an ausgeklügelter Militär-Architektur und alten Kanonen-Batterien zumindest latent interessiert sind, werden das Castillo de los Tres Reyes del Morro und die Fortaleza San Carlos de la Cabaña ein unvergessliches Erlebnis sein. Und wem der Sinn so gar nicht nach alten Gemäuern und angerosteten Monstren aus Eisen steht, wird wenigstens an dem grandiosen Blick auf die Altstadt von Havanna und den Malecón Gefallen finden, den man hier wie fast nirgendwo genießen kann – vor allem wenn die Sonne im Atlantik versinkt. Dann ist – alle Tage wieder – auch die Zeit für den berühmten „Cañonazo" gekommen, den Kanonenschuss von der Festung San Carlos aus, nach dem man früher die Uhren stellte und danach die Stadttore schloss – und mit dem heute nur noch Touristen erschreckt werden.

Den Weg nach Havanna del Este zu finden, ist eine Leichtigkeit. Man nimmt den die Bucht unterquerenden Túnel de Bahía und biegt unmittelbar danach bei der nächsten Gelegenheit rechts ab. Oder noch einfacher: Man steigt in der Avenida del Puerto in die ständig verkehrende Fähre und lässt sich für kleines Geld über die Bucht schaukeln.

Essen & Trinken in Havanna del Este (siehe Karte Vieja S. 172/173)

• *Restaurants* **Los Doce Apóstoles (2)**, ein sehr gepflegtes Restaurant mit Traumblick unterhalb des Castillo del Morro, hat seinen Namen nicht von den engsten Vertrauten Jesu, sondern von den so benannten zwölf Kanonen vor seiner Haustüre, die dereinst alles andere als gute Taten vollbrachten. Der Küchenchef empfiehlt (zu Recht!) die

Grillspezialitäten seines Hauses, etwa die Grillplatte „Doce Apóstoles" (9,95 CUC). Tägl. 12–23 Uhr. Carretera Cabaña, ℅ 8638295.

La Divina Pastora (3) unterhalb des Fortaleza San Carlos de la Cabaña ist ebenfalls nach einer Kanonenbatterie aus dem 18. Jh. benannt und heute ein edles Lokal für Liebhaber von Fisch und Meeresfrüchten – mit stolzen Preisen. Eine „Mariscada" etwa, eine Platte mit einem halben Hummer, einer Handvoll Garnelen und einem Fischfilet, schlägt mit 23,95 CUC zu Buche. Dennoch: Die Örtlichkeit ist schwer zu toppen, das Panorama einfach grandios. Tägl. 12–23 Uhr. Vía Monumental, ℅ 8608341.

El Mirador La Tasca (4), eine kleine Dependance des Restaurants „La Divina Pastora", verfügt – man mag es kaum glauben – über eine noch bessere Lage als die „große Schwester". Der Balkon des Lokals, auf dem einige Tische stehen, befindet sich direkt an der Hafeneinfahrt. Kein Wunder, dass hier oftmals Minister für ein Dinner mit ihren Staatsgästen reservieren. Die Speisenkarte ist sehr abwechslungsreich, die Preise sind ebenfalls etwas höher. Die Paella kostet 19 CUC, eine Grillplatte 17,55 CUC. Tägl. 12–23 Uhr. Vía Monumental, ℅ 8608341.

El Bodegón (5), das Haupt-Restaurant innerhalb der Festungsanlage San Carlos de la Cabaña, ist ausschließlich Verpflegungsstation für die Besucher der Fortaleza. Weinfässer über der Tür markieren den Eingang zu dem Lokal, das in einem großen Lagerraum der früheren Festung untergebracht ist. Obwohl rein touristisch ausgerichtet, wird den Gästen die Haut nicht abgezogen. Für eine Mahlzeit – Hähnchen, Steak, Seafood – muss man mit durchschnittlich 10 CUC rechnen. Tägl. 10–22 Uhr. Carretera Cabaña, ℅ 8665432.

Nachtleben in Havanna del Este (siehe Karte Vieja S. 172/173)

El Polvorín (1), wie der Name sagt, das frühere Pulvermagazin der Kanonenbatterie des Castillo del Morro, ist ein Ableger des Restaurants „Los Doce Apóstoles", der nach dem Essen zu einem Drink mit grandiosem Blick auf Alt-Havanna einlädt – beim Sonnenuntergang ein Ort zum Dahinschmelzen. Jeden Abend gibt es Musik, entweder live oder vom Plattenteller. Tägl. 16–3 Uhr. Carretera Cabaña, ℅ 8638295.

Unterwegs in Havanna del Este

Castillo de los Tres Reyes del Morro: Nachdem die „Perle der Antillen" immer öfter von Piraten heimgesucht wurde, weil der Hafen von Havanna zu jener Zeit Hauptumschlagplatz für die Schätze der Neuen Welt war, befahl die spanische Krone den Bau einer großen Festungsanlage. Sie sollte auf dem damals „El Morro" genannten Felsen am Eingang der Bucht entstehen, um zusammen mit der Kanonenbatterie des gegenüberliegenden Castillo de la Punta in feindlicher Absicht einfahrende Schiffe ins Kreuzfeuer nehmen zu können. Im Jahr 1587 machten sich der eigens dafür entsandte Feldmeister Juan de Texeda und der italienische Militär-Ingenieur Giovanni Bautista Antonelli an die Arbeit und schufen eine poligone Zitadelle im Renaissance-Stil, die von einem trockenen Verteidigungsgraben umgeben war. Um dem Bollwerk trotz der notwendigen Robustheit eine gewisse Eleganz zu verleihen, ließ Antonelli zum Hang hin mehrere Terrassen anlegen, die den Stützpunkt gleichzeitig tarnen sollten. Nachdem Gouverneur Don Pedro Valdés am Fuße des Castillos eine Batterie mit zwölf Kanonen hatte installieren lassen, die den Namen „Los doce Apóstoles" („Die zwölf Apostel") trug und noch heute zu besichtigen ist, war die Anlage 1630 schließlich verteidigungsbereit. Trotz des betriebenen Aufwands blieb die Festung nicht lange in spanischer Hand. Schon 1762 wurde sie von den Engländern eingenommen – sie waren von der Landseite gekommen und hatten das Castillo in nur 44 Tagen ausgehungert. Heute präsentiert sich die Anlage mit ihren dicken Mauern und den schmalen Wehrgängen überraschend aufgeräumt und in perfektem Zustand erhalten, ganz so, als würden die Soldaten des Königs jeden Moment zurückkehren. Einen Besuch lohnt auch der Leuchtturm, zur Zeit seiner

224 Havanna

Inbetriebnahme im Jahr 1845 der erste in Cuba, der 1942 aber von einem neuen Modell mit automatisierter Technik ersetzt wurde. Seit 1986 beherbergt das Castillo überdies ein kleines Meeresmuseum.

Tägl. 8.30–20.30 Uhr. Eintritt 4 CUC, Führung 1 CUC (auch in Engl., Franz. und Ital.), Leuchtturm 2 CUC, Museum 1 CUC. Carretera Cabaña y Vía Monumental, ✆ 8637063.

Fortaleza San Carlos de la Cabaña: 1763, nur ein Jahr, nachdem die Engländer das Castillo del Morro überfallen hatten, begann wenige hundert Meter davon entfernt der Bau einer noch viel größeren Verteidigungsanlage – oder genauer, einer der größten, die Spanien jemals in ihren Kolonien errichten ließ. Der Schutzwall rund um die Stadt sollte lückenlos sein, weshalb in nur elf Jahren die Festung San Carlos de la Cabaña förmlich aus dem Boden gestampft wurde. Sie verschlang solche Unsummen, dass König Carlos III. eines Tages zu seinem Fernrohr griff, weil er meinte, sie müsse so groß sein, dass er sie von Spanien aus sehen könnte. Die Anlage mit den Zugbrücken und dem Kopfsteinpflaster ist tatsächlich riesig, so dass man zusammen mit dem Castillo del Morro einen halben Tag für die Besichtigung einplanen sollte. Am besten macht man dies in den Nachmittagsstunden, wenn die Touristengruppen aus Varadero von ihren Bussen längst wieder eingesammelt wurden und man gleichzeitig die Möglichkeit hat, den Besuch mit dem traditionellen „Cañonazo" zu verbinden. Er findet täglich um 21 Uhr statt, so wie im 18. Jahrhundert, als der Kanonenschuss vom Fortaleza San Carlos de la Cabaña die Schließung der Stadttore ankündigte.

Tägl. 10–22 Uhr. Eintritt bis 17.59 Uhr 4 CUC, Eintritt 18–22 Uhr inkl. „Cañonazo" 6 CUC, Führung 1 CUC (auch in Engl.). Carretera Cabaña y Vía Monumental, ✆ 8637063.

El Cristo de La Habana: Wie in Lissabon thront auch in Havanna eine riesige Christus-Figur über der Hafeneinfahrt – eines der begehrtesten Fotomotive und einer der beliebtesten Aussichtspunkte der Stadt, denn von der anderen Seite der Bahía de la Habana lässt sich die Größe der cubanischen Hauptstadt zumindest erahnen. Die 17 Meter hohe Figur wurde einst von der Frau des damaligen Diktators Fulgencio Batista in Auftrag gegeben. Als auf ihren Mann ein Attentat verübt worden war, gelobte Marta Batista die größte Christus-Statue der Welt aufstellen zu lassen, sollte ihr Mann den Anschlag überstehen. Er überlebte tatsächlich und die berühmte cubanische Bildhauerin Jilma Madera erhielt den Auftrag, sie zu errichten. Aus insgesamt 320 Tonnen italienischen Marmors schuf sie zwar nicht die größte Christus-Figur der Welt (die steht im bolivianischen Cochabamba), wohl aber die größte, die jemals von einer Frau gestaltet wurde. Am 3. September 1958 begann 68 Meter über dem Meer die Montage der aus zwölf Teilen zusammengesetzten Figur, am 25. Dezember des gleichen Jahres, wenige Tage vor der Flucht des Diktators aus Cuba, erhielt die monumentale Statue von Kardinal Manuel Arteaga y Betancourt den kirchlichen Segen.

Tägl. 10–18 Uhr. Eintritt 1 CUC. Carretera Cabaña y Vía Monumental.

Museo de la Comandancia: Alles, worauf Volksheld Ernesto Che Guevara je seinen Fuß setzte, und alles, was er je in Händen hielt, wird in Cuba entweder zu einem Museum oder landet in einem solchen. So geschah es 2006 auch mit jenem bescheidenen Häuschen unmittelbar neben dem Cristo de La Habana auf der anderen Seite der Bucht, in dem der Comandante nach dem Sieg der Revolution sein Hauptquartier aufgeschlagen hatte. Nach einer umfassenden Renovierung wurde aus dem Flachdachbau ein Kulturzentrum, in dem Ches ehemaliges Büro und sein Schlafzimmer besichtigt werden können. Außerdem hat man eine Bibliothek mit

Büchern von und über Che Guevara eingerichtet sowie einen „Salón de Maté", weil er das südamerikanische Nationalgetränk bekanntlich sehr schätzte.
Tägl. 10–18 Uhr. Eintritt 2 CUC. Carretera Cabaña y Vía Monumental.

Regla

Gegenüber dem Hafen der Altstadt liegt am anderen Ende der Bucht nicht nur das kleinste Municipio Havannas, sondern das kleinste ganz Cubas – Regla hat eine Ausdehnung von gerade einmal drei Quadratkilometern. Nicht viel, wenn man weiß, auf welch lange Geschichte dieser noch immer sehr authentische Stadtbezirk zurückblicken kann. Schon im Jahr 1598 und damit lange vor der Grundsteinlegung für die berühmte Iglesia Reglas gründete hier Antonio Recío, einer der ersten Siedler Havannas, die Zuckermühle „Guaicanamar". Anfang des 18. Jahrhunderts ließen sich die ersten Fischerfamilien nieder, denen alsbald Schmuggler folgten, die den Bürokraten der Kolonialmacht von jenseits der Bucht regelmäßig eine lange Nase machten. Um den wirtschaftlichen Schaden für die spanische Krone in Grenzen zu halten, erlaubten die Befehlshaber den damals rund 2000 Einwohnern schließlich die Errichtung einer eigenen Bezirksregierung, die allerdings Steuern an Havanna abführen musste. Im Jahr 1812 wurden Regla dazu erstmals die Stadtrechte verliehen. Und damit begann eine beinahe unendliche Geschichte: 1814 wurden diese Rechte wieder aberkannt, 1820 erneut erteilt, 1823 von neuem gestrichen – jeweils in der Folge politischer Reformen und Gegenreformen in Havanna. 1901 wurde der Sonderstatus endgültig abgeschafft und Regla wieder an die Hauptstadt angebunden. Heute ist der Stadtteil „ultramarino", also über dem Meer, in erster Linie als Zentrum der afro-cubanischen Religionen bekannt, wozu auch die landesweit berühmte katholische Kirche Nuestra Señora de la Regla beiträgt. Die dunkelhäutige Gottesmutter mit dem weißen Jesuskind wird nämlich auch von den Santéros als Yemayá, die Göttin des Meeres und der Seefahrer, verehrt. Neben seiner Bedeutung für die Gläubigen hat Regla auch als erstklassiger Aussichtspunkt einen gewissen Stellenwert. Vom Colina Lenin aus genießt man einen so außergewöhnlichen wie einmaligen Blick auf Alt-Havanna.

Unterwegs in Regla

Colina Lenin: Drei Tage nach dem Tod des Führers der russischen Oktoberrevolution, am 24. Januar 1924, erließ der damalige sozialistische Bürgermeister von Regla, Antonio Celestino Bosch Martínez, ein Dekret, mit dem er den zentralen Hügel des Stadtteils, der bis dahin Fortín geheißen hatte, nach Lenin umbenannte. Wiederum drei Tage später, während in Moskau die Bestattungszeremonie lief, pflanzte er zur ewigen Erinnerung an den Schöpfer des wissenschaftlichen Sozialismus einen Olivenbaum auf dem Hügel und schuf damit das erste Lenin-Denkmal außerhalb der Sowjetunion und gleichzeitig das erste der westlichen Hemisphäre. Außerdem verlieh er dem Verstorbenen posthum den Titel „Großer Weltbürger" – wozu ein kleiner cubanischer Bürgermeister damals imstande war! Fortan wurde auf dem Hügel alljährlich am Todestag Lenins ein weiterer Olivenbaum gepflanzt, bis man ihn 1984 schließlich zum nationalen Denkmal erhob. Seitdem prangt in einer Felswand des Hügels auch ein Bronze-Relief mit dem Gesicht Lenins, unter dem man elf lebensgroße Granit-Figuren aufgestellt hat, die dem Gründer der ehemaligen UdSSR zujubeln. Heute führt eine lange Metalltreppe zu diesem Denkmal

und auf den Hügel, von dem man einen schönen Blick auf den Hafen und die Altstadt von Havanna hat. Unweit davon gibt es in einem kleinen Pavillon einen Ausstellungsraum mit zahlreichen Fotos von Lenin und Dokumenten aus seinem Leben.
Pavillon: Di–So 8.30–18 Uhr. Eintritt frei. Complejo Monumentario de la Colina Lenin.

Iglesia de Nuestra Señora de Regla: Die kleine weiße Kirche, die 1690 von einem Pilger namens Manuel Antonio errichtet, von einem Wirbelsturm zerstört und zwei Jahre später wieder aufgebaut wurde, steht direkt am Meer. Das Wallfahrtszentrum ist wegen seiner schwarzen Madonna, die ein weißes Jesuskind in den Armen hält, landesweit bekannt – und das nicht nur bei Katholiken. Für die Santéros stellt die Statue Yemayá dar, die Oricha-Göttin des Meeres und der Seefahrer. Einer Legende nach wurde sie im 5. Jahrhundert vom Heiligen Augustin in Afrika geschaffen und von einem seiner Schüler nach Spanien gebracht. In der Straße von Gibraltar geriet sein Boot in schwere See, überstand den Sturm aber unbeschadet – natürlich dank der Madonna, die schließlich irgendwann nach Cuba transportiert wurde und seit dem Jahr 1714 als Schutzpatronin der Bucht von Havanna gilt. Jährlich am 8. September gedenkt man der Nuestra Señora de Regla im Rahmen einer großen Wallfahrt, die um 10 Uhr mit einem Gottesdienst beginnt. Bei der anschließenden Prozession trägt der Kardinal der Erzdiözese Havanna die Statue durch die Straßen des Stadtteils.
Tägl. 7.30–17.30 Uhr, Messen Mo 8 Uhr, Do+Fr 17, Sa 16, So 9+11 Uhr. Eintritt frei. Calle Santuario e/ Máximo Gómez y Litoral, ✆ 976288.

Museo Municipal: Das 1982 eröffnete Museum beschäftigt sich in seinen sechs Räumen in erster Linie mit der Geschichte des Stadtteils – von der Besiedelung durch die Indios bis zur Eroberung durch die Spanier. Eingegangen wird ferner auf bedeutende Persönlichkeiten, von denen private Gegenstände ausgestellt sind. Auch die Besuche von José Martí und die Teilnahme der Bewohner Reglas an den Unabhängigkeitskriegen und der Revolution werden fein säuberlich dokumentiert. Breiten Raum nehmen die religiösen Bräuche ein, wie die jährliche Wallfahrt zur „Jungfrau von Regla", über deren Ursprung und Entwicklung im 17. und 18. Jahrhundert man umfassend informiert wird. Nicht zuletzt sind mehrere Gemälde von Luis Hurtado de Mendoza zu sehen, die verschiedene Oricha-Gottheiten zeigen – schließlich gilt Regla als Zentrum der afro-cubanischen Santería.
Mo–Sa 9–17, So 9–13 Uhr. Eintritt 2 CUC, Führung 1 CUC, Fotoaufnahmen 1 CUC (pro Foto!). Calle Martí 158 e/ Facciolo y La Piedra.

Centro

Centro ist eigentlich gar nicht das Zentrum der Stadt – geographisch nicht und touristisch schon gar nicht. Das Wohnviertel war noch nie ein Mittelpunkt, eher ein Armenhaus – und irgendwie war es immer im Weg. Daran hat sich bis heute nichts geändert, wenn man zwischen der historischen Altstadt und dem Hotel-Distrikt Vedado von den Sehenswürdigkeiten zu den Unterkünften unterwegs ist. Centro ist irgendwie immer im Weg. Dabei übt der Innenstadt-Bezirk, der im Osten vom Prado und im Westen von der Calle Calzada de Infanta begrenzt wird und in Nord-Süd-Ausrichtung vom Atlantik bis zur Avenida Manglar Arroyo reicht, durchaus eine gewisse Faszination aus. Hervorgerufen wird diese nicht zuletzt durch die Authentizität des Viertels und den morbiden Charme seiner Gebäudlichkeiten aus dem 18. und 19. Jahrhundert. Denn die Altstadtsanierung ist, einmal abgesehen vom Malecón, noch nicht bis Centro vorgedrungen. Für Besucher kein

Nachteil: Ursprünglicher sind nur noch die Randbereiche der Millionenstadt, wie etwa die Municipios 10 de Octubre im Süden oder La Lisa im Westen, wohin Touristen in aller Regel aber sehr selten vordringen. Wer das Wesen der Metropole ergründen will, ist deshalb hier genau richtig: Das Leben spielt sich auf den Straßen ab, in den meisten Lokalen bezahlt man mit cubanischen Pesos, vor den wenigen Geschäften bilden sich oft Warteschlangen – Havanna pur. Wie gut, dass Centro irgendwie immer im Weg ist.

Centro auf einen Blick

Telefon-Vorwahl: 07

- *Ärztliche Versorgung* **Hospital Hermanos Ameijeiras**, Calle San Lázaro 701 y Belascoaín, ✆ 8776043, 9776077. **Asistur** (Krankentransport) ✆ 8671315. **Gift-Notruf** ✆ 2601230, 26088751.
- *Autovermietung* **Cubacar/Transtur** im Hotel „Deauville", Avenida de Italia esquina Malecón, ✆ 8668812.
- *Banken* **Cadeca**, Mo–Sa 9–18, So 8–13 Uhr, Calle Rayo 261 esquina Bolívar. **Banco Financiero Internacional**, Avenida Carlos III e/ Arbol Seco y Retiro, Mo–Fr 9–15.
Banco Nacional de Cuba, Mo–Fr 8.30–15 Uhr, Calle Zanja y Belascoaín, ✆ 8335738; Avenida de Italia y San Martín, ✆ 8338961.
Banco Popular de Ahorro, Mo–Fr 8.30–17.30 Uhr, Calle Monserrate y San Martín, ✆ 8338931.
Banco de Crédito y Comercio, Mo–Fr 8.30–15 Uhr, Calle Belascoaín esquina Zanja.
- *Freizeit* **Complejo Recreativo Hola Ola**, ein bescheidener Freizeitpark nahe dem Hotel „Nacional", bringt bei freiem Eintritt Musik- und Folkloredarbietungen auf die Bühne – jeweils Sa und So ab 18 Uhr findet unter freiem Himmel eine Matinee mit Live-Bands statt. Vormittags dient die Tanzfläche allerdings eher als Kinderspielplatz, auch für ganze Schulklassen. Di–So 9–21 Uhr. Malecón e/ Humboldt y 25.
- *Internet* **Citmatel** in der „Casa del Científico", tägl. 8.30–17 Uhr, Prado Nr. 212 y Trocadero, Karten für 1 Std./6 CUC, 2 Std./10 CUC, 5 Std./20 CUC.
Biblioteca Nacional de Ciencia y Tecnica im Capitolio, tägl. 8.15–17 Uhr, Paseo de Martí e/ San Martín y Dragónes, Karten für 1 Std./6 CUC, 2 Std./10 CUC, 5 Std./20 CUC.
Telepunto, tägl. 8–21.30 Uhr, Calle Aguila Nr. 565 esquina Dragónes.
Internet-Service ist darüber hinaus in den meisten Hotels gegen Gebühr verfügbar.
- *Notruf* **Polizei**, ✆ 106. **Feuerwehr**, ✆ 105. **Ambulanz**, ✆ 551185, 552185.
- *Postleitzahl* 10200
- *Post* Mo–Sa 8–18 Uhr, Avenida Salvador Allende esquina Belascoain.
- *Taxi* **Fénix Taxi**, ✆ 8666666. **Panataxi**, ✆ 8555555. **Habanataxi**, ✆ 539090. **Taxi OK**, ✆ 8776666. **Transgaviota**, ✆ 2672727.

Shopping in Centro (siehe Karte S. 228/229)

Eine der Haupteinkaufsstraßen im Stadtteil Centro ist die **Calle San Rafael**, in der sich ein Geschäft an das andere reiht.
Guamá verkauft eine abenteuerliche Mischung aus Kleidung, Haushaltsartikeln und Kosmetika. Mo–Sa 10–17, So 9–13 Uhr. Calle San Rafael esquina Consulado.
Musica universal – der Name trügt – führt Kleidung. Mo–Sa 10–17, So 9–13 Uhr. Calle San Rafael 104.
La Arcada ist ein Lebensmittelgeschäft, das auch Rum im Sortiment hat. Tägl. 9–21 Uhr. Calle San Rafael 106.
La Esmeralda bietet Kleidung, Schuhe und Kosmetika feil. Mo–Sa 10–18, So 10–13 Uhr. Calle San Rafael 107.
Adidas verkauft – Überraschung, Überraschung! – die Originalsportartikel aus dem fränkischen Herzogenaurach, vorwiegend allerdings Sportschuhe zu vergleichsweise sehr günstigen Preisen. Mo–Sa 10–18, So 10–13 Uhr. Calle San Rafael 109.
Artehabana hat CDs mit cubanischer Musik und Unterhaltungselektronik im Angebot. Mo–Sa 10–18, So 10–14 Uhr. Calle San Rafael esquina Industria.
Mercado Artesanal Industrial ist ein Secondhandshop, in dem man Kleidung und Möbel findet. Mo–Sa 10–17, So 9–13 Uhr. Calle San Rafael esquina Industria.

228 Havanna

Domino, ein Laden der cubanischen Panamericana-Kette, hat Bekleidung, Heimelektronik und Haushaltswaren im Sortiment. Mo–Sa 9–18, So 9–14 Uhr. Calle San Rafael esquina Industria.

Vitral macht ganz auf Mode – sehr günstig! Mo–Sa 10–17, So 9–13 Uhr. Calle San Rafael 155.

Sancy verkauft Haushaltswaren und Kosmetika. Mo–Sa 9–18, So 9–14 Uhr. Calle San Rafael esquina Amistad.

Tienda Licorama, hier gibt's jede Menge Souvenirs und Kunsthandwerk. Tägl. 9–17 Uhr. Calle San Rafael esquina Amistad.

Belinda Modas bietet Bekleidung für Damen, Herren und Kinder und dazu die passenden Düfte. Mo–Sa 10–18, So 10–14 Uhr. Calle San Rafel esquina Amistad.

La Corona, ein Juweliergeschäft, hat Uhren und Schmuck europäischen Zuschnitts in der Auslage. Mo–Sa 9–16 Uhr. Calle San Rafael 207.

El Asia wird von Touristen in der Regel nur bedingt aufgesucht. Es gibt Glühbirnen, ein bescheidenes Sortiment an Heimwerkerbedarf und Bekleidung. Mo–Sa 10–17, So 9–13 Uhr. Calle San Rafael 209.

Foto-Cafetería Cubanito stellt Passfotos her, wenn das Visum verlängert werden soll. Mo–Sa 9–18 Uhr. Calle San Rafael 210.

Oasis, ein Secondhandshop für Bekleidung – zwar „saubillig", aber nicht up-to-date. Mo–Sa 10–17, So 9–13 Uhr. Calle San Rafael 214.

Indochina ist ein weiterer der vielen Klamottenläden in der Einkaufsstraße. Mo–Sa 10–18, So 9–13 Uhr. Calle San Rafael esquina Aguila.

Fin de Siglo verkauft Kunsthandwerk, antiquarische Bücher und naive Gemälde cubanischer Künstler. Mo–Sa 10–17, So 9–13 Uhr. Calle San Rafael esquina Aguila.

Bazar Francés führt Schuhe und Bekleidung. Mo–Sa 10–17, So 9–13 Uhr. Calle San Rafael 255.

Chantilly bietet halbwegs schicke Damen- und Herrenmode. Mo–Sa 10–18, So 9–13 Uhr. Calle San Rafael 259.

Variedades Galiano, ein größeres Kaufhaus, in dem es einen Friseur gibt und Snacks angeboten werden, verkauft großflächig Lebensmittel, Bekleidungsartikel, Schuhe und Haushaltswaren. Mo–Sa 10–18, So 9–13 Uhr. Avenida de Italia esquina San Rafael.

La Época (37) ist so etwas wie ein cubanischer „Kaufhof". Auf verschiedenen Etagen findet man von Parfümerie- bis Sportarti-

Nachtleben
7 70's Café
8 El Recreo
16 Casa de la Trova
17 Cabaret Las Vegas
31 Teatro América
33 Casa de la Música

Sonstiges
37 La Época

keln fast alles – entsprechend groß ist der Andrang. Mo–Sa 10–18, So 9–13 Uhr. Avenida de Italia esquina Neptuno.

Fábrica Romeo y Julieta, einst eine große Zigarren-Manufaktur, ist heute eine Schule für angehende Zigarrendreher, betreibt aber noch immer einen wohl sortierten Zigarrenshop. Mo–Sa 8.30–17, So 8.30–14 Uhr. Calle Belascoain e/ Peñalver y Desague.

Complejo Malecón ist ein ganz neuer, edler Geschäftskomplex am Malecón, in dem man in verschiedenen Läden Schuhe, Bekleidung und europäische Parfümerieartikel zu europäischen Preisen erstehen kann. Tägl. 10–18 Uhr. Malecón 667–669.

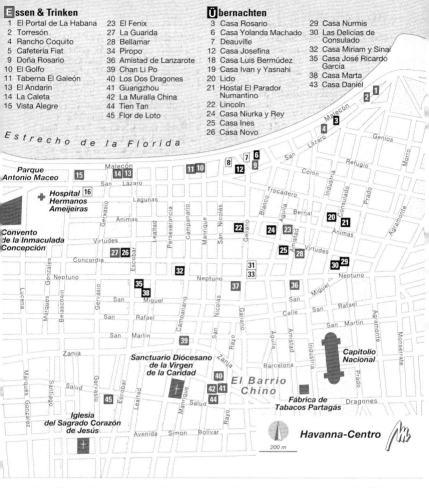

Essen & Trinken
1 El Portal de La Habana
2 Torresón
4 Rancho Coquito
5 Cafetería Fiat
9 Doña Rosario
10 El Golfo
11 Taberna El Galeón
13 El Andarin
14 La Caleta
15 Vista Alegre
23 El Fenix
27 La Guarida
28 Bellamar
34 Piropo
36 Amistad de Lanzarote
39 Chan Li Po
40 Los Dos Dragones
41 Guangzhou
42 La Muralla China
44 Tien Tan
45 Flor de Loto

Übernachten
3 Casa Rosario
6 Casa Yolanda Machado
7 Deauville
12 Casa Josefina
18 Casa Luis Bermúdez
19 Casa Ivan y Yasnahi
20 Lido
21 Hostal El Parador Numantino
22 Lincoln
24 Casa Niurka y Rey
25 Casa Ines
26 Casa Novo
29 Casa Nurmis
30 Las Delicias de Consulado
32 Casa Miriam y Sinai
35 Casa José Ricardo García
38 Casa Marta
43 Casa Daniel

Photo Service bietet das ganze Sortiment rund ums Fotografieren. Tägl. 9–18 Uhr. Avenida de Italia 572 esquina Simón Bolívar.

Almacenes Ultra ist ein cubanisches Kaufhaus auf zwei Stockwerken, mit einem breiten Angebot von Lebensmitteln bis Kleidung, von Elektronikartikeln bis Kosmetika. Mo–Sa 9.30–18, So 9.30–13 Uhr. Avenida Simón Bolívar 109 esquina Rayo.

Essen & Trinken in Centro

• *Restaurants* **Rancho Coquito (4)**, ein Restaurant der spanischen „Sociedad Asturiana Castropol", liegt direkt am Malecón, weswegen sich allein aufgrund der Tische, die man auf den Gehsteig gestellt hat, ein Besuch lohnt. Der freundliche Service, die umfangreiche Speisekarte und die schwer zu unterbietenden Preise machen das Lokal erst recht zu einem Geheimtipp. Ob Knoblauch- oder Gemüsesuppe (je 1,50 CUC), Rindfleisch-, Schweinefleisch- oder Fischgerichte (alle um 4,50 CUC) oder Meeresfrüchte (Shrimps 5–7 CUC, gegrillte Languste 6 CUC) – alles wird mit Liebe zubereitet, und das schmeckt man. Daneben gibt es natürlich auch reinrassige spanische Küche (Paella Criolla 6 CUC), Pizza und Pasta (2–5 CUC) und selbst chinesische Gerichte

(Chop Suey 4,50 CUC). Die Getränke machen ebenso wenig arm – Fruchtsäfte kosten 1 CUC, Bier 1,20 CUC, Cocktails 1,50–2,25 CUC. Tägl. 12–24 Uhr. Malecón 107 e/ Crespo y Genios, ℡ 8614864.

El Portal de La Habana (1) – der Name („Das Tor von Havanna") verspricht mehr als die kleine Cafetería letztlich halten kann. Dennoch: immerhin liegt sie direkt am Malecón, immerhin wird man beinahe rund um die Uhr versorgt, und immerhin gibt es ein ganzes Brathähnchen für 3–5 CUC, je nach Zubereitung. Außerdem verfügt das Lokal im hinteren Bereich über einen kleinen Lebensmittelladen, eher eine Art Theke, an der man sich mit dem Nötigsten versorgen kann. Tägl. 9–4 Uhr. Malecón 29 e/ Prado y Carcel.

Taberna El Galeón (11) besticht ebenfalls mehr durch die Tatsache, dass sie unmittelbar am Malecón liegt, denn durch ihre Speisekarte. Die Küche schimpft sich „kreolisch und international", Letzteres ist wohl darauf zurückzuführen, dass das Wort „Sandwich" nicht dem Spanischen entlehnt ist. Und die gibt es zuhauf für 2,50–3 CUC. Daneben serviert man Fischfilets (2,75–4 CUC) und Langusten in verschiedenen Variationen (8–11 CUC). Tägl. 12–24 Uhr. Malecón 401 e/ Campanario y Manrique.

El Golfo (10), ebenfalls eine der Freiluft-Cafeteriás an der Flaniermeile Havannas, hat sich auf italienische Küche spezialisiert. Will heißen: Es gibt Pizzen für 3–5 CUC – und das war's im Großen und Ganzen. Natürlich bekommt man auch sein Hähnchen oder sein Schweinesteak, kulinarische Highlights darf man aber nicht erwarten. Tägl. 10–3 Uhr. Malecón e/ Campanario y Manrique.

El Andarín (13) hebt sich wohltuend von den Open-Air-Lokalen am Malecón ab, weil die Küche doch einen Tick anspruchsvoller ist. Die Spezialität nennt sich „Pollo Andarín", ein Hähnchen, das gebraten mit allerlei Beilagen gereicht wird (2,50 CUC). Daneben gibt es viel Garnelen und Fisch. Tägl. 7–4 Uhr. Malecón 606 e/ Escobar y Gervasio.

La Caleta (14) behauptet von sich selbst, ein „Restaurante chino" zu sein, ist in Wirklichkeit allerdings nichts anderes als eine beschallte 24-Stunden-Freiluftbar. Ein Drink ist kein Problem, das Essen könnte eines werden. Tägl. 24 Std. Malecón esquina Gervasio.

Vista Alegre (15), die größte und wohl auch empfehlenswerteste Freiluft-Location am Malecón, hat ein buntes Potpourri auf der Karte. Es gibt Pizzen (1,50–3,50 CUC), Grillspieße (4,75 CUC) und als Spezialität des Hauses „Grillada especial", einen Grillteller mit Hähnchen-, Schweine- und Rindfleisch für 6 CUC. Genauso preisgünstig sind die Getränke. Tägl. 24 Std. Malecón esquina Belascoain.

Cafetería Fiat (5), ein ganz neues Lokal neben dem Autohaus der gleichnamigen italienischen Fahrzeugbauer, macht auf schick und ist eiskalt – wegen der auf Hochtouren laufenden Klimaanlage. Es gibt Pizzen (2 CUC), Hamburger (2 CUC), Schweinesteaks (1,75–2,95 CUC) oder auch ganze Hähnchen (5,50 CUC) – und dies alles keineswegs nur für jene, die auf die Reparatur ihres Wagens warten. Tägl. 10–24 Uhr. Malecón esquina Marina, ℡ 8735827.

Piropo (34) gegenüber der Iglesia Nuestra Señora del Carmen ist eines der vielen Fastfood-Lokale der landesweiten Kette. In nüchterner Atmosphäre kann man Kleinigkeiten wie Bocaditos (1,30 CUC), Burger (1,30–2,25 CUC) und Pizzen (2,70–3,20 CUC) zu sich nehmen. Fruchtsäfte kosten 0,65 CUC, Bier 1 CUC. Tägl. 24 Std. Calzada de Infanta esquina Neptuno.

Flor de Loto (Lotusblume) **(45)** ist ein Renner in Chinatown – allerdings nicht nur bei Touristen, sondern auch bei Cubanern, und das bedeutet Schlange stehen. Man sollte sich trotzdem anstellen: die Portionen sind riesig, die Gerichte geschmacklich überzeugend, die Preise beschämend klein. Für einen Berg gebratenen Reis „Lien Fa" zahlt man gerade einmal 3 CUC, für Fisch 3–4 CUC, für eine frittierte Languste 7,50 CUC – das ist unterstes Limit. Tägl. 12–24 Uhr (außer 31. Dezember). Calle Salud 313 e/ Gervasio y Escobar.

Chan Li Po (39) liegt in Chinatown etwas abseits der Tourimeile, lohnt allerdings den kleinen Umweg – schon des freundlichen Personals wegen. In dem großen Lokal in der 1. Etage wird chinesisch, kreolisch und italienisch gekocht. Es gibt also sowohl Pizza als auch Paella (11 CUC/2 Personen) und riesige Chop-Suey-Portionen in verschiedenen Variationen (3,50–4,40 CUC). Die Tatsache, dass man für eine Languste je nach Zubereitung nur 7–8 CUC verlangt, unterstreicht die fairen Preise. Das ist die Hälfte dessen, was man in vergleichbaren Lokalen der Stadt dafür bezahlt! Tägl. 11.30–24 Uhr. Calle Campanario 453 e/ San José y Zanja.

Los Dos Dragónes (40), das renommierte Restaurant, das im chinesischen Viertel etwas abseits vom Schuss liegt, aber dennoch meistens voll ist, kocht natürlich chinesisch – was sonst? Zum Beispiel sehr leckere Frühlingsrollen (1 CUC) oder Hähnchen mit Erdnüssen (5 CUC) und jede Menge Chop-Suey-Variationen – mit Schweinefleisch, Hähnchen oder Fisch für 2,50 CUC, mit Meeresfrüchten für 4,50 CUC, mit Rindfleisch für 6 CUC. Und dies alles in XXL-Portionen. Tägl. 12–23 Uhr. Calle Dragónes 311 e/ Rayo y San Nicolás, ℡ 8620909.

Min Chih Tang ist die Lieblings-Pizzeria der Habaneros, und das ist kein Wunder. Die Pizzen sind groß und großzügig belegt, die Pastas gelten als die besten im Barrio Chino. Und auch die Preise in dem Restaurant der „Sociedad China" machen nicht arm. Für die Spezial-Pizza „Min Chih Tang" zahlt man 5 CUC, für eine Frühlingsrolle 1,40 CUC, für ein Chop Suey 3,50 CUC und für die 17 verschiedenen Nudelgerichte 2–3,50 CUC. Mo–Fr 12–23, Sa+So 12–24 Uhr. Calle Manrique 113 e/Zanja y Dragónes, ℡ 8632966.

Tien Tan (44) ist sicherlich eines der authentischen Restaurants im Cuchillo Chinatowns. Zum Lesen der Speisenkarte sollte man sich einen Aperitif genehmigen, denn dazu braucht man Zeit – des Umfangs wegen. Die Gerichte gibt es grundsätzlich in zwei Größen, Suppen kosten also entweder 2,90 CUC oder 6,90 CUC, Hauptgerichte 6,90 CUC oder 11,50 CUC. Tipp: Schweinefleisch in Curry-Sauce – steht zwar so nicht auf der Karte, wird aber jederzeit gern zubereitet. Tägl. 9–24 Uhr. Cuchillo 17, ℡ 8615478.

Guangzhou (41), benannt nach der Hauptstadt der chinesischen Provinz Guangdong (Kanton), befindet sich am Eingang des Cuchillo und zählt dort zu den besseren China-Restaurants. Seit 1996 kocht man nicht nur nach kantonesischen Rezepten, sondern auch nach jenen aus Szechuan, Peking und Hunan. Chinesische Nudelgerichte liegen bei 2,50 CUC, Chop Suey bei 3,80 CUC, Spezialität des Hauses sind Garnelen in einer speziellen, hausgemachten China-Sauce (6,95 CUC). Tägl. 11–1 Uhr. Cuchillo 2, ℡ 8615229.

La Muralla China (42), eines der vielen chinesischen Restaurants in Chinatown, gehört zu den preiswerten Lokalen in der Touristengasse Cuchillo. Komplette Menüs gibt es bereits ab 3 CUC, Chop Suey kostet je nach Fleischeinlage zwischen 2,50 CUC (mit Hähnchen) und 7,50 CUC (mit Languste). Darüber hinaus werden Pizzen (2,35–6,50 CUC) angeboten. Tägl. 11–2 Uhr. Cuchillo 12.

• *Paladares* **La Guarida (27)**, einer der wenigen landesweit bekannten Paladares, ist aus vielerlei Gründen kein normales Privat-Restaurant: In dem gemütlichen, fast einen Tick zu schicken Lokal wurden Teile des Kino-Erfolgs „Erdbeer und Schokolade" gedreht, hier ließ sich 1999 die spanische Königin Sofia bewirten, von hier aus berichten Fernsehstationen aus aller Welt immer wieder, wenn es um die Gastro-Szene Havannas geht. Die französische Nachrichtenagentur Agence France Press kürte das im 3. Stock eines alten Kolonialpalasts untergebrachte Restaurant gar zum meistbesuchten Paladar des internationalen Jetsets. Kein Wunder, dass man ohne Reservierung keinen Platz bekommt, zumal die Küche wirklich exquisit ist. Spezialität des Hauses ist Red Snapper in allen Variationen, zum Beispiel in Orangensauce (14 CUC). Mittags werden darüber hinaus viele Reisgerichte angeboten (um 11 CUC). Wenn man also bereit ist, für das Essen etwas tiefer in die Tasche zu greifen, ist das La Guarida ein Muss. Tägl. 12–16 + 19–24 Uhr. Calle Concordia 418 e/ Gervasio y Escobar, ℡ 8669047, www.laguarida.com.

Torresón (2) ist ein Privat-Restaurant am Malecón, das man nicht nur wegen seiner guten Küche und der moderaten Preise, sondern auch wegen seiner Lage empfehlen kann. Im 1. Stock eines alten Kolonialgebäudes speist man auf einem Balkon mit grandiosem Blick auf das Meer und das Castillo del Morro. Gekocht wird kreolisch, es gibt Hähnchen, Schweinesteaks, Fischfilets und Lamm. Die Menüs mit Suppe, Salat, Reis und Dessert kosten zwischen 7 und 12 CUC. Tägl. 12–24 Uhr. Malecón 27 (altos) e/ Prado y Carcel, ℡ 8617476.

Amistad de Lanzarote (36), ein typischer kleiner Paladar, in dem das Besteck in Toilettenpapier gewickelt auf den Tisch kommt, weiß offensichtlich nicht so ganz, wo er hingehört. An der Wand im Gästezimmer hängt neben zwei mexikanischen Sombreros ein großer asiatischer Fächer. Die Küche weiß dagegen sehr wohl, was von ihr erwartet wird und kocht traditionell kreolisch. Es gibt unter anderem fünf verschiedene Hähnchengerichte (der Chef empfiehlt das mit Honig bestrichene „Pollo Lanzarote") und vier unterschiedliche Arten von Schweinefilets. Die Preise sind mit rund 10 CUC in Ordnung, 2 CUC für ein Bier sind allerdings definitiv zu viel. Tägl. 12–24

Uhr. Calle Amistad 211 e/ Neptuno y San Miguel, ℅ 8636172.

Doña Rosario (9) liegt unmittelbar hinter dem Hotel „Deauville" und ist vor allem den Gästen dieses Hauses dringend ans Herz zu legen, wenn sie ordentlich essen wollen. Denn während man im Hotel-Restaurant „Costa Norte" miserablen cubanischen Einheitsbrei vorgesetzt bekommt, wird man in dem kleinen Paladar liebevoll umsorgt und zu vernünftigen Preisen kulinarisch verwöhnt. Für ein komplettes Langusten-Menü mit Begrüßungscocktail und einem Getränk nach Wahl zahlt man 11 CUC. Reservierung unbedingt erforderlich! Tägl. 12–21 Uhr. Calle San Lázaro 260 e/ Avenida de Italia y Blanco, ℅ 8677773

Bellamar (28), ein kleiner Paladar in einer der lebhaftesten Straßen Centros, hat schon seit 1996 seine Türen geöffnet. Alle Gerichte werden mit Salat, frittierten Bananen und Reis gereicht, alle kosten einheitlich 10 CUC. Spezialität des Hauses ist Fisch vom Grill. Tägl. 11–23 Uhr. Calle Virtudes 169 A esquina Amistad, ℅ 8610023.

El Fenix (23), ist ein einfaches, aber ganz nettes Privat-Restaurant nahe dem Prado. Auf den Tisch kommt schmackhafte cubanische Hausmannskost, wahlweise Hähnchen, Schweinefleisch oder Fisch. Allerdings liegen die Preise im Vergleich einen Tick zu hoch. Für ein Hauptgericht mit Reis und Salat zahlt man zwischen 15 und 20 CUC. Tägl. 12–24 Uhr. Calle Animas 273 e/ Aguila y Amistad, ℅ 8636334.

Nachtleben in Centro (siehe Karte S. 228/229)

Casa de la Música (33) hat zwar nicht ganz den Bekanntheitsgrad wie der namensgleiche Club im Stadtteil Miramar, ist dafür allerdings noch größer. Bis zu 600 Personen finden in dem früheren Kino „El Jigüe" Platz, was zugleich bedeutet, dass zumindest der Fußgängerverkehr rund um den Musik-Tempel vollends zum Erliegen kommt, wenn Größen des cubanischen Showbiz wie Los Van Van oder La Charanga Habanera auftreten – und dies passiert regelmäßig. Das Programm wechselt täglich und ist sowohl im Internet als auch an einer großen Anschlagtafel im Foyer des Hauses abzulesen. Karten für die Konzerte kosten je nach Künstler und Band 5–25 CUC. Di–So 16–19 + 22–2 Uhr. Avenida de Italia e/ Concordia y Neptuno, ℅ 8624165, 8608296, http://www.egrem.com.cu/egrem/progcmusica.asp.

Teatro América (31) befindet sich in unmittelbarer Nachbarschaft der „Casa de la Música" und spielt nicht zuletzt deshalb die zweite Geige in der Avenida de Italia. Trotzdem: Die Konzerte eher unbedeutender cubanischer Gruppen sind durchaus hörens-, die Comedy-Shows, die regelmäßig auf dem Programm stehen, sehenswert. Was im Einzelnen aufgeführt wird, ist einer einfachen Tafel im Eingangsbereich zu entnehmen, Eintrittskarten kosten je nach Kategorie 6–8 CUC. Avenida de Italia 253 e/ Concordia y Neptuno.

70's Café (7), die im Kellergeschoss untergebrachte Diskothek des Hotel „Deauville", ist klein und schummrig, allerdings sind die Preise sehr zivil (Eintritt 3 CUC, für Hotelgäste frei) und die Musik richtig gut. Dazu flimmern auf verschiedenen Großbildschirmen Slapsticks oder Musikvideos. Der Nachtclub, der gelegentlich auch Live-Bands und Live-Comedy präsentiert, ist bei Cubanern so beliebt, dass es vor allem an den Wochenende vor dem Hotel keine Parkplätze gibt – ein gutes Zeichen. Di–Sa 22–2.30, So 19–2.30 Uhr. Avenida de Italia 1 esquina San Lázaro, ℅ 8668812, ℅ 338148, reserva@hdeauvil.gca.tur.cu.

Cabaret Las Vegas (17), ein kleines, dunkles Nachtlokal an der Grenze zum Stadtteil Vedado, wird zwar in erster Linie von Cubanern besucht, ist aber gerade deshalb ein heißer Tipp. Vor und nach der Show gibt es – wie fast überall – Disco-Musik. Von Mi bis So wird schon nachmittags zur Matinee geöffnet (Eintritt 2–3 CUC), nachts zahlt man 8 CUC pro Paar, bekommt dafür allerdings Getränke im Wert von 4 CUC. Tägl. 22–3 Uhr. Calle Infanta 104 esquina 25, ℅ 8367939.

El Recreo (8) ist eine der vielen Freiluft-Cafeterías am Malecón, wo man bis spätnachts die Wellen des Atlantiks rauschen hören würde, wäre da nicht die (zu) laute Musik aus der Stereoanlage. Für einen längeren Aufenthalt ist die Bar deshalb mit einem Fragezeichen zu versehen, für den schnellen Drink oder ein Sandwich zwischendurch jederzeit zu empfehlen. Tägl. 24 Std. Malecón y San Lazaro.

Casa de la Trova (16), ist – mit Verlaub – ein Loch. Während das Haus der Troubadoure in vielen anderen Städten Cubas häufig der Mittelpunkt des kulturellen Lebens ist, in dem man jeden Abend bestens unterhalten wird, ist der alte, heruntergekommene Schuppen nahe dem Internationalen Krankenhaus „Hermanos Amejeiras" alles andere als empfehlenswert. Dies und die Tatsache, dass sich trotz freien Eintritts kaum Touristen hierher verirren, mag darin begründet sein, dass es in der cubanischen Hauptstadt einfach viel zu viele Alternativen gibt. Do–So 20–22.30 Uhr. Calle San Lázaro 661 e/ Gervasio y Belascoain, ✆ 8793373.

Übernachten in Centro (siehe Karte S. 228/229)

● *Hotels* ***** Deauville (7)** hat einen großen Vorteil: Es liegt unmittelbar am Malecón, zumindest von den Zimmern in den oberen Etagen des 14-stöckigen Hochhauses ist der Blick einfach grandios. Außerdem wurde das Mittelklasse-Hotel halbwegs vernünftig renoviert und mit durchwegs freundlichem Personal besetzt. Leicht verbesserungswürdig ist die Sauberkeit innerhalb des Hauses (nicht in den Zimmern), deutlich verbesserungswürdig der Service im Restaurant. Dort kommt es regelmäßig vor, dass das Frühstücksbuffet große Lücken aufweist und man sich mit einer Scheibe Weißbrot und etwas Butter zufrieden geben muss, weil die (eine!) Wurst- und Käseplatte leer ist und man nicht unbedingt auf Rührei mit grünen Bohnen steht. Über die Abwechslung und die Qualität der Speisen hüllt man insgesamt besser den Mantel des Schweigens. Die 144 Zimmer sind dafür durchaus kategoriegerecht und mit Klimaanlage, Safe, TV und Telefon ausgestattet. Ein Pluspunkt ist der in Hotels in dieser Lage nicht obligatorische Swimmingpool in der 6. Etage mit Blick über die Dächer von Havanna, ein weiterer die hauseigene Disco „70's Café", in der Hotelgäste freien Eintritt haben. EZ 48–60 CUC, DZ 58–71 CUC inkl. Frühstück, je nach Saison. Avenida de Italia 1 esquina San Lázaro. ✆ 8668812, ✆ 338148, reserva@hdeauvil.gca.tur.cu.

** Lincoln (22), ein einfacheres Haus für den schmalen Geldbeutel, recht zentral und in fußläufiger Entfernung zur Altstadt (ca. 10 Min.). Die 135 zweckmäßig eingerichteten Zimmer haben Klimaanlage, TV und Bad. In der 9. Etage des im Jahr 1926 gebauten Hotels gibt es einen vor allem bei Cubanern sehr beliebten Nachtclub, im Erdgeschoss versorgt die (typische Absacker-) Bar „Los Tres Monitos" („Die drei kleinen Affen") Gäste rund um die Uhr. Das Zimmer

Einziges Hotel in Centro mit Swimmingpool: das „Deauville"

Havanna

810 wurde zu Ehren von Juan Manuel Fangio inzwischen in ein Museum umgewandelt, weil der frühere fünfmalige Formel-1-Weltmeister aus Argentinien bei seinen Havanna-Besuchen immer darin nächtigte. EZ 30–39 CUC, DZ 40–46 CUC inkl. Frühstück, je nach Saison. Calle Virtudes 157 esquina Avenida de Italia. ✆ 8628061, alojamiento@lincoln.co.cu.

** Lido (20), ein Haus der cubanischen Islazul-Kette, ist eines der preisgünstigsten Hotels in Havanna, bei dem die zentrale Lage einiges wieder wett macht. In einer lebhaften Parallelstraße zum Prado gelegen, verfügt das Lido über 63 einfache Zimmer, die allerdings immerhin mit Safe, TV und Telefon ausgestattet sind. Im Haus selbst gibt es ein kleines Restaurant und eine Bar. EZ 26–36 CUC, DZ 36–46 CUC inkl. Frühstück, je nach Saison. Calle Consulado 216 e/ Animas y Trocadero. ✆ 8668814, ✆ 8671102, jcarp@lidocaribbean.hor.tur.cu.

Casas particulares **Casa Novo (26)**, das Haus des Arztes Dr. Nicolás Porro aus der Kolonialzeit um 1900, liegt nur 50 m vom berühmten Paladar „La Guarida" entfernt. In der mit vielen antiken Möbelstücken ausgestatteten Casa particular wird ein Zimmer mit drei Betten, Klimaanlage, Ventilator, TV, Kühlschrank und Bad vermietet. Frühstück und Abendessen kann jederzeit bestellt werden. DZ 20–25 CUC, je nach Saison. Calle Concordia 406 e/ Escobar y Gervasio. ✆ 8631434, porron@infomed.sld.cu, www.geocities.com/diporro.

Casa Ivan y Yasnahi (19) ist ein sehr sauberes Haus, in dem zwei Zimmer und ein unabhängiges Appartement vermietet werden, die mit Klimaanlage, Ventilator und Bad ausgestattet sind. Den Gästen stehen eine Küche mit Kühlschrank und ein Speisezimmer mit Fernsehgerät zur Verfügung, das Appartement verfügt über eine eigene Kochgelegenheit. Besonders positiv fällt der nur 20 m entfernte Kiosk auf, in dem man sich rund um die Uhr mit kalten Getränken und Zigaretten versorgen kann, nicht ganz so günstig sind die fünf Gehminuten entfernten Parkplätze des Hotels von Vedado. DZ 25–30 CUC, je nach Saison. Calle Calzada de Infanta 151 e/ Vapor y Jovellar, ✆ 8735188.

Casa Nurmis (29) mit ihrem pinkfarbenen Anstrich sticht sofort ins Auge und ist gar nicht zu verfehlen. Im Inneren sind die Farben dezenter, die Casa tipptopp geputzt, die Einrichtung sehr modern, die dunkelroten Fliesen auf dem Gang richtig schick. Die beiden Zimmer sind mit Klimaanlage und Bad ausgestattet. Im Haus gibt es eine Waschmaschine, die die Gäste jederzeit mitbenützen können. DZ 20–25 CUC, je nach Saison. Calle Virtudes 65 e/ Prado y Consulado, ✆ 8609291.

Casa José Ricardo García (35) befindet sich im Herzen von Centro und ist ein durchaus vorzeigbares Privat-Quartier mit einem kleinen, begrünten Innenhof. Den Gästen gehört sozusagen das ganze Haus bzw. die ganze Etage, weil der Besitzer darüber wohnt. Vermietet wird ein Zimmer mit Klimaanlage, Bad, Balkon und Küche, in der man selbst Hand anlegen kann. Man wird allerdings auch bekocht, wenn man das möchte – Señor Ricardo besorgt alles und bietet sich zudem für Führungen durch die Stadt an. DZ 25–30 CUC, je nach Saison. Calle Neptuno 560 e/ Lealtad y Escobar. ✆ 8616413, www.decirdelagua.com/jose/jose.htm.

Casa Marta (38) bietet mittendrin in einer recht lebhaften Straße zwei schöne Zimmer mit Klimaanlage, Ventilator, Kühlschrank und separaten Bädern. Wer möchte, wird gerne (und gut) bekocht. DZ 25 CUC (Verhandlungssache!). Calle Lealtad 308 e/ Neptuno y San Miguel. ✆ 8785038, mary@flybox.org, casamarta308@yahoo.com.

Casa Rosario (3) hat einen großen Vorteil – seine Lage. Vom Balkon des Hauses, auf dem man auch frühstücken kann, schaut man direkt auf den Malecón, das Castillo del Morro und das Meer. Das (eine!) Zimmer ist sauber, mit Ventilator ausgestattet (keine Klimaanlage) und verfügt über ein eigenes Bad im Stockwerk darüber, zu dem eine enge Wendeltreppe führt. DZ 25 CUC. Malecón 115 e/ Genios y Crespo. ✆ 8671572, evertico2006@yahoo.es.

Casa Ines (25) ist nur wenige Schritte vom Prado entfernt. In dem schmucken Kolonialhäuschen werden zwei Zimmer mit Klimaanlage, Kühlschrank, TV und Bad vermietet. Die Dame des Hauses ist eine Deutsche aus dem Raum Stuttgart, die seit 2002 in Havanna lebt. DZ 25 CUC inkl. Frühstück. Calle Virtudes 211 (bajos) e/ Aguila y Amistad. ✆ 8634004, angelikawolkenstein@gmx.de.

Casa Niurka y Rey (24) ist ein reizendes Kolonialgebäude, das durch seine hellblaue Front und sein gepflegtes Äußeres auffällt. Vermietet werden zwei Zimmer mit Klimaanlage, Kühlschrank, TV und Bad. Optional gibt es Frühstück, Mittag- und/oder Abendessen. DZ 20–25 CUC, je nach

Saison. Calle Aguila 206 (bajos) e/ Animas y Virtudes.

Casa Yolanda Machado (6) liegt nur ein paar Schritte neben dem Hotel „Deauville" am Malecon. Das Haus ist sehr einfach, das Gästezimmer verfügt über ein eigenes Bad – mehr nicht. Auf Wunsch gibt es Frühstück, zum Abendessen verweist Señora Yolanda auf die tatsächlich vielfältigen Möglichkeiten in der näheren Umgebung. DZ 20 CUC. Malecón 251, ✆ 8620528.

Las Delicias de Consulado (Die Köstlichkeiten der Calle Consulado) **(30)** ist ein wahrlich außergewöhnlicher Name für eine Casa particular, was sich dadurch erklärt, dass das Haus noch bis vor wenigen Jahren ein Paladar war. Heute vermietet man in der Parallelstraße des Prado nur noch zwei kleine, aber sehr zentral gelegene Zimmer mit Klimaanlage, Ventilator, TV und modernen Bädern. Und wenn die Gäste essen möchten, versteht es Besitzerin Mercedes noch immer, ein formidables Mahl zu bereiten. DZ 20–25 CUC, je nach Saison. Calle Consulado 309 e/ Neptuno y Virtudes, ✆ 8637722.

Casa Luis Bermúdez (18), ein einfacheres Privat-Quartier am westlichen Rand Centros, verfügt über zwei Zimmer – das eine mit Doppelbett, das andere mit zwei Einzelbetten. Für beide Zimmer steht nur ein Bad zur Verfügung, Verpflegung gibt es nicht. DZ 25 CUC. Calle San Lázaro 880 e/ Soledad y Marina, ✆ 8791304.

Casa Miriam y Sinai (32) vermietet zwei großzügige, saubere Zimmer mit Klimaanlage, Ventilator und Minibar. Kleiner Haken: Beide Zimmer teilen sich ein Bad, das allerdings sehr schön und modern ist. Großer Vorteil: Die Tochter des Hauses spricht Englisch und etwas Deutsch. DZ 30 CUC inkl. Frühstück. Calle Neptuno 521 e/ Lealtad y Campanario. ✆ 8784456, sinaisole@infomed.sld.cu, sinaisole@yahoo.es.

Casa Daniel (43) liegt etwas abseits, deshalb aber recht ruhig und bietet im 2. Stock eines alten Kolonialhauses zwei Zimmer mit Klimaanlage, die sich ein Bad teilen. Dafür ist der Preis am unteren Ende der Bandbreite für Privat-Quartiere in Havanna angesiedelt. Frühstück und Abendessen gibt es auf Wunsch. DZ 20 CUC. Calle Hospital 661 e/ Salud y Jesús Pelegrino.

Casa Josefina (12) befindet sich direkt hinter dem Hotel „Deauville" und vermietet ein recht großes Zimmer mit Klimaanlage, Kühlschrank und Bad – an Tierfreunde. Im Haus gibt es zwei neugierige Hunde und jede Menge Elefanten – Señora Josefina Peña de Augier sammelt Porzellanfiguren. DZ 20–25 CUC, je nach Saison. Calle San Lázaro 304 esquina Avenida de Italia, ✆ 8634433.

Hostal El Parador Numantino (21) mitten im Stadtteil Centro vermietet zwei sehr moderne Zimmer (ein Doppel-, ein Einzelzimmer) mit Klimaanlage, Ventilator, TV und Minibar. Auch gastronomischer Service (Frühstück, Mittag- und Abendessen) wird angeboten, auf Wunsch sogar die Wäsche gewaschen. Allerdings ist das Quartier nicht ganz billig. Frühstück schlägt mit 5 CUC zu Buche, Vollpension zusätzlich mit 10–15 CUC. DZ 30–35 CUC, je nach Saison. Calle Consulado 223 e/ Animas y Trocadero, ✆ 8641359.

Unterwegs in Centro

Malecón: Er ist die Hauptschlagader der Stadt, die berühmteste Straße Havannas, das abendliche Wohnzimmer für die Habaneros, die beliebteste Flaniermeile für Touristen, der Laufsteg für Prostituierte, Schwule und Lesben, der Treffpunkt für Angler und nicht zuletzt deshalb Filmkulisse unzähliger Streifen – der Malecón. Sechs Kilometer sind es vom Castillo de la Punta im Osten bis zum Torreón de la Chorrera im Westen, dazwischen schlägt das Herz der Stadt. Lange hatte man geplant, verworfen und von neuem begonnen, ehe man im Jahr 1901 daran ging, die berühmte Uferpromenade mit ihrer mächtigen Kaimauer anzulegen. In erster Linie sollte sie die Stadt vor dem Meer schützen, das zu jener Zeit vor allem in den stürmischen Wintermonaten regelmäßig in den Kellern der Häuser an ihrem Saum zu Besuch war. 20 Jahre später war man schon bis zur Rampa im Stadtteil Vedado vorangekommen, 1950 schließlich bis zur Mündung des Río Almendares an der Boca de La Chorrera. Damals nützte man den Malecón als öffentlichen Strand, den Schutzwall als Sprungbrett, den Gehweg als Catwalk, auf dem die feinen Damen

236 Havanna

Die Hauptverkehrsader der Stadt: der Malecón

der Gesellschaft ihre neueste Mode zur Schau stellten – und die Cubanos ihnen nachschauten und nachpfiffen. Und heute? Heute wäre der Malecón mit seinen Sehenswürdigkeiten, die sich wie Perlen an einer Kette reihen, sicherlich eine der schönsten Avenidas der Welt. Wäre – hätte man die Häuserzeilen an seinem Rand nicht mehr als vier Jahrzehnte sträflich vernachlässigt und dem Verfall preisgegeben, der hier wegen der salzhaltigen Seeluft besonders schnell voranschreitet und aus den ansehnlichen Bürgervillen von einst binnen kürzester Zeit baufällige Ruinen machte. Diese Entwicklung wurde inzwischen allerdings gestoppt. Seit die UNESCO Geld nach Havanna pumpt, versucht man mit fast allen Mitteln, die „Sahneschnitte" der Stadt wieder aufzupolieren und den Prachtbauten ihren ehemaligen Glanz zurückzugeben. Und dies in Rekordtempo – nichts in Havanna verändert sein Gesicht derzeit schneller als der Malecón.

Malecón e/ Castillo de la Punta y Boca de la Chorrera.

Rund um den Parque Antonio Maceo

Parque Antonio Maceo: Der Park – eigentlich mehr ein befestigter Platz – im Schatten des internationalen Krankenhauses „Hermanos Ameijeiras" wird überragt von dem auf einem hohen Marmorsockel stehenden Reiterstandbild aus Bronze, das an den militärischen Kopf der Unabhängigkeitskriege erinnert. Maceo, einziger Mulatte in der cubanischen Heeresführung, hat in der Geschichte des Landes deshalb so große Bedeutung, weil es ihm gelungen war, dem Kampf für die Unabhängigkeit die Komponente der sozialen Gerechtigkeit hinzuzufügen. Neben dem im Jahr 1916 errichteten Denkmal für den General steht in der westlichen Ecke des Platzes der Torreón de San Lázaro, ein an einen Wasserturm erinnernder Bau, der früher ein Teil der Befestigungsanlage war. Die Denkmalpfleger Havannas beschreiben ihn zwar als „lebendiges Zeugnis für die Geschichte und wertvolles Denkmal", tatsächlich fällt der kleine Wachturm aus dem Ende des 17./Anfang des 18. Jahrhunderts aber überhaupt nicht auf.

Malecón e/ Belascoaín y Marina.

Hospital Hermanos Ameijeiras: Die internationale Klinik hinter dem Parque Maceo, im Jahr 1980 an der Stelle erbaut, an der früher die Nationalbank Cubas stand, ist mit 24 Stockwerken das höchste Gebäude im Stadtteil Centro und gleichzeitig das Aushängeschild des cubanischen Gesundheitswesens. Entgegen anders lautenden Gerüchten werden in dem 900-Betten-Krankenhaus keineswegs nur Devisen bringende Ausländer behandelt – aber auch. Angeblich ist hier der Standard höher, als er gemeinhin in Deutschland zur Verfügung steht. Für eine Untersuchung werden 25 CUC berechnet, bei stationärer Unterbringung bezahlt man pro Nacht 75 CUC.
Calle San Lázaro 701 y Belascoaín, ✆ 8776043, 9776077.

Convento de la Inmaculada Concepción: Die gepflegte Kirche hinter dem Parque Maceo ist tagsüber immer offen und stark frequentiert, weil hier viele Besucher für ihre Angehörigen im benachbarten Krankenhaus „Hermanos Ameijeiras" beten. Aber auch für Touristen lohnt sich ein Blick, weil das Gotteshaus mit seinen seitlichen Balkonen zumindest hinsichtlich des Zustands seinesgleichen sucht. Sehenswert ist vor allem die Figur der Schutzpatronin Cubas, der Nuestra Señora de la Caridad del Cobre, am linken, vorderen Seitenaltar.
Mo–Fr 8–17, Sa 17–19, So 9–12 Uhr, Messen Mo–Fr 7, Do 18, Sa 17, So 9 Uhr. Eintritt frei.
Calle San Lázaro 805 e/ Gonzales y Oquendo.

Callejón de Hamel: Die kleine Gasse zwischen dem Parque Maceo und der Iglesia Nuestra Señora del Carmen ist das Zentrum der afro-cubanischen Kultur und ihrer Religionen. Benannt nach Fernando de Hamel, einem Franco-Amerikaner mit deutschen Wurzeln, der während des amerikanischen Sezessionskriegs als Waffenhändler gearbeitet und sich hier niedergelassen hatte, wurde der Ruhm der Häuserzeile im Jahr 1990 begründet. Damals begann Salvador González Escalona, ein Künstler aus Camagüey und begeisterter Santería-Anhänger, inspiriert von Dalí und Picasso, die Wände mit quietschbunten Graffitis zu bemalen. Alsbald ließen sich kleine Töpferwerkstätten nieder, siedelten sich Kunstgalerien an – alle vor dem Hintergrund, die afro-cubanischen Traditionen hochzuhalten, speziell die drei Religionen Santería, Palo Monte und Abakúa. Und weil die Verehrung der Götter nicht ohne Musik abging, machte man schnell auch mit seiner Rumba von sich reden. Prominente Persönlichkeiten wie Harry Belafonte, Sidney Pollack oder Compay Segundo wurden auf die Sessions aufmerksam, in ihrem Gefolge kamen immer mehr Habaneros und schließlich die Fremden – ein Selbstläufer. Bis heute ist die Rumba de los Domingos (die sonntägliche Rumba) eine feste Einrichtung, die jeden Sonntag zwischen 12 und 15 Uhr gepflegt wird, und dies keineswegs nur für Touristen. Der Callejón de Hamel steht jedoch auch ihnen offen, gemäß einem Spruch an einer seiner Mauern: „Cualquiera se come un ñame" – „Jeder isst eine Wurzel" (frei übersetzt: „Jeder, wie er will"). Das gilt auch für die kleine Kunstwerkstatt, die Bar, das Studio von Salvador González Escalona (tägl. 10–18 Uhr), den Verkaufsstand mit Wurzelwerk gegen alle möglichen Krankheiten (tägl. 10–18 Uhr) und das Teatro Callejero (jeden vierten Donnerstag im Monat um 19 Uhr) – auch hier ist jeder jederzeit willkommen.
Callejón de Hamel e/ Aramburu y Hospital.

Parroquia Nuestra Señora del Carmen: Die große Pfarrkirche aus dem Jahr 1925 mit den beiden völlig unterschiedlichen Türmen ist eines der nicht zu übersehenden Wahrzeichen von Centro: Der 60 Meter hohe „Torre monumental", der Hauptturm, trägt auf seiner Spitze eine siebeneinhalb Meter große und neuneinhalb Tonnen schwere Bronzefigur der Heiligen Carmen, die im italienischen Neapel

geschaffen wurde und schon von weitem zu sehen ist. Seinerzeit hievte man die Statue der Schutzpatronin aller Seefahrer und Fischer mit einem einfachen Flaschenzug in nur elf Minuten an ihren Standort. In ihrem Innenraum ist die dreischiffige Kirche nicht minder spektakulär: Zehn barocke Altarbilder aus dem 18. Jahrhundert, die die frühere Iglesia de San Felipe in der Calle Obrapía in Havanna-Vieja schmückten, hat man hier neben dem Hauptaltar wieder aufgestellt. Auf ihm thront eine fein geschnitzte Statue aus dem 19. Jahrhundert, die die Virgen del Carmen darstellt. Andere Figuren komplettieren den herrlichen Altar: Santa Teresa de Jesus, San Juan de la Cruz, San Alberto de Sicilia, Santa Magdalena de Paccis sowie der Prophet Elias – alles Erinnerungsstücke des Karmeliterordens, auf den die Verehrung der Jungfrau von Carmen zurückgeht. Ein wertvolles Kunstwerk ist darüber hinaus die aus cubanischen Edelhölzern geschnitzte Kanzel, die die vier Evangelisten zeigt. Und auch die Fresken, mit denen man anlässlich der 700. Wiederkehr der Einkleidung der Heiligen Carmen im Jahr 1950 die ganze Kirche schmücken ließ, sind mehr als einen flüchtigen Blick wert. Sie zeigen unter anderem die Flucht aus Ägypten und die Kreuzigung Christi. Einer Deckenrestaurierung fielen zwar Teile dieser wertvollen Gemälde zum Opfer, die Größe und die Qualität der Arbeit des madrilenischen Künstler Martinez Andres machen das Werk dennoch einmalig in ganz Havanna. Von hohem künstlerischen Wert sind ferner die im spanischen Sevilla hergestellten Mosaiken, die die Säulen und Sockel der Kirche verzieren. Aus blauen und grünen Kacheln gearbeitet, zeigen sie Motive des Karmeliterordens, verschiedene Heilige und andere kirchliche Themen.
Mo–Sa 7.30–10 + 16.30–19 Uhr, So 8–12.30 + 16.30–19 Uhr, Messen Mo–Sa 8 + 18.30 Uhr, So 8.30, 11.30 + 18.30 Uhr. Calzada de Infanta esquina Neptuno, ✆ 8785168.

Rund um das Barrio Chino

El Barrio Chino: Das chinesische Viertel Havannas liegt unmittelbar hinter dem Capitolio, sein Eingang in der Calle Dragónes ist ein großes Portal in Pagodenform. So groß das Tor allerdings auch ist, das die Regierung in Peking 1999 zur Erinnerung an die Emigration chinesischer Kulis nach Cuba stiftete, so wenig glanzvoll ist das, was dahinter kommt. Chinatown, wie man es aus US-amerikanischen Großstädten kennt, darf man nicht erwarten. Lediglich zweisprachige Straßenschilder, einige Supermärkte mit fernöstlichen Produkten und zwei, drei Apotheken mit traditioneller chinesischer Medizin erinnern daran, dass hier Anfang des 20. Jahrhunderts etwa 5000 Kontraktarbeiter mit ihren Familien lebten. Dafür gibt es jede Menge China-Restaurants oder solche, die sich so nennen und hauptsächlich von Cubanern betrieben werden. Die meisten davon befinden sich im sogenannten Cuchillo de Zanja, einer Seitengasse der Calle Zanja, die zu einer touristischen Fressmeile verkommen ist, in der sich ein Restaurant an das andere reiht und Schlepperinnen mit Speisekarten jeden Neuankömmling förmlich überfallen. Die beiden authentischsten und empfehlenswertesten Restaurants hier sind das „Tien Tan" und das „Guangzhou", Letzteres benannt nach der Hauptstadt der chinesischen Provinz Guangdong. Die übrigen Lokale sollte man besser meiden – wie im Grunde den ganzen Cuchillo. Die besten China-Restaurants wie das „Flor de Loto", das „Chan Li Po" oder das „Los Dos Dragónes", in denen ursprüngliche chinesische Gerichte für kleines Geld auf den Tisch kommen, liegen nämlich nur einen Katzensprung davon entfernt. Nicht versäumen sollte man auch, einen Blick in das alles überragende Gebäude der Telefongesellschaft „telepunto" am Eingang zum Barrio Chino zu werfen. Der weiß verputzte Kolonialbau mit dem reich verzierten Turm in Tonfarben hat

Centro – Rund um das Barrio Chino

mit Chinatown zwar überhaupt nichts zu tun, ist mit seinen kunstvoll gestalteten Holzdecken und den Mosaikbordüren aber ein echtes architektonisches Schmuckstück.
Avenida de Italia, Calles Manrique, Zanja, Salud.

Fábrica de Tabacos Partagás: Die älteste und berühmteste Zigarrenfabrik Havannas wurde 1845 von dem Spanier Don Jaime Partagás gegründet. Hier, unmittelbar hinter dem Capitolio, produzieren 650 Arbeiter mitten im Herzen der Stadt tagein tagaus die sieben bekanntesten Zigarrenmarken Cubas – neben Cohibas und Montecristos auch die exquisiten Partagás mit den Lusitanias und Churchills an der Spitze, deren schweres, erdig-honigsüßes Aroma Kenner in besonderem Maße schätzen. Der Charakter dieser Top-Produkte der Partagás-Fabrik ist auf eine spezielle Auswahl von Blättern aus dem namhaften Tabakanbaugebiet Vuelta Abajo in der Provinz Pinar del Río zurückzuführen, jene Region Cubas, die die besten Tabake der Welt hervorbringt. Bei den 45 Minuten dauernden Führungen, bei denen nicht fotografiert werden darf, lernt man alle Stationen der Zigarrenproduktion kennen – von der Sortierung der Tabakblätter bis zur Verpackung der nicht ganz billigen Markenzeichen Cubas. Einen Einblick bekommt man auch in die Arbeitsbedingungen der Beschäftigten, von denen jeder während seiner Schicht bis zu 200 Zigarren rollt und dabei von einem Vorleser mit den neuesten Nachrichten aus der Zeitung unterhalten wird. Natürlich hat die Fabrik auch einen gut sortierten Verkaufsladen, in dem man die verschiedensten Habanos erstehen kann.
Mo–Sa 9.30–11 + 12–14.30 Uhr (im Januar und Juli jeweils zwei Wochen Betriebsferien). Laden Mo–Sa 9–17 Uhr. Eintritt 10 CUC. Calle Industria 520 e/ Barcelona y Dragónes, ✆ 8624604.

Sanctuario Diócesano de la Virgen de la Caridad: Die Pfarrkirche von Chinatown aus dem Anfang des 19. Jahrhunderts ist der Schutzpatronin Cubas geweiht. Alles andere als die Ausgeburt sakraler Schönheit, zeichnet sie sich ausschließlich durch ihre dominante Präsenz aus. Unter einem gedrungenen Turm nimmt das Gotteshaus einen ganzen Häuserblock ein. Im Inneren eher schlicht gehalten, fallen lediglich die runden Buntglasfenster mit sternförmigen Mustern ins Auge.
Di–Fr 7.30–18, Sa 7.30–12 + 16–18, So 7.30–12 Uhr. Eintritt frei. Calle Manrique esquina Salud.

Iglesia del Sagrado Corazón de Jesús: Die Herz-Jesu-Kirche steht wie ein Fels in der Brandung des auf der viel befahrenen Avenida Simón Bolívar vorbeirauschenden Verkehrs. Erst 1923 eingeweiht, gehört das wie ein gotischer Dom mit Säulen und Kreuzgewölben gestaltete Gotteshaus zu den jüngsten Havannas, gleichzeitig aber zu den schönsten. Eine besondere Augenweide sind der monumentale Hauptaltar mit feinen, detailverliebten Schnitzarbeiten und die Beichtstühle aus dunklen Edelhölzern, die wie kleine Kirchen aussehen. Die vollständig erhaltenen Buntglasfenster zeigen Adlige, Bischöfe und Szenen aus dem Kreuzweg Jesu.
Tägl. 7.45–12 + 15–18 Uhr, Messen tägl. 8+16.30, So auch 9.30 Uhr. Eintritt frei. Avenida Simón Bolívar 467, e/ Belascoain y Gervasio.

Plaza de Carlos Tercero: Die nach der gleichnamigen Avenida vor der Haustüre benannte Shopping-Mall ist Cubas größtes Einkaufszentrum und allein deshalb als Sehenswürdigkeit einzustufen – zumal es jederzeit auch europäischen Ansprüchen gerecht wird. Über einen leicht ansteigenden, spiralförmig verlaufenden Gang wird man im dichten Gedränge an den diversen Geschäften vorbeigeführt. Es gibt Juwelier-Läden, Boutiquen, Schuhgeschäfte, Elektro- und Elektronikmärkte, einen Foto-Service, Bäckereien, Konditoreien, Geschäfte für Spielwaren, Kfz-Zubehör, Möbel, Haushaltswaren und Sportartikel, darunter auch einen „adidas"-Händler, bei dem die Originalprodukte aus Herzogenaurach um bis zu 50 Prozent günstiger ange-

boten werden als in Deutschland. Wie in europäischen Einkaufszentren laden nach einem Rundgang verschiedene Restaurants und Cafeterías im Erdgeschoss zu einer Verschnaufpause ein.
Mo–Sa 10–19, So 10–14 Uhr. Avenida Carlos III e/ Retiro y Arbol Seco.

Vedado

Vedado, das wirtschaftliche Zentrum Havannas, kann man gar nicht übersehen: Mit dem Edifico FOCSA und dem Hotel „Habana Libre" ragen hier zwei der höchsten Gebäude der Stadt in den Himmel. Daneben findet man hier die meisten Theater, viele Hotels, Restaurants, Bars, Nachtclubs – und folglich jede Menge Touristen. Das war schon während der Batista-Diktatur so, als Vedado seine Blüte erlebte, nachdem es Mafiosi aus den Vereinigten Staaten genehmigt worden war, Spielcasinos und Bordelle zu eröffnen. Sie machten davon reichlich Gebrauch und schufen ein für damalige Verhältnisse unvergleichliches Sünden-Babel. Schnelles Geld und billiger Sex führten dazu, dass US-Amerikaner wie Heuschrecken in Vedado einfielen, zumal Cuba praktisch um die Ecke lag. Die Party endete bekanntlich am 7. Januar 1959, als Fidel Castro und seine Revolutionäre in Havanna einzogen. Geblieben sind aus jener Zeit die Hotels mit all der touristischen Infrastruktur drum herum. In der legendären Rampa, der einstigen Rotlichtmeile, haben sich längst Banken, Fluggesellschaften, Reiseveranstalter sowie Ministerien niedergelassen und dazu beigetragen, das Image entscheidend zu verändern. Zwischen dem Malecón im Norden, der Avenida de la Independencia im Süden und dem Río Almendares im Westen gibt es in dem großen „Gehege", was „Vedado" auf deutsch bedeutet, aber auch einige der bedeutendsten Sehenswürdigkeiten der Stadt: die kolossale Plaza de la Revolución etwa oder den Cementerio de Cristóbal Colón, einen der weitläufigsten Friedhöfe der Welt. Und dass die Kolonialzeit nicht völlig spurlos an Vedado vorübergegangen ist, sieht man unter anderem an der früheren Pracht-Residenz der Herzogin von Revilia de Camargo, dem heutigen Museo Nacional de Artes Decorativas.

Trotz seiner Ausdehnung macht in Vedado die Orientierung kaum Probleme: Die schachbrettartig angelegten Straßen sind, abgesehen von den großen Avenidas, allesamt mit Buchstaben und Zahlen benannt. Man bewegt sich also im wahrsten Sinne des Wortes von A nach B oder von 1 nach 2.

Vedado auf einen Blick (siehe Karte S. 242/243)

Telefon-Vorwahl: 07

- *Apotheke* **Farmacia Homopática**, Mo–Fr 8–20, Sa 8–16 Uhr, Calle 23 (La Rampa) esquina M. **Farmacia** im Hotel „Habana Libre", Calle L e/ 23 y 25.
- *Ärztliche Versorgung* **Centro Oftalmológico „Camilo Cienfuegos"** (Klinik für Augenheilkunde), Calle L 151 esquina 13, ✆ 325554. **Asistur** (Krankentransport), ✆ 867 1315. **Gift-Notruf**, ✆ 2601230, 26088751.
- *Autovermietung* **Cubacar/Transtur** im Hotel „Habana Libre", Calle L e/ 23 y 25, ✆ 8334011; im Hotel „Meliá Cohiba", Paseo e/ 1ra y 3ra, ✆ 8333636; im Hotel „Nacional", Calle O esquina 21, ✆ 8333564-67; im Hotel „Riviera", Paseo y Malecón, ✆ 8334051.
- *Banken* **Banco Financiero Internacional** im Komplex „Habana Libre", Mo–Fr 8–15 Uhr, ✆ 8333580; Línea 1 esquina O, ✆ 8333870. **Banco de Credito y Comercio**, Mo–Fr 8.30–15, So 8–11 Uhr, Calle 23 (La Rampa) e/ N y O; Línea 705 esquina Paseo, ✆ 8337633; Avenida de Independencia 101 esquina Calle 19 de Mayo, ✆ 8792074.

Vedado 241

Banco Nacional de Cuba, Mo–Fr 8.30–15, Sa 8–11 Uhr, Calle 23 (La Rampa) 74, ✆ 8335742; Línea 705 e/ Paseo y A, ✆ 8334240.

Banco Metropolitano, Mo–Fr 8.30–15 Uhr, Línea 63 esquina Calle M, ✆ 8334241.

Banco Popular de Ahorro, Mo–Fr 8.30–17.30 Uhr, Calle 23 esquina J, ✆ 8334647; Calle 17 esquina M, ✆ 8334648.

Cadeca, tägl. 7–14.30 + 15.30–22 Uhr, Calle 23 e/ K y L; Mo–Sa 7–18, So 8–13 Uhr, Calle 19 e/ A y B; tägl. 9–20 Uhr im Hotel „Riviera", Calle Paseo y Malecón, ✆ 8662185; tägl. 9–21 Uhr im Hotel „Nacional", Calle O y 21, ✆ 8334883; tägl. 8.30–18 Uhr im Edificio FOCSA, Calle 17 y M, ✆ 8662010.

• *Diplomatische Vertretungen* **Botschaft der Bundesrepublik Deutschland**, Mo–Fr 9–12 Uhr (Notdienst für deutsche Staatsbürger rund um die Uhr), Calle 13 Nr. 652 esquina B. ✆ 8332539, 8332569, 8332460, ✆ 8331586 (Kanzlei). ✆ 8333188, ✆ 8331586 (Konsulat).

• *Internet* **Citmatel**, Mo–Sa 8.30–17 Uhr, Calle 15 Nr. 551 e/ C y D, Karten für 1 Std./6 CUC, 2 Std./10 CUC, 5 Std./20 CUC. Internet-Service ist darüber hinaus in den meisten Hotels gegen Gebühr verfügbar.

• *Notruf* **Polizei**, ✆ 106. **Feuerwehr**, ✆ 105. **Ambulanz**, ✆ 551185, 552185.

• *Postleitzahl* 10400

• *Post* Línea esquina Paseo, Mo–Fr 8–18, Sa 8–12 Uhr. Calle 23 esquina C, Mo–Sa 8–20 Uhr.

• *Shopping* **Complejo „Habana Libre"** umfasst eine Laden-Passage mit Apotheke, Drogerie, Boutiquen, Sportgeschäften und Jeansshop. Calle L e/ 23 y 25.

La Feria de 23 ist ein Markt an der Rampa, in dem Souvenirs, Kleidung und Gemälde feilgeboten werden. Mo–Sa 9–17.30, So 9–15 Uhr. Calle 23 (La Rampa) e/ M y N.

Photo Service bietet alles, was Hobby-Fotografen brauchen – Batterien, Filme, Speicherkarten. Mo–Sa 10–19, So 10–13 Uhr. Calle 23 (La Rampa) esquina N.

Ropa Rampa hat T-Shirts und jede Menge Bekleidung für Sie und Ihn im Angebot. Mo–Sa 10–18 Uhr. Calle 23 (La Rampa) e/ O y P.

La Casa del Tobaco verkauft die ganze Palette cubanischer Zigarren, von der Cohiba bis zur Romeo y Julieta. Mo–Sa 9–19 Uhr. Calle 23 (La Rampa) e/ O y P.

Pabellon Cuba mit ein paar Marktständen auf einer Terrasse über der Rampa führt Kunsthandwerk und Schmuck. Tägl. 8–18 Uhr. Calle 23 (La Rampa) e/ N y M.

La Habana Si schräg gegenüber dem Hotel „Habana Libre" ist ein Spezialgeschäft für Musik-CDs, hat aber auch Videos und Souvenirs im Sortiment. Mo–Sa 10–21, So 10–19 Uhr. Calle 23 (La Rampa) esquina L.

Supermercado im Edificio FOCSA offeriert eine breite Palette von Lebensmitteln und Drogerieartikeln. Mo–Sa 9–18, So 9–13 Uhr. Calle 17 esquina N.

Galerías de Paseo (16) ist ein großes Einkaufszentrum mit einer Vielzahl von Geschäften gegenüber vom Hotel „Meliá Cohiba". Von Werkzeugen und Autozubehör über Möbel und Kleidung bis hin zu Schuhen und Kosmetika gibt's hier fast alles – und zudem Supermarkt, Cafeterías und Restaurants. Mo–Sa 9–20, So 9–14 Uhr. Paseo esquina 1ra.

• *Taxi* **Fénix Taxi**, ✆ 8666666. **Panataxi**, ✆ 8555555. **Habanataxi**, ✆ 539090. **Taxi OK**, ✆ 8776666. **Transgaviota**, ✆ 2672727.

• *Tourist-Information* **Cubatur**, tägl. 8–20 Uhr, Calle 23 (La Rampa) e/ L y M. **Havanatur**, tägl. 8–20 Uhr, Calle 23 (La Rampa) esquina M. **Horizontes**, Mo–Fr 8.30–17, Sa 8.30–13 Uhr, Calle 23 (La Rampa) 156 e/ N y O. **Cubamar**, Mo–Sa 8.30–17 Uhr, Avenida 3ra y Malecón, ✆ 8313151.

Essen & Trinken in Vedado (siehe Karte S. 242/243)

• *Restaurants* **1830 (67)** ist sicherlich eines der elegantesten Restaurants in Havanna. Das prächtige Herrenhaus aus der Kolonialzeit, das in den 1920er Jahren dem Baumeister von Diktator Gerardo Machado gehörte, liegt ganz am Ende des Malecón nahe der Mündung des Río Almendares und bietet in den Sälen „Oro", „Rojo", „Tropical" sowie drei -Räumen für Familienfeiern und Gruppen Speisen vom Feinsten: Hähnchen in Honig und Zitrone (6,95 CUC) etwa oder Hummer-Medaillons (30,95 CUC). Die vierseitige Weinkarte ist ebenso erlesen und weist edle Tropfen bis zu 119 CUC pro Flasche aus. Selbst einen „Dom Pérignon" hat man im Keller und kredenzt ihn für 388 CUC. Im direkt am Meer gelegenen Garten hinter dem Haus, den „Jardines 1830", gibt es außer montags von 21–3 Uhr Live-Musik. Liebespaare können sich dort auf die „Isla japonesa" zurückziehen, ein aus angeschwemmten Steinen und Muscheln errichtetes Labyrinth, in dem man mit seinem Drink direkt am Meer sitzt. Tägl. 12–24 Uhr. Malecón 1252 esquina 20, ✆ 553090-92, 834521.

Ü bernachten

1. Presidente
8. Nacional de Cuba
11. Riviera
19. Victoria
22. Meliá Cohiba
31. Vedado
34. St. Johns
40. Habana Libre
42. Casa Familia Villazón
49. Colina
50. Casa Eloisa
51. Casa Joaquín y Christel
53. Casa Serafin Pino
54. Casa Dr. Alberto Cárdenas y Mirian
57. Casa Magda Almarales, José Antonio Perez, Casa Marina Madan Bugarín
59. Casa Angelita y Digna
60. Casa Teresa Ortega
70. La Casa Capitolio

N achtleben

2. El Gato Tuerto
4. La Torre
6. Club Scheherazada
7. Cabaret Parisién, Rincón del Cine
9. Salón Rojo
16. Jazz Café
17. Teatro Amadeo Roldán
18. Karachi
21. La Red
22. Habana Café
26. Imágenes
27. Café Sofía
30. La Zorra y el Cuervo
32. Club Tikoa
34. Pico Blanco
35. Teatro Hubert de Blanck
40. El Turquino
43. Centro Vasco
47. Teatro Mella
52. Teatro El Sotano
71. Fresa y Chocolate
74. Café Cantante, Delirio Habanero, Teatro Nacional de Cuba

E inkaufen

16. Galerías de Paseo

E ssen & Trinken

2. El Gato Tuerto
3. La Casona de 17, Parillada La Casona de 17
4. La Torre, El Emperador
5. El Conejito
7. Comedor de Aguiar, La Barraca
10. Bim Bom
12. Monseigneur
13. Los Amigos
14. Nerei
15. El Caribeño
20. Carmelo
23. Monopoly
24. Club 23
25. La Roca
27. Café Sofía
28. Hurón Azul
29. Wakamba
33. Dinos Pizza
36. La Carreta
37. Pain de Paris
38. Maraka's
39. Coppelia
41. Polinesio
43. Centro Vasco
44. Las Bulerías
45. La Dulce Habana
46. Cafetería La Rampa
48. Monguito
49. Portal Colina
55. Mares
56. Decameron
58. El Conchinito
61. Pizzeria Buona Sera
62. Gringo Viejo
63. Casa Sarasúa
64. Castillo de Jagua
65. Aries
66. Los Tres Mosqueteros
67. 1830
68. Torreón de la Chorrera
69. Amor
70. La Casa Capitolio
72. 23 y 12
73. Cinecittà

Havanna-Vedado

250 m

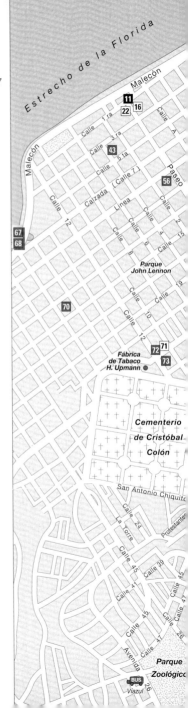

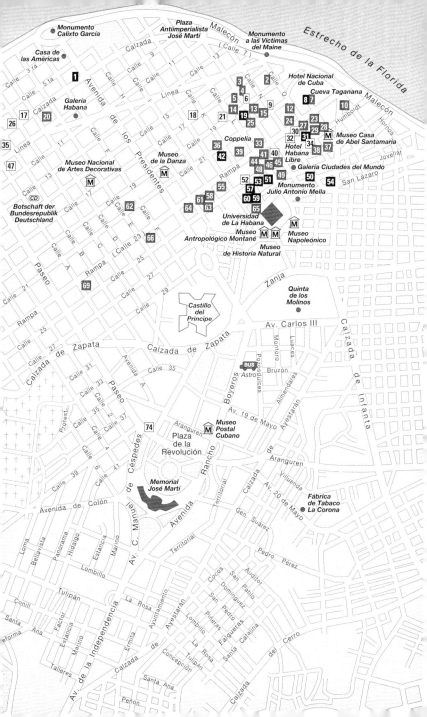

Torreón de la Chorrera (68), ein Ableger des Restaurants „1830", ist am westlichen Ende des Malecón in einem Wehrturm untergebracht, der Mitte des 17. Jh. errichtet wurde, um von ihm aus die Stadt vor den Angriffen der Holländer und Portugiesen zu schützen. Im Jahr 1762 von den Kanonen englischer Schiffe zerstört, die am Río Almendares ihre Trinkwasservorräte auffüllen wollten, wurde die Verteidigungsanlage später wieder aufgebaut. Heute bewirtet das rustikale Restaurant im Obergeschoss und eine kleine Cafetería unter die Gäste mit Fischfilet (7 CUC), Garnelen (9 CUC), Reis mit Hähnchen (3,50 CUC) und Paella (6,50–7,50 CUC, je nach Beilagen). Tägl. 16–24 Uhr. Malecón esquina 20, ✆ 553846.

Monseigneur (12), ein elegantes Restaurant gegenüber dem Hotel „Nacional de Cuba", hat natürlich (auch) die meist wohlhabenden Gäste des prominenten Nachbarn im Auge, was allerdings nur in der perfekten Tischdekoration und dem korrekten Auftreten der Service-Kräfte zum Ausdruck kommt. Die Preise sind keineswegs übertrieben: 9,70 CUC für ein Schweinefilet „Uruguayo", 10,30 CUC für gegrillte Garnelen oder 17 CUC für einen Hummer sind angesichts der sehr gepflegten Atmosphäre sicher gerechtfertigt. Schräg-schön ist das Originalinterieur des 1953 eröffneten Lokals, das bis heute seinen Dienst tut. Tägl. 12–1 Uhr. Calle O esquina 21.

La Torre (4) hat im Edificio FOCSA sein Domizil und bietet dort nicht nur eine außergewöhnliche Speisen-Palette zu außergewöhnlichen Preisen, sondern vor allem eines: ein phänomenales Panorama. Vom 33. Stock des mit 35 Etagen dritthöchsten Gebäudes von Havanna blickt man beim Dinner auf ein Lichtermeer – wie weiland vom „Windows of the World" im New Yorker World Trade Center. Dazu kommen aus der französisch orientierten Küche exzellente Gaumenfreuden wie Foie Gras, Garnelen in Honig, Rinderfilet mit Rosmarin und – natürlich – Hummer. Insgesamt darf man für ein Essen mit rund 40 CUC/Person rechnen. Tägl. 12–24 Uhr. Calle 17 e/ M y N, ✆ 8833089.

El Emperador (4) im Erdgeschoss des weithin sichtbaren Edificio FOCSA bietet in schickem Ambiente und mit perfektem Service internationale Küche – und dies vom Feinsten. Mit den Preisen bleibt man allerdings auf dem Teppich: Ein Filet Mignon gibt es für 7,65 CUC, Huhn in Weißwein für 3 CUC, Garnelen je nach Zubereitung ab 5,50 CUC und ein Chateaubriand für 16,85 CUC. Tägl. 12–2 Uhr. Calle 17 e/ M y N, ✆ 8324998.

Centro Vasco (43) ist einerseits das „Zuhause" der in Havanna lebenden spanischen Basken, zum anderen ein schmuckes Restaurant, in dem man auf Schritt und Tritt an das Baskenland erinnert wird. Einen Katzensprung vom Nobel-Hotel „Meliá Cohiba" entfernt, zeigen große Wandgemälde Alltagsszenen aus der alten Heimat, stehen auf der Speisekarte viele baskische Spezialitäten wie etwa Bacalao (Kabeljau) in Tomatensauce mit Paprika (14,50 CUC), Merluza (Seehecht) vom Grill (4,65 CUC) und diverse Paellas von 2–10 CUC. Neben dem Restaurant betreibt das Centro Vasco auch eine 24-Stunden-Cafetería mit Terrasse an der Straße, eine Bar (11–2 Uhr), einen Billard-Salon (11–23 Uhr) und einen Nachtclub (22–2.30 Uhr). Restaurant tägl. 12–24 Uhr. Calle 4 esquina 3ra., ✆ 8309836.

Comedor de Aguiar (7), das Vorzeige-Restaurant des Hotels „Nacional de Cuba", wurde nach Don Luis de Aguiar benannt, der im Jahr 1762 während der Belagerung durch die Engländer so heldenhaft gekämpft hatte. In Europa hätte der Gourmet-Tempel sicherlich schon mehrere Sterne oder Hauben auf seinem Schild, in Cuba spricht man einfach vom elegantesten und exklusivsten Restaurant Havannas mit der besten nationalen und internationalen Küche. Dass in dem Lokal mit der reich verzierten Renaissance-Decke auch Atmosphäre und Service stimmen, ist selbstverständlich – dass ein Abend ein kostspieliges Vergnügen ist, ebenfalls. Langusten gibt es nicht unter 35 CUC, fangfrischer Fisch kostet immerhin um die 15 CUC. Tägl. 19–24 Uhr. Calle O esquina 21. ✆ 8363564-67, ✆ 8365171, 8363899, reserva@gcnacio.gca. tur.cu, www.hotelnacionaldecuba.com.

La Barraca (7), das gemütliche Open-Air-Lokal, in dem man unter einem mit Palmzweigen gedeckten Dach Platz nimmt, steht im Garten des Hotels „Nacional de Cuba". Serviert werden cubanische Spezialitäten, verschiedene Fische und diverse Fleischspieße, die allesamt vom Holzkohlengrill kommen. Für ein Komplett-Menü mit Nachtisch, Kaffee und einem Getränk zahlt man einheitlich 12 CUC. Tägl. 12–24 Uhr. Calle O esquina 21. ✆ 8363564-67, ✆ 8365171, 8363899, reserva@gcnacio.gca.tur.cu, www. hotelnacionaldecuba.com.

El Conejito (Kleines Kaninchen) **(5)**, nach eigener Aussage „die englische Taverna Cu-

„Meine Herren Imperialisten, wir haben überhaupt keine Angst vor Euch!"

bas", weiß, was es seinem Namen schuldet: Die Spezialität ist Hase in 17 verschiedenen Variationen, zum Beispiel in Rotwein (6,20 CUC). Daneben gibt es sechs Komplett-Menüs, jeweils mit einem Glas Wein, für 4–5 CUC. Apropos Wein: Die Oberkellnerin und Sommelière Marysol Pollo López hilft gerne, den jeweils richtigen Tropfen zu finden. Neben dem schönen Restaurant gibt es in der Villa mit Sichtmauerwerk außerdem eine Cafetería für den kleinen Hunger mit einfacheren Gerichten sowie eine Bar, die bis spätnachts geöffnet ist. Cafetería tägl. 9–21 Uhr, Bar tägl. 9–2 Uhr, Restaurant tägl. 12–23 Uhr. Calle M esquina 17, ℡ 8324671.

La Casona de 17 (3), ein feines Restaurant in einer schönen Kolonialvilla neben dem meisten Hotels von Vedado, hat Reisgerichte zu seiner Spezialität gemacht. Reis mit Hähnchen (4,50 CUC) beispielsweise oder „Paella Casona" (7,50 CUC). Die Karte weist allerdings auch eine Vielzahl internationaler Speisen auf – von Chateaubriand bis zur Meeresfrüchte-Platte mit Hummer-Schwänzen für zwei Personen. Ellenlang ist auch die Getränkeliste, auf der 27 Weine und Champagner von 6,50 CUC–260 CUC (Moët & Chandon Dom Pérignon) stehen. Tägl. 12–24 Uhr. Calle 17 Nr. 60 e/ M y N, ℡ 553136.

Parillada La Casona de 17 (3) ist die etwas einfachere Grillstube des Restaurants, in der die Atmosphäre lockerer und das Essen deftiger ist. Natürlich gibt es mit „Arroz con pollo" („Hähnchen mit Reis") ebenfalls die Spezialität des Hauses, daneben aber auch „Ropa vieja", ein Rindfleisch-Frikassee (4 CUC) oder ein ganzes gebratenes Hähnchen (8 CUC). Nicht zu verachten ist „Vaca frita", frittiertes Rindfleisch, das für 4 CUC mit Reis, Pommes frites und Salat serviert wird. Tägl. 12–24 Uhr. Calle 17 Nr. 60 e/ M y N, ℡ 553136.

El Gato Tuerto (2), nur ein paar Schritte vom Hotel „Nacional de Cuba" und dem Denkmal für die Opfer der Maine entfernt, ist gepflegtes Speise-Restaurant und Showbühne gleichermaßen. In der „einäugigen Katze" dominieren cubanische Spezialitäten und Meeresfrüchte zu fairen Preisen. Die Seafood-Platte „La Marinera" mit Hummer, Langusten und Thunfisch kostet beispielsweise 8 CUC, der Hummer „Compay", der paniert und mit drei verschiedenen Soßen serviert wird, ist mit 16 CUC ebenfalls nicht übertrieben teuer. Cubanische Hausmannskost steht von 4–12 CUC auf der Karte. Neben dem Restaurant gibt es eine bei Cubanern wie Touristen beliebte Bar mit traditioneller Live-Musik. Restaurant tägl. 12–24 Uhr, Bar tägl. 22–3 Uhr. Calle O Nr. 14 e/ 17 y 19, ℡ 552696.

Decameron (56) ist zunächst einmal unscheinbar und unauffällig, weil es kein Schild gibt und nur eine sehr dezente Gravur an den Fensterscheiben auf das italienische Restaurant hinweist. Hat man erst einmal gegessen, weiß man, dass das Lokal gar keine (Außen-)Werbung nötig hat. Die Pizzen sind riesig, die „Lasagne bolognese" schmeckt vorzüglich, die Fischsuppe ist eine Sünde wert. Allerdings hat die Kochkunst ihren Preis – mit etwa 15 CUC für ein Abendessen muss man schon rechnen. Tägl. 12–24 Uhr. Avenida Línea 753 e/ Paseo y 2, ✆ 8322444.

Polinesio (41), ein schön-schummriges Restaurant mit geschnitzten polynesischen Götzen-Standbildern vor der Tür, gehört zum Hotel „Habana Libre" und bietet vornehmlich Fischgerichte und Meeresfrüchte sowie cubanische Speisen mit phantasievollen Namen. Hummer kommt für 20 CUC als „Mosaica de Langosta y de frutas" auf den Tisch, Hähnchen für 8 CUC als „Pollo ahumado en al horno polinesio", also geräuchert und im polynesischen Ofen gebraten. Tägl. 12–15.30 + 19–22.30 Uhr. Calle 23 (La Rampa) e/ L y M, ✆ 8346131.

Las Buleías (44), gegenüber dem Haupteingang des „Habana Libre" gelegen, behauptet von sich selbst, „Cubas beste Taverne" zu sein – eine glatte Selbstüberschätzung. Das rustikal eingerichtete Restaurant im Souterrain ist allenfalls guter Durchschnitt, sein Speisenangebot auch. Die spanisch orientierte Küche bietet unter anderem Fischfilet à la Reina (11 CUC), Rinderfilet (13,25 CUC) und dazu „Garbanzos fritos", also frittierte Kichererbsen (2,20 CUC). Ab 23 Uhr gibt es allabendlich Live-Musik und eine kleine Show, die großspurig als „Dinner-Spektakel" verkauft werden. Die dazugehörige Cafetería, die ihre Tische unmittelbar an der verkehrsträchtigen Calle L aufgestellt hat, serviert in erster Linie Snacks und kalte Getränke. Vor der Bestellung sollte man sich die Karte zeigen lassen und nach den Preisen fragen, weil das Personal andernfalls bei der Rechnung gern „Fehler" macht. Restaurant tägl. 12–4 Uhr, Cafetería 24 Std. Calle L Nr. 214 e/ 23 y 25, ✆ 8323283.

Café Sofía (27), ein beliebter Treffpunkt von Cubanern wie Touristen, in dem schon ab nachmittags Live-Combos traditionelle cubanische Klänge zu Gehör bringen, ist so etwas wie das „Überraschungsei" der Gastro-Szene an der Rampa: Frühstücksbar, Schnellimbiss, Restaurant, Nachtclub – Letzteres mit Abstrichen. Das teuerste Gericht ist gratiniertes Fischfilet für 6,50 CUC. Daneben werden Sandwiches (um 3 CUC) und Pizzen (1,35–3 CUC) serviert. Bier – es gibt auch „Beck's" und das holländische „Bavaria" – kostet 1–1,80 CUC, für Cocktails nimmt man 3 CUC. Die Weinauswahl ist eher klein, aber ins Café Sofía geht man auch nicht, um einen edlen Tropfen zu genießen. Tägl. 24 Std. Calle 23 (La Rampa) esquina O.

La Roca (25) liegt in einer ruhigeren Ecke des Hotelviertels von Vedado und punktet mit sehr vernünftigen Preisen. Aus der Küche des sehr angenehmen Restaurants kommen sieben internationale wie cubanische Komplett-Menüs für 3,25–4,50 CUC. Die teuersten Cocktails stehen mit 2,50 CUC auf der Karte. Tägl. 12–2 Uhr. Calle 21 esquina M, ✆ 8344501.

El Caribeño (15) befindet sich ganz in der Nähe des Hotels „Nacional de Cuba", was in diesem Fall allerdings nicht heißen soll, dass das Peso-Lokal auf dessen Gäste schielt – dafür ist das kleine Restaurant wohl zu einfach. Dennoch: Wer cubanisch und obendrein preisgünstig essen möchte, ist hier nicht verkehrt. Hähnchen kostet 25–30 CUP/ca. 1–1,25 CUC, Reisgerichte maximal 15 CUP/ca. 0,60 CUC und das Schnitzel „Wiener Art" 25 CUP/ca. 1 CUC. Für das Bier dazu, ein cubanisches „Maybae", zahlt man 18 CUP/ca. 0,75 CUC. Tägl. 12–22 Uhr. Calle 21 esquina N, ✆ 8320383.

Pizzeria Buona Sera (61) ist eine äußerst preisgünstige Peso-Pizzeria an der Hauptverkehrsachse Vedados. Die für europäische Verhältnisse etwas zu dicken Pizzen kosten 5–9 CUP (ca. 0,20–0,38 CUC), Cocktails bekommt man ab 5 CUP (ca. 0,20 CUC), Bier für 18 CUP (ca. 0,75 CUC). Di–So 10.45–22.45 Uhr. Calle 23 e/ I y H, ✆ 8320390.

Maraka's (38), eines der italienischen Spezialitäten-Restaurants von Vedado, in dem man auf grünen Kunststoff-Stühlen Platz nehmen muss, liegt unweit der Rampa. Der Chef empfiehlt zwar Kotelett in verschiedenen Variationen (8,50–10,50 CUC), das Lokal ist allerdings klar Pizza-dominiert. Für die verlangt man 4,75–7,50 CUC, für Pastas 5,25–6,50 CUC, Tiramisu schlägt mit 4 CUC zu Buche. Tägl. 12–24 Uhr. Calle O Nr. 260 e/ 23 y 25, ✆ 8333740.

Wakamba (29) in einer Seitenstraße nahe dem Café „Sofía" und damit wenige Schritte von der Rampa entfernt existiert schon seit 1963. Die Küche des von vielen Cubanern besuchten Lokals ist international ausgerichtet, geboten werden unter anderem Filet Mignon (7,45 CUC), Hähnchen-Cordonbleu (5,35 CUC) und gegrilltes Rindersteak (5,75 CUC). Die Weinkarte ist nicht riesig, aber immerhin gibt es eine – eine Flasche kostet 4–7,50 CUC. Die angeschlossene Cafetería, eigentlich eher eine Bar, schließt nur für die „Putzstunde" von 4.30–7 Uhr. Tägl. 12–24 Uhr. Calle O e/ 23 y 25, ✆ 8784526.

Carmelo (20) gegenüber dem Theater „Amadeo Roldán" ist eines der wenigen vegetarischen Restaurants in Havanna. Das nette Peso-Lokal, das auch über einen Freisitz an der Straße verfügt, serviert verschiedene Reisgerichte, etwa „Arroz imperial" mit Käse und Mayonnaise (13 CUP/ca. 0,55 CUC) oder eine vegetarische Paella zum gleichen Preis. Wer dennoch gern etwas Fleisch auf dem Teller hat, bekommt – vegetarisch hin, vegetarisch her – auch Hähnchen. Tägl. 12–22 Uhr. Calle Calzada esquina D, ✆ 8324495.

Mares (55) direkt an der 23. Straße bietet auf einer großen Terrasse Essen mit Musik – zumindest abends. Zu den Klängen kleiner Live-Bands gibt es diverse Meeresfrüchte, aber auch Schweinesteaks und frittierte Hähnchen (je 3,50 CUC). Alles andere als teuer sind auch die Getränke, Limonaden und Bier kosten gerade einmal 1 CUC. Tägl. 24 Std. Calle 23 y J.

El Cochinito (58) ist ein schönes Restaurant mit Geschichte. Es wurde am 24. Dezember 1965 auf Initiative der Revolutionärin und Castro-Vertrauten Celia Sánchez Manduley eröffnet, die damit in einem Kolonialhaus mitten in Vedado ein Lokal mit ländlicher Atmosphäre schaffen wollte. Dies scheint halbwegs gelungen zu sein; zumindest gibt es neben einem netten Restaurant und ein paar Tischchen direkt an der Straße einen schattigen Garten – nicht selbstverständlich in Vedado. Spezialität des Hauses sind Schweinefleischgerichte, die für Einheimische in Pesos, für Touristen aber ausschließlich in Devisen berechnet werden – mit 8–10 CUC ist man dabei. Mineralwasser kostet 0,50 CUC, Bier 1 CUC. Di–So 12–23.45 Uhr. Calle 23 e/ H y I, ✆ 8326256.

Castillo de Jagua (64), das nach der berühmten Festung in Cienfuegos benannte Peso-Lokal, wirkt aufgrund des nüchternen Interieurs recht steril und wenig einladend, ist allerdings äußerst preisgünstig. Ein paniertes Hähnchenschnitzel („Pollo Castillo de Jagua") gibt es schon für 30 CUP/ca. 1,25 CUC, gebratene Schweinshaxe im eigenen Saft für 33 CUP/ca. 1,40 CUC, Rindfleisch-Frikassee kostet gar nur 15 CUP/ca. 0,60 CUC. Gleich um die Ecke betreibt das Restaurant eine 24-Stunden-Cafetería. Tägl. 12–22.45 Uhr. Calle 23 y H, ✆ 8320276.

23 y 12 (72), eines jener Lokale, dessen Name aus seiner Adresse besteht, ist ein einfaches, ganz normales Peso-Restaurant. Und das bedeutet, man serviert Cubanisches: Hähnchen und Schweinefleisch mit Reis, Pizzen, Sandwiches – und das alles zu kleinsten Preisen. Nachdem sich die kulinarischen Highlights also in Grenzen halten, kommt man hierher besser, um auf dem Freisitz an der Straße einen Cocktails zu schlürfen und das Treiben zu beobachten. Dafür ist das 23 y 12 wirklich gut geeignet. Tägl. 12–22 Uhr. Calle 23 esquina 12.

Cinecittá (73) gegenüber dem Restaurant „23 y 12" und der Kino-Kneipe „Fresa y Chocolate" ist eine etwas schickere Peso-Pizzeria, in der es große Portionen für kleines Geld gibt. Für eine Pizza zahlt man je nach Belag 6–20 CUP (ca. 0,25–0,85 CUC). Ein Teller Nudeln kostet 12–20 CUP (ca. 0,50–0,85 CUC). Nur Getränke werden in Devisen berechnet. Da sich das Cinecittá bei den Cubanern großer Beliebtheit erfreut, ist meist Schlangestehen angesagt, bevor man einen Tisch zugewiesen bekommt. Tägl. 12–22 Uhr. Calle 23 esquina 12.

La Carreta (36), ein rustikales, aber nettes Peso-Restaurant mit roten Tischdecken, kocht typisch cubanisch. Es gibt viel Hähnchen und viel Schweinefleisch mit noch mehr Reis – zu Preisen, die nicht der Rede wert sind. Ein gegrilltes Schweinesteak gibt es für 37 CUP/ca. 1,50 CUC, ein Hähnchen für 25 CUP/ca. 1 CUC. Wenngleich man die Getränke in CUC bezahlen muss, 0,75 CUC für ein Bier oder 0,25 CUC für einen Cocktail machen keinen arm. Tägl. 12–24 Uhr. Calle 21 esquina K, ✆ 8324485.

Portal Colina (49), die recht angenehme Cafetería des Zwei-Sterne-Hotels „Colina" zwischen „Habana Libre" und Universität, ist zumindest dann als Anlaufstation zu empfehlen, wenn man schnell frühstücken will oder der kleine Hunger kommt. An den mit Stoffservietten gedeckten Tischchen werden Bocaditos (1,55–2 CUC) oder Sandwiches (2,45 CUC) serviert. Darüber hinaus gibt es mittags und abends ein Komplett-Menüs – von Brathähnchen (4 CUC) bis Grillplatte (5,50 CUC). Das Essen nimmt man besser im Inneren des Lokals ein, auf dem Freisitz an der viel befahrenen und lauten Calle L erstickt man in den Abgasen. Tägl. 7–23 Uhr. Calle L esquina 27, ✆ 8364071.

Club 23 (24), das einzige Peso-Restaurant an der Rampa, kocht cubanisch. Das heißt, es kommen Hähnchen (37 CUP/ca. 1,50 CUC) und Schweinefleischgerichte (Bistec Uruguayo für 30 CUP/ca. 1,25 CUC) auf den Tisch. Die Getränke werden in CUC berechnet, die Preise liegen allerdings ebenfalls am unteren Ende der Skala. Tägl. 12–24 Uhr. Calle 23 (La Rampa) e/ N y O, ✆ 8329350.

Dinos Pizza (33) neben dem Yara-Kino ist ein den „Rápidos" ähnliches Schnell-Restaurant, mit dem Unterschied, dass es hier eben Pizzen gibt. Die kosten zwischen 1,40 und 5,05 CUC, sind unterschiedlich groß – und allesamt viel zu dick. Tägl. 24 Std. Calle 23 (La Rampa) esquina L.

Cafetería La Rampa (46) liegt links neben dem Haupteingang des Hotels „Habana Libre" und ist eine „Bogen-Location". Den sollte man nämlich besser um das Fastfood-Restaurant machen – aus dreierlei Gründen: die Atmosphäre ist nichtssagend bis unterkühlt, das Personal gelangweilt und unaufmerksam, die Preise entstammen offensichtlich der Phantasie eines Utopisten. Für ein simples Frühstück verlangt man 6–10 CUC, Sandwiches gibt es erst ab 5 CUC, Pizzen kosten zwischen 3,50 und 10 CUC, Eis bis zu 7 CUC und – der Gipfel – Mineralwasser 2,25 CUC. Tägl. 24 Std. Calle L e/ 23 y 25.

Coppelia (39), das spätestens seit dem Kino-Erfolg „Fresa y Chocolate" („Erdbeer und Schokolade") weltberühmte Eiscafé in Ufo-Form am oberen Ende der Rampa, macht die Zwei-Klassen-Gesellschaft Cubas überdeutlich: Schlangestehen, Platzanweisung, schäbiges Mobiliar und Blechlöffel – das ganze sozialistische Programm eben – in den Peso-Salons. Dagegen moderne Gartenmöbel, freundliches Personal, 24-Stunden-Öffnung und eine große Auswahl an Eissorten (die Kugel 1,40 CUC) in der sogenannten „Sodería Coppelia", dem Devisen-Café im Freien. Einfach einmal ausprobieren – an beiden beides, um einen wirklichen Eindruck zu bekommen. Di–So 11–22.30 Uhr, Sodería tägl. 24 Std. Calle 23 esquina L, ✆ 8327821.

Bim Bom (10) ist zwar eine deutlich kleinere Cafetería und Eisdiele als das wesentlich bekanntere „Coppelia", bietet aber die eindeutig bessere Qualität. Die Eissorten sind vielfältig und allesamt sehr cremig (0,95–2 CUC). Für den kleinen Hunger werden außerdem Pizzen serviert (0,90–2 CUC). Tägl. 11–23.45 Uhr. Calle 23 (La Rampa) esquina Infanta.

Pain de Paris (37), eine kleine Konditorei, die auch europäischen Ansprüchen standhält, hat traumhafte Kuchen (ca. 1 CUC) im Angebot. Daneben gibt es verschieden belegte Baguettes (1,90–2,45 CUC) und französische Croissants, z. B. mit Schinken und Käse (1,40 CUC). Dazu bekommt man einen hervorragenden Cappuccino und natürlich eine Vielzahl anderer heißer und kalter Getränke. Tägl. 24 Std. Calle 25 Nr. 164 e/ Infanta y O.

La Dulce Habana (45) im Komplex des Hotels „Habana Libre" ist eine kleine Konditorei, in der man Gebäck und Kuchen schon ab 0,60 CUC vernaschen kann – oder auch Eisbecher (1–2,50 CUC). Tägl. 10–22 Uhr. Calle L e/ 23 y 25.

• *Paladares* **Hurón Azul (28)** war und ist die gute Stube vieler cubanischer Kunstmaler, deren Originalgemälde die Wände des sehr gediegenen Peso-Restaurants zieren. Wer hier einmal gegessen hat, weiß, warum sich der Paladar so großer Beliebtheit erfreut. Serviert werden hauptsächlich cubanische Gerichte (Schwein, Hähnchen, Fisch), diese aber mit Pfiff. Empfehlenswert sind zudem die italienisch angehauchten Spezialitäten wie „Saltimboca à la Romana" (8,80 CUC) oder Ossobuco nach einem Rezept der Großmutter (11 CUC). Da im Hurón nicht mehr als zwölf Personen Platz finden, ist eine Reservierung dringend zu empfehlen. Eines noch: Der Besitzer bezahlt Schleppern keine Provision, weshalb man auf der Suche nach dem Lokal möglicherweise zu hören bekommt, es sei geschlossen. Di–So 12–24 Uhr. Calle Humboldt 153 esquina P. ✆ 8791691, dehuronazul@hotmail.com.

Casa Sarasúa (63) ist Paladar und Museum in einem. Der sehr gastfreundliche Besitzer sammelt Militaria, überall hängen antike Pistolen, Säbel und Orden vom 17. Jh. bis zur Gegenwart. Die wertvollsten Stücke, darunter auch Auszeichnungen aus dem 1. und 2. Weltkrieg sowie alte Bierkrüge aus Deutschland, verwahrt er in einer Vitrine, die er für Besucher allerdings gern öffnet. Zu diesem Augenschmaus kommen aus der Küche solide cubanische Gerichte mit Fisch (7–8 CUC), Hähnchen (5 CUC) und Schweinefleisch (4–6 CUC). Mo–Sa 12–23 Uhr. Calle 25 Nr. 510 e/ H y I. ✆ 8322114, jb@ecme.netcons.com.cu.

Mit Vorsicht zu genießen: die Softdrinks an den Peso-Ständen

Amor (69) gilt als einer der schönsten Paladares in ganz Havanna – und dies völlig zu Recht. In dem Barockappartement im 3. Stock eines Kolonialgebäudes weht ein Hauch von Luxus durch die großzügigen und luftigen Räume. Dass man im Erdgeschoss in einen Aufzug einsteigt, der quasi mitten in dem Peso-Restaurant hält, ist nur eines der witzigen Details. Angenehm ist auch, dass sich das wirklich außergewöhnliche Ambiente nicht auf die Preise niederschlägt. Komplett-Menüs, deren Hauptgang meist aus der Spezialität des Hauses – angeräuchertes Hähnchen- oder Schweinefleisch – besteht, kosten inkl. eines Getränks 5,50–9,50 CUC. Tägl. 12–24 Uhr. Calle 23 Nr. 759 e/ B y C, ✆ 8338150.

Los Tres Mosqueteros (66) ist ein schnuckeliger Paladar in der Calle 23 gegenüber dem Haupteingang der Kirche „La Sirvas de María". Die Treppe, die auf die Terrasse in der 1. Etage führt, ist so schmal, dass man sich den Bauch trotz der riesigen Portionen besser nicht zu voll schlägt, sonst kommt man möglicherweise nicht mehr runter. Spezialität des Hauses ist „Pollo Santiago con Piñas", als Komplett-Menü mit Salat, frittierten Bananen, Gemüse und Dessert für 10 CUC. Daneben gibt es verschiedene Schweinefleischgerichte bis maximal 12 CUC, ebenfalls mit allem Drum und Dran.

Tägl. 11–24 Uhr. Calle 23 Nr. 607 (altos) e/ E y F, ✆ 8310723.

Aries (65) liegt nahe der Universität und ist ein Peso-Restaurant, in dem das Auge mitisst – auf ganz spezielle Weise: Denn die Wände sind mit Uhren aller Art und aus allen Epochen geschmückt. Serviert wird Bodenständiges – gebratenes Schweinefleisch im eigenen Saft (7,50 CUC) und „Supremo de Pollo" (9 CUC) zum Beispiel. Als Beilage nimmt man am besten Yucca mit Zitrone, Knoblauch und Salz (2,50 CUC). Tägl. 12–24 Uhr. Avenida 27 de Noviembre 456 e/ J y K, ✆ 8319668.

Monopoly (23) hat Kaninchen auf dem Speiseplan – das gibt es in Peso-Restaurants ganz selten. In erster Linie werden aber cubanische Gerichte auf Schweinefleisch- und Hähnchenbasis serviert. Für ein komplettes Menü mit Reis, Salat, Dessert und Kaffee zahlt man 8–10 CUC. Tägl. 12–24 Uhr. Calle K Nr. 154 e/ 11 y 13.

Los Amigos (13) befindet sich seitlich gegenüber vom Hotel „Victoria" und ganz in der Nähe des Edificio FOCSA. Der gemütliche Paladar bietet wie die meisten dieser Lokale kreolische Kost. Auf der Karte stehen Schweinesteaks (6–7 CUC) und Hähnchen (ein Viertel zu 8 CUC, ein Halbes zu 9–10 CUC), womit die Preise ganz schön happig sind. Auf die Getränke trifft dies nicht zu: Limonaden kosten 1 CUC, Bier 1,20 CUC,

Cocktails 3 CUC. Tägl. 12–24 Uhr. Calle M Nr. 253 esquina 19, ✆ 8300880.

La Casa Capitolio (70), ein edles Peso-Restaurant abseits der touristischen Hauptrouten, ist in einer eleganten Villa untergebracht, allerdings sehr schwer zu finden, weil es nicht einmal am Haus selbst ein Schild gibt, das auf den Paladar hinweist. Grund dafür ist, dass Besitzer Julio nur eine Lizenz zum Betreiben einer Casa particular besitzt. Wer zum Essen kommt, wird dennoch nicht abgewiesen. Gekocht wird cubanisch, am liebsten nach den individuellen Wünschen der Gäste. Das heißt: morgens anrufen, Bestellung durchgeben, zur vereinbarten Zeit klingeln. Die Preise für die Gerichte bewegen sich von 7 CUC ab aufwärts. Tägl. 12–24 Uhr. Calle 13 Nr. 1159 e/ 16 y 18, ✆ 8319251.

Gringo Viejo (62) bietet im Souterrain einer schönen Villa Herzlichkeit, Professionalität und gute Küche. Auf der Karte stehen weit mehr als die gängigen Hähnchen- und Schweinefleischgerichte. Fischfilet mit Mandeln oder geräucherter Lachs mit Oliven etwa – die Phantasie der Küche ist beinahe grenzenlos. Inklusive Getränken ist man mit durchschnittlich 15 CUC dabei. Tägl. 12–23 Uhr. Calle 21 Nr. 454 e/ E y F, ✆ 8311946.

Monguito (48) existiert schon seit 1995 und bewirtet nicht selten auch Gäste des gegenüber liegenden Luxus-Hotels „Habana Libre". In gemütlicher Wohnzimmer-Atmosphäre werden ausnahmslos cubanische Speisen serviert – Hähnchen für 6 CUC, Fisch für 7,50 CUC. Ein Glas Wein kostet 2 CUC, die ganze Flasche 8 CUC. Fr–Mi 12–24 Uhr. Calle L Nr. 408 e/ 23 y 25, ✆ 8312615.

Nerei (14), ein nicht ganz billiger Paladar, der zwar in einem netten Kolonialgebäude residiert, das allerdings direkt an der viel befahrenen Calle L liegt, verwöhnt seine Gäste mit einem bunten Speisenmix. Ein frittiertes Hähnchen kostet 10 CUC und damit mehr als das Dreifache dessen, was man andernorts dafür verlangt, die „Grillada de Mar", eine Platte mit gegrillten Fischen, gibt es für 15 CUC. Die Spezialität des Hauses ist Pollo „La Reina", ein mit Schinken und Käse überbackenes Hähnchensteak für 18 CUC. Bei diesen Preisen ist es nur konsequent, dass man für ein Bier 2 CUC nimmt. Tägl. 10–2 Uhr. Calle 19 Nr. 110 e/ L y M, ✆ 8327860.

Zwischen Kitsch und Kunst

Nachtleben in Vedado (siehe Karte S. 242/243)

Café Cantante (74), im „Teatro Nacional de Cuba" (Seiteneingang) nahe der Plaza de la Revolución untergebracht, ist eine Institution in Havanna – entsprechend ist der Andrang. Vor allem an Wochenenden bilden sich lange Schlangen vor dem Eingang, warten schick herausgeputzte Cubaner und meist weniger gestylte Touristen einträchtig nebeneinander, bevor sie die Türsteher endlich einlassen in diesen Hotspot des Nachtlebens. Drinnen gibt es Live-Musik und Disco bis in die Morgenstunden, auch wenn offiziell schon um 2 Uhr Schluss ist. Je nach Event bzw. Band, die Einzelheiten entnimmt man einer großen Tafel am Theatereingang, kostet der Eintritt 5–15 CUC. Das Programm steht neuerdings auch im Internet. Tägl. 22–2 Uhr. Paseo esquina Avenida Carlos Manuel de Céspedes. ✆ 8790710, http://www.egrem.com.cu/egrem/progcmusica.asp.

Delirio Habanero (74), ebenfalls im „Teatro Nacional de Cuba" zu Hause (Haupteingang

Vedado 251

links), nennt sich Piano-Bar, was bedeutet, dass Bühne, Live-Gruppen und Räumlichkeit etwas kleiner sind als im „Cantante" nebenan. Oft treten einzelne Trovadores und Son-Sänger auf, denen man auf dunkelroten Plüsch-Sofas lauschen kann. Das täglich wechselnde Programm ist der Internet-Homepage zu entnehmen oder an einer Tafel am Theatereingang abzulesen, Eintritt je nach Bekanntheitsgrad der Künstler 5–15 CUC – alles wie im „Café Cantante" auch. Tägl. 22–2 Uhr. Paseo esquina Avenida Carlos Manuel de Céspedes. ✆ 8735713, http://www.egrem.com.cu/egrem/progcmusica.asp.

El Gato Tuerto („Einäugige Katze") **(2)** ist nur einen Katzensprung von der Rampa und damit von den meisten Hotels in Vedado entfernt. Auf der Showbühne des sehr gepflegten Lokals wird jeden Abend traditionelle cubanische Musik geboten, ausgesuchte Live-Gruppen spielen Sons und Boleros. Tägl. 22–3 Uhr. Calle O Nr. 14 e/ 17 y 19, ✆ 552696.

El Turquino (40), Nachtclub und Diskothek des „Habana Libre", sollte man allein wegen seiner Lage besuchen. In der obersten Etage des zweithöchsten Gebäudes von Havanna tanzt man über den Dächern der Stadt, zu Füßen liegt ein Lichtermeer und – wenn sich das elektrische Dach über der Tanzfläche öffnet – darüber der Sternenhimmel. Wirklich spektakulär! Eintritt 5 CUC/Person, Karten gibt es im Erdgeschoss an einem kleinen Desk nahe an den Aufzügen. Tägl. 22.30–4.30 Uhr. Calle L e/ 23 y 25. ✆ 554011, 662181, wwwsolmeliacuba.com.

La Zorra y el Cuervo („Die Füchsin und der Rabe") **(30)** hat seinen Namen von einem spanischen Märchen des Erzählers Félix María Smaniego, ist allerdings weniger ein märchenhafter als vielmehr angesagter Jazzclub an der Rampa. Viele Studenten und Musiker mischen sich hier unters Volk, wenn die Größen der Szene zu ihren Instrumenten greifen. Ganz witzig: Den Eingang des Kellerlokals stellt ein altes britisches Telefonhäuschen dar. Im Eintritt von 10 CUC sind Getränke für 5 CUC enthalten. Tägl. 22–2 Uhr. Calle 23 e/ N y O, ✆ 8662402.

Club Tikoa (32) bietet in einer Souterrain-Location an der Rampa jeden Abend ein buntes Unterhaltungsprogramm – Show, Comedy, Live-Musik und danach natürlich Disco. Die Preise sind sehr günstig: Der Eintritt beträgt pro Paar 4 CUC, Bier gibt es für 1 CUC, einen „Jameson" für 0,95 CUC und Rum (7 años) für 0,65 CUC. Tägl. 22–3 Uhr. Calle 23 (La Rampa) e/ N y O.

Café Sofía (27) liegt in der Mitte der Rampa gegenüber dem nach der Straße benannten, schwer abgetakelten Kino. Das zur Straße hin offene Lokal ist zwar auch nicht mehr der letzte Schrei, aber dennoch bei Cubanern wie Touristen gleichermaßen beliebt. Dazu trägt vor allem die Live-Musik bei, die hier von nachmittags an bis in die späten Abendstunden zu hören ist. Dass die Cafetería regelmäßig gut besucht ist, liegt auch an den sehr zivilen Preisen: Cubanisches Bier kostet 1 CUC, importiertes bis zu 1,80 CUC, für Mojitos & Co. verlangt man 3 CUC. Tägl. 24 Std. Calle 23 (La Rampa) esquina O.

Club Scheherazada (6), ein im Komplex des Edificio FOCSA untergebrachtes Keller-Cabaret, bietet eine bunte Mischung an Unterhaltung. Das Programm, das dem Aushang in einem Glaskasten vor der Eingangstür zu entnehmen ist, wechselt täglich und reicht von Karaoke über Humor bis zu Tanz. Für die Matinee (tägl. 16–20 Uhr) beträgt der Eintritt 1 CUC, für die Spätshows (tägl. 22–2 Uhr) 2 CUC. Calle M e/ 17 y 19.

Imágenes (26), ein Nachtclub an der Calle Calzada, wartet mit täglich wechselnden Gesangskünstlern auf, die in erster Linie Boleros und Trovas zu Gehör bringen. Gelegentlich treten auch wirkliche Größen der Szene auf. Das jeweilige Programm erfährt man an einem Aushang am Eingang. Sonntags gibt's ab 15.30 Uhr traditionell Tanzmusik für die „älteren Semester" (Eintritt 2 CUC, sonst 5 CUC). Tägl. 22–1 Uhr. Calle Calzada 602 esquina C.

Salón Rojo (9), das Cabaret des (zurzeit geschlossenen) Hotels „Capri", hat jeden Tag Son-Sänger, cubanische Live-Gruppen, Entertainer und Tänzer auf der Bühne. Aktuelles Programm am Aushang an der Eingangstür. Im Eintritt von 10 CUC pro Paar sind Getränke im Wert von 5 CUC enthalten. Mo–Sa 22–4 Uhr, So 16–21 + 22–4 Uhr. Calle 21 e/ N y O.

Karachi (18), einer der vielen Schuppen, in denen man sich in Vedado die Nacht um die Ohren schlagen kann, ist zwar klein (mehr als 100 Personen gehen nicht rein) und etwas schummrig, dafür ist der Eintritt mit 2 CUC recht günstig. Die Show beginnt um 23 Uhr, sonntags wird von 16–20 Uhr für die „ältere Generation" (ab 30) geöffnet, Eintritt dann 1 CUC. Vor der Eingangstür gibt es auf einer Terrasse im Freien eine kleine Bar mit ein paar Stühlen und Tischen. Bar tägl. 7–19 Uhr, Nachtclub tägl. 22–2 Uhr. Calle K esquina 17.

Havanna (Stadt) Übersichtskarte vorderer Umschlag

Centro Vasco (43), ursprünglich der Treffpunkt der in Havanna lebenden Basken, beherbergt nicht nur ein ausgezeichnetes Restaurant, sondern ist auch ein heißer Tipp für alle, die nachts auf die Piste gehen wollen. Im Nightclub treten jeden Abend Live-Bands und Entertainer auf, gefolgt von Disco-Rhythmen bis in die Morgenstunden. Im Eintritt von 5 CUC ist ein Getränk enthalten, jeder weitere Cocktail kostet 3 CUC. Der angeschlossene Billard-Salon hat bis 23 Uhr geöffnet, die Bar bis 2 Uhr. Tägl. 22–2.30 Uhr. Calle 4 esquina 3ra., ℡ 8309836.

La Red (21), ein einfacherer Nachtclub, in dem die Cubaner trotz seiner zentralen Lage meist unter sich bleiben, bietet gelegentlich Shows und Live-Musik. Schrille Disco-Klänge gibt es für 3 CUC Eintritt immer. Tägl. 22–3 Uhr. Calle 19 esquina L.

Pico Blanco (34), die Bar in der obersten Etage des Hotels „St. John's", ist in Havanna besser bekannt unter der Bezeichnung „Rincón del Feeling" („Schmuseecke"). Gespielt werden oftmals die Soft-Sounds der 1940er Jahre, aber auch Disco-Musik und traditionelle cubanische Klänge. Aktuelles Programm an der Hotel-Rezeption. Eintritt 5 CUC, samstags 10 CUC. Di–So 21–2 Uhr. Calle O Nr. 206e/ 23 y 25. ℡ 8333740, 8333561, jrecepci@stjohns.dca.tur.cu.

Jazz Café (16), eine Institution in Havanna, findet man in der obersten Etage der „Galerías del Paseo" gegenüber dem Hotel „Meliá Cohiba". Tagsüber und abends genießt man durch die große Glasfront den Blick auf Meer und Malecón, nachts die Klänge der besten cubanischen Jazz-Musiker. Live-Musik gibt es immer ab 23.30 Uhr. Aber nicht nur die Klänge kann man hören lassen. Auch die Küche ist durchaus zu empfehlen: Auf der umfangreichen Karte findet man Cordon bleu (8 CUC) ebenso wie „Paella Tumbadora" (12 CUC) und Langusten-Schwänze (18 CUC). Tägl. 12–2 Uhr. Paseo esquina 1ra.

Habana Café (22), der große Nachtclub des Luxus-Hotels „Meliá Cohiba", erinnert mit seinem Interieur sehr an die Locations von „Planet Hollywood", wie es sie in vielen deutschen Großstädten gibt. Mitten in den Raum hat man ein wunderschön restauriertes Chevrolet „gepflanzt", darüber schwebt an Stahlseilen ein einmotoriges Propeller-Flugzeug, an den Wänden hängen Fotografien von Cuba aus den 1940er und 1950er Jahren. Zu essen gibt es Kleinigkeiten wie Hamburger und Sandwiches, zu trinken was das Herz begehrt. Durchaus sehenswert ist die allabendliche Variete-Show, die hauptsächlich auf Touristen abzielt, mit dem „Tropicana" allerdings nicht mithalten kann. Im Eintritt von 5 CUC ist das erste Getränk enthalten. Tägl. 20–2.30 Uhr. Avenida Paseo e/ 1ra y 3ra. ℡ 8333636, 8344555, jefe.ventas.mco@solmeliacuba.com, www.solmeliacuba.com.

La Torre (4), die Nobel-Location im 33. Stock des Edificio FOCSA, verfügt nicht nur über ein elegantes Restaurant, sondern auch über eine schöne Bar, an der man mehr als 100 m über dem Malecón traumhafte Sonnenuntergänge beobachten oder zu vorgerückter Stunde auf das Lichtermeer Havannas blicken kann. Am besten tut man das mit einem Mojito (5 CUC) oder einem Gläschen Champagner (7 CUC) – nicht billig, aber jeden Cent wert. Tägl. 12–24 Uhr. Calle 17 e/ M y N, ℡ 8833089.

Fresa y Chocolate („Erdbeer und Schokolade") **(71)** ist benannt nach dem erfolgreichsten und international beliebtesten cubanischen Film aller Zeiten von Tomás Gutiérrez Alea und Juan Carlos Tabío aus dem Jahr 1994. Logisch, dass die Wände der Cafetería mit Kinoplakaten und Szenenfotos förmlich tapeziert sind. Und um dem Ruf als beste Kino-Kneipe Havannas gerecht zu werden, zeigt man im „Salón Video" von Di–So jeweils ab 17 Uhr verschiedene Streifen. Von Mi–So gibt es zudem immer um 22.30 Uhr abwechselnd Shows, Comedy und Live-Musik. Tägl. 10–24 Uhr. Calle 23 e/ 10 y 12, ℡ 8339278.

Cabaret Parisién (7) rangiert gleich hinter dem „Tropicana" – mindestens. Denn der Nachtclub des Hotels „Nacional de Cuba" präsentiert allabendlich nicht nur eine farbenfrohe Show mit 90 Sängern und Tänzern, die Bühne sieht auch immer wieder große Stars. Eartha Kitt trat hier ebenso auf wie Maurice Chevalier und Compay Segundo. Heute ist es in erster Linie die Nachfolger-Generation des „Buena Vista Social Club", die das Publikum in dem früheren, 280 Personen fassenden Ballsaal zu Begeisterungsstürmen hinreißt. Das Vergnügen beginnt bereits um 21 Uhr mit dem Dinner (optional), bevor eine Stunde später das bunte Spektakel beginnt. Die zweite Show folgt nach Mitternacht. Die Preise sind gestaffelt: Eintritt 35 CUC, Eintritt inkl. Begrüßungscocktail 40 CUC, Eintritt inkl. Cocktail und 1/4 Flasche Rum sowie zwei Erfrischungsgetränke 45 CUC, Eintritt inkl. Cocktail und Dinner 60 CUC. Tägl. 21–2 Uhr.

Vedado

Wenn es Nacht wird in Havanna, erwachen die Cabarets

Calle O esquina 21. ✆ 8363564-67, 🖷 8365171, 8363899, reserva@gcnacio.gca.tur.cu, www.hotelnacionaldecuba.com.

Rincón del Cine (7), die kleine Bar im Untergeschoss des Hotels „Nacional de Cuba", ist mit den prämierten Plakaten des alljährlich stattfindenden Lateinamerikanischen Filmfestivals dekoriert und erinnert so an all die großen Kinostars, die bereits daran teilnahmen, meist in dem Nobel-Hotel logierten und in der Bar auch gern ein Gläschen tranken. Zur Unterhaltung der Gäste hat man inzwischen eine 160-Zentimeter-Leinwand installiert, auf der Tag und Nacht Sportveranstaltungen und TV-Shows zu sehen sind. Dazu werden Snacks wie Hamburger und Sandwiches und natürlich (fast) alle Getränke dieser Welt serviert. Tägl. 24 Std. Calle O esquina 21. ✆ 8363564-67, 🖷 8365171, 8363899, reserva@gcnacio.gca.tur.cu, www.hotelnacionaldecuba.com.

Teatro Nacional de Cuba (74) der große, moderne Bau an der Plaza de la Revolución, ist unter anderem Spielstätte des berühmten cubanischen Staatsballetts und des Kinder-Theaters „La Colmenita". Außerdem treten immer wieder verschiedene ausländische Schauspiel-Gruppen auf. Das Haus verfügt über zwei große Bühnen, die „Sala Avellaneda" mit 2500 Plätzen und die „Sala Covarrubias" mit 800 Plätzen, benannt nach dem cubanischen Theater-Autor Francisco Covarrubias (1775–1850). Beide Säle sind mit modernster Licht- und Tontechnik ausgestattet, was nicht unwesentlich zur hohen Qualität der Aufführungen beiträgt. Das jeweilige Programm ist im Foyer angeschlagen, wo tägl. von 9–17 Uhr sowie an der Abendkasse Karten für 10 CUC erworben werden können. Paseo y 39, ✆ 8796011, 8785590, 8704145.

Teatro Amadeo Roldán (17) ist eine heiße Adresse für alle Liebhaber sowohl klassischer als auch moderner Musik. Denn das Theater aus dem Jahr 1922 ist zum einen das Konzerthaus des staatlichen cubanischen Symphonie-Orchesters, das immer sonntags um 17 Uhr auftritt, und zum anderen Veranstaltungsort diverser Festivals. Alljährlich Ende September, Anfang Oktober findet das „Festival de Música contemporánea" statt, bei dem zeitgenössische Klänge im Mittelpunkt stehen. Im November folgt das Jazz-Festival, bei dem auch viele junge Jazzer auftreten. Ebenfalls im November treffen sich in dem Theater zudem alle symphonischen Orchester Cubas zu großen Konzerten. Außerhalb dieser Events werden die Bühnen immer Fr–So um 18 Uhr (kleines Haus) und 20.30 Uhr (großes Haus) bespielt. Eintritt je nach Konzert, Stück oder Festival 5–10 CUC. Calle Calzada esquina D, ✆ 8324521.

Teatro Mella (47) benannt nach dem ermordeten Studentenführer Julio Antonio Mella, ist das Zuhause des berühmten Conjunto Folklórico Nacional de Cuba. Darüber hinaus präsentiert das 1952 eröffnete Haus allerdings bis heute täglich verschiedenste Musik-, Tanz- und Theateraufführungen. Avenida Línea 657 e/ A y B. ✆ 8335651, 8304987, 8335063, 8338696, tmella@cubarte.cult.cu.

Teatro Hubert de Blanck (35) wurde am 16. Oktober 1955 von den Musikwissenschaftlerinnen Olga de Blanck und Pilar Martín im Andenken an den Gründer des ersten Konservatoriums in Havanna eröffnet, dessen Namen es trägt. Viele namhafte Künstler, vorwiegend aus Lateinamerika, standen seitdem auf der Bühne, die 1999 mit dem cubanischen Theaterpreis ausgezeichnet wurde. Die Aufführungen in dem mit 267 Sitzplätzen eher kleinen Haus finden immer Fr+Sa um 20.30 Uhr sowie sonntags um 17 Uhr statt. Kinderstücke werden sonntags um 10.30 Uhr gezeigt. Calle Calzada e/ A y B, ✆ 8301011, thdeblanck@cubarte.cult.cu.

Teatro El Sótano (52), ein kleines Keller-Theater im früheren Hauptquartier der Truppe um die renommierte cubanische Sängerin und Schauspielerin Rita Montaner, bringt hauptsächlich etablierte Stücke auf die Bühne (Eintritt 5 CUC). Das Programm wechselt monatlich. Vorstellungen Di–Sa 20.30, So 17 Uhr, Kartenvorverkauf Di–Sa 17–20.30 Uhr. Calle K Nr. 514 e/ 25 y 27, ✆ 8320630.

Übernachten in Vedado (siehe Karte S. 242/243)

• *Hotels* ***** **Nacional de Cuba (8)**, landesweit die unumstrittene Nummer eins, ist seit der Einweihung am 30. Dezember 1930 mit seinen zwei Türmchen nicht nur ein Wahrzeichen Havannas, sondern zugleich das Vorzeige-Objekt der cubanischen Hotellerie, das seit 2003 alle Jahre wieder mit dem „World Travel Award" ausgezeichnet wird. Der Palast – anders kann man das stolze Bauwerk nicht bezeichnen – schmückt sich gerne mit den Namen weltberühmter Gäste wie Winston Churchill, Frank Sinatra, Ava Gardner und Johnny Weismüller (Tarzan wohnte in Suite 229), obwohl er das gar nicht nötig hat. Einrichtung und Ausstattung sprechen für sich und lassen an der Top-Exklusivität des Hauses keine Zweifel aufkommen. Es gibt 426 Zimmer, von denen 283 Standard-Doppelzimmer sind, 70 Doppelzimmer mit King-Size-Betten, 25 Einzelzimmer, 17 Triples, 17 Junior-Suiten, 12 Senior-Suiten, eine Royal-Suite und eine Präsidenten-Suite – Letztere für 1000 CUC pro Nacht. Natürlich sind die Räume mit jedem Komfort ausgestattet, den man sich denken kann. Und natürlich gibt es in dem Luxus-Hotel jede Menge Restaurants, Bars, Sporteinrichtungen und alle obligatorischen Touristen-Services. EZ 120 CUC, DZ 170 CUC, Triple 238 CUC, Suite 215–400 CUC, Royal-Suite 600 CUC, Präsidenten-Suite 1000 CUC inkl. Frühstück. Calle O esquina 21. ✆ 8363564-67, ✉ 8365171, 8363899, reserva@gcnacio.gca.tur.cu, www.gran-caribe.com.

***** **Meliá Cohiba (22)**, das supermoderne Top-Hotel der spanischen Meliá-Gruppe, verwöhnt seine Gäste nach allen Regeln der Kunst. Angefangen bei der Ankunft, wenn livriertes Empfangspersonal die Türen öffnet, über den grandiosen Blick von den luxuriösen Zimmern aus über den Malecón bis zum kulinarischen Angebot in vier Restaurants, einer Cafetería, fünf Bars und Salons – hier ist alles vom Feinsten. Das gilt auch für den großen, von Palmen gesäumten Swimmingpool, den man in dieser Güte selbst in einem noblen Stadt-Hotel eher nicht erwartet. Die Extravaganz setzt sich in den 462 mit allen Schikanen ausgestatteten Zimmern, darunter 30 Junior-Suiten, 45 Standard-Suiten und 15 Senior-Suiten mit mehr als 90 Quadratmetern, in jedem Detail fort. Letztere liegen in dem 22-stöckigen Haus in vier speziellen „Royal Service"-Etagen. Für die Gäste gibt es den ganzen Tag über (10–19 Uhr) einen kostenlosen Shuttle-Service in die historische Altstadt, Sportlern steht eine klimatisierte Squash-Halle zur Verfügung, Eltern freuen sich über die Kinderbetreuung. Alle übrigen obligatorischen Hotel-Services sind selbstverständlich. EZ 130–143 CUC, EZ-Junior-Suite 156–172 CUC, EZ-Suite 183–202 CUC, DZ 142–155 CUC, DZ-Junior-Suite 168–184 CUC, DZ-Suite 195–214 CUC, Triple 202–221 CUC, Triple-Suite 278–305 CUC, je nach Saison. Avenida Paseo e/ 1ra y 3ra. ✆ 8333636, ✉ 8344555, jefe.ventas.mco@solmeliacuba.com, www.solmeliacuba.com.

***** **Habana Libre (40)**, mit 137 m das zweithöchste Gebäude der Stadt, ist ein Haus mit Geschichte. Im Jahr 1958 als „Habana Hilton" eröffnet, machten nur ein Jahr

Nummer eins der cubanischen Hotellerie: das „Nacional de Cuba"

später nach ihrem triumphalen Einzug in Havanna Fidel Castro und seine Revolutionäre in dem Hotel Quartier und richteten hier auch vorübergehend ihr Hauptquartier ein. Seitdem trägt die Nobel-Unterkunft mitten in Vedado den Namen Habana Libre (Freies Havanna). Heute wird das mit 25 Stockwerken und 572 Zimmern höchste und größte Hotel der Hauptstadt von der spanischen Meliá-Gruppe geführt und bietet jeden Komfort. Es gibt vier Restaurants, vier Bars, einen Coffee-Shop, einen Swimmingpool auf einer Dachterrasse, eine Diskothek, eine große Shopping-Passage und für alle Geschäftsreisenden neun Konferenzräume und Sekretariatsservice. Die Zimmer, 289 mit Meerblick und 283 mit Stadt- und Meerblick, darunter auch 32 Junior-, 4 Senior-, 3 Präsidenten-Suiten, sind natürlich alle sehr komfortabel und modern eingerichtet. Sie verfügen standardmäßig über Klimaanlage, Satelliten-TV, Safe. DZ 200 CUC, Junior-Suite 300 CUC, Suite 660 CUC inkl. Frühstück. Calle L e/ 23 y 25. ✆ 554011, 662181, ✆ 333141, 333804, reservas1.thl@solmeliacuba.com, www.solmeliacuba.com.

**** **Presidente (1)**, zwischen 1925 und 1927 erbaut, war einst das erste Hochhaus Havannas und beherbergte seitdem zahlreiche hochgestellte Persönlichkeiten aus aller Herren Länder. Dennoch: Es liegt irgendwie dazwischen, gerade noch in Vedado, noch nicht ganz in Miramar, jedenfalls von allen Sehenswürdigkeiten eine – wenn auch kurze – Taxifahrt entfernt. Die 160 edlen Zimmer, darunter 2 Präsidenten-Suiten und 2 Junior-Suiten, bieten jeglichen Komfort wie Klimaanlage, Safe, Telefon, Satelliten-TV, Audio-System und Minibar. Das Haus verfügt über einen Swimmingpool, ein Buffet-Restaurant, das Gourmet-Restaurant „Chez Merito", mehrere Bars sowie das „Gran Café". EZ 90 CUC, DZ 140 CUC, Triple 202 CUC inkl. Frühstück, je nach Saison. Calle Calzada 110 esquina Avenida de los Presidentes. ✆ 551801-04, ✆ 33375, comerc@hpdte.gca.tur.cu.

**** **Victoria (19)**, ein kleines, elegantes, zentral gelegenes Haus in fußläufiger Entfernung von der Rampa und anderen Sehenswürdigkeiten in Vedado, hat seit seiner Eröffnung 1941 ebenfalls viel Prominenz gesehen. Marlon Brando logierte hier, Errol Flynn, Nicolás Guillién und der spanische Literatur-Nobelpreisträger Juan Ramón Jiménez. Die 31 gut ausgestatteten Zimmer des Hauses sind auch eine wirklich ausgezeichnete Wahl. Zudem gibt es – in dieser Lage nicht selbstverständlich – einen Swimmingpool. EZ 55–65 CUC, DZ 70–90 CUC, Triple 98–126 CUC, Junior-Suite 130

CUC, je nach Saison. Calle 19 e/ L y M, ✆ 8333510, 8333109.

**** Riviera (11) liegt unmittelbar am Malecón und gilt als Havannas Symbol der 1950er Jahre – wohl, weil es damals von einem US-amerikanischen Mafia-Boss erbaut wurde und zu jener Zeit (einmal!) auch die berühmte Schauspielerin und Tänzerin Ginger Rogers zu seinen Gästen zählen durfte. Heute weist man zwar noch immer gern auf die Bühnen-Partnerin von Fred Astaire hin, ansonsten erinnert aber nichts mehr daran, dass das Hotel bereits 1950 eröffnet wurde. Vielmehr gilt das Riviera inzwischen als eines der Hotels mit dem besten Preis-/Leistungsverhältnis, in dem das Personal auf Kundenservice getrimmt wurde – vom Zimmermädchen bis zum Oberkellner. Und auch die 352 Zimmern halten strengen Blicken stand. Mit Klimaanlage, Safe, Telefon, Satelliten-TV und Minibar ausgestattet, verfügen alle auch über einen Balkon oder eine Terrasse mit Blick aufs Meer und den Malecón. Im Haus selbst gibt es die obligatorischen Einrichtungen, besonders stolz ist man auf den großen Swimmingpool und sein „Copa Room"-Cabaret, in dem täglich Shows und Konzerte stattfinden. EZ 69–81 CUC, DZ 100–125 CUC, Triple 142–178 CUC inkl. Frühstück, je nach Saison. Avenida Paseo esquina Malecón. ✆ 2040575, www.gran-caribe.com.

*** St. John's (34) ganz in der Nähe von Havannas Nightlife-Drehscheibe der Rampa, ist ein übersichtliches, familiäres und durchwegs solides Haus. Die diversen Einrichtungen des Hauses sind kategoriegerecht, die 86 modern ausgestatteten Zimmer bieten Klimaanlage, Telefon und Satelliten-TV. Großer Pluspunkt: Auf dem Dach gibt es einen, wenn auch kleinen, Swimmingpool. Aushängeschild des Hotels ist allerdings sein Cabaret im obersten Stockwerk, der renommierte Nachtclub „Pico Blanco", besser bekannt unter dem Namen „Ricón del Feeling", frei übersetzt „Schmuseecke". EZ 50–56 CUC, DZ 67–80 inkl. Frühstück, je nach Saison. Calle O Nr. 206e/ 23 y 25. ✆ 8333740, ✆ 8333561, jrecepci@st johns.gca.tur.cu.

*** Vedado (31) wurde im Jahr 2000 zwar komplett renoviert, macht allerdings trotzdem einen etwas „angestaubten" Eindruck. Das Hotel befindet sich mitten im touristischen Zentrum Vedados – Malecón, Rampa, „Coppelia" sowie viele Restaurants, Bars und Kneipen liegen quasi vor der Haustür. Natürlich verfügt das Haus auch selbst über entsprechende Einrichtungen und bietet darüber hinaus Swimmingpool, Fitness-Raum, Sauna, Massagesalon, Souvenirgeschäft und eine kleine Kunstgalerie. Die 199 Zimmer sind nicht die tollsten, aber akzeptabel, die Preise dafür angemessen. EZ 50–56 CUC, DZ 67–80 CUC Triple 94–112 CUC, je nach Saison. Calle O e/ 23 y 25. ✆ 8364072, 8364073, ✆ 8344186, comercial@vedado.hor.tur.cu.

** Colina (49) ist ein einfacheres Haus in der zentralen Calle L zwischen Universität und „Habana Libre", zur Rampa sind es nur wenige Schritte. Die 60 Zimmer sind nicht super-modern, aber klimatisiert und mit Telefon, Safe und Satelliten-TV ausgestattet. Das Hotel bietet Internet-Ecke, Autovermietung, Tourist-Info, Restaurant, Bar sowie die 24-Stunden-Cafetería „Portal Colina". EZ 40–46 CUC, DZ 50–60 CUC, Triple 65–78 CUC inkl. Frühstück, je nach Saison. Calle L esquina 27, ✆ 8364071.

•*Casas particulares* **Casa Teresa Ortega (60)** ist eines jener -Quartiere, das sich von zehn möglichen Punkten wirklich alle verdient. Die beiden Zimmer sind eigentlich sehr schöne Appartements, in denen es sogar eine kleine Küche und eine Essecke gibt. Darüber hinaus sind sie mit Kühlschrank, TV, Klimaanlage, Ventilator und separaten Bädern ausgestattet. Für die Autos der Gäste gibt es eigene Parkplätze. DZ 25 CUC. Calle 27 Nr. 256 e/ J y K, ✆ 8328221.

Casa Angelita y Digna (59) vermietet neben der Casa Terasa Ortega in absolut ruhiger Lage zwei völlig unabhängige Appartements, die mit kleiner Küche, Bad, Klimaanlage, Ventilator, SW-TV und Kühlschrank ausgestattet sind. Jeden Tag werden die Zimmer geputzt, die Betten frisch bezogen und die Handtücher gewechselt – was will man mehr? Parken kann man direkt vor der Haustür, zum „Habana Libre" oder zur „Coppelia" sind es gerade einmal fünf Gehminuten. DZ 25–30 CUC, je nach Saison. Calle 27 Nr. 254 e/ J y K. ✆ 8324737, angela_hid@yahoo.es.

Casa Joaquín y Christel (51) befindet sich gegenüber vom Hotel „Colina" an der viel befahrenen Calle L. Die zwei Appartements liegen damit zwar sehr zentral, sind allerdings nicht unbedingt als ruhig zu bezeichnen. Ausgestattet sind die Gästezimmer mit allem gängigen Komfort. DZ 25–30 CUC, je nach Saison. Calle L Nr. 502 e/ 27 y 27 de Noviembre, ✆ 8316556.

Casa Dr. Alberto Cárdenas y Mirian (54) liegt recht zentral in Uni-Nähe und hat nicht zuletzt deshalb immer wieder ausländische Studenten zu Gast. Vermietet wird ein sehr ordentliches Zimmer mit Klimaanlage, Kühlschrank, TV und eigenem Bad. Was aber viel schwerer wiegt: Mirian ist eine „Seele" und Alberto, Arzt am Krankenhaus, hilft schon beim kleinsten Wehwehchen. DZ 25 CUC. Calle San Lázaro 1156 e/ Infanta y N. ✆ 8781693, ✆ 052813705 (mobil).

La Casa Capitolio (70) in einem Wohnbezirk von Vedado ist eine Nobel-Unterkunft, die aufgrund von Lage, Ausstattung und Service jedem Hotel Konkurrenz macht. Das große Appartement mit eigenem Eingang, Klimaanlage, Kühlschrank, TV, Küche und zwei großen Schlafzimmern ist ideal für Familien. Innerhalb des eingezäunten Grundstücks steht für die Gäste zudem ein Parkplatz zur Verfügung. Mietet man das komplette Appartement, zahlt man 50 CUC, braucht man nur ein Zimmer 25 CUC. Calle 13 Nr. 1159 e/ 16 y 18, ✆ 8319251.

Casa Eloisa (50), ein grün-weißes Kolonialhaus in einem schön eingewachsenen Garten, verfügt über zwei Gästezimmer, die mit Klimaanlage, Kühlschrank, Stereoanlage, TV und Bad ausgestattet sind. Auf ihrem Schild verspricht Señora Eloisa „Gourmet-Meals", für die sie gerade einmal 4 CUC (Frühstück) bzw. 6 CUC (Abendessen) nimmt. DZ 25–30 CUC, je nach Saison. Calle Jovellar 305 e/ M y N. ✆ 8783488, eloisamn@yahoo.es.

Casa Familia Villazón (42) schräg gegenüber der indischen Botschaft war sicherlich einmal eine Traumvilla. Inzwischen wirkt das Gebäude mit seinen hohen Räumen und den Stuckdecken etwas mitgenommen. Dennoch: Das mit Klimaanlage, Ventilator, Kühlschrank und eigenem Bad ausgestattete Gästezimmer ist akzeptabel, zumal auch eine Dachterrasse, kleine Küche und ein Speisezimmer dazugehören, in dem hoffentlich nicht in weiser Vorahnung – eine Kopie des Gemäldes „Das letzte Abendmahl" von Leonardo da Vinci hängt. DZ 30 CUC. Calle 21 Nr. 203 e/ J y K, ✆ 8321065.

Casa Serafin Pino (53) liegt ganz in der Nähe des „Habana Libre" und damit mittendrin in Vedado. Das ältere Ehepaar vermietet ein hübsches Gästezimmer im obersten Stockwerk eines älteren Gebäudes mit Klimaanlage, Kühlschrank und – nicht unwichtig – eigenem Eingang. DZ 25 CUC. Calle 25 Nr. 417 (bajos) e/ J y K, ✆ 8322631.

Casa Magda Almarales und **José Antonio Pérez (57)** vermieten zwei komfortable Zimmer zwischen Calle 23 und Universität. Die Räume sind ausgestattet mit Klimaanlage, Kühlschrank, Ventilator, Stereoanlage und schönem, antiken Mobiliar, im Bad findet man sogar ein Bidet. Frühstück auf Wunsch. DZ 25 CUC. Calle K Nr. 508 (bajos) e/ 25 y 27, ✆ 832369.

Casa Marina Madan Bugarín (57) befindet sich in der 1. Etage des gleichen Gebäudes oberhalb der Casa von Magda und José. Die beiden Zimmer sind sauber wie das ganze Haus, haben Klimaanlage, Ventilator und sind mit schönen Möbeln eingerichtet. In den Bädern gibt es ebenfalls Bidets. DZ 25–30 CUC, je nach Saison. Calle K Nr. 508 (altos) e/ 25 y 27, ✆ 8321629.

Unterwegs in Vedado

Rund um das Hotel Nacional de Cuba

Hotel Nacional de Cuba: Das Prestige-Objekt der cubanischen Hotellerie ist weit mehr als ein normales Hotel: es ist Wahrzeichen der Stadt, Treffpunkt von Stars und Sternchen aus aller Welt, Bühne für berühmte in- und ausländische Künstler sowie – ganz nebenbei – eine der teuersten Herbergen des Landes mit dem wohl edelsten Restaurant Cubas, dem „Comedor de Aguiar". Außerdem kann das am 30. Dezember 1930 eröffnete Haus auf eine lange Geschichte verweisen, die eng mit der des Landes verknüpft ist. So putschte sich hier im August 1933 der damalige Unteroffizier und spätere Diktator Fulgencio Batista gegen seinen Vorgänger Gerardo Machado an die Macht. Und nur zwei Monate später wurden an gleicher Stelle mehrere hundert nach dem Staatsstreich entlassene Armee-Offiziere erschossen, nachdem sie sich in dem Hotel verschanzt hatten, in der Hoffnung, der zu diesem Zeitpunkt im „Nacional" logierende US-Botschafter Sumner Wells würde ihnen helfen. Er tat es nicht, die Soldaten des Diktators eröffneten das Feuer. Die Nobel-Herberge erlebte aber auch schöne Tage, als sich in den 1950er Jahren

Hollywood-Stars und Las-Vegas-Legenden die Klinke in die Hand gaben. Nat King Cole stieg hier ebenso ab wie Frank Sinatra, Ava Gardner, Toshiro Mifune, Buster Keaton, Errol Flynn und Marlon Brando. Heute logieren in dem Fünf-Sterne-Haus auch Touristen-Gruppen – mit dem nötigen Kleingeld, denn 170 CUC für ein Doppelzimmer muss man schon hinblättern, wenn man wenigstens einmal in Cubas berühmtestem Hotel genächtigt haben will. Aber auch wer hier nicht wohnt, sollte das Haus zumindest kurz besichtigen – und sei es nur wegen des „Pozo del Deseo", des Wunsch-Brunnens links vom Haupteingang. Eine Legende erzählt nämlich, dass jeder Wunsch in Erfüllung geht, wenn man seine Hand über den Rand des Brunnens hält.

Calle O esquina 21. ✆ 8363564-67, 8365171, 8363899, reserva@gcnacio.gca.tur.cu, www.hotelnacionaldecuba.com.

Cueva Taganana: Die Taganana-Höhle unter dem gleichnamigen Hügel, auf dem heute das Hotel „Nacional de Cuba" steht, ist ein Ort, an dem sich Legenden und historische Wahrheit verbinden. In der Höhle soll nämlich im 16. Jahrhundert ein alter Indio namens Taganana gelebt haben, der Cirilio Villaverde, den bedeutendsten Schriftsteller des kolonialen Cubas, zu einer seiner Erzählungen inspiriert hatte. Zum anderen wurde das Tunnelsystem im Oktober 1962 während der Cuba-Krise von Fidel Castro als strategischer Punkt benutzt, von dem aus die Stadt bei einem US-amerikanischen Angriff mit Luftabwehrraketen verteidigt werden sollte. Gezeigt werden in der Höhle außerdem verschiedene archäologische Funde, die die Denkmalpfleger bei ihren Ausgrabungen fanden. Anmeldungen für Besichtigungen, die dreimal täglich stattfinden, nimmt die Rezeption des Hotels „Nacional de Cuba" entgegen. Immer mittwochs und samstags um 21.30 Uhr finden in der Höhle zudem Konzerte mit traditioneller cubanischer Musik statt.

Eintritt frei, Führung Mo–Sa 10, 15 + 17 Uhr (ca. 45 Min.). Calle O esquina 21. ✆ 8363564-67, 8365171, 8363899, reserva@gcnacio.gca.tur.cu, www.gran-caribe.com.

Plaza Antiimperialista José Martí: Der Platz unmittelbar neben der Ständigen Vertretung der USA in Havanna – seit dem Abbruch der diplomatischen Beziehungen zwischen beiden Ländern im Jahr 1961 gibt es keine US-Botschaft mehr – erinnert mit seinen mit Scheinwerfern versehenen Stahlgerüsten an den Bühnenaufbau bei Rock-Konzerten in Sportstadien. Das Auditorium wurde im Jahr 2000 in aller Eile geschaffen, als die Auseinandersetzung zwischen Cuba und den USA um Elián González ihren Höhepunkt erreicht hatte und Staatspräsident Fidel Castro den Vereinigten Staaten in flammenden Reden immer wieder Kindesentführung vorwarf – natürlich bewusst neben der Ständigen Vertretung der USA, um den Ernst der Lage Auge in Auge mit dem Klassenfeind deutlich zu machen. Fast unnötig zu erwähnen, dass man den Platz wenige Meter östlich des Hotels „Nacional de Cuba" mit den typischen Kampfparolen „Venceremos!" („Wir werden siegen!"), „Patria o Muerte!" („Vaterland oder Tod!") und „Gloria eterna a los Mártires" („Ewiger Ruhm für die Märtyrer") versehen hat, auf dass sie die Amerikaner gar nicht übersehen können. Zwischen der Plaza Antiimperialista und der Ständigen Vertretung der USA hat man überdies 138 große schwarze Flaggen mit weißem Stern gehisst, die an die 138 Helden erinnern sollen, die von den USA im Lauf der Jahre getötet wurden. Die Farbe Schwarz steht dabei für die Opfer, der weiße Stern für das cubanische Vaterland. Mindestens ebenso sehenswert sind die vielen Plakate, die entlang der US-amerikanischen Interessensvertretung am Malecón aufgestellt wurden und die zum Teil nicht einer gewissen Ironie entbehren. Außer der Tatsache, dass US-

Vedado – Rund um das Hotel Nacional de Cuba

Präsident George W. Bush darauf als Mörder dargestellt und mit Adolf Hitler gleichgesetzt wird, zeigt ein wirklich witziges Cartoon einen cubanischen Revolutionär, der einem vor Angst schlotternden Uncle Sam über das Meer hinweg zuruft: „Meine Herren Imperialisten, wir haben überhaupt keine Angst vor euch!" Fotografieren kann man das Plakat, das ein wenig an das sprichwörtliche Pfeifen im Walde erinnert, übrigens nur von der gegenüberliegenden Straßenseite. Der gesamte Block um die Ständige Vertretung der USA ist hermetisch abgeriegelt, alle 20 Meter ist ein Polizist postiert, um zu verhindern, dass sich Cubaner auf US-amerikanisches Hoheitsgebiet flüchten.
Calle Calzada e/ L y M, ✆ 8333551-59.

Denkmal für US-Soldaten

Monumento a las Victimas del Maine: Das Denkmal am Malecón unterhalb des Hotels „Nacional de Cuba" erinnert an die 260 Seeleute, die am 15. Februar 1898 bei einer Explosion an Bord der „USS Maine" ums Leben kamen. Der US-amerikanische Panzerkreuzer war während des Zweiten Unabhängigkeitskrieges nach Cuba abkommandiert worden, um die Interessen der USA wahrzunehmen. Die Sprengung des Schiffs war für die Vereinigten Staaten natürlich ein gefundenes Fressen: sie machten die Spanier für die Sabotage verantwortlich, traten in den Krieg ein und besiegten die Kolonialmacht zusammen mit der cubanischen Widerstandsbewegung binnen weniger Monate. Bis heute hält sich nicht zuletzt deshalb hartnäckig das Gerücht, dass die Amerikaner die Bomben selbst zündeten, um so einen Grund zu haben, die Spanier aus dem Land zu jagen und Cuba unter ihre Kontrolle zu bringen. Das auf den Tag genau 28 Jahre später am 15. Februar 1926 enthüllte Denkmal besteht aus zwei griechischen Marmor-Säulen, an deren Seiten zwei der großen, inzwischen verrosteten Kanonen der „Maine" liegen, um die die Ankerkette des Schiffes geschlungen ist. Eine Bronzetafel listet die Namen aller gefallenen Soldaten auf.
Malecón y Calzada.

Hotel Habana Libre: Das nach dem Denkmal für José Martí mit 137 Metern zweithöchste Gebäude der Stadt wurde 1958 als „Habana Hilton" eröffnet, nach dem Sieg der Revolution nur wenige Monate später aber umbenannt. Wichtige Konferenzen mit Fidel Castro und Ernesto Che Guevara fanden damals in dem Hotel statt, in dem sie sich nach ihrem Einzug in Havanna vorübergehend einquartiert hatten. Anfang der 1970er Jahre war das Haus Kulisse für einen Teil der Innendrehs zu dem Oscar-prämierten Hollywood-Klassiker „The Godfather" („Der Pate"). Hauptdarsteller Marlon Brando zog es damals allerdings vor, im nahe gelegenen, aber deutlich exklusiveren Hotel „Nacional de Cuba" abzusteigen. Eines ist ihm

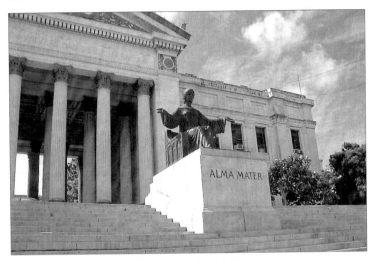

Eine 88-stufige Freitreppe führt zur „Denkfabrik" Havannas

dadurch allerdings entgangen: der Blick vom Nachtclub „El Turquino" in der 25. Etage über das Lichtermeer von Havanna.
Calle L e/ 23 y 25. ✆ 554011, 662181, 333141, 333804, reservas1.thl@solmeliacuba.com, www.solmeliacuba.com.

Galería Ciudades del Mundo: Die kleine Kunstgalerie an der Seite des Hotels „Habana Libre" präsentiert in ihren drei Schauräumen das ganze Jahr über Gemälde und Fotos ausländischer wie inländischer Künstler. Insgesamt gibt es jährlich zwischen sieben und zehn durchaus sehenswerte Wechselausstellungen.
Mo–Fr 8.30–17 Uhr. Eintritt frei. Calle 25 Nr. 307 esquina L, ✆ 8326062.

Coppelia: Das inzwischen weltberühmte Eiscafé am höchsten Punkt der Rampa, in dem Tomás Gutiérrez Alea und Juan Carlos Tabío ihren Kino-Erfolg „Fresa y Chocolate" („Erdbeer und Schokolade") beginnen lassen, ist ein Muss. Auch wenn man den futuristischen Bau aufgrund seiner Lage in einem parkähnlichen Gelände vielleicht nicht auf den ersten Blick sieht, man wird ihn sofort orten – wegen der Schlange stehenden Cubaner, die vor den Eingängen wegen zwei Kugeln Eis auf Einlass warten. Der Grund dafür bleibt Ausländern verborgen: Man kann die Eissorten nur bedingt wählen, muss nehmen, was da ist, wird mit wildfremden Menschen an einem Vierertisch platziert, von mürrischem Personal bedient, isst mit dünnen Blechlöffeln, zahlt allerdings gerade einmal ein paar Cent. Ein völlig konträres Bild bietet die daneben liegende „Sodería Coppelia", das Devisen-Café, in dem Cubaner meist ausgesperrt bleiben, außer sie verfügen über konvertible Pesos: eine breite Auswahl an Eissorten, natürlich freie Platzwahl, wesentlich freundlicherer Service, und Menschenschlangen gibt es auch nicht. Nur an wenigen Orten Havannas wird der Unterschied zwischen Arm und Reich deutlicher.
Di–So 11–22.30 Uhr, Sodería tägl. 24 Std. Calle 23 esquina L, ✆ 8327821.

Museo Casa de Abel Santamaría: Die frühere Wohnung des Untergrundkämpfers, die man nach dem Sieg der Revolution ohne viel Federlesens zu einer Sehenswürdigkeit erklärt hat, ist eines der bemerkenswertesten Museen Vedados. In dem kleinen Appartement in der sechsten Etage eines heute noch genutzten Wohnhauses diskutierten Abel Santamaría zusammen mit seiner Schwester Haydée, Fidel Castro und einigen Gleichgesinnten während der Batista-Diktatur die ausweglose Situation Cubas. Von hier aus organisierten sie auch den Widerstand, hier planten sie schließlich den Überfall auf die Moncada-Kaserne am 26. Juli 1953, weshalb ihre Gruppe auch kurz „M 26-7", für „Movimiento 26-7" („Bewegung 26. Juli"), genannt wurde. Seit Abel Santamaría zwei Tage davor seine Wohnung verließ, um nach Santiago de Cuba zu reisen, wurde nichts mehr verändert. Bücher, Möbel, Kühlschrank – alles ist im Originalzustand erhalten. Selbst der Abreißkalender aus dem Jahr 1953 zeigt noch heute den 24. Juli. Abel Santamaría kehrte nie zurück. Nachdem der Überfall fehlgeschlagen war, wurde er noch an Ort und Stelle festgenommen und auf Befehl Batistas zu Tode gefoltert.

Tipp für Besucher: Wenn die Haustüre geschlossen ist, einfach warten. Da das Haus von vielen Parteien bewohnt ist und ständig Betrieb herrscht, dauert es allenfalls ein paar Minuten, bis irgendjemand raus oder rein möchte. In das sechste Geschoss kommt man mit einem (etwas abenteuerlichen) Aufzug.

Mo–Fr 10–16, Sa 10–13 Uhr. Eintritt frei. Calle 25 Nr. 164 App. 603 e/ O y Infanta, ✆ 8350891.

Rund um die Universidad de La Habana

Universidad de La Habana: Die Universität Havannas hat schon einige Jährchen auf dem Buckel. Am 21. September 1721 gegründet, war sie zu jener Zeit die dritte in dem von den Spaniern beherrschten Teil der Karibik und die 16. in ganz Lateinamerika. Damals befand sich mitten in der Altstadt im Kloster von San Juan de Letrán in der Calle O'Reilly und war sowohl weltliche als auch kirchliche Hochschule. Dies änderte sich erst am 24. August 1842 als man sie im Zeichen der Säkularisation zu einer königlichen und literarischen Einrichtung machte. An ihren heutigen Standort auf den Aróstegui-Hügel Vedados, den man inzwischen ganz profan zum Uni-Hügel umfirmiert hat, zog die Hochschule am 1. Mai 1902. Davor waren die Räumlichkeiten, die bis dahin von den Feuerwerkern des spanischen Militärs benutzt worden waren, aufwändig und stilvoll renoviert worden. Die Ausgestaltung lag in den Händen des Künstlers Armando Menocal y Menocal, der sieben Fresken malte, die die Medizin, die Wissenschaft, das Denken, die Kunst im Allgemeinen, die schönen Künste, die Literatur und die Rechte darstellen sollen und in der „Aula Magna" zu sehen sind. Das Auditorium maximum entstand zwischen 1906 und 1911, die Bronze-Statue der „Alma Mater", die noch heute in der Mitte der 88-stufigen Freitreppe zum Haupteingang steht, noch später. Der tschechisch-cubanische Künstler Mario Korbel schuf sie im Jahr 1919 nach dem Vorbild von zwei völlig unterschiedlichen Modellen. Während er den Körper nach einer stämmigen Mestizin aus Havanna anfertigte, gestaltete er Kopf, Hals und Gesicht nach den Zügen der damals 16-jährigen Chana Villalón, der Tochter von José Ramón Villalón y Sánchez, einem Professor der Universität für mathematische Analysen. Diese wiederum heiratete später den Jura-Professor Juan Manuel Menocal, in dessen Vorlesungen Fidel Castro in den 1940er Jahren saß. Heute sind an der Universität von Havanna mit ihren 15 Fakultäten und 14 Forschungszentren rund 30.000 Studenten eingeschrieben.

Calle L esquina San Lázaro, www.uh.cu.

Museo Antropológico Montané: Das anthropologische Museum der Universität im Obergeschoss des dortigen Gebäudes „Felipe Poey" wird seinem Namen nur zum Teil gerecht, denn es befasst sich keineswegs mit der Gesamtheit der Wissenschaft vom Menschen. Vielmehr entstammt die durchaus bemerkenswerte Sammlung dem Fachgebiet der Kulturanthropologie. Macht aber nichts – volkskundlich interessierte Besucher sehen in dem 1903 gegründeten Museum eine umfangreiche Kollektion präkolumbischer Kunst. Bedeutendstes Stück ist eine aus Holz geschnitzte Tabak-Gottheit aus dem zehnten Jahrhundert, die bei Ausgrabungen in Guantánamo gefunden wurde. Darüber hinaus sind viele Gebrauchsgegenstände der Urbevölkerung Cubas ausgestellt sowie Mumien, Schädelknochen und frühzeitlicher Schmuck.

Mo–Fr 9–12 + 13–16 Uhr. Eintritt 1 CUC. Calle L esquina San Lázaro, ✆ 8793488.

Museo de Historia Natural: Das älteste naturhistorische Museum Cubas aus dem Jahr 1874 befindet sich ebenfalls in dem über einen wunderschön schattigen Innenhof zu betretende Uni-Gebäude „Felipe Poey", dort allerdings im Erdgeschoss gegenüber der Bibliothek. Die Exponate – natürlich in erster Linie präparierte Pflanzen und ausgestopfte Tiere – wurden zum Teil schon im 19. Jahrhundert konserviert. Neben einer kompletten Sammlung aller Reptilien, Vögel und Säugetiere, die im Land vorkommen, ist auch ein Wal ausgestellt, der sich irgendwann an die Küsten Cubas verirrt hatte, dort gestrandet und verendet war.

Mo–Fr 9–12 + 13–16 Uhr. Eintritt 1 CUC. Calle L esquina San Lázaro, ✆ 8793488.

Monumento Julio Antonio Mella: Das Denkmal für den populären Studentenführer und Mitbegründer der Kommunistischen Partei Cubas befindet sich am Fuß der großen Freitreppe zur Universität – es besteht aus schiefen Betonstelen, die auf einer schräg abfallenden Plattform aufgestellt sind. An der Hauptsäule prangt unter einem einfachen Bronzeschild, das nur den Namen „Mella" trägt, der Satz „Kämpfen für die soziale Revolution in Amerika ist keine Utopie von Verrückten oder Fanatikern. Es ist Kämpfen für den nächsten Schritt in der voranschreitenden Geschichte." Rechts neben dem stilisierten Trümmerfeld steht in Kniehöhe eine kleine Bronzebüste Mellas, an der viele Cubaner immer wieder Blumen niederlegen. Auch Hochzeitspaare drücken ihre Verehrung für den Studentenführer vielfach dadurch aus, dass sie den Brautstrauß hierher bringen. Julio Antonio Mella, wegen seiner irisch-dominikanischen Abstammung mit bürgerlichem Namen eigentlich Nicanor McPartland, gilt bis heute als heldenhafter Vor-Revolutionär. Am 25. März 1903 in Havanna geboren, wurde er 1923 zum Vorsitzenden des cubanischen Studentenverbandes FEU (Federación de Estudiantes Universitarios) gewählt, wurde 1924 Mitglied der Kommunistischen Gruppe von Havanna, Vorsitzender der „Antiklerikalen Vereinigung" und Führer der Protestbewegung gegen den Besuch des Schiffes „Italia" aus dem faschistischen Italien. Nur ein Jahr später war er Mitbegründer der „Antiimperialistischen Amerikanischen Liga" und zusammen mit Carlos Baliño Gründer der Kommunistischen Partei Cubas. Daraufhin wurde er von der Polizei des Diktators Gerardo Machado verhaftet, wegen angeblicher „terroristischer Taten" angeklagt, wenige Wochen später allerdings auf freien Fuß gesetzt. Im Januar 1926 floh er vor Morddrohungen des Machado-Regimes nach Mexiko, wo er sich immer wieder gegen die Vorherrschaft der USA in Lateinamerika zu Wort meldete. Am 10. Januar 1929 wurde Mella in Mexiko-City auf offener Straße erschossen. Nachdem man zunächst erfolgreich versucht hatte, den Mord seiner Lebensgefährtin, der italienischen Fotografin Tina Modotti, in die Schuhe zu schieben, die daraufhin in Mexiko zur unerwünschten Person erklärt worden war, wurden die wahren Attentäter zwei Jahre später ermittelt. Es waren Agenten

Vedado – Rund um die Plaza de la Revolución 263

von Diktator Machado. Bis heute findet sich das Konterfei Mellas neben jenen von Ernesto Che Guevara und Camilo Cienfuegos auf dem Emblem des Kommunistischen Jugendverbands Cubas UJC.
Calle San Lázaro esquina Neptuno.

Museo Napoleónico: Das napoleonische Museum ist in der früheren Residenz des italienischen Anwalts und Politikers Orestes Ferrara y Marino untergebracht, der seine Villa Ende der 1920er Jahre im Stil eines florentinischen Renaissance-Palastes aus dem 16. Jahrhundert erbauen ließ. Mit seinen mehr als 7400 Kunstwerken aus der Zeit des französischen Kaisers, die in der Mehrheit aus dem Besitz des Multimillionärs Julio Lobo Olavarria stammen, ist es weltweit eines der fünf bedeutendsten seiner Art. Unter den zahlreichen Exponaten ist die Totenmaske von Napoleon Bonaparte, die ihm sein Leibarzt Dr. Francesco Antommarchi abnahm, wohl das interessanteste Stück. Darüber hinaus präsentiert die 1961 eröffnete Ausstellung, die sich auf vier Etagen erstreckt, allerdings auch viele andere sehenswerte Gegenstände. Während im ersten Obergeschoss hauptsächlich Möbel, Waffen und Gemälde gezeigt werden, darunter „Bonaparte auf dem Schlachtfeld von Boulogne" von Jean-Baptist Regnault sowie „Die Schlacht von Waterloo", sind in der zweiten Etage Einrichtungsgegenstände aus der kaiserlichen Villa von Prangins und eine Reihe von Porträts der Familie Bonapartes zu sehen. Persönliche Gegenstände des kleinen, großen Korsen sind im dritten Obergeschoss ausgestellt, wie etwa seine Pistolen aus der Schlacht um das russische Borodino, der berühmte Zweispitz sowie das Fernglas, das er auf St. Helena benutzte. Ganz oben, unter dem Dach, findet man unter einer reich verzierten Decke aus Zedernholz in kostbaren Mahagoni-Regalen die Bibliothek des Hauses, die mehr als 4000, zum Teil sehr seltene Bücher über Napoleon umfasst.
Di–Sa 9–16.30, So 9–12 Uhr. Eintritt 3 CUC, Führung 2 CUC, Fotoaufnahmen 2 CUC, Videoaufnahmen 10 CUC. Calle San Miguel 1159 esquina Ronda. ℡ 8791460, ℡ 8791412, musnap@cubarte.cult.cu.

Quinta de los Molinos: Der weitläufige Park an der Avenida Carlos III mit seiner Kolonialvilla hat eine wechselhafte Geschichte hinter sich: Bis zum Jahr 1791 drehten sich hier die Mühlen, die das spanische Königshaus mit Schnupftabak belieferten (daher auch der Name Molinos – Mühlen). Später war die Villa Sommerresidenz der Gouverneure Cubas, in die 1899 nach dem gewonnenen Befreiungskampf General Máximo Gómez einzog. Schließlich fungierte die Anlage als botanischer Garten der Universität, heute ist sie Sitz der „Asociación Hermanos Saíz", der Nachwuchsorganisation des cubanischen Schriftstellerverbandes. Geblieben sind einige Statuen inmitten üppiger Vegetation und ein kleines Museum, das an den großen General der cubanischen Unabhängigkeitskriege erinnert. Allerdings beschränkt sich die Sammlung mehr oder weniger auf Fotografien des Feldherrn und eine Landkarte, auf der seine Schlachten eingezeichnet sind.
Di–Sa 9–17, So 9–12 Uhr. Eintritt 1 CUC. Avenida Carlos III e/ Infanta y G, ℡ 8798850.

Rund um die Plaza de la Revolución

Plaza de la Revolución: Rund um den 45.000 Quadratmeter großen Aufmarschplatz zu Füßen des Denkmals für José Martí schlägt das politische Herz Cubas: Das Innenministerium, leicht zu erkennen an dem stilisierten Che Guevara-Porträt an seiner Fassade, der Palacio de la Revolución, in dem Fidel Castro früher sein Büro hatte, das Verteidigungsministerium und das Zentralkomitee der Kommunistischen

Partei PCC flankieren seine Seiten. Doch nicht allein dies begründet den Ruf des Platzes – in erster Linie ist er für die Massenveranstaltungen zu Jahrestagen wie dem Überfall auf die Moncada-Kaserne in Santiago de Cuba oder dem Sieg der Revolution bekannt, bei denen die politischen Köpfe des Landes regelmäßig mehr als eine Million von Getreuen auf die Beine bringen. Die Errichtung des Areals, das zunächst Plaza de la República hieß, geht auf die 1940er Jahre zurück. Damals beschloss man auf dem Gelände der früheren Ermita de los Catalanes, einer Einsiedelei, eine Fläche für Großkundgebungen zu schaffen, schrieb einen internationalen Wettbewerb aus, der im Jahr 1943 auch entschieden wurde – und ließ die Pläne in der Schublade verschwinden. Erst 1952, ein Jahr vor dem 100. Geburtstag von José Martí, griff Diktator Fulgencio Batista das Vorhaben wieder auf, um die Feierlichkeiten für den Nationalhelden ein Jahr später in einem angemessenen Rahmen veranstalten zu können. Das eigentliche Denkmal für ihn stand zu diesem Zeitpunkt allerdings noch nicht, es wurde erst 1958, ein Jahr vor dem Sieg der Revolution, enthüllt.
Plaza de la Revolución e/ Céspedes y Rancho Boyeros.

Memorial José Martí: Das im Jahr 1958 fertiggestellte Denkmal für den Nationalhelden und -heiligen entspricht ganz und gar der Bedeutung, die man José Martí in Cuba beimisst: Die kolossale Plastik aus 52 weißen Marmorblöcken, die den Poeten und Widerstandskämpfer, Visionär und Antiimperialisten in Denkerpose zeigt, ist mit 17 Metern die größte unter den Abertausenden im ganzen Land. Und das eigentliche Monument, das auf einem fünfzackigen Fundament ruht, ist mit 139 Metern das höchste Gebäude Havannas. Gleichzeitig hat man versucht, mit dem Turm einen symbolischen Mittelpunkt zu schaffen, was in der obersten Etage deutlich wird, von wo aus man an klaren Tagen nicht nur bis zu 60 Kilometer weit ins Land hineinschauen kann, sondern wo ein Bodenmosaik auch die Entfernungen zu den Metropolen von 43 Staaten und zu acht Provinzhauptstädten Cubas angibt. Zu diesem Aussichtspunkt führen 567 Treppenstufen – oder ein Aufzug. Ein Abbild dieses Stockwerks hinsichtlich Form und Struktur ist das Erdgeschoss, das die herausragende Bedeutung Martís für die cubanische Gesellschaft erneut zum Ausdruck bringt. In dem seinem Leben und seinem Werk gewidmeten Museum stehen auf einer venezianischen Keramikwand (ein Werk des cubanischen Bildhauers Enrique Carabia) 79 Texte des Dichters in zehnkarätigen Goldbuchstaben. Daneben sieht man zahlreiche Dokumente aus dem Leben Martís, Urkunden der spanischen Universität Saragossa über seine akademischen Grade in Philosophie und Jura, seinen ersten Brief, den er im Alter von neun Jahren an seine Mutter schrieb, und seinen letzten an General Máximo Gómez vom 19. Mai 1895 wenige Stunden vor seinem Tod. Außergewöhnlichstes und etwas deplatziert wirkendes Exponat ist ein präparierter Quetzal, ein Vogel aus Guatemala, den der spätere guatemaltekische Präsident Justo Rufino Barrios 1877 Martí zum Geschenk gemacht hatte.
Tägl. 9–16.30 Uhr. Eintritt 3 CUC (Museum), 3 CUC (Aussichtsplattform), 5 CUC (Museum und Aussichtsplattform). Plaza de la Revolución 51 e/ Céspedes y Rancho Boyeros, ✆ 8592335.

Museo Postal Cubano: Das kleine Post-Museum, das im Untertitel den Namen des ersten Ministers für das Post- und Fernmeldewesen Cubas nach der Revolution trägt, ist im heutigen Informations- und Kommunikationsministerium nahe der Plaza de la Revolución untergebracht. In drei Ausstellungsräumen werden in Schaukästen hauptsächlich cubanische Briefmarken, Ersttagsblätter und Sonderstempel gezeigt – eine außergewöhnliche Fundgrube für Philatelisten.
Mo–Fr 9–17 Uhr. Eintritt 1 CUC, Führung 2 CUC, Fotoaufnahmen 1 CUC, Videoaufnahmen 50 CUC. Avenida Rancho Boyeros esquina Aranguren, ✆ 8815551.

Fábrica de Tabaco La Corona: Die im Jahr 1842 gegründete Zigarrenfabrik, eine der größten des Landes, befand sich mehr als eineinhalb Jahrhunderte lang schräg gegenüber von Präsidenten-Palast und späteren Revolutionsmuseum, ehe sie vor ein paar Jahren wegen der Baufälligkeit des Gebäudes in die Räume einer früheren Zigarettenfabrik nahe der Plaza de la Revolución umziehen musste. Am inneren Erscheinungsbild der Manufaktur hat sich dadurch allerdings nichts geändert. Die 700 Arbeiter rollen auch hier ihre Romeo y Julietas, Montecristos und Cohibas, je nach Sorte zwischen 150 und 250 Stück pro Tag – und pro Kopf, versteht sich. Bei einer rund 45-minütigen Besichtigung bekommt man Einblick in den kompletten Produktionsablauf. An die Fabrik angeschlossen ist ein Laden, der eine breite Palette auch andernorts hergestellter cubanischer Puros offeriert und den man selbst als Nichtraucher besuchen sollte – allein des Duftes wegen.

Mo–Fr 9–16, Sa 9–12 Uhr. Eintritt 10 CUC. Calle 20 de Mayo e/ Marta Abreu y Guardia Ferrocarillos.

Rund um den Cementerio de Cristóbal Colón

Cementerio de Cristóbal Colón: Der Zentralfriedhof Havannas, mit etwa einer Million Gräbern der größte Amerikas und der drittgrößte der Welt, ist viel mehr als nur ein Gräberfeld. Zwischen der Plaza de la Revolución und dem Parque Almendares erstreckt er sich auf einer Fläche von fast sechs Quadratkilometern und ist Totenstadt, Pilgerstätte und Touristen-Magnet gleichermaßen. 20 Kilometer misst das Straßennetz, das durch den Friedhof führt, in dem sich mehr als 53.000 Familiengräber, Mausoleen und kleine Grabkapellen befinden. Sie waren in der Vergangenheit allerdings den wohlhabenden Bevölkerungsschichten vorbehalten, deren letzte Ruhestätten 98 Prozent der Gesamtfläche einnehmen, obwohl nur ein Drittel aller Toten aus ihren Reihen kommen. Den Armen wies man Randplätze zu oder bestattete sie in Massengräbern. Obwohl es in Havanna noch etwa 20 andere Friedhöfe gibt, werden noch heute rund 80 Prozent aller Toten auf dem Cementerio de Cristóbal Colón beerdigt, täglich zwischen 40 und 50, pro Jahr rund 15.000.

Die Gründung der Totenstadt geht auf einen Erlass der bigotten Königin Isabella II. von Spanien vom 28. Juli 1866 zurück. In dessen Folge wurde für 40.867 Pesos Ackerland weit außerhalb der Stadt gekauft. Nachdem der junge Spanier Calixto Aureliano de Loira y Cardoso mit seiner Arbeit unter dem Titel „Der bleiche Tod tritt in die Hütten der Armen und in die Paläste der Könige gleichermaßen" eine Art Architektenwettbewerb für sich entschieden hatte, erfolgte im Oktober 1871 die offizielle Grundsteinlegung. Nur ein Jahr später wurde der Friedhof eröffnet, die Baumaßnahmen dauerten allerdings bis 1886 an. In diesem Jahr wurde auch La Capilla Central, die achteckige, von einer Kuppel gekrönte Zentralkapelle, eingeweiht, in der ursprünglich die sterblichen Überreste von Christoph Kolumbus beerdigt werden sollten, die zu jener Zeit in der Kathedrale von Havanna beigesetzt waren. Im Jahr 1898 wurden seine Gebeine bzw. das, was man dafür hielt, aber bekanntlich nach Sevilla überführt.

Die Aussegnungshalle ist nur eines von vielen extravaganten und pompösen architektonischen Schmuckstücken in diesem Gräberfeld aus Granit und Marmor. Schon das 34 Meter breite und 22 Meter hohe Tor aus weißem Carrara-Marmor mit den drei romanisch-byzantinischen Bögen, das an der Nordseite des Friedhofs den Haupteingang bildet, weist darauf hin, dass dahinter etwas ganz Besonderes wartet. Nach den Plänen von de Loira errichtet, betrug die Bauzeit acht Jahre. Erst im Jahr 1901 wurde das Werk mit drei großen Statuen, die die christlichen Tugenden Glaube, Liebe und Hoffnung darstellen, vollendet. Unmittelbar danach, auf der Avenida Colón des Friedhofs, trifft man auf die Gräber von Máximo Gómez, dem großen General der cubanischen Unabhängigkeitskriege, von Carlos Miguel de Céspedes, dem Sohn des „Vaters des Vaterlandes" Carlos Manuel de Céspedes, und auf das wunderschön gearbeitete Mausoleo de los Bomberos, in dem die 28 Feuerwehrleute ihre letzte Ruhe fanden, die am 17. Mai 1890 bei einem Großbrand in Havannas Altstadt ums Leben kamen. Mit dem Bau des Grabmals begann man im Dezember 1892, die Beisetzung der Männer fand im Juli 1897 statt. Der Zeremonie wohnte seinerzeit sogar der damalige Generalgouverneur Cubas, Valeriano Weyler, bei. Schräg dahinter befindet sich seit 2005 das schlichte Marmor-Grab von Ibrahim Ferrer. Nur eine Fotografie erinnert an den berühmten Sänger des „Buena Vista Social Club" mit der unverkennbaren Stimme, der am 6. August jenes Jahres im Alter von 78 Jahren verstorben war. Neun Jahre vorher hatte ihn der US-amerikanische Musiker Ry Cooder zusammen mit anderen Granden des Son wie Compay Segundo wiederentdeckt, 1999 der deutsche Regisseur Wim Wenders mit ihm den legendären Film gedreht, der das Interesse vieler Kinobesucher für Cuba und seine Musik wach rief. Der Streifen „Buena Vista Social Club" wurde zu einem weltweiten Kassenschlager, das Album über fünf Millionen Mal verkauft und mit dem begehrten Grammy ausgezeichnet.

Obwohl man nur wenige Schritte tun kann, ohne dass eine Grabstein-Inschrift auf die letzte Ruhestätte einer berühmten Persönlichkeit hinweist, wie etwa auf die von Revolutionärin Celia Sánchez Manduley, von Che-Fotograf Alberto Korda oder von den Literaten Alejo Carpentier und Nicolas Guillén, so ist das Grabmal von Amelia Goyri de Adot links der Avenida Colón in der Calle 1 dennoch jenes, das am meisten auffällt. Neben einer kunstvoll gearbeiteten lebensgroßen Figur aus feinstem Marmor, die in der rechten Hand ein Kreuz hält und im linken Arm ein Baby trägt, machen Blumenberge auf den Ort aufmerksam, zu dem täglich Dutzende von Cubanern pilgern, um ihre Anliegen vorzubringen und zu beten. Amelia Goyri ist die Schutzpatronin aller Mütter und besser bekannt als „La Milagrosa", die Wundertätige, der auch mehr als ein Jahrhundert nach ihrem Tod übernatürliche Kräfte nachgesagt werden.

Tägl. 9–17 Uhr. Eintritt 1 CUC, Fotoaufnahmen 1 CUC, Videoaufnahmen 1 CUC, Führung (auch in Engl., Franz., Russ.) kostenlos. Calle Calzada de Zapata esquina 12, ☏ 8304517.

Amelia Goyri de Adot – die neue Heilige Cubas

Eine der bekanntesten Legenden des Cementerio de Cristóbal Colón rankt sich um die Person von Amelia Goyri de Adot, die Lieblingsnichte des Marqués Pedro de Balboa, besser bekannt als „La Milagrosa", die Wundertätige. Ihr sagt man übernatürliche Kräfte nach, seit wenige Jahre nach ihrem Tod ihr Vater verstorben war, den man im gleichen Grab bestatten wollte. Dabei stellte man fest, dass ihr Leichnam vollkommen intakt war und sie ihr Baby, bei dessen Geburt sie im Kindbett gestorben war und das ursprünglich zu ihren Füßen begraben worden war, fest in den Armen hielt.

Amelia Goyri de Adot, am 29. Januar 1877 als Kind einer Aristokraten-Familie geboren, verliebte sich im Alter von 20 Jahren in ihren Vetter José Vincente aus einer verarmten Seitenlinie des Geschlechts, weshalb ihre Eltern die Verbindung ablehnten. Erst als José Vincente im Jahr 1900 als Hauptmann aus dem Unabhängigkeitskrieg zurückkehrte, akzeptierten sie die Heirat. Schon wenig später, am 3. Mai 1901, verstarb Amelia allerdings im achten Schwangerschaftsmonat an den Folgen einer Totgeburt. Die Ärzte, die festgestellt hatten, dass ihre ungeborene Tochter im Mutterleib durch von Stoffwechselstörungen ausgelösten Krampfanfällen gestorben war, hatten in einer Notoperation zwar noch versucht, das Kind zu entfernen, um Amelia zu retten. Sie hatte den Eingriff allerdings nicht überlebt.

Fortan besuchte José Vincente, immer ganz in Schwarz gekleidet, zweimal täglich das Grab seiner geliebten Frau, um mit ihr zu sprechen, weil er nicht glauben wollte, dass sie tot war. Dabei bediente er sich stets des gleichen Ritus: Er nahm einen der vier auf der Grabplatte befestigten Metallringe, immer den linken, also den, der dem Herzen seiner Frau am nächsten war, klopfte damit auf den Stein und sagte: „Wach auf meine Amelia, lass uns ein bisschen reden." Wenn er das Grab verließ, nahm er seinen Hut vor seine Brust und ging gesenkten Hauptes langsam rückwärts, ohne seiner Frau jemals den Rücken zu kehren.

Aufgrund der Legende um die Wundertätigkeit Amelias blieb José Vincente allerdings nicht der einzige Besucher der letzten Ruhestätte seiner Frau. Im Laufe der Zeit kamen immer mehr Cubaner an das Grab Amelias, die ihr immer mehr Wunder nachsagten. Und sie kommen bis heute, bringen Blumen mit, klopfen wie einst José Vincente mit dem linken oberen Metallring auf die Grabplatte, bringen ihr Anliegen vor, beten und entfernen sich, langsam rückwärts gehend, ohne ihr Gesicht von dem Grab Amelias abzuwenden. Zwischenzeitlich gibt es zahlreiche Petitionen an die katholische Kirche, „La Milagrosa" endlich heiligzusprechen.

Fábrica de Tabaco H. Upmann: Die nach dem deutschen Bankier Herman Upmann benannte Tabakfabrik, der im Jahr 1844 nach Havanna umgesiedelt und fortan als Zigarrenhersteller tätig war, liegt an der Hauptverkehrsader Vedados nahe der bekannten Film-Cafetería „Fresa y Chocolate". Bei einer Besichtigung bekommt man Einblick in dem kompletten Herstellungsprozess – von der Sichtung und Auswahl der Tabakblätter, die für die H. Upmanns ausschließlich aus der Region Vuelta Abajo in der Provinz Pinar del Río kommen, bis zum Endprodukt. Pluspunkt: Man darf in den „heiligen Hallen" der Manufaktur das Heer von Arbeiterinnen beim Rollen der berühmten Puros fotografieren. Minuspunkt: Besuche sind nur für Gruppen möglich, Individual-Touristen werden abgewiesen. Allerdings kann man versuchen, sich einer Gruppe anzuschließen, muss die Visite dazu vorher aber in einem Infotur-Büro buchen.
Mo–Fr 7.30–16 Uhr. Calle 23 esquina 14, ✆ 8351371-74.

Parque John Lennon: Der Park an der Ecke, an der sich die Calles 17 und 8 kreuzen, wäre eigentlich nichts Besonderes – klein, ungepflegt, in seiner Mitte ein Pavillon ohne Dach. Dutzende solcher Parks gibt es in den Wohnvierteln Havannas – und doch keinen wie diesen. Seit Staatspräsident Fidel Castro am 8. Dezember 2000, dem 20. Todestag von John Lennon, im Beisein cubanischer Liedermacher in der bis dahin namenlosen Grünfläche ein Denkmal des Revolutionärs unter den „Beatles" – so erklärt sich in Cuba die Beziehung zu Lennon – enthüllt hat, ist sie zu einer Pilgerstätte für „Beatles"-Fans geworden, einheimischer wie ausländischer. Kein Wunder: Mit der Bronzeskulptur, die Lennon in Lebensgröße auf einer Parkbank sitzend darstellt, ist dem mehrfach ausgezeichneten Künstler José Villa aus Santiago de Cuba ein Meisterwerk gelungen. Nicht einmal die für Lennon typische Nickelbrille hat er vergessen. Nachdem diese anfangs zu einem heiß begehrten Sammelobjekt enthusiastischer Fans geworden und immer wieder abhandengekommen war, hält sie inzwischen der Parkwächter unter Verschluss, stellt sie für ein Foto aber gern zur Verfügung – auch ohne Trinkgeld. Um das Denkmal komplett zu machen, hat man zu Füßen Lennons eine Zeile seines wohl bekanntesten Songs als

Musikalischer Revolutionär

Solo-Interpret, „Imagine", in den Stein eingelassen: „Diras que soy un soñador pero no soy el único" („You may say I'm a dreamer, but I'm not the only one").
Calle 17 esquina 8.

Parque Almendares: Die größte Grünanlage der Stadt liegt im Bosque de la Habana, dem Stadtwald Havannas, am Ufer des Río Almendares. Üppige Vegetation

Vedado – Rund um die Avenida de los Presidentes

und halbwegs saubere Luft machen ihn zu einer wahren Oase mitten im hektischen Treiben der Millionenstadt. Vor allem an den Wochenenden finden sich viele Cubaner ein, um mit ihren Kindern zu spielen, eine Bootsfahrt zu unternehmen, zu grillen und zu picknicken. Neben einer etwas veralteten Minigolf-Anlage und einem Kinderspielplatz findet sich im Parque Almendares auch ein Anfiteatro, in dem weniger bekannte Gruppen Reggae- (freitags ab 20 Uhr) und Rap-Konzerte (samstags ab 20 Uhr) geben.
Calle 49 C y Río.

Parque Zoológico: Der Tierpark Havannas, direkt gegenüber dem Terminal der Víazul-Überlandbusse gelegen, ist gleichermaßen ein Ausflugsziel für Tierfreunde wie Naturliebhaber. Mehr als 1800 verschiedene Pflanzenarten gibt es in dieser „grünen Lunge", die den Besuchern vor allem an heißen Tagen – im wahrsten Sinne des Wortes – ein „Schattendasein" beschert. Natürlich gibt es von Affen bis Zebras auch jede Menge Vierbeiner und viele exotische Vögel. Für „Fußfaule" verkehrt in dem weitläufigen Zoo ein kleiner Zug, Kinder können mit Pferdekutschen fahren und auf Ponys reiten.
Tägl. 9–17.30 Uhr. Eintritt 2 CUC. Avenida 26 y 47, ✆ 8818915.

Rund um die Avenida de los Presidentes

Avenida de los Presidentes: Die als breite Allee angelegte Straße, die berühmten lateinamerikanischen Staatspräsidenten gewidmet ist, wird immer wieder unterbrochen von mehr oder weniger kolossalen Denkmälern, Statuen und Standbildern. Eines der größten ist dem Befreier Südamerikas, Simón Bolívar (1783–1830), gewidmet, der wie Calixto García auf einem Hengst reitend dargestellt ist. Ein paar Schritte weiter südlich zwischen den Calles 15 und 17 stößt man auf dem von Bäumen mit rund geschnittenen Kronen gesäumten Grünstreifen auf das Denkmal für den zweimaligen ecuadorianischen Präsidenten Eloy Alfaro (1842–1912), dessen dunkle Bronze-Büste förmlich aus einem weißen Marmorblock herauswächst. Zeitgemäßer, also ohne Pferd, steht die Statue des mexikanischen Präsidenten Benito Juárez (1806–1872) zwischen den Calles 17 und 19. Bedeutungsschwer zu seinen Füßen liegt die französische Königskrone – Juárez hatte 1866 die Franzosen mit Hilfe der USA aus dem Land getrieben und 1867 persönlich die standrechtliche Exekution von Kaiser Maximilian I. überwacht, den Napoleon III. als Statthalter eingesetzt hatte. Nahe der Calle 23 schließlich winkt die Büste des chilenischen Präsidenten Salvador Allende (1908–1973) dem cubanischen Volk zu.
Avenida de los Presidentes e/ Malecón y Universidad.

Monumento Calixto García: Das Denkmal für den cubanischen Patrioten und General des Widerstands gegen die spanische Kolonialmacht liegt am nördlichsten Punkt der Avenida de los Presidentes direkt am Malecón nahe der „Casa de las Américas" und dem unscheinbaren cubanischen Tourismusministerium. Verehrt wird er vor allem, weil er an allen drei Unabhängigkeitskriegen – dem „Zehnjährigen Krieg" von (1868–1878), dem „Kleinen Krieg" (1878–1879) und dem von José Martí so genannten „Notwendigen Krieg" (1895–1898) – teilgenommen hatte. Das dynamische Reiterstandbild wurde 1958 von dem berühmten US-amerikanischen Bildhauer Felix de Weldon geschaffen, der auch Persönlichkeiten wie John F. Kennedy oder Winston Churchill in Stein abbildete bzw. in Bronze goss. Rund um das Denkmal erklären 24 in eine polierte Granitwand eingelassene Bronzetafeln das Leben und Wirken Garcías. Auf einer der Platten sind unter der Zeile der Nationalhymne

"Morir por la patria es vivir" („Sterben für das Vaterland ist leben") auf einer schwer leserlichen Landkarte die Schlachten eingezeichnet, an denen der Widerstandskämpfer beteiligt war. Eine andere gibt den Brief wieder, den García am 17. Juli 1898, wenige Monate vor dem endgültigen Sieg über die Spanier, an US-General William Shafter schrieb. Flankiert wird das Reiterstandbild von zwei, auf das Meer hinaus gerichteten alten Kanonen.
Malecón y Avenida de los Presidentes.

Casa de las Américas: Das Amerika-Haus Havannas ist eines der wichtigsten Kulturinstitute Cubas, das sich ganz der Förderung der Kunst des amerikanischen Kontinents verschrieben hat. Zu Batista-Zeiten eine Privat-Universität für die reiche Elite des Landes, wurde das Haus nach der Revolution von Haydée Santamaría, die zusammen mit ihrem Bruder Abel zu Fidel Castros Überfall-Kommando auf die Moncada-Kaserne in Santiago de Cuba gehört hatte und dafür ins Gefängnis gegangen war, erfolgreich umgestaltet. Heute wird in dem Gebäude mit dem auffälligen Art-déco-Turm gegenüber dem Tourismusministerium in den Ausstellungsräumen „Sala Contemporánea" und „Galería Latinoamericana" erstklassige lateinamerikanische Kunst gezeigt. Besondere Beachtung verdient die Keramik eines Lebensbaumes in der „Sala Che Guevara", der außergewöhnlich detailliert gearbeitet ist.
Mo–Fr 10–16 Uhr. Eintritt 2 CUC. Avenida de los Presidentes esquina 3ra.

Museo Nacional de Artes Decorativas: Die prächtige Villa, die José Gómez Mena zwischen 1924 und 1927 erbauen ließ, um sie danach seiner Schwester María Luisa Gómez Mena, der Herzogin von Revilia de Camargo, zu verkaufen, ist eines der wundervollsten Herrenhäuser, die Vedado zu bieten hat. Als die Adligen Anfang 1961 aus Cuba flohen, weil der Staat im Dezember 1960 die ganze Wirtschaft in seine Hand gebracht hatte, riss sich die Stadtverwaltung die herzogliche Residenz unter den Nagel und ließ zunächst alle Wertgegenstände in den Keller verbringen, um sie zu registrieren. Am 24. Juli 1964 eröffnete man schließlich das Museo Nacional de Artes Decorativas und damit ein wahres Juwel in der Museumslandschaft Cubas. In elf Prunkräumen werden seitdem mehr als 33.000 Exponate von höchstem künstlerischen und historischen Wert gezeigt – aus den Königshäusern von Luis XV. bis Napoleon III., komplettiert mit Stücken aus Fernost aus dem 16. bis 20. Jahrhundert. Sie alle hatte die cubanische Aristokratie während der Kolonialzeit aus der ganzen Welt importiert, um damit ihre Villen zu schmücken. Unter den Ausstellungsgegenständen befinden sich herrliche Möbel bedeutender Kunsttischler wie Thomas Chippendale, Henri Riesener oder Jacob Petit, teuerste Teppiche aus Isfahan, Täbriz und Bidjar, feinstes Porzellan aus den französischen Manufakturen von Sèvres, Chantilly und Limoges. Einer der schönsten Säle ist der im Rokokostil gehaltene „Salón Principal", in dem man unter anderem eine kunstvoll gearbeitete Kommode von Simoneau sieht, die er für Jean-Baptist Colbert fertigte, einen Minister Ludwigs XIV., sowie chinesische Vasen der Quianlong-Periode. Abgerundet wird der Rundgang mit einer Foto-Ausstellung über die Residenz selbst – Aufnahmen von großartigen Festen und Empfängen, auf denen unter anderem die Eltern des heutigen Königs Juan Carlos I. von Spanien zu sehen sind.
Di–Sa 10.30–17.45, So 9–13 Uhr. Eintritt 3 CUC inkl. Führung (nicht So), Fotoaufnahmen 5 CUC, Videoaufnahmen 10 CUC. Calle 17 e/ D y E, ✆ 8320924.

Museo de la Danza: Das Museum, das die Geschichte des Tanzes und des Balletts beleuchtet, ist in einer Vedado-Villa aus dem Jahr 1923 mit den typischen Türmchen untergebracht. Die Hauptrolle spielt – wie im richtigen Leben – die cubanische Primaballerina Assoluta Alicia Alonso. Der späteren Generaldirektorin des Nationalballetts und ihren Tänzerinnen und Tänzern sind eigene Räume mit vielen Fotos von Auftritten und Porträtaufnahmen gewidmet. Natürlich kommen aber auch andere Bühnengrößen wie Anna Pavlova, Isadora Duncan und die österreichische Primaballerina Fanny Elßler, die einzige europäische Tänzerin, die im 19. Jahrhundert Lateinamerika bereiste, zu ihrem Recht – neben Fotos und Programmheften sieht man Kleidungsstücke und Kostüme, in denen sie aufgetreten waren. Weitere der insgesamt sieben Ausstellungsräume dokumentieren die Geschichte des russischen Balletts im 19. Jahrhundert, beschäftigen sich mit den folkloristischen Tänzen Cubas und zeigen Kunstgegenstände wie etwa Porzellanfiguren, die den Tanz bzw. das Ballett zum Thema haben.

Di–Sa 11–18.30 Uhr. Eintritt 2 CUC, Führung 1 CUC, Fotoaufnahmen (nur ohne Blitz!) 5 CUC, Videoaufnahmen 10 CUC. Línea 365 e/ Avenida de los Presidentes y H, ℡ 8312198.

Galería Habana: Die Kunstgalerie an der Línea hat sich dadurch einen Namen gemacht, dass sie cubanische Künstler nicht nur ausstellt, sondern auch groß macht. Unter anderem verdanken Roberto Diago, Manuel Mendive mit seinem afro-cubanischen Stil sowie Foto- und Videokünstler Carlos Garaicoa ihren Ruf einzig und allein der Galeriá Habana. Meist werden in der Verkaufsausstellung rund 60 Werke von etwa 20 Kunstschaffenden gezeigt, wobei man immer Wert darauf legt, auch Nachwuchstalenten eine Chance zu geben. Die Preise sind keineswegs überteuert, bei allen Ausfuhrformalitäten ist man gern behilflich.

Mo–Fr 9–17, Sa 10–14 Uhr. Eintritt frei. Línea 460 e/ E y F. ℡ 8327101, habana@cubarte.cult.cu, www.galerihabana.com.

Miramar

Wo Vedado im Westen am Malecón endet, beginnt – nach den Tunnels de las Américas und de Línea – der Stadtteil Miramar. Das auf den ersten Blick seltsam anmutende Konglomerat aus Strandabschnitt, Prachtstraßen, Nobel-Villen und Top-Hotels ist ein vergleichsweise junges Viertel, das die Haute-Volée Havannas erst in den 1930er bis 1950er Jahren für sich entdeckte. Dafür, dass der Glanz der Residenzen von einst nicht verblasste, sorgten Diplomaten aus aller Herren Länder, die nach dem Sieg der Revolution darin ihre Botschaften eröffneten. Nirgendwo sonst in der Metropole findet man mehr ausländische Vertretungen als in Miramar und hier speziell in der Avenida 5ta – zwar ganz anders strukturiert als die Fifth Avenue in New York, aber nicht minder elegant. Im Dunstkreis der Diplomaten hat die cubanische Regierung – Ehre, wem Ehre gebührt – nach und nach eine ganze Reihe von Luxus-Einrichtungen entstehen lassen, wie den bestsortierten Supermarkt der Stadt mit der sinnigen Bezeichnung „Diplomercado", eine Reihe von teuren Restaurants und die neuesten Hotels. In dem einzigen Viertel der Millionenstadt, das über – zumindest kleine – Badestrände verfügt, und das von der Avenida 7ma im Süden und dem Bezirk Cubanacán im Westen begrenzt wird, wurde dies dadurch entscheidend erleichtert, dass hier quasi auf der „grünen Wiese" gebaut werden konnte. Einziger Haken: Steigt man in Miramar ab, ist man auf Gedeih und Verderb von Taxen abhängig, wenn man zu den Sehenswürdigkeiten möchte, von denen das Nobel-Viertel selbst nur wenig zu bieten hat. Und das kann ganz schön ins Geld gehen, muss es aber nicht. Die meisten Hotels bieten inzwischen kostenlose Shuttle-Services in die Altstadt an.

E ssen & Trinken
- 2 El Palio
- 3 Vistamar
- 4 Don Cangrejo
- 9 La Esperanza
- 11 Bistro Berlin
- 17 El Tocororo
- 20 Calle Diez
- 24 Quinta y 16
- 26 Club Le Select
- 27 El Pavo Real
- 29 Mi Jardín
- 30 La Casa Española, Parillada Don Quijote
- 31 El Bodeguero, Shanghai, Ciao Amigo
- 32 El Aljibe
- 33 La Maison

Ü bernachten
- 1 Copacabana
- 6 Chateau Miramar
- 7 Casa Maite
- 8 Casa Ana Hidalgo
- 10 Casa Mayra
- 11 Panorama
- 12 Hostal Costa Sol
- 13 Tritón
- 14 Neptuno
- 15 Meliá Habana
- 16 Casa Mauricio Alonso
- 18 Comodoro
- 23 Occidental Miramar
- 28 Montehabana
- 34 Alojamiento Lissette

N achtleben
- 1 Ipanema
- 5 Teatro Karl Marx
- 19 Irakere Jazz Club
- 26 Club Le Select
- 31 Video-Bar Dos Gardenias, Salón Bolero
- 33 La Maison
- 35 Casa de la Música, Diablo Tun Tun

S onstiges
- 21 Centro Comercial
- 22 Botschaft der Republik Österreich
- 25 Botschaft der Schweiz

Havanna-Miramar auf einen Blick

Telefon-Vorwahl: 07

- *Apotheken* **Farmacia Internacional**, Avenida 41 Nr. 1814 esquina 20, ✆ 2045051. **Farmacia Internacional Casa Bella**, Avenida 7ma Nr. 2603 esquina 26, ✆ 2047980. **Farmacia Internacional Clínica "Cira García"**, Calle 20 Nr. 4101 esquina 13, ✆ 2042880. **Farmacia Internacional im Hotel "Comodoro"**, Avenida 3ra esquina 84, ✆ 2049385.

- *Ärztliche Versorgung* **Clínica Internacional "Cira García"**, Calle 20 Nr. 4101 esquina 43, ✆ 2040330, 2042673. **Asistur** (Krankentransport) ✆ 8671315. **Gift-Notruf** ✆ 2601230, 26088751.

- *Autovermietung* **Cubacar/Transtur** im Hotel "Comodoro", Avenida 3ra y 84, ✆ 2045551, 2042011; im Hotel "Triton-Neptuno", Avenida 3ra y 74, ✆ 2040951; im Hotel "Copacabana", Avenida 1ra Nr. 4404, ✆ 2040621.

- *Banken* **Banco Financiero Internacional**, Mo–Fr 8–15 Uhr, Avenida 1ra esquina 0, ✆ 2039762; Calle 18 Nr. 111 e/ 1ra y 3ra, ✆ 204 2058; Avenida 5ta esquina Calle 92, ✆ 267-5500; Calle 2 Nr. 302 esquina 3ra, ✆ 2339248. **Banco Nacional de Cuba**, Mo–Fr 8.30–15 Uhr, Calle 42 esquina 31, ✆ 2330610; Calle 42 Nr. 2714 e/ 27 y 29, ✆ 2330609.

Cadeca, Mo–Sa 9–17, So 9–12 Uhr, Avenida 5ta e/ 40 y 42; Avenida 3ra esquina 70 (vor dem Supermarkt); im Hotel "Chateau Miramar", Avenida 1ra e/ 60 y 70, ✆ 2339447.

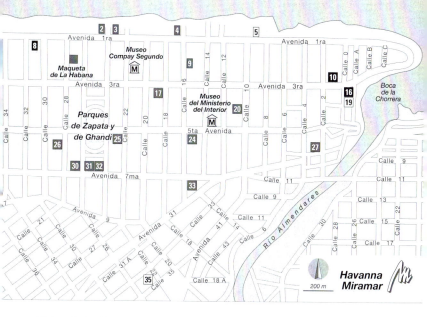

- *Diplomatische Vertretungen* **Botschaft der Republik Österreich (22)**, Mo–Fr 8–12 Uhr, Avenida 5ta A Nr. 6617 esquina 70, ✆ 2042825, ✆ 2041235. **Botschaft der Schweiz (25)**, Mo–Fr 9–12 Uhr, Avenida 5ta Nr. 2005 e/ 20 y 22, ✆ 2042611, ✆ 2041148.
- *Internet* In den meisten Hotels gegen Gebühr verfügbar.
- *Notruf* **Polizei**, ✆ 106. **Feuerwehr**, ✆ 105. **Ambulanz**, ✆ 551185, 552185.
- *Postleitzahl* 11600
- *Post* Calle 42 Nr. 112 e/ 1ra y 3ra, Mo–Fr 8–11.30 + 14–18, Sa 8–11.30 Uhr; Calle 110, e/ 3ra y 5ta, Mo–Sa 8–17.30 Uhr.
- *Shopping* **Centro Comercial (21)** gegenüber dem Luxus-Hotel „Meliá Habana" ist ein völlig neues Shopping-Center mit einer Vielzahl von Geschäften (Parfümerie, Foto-Studio, Elektrogeschäft, Apotheke, Supermarkt), Restaurants, Bars und Banken. Mo–Sa 10–18.30, So 9–13 Uhr. Avenida 3ra e/ 80 y 84.

Dos Gardenias, ein großer Touristen-Komplex an der siebten Avenida, verfügt über zwei schmucke Geschäfte: In der „Casa del Habano" gibt es logischerweise alles was raucht, in der „Licorería" eine riesige Auswahl an Spirituosen und Weinen aus aller Welt – trotz Blockade sogar aus Kalifornien. Tägl. 9–19 Uhr. Avenida 7ma esquina 26, ✆ 2042353.

- *Taxi* **Fénix Taxi**, ✆ 8666666. **Panataxi**, ✆ 8555555. **Habanataxi**, ✆ 539090. **Taxi OK**, ✆ 8776666. **Transgaviota**, ✆ 2672727.
- *Tourist-Information* **Infotur**, Mo–Sa 9–18 Uhr, So 9–12 Uhr, Avenida 5ta esquina 112, ✆ 2047036. **Cubanacán**, Mo–Fr 8–17, Sa 8–12 Uhr, Avenida 3ra esquina 84, ✆ 2046970. **Havanatur**, Mo–Sa 9–18 Uhr, Avenida 1ra esquina 0, ✆ 2047541.

Essen & Trinken in Miramar (siehe Karte S. 272/273)

- *Restaurants* **El Tocororo (17)** residiert in einem alten Herrenhaus und steht im Ruf, eines der besten Restaurants in Havanna zu sein. Das bestätigen jedenfalls viele kleine Täfelchen mit Danksagungen im Eingangsbereich, die Staatspräsidenten, Politiker und Künstler nach ihrem Dinner hinterlassen haben. Eine Karte gibt es traditionell nicht, die exquisiten Gerichte werden von den Kellnern angesagt: Hummer-Schwänze etwa, manchmal Straußen-Steak, eher selten Krokodil-Filet. Die Preise bewegen sich in der Regel zwischen 25 und 30 CUC. In der zusätzlich eingerichteten Sushi-Bar „Sakura" gibt es die kleinen japanischen Köstlichkeiten für 4–12 CUC. Mo–Sa 12–24 Uhr. Calle 18 Nr. 302 esquina Avenida 3ra, ✆ 2042209, 2042998.

El Aljibe (32), ein großes, in erster Linie auf Touristengruppen ausgerichtetes Restaurant neben dem „Dos Gardenias"-Komplex, fährt auf der „All you can eat"-Schiene. Für 12 CUC kann man so viel Hähnchen mit Reis, schwarzen Bohnen, Pommes frites, frittierten Kochbananen und grünem Salat essen, wie man möchte – oder schafft. Die Idee zu diesem unschlagbaren Angebot hatte die Familie, die das Finca-ähnliche Lokal mitten in Miramar im Jahr 1945 eröffnete. Neben dem „besten Brathähnchen der Stadt" gibt es aber auch Garnelen (16 CUC), Hummer (24 CUC), verschiedenste Fleischgerichte und jede Menge Desserts – und dies alles in familiärer Atmosphäre und mit viel Herzlichkeit serviert. Deshalb: unbedingt ausprobieren! Tägl. 12–24 Uhr. Avenida 7ma e/ 24 y 26, ✆ 2041583, 2041584, 2044233, 2044234, economia@aljibe.cha.cyt.cu.

La Casa Española (30) ist zu empfehlen, wenn man sich etwas mehr Luxus gönnen möchte, ohne wie eine gerupfte Gans aus dem Lokal zu kommen. In einer wunderschönen Kolonialvilla bietet die Küche traditionelle spanische Gerichte wie Tapas (1,50–6 CUC), Gazpacho (2 CUC) und Paella (für 2 Pers. 15 CUC). Tägl. 12–24 Uhr. Avenida 7ma y 26, ✆ 2069644.

Parillada „Don Quijote" (30), das kleine Grill-Restaurant der „Casa Española", serviert im Freien in erster Linie Gerichte vom Holzkohlengrill – zu ebenfalls mehr als fairen Preisen. Die nach dem Lokal benannte Grillplatte kommt inkl. 0,5 Liter Bier für 5,50 CUC auf den Tisch, der Grillspieß „Mi Patio Español" mit Schweinefleisch, Hähnchen, Speck, Wurst, Fisch und Garnelen für 5 CUC. Tägl. 12–24 Uhr. Avenida 7ma y 26, ✆ 2069644.

Don Cangrejo (4), ein exzellentes Fischlokal direkt am Meer, macht seinem Namen alle Ehre – mit „Cangrejo flameado", flambiertem Krebs, für 15 CUC etwa. Darüber hinaus gibt es eine riesige Fischplatte (30 CUC), Garnelen je nach Zubereitung (12–14 CUC), Langusten (bis 26 CUC) und eine Gran Paella, selbstverständlich mit reichlich Meeresfrüchten (20 CUC). Tägl. 12–24 Uhr. Avenida 1ra e/ 16 y 18, ✆ 2045002, 2043837.

Club Le Select (26) ist zwar ein recht vernünftiges Restaurant, in erster Linie aber ein Paradies für Biertrinker. Das cubanische „Bucanero" wird in 0,5-Liter-Glaskrügen für 1 CUC serviert. Dazu gibt es viele Fleischgerichte und noch mehr Meeresfrüchte zu Preisen, die ebenfalls im Rahmen bleiben. Für ein Filet Mignon zahlt man beispielsweise 5 CUC, für eine Grillplatte 10 CUC, Garnelen gibt es von 5,95–7,95 CUC, Hummer für 18 CUC. An das Restaurant angeschlossen ist eine Poolanlage, eine Bar und eine Diskothek. Pool tägl. 10–18 Uhr, Bar tägl. 12–24 Uhr, Restaurant tägl. 10–20 Uhr, Diskothek Mi–So 22–2 Uhr. Calle 28 e/ 5ta y 7ma, ✆ 2044098, 2044001.

La Maison (33), in einem eleganten Herrenhaus untergebracht, ist eigentlich viel mehr als nur ein Restaurant. Denn daneben gibt es Geschäfte (10–18.30 Uhr), an jedem Nachmittag Tanz für die „Generation 30 plus" (15–20 Uhr), Modenschauen im Patio (tägl. ab 22 Uhr), eine Piano-Bar (tägl. 22–3 Uhr) und ein Abendlokal mit Musik (tägl. 20.30–23 Uhr). Das Restaurant serviert feine cubanische Küche, vorzugsweise Truthahn in Weißweinsoße (4,50 CUC). Tägl. 12–24 Uhr. Calle 16 Nr. 701 esquina 7ma, ✆ 2041543, 2041546, 2041548.

Quinta y 16 (24), ein edles Restaurant mit Bar an der gleichnamigen Straßenkreuzung, zählt viele Diplomaten aus den umliegenden Botschaften zu seinen Gästen. Kleine Besonderheit: Die Vorspeisen sind nach cubanischen Städten benannt (z. B. „Guantánamo", ein leckerer Frucht-Cocktail, für 2 CUC), die Hauptgerichte der cubanisch orientierten Küche nach den bekanntesten Zigarren-Marken (z. B. „Partagás", ein Rin-

Miramar

derfilet in Champignonsauce mit Pommes frites für 13,50 CUC). Da wundert es nicht, dass das Haus auch einen Zigarrenshop betreibt. Tägl. 12–23.30 Uhr. Avenida 5ta e/ 14 y 16, ✆ 2069509, 2047973, ✆ 2047975.

El Bodeguero (31), das größte der drei Restaurants des Komplexes „Dos Gardenias", den pro Monat durchschnittlich 20.000 Touristen besuchen, ist gleichzeitig das am wenigsten spektakuläre. Gekocht wird kreolisch und international, es gibt Fisch und Meeresfrüchte (alles unter 10 CUC) und jede Menge Fleischgerichte, z. B. Filet Mignon (12 CUC). Tägl. 12–24 Uhr. Avenida 7ma esquina 26, ✆ 2042353.

Shanghai (31), das China-Restaurant des „Dos Gardenias", ist klein, fein und mit Abstand das beste Lokal dieser Art in Miramar, wenn nicht darüber hinaus. Aus der traditionellen kantonesischen Küche kommen ebenso Spezialitäten wie Schweinefleisch mit Champignons (4,95 CUC), Chop Suey mit Garnelen (6,80 CUC) oder Hummer in süß-saurer Soße (9,95 CUC). Ein Gedicht sind die Gerichte mit Austernsoße. Tägl. 12–24 Uhr. Avenida 7ma esquina 26, ✆ 2042353.

Ciao Amigo (31), ein preisgünstiges italienisches Self-Service-Lokal im „Dos Gardenias"-Komplex, wirkt mit seiner sauberen Einrichtung und den in Theken stehenden Gerichten auf den ersten Blick wie eine Kantine. Bei näherer Betrachtung stellt man allerdings fest, dass Pasta und Pizza stets frisch zubereitet werden und durchaus akzeptabel sind, wenn es einmal schnell gehen und trotzdem schmecken soll. Tägl. 12–24 Uhr. Avenida 7ma esquina 26, ✆ 2042353.

Bistro Berlin (11) – da lacht das Herz des Germanen, der von Hähnchen, Bistec und Reis mit schwarzen Bohnen die Nase voll hat. In dem schnuckeligen Lokal des Hotels „Panorama" gibt es deutsche Hausmannskost – oder jedenfalls das, was Cubaner dafür halten. Gulaschsuppe (6 CUC) und Würstchen, Würstchen, Würstchen … Auf der Platte „Gran surtido de salchichas para picar", was so viel heißt wie „Wurstauswahl zum Aufspießen", gibt es zwei Wiener Würstchen, eine Bockwurst, eine Bratwurst und eine Weißwurst (12,50 CUC). Sehr witzig: Die Weißwurst haben cubanische Wortkünstler auf der Speisekarte kurzerhand „Oktoberfest" genannt. Fehlt nur noch, dass das Personal in Lederhosen bedient – aber das tut es nicht. Tägl. 12–24 Uhr. Calle 70 esquina 3ra. ✆ 2040100, ✆ 2044969, comercial@panorama.co.cu, www.gaviota.com.

El Pavo Real (27) ist als Name für diese bessere Cafeteria eine der größten Übertreibungen in Havannas Gastro-Szene. Denn der „Königstruthahn", so die deutsche Übersetzung, kommt – mit Verlaub – ziemlich gerupft daher: Serviert werden hauptsächlich Hamburger, Pizzen und – weil man auch auf chinesisch macht – verschiedene Chop-Suey-Kreationen für 3,95–5,25 CUC. Daneben gibt es diverse Reisgerichte und ganze Hähnchen vom Grill. Tägl. 11–23 Uhr. Avenida 7ma Nr. 205 esquina 2, ✆ 2079847.

● *Paladares* **Calle Diez (20)**, im wunderschön eingewachsenen Garten einer Miramar-Villa gelegen, muss man schon allein wegen seines außergewöhnlichen Ambientes gesehen haben. Mindestens ebenso attraktiv ist der Paladar allerdings wegen seiner Küche. Die meisten Gerichte kommen frisch vom Grill, wie etwa Spareribs in Tamarindensoße (4 CUC), Medaillons von Schwein und Lamm (9,25 CUC) – oder vom Herd wie das mit Oliven im eigenen Saft gebratene „Hähnchen Calle Diez" (7,90 CUC) und Tintenfisch in Knoblauchsauce (5 CUC). Tägl. 12–23 Uhr. Reservierung erwünscht! Calle 10 Nr. 314 e/ 3ra y 5ta, ✆ 2096702, 2053970.

La Esperanza (9) ist zwar ein außergewöhnlicher Paladar, dafür aber auch mit Abstand der teuerste in Havanna, wenn nicht in ganz Cuba. Schon die Einrichtung des reizenden Häuschens ist extravagant: altes Porzellan und gelbstichige Schwarz-Weiß-Fotografien hängen an den Wänden, die Möblierung besteht überwiegend aus Antiquitäten. Da muss natürlich auch die Küche etwas ganz Besonderes bieten und tut dies auch. Auf den Tisch kommt eine Mischung aus cubanischer und kreolischer Küche sowie Nouvelle Cuisine zu stolzen Preisen. Vorspeisen schlagen mit 4–12 CUC zu Buche, Hauptgerichte mit 10–30 CUC. Dennoch: Ohne Reservierung bekommt man selten einen Platz. Mo–Sa 19–23 Uhr. Calle 16 Nr. 105 e/ 1ra y 3ra, ✆ 2024361.

Vistamar (3) ist nicht nur ein sehr sauberes Privat-Restaurant, in dem man mit Genuss essen kann, es wird auch von sehr netten Besitzern geführt und besticht zudem durch seine grandiose Lage unmittelbar am Meer – der Blick hinaus auf die Wellen des Atlantiks ist einfach grandios. Auf den Tisch kommen traditionelle cubanische Speisen,

Schweinefleisch, Hähnchen und Fisch zu Preisen von 8–10 CUC. Tägl. 12–24 Uhr. Avenida 1ra e/ 22 y 24, ✆ 8339278.

El Palio (2), ein Open-Air-Paladar, hat vier Tische in einem kleinen Garten aufgestellt sowie sechs auf der Veranda und kocht international, sagt der Besitzer – wohl deshalb, weil auch italienische Pasta auf der Karte steht. Wie auch immer: Spezialität ist Schweinefleisch vom Holzkohlengrill (je nach Zubereitung 5–7 CUC), und das sollte man hier auch essen. Tägl. 12–24 Uhr. Avenida 1ra esquina 24, ✆ 2029867.

Mi Jardín (29), ein kleiner Paladar in der Nähe des Museums der Fundación de la Naturaleza y El Hombre, hat den Charme einer Gartenlaube. Umgeben von üppigen Pflanzen werden – außergewöhnlich genug für ein cubanisches Privat-Restaurant – mexikanische Gerichte serviert. Besonders empfehlenswert ist das Fischfilet „Veracruz" (10 CUC), gleichzeitig die Spezialität des Hauses. Tägl. 12–24 Uhr. Calle 66 Nr. 517 esquina Avenida 5ta B, ✆ 2034627.

Nachtleben in Miramar (siehe Karte S. 272/273)

Casa de la Música (35) ist die bekannteste Adresse im Nachtleben Havannas und noch renommierter als der namensgleiche Club im Stadtteil Centro. Die Bühne hat all die großen Stars der cubanischen Musikszene gesehen – Benny Moré, Chucho Valdés, Los Van Van und wie sie alle heißen. Das Programm für die beiden Sessions (17–21 und 23–4 Uhr) wechselt täglich und ist sowohl im Internet als auch an einer großen Anschlagtafel im Foyer des Hauses abzulesen. Karten für die Abendkonzerte kosten je nach Künstler oder Band 7–10 CUC, für die Nachtkonzerte 10–20 CUC. Nach den rund zweistündigen Auftritten wird die Casa de la Música traditionell zu einer heißen Disco. Tägl. 17–21 + 23–4 Uhr. Calle 20 Nr. 3301 e/ 33 y 35. ✆ 2040447, cmch@egrem.co.cu, http://www.egrem.com.cu/egrem/progcmusica.asp.

Diablo Tun Tun (35), eine sogenannte Piano-Bar, die zur „Casa de la Música" gehört und im gleichen Gebäude untergebracht ist, bringt ebenfalls jeden Abend Live-Musik auf die Bühne. Die Künstler sind zwar weniger namhaft, dafür sind auch die Eintrittspreise (5–15 CUC) etwas niedriger. Das täglich wechselnde Programm kann man ebenfalls dem Internet und der Tafel im Foyer der „Casa de la Música" entnehmen. Tägl. 23–6 Uhr. Calle 20 Nr. 3301 e/ 33 y 35, ✆ 2040447, cmch@egrem.co.cu, http://www.egrem.com.cu/egrem/progcmusica.asp.

Club Le Select (26) ist Bar und Diskothek, denen eines gemein ist: Das Bier fließt in Strömen. Kein Wunder, schließlich wird das einheimische „Bucanero" in gläsernen Halb-Liter-Krügen ausgeschenkt und dies für 1 CUC. Das ist Tiefpreis-Rekord für Bier in Havanna! Cocktails, ob Mojito oder Daiquiri, kosten einheitlich 2 CUC. Während die Bar täglich einlädt, ist die Freiluft-Disco nur von Mi–So geöffnet. Bar tägl. 12–24 Uhr, Diskothek Mi–So 22–2 Uhr. Calle 28 e/ 5ta y 7ma, ✆ 2044098, 2044001.

Irakere Jazz Club (früher Río Club) **(19)** in unmittelbarer Nähe der Einfahrt zum Calzada-Tunnel gilt als die „Casa del Jazz cubano" und zusammen mit dem „La Zorra y el Cuervo" und dem „Jazz Café" als Jazz-Hochburg in Havanna. Das Programm wechselt täglich (Info-Board vor dem Eingang), mal spielen Veteranen, mal Nachwuchs-Jazzer – hörenswert sind sie alle. Von Mo–Do findet von 16–20 Uhr eine Matinee (Eintritt 1 CUC) für das jüngere Publikum statt, die Top-Acts gibt es allerdings erst nachts. Der Eintrittspreis (10 CUC pro Pärchen) beinhaltet Getränke für 5 CUC. Wer mehr Durst hat, zahlt 1,50 CUC für ein Bier, 1 CUC für Limonaden, 0,50 CUC für ein Glas Wein oder 2,50 CUC für einen aus Salzburg importierten „Red Bull". Tägl. 22–3 Uhr. Calle A Nr. 314 e/ 3ra y 3ra A.

Salón Bolero (31), der Nachtclub des „Dos Gardenias"-Komplexes, zielt auf die Generation „Ü 30" ab. Die Shows (Varieté, Comedy, Live-Musik etc.) wechseln täglich. Der Eintritt von 5 CUC beinhaltet ein Getränk. Tägl. 22–3 Uhr. Avenida 7ma esquina 26, ✆ 2042353.

Video-Bar „Dos Gardenias" (31) im gleichen Gebäude spricht eher das jüngere Publikum an. Geboten werden Karaoke, Videoclips auf Großleinwand und fetziger, vor allem aber lauter Sound. Im Eintritt (3 CUC) ist das erste Getränk enthalten. Di–So 22–3 Uhr. Avenida 7ma esquina 26, ✆ 2042353.

La Maison (33) ist eine gute Adresse, wenn es abends etwas schicker sein soll. Dies liegt nicht nur an der Location, einer wunderschön restaurierten Villa aus der ersten Hälfte des 20. Jh., sondern auch an dem auch gehobenen Ansprüchen gerecht werdenden Angebot: Tanz für die „Mid-Ager" tägl. von 15–20 Uhr, Modenschauen tägl. ab

22 Uhr. Darüber hinaus gibt es ein Nachtlokal, das von 20.30–23 Uhr geöffnet hat. Wer danach immer noch fit ist, kann in der Piano-Bar bis 3 Uhr weitermachen. Calle 16 Nr. 701 esquina 7ma, ℡ 2041543, 2041546, 2041548.

Ipanema (1) befindet sich im Hotel „Copacabana" (Seiteneingang) und ist endlich einmal eine Disco, in der man als „Ü 30" nicht schief angesehen wird. Teenies (und einige Twens) müssen nämlich draußen bleiben, weil man unter 25 Jahren keinen Zutritt hat, worauf streng geachtet wird. Der DJ legt dementsprechend weniger Hip-Hop und mehr Pop auf. Unter der Woche beträgt der Eintritt 3 CUC, an den Wochenenden (inkl. Freitag) 5 CUC. Di–So 23–3 Uhr. Avenida 1ra Nr. 4404 e/ 44 y 46, ℡ 2041037.

Teatro Karl Marx (5), ein hässlicher Betonklotz, ist die Bühne für die meisten Großveranstaltungen in Havanna. Ob Film-Festival, Konzerte internationaler Künstler oder Partei-Kongresse, immer muss der graue Bau in Miramar herhalten. Zuletzt wurde im Dezember 2006 auch der verlegte 80. Geburtstag von Staatspräsident Fidel Castro hier gefeiert, allerdings ohne den Haupt-Protagonisten – zu diesem Zeitpunkt konnte er gesundheitsbedingt nicht auftreten. Auf jeden Fall lohnt es sich für alle Kunst- und Kulturliebhaber, den Aushang im Foyer zu studieren, wo es für die Veranstaltungen auch Karten zu kaufen gibt. In der „Sala Atril" wird von Do–So immer ab 22 Uhr in elegantem Ambiente Live-Musik mit Solisten und kleinen Bands geboten. Seit 2004 gibt es zudem eine nach dem Theater benannte Cafetería, in der man zu zivilen Preisen Getränke und Snacks bekommt. Avenida 1ra Nr. 1010 e/ 8 y 10. ℡ 2030801-05, ✆ 2062295, sergio@palco.cu.

Übernachten in Miramar (siehe Karte S. 272/273)

• *Hotels* ***** **Meliá Habana (15)** ist eines der großen Luxus-Hotels in Havanna, in dem es an wirklich überhaupt nichts fehlt. 1998 von Staatspräsident Fidel Castro himself offiziell seiner Bestimmung übergeben, gehört das Haus der spanischen Meliá-Gruppe sicherlich zu den Top Five in der cubanischen Hauptstadt, erfordert aber das nötige Kleingeld. Fünf Restaurants (Buffet, international, italienisch, Grill, Arrocería), fünf Bars, Cafetería mit Eisdiele, drei Swimmingpools, davon zwei mit Jacuzzi, Fitness-Studio und jede Menge weitere Sportangebote bis Golf und Jagd – was will man mehr. Die 392 Zimmer, darunter 12 Junior- und 4 Master-Suiten, sind natürlich ebenfalls nicht nur komfortabel, sondern luxuriös. Was die Gäste in dem Haus erwartet und umgekehrt sie erwarten dürfen, wird schon in der Lobby deutlich, wo der Rezeptionsbereich ganz in Marmor gestaltet ist und zu Füßen eines kopflosen Marmor-Engels ein künstlicher Bach plätschert. EZ 123–155 CUC, EZ-Junior-Suite 148–172 CUC, DZ 135–167 CUC, DZ-Junior-Suite 160–184 CUC, Triple 192–238 CUC, Triple-Junior-Suite 228–262 CUC, je nach Saison und Lage. Avenida 3ra. e/ 76 y 80. ℡ 2048500, ✆ 2048505, melia.habana@solmelia.com, www.solmeliacuba.com.

**** **Panorama** (früher Maritim) **(11)**, das im Dezember 2002 direkt am Meer eröffnet wurde, ist das architektonisch auffälligste und eines der neueren Hotels in Miramar. Mit einer großen Glasfront und zwei Panorama-Aufzügen, die von der Lobby aus die elf Etagen ansteuern, wird das Haus der cubanischen Gaviota-Gruppe seinem Namen allein schon dadurch gerecht. Die Einrichtungen stellen alle Ansprüche zufrieden: Souvenirgeschäft, Schönheitssalon, Autovermietung, Café, Internet-Ecke, Fitness-Center, Massagesalon, Sauna, Squash-Court, verschiedene Restaurants und Bars sowie Swimmingpool und Shuttle-Service in die Altstadt (5 CUC) – alles da. Ein ganz besonderes Schmankerl für deutsche Urlauber ist das Bistro „Berlin", in dem man Wiener Würstchen, Bockwurst, Bratwurst und Weißwurst bekommt, wenn man die cubanischen Hähnchen nicht mehr sehen kann. Die 317 Zimmer sind großzügig, modern und komfortabel eingerichtet und verfügen über Klimaanlage, Satelliten-TV, Telefon, Safe und Minibar. Die Suiten haben darüber hinaus eine eigene kleine Terrasse und eine Badewanne mit Jacuzzi. EZ 95–120 CUC, DZ 120–170 CUC, Suite 180–240 CUC, je nach Kategorie und Saison, Halbpension 20 CUC, Vollpension 35 CUC. Calle 70 esquina 3ra. ℡ 2040100, ✆ 2044969, comercial@panorama.co.cu, www.gaviota.com.

**** **Chateau Miramar (6)**, direkt am Meer gelegen, hat den Nachteil, etwas abseits zu sein – wie die meisten Hotels in Miramar. Dafür schwelgt man für cubanische Verhältnisse im Luxus und wird vom Personal professionell umsorgt. Das Haus verfügt über Konferenzräume und Business-Center mit außergewöhnlichen Services (z. B. Handyverleih) und wird deshalb in erster Linie von Geschäftsreisenden gebucht. Den Gästen stehen drei Bars, zwei Restaurants (Buffet und À-la-carte) sowie Swimmingpool, Schönheitssalon und Autovermietung zur Verfügung. Die 50 Zimmer (27 mit Meer-, 23 mit Gartenblick) sind mit Klimaanlage, Satelliten-TV, Radio, Minibar, Safe und Telefon ausgestattet. EZ 71 CUC, DZ 99 CUC, Triple 143 CUC inkl. Frühstück. Avenida 1ra e/ 60 y 70. ✆ 2041952-57, ✆ 2040224, reservas@chateau.cha.cyt.cu.

**** **Occidental Miramar (23)** liegt an der Avenida 5ta, in der sich die meisten Botschaften Havannas befinden, weshalb man auf internationales Publikum eingerichtet ist und sich sehr bemüht, selbst strengen Maßstäben zu genügen. Die 427 großen Zimmer, darunter 30 Deluxe-Zimmer mit eigenem Jacuzzi, 8 Junior-Suiten und 8 Senior-Suiten, sind sehr sauber, modern eingerichtet und mit Klimaanlage, Telefon, Kabel-TV, Minibar und Safe ausgestattet. In der Anlage gibt es verschiedene Restaurants und Bars (in der Lobby 24 Std. geöffnet), einen großen Swimmingpool, Fitness-Center mit modernsten Geräten, Squash-Halle, 6 Tennisplätze mit Flutlicht, Massagesalon, Sauna, Solarium, Boutiquen und eine kleine Kunstgalerie. Auf Wunsch kommt ein Babysitter aufs Zimmer, ebenfalls optional wird man kostenlos in die Altstadt gebracht und von dort auch wieder abgeholt. EZ 100–130 CUC, DZ 130–160 CUC, Triple 30 CUC (für die dritte Person), Junior-Suite 160–190 CUC, Suite 300 CUC inkl. Frühstück, je nach Saison. Avenida 5ta e/ 72 y 76. ✆ 2043584, ✆ 2049227, reserva@miramar.co.cu, www.occidental-hoteles.com.

**** **Comodoro (18)** ist ein etwas in die Jahre gekommener Hotel-Komplex mit 460 Zimmern, von denen sich 124 im Haupthaus, 18 in einfacheren Hütten und 318 in einstöckigen Bungalows befinden. Ganz nett ist der – schmale – Strand und der Swimmingpool direkt am Meer. In der Gesamtschau stellt sich allerdings trotz verschiedener Bars und Restaurants, Laden-Passage, Internet-Café und Autovermietung die Frage, woher die vier Hotel-Sterne kommen. Die Zimmer sind relativ ordentlich ausgestattet und verfügen über Klimaanlage, Telefon, Satelliten-TV und Safe. EZ 62–70 CUC, DZ 90–101 CUC, Bungalow-EZ 68–76 CUC, Bungalow-DZ 99–111 CUC inkl. Frühstück, je nach Saison. Avenida 3ra esquina 84. ✆ 2045551, ✆ 2042089, reservas@comodor.cha.cyt.cu, www.cubanacan.cu.

**** **Copacabana (1)** hat sich seinen Namen vom Copacabana Yacht Club geliehen, als es 1955 eingeweiht wurde. Keine Sorge – 1992 wurde es generalüberholt, vergrößert und die nunmehr 168 Zimmer nach damaligen Maßstäben modern eingerichtet. Das Haus liegt direkt am Meer abseits des Trubels und ist deshalb ein geschätzter Anlaufpunkt für alle, die Stadt- und Strandurlaub kombinieren möchten. Das Haus verfügt über Restaurant, Bars und Diskothek, seinen Charakter als Ferien-Hotel unterstreichen ein Swimmingpool direkt an der Küste, Tauchschule, Fitness-Raum und Tennisplätze. Die Gästezimmer sind mit dem in dieser Kategorie üblichen Standard ausgestattet. Bis auf weiteres ist das Copacabana allerdings wegen der „Operación Milagro" geschlossen. EZ 68–82 CUC, DZ 98–116 CUC, Triple 138–164 CUC inkl. Frühstück, je nach Saison. Avenida 1ra e/ 44 y 46, ✆ 2041037.

*** **Montehabana (28)**, unmittelbar neben dem „Occidental Miramar" gelegen und damit ebenfalls im früheren Waldgebiet des Monte Barreto, ist als Apart-Hotel auch auf Langzeit-Urlauber eingerichtet – oder auf Mitglieder der diplomatischen Corps der nahen Botschaften. Das moderne Haus verfügt über Tiefgarage, Eiswürfel-Automat in jeder Etage, einen kleinen Supermarkt, Internet-Café, Autovermietung, Shuttle-Service in die Altstadt und 24-Stunden-Lobby-Bar. Die 88 Appartements haben alle Wohnzimmer mit Balkon, Kühlschrank, Kabel-TV, Safe, Bügeleisen und -brett sowie eine komplette Küche mit Mikrowellenherd, Kaffeemaschine, Toaster und sonstiger Ausstattung. Daneben gibt es 76 Standard-Zimmer mit Minibar, Kabel-TV, Telefon und Safe. EZ 60 CUC, DZ 80 CUC, Studio 90 CUC, App. 100 CUC, App. mit zwei Schlafzimmern 160 CUC. Calle 70 e/ 5ta y 7ma. ✆ 2069595, ✆ 2069912, comercial@montehabana.co.cu, rpublicas@montehabana.co.cu, www.gaviota-grupo.com.

*** **Neptuno (14)**, ein älterer, 22-stöckiger Hotel-Turm direkt am Meer, wurde 1999 komplett renoviert, von ursprünglich vier Sternen auf drei herabgestuft und ist seitdem ein ehrliches Hotel mit vernünftigen Preisen. Die 266 Zimmer, darunter 12 Suiten, sind mit Klimaanlage, Telefon, Satelliten-TV,

Safe sowie Minibar ausgestattet und haben Meer- oder Stadtblick. Das Haus verfügt über eine Lobby- und eine Poolbar, ein Buffet- und ein À-la-carte-Restaurant sowie Swimmingpool, Friseur, Autovermietung und Babysitter-Service. EZ 39–49 CUC, DZ 55–70 CUC, Triple 22–28 CUC (für die dritte Person), je nach Saison. Avenida 3ra esquina Calle 74. ✆ 2041606, ✆ 2040042, reservas@nep-tri.gca.tur.cu, www.gran-caribe.com.

*** Tritón (13) ist das Schwester-Hotel des „Neptuno", liegt direkt rechts daneben und ist bis auf das i-Tüpfelchen identisch: 22 Stockwerke, 266 Zimmer, darunter 12 Suiten … Nur die Preise sind um etwa 10–20 CUC höher. Warum? Das wissen die Götter – und die Cubaner. EZ 49–63 CUC, DZ 70–90 CUC, Triple 28–36 CUC (für die dritte Person), je nach Saison. Avenida 3ra esquina Calle 74. ✆ 2041606, ✆ 2040042, reservas@nep-tri.gca.tur.cu, www.gran-caribe.com.

** Hostal Costa Sol (12), ein kleines Haus mitten in Miramar, wird vom cubanischen Erziehungsministerium betrieben. Die 13 Zimmer sind einfach, aber mit Klimaanlage und Satelliten-TV ausgestattet. Im Haus gibt es ein Restaurant und eine Bar, beide sehr preisgünstig. EZ 28 CUC, DZ 36 CUC, Triple 48 CUC inkl. Frühstück. Calle 60 esquina 3ra, ✆ 2090828, 2028269.

•*Casas particulares* **Alojamiento Lissette (34)** ist eine sehr schöne, saubere, ruhig gelegene, aber etwas (zu) teure Casa an der Grenze zum Stadtteil Playa. Vermietet werden drei Zimmer, von denen eines über ein eigenes Bad verfügt, die beiden anderen Zimmer teilen sich das zweite und sind damit ideal für Familien. Die Räume sind ausgestattet mit Klimaanlage, TV, Kühlschrank und reizendem antiken Mobiliar. Winziger Haken: In den Badezimmern riecht es leicht nach Pissoir-Stein. Wen das nicht stört, der fühlt sich hier sicher pudelwohl. Frühstück und Abendessen werden optional auf der großen Terrasse serviert. DZ 35 CUC. Reservierung unbedingt notwendig! Calle 60 Nr. 902 e/ Avenida 9ta y 11. ✆ 2051675, ✆ 58901687 (mobil).

Casa Mauricio Alonso (16) befindet sich in der 9. Etage des Edificio Milton am äußersten östlichen Rand von Miramar an der Grenze zum Stadtteil Vedado und bietet daher einen Traumblick auf das Meer, den Malecón und Havanna. Das sehr große Appartement ist mit Klimaanlage, Kühlschrank und Badezimmer ausgestattet. Die Küche darf man mitbenutzen, das Frühstück wird aber auch zubereitet. Die Besitzer sprechen neben Spanisch auch Englisch, Französisch, Russisch und Bulgarisch. App. 20–25 CUC, je nach Saison. Calle A Nr. 312 Appt. 9 e/ 3ra y 5ta. ✆ 2037581, mauricioydiana@gmail.com.

Casa Ana Hidalgo (8) vermietet in einer gepflegten Villa zwei Zimmer mit jeglichem Komfort und – außergewöhnlich genug – mit Meerblick. Die modernen Räume sind mit Klimaanlage, Kühlschrank und Stereoanlage ausgestattet. Frühstück und Abendessen auf Wunsch. DZ 30–50 CUC, je nach Saison. Calle 32 esquina 1ra, ✆ 2029486.

Casa Mayra (10) in einem schmucken Häuschen aus der ersten Hälfte des 20. Jh. bietet zwei geräumige Gästezimmer mit Klimaanlage, Kühlschrank und Bad. Wer möchte, wird von der jungen Señora vorzüglich bekocht, viele Lokale befinden sich aber auch in fußläufiger Entfernung. DZ 25–30 CUC, je nach Saison. Avenida 3ra Nr. 8 e/ 0 y 2, ✆ 2091947.

Casa Maite (7) gegenüber dem Hotel „Copacabana" ist ein recht schmuckes Privat-Quartier in ruhiger Lage, allerdings weiß man auch, was man dafür verlangen kann. Das geräumige Appartement, das für Gäste zur Verfügung steht, ist mit Klimaanlage, Kühlschrank, TV und Küche ausgestattet. DZ 35 CUC. Avenida 1ra Nr. 4409 e/ 44 y 46, ✆ 2022265.

Unterwegs in Miramar

Quinta Avenida: Wie die Fifth Avenue in New York, so ist auch die gleichnamige Prachtstraße Havannas eines der Aushängeschilder der Stadt, hat allerdings einen völlig anderen Charakter als ihr Pendant im „Big Apple". In früheren Jahren als schönste Straße in ganz Cuba gepriesen, entstanden Anfang des 20. Jahrhunderts entlang der Hauptstraße des Stadtteils Miramar, die sich von der Mündung des Río Almendares neun Kilometer lang bis zum Yachthafen der Marina Hemingway hinauszieht, einige der prächtigsten Gebäude der Stadt. Wer das nötige Kleingeld

hatte, musste einfach hier wohnen und eine „Quinta"-Adresse auf seiner Visitenkarte haben. Der Glanz ist geblieben – auch nach der Revolution. Heute beherbergen die Villen westlich des „Torre de la Quinta", des Uhrturms der Fünften aus dem Jahr 1920, allerdings in erster Linie die Botschaften der verschiedensten Länder und sind damit für die Öffentlichkeit nicht zugänglich.
Avenida 5ta e/ 0 y 248.

Parques de Zapata y de Ghandi: Auf den ersten Kilometern der Avenida 5ta liegen rechts und links der Straße zwei kleine Parks, die Emilio Zapata Salazar (stadtauswärts links) und Mahatma Mohandas Karamcand Ghandi (stadtauswärts rechts) gewidmet sind – jeder auf seine Art ein Revolutionär. Unter mächtigen Bäumen wurde dort eine Statue des mexikanischen Indio- und Campesino-Führers (Zitat: „Lieber aufrecht sterben, als auf Knien leben!") aufgestellt sowie eine Büste des indischen Pazifisten und Menschenrechtlers (Zitat: „Wahrheit schließt die Anwendung von Gewalt aus!"). Ein Hort der Ruhe sind die Grünanlagen wegen ihrer Lage direkt an der viel befahrenen Hauptstraße allerdings nicht.
Avenida 5ta e/ 24 y 26.

„Lieber aufrecht sterben ... "

Museo del Ministerio del Interior: Das Museum des cubanischen Geheimdienstes, der den verharmlosenden Namen „Innenministerium" trägt, liegt ganz am Anfang der Avenida 5ta in der Nähe der Zapata und Ghandi gewidmeten Parks. Die 14 Ausstellungsräume dokumentieren fein säuberlich politische, militärische, biologische, diplomatische, psychologische und propagandistische Angriffe auf und in Cuba. Außerdem werden in der am 26. März 1989 anlässlich des 30-jährigen Jubiläums der „Stasi" – sie heißt wirklich Seguridad del Estado, also Staatssicherheitsdienst – eröffneten Sammlung die Attentatsversuche auf Máximo Líder Fidel Castro aufgelistet. Tatsächlich wurden gegen den Staats- und Parteichef vor allem in den Jahren nach dem Sieg der Revolution mehrere Mordkomplotte geschmiedet. Einmal (1960) sollte ein Zigarre in seinem Mund explodieren, bei anderer Gelegenheit (1963) sollte er mit einer in einem Füllfederhalter versteckten Spritze ermordet werden, letztlich versuchte man sogar, einen Sprengsatz an einem Strand zu deponieren, den Castro häufig besuchte – dahinter steckte meist die US-amerikanische CIA. Weniger interessant sind die Teile der Ausstellung, die sich mit dem cubanischen Gefängnissystem, der Geschichte der Feuerwehren und den so bezeichneten „Kämpfern" des Innenministeriums beschäftigen, die bei Missionen im In- und Ausland ums Leben kamen. Apropos „Stasi"-Agenten: Von der permanenten Bespitzelung des eigenen Volkes durch den allgegenwärtigen Sicherheitsapparat erfährt man natürlich rein gar nichts.
Di–Fr 9–17, Sa 9–16 Uhr. Eintritt 2 CUC, Führung 1 CUC, Fotoaufnahmen 5 CUC, Videoaufnahmen verboten. Avenida 5ta esquina 14.

Embajada de Rusia: Das auffälligste, wenn auch beileibe nicht schönste Gebäude an der Quinta ist die russische Botschaft. Hermetisch abgeriegelt und streng bewacht, ist das 20-stöckige Domizil der Kreml-Diplomaten eine Mischung aus gigantischem Betonklotz und überdimensioniertem Airport-Tower. Diesem Eindruck in Kombination mit seiner Funktion verdankt der Komplex auch seinen cubanischen Spitznamen: La Torre de Control (Der Kontrollturm). Betreten ist natürlich nur bei diplomatischen oder konsularischen Anliegen erlaubt, Fotografieren immer – von außen.
Avenida 5ta Nr. 6402 e/ 62 y 66.

Iglesia Jesús de Miramar: In der schlichten, aber riesigen neuromanischen Kirche an der Fifth Avenue Havannas prangt in einem Rundbogen über dem Altar in großen Lettern das Bibelzitat „Jesús lo respondió, así es, yo soy rey" („Jesus antwortete, so ist es, ich bin der König"). Sehenswert ist der großflächig in schreienden Farben gemalte Kreuzweg an den Seitenwänden der Kirche.
Tägl. 7.30–12 + 16.30–18 Uhr. Avenida 5ta e/ 80 y 82.

Museo Compay Segundo: Die Gedenkstätte für den legendären cubanischen Musiker ist eines der jüngsten Museen in Havanna. Erst 2006 entschloss sich seine Familie, einen Teil des Hauses, in dem er zuletzt bis zu seinem Tod im Jahr 2003 gelebt hatte, der Öffentlichkeit zugänglich zu machen. Compay Segundo hatte 1996 mit dem Projekt „Buena Vista Social Club" des US-amerikanischen Musikers Ry Cooder und drei Jahre später mit dem gleichnamigen Film des deutschen Regisseurs Wim Wenders internationale Berühmtheit erlangt. Segundo, unter anderem Komponist des Ohrwurms „Chan Chan", der im Repertoire keiner cubanischen Son-Gruppe fehlt, hatte dafür zusammen mit Ibrahim Ferrer, Rubén González, Eliades Ochoa und Omara Portuondo 1998 den begehrten Grammy erhalten und eine goldene und platine Schallplatte eingespielt. Insgesamt hatte sich das Album weltweit über fünf Millionen Mal verkauft.

Compay Segundo wurde am 18. November 1907 in Siboney bei Santiago de Cuba unter seinem bürgerlichen Namen Máximo Francisco Repilado Muñoz geboren. Schon als Junge begann er, Gitarre zu spielen, mit 14 Jahren nahm er zusätzlich Klarinettenunterricht, ein Jahr später schrieb er sein erstes Lied „Yo vengo aquí" („Hier komm' ich"). 1948, inzwischen nach Havanna umgesiedelt, gründete er mit Lorenzo Hierrezuelo das Duo „Los Compadres" – und bekam dabei seinen Spitznamen, unter dem ihn bis heute der ganze Welt kennt. „Compay" ist die Kurzform von Compadre, Segundo (der Zweite) nannte man ihn, weil er die zweite Stimme sang. 1955 trennte sich das Duo im Streit, Segundo begann, in einer Zigarrenfabrik zu arbeiten und griff erst 1970 wieder zu seinem Armónico, einer von ihm kreierten siebensaitigen Gitarre. Damals trat er hauptsächlich in Havanna auf, sein neues Lied „Chan Chan" stellte er 1989 allerdings bei einer Konzertreise in der US-amerikanischen Hauptstadt Washington vor. Segundo bekam daraufhin einen internationalen Plattenvertrag und spielte in der ersten Hälfte der 90er Jahre mehrmals in Europa. Der ganz große Wurf gelang ihm schließlich an der Seite von Ry Cooder und Wim Wenders. Der Name für ihre Projekte leitet sich von einem Veranstaltungsort ab, der in den 1940er und 50er Jahren unter diesem Namen sehr populär gewesen war. Höhepunkt seines künstlerischen Lebens war in der Folge ein Auftritt in der New Yorker Carnegie Hall – mit „standing ovations" am Ende. Compay Segundo starb 2003 nach einem erfüllten Dasein im Alter von 95 Jahren an den Folgen eines Nierenleidens: „Man muss das Leben in vollen Zügen genießen, aber mit Bedacht", hatte er immer als seine Philosophie ausgegeben.

Zeugnisse des kühnen Abenteuers von Antonio Nuñez Jiménez

Das Museum erzählt von diesem großartigen Musiker, zeigt seine Auszeichnungen, Fotos von seinen Besuchen bei Staatspräsident Fidel Castro und Papst Johannes Paul II. Zu sehen sind Gemälde, Karikaturen und Cartoons, die Segundo zeigen, in Vitrinen stehen seine Schuhe, seine Hüte, seine Klarinette und die Originalpartitur seines größten Erfolges „Chan Chan". Mit bunten Stecknadeln ist auf einer Weltkarte außerdem markiert, in welchen Ländern Compay Segundo und mit ihm der „Bueno Vista Social Club" aufgetreten war.

Mo–Fr 10–12 + 14–16 Uhr (nach telefonischer Anmeldung). Eintritt frei. Calle 22 Nr. 103 e/ 1ra y 3ra. ✆ 2068629, 2025922, compay@cubarte.cult.cu.

Fundación de la Naturaleza y El Hombre: Das kleine, versteckt liegende Museum der Stiftung Antonio Nuñez Jiménez wurde 1994 eingerichtet und ist dem Namensgeber der Stiftung gewidmet, einem cubanischen Wissenschaftler, der sein Leben ganz den geographischen und archäologischen Studien sowie der Höhlen- und Umweltforschung verschrieben hatte, ehe er 1998 starb. Allein die Bibliothek umfasst 30.000 Bände, die Wissenschaftler und Studenten für ihre Arbeit jederzeit zu Rate ziehen können. Die Hauptattraktion des Museums sind allerdings die Zeugnisse der Expedition von Antonio Nuñez Jiménez, zu der er 1987 zusammen mit 26 Begleitern in drei Einbaum-Kanus am Río Napo in Ecuador aufgebrochen war. Innerhalb eines Jahres paddelte er damals bis nach San Salvador auf den Bahamas, um nachzuvollziehen, wie die Indios Mittelamerikas vor 8000 Jahren auf die Inseln der Karibik gelangten, um diese zu besiedeln. Jiménez und seine Gefährten legten damals in ihren 13 Meter langen, rund eine Tonne schweren Kanus 17.422 Kilometer zurück und passierten 20 Länder bzw. Insel-Staaten. Insgesamt waren an der Tour mehr als 400 Helfer beteiligt. Zu den Exponaten, die von dieser Expedition erzählen, gehört eines jener Kanus, Kopfschmuck und Waffen der Eingeborenen sowie eine Sammlung kleiner Tonfiguren, die verschiedenste Stellungen des Geschlechtsakts darstellen.

Mo–Fr 9.30–15 Uhr, Sa nach Anmeldung. Eintritt 2 CUC inkl. Führung. Avenida 5ta B Nr. 6611 e/ 66 y 70, ✆ 2092885.

Maqueta de La Habana: Wenn man einen Eindruck von der wirklichen Größe Havannas bekommen möchte, führt an dem Modell, das die cubanische Hauptstadt detailgetreu im Maßstab 1:1000 zeigt, kein Weg vorbei. Auf einer Fläche von 144 Quadratmetern – weil sich die Millionen-Metropole eben auf 144 Quadratkilometer erstreckt – kann man auf diesem nach New York weltweit zweitgrößten Modell seiner Art jedes einzelne Gebäude der Stadt betrachten, natürlich auch all die Sehenswürdigkeiten. Die Häuser der 22 Meter langen und bis zu acht Meter breiten City-Miniatur wurden in 13-jähriger Arbeit von einem interdisziplinären Expertenteam der Stadtverwaltung aus dem Holz von Zigarrenkisten hergestellt. Zur leichteren Unterscheidung der einzelnen Perioden, in denen die Gebäude, Plätze, Denkmäler, Straßen und Parks entstanden, wurde ein Farbleitsystem eingesetzt – braun steht beispielsweise für die Kolonialzeit. Um einen Überblick zu gewinnen, begibt man sich am besten auf die Aussichtsgalerie, auf der auch Fernrohre (1 CUC) installiert wurden.

Mo–Sa 9–17 Uhr. Eintritt 3 CUC, Führung 5 CUC, Fotoaufnahmen 2 CUC. Calle 28 Nr. 113 e/ 1ra y 3ra. ✆ 2027303, maqueta@gdic.ch.hov.cu.

Acuario Nacional de Cuba: Speziell wenn man mit Kindern unterwegs ist, ist der Meeres-Erlebnispark ein ganz heißer Tipp. Schon vor dem Eingangstor werden sie von einem Clown begrüßt, drinnen machen Seelöwen und Delfine Kunststücke – die Kleinen sind glücklich, was will man mehr. Außerdem sind auf der sogenannten tropischen Insel Schildkröten und Pelikane zu sehen, eine Meeresgrotte, die drei Arten der cubanischen Mangroven und die sieben verschiedenen Meereslandschaften des Landes. Insgesamt ein rundes Vergnügen!

Di–So 10–17.30 Uhr, Delfin-Shows um 11, 15, 17 Uhr, Seelöwen-Show um 12 + 16 Uhr. Eintritt 7 CUC, Kinder 5 CUC inkl. aller Shows. Avenida 3ra esquina 62, ✆ 2025872, 2025871.

Havannas Westen

Die Municipios im Westen der Hauptstadt stehen normalerweise nicht auf der Sightseeing-Agenda – und wenn doch, werden einzelne Einrichtungen nur punktuell angesteuert. In aller Regel endet das touristische Interesse mit der äußeren Grenze von Miramar an der Calle 84. Skipper kennen vielleicht noch die Marina Hemingway, weil dort ihre Yacht vor Anker liegt – mehr nicht. Cubanacán mit seinem auffallenden Konferenzzentrum und den von riesigen Parks umgebenen Privat-Villen der Diplomaten, Flores mit einem der besten Restaurants in ganz Cuba („La Ferminia") oder Santa Fé, der Wohnsitz vieler Regierungsmitglieder, bleiben auf der Strecke. Und auch in den Arbeiter-Bezirk Marianao dringt man über die Avenida 41 vorbei an Buena Vista meist nur bis zum legendären „Tropicana" vor. Schade eigentlich – denn hinter diesen unsichtbaren Demarkationslinien beginnt Havanna, wie es die Hochglanz-Prospekte nicht zeigen und wie man es gerade deshalb unbedingt kennenlernen sollte. Wer beispielsweise den Bezirk La Lisa mit seinen von Schlaglöchern übersäten Straßen und San Agustín mit seinen Plattenbau-Siedlungen nicht gesehen hat, die nach dem Ende der Revolution mit sowjetischer Hilfe quasi über Nacht aus dem Boden gestampft wurden, kann nicht behaupten, Havanna zu kennen. Natürlich sind diese reinen Wohngegenden nicht mit Sehenswürdigkeiten gespickt. Und natürlich gibt es kaum Restaurants. Wie auch: Touristen verirren sich nur äußerst selten hierher, die Einheimischen haben kein Geld, um zum Essen zu gehen – und wenn doch, tun sie dies ganz bestimmt nicht um die Ecke. Doch trotz all dieser Unzulänglichkeiten, die Besucher zunächst einmal abschrecken mögen – Municipios, Bezirke und Wohnviertel wie La Lisa oder San Agustín brauchen keine prächtigen Museen oder großartige Denkmäler. Sie sind selbst eine Sehenswürdigkeit.

Essen & Trinken in Havannas Westen

• *Restaurants* **La Giraldilla**, ein sogenannter „Complejo Turistico", ein Touristen-Komplex also, den man in und um ein wunderschönes koloniales Herrenhaus hat entstehen lassen, befindet sich in einem Grüngürtel des Stadtteils La Lisa am südwestlichen Ende Havannas. Das bedeutet einen kleinen Ausflug, um an den Ort des Geschehens zu kommen – zumindest wenn man in einem Hotel in Vieja, Centro, Vedado oder Miramar logiert, was die meisten Touristen wohl tun. Dennoch: Wenn man einmal etwas anderes essen will, lohnt zumindest freitags ein Besuch, denn dann hängt normalerweise ein ganzer Ochse am Spieß (Portion 10 CUC). Neben dem Grill verfügt das Anwesen auch noch über das Restaurant „Los Naranjos" (Hauptgerichte 6–15 CUC), ein kleines Freibad (Eintritt 5 CUC, inkl. Freigetränke für 3 CUC) und die Diskothek „Macumba Habana". Restaurant tägl. 18–23 Uhr, Swimmingpool tägl. 10–18 Uhr, Disco So–Fr 17–23, Sa 17–24 Uhr. Calle 222 esquina 37. ✆ 2730568, 2730569, marketing@giralda.cha.cyt.cu.

Pedregal ist ein recht nettes, vor allem aber modernes Restaurant an der Grenze zwischen den Stadtteilen La Lisa und Cubanacán und bietet sich geradezu für eine Pause an, wenn man das „Museo del Aire" besucht. In angenehmer Atmosphäre werden Pizzen (um 3 CUC), Fisch- (6–7,95 CUC) und Fleischgerichte (Chateaubriand 12 CUC) serviert. Alle Cocktails kosten 1,20–1,50 CUC. Neben dem Restaurant verfügt der Komplex zudem über eine Cafetería und eine Piano-Bar, in der Musik aus der Stereoanlage kommt. Tägl. 12–24 Uhr. Calle 198 esquina 23, ✆ 2737832.

La Cecilia liegt in der Avenida 5ta am ersten Kreisverkehr in Richtung Marina Hemingway. Der große Komplex mit Restaurant und Cafetería wird vorwiegend von Touristenbussen angesteuert. Die Speisen – die ganze Palette der kreolischen Küche wie Hähnchen, dünne Scheiben vom Schweinshaxen oder Rindersteaks – kommen zum Großteil vom Holzkohlengrill und werden im „All you can eat"-Paket für 8,95 CUC angeboten. Als kleine Besonderheit gibt es „Tamal en Cazuela", eine Art Polenta (1,95 CUC). Während die Gäste tagsüber regelmäßig von einem Live-Trio mit cubanischen Klängen unterhalten werden, treten abends nur gelegentlich Gruppen auf. Tägl. 11–23 Uhr. Avenida 5ta Nr. 1010 e/ 110 y 112. ✆ 2026700, rpublica@cecilia.cha.cyt.cu.

La Ferminia, an der 5. Avenida in Richtung Marina Hemingway gelegen und eines von nur drei Chaîne-Rôtisseur-Restaurants in ganz Cuba, gehört ohne jeden Zweifel zu den besten Häusern in Havanna. In einer eleganten Stadtrand-Finca zu Hause, bringt es seine Lage im Botschaftsviertel mit sich, dass sich die Diplomaten die Klinke in die Hand geben. Neben den verschiedenen Salons, die teilweise mit dem Originalmobiliar vom Anfang des 20. Jh. ausgestattet sind, verfügt das Ferminia über einen schönen Gastgarten, in dem auch der große Holzkohlengrill angeschürt wird, von dem eine der Spezialitäten des Hauses kommt: „Espadas Corridas", ellenlange Grillspieße mit sechs verschiedenen Fleisch- und Wurstsorten. Dazu gibt es einen Brotkorb, verschiedene Saucen, Salate, Gemüse und Desserts – alles für sage und schreibe 12,95 CUC. Was aber das Schönste ist: Bei diesem Preis gilt „all you can eat" – einfach unschlagbar. Daneben beinhaltet die übrigens auch in Deutsch erhältliche Karte sehr exquisite Speisen wie etwa Filet Mignon mit kandierten Zwiebeln in Portwein-Sauce (10 CUC), paniertes Hummer-Steak (18 CUC) oder mit Rum flambierte Garnelen in Knoblauch-Sauce (14 CUC). Der Weinkeller steht diesem Angebot in Nichts nach – es gibt sogar deutsche und (trotz Embargos) kalifornische Weine. Tägl. 12–24 Uhr. Avenida 5ta Nr. 18207 esquina 184. ✆ 2736555, 2736786, ferminia@ehtsergioperez.co.cu.

La Vicaria, ein recht ordentliches Restaurant mit Freisitz an der 5. Avenida in Richtung Marina Hemingway, hat cubanische Speisen und Schnellgerichte im Programm. Die Spott-Preise spotten jeder Beschreibung: Frittiertes Hähnchen mit Pommes frites (1,50 CUC), Mailänder Schnitzel mit Reis und Gemüse (3 CUC), Rindersteak mit Beilagen (3,50 CUC) – günstiger kann man in Havanna kaum essen, wenn das Restau-

Havannas Westen

rant einigermaßen gepflegt sein soll. Die Cocktail-Preise passen durchaus in diesen Reigen – die meisten kosten 1,10 CUC. Bier gibt es für 1–1,50 CUC (Heineken), Wein kostet pro Glas 1,10–1,50 CUC. Tägl. 11–23 Uhr. Avenida 5ta esquina 180, ☏ 2739100.

El Rancho Palco, wie man sich aufgrund des Namenszusatzes denken kann, ein Anhängsel des Palacio de Convenciones (Palco), residiert in einem typischen, aber natürlich hübsch hergerichteten cubanischen Bauernhaus mitten in einer grünen Oase im Stadtteil Cubanacán. In direkter Nachbarschaft jahrhundertealter Bäume werden auf einer Terrasse unter einem Dach aus Palmzweigen kreolische und internationale Gerichte serviert. Vor allem die saftigen Steaks vom Holzkohlengrill (11–22 CUC) sind ein Traum. Es geht aber auch preisgünstiger – mit „Ropa vieja" für 5 CUC etwa. Tägl. 12–23 Uhr. Calle 140 y 19. ☏ 2089346, ✉ 2087706, ranchopalco@palco.cu.

La Finca liegt wenige Schritte vom „Rancho Palco" entfernt und damit ebenfalls in jenem Teil des tropischen Regenwaldes, der hier, am Rande der Millionenstadt, übrig geblieben ist. Der Name des Restaurants kommt nicht von ungefähr – das idyllisch gelegene Anwesen ist tatsächlich eine Nobel-Finca. Worauf allerdings die Preise für die – zugegebenermaßen – große Speisekarte zurückzuführen sind, weiß der nicht vorhandene Regenwald-Kuckuck. 14 CUC für einen Shrimps-Cocktail vorneweg, 12–26 CUC für einen simplen Fleischspieß oder bis zu 30 CUC für einen Hummer sind an diesem Ort definitiv zu viel. Mo–Sa 12.30–24 Uhr. Calle 40 y 19. ☏ 2087976, 2089188, finca@enet.cu.

El Lugar, das Haupt-Restaurant des „Club Almendares", ist ein schönes, gepflegtes Lokal, das man im Stadtwald von Havanna, einem der Naherholungsgebiete der Habaneros, gar nicht erwarten würde. Die Speisekarte ist sehr umfangreich, die Gerichte alles andere als teuer. Ein Menü, bestehend aus Hauptgericht (z. B. „Ropa vieja"), Beilagen, Gemüse, Salat, Dessert und Espresso, gibt es schon für 4,50 CUC. Preisgünstig sind auch Garnelen (5,50–6,75 CUC) oder die Paella für zwei Personen (15 CUC). Tägl. 12–24 Uhr. Calle 49 C y 28 A. ☏ 2043111, ✉ 2041008, estrella@club.co.cu, www.gaviota-grupo.com.

La Pérgola ist die Pizzeria des „Club Almendares", in der man auch auf einer Terrasse mit Blick auf den Río Almendares sitzen kann. Obwohl das Restaurant deutlich über den einfacheren cubanischen Italienern anzusiedeln ist, sind die Preise vernünftig. Für die Pizzen, es gibt auch eine vegetarische, liegen sie zwischen 1,80–4 CUC. Tägl. 11–23 Uhr. Calle 49 C y 28 A. ☏ 2044990, 2045162, ✉ 2041008, estrella@club.co.cu, www.gaviota-grupo.com.

• *Paladares* **El Buganvil**, ein netter Paladar in einem westlichen Randbezirk der Hauptstadt, in dem auch viele Diplomaten ihre privaten Zelte aufgeschlagen haben, serviert seine schmackhaften Speisen in einer reizenden Laube. Die Speisekarte ist für ein Privat-Restaurant geradezu phänomenal und reicht von verschiedenen Tortillas (2,50–3 CUC) über Hammel in Rotweinsauce (8 CUC) bis zum panierten Fischsteak (5,50 CUC). Für Gruppen ab sechs Personen grillt Besitzer Heriberto I. Sanchez Abreu bei rechtzeitiger Anmeldung (24 Std. vorher) auch gern ein ganzes Spanferkel (10 CUC/Pers.). Wie die Preise für die Speisen halten sich auch die für Getränke in Grenzen: Cocktails kosten 2,50 CUC, Erfrischungsgetränke 1 CUC, Bier 1,25 CUC und selbst für einen französischen Cognac werden nur 3,50 CUC berechnet. Besonderheit: Der Paladar akzeptiert neben der Touristen-Währung CUC auch cubanische Pesos und Euros. Tägl. 12–24 Uhr. Calle 190 Nr. 1501 e/ 15 y 17, ☏ 2714791.

Los Cactus de 33 kommt zu seinem Namen, weil der Paladar in der 33. Straße liegt und vor der Terrasse des Hauses große Kakteen wachsen – so einfach ist das. Gar nicht einfach, sondern vielmehr sehr gepflegt, sogar durchaus elegant ist das Lokal selbst. Die Küche ist cubanisch ausgerichtet, besonders empfehlenswert ist die Hähnchenbrust à la Los Cactus (mit Champignons und Oliven). Daneben gibt es natürlich auch verschiedene Schweinefleischgerichte, alle Menüs kosten 8–13 CUC. Tägl. 12–24 Uhr. Calle 33 Nr. 3405 e/ 34 y 36, ☏ 2035139.

El Laurel befindet sich unmittelbar hinter der Marina Hemingway direkt am Meer. Das einfache Privat-Restaurant bietet als Spezialität des Hauses Schweinefleischgerichte (um 4 CUC) in allen Variationen – gebraten, gegrillt, frittiert, paniert, in Sauce … Daneben gibt es Pasta und Pizza sowie Fisch (6,50 CUC). Wer sich nach dem Essen die Zeit vertreiben will, kann an den hauseigenen Bootsanlegestellen angeln, für Kinder gibt es einen Spielplatz mit Schaukeln. Tägl. 11.30–23.30 Uhr. Avenida 5ta e/ 260 y 262, ☏ 2097767.

Nachtleben in Havannas Westen

Tropicana, Havannas weltberühmter Nachtclub, der gemeinhin in einem Atemzug mit dem „Moulin Rouge" in Paris genannt wird, zeigt jeden Abend eine unerreichte Show mit viel Musik, Lichteffekten und jeder Menge langbeiniger Karibik-Schönheiten in knappsten Kostümen. Das von dem Geschäftsmann Victor Correa erbaute Cabaret wurde 1939 unter den Namen „Beau Sité" eröffnet, aber nur ein Jahr später in „Tropicana" umbenannt, weil dem künstlerischen Direktor des Hauses ein Lied mit diesem Titel einfach nicht mehr aus dem Kopf ging. Seitdem standen schon viele Größen des Showbiz auf seiner Bühne – Josephine Baker etwa, Nat King Cole, Maurice Chevallier oder Benny Moré. Das Wahrzeichen des Clubs ist die Statue einer Primaballerina von der berühmten cubanischen Bildhauerin Rita Longa aus dem Jahre 1950. Und, obwohl nicht sehr groß, sollte man sich – wenn man schon da ist – auch die „Fuente de las Musas", den Brunnen der Musen, anschauen, die zwei Jahre später der italienische Künstler Aldo Gamba schuf. 1992 verlieh die US-amerikanische Akademie für Gastronomie dem Tropicana den Preis „Best of the Five Stars Diamond" als bestem Nightclub auf dem amerikanischen Kontinent. Der Eintritt kostet ab 65 CUC, abhängig vom Sitzplatz. Tägl. 20.30 Uhr, Show ab 22 Uhr. Calle 72 Nr. 4504 e/ 41 y 45, ✆ 2671717, 2671010.

El Chévere, die Open-Air-Disco des „Club Almendares, ist ein Renner in Havanna und erfreut sich sowohl bei Cubanern als auch bei Touristen großer Beliebtheit. Entgegen vieler anderer Nachtclubs gibt es hier nicht erst irgendwelche Shows, die Musik spielt vielmehr gleich von Anfang an. Dafür werden auch nur 6 CUC Eintritt fällig. Wer abgekämpft ist oder wem es an den Tischchen an der Tanzfläche zu laut ist, kann sich in den kleinen Garten oder die Liegestühle am Swimmingpool zurückziehen, der auf dem Gelände tagsüber geöffnet hat. Tägl. 22–4 Uhr. Calle 49 C y 28 A. ✆ 2044990, 2045162, @ 2041008, estrella@club.co.cu, www.gaviota-grupo.com.

Salón Rosado Benny Moré hat zwar nur von Do-So geöffnet, dafür geht in diesem Freiluft-Musikschuppen regelmäßig die Post ab. Meist wechselt sich die Musik von Live-Gruppen mit heißen Disco-Rhythmen ab, für die der DJ sorgt. Das detaillierte Programm hängt in einem Schaukasten am Eingang aus, kann aber auch telefonisch erfragt werden. Die Eintrittspreise variieren je nach Band zwischen 5 und 10 CUC. Do-So 21–1.30 Uhr. Avenida 41 esquina 46, ✆ 2061281.

Macumba Habana ist die große Diskothek des Komplexes „La Giraldilla" und damit ebenfalls mitten in der Pampa, was vor allem in den Öffnungszeiten zum Ausdruck kommt. Der Musik-Tempel öffnet bereits um 17 Uhr und macht dafür schon um 23 Uhr (Sa 24 Uhr) wieder dicht – weil die Gäste noch nach Hause müssen. Auf der Showbühne gibt es jeden Abend Cabaret und Live-Musik, Do–Sa von großen Bands oder Orchestern, an den übrigen Tagen von kleineren Combos. Der Eintritt beträgt 10 CUC (Do–Sa) bzw. 5 CUC (So–Mi), wer vorher im „La Giraldilla" speist, zahlt nichts. Calle 222 esquina 37. ✆ 2730568, 2730569, marketing@giralda.cha.cyt.cu.

Übernachten in Havannas Westen

- *Hotels* ****** Palco** – der abgekürzte Name steht für Palacio de Convenciones – ist das Hotel des großen, unmittelbar daneben liegenden Kongresszentrums von Havanna. In erster Linie für Geschäftsreisende und Teilnehmer an Meetings, Seminaren und Symposien errichtet, verirren sich oftmals auch Touristen in das moderne Haus und werden sicherlich nicht enttäuscht. Die 177 Zimmer, darunter 35 Suiten, sind sehr komfortabel eingerichtet und verfügen über TV, Telefon, Minibar und Safe. Im Haus befindet sich ein von viel Grün umgebener Swimmingpool, eine Sauna sowie mehrere Geschäfte. Daneben gibt es diverse Konferenzräume, die von einem Business-Center aus gesteuert werden, wo auch Internet-, Fax- und Kopier-Service zur Verfügung stehen. EZ 74–91 CUC, DZ 94–111 CUC, Suite 130–150 CUC, je nach Saison. Avenida 146 e/ 11 y 13. ✆ 2047235, @ 2047250, 2047236, info@hpalco.gov.cu, www.complejopalco.com.

*** El Bosque, das sich selbst als kleines Gran Hotel bezeichnet, liegt zwar sehr ruhig in der Nähe des Parque Almendares, aber völlig ab vom Schuss. Ins Zentrum ist man per Taxi bestimmt eine halbe Stunde unterwegs, was ganz schön ins Geld gehen kann. Das moderne Haus fernab jeder Hektik mag dafür entschädigen. Es verfügt über das kleine Restaurant „La Yagruma", eine Lobby-Bar, Internet-Ecke und Autovermietung. Die 62 Zimmer, 16 davon mit Balkon, sind ansprechend eingerichtet und mit Klimaanlage, Satelliten-TV, Safe, Minibar und Telefon ausgestattet. EZ 45 CUC, DZ 60 CUC inkl. Frühstück. Calle 28 A e/ 49 A y 49 C. ✆ 2049232-35, ✉ 2045637, reservas@bosque.gav.tur.cu.

*** **Kohly**, das etwas größere Schwester-Hotel des „El Bosque", findet sich nur 300 m davon entfernt. Eher Ferien- und Familien-Quartier, bietet das Haus Swimmingpool, Fitness-Studio, Tennisplätze, Bowlingbahn, Billard-Salon, zwei Restaurants (Buffet und Pizzeria), zwei Bars und eine Grillbar am Pool. Die 136 modernen Zimmer, 124 davon mit Balkon, sind mit Klimaanlage, Satelliten-TV, Radio, Safe, Minibar und Telefon ausgestattet. EZ 50 CUC, DZ 70 CUC inkl. Frühstück. Calle 49 esquina 36 A. ✆ 2040240-42, ✉ 2041733, carp2@kohly.gav.tur.cu, comercial@kohly.gav.tur.cu.

Unterwegs in Havannas Westen

Buena Vista Social Club: Einstöckige Flachbauten, tiefe Schlaglöcher in den Straßen, zwischen großen Mülltonnen geparkte Oldtimer, Kabelgewirr an den Strom-Masten, Männer mit bloßen Oberkörpern – der Stadtteil Buena Vista (Schöne Aussicht) ist Havanna pur. Deshalb sind die Aussichten hier zwar interessant, aber eigentlich gar nicht so schön - nicht für die Menschen, die in Buena Vista leben, nicht für die Touristen, die gar nicht erst kommen. Merkwürdig, denn schließlich befindet sich in dem Stadtviertel zwischen Miramar und Marianao, das im Süden von der Avenida 31 begrenzt wird, der legendäre Social Club, nach dem die Gruppe von Son- und Bolero-Veteranen benannt war, die Ende der 1990er Jahre mit ihrer Musik ein regelrechtes Cuba-Fieber auslösten – weltweit. Dass sich keine Touristen hierher verirren, mag daran liegen, dass der frühere Buena Vista Social Club – das Gebäude, der Treffpunkt, der Probenraum, die Bühne von Compay Segundo & Co. – auf dem Tourplan keiner einzigen Stadtführung steht. Und dort steht er deshalb nicht, weil ihn normalerweise nicht einmal Reiseleiter kennen und sich selbst der Großteil der in Buena Vista lebenden älteren Generation allenfalls rudimentär an den Club erinnert. Ja, es habe ihn schon gegeben, erzählen sie, aber wo genau das gewesen sei ...? Man muss zwangsläufig den Eindruck gewinnen, dass mit den Alten des Viertels auch die Erinnerung an den Buena Vista Social Club zu Grabe getragen wurde.

Doch es gab ihn und es gibt ihn noch heute – zumindest das Häuschen direkt an der Avenida 31 mit dem Hinterhof, in dem an einer Wand nur noch der Schriftzug „Bar Hatuey" daran erinnert, dass hier einst die besten Musikgruppen der Epoche spielten. Der Buena Vista Social Club wurde im Jahr 1931 gegründet und war vor der Revolution Versammlungsort der schwarzen Bevölkerung. Zu jener Zeit herrschte strikte Rassentrennung, die Weißen trafen sich in Einrichtungen wie dem Yacht- oder dem Tennisclub, die Schwarzen gründeten sogenannte „Sociedades", Vereine oder Gemeinschaften. Fast alle Stadtteile Havannas hatten damals einen solchen Social Club. Und weil die Orchester, die in ihnen auftraten, von der Gunst derjenigen abhängig waren, die dorthin zum Tanzen gingen, widmeten sie ihren Wirkungsstätten eigene Kompositionen. Eines der Lieder hieß ganz einfach „Club Social de Marianao", ein anderes von Arsenio Rodriguez für das Viertel Cerro (Riegel) geschriebenes „El cerro tiene el llave" („Der Schlüssel steckt im Riegel"). Unter all diesen Social Clubs zeichnete sich der von Buena Vista angeblich dadurch aus, dass hier die beste Musik gespielt wurde. Mit dem Ende der Revolution, als es offiziell keinen Rassismus mehr gab, verloren die „Sociedades fraternales" („Brüderliche Vereinigungen") ihre Bedeutung und verschwanden in der Versenkung – wie der Buena Vista Social Club auch.

Heute lebt in dem stark heruntergekommenen Haus mit der Nummer 4610 eine Familie, die auf der früheren Bühne ihre Wäsche aufhängt und sich dabei offensichtlich nicht darüber im Klaren ist, auf welch geschichtsträchtigem Grund und Boden sie wohnt. Irgendwann wird sie es bestimmt erfahren – hoffentlich nicht von einem reichen US-Amerikaner, der ihr das Gebäude für ein paar Dollar abkauft, um darin eine Musikkneipe zu eröffnen.

Avenida 31 Nr. 4610 e/ 46 y 48.

Palacio de las Convenciones: Wie sich die Sprachen gleichen: Im etwas nüchterneren englischsprachigen Raum würde der Komplex schlicht Convention Center heißen, den Palast würde man geflissentlich unterschlagen. Tatsächlich ist das Gebäude aber auch in Havanna kein „Palacio", sondern ein ultramodernes Gebäude – zumindest hinsichtlich seiner Architektur. Erbaut im Jahr 1979 anlässlich der Konferenz der blockfreien Staaten, verfügt das Konferenzzentrum über 15 Tagungsräume – elf kleine, vier große, das größte Auditorium ist ausgelegt für 1550 Personen. Zweimal jährlich tagt hier die cubanische Volksversammlung mit ihren 589 Mitgliedern. Pro Jahr zählt der Palacio de las Convenciones, in Cuba kurz Palco genannt und die unumstrittene Nummer eins der Tagungsindustrie, mehr als 50.000 Tagungsteilnehmer.

Calle 146 e/ 11 y 13. ✆ 2026011-19, ✉ 2028382, octavio@palco.cu, www.complejopalco.com.

Pabexpo: Das insgesamt 20.000 Quadratmeter große bzw. kleine Ausstellungsgelände, von denen sich 14.000 in geschlossenen Räumen befinden, besteht aus fünf großen miteinander verbundenen Pavillons. Seit seiner Eröffnung 1987 finden hier regelmäßig nationale wie internationale Messen statt. Immer im Mai werden in den „Pabellones de exposiciónes" (kurz: Pabexpo, wörtl. Ausstellungspavillons) die Gewinner der „Cubadiscos" gekürt, der cubanischen Grammys.

Avenida 17 e/ 174 y 190. ✆ 2710758, 2716614, 2713670, 2715513, ✉ 2719065, pabexpo1@palco.cu.

Museo del Aire: Das cubanische Museum für Luft- und Raumfahrt liegt zwar versteckt an der westlichen Ecke des Stadtteils La Lisa, ist es allerdings wert, dass man danach sucht. Auf einer Fläche von 13.862 Quadratmetern stehen auf dem Freigelände 48 Originalfluggeräte – darunter der Helikopter MI-4, den Fidel Castro nach dem Ende der Revolution in den Jahren 1960 bis 1964 benutzte, und die Cessna, die Ernesto Che Guevara von 1959 bis 1965 selbst flog. Daneben kann man das weltweit einzige Exemplar des Kampfflugzeugs Mustang P-51 sowie verschiedene sowjetisch MIG-Jäger der Modelle 15 bis 23 besichtigen. In den drei Ausstellungsräumen gibt es darüber hinaus viele persönliche Gegenstände cubanischer Flieger-Helden zu sehen, unter anderem den Raumanzug, den der erste Kosmonaut Cubas, der heutige Brigadegeneral Arnaldo Tamayo Mendez, im All trug.

Di–So 10–17 Uhr. Eintritt 2 CUC, Fotoaufnahmen 2 CUC, Videoaufnahmen 5 CUC. Avenida 212 e/ 29 y 31, ✆ 217753.

Museo de la Alfabetización: Das in der früheren Colombia-Kaserne im Stadtteil Marianao untergebrachte Museum erinnert an einen ganz besonderen „Feldzug". Dokumentiert wird darin die landesweite Alphabetisierungs-Kampagne, die die Revolutionsregierung unter Fidel Castro im Jahr 1961 initiierte. Hunderttausende von Jugendlichen zwischen 12 und 18 Jahren wurden damals ins ganze Land ausgesandt, um den Campesinos, den Arbeitern und den Senioren Lesen und Schreiben beizubringen. Gegenüber dem Eingang zum Museum ist ein Denkmal in Form einer

medizinischen Spritze dem aus Camagüey stammenden Arzt Dr. Carlos Juan Finlay gewidmet, der im Jahr 1861 herausfand, dass Moskitos für die Übertragung des Gelbfiebervirus verantwortlich sind. Dafür zunächst verlacht, war seine Entdeckung erst 20 Jahre später offiziell anerkannt worden.
Mo–Fr 8–12 + 13–16.45 Uhr, Sa 8–12 Uhr. Eintritt frei. Calle 29 E esquina 98, ℡ 2608054.

Marina Hemingway: Der nach dem Literatur-Nobelpreisträger benannte Yachthafen liegt am westlichen Ende der Avenida 5ta und ist für Cubaner nur beschränkt zugänglich – schließlich könnten sie sich an Bord eines der noblen Motorboote oder Segler unbemerkt aus dem Staub machen. Für die Freizeit-Kapitäne stehen mehrere Bars und Restaurants, ein Einkaufszentrum, eine Bowlingbahn sowie mit dem „Acuario" und dem „El Viejo y El Mar" („Der alte Mann und das Meer") zwei Hotels zur Verfügung, die für den internationalen Tourismus allerdings nicht (mehr) geöffnet sind. Dass die Marina den Namen von Ernest Hemingway trägt, ist übrigens kein Zufall: Hier organisierte der Schriftsteller in den 1960er Jahren alljährlich ein großes Marlin-Wettfischen und begründete damit eine Tradition, die bis heute Bestand hat.
Calle 248 esquina Avenida 5ta.

Havannas Süden

Um eines gleich vorwegzunehmen: In die südlichen Bezirke Havannas, in denen die Millionenstadt ihr Gesicht vollkommen ungeschminkt zeigt und gerade deshalb eine natürliche Schönheit ausstrahlt, kommt man am besten per Taxi. Busse sind ohnehin nicht zu empfehlen, und mit dem Mietwagen wird man sich wegen des Straßengewirrs gnadenlos verfransen, garantiert. Dennoch: Auch wenn man erst einmal – mit einigem Verhandlungsgeschick – zehn konvertible Pesos investieren muss, so bringt gerade der Besuch des Lenin-Parks, des Botanischen Gartens oder im besonderem Maße des Hemingway-Museums eine hohe Rendite. Hinzu kommen die tiefen Einblicke in die cubanische Seele, die Stadtteile wie San Francisco de Paula, Arroyo Naranjo oder Rancho Boyeros uneingeschränkt zulassen. Hier, tief im Süden der Metropole, gibt es außer den großflächigen Attraktionen, die man an einer Hand abzählen kann, rein gar nichts, was Touristen anziehen könnte. Und gerade deshalb gibt es hier so viel – Cuba pur nämlich.

Essen & Trinken in Havannas Süden

• *Restaurants* **Las Ruinas**, mitten im Parque Lenin gelegen, war das Herrenhaus einer Zuckerrohrfarm, von der noch die Originalmauern stehen, die kunstvoll in das neue Gesamt-Arrangement integriert wurden. Bis vor ein paar Jahren waren „die Ruinen" auch tatsächlich ein außergewöhnliches Restaurant mit Haute-Cuisine und einem Ambiente, das in Havanna seinesgleichen suchte – eingerichtet mit Mobiliar aus der Kolonialzeit, verziert mit Buntglasfenstern des bekannten cubanischen Künstlers René Portocarrero und von Farnen bedeckten Wänden. Auch das Speiseangebot mit „Lobster Bellevue", der im wahrsten Sinne des Wortes in (fast) aller Munde war, hob sich von der Konkurrenz ab, weswegen das Restaurant auch immer wieder der Ort für Staats- und Regierungsempfänge war. Heute geht es dem Lokal nicht anders als dem gesamten Parque Lenin – es ist abgetackelt. Inzwischen verlangt man auch nur noch Moneda nacional, 40 CUP/ca. 1,70 CUC für ein Rindersteak etwa oder 18 CUP/ca. 0,75 CUC für ein Bier, was sich allerdings schon bald wieder ändern soll. Was die Umstellung auf Devisen rechtfertigt, bleibt allerdings ein Rätsel. Di–So 12–17 Uhr. Calle 100 y Cortina de la Presa, ℡ 443336, 447112, 443026.

Unterwegs in Havannas Süden

Parque Lenin: Der nach dem russischen Revolutionstheoretiker und Schöpfer des wissenschaftlichen Sozialismus, Wladímir Iljítsch Lenin, benannte Park liegt ganz im Süden der Hauptstadt nahe dem Internationalen Flughafen „José Martí" und ist das größte Naherholungsgebiet Havannas. Am 22. April 1972, dem 102. Geburtstag Lenins eröffnet, erstreckt sich das Gelände über 7,5 Quadratkilometer. Das zwölf Meter breite, neun Meter hohe und sechs Meter dicke Marmor-Denkmal, das an den Namensgeber des Parks erinnert, wurde allerdings erst nachträglich in den Park integriert. Von dem russischen Künstler Lev Kerbel geschaffen, weihte man es am 8. Januar 1984 ein – exakt 25 Jahre nach Fidel Castros Einmarsch in Havanna. Und noch so ein bedeutungsschweres Datum: Jedes Jahr am 22. April, dem Geburtstag Lenins, wird an dem monumentalen Marmor-Block eine Pinie gepflanzt. Abgesehen von den Denkmälern – es gibt noch ein zweites für Celia Sánchez Manduley, die cubanische Ober-Revolutionärin und Fidel-Geliebte – ist der Park allerdings schon seit Jahren in einem ziemlich üblen Zustand. Frühere Attraktionen wie das Teehaus oder das 1200 Personen fassende Amphitheater mit seiner schwimmenden Bühne, das noch am 22. April 1997, 25 Jahre nach Einweihung des Parque Lenin, mit einer großartigen „Noche fantástica" wiedereröffnet worden war, sind inzwischen komplett verfallen und von Gestrüpp überwuchert. Längst vorbei sind die Zeiten, in denen der Mix aus naturbelassener Parklandschaft und immergrünem Stadtwald ein beliebtes Ausflugsziel war, zu dem man an den Wochenenden zum Picknicken und zum Grillen fuhr.
Calle 100 y Cortina de la Presa, ✆ 443026-29.

Monumento Celia Sánchez Manduley: Das Denkmal für „die Blume der Revolution", die Politikerin, Kampf- und langjährige Lebensgefährtin von Fidel Castro wurde im Parque Lenin – wieder so ein magisches Datum – am 11. Januar 1985, ihrem fünften Todestag, eingeweiht. Der „Salón de Protocolo", der jedem Denkmal des Parks zugeordnet ist, stellt nicht nur verschiedene Porträts aus, die Celia Sánchez zeigen. Es verfügt auch über eine Reihe persönlicher Gegenstände der Revolutionärin, etwa einen ihrer Fächer, eine Tasche, eine Bluse und ihre Armbinde, die sie als Mitglied der „Bewegung 26. Juli" auswies. Warum die 3,25 Meter große, in einen Granitblock eingelassene Bronze-Plastik ausgerechnet hier aufgestellt wurde, hat einen einfachen Grund: An dieser Stelle des heutigen Parque Lenin trainierten Fidel Castro und seine Kampfgenossen vor ihrem Angriff auf die Moncada-Kaserne im Santiago de Cuba am 26. Juli 1953. Ein weiteres, sehr interessantes Detail sind die beiden einfachen Gräber am Rande des Celia-Sánchez-Denkmals. Eine kleine Bronze-Platte auf einem einfachen Granitstein weist sie als die von „Clara und George Robinson 1895–1989" aus und nennt das Ehepaar „Kämpfer für den Frieden". Beide waren zu Lebzeiten niemand anderes als die Schwiegereltern von Harry Belafonte. Weil Belafonte eng mit Fidel Castro befreundet ist, durften die Eltern seiner Frau als einzige US-Bürger nach der Revolution auf cubanischem Boden bestattet werden.
Calle 100 y Cortina de la Presa, ✆ 443026-29.

Galería de Arte Amelia Peláez: Die nach einer berühmten cubanischen Künstlerin benannte Kunstgalerie im Parque Lenin zeichnen vor allem die Originalkeramiken von Amelia Peláez aus – wirklich sehenswert, weil es sich um außergewöhnliche Arbeiten handelt. Als Fotomotiv bieten sich außerdem sechs, im Garten des Hau-

ses ausgestellte Büsten von den großen Poeten dieser Welt an, darunter – was Wunder in dem nach Lenin benannten Park – die des russischen Dichters Alexander Sergejewitsch Puschkin.
Di–So 9–17 Uhr. Calle 100 y Cortina de la Presa, ✆ 443026-29.

Jardín Botánico Nacional: Der mit sechs Quadratkilometern größte botanische Garten des Landes liegt südlich des Parque Lenin gegenüber dem Messegelände ExpoCuba. 16 Jahre lagen zwischen dem Baubeginn und der Einweihung im März 1984. Man ließ sich und vor allem der Natur die nötige Zeit, um das zu schaffen, was das riesige Gelände heute ist – eine ausgedehnte Parklandschaft mit verschiedenen Vegetationsbereichen. Während in der cubanischen Zone ausschließlich die heimische Flora präsentiert wird, zeigt man im „Jardín del Mundo" Bäume und Pflanzen aus aller Welt – fast jedenfalls. Auf die Gewächse aus Europa musste man wegen des tropischen Klimas auf Cuba nämlich gänzlich verzichten. Dafür sind mehr als 200 verschiedene Palmenarten zu bewundern, die deutlich machen, welches Unikat der botanische Garten Havannas ist.

Die „Blume der Revolution"

Der Edelstein unter den vielen Schmuckstücken des Parks ist allerdings der „Jardín Japonés", der Japanische Garten. Erst im Oktober 1989, also mehr als fünf Jahre nach der Eröffnung der Anlage der Öffentlichkeit zugänglich gemacht, wollte der fernöstliche Insel-Staat damit ein Zeichen der Freundschaft mit dem cubanischen Volk setzen. Für die Realisierung schickte Japan mit Yoshikuni Araki einen seiner besten Landschaftsarchitekten, der hier auf 50.000 Quadratmetern einen sogenannten „Kaiyu-Shiki-teien" schuf, was wörtlich übersetzt so viel bedeutet wie „ein Garten zum Spazierengehen". Um einen kleinen, 300 Meter breiten und 750 Meter langen See, der von Wasser gespeist wird, das über Steintreppen zufließt, hat Araki Bambusgewächse, Thujen und andere ostasiatische Pflanzen gruppiert und Wege angelegt, auf denen man die Natur förmlich aufsaugen kann. Der Landschaftsarchitekt wandte dabei die in Japan als „mie-gakure" bekannte Methode an, eine überlieferte Gartenbautechnik, die von keinem Punkt aus einen Blick auf das Ganze zulässt, bei der sich die Totale vielmehr erst aus verschiedenen Blickwinkeln ergibt. Dazu wurden mehrere Aussichtspunkte angelegt und über den Kaskaden ein „Ukimi-dou", ein sechseckiger Pavillon aus Holz, aufgestellt. Weitere kleine, aber nicht unbedeutende Details wie ein Bachlauf entlang des Wegs, ein drei Meter hohes, aus aufgeschichteten Steinen gestaltetes Tor sowie die aus 13 Steinen errichtete Replik einer buddhistischen Pagode komplettieren den Garten.

Um möglichst viel von der abwechslungsreichen Natur und der vielfarbigen Blütenpracht des Parks zu sehen und zu verstehen, sollte man keinesfalls zu Fuß aufbrechen (das Gelände ist viel zu groß), vor allem aber nicht alleine auf Erkundungstour gehen (Hinweisschilder fehlen weitgehend). Stattdessen hat man die Möglichkeit, am Informationszentrum nahe des Haupteingangs an einer Rundfahrt auf einem von einem Traktor gezogenen Anhänger teilzunehmen oder – sofern man mit Leihwagen unterwegs ist – einen Führer im Auto mitzunehmen. Die Guides sprechen Englisch, Französisch, Italienisch und Portugiesisch.

Tägl. 8–17 Uhr. Eintritt 4 CUC inkl. Führung. Carretera del Rocío km 3,5. ✆ 549364.

ExpoCuba: Das größte Messegelände des Landes liegt an der südlichen Stadtgrenze gegenüber dem botanischen Garten. Anlässlich der 30-jährigen Wiederkehr des Sieges der Revolution am 1. Januar 1989 offiziell eröffnet, gibt es in dem Areal 25 verschiedene Ausstellungspavillons, die unter anderem einen Überblick über die Landesverteidigung, die Lebensmittelindustrie, das Bildungswesen oder die kulturelle Entwicklung Cubas geben. In dem Pavillon, der sich mit Tourismus beschäftigt und von vielen ausländischen Gästen besucht wird, stellen alle 14 Provinzen Cubas und die Isla de la Juventud an einigen Tagen des Jahres abwechselnd ihre Urlaubsregionen und ihre Produkte vor. Immer im November ist die Exposición Permanente de la República de Cuba, so der offizielle Name, Schauplatz der „Feria Internacional de La Habana", einer Messe für Handel und Dienstleistungsgewerbe. Den besten Blick auf das gesamte Gelände hat man von der Bar „Mirador" aus, ein kleines, in einem Turm untergebrachtes Dreh-Restaurant nahe dem Haupteingang. Dort findet man auch einen Mini-Vergnügungspark mit künstlichem See, auf dem man eine Bootstour unternehmen kann, und andere Freizeit-Attraktionen für Groß und Klein.

Jan. bis Aug. Mi–So 9–17.30 Uhr, Sept. bis Dez. tägl. 9–17.30 Uhr. Eintritt 1 CUC. Carretera Rocío km 3,5. ✆ 8664396, infoexpocuba@cubacel.net.

Parque Zoológico Nacional: Im Vergleich zu dem klassischen Zoo in Vedado mit seinen für die Tiere beengten Verhältnissen ist das etwa dreieinhalb Quadratkilometer große Areal am nordwestlichen Rand des Parque Lenin eher ein Safaripark. Afrikanische Steppentiere wie etwa Elefanten, Nashörner, Zebras und Gazellen können sich in den großen Gehegen frei bewegen, nur Großkatzen und Affen werden in üblichen Zoo-Einfriedungen gehalten. Insgesamt kann man in dem vom Río Almendares umflossenen Park in verschiedenen Zonen mehr als 100 Tierarten beobachten. Bei Kindern besonders beliebt: Ponyreiten im Streichel-Zoo. Da der Zoologische Garten aufgrund seiner Ausdehnung zu Fuß kaum zu bewältigen ist, hat man entweder die Möglichkeit, in den eigenen Mietwagen einen Führer einsteigen zu lassen oder an einer Tour in einem kleinen Safari-Bus teilzunehmen (im Eintritt enthalten). Allerdings erfolgen die Erklärungen ausschließlich in spanischer Sprache.

Mi–So 10–15 Uhr. Eintritt 3 CUC, Kinder 2 CUC, Auto inkl. Insassen 5 CUC. Avenida 8 esquina Soto. ✆ 447613, ✆ 2040852.

Museo Ernest Hemingway: Das Museum, das an den weltberühmten Schriftsteller und Literatur-Nobelpreisträger erinnert, liegt zwölf Kilometer südöstlich des Zentrums im Stadtteil San Francisco de Paula nahe der Carretera Central und wurde in der Finca „La Vigía" eingerichtet, in der Hemingway von 1939 bis 1960 lebte. Seit dem Tag, als der Liebhaber großer Fische, schöner Frauen und alten Rums Cuba in Richtung Spanien verließ, hat sich an der Einrichtung des Hauses nichts geändert.

Bis heute steht seine alte Royal-Schreibmaschine in einem niedrigen weißen Regal, existiert seine rund 9000 Bände umfassende Privat-Bibliothek, die er zuletzt aus Platzmangel bis in sein Badezimmer erweiterte, hängen überall Jagdtrophäen, die er von seinen Safaris in Afrika mitbrachte. Überhaupt wurde das Museum so gestaltet, dass der Besucher den Eindruck gewinnen muss, ein bewohntes Haus zu besichtigen, in das Hemingway jeden Moment zurückkommen könnte. Sogar der schwere Holztisch im Esszimmer ist wie immer für drei Personen gedeckt – der Schriftsteller und seine vierte Frau Mary Welsh hatten fast täglich irgendeinen Gast zum Essen. Wenngleich das Betreten der Räume selbst verboten ist, so bekommt man durch die offenen Fenster dennoch einen guten Eindruck vom Leben und Schaffen jenes Mannes, der jeden einzelnen Tag seines Lebens so gestaltete, als wäre es sein letzter.

Das Anwesen aus dem Ende des 19. Jahrhunderts hatte Hemingway 1939 zunächst von dem Franzosen Roger Joseph D'orn Duchamp gemietet und ein Jahr später – mit der Tantieme aus der Verfilmung seiner Erzählung „Wem die Stunde schlägt" – gekauft. Nachdem er 1960 nach Spanien zurückgekehrt war, um sein Buch „Gefährlicher Sommer" zu vollenden, und sich ein Jahr später, am 2. Juli 1961, im US-amerikanischen Sun Valley, an einer manischen Depression leidend, erschossen hatte, kehrte seine Witwe im August desselben Jahres nach Havanna zurück. Bei einem Treffen mit Fidel Castro schenkte sie das Anwesen dem cubanischen Volk, worauf beide übereinkamen, die Finca „La Vigía" im Originalzustand der Öffentlichkeit zugänglich zu machen. Etwa ein Jahr später, am 21. Juli 1962, der Tag, an dem Hemingway 64 Jahre alt geworden wäre, öffnete das Museum schließlich seine Türen. Seitdem präsentiert es eine ganze Reihe wahrer Schätze – die Gemälde von großen spanischen Meistern, darunter Pablo Picasso, die hauptsächlich Kampfstiere zeigen, oder die Sammlung von mehr als 900 Schallplatten und nicht zuletzt das Arbeitszimmer des Schriftstellers, in dem seine großen Werke „Wem die Stunde schlägt" (1940), „Über den Fluss und in die Wälder" (1950), „Der alte Mann und das Meer" (1952, Pulitzer-Preis 1953, Literatur-Nobelpreis 1954) und „Inseln im Strom" (1970, posthum veröffentlicht) entstanden. Hemingway begann mit der Arbeit immer bei Tagesanbruch, und er schrieb grundsätzlich im Stehen – wohl auch, weil er so von seinem Stehpult aus in der Ferne die Skyline der Stadt vor Augen hatte und in der Nähe einen Teil seines Besitzes überblicken konnte.

All das ist im Museo Ernest Hemingway bis heute zu sehen – und noch viel mehr. Denn inzwischen hat man weitere bedeutende Stücke aus dem Leben des Autors zusammengetragen und die Finca zu einer wahren Fundgrube für Hemingway-Fans gemacht. So wurde im Garten nahe des Pools und des kleinen Friedhofs für seine vier Hunde die berühmte Yacht „Pilar" aufgestellt, mit der der Schriftsteller während des Zweiten Weltkriegs in der Karibischen See Jagd auf deutsche U-Boote gemacht hatte. In den USA kaufte man zudem den Chrysler „New Yorker" auf, den Hemingway in frühen Jahren gefahren hatte. Ein neues Detail wurde in dem Museum erst kürzlich bei Renovierungsarbeiten entdeckt: Hemingways Notizen in einem der Badezimmer. Wenn er sich wusch oder badete, schrieb er offenbar seine Geistesblitze einfach an die nächstbeste Wand, die später mehrfach übermalt wurde.

Tägl. 10–17.30 Uhr. Eintritt 3 CUC, Führung 1 CUC (auch in Engl., Ital., Russ.). Fotoaufnahmen 5 CUC, Videoaufnahmen 50 CUC. Carretera Central km 12,5. ℡ 910809, ℡ 558090, mushem@cubarte.cult.cu.

Es ist wie überall auf der Welt: Politische, wirtschaftliche und kulturelle Zentren eines Landes lassen ihr Umland grundsätzlich „alt" aussehen. Havanna macht da keine Ausnahme. Morgens werden die Menschen förmlich aufgesogen von der Metropole, um in Manufakturen und Fabriken, Büros und Hotels, Krankenhäusern und Schulen ihre Arbeit zu verrichten, abends werden sie wieder ausgespuckt. Tagein, tagaus das gleiche Schauspiel, das man am besten am Parque de la Fraternidad neben dem Capitolio von Havanna beobachten kann, wo die sogenannten Camellos (Kamele), jene zu öffentlichen Transportmitteln umgebauten Sattelzüge, anrollen und ihre wie Ölsardinen zusammengepferchte menschliche Fracht laden und entladen.

Hat man den „Speckgürtel" allerdings erst einmal überwunden, zeigt die Provinz Havanna dennoch ihr ganz eigenes Gesicht. Während die Gegend westlich der Millionenstadt noch fast ausschließlich für „Cuba-Versteher" geeignet ist, weil es in den Ortschaften Mariel, Guanajay oder Artemisa eigentlich nichts gibt, was für Otto Normaltouristen auch nur halbwegs von Interesse ist, wird die Provinz Havanna für sie immer reizvoller, je mehr sie sich entgegen dem Uhrzeigersinn um die Metropole herumbewegen. Schon San Antonio de los Baños mit seinem einzigartigen „Museo del Humor" oder der Wallfahrtsort El Rincón mit seinem Lazarus-Altar

Provinz Havanna

Baracoa	296	San Antonio de los Baños	302
Playa El Salado	296	Batabanó	303
Mariel	296	Guanabacoa	304
Artemisa	298	Cojímar	306
Antiguo Cafetal Angerona	298	Playas del Este	308
El Cacahual	299	Jibacoa	315
Santiago de las Vegas	300	Parque Natural	
El Rincón	300	Escaleras de Jaruco	316
Bejucal	301		

sind durchaus lohnende Ziele, wenn man für ein paar Stunden der hektischen Betriebsamkeit Havannas entfliehen will. Und Batabanó ganz im Süden der Provinz, dort wo San Cristóbal de La Habana im Jahr 1514 ursprünglich gegründet wurde, ist wegen des Hafens ohnehin eine Anlaufstation für alle, die per Schiff oder Fähre auf die Isla de la Juventud übersetzen wollen.

Das eigentliche Aushängeschild der Provinz aber ist zweifellos ihr östlicher Teil mit seinen grundverschiedenen Landschaften, die sich vom Naturpark Escaleras de Jaruco auf fast 300 Metern Meereshöhe bis zu den Stränden der Playas del Este erstrecken. Diese sechs Hausstrände Havannas reihen sich entlang der Atlantik-Küste wie an einer Perlenkette von Bacuranao bis nach Guanabo – und wie bei einem echten Schmuckstück befindet sich mit Santa María del Mar das wertvollste Juwel mittendrin. Schöner ist nur noch die Bucht von Jibacoa, aber die liegt bereits 55 Kilometer von Havanna entfernt und damit schon fast auf dem Hoheitsgebiet der Provinz Matanzas.

Unterwegs in Richtung Westen

Baracoa

Der kleine Ort mit dem großen Namen – Baracoa, allerdings jenes ganz im Osten der Insel in der Provinz Guantánamo, war bekanntlich die erste Stadt auf Cuba – liegt acht Kilometer westlich der Marina Hemingway unmittelbar an der Küste. Anders als die „große Schwester" ist das „Nest" aber allenfalls Hardcore-Touristen zu empfehlen, die partout nicht in Havanna übernachten wollen. Für sie gibt es fünf entsprechend beschilderte Casas particulares, allerdings kein Restaurant. Einzige Sehenswürdigkeit – oder besser: öffentliche Einrichtung – ist die Iglesia „Soldados de la Cruz" mit ihrer nadelförmigen Spitze. Ein Blick von außen genügt, der im Obergeschoss liegende Innenraum, zu dem eine Wendeltreppe führt, ist nichts anderes als ein nüchterner, schmuckloser Gebetssaal. Der von spitzen Steinen übersäte Felsstrand entlang der Hauptstraße ist für europäische Füße absolut ungeeignet – und für cubanische eigentlich auch.

> Telefon-Vorwahl: 07
> (für die gesamte Provinz)

Playa El Salado

Der einzige Ort westlich von Havanna, der die Bezeichnung Strand halbwegs verdient, ist die 18 Kilometer hinter der Marina Hemingway und fünf Kilometer hinter Baracoa gelegene Playa El Salado. Direkt am Meer gibt es ein überraschend gut sortiertes Geschäft mit Souvenirs, T-Shirts und Sonnencremes, einen kleinen Lebensmittelmarkt, in dem man Eis, Snacks und Getränke kaufen kann, sowie eine Kartbahn. Allesamt sind sie allerdings nicht mehr stark frequentiert, seit vor ein paar Jahren ein Hurrikan das Hotel „Villa Cocomar" mit seinen Bungalows in eine Ruine verwandelt und die Uferpromenade teilweise zerstört hat. Doch auch vorher war der Strand mit viel Steinen und wenig Sand eher Geschmackssache. Der Bungalow-Komplex soll übrigens irgendwann wiedereröffnet werden, wobei die Betonung wohl auf „soll" und „irgendwann" liegt.

Mariel

Die Kleinstadt Mariel, 35 Kilometer westlich der Stadtgrenze von Havanna, stand in ihrer fast 250-jährigen Geschichte nur zweimal im Rampenlicht. Immer ging es darum, Cuba zu verlassen. Im Jahr 1980 kam es von hier aus zu einem Massen-Exodus in die Vereinigten Staaten, nachdem ein US-amerikanischer Sender die Nachricht verbreitet hatte, die peruanische Botschaft in Havanna würde Visa für die Ausreise nach Peru ausstellen, die zur Weiterreise in die USA berechtigten. Da die diplomatische Vertretung des Andenstaates dem Ansturm von zehntausenden Ausreisewilligen nicht mehr Herr wurde, forderte sie Polizeischutz an, worauf das Gelände der Botschaft hermetisch abgeriegelt wurde. Erst als die Zustände unhaltbar geworden waren, beendete Fidel Castro selbst die als „Mariel-Krise" bekannt gewordene Ausnahmesituation. Am 17. April eröffnete er in einer Rede die Möglichkeit, das Land auch ohne Visum vom Hafen Mariels aus zu verlassen. Die Schiffe wurden von cubanischen Flottenverbänden bis zur Zwölf-Meilen-Zone der USA eskortiert. Innerhalb von nur drei Monaten gelangten auf diesem Weg exakt 125.266 „Marielitos", wie man sie fortan nannte, in das „gelobte Land". Um die Flüchtlingswelle zu beenden, schloss US-Präsident Jimmy Carter seinerzeit ein Abkommen

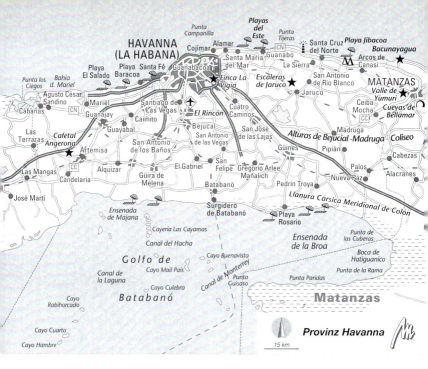

mit der cubanischen Regierung, das die Einreise in die USA über feste Quoten regeln sollte. Sein Nachfolger Ronald Reagan hielt sich allerdings nicht an das Vertragswerk. 14 Jahre später kam es über Mariel erneut zu einer Massenflucht, als der cubanische Staat die Strafen für illegale Ausreisen abermals kurzzeitig aussetzte. Weil Tausende von Cubanern dabei in Booten und auf Flößen türmten, ging die Aktion als „Balsero-" oder „Flößer-Krise" in die Geschichtsbücher ein.

Vor dem Schmutz der Industriestadt flohen die Cubaner damals allerdings nicht, wenngleich der noch heute ein Grund ist, sich aus dem Staub zu machen, den die größte Zementfabrik des Landes aufwirbelt. Daneben gibt es ein großes Zucker-Verladeterminal und das riesige Elektrizitätswerk „Máximo Gómez", das seine rot-weiß gestreiften Schornsteine seit 1976 im Ortsteil La Boca in den Himmel streckt. Wirkliche Sehenswürdigkeiten sucht man in Mariel vergebens: Eine kleine Festung hoch am Berg, die früher als Marine-Akademie genutzt wurde, dient heute als Militärposten. Die der Schutzpatronin der Stadt geweihte Iglesia Santa Teresa de Jésus ist nicht mehr als eine bessere Dorfkirche. Das örtliche Museo Histórico in der Hauptstraße Calle Real mit seinem von blauen Pfosten unterbrochenen weißen Bretterzaun schreit außen wie innen nach frischer Farbe. Wer Hunger oder Durst verspürt, bevor er aufs Gaspedal tritt und das Weite sucht, findet mitten im Ort eine „Doña Yulla", die Cafetería „El Rumbo" und, wen Mariel einfach nicht mehr loslässt, sogar ein Hotel. Der letztere Fall ist allerdings eher unwahrscheinlich.

● *Übernachten* ** **Motel La Puntilla** ist eine sehr einfache Unterkunft am Meer, die man nur bedingt empfehlen kann. Die 21 Zimmer, die mit Klimaanlage oder Ventilator und optional mit TV ausgestattet sind, müssten dringend aufgemöbelt werden, beim Pool wäre es vielleicht schon mit Putzen getan. DZ 21,70–24,70 CUC, je nach Kategorie (mit oder ohne TV). Calle 128, ✆ 392548.

Unterwegs in Mariel

Iglesia Santa Teresa de Jesús: Die kleine Kirche nahe der größten Kreuzung der Stadt mag zwar im Leben der Einwohner eine Rolle spielen, für Touristen ist sie wenig interessant – eine einfache, recht schmucklose Dorfkirche eben, die man nicht gesehen haben muss.
Avenida 73 esquina 130, ✆ 392427.

Museo Histórico: Die spinnen, die Marielitos ... Für ein Museum mit geschichtlichem Anstrich, in dem es außer ein paar „ollen Kamellen" und verstaubten Ausstellungsstücken nun wirklich rein gar nichts zu sehen gibt, verlangen sie auch noch Eintritt – und dies nicht wenig. Na, wer's hat ...
Mo–Sa 10–17 Uhr. Eintritt 5 CUC. Calle Real 6926, ✆ 392965.

Artemisa

Trotz ihrer fast 70.000 Einwohner ist die Stadt an der Carretera Central nach Pinar del Río – mit Verlaub – ein Kaff und ähnlich armselig wie etwa Mariel. Gut, es gibt wenigstens ein paar „Rápidos". Also – wenn überhaupt – Füße vertreten und wieder rein ins Auto. Nur ganz besonders Geschichtsinteressierte mögen in dem rund 60 Kilometer westlich von Havanna gelegenen Artemisa vielleicht etwas länger verweilen, um das Mausoleum für die Märtyrer der Stadt zu besichtigen. Gemeint sind 17 aus Artemisa stammende Mitstreiter Fidel Castros, die beim Überfall auf die Moncada-Kaserne in Santiago de Cuba am 26. Juli 1953 bzw. unmittelbar danach von Regierungssoldaten erschossen worden waren. In der unterirdischen Gedenkstätte, die anlässlich des 24. Jahrestages der denkwürdigen Aktion 1977 vom Staatspräsidenten persönlich eröffnet wurde, erinnern mit Namen versehene Marmor-Würfel an jeden Einzelnen der Getöteten. Wer in die Details der cubanischen Revolutionsgeschichte weniger verliebt ist, kann sich den Umweg sparen. Im Grunde genommen ist die Begräbnisstätte nichts anderes als ein örtliches Kriegerdenkmal.
Mausoleo a las Mártires de Artemisa: Di–So 9–17 Uhr. Eintritt frei, Führung möglich. Avenida 28 de Enero, ✆ 363276.

Antiguo Cafetal Angerona

Die frühere Kaffeeplantage, zu der man drei Kilometer nach dem Ortsausgang von Artemisa von der Landstraße in Richtung Autopista nach rechts in einen besseren Feldweg einbiegt, wurde im Jahr 1813 von dem deutschstämmigen Cornelius Sauchay angelegt. 450 Sklaven arbeiteten für ihn und kultivierten angeblich eine dreiviertel Million Kaffeepflanzen. Nur eine schwarze Schönheit, die von Saint Dominique/Haiti nach Cuba gekommen war, musste nicht arbeiten. Mit ihr pflegte Sauchay eine für damalige Verhältnisse untragbare Liebesbeziehung, ihr schwor er ewige Treue, ihr baute er neben seinem neoklassizistischen Herrenhaus sogar eine eigene Casa – eine Geschichte, die der Wächter über die am 31. Dezember 1981 zum nationalen Denkmal erklärte Anlage allen Besuchern erzählt. Rigobert López hat die Romanze im Jahr 2003 übrigens unter dem Titel „Roble de Olor" („Der Duft der Eiche") verfilmt und mit seinem Streifen über Intoleranz und Unverständnis, Intrigen und Macht die Kolonialzeit neu aufersteht lassen.

Von der nach Angerona, der römischen Göttin der Stille und der Fruchtbarkeit des Ackerbodens benannten Plantage stehen heute nur noch wenige Grundmauern.

Von einem Deutschen angelegt: die Kaffeeplantage Angerona

Man kann das höhlenartige Gewölbe hinter der ehemaligen Sklaven-Unterkunft besichtigen, in dem die Kaffeebohnen weiterverarbeitet wurden, sieht den halb verfallenen Wachturm und viel altes Gemäuer. Führungen übernimmt der „Hüter des Grals", der mit seiner Familie in der früheren Casa der Haitianerin lebt, höchstpersönlich – er spricht allerdings nur Spanisch. Suchen muss man ihn nicht, da die Anlage nur wenig frequentiert ist, wird er auf Fremde unweigerlich aufmerksam.

Unterwegs in Richtung Süden

El Cacahual

Der Hügel unmittelbar an der südlichen Stadtgrenze von Havanna nahe dem Internationalen Flughafen „José Martí", an dem inmitten eines schlichten Marmor-Denkmals der Schrein des großen Generals der Unabhängigkeitskriege Antonio Maceo steht, ist ein Ort, der von Cubanern voller Ehrfurcht und Andacht betreten wird. Der „Bronze-Titan" – die Bezeichnung rührt von Maceos Hautfarbe, er war der einzige Mulatte an der Spitze des Widerstands gegen die Spanier – wird noch heute in hohem Maße verehrt. In einem zweiten Sarkophag ruhen an seiner Seite die Gebeine von Francisco „Panchito" Gómez Toro, seinem Adjutanten – und Sohn von General Máximo Gómez. Beide fielen gemeinsam am 7. Dezember 1896 bei der Schlacht um San Pedro westlich von Havanna. In einem halbrunden Pavillon hinter dem Mausoleum sind auf einer Landkarte die Schlachten von Antonio Maceo und der anderen Helden des Widerstandskampfs eingezeichnet – und die Orte des Todes von José Martí (19. Mai 1895), Flor Crombet (10. April 1895), José Maceo (5. Juli 1896), Serafín Sanchez (18. November 1896) und natürlich Antonio Maceo.

Tägl. 24 Std. Eintritt frei. Carretera Santiago de las Vegas.

Santiago de las Vegas

Das dem Airport von Havanna am nächsten gelegene Städtchen befindet sich zwischen „El Cacahual", dem Mausoleum für General Antonio Maceo, und dem Dorf El Rincón mit der Kirche, die dem Heiligen Lazarus geweiht ist – beides auf ihre Art Wallfahrtsorte. Santiago de las Vegas ist nur eine Durchgangsstation, um zu den Sehenswürdigkeiten zu gelangen. Die Ortschaft selbst ist ohne Bedeutung – außer man möchte abseits der Großstadt in ein Stück cubanische Realität eintauchen. Cubanern sagt der Name Santiago de las Vegas allerdings sehr wohl etwas – egal, wo im Lande man danach fragt. Denn der Vorort Havannas beherbergt das größte Aids-Sanatorium Cubas, in dem seit dem Jahr 1986 HIV-positive Personen kostenlos behandelt werden. In der Regel bleiben die Patienten einige Wochen in dem Krankenhaus, nicht wenige aber auch für Monate, weil die Klinik in der Aids-Behandlung eine Spitzenstellung einnimmt. Seit Mitte der 1990er Jahre wird das Sanatorium vom „Cuba AIDS Project" betreut, in dem Experten aus Cuba und den USA zusammenarbeiten.

El Rincón

Das winzige Dörfchen am Rande von Santiago de las Vegas ist zusammen mit El Cobre in der Provinz Santiago de Cuba der bedeutendste Wallfahrtsort des Landes, zu dem alljährlich Hunderttausende von Cubanern pilgern. Weit mehr als 50.000 kommen allein am 17. Dezember, wenn auf der Insel das Fest des Heiligen Lazarus gefeiert wird – und rund um El Rincón regelmäßig der Verkehr zusammenbricht. Denn ihm, den Jesus Christus von den Toten auferweckte (Johannes-Evangelium 11, 1–45) und der in Cuba einen ganz besonderen Stellenwert genießt, ist die kleine Kirche des Ortes geweiht. Die Verehrung des Heiligen Lazarus ist allerdings nicht nur den Katholiken unter der Bevölkerung vorbehalten, auch in der afro-cubanischen Santería nimmt San Lázaro einen bedeutenden Platz ein – als Babalú Ayé, Schutzpatron der Obdachlosen. Die einen wie die anderen Gläubigen strömen jedenfalls das ganze Jahr über in Scharen zu dem Heiligtum, um am Altar des Heiligen Blumen niederzulegen und Kerzen anzuzünden. Alles, was sie dazu brauchen, wird entlang der zwei Kilometer langen Straße von Santiago de las Vegas nach El Rincón von fliegenden Händlern in die Autos gereicht. Auf dem großen Parkplatz vor der kleinen Kirche beginnt der Nepp erst richtig: Imbiss-Buden, Rosenkranz-Verkäufer, Stände mit bunt bemalten Heiligenfiguren aus Gips in

Orichas in allen Variationen

allen Größen und Variationen – dazwischen sogar eine Buddha-Statue. „Saints sell" hier wie an anderen Wallfahrtsorten auf dem Globus, ganz egal, welcher Religion sie entstammen.

Im Gotteshaus selbst, das täglich von 7 bis 18 Uhr und an den Tagen um das Fest des Heiligen Lazarus 24 Stunden geöffnet ist, nimmt die Andacht nur unwesentlich zu: Am Hauptaltar lobt eine mit Mikrofon bewaffnete kirchliche „Einpeitscherin" den Heiligen im Stile eines amerikanischen Baptisten-Predigers unaufhörlich in den höchsten Tönen. Links hinten, am Lazarus-Altar, versuchen derweil Dutzende von Cubanern zeitgleich, Kerzen zu opfern und Blumen anzubringen – die von fleißigen Kirchendienerinnen sofort wieder entsorgt werden, wenn die betreffenden Personen außer Sichtweite sind. Im Pfarrgarten geht die Schose weiter: An einer Quelle, auf deren Überdachung eine Christus-Figur thront, ist Schlangestehen angesagt, bevor man an das Wasser kommt, das bei allerlei Hauterkrankungen helfen und vor ansteckenden Krankheiten, ja sogar Epidemien schützen soll. Nicht wenige Cubaner reiben sich denn auch noch vor Ort die schmerzenden Glieder mit dem kostbaren Nass ein – und glauben fest daran, dass es hilft. „Weil San Lázaro sehr gut war und sehr stark und weil er immer hilft", sagen sie. Übrigens: Babalú Ayé ist in der Santería auch Schutzpatron der Hunde. Will man keine Probleme mit ihm bekommen, sollte man also nicht nur seine Mitmenschen, sondern diese Kreaturen ebenfalls stets anständig behandeln. Auch das erfährt man in El Rincón.

Bejucal

Die im Jahr 1713 gegründete Kleinstadt wenige Kilometer südlich der Stadtgrenze der Metropole steht für drei Besonderheiten: 1837 endete hier die erste von Havanna kommende Eisenbahnstrecke Cubas, die von afrikanischen Sklaven, Einwanderern von den Kanaren und einigen Iren für einen Hungerlohn gebaut wurde. Außerdem leben in Bejucal die meisten Hundertjährigen der Insel – angeblich, weil das Klima in dieser Ecke des Landes so gut ist. Wirklich bekannt ist die Stadt aber wegen der Charangas, die zwar nicht so großartig angelegt sind wie ihr bekannteres Pendant, die Parrandas in Remedios in der Provinz Villa Clara – aber immerhin. Immer am 24. Dezember konkurrieren die Blauen aus dem Stadtteil Musicanga, deren Symbol ein Skorpion ist, mit den Roten aus dem Bezirk Malaios, die den Hahn auf ihren Fahnen haben, um die Gunst der Zuschauer. Wer den schönsten Festwagen auf die Beine stellt, gewinnt. Begleitet wird das Spektakel, das jeweils bis zum 31. Dezember dauert, natürlich von einer riesigen Fiesta, bei der der Rum in Strömen fließt, die Musik nicht enden will und ausgiebig getanzt wird. In den übrigen 51 Wochen des Jahres ist Bejucal eher beschaulich. Am zentralen Platz des Ortes zwischen den Avenidas 10, 12, J. R. Lopez und E. García gibt es ein Denkmal für General Antonio Maceo und seinen Adjutanten Francisco „Panchito" Gómez Toro, auf dem eine Siegesgöttin mit Lorbeerkranz thront. Unweit davon steht das Museo Municipal mit einer als bescheiden zu bezeichnenden Sammlung.

Unterwegs in Bejucal

Museo Municipal: Das kleine Museum besteht aus drei Ausstellungsräumen, in denen ein paar Gemälde, ein antiker Flügel und Mobiliar aus der Kolonialzeit gezeigt werden. Ein Raum ist Wechselausstellungen von Künstlern aus der Region vorbehalten.

Tägl. 10–18 Uhr. Eintritt frei. Calle 13 e/ 10 y 12, ✆ 782339.

San Antonio de los Baños

In dem von sehenswerten Orten weniger verwöhnten südlichen Teil der Provinz ist die 26 Kilometer von Havanna entfernt gelegene Kleinstadt San Antonio de los Baños geradezu ein touristischer Leckerbissen – verhältnismäßig. Immerhin gibt es hier, mitten in dem landwirtschaftlich geprägten „Gemüsegarten" vor den Toren der Hauptstadt, die Internationale Schule für Film und Fernsehen, das wegen seiner ausgezeichneten Karikaturen und Cartoons berühmte Museo del Humor und mit dem Hotel „Las Yagrumas" ein nettes, idyllisch gelegenes Hotel am Ufer des Río Ariguanabo.

Wirklich bekannt – zumindest in Cuba und den Militärkreisen der USA – ist San Antonio de los Baños allerdings für seinen Luftwaffen-Stützpunkt. Von den Amerikanern während des Zweiten Weltkriegs unter dem Namen „The Cayuga" errichtet, wurde damals von dem Militärflughafen aus mit B-24-Kampfflugzeugen die gesamte Karibik kontrolliert. Im Jahr 1945 übergaben die USA Rollbahn, Tower und Wartungshallen der cubanischen Regierung, die sie fortan für die eigenen Armee-Flieger nutzte. Während der Cuba-Krise waren Stützpunkt und Flugfeld Hauptquartier der cubanischen Luftwaffe, auf der sämtliche MIGs stationiert waren – bereit, jeden Angriff der glorreichen U.S. Air Force abzufangen. Berühmtester Sohn der Stadt ist oder besser war Adrián Zabala, der überragende Pitcher der nordamerikanischen Baseball League, der von 1945 bis 1949 bei den „New York Giants"

„Die göttliche Rechnung"

Karriere machte. Sein größter Erfolg war am 31. Juli 1949 ein 9:0 gegen die „Cincinnati Reds", die er im Alleingang aus dem Stadion schoss. An ihn erinnern sich in San Antonio de los Baños nur noch die Alten. Und auch im historischen Museum der Stadt wird Zabala gänzlich übergangen.

- *Essen & Trinken* **El Rápido** – the same procedure as everywhere: Burgers, Pommes, Hähnchenkeulen etc. Tägl. 24 Std. Calle 68.
- *Übernachten* ***** Hotel Las Yagrumas** liegt 1 km außerhalb der Stadt in Richtung Havanna unmittelbar am idyllischen Río Ariguanabo. Das saubere Haus der Mittelklasse inmitten einer grünen Oase verfügt über 74 Zimmer mit Klimaanlage und TV sowie Balkon oder Terrasse. In der weitläufigen Anlage gibt es ein Restaurant, Cafetería und Lobby-Bar, einen Tennisplatz und einen großen Pool. Bei einem Bootsverleih (tägl. 9–17 Uhr) kann man Motorboote (3 CUC Person/Std.) und Ruderboote (1 CUC Person/Std.) mieten und auf dem an solcher Stelle von Seerosen und anderen Wasserpflanzen bedeckten Fluss dahingleiten. EZ 30 CUC, DZ 40 CUC, Triple 57 CUC inkl. Frühstück. Calle 40 y Final, ℡ 384460-63.

Unterwegs in San Antonio de los Baños

Museo del Humor: Das für seine politischen Karikaturen und wirklich witzigen Cartoons bekannte Museum ist landesweit einmalig. In sieben Ausstellungsräumen gibt es eine bunte Mischung allerlei „schräger" Zeichnungen zu sehen. Wohl berühmtestes Exponat ist gleich im Eingangsbereich eine Karikatur von José López

Palacio mit dem Titel „La Divina Cuenta" („Die göttliche Rechnung"), die das letzte Abendmahl zeigt, nach dem Jesus die Rechnung über 1500 Dollar präsentiert wird, was ihm natürlich das wallende Haupthaar zu Berge stehen lässt. Im März 1979 in einer neokolonialen Villa aus dem Jahr 1930 eröffnet, ist das Museum im Zwei-Jahres-Rhythmus (immer im März ungerader Jahre) Schauplatz der „Bienal Internacional del Humor". Einen Besuch lohnt auch der jährlich am 12. Dezember stattfindende Evento de Caricatura, der ebenfalls international besetzt ist.

Di–Sa 10–18, So 9–13 Uhr. Eintritt 2 CUC inkl. Führung, Fotoaufnahmen 5 CUC. Calle 60 esquina 45.

Museo de Historia Municipal: Das historische Museum der Stadt verdient die Bezeichnung nicht nur wegen seiner Exponate, sondern auch seiner selbst wegen – sein Zustand ist desaströs. Gezeigt wird unter anderem ein altes Feuerwehrfahrzeug aus dem Jahr 1894, das noch von Pferden gezogen werden musste, ein kleiner Tisch, auf dem früher Zigarren gerollt wurden, sowie vergilbte Fotos von cubanischen Musikgruppen, die keiner mehr kennt. In einer Vitrine sind zudem acht Schaukästen mit aufgespießten Schmetterlingen zu sehen. Bezahlen muss man nichts, wohl auch deshalb nicht, weil für dieses Angebot niemand auch nur einen Cent ausgeben würde.

Di–Sa 10–18, So 8–12 Uhr. Eintritt frei. Calle 66 e/ 41 y 43.

Batabanó

Batabanó an der Südküste der Provinz ist so alt wie Havanna selbst. Denn hier – jedenfalls ganz in der Nähe – gründete Diego Velasquéz im Jahr 1514 das ursprüngliche San Cristóbal de La Habana, das vier Jahre später bekanntlich 40 Kilometer weiter nach Norden verlegt wurde. Kein Wunder: Die Gegend war damals ähnlich trostlos wie heute. In dem Straßendorf gibt es zwar gleich zwei Tankstellen, außer einem ausschließlich von Einheimischen besuchten „Rápido" und einem armseligen Museo Municipal allerdings nichts, was Touristen auch nur entfernt interessieren könnte. Die starten in der Regel ohnehin durch, wenn sie nach Batabanó kommen, um zu dem zwei Kilometer weiter südlich gelegenen Surgidero de Batabanó zu gelangen. Vom dortigen Hafen aus verkehren nämlich täglich die Fähren zur Isla de la Juventud. Verpassen sollte man die Schiffe nicht – weder in Batabanó noch in Surgidero de Batabanó gibt es Übernachtungsmöglichkeiten, nachdem das einzige Hotel weit und breit vor Jahren geschlossen hat. Neben seiner Funktion als Durchgangsstation hat der im Jahr 1688 gegründete Flecken eine gewisse historische Bedeutung, denn von dem heute halb verfallenen Bahnhof aus wurde Fidel Castro am 16. Mai 1955 nach seinem Überfall auf die Moncada-Kaserne in Santiago de Cuba, seiner anschließenden fast 20-monatigen Haft und der Amnestie durch Diktator Fulgencio Batista zusammen mit einigen Mitstreitern nach Mexiko deportiert. Ein Schild am Bahnhofsgebäude weist auf diesen wohl bedeutendsten Tag des Dorfs hin. Ganz in der Nähe des von Kanälen durchzogenen Orts, in dem vielfach schmale Brücken zu den Häusern führen, liegt der Strand „La Playita" mit einem winzigen Gesundheitszentrum, in dem man sich mit Heilwasser und Fango-Packungen behandeln lassen kann. Bekannt ist die Küste aber auch für ihre reichen Schwamm-Vorkommen sowie für die Langusten und Garnelen, die man hier aus dem Meer fischt.

- *Hin & Weg* **Bus**: Astro-Busse fahren täglich vom Terminal in Havanna, Avenida Independencia e/ 19 de Mayo y Bruzón, nach Surgidero de Batabanó. ☎ 8709401, 8709405.

Schiff: *Fähr-Terminal in Surgidero de Batabanó* direkt am Hafen, ✆ (047) 588445.
Verbindungen: Nueva Gerona 1x tägl. 11.30–12.30, 50 CUC, Kinder 25 CUC. Fahrtzeit 2½ Std. Die Autofähre verkehrt unregelmäßig, Auto 40 CUC, Erwachsener 50 CUC, Kind 25 CUC, Fahrtzeit ca. 8 Std. Reservierungsbüro von Naviera Cubana Caribeña im Astro-Terminal in Havanna (!), Avenida Independencia e/ 19 de Mayo y Bruzón, ✆ (07) 8709401, 8709405, tägl. 7.00–9.00 Uhr. Von dort verkehren auch täglich Astro-Busse nach Surgidero de Batabanó, 5 CUC. Die Reservierungstickets müssen am Reisetag an einem Schalter des Fähr-Terminals in Surgidero de Batabanó ebenfalls gegen einen Fahrschein mit Sitzplatznummer umgetauscht werden.
Fähr-Terminal in Nueva Gerona in der Calle 31 esquina 24, ✆ (046) 324977.
Verbindungen: Surgidero de Batabanó 1x tägl. 9.00–9.30 Uhr, 50 CUC, Kinder 25 CUC. Fahrtzeit 2½ Std. Die Autofähre verkehrt unregelmäßig, Auto 40 CUC, Erwachsener 50 CUC, Kind 25 CUC, Fahrtzeit ca. 8 Std. Reservierungsbüro in der Calle 24 gegenüber der alten Anlegestelle, Mo–Sa 9.00–17.00 Uhr. Reservierungen sind unbedingt notwendig, die Reservierungstickets müssen am Reisetag an einem Schalter des Fähr-Terminals bestätigt und gegen einen Fahrschein mit Sitzplatznummer umgetauscht werden.
Hinweise: Das Lösen eines Hin- und Rückfahrttickets bereits in Havanna ist nicht möglich. Ebenfalls nicht möglich ist es, mit einem Mietwagen Surgidero de Batabanó direkt anzusteuern und Fahrscheine erst dort zu lösen, weil diese ohne Reservierungsticket nicht ausgegeben werden. Außerdem gibt es am Hafen von Surgidero de Batabanó nur sehr eingeschränkte Parkmöglichkeiten. Grundsätzlich muss schon in den Reservierungsbüros der Reisepass vorgelegt werden, der am Reisetag vor der Abfahrt noch einmal kontrolliert wird. Vor Betreten der Schiffe wird das gesamte Gepäck durchleuchtet, „gefährliche" Gegenstände wie Fingernagelscheren etc. müssen abgegeben werden, werden am Ziel aber wieder ausgehändigt.

Unterwegs in Batabanó

Museo Municipal: Man muss schon in Batabanó festsitzen und mit seiner Zeit überhaupt nichts anzufangen wissen oder an einem Anflug von Wahnsinn leiden, wenn man meint, das winzige Museum besuchen zu müssen. Aber auch dann hat man allenfalls für fünf Minuten eine Beschäftigung. In dem einen (!) Ausstellungsraum werden ein paar Fotos vom Bau und der Einweihung des nahen Elektrizitätswerks gezeigt, man bekommt einen Kamm aus der Indio-Zeit vorgesetzt und einige wenige andere archäologische Funde aus der Gegend – Ende der Vorstellung.
Di–Sa 12–20, So 9–12 Uhr. Eintritt frei. Calle 64 Nr. 7502.

Unterwegs in Richtung Osten

Guanabacoa

Guanabacoa ist zwar eine eigenständige Stadt, befindet sich allerdings so nah an der Ostgrenze Havannas, dass es wie ein Außenbezirk der Metropole erscheint. Keine fünf Kilometer sind es bis Havanna-Regla, also nicht der Rede wert. Zusammen mit diesem östlichen Municipio der Hauptstadt ist das mehr als 100.000 Einwohner zählende Guanabacoa mit seinen fünf Kirchen ein Zentrum der verschiedenen afro-cubanischen Glaubensrichtungen. Dies wird vor allem in dem großen Museo Municipal deutlich, wo ausführlichst über die drei Religionen Santería, Palo Monte und den ausschließlich Männern vorbehaltenen Geheimbund Abakuá informiert wird, der aus dem Südosten Nigerias bzw. dem Südwesten Kameruns stammt. Daneben erfährt man natürlich auch viel über die Geschichte der Stadt und ihren näheren Einzugsbereich, in dem ursprünglich Taíno lebten, die dem Ort auch seinen Namen gaben. Guanabacoa bedeutet so viel wie „Ort der Wasser" –

eine Bezeichnung, die auf die vielen Quellen nahe der Stadt hinweist. Ihr Mineralwasser war von so hoher Qualität, dass Don Claudio Conde mit ihm reich wurde. Er füllte es in Flaschen ab und belieferte damit ganz Havanna. Bekannt gemacht haben das offiziell 1555 gegründete Guanabacoa viele in der Stadt geborene Persönlichkeiten, die es zu Ruhm und Ehre gebracht haben – die Künstler Bola de Nieve oder Rita Montaner etwa, die Baseball-Giganten Rene Valdez und Evelio Hernández oder Kevin Romero, der inzwischen in Florida/USA lebt und dort das berühmte „Chuck Norris International House of Pancakes" gegründet hat. Wohl berühmtester Sohn Guanabacoas ist allerdings Don José Antonio Gómez, den man kurz Pepe Antonio nannte. Er führte im Jahr 1762 während der englischen Besatzungszeit eine Partisanen-Gruppe an, organisierte den Guerilla-Krieg und bildete die Speerspitze im Kampf um seine Stadt. Noch heute spricht man deshalb auch von „La Villa de Pepe Antonio" („Die Stadt von Pepe Antonio"), wenn es um Guanabacoa geht.

● **Essen & Trinken** **Los Orishas** macht auf Santería und ist entsprechend eingerichtet. Die Cafetería hat einen schönen Freisitz, der für eine Verschnaufpause jederzeit zu empfehlen ist. Abends mutiert das Lokal zu einem Centro nocturno, in dem sich das Nachtleben Guanabacoas abspielt (Eintritt dann 6 CUC/Paar inkl. Getränke für 4 CUC). Tägl. 12–1 Uhr. Calle Martí esquina Lamas.

El Colonial ist ein Peso-Restaurant der 2. Kategorie, also durchaus noch akzeptabel. Spezialität sind Schweinesteaks paniert oder natur für 12 CUP/ca. 0,50 CUC. Pommes frites kosten 1 CUP/ca. 0,04 CUC, Erfrischungsgetränke und Bier 10 CUP/ca. 0,40 CUC. Tägl. 12–21 Uhr. Calle Máximo Gómez 3 e/ Pepe Antonio y División, ✆ 977901.

Unterwegs in Guanabacoa

Museo Municipal: Das professionell geführte Museum mit seinen 37 Ausstellungsräumen in einem Herrenhaus aus dem Jahr 1849 ist eines der großen im Lande. Neben der Geschichte der Indios, die ursprünglich in der Region um Guanabacoa lebten, historischen Ereignissen, die in Zusammenhang mit der Stadt stehen, und archäologischen Funden aus der Gegend bilden die afro-cubanischen Religionen den Schwerpunkt des 1964 eröffneten Museums. Von der in Cuba weit verbreiteten Santería über Palo Monte, eine an den afrikanischen Bantu-Zauber angelehnte Glaubensrichtung, bis hin zum männlichen Geheimbund Abakuá wird man umfassend informiert. Zum Nachlesen gibt es eine Broschüre in Spanisch und Englisch (5 CUC).
Di–Sa 10–18, So 9–13 Uhr. Eintritt 2 CUC, Führung 1 CUC, Fotoaufnahmen 5 CUC, Videoaufnahmen 25 CUC. Calle Martí 108 esquina Versalles. ✆ 979117, 972018, musgbcoa@cubarte.cult.cu.

Iglesia de Nuestra Señora de la Asunción: Die am Parque Martí gelegene Kirche ist das bedeutendste Gotteshaus der Stadt. Zwischen 1721 und 1748 erbaut, wurde die Kirche 1850 noch einmal umgestaltet und besticht bis heute durch ihren vergoldeten Hauptaltar – wenngleich der Glanz inzwischen leicht verblasst ist. Sehenswert ist auch die reich verzierte Holzdecke. Die Iglesia ist in der Regel geschlossen, man bekommt aber kostenlos Zutritt über das Pfarrbüro.
Mo–Do 9–11 + 15–17 Uhr. Calle Pepe Antonio e/ Martí y Cadenas. Pfarrbüro in der Calle Enrique Guiral 331, ✆ 977368.

Convento de Santo Domingo: Im 18. Jahrhundert errichtet, wurden das Kloster und die Kirche Nuestra Señora de la Candelaria zunächst vom Franziskaner-Orden genutzt. Haupt-Charakteristikum ist die Mischung der verschiedenen Stilrichtungen – zu sehen sind maurische und neoklassizistische neben Elementen aus der

Barockzeit. Einen Blick wert sind auch die acht Altäre und die schöne Holzdecke – wenn die Kirche zufällig offen ist, was nicht oft passiert.
Calle Santo Domingo 407 e/ Roloff y Lebredo, ℅ 977376.

Convento de San Francisco: Die Anfänge des Barock spiegelt das frühere Kloster mit der Kirche Nuestra Señora del Sagrado Corazón de Jesús wider. Obwohl in dem Gebäude inzwischen eine Schule untergebracht ist, werden an dem reich verzierten Altar noch heute Messen gelesen – allerdings unregelmäßig.
Calle San Francisco esquina Máximo Gómez.

Parroquia La Milagrosa: Die alte Pfarrkirche ist zwar meist geschlossen, falls man dennoch die Gelegenheit bekommt, sollte man sich allerdings den Hauptaltar anschauen. Nicht umsonst ist das Gotteshaus die Residenz eines der beiden Weihbischöfe von Havanna.
Calle San Andrés 6, ℅ 977961.

Ermita de la Inmaculada Concepción y del Santo Cristo Potosí: Noch eine Kirche, allerdings eine kleine, die sich auf dem Gelände des alten Friedhofs von Guanabacoa befindet: Im Jahr 1675 errichtet, gehört die ehemalige Einsiedelei zu den ältesten Gebäuden der Stadt und ist gleichzeitig das älteste kirchliche Bauwerk, das noch vollständig erhalten ist.
Calzada de Guanabacoa.

Cojímar

Das kleine, beschauliche Fischerdorf, sechs Kilometer östlich des Túnels de Bahía, erlangte erst durch Literatur-Nobelpreisträger Ernest Hemingway Berühmtheit. Hier lag seine Yacht „Pilar" vor Anker, hier wurde er zu seinem viel gerühmten Bestseller „Der alte Mann und das Meer" inspiriert, hier lebte der Kapitän seines Fischerbootes, Gregorio Fuentes, der als Vorlage für die Roman-Figur Santiago diente, den Hemingway tagelang mit einem gewaltigen Marlin kämpfen ließ. Doch nicht nur deshalb war der Schriftsteller den Fischern von Cojímar ans Herz gewachsen – und sie ihm. Besonders hoch rechneten sie ihrem trinkfesten „Novelista" an, dass er sie nie im Stich ließ, nicht einmal in der Stunde seines größten Erfolgs. Nachdem ihm 1954 für seinen Roman „Der alte Mann und das Meer" der Literatur-Nobelpreis verliehen worden war, wollte er dieses Ereignis eigentlich mit seinen Freunden in Cojímar feiern, war aber kurzfristig von den Besitzern der damals größten cubanischen Brauerei zu einem Fest eingeladen worden. Hemingway konnte und wollte nicht absagen, nahm seine Freunde aber einfach ungefragt mit. So mussten sich die Herrschaften der feinen Gesellschaft Havannas unter die einfachen Fischer mischen, wenn sie mit Hemingway anstoßen und sich mit ihm unterhalten wollten. Dafür setzten sie ihm ein Denkmal, am 21. Juli 1962, etwas mehr als ein Jahr nach seinem Tod, an jenem Tag, an dem der Jahrhundert-Schriftsteller 64 Jahre alt geworden wäre. In dem kleinen Parque Ernest Hemingway, der das Monument umgibt, heißt es auf einem Gedenkstein: „In dankbarer Erinnerung von der Bevölkerung Cojímars für den unsterblichen Autor von ‚Der alte Mann und das Meer'." Wie sehr der Ort mit dem Buch Hemingways verbunden ist, mag man auch daran ablesen, dass US-Schauspieler Spencer Tracy, der in der Verfilmung des Erfolgsromans im Jahr 1958 die Hauptrolle übernahm, vor dem ersten Dreh Cojímar besuchte, um sich mit Gregorio Fuentes zu treffen und die Atmosphäre in sich aufzunehmen.

Erinnerung an einen trinkfesten „Novelista": das Hemingway-Denkmal

Das kleine Fischerdorf wird in den Geschichtsbüchern aber nicht allein im Zusammenhang mit dem Namen Hemingway erwähnt. Auch die kleine und bis heute gut erhaltene Festung Torreón de Cojímar, die nach den Plänen des auf Wehranlagen spezialisierten italienischen Architekten Giovanni Bautista Antonelli im Jahr 1649 fertiggestellt wurde, spielt in der Vergangenheit Cubas eine nicht unbedeutende Rolle. Denn noch bevor die Engländer 1762 das Castillo de los Tres Reyes del Morro in Havanna von der Landseite her angriffen, nach nur 44 Tagen einnahmen und alsbald die ganze Stadt besetzten, hatten sie handstreichartig die einer Trutzburg gleichende Verteidigungsanlage Cojímars überrannt und an der vorgelagerten Küste ihre Schiffe festgemacht.

Neben dem alten Ortskern wurde inzwischen einen Kilometer weiter westlich in Richtung Havanna ein Touristenzentrum aus dem Boden gestampft, in dem man drei Hotels mit insgesamt rund 1000 Gästezimmern, mehrere Restaurants und alle sonst touristisch relevanten Einrichtungen findet. Wer zumindest nachts dem Trubel der Metropole entgehen möchte, ist hier sicherlich gut aufgehoben, zumal die Hotel-Zone Cojímars von der Altstadt Havannas weit weniger entfernt ist als etwa die Bettenburgen von Havanna-Miramar. Zwar sind diese Häuser wegen der „Operación Milagro" vorübergehend für den internationalen Tourismus gesperrt, doch das kann sich in von heute auf morgen wieder ändern.

• *Banken* **Cadeca**, Mo–Sa 8–18, So 8–13 Uhr, Avenida Central.
• *Notruf* **Polizei**, ✆ 854424. **Feuerwehr**, ✆ 48117, 48134. **Ambulanz**, ✆ 762317.
• *Essen & Trinken* **La Terraza**, eines der weniger bekannten Hemingway-Lokale, in dem der Schriftsteller regelmäßig mit dem Kapitän seiner Yacht „Pilar", dem ursprünglich von der Kanaren-Insel Lanzarote stammenden Gregorio Fuentes, einkehrte, erinnert mit vielen Schwarz-Weiß-Fotos von Raúl Corrales an den einstigen Stammgast. Hier lernte er auch Anselmo Hernández kennen, den er zum Protagonisten in seinem weltberühmten Roman „Der alte Mann und das Meer" machte. Die zweisprachige Speisekarte des auf Fisch und Meeresfrüchte spezialisierten Restaurants weist Fischsuppe (2,25 CUC), Garnelen-Cocktail (3,50 CUC), Shrimps vom Grill (7,50

CUC) und vieles andere Meeresgetier aus. Nicht zu verachten ist auch die Paella „La Terraza de Cojímar" mit jeder Menge Zutaten – Schinken, Schweinefleisch, Fisch und Schalentiere (6 CUC), die man zu einem einzigartigen Blick auf die Bucht von Cojímar einnimmt. Dazu gibt es Cocktails wie „Don Gregorio" oder Hemingways Daiquiri. Bar tägl. 10.30–23 Uhr, Restaurant tägl. 12–23 Uhr. Calle Real 161 esquina Candelaria, ℡ 939486, 939232.

La Terracita, das bessere der beiden Privat-Restaurants von Cojímar, kocht traditionell cubanisch, die Portionen sind riesig. Spezialität des Hauses ist „Bistec mixto", eine Platte mit Schweine- und Rindersteaks für 4 CUC. Tägl. 12–24 Uhr. Calle Villa Nueva 9606 e7 Conchas y Pezuela, ℡ 7926381.

Yemaya ist ein kleiner, einfacher und günstiger Paladar an der Ausfallstraße Cojímars in Richtung Vía Monumental. Serviert wird sowohl internationale Küche – darunter versteht man Spaghetti und Pizza – als auch kreolische, also Schweinesteaks und Fisch. Die Preise für die Gerichte beginnen bei 7 CUC. Tägl. 12–24 Uhr. Calle Pezuela 226 e/ Carmen y Espaltero.

• *Übernachten* *** **Panamericano** wurde wie das sogenannte Olympia-Stadion Havannas, das natürlich noch nie olympische Spiele gesehen hat, 1991 anlässlich der panamerikanischen Leichtathletik-Meisterschaften gebaut. Das Haus verfügt über vier Restaurants, drei Bars, Diskothek, Fitness- und Massage-Center sowie alle sonstigen touristischen Einrichtungen. Die (nur) 81 Zimmer sind mit Klimaanlage, Satelliten-TV, Telefon und Bad ausgestattet. DZ 68–78 CUC, je nach Saison. Calle A esquina Central, ℡ 951240, 🖷 951021, market@epr.tur.cu. Wegen der „Operación Milagro" ist das Hotel, wie übrigens auch alle anderen in Cojímar, auf nicht absehbare Zeit für den internationalen Tourismus gesperrt.

** **Costazul** liegt ebenfalls am Eingang zur Hotel-Zone von Cojímar und wird vom benachbarten „Panamericano-Resort" mitverwaltet. In dem Haus selbst gibt es Restaurant, Cafetería und Snackbar, die Gäste können aber auch die Lokalitäten des „Panamericano" besuchen. Das Costazul hat 475 etwas einfachere Zimmer mit Klimaanlage, Satelliten-TV und Telefon. In der Anlage gibt es einen Shop, Autovermietung, Tourist-Info und Animation mit viel lauter Musik. DZ 44–66 CUC, je nach Saison. Calle A esquina Central, ℡ 950763, 🖷 954104, costazul@mail.islazul.tur.cu.
Das Haus ist wegen der „Operación Milagro" ebenfalls bis auf weiteres für den internationalen Tourismus gesperrt.

** **Las Brisas** findet man gegenüber dem Hotel „Costazul" und ist ebenfalls Teil des Hotel-Komplexes „Panamericano". Anders als das Schwester-Hotel hat es 455 Zimmer, die allerdings identisch ausgestattet und eingerichtet sind. Auch die Gäste des Las Brisas können den Swimmingpool, die Sauna und alle anderen Einrichtungen des Mutterhauses mitbenutzen. DZ 54–68 CUC, je nach Saison. Calle A esquina Central, ℡ 951001-951010, 🖷 951021, market@epr.tur.cu. Auch das Las Brisas nimmt zurzeit keine internationalen Gäste auf.

Hostal Marlins liegt im Herzen des Ortskerns von Cojímar, wenige Schritte vom Parque Hemingway, dem Torreón und der Uferpromenade entfernt. In dem Privat-Quartier gibt es ein schönes Zimmer mit Meerblick, das über Klimaanlage, Kühlschrank und ein modernes Bad verfügt. Eine kleine eigene Küche steht den Gästen ebenso zur Verfügung wie eine Dachterrasse. DZ 30–35 CUC, je nach Saison, aber verhandelbar. Calle Real 128 A e/ Santo Domingo y Chacon, ℡ 7926154.

Playas del Este

Die sechs Hausstrände von Havanna, die sogenannten Playas del Este, beginnen 15 Kilometer östlich der Hauptstadt mit der Ortschaft Bacuranao und reichen – in geographischer Anordnung – über Tarará, El Mégano, Santa María del Mar und Boca Ciega bis zu der Bucht der 25 Kilometer von Havanna entfernten Kleinstadt Guanabo. Wie an einer Perlenkette reihen sie sich in einem regelmäßigen Drei-Kilometer-Abstand entlang der in diesem Abschnitt von Palmen gesäumten Atlantik-Küste, an der es vor allem in den Sommermonaten und erst recht an den Wochenenden von Besuchern nur so wimmelt. Wenngleich an allen sechs Stränden schon wegen der Nähe zu Havanna cubanische Ausflügler und einheimische Urlau-

In den Sommermonaten herrscht an den Playas del Este Hochbetrieb

ber dominieren, was keineswegs eines gewissen Charmes entbehrt und durchaus eine lustige Bereicherung des Erfahrungsschatzes sein kann, so sind die Orte dennoch völlig unterschiedlich strukturiert und geprägt. Während Santa María del Mar etwa schon allein durch die Vielzahl der Hotel-Resorts eher den europäischen Touristen anspricht, wird man sich ein paar Kilometer weiter in Guanabo mit seinen zahlreichen Privat-Unterkünften als Ausländer schon beinahe allein unter Cubanern fühlen – um nur die beiden Extreme zu nennen.

Verkehrstechnisch sind die Playas del Este außergewöhnlich gut angebunden. Neben dem Autobus 162, der vom Hauptbahnhof Havannas verkehrt, setzt auch Víazul einen eigenen Kleinbus ein, der vom Terminal in der Avenida 26 esquina Zoológico zweimal täglich Sonnenanbeter an die Strände bringt.

Bacuranao

Obwohl – von Havanna aus gesehen – im wahrsten Sinne des Wortes nichts näher liegt als die Playa Bacuranao, wird der Strand in erster Linie von den (meist cubanischen) Gästen des einzigen Hotels, der „Villa Bacuranao", bevölkert. Das mag auch daran liegen, dass der Küstenstreifen mit seinem grobkörnigen Sand, der sich von dem Resort bis zur Mündung des Río Bacuranao zieht, nicht unbedingt zu den schönsten der Playas del Este zu zählen ist. Dafür sind aber auch die Preise für die Unterkunft allenfalls von – hier nicht vorhandenen – Casas particulares zu unterbieten: Zwischen 40 und 44 CUC für ein Doppelzimmer in einem Drei-Sterne-Haus – günstiger geht es nicht.

• *Übernachten* *** **Villa Bacuranao** ist ein solides, kleines Hotel-Resort mit 52 Bungalows wenige Schritte vom Meer, das zur cubanischen Islazul-Kette gehört. Die sauberen Zimmer sind mit Klimaanlage, Satelliten-TV, Radio, Telefon und Bad ausgestattet. In der Anlage gibt es ein Restaurant, das cubanisch wie international kocht, eine Grillbar, eine Diskothek sowie Swimmingpool und alle notwendigen touristischen Einrichtungen. EZ 33–38 CUC, DZ 40–44 CUC, je nach Saison. Vía Blanca km 15,5. ✆ 939243, bacuranao@ip.etecsa.cu.

Tarará

Der Yachthafen des Touristen-Resorts war ein idealer Ausgangspunkt für Taucher und Hochseefischer, das Tauchzentrum am Strand hatte mehrere Boote, qualitativ hochwertige Leihausrüstungen und bot verschiedene Unterwasserausflüge an – all das ist Vergangenheit. Ab dem Jahr 1989 wurden in dem großen Hotel-Dorf Tschernobyl-Kinder mit ihren Angehörigen einquartiert, die von cubanischen Ärzten und Krankenschwestern gepflegt wurden, heute ist die Anlage von venezolanischen Patienten belegt und wegen der „Operación Milagro" für den internationalen Tourismus auf unabsehbare Zeit gesperrt.

El Mégano
siehe Karte S. 310/311

Der kleine Ort – eigentlich nur zwei Hotels und zwei Restaurants – grenzt unmittelbar an Santa María del Mar an, so dass eine Unterscheidung eigentlich nur aufgrund der Adressen möglich ist. Allerdings trifft man an dem Strandabschnitt deutlich mehr Cubaner als 1000 Meter weiter östlich in dem wohl bekanntesten Badeort der Playas del Este. Wegen der Korallenbänke und der großen Fischschwärme erfreut sich El Mégano auch bei Tauchern größerer Beliebtheit als Santa María del Mar, wo der Sandstrand eher für sonnenhungrige Badegäste geeignet ist.

• *Essen & Trinken* **Mi Rinconcito (1)**, zwischen Hotel „Villa Los Pinos" und Strand gelegen, ist eine nette Pizzeria, die sich nicht nur der italienischen Küche verschrieben hat. Neben Antipasti (3,95 CUC), Pasta (2,95–5,95 CUC) und Pizza zwischen 2 CUC (Napoletana) und 5,55 CUC (mit Langustenfleisch) gibt es auch frischen Fisch sowie Fleisch- und Hähnchengerichte. Tägl. 10–21.45 Uhr. Avenida de las Terrazas esquina 4.

Cafetería Pinomar (6) ist die richtige Adresse für den kleinen Hunger – und den kleinen Geldbeutel. Geboten wird „comida ligera", wie Fastfood in Cuba oftmals verbrämt wird, also Hamburger, Hähnchen, Hotdogs und Sandwiches ab 1,50 CUC. Tägl. 10–22 Uhr. Avenida del Sur e/ 4 y 5.

◦ *Übernachten* **** **Villa Los Pinos (3)**, eine gepflegte Bungalow-Anlage in idealer Lage (wenige Schritte vom Strand und 20 Autominuten von Havanna entfernt), vermietet 26 auf Selbstversorger eingerichtete Zwei-, Drei- und Vier-Zimmer-Häuschen mit allem Komfort. Neben der üblichen Ausstattung findet man einen großen Kühlschrank und eine Kochnische. Zudem verfügt das Resort über ein Restaurant, Pizzeria, Cafetería und Bar. Zwei-Zimmer-Bungalow 114–152 CUC, Drei-Zimmer-Bungalow 162–200 CUC, Vier-Zimmer-Bungalow 209–238 CUC, je nach Saison. Avenida de las Terrazas Nr. 21. ✆ 971361, silvia@complejo.gca.tur.cu, www.villalospinos.com.

*** **Mégano (11)**, ein großes Bungalow-Feriendorf im cubanischen Stil, das erst un-

Essen & Trinken
1 Mi Rinconcito
2 Costarena
6 Cafetería Pinomar
7 Mirazul
8 Mi Casita de Coral
9 Casa Club
13 Mi Cayito
14 Piccolo
15 Bodegón del Este
17 El Cubano
18 Rumbos Park
19 Don Pedro
22 Cuandas
26 Maeda

Übernachten
3 Villa Los Pinos
4 Club Atlantico
5 Tropicoco
10 Las Terrazas
11 Mégano
12 Aparthotel Atlantico
16 Arenal
20 Gran Vía
21 Villa Playa Hermosa
23 Casa Ana Maria
24 Casa Maura y Hector
25 Casa Pablo Durán

Playas del Este

längst aufgemöbelt wurde, bietet eine Kombination aus Strand- und Stadturlaub zum kleinen Preis. Die 103 zweckmäßigen Zimmer (davon zwei behindertengerecht) sind mit Klimaanlage, Satelliten-TV, Safe, Telefon, Minibar und Bad ausgestattet. In der weitläufigen Anlage findet sich ein internationales sowie ein italienisches Speiselokal, eine Snackbar und ein Nachtclub. Zudem gibt es Swimmingpool, Tennisplatz, Massagesalon und ein buntes Freizeitangebot. EZ 31–33 CUC, DZ 48–50 CUC inkl. Frühstück, je nach Saison. Vía Blanca km 22,5. ✆ 971610, ✆ 971624, vmegano@megano.hor.tur.cu.

Santa María del Mar

siehe Karte S. 310/311

Das wohl touristischste Strandbad der Playas del Este kommt dem, was sich Europäer unter Ferien mit Sonne, Sand und Palmen vorstellen, schon sehr nahe. Dazu trägt nicht nur die Handvoll All-inclusive-Hotels bei, auch die Infrastruktur mit netten Restaurants und Bars ist ganz und gar auf Urlauber mit Devisen im Portemonnaie abgestellt. Dennoch finden auch immer wieder viele Habaneros den Weg in den knapp 20 Kilometer von der Hauptstadt entfernten Badeort, was zumindest an heißen Sommertagen dazu führt, dass man sich mehr an der italienischen Adria- als an der cubanischen Atlantik-Küste fühlt. Für den einzigen Unterschied sorgt die Staatsgewalt, die an der Playa Santa María del Mar regelmäßig vertreten ist und das Geschehen am Strand üblicherweise mit Fernrohren beäugt – angeblich um „baggernde" Jineteras fernzuhalten. Aber spätestens wenn in den Strandbuden kleine Musikgruppen zu den Instrumenten greifen und man nach dem zweiten Rum mit ungeübten Schritten Salsa tanzt, ist es völlig egal, wer zuschaut. Für die schwitzenden Uniformträger hat man dann allenfalls Mitleid übrig – wenn überhaupt.

• *Ärztliche Versorgung* **Clínica Internacional Habana del Este**, Avenida de las Terrazas 36 e/ 8 y 9, ✆ 2049385.

• *Autovermietung* **Transtur**, Avenida de las Terrazas, ✆ 971535.

• *Bank* **Cadeca**, tägl. 8–20 Uhr, Avenida de las Terrazas e/ 10 y 11.

• *Notruf* **Polizei**, ✆ 854424. **Feuerwehr**, ✆ 48117, 48134. **Ambulanz**, ✆ 762317.

• *Post* Tägl. 7.30–18.30 Uhr, Avenida de las Terrazas e/ 10 y 11.

• *Tourist-Information* **Infotur**, tägl. 8–20 Uhr, Avenida de las Terrazas e/ 10 y 11 (neben der Cadeca).

• *Essen & Trinken* **Mi Casita de Coral (8)** ist wahrscheinlich die beste Wahl, wenn man außerhalb der Hotel-Resorts zum Essen gehen möchte. Das kleine, gepflegte Restaurant serviert seine internationalen, italienischen und kreolischen Gerichte auch auf einer netten Terrasse – und dies zu sehr vernünftigen Preisen. Für eine (kleine) Lan-

312 Provinz Havanna

guste zahlt man 5,50 CUC, für einen ganzen Fisch je nach Größe 4,60–6,50 CUC, Pizza gibt es von 2–2,50 CUC. Neben der üblichen Getränkeauswahl wird Wein auch glasweise für 1,35 CUC angeboten. Avenida del Sur esquina 8, ℡ 971602.

Costarena (2) liegt wenige Schritte vom Strand entfernt und hat sich ganz auf Meeresfrüchte und Paella spezialisiert. Die Paella „Costarena" kostet 6,95 CUC, die Grillplatte „Marinera" 9,25 CUC, der Langusten-Spieß 11,25 CUC. Im Obergeschoss ist eine Terrasse der ideale Ort für den Dämmerschoppen. Tägl. 7.30–21.30 Uhr. Avenida de la Terrazas 21, ℡ 971361, 976007.

Mirazul (7), das kleine Open-Air-Lokal mit Terrasse auf einer Wiese nahe dem Hotel „Tropicoco", ist zwar mehr Schirmbar als Restaurant, hat aber dennoch eine ansehnliche Speisekarte. Neben einem „Bistec de Riñonada", ein Rib-Eye-Steak (4,40 CUC), gibt es Shrimps vom Grill (6,85 CUC) und Filet Mignon (5,95 CUC). Tägl. 10–22 Uhr. Avenida de las Banderas e/ Las Terrazas y Sur, ℡ 960214.

Casa Club (9) ersetzt in Santa María del Mar den nicht vorhandenen „Rápido". In dem rund um die Uhr geöffneten Lokal stehen Spaghetti (1,55–2,75 CUC), Pizzen von 2,15 CUC (Margarita) bis 5,55 (Garnelen) sowie Hähnchen (3 CUC) auf der Karte. Tägl. 24 Std. Avenida de las Terrazas, ℡ 971494.

Mi Cayito (13) befindet sich auf einer kleinen Insel in der Lagune Itabo, die man über Holzstege erreicht. Natürlich gibt es viel Fisch und Meeresfrüchte, Spezialität des Hauses ist ein Langusten-Spieß für 11,25 CUC. Die zum Restaurant gehörende Bar an der Hauptstraße nach Boca Ciega bietet Snacks für Eilige – Hamburger, Sandwiches, Hähnchen. Tägl. 10–18 Uhr. Avenida de la Terrazas, ℡ 971339.

• *Übernachten* ****** Arenal (16)**, die unumstrittene Nummer eins von Santa María del Mar, sorgt für den perfekten (All-inclusive-)Urlaub. Das modernste Haus an der Playa hat 169 Zimmer (darunter 68 Junior-Suiten) mit Terrasse, die mit Klimaanlage, Satelliten-TV, Telefon, Safe, Minibar (mit Mineralwasser), Bad und Pooltuch ausgestattet sind. Die Suiten haben überdies einen geräumigen Salon und ein Wannenbad. Das Essen nimmt man entweder im Buffet-Restaurant „Oasis" oder im Spezialitäten-Restaurant „El Pescador" ein. Daneben findet man drei Bars und die Diskothek mit dem vielsagenden Namen „Medianoche" („Mitternacht"). Besonderes Bonbon: Neben einer Vielzahl von Sporteinrichtungen bietet das Hotel auch zweimal täglich einen Shuttle-Service nach Havanna an. EZ 94–142 CUC, DZ 142–240 CUC, Suite 188–284 CUC, je nach Saison. Laguna de Boca Ciega. ℡ 971272, ✉ 971287, reservas@arenal.get.tur.cu.

*** Las Terrazas (10), das bessere der beiden Apart-Hotels, liegt umgeben von Kokos- und Königspalmen in der ersten Reihe. Das gepflegte Haus mit der wohl schönsten Poolanlage an den Playas del Este, vermietet in fußläufiger Entfernung vom Strand 32 Ein-Zimmer-, 40 Zwei-Zimmer- und 10 Drei-Zimmer-Appartements mit Küche und Wohnbereich, die mit jedem Komfort ausgestattet sind. Im Hotel findet man drei Restaurants, zwei Bars, eine Diskothek sowie Shop, Arzt-Service, Tourist-Info und Autovermietung. Ein-Zimmer-App. 36–50 CUC, Zwei-Zimmer-App. 54–65 CUC, Drei-Zimmer-App. 63–88 CUC, je nach Saison. Avenida de las Terrazas e/ 9 y 10, ℡ 971344.

*** Club Atlantico (4), ein All-inclusive-Haus direkt an einem der schöneren Strandabschnitte, könnte durchaus auch in Varadero oder anderen Touristen-Enklaven Cubas stehen. In der Anlage gegenüber dem gleichnamigen Apart-Hotel – mit dem man aber tunlichst nicht in einem Topf geworfen werden möchte, gibt es zwei Restaurants, drei Bars, Diskothek, Swimmingpool, Minigolf, zahlreiche Sportmöglichkeiten und alle anderen unerlässlichen touristischen Einrichtungen. Die 92 Zimmer sind seit dem Umbau modern eingerichtet, haben Klimaanlage, Kabel-TV, Telefon, Minibar, Safe und Balkone mit Meerblick. EZ 91–105 CUC, DZ 130–150 CUC, je nach Saison. Avenida de las Terrazas e/ 10 y Redonda. ℡ 971085, 971087, ✉ 961532, virtudes@complejo.gca.tur.cu, www.club-atlantico.com.

** Aparthotel Atlantico (12), aufgrund seiner Infrastruktur besonders geeignet für Familien und Gruppen und mit dem „Club Atlantico" „weder verwandt noch verschwägert", verfügt in drei Gebäudekomplexen über 62 Ein-, Zwei- und Drei-Zimmer-Appartements mit Klimaanlage, Satelliten-TV, Telefon und Badezimmer. In der verhältnismäßig kleinen Anlage, von der man zum Strand die Hauptstraße überqueren muss, findet sich ein Restaurant, ein Swimmingpool mit Bar und für den Abend eine Karaoke-Bar. Zudem gibt es einen Tennis-

Provinz Havanna:
Üppiges Grün und strahlendes Weiß unter meist tiefblauem Himmel
Fotos: wz

Isla de la Juventud und Cayo Largo:
Endlose Strände am kristallklaren Meer
Fotos: mintur

Provinz Matanzas:
Selbst am Ufer des Río Canímar darf Volksheld Ernesto Che Guevara nicht fehlen
Foto: wz

Varadero:
Ob über oder unter Wasser – im Touristenziel Nummer eins findet jeder sein Vergnügen
Fotos: mintur

Bei Habaneros wie Touristen gleichermaßen beliebt: Santa María el Mar

platz und eine Autovermietung. Ein-Zimmer-App. 36–50 CUC, Zwei-Zimmer-App. 54–65 CUC, Drei-Zimmer-App. 63–88 CUC, je nach Saison. Avenida de las Terrazas e/ 10 y Redonda. ✆ 971344, 971321, ✆ 971316, jefrecep@terrazas.hor.tur.cu.

** Tropicoco (5), eine blau angemalte Beton-Bettenburg, ist zwar so etwas wie das Wahrzeichen von Santa María del Mar, aber dennoch allenfalls zweite Wahl. Obwohl inzwischen in den Kreis der All-inclusive-Resorts aufgestiegen, muss man die doch schon sehr cubanische, eher spartanische Ausstattung von Hotel und Zimmern mögen. Das Haus verfügt über zwei Restaurants, vier Bars, einen Pool, einen Souvenirladen, Wechselstube, Auto- und Motorrollervermietung sowie Tourist-Info. Für sportlich orientierte Gäste gibt es Minigolf, Billard, Tischtennis und nichtmotorisierte Wassersportgeräte. Die Tenniscourts sind nicht bespielbar, die verwandelt die Natur gerade in Rasenplätze. Die 188 zweckmäßig eingerichteten Zimmer haben Klimaanlage, Radio, TV und Bad. Großer Vorteil des Hotels ist seine Lage am schönsten Strandabschnitt des Playa-del-Este-Hotspots (über die Straße!). EZ 69–72 CUC, DZ 99–103 CUC, je nach Saison. Avenida de las Terrazas esquina Banderas. ✆ 971371-76, ✆ 971389, recepcion@htropicoco.hor.tur.cu.

Boca Ciega (siehe Karte S. 310/311)

Das verschlafene Fischerdorf, das mit Santa María del Mar durch eine wackelige Brücke über den Río Itabo verbunden ist, gilt als das Schatzkästchen unter den Orten an den Playas del Este. Nirgendwo ist der Strand natürlicher und idyllischer. Unterkunftsmöglichkeiten findet man überhaupt nicht, allenfalls – illegal – bei Freunden oder im unmittelbar angrenzenden Guanabo. Macht nichts, dafür stimmt die Verpflegung, zum Beispiel im rustikalen „Bodegón del Este", wo man in der Badehose auf der Terrasse sitzen und sich eine Languste bringen lassen kann – oder zwei. Zumindest ein guter Grund, um wenigstens einen Ausflug nach Boca Ciega zu machen – zumal, wenn man irgendwo an den Playas del Este untergebracht ist.

314 Provinz Havanna

- *Freizeit* **Motorrollerverleih** bei „El Cubano", 2 Std./12 CUC. 25 neue Motorroller stehen zur Verfügung. Avenida 5ta e/ 454 y 456. ✆ 964061, cubano@che.palmares.cu, www.palmarescuba.com.
- *Essen & Trinken* **Bodegón del Este (15)**, ein einfacheres, vielleicht aber gerade deshalb recht gemütliches Lokal, liegt direkt an der wenig befahrenen Küstenstraße wenige Schritte vom Strand entfernt. Auf der Terrasse, auf der man in Badehose und Bikini sitzt, werden hauptsächlich Fischgerichte serviert – Fischfilet etwa und Spieße mit Garnelen- oder Langustenfleisch. Mehr als 10 CUC für einen Hauptgang zahlt man in den seltensten Fällen. Tägl. 10–19 Uhr. Avenida 1ra e/ 1ra y 2da, ✆ 967228.

El Cubano (17) (früher Pan.com) ist ein neu umgebauter Komplex an der Hauptstraße mitten im Ort, der ganz auf die Bedürfnisse von Touristen ausgerichtet ist. Er beherbergt ein Restaurant, einen Grill und eine Snackbar – alles ganz nett. Auf den Tisch kommt cubanische Küche, Fisch und Meeresfrüchte. Die Preise halten sich durchwegs in Grenzen: ein ganzer Fisch kostet 6,50 CUC, der Schweinefleisch-Spieß vom Grill 3,85 CUC, Brathähnchen an Weißwein 3,25 CUC. Restaurant und Grill tägl. 11–23 Uhr, Bar 24 Std. Avenida 5ta e/ 454 y 456. ✆ 964061, cubano@che.palmares.cu, www.palmarescuba.com.

Guanabo (siehe Karte S. 310/311)

Wer als Tourist Erholung vom hektischen Treiben Havannas an den Playas del Este sucht, sollte sich gut überlegen, ob er bis zu dem 26 Kilometer von der Hauptstadt entfernten Guanabo durchstartet oder doch lieber vorher hängen bleibt. Denn der Strand ist schmuddelig und mit Steinen übersät, der eher triste Ort ein typisch cubanisches Straßendorf, in das der internationale Tourismus bislang nur punktuell Einzug gehalten hat. Einzig die Gastro-Szene verdient wirklich einen – abendlichen – Abstecher, denn mit dem Paladar „Maeda", der sagenhafte 76 Gerichte (inkl. Desserts) auf seiner Karte hat, gibt es in Guanabo das mit Abstand beste Privat-Restaurant weit und breit, das selbst die Konkurrenz in der Großstadt jederzeit um Längen schlägt. Außerdem hat der Ort – anders als die anderen an den Playas del Este – jede Menge Casas particulares zu bieten. Wer also gern privat wohnt und einige Abstriche akzeptiert, wird sich in Guanabo möglicherweise dennoch wohlfühlen.

- *Bank* **Cadeca**, tägl. 8–18 Uhr, Avenida 5ta Nr. 47614.
- *Notruf* **Polizei**, ✆ 854424. **Feuerwehr**, ✆ 48117, 48134. **Ambulanz**, ✆ 762317.
- *Tourist-Information* **Infotur**, Avenida 5ta e/ 468 y 470, ✆ 961111.
- *Essen & Trinken* **Maeda (26)**, abseits von Hauptstraße und Strand auf dem Hügel „Bello Monte" gelegen, ist das absolute kulinarische Highlight – nicht nur von Guanabo, sondern der kompletten Playas del Este und womöglich darüber hinaus. Inklusive Nachspeisen stehen in dem Paladar sage und schreibe 76 Gerichte, darunter zehn Hauptgänge mit Fisch und Meeresfrüchten, auf der Speisekarte – eines köstlicher als das andere. Für die Kleinen gibt es fünf spezielle Kinder-Menüs (alle 3 CUC), die Großen müssen etwas tiefer in die Tasche greifen, aber nur etwas. Ein Grillteller mit Kaninchen, Hähnchen und Schwein vom Holzkohlengrill schlägt mit 9 CUC zu Buche, ein Schweinefilet mit Speck kostet 7 CUC und ein Spieß mit Muscheln und Fisch 12 CUC. Tägl.12–23 Uhr. Calle Québec 115 e/ 476 y 478, ✆ 962615.

Piccolo (14), das zweite Privat-Restaurant des Ortes, ist ebenfalls eine gute Adresse, wenn man in angenehmer Atmosphäre zu vernünftigen Preisen gut essen möchte. Der Paladar hat sich auf italienische und kreolische Küche spezialisiert und bietet Lasagne sowie Pizzen aus dem Holzofen (5,50–9 CUC) ebenso an wie gebratenes Schweinefleisch (6,75 CUC), Hähnchen (7 CUC) und Schnitzel in Weißweinsoße (7 CUC). Tägl. 12–24 Uhr. Avenida 5ta A e/ 502 y 504, ✆ 964300.

Don Pedro (19) bäckt seit 1996 die besten Pizzen (3–7 CUC) des Ortes. Mit vielen Fußballfan-Schals vom AC Milan bis Bayern München an der Wand ganz auf italienisch getrimmt, werden zudem neben den obligatorischen Pastas (5–6 CUC) auch Bruschetas (1 CUC) angeboten. Abgerundet wird die Speisen-Palette mit Fisch (6 CUC), Tintenfisch (7 CUC), Hähnchen (6 CUC) und Schweinesteaks (5 CUC). Gern nimmt man auch Sonderwünsche entgegen (Vorbestellung!) und bereitet Fisch oder Fleisch nach Geschmack zu. Tägl. 12–24 Uhr. Calle 482 Nr. 503 e/ 5ta y 5ta D, ☏ 964229.

Cuandas (22), ein einfaches, in einer rot-weiß angestrichenen Bretterbude untergebrachtes Lokal, weiß trotz aller Schlichtheit, was es verlangen kann. Für ein Menü mit Schweinesteak, Rindersteak oder Fisch als Hauptgang zahlt man 8,50–9,50 CUC – übrigens nur Ausländer, für Cubaner gibt es eine eigene Speisekarte mit Peso-Preisen. Tägl. 8.30–10, 12.30–15 + 18.30–21 Uhr. Calle 472 esquina 5 D, ☏ 962774.

Rumbos Park (18) ist eine schlichte Cafetería an der Hauptstraße, die in Guanabo den „Rápido" ersetzt. Das Angebot jedenfalls ist identisch, es gibt Hamburger, Sandwiches und Hähnchen von 1 CUC–2 CUC. Tägl. 24 Std. Avenida 5ta esquina 476.

• *Übernachten* **** Gran Vía (20)**, ein einfacheres Hotel, liegt an der Grenze zwischen Boca Ciega und Guanabo. In Strandnähe werden zehn zweckmäßig eingerichtete Zimmer mit Klimaanlage, TV und Bad vermietet, deren Preise in der Casa-particular-Kategorie angesiedelt sind. EZ 18–22 CUC, DZ 24–26 CUC, je nach Saison. Avenida 5ta esquina 462, ☏ 962271.

* Villa Playa Hermosa (21) ist fast ausschließlich Cubanern vorbehalten. Von den 25 in einfachen Bungalows untergebrachten Zimmern mit Klimaanlage, TV und Bad wird nur ein einziges an ausländische Urlauber abgegeben. In der Anlage, die – typisch cubanisch – fast rund um die Uhr aus Mega-Boxen beschallt wird, gibt es ein Restaurant, einen Swimmingpool mit Bar und ein Cabaret. DZ 18–26 CUC, je nach Saison und Kategorie. Avenida 5ta e/ 472 y 474, ☏ 962774.

Casa Ana María (23) zählt zu den besseren Privat-Quartieren in Guanabo. In dem supersauberen Haus werden zwei Zimmer mit Klimaanlage, Kühlschrank und Bad vermietet. Außerdem gibt es für die Gäste eine eigene Küche und ein Speisezimmer. Im Garten findet man eine zusätzliche gefliesste Dusche, unter der man sich nach einem Strandtag vom Sand befreien kann. DZ 30–35 CUC, je nach Saison. Calle 7ma B Nr. 47405 e/ 474 y 476, ☏ 966066, musap@infomed.sld.cu.

Casa Pablo Durán (25) ist ebenfalls durchaus empfehlenswert. Das Appartement hat nicht nur einen eigenen Eingang, es verfügt auch über Wohnzimmer und Küche. App. 25–30 CUC, je nach Saison. Calle 476 Nr. 905 e/ 9na y 9na B.

Casa Maura y Hector (24) vermietet – etwas ab vom Schuss – ein Zimmer mit Klimaanlage, TV, Kühlschrank, Küche und Bad. Den Gästen steht ein Parkplatz zur Verfügung. DZ 25–30 CUC, je nach Saison. Calle 476 Nr. 7B05 e/ 7ma B y 9na, ☏ 964544.

Jibacoa

Dem aufstrebenden Feriengebiet zwischen Havanna und Matanzas sagen Tourismus-Experten aufgrund seiner idyllisch gelegenen Strände eine große Zukunft voraus. Jibacoa liegt 55 Kilometer östlich der Hauptstadt und zehn Kilometer östlich von Santa Cruz del Norte an der die beiden Provinzen verbindenden Vía Blanca (aus Richtung Havanna an der ersten Abzweigung nach der Brücke über den Río Jibacoa rechts abbiegen). Mehr als auf seine großartige Naturlandschaft mit den steil abfallenden Hängen und die noch nicht überlaufene Playa mit feinem Sand und türkisfarbenem Meer ist man in dem kleinen Ort bis heute stolz auf den größten Sohn Jibacoas, Antonio María Romeu. Der hier im 1876 geborene Pianist hatte als Erster volkstümliche cubanische Musik fürs Klavier geschrieben und Anfang des 20. Jahrhunderts das erste Charanga-Orchester auf die Beine gestellt. In den beiden großen Ferien-Resorts für internationale Gäste, die es hier inzwischen gibt, und der Reihe von Campismos, von denen einige ebenfalls Ausländer aufnehmen, hört man von seiner Musik freilich wenig. Dort dominieren Son und Salsa – oder Discoklänge.

- *Übernachten* ****** SuperClub Breezes** ist eine ideale Adresse, wenn man dem „Ghetto" Varadero aus dem Weg gehen möchte und dennoch ein luxuriöses All-inclusive-Hotel sucht. Wie in allen SuperClubs werden Gäste erst ab vollendetem 14. Lebensjahr aufgenommen. Mit Ausnahme von Tauchgängen, Massagen, Telefon, Internet und Wäscherei ist wirklich alles inklusive – die Annahme von Trinkgeldern ist offiziell verboten. Die 250 Zimmer in 18 zweistöckigen Gebäuden, darunter 74 mit Meerblick, 85 mit Gartenblick und 91 mit Poolblick, sind natürlich mit allen denkbaren Annehmlichkeiten ausgestattet. Es gibt sogar Kaffee- und Teemaschine sowie Bügeleisen. Die Anlage selbst bietet fünf Bars, vier Restaurants mit internationaler, cubanischer und italienischer Küche sowie einen Grill am Strand. EZ 144–244 CUC, DZ 116–195 CUC/Person, Triple 99–166 CUC für die dritte Person, Suite 151–211 CUC/Person, je nach Saison und Lage. Vía Blanca km 60. ✆ (01) 47295122, ✉ (01) 47295150, generalmanager@breezesjibacoa.cyt.cu, www.superclubscuba.com.

*** Villa Trópico, eine renovierte Bungalow-Anlage mit 110 Zimmern, hat zwar ein Vertragsverhältnis mit einem kanadischen Reiseveranstalter, nimmt bei freien Kapazitäten aber auch Individual-Touristen auf. Das gepflegte All-inclusive-Resort direkt am Strand von Jibacoa verfügt über zwei Restaurants, drei Bars, Diskothek, Swimmingpool und alle üblichen touristischen Einrichtungen wie Wechselstube und Shop. Die komfortablen, modern eingerichteten Zimmer sind mit Klimaanlage, Satelliten-TV, Minibar und Bad ausgestattet. EZ 64–70 CUC, DZ 92–100 CUC, Triple 137–140 CUC, je nach Saison. Vía Blanca km 60. ✆ 295205-13, ✉ 295208, reserva@clubtropico.co.cu.

** Villa Loma liegt auf einem kleinen Hügel nahe der Mündung des Río Jibacoa. Die einfach ausgestatteten Zimmer befinden sich in 13 Bungalows mit Gemeinschaftsbad. Zur Anlage gehören ein Restaurant und eine Bar sowie ein kleiner Swimmingpool. DZ 39 CUC. Vía Blanca km 60, ✆ 295316, 295332.

Campismo Los Cocos ist der einzige „Campingplatz", der auch dem internationalen Tourismus offen steht. Alle anderen Campismos wie „Villa El Abra", „Las Caletas", „La Laguna", „Playa Amarilla" und „Peña Blanca" sind Cubanern vorbehalten. Im Los Cocos werden allerdings auch nur 20 der insgesamt 90 einfachen Häuschen an ausländische Gäste vermietet – es dominiert also ebenfalls das heimische Publikum, mit dem man jedoch jede Menge Spaß haben kann. In der Anlage gibt es ein kleines Restaurant und den unvermeidlichen Nachtclub. EZ 18–19 CUC, DZ 28–30 CUC, Triple 38–41 CUC, je nach Saison. Vía Blanca km 60, ✆ 295231, 295232.

Parque Natural Escaleras de Jaruco

Die mit Königspalmen gespickte Landschaft des Naturparks Escaleras de Jaruco (Treppen von Jaruco) erreicht man am besten über die an der Vía Blanca, 45 Kilometer östlich von Havanna gelegene Stadt Santa Cruz del Norte. Von dort führt eine enge Straße zunächst landeinwärts in das 17 Kilometer entfernte Jaruco, von wo es auf der Carretera Tapaste noch einmal 16 Kilometer bis zum Eingang des versteckt liegenden Naturparks sind. Mit welchem Aufwand man versucht, die Escaleras de Jaruco zu einem neuen Magneten für den internationalen Tourismus zu machen, wird spätestens hier deutlich: Die sechs Kilometer lange Straße, die zum Informationszentrum, Hotel und Restaurant führt, ist in einem deutlich besseren Zustand als die meisten Seitengassen in Havanna, der Park selbst alles in allem gepflegt und dabei (noch) längst nicht so überlaufen wie etwa Las Terrazas oder das Valle de Viñales in der Provinz Pinar del Río, deren Naturschönheit er beinahe in nichts nachsteht. Naturfreunde jedenfalls werden ihre helle Freude haben an den Höhlen und den Wanderwegen, auf denen man auf Schritt und Tritt von der Wildnis des subtropischen Regenwaldes begleitet wird. Wer die herrliche Landschaft lieber hoch zu Ross erkunden möchte – kein Problem. Am Informationszentrum

Von den Höhen der Escaleras de Jaruco reicht der Blick bis zur Küste

(✆ 873333) kann man jederzeit aufs Pferd umsteigen. Und wer gleich ganz dableiben will, kann im jüngst renovierten Hotel „Escaleras de Jaruco" absteigen, von dem man an klaren Tagen einen Blick bis zur Atlantik-Küste genießt.

• *Essen & Trinken* **El Árabe**, ein Restaurant im maurischen Stil am höchsten Punkt der Straße, verdient nicht nur wegen seines kulinarischen Angebots Respekt, auch seine Lage ist wirklich einzigartig. Auf der Terrasse isst das Auge mit, der Blick über den Regenwald bis zum rund 40 km entfernten Santa Cruz del Norte ist überwältigend. Nicht ohne sind auch die Speisen, die allesamt in cubanischen Pesos berechnet werden. Um dem arabischen Ambiente kulinarisch gerecht zu werden, ist Hammel in verschiedensten Variationen die Spezialität des Hauses. Ebenfalls empfehlenswert: Hammelherz und Kalbsleber. Die Preise für alle Hauptgerichte bewegen sich um 30 CUP/ca. 1,25 CUC. Tägl. 12–22 Uhr. Parque Natural Escaleras de Jaruco, ✆ 873828.

• *Übernachten* ** **Escaleras de Jaruco** wurde von Grund auf umgebaut und renoviert, die 36 Zimmer sind jetzt mit Klimaanlage und Minibar ausgestattet. Innerhalb des Hauses findet man Restaurant, Grill sowie einen großen Swimmingpool. EZ/DZ ca. 30 CUC (die endgültigen Preise standen bei Redaktionsschluss noch nicht fest). Parque Natural Escaleras de Jaruco, ✆ 873192, 873121.

Es sind zwar nur etwa hundert Kilometer Luftlinie, zweieinhalb Stunden mit dem Schnellboot oder ein „Hüpfer" mit dem Flugzeug, die die Isla de la Juventud vom cubanischen Festland trennen, und dennoch gehen die Uhren auf „La Isla", wie die Einheimischen die „Insel der Jugend" kurz nennen, ganz anders. Während in Havanna die Zeit manchmal nur so flieht, hier, südlich des Golfs von Batabanó, scheint sie stillzustehen – seit Jahren. Begriffe wie Hektik und Stress sind für die Insel-Bewohner Fremdwörter, für sie ist das Leben ein langer, ruhiger Fluss. Und genau diese Einstellung, mit der sie ihre Gäste für gewöhnlich im Handumdrehen anstecken, strahlen sie auch aus. Infiziert haben sie damit offenbar auch den Máximo Líder. Denn Fidel Castro saß nach seiner Verurteilung wegen des Überfalls auf die Moncada-Kaserne auf dem damals noch Isla de Pinos (Pinien-Insel) genannten Eiland nicht nur in dem berüchtigten Gefängnis ein. Inzwischen besitzt er nahe dem zwischen der Hauptstadt Nueva Gerona und dem Hotel „Colony" gelegenen Dorf Argelia Libre auch ein Landhaus, in dem er schläft, wenn er die Insel in offizieller Mission besucht, oder wohin er sich gelegentlich auch nur für ein Wochenende zurückzieht, wenn er ausspannen will.

Wenn Touristen auf der Isla de la Juventud die Langsamkeit entdecken und sich gemächlicher bewegen als andernorts in Cuba, hat dies dennoch in der Regel andere Gründe. Von wenigen Ausnahmen abgesehen, gibt es nämlich nicht sonderlich viel zu sehen – nicht in Nueva Gerona, wo zwei, drei Museen einen Besuch lohnen, nicht entlang der Küste, wo man mit der Playa Bibijagua und der kleineren Playa Paraíso nur zwei Strände guten Gewissens empfehlen kann, nicht im Inselinneren, wo man die touristischen Highlights ebenfalls an einer Hand abzählen kann. Doch das, was man zu sehen bekommt, ist „allererste Sahne". Die geschichtsträchtige

Isla de la Juventud

Nueva Gerona	321	Parque Natural Ciénaga de Lanier	336
Finca El Abra	332	Cuevas de Punta del Este	337
Presidio Modelo	333	Parque Nacional Marino Punta Francés	337
La Fé	335		
La Jungla de Jones	335	Cayo Largo	338

Finca „El Abra" etwa, auf der Nationalheld José Martí zwei Monate und fünf Tage verbrachte, ehe er nach Spanien deportiert wurde. Oder das Regenwald-Dickicht des botanischen Gartens „La Jungla de Jones", in dem allein 20 verschiedene Arten von Mango-Bäumen wachsen. Und nicht zuletzt die inzwischen als Museum fungierende Haftanstalt „Presidio Modelo", die knapp 5000 Gefangene aufnehmen konnte und in der aufgrund ihrer Bauweise ein einziger Wärter in der Lage war, ganz alleine 930 Häftlinge zu beaufsichtigen.

Ein besonders lohnenswertes Ziel ist die Isla de la Juventud für Naturliebhaber, Hobby-Biologen und Freizeit-Archäologen. Denn ganz im Süden der zum Archipiélago de los Canarreos gehörenden Insel nimmt das Naturschutzgebiet Ciénaga de Lanier mit mehr als 1200 Quadratkilometern über ein Drittel ihrer Fläche ein. In diesem zweitgrößten Sumpfgebiet Cubas leben nicht nur Schildkröten, Leguane, Krokodile und über 150 Vogelarten wie Kraniche, Buntpapageien und die sonst nur in Brasilien vorkommenden Hyazintharas. Im äußersten Südosten findet man zudem die Cuevas de Punta del Este, in denen die bedeutendsten Höhlen-Malereien auf den Antillen aus der Zeit um 800 v. Chr. bestaunt werden können, die unter anderem eine Art frühzeitlichen Mondkalender darstellen. Allerdings kann man die „Zona Sur" („Süd-Zone") nicht auf eigene Faust erkunden, sondern muss sich einem der Ecotur-Ausflüge anschließen.

Nicht minder interessant ist der Insel-Süden für Tauchsportler, die an der der Punta del Este entgegengesetzten Punta Francés optimale Bedingungen vorfinden – und mit dem „Colony" außerdem ein Hotel, das speziell auf ihre Bedürfnisse zugeschnitten ist.

Die Geschichte

Die erste Besiedlung der Isla de la Juventud erfolgte wohl durch die Indios des Stammes Guanahatabey. Jedenfalls deuten darauf die Felsen-Malereien hin, die man in den Höhlen von Punta del Este im tiefsten Südosten der Insel fand. Ihnen folgten die Siboney und etwa 300 n. Chr. die Taíno, die das Land „Siguanea" nannten und unter anderem das Wort „Huracán" („Hurrikan") als Namen für eine Unheil bringende Gottheit prägten. Doch nicht Naturgewalten wurden ihnen zum Verhängnis, sondern ihr Geschick in der Bearbeitung von Gold und damit die Menschen aus der Alten Welt in Gestalt der Eroberer von der Iberischen Halbinsel. Christoph Kolumbus war der Erste von ihnen, als er auf seiner zweiten Reise am 13. Juni 1494 vor der Insel Anker warf, sie für die spanische Krone in Beschlag nahm und „La Evangelista" nannte. Doch schon bald hatten die Konquistadoren das Interesse an der Isla verloren. Die Goldvorräte der Indios waren geraubt, weitere Vorkommen in der unwirtlichen Gegend nur schwer erschließbar. Dafür wurde sie nun ein Hort für Piraten, die zwar auch hinter dem kostbaren Edelmetall her waren, allerdings dem der Spanier. Namen wie die von John Hawkins, Thomas Baskerville, Henry Morgan und dem später von der britischen Königin geadelten Francis Drake füllen die Geschichtsbücher über das 16. bis 18. Jahrhundert, in denen die Isla unter dem Namen „Parrot Islands" („Papageien-Insel") auf den Seekarten verzeichnet war. Die Schauergeschichten das wilde Leben der Freibeuter und Halsabschneider soll den schottischen Schriftsteller Robert Luis Stevenson im Jahr 1883 schließlich zu seinem weltberühmten Roman „Treasure Island" („Die Schatzinsel") inspiriert haben.

„Schluss mit lustig" war erst im Jahr 1830, als die spanische Kolonialmacht die Insel wiederentdeckt und am 17. Dezember die heutige Hauptstadt Nueva Gerona unter ihrem damaligen Namen „Colonia Reina Amalia" („Kolonie Königin Amalia") gegründet hatte. Spanien nutzte die abgeschiedene Lage der Isla de la Juventud, um Gegner der Krone zu deportieren, darunter 1870 auch den späteren cubanischen Nationalhelden José Martí – im Alter von nur 17 Jahren. Er war entgegen anders lautender Darstellungen auf der Insel aber nicht interniert, sondern Gast auf der Finca „El Abra", die dem Großgrundbesitzer José María Sardá, einem Bekannten seines Vaters, gehörte, der den jungen Mann vor dessen Abschiebung nach Spanien vor Schlimmerem bewahrte. Erst Jahre später, zu Zeiten von Diktator Gerardo Machado, wurde die Isla auch offiziell zur Gefängnis-Insel, als der Präsident mit dem Beinamen „Cubanischer Mussolini" zwischen Oktober 1925 und Februar 1932 mit dem „Presidio Modelo" eine Muster-Haftanstalt nach dem Vorbild des „Joliet Prison" im US-Bundesstaat Illinois – bekannt aus dem Film „The Blues Brothers" – errichten ließ. Dorthin ließ der spätere Gewaltherrscher Fulgencio Batista auch die „Moncadistas" um Fidel Castro bringen, nachdem sie für ihren Überfall auf die berühmt gewordene Kaserne in Santiago de Cuba zu langjährigen Freiheitsstrafen verurteilt worden waren. Der Chef-Revolutionär war in den 18 Monaten bis zu seiner Begnadigung und Verbannung allerdings nur kurze Zeit in einem der Gefängnistrakte untergebracht, zum überwiegenden Teil wurde er in der Krankenabteilung in Einzelhaft gehalten – abgeschirmt von allen anderen Häftlingen.

Ihren heutigen, symbolträchtigen Namen erhielt die Isla de la Juventud (Insel der Jugend) erst 1978, nachdem nach der Revolution Tausende von Jugendlichen auf die Insel geschickt worden waren, um ausgedehnte Zitrushaine, Bananenplantagen und Ananasfelder anzulegen, und man gleichzeitig mehr als 60 Landschulen hatte errichten lassen, in denen teilweise bis zu 20.000 Studenten aus Afrika, Lateinamerika und Asien unterrichtet wurden. Bis auf fünf, an denen vorwiegend Venezolanos und Bolivianos studieren, sind die meisten dieser Internatsschulen inzwischen allerdings verwaist.

Heute leben die Bewohner der Insel, die nicht den Status einer Provinz, sondern nur eines „Municipio especial" („Sonder-Verwaltungsgebiet") besitzt, vorwiegend vom Verkauf ihrer landwirtschaftlichen Produkte, dem Abbau von Marmor in den Hügeln rund um Nueva Gerona und dem Fischfang an den Küsten. Mehr und mehr gerät darüber hinaus der sanfte Tourismus in ihren Fokus, wobei sie zwangsläufig auf der „Öko-Schiene" fahren müssen. Für einen Massenansturm von Fremden sind die Hotels rund um die Inselhauptstadt nämlich zum Glück in keinster Weise gerüstet – noch nicht.

Nueva Gerona

Einfach riesig: eine Ceiba

Die Inselhauptstadt ist trotz ihrer rund 70.000 Einwohner ganz klassisch das, was man landläufig als provinziell bezeichnet – im positiven Sinn. In den Straßen von Nueva Gerona geht der Alltag einen anderen Gang und garantiert jene Erholung, die stressgeplagte Großstädter aus Europa suchen. Wer Sehenswürdigkeiten abhaken möchte, ist in dem zwischen der Sierra de Las Casas und der Sierra de Caballos eingebetteten Städtchen in spätestens einem Tag durch. Wer sich hingegen anstecken lässt von der Beschaulichkeit, schlendert auch nach einer Woche noch durch die Straßen und wird die vielen Kleinigkeiten entdecken, die den Reiz von Nueva Gerona ausmachen. Und er wird auf freundliche Menschen treffen, die – ob Gemeindepfarrer, Casa-Besitzer oder Taxi-Chauffeur – Fremden nicht mit Dollar-Zeichen in den Augen begegnen, sondern mit ausgesprochener Herzlichkeit. Natürlich besitzt die Inselhauptstadt mit dem Museo Municipal und dem Museo de Historia Natural auch vorzeigbare Sammlungen und mit der Cueva del Agua und dem Taller de Cerámica Artística sogar „must do's". Vor allem aber bietet sich das Städtchen am Río Las Casas für ein paar entspannte Tage an – zum kleinen Preis übrigens. Denn die Tarife für Privat-Quartiere oder -Taxen sind die wahrscheinlich günstigsten in ganz Cuba. Und in der weit überwiegenden Zahl der Restaurants bezahlt man zudem mit cubanischen Pesos, wird für umgerechnet wenige CUC also auch kulinarisch verwöhnt.

Isla de la Juventud

Die meisten Restaurants wie auch eine Vielzahl von Geschäften befinden sich in der Calle 39, die bei den Einheimischen noch immer unter ihrer früheren Bezeichnung Calle Martí läuft. Sie ist die Hauptschlagader des Ortskerns, in der Tag und Nacht das Leben pulsiert und in der an den Abenden von Donnerstag bis Sonntag kleine Peso-Verkaufsstände aufgebaut werden, an denen eifrige Cubaner „Pan con lechón" („Brötchen mit gegrilltem Spanferkelfleisch") anbieten oder Bier und Rum ausschenken. Auch das – spärliche – Nightlife spielt sich entlang dieser Straße in den traditionellen Musik-Kneipen wie dem Centro Cultural ARTex „Sucu Suco" oder den Diskotheken wie dem „El Dragón" ab, das abgesehen davon als China-Restaurant fungiert.

Der Name von Nueva Gerona geht übrigens auf den cubanischen General Dionisio Vives zurück, der im spanischen Unabhängigkeitskrieg gegen Frankreich (1822–1823) den Widerstand im spanischen Gerona angeführt hatte und vom Königshaus in Madrid schließlich auch mit der Organisation der Wiederbesiedlung der Isla de la Juventud beauftragt worden war.

Übernachten
1 Villa Isla de la Juventud
2 Rancho El Tesoro
3 Los Codornices
4 Colony

Hin & Weg

• *Flugzeug* **Flughafen „Rafael Cabrera Mustelier"**, Carretera Aeropuerto km 5, Nueva Gerona, ✆ 322300, 322690, 322184. Verbindungen: Cubana de Aviación fliegt Mo, Mi, Fr und Sa um 6.00 und 14.15 Uhr, Di 6.00 und 17.50 Uhr, Do 6.00 Uhr, So 14.15 + 17.50 Uhr von Havanna nach Nueva Gerona. Die Rückflüge starten Mo, Mi, Fr und Sa 7.00 und 15.25 Uhr, Di 7.00 und 19.00 Uhr, Do 7.00 Uhr, So 15.25 und 19.00 Uhr. Preise bei Vorausbuchung in Deutschland, z.B. bei Islands and More, ✆ (089) 31286947, ✉ (089) 31287919, info@islands-and-more.de, 61 Euro (oneway) bzw. 92 Euro (return). Cubana de Aviación, Calle 39 Nr. 1415 e/ 16 y 18, Nueva Gerona, ✆ 322531, 324259.

• *Schiff* **Fähr-Terminal in Nueva Gerona** Calle 31 esquina 24, ✆ 324977. Verbindungen: Surgidero de Batabanó 1x tägl. 9.00–9.30 Uhr, 50 CUC, Kinder 25 CUC. Fahrtzeit ca. 2½ Stunden. Die Autofähre verkehrt unregelmäßig, Auto 40 CUC, Erwachsener 50 CUC, Kind 25 CUC, Fahrtzeit ca. 8 Std. Reservierungsbüro in der Calle 24 gegenüber der alten Anlegestelle, Mo–Sa 9.00–17.00 Uhr. Reservierungen sind unbedingt notwendig, die Reservierungstickets müssen am Reisetag an einem Schalter des Fähr-Terminals bestätigt und gegen einen Fahrschein mit Sitzplatznummer umgetauscht werden.

Nueva Gerona

Fähr-Terminal in Surgidero de Batabanó
direkt am Hafen, ✆ (047) 588445.
Verbindungen: Nueva Gerona 1x tägl. 11.30–12.30 Uhr, 50 CUC, Kinder 25 CUC. Fahrtzeit ca. 2½ Stunden. Die Autofähre verkehrt unregelmäßig, Auto 40 CUC, Erwachsener 50 CUC, Kind 25 CUC, Fahrtzeit ca. 8 Std. Reservierungsbüro von Naviera Cubana Caribeña im Astro-Terminal in Havanna (!), Avenida Independencia e/ 19 de Mayo y Bruzón, ✆ (07) 8709401, 8709405, tägl. 7.00–9.00 Uhr. Von dort verkehren auch täglich Astro-Busse nach Surgidero de Batabanó (5 CUC). Die Reservierungstickets müssen am Reisetag an einem Schalter des Fähr-Terminals in Surgidero de Batabanó ebenfalls gegen einen Fahrschein mit Sitzplatznummer umgetauscht werden.

Hinweise: Das Lösen eines Hin- und Rückfahrttickets bereits in Havanna ist

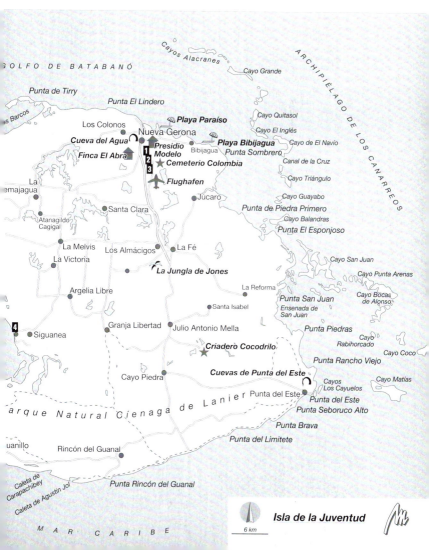

Isla de la Juventud

nicht möglich. Ebenfalls nicht möglich ist es, mit einem Mietwagen Surgidero de Batabanó direkt anzusteuern und Fahrscheine erst dort zu lösen, weil diese ohne Reservierungsticket nicht abgegeben werden. Außerdem am Hafen von Surgidero de Batabanó nur sehr eingeschränkte Parkmöglichkeiten. Grundsätzlich muss schon in den Reservierungsbüros der Reisepass vorgelegt werden, der am Reisetag vor der Abfahrt noch einmal kontrolliert wird. Vor Betreten der Schiffe wird das gesamte Gepäck durchleuchtet, „gefährliche" Gegenstände wie Fingernagelscheren etc. müssen abgegeben werden, werden am Ziel aber wieder ausgehändigt.

Auf einen Blick

Telefon-Vorwahl: 046
(für die gesamte Insel)

- *Apotheke* **Farmacia Nueva Gerona**, Mo–Sa 8–23 Uhr, Calle 39 esquina 24, ✆ 36084.
- *Ärztliche Versorgung* **Policlínico Provincial de Emergencia**, Calle 41 e/ 32 y 34, ✆ 322236.
- *Autovermietung* **Cubacar**, tägl. 8–20 Uhr, Calle 39 esquina 32, ✆ 324432. Grundsätzlich ist eine rechtzeitige Reservierung zu empfehlen, da aufgrund des beschränkten Fuhrparks kurzfristig oft keine Mietwagen zur Verfügung stehen.
- *Banken* **Banco de Crédito y Comercio**, Mo–Fr 8–15 Uhr, Calle 39 Nr. 1802 esquina Pérez.
Cadeca, Mo–Sa 8–18, So 8–13 Uhr, Calle 39 Nr. 2002 esquina Cossio.
Banco Popular de Ahorro, Mo–Fr 8–12 + 13.30–16, Sa 8–11 Uhr, Calle 39 esquina 26.
- *Fest* Im März wird auf der gesamten Isla de la Juventud die **Fiesta de la Toronja** (Grapefruit-Fest) gefeiert.
- *Freizeit* Sieben verschiedene Ausflüge in das Naturschutzgebiet Ciénaga de Lanier und zu den Cuevas de Punta del Este im Süden der Isla de la Juventud bietet Ecotur an. In den Kosten von 8–12 CUC (je nach Tour) ist neben der Genehmigung zum Betreten des Sperrgebiets auch die Eintrittsgebühr und die Führer-Gage enthalten. Fotos (3 CUC) und Videoaufnahmen (25 CUC) kosten extra. Mo–Sa 8–17 Uhr. Calle 24 e/ 31 y 33 (am neuen Fähr-Terminal), ✆ 327101.
- *Internet* **Etecsa**, tägl. 8.30–19.30 Uhr, Calle 41 esquina 28.
- *Notruf* **Polizei**, ✆ 116. **Feuerwehr**, ✆ 115. Ambulanz, ✆ 324170.
- *Postleitzahl* 25100
- *Post* Mo–Sa 8–20 Uhr, Calle 39 Nr. 1810 e/ 18 y 20.
- *Shopping* Die Calle 39, die von den Einheimischen noch immer bei ihrem alten Namen Calle Martí genannt wird, ist die Einkaufsstraße Nueva Geronas mit jeder Menge (Devisen-)Geschäften und Souvenirläden.
Caracol Distingue hat ein breites Sortiment im Angebot – von Haushalts- und Spielwaren über Bekleidung bis hin zu Lebensmitteln und Rum. Tägl. 10–17 Uhr. Calle 39 Nr. 1423 esquina Pérez.
Dulceria El Marino wird seinem Namen untreu und verkauft nicht nur Plätzchen, sondern auch Nagellack, Zigaretten und Sportschuhe. Mo–Sa 9.30–12 + 13–18, So 9.30–13 Uhr. Calle 39 Nr. 2210 A.
Emsuna führt ein buntes Potpourri von Rum bis zur Federkernmatratze, Kosmetika und Kleidung gibt's wie in den meisten Geschäften natürlich auch. Mo–Sa 9–18, So 10–13 Uhr. Calle 39 esquina 24.
Bazar El Sucu Suco gehört zu ARTex, bietet, anders als andere Läden der Kette, aber neben den üblichen Souvenirs und T-Shirts auch Büro- und Schulartikel an. Tägl. 9.30–17 Uhr. Calle 39 e/ 24 y 26.
Fondo Cubano de Bienes Culturales ist das einzige Geschäft für Kunsthandwerk in Nueva Gerona und hat vor allem die Tonwaren in den Regalen, für die die Isla de la Juventud bekannt ist. Daneben gibt es auch Kleidung und Schmuck. Tägl. 9–21 Uhr. Calle 39 e/ 24 y 26.
La Feria führt Haushaltswaren, Kosmetika, Lebensmittel und Getränke. Mo–Sa 11–19, So 10–13 Uhr. Calle 39 esquina 26.
La Francia, ein Geschäft für Damenmoden, hat zugleich auch eine eigene Änderungsschneiderei. Mo–Sa 9–18, So 10–13 Uhr. Calle 39 e/ 26 y 28.
Photo Service befriedigt die Bedürfnisse von Hobby-Fotografen mit Filmen (auch Entwicklung), Speicherkarten und Batterien. Mo–Sa 9–18 Uhr. Calle 39 Nr. 2022 esquina 20, ✆ 324766.
- *Taxi* **Cubataxi**, ✆ 322222. **Taxi particular**, ✆ 322518 (Osvaldo Remón Reina). Taxis particulares findet man überdies seitlich am Parque Julio Antonio Mella. Eine Tagestour zu den wichtigsten Sehenswürdigkeiten sollte nicht mehr als 40 CUC kosten. Damit

Nueva Gerona 325

sind die Privat-Taxen deutlich günstiger als ein Mietwagen – und schneller ist man obendrein, weil die Chauffeure natürlich jeden Winkel ihrer Insel kennen.

- *Tourist-Information* Oficina de Reservaciónes Campismo Popular, Mo–Fr 10–12 + 13–19, Sa 8–12 Uhr, Calle 37 esquina 22.

Essen Trinken (siehe Karte S. 326/327)

- *Restaurants* La Insula (3) ist mit Abstand das edelste und teuerste Restaurant von Nueva Gerona, das – noblesse oblige – von seinen Gästen natürlich Devisen verlangt. Die Palette der Hauptgerichte reicht von frittiertem Hähnchen (2,85 CUC) bis zu gepökeltem Schinken, der auf der Zunge zergeht (8,65 CUC). Zu den großen Fleischportionen werden Reis und Salat gereicht. An den Wochenenden präsentiert sich das Lokal zu vorgerückter Stunde mit angenehmer Musik auch als eines der Zentren des Nachtlebens. Tägl. 12–24 Uhr. Calle 39 esquina 22, ☎ 321825.

El Conchinito (9), ein nettes, aber leider nicht klimatisiertes Peso-Restaurant im Zentrum, hat sich ganz auf Schweinefleisch spezialisiert, das in allen möglichen Variationen auf den Tisch kommt – mal als Schnitzel, mal als Kotelett, mal als Spieß. Hauptgerichte kosten um 10 CUP/ca. 42 CUC, das Tagesmenü inkl. Dessert 8,20 CUP/ca. 0,34 CUC. Wer nicht in den Gasträumen sitzen möchte, kann auch in einem kleinen Freisitz Platz nehmen. Tägl. 12–23 Uhr. Calle 39 esquina 24, ☎ 322809.

El Dragón (13) ist ein gepflegtes Restaurant, das sich selbst einen chinesischen Anstrich gibt, allerdings auch kreolisch kocht. Bezahlt wird mit Moneda nacional, für ein Komplett-Menü, bestehend aus Chop Suey mit Hähnchenfleisch und einem Erfrischungsgetränk, beispielsweise 10,90 CUP/ca. 0,45 CUC. Daneben gibt es u. a. Steaks (10 CUP/ca. 0,42 CUC) und Reisgerichte (3,30 CUP/ca. 0,14 CUC). Bier schlägt mit 18 CUP/ca. 0,75 CUC, Limo mit 10 CUP/ca. 0,42 CUC zu Buche. Tägl. 11–24 Uhr. Calle 39 esquina 26, ☎ 324479.

El Río (16) liegt unmittelbar am Río Las Casas und hat sich kulinarisch all dem verschrieben, was im Meer kreucht und fleucht. Fisch gibt es in den verschiedensten Zubereitungsformen von 3,50–12 CUP/ca. 0,15–0,50 CUC, Calamares für 4 CUP/ca. 0,17 CUC, Paella für 15 CUP/ca. 0,62 CUC. Komplett-Menüs mit Vor- und Nachspeise kosten 15,30–18,20 CUP/ca. 0,64–0,76 CUC. Tägl. 12–23 Uhr. Calle 32 e/ 35 y Carretera, ☎ 327125.

Imagen (4), ein gut klimatisiertes Peso-Restaurant an der Hauptstraße, hat das Leibgericht vieler Cubaner, das Hähnchen, zu seiner Spezialität erkoren. Frittiert mit Pommes, wird es für 25 CUP/ca. 1 CUC serviert. Cocktails wie Mojitos oder Daiquiris kosten 4,50 CUP/ca. 0,19 CUC. Tägl. 12–24 Uhr. Calle 39 e/ 22 y 24, ☎ 324347.

La Gondola (15), am Namen unschwer als italienisches Lokal zu identifizieren, hat neun verschiedene Pastagerichte (um 7,95 CUP/ca. 033 CUC) und zwölf Pizzen (4–10 CUP/ca. 0,17–0,42 CUC) auf der Karte, ist allerdings der schlagende Beweis dafür, dass Masse rein gar nichts mit Klasse zu tun hat. An den Nudeln finden allenfalls Zahnlose Gefallen (von wegen al dente), die Teigfladen sind mindestens drei Zentimeter hoch und – wie übrigens auch die Pasta – so sehr ohne jeden Geschmack, dass man bei geschlossenen Augen garantiert nicht weiß, was man gerade isst. Tägl. 14–22 Uhr. Calle 35 e/ 28 y 30, ☎ 324857.

Pizzeria Nuevo Virginia (5) serviert in Gartenstuhl-Atmosphäre an vier Tischen mit tausend Fliegen Pasta und Pizza. Die Nudeln kosten 1,35–2,65 CUC, Pizzen sind von 1,15–3,65 CUC zu haben. Direkt daneben liegt die Cafetería gleichen Namens, in der man einen schnellen Drink im Vorbeigehen nehmen kann. Pizzeria tägl. 12–20 Uhr, Cafetería tägl. 9–2 Uhr. Calle 39 esquina 24, ☎ 321310, 322424.

Cafetería Día y Noche (11) (Tag und Nacht) hat – wie der Name sagt – rund um die Uhr geöffnet. An den zehn Tischen, um die Kunststoffstühle gruppiert sind, werden Peso-Snacks, beispielsweise Sandwiches (4–12 CUP/ca. 0,16–0,50 CUC), Hähnchen (25 CUP/ca. 1 CUC) sowie Devisen-Getränke angeboten. Limonaden gibt es für 0,55 CUC, Bier für 1 CUC. Eine Flasche Wein kostet 1,85 CUC, die Flasche Rum 4,50 CUC. Tägl. 24 Std. Calle 39 e/ 24 y 26, ☎ 322051.

Coppelia (17) befindet sich unweit des zentralen Parque Julio Antonio Mella und verkauft dort – wie überall im Land – Eiscreme zu Mini-Preisen. Schon mit 3,25 CUP/ca. 0,14 CUC ist man dabei. Tägl. 12–24 Uhr. Calle 37 esquina 32, ☎ 322225.

Nachtleben

Disco Rumbos (5) ist das Tanz-Etablissement des Nuevo-Virginia-Komplexes, zu dem auch eine Pizzeria und eine Cafetería gehören. Die sehr einfache Location ist vor allem Kommunikationsmüden zu empfehlen. Da volle Dröhnung die Devise ist, versteht man ohnehin nicht, was andere sagen und muss deshalb auch nicht antworten. Der Eintritt beträgt wochentags 1 CUC, an Wochenenden (ab Freitag) 2 CUC, jeweils inkl. einem Getränk. Di–So 23–2 Uhr. Calle 39 esquina 24, ✆ 321310, 322424.

Casa de la Cultura (6) ist speziell an Wochenenden eine angesagte Adresse, wenn es immer freitags eine „Noche de Bolero", samstags Karaoke und sonntags eine „Noche de Danzón" gibt. Unter der Woche ist das Abendprogramm weniger fix, am besten man informiert sich an der Infotafel am Eingang. Tagsüber kann man in dem Kulturzentrum Kunstausstellungen besuchen. Der Eintritt ist grundsätzlich zu allen Veranstaltungen frei. Mo–Do 8–22, Fr–So 8–23 Uhr. Calle 37 esquina 24, ✆ 323591.

El Patio (7) bietet sechsmal die Woche die typisch cubanischen Varieté-Shows mit Tänzerinnen, Sängern und Zauberern, samstags sogar zwei davon. Vor und nach den immer um 23 Uhr (Sa 23 und 1 Uhr) beginnenden Auftritten wird Disco-Musik gespielt. Eintritt von Di–Fr und So 5 CUC, samstags, wenn Singles offiziell keinen Zutritt haben, 20 CUC pro Paar. Di–So 21–4 Uhr. Calle 24 e/ 37 y 39, ✆ 322346.

Centro Cultural ARTex „Sucu Suco" (8) liegt in einem hübschen Innenhof an der Hauptstraße. Unter einem Blätterdach wird man mit Musikvideos oder Disco-Musik von der Stereoanlage berieselt, von Do–So treten von 21–23 Uhr immer auch Live-Bands auf und spielen „Sucu Suco", wie die traditionelle Musik der Isla de la Juventud heißt. Der Eintritt ist frei. Die Getränkepreise – von Bier bis Cocktail ist alles zu haben – bewegen sich im normalen Rahmen. Mo–Do 11–23, Fr+Sa 11–2, So 12–23 Uhr. Calle 39 e/ 24 y 26.

Casa de Vino (2) hat entgegen ihres Namens nicht nur, aber eben auch Weine auf der Karte, die glasweise um 7,50 CUP/ca. 0,31 CUC kosten. Daneben gibt es Bier (18 CUP/ca. 0,75 CUC) und Erfrischungsgetränke (10 CUP/ca. 0,42 CUC) sowie Kleinigkeiten zum Beißen. In der netten Location

Übernachten
1 Casa Rubiselda
10 Casa Joel Díaz Prout
12 Casa Orlando Bell
14 Villa Marizol
18 Casa Don Kike
19 Casa Bárbara García García
20 Casa Maydelin

Essen & Trinken
3 La Insula
4 Imagen
5 Pizzeria Nuevo Virginia
9 El Conchinito
11 Cafetería Día y Noche
13 El Dragón
15 La Gondola
16 El Río
17 Coppelia

Nachtleben
2 Casa de Vino
5 Disco Rumbos
6 Casa de la Cultura
7 El Patio
8 Centro Cultural ARTex 'Sucu Suco'

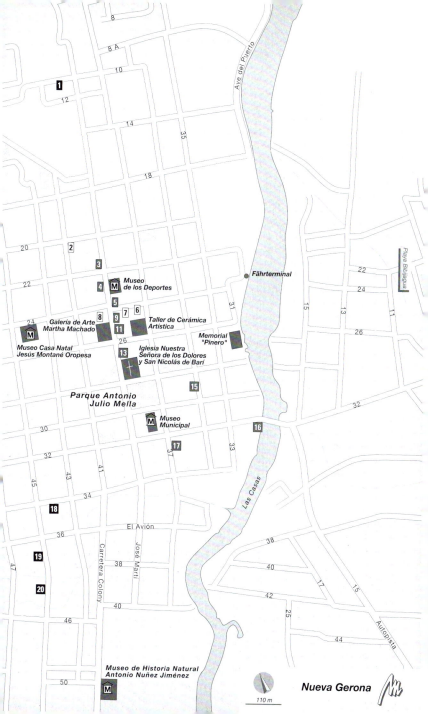

328 Isla de la Juventud

nimmt man in einem hübschen Freisitz Platz, die viel zu laute Stereoanlage unterbindet allerdings jede Unterhaltung. Tägl. 15–23 Uhr. Calle 20 esquina 41, ✆ 324889.

Übernachten (siehe Karte S. 326/327)

• *Hotels* ***** Los Codornices (3**, s. Karte S. 322/323) befindet sich zwischen dem Flughafen von Nueva Gerona (1 km) und der Stadt (5 km). Aufgrund dieser Lage im „Nirwana" ist das Hotel allenfalls gerade gelandeten Neuankömmlingen und auch ihnen nur für eine Nacht zu empfehlen, obwohl es in dem Haus zumindest ein Restaurant, eine Bar, eine 24-Stunden-Cafetería und einen Swimmingpool gibt. Die 17 Zimmer sind zweckmäßig eingerichtet und mit Bad, Klimaanlage, Minibar und TV ausgestattet. EZ 14 CUC, DZ 16 CUC, Triple 19 CUC. Carretera Aeropuerto km 4,5, ✆ 324981, 324925, 322751.

** Rancho El Tesoro (2, s. Karte S. 322/323), ein einfacheres Haus der Islazul-Kette, etwa 3 km außerhalb von Nueva Gerona an der Straße nach La Fé. Die 34 schlichten Zimmer sind mit Bad, Klimaanlage, TV und Minibar ausgestattet. In der Anlage gibt es ein Restaurant, eine Bar und eine Internet-Ecke. EZ 22–25 CUC, DZ 32–36 CUC inkl. Frühstück, je nach Saison. Carretera La Fé km 2,5. ✆ 323035, 323085, ✉ 323089, leida@ranchoij.turisla.co.cu.

** Villa Isla de la Juventud (1, s. Karte S. 322/323) ist noch 2 km von der Inselhauptstadt entfernt und einen Tick moderner als das „Rancho El Tesoro" – zumindest verfügt es über einen Swimmingpool. Der steht für 3 CUC pro Tag übrigens auch Nichtgästen offen. Die 16 Zimmer sind der einfacheren Sorte zuzurechnen, verfügen allerdings über Minibar, Klimaanlage, TV und eigene Bäder. Im Hotel selbst gibt es ein Restaurant und eine Bar. EZ 22–25 CUC, DZ 32–36 CUC inkl. Frühstück, je nach Saison. Carretera La Fé km 1,5. ✆ 323290, 323256, ✉ 323089, servitec@turisla.co.cu.

• *Casas particulares* **Casa Orlando Bell (12)** ist das Haus eines früheren Chef-Kochs, der die Urlauber verschiedener Hotels in Cayo Largo kulinarisch verwöhnte. Seit er seine eigenen Zimmer vermietet, kocht er nur noch für die Hausgäste – und das natürlich nicht schlecht. Ein weiterer Pluspunkt des in fußläufiger Entfernung zum Zentrum gelegenen Hauses sind die beiden schönen Zimmer, die mit Fliesenfußboden, Klimaanlage, Ventilator, Telefon und Bad ausgestattet sind. DZ 20–25 CUC, je nach Saison. Calle 24 Nr. 4708 e/ 47 y 49. ✆ 326604, lcoset@correodecuba.cu.

Casa Maydelin (20), die wahrscheinlich modernste Casa particular der Stadt, bietet zwei Zimmer mit Klimaanlage, Kühlschrank, separaten Bädern und eigenem Eingang an. In dem reizenden, rosafarbenen Bungalow wird man auf Wunsch auch bekocht. DZ 15–20 CUC, je nach Saison. Calle 45 Nr. 3632 e/ 36 y 46. ✆ 326428, ✆ 52916542 (mobil), maymendez74@yahoo.es.

Casa Bárbara García García (19) ist ein Schmuckstück unter den Privat-Quartieren von Nueva Gerona. Die beiden Zimmer verfügen über eigene Bäder, Kühlschrank, Stereoanlage, Klimaanlage und Ventilator. Die optionalen Speisen (Frühstück 2 CUC, Abendessen 5 CUC) kann man auf der Dachterrasse oder in einer schattigen Laube im Innenhof einnehmen, wo es auch eine kleine Bar gibt. Das Haus selbst verfügt über zwei Küchen, von denen eine ausschließlich den Gästen zur Verfügung steht. DZ 15–20 CUC, je nach Saison. Calle 45 Nr. 3606 e/ 36 y 38, ✆ 323520.

Villa Marizol (14), ein sehr modernes und sauberes Privat-Quartier, liegt im Obergeschoss eines schmucken Häuschens, wo zwei großzügige Zimmer mit Klimaanlage und Ventilator vermietet werden, die sich ein Bad teilen. Speisen gibt es auf Wunsch. DZ 15–20 CUC, je nach Saison. Calle 24 Nr. 5107 e/ 51 y 53. ✆ 322502, sania@ahao.ijv.sld.cu.

Casa Rubiselda (1) befindet sich etwas außerhalb des Zentrums, das zu Fuß aber in wenigen Minuten zu erreichen ist. Die beiden sauberen Zimmer sind zweckmäßig eingerichtet und mit Fliesenboden, Klimaanlage und Ventilator ausgestattet, das Bad teilt man sich mit der Besitzerin und deren Tochter. Das Haus verfügt über zwei Terrassen, auf denen auf Wunsch auch Frühstück (2 CUC) und Abendessen (5 CUC) eingenommen werden können. DZ 15 CUC. Calle 10 Nr. 3707 e/ 37 y 39. ✆ 322345, casper81@correodecuba.cu.

Casa Joel Díaz Prout (10) ist ideal für Familien, denn die beiden Zimmer teilen sich ein Bad. Ausgestattet sind die Räume mit Kleiderschrank, Klimaanlage, Ventilator und Kühlschrank. Frühstück bzw. Abendessen gibt es für 3 bzw. 7 CUC. DZ 15–25 CUC, je nach Saison. Calle 49 Nr. 2214 e/ 22 y 24. ✆ 322618, aalmarales@fcf.cuij.co.cu.

Casa Don Kike (18) von Señor Enrique, der rein äußerlich gut und gerne Gino Cervis Rolle als „Peppone" in den „Don Camilo"-Verfilmungen hätte geben können, bietet zehn Gehminuten von der zentralen Calle 39 entfernt ein Zimmer an. Ausgestattet ist es mit Kleiderschrank, Klimaanlage, Ventilator und Bad. Speisen und Getränke gibt's auf Wunsch. DZ 15–20 CUC, je nach Saison. Calle 34 Nr. 4309 e/ 43 y 45, ✆ 321983.

Unterwegs in Nueva Gerona

Parque Julio Antonio Mella: In Nueva Gerona führen – fast – alle Straßen irgendwie zu dem nach dem populären Studentenführer und Mitbegründer der Kommunistischen Partei Cubas benannten Park, der die Geschäftsstraße Calle 39 im Süden beschließt. Um ihn gruppieren sich einige der wenigen wichtigen Sehenswürdigkeiten der Stadt, wie beispielsweise die kleine, aber durchaus sehenswerte Iglesia Nuestra Señora de los Dolores y San Nicolás de Barí, die mit ihren vier Balkonen am Glockenturm an eine mexikanische Kolonialkirche erinnert. Im seinem Süden stößt man außerdem auf das prächtige Museo Municipal, das in der „Casa del Gobierno", dem früheren Sitz der spanischen Regierung, untergekommen ist. Der Platz selbst ist mit der Glorietta in seiner Mitte, den vielen alten, knorrigen Bäumen und den steinernen Ruhebänken prototypisch für die sogenannten Stadtparks in Cuba. Und natürlich ist er ein beliebter Treffpunkt für Jung und Alt – bei Tag und Nacht.
Calles 39, 37, 30 y 28.

Museo Municipal: Das angeblich bedeutendste Museum der Stadt ist in einem flachen Kolonialbau mit Säulengang und Uhrturm aus dem Jahr 1853 untergebracht, in dem früher die spanischen Statthalter residierten und das deshalb noch heute auch als „Casa del Gobierno" („Haus der Regierung") bezeichnet wird. Obwohl die verschiedenen Sammlungen zu Geschichte, Piraterie, Schifffahrt, präkolumbischer Ära, Kolonialzeit und Revolution auf insgesamt acht Ausstellungsräume verteilt sind, ist die Ausstattung des Museums mit themenspezifischen Exponaten eher ärmlich. So beschränkt man sich beispielsweise in dem der Geschichte der Seeräuber gewidmeten Teil darauf, einen Piratensäbel und eine Totenkopfflagge zu zeigen, wie man sie in Europa schon beinahe in jedem Kaufhaus erwerben kann. Einzig Anker, Steuerrad und Kompass der Fähre „Pinero" sowie ein maßstabsgetreues Modell des Schiffs, das einst auch Fidel Castro und seine Kampfgefährten nach ihrer Freilassung von der Isla de la Juventud aufs Festland zurückbrachte, vermag Schifffahrtsenthusiasten vielleicht zu begeistern. Ansonsten wird man in den Sälen mit jeder Menge Fotos konfrontiert, die man fast alle schon einmal irgendwo gesehen hat.
Sommer: Mo–Sa 9–18, So 9–13 Uhr. Winter: Di–Do 9–18, Fr+Sa 9–22, So 9–13 Uhr. Eintritt 1 CUC. Calle 30 e/ 39 y 37, ✆ 323791.

Iglesia Nuestra Señora de los Dolores y San Nicolás de Barí: Die Kirche, die nicht viel größer ist als eine Kapelle, wurde am 29. September 1929 vom damaligen Erzbischof von Havanna, Manuel Ruíz y Rodríguez, eingeweiht, der den Bau des Gotteshauses auch in Auftrag gegeben und das Geld dafür locker gemacht hatte. Die ursprüngliche Gebetsstätte der seit 1709 bestehenden Pfarrei hatte drei Jahre zuvor ein Hurrikan hinweggefegt. Die im mexikanischen Kolonialstil errichtete Kirche an der nordwestlichen Ecke des Parque Julio Antonio Mella schmücken im Innern verschiedene Heiligen-Figuren, darunter auch eine, die die Virgen de la Caridad del Cobre, die Schutzpatronin Cubas, darstellt. Der Hochaltar besteht aus einer riesigen Platte aus poliertem, von der Insel stammendem Marmor, an der ein großes Holzkreuz angebracht ist. Ihm gegenüber, an anderen Ende der Kirche, lächelt der deutsche Papst Benedikt XVI. von einem Foto.
Mo–Fr 8.30–12 + 16–19 Uhr, Messen Mo–Sa 19, So 9+17 Uhr. Calle 28 esquina 39.

Galería de Arte Martha Machado: Die zentral gelegene Galerie ist zwar klein und übersichtlich, allerdings ein außergewöhnlicher Leckerbissen für Kunstliebhaber. Die Wechselausstellungen, bei denen nicht nur bildende Künstler von der Insel zum Zug kommen, sondern für die regelmäßig auch Kunstschaffende vom Festland gewonnen werden, zeigen besondere Installationen, Gemälde und Zeichnungen.
Tägl. 8–22 Uhr. Eintritt frei. Calle 39 esquina 26, ✆ 323770.

Taller de Cerámica Artística: Die Keramikwerkstatt, in der all die typischen Souvenirs der Isla de la Juventud gefertigt werden, ist in einem unverputzten Rundbau aus Ziegelsteinen untergebracht, der einem alten Backofen nachempfunden ist. Den Kunst-Töpfern, die an ihren Werktischen unter anderem Vasen, Teller, Masken und Aschenbecher fertigen, kann man bei der Arbeit über die Schulter schauen – und danach in einer Mini-Verkaufsausstellung im Eingangsbereich „zuschlagen". Die kleinen Kunstwerke gibt es allerdings zu identischen Preisen auch im Geschäft „Fondo Cubano de Bienes Culturales" in der Calle 39.
Mo–Fr 8–17 Uhr. Eintritt frei. Calle 37 esquina 26, ✆ 324574, 322634, 322610.

Museo de los Deportes: Die recht bescheidene Sammlung des kleinen Sport-Museums füllt gerade einmal einen Raum. Ausgestellt sind Fotos von örtlichen Athleten sowie ihre Medaillen und Pokale. Herausragend sind die Devotionalien von Boxer Alfredo Duvergel, der bei den Panamerikanischen Spielen 1995 die Gold- und ein Jahr darauf bei den Olympischen Sommerspielen in Atlanta/USA die Silbermedaille gewann. Als berühmteste Sportlerin der Isla de la Juventud gilt allerdings die bereits verstorbene Kajak-Fahrerin Elisa Zaldivar Ortega, die reihenweise Siege einfuhr und bei den Panamerikanischen Spielen 1991 ebenfalls eine Goldmedaille holte. Ihr – angestaubtes – Renn-Kajak ist das Glanzstück unter den Exponaten.
Tägl. 8–22 Uhr. Eintritt frei. Calle 39 e/ 22 y 24.

Museo Casa Natal Jesús Montané Oropesa: In dem schlichten, aus Holzbrettern zusammengenagelten Geburtshaus des Revolutionärs, der als einer der wenigen den Überfall auf die Moncada-Kaserne am 26. Juli 1953 überlebte und erst 1999 im Alter von 76 Jahren eines natürlichen Todes starb, werden viele außergewöhnliche Dokumente und Fotos von den Mitgliedern des „M 26-7" (für „Movimiento 26-7", „Bewegung 26. Juli") präsentiert. Neben schriftlich niedergelegten und aus dem Gefängnis „Presidio Modelo" geschmuggelten „Reflexiones" („Überlegungen") des inhaftierten Fidel Castro sind auch die Originaluniform von Jesús Montané Oropesa sowie ein Teil seiner Bibliothek ausgestellt. Ein „Verbrecherfoto" zeigt ihn überdies nach seiner Festnahme im Gefängnis von Boniato in der Provinz Santiago de Cuba mit der Nummer 4931.
Di–Fr 9–17, Sa 9–16, So 8–12 Uhr. Eintritt frei, Fotografieren verboten. Calle 24 e/ 43 y 45, ✆ 324582.

Museo de Historia Natural Antonio Núñez Jiménez: Das nach dem berühmten cubanischen Geologen und Naturwissenschaftler benannte naturhistorische Museum liegt außerhalb des Stadtzentrums an der Straße zur Finca „El Abra". In vier Räumen gibt es Exponate zu den Themenfeldern Zoologie, Botanik und Exoten. Neben einer Vielzahl von präparierten Tieren, die für diese Art von Sammlung obligatorisch ist, wird auch eine Kopie der Höhlen-Malereien der Cuevas de Punta del Este gezeigt, die organisatorisch zu dem Museum gehören. In einem eigenen Raum widmet sich die sehenswerte Ausstellung dem Leben und Wirken seines Namensgebers, Antonio Núñez Jiménez. 1987 war er zusammen mit 26 Begleitern in drei Einbaum-Kanus vom Río Napo in Ecuador innerhalb eines Jahres bis nach San Salvador auf den Bahamas gepaddelt, um wissenschaftlich zu beweisen, wie die Indio-

Nueva Gerona 331

Säulengang und Uhrturm sind aus dem 19. Jahrhundert: das Museo Municipal

stämme Mittelamerikas vor 8000 Jahren auf die Inseln der Karibik gelangten. Núñez Jiménez hatte damals mit seinem Team 17.422 Kilometer zurückgelegt und 20 Länder bzw. Insel-Staaten passiert. Zum Museum, das seine Mission in der Erhaltung der Werte der Natur, des Wissens über dieselbe und ganz allgemein im Schutz der Umwelt sieht, gehört auch ein planetarisches Observatorium mit einem Sternen-Teleskop, das bei Redaktionsschluss wegen Reparaturarbeiten aber geschlossen war.
Di–Sa 9–13 + 14–17, So 9–12 Uhr. Eintritt 1 CUC, Fotoaufnahmen 1 CUC, Videoaufnahmen 1 CUC. Calle 41 Nr. 4625 esquina 52, ✆ 323143.

Memorial „Pinero": Die Geschichte dieses Denkmals ist typisch cubanisch. Man nehme ein Schiff, auf das Fidel Castro einmal seinen Fuß gesetzt hat, hieve es an Land und fertig ist die Gedenkstätte. Genauso passierte es mit der „Pinero", jener Fähre, die im Jahr 1901 in Philadelphia/USA gebaut worden war, im 20. Jahrhundert Passagiere und Fracht zwischen der Isla de la Juventud und dem cubanischen Festland hin- und her transportierte und am 15. Mai 1955 auch den späteren Staatspräsidenten nach seiner Entlassung aus dem Gefängnis „Presidio Modelo" auf dem Weg in die Freiheit chauffieren durfte. Am 10. Oktober 1978 wurde das Schiff deshalb zum nationalen Denkmal erklärt, seitdem steht es im Trockenen auf einem kleinen Platz direkt neben dem Río Las Casas.
Calle 33 e/ 26 y 28.

Cueva del Agua: Am Fuße der Sierra de Las Casas führt im Osten der Stadt eine steile, glitschige Treppe in die Höhle, an deren Ende ein ausgewaschener Naturpool mit eiskaltem Wasser zu finden ist – vor allem an schwül-heißen Sommertagen ein wirkliches Vergnügen. Weniger vergnüglich ist allerdings der Weg dorthin, der ohne Taschenlampe kaum zu bewältigen, zumindest aber nicht ungefährlich ist. Denn zum einen bewegt man sich in absoluter Dunkelheit, zum anderen liegen am Rand der Treppe Mengen von Unrat und damit Stolperfallen. Die einheimischen Führer machen ihre Gäste allerdings auf alle Gefahren aufmerksam – und ohne sie ist der versteckt im Regenwald liegende Höhleneingang ohnehin nicht zu finden.
Calle 67 e/ 20 y 22.

Unterwegs in der Umgebung

Finca El Abra

Auch wer von dem cubanischen Nationalhelden José Martí noch nichts gehört hat und nichts über sein Leben weiß – auf der zu einem Museum umfunktionierten Finca El Abra im Süden von Nueva Gerona bekommt er einen guten Gesamteindruck vom Leben jenes Mannes, der aufgrund seines Werdegangs in Cuba fast vergöttert wird und durch ungezählte Büsten, Standbilder und Denkmäler sozusagen allgegenwärtig ist. Martí hielt sich im Alter von 17 Jahren nur zwei Monate und fünf Tage in dem Landhaus von José María Sardá auf, ehe er am 18. Dezember 1870 in Richtung Havanna abreiste und am 15. Januar 1871 von der Kolonialmacht ins Exil nach Spanien geschickt wurde – neun Wochen, in denen der junge Mann viel las, Briefe schrieb und Spaziergänge unternahm, wie es später hieß. Martí hatte zu dieser Zeit bereits eine fünfmonatige Gefangenschaft in der Haftanstalt „Presidio Departamental" in Havanna verbunden mit Zwangsarbeit in den Steinbrüchen von San Lázaro hinter sich, nachdem er sich in der Zeitung „La Patria Libre" („Freies Vaterland") in einem dramatischen Gedicht für den Kampf gegen die Besatzer stark gemacht hatte. Dank der Beziehungen seines Vaters zu Sardá, einem persönlichen Freund des spanischen Capitán General, wurde Martí schließlich in die Obhut des Finca-Besitzers übergeben. Am 13. Oktober 1870 erreichte er zusammen mit Sardá die Isla de la Juventud und El Abra, wo er nun nicht mehr Gefangener war, sondern von der Frau des einflussreichen Katalanen vielmehr wie ein Sohn behandelt wurde.

Das in dem typisch katalanischen Landhaus aus dem Jahr 1865 eingerichtete Museum erzählt in fünf Schauräumen eben jene Geschichte, zeigt das Zimmer, in dem José Martí während seines Aufenthalts schlief, sein Bett und die Öllampe daneben, in deren Lichtschein er nachts seine Gedanken zu Papier brachte. Neben vielen Dokumenten und persönlichen Gegenständen der Familie Sardá gibt die Ausstellung außerdem einen Gesamtüberblick über das Leben und Wirken Martís, seine Aufenthalte in Spanien, Mexiko, Guatemala und den USA. Ausgestellt sind seine Briefe und auch ein Exemplar der Zeitung „La Patria Libre", mit der sein Leidensweg begann. Vor der Finca, die ihren Namen El Abra (Engpass) von ihrer Lage in einem kleinen Tal zwischen zwei niedrigen Hügeln hat, findet man eine in Barcelona gefertigte Sonnenuhr und wenige Schritte davon entfernt eine riesige Ceiba (Kapok-Baum), unter der schon José Martí gesessen hatte. Das Häuschen neben dem Museum wird heute von einem Urenkel von José María Sardá bewohnt. Insgesamt leben noch 104 seiner Nachfahren auf der Isla de la Juventud.

Di–Sa 9–16, So 9–12 Uhr. Eintritt 1 CUC, Fotoaufnahmen 1 CUC, Videoaufnahmen 1 CUC. Carretera Siguanea km 2,5.

Cementerio Colombia

Auf dem aufgelassenen Friedhof an der Straße zwischen dem früheren Gefängnis „Presidio Modelo" und dem Städtchen La Fé erinnern nur noch umgestürzte Grabsteine an seine ehemalige Funktion. Auf ihm liegen jene US-Bürger begraben, die in den 1920er und 1930er Jahren auf der Isla de la Juventud ihre zweite Heimat gefunden hatten. Die meisten Inschriften sind kaum noch lesbar, nur wenigen und dann englisch gehaltenen Angaben ist zu entnehmen, wer hier unter dem verwilderten Stückchen Erde ruht.

Carretera La Fé.

Presidio Modelo

Das berüchtigte Gefängnis der Isla de la Juventud, aus dem im Juni 1967 der letzte Häftling entlassen wurde, ist noch heute Respekt einflößend. Die fünf gigantischen Rundbauten, von denen der zentrale als Kantine für die Insassen diente und die anderen als Zellenblöcke für jeweils 930 Gefangene, liegen etwa fünf Kilometer südöstlich von Nueva Gerona nahe dem kleinen Dorf Juan Delio Chacón am Fuße einer Hügelkette – mit einem hohen Stacheldrahtzaun weiträumig abgeschirmt von der Außenwelt. Prominentester Häftling dieses Muster-Gefängnisses – nichts anderes bedeutet sein Name – war Máximo Líder Fidel Castro, der nach dem gescheiterten Überfall auf die Moncada-Kaserne und seiner anschließenden Verurteilung von Oktober 1953 bis zum 15. Mai 1955 hier eingesperrt war. Ab 13. Februar 1954 wurde er allerdings von den übrigen Insassen getrennt und fortan in der Krankenstation der Anstalt verwahrt – in Isolationshaft. Tags zuvor hatte Diktator Fulgencio Batista dem Zuchthaus einen Besuch abgestattet und Fidel Castro mit seinen Leuten bei dessen Vorbeimarsch spontan ein Lied der Widerstandsbewegung angestimmt.

Genau dort, im früheren Gefängnis-Hospital, findet man heute das 1973 eröffnete Museum, das sieben Jahre später zum nationalen Denkmal erklärt wurde. In drei Räumen wird über die gemeinen Insassen berichtet, die Haft der „Moncadistas" geschildert und natürlich in aller Ausführlichkeit die Gefangenschaft von Fidel Castro behandelt. Der nüchterne Raum, in dem der spätere Staatspräsident die meiste Zeit seines Daseins als Sträfling fristete, wurde ebenso im Originalzustand erhalten wie sein Bett und das von ihm hinter Gittern aufgenommene Foto, das ihn mit der Registrierungsnummer „R. N. 3859" zeigt. Daneben ist in einer Glasvitrine in rotem Leder gebunden seine wohl berühmteste Rede „La historia me absolverá" („Die Geschichte wird mich freisprechen") ausgestellt, die er in dem Schauprozess gegen ihn als Plädoyer gehalten und im Gefängnis überarbeitet hatte. Außerdem sind seine Briefe zu sehen, die er von Presidio Modelo aus geschrieben hatte.

Daneben widmet sich das Museum auch der monströsen Haftanstalt selbst. Mit ihrem Bau hatte man bereits am 17. Oktober 1925 in der Amtszeit von Diktator Gerardo Machado begonnen. Mit einem für damalige Verhältnisse gigantischen Kostenaufwand von zwei Millionen Pesos sollte auf einem Gelände von 400.000 Quadratmetern ein Gefängnis nach dem Vorbild des „Joliet Prison" im US-Bundesstaat Illinois entstehen, ursprünglich gedacht für fast 7500 Strafgefangene. Von den geplanten acht Rundbauten mit sechs Stockwerken, einer Höhe von 30 Metern und einem Durchmesser von 53 Metern wurden zunächst allerdings nur vier errichtet, die sich um eine zentrale Kantine gruppierten, in der 3000 Insassen gleichzeitig verköstigt werden konnten. In jedem der Zellenblöcke gab es einen Wachturm in der Mitte, von dem aus die mit jeweils zwei Personen belegten 465 Haftträume einsehbar waren. Ob die Häftlinge schliefen, sich wuschen oder zur Toilette gingen, den mit Sturmgewehren bewaffneten Aufsehern konnte nichts entgehen. Aufgrund der Konstruktion genügte im Zweifelsfall sogar ein einziger Wärter, um alleine alle 930 Gefangenen zu überwachen und in Schach zu halten.

Nachdem sich bis zu seiner Fertigstellung im Jahr 1932 die politische Lage in Cuba verändert hatte, wurden unmittelbar nach der Eröffnung dieses in ganz Lateinamerika einzigartigen Zuchthauses nicht nur verurteilte Verbrecher nach Presidio Modelo verschubst, sondern auch politische Gefangene eingesperrt. Im Zweiten Weltkrieg fungierte die Haftanstalt zudem als Konzentrationslager für „ausländische Feinde des Regimes". 350 Japaner, 50 Deutsche, 25 Italiener und viele weitere Kriegsgefangene unterschiedlicher Nationalitäten waren darin interniert.

Mo–Sa 8–16, So 8–12 Uhr. Eintritt 2 CUC, Fotoaufnahmen 3 CUC, Videoaufnahmen 25 CUC. Museo de Presidio Modelo, Reparto Juan Delio Chacón, ✆ 325112.

Playa Bibijagua

Der achteinhalb Kilometer östlich von Nueva Gerona liegende Strand ist zwar keine Perle der Karibik, mangels Masse und aufgrund seiner Nähe zur Inselhauptstadt an heißen Sommertagen aber ein beliebter Tummelplatz. Die etwa 500 Meter lange Bucht mit ihrem dunklen Sand ist von Palmen gesäumt, in einer kleinen, gepflegten Grünanlage findet man schattige Ruhebänke und Steintische. Versorgt wird man an der Theke einer Cafetería, wo man Getränke und Snacks mit Pesos bezahlt. In unmittelbarer Nähe liegt der Campismo popular „Arenas negras", der allerdings keine Ausländer aufnimmt.

Playa Paraíso

Der kleinere der beiden Hausstrände von Nueva Gerona liegt nur sieben Kilometer nordöstlich der Stadt am Fuße eines Hügels, ist wildromantisch und der Favorit der einheimischen Bevölkerung. Gerade weil nur etwa 300 Meter lang, herrscht an den Sommer-Wochenenden reger Andrang. Direkt am Meer befindet sich ein einfaches Restaurant mit einem überdachten Freisitz darüber, den man über eine „Hühnerleiter" erreicht. Von dort aus hat man nicht nur einen schönen Blick auf den Standabschnitt, sondern auch hinüber zu dem etwa einen Kilometer entfernten Inselchen Cayo de los Monos (Insel der Affen).

Lieblingsstrand der Insel-Bevölkerung: die Playa Paraíso

Unterwegs in Richtung Süden

La Fé

Zur zweitgrößten Stadt der Isla de la Juventud, die rund 25 Kilometer südlich von Nueva Gerona im Landesinneren liegt, führt die einzige Autobahn der Insel. Den Weg nach La Fé kann man sich allerdings sparen, denn außer der Mineralquelle Santa Rita, die Heilwasser zutage fördert, gibt es in dem größeren Dorf rein gar nichts, was Touristen auch nur halbwegs interessieren könnte. Die Mitte des 19. Jahrhunderts von einem spanischen Arzt entdeckte Quelle am südlichen Stadtrand befindet sich neben der Reha-Klinik „Orestes Falls Oñato", die über eine große Physiotherapie-Abteilung verfügt. Das wenige Meter davon entfernte Badehaus bietet zwei Becken, die so winzig sind, dass sie maximal zwei Personen gleichzeitig aufnehmen können – und die bei Redaktionsschluss wegen bakterieller Verunreinigungen bis auf weiteres geschlossen waren. Intakt ist nur ein Brunnen mit Handpumpe davor, aber wer weiß, was daraus sprudelt.

La Jungla de Jones

Hinter dem außergewöhnlichen botanischen Garten, der etwa drei Kilometer westlich von La Fé zu finden ist, verbergen sich zwei Geschichten – eine tragische und eine romantische. Der Jones-Dschungel, in dem auf einer Fläche von 100.000 Quadratmetern fast 100 verschiedene Arten von Bäumen und Sträuchern gedeihen, darunter allein 20 verschiedene Mango-Gewächse, jede Menge Zedern sowie die seltenen Ayúa- und Yamagüa-Bäume, wurde im Jahr 1902 von Helen und Harry Jones gegründet. Der US-amerikanische Biologe war beruflich in der ganzen Welt unterwegs und brachte von seinen Reisen stets neue Arten von Pflanzen mit, um zu erforschen, wie diese auf die klimatischen Verhältnisse der Isla de la Juventud reagierten. Da immer mehr außergewöhnliches Grün wucherte, entschloss er sich schließlich, einen botanischen Garten zu eröffnen, der hauptsächlich die Kurgäste der Ortschaft La Fé ansprechen sollte, die zu jener Zeit als Touristen-Magnet galt. Nachdem Jones 1948 gestorben war, führte seine Frau Helen das Werk ihres Mannes fort. Im Jahr 1960 ereilte aber auch sie der Tod: Zwei Häftlinge waren damals aus dem Gefängnis „Presidio Modelo" ausgebrochen, auf das Jones-Anwesen gestoßen, hatten die Frau überfallen und getötet, das gesamte Geld geraubt und dann das Haus angezündet, worauf der Ort alsbald in Vergessenheit geriet. Soweit die tragische Geschichte.

Jetzt die romantische: Ende der 1990er Jahre wurden die beiden aus Guantánamo stammenden Tomás und Yaritza Morajón bei einem Besuch auf der Isla de la Juventud auf den inzwischen völlig verwilderten Park aufmerksam und entschlossen sich 1998, dem Jahr ihrer Hochzeit, ihren Wohnsitz in die Nähe von La Fé zu verlegen, um sich ganz dem Erbe der Jones' zu verschreiben. Seitdem geht es mit dem botanischen Garten wieder aufwärts. Sie legten im Urwald mit den seltenen Pflanzen einen kurzen Rundweg an (Gehzeit etwa 30 Minuten), der an der berühmten Bambus-Kathedrale vorbeiführt, und schufen insgesamt einen Ort, an dem man eins werden kann mit der Natur. Außerdem errichteten sie eine kleine Cafetería und eine Bar, wo man kleine Speisen und Getränke erhält.

Tägl. 8–22 Uhr. Eintritt 6 CUC inkl. Führung. Carretera La Fé km 2,5, ✆ 52193058.

Criadero Cocodrilo

Die Aufzuchtstation für Krokodile liegt etwa zwölf Kilometer südlich von La Fé kurz vor dem Militärposten, der den Zugang zu „Zona Sur" („Süd-Zone") und damit zum Naturschutzgebiet Ciénaga de Lanier bewacht. In dem nur aus ein paar Häusern bestehenden Dorf Julio Antonio Mella zweigt man an einer – natürlich – unbeschilderten Weggabelung nach links ab und hat eine elf Kilometer lange Schlaglochpiste vor sich, die hinein führt in die Ausläufer des Sumpfgebiets der südlichen Inselhälfte und die direkt an der Krokodilfarm endet. Bei starkem Regen kann man sich die Tour sparen, da der Weg grundsätzlich überschwemmt wird und dann unpassierbar ist.

Der Criadero selbst bietet einen Hauch von Abenteuer, denn die Krokos werden hier in ihrer natürlichen Umgebung aufgezogen und nur teilweise in Gehegen gehalten. Es kann also durchaus passieren, dass eines der 600 bis 700 Exemplare den Weg von Besuchern kreuzt. Dies umso eher, als zudem die meisten Tiere mit Erreichen des siebten Lebensjahrs in die Freiheit des Naturschutzgebiets entlassen werden und einige davon gelegentlich in ihre angestammte Heimat zurückfinden. Bis jetzt wurde allerdings noch kein Tourist angefallen oder gar verspeist. Insgesamt sieht man bei einem Rundgang auf der Farm Krokodile aller Altersstufen, von den frisch geschlüpften Minis bis zu den ausgewachsenen, mehrere Zentner schweren Monstern.

Eingerichtet wurde die Anlage im Jahr 1985. Damals begann man mit Tieren, die der Zoo von Havanna und die Aufzuchtstation auf der Halbinsel Zapata zur Verfügung gestellt hatten. Schon zwei Jahre später gelang die erste Nachzucht, und 1994 fing man schließlich damit an, die ersten Krokodile auszuwildern, die man damals sorgsam nach Geschlecht und Alter auswählte. Alles sollte zusammenpassen, um im Naturschutzgebiet Ciénaga de Lanier wieder eine natürliche Population zu schaffen – was letztlich auch gelang.

Tägl. 8–17 Uhr. Eintritt 6 CUC inkl. Führung. Finca La Vega, Carretera Sur km 12.

Parque Natural Ciénaga de Lanier

Das kaum besiedelte Naturschutzgebiet, das ganz im Süden der Isla de la Juventud mehr als ein Drittel ihrer Gesamtfläche einnimmt, wird streng abgeschirmt. Ohne dass man bei Ecotur in Nueva Gerona eine Zugangsgenehmigung erwirbt und – falls man mit Mietwagen unterwegs ist – einen einheimischen Führer an Bord nimmt oder sich gleich einer von Ecotur organisierten Ausflugtour anschließt, ist an dem militärischen Kontrollposten bei Cayo Piedra Endstation. Offiziell erhält man die durchaus plausible Erklärung, dass der Zutritt beschränkt ist, um die Flora und Fauna zu schützen. Hinter vorgehaltener Hand erfährt man aber, dass das Sperrgebiet auch eingerichtet wurde, um einer möglichen Invasion ausländischer Mächte entgegenzuwirken, für die sich das Areal zwischen Punta del Este und Punta Francés besonders gut eignen würde. Fragt sich, was die hier, in den Sümpfen der Insel, sollten – fernab vom cubanischen Festland. Wie auch immer, erzählt wird viel, wenn der Tag lang ist. Tatsache ist, dass die Küste des Parque Natural und speziell der westliche Zipfel, der die Bucht von Siguanea bildet, ein Hotspot für Taucher ist. Weiter östlich, in dem Fischerdorf Cocodrilo, kommen Naturfreunde auf ihre Kosten, denn in der rund 95 Kilometer von Nueva Gerona entfernten Siedlung von Einwanderern der Cayman Inseln gibt es den einzigartigen Criadero de

Tortugas Marinas, eine Aufzuchtstation für Meeresschildkröten, mit Hunderten von Exemplaren der urzeitlichen Tiere. Ganz im Osten, an der Punta del Este, sind vor allem die Höhlen von Interesse, in denen man die bedeutendsten Felsen-Malereien der Antillen aus der Zeit um 800 v. Chr. gefunden hat.

Cuevas de Punta del Este

Die Höhlen am südöstlichsten Ende der Isla de la Juventud sind ein beeindruckendes Zeugnis der ersten Besiedlung durch die Indios des Stammes Guanahatabey, die etwa 800 v. Chr. in Kanus über die Karibische See auf die Insel gekommen waren. In ihren Behausungen hinterließen sie der Nachwelt die bedeutendsten Felsen-Malereien, die jemals auf den Antillen gefunden wurden. Obwohl Archäologen deshalb auch von der „Sixtinischen Kapelle der karibischen Höhlen-Malerei" sprechen und damit die Kunst der Ureinwohner in den Vordergrund stellen, ist gleichzeitig gesichert, dass ein Teil der weit mehr als 200 Zeichnungen einen ganz praktischen Hintergrund hatte. So findet man in Höhle 1 unter anderem 28 konzentrische Kreise, die mit roter und schwarzer Erdfarbe gemalt wurden und bei denen man davon ausgeht, dass sie einen Mondkalender darstellen. Anhand dessen sollen die Guanahatabeye die günstigste Zeit berechnet haben, um mit den Booten zum Fischfang auszulaufen. Daneben malten sie Schlangen, Kreuze und menschliche Figuren.

Erstmals erwähnt wurden die Cuevas de Punta del Este von dem französischen Geographen Charles Berchon im Jahr 1910 in seinem Buch „A tráves de Cuba" („Quer durch Cuba"). Die ersten archäologisch interessanten Informationen stammen von Fernando Ortíz aus dem Jahr 1922, der schon zu diesem Zeitpunkt von einer „präkolumbischen Kirche" sprach. Später schaltete sich in die Untersuchungen auch der berühmte cubanische Naturforscher und Wissenschaftler Antonio Núñez Jiménez ein, der 1987 schließlich sogar höchstpersönlich nachvollzog, wie die Indios in ihren Einbaum-Kanus von Mittelamerika auf die Inseln der Karibik gelangten.

Parque Nacional Marino Punta Francés

Der Punta del Este entgegengesetzt, befindet sich ganz im Westen der Südküste der Meerespark Punta Francés, der sich auf eine Fläche von fast 180 Quadratkilometern ausdehnt und der zu den vier am besten erhaltenen weitweit gezählt wird. Da der dortige Hafen häufig von Kreuzfahrtschiffen angelaufen wird, die jedes Jahr Tausende von Touristen auf die Halbinsel bringen, die wiederum sämtliche Einrichtungen in Beschlag nehmen, ist es für Tauchsportler am günstigsten, vom Vier-Sterne-Hotel „Colony" aus in die Unterwasserwelt zu starten. Das 44 Kilometer südwestlich von Nueva Gerona liegende Haus, das sich am anderen Ufer der Bucht von Siguanea außerhalb der militärischen Zone befindet, ist auf die speziellen Wünsche von Tauchern eingerichtet und bietet nicht nur Ausflüge für sie an, sondern auch die entsprechenden Kurse. Die Tauchgründe des Meeresparks wurden erst im Jahr 1972 erschlossen und zählen mit ihren 56 Spots, die von 22 Höhlen, sieben Tunnelsystemen und einem gigantischen Korallenriff geprägt sind, zu den schönsten Cubas. Die spektakulärsten Tauchplätze sind „La Pared de Coral Negro" („Die Wand der Schwarzen Koralle"), eine zwischen 15 und 30 Meter hohe Korallenformation, „El Túnel del Amor" („Der Liebestunnel"), dessen Eingang sich in 15 Metern Tiefe befindet und dessen Ausgang bei 30 Metern liegt, sowie „La Ancla del Pirata" („Der Piraten-Anker"), wo man in 17 Metern Tiefe tatsächlich einen gut erhaltenen Schiffsanker aus dem 18. Jahrhundert sehen kann. Natürlich gibt es drum herum jede Menge exotischer Fische, vom Gelbschwanz-Snapper über Barracudas bis zu Adler-Rochen. Wen wundert's, dass hier im Jahr 1982 die erste Internationale Konferenz der Unterwasser-Fotografen stattfand – natürlich verbunden mit vielen „praktischen Übungen".

• *Freizeit* Das **Centro Internacional de Buceo** „**El Colony**" bietet verschiedene Tauchpakete an. Fünf Tauchgänge kosten je nach Saison 150–155 CUC, zehn 284–309 CUC, zwanzig 499–508 CUC. Ein Nacht-Tauchgang schlägt mit 36–40 CUC zu Buche. Natürlich kann man das komplette Equipment gegen geringe Gebühr ausleihen. Darüber hinaus gibt es Bootsausflüge ab 10 CUC, ab 25 CUC Ganztagestouren inkl. Schnorcheln.

• *Übernachten* **** **Colony (4, s. Karte S. 322/323)**, ist das ideale Haus für alle Taucher, die die Unterwasserwelt der Punta Francés und die Bucht von Siguanea erkunden wollen. 1958 wurde es zunächst als Hilton-Hotel für wohlhabende US-Bürger eröffnet, alsbald von den Revolutionären Fidel Castros aber beschlagnahmt. Seitdem wurde die Herberge zwar immer wieder aufgemöbelt, ihren Glanz hat sie im Laufe der Jahre allerdings verloren, was sich auch in (günstigen) Preisen niederschlägt. Von den 77 Zimmern befinden sich 53 im Haupthaus und 24 in Bungalows. Ausgestattet sind die Räumlichkeiten identisch – mit Klimaanlage, Telefon, Minibar und Bad. In der überschaubaren Anlage gibt es ein Restaurant, eine Snackbar und eine Diskothek sowie Swimmingpool, Massagesalon, Geschäft und Internet-Ecke. EZ 38–56 CUC, DZ 64–84 CUC inkl. Frühstück, EZ 50–78 CUC, DZ 88–108 CUC inkl. Halbpension, EZ 72–80 CUC, DZ 112–132 CUC all inclusive, je nach Saison. Carretera Siguanea km 42. ☎ 398181, 398282, ✉ 398420, reservas@colony.turisla.co.cu, www.gran-caribe.com.

Cayo Largo

Atemberaubende Strände auf 25 Kilometern Länge, das smaragdgrüne bis türkisfarbene Wasser der Karibischen See, sanft und gleichmäßig ans Ufer schwappende Wellen und ringsum eine intakte Natur, die Pelikanen, Schildkröten, Leguanen und vielen anderen Tiere als Zuhause dient – Cayo Largo ist in der Tat ein kleines Paradies. Wie Cayo Coco an der Nordküste oder zum Teil auch Varadero hat die nach der Isla de la Juventud mit fast 40 Quadratkilometern zweitgrößte Insel des Archipels de los Canarreos mit Cuba allerdings herzlich wenig zu tun. Denn für die Einheimischen gilt an einem der schönsten Fleckchen ihres Landes – abgesehen vom Hotel-Personal – wieder einmal „off limits". Die Pauschaltouristen, die von den Reiseveranstaltern scharenweise nach Cayo Largo gekarrt werden, scheint dies wenig zu stören. Ein paar Marktstände mit typisch cubanischen Souvenirs da, ein Zigarrenladen mit Habanos dort, Buena-Vista-Klänge von den Combos in den Hotels – auch das ist ein Stückchen Cuba, das für die Katalog-Klientel offenbar ausreichend ist. An den sechs Stränden der Insel findet man allerdings nicht nur das reinrassige Sommer-Sonne-Sand-Publikum, Cayo Largo ist mit seinem Yachthafen und den mehr als 30 Tauchplätzen auch ein beliebtes Ziel für all jene, die Erholung auf, im und unter dem Wasser suchen. Vor allem die Tiefen der Karibik üben eine besondere Anziehungskraft aus, denn unmittelbar vor der Küste liegen mehr als 200 Schiffe aus dem 16. bis 18. Jahrhundert auf Grund – und angeblich ein Teil der Beute des legendären Piraten Henry Morgan. Garniert wird der Aufenthalt auf Cayo Largo mit einem außergewöhnlich hohen Hotel-Standard, in dessen Genuss man aber meist nur dann kommt, wenn man in Europa vorausbucht. Da die Häuser oftmals „completo", also voll, sind, hat man nicht einmal von Havanna aus eine Chance auf ein freies Zimmer und in Cayo Largo selbst schon gar nicht.

Dabei halten die derzeit acht Hotels immerhin mehr als tausend Räumlichkeiten für ihre Gäste vor. Gebaut wurde das erste von ihnen Ende der 1970er Jahre, worauf schnell weitere Hotel-Ketten folgten, die Insel mit ihrer reichen Flora und Fauna bei allem touristischen Engagement allerdings nicht „platt" machten. Das besorgte die Natur selbst, jedenfalls versuchte sie es. Denn als am 4. November 2001 Hurrikan „Michelle" über die Karibik hinwegbrauste, wurden weite Teile Cayo Largos dem Erdboden gleichgemacht, und der Tourismus kam erst einmal zum Erliegen. Doch das ist inzwischen Geschichte. Der Wiederaufbau ist längst abgeschlossen und die Insel wieder das, was Urlauber für gewöhnlich meinen, wenn sie von Traumurlaub unter Palmen sprechen.

Hin & Weg

- *Flugzeug* Aeropuerto Internacional „Vilo Acuña" **(3)**, ☎ 248141.
Verbindungen: Aerocaribbean fliegt täglich von Havanna und von Varadero nach Cayo Largo. Preise bei Vorausbuchung in Deutschland, z. B. bei Islands and More, ☎ (089) 31286947, ✉ (089) 31287919, info@islandsand-more.de, ab Havanna 95 Euro (oneway) bzw. 137 Euro (return), ab Varadero 136 Euro (oneway) bzw. 180 Euro (return), jeweils inkl. Transfer vom Flughafen zum jeweiligen Hotel.
- *Schiff* Einen regelmäßigen Fähr- oder Schiffsverkehr nach Cayo Largo gibt es nicht, auch nicht von der Isla de la Juventud aus. Wenn man keine Yacht besitzt oder Passagier auf einer solchen ist, bleibt also nur das Flugzeug.
- *Yachten* Marina Cayo Largo del Sur, ☎ 248212, 248213, ✉ 248212, director@margca.cls.tur.cu.

Übernachten
1. Villa Marinera
2. Barceló Cayo Largo Beach Resort
4. Isla del Sur
5. Villa Lindamar
6. Villa Soledad
7. Villa Coral
8. Sol Pelícano
9. Sol Club Cayo Largo

Sonstiges
3. Flughafen

Cayo Largo
4,7 km

Cayo Largo

Auf einen Blick

Telefon-Vorwahl: 045

- *Ärztliche Versorgung* **Clínica Internacional**, tägl. 24 Std., ℡ 248238, clínica@caylolargo.cls.tur.cu.
- *Autovermietung* **Cubacar** unterhält Container-Büros vor den Hotels „Sol Club Cayo Largo" und „Isla del Sur", tägl. 9–18 Uhr.
- *Bank* **Cadeca**, Mo–Fr 8.30–15.30, Sa+So 9–12 Uhr, an der Plaza des Dorfes „Isla del Sol".
- *Freizeit* Das **Tauchzentrum** (span. Centro de Buceo) an der Marina bietet sowohl Unterwasserausflüge als auch Tauchkurse an. Die Preise für einen Tauchgang beginnen bei 30 CUC und sinken, je mehr Trips man bucht. Außerdem kann man sich zu Schnorchel- und Angeltouren anmelden. ℡ 248214.
- **Boots-, Schnorchel- und Landausflüge** hat auch Cubatur im Programm (69–73 CUC). Büro im Hotel „Sol Pelícano", tägl. 9–18 Uhr. ℡ 248258, 248246, alejandro@cubaturcayo.cubcls.co.cu.
- *Post* Tägl. 9–19 Uhr, vor dem Hotel „Isla del Sur".
- *Shopping* **„Isla del Sol"**, das kleine, eigens für Touristen geschaffene Retortendorf, an dem sich auch der Yachthafen befindet, ist mit seinen Geschäften die einzige Einkaufsmöglichkeit auf Cayo Largo – neben den Shops in den Hotels.
- *Tourist-Information* **Cubatur** im Hotel „Sol Pelícano", tägl. 9–18 Uhr. ℡ 248258, 248246, alejandro@cubaturcayo.cubcls.co.cu.

Übernachten (siehe Karte S. 339)

***** **Sol Club Cayo Largo (9)**, wie all die anderen All-inclusive-Resorts der Insel direkt am weißen, von Palmen gesäumten Sandstrand, bietet alle Annehmlichkeiten, die man für einen perfekten Urlaub braucht: Autovermietung (obwohl man Cayo Largo besser mit dem Fahrrad oder dem Motorroller erkunden sollte), Geschäfte, Fitness-Studio, Schönheits- und Massagesalon, Tennisplätze, Fahrradverleih, Internet-Ecke, Swimmingpool sowie ein vielfältiges Sportangebot. Daneben kann man Tanz- oder Tauchunterricht nehmen und sich an ökologischen Wanderungen beteiligen. Dazu gibt es drei Restaurants (Buffet, À-la-carte, Grill), vier Bars und eine Cafetería. Die 296 Zimmer, darunter acht Junior-Suiten, sind auf dem neuesten Stand und mit Klimaanlage, Ventilator, Satelliten-TV, Minibar, Safe, Telefon und Haartrockner ausgestattet. Zudem haben alle entweder Balkon oder Terrasse. EZ 131–191 CUC, DZ 178–232 CUC, Triple 253–330 CUC, je nach Saison. Cayo Largo. ℡ 248260, ℡ 248265, director.comercial.scl@solmeliacuba.com, sol.cayo.largo@solmeliacuba.com, www.sol-cayolargo.com, www.solmeliacuba.com.

**** **Barceló Cayo Largo Beach Resort (2)** liegt am Ende der Hotel-Zone, was aber kein Nachteil ist, denn unmittelbar dahinter in Richtung Osten beginnt die unberührte Natur. Dort liegt auch der (cubaweit einzige) FKK-Strand. Die 306 Zimmer, von denen 122 im Haupthaus untergebracht sind (darunter 12 Suiten) und 184 in einstöckigen Villen, verfügen über Klimaanlage, Balkon oder Terrasse, Satelliten-TV, Fön, Minibar und Safe. In der All-inclusive-Anlage selbst, die mit Malereien und kunsthandwerklichen Arbeiten berühmter kubanischer Künstler geschmückt ist, gibt es drei Restaurants, drei Bars, zwei Swimmingpools, Tennisplätze, Fitness-Center, Kinderspielplatz, Miniclub, Wechselstube, Geschäfte und alle anderen kategoriegerechten Einrichtungen. An Sportmöglichkeiten werden u. a. Segeln, Tauchen, Minigolf und Bogenschießen angeboten. EZ 85–102 CUC, DZ 135–170 CUC, Triple 193–242 CUC, je nach Saison. Cayo Largo. ℡ 248080, ℡ 248088, cayolargo@barcelo.com, jcomercial@barcelo@cayolargo.com, www.barcelo.com.

**** **Sol Pelícano (8)** wurde im Winter 2002 eröffnet und gehört zur Meliá-„Familie" – was braucht's der Worte mehr. Der Service ist perfekt, die Ausstattung auf dem bekannt hohen Niveau, kurzum ein Haus, um vollkommen abzuschalten, den Alltag zu vergessen und die phantastische Landschaft zu genießen. In der Anlage findet man drei Restaurants, mehrere Bars, zwei Pools, einer davon für Kinder, Spielplatz und Miniclub für die Kleinen, Tennisplätze und Theater sowie eine Disco. Außerdem gibt es ein breites Sportangebot. Die 307 Zimmer, darunter 12 Junior-Suiten, sind modern eingerichtet, mit Klimaanlage, Satelliten-TV, Telefon, Bad und Haartrockner aus-

Auch bei Seglern aus aller Welt ein beliebtes Ziel: Cayo Largo

gestattet und haben alle entweder Balkon oder Terrasse. EZ 123–180 CUC, DZ 158–209 CUC, Triple 224–297 CUC, je nach Saison. Cayo Largo. ✆ 248333, 248336, ℡ 248167, sol.pelicano@solmeliacuba.com, www.sol-pelicano.com, www.solmeliacuba.com.

**** Villa Lindamar (5) ist das etwas andere, aber nicht minder komfortable Hotel auf Cayo Largo. Die Zimmer sind in 64 Spitzdach-Bungalows aus Holz untergebracht, auf deren Veranda eine Hängematte zur Siesta einlädt – und zum Träumen, wofür im Übrigen auch die Umgebung sorgt. Die Anlage befindet sich nur fünf Minuten vom Flughafen entfernt direkt am Strand. Die rustikalen Häuschen, die eine Art Robinson-Atmosphäre vermitteln, verfügen über jeden Komfort und sind mit Klimaanlage, Safe, Minibar und Satelliten-TV ausgestattet. Das Zentrum der Anlage bildet der Pool, um den herum sich Bar und Buffet-Restaurant gruppieren. Am Strand gibt es zudem ein Ranchón, das mittags geöffnet ist. Daneben findet sich eine Wechselstube, Geschäft, Autovermietung, Massagesalon und Diskothek. Die Rezeption liegt zentral im Hotel „Isla del Sur". EZ 105–131 CUC, DZ 149–188 CUC, Triple 209–263 CUC, je nach Saison. Cayo Largo, ✆ 248111, ℡ 248201.

*** Isla del Sur (4), ein Haus der cubanischen Gran-Caribe-Gruppe, ist eingebettet in eine hübsche Anlage direkt am weißen Traumstrand. Die 57 Zimmer sind in Einzelgebäuden untergebracht, die in hellen, tropischen Farben leuchten. Ausgestattet sind sie mit Klimaanlage, Satelliten-TV, Safe und Telefon. Das Hotel selbst bietet Restaurant, Bars und Cafetería sowie Swimmingpool, jede Menge Sportmöglichkeiten, täglich Live-Musik und alle anderen kategoriegerechten Einrichtungen wie Auto- und Motorrollervermietung, Sauna, Massagesalon, Tauchzentrum, Disco und vieles mehr. EZ 99–107 CUC, DZ 142–152 CUC, Triple 199–212 CUC, je nach Saison. Cayo Largo. ✆ 248111-248118, ℡ 248201, 248160, reserva@isla.cls.tur.cu, www.gran-caribe.com, www.cayolargodelsur.com.

*** Villa Coral (7) wird vom Hotel „Isla del Sur" mitverwaltet und verfügt über 60 hübsche, in Pastelltönen gehaltene Zimmer, die durchaus den drei Sternen entsprechen und mit Klimaanlage, Bad, Satelliten-TV, Safe und Minibar ausgestattet sind. Das kleine, aber feine Resort hält für seine Gäste Restaurants, Bars und eine Cafetería vor – zudem gibt es Autovermietung, Boutique, Tourist-Info, Wechselstube, Tennisplatz und Kinderbetreuung. EZ 99–107 CUC, DZ 142–152 CUC, Triple 199–212 CUC, je nach Saison. Cayo Largo, ✆ 248111, ℡ 248201.

*** Villa Soledad (6) ist ebenfalls eine überschaubare Anlage, die sich zwischen den Hotels „Lindamar" und „Villa Coral" direkt am Strand befindet und auch zum „Isla del Sur"-

Komplex gehört. Die 43 Zimmer verteilen sich auf mehrere Bungalows, sind sehr geräumig und verfügen über Klimaanlage, Satelliten-TV, Minibar und Safe. Eigene Restaurants oder Bars gibt es nicht, dafür können die Einrichtungen der anderen Häuser der „Familie" genutzt werden. Allerdings bietet die Villa Fahrrad- und Motorrollerverleih sowie Reitmöglichkeiten an. EZ 99–107 CUC, DZ 142–152 CUC, Triple 199–212 CUC, je nach Saison. Cayo Largo, ✆ 248111, ✉ 248201.

*** **Villa Marinera (1)** ist kein reinrassiges All-inclusive-Resort, lässt seinen Gästen vielmehr die Wahl von Übernachtung, Übernachtung mit Frühstück und Halbpension oder Übernachtung mit „Rundum-sorglos-Paket". Die nur 13 Zimmer, die wegen der Nähe zum Tauchzentrum vor allem von Unterwassersportlern gebucht werden, bieten jeden Komfort, sind zweckmäßig eingerichtet und mit Klimaanlage, Minibar, Telefon und Satelliten-TV. Außerdem verfügen alle über Balkon oder Terrasse mit Meerblick. Im Haus gibt es Restaurant, Bar, Cafetería, Swimmingpool und Einkaufsmöglichkeiten. EZ 32–55 CUC, DZ 44–91 CUC, je nach Leistung und Saison. Cayo Largo, ✆ 248384, ✉ 248212.

Unterwegs auf Cayo Largo

La Granja de las Tortugas ist die Hauptattraktion unter den spärlichen Sehenswürdigkeiten von Cayo Largo. Dafür ist die Schildkrötenfarm, die sich am Eingang des Dorfes „Isla del Sol" auf der linken Seite befindet, allerdings ein Muss, obwohl sie ursprünglich gar nicht für touristische Zwecke eingerichtet wurde. Denn in erster Linie widmet sich die Station dem Schutz und der Aufzucht der urzeitlichen Tiere. Wenn die verschiedenen Arten von Meeresschildkröten zwischen April und September an die Strände von Cayo Largo kommen, um ihre Eier abzulegen, werden diese eingesammelt und zwei Monate lang in einen Brutkasten gelegt, bis die Jungen schlüpfen. Deshalb sind vor allem Mini-Schildkröten zu sehen, die in Becken gehalten werden, ehe man sie wieder in die Freiheit entlässt. Während der Zeit der Eiablage bietet die Farm nächtliche Exkursionen an die Strände an, bei denen man dem einmaligen Schauspiel live beiwohnen kann.

Tägl. 9–12 + 13–18 Uhr. Eintritt 1 CUC. Cayo Largo.

Die Strände von Cayo Largo

Die sechs Strände von Cayo Largo, die alle ihren ganz persönlichen Charakter besitzen, zählen zu den schönsten, die Cuba zu bieten hat. Blendend weißer Sand, in allen Grün- und Türkistönen leuchtendes Wasser, weitläufige und daher nicht überlaufene Küstenstreifen, die zudem allesamt flach ins Meer abfallen – noch schöner ist die Karibik nirgendwo.

Playa Sirena: Der zwei Kilometer lange Strand ganz im Westen von Cayo Largo gilt wegen seiner windgeschützten Lage und seines puderfeinen Sandes als der schönste der Insel. Entsprechend viele Ausflügler finden den Weg an die Playa Sirena, an der es deshalb normalerweise etwas lebhafter ist als an den anderen Stränden und die auch touristischer geprägt ist. Neben einem Restaurant gibt es eine Bar, Liegestuhl- und Sonnenschirmverleih und sogar ein Souvenirgeschäft. Von den Hotels aus verkehrt zweimal täglich ein Shuttlebus. Die 4 CUC dafür sind gut angelegt, denn zu Fuß ist man vom entgegengesetzt liegenden Hotel „Barceló Beach Resort" etwa zweieinhalb Stunden unterwegs, vom Hotel „Sol Club" immer noch rund eineinhalb Stunden – bei 40 Grad im Schatten sicher ein zweifelhaftes Vergnügen.

Playa Paraíso: Der traumhafte Nachbar-Strand der Playa Sirena wird seinem Namen (Paradies) in jeder Hinsicht gerecht. Für gewöhnlich ist das Meer in dieser Ecke der Insel ruhig und lässt die Wellen sanft ans Ufer schwappen. Sonnenschirme oder natürliche Schattenplätze sind an der Playa Paraíso allerdings Mangelware.

Die Strände von Cayo Largo

Will man der prallen Sonne entgehen, man muss also entweder selbst vorsorgen oder die schattige Terrasse der kleinen Strandbar aufsuchen – auch keine schlechte Alternative, schließlich gibt es dort Cocktails (2 CUC), Bier (1 CUC), Softdrinks und Zigaretten. Zu dem etwa sechs Kilometer vom Hotel „Sol Club" entfernten Strand fährt ein kostenloser Shuttlebus, der an allen Hotels Fahrgäste aufnimmt.

Playa Punta mal Tiempo: Wie der Strand südlich der Playa Paraíso zu seinem Namen kam, bleibt wohl ein cubanisches Rätsel. Denn von „schlechtem Wetter" – so die deutsche Übersetzung – kann an diesem Traumstrand keine Rede sein – normalerweise. Im Meer vor der Punta mal Tiempo befindet sich ein ausgedehntes Korallenriff, die Playa selbst ist naturbelassen und ein absolutes Erlebnis für alle, die Ruhe und Entspannung suchen. Sonnenschirme gibt

Keine Seltenheit: Pelikane

es hier aber ebenso wenig wie natürlichen Schatten. Der Shuttlebus zur Playa Paraíso passiert auch die Punta mal Tiempo, der Fahrer hält auf Wunsch.

Playa Lindamar: Der südliche Strandabschnitt, an dem die meisten Hotels von Cayo Largo zu finden sind, zählt aufgrund dieser Tatsache natürlich zu den belebtesten. Dafür findet man jede Menge Sonnenschirme, Liegestühle und hat zudem den Vorteil, binnen weniger Minuten in seinem Zimmer zu sein – oder an der Hotel-Bar. Das Meer vor den Herbergen ist im Allgemeinen zwar nicht ganz so ruhig wie an den Playas im Westen, meist weht aber dennoch die grüne oder gelbe Fahne. Und wenn der Wind wirklich einmal auffrischt, kann man immer noch an die anderen Strände fliehen.

Playa Blanca: Die erste Playa, die sich im Osten an die Hotel-Zone anschließt, ist der Beginn des schier endlosen Bandes von Stränden mit feinstem Sand und kristallklarem Wasser. Playa Blanca ist der längste von ihnen. Die unberührte Natur ist das Refugium von Seevögeln, Meeresschildkröten und Leguanen, die sich faul auf den Felsen am Strand in der Sonne aalen. Die östlichen Playas sind am besten zu Fuß zu erreichen – stundenlang kann man an ihnen entlangschlendern.

Playa Los Cocos: Der auf die Playa Blanca folgende Strand verdankt seinen Namen den Kokospalmen, die man bei den Überresten eines alten Schiffswracks findet, das im seichten Wasser liegt. Der etwa vier Kilometer lange Abschnitt ist mit kleinen Felsen durchsetzt und eher schmal.

Playa Tortuga: Der sich ganz im Osten von Cayo Largo bis zur Punta del Este erstreckende Strand ist das Zuhause der Meeresschildkröten, die alle Jahre hierher zurückkehren, um im warmen Sand ihre Eier abzulegen. Während der Hurrikan-Saison ist die Playa Tortuga wie ihre beiden westlichen Nachbarinnen am anfälligsten, so dass sie von einem Jahr auf das andere ihr Gesicht verändern kann.

Die Provinz Matanzas ist ohne Zweifel die Nummer eins der cubanischen Tourismusindustrie. Und der Grund dafür heißt Varadero. Mehr als 50 Hotel-Resorts gibt es in diesem Hotspot, in dem jedes Jahr Abertausende von Pauschal-Urlaubern ihre Badeferien verbringen. Die wenigsten von ihnen wissen allerdings, in welcher Provinz des Landes sie sich befinden. Und noch viel weniger haben auch nur annähernd eine Ahnung davon, dass es in Matanzas viel mehr zu sehen gibt als die berühmtesten Strände Cubas, die sie auf der Península de Hicacos, auf der Varadero liegt, tagtäglich vor Augen haben. Das sagenumwobene Tal von Yumurí etwa. Die unberührte Landschaft des Río Canímar. Die geschichtsträchtige Bahía de Cochinos, seit dem Angriff von Exil-Cubanern im Jahr 1961 zumindest im deutschsprachigen Raum besser bekannt als die Schweinebucht. Oder den zum UNESCO-Biosphärenreservat ernannten artenreichen Nationalpark Ciénaga de Zapata. Nicht zu vergessen die 120.000-Einwohner-Stadt Cárdenas, in der am 9. Mai 1850 auf dem Dach des einstigen Hotels „La Dominica" erstmals die spätere cubanische Nationalflagge gehisst wurde. Und natürlich die Hauptstadt Matanzas, die der Provinz ihren Namen gab – aufgrund ihres kulturellen Backgrounds vielfach als das „Athen Cubas" und wegen ihrer fünf Brücken über die Flüsse Yumurí und San Juan oftmals gar als das „Venedig Cubas" tituliert.

Provinz Matanzas

Matanzas	347	Cueva Saturno	360
Valle de Yumurí	356	Varadero	360
Cuevas de Bellamar	358	Cárdenas	384
Castillo de Morrillo	358	Colón	388
Río Canímar	359	Península de Zapata	390

Also: Matanzas ist nicht (nur) Varadero. Und Varadero ist eigentlich nicht Cuba, sondern „un otro país", ein anderes Land, wie Cubaner gerne erzählen, wenn sie die Halbinsel einmal – durch die Hintertür – besucht haben. Denn normalerweise ist ihnen mit Ausnahme des Hotel-Personals der Zutritt zur Hotel-Zone verwehrt oder wird ihnen zumindest erschwert. Für alle, die nicht nur die Freundlichkeit ihres Zimmermädchens und die Aufmerksamkeit ihres Tischkellners erleben, sondern auch cubanische Realität gesehen haben wollen und nicht ohnehin individuell unterwegs sind, kann die Devise deshalb nur lauten: Auto mieten und raus ... Nach Matanzas, der Provinz-Hauptstadt, sind es gerade einmal 30 Kilometer und nach Cárdenas noch weniger. Und dort, in der „Stadt der Flagge", muss man noch nicht einmal Spanisch sprechen, um sich verständigen zu können. Der Großteil der Bevölkerung – man spricht von 95 Prozent – verdient in den Hotels von Varadero seine Brötchen und erklärt auch gerne in perfektem Englisch, wo's langgeht. Zum Haus oder zur Schule von Elián González etwa, der im Jahr 2000 weltweit für Schlagzeilen sorgte und (jetzt wieder) in Cárdenas lebt. Aber das ist eine andere Geschichte ...

Die Geschichte

Der Name Matanzas mutet seltsam an. Zum einen lässt er entgegen cubanischer Gepflogenheiten jeglichen Bezug zu Geographie, Natur, Religion oder einer Persönlichkeit vermissen. Zum anderen soll er stattdessen offenbar einen Hinweis auf die Vergangenheit von Provinz und Stadt geben, ohne diese letztlich aber ganz zu enthüllen. Matanzas bedeutet im Spanischen nämlich sowohl Gemetzel als auch Schlachtung, und eben wegen dieses doppelten Wortsinns streiten sich bis heute die Gelehrten. Deutet Matanzas darauf hin, dass die Spanier (auch) in dieser Gegend ein Massaker unter den Ureinwohnern anrichteten? Oder standen hier die Schlachthäuser, von denen aus die spanische Flotte mit Frischfleisch versorgt wurde? Trifft vielleicht beides zu? Eine befriedigende Antwort auf diese Fragen wird man wohl nicht mehr bekommen.

Fest steht indes, dass die von den Indianern Guanima genannte Gegend um Matanzas im Jahr 1508 erstmals erwähnt wurde – im Logbuch von Sebastián de Ocampo. Der aus Galizien stammende Seefahrer war nach den beiden ersten Entdeckungsreisen von Christoph Kolumbus damit beauftragt worden, die Küsten des Landes weiter zu erforschen. Er sollte feststellen, ob Cuba tatsächlich eine Insel ist oder – wie Kolumbus angenommen hatte – Teil eines Kontinents. Ocampo war erfolgreich: Später berichtete er, dass Cuba ein sehr großes, fruchtbares Eiland sei, die Eingeborenen sich friedlich verhielten und das Land über Goldvorkommen verfüge – das Ende für die Indios.

Bis zur Gründung der Stadt Matanzas dauerte es aber fast zwei Jahrhunderte. Nachdem König Carlos II. von Spanien angeordnet hatte, die Region zu besiedeln, landeten am 30. Oktober 1693 mehrere Familien von den kanarischen Inseln in der Bucht von Guanima. Sie lebten von Viehzucht und Tabakanbau, Matanzas wurde mehr und mehr zum Versorgungsstützpunkt für spanische Schiffe. Ihre Blüte erreichte die Region allerdings erst Ende des 18. Jahrhunderts, nachdem sich zum einen französische Zuckerrohrpflanzer niedergelassen hatten und zum anderen Havanna von den Engländern besetzt worden war, weswegen die Spanier vorübergehend gezwungen waren, ganz nach Matanzas auszuweichen. Mitte des 19. Jahrhunderts lief die Zuckerproduktion auf Hochtouren. Fast die Hälfte des cubanischen Zuckers, damals ein Viertel der Weltproduktion, wurde zu dieser Zeit in den mehr als 450 Fabriken der Provinz hergestellt. Matanzas wuchs und wuchs, war in den Jahren um 1850 gar die zweitgrößte Stadt des Landes – und reich obendrein. Die Zucker-Millionen ließen aus Matanzas schnell eine Stadt der schönen Künste werden. Schriftsteller, Musiker und Intellektuelle gaben sich ein Stelldichein und begründeten den Ruf Matanzas als das „Athen Cubas". Einer der berühmtesten von ihnen war der als „Plácido" bekannt gewordene mulattische Dichter Gabriel de la Concepción Valdés, der im Jahr 1844 wegen der sogenannten Escalera-Verschwörung gegen die Zuckerbarone von den Spaniern öffentlich gefoltert und hingerichtet wurde.

Mit dem Ende der Sklaverei – ausgelöst von Carlos Manuel de Céspedes am 10. Oktober 1868 mit dem „Grito de Yara" – wurde gleichsam der Niedergang Matanzas' eingeläutet. Zweimal sollten Stadt und Provinz danach noch in den Geschichtsbüchern auftauchen: Am 1. Januar 1879 spielte hier im „Liceo" der junge Klarinettist Miguel Failde Peréz mit seinem für damalige Zeiten typischen, von zwei Violinen unterstützten Blasorchester zum ersten Mal einen Dánzon. Und daraus

Dokumentiert die Invasion in der Schweinebucht: das Museo Girón

entwickelte sich schließlich der Mambo, mit dem ein neues Kapitel der cubanischen Musik aufgeschlagen wurde. Seine Komposition „Las Alturas de Simpson" („Die Höhen von Simpson") war einem beliebten Viertel der Stadt gewidmet, das man noch heute besuchen kann. Und am 17. April 1961 begannen fast 1500 von der amerikanischen CIA unterstützte Exil-Cubaner in der Schweinebucht im Süden der Provinz mit einer Invasion. Ihr Plan, das Castro-Regime zu stürzen, zumindest aber zu schwächen, ging allerdings nicht auf. Die Revolutionsarmee hatte sie erwartet. Mehrere Flugzeuge wurden abgeschossen, einige Schiffe versenkt, 1180 Angreifer gefangen genommen. Fidel Castro, der seine Truppen von der nahen Zuckerfabrik „Central Australia" aus persönlich befehligt hatte, war gegen einen vermeintlich übermächtigen Gegner als Sieger vom Schlachtfeld gegangen – wieder einmal.

Matanzas

Für die einen das „Athen Cubas", weil sich hier viele Künstler, Komponisten, Literaten und Intellektuelle niedergelassen haben, für die anderen das „Venedig Cubas", weil hier fünf Brücken über die Flüsse Yumurí und San Juan führen, ist Matanzas trotzdem mehr verschlafenes „Provinznest" denn Provinzhauptstadt. Daran ändert auch die Tatsache nichts, dass das nur 30 Kilometer entfernte Touristenzentrum Varadero quasi vor der Haustür liegt, sich deshalb immer wieder Urlauber nach Matanzas verlaufen und sich die Stadt für cubanische Verhältnisse wohl auch deshalb erstaunlich aufgeräumt präsentiert.

Dennoch: Ausgesprochen viele Gründe, nach Matanzas zu kommen, gibt es nicht. Das Teatro Sauto an der Plaza de la Vigía vielleicht. Der neoklassizistische, auffallend liebevoll renovierte Bau aus dem Jahr 1862, in dem im frühen 20. Jahrhundert Enrico Caruso ebenso auftrat wie die russische Primaballerina Anna Pavlova, soll über eine ausgezeichnete Akustik verfügen. Im Jahr 1978 zum nationalen Denkmal

348 Provinz Matanzas

erklärt, gilt es als eine der bedeutendsten kulturellen Einrichtungen Lateinamerikas. Oder das Museo Farmacéutico am Parque de la Libertad, eine am 1. Januar 1882 von den beiden Ärzten Ernest Triolet und Juan Fermín de Figueroa gegründete französische Apotheke, die sich auf homöopathische Arzneimittel spezialisiert hatte. Bis 1964 herrschte hier reger Betrieb, ehe man ein Museum daraus machte. Heute beherbergt es neben einer Sammlung pharmazeutischer Porzellangefäße mehr als eine Million Rezepturen für die Zubereitung von Naturheilmitteln, angeblich die vollständigste Kollektion ihrer Art außerhalb von Frankreich. Und nicht zuletzt die Ermita de Monserrate, die Ruine einer kleinen Kirche aus dem Jahr 1872, von der man den schönsten Blick auf das Tal von Yumurí und auf die Stadt hat. Recht viel mehr hat Matanzas nicht zu bieten.

Die wirklichen Sehenswürdigkeiten liegen etwas außerhalb der Stadt, etwa die Cuevas de Bellamar. Dieses Höhlensystem, um dessen Entdeckung sich verschiedene Legenden ranken, ist ein Muss, wenn man Matanzas besucht oder dem All-inclusive-Alltag in Varadero entfliehen will. Nicht minder sehenswert ist das Tal von Yumurí, eine der attraktivsten Landschaften der Insel, die noch weitgehend unberührt ist und in die sich Touristen nur äußerst selten verirren. Einen ersten Eindruck von der hügeligen Hochebene mit ihren Palmenhainen und Zuckerrohrfeldern gewinnt man von der mit 112 Metern höchsten Brücke Cubas aus. Den Puente Bacunayagua, etwa 20 Kilometer nordwestlich der Provinzhauptstadt, überquert man automatisch, wenn man von Matanzas nach Havanna unterwegs ist. Ein anderes Urwald-Abenteuer erlebt man entlang bzw. auf dem Río Canímar, dessen Tal östlich der Stadt an der Straße nach Varadero beginnt. Der mit großen Ausflugsschiffen oder kleinen Miet-Motorbooten befahrbare Fluss schlängelt sich vorbei an vereinzelten Anglern durch einen wildromantischen Dschungel, der jederzeit als große Filmkulisse dienen könnte – für Hollywood-Streifen wie „Indiana Jones" oder „Crocodile Dundee" etwa.

Hin & Weg

- *Bahn* **Hauptbahnhof** in der Calle 181, ✆ 291645. Verbindungen: Havanna 2x tägl. 8.30 + 12.40 Uhr. Casablanca 3x tägl. 4.30, 16.30 + 20.30 Uhr. Los Árabos 1x tägl. 17.00 Uhr. Agramonte 1x tägl. 17.00 Uhr. Colón 1x tägl. 11.25 Uhr. Darüber hinaus halten alle Züge, die zwischen Havanna und Santiago de Cuba verkehren.
Hershey-Bahnhof in der Calle 282 esquina 67 im Stadtviertel Versalles, ✆ 244805. Verbindungen: Havanna 4x tägl. 4.34, 8.26, 12.30 + 17.12 Uhr mit der einzigen elektrifizierten Eisenbahn Cubas, 2,80 CUC. Fahrzeit 4 Stunden.
- *Bus* **Terminal** in der Calle Calzada Esteban esquina Terry, ✆ 91473.
Viázul-Verbindungen: Havanna 4x tägl. 8.55, 12.10, 16.55 + 18.55 Uhr (7 CUC). Varadero 4x tägl. 10.15, 14.10, 18.15 + 20.15 Uhr (3 CUC).
Astro-Verbindungen: Havanna 3x tägl. 5.30, 13.35 + 17.30 Uhr. Cienfuegos 1x tägl. 8.00 Uhr über Varadero, Cárdenas, Jovellanos, Perico und Colón. Santa Clara 1x tägl. 16.45 Uhr über Jovellanos, Perico, Colón und Los Árabos. Camagüey jeden 2. Tag um 20.40 Uhr über Jovellanos, Perico, Colón, Santa Clara, Sancti Spíritus, Ciego de Ávila und Florida. Santiago de Cuba 1x tägl. 16.00 Uhr über Jovellanos, Perico, Colón, Santa Clara, Ciego de Ávila, Camagüey, Holguín und Bayamo.

Auf einen Blick

Telefon-Vorwahl: 045
(für die gesamte Provinz)

- *Apotheke* **Farmacia Principal**, tägl. 8–22 Uhr, Calle 298 esquina 85.
- *Ärztliche Versorgung* **Hospital Comandante Faustino Pérez Hernández**, tägl. 24

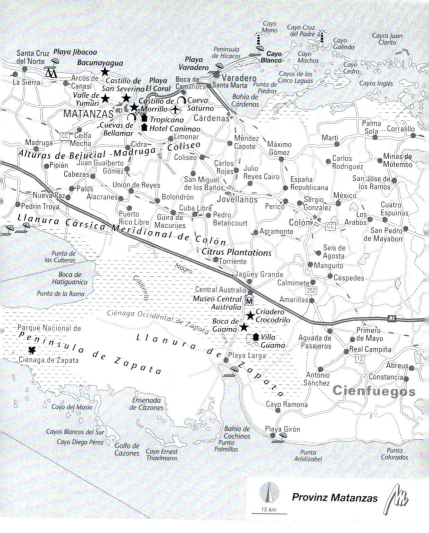

Provinz Matanzas
15 km

Std., Carretera Central km 101, ☎ 253170, hospital@atenas.inf.cu.

• *Autovermietung* **Havanautos**, Calle 129, ☎ 253294.

• *Banken* **Banco Financiero Internacional**, Mo–Fr 8–15 Uhr, Calle 85 esquina 298, ☎ 253400.

Banco Popular de Ahorro, Mo–Sa 8–18 Uhr, Calle 85 esquina 300 und Calle 85 esquina 282.

Banco Crédito y Comercio, Mo–Fr 8–15, Sa 8–11 Uhr, Calle 83 esquina 282 (schräg gegenüber der Kathedrale); Calle 85 Nr. 28604 e/ 286 y 288, ☎ 242781.

Cadeca, Mo–Sa 8–18, So 8–12 Uhr, Calle 286.

• *Feste* Matanzas ist im ganzen Land bekannt für seine Rumba-Fiestas. Besonders heiß – und dies wie – wird es immer ab dem 10. Oktober, wenn im Teatro Sauto zehn Tage lang das **Festival del Bailador Rumbero** gefeiert wird.

Der **Karneval** steigt in der letzten Augustwoche – mit viel Rum und noch mehr Rumba. Ein wirklich sehenswertes, farbenfrohes Spektakel.

• *Internet* **Etecsa**, tägl. 9–21 Uhr, Calle 83 esquina 282.

Provinz Matanzas

- *Notruf* Polizei, ✆ 106. Feuerwehr, ✆ 105. Ambulanz, ✆ 291532.
- *Postleitzahl* 40100
- *Post* Tägl. 8–20 Uhr, Calle 85 Nr. 28813 esquina 290.
- *Shopping* Matanzas' Hauptgeschäftsstraße ist die **Calle 85** (alter Name: Medio). In den Läden gibt es alles für den täglichen Bedarf.
Mercado San Luís ist ein Supermarkt mit reichhaltigem Angebot. Calle 298 e/ 119 y 121.
- *Taxi* **Cubataxi**, ✆ 244350, 242003, 612133, 613066. **Transtur**, ✆ 613415, 614444.
- *Tourist-Information* **Infotur**, Mo–Sa 8–23, So 11–23 Uhr, Calle 290 esquina 83, ✆ 253551. **Direccion Provincial de Campismo Popular**, Mo–Fr 8–17 Uhr, Calle 290 e/ 83 y 85, ✆ 243951. **Havanatur**, Mo–Sa 8–18 Uhr, Calle 282 e/ 89 y 91, ✆ 253856.

Essen & Trinken (siehe Karte S. 352/353)

- *Restaurants* **Café Atenas (10)**, direkt gegenüber dem Teatro Sauto gelegen, zählt fast ausschließlich Touristen zu seinen Gästen. Auf der Speisekarte stehen Pizzen (1,40–4,25 CUC), Nudelgerichte (1,30–2,50 CUC), Meeresfrüchte und Hähnchengerichte. Tägl. 10–24 Uhr. Calle 83 Nr. 8301 esquina 272, ✆ 253493.

Cafetería Atenas (10), nur eine Tür weiter, gehört zum „Café Atenas". Die kleine Bar ist natürlich etwas kleiner und einfacher als das Speise-Restaurant – für eine schnelle Erfrischung zwischendurch aber zu empfehlen. Tägl. 8–23 Uhr. Calle 83 Nr. 8301 esquina 272, ✆ 253493.

Ruinas de Matasiete (17) an der Hauptstraße nach Varadero unterhalb der Brücke über den Río San Juan ist – wie der Name sagt – in den Ruinen eines ehemaligen Zuckerlagers untergebracht. Man sitzt entweder in dem gepflegten Lokal oder auf einer großen, gemütlichen Terrasse. Von Mi–So gibt es abends Live-Musik. Auf der Karte des preisgünstigen Restaurants findet man Meeresfrüchte und Fischgerichte (ab 3,90 CUC) ebenso wie Hähnchen (1,80 CUC). Tägl. 10–22 Uhr. Víaducto e/ Línea y Cuni, ✆ 253387.

Venecia (11) ist ein italienisches Speiselokal, in dem man sich zwar mit dem Interieur anfreunden kann, mit den Preisen hingegen wohl weniger. Pastagerichte kosten 5–10 CUC, Pizzen bis zu 12 CUC – das ist weit über dem Durchschnitt. Tägl. 11–22 Uhr. Calle 85 e/ 282 y 288, ✆ 242789.

Plaza La Vigía (14), eine saubere, etwas größere Cafetería am gleichnamigen Platz, liegt wenige Meter vom Teatro Sauto entfernt gegenüber dem Museo de los Bomberos. Das Angebot ist allerdings nicht gerade üppig. Es gibt Hamburger (1,10–2 CUC), Eiscreme und Getränke. Tägl. 11–23 Uhr. Plaza de la Vigía esquina Calle 85.

en familia (15) ist ein sauberes Open-Air-Terrassenlokal, in dem man unter einer rot-weißen, Schatten spendenden Markise ein Päuschen einlegen kann. Getränke, Snacks oder Eiscreme holt man sich am Tresen. Tägl. 10–23.30 Uhr. Calle 298 e/ 85 y 87.

Cafetería La Viña (8), eine kleine, einfache Bar am Parque de la Libertad, ist für einen Drink oder eine kurze Pause immer gut. Tägl. 10–22 Uhr. Calle 83 esquina 290.

Monserrate (2), ein feineres Lokal, liegt – wie der Name verrät – auf dem Aussichtshügel bei der Iglesia de Monserrate. Speisen (Schweinesteak 6,70–9 CUP/ca. 0,28–0,38 CUC, Hähnchen 25 CUP/ca. 1 CUC) und Getränke (Mojito 5,50 CUP/ca. 0,23 CUC) werden in Pesos bezahlt, der Blick über ganz Matanzas ist unbezahlbar. Di–So 12–24 Uhr. Calle 306.

Ranchón El Valle (1), wenige Meter von der Iglesia de Monserrate entfernt, ist zwar nur ein einfaches Peso-Restaurant, in dem Schwein (12 CUP/ca. 0,50 CUC) und Hähnchen (25 CUP/ca. 1 CUC) auf den Tisch kommen. Allerdings hat man von der Terrasse des Lokals aus den wohl schönsten Blick auf das Tal von Yumurí. Mi–Mo 10–23 Uhr. Calle 306.

Ranchón El Paso liegt etwas außerhalb der Stadt an der Straße nach Varadero hoch über dem Río Canímar. Das Panorama ist allererste Sahne, schlägt sich allerdings nicht auf die Preise nieder. Schweinesteaks kosten 2,70 CUC, das unvermeidliche frittierte Hähnchen 2 CUC, Bier gibt's für 1 CUC. Tägl. 24 Std. Vía Blanca km 4,5, ✆ 261483.

- *Paladares* **La Tarifa** in der Nähe des Bahnhofs ist ein kleines, durchaus empfehlenswertes Privat-Restaurant. Die Portionen aus der cubanisch dominierten Küche sind kaum zu schaffen und sehr preiswert. Tägl. 11–24 Uhr. Carretera de Cidra e/ 7 y 9.

Matanzas

Cafetería Casa Grande (5), ein kleines, privates Kaffeehaus, führt hausgemachte Pralinen, die man mit Pesos bezahlen kann. Mo–Fr 11–18 Uhr. Calle 83 Nr. 29010 e/ 290 y 292.

Nachtleben (siehe Karte S. 352/353)

Tropicana ist – na was wohl? – die 1:1-Kopie der gleichnamigen Etablissements in Havanna und Santiago de Cuba. Aber, obwohl in der Pampa, steht die Show den großen Schwestern in nichts nach: viele langbeinige Schönheiten, viel nackte Haut, viele heiße Rhythmen. Das Tropicana von Matanzas liegt 8 km östlich der Stadt neben dem Hotel „Canimao". Im Eintritt von 40 CUC ist ein Getränk enthalten. Di–Sa 22–2 Uhr. ✆ 265380, 265555, reservas@tropivar.co.ycu.

Teatro Sauto (12) an der Plaza de la Vigía zählt zu den besten Bühnen Cubas. Die Vorstellungen beginnen in der Regel Fr, Sa und So um 20.30 Uhr, es gibt es jeweils um 15 Uhr eine Matinee. ✆ 242721.

Casa de la Trova (16) liegt vor der Brücke über den Río San Juan. Auf der Plaza de la Vigía davor findet jeden zweiten Samstag der sogenannte „Sabado de la Rumba" statt. Dabei treten auch regelmäßig die drei berühmtesten Rumba-Gruppen der Stadt auf: „Los Muñequitos de Matanzas", die sogar schon einen Grammy in ihrer Trophäensammlung haben, die „Columbia del Puerto" und die „Afrocuba de Matanzas". Plaza de la Vigía.

Video-Bar Guanima (9) verdankt ihre Bezeichnung einem verstaubten Fernsehgerät in einer Ecke des Lokals. Dennoch: Mangels anderer Gelegenheiten ist hier abends fast immer etwas los. So–Fr 12–23.45 Uhr, Sa 12–1.45 Uhr. Calle 85 Nr. 29404 e/ 294 y 298.

Ríomar (13) ist der richtige Ort, wenn einem der Sinn nach Disco und Karaoke steht. Auch kleine Gerichte für kleines Geld werden serviert. Eintritt für Pärchen 3 CUC. Tägl. 21–2.30 Uhr. Calle 85 Nr. 29003 e/ 290 y 292.

Ruinas de Matasiete (17) an der Mündung des Río San Juan ist eigentlich ein gepflegtes Speise-Restaurant. Von Mi–So werden die hübsch sanierten Ruinen eines ehemaligen Zuckerlagers abends auch zu einem beliebten Treffpunkt für Jung und Alt, wenn jeweils ab 22 Uhr eine Live-Combo auftritt. Mi–So 22–2 Uhr. Víaducto e/ Linea y Cuni, ✆ 253387.

Casa de la Cultura Municipal Bonifacio Bryne (19) hat zwar den ganzen Tag über geöffnet, richtig rund geht es aber erst abends, vor allem an den Wochenenden von Fr–So. Dann wird ab 21 Uhr ein buntes Kulturprogramm aus Musik, Tanz und Theater gezeigt. Tägl. 10–2 Uhr. Calle 272 Nr. 11916 e/ 119 y 121, ✆ 292709.

El Pescadito (18) ist ein einfaches, kleines Nachtlokal mit noch kleinerem Varieté-Programm. In dem etwas abseits des Zentrums gelegenen Lokal tummeln sich vor allem die Einheimischen. Eintritt pro Pärchen 5 CUC. Mi–So 20.45–1.45 Uhr, Sa bis 2 Uhr. Calle 272 e/ 115 y 117, ✆ 292258.

Las Palmas (21), im Stadtteil Camilo Cienfuegos auf dem Weg zu den Cuevas de Bellamar gelegen, ist sicher kein schlechter Tipp, wenn man sich abseits der Hotels ins Nachtleben stürzen möchte. Unter freiem Himmel kommt die Musik von CDs, gelegentlich spielt auch eine Live-Band. Eintritt 2 CUC. So–Do 10–24 Uhr, Fr+Sa 10–2 Uhr. Calle Levante e/ Pilar y Esteban Cazada.

Discoteca La Salsa am Ortsausgang an der Hauptstraße nach Varadero wird gern von Touristen aus den All-inclusive-Tempeln besucht. Kein Wunder: Die Getränkepreise sind sehr zivil, das Ambiente ist einmalig – man tanzt direkt am Meer. Und das bei gerade mal 2 CUC Eintritt, Freitag und Samstag 6 CUC pro Pärchen. Die kleine angeschlossene Karaoke-Bar ist von 10–2 Uhr geöffnet, die Disco von 22–2 Uhr. Montags Ruhetag. Carretera Varadero km 1, ✆ 253330.

Übernachten (siehe Karte S. 352/353)

• *Hotels*   *** **Canimao**, 8 km außerhalb von Matanzas hoch über dem Río Canímar nahe der Straße nach Varadero gelegen, befindet sich direkt neben dem „Tropicana" und ist das einzige empfehlenswerte Hotel der Stadt. Das zur Islazul-Kette gehörende Haus hat 160 Zimmer mit Klimaanlage und kleinen Balkonen, einen Swimmingpool, zwei Bars, ein Restaurant und ist ein idealer Ausgangspunkt für Touren entlang des

Flusses und zu den Cuevas de Bellamar. EZ 18–23 CUC, DZ 24–28 CUC, Triple 32–37 CUC, je nach Saison. Frühstück, Halbpension, Vollpension oder all inclusive können dazugebucht werden. Carretera Varadero km 3,5, ✆ 261014, ✉ 253429.

•*Casas particulares* **Hostal Alma (7)** liegt nur wenige Schritte vom Parque de la Libertad entfernt mitten im Zentrum. In dem altehrwürdigen Kolonialhaus werden zwei moderne Zimmer mit Klimaanlage, Minibar und Radio vermietet. Außerdem können die Gäste die Waschmaschine benutzen und sich auf einer riesigen Dachterrasse mit einem phantastischen Ausblick in der Sonne aalen. Was aber noch viel mehr zählt: Bei Mayra und Alberto Hernández gehört man zur Familie. Natürlich wird man von Mayra bekocht, wenn man möchte – ihr Krabben-Cocktail ist einsame Spitze. Und ebenso selbstverständlich zeigt Alberto seine Stadt – und ein paar Kneipen. Bei so viel Herzenswärme, die man in dieser Casa zu spüren bekommt, kann das Urteil nur lauten: extrem empfehlenswert! DZ 20–25 CUC, je nach Saison. Calle 83 Nr. 29008 e/ 290 y 292, ✆ 242449.

Hostal Azul (6), nur zwei Häuser weiter, steht dem Hostal Alma in nichts nach. Kein Wunder: Das Privat-Quartier gehört Aylín Hernández und ihrem Mann Yoel Báez, Tochter bzw. Schwiegersohn von Mayra und Alberto. Und die beiden haben sich von den Eltern bzw. Schwiegereltern viel abgeschaut. Auch hier gibt es zwei sehr geräumige Zimmer mit eigenem Bad, Klimaanlage und Wäscheservice. In dem Kolonialhaus sind die wunderschönen Originalfußböden bis heute erhalten. Gegessen wird in einem feinen Speisezimmer mit einem Kühlschrank nur für die Gäste. DZ 20–25 CUC, je nach Saison. Calle 83 Nr. 29012 e/ 290 y 292. ✆ 242449, honan.mtz@infomed.sld.cu.

Casa Dr. José Manuel González (20) befindet sich in der Nähe des Strandes und des Busbahnhofs im Stadtteil Camilo Cienfuegos. Der Arzt, ein Gastroenterologe, und seine Frau, eine Kinderärztin, vermieten zwei sehr moderne Zimmer mit gefliestem Boden, Klimaanlage, TV und ganz neuen Bädern. Für die Gäste steht eine eigene Waschmaschine zur Verfügung. Im begrünten Innenhof kann man wunderbar relaxen. DZ 20–25 CUC, je nach Saison. Calle 254 e/129 y 125. ✆ 263377, manolo.mtz@infomed.sld.cu.

Übernachten
3 Casa Paraiso Diaz
4 Hostal Evelio
6 Hostal Azul
7 Hostal Alma
20 Casa Dr. José Manuel González

Essen & Trinken
1 Ranchón El Valle
2 Monserrate
5 Cafetería Casa Grande
8 Cafetería La Viña
10 Café Atenas und Cafetería Atenas
11 Venecia
14 Plaza La Vigía
15 en familia
17 Ruinas de Matasiete

Cafés
9 Video-Bar Guani
12 Teatro Sauto
13 Ríomar
16 Casa de la Trova
17 Ruinas de Matas
18 El Pescadito
19 Casa de la Cultura Municipa
21 Las Palmas

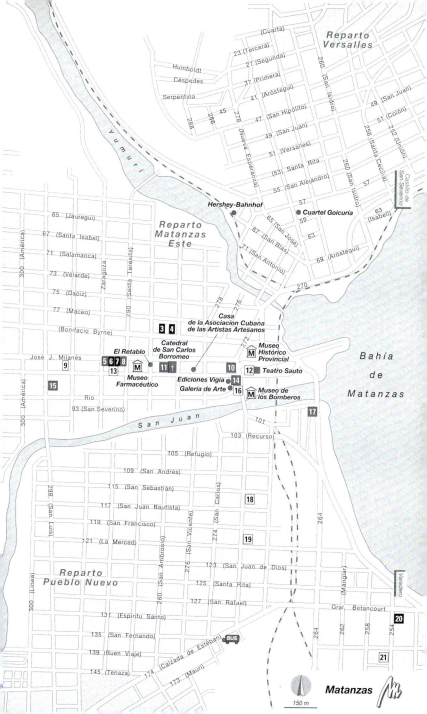

Hostal Evelio (4), ein ebenso freundlicher wie geschäftstüchtiger Cubaner, vermietet in seiner Casa mitten im Zentrum zwei hübsch eingerichtete Zimmer mit Balkon, TV und Radio, Klimaanlage und Ventilator, Kühlschrank sowie modernen Bädern mit Bidet. Speisen gibt es optional. DZ 15–20 CUC, je nach Saison. Calle 79 Nr. 28201 esquina 282. ✆ 243090, evelioisel@yahoo.es, www.casaevelio@awardspace.com.

Casa Paraiso Diaz (3), ein Haus in zentraler Lage nahe am Parque de la Libertad, hat zwei Zimmer mit Klimaanlage und separaten Bädern. Wäscheservice wird ebenso angeboten wie Speisen und Getränke – Anita, die Chefin des Hauses, ist eine wirklich gute Köchin. DZ 20–25 CUC, je nach Saison. Calle 79 Nr. 28205 e/ 282 y 288, ✆ 243397.

Casa Ana Lilia Triana Abad, ein am Meer gelegenes Haus, ist eine Top-Adresse – sofern man über ein eigenes Auto verfügt. Es gibt zwei klimatisierte Zimmer, eines davon mit Küche, und einen großen Garten mit Swimmingpool. DZ 20–25 CUC, je nach Saison. Calle 129 Nr. 21603 e/ 216 y 218. ✆ 261576, ana.triana@yumuri.mtz.sld.cu.

Casa Dr. Pedro Moreno y Dra. Estella Rodríguez befindet sich unmittelbar am Meer. Hinter dem Haus liegt eine Klippe, auf der man zum Rauschen der Wellen Sonnenbaden kann. Das große Zimmer mit Bad, Klimaanlage und Kühlschrank ist in einem Bungalow mit Innenhof. DZ 20–25 CUC, je nach Saison. Calle 127 Nr. 20807 e/ 208 y 210, ✆ 261260.

Unterwegs in Matanzas

Teatro Sauto: Das für seine hervorragende Akustik berühmte Theater aus dem Jahr 1862, das der Zuckerbaron Sauto von dem Italiener Daniele dell' Aglio erbauen ließ, zählt zu den schönsten neoklassizistischen Gebäuden Cubas und den renommiertesten Schauspielhäusern des Landes. Die Eingangshalle schmücken Marmor-Statuen griechischer Götter, der dreirangige Bühnensaal verfügt über 775 Sitze. Ein besonderes Kunstwerk ist auch der Bühnenvorhang, auf dem die Brücke de la Concordia über den Río Yumurí dargestellt ist. Die Vorstellungen beginnen immer freitags, samstags und sonntags um 20.30 Uhr, Karten bekommt man an einem kleinen Schalter links vom Haupteingang.
Tägl. 8.30–16 Uhr. Plaza de la Vigía, ✆ 242721.

Museo Farmacéutico: Das heutige Museum wurde im Jahr 1882 von dem Arzt Dr. Ernest Triolet zusammen mit seinem Schwager Dr. Juan Fermín de Figueroa als französische Apotheke gegründet und bis 1964 auch als solche betrieben. Seitdem wurde nichts verändert. Das Interieur und die pharmazeutischen Gerätschaften zeigen, womit „Pillendreher" damals gearbeitet haben: Porzellanschalen, Mörser, Destillierkolben und einem Sammelsurium diverser medizinischer Instrumente. Außerdem kann man eine Vielzahl – angeblich mehr als eine Million – von Originalrezepturen verschiedener Naturheilmittel sehen, die größte Sammlung außerhalb von Frankreich. Im Patio des weltweit einzigen Museums dieser Art steht überdies bis heute eine uralte Installation zum Destillieren von Wasser.
Mo–Sa 9–18, So 10–14 Uhr. Eintritt 3 CUC. Calle 83 Nr. 4951, ✆ 243179.

Museo Histórico Provincial: Das im Palacio del Junco, dem Palast des gleichnamigen Zuckerbarons Don Vincente de Junco y Sardinas aus dem Jahr 1838 untergebrachte Museum beschäftigt sich fast ausschließlich mit der Geschichte der Stadt. In den 27 Ausstellungsräumen erfährt man beispielsweise, dass der holländische Pirat Piet Heyn im Jahr 1628 die spanische Silber-Flotte überfiel und in der Bucht von Matanzas versenkte. Ein großer Teil der Sammlung ist dem Thema Sklaverei gewidmet. Immer samstags gibt es hier außerdem Konzerte – bei freiem Eintritt.
Di–Sa 9.30–12 und 13–17, So 9–12 Uhr. Eintritt 2 CUC, Führung 1 CUC. Calle 83 e/ 272 y 274.

Ediciones Vigía: Die 1985 gegründeten Werkstätten, in denen noch heute Papier von Hand produziert und Bücher gesetzt, gedruckt und gebunden werden, gehören

zu den interessantesten Sehenswürdigkeiten der Stadt. Besucher sind jederzeit willkommen und können die nummerierten und signierten Exemplare von Erstausgaben in einem angeschlossen Laden für kleines Geld erstehen. Zwischen 5 und 15 CUC verlangt man für eines der Bücher.
Mo–Fr 8–16 Uhr. Eintritt frei. Plaza de la Vigía, ✆ 244845.

Galería de Arte: Die bescheidene Kunstgalerie, die unmittelbar neben der Buchbinderei liegt, zeigt in Wechselausstellungen eine bunte Mischung von mehr oder weniger kunstvollen Exponaten. Je nach Ausstellungsschwerpunkt sieht man Gemälde, Holzmasken oder Töpferarbeiten, die meist allesamt von einheimischen Künstlern geschaffen wurden.
Di–Sa 9–17, So 9–13 Uhr. Eintritt frei. Plaza de la Vigía.

Museo de los Bomberos: Das Feuerwehr-Museum wurde gegenüber der Plaza de la Vigía just an jener Stelle errichtet, an der früher die Kanonen von San José de la Vigía zur Verteidigung Matanzas standen. Präsentiert werden über 100 Jahre alte Feuerwehrfahrzeuge sowie Löschmittel- und -gerätschaften aus längst vergangenen Zeiten.
Tägl. 9–17 Uhr. Eintritt frei. Calle 274 esquina 85.

Catedral de San Carlos Borromeo: Der Grundstein für die neoklassizistische Hauptkirche Matanzas wurde am 12. Oktober 1693 gelegt, womit das Gotteshaus zu den ältesten Gebäuden der Stadt gehört. 1878 von Grund auf umgebaut, scheint seitdem nicht mehr viel für die Erhaltung der Kathedrale getan worden zu sein. Der Putz bröckelt jedenfalls gewaltig. Einzig der Hauptaltar aus dem 17. Jahrhundert, der noch im Originalzustand erhalten ist, lohnt einen kurzen Besuch.
Tägl. 12–16.30 Uhr und zu den Messen. Calle 282 e/ 83 y 85.

El Retablo: Wer ein Freund von Puppen-Theater oder mit Kindern in Matanzas unterwegs ist, kommt an der kleinen Galerie von Zenén Calero Medina einfach nicht vorbei. Der Schauraum seines 1998 eröffneten Studios ist randvoll mit Meisterwerken cubanischer Marionetten-Hersteller von 1956 bis zur Gegenwart. Außerdem gibt es jeden zweiten Samstag im Monat Aufführungen. Nicht immer spielt der Chef allerdings selbst, oft ist er nämlich an den großen Theatern des Landes engagiert.
Di–Sa 9–12 und 13–16 Uhr. Eintritt frei. Calle 288 Nr. 8313 e/ 83 y 85. ✆ 617038, titeres@atenas.cult.cu.

Casa de la Asociacíon Cubana de las Artistas Artesanos: Das Haus der Künstlervereinigung, kurz ACAA, liegt sehr zentral in der Nähe des Parque de la Libertad. In dem schönen Gebäude gibt es eine ständige Kunstausstellung, eine Gemälde-Galerie und einen Laden, in dem Kunsthandwerk angeboten wird. In einem kleinen Innenhof kann man sich an den Tischen einer Cafetería ausruhen oder von dort aus die Dachterrasse besuchen, auf der es ein Aussichtstürmchen gibt (Schlüssel am Tresen verlangen).
Mo–Sa 8–17 Uhr. Eintritt frei. Calle 85 e/ 282 y 280.

Cuartel Goicuría: Die frühere Kaserne der Armee von Diktator Fulgencio Batista im Stadtteil Versalles ist dadurch berühmt geworden, dass sie am 29. April 1956 von Rebellen unter der Führung von Reinold T. García überfallen wurde. Inzwischen ist in das Militärgebäude das Centro Escolar mit seinen Unterrichtsräumen eingezogen. Eine Besichtigung ist daher nur von außen möglich.
Calle 61 esquina 260.

Castillo de San Severino: Die Festung an der Straße nach Havanna, die zu den größten spanischen Verteidigungsanlagen auf dem amerikanischen Kontinent zählt

und ursprünglich die Aufgabe hatte, die östliche Flanke Havannas vor Piraten-Angriffen zu schützen, hat eine dunkle Vergangenheit. Im Jahr 1693 begonnen und 1734 fertiggestellt, war das Castillo bis 1793 zunächst Zollstation. Danach sperrte man hier die Sklaven in dunkle Verliese, kaum dass sie mit den Schiffen in Cuba angekommen waren. 1821 machte man aus der Festung schließlich ein Gefängnis, in dem während der Unabhängigkeitskriege cubanische Freiheitskämpfer inhaftiert waren. Eine steinerne Gedenktafel, die im Dezember 1952 enthüllt wurde, zählt die Namen von 61 Personen auf, die in dem Castillo und an anderen Orten der Provinz Matanzas zwischen den Jahren 1895 und 1897 hingerichtet wurden. Auch nach der Revolution wurde San Severino noch bis 1986 als Gefängnis genutzt – für politische Häftlinge. Erst 1998 nahm man sich in Zusammenarbeit mit der UNESCO der Festung wieder an, renovierte die Anlage und richtete zudem das Museo de la Ruta de los Esclavos ein, das sich in drei Schauräumen mit der Geschichte der Sklaverei, des Sklavenhandels und archäologischen Funden aus der näheren Umgebung beschäftigt.
Di–Sa 9–16.30, So 9–12 Uhr. Eintritt 2 CUC, Fotoaufnahmen 5 CUC, Videoaufnahmen 50 CUC. Zona industrial.

Iglesia de Monserrate: Die ehemalige Einsiedelei, die zu Ehren der Jungfrau von Monserrat errichtet und am 8. Dezember 1875 mit einem großen Fest eingeweiht wurde, ist heute nur noch eine Ruine. Ein Besuch lohnt trotzdem, denn von keinem anderen Punkt Matanzas' aus hat man einen schöneren Blick auf die Stadt und das Tal von Yumurí. Den genießt man am besten bei einem Gläschen auf der Terrasse des „Ranchon El Valle", einem einfachen Peso-Lokal.
Calle 306.

Unterwegs in der Umgebung

Valle de Yumurí

Das Tal von Yumurí zählt neben dem Valle de Viñales in der Provinz Pinar del Río und der Gegend um El Yunque bei Baracoa zu den wohl spektakulärsten Landschaften Cubas. Zu einem ersten Blick auf das hügelige Weideland, die weiten Palmenhaine und die ausgedehnten Zuckerrohrfelder kommt man en passant auf der Carretera zwischen Havanna und Matanzas an dem Puente Bacunayagua. An der 300 Meter langen und mit 112 Metern höchsten Brücke Cubas, die gleichzeitig die Provinzgrenze darstellt, ist das Panorama einfach grandios. Wohl nicht zuletzt deshalb wurde hier, etwa 20 Kilometer nordwestlich von Matanzas, eine Aussichtsplattform geschaffen, die Touristen geradezu magisch anzieht. Seit einigen Jahren gibt es auf dem Mirador de Bacunayagua auch eine stark frequentierte Snack- und Cocktail-Bar der Palmares-Kette, die von beinahe keinem Reisebus ausgelassen wird. Noch schöner ist der Blick auf die Cuchilla de Habana-Matanzas, jene weite Tal-Pfanne, die schon Alexander von Humboldt im Jahr 1801 durchstreifte, von der Ermita de Monserrate in Matanzas aus. Auch dort wurden inzwischen zwei Lokale errichtet, die in erster Linie vom Ausblick auf die immergrüne Hochebene mit den schroffen Kalksteinwänden leben. So attraktiv und verlockend das vom Río Yumurí und dem Río Bacunayagua durchflossene Valle von beiden Punkten aus auch sein mag, von einer Tour durch das Tal ist dringend abzuraten. Kaum erschlossen, führen nur einige schmale Wege hindurch. Da alle Abzweigungen unbeschildert sind, hat man sich im grünen Nirgendwo schneller verirrt als einem lieb ist.
Mirador de Bacunayagua: Tägl. 8–20 Uhr. Vía Blanca km 180.

Yumurí – das Tal des Todes

Die Herkunft des außergewöhnlichen Namens für das ebenso außergewöhnliche Tal wird mit zwei Legenden erklärt. Beide stammen angeblich von den Ureinwohnern Cubas, und beide haben mit Tod und Verderben zu tun. „Yumurí" soll demnach von „yu murí" kommen und in der Sprache der Taíno so viel bedeutet haben wie „ich sterbe".

Die erste dieser Legenden berichtet von einem Indio-Stamm, dem prophezeit worden war, dass ein großes Unglück über ihn käme, sobald sich ein Mädchen des Dorfes namens Coalina jemals verlieben würde. Coalina, die von außergewöhnlicher Schönheit gewesen sein soll, wurde deshalb von ihrem Vater versteckt. Kein Fremder sollte sie je zu Gesicht bekommen, nur ihre Familie durfte sie sehen. Dennoch erzählte man sich alsbald im ganzen Land vom Liebreiz Coalinas, woraufhin sich Nerey, ein junger Taíno-Häuptling aus Camagüey, aufmachte, um die Schöne zu suchen. Es kam, wie es kommen musste. Nerey fand Coalina – für beide war es Liebe auf den ersten Blick. Doch dann habe, wie geweissagt, plötzlich von einer Sekunde auf die andere die Erde zu beben begonnen, die Berge von Matanzas hätten sich aufgetan, der Fluss sei über seine Ufer getreten, habe das Indio-Dorf zerstört und die Liebenden mit sich gerissen. Die letzten Worte Coalinas seien „yu murí" gewesen.

In der zweiten Sage heißt es, dass zur Zeit der spanischen Eroberer viele Indios ihr Dasein unter fürchterlichen Umständen fristen mussten. Grausame Folter, brutale Vergewaltigungen und blutige Gemetzel waren an der Tagesordnung – und zumindest so weit entspricht die Erzählung der Wahrheit. Viele Eingeborene suchten daher in dem Tal den Freitod anstatt der Willkür der Kolonialherren ausgeliefert zu sein und ihnen als Sklaven zu dienen. Sie erklommen dazu die mehr als 100 Meter hohen Kalksteinklippen, für die die Landschaft bis heute bekannt ist, und stürzten sich mit dem Schrei „yu murí" in den Abgrund.

Man weiß bis heute nicht, welcher der beiden Legenden mehr Glauben zu schenken ist oder ob beide der Indio-Phantasie entsprungen sind. Fest steht allerdings, dass früher im Tal von Yumurí und in der Gegend um Matanzas tatsächlich viele Taíno lebten.

Cuevas de Bellamar

Die Touristenattraktion, an der man kaum vorbeikommt, wenn man sich in Matanzas oder Varadero aufhält, liegt fünf Kilometer südöstlich der Stadt. Das insgesamt 23 Kilometer lange Höhlensystem, von dem knapp dreieinhalb Kilometer für die Öffentlichkeit zugänglich sind, gilt ob seiner Einmaligkeit inzwischen als nationales Denkmal. Entdeckt wurden die Cuevas de Bellamar im Jahr 1850 eher zufällig von einem Schäfer bei der Suche nach einem verlorenen Tier, besagt eine Legende. Dass 1861 chinesische Steinbrucharbeiter auf sie stießen, erzählt eine andere. Und dass sie ein Sklave des Großgrundbesitzers Don Manuel Santos Parga im Februar 1861 fand, ist die offizielle Version. Die Eisenstange, mit der er gearbeitet hatte, soll plötzlich in der Erde verschwunden sein. Daraufhin ließ der in Vivero bei La Coruña geborene Spanier den Ort von seinen Leuten genauer untersuchen, die das weit verzweigte unterirdische System schließlich entdeckten. Welche Geschichte auch stimmen mag: Heute gilt die Höhle als eine der größten und schönsten der Karibik.

Nachdem zunächst nur Wissenschaftler für ihre Forschungsarbeiten Zutritt hatten und dabei unter anderem Skelette prähistorischer Säugetiere gefunden worden waren, wurden die Cuevas de Bellamar im November 1963 auch für Besucher geöffnet. Und seitdem erfreut sich der Trip in das 300.000 Jahre alte unterirdische Kalkgestein, aus dem sich Stalagmiten und Stalaktiten herausgebildet haben, größter Beliebtheit. Die Höhlen, die etwa 30 Meter unter der Erde ausgewaschen wurden, tragen eigentümliche Namen, die sich allerdings selbst erklären, wenn man sich erst einmal in ihnen befindet. Die mit 75 Metern Länge und 27 Metern Breite größte von ihnen ist die sogenannte „Gotische Kammer". Eine 12,5 Meter hohe Säule, die etwa 40 000 Jahre alt sein soll, wird das „Cape von Kolumbus" genannt, weil sie wie ein ärmelloser Umhang aussieht. Weiter geht es durch den „Tunnel der Sünder", der so heißt, weil sich die Besucher darin nur gebückt bewegen können. Danach kommt man in den „Buddhistischen Tempel", in dem eine Gesteinsformation zu sehen ist, die einem sitzenden Buddha ähnelt. Dort findet man auch drei Quellen – die „Quelle der Liebe", die „Quelle der Ehescheidung" und die „Quelle der ewigen Jugend". Der Rundgang endet im „Bad der Amerikanerin", wo der Legende nach Anfang des vergangenen Jahrhunderts eine ausländische Schönheit gebadet haben soll, ehe sie plötzlich verschwand und nie wieder gesehen ward.

Die Cuevas de Bellamar sind recht leicht zu finden: Man nimmt in Matanzas die Hauptstraße in Richtung Varadero, überquert das Víaducto und biegt im Stadtteil Camilo Cienfuegos an der zweiten Oro negro-Tankstelle rechts in die Calle Levante ein. Ganz am Ende dieser Straße fährt man links, unterquert eine Eisenbahnbrücke und passiert die Empresa agropecuario militar provincial de Matanzas. Die Höhle ist nach insgesamt fünf Kilometern erreicht. Neben der eigentlichen Attraktion gibt es dort auch ein kleines Museum, in dem unter anderem ein Indio-Grab zu sehen ist, das Touristen-Restaurant „El Ranchón" sowie eine Peso-Bar und einen Souvenirladen.
Tägl. 9–18 Uhr. Eintritt 5 CUC, Fotoaufnahmen 5 CUC, Videoaufnahmen 5 CUC, Führungen (Dauer 45 Minuten) um 9.30, 10.30, 11.30, 13.15, 14.15, 15.15 und 16.15 Uhr. Finca La Alcancia, ✆ 253638, 253190.

Castillo de Morrillo

Die alte, völlig unscheinbare Festung, auf die nur zwei verrostete, auf die Bucht von Matanzas gerichtete Kanonen aufmerksam machen, liegt wenige Kilometer außer-

halb der Stadt nahe der Schnellstraße in Richtung Varadero, von der man unmittelbar vor der Brücke über den Río Canímar links abzweigt. Das zum nationalen Denkmal erklärte Castillo aus dem Jahr 1720 ist inzwischen ein Museum, das in erster Linie an den Studenten-Aufstand von 1934 erinnern soll. Zu jener Zeit hatte Antonio Guiteras Holmes, der in der Post-Machado-Ära immerhin Mitglied der Regierung war, im Untergrund die Revolutionsgruppe „Joven Cuba" („Junges Cuba") gegründet. Nachdem er vom damaligen Oberbefehlshaber des Militärs und späteren Diktator Fulgencio Batista aufgespürt worden war, kam er am 8. Mai 1935 nach Matanzas, um hier zusammen mit 18 seiner Gefolgsleute eine Möglichkeit zu finden, um auf dem Wasserweg nach Mexiko ins Exil zu gelangen. Noch bevor die Gruppe aber an Bord eines Schiffes gehen konnte, wurde sie von Batista-Truppen entdeckt. Guiteras wurde zusammen mit dem venezolanischen Revolutionär Carlos Aponte Hernández, der schon in Nicaragua an der Seite des ersten lateinamerikanischen Guerillaführers Augusto César Sandino gegen die nordamerikanischen Besatzer gekämpft hatte, an Ort und Stelle standrechtlich erschossen. An diesem Platz, der sich innerhalb des Castillos befindet, stehen heute Bronze-Statuen der beiden Männer. Das Obergeschoss des Museums ist der Geschichte der Indios gewidmet.
Di–So 9–16 Uhr. Eintritt 1 CUC. Carretera Varadero km 4,5.

Río Canímar

Der Fluss, der kurz hinter Matanzas in den Atlantik mündet, ist eines der Top-Ausflugsziele für Liebhaber unberührter Natur. Von der unterhalb der Schnellstraßen-Brücke nach Varadero gelegenen Snackbar aus kann man mit nagelneuen Yamaha-Motorbooten (für Selbstfahrer) oder einem größeren Ausflugsschiff zwölf Kilometer flussaufwärts tuckern und ist dabei mitten im cubanischen Dschungel. Am Ende der Tour wartet der kleine „Rancho Arboleda", wo man sich stärken und – wer will – zu Pferde noch tiefer in den Urwald vordringen kann. Für ein Motorboot bezahlt man pro Stunde 30 CUC, in den Hotels von Varadero werden aber auch verschiedene Ausflugspakete angeboten, die eine Fahrt auf dem Río Canímar enthalten. So gibt es beispielsweise die Río Canímar-Tour inklusive Schifffahrt und Mittagessen für 51 CUC oder eine Jeep-Safari, bei der man zunächst „off road" zwischen Varadero und Matanzas unterwegs ist, danach eine Runde durch die Provinzhauptstadt dreht und schließlich den Río Canímar befährt, inklusive Mittagessen auf dem „Rancho Arboleda" für 80 CUC.

Parque Turistico Río Canímar: Tägl. 8.30–17 Uhr. Carretera Varadero km 5. ℡ 261516, 281259, ℡ 253582, riocanimar@riocanimar.co.cu.

Ausflugsziel für Varadero-Urlauber: der Río Canímar

Cueva Saturno

Die Höhle, die man einen Kilometer hinter der Abzweigung zum Internationalen Flughafen von Varadero findet, steht zwar im Ruf, ein ideales Ziel für Schnorchler zu sein, tatsächlich ist sie aber sehr klein – der für Besucher zugängliche Teil misst gerade einmal 40 bis 50 Meter. Dennoch lohnt ein Besuch, allein des Naturerlebnisses wegen. Stalagmiten und Stalaktiten dieser Güte findet man nicht überall. Und außerdem kann man in der Grotte ein erfrischendes Bad nehmen. Das Wasser ist glasklar und immer 20 bis 24 Grad warm. In Pauschalangeboten, die man in Matanzas bei Infotur in der Calle 290 am Parque de la Libertad und in den Hotels von Varadero für 5 bzw. 7 CUC buchen kann, sind der Transfer zur Cueva Saturno, eine Führung, die (Schnorchel-)Ausrüstung, ein Besuch der wesentlich größeren Cueva Santa Catalina sowie das Mittagessen in der Snackbar „Saturno" enthalten.

Tägl. 8–18 Uhr. Eintritt inkl. Schnorchelausrüstung 5 CUC (bei eigener Anfahrt). Carretera Aeropuerto km 1, ✆ 253833.

Playa El Coral

Der Korallen-Strand zwischen Varadero (15 Kilometer) und Matanzas (22 Kilometer) nahe der Abzweigung zum Internationalen Flughafen „Juan Gualberto Gómez" verdankt seinem Namen einem vorgelagerten Riff. Die vor allem bei Cubanern hoch im Kurs stehende Bucht ist ein ideales Schnorchel-Revier. Das Wasser ist glasklar und schimmert in den verschiedensten Grüntönen. Am Tresen einer kleinen Strandbar kann man sich für 3 bis 5 CUC (je nach Dauer) eine Schnorchel-Ausrüstung ausleihen, bei einem kühlen Bier und einem herrlichen Blick auf den unendlichen Ozean die Seele baumeln lassen oder unter einem mit Palmwedeln gedeckten Sonnenschirm wunderbar relaxen.

Carretera vieja Varadero.

Varadero

Cubas berühmtester Ferienort braucht nicht viele Worte. Die Zahlen sagen alles: Mehr als 50 Hotels und Ferien-Resorts, mehr als 15.000 Gästezimmer und wöchentlich mehr als 100 Landungen von Flugzeugen aus – beinahe – aller Welt machen Varadero seit Jahren zur unumstrittenen Nummer eins der cubanischen Tourismusindustrie. Über 30 Prozent aller Cuba-Urlauber kommen für die angeblich schönsten Tage des Jahres sogar ausschließlich an die strahlend-weißen Strände der Hicacos-Halbinsel. Kein Wunder: Unter den tropischen Ferien-Paradiesen, die sich durch Sonne, Sand und Palmen auszeichnen, befindet sich Varadero auf Augenhöhe mit Cancún auf der mexikanischen Halbinsel Yucatán oder Punta Cana im Südosten der Dominikanischen Republik. Damit ist aber auch gesagt, dass der 8000-Seelen-Ort, der alljährlich von weit mehr als einer halben Million Touristen überschwemmt wird, auswechselbar ist. Wer Erholung am Meer sucht und bereit ist, sich zehn Stunden ins Flugzeug zu setzen, wird dennoch nicht enttäuscht sein. Für einen unbeschwerten Badeurlaub ist Varadero mit seinem 20 Kilometer langen Strand sicherlich eine gute Adresse. Mit Cuba hat das Ferienzentrum allerdings ebenso wenig zu tun wie der „Ballermann" mit Mallorca.

Mehr noch: Mit Otto Normalcubanern in Kontakt kommen zu wollen, ist in der Hotel-Zone von Varadero ein schier hoffnungsloses Unterfangen. Abgesehen vom

Personal in den Resorts, Restaurants und Diskotheken ist er hier nämlich eine so gut wie ausgestorbene Spezies. Innerhalb der Hotel-Zone der Halbinsel Hicacos gilt für Einheimische weitgehend „off limits". Wenngleich die cubanische Regierung zwar immer wieder propagiert, dass die Strände der Insel grundsätzlich für jedermann zugänglich seien, sieht die Praxis ganz anders aus: Sicherheitskräfte bewachen die Hotel-Zufahrten, Polizisten patrouillieren zwischen den Liegestühlen, Cubaner werden schon bei der Anreise nach Varadero regelrecht „gefilzt" und – besteht nur der leiseste Zweifel am Grund für einen Besuch des Touristenzentrums – oftmals zurückgewiesen. Anders ist es im alten Ortskern von Varadero, wo es mit Ausnahme des Museo Municipal zwar kaum lohnende Sehenswürdigkeiten, dafür aber umso mehr Einkaufsmöglichkeiten gibt. Entlang der Avenida 1ra, der Hauptstraße und gleichsam Lebensader der Stadt, wechseln sich Restaurants mit Märkten ab, kleine Bars mit Verkaufsständen, Autovermietungen mit Tourismusbüros – ganz so, wie man dies aus so vielen anderen Urlaubsdestinationen der Welt kennt, in denen man auf Massentourismus setzt.

Will man ein bisschen tiefer eintauchen in das Land und ein bisschen mehr Atmosphäre schnuppern, ist dies schon in den Ortschaften Santa Marta und Boca de Camarioca möglich, die ebenfalls zum Großraum Varadero zählen und in denen man tatsächlich noch das ursprüngliche Cuba antrifft – mit all seinen Unzulänglichkeiten und all seinen freundlichen Menschen. Und selbst die Provinzhauptstadt Matanzas und das etwas kleinere Cárdenas liegen mit Entfernungen von 30 bzw. elf Kilometer quasi vor der Haustür. Dort, in Cárdenas, sprechen viele Einwohner sogar ein recht passables Englisch, weil die meisten von ihnen in den Hotels von Varadero in Lohn und Brot und in täglichem Kontakt zu den Touristen stehen.

Träume in Weiß: die Strände Varaderos

Die Geschichte

Seinen Ursprung als Erholungsort hatte das bereits 1887 von einer zehnköpfigen Fischerfamilie gegründete Varadero im Jahr 1872, als die Spanier die Hicacos-Halbinsel während des Ersten Unabhängigkeitskriegs zum Rückzugsgebiet auserkoren hatten, von dem die Kämpfe weit genug entfernt waren. Die eigentliche Entwicklung hin zu einem Touristenzentrum begann allerdings erst 1930, als der US-amerikanische Industrielle Alfred Irénée Dupont de Nemours hier von den Nachfahren spanischer Siedler Grund erwarb. Von dem Architekten-Konsortium, das das Capitol in Havanna entworfen hatte, ließ er für die damals horrende Summe von 338.000 US-Dollar seinen Landsitz „Xanadu" bauen (seit 1963 Nobel-Restaurant und -Hotel) und gleichzeitig Golfclub, Flugplatz und Yachthafen errichten. Es dauerte nicht lange, bis es ihm andere wohlhabende Amerikaner gleichtaten und Varadero zur Sommerfrische für Millionäre wurde. Sogar Mafiaboss Al Capone und Diktator Fulgencio Batista mischten sich hier unter die Reichen und die Schönen – und unter die Spieler und Prostituierten, denn der Ort war sehr schnell zum Zentrum für Vergnügungen aller Art geworden.

Seine erste Blüte erlebte Varadero Anfang der 1950er Jahre, als man begann, immer mehr Hotels aus dem Boden zu stampfen, was das cubanische Seebad alsbald zum berühmtesten Ferienziel der Karibik machte. Mit dem Ende der Revolution fiel Varadero allerdings in einen Dornröschenschlaf, Tourismus galt von heute auf morgen als verpönt. Erst 30 Jahre später änderte Fidel Castro seine Haltung – wegen Devisenmangels. Sonnenhungrige Ausländer sollten Geld in die leeren Kassen des maroden Systems spülen. Der Plan ging auf: Heute kommen jährlich über eine halbe Million Urlauber in die vielen neuen oder zumindest von Grund auf renovierten Vier- und Fünf-Sterne-Häuser Varaderos. Auf dem Internationalen Flughafen „Juan Gualberto Gómez" starten und landen inzwischen mehr Maschinen aus Deutschland als in Havanna.

Hin & Weg

- *Bahn* In Varadero gibt es keinen eigenen Bahnhof. Züge verkehren ab/bis Matanzas und Cárdenas.
- *Bus* **Terminal** in der Calle 36 esquina Autopista Sur, ✆ 612626, 614886.
Viázul-Verbindungen: Havanna 4x tägl. 8.00, 11.40 + 18.00 Uhr über Matanzas (10 CUC). Trinidad 1x tägl. 7.30 Uhr über Santa Clara und Sancti Spíritus (20 CUC). Santiago de Cuba 1x tägl. 21.30 Uhr über Santa Clara, Sancti Spíritus, Ciego de Ávila, Camagüey, Las Tunas, Holguín und Bayamo (49 CUC).
Astro-Verbindungen: Havanna 1x tägl. 8.20 Uhr über Matanzas. Santa Clara 1x tägl. 14.15 Uhr über Cárdenas, Jovellanos, Perico, Colón und Los Árabos. Darüber hinaus verkehren regelmäßig Busse nach Matanzas und Cárdenas.

- *Flugzeug* Internationaler Flughafen **„Juan Gualberto Gómez"** südwestlich von Varadero nahe der Hauptstraße zwischen Matanzas und Varadero, ✆ 613016, 612133. Verbindungen: Neben der staatlichen Cubana de Aviación (ab/bis Buenos Aires und Toronto) sowie verschiedenen kanadischen Ferienfliegern landen auf dem Airport auch die holländische Martinair (ab/bis Amsterdam) sowie die deutschen Chartergesellschaften Condor (ab/bis Frankfurt und München) und LTU (ab/bis Düsseldorf).
- *Schiff* **Marina Gaviota** an der Carretera Las Morlas km 21, ✆ 667755, ✉ 667756. **Marina Chapelín** an der Autopista del Sur km 12, ✆ 667550, 667800, ✉ 667093. **Marina Dásena de Varadero** an der Vía Blanca, ✆ 668063, 668064, 614453, ✉ 614448.

Varadero

- *Auto* Für das Befahren der Vía Blanca von Varadero in Richtung Matanzas wird am Kontrollpunkt 7 km nach bzw. vor dem Canal Kawama eine Maut von 2 CUC verlangt (einfache Strecke). Auch wer von Varadero aus nur zum Flughafen oder zur Cueva Saturno möchte, wird zur Kasse gebeten. Die Straße nach Cárdenas ist dagegen mautfrei.

Auf einen Blick

Telefon-Vorwahl: 045
(für die gesamte Provinz)

- *Apotheke* **Servimed Farmacia Internacional**, tägl. 9–19 Uhr, Plaza Las Américas e/ Avenida Las Américas y Calle 61. **Farmacia Kawama**, tägl. 9–19 Uhr, Calle 8, ℡ 614470.
- *Ärztliche Versorgung* **Clínica Internacional Servimed**, tägl. 24 Std., Avenida 1ra esquina Calle 60, ℡ 667710, 667711. **Policlínico Dr. Mario Muñoz Monroy**, tägl. 24 Std., Calle 27 esquina Avenida 1ra, ℡ 613464.
- *Autovermietung* **Havanautos**, Avenida Kawama e/ 8 y 9, ℡ 613733. **Transtur**, Calle 10 Nr. 703, ℡ 613149. **Cubacar**, Calle 32 Nr. 108 e/ 1ra y 3ra, ℡ 611819. **Micar**, Avenida 1ra esquina Calle 20, ℡ 611808. Alle Leihfirmen unterhalten auch Stationen am Flughafen sowie Büros in den meisten Hotels.
- *Banken* **Banco Financiero Internacional**, Mo–Fr 9–15 Uhr, Avenida 1ra e/ 32 y 33, ℡ 667002; Mo–Fr 9–12 + 13–18 Uhr, Zweigstelle Plaza Las Américas e/ Avenida Las Américas y Calle 61, ℡ 668272.
Banco Popular de Ahorro, Mo–Fr 8.30–16 Uhr, Calle 36 e/ Avenida 1ra y Autopista Sur.
Banco de Crédito y Comercio, Mo–Fr 8.30–15, Sa 8.30–11 Uhr, Avenida 1ra esquina Calle 36.
Cadeca, Mo–Sa 8.30–18, So 8.30–12 Uhr, Avenida de la Playa e/ 41 y 42.
Im Übrigen: Varadero ist Euro-Zone, Geldumtausch im Grunde also nicht notwendig – sofern man sich nur in den Hotels aufhält.
- *Feste* Immer im Juni, beginnend am letzten Wochenende, wird eine Woche lang der traditionelle **Karneval** gefeiert, ist hier allerdings eher eine touristisch angelegte Attraktion und längst nicht so bunt wie in Havanna oder Santiago de Cuba.
- *Freizeit* **Tauchen**: Varadero verfügt über 32 ausgezeichnete Tauchplätze in der Bucht von Matanzas und im westlichen Teil des Archipels Sabana-Camagüey. Für Taucher ein Muss: „Los Ojos del Megano" („Die Augen von Megano"), eine riesige Unterwasserhöhle mit rund 70 m Durchmesser, und der Meerespark Cayo Piedras del Norte, der acht nautische Meilen nordöstlich von Varadero liegt und in dem man zwischen den Überresten einer versunkenen Yacht, einem Kanonenboot, einer 102 m langen Fregatte und einem abgestürzten Verkehrsflugzeug taucht. Es gibt verschiedene Tauchzentren, die auch Kurse anbieten. Ein Tauchgang kostet 50 CUC, Nachttauchen 55 CUC, Höhlentauchen 60 CUC, Tauchkurse 220–365 CUC.
Centro Internacional de Buceo Barracuda, Calle 59 y 1ra. ℡ 613481, 667072, ℻ 667072, comercial@barracuda.var.cyt.cu, www.aquaworldvaradero.com.
Acua Sports, Camino del Mar e/ 9 y 10. ℡ 667166, 614792. Coral, Avenida Kawama 201 e/ 2 y 3, ℡ 668063, 668064.
Marina Chapelín, Autopista del Sur km 12, ℡ 667550, 667800, ℻ 667093.
Bootsausflüge: Von der Marina Chapelín laufen Katamarane aus, die Touristen zur der Halbinsel Hicacos vorgelagerten Cayo Blanco bringen. Im Preis von 75 CUC sind Schnorcheln, das Mittagessen am Strand (Meeresfrüchte-Menü) und alle Getränke enthalten. Unbedingt machen! Die kleine Insel ist ein karibischer Traum. Autopista del Sur km 12. ℡ 667550, 667565, comercial@marlinv.var.cyt.cu.
Golf: 18-Loch-Golfplatz (PAR 72, 6269 m) in der Avenida Las Américas. ℡ 668482, 667388, ℻ 668481, varaderogolfclub@enet.cu, www.varaderogolfclub.com.
Reiten: Centro Hípico, Vía Blanca km 31, ℡ 667799.
Fallschirmspringen: Centro Internacional de Paracaidismo, Vía Blanca, ℡ 667256.
Bowling: Complejo Recreativo Récord, tägl. 12–20 Uhr, Avenida de la Playa esquina Calle 46.
Minigolf: El Golfito, tägl. 8–22 Uhr, Eintritt 3 CUC, Avenida 1ra y Calle 42. An einer kleinen Bar gibt es Cocktails für 1,65 CUC.
- *Internet* In allen Hotels gegen Gebühr verfügbar.
- *Kinder, Kinder* **Vergnügungspark** mit Achterbahn, Autoskooter, Riesenrad, Kinderkarussells, Snackbars und Restaurants in der Calle 54 y Autopista del Sur. Alle Fahrgeschäfte verlangen 1 CUC pro Fahrt.

Provinz Matanzas Karte S. 349

Kinderspielplatz mit Karussells und anderen Spielgeräten in der Calle 30 esquina Avenida 3ra. Tägl. 9–21 Uhr, Eintritt 1 CUC.
- *Notruf* **Polizei**, ✆ 106. **Feuerwehr**, ✆ 105. **Ambulanz**, ✆ 291532.
- *Postleitzahl* 42200
- *Post* Tägl. 8–19 Uhr, Avenida 1ra y Calle 64.
- *Shopping* Die **Plaza Las Américas (14)**, mit ihren Boutiquen (Gucci etc.), Sportgeschäften, Zigarren-Shops, Bars, Restaurants, Banken, Postamt und Autovermietungen ist für eine ausgedehnte Einkaufstour einfach erste Wahl. Autopista del Sur.

Casa del Habano ist eine der guten Adressen für Zigarren-Raucher und -Käufer. Tägl. 9–19 Uhr. Avenida 1ra y 64, ✆ 667843.

Casa del Ron bietet eine Auswahl von 74 Rum-Sorten, die vor dem Kauf in einer kleinen Bar probiert werden können. Avenida 1ra y 64.

Kawama Sport verkauft alles, was man zum Strandvergnügen braucht, sowie Sportartikel. Avenida 1ra esquina Calle 60.

Galería de Arte Varadero ist ein Laden für Liebhaber von antikem Schmuck, angelaufenem Silber und angestaubten Ölgemälden – aber alles echt, weshalb auch Ausfuhrgenehmigungen notwendig sind. Tägl. 9–19 Uhr. Avenida 1ra e/ 59 y 60.

Centro Comercial Todo en Uno verkauft vor allem Bekleidung aller Art. Calle 54 e/ 1ra y Autopista del Sur.

Plaza Caracol ist ein kleines Shopping-Center mit mehreren Geschäften, dessen Angebot ausschließlich auf den Bedarf von Urlaubern ausgerichtet ist. Avenida 1ra e/ 53 y 54.

Feria Los Caneyes – noch ein Markt, in dem an Ständen Kunsthandwerk, Gemälde und Lederwaren angeboten werden. Tägl. 9–19 Uhr. Avenida 1ra y 51.

Feria de Artesanos, ebenfalls ein kleiner Markt, in dem man Kunsthandwerk, Lederwaren und T-Shirts erstehen kann. Tägl. 9–21 Uhr. Avenida 1ra y Calle 47.

Bazar Varadero empfiehlt sich, wenn man Keramik-Arbeiten, Reproduktionen berühmter Gemälde, Wandbehänge, T-Shirts oder Bücher sucht. Tägl. 9–19 Uhr. Avenida 1ra esquina Calle 44.

El Encanto, ein Laden der Tiendas-Americanas-Kette, verkauft Klamotten und allerlei Krimskrams. Avenida 1ra y 42.

Mercado Artisan wird täglich zwischen der Avenida 1ra und dem Parque Josone aufgebaut – kleine Stände mit Souvenirs, Kunsthandwerk, Kleidung und Lederwaren.

Galería de Arte Sol y Mar bietet diverse Gemälde, Fotoarbeiten und Souvenirs. Tägl. 9–18 Uhr. Avenida 1ra esquina Calle 34.

Casa de Tobaco ist ein „tiefgekühlter" Laden, in dem fachkundiges Personal erstklassige Zigarren verkauft. Tägl. 9–19 Uhr. Avenida 1ra y Calle 27. Den zweiten Zigarren-Shop findet man in einem kleinen **Einkaufszentrum**, in dem es auch das Restaurant „La Vega", eine Cafetería und eine Drogerie gibt. Tägl. 9–21 Uhr. Avenida de la Playa y Calle 31.

Gran Parque de la Artesanía ist der wohl größte Markt in Varadero. Dutzende von Händlern bieten das an, was zu Hause unter dem Begriff „Staubfänger" läuft. Auch wenn das Angebot nicht außergewöhnlich ist, ein Bummel über den Markt macht trotzdem Spaß. Tägl. 8–20 Uhr. Avenida 1ra e/ 15 y 16.

ARTex verkauft CDs, Musik-Cassetten und T-Shirts. Tägl. 9–21 Uhr. Avenida 1ra esquina Calle 12.

Tiendas Caracol führt das übliche auf Touristen ausgerichtete Sortiment von der Sonnencreme bis zum T-Shirt. Avenida Kawama y Final (beim Hotel „Club Karey").

- *Taxi* **Transtur**, ✆ 614444. **Taxi OK**, ✆ 611616. **Cubataxi**, ✆ 610555. **Transgaviota**, ✆ 619762.
- *Tourist-Information* **Rumbos**, tägl. 8–20 Uhr, Avenida 1ra esquina Calle 13, ✆ 612384– sowie in den meisten Hotels. **EcoTur**, tägl. 8–20 Uhr, Calle 26 e/ 2da y 3ra, ✆ 614884. **Cubatur**, tägl. 8.30–12.30 + 13.30–20.30 Uhr, Avenida 1ra esquina Calle 33, ✆ 667216, 667217. **Havanatur**, tägl. 8–18 Uhr, Avenida e la Playa e/ 36 y 37, ✆ 667026, 667027.

Essen & Trinken (siehe Karte S. 366/367)

- *Restaurants* **Las Américas (9)**, die unumstrittene Nummer eins in Varadero und für cubanische Verhältnisse ein wirklicher Gourmet-Tempel, residiert in Duponts früherer Villa Xanadu. Die teilweise im Original erhaltene Möblierung schafft den stilvollen Rahmen für das, was den Begriff Dinner verdient. Die Palette an Weinen und Cocktails ist entsprechend. Bedient wird in Schwarz-Weiß, so dass man auch von den Gästen erwartet, nicht in Shorts und Flip-Flops anzutanzen. Avenida Las Américas, ✆ 667750.

Einkaufszentrum europäischen Zuschnitts: die Plaza Las Américas

Chez Plaza (15), ein kleines Restaurant mit viel Charme und traumhaftem Meerblick von der Terrasse, befindet sich im ersten Obergeschoss des Shopping-Centers Plaza Las Américas. Die Karte weist Paellas von 6,50–7,90 CUC aus, als Spezialität gelten allerdings Seafood und Fischgerichte ab 7,90 CUC. Tägl. 12–18 Uhr. Plaza Las Américas.

Pizza Nova (16) ist eine Schnell-Pizzeria in der 2. Etage des Shopping-Centers Plaza Las Américas. Jede Pizza gibt es in drei verschiedenen Größen, die Preise beginnen bei nicht gerade günstigen 5,55 CUC. Den herrlichen Blick von der Terrasse auf das türkisfarbene Meer muss man offensichtlich mitbezahlen. Tägl. 11–23 Uhr. Plaza Las Américas.

El Mesón de Quijote (36), ein rustikales Restaurant auf einem kleinen Hügel gegenüber dem Hotel „Villa Cuba", kocht bodenständig. Es gibt Schweinesteaks (3,95 CUC), Hähnchen in Knoblauchsauce (3,85 CUC), eine Paella mit dem beziehungsreichen Namen „Dulcinea" (4 CUC) sowie Langusten (ab 12 CUC). Das Lokal ist nicht zu verfehlen: Davor steht eine Metall-Installation, die Don Quijote, auf einen Wasserturm zureitend, darstellt. Tägl. 12–24 Uhr. Avenida Las Américas.

La Barbacoa (78), ein Grill-Restaurant mit Steaks bis zum Abwinken, lädt zum Essen auf einer großen Veranda ein. Es gibt sogar Filet vom Rind (9 CUC) und Chateaubriand (18 CUC). Normale Menüs beginnen bei 4,50 CUC. Tägl. 12–23 Uhr. Avenida 1ra esquina 64.

Mallorca (85), gegenüber dem Hotel „Cuatro Palmas" und im Stil einer Bodega gestaltet, bietet schwerpunktmäßig – was wohl? – Paella; serviert werden vier Varianten von 4,50 CUC (vegetarische Paella) bis 15,50 CUC (für 2 Personen). Absoluter Hit ist die „Paella Mallorca", die mit Languste, Garnelen und Hähnchen auf den Tisch kommt – superlecker! Auf der Karte stehen auch viele Fischgerichte und Seafood. Auf der Terrasse an der Hauptstraße gibt es zudem eine kleine Bar. Tägl. 12–23 Uhr. Avenida 1ra esquina 62, ✆ 667746.

La Fondue – La Casa del Queso Cubano (88), ebenfalls gegenüber dem Hotel „Cuatro Palmas", überrascht mit ausgezeichneter Schweizer und französischer Küche (Filetsteak mit Parmesan 6,75 CUC). Natürlich gibt es auch Fleisch- und Käsefondues zu 10 bzw. 7 CUC – sonst würde der Name ja keinen Sinn machen. Der Weinkeller ist von erlesener Qualität. Tägl. 12–23 Uhr. Avenida 1ra esquina 62, ✆ 667747.

Albacora (77) serviert (fast) ausschließlich Meeresfrüchte – ein Schlemmerparadies für Seafood-Fans. Man sitzt auf einer großen

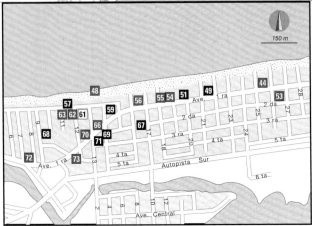

Übernachten
1 Paradisus Varadero
2 Coralia Playa de Oro
3 Iberostar Varadero
4 Sandals Royal Hicacos
5 RIU Las Morlas
6 Playa Varadero 1920
8 Iberostar Los Taínos
9 Mansión Xanadu
11 Brisas del Caribe
12 Meliá Las Américas
13 Meliá Varadero
14 Melia Las Antillas
17 Blau Varadero
20 Club Amigo
22 Arenas Doradas
23 Sol Palmeras
24 RIU Turquesa
25 Tuxpan
26 Internacional Resort
28 Breezes
29 Tryp Peninsula
30 Playa Alameda
31 Villa Cuba
32 Playa Caleta
33 Sol Sirenas-Coral
34 Barceló Solymar
35 Club Puntarena
37 Princesa del Mar
39 Club Karey
40 Club Kawama
41 Barceló Marina Palace
42 Herradura
49 Club Tropical
50 Los Delfines
51 Oasis
57 Club Barlovento
59 Sotavento
67 Sunbeach
68 Villa Tortuga
69 Varazul
71 Acuazul
74 Mar del Sur
76 Villa La Mar
80 Cuatro Palmas
82 Dos Mares
83 Arenas Blancas
89 Pullmann
92 Palma Real

Essen & Trinken
9 Las Américas
15 Chez Plaza
16 Pizza Nova
36 El Mesón de Quijote
38 La Casa de Al
43 El Rápido
44 Steakhouse El Toro
45 Capri
46 Doñanelli
47 El Bodegón Criollo
48 La Taberna
52 La Vicaria
53 Guamairé
54 Lai-Lai
55 El Criollo
56 Ranchón de Playa Bellamar
58 El Bodegoncito
60 La Vega
62 Arrecife
63 Mi Casita
64 Esquina Cuba
65 El Idilio
66 Parrillada Calle 13
70 Casa del Chef
72 La Sangria
73 Castel Nuovo
77 Albacora
78 La Barbacoa
79 Ranchón El Compay
81 El Rancho
84 Cafetería Aladino
85 Mallorca
87 Antigüedades
88 La Fondue - La Casa del Queso Cubano
90 El Retiro
91 Dante
94 La Campana

Nachtleben
7 Club Mambo
10 Bar Mirador
18 Palacio de la Rumba
19 Cueva del Pirata
21 La Bamba
26 Continental
27 Habana Café
61 Bar Benny
75 La Red
86 Snackbar Calle 62
92 Havana Club
93 La Comparsita

Sonstiges
15 Plaza Las Américas

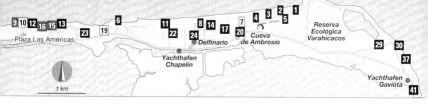
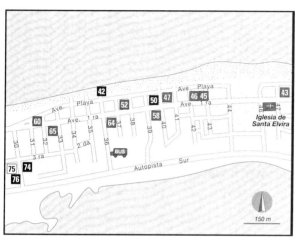
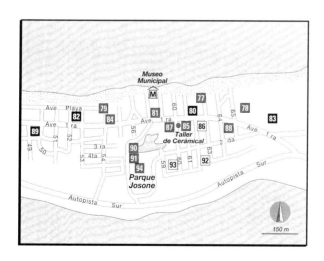

Varadero

Terrasse unter einem Dach aus Blättern, genießt den Blick aufs Meer und mehr ... Die Paella mit Meeresfrüchten für 12 CUC (für 2 Personen) etwa oder Tintenfisch in kreolischer Sauce für 5 CUC. Tägl. 9.30–21.30 Uhr. Calle 59 y Playa, ✆ 613650.

El Retiro (90), ein gehobenes und deshalb auch nicht ganz billiges Restaurant im früheren Herrenhaus von José und Onelia Fermin im Parque Josone, kocht international. Auf der Karte finden sich Langusten (17–28 CUC) ebenso wie Paella (18 CUC) und Chateaubriand (18 CUC). Beeindruckend ist das Angebot an Weinen aus Spanien, Chile und Italien. Teuerste Flasche ist ein Pinot Grigio für 51 CUC. Tägl. 11–23 Uhr. Calle 56 y 1ra, Parque Josone. ✆ 667316, comercial@josone.var-cyt.cu.

Dante (91), ein italienisches Restaurant mit sehr angenehmer Atmosphäre, findet man im Parque Josone direkt neben dem „El Retiro". Die Speisen, die sich keineswegs auf Pizzen beschränken, werden u. a. auf einer kleinen Terrasse am See serviert – wenn man dort einen Platz bekommt. Besonders empfehlenswert sind die Pastagerichte. Tägl. 12–23 Uhr. Calle 56 y 1ra, Parque Josone. ✆ 667316, comercial@josone.var-cyt.cu.

La Campana (94), mitten im Parque Josone in einer Hazienda aus dem Jahr 1946 eingerichtet, serviert kreolische Speisen für ca. 10 CUC. Als Spezialität gilt „Ropa vieja" („alte Kleidung"), ein Rindfleisch-Frikassee, zu dem Reis und Salate gereicht werden. Tägl. 12–24 Uhr. Calle 58 y 1ra. ✆ 667224, comercial@josone.var-cyt.cu, www.palmarescuba.com.

Antigüedades (87), neben dem Parque Josone gelegen, ist ein cubanisches Luxus-Restaurant, das gleich hinter dem „Las Américas" rangiert. Die Leckerbissen werden – wie der Name sagt – in einer Umgebung von Antiquitäten aus dem 19. Jh. serviert. Die Wände sind mit antiken Uhren und mindestens ebenso alten Fotografien, unter anderem von Clark Gable und anderen Hollywood-Größen, förmlich tapeziert. So sehenswert das Lokal ist, so vorzüglich ist die Küche. Das Filet Mignon (14 CUC) ist sehr empfehlenswert, Fische und Meeresfrüchte (gemischte Platte 25 CUC) aber sind die eigentliche Spezialität des Hauses. Allerdings muss man genügend Zeit mitbringen, das Essen lässt mitunter gehörig auf sich warten. Und außerdem verrechnet sich das Personal gern – zu seinen Gunsten. Tägl. 12–22 Uhr. Avenida 1ra equina 59. ✆ 667329, antiguedades@varadero.var.cyt.cu.

El Rancho (81) liegt gegenüber dem Nord-Eingang des Parque Josone. Das rustikale Lokal, das einem Ranch-Haus nachempfunden ist, bietet u. a. Schweinesteaks (4,50 CUC), Fischgerichte (um 6 CUC) und auch Garnelen in Knoblauchsauce (15 CUC). Tägl. 11–22 Uhr. Avenida 1ra y 58.

Ranchón El Compay (79), ist ein nettes, rund um die Uhr geöffnetes Strand-Restaurant. In dem gelb-blau gestrichenen Häuschen sind die Tische kariert gedeckt. Serviert werden u. a. Steaks (2,60 CUC), Fischfilet (7 CUC), Langusten (16 CUC) – und daneben Sandwiches und Hamburger für den kleinen Hunger zwischendurch. Tägl. 24 Std. Avenida de la Playa y 54.

Cafetería Aladino (84), gehört zum Komplex Mediterraneo. Für einen schnellen Snack oder ein kühles Getränk ist das kleine Lokal sicherlich keine schlechte Wahl. Tägl. 24 Std. Avenida 1ra y 54.

El Rápido (43), der viel besuchte Cuba-Mac, liegt in Varadero gegenüber der Kirche Santa Elvira. Das Angebot ist Rápido-typisch – Pizza, Spaghetti, Sandwiches. Tägl. 24 Std. Avenida 1ra y 47.

Capri (45), die wahrscheinlich preisgünstigste Pizzeria in Varadero, findet man in Strandnähe. Neben Pizza (0,50–1,50 CUC) stehen auch Spaghetti (0,80–1,85 CUC) und Hamburger (1 CUC) auf der Karte. Bier kostet 1 CUC, nichtalkoholische Erfrischungsgetränke 0,60 CUC. Tägl. 7–22 Uhr. Avenida de la Playa y 43, ✆ 612117.

El Bodegón Criollo (47) erinnert mit den Graffitis an den Wänden sehr an die „Bodeguita del Medio" in Havanna. Allerdings ist hier das Essen besser (es gibt auch frischen Hummer), sind die Preise niedriger, und nicht zuletzt diniert man auch noch mit Meerblick. Der Strand ist in Olivenkern-Spuckweite. Dem Namen entsprechend, kocht die Küche gerne kreolisch – und vor allem sehr gut. Auf der Karte stehen gegrillte Schweinesteaks (5,25 CUC), Rinderfilet (12 CUC) und Langusten (15,25 CUC). Ein Komplett-Menü wird für 13,50 CUC serviert. Beachtlich ist die Weinauswahl aus cubanischen, chilenischen und spanischen Anbaugebieten. Eine Flasche kostet 12–22 CUC. Tägl. 12–23 Uhr. Avenida de la Playa esquina 40, ✆ 667784.

El Bodegoncito (58), ein einfaches Lokal an der Hauptstraße, verkauft in erster Linie

Snacks. Man bekommt jedoch auch Hähnchen (3,45 CUC) oder eine gemischte Grillplatte (5,80 CUC). Tägl. 10–23 Uhr. Avenida 1ra y 40.

La Vicaria (52) ist eines der beliebtesten Restaurants der Stadt – nicht nur weil, wie in all diesen Lokalen der Palmares-Kette, zum Hauptgang (hauptsächlich Schweinefleisch- und Hähnchengerichte) ein Gratis-Drink kredenzt wird. Auch Service und Preise (normale Speisen ca. 3,75 CUC, Hummer 12,95 CUC, Bier 1 CUC, Glas Wein 1,50 CUC) sind in Ordnung. Tägl. 12–22.45 Uhr. Avenida 1ra esquina 38, ✆ 614721.

Esquina Cuba (64), eines der traditionsreichsten Lokale in Varadero, ist vor allem wegen seines Stammgastes Compay Segundo („Buena Vista Social Club") berühmt. Den Stuhl, auf dem die „Seele" der weltbekannten Gruppe immer saß, hat man im Foto-Motiv in einer Ecke aufgestellt. Das gepflegte Restaurant lohnt einen Besuch aber nicht nur deshalb, auch das Essen kann sich sehen lassen und die Preise obendrein. Menüs (Fisch oder Fleisch) gibt es ab 6 CUC, andere Gerichte von 5–10 CUC. Angeschlossen ist die Bar „La Guantanamera" – für den Absacker. Tägl. 12–23 Uhr, Bar 10–24 Uhr. Avenida 1ra esquina 36, ✆ 614019.

El Idilio (65) ist eines der ganz seltenen Peso-Lokale in Varadero und daher preislich kaum zu schlagen. Auf einer Terrasse an der Avenida 1ra werden Grillhähnchen (27 CUP/ca. 1,12 CUC), Steaks (25 CUP/ca. 1 CUC) und frischer Fisch (20,60 CUP/ca. 0,85 CUC) serviert. Eine Flasche Rum gibt es für 60 CUP/ca. 2,50 CUC. Tägl. 24 Std. Avenida 1ra y 32, ✆ 662127.

La Vega (60), ein edles cubanisches Restaurant mit dunklem Holz-Interieur, schweren Ledersesseln und viel Atmosphäre, ist ein wirklich besonderer Ort. Die Karte des in einem Shopping-Komplex mit Zigarrengeschäft und Drogerie untergebrachten Lokals passt durchaus dazu: einen Gemüseteller vorneweg, als Hauptgang Meeresfrüchte oder Paella, hinterher Karamell-Pudding – die Menüs können sich allesamt sehen und schmecken lassen. Im Obergeschoss des einem Tabak-Farmhaus nachempfundenen Gebäudes gibt es – sehr stilvoll – eine Lounge mit Meeresblick für die Zigarre danach ... Tägl. 12–23 Uhr. Avenida de la Playa esquina 31, ✆ 614719.

FM – typisch cubanische Snackbars mit jeder Menge Sandwiches und Hamburgern bis maximal 1,80 CUC und Cocktails für 1,70 CUC finden sich mehrfach entlang der Avenida 1ra. Tägl. 10–22 Uhr.

Guamairé (53) hebt sich von den anderen Lokalen in Varadero schon durch seine Speisekarte ab: Spezialität des Hauses ist gebratenes Krokodil im eigenen Saft für 9,95 CUC. Daneben werden cubanische Gerichte und Meeresfrüchte (5,95 CUC) serviert. Weinliebhaber schätzen die große Auswahl durchaus akzeptabler Tropfen, die Flasche kostet um 6 CUC. Tägl. 12–22 Uhr. Avenida 1ra e/ 26 y 27, ✆ 611893.

Steakhouse El Toro (44) – wer „pfundige" Steaks in allen Variationen liebt, die über den Tellerrand hängen und zudem preisgünstig sind, ist hier richtig. Das 332-Gramm-Stück etwa kostet 3,75 CUC. Daneben gibt es Hähnchensteaks für 2,50 CUC oder Garnelen vom Grill für 17,50 CUC. Besonders empfohlen wird „Mar y Tierra" („Meer und Erde"), eine Platte mit Filet Mignon, Garnelen und Hummer für 27 CUC. Tägl. 12–23 Uhr. Avenida 1ra esquina Calle 25.

Doñanelli (46), eine kleine Snackbar der landesweiten Kette, hat erwartungsgemäß das gleiche Angebot wie ihre zahllosen Schwestern und Brüder in Cuba: Kuchen, Snacks und Getränke. Tägl. 24 Std. in der Sommersaison, 8–23.30 Uhr in der Wintersaison. Avenida 1ra y 24, ✆ 611450-103. Das zweite Doñanelli-Lokal (tägl. 8–18 Uhr) findet man an der Ecke Avenida 1ra y 43.

El Criollo (55) ist der cubanische Klassiker auf der Halbinsel. Natürlich kocht man kreolisch – Hähnchen, Schweinefleisch und – die Hausspezialität – Rindfleischplatten. Gegessen wird auf einer Terrasse an der viel befahrenen Hauptstraße, die Preise halten sich in Grenzen. Für Menüs nimmt man 4,95 CUC, für ein halbes Hähnchen 2,85 CUC, Langusten kosten 12 CUC. Tägl. 12–23 Uhr. Avenida 1ra esquina 18.

Lai-Lai (54), der örtliche Chinese, der in einem alten Gutshaus am Strand residiert, serviert jene Speisen, die man von den rotgoldenen Ess-Tempeln hierzulande kennt – allerdings schmecken sie nicht ganz so. Ein mehrgängiges Menü kostet 5,50–8 CUC. Im Obergeschoss befinden sich zwei Räumlichkeiten für kleinere Gruppen oder Familien ab vier Personen. Nach dem Essen kann man die angeschlossene Karaoke-Bar besuchen, die bis 2 Uhr geöffnet ist. Tägl. 10.45–23 Uhr. Avenida 1ra esquina 18, ✆ 667793.

Ranchón de Playa Bellamar (56) gegenüber dem Hotel „Sunbeach" ist ein kleines, aber feines Restaurant in einer großen, Stroh gedeckten Hütte mit sehr zivilen Preisen. Ob Garnelen, Koteletts oder Fischfilet – kaum ein Gericht kostet mehr als 5 CUC. Nur für den Hummer vom Grill nimmt man 12,95 CUC. Tägl. 10–24 Uhr. Avenida 1ra e/ 16 y 17.

La Taberna (48), ein kleines China-Restaurant in Strandnähe, bringt neben asiatischen Gerichten (um 3 CUC) auch Hamburger (1 CUC), Pizza (1,25 CUC) und Hähnchen (2,70 CUC) auf den Tisch. Tägl. 11–23 Uhr. Camino del Mar e/ 13 y 14.

Parrillada Calle 13 (66) – schon der Name („Die Grillplatte") verrät, worum es in dem Garten-Restaurant gegenüber dem Hotel „Acuazul" geht. Vom Grill kommen Langusten (13 CUC), halbe Hähnchen (3,50 CUC), Garnelen (4,50 CUC). Daneben gibt es Frühstück mit Sandwich (2 CUC) und Kaffee (0,25 CUC). Tägl. 8–23 Uhr. Avenida 1ra y 13.

Arrecife (62), ein sehr sauberes und appetitlich anmutendes Restaurant, liegt direkt neben dem „Bar Benny" mit Blick aufs Meer. In erster Linie bietet Seafood auf der Karte, komplette Menüs kosten 3,40–9,95 CUC. Tägl. 12–23 Uhr. Camino del Mar esquina 12, ✆ 668563.

Mi Casita (63) ist ein gepflegtes, kleines Restaurant, dessen großer Pluspunkt ein Freisitz direkt am Meer ist. Hinzu kommt, dass auch die Steaks und Meeresfrüchte wirklich in Ordnung sind. Insgesamt guten Gewissens zu empfehlen. Tägl. 11–23 Uhr. Camino del Mar e/ 11 y 12, ✆ 613787.

Casa del Chef (70) neben dem Hotel „Acuazul" bringt cubanische Spezialitäten und Pizzen auf den Tisch. Das Langusten-Menü kostet 13 CUC, andere Speisen 5–6 CUC. Dazu wird auch Wein gereicht, das Glas zu 1,20 CUC, die Flasche für 7,20 CUC. Tägl. 12.30–15.30 + 18.30–22 Uhr. Avenida 1ra y 12, ✆ 613606.

Castel Nuovo (73) mit zwei Marmorlöwen, die den Eingang bewachen, ist im Grunde genommen nichts anderes als eine – vielleicht etwas schickere – Pizzeria, in der aber auch Fleischgerichte serviert werden. Komplette dreigängige Menüs gibt es ab 6,95 CUC, Spaghetti von 2,50–6,50 CUC (mit Garnelen), Pizzen von 3,50–8,95 CUC (mit Hummer). Die vegetarische Pizza kostet 3,50 CUC. Tägl. 12–23 Uhr. Avenida 1ra Nr. 503 esquina 11, ✆ 667845.

La Sangria (72) ist ein kleines, recht einfaches Restaurant am westlichen Ende der Hauptstraße. Im unteren Bereich neben der Bar gibt es fünf Tische, eine Treppe höher zwei Räume für Gruppen. Serviert werden italienische und kreolische Küche sowie Meeresfrüchte. Ein Teller Nudeln kostet 2 CUC, Pizzen 2,50–5,95 CUC, Langusten ab 13,25 CUC. Tägl. 12–24 Uhr. Avenida 1ra e/ 7 y 8.

La Casa de Al (38), in der früheren „Villa Punta Blanca" zu Hause, die sich einst Mafia-Boss Al Capone unter den Nagel gerissen hatte, kocht vorwiegend spanisch – die Paella soll einzigartig sein. Leider steht das Lokal aber nur Gästen des Hotels „Club Karey" offen, zu diesem Hotel gehört es inzwischen gehört. Also: Mehr als eine kurze Besichtigung bleibt nicht. Die sollte man allerdings machen, das Häuschen ist wirklich sehenswert. Tägl. 10–23 Uhr. Avenida Kawama y Final, ✆ 668018.

● *Paladares* Privat-Restaurants sind in Varadero offiziell verboten. Dennoch werden auf den Straßen der Stadt oftmals Mahlzeiten in Privat-Häusern angeboten. Das kann manchmal ein echter Treffer sein, manchmal wird man aber auch über den Tisch gezogen. Vorsicht ist also angebracht – das Aushandeln des Preises ebenso.

Nachtleben (siehe Karte S. 366/367)

La Bamba (21) gehört zum Hotel „Tuxpan", wurde 1991 eröffnet und ist die größte (500 Plätze) und modernste (Video-Leinwand) Diskothek Varaderos mit einem Musikmix aus Salsa, Merengue und Disco-Sound. Die meisten Urlauber kommen während ihres Aufenthalts wenigstens einmal hierher. Gäste des Hauses genießen freien Eintritt, alle anderen kostet der Spaß 10 CUC – Getränke sind allerdings inklusive. Sonntags gibt es von 14–20 Uhr eine sogenannte Matinee fürs jüngere Publikum. Tägl. 23–3 Uhr. Avenida Las Américas. ✆ 667560, ✆ 667561, reservas@tuxpan.var.cyt.cu, www.hoteltuxpan.com.

Club Mambo (7) neben dem Hotel „Club Amigo" zählt zu den In-Treffs. Diese Tatsache und auch die wirklich gute Live-Musik oftmals bekannter cubanischer Orchester und Gruppen locken Besucher jeden Alters an. Im Eintritt von 10 CUC sind fünf Getränke (Gutschein-System) enthalten. Wem nicht nach tanzen ist, für den gibt's einen Billard-Tisch. Mo–So 22–3 Uhr. Carretera de Las Morlas km 14, ✆ 668665.

Varadero 371

Cueva del Pirata (19) befindet sich zwischen den Hotels „Sol Palmeras" und „Playa Varadero 1920" und dort – wie der Name schon sagt – in einer natürlichen Höhle. Auch hier legt ein DJ für das vorwiegend junge Publikum auf, wenn die Bühnenshow zu Ende ist. Im Eintritt von 10 CUC sind Getränke für 5 CUC inbegriffen. Mo–Sa 22–3 Uhr. Autopista Sur km 11, ✆ 667751.

Habana Café (27) neben den Sol-Hotels „Sirenas" und „Coral" ist ebenfalls ein Cabaret mit Bühnenshow (Eintritt 10 CUC), ebenfalls gefolgt von einer (sehr gut besuchten) Disco – nur das Publikum ist hier etwas älter. Mit seiner Atmosphäre der 1940er und 1950er Jahre ähnelt es sehr der gleichnamigen Einrichtung im Hotel „Meliá Cohiba" in Havanna. Der Eintritt von 12 CUC beinhaltet das erste Getränk. Tägl. 21–2 Uhr. Avenida Las Américas, ✆ 668070.

Bar Mirador (10) im Obergeschoss des herrschaftlichen Dupont-Anwesens ist die stilvollste Bar Varaderos. Von 17–19 Uhr, also rechtzeitig zum Sonnenuntergang, gibt es täglich eine „Happy hour". Im Eintritt von 2 CUC sind zwei Drinks enthalten. Avenida Las Américas.

Palacio de la Rumba (18) hält nicht, was der Name verspricht. Rumba tanzt man in der stinknormalen Disco nämlich eher selten. Dennoch: Gut besucht ist das Lokal (Eintritt 5 CUC) allemal – übrigens auch von vielen Einheimischen und vor allem an den Wochenenden. Tägl. 22–3 Uhr. Avenida Las Américas km 4, ✆ 668210.

Continental (26), das Cabaret im Hotel „Internacional", verbindet Musical- und Varieté-Show mit Dinner. Vor dem Auftritt der Tänzer kann man ab 20 Uhr für 40 CUC ein Menü einnehmen. Wer das nicht möchte, zahlt für die Show 25 CUC. Nach Mitternacht wird aus dem Cabaret eine Disco (Eintritt dann 10 CUC). Tägl. 22–3 Uhr. Avenida Las Américas. ✆ 667038, 667039, ✆ 667246, 667045, reserva@gcinter.gca.tur.cu, www.gran-caribe.com.

La Comparsita (93) ist das, wonach so viele Urlauber suchen: Die ultimative cubanische Nightlife-Erfahrung. Die Atmosphäre ist zwanglos, die Preise sind leger (Eintritt 10 CUC), die Künstler – Sänger, Tänzer und Comedians – talentiert. Nach den Shows heißt es grundsätzlich: it's disco-time. Es gibt auch eine Piano- und eine Karaoke-Bar. So–Fr 22.30–2.30, Sa 22.30–3 Uhr. Calle 60 esquina Avenida 4, ✆ 614514.

Havana Club (92) war von Anfang an eine der beliebtesten Locations des jüngeren – nicht nur touristischen – Publikums. Seit ihrer Renovierung hat die Diskothek des Hotels „Palma Real" noch mehr Charme. Auch die Tatsache, dass sie sehr zentral am Ortseingang von Varadero liegt, macht sie zu einer der bestbesuchten. Der Eintritt von 10 CUC bedeutet Open Bar – alle Getränke inklusive. Tägl. 22.30–3 Uhr. Avenida 3ra esquina Calle 62, ✆ 611807.

La Red (75), eine Disco in zentraler Lage, hat eine angenehme Atmosphäre und viel einheimisches Publikum – weil der Eintritt nur 1 CUC beträgt. Was will man mehr? Die musikalische Bandbreite beschränkt sich meist auf die allerneuesten Trends. Tägl. 22–4 Uhr. Avenida 3 e/ 29 y 30, ✆ 613130.

Bar Benny (61) ist ganz und gar dem sogenannten „El Barbaro del Ritmo", Benny Moré, gewidmet. Schwarz-Weiß-Fotos an den Wänden und alte Vinyl-Schallplatten in den Fenstern erinnern an den großen Musiker mit der Samt-Stimme – und die Musik auch: Hauptsächlich gibt es cubanische Klänge aus allen Jahrzehnten, auch jene der Bigbands der Fünfziger. Die Preise sind sehr zivil – Bier kostet 0,95 CUC, Cocktails 1,70 CUC, Fruchtsäfte 0,75 CUC. Tägl. 12–24 Uhr. Camino del Mar e/ 12 y 13.

Snackbar Calle 62 (86) – der Name sagt alles, meint man. Falsch. In dem Open-Air-Lokal mit einer kleinen Bühne findet man typisch cubanisches Nightlife. An jedem Abend spielt eine andere Live-Band. Die Einheimischen, die sich das Bier für 2 CUC (Beck's 2,50 CUC) nicht leisten mögen oder können, stehen in dichten Trauben auf dem Gehweg vor der Bar, um der Musik zu lauschen oder zu tanzen. Tägl. 8–2 Uhr. Avenida 1ra esquina Calle 62.

Übernachten (siehe Karte S. 366/367)

- *Hotels* ***** **Barceló Marina Palace (41)**, ein neues, luxuriöses Familien-Hotel, findet man nahe der Marina Gaviota, einem der Yachthäfen Varaderos. In dem 2005 eröffneten Haus gibt es ein Fitness-Center, eine ansprechend gestaltete Pool-Landschaft, Spa mit Jacuzzi, Tennisplätze, Kinder-Club, ein Buffet-Restaurant, drei Spezialitäten-Restaurants (spanisch, italienisch, Seafood) drei Strand-Grills, diverse Bars und eine

Provinz Matanzas

Diskothek. Nicht motorisierte Wassersportgeräte (Tretboote, Surfbretter, Katamarane) sind inklusive. Die mit weißem Mobiliar eingerichteten 548 Zimmer, alles Suiten, sind vom Feinsten – die Ausstattung natürlich auch. Auch wenn man es nicht für möglich hält: Auf dem zur Anlage gehörenden Cayo Libertad Royal Island wird es noch exklusiver. In den dortigen 80 Junior-Suiten und vier Suiten gibt es einen Butler-Service, die Gäste dinieren in einem speziellen À-la-carte-Restaurant mit internationaler Küche, und natürlich müssen sie nicht zwangsläufig den Swimmingpool mit dem „Fußvolk" teilen, es gibt einen eigenen. Auch die Räumlichkeiten bieten hier einen Tick mehr: interaktives TV-Gerät, DVD-Player, eine mit alkoholischen Getränken gefüllte Minibar, Bademäntel und -schuhe sowie eine Auswahl verschiedener Kopfkissen – um nur einige Besonderheiten zu erwähnen. EZ 212–244 CUC, DZ 240–272 CUC, je nach Saison. Autopista Sur Final. ✆ 669966, ✉ 667022, marinapalace@barcelo.com, www.barcelo.com.

***** **Sandals Royal Hicacos (4)** war das erste Hotel Cubas, das gemäß der Sandals-Phiosophie nur Paaren offen stand – und dies ist noch heute so. Das Haus hat 404 Suiten (normale Zimmer gibt es nicht), die mit Klimaanlage, Radio-Wecker, Kaffeemaschine, Telefon, Satelliten-TV, Safe sowie Bügeleisen und -brett ausgestattet sind. Außerdem verfügen alle über Terrasse oder Balkon. Die Minibar, die wöchentlich aufgefüllt wird (in den Concierge-Suiten täglich) beinhaltet auch Bier und Wein. Die Speisen werden in fünf Restaurants serviert, für Sundowner oder Absacker stehen fünf Bars zur Verfügung. Tagsüber vergnügt man sich in der von kleinen Wasserläufen durchzogenen Anlage in drei Swimming- oder vier Whirlpools, beim Wassersport (Wasserski und Banana-Boat sind inklusive), auf drei Tennis-Plätzen, in der Squash-Halle oder im komplett ausgestatteten Fitness-Center. Natürlich stehen auch alle obligatorischen Service-Einrichtungen zur Verfügung. DZ 120 CUC/Person. Carretera Las Morlas km 15. ✆ 668844, ✉ 668851, hicacos@sandals.cyt.cu, www.sandalshicacos.com, www.sandals.co.uk, www.sandals.com.

***** **Princesa del Mar (37)**, ebenfalls ein Haus der Sandals-Gruppe, das 2004 eröffnet wurde, ist eines der neuesten Ultra-All-inclusive-Resorts Cubas. Die „Princesa del Mar" begrüßt die Gäste als Statue in der Mitte eines Springbrunnens schon an der Hotel-Einfahrt. Die 434 Suiten der verschiedenen Kategorien, die sich in einstöckigen, toskanafarbenen Gebäuden befinden, sind neben dem üblichen Interieur mit CD-Player, Kaffeemaschine und interaktivem TV-Gerät ausgestattet. Die Minibar, die täglich bestückt wird, enthält beinahe alles, was das Herz begehrt – teilweise sogar Champagner. Für den kleinen oder größeren Hunger stehen acht Restaurants zur Verfügung, darunter ein japanischer Teppanyaki-Grill mit Sushi-Bar. Auch in den sechs Bars gibt es nur ganz reine Sachen. Dass in dem Haus sogar Tauchgänge inklusive sind, verwundert nicht. EZ-Junior-Suite 152–245 CUC, DZ-Junior-Suite 316–384 CUC, Garden-Villa 856–951 CUC, je nach Saison und Kategorie. Carretera Las Morlas km 19,5. ✆ 667200, ✉ 667201, sales@princesadelmar.co.cu, www.sandalsprincesadelmar.com, www.sandals.co.uk, www.sandals.com.

***** **Meliá Las Américas (12)**, direkt am Golfplatz gelegen, verspricht Fünf-Sterne-Deluxe-Ferien. Der große Hotel-Komplex mit 250 Zimmern (davon 30 Suiten) und 90 Bungalows (alles Suiten) ist auch ein gut gebuchtes Konferenzzentrum und verfügt von der Snackbar bis zur Haute Cuisine über fünf verschiedene Restaurants, diverse Bars, Nachtclub sowie Diskothek. Die Gästezimmer sind mit modernen Rattan-Möbeln ausgestattet und haben alle obligatorischen Annehmlichkeiten wie Minibar, Telefon, Klimaanlage und Kabel-TV. In der Anlage selbst gibt es ein Fitness-Center mit Massagesalon und Sauna, fünf Swimmingpools und Motorradverleih. EZ 115–150 CUC, EZ-Junior-Suite 137–175 CUC, EZ-Suite 174–225 CUC, EZ-Gran-Suite 200–250 CUC, DZ 168–231 CUC, DZ-Junior-Suite 189–257 CUC, DZ-Suite 252–325 CUC, DZ-Gran Suite 273–356 CUC, Triple 239–329 CUC, Triple-Junior-Suite 269–366 CUC, Triple-Suite 359–463 CUC, Triple-Gran-Suite 389–507 CUC, je nach Saison. Carretera Las Morlas. ✆ 667600, ✉ 667625, jefe.ventas.mla@solmeliacuba.com, www.solmeliacuba.com.

***** **Meliá Varadero (13)** gilt mit seiner sehr gepflegten Atmosphäre zu Recht als eines der schönsten Hotel-Resorts Varaderos. Schon die siebenstöckige Vorhalle mit ihrer beeindruckenden Kuppel ist ein Traum: Tropische Pflanzen, die vom obersten Stockwerk bis in die Lobby reichen, versetzen die Gäste mitten in den Regenwald. Allein deshalb sollte man unbedingt einen

Varadero 373

Nobel, nobel: das ehemalige Herrenhaus und heutige Hotel „Xanadu"

Blick riskieren, auch wenn man hier nicht logiert. Die vier Pools befinden sich in einer mit Königspalmen durchsetzten Gartenlandschaft, das Haus verfügt über vier Restaurants, verschiedene Bars, Coffee-Shop und Diskothek, Beauty-Center, Souvenirgeschäfte und Autovermietung. Die 490 Zimmer haben alle Balkon, die Einrichtung ist auf oberstem Niveau. EZ 100–140 CUC, DZ 147–216 CUC, je nach Saison und Kategorie. Carretera Las Morlas. ✆ 667013, ✆ 667012, reservas1.mv@solmeliacuba.com, www.solmeliacuba.com.

***** **Mansión Xanadu (9)** wurde 1930 von dem US-amerikanischen Groß-Industriellen Alfred Irénée Dupont de Nemours errichtet und nach dem exotischen Palast des legendären chinesischen Eroberers Kubla Khan benannt. Für den Bau war nur das Feinste gut genug – für Decken, Treppengeländer und Säulen wurden teuerste Hölzer eigens von Santiago de Cuba angeliefert, die Böden mit cubanischem, italienischem und spanischem Marmor belegt. Heute fungiert das Anwesen auch als Clubhaus des Varadero Golfclubs, beherbergt zudem sechs First-Class-Gästezimmer, eingerichtet mit dem originalen Mobiliar der 1930er Jahre. Das Hotel-Restaurant ist das „Las Américas", die unumstrittene Nummer eins in Varadero, die Bar „Mirador" im Obergeschoss die stilvollste der Halbinsel. Natürlich stehen den Gästen alle üblichen Annehmlichkeiten eines Hauses dieser Klasse zur Verfügung. EZ 120–160 CUC, DZ 150–210 CUC inkl. Frühstück und unbegrenztem Greenfee auf dem Golfplatz, je nach Saison. Avenida Las Américas km 8,5. ✆ 668482, 667388, ✆ 668481.

***** **Paradisus Varadero (1)**, ein Ultra-All-inclusive-Resort in allerbester Strandlage, behauptet von sich selbst, das luxuriöseste Hotel ganz Cubas zu sein. Das war es vielleicht einmal, inzwischen haben es andere längst überholt. Dennoch: Wenn man das nötige Kleingeld hat und im Paradisus bucht, kann man herrliche Ferien verbringen. Die Anlage mit 421 Suiten und Junior-Suiten, die in ihrer Gesamterscheinung ein wenig an die Kolonialzeit erinnern, fügt sich harmonisch in die sie umgebende Punta Frances ein. In dem Resort gibt es natürlich alles, was das Herz begehrt – acht Restaurants, Bars, Diskothek, Spa, Geschäfte, Autovermietung und, und, und ... Von allen Zimmern, die mit jedem Komfort ausgestattet sind, genießt man einen wunderschönen Blick aufs Meer, die Bucht oder den tropischen Garten. Außerdem verfügt das Haus über eine elegante Gartenvilla mit Butler-Service, privatem Pool, Sauna und Jacuzzi – für alle, die es noch ein bisschen exklusiver mögen. EZ-Junior-Suite 169–350 CUC, DZ-Junior-Suite 251–525 CUC, Triple-Junior-Suite 358–748 CUC, Gartenvilla 883–951 CUC, je nach Saison und Kategorie. Rincón Francés. ✆ 668700, ✆ 668705, reservas1.pv@solmeliacuba.com, www.solmeliacuba.com.

***** **Iberostar Varadero (3)** liegt etwa 20 Min. vom Zentrum Varaderos sehr ruhig in einer gepflegten Gartenanlage. Die dreistöckigen Gebäude im Kolonialstil wurden 2004 auf einem der schönsten Strandabschnitte am Ende der Halbinsel gebaut. Es gibt vier von einer Glorietta überragte Pools, einer davon für Kinder, drei Spezialitäten-Restaurants (cubanisch, japanisch, italienisch), ein Strand- und ein Buffet-Restaurant, verschiedene Bars, Diskothek, Wassersportgeräte, Spa mit Fitness-Studio, Jacuzzi und Sauna sowie Tennisplätze und kostenlosen Fahrradverleih. In der Lobby sprudelt ein Springbrunnen, um den herum Sitzmöglichkeiten gruppiert wurden. Abends werden Shows und Live-Musik geboten. Die 386 Zimmer, davon 62 Suiten, sind klimatisiert und sehr gepflegt, haben alle Balkon oder Terrasse, Marmorbäder sowie Safe, Minibar, Telefon und Satelliten-TV. EZ 137–154 CUC, DZ 184–218 CUC, DZ-Junior-Suite 212–270 CUC, Triple 262–310 CUC, Triple-Junior-Suite 303–385 CUC, je nach Saison. Carretera Las Morlas km 16, ✆ 669999, ✆ 668842, reservas@iberostar.co.cu.

***** **Barceló Solymar (34)**, am schönsten Strandabschnitt von Varadero inmitten des touristischen Zentrums der Halbinsel gelegen, war das erste Haus der spanischen Hoteliers, das in Cuba mit dem damals innovativen Konzept eines Strand-Resorts eröffnet wurde. Inzwischen generalüberholt, besteht das Solymar aus einem großen Hotel-Komplex und mehreren über das Gelände verstreuten einstöckigen Häuschen mit jeweils vier Gästezimmern. Natürlich gibt es in der aufgrund der Farbgebung schon von außen familienfreundlich wirkenden Anlage all das, was man von einem All-inclusive-Resort dieser Kategorie erwartet: zwei Buffet-Restaurants, drei Spezialitäten-Restaurants (kreolisch, italienisch, Seafood), sechs Bars, zwei Snackbars, zwei Pools, Fitness-Studio, Sauna, Massagesalon. Und auch die 525 Zimmer, 332 im Haupthaus, 193 in den Bungalows, sind entsprechend mit Klimaanlage, Bügeleisen und -brett, Minibar, Satelliten-TV, Telefon, Radio, Kaffeemaschine und Safe ausgestattet. EZ 107–170 CUC, DZ 87–150 CUC/Person, Triple 74–128 CUC (für die dritte Person), je nach Saison. Avenida Las Américas km 3. ✆ 614499, ✆ 611086, solymar@barcelo.com, www.barcelo.com.

****** **Playa Alameda** (früher LTI Varadero Beach) **(30)** war vorübergehend in der Hand der cubanischen Gaviota-Gruppe und gehört seit 2007 zur spanischen Iberostar-Kette. Das neu renovierte Luxus-Resort im andalusischen Stil nahe dem Naturschutzgebiet Hicacos ist eine sehr gepflegte, weitläufige Anlage mit verschiedenen Pools, Fitness-Studio, Baby- und Miniclub. In dem Hotel schreibt Iberostar sein Gastro-Konzept aus Vielfalt und Qualität fort. Die Gäste haben die Wahl zwischen fünf Restaurants, darunter drei Spezialitäten-Restaurants mit italienischer, französischer und Seafood-Küche. Am Strand gibt es einen rustikalen cubanischen Ranchón. Das Sportangebot umfasst Billard, Tennis, Tischtennis, Volleyball, Bogenschießen, Windsurfen, Kajaks, Aerobic, Tauchen, Wasserski und Reiten. Die 391 Zimmer (5 Suiten) haben westlichen Top-Standard, verfügen über Balkon oder Terrasse, Minibar, Telefon, Kabel-TV, Klimaanlage, Bügeleisen und -brett. EZ 114–129 CUC, DZ 161–190 CUC, Triple 230–271 CUC, je nach Saison. Autopista Sur km 19. ✆ 668822, ✆ 668899, reservas@playaalamedavaradero.co.cu, www.iberostar.com.

***** **Club Barlovento (57)** liegt im Zentrum Varaderos nur wenige Meter vom Strand entfernt. In dem modernen, im spanischen Stil gehaltenen Komplex gibt es 274 Zimmer (233 im Haupthaus, 21 in Bungalows, 20 in einer Dependance), die so sind, wie man sie in einem Ferien-Hotel dieser Kategorie erwartet. Alle verfügen über Klimaanlage, Balkon oder Terrasse, Kabel-TV, Safe, Minibar, Radio, Küchenzeile mit Kühlschrank, Haarfön und Telefon. Die Lobby hat mehrere nette Sitzecken. Es gibt ein Buffet- und zwei À-la-carte-Restaurants (mexikanisch und kreolisch) sowie eine Grillbar am Strand. Das Haus bietet von Swimmingpools (mit Wasserfontäne) über Friseur, Autovermietung, Massagesalon und Souvenirshop bis hin zu Tennis-Plätzen, die auf Wunsch auch in der Nacht beleuchtet werden, Kinderspielplatz und Miniclub alles, was man für einen entspannten Urlaub braucht. EZ 105–133 CUC, DZ 150–190 CUC, Triple 60–76 CUC (für die dritte Person), je nach Saison. Avenida 1ra e/ 10 y 12.

Varadero

667140, 667218, reserva@ibero.gca.tur.cu, www.gran-caribe.com.

***** Tryp Península (29), wie die meisten Tryp-Resorts mit 591 Zimmern etwas größer dimensioniert, ist das Península ein typisches All-inclusive-Resort, was in diesem Fall keineswegs negativ verstanden werden soll. Architektonisch wurde die 2001 eröffnete Anlage mit zweistöckigen Gästehäusern recht geschickt an die Landschaft angepasst. Bei den Großen beliebt: Eines der vier Restaurants liegt romantisch am Rand der Lagune. Und bei den Kleinen: Einer der Kinderspielplätze (mit Röhrenrutsche) stellt ein Piratenschiff dar. Das Hotel hält das übliche – reichhaltige – Angebot von der Sauna bis zum Nachtclub bereit und verfügt über vier Restaurants und fünf Bars. Die Zimmer, darunter 5 Suiten, sind modern eingerichtet und bieten jeden Komfort. EZ 111–128 CUC, DZ 174–204 CUC, Triple 248–291 CUC, je nach Saison. Parque Natural Punta Hicacos. 668800, 668805, jefe.ventas.tpv@solmeliacuba.com, www.solmeliacuba.com.

**** Breezes (früher Club Varadero) **(28)** wurde 1992 als erstes Super-All-inclusive Resort Cubas eröffnet – damals nur für Paare, Kinder unter 14 Jahren konnten nicht mitgebracht werden. Die verschiedenen Hotel-Gebäude befinden sich in einer weitläufigen Anlage, in der sich Palmen mit exotischen Pflanzen abwechseln. Über das gesamte Resort verteilt, findet man Sportplätze, die teils auch überdacht sind. Natürlich gibt sich das Haus bis heute Mühe, dem früheren Ruf gerecht zu werden – und schafft dies auch. Für die Zielgruppe „40 plus" stehen 160 sehr luxuriöse Suiten, 98 Junior-Suiten und 12 Tropical-Suiten zur Verfügung. Normale Zimmer werden gar nicht erst angeboten. Der Service ist ausgesprochen aufmerksam und freundlich, das gesamte Angebot weit über dem Durchschnitt in dieser Kategorie. Motorisierter Wassersport ist ebenso inklusive wie ein Tauchgang. Neben einem Buffet-Restaurant gibt es drei Spezialitäten-Restaurants (italienisch, cubanisch, Grill) und acht Bars. EZ 151–213 CUC, DZ 121–170 CUC/Person, Triple 120–134 CUC (für die dritte Person), je nach Saison. Avenida Las Américas km 3. 667030, 667005, www.superclubscuba.net.

**** Meliá Las Antillas (früher Beaches) **(14)** wurde mehrfach als bestes Familien-All-inclusive-Resort ausgezeichnet und folgt der Tradition der Kette, derzufolge man in seinen Ferien einfach das Beste genießen soll. Das All-inclusive-Paket beinhaltet deshalb Gourmet-Küche und Marken-Spirituosen. Extra-Kosten verursachen lediglich Boutique, Massagen, Internet und Wäscherei – logisch. Es gibt vier Restaurants (Buffet, italienisch, Seafood, lateinamerikanisch), vier Bars, Pools, Tennisplätze, Fitness-Raum, Sauna und Jacuzzi. Die 350 eleganten Junior-Suiten haben alle Balkon oder Terrasse und verfügen über Klimaanlage, Kühlschrank, Kaffeemaschine, Satelliten-TV, Radiowecker, Telefon und Safe. EZ-Junior-Suite 81–120 CUC, EZ-Suite 230–252 CUC, DZ-Junior-Suite 133–190 CUC, DZ-Suite 318–368 CUC, je nach Saison. Avenida Las Américas. 668470, 668335.

**** Playa Varadero 1920 (früher Bahia Principe, davor Club Méditerranée) **(6)** ist ein eindrucksvolles All-inclusive-Resort, das einem cubanischen Dorf nachempfunden ist – mit Villen, wie sie in den 1920er Jahren in Varadero zu finden waren. Der Strand ist im Bereich des Hotels einer der schöneren Abschnitte, es wird jede Menge Wassersport (nichtmotorisiert inklusive) und das größte Fitness-Center der Halbinsel angeboten. Verschiedene Restaurants inklusive À-la-carte-Dining, Bars, Pools, Baby- und Miniclub sind selbstverständlich. Die nicht überdimensionierten 503 Zimmer verfügen über Balkon oder Terrasse und sind mit Klimaanlage, Kabel-TV, Safe, Telefon und Minibar (wird täglich aufgefüllt) ausgestattet. EZ 122–144 CUC, DZ 152–180 CUC, je nach Saison. Autopista Sur km 11. 668288, 668414, j-ventas@playavaradero1920.co.cu, www.gaviota-grupo.com.

**** Blau Varadero (17), rein architektonisch das wohl majestätischste Hotel in Varadero, kann man guten Gewissens auch als Hotel-Burg bezeichnen. Eine schlechte Wahl ist es dennoch nicht: Die 395 großzügigen Zimmer, darunter 12 Suiten, sind hübsch eingerichtet, bieten sämtliche Annehmlichkeiten und haben alle eine eigene Terrasse. Im Haupt-Restaurant (Buffet) gibt es einmal wöchentlich ein cubanisches Dinner, im Spezialitäten-Restaurant kann man einmal pro Woche reservieren. Das Hotel mit mehreren von der Lobby ausgehenden Panorama-Aufzügen verfügt außerdem über einen Miniclub für die Kleinen (2–12 Jahre), Fitness-Center, Tennisplätze, Sauna, Dampfbad, Jacuzzi und viele Sportmöglichkeiten. Einmal pro Woche wird Schnuppertauchen im Hotel-Pool angeboten. EZ

120–150 CUC, DZ 170–230 CUC, je nach Saison. Carretera Las Morlas km 15. ✆ 667545, ✆ 667494, salesmanager@blauvaradero.cyt.cu, www.blau-hotels.com.

**** Cuatro Palmas (80) ist eines der älteren Vier-Sterne-Häuser in Varadero. Und auch der Service ist leicht „angestaubt". Dafür sind die Zimmer – Nummer 1241 bis 1246 waren einst die Privat-Räume von Diktator Batista, wenn er in dem Seebad weilte – sehr sauber, geräumig und – zumindest im Bereich „Colonial" – mit modernen Bädern ausgestattet. Abgerundet wird dies mit einem breiten Sportangebot und einer gelungenen Gesamt-Architektur. Vorteilhaft ist auch die Lage direkt am Strand – und zugleich mitten im Herzen Varaderos mit Einkaufszentren, Restaurants und Diskotheken. Daneben bietet das Haus Fitness-Studio, Swimmingpools und Tennisplätze. Über der Straße gibt es zudem kleine, zweistöckige Villen mit weiteren 122 Zimmern mit teilweise herrlichem Blick auf den Parque Josone. Die insgesamt 302 Zimmer des Cuatro Palmas kann man mit Halb- oder Vollpension sowie all inclusive buchen. EZ 90 CUC (all inclusive), DZ 120 CUC (all inclusive). Avenida 1ra e/ 60 y 64. ✆ 667040, ✆ 668131, reserva@gcpalho.gca.tur.cu.

**** Iberostar Los Taínos (8), ein großzügiger Hotel-Komplex im Stil eines karibischen Dorfes, verfügt über 272 Zimmer, die sich im Haupthaus sowie in 18 zweistöckigen Bungalows befinden. Die offen gestaltete Lobby hält verschiedene Sitzgelegenheiten und eine eigene Bar bereit, es gibt ein Buffet-Restaurant mit Show-Cooking sowie ein brasilianisches und kreolisches Spezialitäten-Restaurant. In dem weitläufigen tropischen Garten findet man zudem eine Poolbar mit Snack-Service. Mit anderen Worten: Irgendwo im Hotel gibt es immer etwas zu essen und/oder zu trinken. Außerdem verfügt das Haus über einen Miniclub (4–12 Jahre), Babysitter-Service (gegen Aufpreis), zwei Tennisplätze, ein wirklich breites Sportangebot, Fitness-Raum, Sauna und vieles mehr. Und auch die Nacht ist nicht nur zum Schlafen da – Varieté und Live-Musik warten. Die Zimmer sind sehr komfortabel ausgestattet. EZ 92–106 CUC, DZ 140–166 CUC, Triple 200–237 CUC, je nach Saison. Carretera Las Morlas km 12,5, ✆ 668656, ✆ 668688, comercial@ibstain.gca.tur.cu.

**** Internacional Resort (26) ist auf seine Art ein ganz besonderes Hotel in Varadero: Zum einen bereits 1950 eröffnet, 1983, 1991 sowie 1999 renoviert und zuletzt 2004 in Gänze generalüberholt, verfügt es über 162 Zimmer, darunter zwei Suiten. Zum anderen ist hier das Nachtleben beinahe nicht zu toppen: Zum „Internacional" gehört das Cabaret „Continental", eines der besten auf der Halbinsel, wo nach Mitternacht das pralle Leben tobt, wenn sich das Cabaret „after show" in eine Diskothek verwandelt. Zudem wird eine breite Auswahl an Speisen und Getränken geboten – sei es im Buffet-Restaurant „Antillano", den Spezialitäten-Restaurants „Universal" (internationale Küche) und „Italiano" (italienische Küche), in der Cafetería „Panorama" oder in der Lobby-Bar „Latino", die die Gäste rund um die Uhr mit feinsten Cocktails versorgt. Im Hotel findet man überdies eine ständige Ausstellung heimischer Künstler, die dort ihre Werke präsentieren. Und nicht zuletzt verfügt das Haus über alle üblichen Angebote von A wie Autovermietung bis Z wie Tourist-Information (sorry, aber so weit ging das Hotel-Abc dann doch nicht). Die klimatisierten Zimmer, alle mit Garten oder Meerblick, sind mit Satelliten-TV, Radio, Safe und Minibar ausgestattet. EZ 86–115 CUC, DZ 123–162 CUC, Triple 49–63 CUC (für die dritte Person), Suite 140–165 CUC, je nach Saison. Avenida Las Américas. ✆ 667038, 667039, ✆ 667246, 667045, reserva@gcinter.gca.tur.cu, www.gran-caribe.com.

**** Tuxpan (25), aufgrund seiner Betonfassade auf den ersten Blick vielleicht nicht besonders einladend, belehrt bei näherem Hinsehen schnell eines Besseren. Zwischen Golfplatz und Strand gelegen, kann sich das nach jener mexikanischen Stadt benannte Haus, von dem Fidel Castro einst mit der „Granma" ausgelaufen war, um die Revolution zu beginnen, durchaus mit den anderen Vier-Sterne-Hotels messen. Die von Gärten umgebene Anlage hält für ihre Gäste ein breites Sportangebot bereit, verfügt über Swimmingpool mit Wasserfall, drei Restaurants (Buffet und À-la-carte), drei Bars und mit dem „La Bamba" über die größte Diskothek weit und breit. Die 233 Zimmer haben Balkon oder Terrasse, Klimaanlage, Satelliten-TV, Telefon, Safe und meist auch Meerblick. EZ 74–121 CUC, DZ 148–173 CUC, Triple 210–247 CUC, je nach Saison. Avenida Las Américas. ✆ 667560, ✆ 667561, reservas@tuxpan.var.cyt.cu, www.hoteltuxpan.com.

**** Club Puntarena (früher einer der Super-Clubs Puntarena) **(35)** wurde inzwischen von der Gran-Caribe-Kette „geschluckt", zählt vor allem Familien mit Kindern zu seinen Gästen. Kein Wunder: Die Kleinen und Größeren (bis 12 Jahre) finden hier sieben Tage in der Woche ein wahres Dorado vor. Und die ganz Großen genießen vom achtstöckigen Hotel-Turm den schönsten Blick auf die Halbinsel; die Poollandschaft ist angeblich die größte in ganz Varadero, der hoteleigene Strand ist 950 m lang und 35 m breit. Natürlich hat man unzählige Möglichkeiten, „abzuhängen", sich zu amüsieren, zu essen und sich unterhalten zu lassen. Das Haus hält die entsprechenden Angebote jedenfalls vor. Es gibt ein Buffet- und zwei Spezialitäten-Restaurants, mehrere Bars und eine Diskothek. Damit es tagsüber nicht langweilig wird, werden verschiedene sportliche Aktivitäten angeboten, wozu auch ein Wassersportzentrum, eine Tauchschule und ein Fitness-Center zählen. Außerdem stehen am Hotel-Eingang von 9–17 Uhr Fahrräder bereit. Die 255 Zimmer sind modern eingerichtet und verfügen über den üblichen Standard. EZ 94–132 CUC, DZ 135–187 CUC, Triple 57–79 CUC (für die dritte Person), je nach Saison. Avenida Kawama y Final. ✆ 667667, reserva@puntarena.gca.tur.cu.

**** **Playa Caleta** (früher der andere der SuperClubs Puntarena) **(32)** hat sich wie das Schwester-Hotel nach der Zerschlagung kaum verändert – noch immer gleichen sich beide Häuser wie ein Ei dem anderen. Selbst die Zimmeranzahl (255) ist die gleiche, und den Strandabschnitt benützt man ebenfalls noch gemeinsam. In der All-inclusive-Anlage gibt es das Buffet-Restaurant „Vista al Mar", das Pool-Restaurant „Cagüairan", das Spezialitäten-Restaurant „Casablanca" (Reservierung erforderlich), die 24-Stunden-Snack-Cafeteria „La Floresta" sowie Strand-, Lobby- und Poolbars, in denen man rund um die Uhr bewirtet wird. Außerdem gehören Massagesalon, Souvenirshop, Internet-Cafe, Auto-, Motorrad- und Fahrradvermietung sowie Fitness-Center zur Ausstattung. Nach einer Komplett-Renovierung verfügen die Zimmer über Balkon, Klimaanlage, Satelliten-TV, Telefon, Minibar und Safe. EZ 60–90 CUC, DZ 70–140 CUC, Triple 98–196 CUC, Suite 90–160 CUC, je nach Verpflegung und Saison. Avenida Kawama y Final. ✆ 667120-24, ✆ 667779, reservas@playacaleta.gca.tur.cu, www.hotelesc.es.

**** **Sol Palmeras (23)** liegt an einem etwas privilegierteren Küstenabschnitt. Tausende von Kokos- und Königspalmen stehen hier in einem tropischen Garten, der den weißen Puderzuckerstrand säumt. Das in Hufeisenform errichtete Gebäude hält für die Gäste das für diese Kategorie übliche Angebot bereit (drei Pools, fünf Restaurants, sechs Bars). Die 408 Zimmer (darunter 28 Junior-Suiten und 4 Suiten) sind modern eingerichtet, die Minibar ist bei Ankunft gefüllt. Darüber hinaus gibt es auf dem 120.000 Quadratmeter großen Grundstück 200 neu renovierte Bungalows mit großem Wohnzimmer und Terrasse, 21 verfügen über zwei Schlafzimmer. EZ 139–324 CUC, DZ 231–519 CUC, Junior-Suite 287–547 CUC, Suite 342–592 CUC, Bungalow 287–592 CUC, je nach Saison. Carretera Las Morlas km 8. ✆ 667009, ✆ jefe.ventas.sep@solmeliacuba.com, www.solmeliacuba.com.

**** **Sol Sirenas-Coral (33)**, die Schwester-Hotels „Sol Sirenas" und „Sol Coral", befinden sich am Anfang der Hotel-Zone in der Nähe des Golfplatzes und der Plaza Las Américas. In wunderschönen tropischen Gärten finden in den Gebäuden des Komplexes 660 hübsch eingerichtete Zimmer (darunter 23 Suiten und 7 Junior-Suiten) Platz. Die Häuser selbst haben ein sehr breit gefächertes Angebot, es gibt sieben verschiedene Restaurants (darunter ein Mexikaner und ein Chinese), mehrere Bars und einen Biergarten mit dem eindeutigen Namen „Prost". Darüber hinaus stehen in der großen Anlage drei Swimmingpools (zwei davon mit Kinderbereich), ein Minigolf-Platz, Auto- und Motorradverleih, Fitness-Center und Shops zur Verfügung. Seitlich der beiden Hotels liegt die Diskothek „Habana Café", ein Zentrum des Nachtlebens von Varadero. EZ 135–280 CUC, DZ 185–365 CUC, Suite 235–400 CUC, je nach Saison. Avenida Las Américas esquina Calle K. ✆ 668070, 667240, ✆ 668075, 667194, secretaria.ventas.scs@solmeliacuba.com, www.solmeliacuba.com.

**** **Palma Real (92)** am Anfang des Ortskerns von Varadero ermöglicht durch seine Lage, ohne großen Aufwand sowohl den herrlichen Strand als auch die Atmosphäre in den Straßen der Stadt zu genießen. Das 466-Zimmer-Haus bietet den ganzen Tag über jede Menge Möglichkeiten, sich sportlich zu betätigen und kulinarisch verwöhnen zu lassen: im Buffet-Restaurant „Flamboyan" etwa, an der Poolbar „Tocororo", im Beach-Club „La Lonja" oder im „Mojito" in der Lobby. Das Spezialitäten-Restaurant

„Villa Sirena" schließlich ist zweifellos der krönende Abschluss eines Tages, der danach noch lange nicht zu Ende ist. Denn dann wartet die Diskothek „Havana Club", eine der angesagtesten in Varadero. Daneben finden sich im Palma Auto- und Motorradvermietung, Fitness-Center, Massagesalon, Sauna, Pools und Tennisplätze. Die Zimmer sind ansprechend und zweckmäßig eingerichtet. EZ 128 CUC, DZ 155 CUC, Triple 175 CUC. Avenida 2da esquina 64. ✆ 614555, ✆ 614550, jrecep.palmareal@hotetur.com, www.hotetur.com.

**** **Arenas Doradas (22)**, mitten in der Hotel-Zone von Varadero nahe der Marina Chapelín gelegen, ist eine moderne, im andalusischen Stil errichtete Hotel-Anlage in einer großen Parklandschaft. Die Verpflegung in dem All-inclusive-Resort ist abwechslungsreich – es gibt ein Buffet- und ein À-la-carte-Restaurant sowie eine 24-Stunden-Pizzeria. Zudem findet man am Strand neben einem Beach-Restaurant (Aufpreis für Langusten und Steakgerichte) eine rustikale Strandbar. Die ruhig gelegenen, zweistöckigen Hotel-Gebäude mit insgesamt 316 Zimmern liegen im weitläufigen Garten verstreut, in dem sich eine moderne Poollandschaft mit Swim-up-Bar und separatem Whirlpool befindet. Die Zimmer sind hell und freundlich – ausgestattet mit Klimaanlage, Telefon, Satelliten-TV, Kühlschrank sowie Balkon oder Terrasse. Das Haus kann mit Frühstück, Halbpension und all inclusive gebucht werden. EZ 50–115 CUC, DZ 80–200 CUC, Triple 112–280 CUC, Suite 100–220 CUC, je nach Saison und Verpflegung. Autopista Sur km 17. ✆ 668150, ✆ 668159, director@arenas.gca.tur.cu.

**** **RIU Turquesa (24)** besteht aus 36 Bungalows, die in eine große Gartenanlage eingebettet sind. Im Hauptgebäude befindet sich der offen und großzügig gestaltete Empfangsbereich mit Rezeption, Geschäften und Internet-Café. Das Sport-Angebot umfasst Tennis, Tischtennis, Kajak, Windsurfen, Katamaran-Segeln und Volleyball. Das Restaurant liegt im Garten nahe dem 300 Quadratmeter großen Swimmingpool. Die Tatsache, dass es abends zwei Essenszeiten gibt, ist ein nicht unerhebliches Manko, das auch durch die Themen-Buffets (zweimal pro Woche) nicht wettgemacht wird. Die 268 Zimmer sind mit Klimaanlage, Satelliten-TV, Minibar, Telefon, Safe ausgestattet und verfügen über einen Balkon. Im Kategorie-Vergleich ist das Haus zu teuer – auch wenn es unter dem bewährten Management der spanischen RIU-Hoteliers steht. EZ 85–100 CUC, DZ 125–140 CUC, je nach Saison. Carretera Las Morlas km 17,5. ✆ 668471, ✆ 668495, carpeta@turquesa.gca.tur.cu, www.riu.com.

**** **RIU Las Morlas (5)** liegt in fußläufiger Entfernung zum Ort Varadero (1 km). Die hübsche, aus mehreren Gebäuden bestehende Anlage wurde in einem schattigen Palmengarten errichtet. Dort befindet sich auch der große Swimmingpool mit integriertem Kinderbecken und Swim-up-Bar. Neben dem Buffet-Restaurant (abends ebenfalls zwei Essenszeiten!) gibt es am Strand auch ein Barbecue-Restaurant und eine Beachbar. Die 148 Zimmer sind modern eingerichtet und verfügen über Telefon, Satelliten-TV, Safe, Minibar, Klimaanlage und Balkon oder Terrasse. EZ 90–105 CUC, DZ 130–145 CUC, je nach Saison. Carretera Las Morlas. ✆ 667230, ✆ 667215, carpeta@morlas.gca.tur.cu, www.riu.com.

**** **Arenas Blancas (83)**, eine Ansammlung kleinerer, in einer schönen Gartenanlage gelegener Gebäude, ist umgeben vom reinsten Blau der Karibik und dem leuchtendsten Weiß der Strände Varaderos. Das All-inclusive-Haus verfügt über 358 Zimmer (darunter 4 Suiten und 4 behindertengerechte Räume). Das Hotel hat seine Blüte zwar schon etwas hinter sich, die Poollandschaft verdient dennoch ein Lob. Die Zimmer sind in Ordnung, aber man hat wohl schon bessere gesehen – erst recht in dieser Preisklasse. Ansonsten das Übliche: Restaurants, Bars und das ganze Drumherum … EZ 111–139 CUC, DZ 159–199 CUC, Triple 64–80 CUC (für die dritte Person), Suite 259–299 CUC, je nach Saison. Calle 64 e/ 1ra y Las Américas. ✆ 614450-63, ✆ 614491, rsv@arblcas.gca.tur.cu, www.gran-caribe.com.

**** **Brisas del Caribe (11)** ist ein legeres Hotel inmitten einer farbenprächtigen Gartenlandschaft an einem schönen Strandabschnitt am Ende der Halbinsel. Das großzügige All-inclusive-Angebot macht das Haus bei Familien wie Paaren gleichermaßen beliebt. Es verfügt über mehrere Restaurants (Dress-Code im Spezialitäten-Lokal!) und Bars, Swimmingpools, Tennisplätze, Fahrräder (inklusive) sowie eine Reihe von Sportmöglichkeiten. Für Kinder von 5–12 Jahren gibt es eine eigene Animation, Miniclub und Spielplatz. Die 444 modern eingerichteten Zimmer (darunter 4 Suiten und

Varadero

Eines der schönsten Hotels von Varadero: das „Playa Alameda"

3 Junior-Suiten) sind mit Klimaanlage, Telefon, Satelliten-TV und Safe ausgestattet, jedes verfügt über Balkon oder Terrasse. EZ 97 CUC, DZ 160 CUC, Triple 224 CUC. Carretera Las Morlas km 12,5. ℡ 668030, ℡ 668005, reservas@bricar.var.cyt.cu, www.cubanacan.cu.

**** **Villa Cuba (31)** liegt direkt am Strand und ist ein älteres, aber durchaus komfortables Vier-Sterne-Haus mit freundlicher, entspannter Atmosphäre. Das Hotel verfügt über mehrere Swimmingpools, ein Buffet- und drei Spezialitäten-Restaurants (cubanisch, italienisch, international) sowie fünf Bars, die man zum Teil in einem hübsch angelegten Garten findet. Daneben gibt es das übliche Angebot bis hin zum Nachtclub. Die 245 Zimmer, darunter 18 Suiten, befinden sich im Haupthaus, 32 in einer Dependance und 23 in Bungalows, von denen wiederum sieben einen eigenen kleinen Swimmingpool haben. Ausgestattet sind alle mit Klimaanlage, Satelliten-TV, Telefon, Safe und Minibar. EZ 97–132 CUC, DZ 139–189 CUC, Triple 56–76 (für die dritte Person), Suite 199–350 CUC, je nach Saison. Avenida Las Américas km 3. ℡ 668280, ℡ 668282, villacuba@vcuba.gca.tur.cu.

**** **Coralia Playa de Oro (2)** – die beiden ca. 8 km vom Zentrum Varaderos entfernten Hotel-Gebäude befinden sich in direkter Nachbarschaft des Delfinariums. In einem tropischen Garten umschließen die Häuser zwei miteinander verbundene Swimmingpools. Das Resort verfügt – wie viele andere auch – über drei Restaurants, drei Bars, Tennisplätze, Fitness-Studio, Sauna und Jacuzzi sowie Babyclub (0–4 Jahre) und Miniclub (4–12 Jahre). Die 385 Zimmer sind modern eingerichtet, klimatisiert, haben Balkon oder Terrasse, Satelliten-TV, Safe, Minibar, Radio und Telefon. EZ 70–116 CUC, DZ 111–150 CUC, je nach Saison. Carretera Las Morlas km 17,5. ℡ 668566, ℡ 668555, reservas@poro.gca.tur.cu.

**** **Club Kawama** (früher Hotel y Villas Kawama) **(40)**, eine aus bunten Häuschen bestehende All-inclusive-Anlage, wurde in eine grüne Gartenlandschaft am Strand gepflanzt. Das Ortszentrum ist nur ein paar Gehminuten entfernt. Das erste große Hotel Varaderos hält ein breites Angebot für seine Gäste bereit – Beautysalon, Auto- und Motorradvermietung, Souvenirshops, Tennisplätze etc. Vier Restaurants und sieben Bars sowie die Disco „Kawama" sorgen dafür, dass nicht nur die Seele baumelt, sondern auch der Körper kulinarisch verwöhnt wird und ausreichend Flüssigkeit aufnehmen kann. Die 336 Zimmer sind mit viel Liebe und jeglichem Komfort eingerichtet. EZ 104–132 CUC, DZ 149–189 CUC, Triple 60–76 CUC (für die dritte Person), je nach Saison. Calle 0 esquina Carretera Kawama. ℡ 614416, ℡ 667254, reserva@kawama.gca.tu.cu, www.gran-caribe.com.

Provinz Matanzas

**** Club Amigo (früher Gran Hotel) **(20)** ist ein älterer, wenig ansprechender Hotel-Bau mit neun Zimmertrakten und einer ganzen Reihe von einstöckigen Bungalows, in denen sich die Suiten befinden. Insgesamt besitzt das große, direkt am Strand gelegene All-inclusive-Resorts 411 Räume, die mit Rattan-Mobiliar eingerichtet sind und über die übliche kategoriegerechte Ausstattung verfügen. Entsprechend der Gästezahl gibt es ein Buffet- und zwei Spezialitäten-Restaurants (kreolisch und italienisch), zwei Snackbars, zwei Bars sowie zahlreiche Service-Einrichtungen wie Massagesalon, Sauna, Geschäfte, Tourismusbüro und Miniclub. Neben dem Hotel liegt der Club „Mambo", einer der nächtlichen In-Treffs von Varadero. EZ 120 CUC, DZ 100 CUC/Person. Carretera Las Morlas km 14. ✆ 668243, ✉ 668202.

*** Acuazul (71), ein Islazul-Haus, ist Teil des Acuazul-Varazul-Sotavento-Komplexes. Das höchste Hotel Varaderos verfügt über 78 Zimmer, alle ausgestattet mit Balkon, Klimaanlage, Satelliten-TV, Telefon und Safe. Den Gästen stehen ein Buffet-, ein Strand-Restaurant und verschiedene Bars zur Verfügung. Es gibt einen Swimmingpool und diverse Sportmöglichkeiten. In der Beauty-Ecke werden Massagen, Akupunktur und Fußpflege angeboten. EZ 45 CUC, DZ 60 CUC. Avenida 1ra e/ 13 y 14. ✆ 667132, ✉ 667229, facturas@acua.hor.tur.cu, www.islazul.cu.

*** Varazul (69), das zweite Haus im Bunde, ist als Appartement-Hotel – auch für Langzeit-Urlauber – konzipiert. Von den 79 Ein-Zimmer-Appartements, die neben Balkonen auch über Klimaanlage, Satelliten-TV, Telefon und Safe verfügen, sind 14 mit einer kleinen, komplett eingerichteten Küche ausgestattet, damit die Gäste auch einmal selbst zum Kochlöffel greifen können. Natürlich stehen ihnen aber auch die Restaurants und Bars des Schwester-Hotels „Acuazul" jederzeit offen. EZ 40 CUC, DZ 55 CUC. Avenida 1ra e/ 14 y 15. ✆ 667132, ✉ 667229, facturas@acua.hor.tur.cu, www.islazul.cu.

*** Sotavento (59), die Nummer drei der Kooperation, sind Villen an der Avenida de la Playa, 10 m vom Strand entfernt. Die 39 Miet-Appartements sind ideal für Familien und/oder Individual-Urlauber. Ausgestattet sind die Räume wie die der Schwester-Hotels, die Atmosphäre ist allerdings privater. Auch die Sotavento-Gäste können sämtliche Einrichtungen des Hotels „Acuazul" nützen. EZ 47 CUC, DZ 67 CUC inkl. Frühstück. Avenida de la Playa. ✆ 667132, ✉ 667229, facturas@acua.hor.tur.cu, www.islazul.cu.

*** Los Delfines (50) ist ein Haus mit langer Tradition und nicht zuletzt deshalb auch mit vielen Stammgästen, die unter anderem seine Intimität schätzen – mitten in der Hotel-Zone von Varadero am schönsten Abschnitt des hier 30 m breiten Sandstrandes. Das All-inclusive-Haus ist kategoriegerecht ausgestattet – Auto- und Motorradvermietung, Massagesalon, Shops, Pools sind selbstverständlich. Die 103 geräumigen Zimmer sind freundlich eingerichtet und verfügen u. a. über Klimaanlage, Satelliten-TV und Telefon. EZ 65–80 CUC, DZ 100–120 CUC, je nach Saison. Avenida 1ra e/ 38 y 39. ✆ 667720, www.islazul.cu.

*** Club Tropical (49) ist ein Haus der Cubanacán-Kette mit bewährtem Service, einem breiten Angebot an Sportmöglichkeiten und freundlichem Personal. Das mitten im Ortszentrum gelegene Hotel hat ein Buffet-Restaurants, wo Frühstück, Mittag- und Abendessen eingenommen werden, sowie ein Spezialitäten-Restaurant und verschiedene Bars, eine davon am Pool. Die 223 klimatisierten Zimmer, die meist von jüngeren Individual-Urlaubern belegt sind, verfügen über Telefon, Satelliten-TV und Balkon. EZ 50–82 CUC, DZ 99–119 CUC, je nach Saison. Avenida 1ra e/ 21 y 22. ✆ 613915, ✉ 667227.

*** Sunbeach (früher Bellamar) **(67)**, ein mittelprächtiges Hotel in mittelprächtiger Lage zu einem mittelprächtigen Preis ... Anders gesagt: Man macht zwar nichts falsch, wenn man hier bucht, alles richtig macht man aber auch nicht – es gibt in dieser Kategorie sicherlich ansprechendere Häuser. Das Sunbeach verfügt über die üblichen Einrichtungen vom Souvenirladen bis zum Beautysalon, es hat drei Restaurants und vier Bars. Die 292 Zimmer sind mit Klimaanlage, Telefon, Radio und Satelliten-TV ausgestattet, weniger als die Hälfte davon auch mit Balkon oder einer Terrasse. EZ 79 CUC, DZ 112 CUC, Triple 159 CUC. Calle 17 e/ 1ra y 3ra. ✆ 667490, ✉ 614998, reservas@sunbeach.hor.tur.cu, www.hotetur.com.

*** Club Karey (39), eine einfache Ferien-Anlage mit 104 Zimmern in 25 einstöckigen Häusern (im Tiefparterre sind die Garagen für die Autos der Gäste untergebracht), müsste mal wieder aufgemöbelt werden. Für die Preise darf man etwas anderes erwarten! Die mit Klimaanlage, Satelliten-TV, Telefon und Minibar ausgestatteten Zimmer sind sauber, aber einfach, die Atmosphäre ist leger. Den Gästen stehen ein Buffet- und zwei À-la-carte-Restaurants (cubanisch und italienisch) sowie mehrere Bars und ein Strandgrill zur Verfügung. Enthalten sind ferner alle nichtmotorisierten Wasserfahrzeuge, zahlreiche Sportmöglichkeiten, Fitness-Center und Miniclub. Außerdem gibt es in der weitläufigen Anlage Massagesalon, Autovermietung und verschiedene Einkaufsmöglichkeiten. EZ 79–99 CUC, DZ 115–145 CUC, Triple 45–57 CUC (für die dritte Person), je nach Saison. Avenida Kawama y Final. ✆ 667296, ✉ 667334, reserva@kawama.gca.tur.cu, www.gran-caribe.com.

*** **Mar del Sur (74)**, ein Appartement-Hotel der Islazul-Gruppe, gilt als komfortable Unterkunft für Urlauber mit etwas schmalerem Geldbeutel. Es gibt ein Buffet-Restaurant, drei Bars, drei Snackbars, Swimmingpools für Erwachsene und Kinder, Geschäfte und einen Kinderspielplatz. Von den insgesamt 366 Zimmern sind 48 Zwei-Zimmer- und 98 Ein-Zimmer-Appartements, von denen wiederum 60 für Langzeit-Urlauber vorgesehen sind. Die Räumlichkeiten sind zweckmäßig eingerichtet (kleine Küchenzeile) und vor allem sauber. EZ 35–42 CUC, DZ 50–86 CUC, je nach Saison, all inclusive 24 CUC/Person/Tag. Avenida 3ra y Calle 30. ✆ 612246, ✉ 667481, comercial@mardelsur.hor.tur.cu.

*** **Villa Tortuga (68)**, ein einfacheres, aber zentral in Varadero gelegenes All-inclusive-Haus, ist eine durchaus akzeptable Unterkunft für den kleineren Geldbeutel. Inmitten einer Gartenlandschaft befinden sich im Hauptgebäude und in 13 Bungalows insgesamt 281 Zimmer mit Balkon oder Terrasse, ausgestattet mit Klimaanlage, Satelliten-TV, Radiowecker, Minibar und Telefon. In der kleinen Anlage findet sich ein Swimmingpool, ein Buffet- und ein italienisches Spezialitäten-Restaurant sowie eine Bar. Zur Avenida 1ra mit Geschäften, Märkten und Dutzenden von Lokalen ist es nur ein Katzensprung. EZ 39–58 CUC, DZ 56–89 CUC, Triple 79–124 CUC, je nach Saison und Zimmerkategorie. Calle 9 y Kawama. ✆ 614747, ✉ 667485.

*** **Oasis (51)**, noch ein Haus der Islazul-Kette, ist zweifellos ein Low-Budget-Hotel auf All-inclusive-Basis, verspricht aber dennoch erholsame Ferien. Die 147 Zimmer sind mit Klimaanlage und Satelliten-TV ausgestattet. In der im Kolonialstil errichteten Anlage – sie war eine der ersten in Varadero – gibt es zwei Restaurants, drei Bars, Swimmingpool, Tennisplätze, Fitness-Center, Sauna und Massagesalon. Nichtmotorisierter Wassersport ist ebenso inklusive wie Fahrräder. Autos und Motorroller kann man mieten. EZ 66–80 CUC, DZ 109–125 CUC, Triple 148–168 CUC, je nach Saison. Vía Blanca km 130. ✆ 667380-82, ✉ 667489, maidelis@oasis.hor.tur.cu.

** **Pullmann (89)** mitten im Zentrum von Varadero ist ein älteres, kleines, für ein schmales Urlaubsbudget aber durchaus empfehlenswertes Hotel mit freundlichem Personal und aufmerksamem Service. Die nur 16 Zimmer des im Stil eines Kolonialpalastes gehaltenen und 2004 renovierten Gebäudes sind mit Klimaanlage, Ventilator, TV und Radio ausgestattet. Alle verfügen über ein eigenes Badezimmer, was auf Cuba in dieser Kategorie nicht immer selbstverständlich ist. Im Hotel gibt es ein Restaurant und zwei Bars. EZ 50 CUC, DZ 70 CUC inkl. Frühstück. Avenida 1ra e/ 49 y 50. ✆ 612702, ✉ 667499, recepción@dmares.hor.tur.cu.

** **Dos Mares (82)** ist das Schwester-Haus des Hotels „Pullmann". Ebenfalls in einem älteren Kolonialgebäude untergebracht, verfügt es über 34 einfache Zimmer mit Klimaanlage, Satelliten-TV und Telefon. In dem zwischen Strand und Hauptstraße gelegenen Haus gibt es ein À-la-carte-Restaurant und zwei Bars, eine dritte findet man am Strand. EZ 50 CUC, DZ 70 CUC inkl. Frühstück. Avenida 1ra e/ 49 y 50. ✆ 612702, ✉ 667499, recepción@dmares.hor.tur.cu.

** **Herradura (42)** macht – äußerlich – seinem Namen alle Ehre: Der hufeisenförmige Hotel-Bau (Herradura heißt Hufeisen) liegt so nah am weißen Sandstrand, dass man meinen könnte, das Meer wäre sein Swimmingpool. Das alte, wenig gepflegte, aber sehr zentral am Strand gelegene Haus vermietet 75 schlichte Zimmer mit Klimaanlage, TV und Safe. Im Hotel gibt es ein Restaurant, eine Bar und einen kleinen Laden. EZ 42–50 CUC, DZ 58–67 CUC inkl. Frühstück, je nach Saison. Avenida de la Playa e/ 35 y 36. ✆ 613703, director@herrad.hor.tur.cu.

** **Villa La Mar (76)**, ein paar hundert Meter vom feinsandigen Strand entfernt, ist ein bescheidenes Ferien-Hotel unweit des Zentrums. Das Haus verfügt über ein Restaurant, Snackbar, Cafetería, großen

Swimmingpool, Autovermietung und Diskothek. Die 260 Zimmer mit Klimaanlage, Kabel-TV und Telefon haben alle Terrasse oder Balkon. EZ 48–55 CUC, DZ 73–81 CUC, Triple 99–109 CUC, je nach Saison. Avenida 3ra e/ 28 y 30. ✆ 613910, ✆ 612508, vlamar@enet.cu.

•*Casas particulares* Privat-Unterkünfte sind in Varadero offiziell verboten. Dennoch werden auf den Straßen immer wieder Zimmer in den Häusern von Cubanern angeboten – meist für 25–30 CUC, also zu den Preisen, die man im ganzen Land bezahlt. Wer diese preisgünstige – allerdings illegale – Alternative sucht, muss sich nur an den Busbahnhof stellen – in spätestens fünf Minuten hat er für den Urlaub ein Dach über dem Kopf. Campingplätze gibt es auf der Halbinsel Hicacos nicht.

Unterwegs in Varadero

Parque Josone: Der zentrale Park von Varadero mit vielen großen Bäumen, schattigen Plätzen und einem künstlichen See wurde im Jahr 1942 fertiggestellt. Damals ließen die Besitzer der Rumfabrik von Cárdenas, José und Onelia Fermin, hier ihren Landsitz errichten. Der Name des Parks wurde aus den jeweils ersten drei Buchstaben ihrer Vornamen gebildet. Das Herrenhaus aus dem Jahr 1945 sowie das Gästehaus der Familie sind heute Restaurants, Ersteres das internationale Restaurant „El Retiro", Letzteres das italienische Restaurant „Dante". Daneben gibt es mitten im Parque in einer Hazienda aus dem Jahr 1946 das Restaurant „La Campana" mit kreolischer Küche. Immer freitags und samstags ab 21 Uhr findet zwischen dem ehemaligen Herrenhaus und dem See die „Noche de Santería" statt (Eintritt 3 CUC).
Tägl. 9–24 Uhr. Avenida 1ra e/ 56 y 59.

Museo Municipal: Das kleine, in einem großen Herrenhaus aus dem Jahr 1921 untergebrachte Museum erzählt die Geschichte Varaderos von den Ureinwohnern mit ihren Traditionen bis zur Gegenwart. Der den Naturwissenschaften gewidmete Ausstellungsraum hat die fünf Öko-Systeme Varaderos zum Thema – Meer, Strand, Lagune, Plantagen und Höhlen. Im Saal des Sports erfährt man, dass auf der Halbinsel Hicacos regelmäßig Kanu-Regatten ausgetragen werden. Zudem sind viele persönliche Gegenstände von Olympia-Teilnehmern Cubas ausgestellt. Darüber hinaus sieht man die unvermeidlichen Möbelstücke aus der Kolonialzeit, Porzellan aus Frankreich, Großbritannien und Japan, einen Baby-Hai mit zwei Köpfen – und als wichtigstes Exponat den Asthma-Inhalator von Ernesto Che Guevara. Kleiner Tipp am Rande: Vom Balkon im Obergeschoss hat man einen tollen Blick auf Strand und Meer.
Tägl. 10–19 Uhr. Eintritt 1 CUC, Führung 1 CUC. Calle 57 y Playa, ✆ 613189.

Iglesia de Santa Elvira: Der im Kolonialstil errichteten Kirche aus dem Jahr 1938 fehlt jeder Glanz. Das Gotteshaus ist absolut schmucklos, selbst der Altar besteht nur aus einer einfachen Marmorplatte. Da sich wohl nicht zuletzt deshalb kaum Touristen in die Iglesia verirren, ist sie nur zu kirchlichen Veranstaltungen geöffnet.
Messen Do um 20.30, So um 17 Uhr, Rosenkranz Mo–Mi, Fr+Sa um 20.30 Uhr. Avenida 1ra esquina Calle 47.

Taller de Cerámica: Die Töpfer-Werkstatt ist nicht nur ein herkömmlicher Laden, in dem kunsthandwerkliche Produkte als Mitbringsel zum Kauf angeboten werden. An den Werkbänken, an denen zehn Künstler arbeiten, kann man den gesamten Herstellungsprozess der Keramiken verfolgen – von der Rohmasse bis zum letzten Pinselstrich.
Tägl. 9–19 Uhr. Eintritt frei. Avenida 1ra e/ 59 y 60.

Cueva de Ambrosio: In der 500 Meter unterhalb des Hotels „Club Amigo" liegenden Höhle, die während der spanischen Herrschaft entflohenen Sklaven als Unterschlupf diente, wurden 1961 urzeitliche Felszeichnungen gefunden. Ähnliche Malereien waren schon vorher auf der Isla de la Juventud entdeckt worden. Man vermutet, dass es sich bei den kreisförmigen Zeichnungen um erste Mondkalender der Ureinwohner handelt. Die Cueva de Ambrosio ist einer von insgesamt 15 archäologisch bedeutenden Funden auf der Halbinsel. Eine Führung dauert etwa 30 Minuten.
Tägl. 9–17 Uhr. Eintritt 3 CUC. Autopista Sur km 16.

Reserva Ecológica Varahicacos: Wenige hundert Meter von der Ambrosio-Höhle entfernt, befindet sich der Eingang zur Reserva Ecológica Varahicacos, einem etwa drei Quadratkilometer großen Naturschutzgebiet, das auf Cuba nirgendwo notwendiger ist als in Varadero – schließlich machten (und machen) hier Planierraupen für die Hotels alles platt, was ihnen im Wege stand und steht. In dem 1997 eingerichteten Naturschutzgebiet, das sozusagen das andere Varadero darstellt, dürfen sich die Touristen wie im Dschungel fühlen, die ursprüngliche Flora der Halbinsel Hicacos wurde hier wenigstens auf einem kleinen Stück Land erhalten. Es gibt drei kurze Wanderwege, für die man zwischen 20 Minuten und einer Stunde benötigt. Der kürzeste dieser Pfade führt zu einem riesigen, angeblich 500 Jahre alten Kaktus, den man den Spitznamen „El Patriarca" („Der Patriarch") gegeben hat. Pro Wanderweg wird ein Eintritt von 3 CUC verlangt, auf Wunsch wird man von einem Führer kostenlos begleitet.
Tägl. 9–17 Uhr. Autopista Sur km 16.

Delfinario: Wer die Autopista Sur in nordöstlicher Richtung befährt, findet in Sichtweite des Yachthafens Chapelín das Delfinarium von Varadero. Die Shows beginnen täglich um 11 und 15.30 Uhr. Um 9.30, 11.30, 14.30 und 16 Uhr kann man mit den elf Meeressäugern außerdem schwimmen (87 CUC). Möchte man sich danach mit den Tieren fotografieren lassen, werden 5 CUC fällig. Und wer sich noch immer nicht abgezockt fühlt, kann sich in die angeschlossene Snackbar setzen, Läden besuchen oder seine Kleinen Karussell fahren lassen. Übrigens: Einheimische zahlen die gleichen Preise, allerdings in Pesos, also ein Vierundzwanzigstel dessen, was Touristen „blechen" müssen. Wer Spanisch spricht und vielleicht schon etwas gebräunt ist, kann's ja mal probieren …
Tägl. 9–17 Uhr. Eintritt 15 CUC (Kinder bis 5 Jahre 5 CUC), Fotoaufnahmen 5 CUC, Videoaufnahmen 10 CUC. Autopista del Sur km 12, ☏ 668031.

Cayo Blanco: Zu dem Varadero vorgelagerten Inselchen, das der viel zitierten Bacardí-Werbung entstammen könnte, werden täglich mehrere Touren – meist mit großen Katamaranen – angeboten. Im Preis von 75 CUC sind Schnorcheln, das Mittagessen am Strand und alle Getränke enthalten – Rum bis zum Abwinken ebenfalls. Auf der flach abfallenden Sandbank selbst kann man Hunderte von Metern ins Meer hinausgehen, ohne dass das Wasser Kniehöhe erreicht.
Marina Chapelín, Autopista del Sur km 12. ☏ 667550, 667565, comercial@marlinv.var.cyt.cu.

Cayo Piedras del Norte: Fünf Kilometer nördlich der Playa Las Calaveras hält das Meer für Taucher und Passagiere von Glasbodenbooten das ultimative Urlaubserlebnis bereit. Im Parque Marina liegen in 15 bis 30 Metern Tiefe eine ganze Reihe versunkener Schiffe: die Yacht „Coral Negro" (gesunken 1997), die Fregatte „383" (gesunken 1998), ein Schlepp-Schiff, ein mit – intakten – Raketen bestückter Zerstörer sowie nicht zuletzt ein Passagier-Flugzeug des Typs AN-2.
Marina Chapelín, Autopista del Sur km 12. ☏ 667550, 667565, comercial@marlinv.var.cyt.cu.

Unterwegs in derUmgebung

Cárdenas

Das als „Stadt der Flagge" bekannte Cárdenas – hier hisste General Narciso López am 19. Mai 1850 auf dem Dach des früheren Hotels „La Dominica" erstmals die cubanische Nationalflagge – ist sozusagen die Schlaf-Stadt für einen Großteil des Personals der Hotels von Varadero. Angeblich verdienen 95 Prozent der Bevölkerung von Cárdenas ihre Brötchen in dem elf Kilometer entfernten Touristenzentrum. Das bedeutet aber gleichzeitig, dass man nur 15 Autominuten von Varadero entfernt tief in die cubanische Wirklichkeit eintauchen kann, wo Pferdekutschen und Fahrräder das Straßenbild bestimmen, mit denen sich Cárdenas ebenfalls einen Namen gemacht hat. Besondere Aufmerksamkeit erlangte die Stadt mit ihren 120.000 Einwohnern um den Jahreswechsel 1999/2000, als der damals knapp sechs Jahre alte Elián González weltweit Schlagzeilen machte, nachdem es um die Person des aus Cárdenas stammenden Jungen ein Tauziehen zwischen Cuba und den USA gegeben hatte. Damals gewann „David" – sprich Cuba – das zähe Ringen um ihn gegen die verhassten Imperialisten. Heute lebt Elián wieder in seiner Heimatstadt im Haus seines Vaters in der Avenida de Céspedes. Zwei Dinge haben sich seitdem allerdings geändert: Es gibt inzwischen das Museo de Batalla de las Ideas, das an den Konflikt erinnert. Und: Eliáns Schule in der Calle 13 Nr. 165 fehlt auf keiner organisierten Sightseeing-Tour mehr.

Cárdenas – das waren nicht mehr als ein paar Häuser am Meer, als die offizielle Gründung der Hafenstadt am 8. März 1828 vollzogen wurde. Obwohl sich andere Siedlungen zu jener Zeit längst etabliert und durch regen Handel Reichtum erworben hatten, nahm die kleine Stadt in der Provinz Matanzas allerdings in vielen Dingen die Vorreiterrolle ein: 1862 errichtete man das erste Kolumbus-Denkmal Cubas und 1889 war Cárdenas die erste Stadt des Landes, in der es elektrisches Licht gab. Heute kommen die meist in Varadero

Erstes Kolumbus-Denkmal Cubas

Elián González – ein kleiner Cubaner wird weltberühmt

Elián González wurde im November 1999 im zarten Alter von knapp sechs Jahren von einem Tag auf den anderen weltweit bekannt, nachdem er auf einem Reifenschlauch nach Florida getrieben worden war und sich die USA und Cuba daraufhin in aller Öffentlichkeit um den Jungen stritten, ehe er schließlich doch wieder in seine Heimatstadt Cárdenas zurückkehren durfte.

Vorausgegangen war ein Drama: Eliáns Mutter hatte sich in jenen November-Tagen zusammen mit ihrem kleinen Sohn einer Gruppe von Cubanern angeschlossen, die mit einem kleinen Motorboot aufgebrochen waren, um auf dem Wasserweg illegal in die USA auszuwandern – wie dies noch immer viele Cubaner beinahe wöchentlich tun, auch wenn darüber nur hinter vorgehaltener Hand gesprochen wird. Die meisten von ihnen sollten das „gelobte Land" allerdings nicht erreichen: Bei schwerer See kenterte das hoffnungslos überladene Boot, wie zehn andere Flüchtlinge ertrank auch Eliáns Mutter, nur zwei Männer überlebten – und Elián.

Für die seit einigen Jahren in Florida lebenden Verwandten von Elián, darunter auch Delfin González, der Onkel seiner Mutter, war der Fall klar: Der Junge sollte in den Vereinigten Staaten bleiben, was grundsätzlich kein Problem gewesen wäre, da die Einwanderungsgesetze der USA jedem Cubaner ein Bleiberecht einräumen, der US-Territorium erreicht. Allerdings hatte Eliáns Mutter ihren Sohn offensichtlich ohne das Wissen und Einverständnis seines leiblichen Vaters, Juan Miguel González, aus Cuba mitgenommen. Die Regierung in Havanna sprach natürlich sofort von Kidnapping. Und selbst die vier Großeltern, also auch die Eltern seiner Mutter, behaupteten – auf wessen Geheiß hin auch immer – das Kind sei entführt worden. Die beiden Omas, Raquel Rodríguez und Mariela Quintana, reisten sogar eigens nach New York, um vor der Welt-Presse die Rückkehr ihres Enkels zu fordern. Unabhängig von der Frage des politischen Asyls entzündete sich in der Folge ein heftiger Sorgerechtsstreit – zwischen zwei Parteien in nicht gerade befreundeten Staaten. Das Tauziehen dauerte bis zum 22. April 2000, ehe Bundes-Marshalls das Haus von Marisleysis González, der Cousine des Jungen, in Miami stürmten und Elián zu seinem Vater Juan Miguel González und seiner Stiefmutter Nersy brachten, die zwischenzeitlich auf der „Andrews Air Force Base" in Maryland angekommen waren, um ihren Sohn nach Hause zu holen.

Noch ehe das Ehepaar US amerikanischen Boden betreten hatte, waren angeblich Exil-Cubaner aus Florida an Juan Miguel und Nersy González herangetreten und hatten ihnen für den Fall der Inanspruchnahme politischen Asyls in den USA eine Million Dollar versprochen, erzählte man sich später. Die beiden lehnten jedoch ab.

Den Schlusspunkt in der Auseinandersetzung, die längst zu einer Staatsaffäre geworden war, setzte im Juni 2000 der Oberste Gerichtshof der Vereinigten Staaten, als er die Rückführung des Jungen in seine Heimat anordnete. Elián kehrte daraufhin zusammen mit Vater und Stiefmutter nach Cuba zurück und lebt seitdem wieder in der Avenida de Céspedes in Cárdenas.

Provinz Matanzas

urlaubenden Touristen aber in erster Linie in die Stadt, um ihrem Ferien-Ghetto zu entfliehen, Land und Leute wenigstens ein bisschen näher kennenzulernen, die durchaus interessanten Museen zu besuchen oder einfach nur, um in einem Café an der Kathedrale zu sitzen und bei einem Gläschen Rum das bunte Treiben auf der Straße zu beobachten.

Apropos: Die 1878 gegründete Fábrica „Arrechabala" im Nordwesten von Cárdenas, die als Geburtsstätte der Havana Club Rum-Gesellschaft gilt und bis heute die Marken „Varadero" und „Bucanero" produziert, ist für Touristen tabu. Seitdem Besucher nach Besichtigungen rum-getorkelt sein sollen, gibt es weder Führungen noch einen Verkaufsladen.

- *Hin & Weg* **Bahn**: Bahnhof San Martín in der Avenida 8 Este esquina Calle 5, ℡ 521362. Verbindungen: Unión de Reyes 1x tägl. Colón 1x tägl. Los Árabos 2x tägl.
Bus: Terminal in der Avenida de Céspedes esquina Calle 22, ℡ 521214. Verbindungen: Havanna 1x tägl. 13.45 Uhr, 7 CUC (Astro). Santa Clara 1x tägl. 14.40 Uhr, 7,50 CUC (Astro). Varadero-Terminal in der Calle 13, ℡ 524958. Verbindungen: Varadero stündl. bis 19 Uhr.
- *Apotheke* **Farmacia**, Calle 12 Nr. 60, ℡ 521567.
- *Ärztliche Versorgung* **Hospital Julio M. Aristegui**, Centro Medico Sub Acutica, tägl. 24 Std., Calle 13, ℡ 522114.
- *Bank* **Cadeca**, Mo–Sa 8–18 Uhr, Avenida de Céspedes 252 esquina Calle 8.
- *Feste* **Karneval** am ersten Juli-Wochenende.
- *Notruf* **Polizei**, ℡ 106. **Feuerwehr**, ℡ 105. **Ambulanz**, ℡ 291532.
- *Postleitzahl* 42110
- *Post* Mo–Sa 8–18 Uhr, Avenida de Céspedes esquina Calle 8 (am Parque Colón).
- *Shopping* **Centro Comercial**, Avenida de Céspedes esquina Calzada. **Plaza Caracol**, Avenida Coronel Verdugo esquina Calvo.
- *Essen & Trinken* **Espriu (10)** ist unter den wenigen Restaurants der Stadt sicher keine schlechte Wahl, vielleicht sogar die beste. Es gibt Fisch und Meeresfrüchte, Hamburger und Sandwiches für 1–2,50 CUC. Tägl. 24 Std. Avenida Calzada e/ Céspedes y Ayllon.
Sayonara (9) ist der Peso-Chinese der Stadt. Auf der Karte stehen Chop Suey (15 CUP/ca. 0,60 CUC), Sopa china de tallarines, eine chinesische Nudelsuppe (6,50 CUP/ca. 0,27 CUC), und – welche Überraschung! – Hähnchen (25 CUP/ca. 1 CUC). Tägl. 12–22.45 Uhr. Avenida de Céspedes e/ Calzada y Coronel Verdugo.

El Colonial (11) serviert in einem netten Innenhof kulinarische Kleinigkeiten – Sandwiches (1–1,20 CUC), Pizzen (1–1,50 CUC), 1/4 Hähnchen (1,50 CUC). Tägl. 8–2 Uhr. Avenida de Céspedes esquina Calle 12.
La Cubanita (7) bietet Gerichte für den kleinen Hunger. Tägl. 10–24 Uhr. Avenida Calzada esquina Ruiz, ℡ 2145.
Las Palmas (12) residiert in einem schönen kolonialen Herrenhaus, das Essen ist allerdings weniger herrschaftlich und beschränkt sich auf einfache kreolische Gerichte. Für einen Drink gut, mehr nicht. Fr, Sa und So gibt es um 22.30 Uhr eine Cabaret-Show (Eintritt 5 CUC). Tägl. 8–2 Uhr. Avenida de Céspedes esquina Calle 16, ℡ 524762.
El Rápido (6) – ja, es gibt ihn auch in Cárdenas, wie inzwischen eigentlich in jedem cubanischen „Nest". Das Angebot ist ebenfalls identisch – Fastfood zu kleinen Preisen. Tägl. 24 Std. Avenida de Céspedes esquina Calle 8.
- *Nachtleben* **Cárdenas Café (8)** ist die absolute Nummer eins, wenn man in Cárdenas nachts auf die Piste möchte – eine wirkliche Nummer zwei gibt es in der Stadt nämlich nicht. Dienstags und donnerstags steht „Disco temba" auf dem Programm, eine Art „30 plus Party" (Eintritt 3 CUC inkl. Open Bar außer Bier), freitags und sonntags kommt die jüngere Generation zu ihrem Recht (Eintritt 1 CUC), samstags beide – bei der „Noche del Humor" (Eintritt 5 CUC inkl. Open Bar außer Bier). Di und Do–So 22–1, Sa 22–2 Uhr. Avenida de Céspedes e/ Calzada y Coronel Verdugo, ℡ 523713.
- *Übernachten* **Casa Odalys y Lino (2)** ist ein modernes, sehr gepflegtes Privat-Quartier unweit des Stadtzentrums, in dem man sich wohlfühlen kann. Die beiden Zimmer haben Klimaanlage und Ventilator, teilen sich aber ein Bad. Das kleine Manko ma-

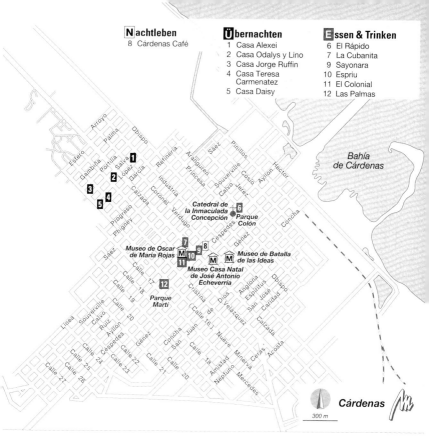

chen Odalys und Lino mit ihrer Gastfreundschaft allerdings mehr als wett. Speisen gibt es für 3 CUC (Frühstück) bzw. 7–12 CUC (Abendessen), je nach Wunsch. DZ 25 CUC. Calle 14 Nr. 618 e/ Avenidas 23 y 25. ✆ 523553, mayumi_piscis@yahoo.es, www.youlikecuba.com.

Casa Daisy (5) hat – auf einer eigenen Etage nur für Gäste – zwei hübsche Zimmer mit den drei „K's" (Klimaanlage, Kühlschrank, Küche) sowie Bad und Dachterrasse zu vermieten. Es gibt auch einen schönen Innenhof, in dem optional das Essen serviert wird. DZ 25 CUC. Avenida García 727 e/ Cristina y Minerva.

Casa Jorge Ruffin (3), auch ein guter Tipp. Die beiden zu vermietenden Zimmer sind mit Klimaanlage, TV und Minibar ausgestattet, die Bäder sind supermodern. Außerdem verfügt das Haus über eine große Terrasse, die natürlich auch den Gästen offen steht. DZ 25 CUC. Calle Salva 714 e/ Cristina y Minerva.

Casa Teresa Carmenatez (4) ist ein einfacheres Haus, in dem es ein Zimmer mit Bad gibt. Das Haus verfügt über einen kleinen Garten und eine Terrasse. DZ 25 CUC. Avenida García e/ Cristina y Minerva.

Casa Alexei (1) liegt strandnah und verfügt über zwei große Zimmer – eines mit Doppelbett, das andere mit zwei Einzelbetten – mit Ventilator, Dusche, Küche, Terrasse und Telefon. Parkplätze gibt es vor dem Haus. DZ 25 CUC. Avenida Salva 516 e/ Coronel Verdugo y Industria.

Unterwegs in Cárdenas

Parque Colón: Auf dem zentralen Platz wurde einst die Stadtgründung vollzogen. In der Nähe des früheren Hotels „La Dominica", wo erstmals die cubanische Nationalflagge gehisst wurde, steht hier seit dem Jahr 1862 eine Bronze-Skulptur von Kolumbus, geschaffen von dem spanischen Bildhauer José Piquer, gegossen in Marseille.
Avenida de Céspedes e/ 8 y 9.

Catedral de la Inmaculada Concepción: Die Kirche aus dem Jahr 1846 liegt unmittelbar am Parque Colón und ist eines der meistfotografierten Motive der Stadt – von außen, denn die Kirche ist in aller Regel geschlossen.
Avenida de Céspedes e/ 8 y 9.

Museo de Batalla de las Ideas: Das Museum wurde nach dem Konflikt mit den USA um den kleinen Elián González in dem früheren Hauptquartier der Feuerwehr aus dem Jahr 1872 eingerichtet und gibt einen Überblick über die Beziehungen zwischen den beiden Erzfeinden. Außerdem ist natürlich die Auseinandersetzung um den Jungen detailliert dokumentiert. Im Eingangsbereich hat man eine große Plastik aufgestellt, die Nationalheld José Martí mit einem Kind auf dem Arm zeigt.
Di–Sa 9–17, So 9–13 Uhr. Eintritt 2 CUC, Führung 2 CUC, Fotoaufnahmen 5 CUC, Videoaufnahmen 25 CUC. Calle Vives 523 e/ Coronel Verdugo y Industria.

Museo Casa Natal de José Antonio Echeverría: In dem Geburtshaus des Studentenführers, den die Soldaten von Diktator Fulgencio Batista am 13. März 1957 vor der Universität in Havanna erschossen, ist ein kleines Museum untergebracht. In dem Gebäude aus dem Jahr 1873 erinnert eine kleine Sammlung an ihn, vor dem Haus, im Parque Echeverría, ein Denkmal. Neben den Erinnerungsstücken an Echeverría, darunter viele Originalfotografien und seine Schuluniform, werden in den Räumlichkeiten zahlreiche Exponate aus den Tagen der Unabhängigkeitskriege und der Revolution präsentiert. Besonders sehenswert: Eines der Autos der Familie Chrysler, das in dieser Art von Museum allerdings etwas exotisch anmutet.
Di–Sa 10–18, So 9–13 Uhr. Eintritt 1 CUC, Fotoaufnahmen 5 CUC. Calle Génez 560 e/ Coronel Verdugo y Calzada.

Museo de Oscar de Maria Rojas: Im Jahr 1900 gegründet, ist dieses Museum das zweitälteste Cubas. In 13 Ausstellungsräumen beherbergt es unter anderem eine naturhistorische Sammlung sowie wertvolle Exponate aus Geschichte, Kunst, Archäologie und Numismatik. Außerdem gibt es einige Waffen aus der Kolonialzeit zu sehen. Historisch bedeutendstes Exponat ist die Garotte, mit der General Narciso López im Jahr 1851 exekutiert wurde.
Di–Sa 10–18, So 9–13 Uhr. Eintritt 5 CUC. Calle Calzada e/ Vives y Génez.

Unterwegs in Richtung Süden

Colón

Wenn Touristen von den Einheimischen ebenso neugierige Blicke ernten wie umgekehrt, könnte es sein, dass sie sich in Colón befinden. In die 53 Kilometer südöstlich von Cárdenas gelegene Kleinstadt verirren sich nämlich nur sehr wenige Fremde. Kein Wunder: Besondere Sehenswürdigkeiten gibt es so gut wie nicht, einen Zwischenstopp ist allenfalls die Tatsache wert, dass man in Colón Cuba erlebt wie

Inzwischen (leider) übermalt: das DB-Zeichen am Waggon aus Deutschland

es war, wie es ist und wie es wohl noch lange sein wird. Am besten setzt man sich in dem zentralen Parque Colón, in dem natürlich ein Denkmal an den Entdecker Cubas erinnert, unter einen schattigen Baum auf eine Bank, beobachtet den gemächlichen Trott der Einwohner oder lauscht den Radio-Nachrichten aus den Lautsprechern, mit denen der Platz beschallt wird – auch ein Erlebnis.

• *Essen & Trinken* **Piropo**, ein kleines Lokal der landesweiten Cafetería-Kette, ist nichts Besonderes, aber immer für eine Erfrischung gut. Mehr aber auch nicht. Tägl. 8–24 Uhr. Calle Máximo Gómez.

• *Übernachten* *** Santiago Habana**, mitten im Zentrum gelegen, ist die einzige Unterkunftsmöglichkeit in Colón, aber nicht der Hit. Man mag es kaum glauben, dass hier berühmte Politiker, Sportler, Schriftsteller und Künstler, unter ihnen übrigens auch Fidel Castro und Camilo Cienfuegos, abgestiegen sein sollen. Denn das vierstöckige, blau gestrichene Gebäude – im Jahr 1951 eingeweiht und 1988 renoviert – kann man guten Gewissens als hässlich und dringend sanierungsbedürftig bezeichnen. Klar, dass auch die 43 Zimmer nicht mehr taufrisch sind, mit Klimaanlage sind sie allerdings ausgestattet. Nicht anders verhält es sich mit dem Restaurant, das Sa–So ab 21 Uhr als Dorf-Disco fungiert. DZ 15–20 CUC, je nach Saison. Calle Máximo Gómez 114. ℡ 312675, colon@atenas.cult.cu.

Unterwegs in Colón

Parque Colón: Der zentrale Platz der im Jahr 1830 gegründeten Stadt heißt ausnahmsweise einmal nicht Martí, sondern ist – auch in Reminiszenz des eigenen Namens – Christoph Kolumbus gewidmet. Und den sollte man sich wirklich ansehen, wenn man sich schon in Colón aufhält. Nicht des Kolumbus-Denkmals wegen, der in Bronze gegossen, mit dem Zeigefinger der rechten Hand bedeutungsschwer nach Süden zeigt. Auch nicht der vier Bronze-Löwen zu seinen Füßen wegen. Und schon gar wegen nicht der Büsten von Simon Bolívar, Eusebio Hernandez Perez, Máximo Gómez und Antonio Maceo, die an den vier Ecken des Platzes aufgestellt sind. Sondern wegen der Dampflok, Baujahr 1851, an der Nordseite des Parque Colón. Die zieht nämlich einen Waggon der Deutschen Bahn, der mindestens 100 Jahre jünger ist. Leider wurde das „DB"-Zeichen inzwischen übermalt.

Museo José R. Zulueta: Das kleine Museum beschäftigt sich mit den Vorgängen des 26. Juli 1953 in Santiago de Cuba, dem legendären Überfall auf die Moncada-Kaserne also. Die Sammlung ist dürftig und damit allenfalls etwas zum Zeittotschlagen. Tägl. 9–16 Uhr. Eintritt frei. Calle Dequesada e/ Martí y Muñoz.

Península de Zapata

Die gleiche Tatsache, die Italien zur Bezeichnung „Stiefel" verhalf, verschaffte auch der Halbinsel von Zapata ihren Namen: Von oben betrachtet, kommt sie der Form eines Zapatas, eines Schuhs, nämlich sehr nahe. Das 123 Kilometer von Varadero entfernte, 4500 Quadratkilometer große Gebiet im Süden der Provinz Matanzas ist das größte Feuchtgebiet der gesamten Karibik. Längst wurde die Halbinsel zum Nationalpark erklärt – zum Parque Nacional Ciénaga de Zapata, seit 2001 eines der UNESCO-Biosphärenreservate. Naturliebhaber finden hier mehr als 900 einheimische Pflanzenarten, darunter etwa 100 endemische, sowie über 190 Vogelarten wie Kolibris, Papageien und den cubanischen Nationalvogel Tocororo. Außerdem trifft man 30 Reptilienarten an, darunter das cubanische Krokodil, ungezählte Amphibien, Fische, Insekten sowie Manatís (lat. Trichechus manatus). Die zur Familie der Seekühe gehörenden Säugetiere, die bis zu viereinhalb Meter lang werden, hatten die spanischen Eroberer zunächst für Meerjungfrauen gehalten. Hobby-Ornithologen kommen vor allem in den Wintermonaten in das Naturschutzgebiet, wenn zusätzlich die Zugvögel aus Nordamerika hier Station und die gesamte Halbinsel zu einem wahren Paradies für Ökotouristen machen.

An der Karibik-Küste indes sind vorwiegend Taucher und Schnorchler zu Hause, die speziell zwischen der Playa Larga und der Playa Girón an insgesamt 14 Tauchplätzen reihenweise Korallenbänke, Unterwasserhöhlen und die unterschiedlichsten tropischen Fische vorfinden – einer schöner, bunter und leuchtender als der andere. An den gut ausgeschilderten Stellen, die sich entlang der Küstenstraße wie an einer Schnur reihen und klingende Namen wie etwa „Los Cocos", „El Ebano" oder „El Brinco" tragen, führen von felsigen Naturplattformen oder fest verankerten Holzstegen Treppen oder Leitern in das türkisfarbene Meer. Selbst Tauch- bzw. Schnorchel-Laien kommen so denkbar leicht zu unvergesslichen Unterwassererlebnissen.

Polizei, ✆ 106; Feuerwehr, ✆ 105; Ambulanz, ✆ 291532. Turistaxi, ✆ 94147.

Central Australia

Neben der Natur liefert die Historie einen zweiten Grund, Zapata zu besuchen. Und den findet man in dem kleinen Weiler Central Australia, dessen Name keine Reminiszenz an den fünften Kontinent darstellt, sondern von der ehemaligen örtlichen Zuckerfabrik herrührt. Denn während der Invasion in der legendären Bahía de Cochinos, im deutschsprachigen Raum besser bekannt als die Schweinebucht, als von den USA unterstützte Exil-Cubaner am 17. April 1961 hier landen wollten, um eine Konterrevolution zu starten und Fidel Castro aus dem Amt und letztlich aus dem Land zu treiben, hatte der Máximo Líder genau hier sein Hauptquartier aufgeschlagen. Zu jener Zeit noch immer mehr Rebell als Regent, dirigierte er die Revolutionsarmee persönlich, musste in der „Pampa" an der Zufahrt zur Halbinsel allerdings nicht lange verweilen. Binnen 48 Stunden hatten die erfahrenen Guerilleros den Eindringlingen den Garaus gemacht oder sie in die Flucht geschlagen.

• *Essen & Trinken* **Pío Cuá**, 3 km hinter Central Australia in Richtung Playa Larga, ist ein bevorzugter Stopp von Bus-Gruppen, denen hier mitten im Nichts sogar Garnelen und Hummer serviert werden. Neben dem hübschen Restaurant gibt es eine Cafetería und eine Disco, die allerdings nur an Wochenenden geöffnet ist. Tägl. 11.30–16 Uhr, Cafetería 10–23 Uhr, Disco Fr–So 21.30–3 Uhr. Carretera de Playa Larga km 8, ℡ 93343.

• *Übernachten* **Finca Fiesta Campesina** bietet etwas abseits des Museumsdorfs neun Hütten zum Übernachten an. Alles ist sehr einfach, eine Klimaanlage etwa gibt es nicht, dafür himmlische Ruhe. EZ 15 CUC, DZ 30 CUC. Carretera Girón km 1.

Casa Orlando Caballero Hernández vermietet im Dorf Central Australia zwei einfache Zimmer mit Klimaanlage und modernen Bädern. Die Speisen sind sehr empfehlenswert – Orlando ist Küchenchef im Hotel „Villa Playa Larga". DZ 25 CUC. Calle 20 Nr. 5, Central Australia, ℡ 913275.

Rund um Central Australia

Finca Fiesta Campesina: Über das cubanische Museumsdorf stolpert man geradezu, wenn man von der Autopista auf die Carretera Ciénaga abbiegt. Die Hazienda lebt ausschließlich für und von Touristen und soll den Besuchern das cubanische Landleben von seiner schönsten Seite zeigen. Zu sehen sind die einfachen Werkzeuge der Campesinos, erklärt wird die heimische Flora, vermittelt werden die einzelnen Stufen der Rum-Produktion – vom Zuckerrohr bis zum Destillat. In Gehegen begegnet man bäuerlichem Federvieh und außerhalb davon ausgewachsenen Stieren, auf denen besonders Mutige sogar reiten dürfen. Das kleine Restaurant der Finca kocht natürlich kreolisch – Schweinefleisch, Hähnchen etc.

Tägl. 9–17 Uhr. Eintritt frei. Carretera Girón km 1.

Museo de Comandancia: Das Verwaltungsgebäude der ehemaligen Zuckerfabrik „Central Australia" aus dem Jahr 1904 befindet sich zweieinhalb Kilometer südlich der Autopista in Richtung Boca de Guamá. Während der Invasion in der Schweinebucht hatte hier Fidel Castro sein Hauptquartier aufgeschlagen, von dem aus er seine Soldaten persönlich befehligte.

Vor dem Eingang des einstöckigen, rosa verputzten Flachdachbaus stehen heute die Trümmer eines der US-Kampfflugzeuge, die damals von den Revolutionstruppen vom Himmel geholt wurden. Drinnen gibt es eine umfangreiche Dokumentation über die damaligen Ereignisse. Das Museum ist inzwischen ein National-Denkmal – was sonst ...

Mo–Sa 8–17, So 8–12 Uhr. Eintritt 1 CUC. Central Australia, ℡ 2504.

Boca de Guamá

Jeder Tourist, der die Península de Zapata besucht, kommt früher oder später nach Boca de Guamá – meistens früher. Hier, etwa auf halber Strecke zwischen der Autopista und der Schweinebucht, gibt es all das, was der zahlungskräftige Gast nach Dafürhalten der cubanischen Tourismusindustrie braucht: Restaurants, eine Snackbar, Souvenirgeschäfte, eine Krokodil-Farm (mit mehr als 3000 Exemplaren in allen Größen) und kleine

„Crocodile Dundee"

Ausflugsboote, die über die Laguna del Tesoro zu einem nachgebauten Taíno-Dorf tuckern. Die bekannte cubanische Bildhauerin Rita Longa hat hier verschiedene lebensgroße Indianer-Figuren in Posen geschaffen, die das Leben der Ureinwohner abbilden sollen. Es ist wie fast überall an ausschließlich für Urlauber geschaffenen Ausflugszielen: Die wirklich interessanten Sehenswürdigkeiten sind anderswo ...

• *Essen & Trinken* **La Boca** ist das größte Restaurant des dorfartigen Komplexes, vor dem normalerweise die Ausflugsbusse ihre Gäste ausladen. Dahinter liegt das kleinere **Colibri**, das eine breite Auswahl cubanischer Speisen auf der Karte hat – übrigens zu erträglichen Preisen. Tägl. 9–16 Uhr.

• *Übernachten* **Villa Guamá** liegt am Ostufer der Laguna del Tesoro, etwa 5 km von Boca de Guamá entfernt, und ist nur per Boot zu erreichen. Die 44 mit Stroh gedeckten Hütten, die 1962 gebaut wurden, stehen auf Pfählen im Wasser und sind mit Bad und TV ausgestattet. Die sechs kleinen Inseln sind durch schmale Fußgängerbrücken aus Holz miteinander verbunden, in der Anlage findet man eine Bar, Cafetería, Restaurant, Swimmingpool und Diskothek. ✆ 95515.

Unterwegs in Boca de Guamá

Criadero de Cocodrilos: Die Anlage ist eine große Aufzuchtstation für Krokodile innerhalb des Touristen-Komplexes von Boca de Guamá. Bei einer Führung erlebt man alle Entwicklungsstufen der Reptilien, vom Ei bis zum ausgewachsenen Fünf-Zentner-Exemplar. Wie erfolgreich das Artenschutz-Projekt des Fischerei-Ministeriums ist, das 1960, nur ein Jahr nach dem Sieg der Revolution ins Leben gerufen wurde, wird gleich um die Ecke deutlich: Ein kleiner Laden verkauft präparierte Baby-Krokodile, zu Buchstützen umfunktionierte Echsen-Köpfe oder Halsketten mit Krokodil-Zähnen, das Restaurant daneben hat Krokodil-Steak auf der Karte. Ebenfalls immer wieder gerne genommen: ein Foto von sich mit einem Krokodil auf der Schulter, um den Lieben zu Hause zu demonstrieren, dass tief in einem ein zweiter Crocodile Dundee schlummert.
Tägl. 7.30–18.30 Uhr. Eintritt 5 CUC inkl. Führung, Kinder 3 CUC.

Taller de Cerámica: In der kleinen Töpfer-Werkstatt kann man den Arbeitern über die Schulter schauen – und natürlich Souvenirs kaufen.
Mo–Sa 9–18 Uhr. Eintritt frei.

Laguna del Tesoro: Acht Kilometer östlich von Boca de Guamá liegt am östlichen Ufer des 92 Quadratkilometer großen Sees der Ort Villa Guamá, die Nachbildung eines Taíno-Dorfes mit 32 lebensgroßen Indianer-Figuren. Der Name der Laguna del Tesoro (Schatz-See) ist auf eine Legende zurückzuführen, derzufolge die Taíno hier alles versenkten, was ihnen lieb und teuer war, um es nicht den spanischen Eroberern in die Hände fallen zu lassen. Die Fähre von Boca de Guamá nach Villa Guamá verkehrt viermal täglich (10 CUC, Kinder 5 CUC), Fahrtzeit ca. 20 Minuten. Motorboote sind schneller und fahren öfter – zu gleichen Preisen.

Playa Larga

Playa Larga liegt zehn Kilometer südlich von Boca de Guamá am Ufer der Schweinebucht, an der 1961 von den USA unterstützte Exil-Cubaner ihre Invasion begannen. Playa Larga ist aber eigentlich nicht der richtige Ort, um dieser historischen Begebenheit nachzugehen. Der liegt 34 Kilometer weiter in südöstlicher Richtung an der Playa Girón. Playa Larga selbst ist kaum erwähnenswert. In dem ärmlichen Dorf findet man lediglich das Hotel „Villa Playa Larga", eine Bungalow-Anlage für Urlauber, die an dem nicht mehr als 100 Meter langen Sandstrand die absolute Einsamkeit suchen. Und in unmittelbarer Nähe der einzigen Unterkunftsmöglichkeit weit und breit gibt es den „Club Octopus", der sich internationales Tauchzentrum schimpft. Geschäfte, Restaurants, Nachtleben – Fehlanzeige.

• *Essen & Trinken* **Villa Playa Larga** ist das beste Speiselokal des Ortes – ein zweites gibt es nämlich nicht. In einem sehr einfachen Saal des gleichnamigen Hotels werden hauptsächlich kreolische Gerichte serviert – Schweinesteak für 6,85 CUC, frittiertes Hähnchen für 4,50 CUC, danach die obligatorische „Mermelada con queso" (Marmelade mit Käse) für 1,50 CUC. ℡ 97225.

• *Übernachten* **** Villa Playa Larga** ist das einzige Hotel an der gleichnamigen Playa. Das zur Horizontes-Kette gehörende Haus bietet in Doppel-Bungalows große, klimatisierte Zimmer mit TV und Bad. Für Familien stehen zusätzlich acht Zwei-Zimmer-Häuschen zur Verfügung. In der Anlage gibt es eine Strandbar, Swimmingpool und Tennisplatz sowie das einzige Restaurant des Ortes. EZ 35–42 CUC, DZ 40–44 CUC, je nach Saison. ℡ 97225, ℡ 94141, www.horizontes.cu.

Campismo Victoria de Girón liegt zwischen der Playa Larga (7 km) und der Playa Girón (27 km). An einem kleinen Strand stehen 28 Häuschen für jeweils vier Personen. Übernachtung 6 CUC/Person. Carretera Playa Girón, ℡ 915621.

Unterwegs in Playa Larga

Laguna de las Salinas: 21 Kilometer südwestlich der Playa Larga liegt der Landeplatz Tausender von Zugvögeln, die sich hier zwischen November und April niederlassen. Teilweise wurden an einem einzigen Tag schon mehr als 10.000 Flamingos gezählt. Wasservögel en masse sieht man bereits auf dem Weg zur Laguna, der durch Sümpfe und Seenlandschaften führt. Guides sind obligatorisch – sie steigen am Büro des Nationalparks, auch in Mietwagen, zu. Eine vierstündige Tour kostet 10 CUC/Person.

Nationalparkbüro: Mo–Fr 8–16.30, Sa 8–12 Uhr, ℡ 987249.

Club Octopus International Diving Center: Das kleine Tauchzentrum unweit vom Hotel „Villa Playa Larga" bietet alles, was Unterwassersportler wollen und brauchen. Ein Tauchgang kostet 25 CUC. Angeschlossen ist die Bar „El Mirador", wo man auch Kleinigkeiten zum Essen bekommt.

Tägl. 8–17 Uhr, Bar tägl. 9–22 Uhr. Carretera Playa Girón.

Cueva de los Peces: Die 72 Meter tiefe Unterwasserhöhle etwa in der Mitte der Strecke zwischen Playa Larga und Playa Girón gilt als tiefste geflutete tektonische Verwerfung Cubas. Die Höhle selbst ist ein Naturpool par excellence. Wer tiefer tauchen möchte, muss nur die Küstenstraße überqueren und ist in der Karibischen See sofort mittendrin in bunten Fischschwärmen und leuchtenden Korallen.

Tägl. 8–17 Uhr. Eintritt 3 CUC inkl. Getränk.

Playa Girón

Die Playa Girón an der Ostseite der Schweinebucht, 44 Kilometer südöstlich von Boca de Guamá und 34 Kilometer von Playa Larga gelegen, ist nach einem französischen Freibeuter benannt, der die Gegend vor Jahrhunderten unsicher machte. Hier kam es am 17. April 1961 zu einer Auseinandersetzung zwischen Sozialismus und Imperialismus, zwischen David Cuba und Goliath USA. Und, was niemand erwartet hatte, der Kleine in Person von Fidel Castro, obsiegte wieder einmal – beinahe wie im Märchen. Es begann am 14. April, als etwa 1500 von der CIA unterstützte Exil-Cubaner in Puerto Cabeza in Nicaragua mit sechs Schiffen nach Cuba aufbrachen. Doch die cubanische Revolutionsregierung war gewarnt, Fidel Castro selbst kommandierte die Verteidigungslinie, und innerhalb von nur 72 Stunden war die Invasion beendet, 1197 Angreifer in Gefangenschaft und elf Militärflugzeuge abgeschossen.

Heute ist die Playa Girón in erster Linie Ziel von Tauchern und Schnorchlern, die sich im azurblauen Wasser der Karibischen See wie die Made im Speck fühlen können. Kleiner Wermutstropfen: Vom Strand aus hat man einen mehrere hundert Meter langen Wellenbrecher vor Augen, durch den zwar ein riesiges Meerwasserbecken geschaffen wurde, der den Blick hinaus auf das Meer aber empfindlich trübt.

• *Essen & Trinken* **Bar Punta Perdiz**, ein kleines Lokal in Form eines Schiffes, liegt am gleichnamigen Ort an der Straße zwischen Playa Larga und Playa Girón. Angeboten werden Snacks und Erfrischungsgetränke. Die Bar ist ideal für einen Sundowner – man sitzt direkt am Meer. Tägl. 10–24 Uhr. Carretera Playa Girón.

• *Übernachten* *** **Villa Playa Girón** ist das einzige Hotel an der Playa Girón, aber trotzdem keine schlechte Wahl. Das All-inclusive-Haus verzichtet auf jeden Schnick-Schnack, bietet aber dennoch viele Annehmlichkeiten. Neben den 292 klimatisierten Zimmern im Haupthaus werden auch Zwei-Zimmer-Bungalows mit kleiner Küche vermietet. In der Anlage gibt es Restaurants, Bars, einen Swimmingpool und alle obligatorischen touristischen Einrichtungen. EZ 49–52 CUC, DZ 64–69 CUC, Triple 92–99 CUC, je nach Saison. Carretera Cienfuegos, ✆ 94110, ✉ 94117, www.horizontes.cu.

Villa Merci, sehr strandnah an der Straße nach Caleta Buena gelegen, ist eine von insgesamt 22 Casas particulares in Playa Girón. In dem sehr sauberen und empfehlenswerten Haus wird ein freundliches Gästezimmer mit Klimaanlage, Kühlschrank und Bad vermietet. DZ 25 CUC. Carretera Caleta Buena, ✆ 984304.

Hostal Luis ist das erste Haus links an der Straße nach Cienfuegos und durch kleine Löwen-Statuen am Zaun recht leicht zu erkennen. Es gibt zwei Zimmer mit Klimaanlage und Bad, an der Rückseite des Gebäudes, wo auch der eigene Eingang für Gäste befindet, sind Parkplätze eingerichtet. DZ 25 CUC inkl. Frühstück. Carretera Cienfuegos, ✆ 984258.

Casa Zoila y Lorenzo liegt ebenfalls an der Straße nach Cienfuegos und vermietet ein Zimmer mit Klimaanlage, Ventilator und Kühlschrank. Die Waschmaschine kann mitbenützt werden. DZ 15–20 CUC, je nach Saison. Carretera Cienfuegos, ✆ 984296.

Unterwegs in Playa Girón

Museo Girón: Gegenüber vom Hotel „Villa Playa Girón" gibt das moderne Museum einen detaillierten Überblick über die Ereignisse vom April 1961. In zwei großen Ausstellungsräumen sind alte Fotos und persönliche Gegenstände der Opfer zu sehen – und natürlich wird das taktische Geschick Fidel Castros in den höchsten Tönen gelobt. Ein 15-minütiger Film über die erste Niederlage des US-Imperialismus in Amerika kostet 1 CUC extra. Vor dem Gebäude ist ein Kampfflugzeug aufgestellt, das damals von der cubanischen Luftwaffe benutzt wurde, daneben stehen Kampfpanzer aus sowjetischer Produktion, die in der Schlacht eingesetzt waren.
Tägl. 9–18 Uhr. Eintritt 2 CUC, Führung 1 CUC, Fotoaufnahmen 1 CUC, Videoaufnahmen 1 CUC. Playa Girón, ✆ 984122.

International Scuba Center: Im Tauchzentrum des Hotels „Villa Playa Girón" kostet ein Tauchgang die üblichen 25 CUC. Für einen Anfängerkurs im hoteleigenen Swimmingpool legt man 10 CUC hin. Die Besonderheit für Taucher sind in dieser Gegend tief im Meer gelegene Höhlen. Auch Schnorchler haben unendlich viele Möglichkeiten, die Unterwasserwelt zu entdecken. ✆ 94110.

Caleta Buena: Der auch bei Cubanern beliebte Strandabschnitt zehn Kilometer östlich der Playa Girón liegt in einer malerischen Bucht mit einem Tauchzentrum, einer Bar und einem Restaurant. Das Mittagessen in Buffetform ist im Eintritt von 12 CUC inbegriffen. Taucher werden mit einem kleinen Kahn mit Außenbordmotor aufs Meer hinausgefahren. Ein Tauchgang schlägt mit 25 CUC zu Buche, Höhlentauchen kostet 35 CUC, Tauchkurse liegen bei 150–365 CUC.
Bar tägl. 10–17 Uhr, Restaurant tägl. 12.30–15.30 Uhr, Tauchzentrum tägl. 9–17 Uhr.

„Operation Pluto" – die Invasion in der Schweinebucht

Es war der 12. April 1961, als der damalige US-Präsident John F. Kennedy verkündete, dass eine Invasion Cubas durch die Streitkräfte der USA nicht stattfinden werde. Die Auseinandersetzung über Cubas Zukunft werde zwischen den Cubanern selbst ausgetragen, sagte er. Ein geschicktes Statement, das die eigentliche Wahrheit verschleiern sollte: Zu diesem Zeitpunkt stand die „Brigade 2506" bereits Gewehr bei Fuß. Die von der CIA ausgebildete Truppe von 1500 Exil-Cubanern stach am 14. April 1961 mit sechs Schiffen in Puerto Cabeza in Nicaragua in See, der damalige Diktator Nicaraguas, Luis Somoza, verabschiedete sie mit dem Auftrag, ihm ein paar Haare von Fidels Bart mitzubringen.

Vorausgegangen waren zunehmende Spannungen zwischen beiden Ländern. Die USA hatten die Enteignung amerikanischer Großgrundbesitzer verurteilt, Castro seinerseits die Vereinigten Staaten in seinen Reden immer wieder scharf angegriffen und sich mehr und mehr der Sowjetunion angenähert. Als der Revolutionsführer in der zweiten Hälfte des Jahres 1960 sämtliches US-Eigentum auf Cuba verstaatlichte, war das Maß voll. Die Regierung in Washington stoppte von heute auf morgen den Zuckerimport von der Insel und begann mit der militärischen Ausbildung der „Brigade 2506", deren Mitglieder Cuba nach dem Sieg der Revolution verlassen hatten – mit nur einem Ziel: Irgendwann zurückzukehren und Fidel Castro zu stürzen.

Nur zwei Tage vor der geplanten Invasion, am 15. April 1961, machte Kennedy allerdings einen entscheidenden Fehler: Obwohl er jeden Eindruck einer direkten Beteiligung der US-Truppen vermeiden wollte – weswegen er die „Brigade 2506" auch in Nicaragua starten ließ – entsandte er mit cubanischen Hoheitszeichen getarnte Kampfflugzeuge, die die wichtigsten Stützpunkte der cubanischen Luftwaffe bombardieren sollten, um den Angreifern den Weg zu ebnen. Der Überraschungseffekt, mit dem die Invasionstruppen gerechnet hatten, war dahin. Fidel Castro versetzte alle Einheiten in Alarmzustand, verlegte selbst sein Hauptquartier auf die Halbinsel Zapata und verkündete offiziell den „sozialistischen Charakter" der cubanischen Revolution. Damit stellte er Cuba endgültig an die Seite der Sowjetunion und ihrer Verbündeten.

Der ursprüngliche Plan der CIA, einen Brückenkopf an Land zu bilden, wohin die Vereinigten Staaten eine in Florida gebildete Übergangsregierung einfliegen wollten, die dann offiziell die Unterstützung der USA erbitten sollte, konnte nicht mehr aufgehen. Innerhalb eines einzigen Tages waren die Invasionstruppen eingekreist, zwei Tage später aufgerieben oder gefangen genommen. Der Flugzeugträger der US-Marine, der vor der Schweinebucht gewartet hatte, drehte ab, seine Kampfmaschinen blieben am Boden.

Kennedy wollte zwar die Invasion, aber er wollte keinen Krieg riskieren, der schnell zu einer militärischen Auseinandersetzung zwischen den Supermächten hätte werden können. Während er deshalb bei vielen Exil-Cubanern bis heute als Verräter gilt, war Castro nach dem Sieg von Girón in Cuba mehr denn je ein Held. David hatte Goliath besiegt – wieder einmal.

Cubas kleinste Provinz hat von allem etwas: ein bisschen Zuckerindustrie, ein bisschen Kaffeeproduktion, ein bisschen Reisanbau und Viehwirtschaft, ein paar Ebenen, ein paar Berge – wenngleich sie sich die Sierra del Escambray mit anderen Provinzen teilen muss. Und Cienfuegos hat vor allen Dingen eines: mit seiner wunderschönen Provinzhauptstadt gleichen Namens ein wahres Schmuckstück, in das viele Touristen immer wieder gern zurückkommen. Wirklich kein Wunder, dass mit der Punta Gorda zumindest ein Teil davon zum UNESCO-Weltkulturerbe erhoben wurde.

Sehenswert ist auch die Bahía de Cienfuegos, die nur durch einen schmalen Kanal mit der Karibischen See verbunden ist. Bei einer Bootstour auf dem 90 Quadratkilometer großen, zumeist ruhigen Gewässer, auf dem regelmäßig Motorboot-Rennen und Segel-Regatten ausgetragen werden, bekommt man als Dreingabe nicht selten Delfine zu Gesicht.

Darüber hinaus wartet die Provinzhauptstadt gleich mit einer ganzen Reihe von Superlativen auf: Der botanische Garten von Cienfuegos aus dem Jahr 1901 ist einer der ältesten Lateinamerikas. Der Reina-Friedhof ist der einzige Cubas mit sogenannten Nischengräbern, der typischen Form frühchristlicher Felsengräber. Das Teatro Tomás Terry gehört zu den drei ältesten des Landes. Im Parque Martí gibt es

Provinz Cienfuegos

Cienfuegos	398	Rancho Luna	410
Castillo de Jagua	409	Guajimico	411
Jardín Botánico	409	Valle de Yaguanabo	411

den einzigen Triumphbogen der Insel. Die Martín-Infierno-Höhle im Valle de Yaguanabo beherbergt die größten Stalagmiten Mittel- und Südamerikas. Vor der Küste gibt es die sechs Meter hohe Korallenformation „Notre Dame", die man wegen ihrer Ähnlichkeit mit der Kathedrale in Paris so benannt hat. Und nicht zuletzt versorgt die Provinz Cienfuegos ganz Cuba mit Wasser, mit Mineralwasser. Die Quellen des „Balneario Ciego Montero", dessen Erzeugnisse pur oder zu Limonaden weiterverarbeitet inselweit vertrieben werden, sprudeln nur wenige Kilometer nördlich der Hauptstadt.

Noch mehr? Ja, es gibt noch sehr viel mehr zu sehen in dem kleinen Cienfuegos – den Prado etwa, der nicht nur länger, sondern auch attraktiver ist als sein Namensvetter in Havanna, den Palacio de Valle am Beginn der Punta Gorda, das mit Abstand sehenswerteste Gebäude der Stadt und weit darüber hinaus, oder das cubanische Schifffahrtsmuseum Museo Histórico Naval mit seiner einzigartigen Sammlung von Marinewaffen.

Wegen all seiner Sehenswürdigkeiten und seinem bis heute währenden Glanz ist ein Besuch von Cienfuegos nur wärmstens zu empfehlen, und sei es nur für einen oder – besser – zwei Tage.

Die Geschichte

Historisch gesehen kann Cienfuegos mit den meisten cubanischen Provinzen nicht mithalten – historisch gesehen. Denn obwohl Kolumbus die einem Naturhafen gleichkommende Bucht im Jahr 1494 bei seiner zweiten Reise erkundet hatte, nahm die von den Eingeborenen Cacicazgo de Jagua genannte Gegend während der Kolonialzeit nie eine bedeutende Stellung ein. Im Jahr 1745 wurde an der schmalsten Stelle des Kanals mit dem Castillo Nuestra Señora de los Ángeles de Jagua zwar die drittgrößte Festung des Landes errichtet, um die Bucht vor Piraten und Korsaren zu schützen. Die Stadt Cienfuegos, die heutige Provinzhauptstadt, eine der schönsten der Insel, die sich gerne mit dem Titel „Perle des Südens" schmückt, wurde allerdings erst am 22. April 1819 gegründet – und dies von Emigranten aus Louisiana und französischen Siedlern aus Bordeaux mit Don Luis Declouet an ihrer Spitze. Eine ganze Reihe hochherrschaftlicher Paläste im neoklassizistischen Stil, verschiedene Plätze und die wie an einer Schnur gezogenen Straßen legen davon noch heute Zeugnis ab. Zu Ehren des spanischen Königs Ferdinand VII., zu dem Napoleon ihn sechs Jahre davor gemacht hatte, und aus Respekt gegenüber ihrem indianischen Ursprung wurde die die Stadt damals „Fernandina de Jagua" genannt. Nur wenige Jahre später bekam sie allerdings den Namen des spanischen Generals und Gouverneurs José Cienfuegos. Im Parque José Martí markiert eine in den Boden eingelassene Kompass-Scheibe seit dem 22. April 1955 jene Stelle, an der die Stadtgründung vollzogen worden sein soll. Nur wenige Meter davon entfernt steht der einzige Triumphbogen Cubas – umgeben von Gebäuden aus dem ausgehenden 19. und dem frühen 20. Jahrhundert. Dennoch dauerte es Jahrzehnte, ehe das Ensemble wegen seiner Bedeutung im Jahr 2004 schließlich zum nationalen Denkmal erklärt wurde.

Ihren wirtschaftlichen Aufschwung erfuhr die Provinz im Jahr 1850, als die Gleisarbeiter der Eisenbahn-Gesellschaft Cienfuegos erreichten und schon bald Reisende mit dem Zug ankamen, um ihre Fahrt nach Santiago de Cuba von hier aus mit dem Schiff fortzusetzen. Was für Cienfuegos allerdings viel wichtiger war: Die Eisenbahn brachte aufgrund der nunmehr kurzen Transportwege die Zuckerindustrie zur Blüte. Schon 1895 wurden 15 Prozent des cubanischen Zuckerexports über den Hafen der Stadt abgewickelt.

1975 schließlich wurde die heute nicht mehr existierende, aus Villa Clara, Sancti Spíritus und Cienfuegos bestehende Großprovinz Las Villas geteilt und Cienfuegos zur selbstständigen Provinz erhoben.

Cienfuegos

Die „Perle des Südens", wie Cienfuegos gerne bezeichnet wird, ist tatsächlich eine der schönsten Städte Cubas – ihrer beeindruckenden Bucht und ihrer wirklich gut erhaltenen und stets aufgeräumt wirkenden Altstadt wegen. Und dann sind da schließlich noch die vielen National-Denkmäler, die Cienfuegos in seinen Mauern weiß. Mit der Punta Gorda, wo viele wunderschöne, teilweise noch aus Holz gebaute Häuschen die Zeit überdauert haben, wurde von der UNESCO sogar ein ganzer

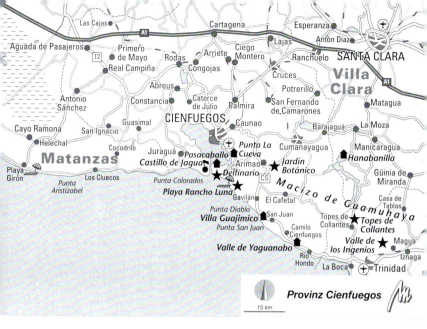

Stadtteil zum Weltkulturerbe erklärt, was die Bewohner natürlich mit besonderem Stolz erfüllt. Die trifft man übrigens vorzugsweise auf der Avenida 54, dem sogenannten Bulevar, der Fußgängerzone und Einkaufsmeile der Stadt, oder – speziell in den Abendstunden – am Paseo del Prado, der Calle 37. Vielleicht nicht ganz so spektakulär wie der Malecón in Havanna, aber allemal attraktiver als der Prado in der Landeshauptstadt, gilt diese Straße Cienfuegos' als längste Allee Cubas und lädt dazu ein, sich unters Volk zu mischen und die Eindrücke des Tages Revue passieren zu lassen. Dabei wird man schnell feststellen, dass die Provinzhauptstadt deutlich gepflegter ist als vergleichbare Orte der Insel. Entspannter ist sie überdies.

Die meisten Sehenswürdigkeiten finden sich rund um den zentralen Parque Martí, dem Herzstück der Stadt. Dort steht auch Cubas einziger Triumphbogen, der an die Unabhängigkeit des Landes erinnert – und natürlich an Frankreich. Denn Cienfuegos wurde im Jahr 1819 von Siedlern aus Louisiana und Bordeaux gegründet, hieß ehedem zu Ehren des spanischen Königs Ferdinand VII. „Fernandina de Jagua", wurde alsbald aber nach dem spanischen General und Gouverneur José Cienfuegos benannt. In ihm hatten die Franzosen einen Freund und Unterstützer gefunden, der das wegen der vielen nahe gelegenen Zuckerfabriken herrschende Übergewicht der schwarzen Bevölkerung durch die weißen Emigranten egalisieren wollte. Mit Camilo Cienfuegos, dem neben Ernesto Che Guevara wohl beliebtesten Revolutionär Cubas, hat der Name der Stadt also überhaupt nichts zu tun, obwohl überliefert ist, dass dieser an der Seite von Fidel Castro am 7. Januar 1959 vor dem gemeinsamen Einzug in Havanna hier im Restaurant „Covadonga" an der Punta Gorda einkehrte, um die – noch heute – berühmteste Paella des ganzen Landes zu essen.

Provinz Cienfuegos

Neben dieser Hochglanz-Seite gibt es allerdings auch das andere Cienfuegos – die Industriestadt mit dem drittgrößten Hafen des Landes, der größten Garnelenflotte Cubas, der größten Zementfabrik Lateinamerikas, einer Papiermühle und einer Ölraffinerie. Das fast fertiggestellte Atomkraftwerk, das wegen seiner Form sehr an das Taj Mahal im indischen Agra erinnert, ging nach dem Zerfall der Sowjetunion zwar nie in Betrieb, ist am anderen Ende der Bucht aber immer noch zu sehen.

Hin & Weg

- *Bahn* **Bahnhof** in der Avenida 58 esquina Calle 49, ✆ 525495. Verbindungen: Havanna (Bahnhof La Coubre) 2x tägl. 1.30 + 7.00 Uhr. Santa Clara 1x tägl. 4.10 Uhr. Sancti Spíritus 1x tägl. 13.35 Uhr. Santo Domingo 1x tägl. 16.40 Uhr.
- *Bus* **Terminal** in der Calle 49 e/ 56 y 58, ✆ 515720.
  Víazul-Verbindungen: Havanna 2x tägl. 9.25 + 16.55 Uhr, 20 CUC. Trinidad 2x tägl. 12.05 + 16.55 Uhr, 5 CUC.
  Astro-Verbindungen: Matanzas 1x tägl. 14.30 Uhr über Colón, Perico, Jovellanos, Cárdenas und Varadero. Camagüey jeden 2. Tag um 8.00 Uhr über Sancti Spíritus, Ciego de Ávila und Florida. Santiago de Cuba 1x tägl. 16.00 Uhr über Sancti Spíritus, Ciego de Ávila, Florida, Camagüey, Las Tunas, Holguín und Bayamo. Santa Clara 2x tägl. 5.00 + 9.10 Uhr. Trinidad 3x tägl. 6.30, 11.30 + 13.30 Uhr.
- *Schiff* **Marina Puertosol**, Calle 35 e/ 6 y 8, Punta Gorda, ✆ 451241, ✆ 451275.

Auf einen Blick

> Telefon-Vorwahl: 0432
> (für die gesamte Provinz)

- *Apotheke* **Farmacia Santa Elena**, tägl. 24 Std., Calle 37 Nr. 202. **Farmacia Principal Municipal**, Avenida 54 Nr. 3524 e/ 35 y 37, ✆ 515737.
- *Ärztliche Versorgung* **Clínica Internacional**, Calle 37 Nr. 202, e/ 0 y 1 (schräg gegenüber Hotel „Jagua"), ✆ 551622.
- *Autovermietung* **Micar**, Calle 39 e/ 12 y 14, ✆ 204570. **Transtur** im Hotel „Jagua", ✆ 517982, und im Hotel „Rancho Luna", ✆ 451172. **Havanautos**, Calle 37 esquina Avenida 16, ✆ 562491, und im Hotel „Rancho Luna", ✆ 548143. **VeraCuba**, Calle 31 e/ 54 y 56, ✆ 551700.
- *Banken* **Banco Financiero Internacional**, Mo–Fr 8–15 Uhr, Avenida 54 esquina 29, ✆ 551657.
  Banco de Crédito y Comercio, Mo–Fr 8–15, Sa 8–12 Uhr, Avenida 56 esquina Calle 31, ✆ 515747.
  Cadeca, Mo–Sa 8.30–18, So 8.30–12 Uhr, Avenida 56 Nr. 3314 e/ 33 y 35.
- *Feste* Immer im April steigt das **Festival de Camarón**, bei dem der Name Programm ist: Alles dreht sich dabei um Garnelen. Außerdem wird am 22. April mit der **Fiesta de Fundación** an die Stadtgründung im Jahr 1819 erinnert. Der August ist traditionell der Monat des **Karnevals** und – alle zwei Jahre – des **Benny Moré-Festivals** zu Ehren des beliebten cubanischen Sängers.
  Am 5. September begeht Cienfuegos seinen **Stadt-Feiertag**, an dem man des Aufstands von Marine-Soldaten gegen Diktator Batista im Jahr 1957 gedenkt und am Denkmal auf dem Cementerio Tomás Acea große Reden geschwungen werden.
- *Internet* **Cybercafé En Mi Cuba**, 9–22 Uhr, Avenida 54 Nr. 3518 e/ 35 y 37, ✆ 511877, 3 CUC/Std. **Telepunto**, tägl. 8.30–21.30 Uhr, Calle 31 e/ 54 y 56.
- *Notruf* **Polizei**, ✆ 116. **Feuerwehr**, ✆ 105. **Ambulanz**, ✆ 515019.
- *Postleitzahl* 55100
- *Post* Tägl. 8–18 Uhr, Avenida 56 esquina 35, ✆ 518284, und Avenida 54 Nr. 3514 e/ 35 y 37.
- *Shopping* Am **Bulevar (20)**, der Fußgängerzone und Einkaufsstraße der Stadt, finden sich jede Menge Geschäfte mit der gesamten Palette dessen, was man braucht – oder auch nicht. Avenida 54 e/ 29 y 37. Souvenirs und CDs gibt es in den Geschäften von **ARTex**, Avenida 54 e/ 31 y 33, Avenida 54 e/ 35 y 37 und im Hotel „Jagua".
  El Embajador (17) hat typisch cubanische Mitbringsel im Sortiment: Zigarren, Rum und Kaffee. Mo–Sa 9.30–17.30, So 9.30–13 Uhr. Avenida 54 esquina 33.

Cienfuegos

Die meisten Sehenswürdigkeiten liegen rund um den Parque Martí

Provinz Cienfuegos
Karte S. 399

Cubartesania führt das gleiche Sortiment, garniert mit Strohhüten. Mo–Sa 9–17, So 9–12 Uhr. Avenida 54 Nr. 3101 esquina 31.
El Fundador (23) bietet Kunsthandwerk und T-Shirts, Zigarren, Rum und cubanischen Kaffee. Tägl. 9.30–18.30 Uhr. Calle 29 esquina 54.
Galería Maroya am Parque Martí verkauft Kunsthandwerk, vorzugsweise Schnitz- und Lederarbeiten, Avenida 54 Nr. 2506.

• *Taxi* **Cubataxi**, ✆ 519145. **Turistaxi**, ✆ 551272. **VeraCuba**, ✆ 551600.

• *Tourist-Information* **Cubatur**, tägl. 8–12 + 13–17 Uhr, Calle 37 Nr. 5399 e/ 54 y 56, ✆ 551242. **Havanatur**, Mo–Fr 8.30–12 + 13.30–16.30, Sa 8.30–12 Uhr, Avenida 54 Nr. 2906 e/ 29 y 31, ✆ 511150. **Campismo popular**, Calle 37 Nr. 5407 e/ 54 y 56, ✆ 519423. **Rumbos**, Calle 25 Nr. 5405 e/ 54 y 56, ✆ 518367. **Cubanacán**, Mo–Fr 8.30–17.30, Sa 8.30–12 Uhr, Avenida 54 Nr. 2905, ✆ 551680.

Essen & Trinken *(siehe Karte S. 403)*

• *Restaurants* **1860 (16)**, ein sehr elegantes Restaurant im nicht minder noblen Hotel „La Unión" im Zentrum von Cienfuegos, serviert cubanische wie auch internationale Küche (Gerichte um die 10 CUC). So attraktiv das Lokal ist, so nachlässig ist allerdings der Service – zumindest gelegentlich. Calle 31 esquina Avenida 54. ✆ 551020, comercial@union.cfg.cyt.cu.
Covadonga (30) gegenüber dem Hotel „Jagua" ist der Geburtsort der Paella auf Cuba. María Covadonga Lano brachte das Rezept 1940 aus dem spanischen Valencia mit und machte es im ganzen Land bekannt. Sogar Fidel Castro und seine Revolutionäre kehrten hier am 7. Januar 1959 zum Mittagessen ein, bevor sie in Havanna einzogen und sich nach ihrem Sieg feiern ließen. Die Paella von Doña María schmeckt heute noch genauso gut. Also, wenngleich inzwischen auch andere Gerichte wie Hummer (8 CUC) und Shrimps (3 CUC) auf der Karte stehen, unbedingt Paella bestellen. Tägl. 12.30–15 + 18–22.30 Uhr. Zum Covadonga gehört auch die kleine Bar „Parillada", in der man direkt am Meer seinen Cocktail schlürfen kann. Tägl. 9–24 Uhr. Calle 37 e/ 0 y 1, ✆ 516949.
Palacio de Valle (29), im berühmtesten Gebäude der Stadt untergebracht, ist bekannt für seine (etwas überteuerten) Fisch- und Seafoodgerichte (8–25 CUC). Getoppt wird die Küche allerdings vom luxuriösen Ambiente des Hauses, das von der charismatischen María del Carmen Iznaga Guillén, der Nichte des großen cubanischen Dichters

Nicolas Guillén, gestaltet wurde. Ein Muss ist die Bar auf der Dachterrasse, von der aus den Gästen auf der einen Seite die Bahía de Cienfuegos, auf der anderen Seite die Punta Gorda und die Stadt zu Füßen liegen. Tägl. 12–22 Uhr. Calle 37 esquina 0, ✆ 551226.

La Verja (25) ist ein gepflegtes (Touristen-) Restaurant am Bulevar mit Stoffservietten auf den Tischen und einer recht umfangreichen Speisekarte. Gegessen wird im klimatisierten Speisesaal oder im begrünten Patio. Spezialität des Hauses sind Rindfleischgerichte in verschiedenen Variationen. Tägl. 8–22 Uhr. Avenida 54 e/ 33 y 35, ✆ 516311.

Doña Yulla (19), direkt am Bulevar gelegen, ist eines der vielen Mini-Restaurants der landesweiten Kette. Kleiner Unterschied: Hier sind die Tische sauber gedeckt und der Service ist sehr aufmerksam. Die Menüs stehen alle in cubanischen Pesos auf der Karte und kosten umgerechnet um 1 CUC. Ein gegrilltes Hähnchen etwa – die Empfehlung des Chefs – gibt es für 22 CUP/ca. 0,90 CUC, ein Schweinefilet für 18 CUP/ca. 0,75 CUC. Tägl. 12–14 + 18–22 Uhr. Avenida 54 Nr. 3507 e/ 35 y 37.

El Polinesio (14) am Parque Martí hält zwar nicht, was der Name verspricht, denn ein polynesisches Restaurant ist es ganz bestimmt nicht. Dennoch: Das Essen – chinesisch oder kreolisch – kann sich sehen lassen und ist zudem äußerst preisgünstig. Denn während die Getränke in CUC berechnet werden, bezahlt man die Speisen in cubanischen Pesos. Bevor man einen Tisch zugewiesen bekommt, wird man in dem mit Fischernetzen dekorierten und mit Rattanmöbeln eingerichteten Lokal zunächst an die Bar geführt, wo man schon mal einen Aperitif nehmen kann. Tägl. 12–15 + 18–22 Uhr. Calle 29 e/ 54 y 56, ✆ 515723.

San Carlos (13) ist eine kleine, einfache, zu sehr klimatisierte cubanische Cafetería am Prado, in der man sehr preiswert, deshalb aber nicht schlecht isst. Shrimps vom Grill gibt es für 3,55 CUC, ein Hähnchen-Steak für 1,85 CUC, Hamburger kosten 1,15 CUC. Und für den doppelten Havana Club 7 años nimmt man gerade einmal 1 CUC. Tägl. 10–23 Uhr. Calle 37 esquina 56.

Dinos Pizza (15) liegt schräg gegenüber vom Hotel „La Unión" und ist eines der sauber gedeckten Restaurants der cubanischen Pizzeria-Kette. Die Pizzen (mit Champignons, Oliven oder Salami) haben – auch geschmacklich – fast europäisches Format, wozu eine feine Auswahl von Olivenölen mit Lorbeer, Knoblauch oder Chili-Schoten gereicht wird. Die Preise beginnen bei 3,85 CUC für eine Pizza, eine Lasagne kostet 7 CUC. Tägl. 12–15 + 18–23 Uhr. Calle 31 Nr. 5418 e/ 54 y 56, ✆ 552020.

El Cochinito (21), ein einfaches, aber frisch renoviertes Lokal zwischen Malecón und Hotel „Jagua", serviert schmackhafte Schweinefleisch- und Hähnchengerichte zu Peso-Preisen. Für ein Hauptgericht mit allem Drum und Dran zahlt man umgerechnet um die 5 CUC. Di–So 12.30–22.30 Uhr. Calle 37 e/ 4 y 6, ✆ 518611.

El Palatino (24) ist im ältesten Gebäude am Parque Martí untergebracht und soll eine Art Weinkeller darstellen. Es gibt zwar auch kleine Gerichte, in erster Linie ist das Lokal aber ein ideales Plätzchen, um sich bei einem kühlen Bier mit Blick auf das Teatro Tomás Terry ein bisschen auszuruhen. Tägl. 9–23 Uhr. Avenida 54 Nr. 2514 e/ 25 y 27, ✆ 551244.

El Rápido (26), die Restaurants der cubanischen Fastfood-Kette, in denen für kleines Geld Burger, Pommes und Pizza über die Theke gehen, findet man an mehreren Ecken der Stadt, eines davon liegt sehr zentral am Bulevar. Tägl. 9–21 Uhr. Avenida 54 esquina 35.

Prado (7), eine sehr einfache Cafetería am – na wo wohl? – Prado, bietet an einer langen, gefliesten Theke nur sehr einfache Gerichte. Sandwiches gibt es ab 1 CUC. Tägl. 24 Std. Calle 37 Nr. 6001 esquina Avenida 60.

● *Paladares* **El Criollito (10)** ist eines der letzten Privat-Restaurants in Cienfuegos – abgesehen von den Casas particulares, die zugleich Speisen anbieten. Gekocht wird kreolisch (Schwein, Hähnchen, Fisch), die Preise für die großzügigen Portionen liegen bei 7–10 CUC, für ein Bier zahlt man 1,50 CUC. Tägl. 12–23 Uhr. Calle 33 Nr. 5603 e/ 58, ✆ 515540.

Nachtleben

El Benny Club (18) ist ein ganz netter „Laden" am Bulevar, der im Jahr 2000 als Erinnerung an den berühmten cubanischen Sänger Benny Moré eröffnet wurde und an seiner Front aus Glasbausteinen zu erkennen ist. Viele Besucher macht das Centro nocturno allerdings etwas ratlos. Denn statt der sanften Lieder von Moré kommen

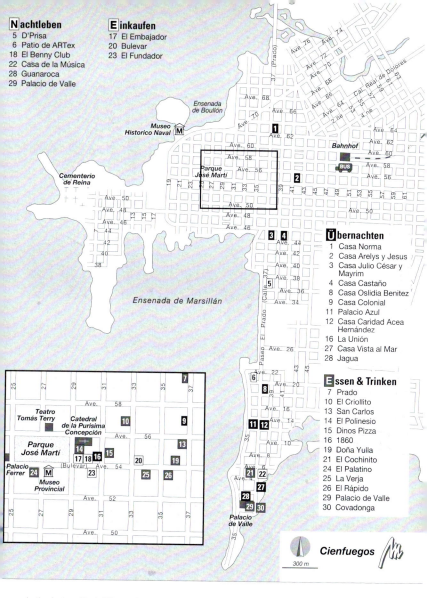

Nachtleben
5 D'Prisa
6 Patio de ARTex
18 El Benny Club
22 Casa de la Música
28 Guanaroca
29 Palacio de Valle

Einkaufen
17 El Embajador
20 Bulevar
23 El Fundador

Übernachten
1 Casa Norma
2 Casa Arelys y Jesus
3 Casa Julio César y Mayrim
4 Casa Castaño
8 Casa Oslidia Benitez
9 Casa Colonial
11 Palacio Azul
12 Casa Caridad Acea Hernández
16 La Unión
27 Casa Vista al Mar
28 Jagua

Essen & Trinken
7 Prado
10 El Criollito
13 San Carlos
14 El Polinesio
15 Dinos Pizza
16 1860
19 Doña Yulla
21 El Cochinito
24 El Palatino
25 La Verja
26 El Rápido
29 Palacio de Valle
30 Covadonga

Cienfuegos

rhythmische Rock-Klänge lokaler Bands oder satte Disco-Musik aus den Boxen. Normalerweise müsste man also entweder den Namen des Lokals oder die Musik ändern. Der Eintritt in der wohl angesagtesten Diskothek Cienfuegos' beträgt 3 CUC. Tägl. 22–1 Uhr. Avenida 54 Nr. 2904 e/ 29 y 31, ☎ 551105.

Guanaroca (28), der Nachtclub des Hotels „Jagua", stand lange Zeit im Ruf, eines der besten Cabarets des Landes zu sein. Daran versucht man nun, nach einer umfangreichen Renovierung des Hotels anzuknüpfen. Wie die meisten Nachtclubs verwandelt sich der „Schuppen" nach der Show in eine Disco, die auch von vielen Cubanern be-

Provinz Cienfuegos

1890 mit Verdis „Aida" eingeweiht: das Teatro Tomás Terry

sucht wird – trotz eines Eintrittspreises von 5 CUC, in dem allerdings Getränke für 4 CUC enthalten sind. Calle 37 Nr. 1. ℡ 551003, reservas@jagua.co.cu.

Palacio de Valle (29) ist zwar als Restaurant bekannt, aber nur die wenigsten Besucher wissen, dass es in dem arabisch anmutenden Palast auch die Bar „Mirador" auf der Dachterrasse gibt. Und die bietet nicht nur eine breite Auswahl an Cocktails, sondern auch ein grandioses Panorama – für einen Sundowner gibt es in Cienfuegos keine bessere Wahl. Tägl. 10–22 Uhr. Calle 37 esquina Avenida 0, ℡ 551226.

Patio de ARTex (6) hat zwar den Ruf, eines der Zentren des Nachtlebens der Stadt zu sein, wird allerdings erst zu vorgerückter Stunde mit Leben erfüllt. Für gewöhnlich nimmt man erst einen Drink im „D'Prisa" oder in einem der „Rápidos". Oftmals gibt es Live-Musik, die dann nicht nur Touristen, sondern auch viele Einheimische anzieht. Calle 35 e/ 20 y 22, ℡ 551255.

D'Prisa (5) war noch vor ein paar Jahren ein beliebter Treffpunkt junger – und zu späterer Stunde betrunkener Cubaner. Dann hat man die Preise erhöht, die Lautstärke der Musik reduziert und damit die Karawane vertrieben. Heute ist das D'Prisa wieder eine angenehme Freiluft-Bar, an der sich auch Touristen niederlassen können, ohne Gefahr zu laufen, angepöbelt zu werden. Es gibt Cocktails und – natürlich Rum, die Flasche 3 años zu 6,60 CUC. Mo–Do 9–1, Fr–So 9–3 Uhr. Calle 37 esquina 38.

Casa de la Música (22) ist in Cienfuegos eine Mogel-Packung. Denn ganz anders als in den gleichnamigen Locations in anderen Städten gibt es hier keine Live-Musik. Stattdessen tanzt man auf etwa 50 Quadratmetern in sehr steriler Atmosphäre unter einer vorsintflutlichen Lichtorgel – das muss man sich nicht antun. Wer es trotzdem wagen will: Der Eintritt kostet 1 CUC, ein Bier genauso viel, Rum wird nur flaschenweise für ca. 5 CUC verkauft. Tägl. 22–5 Uhr. Calle 37 e/ 4 y 6, ℡ 552320.

Übernachten (siehe Karte S. 403)

● *Hotels* ****** La Unión (16)** liegt im Herzen der Stadt wenige Schritte vom Bulevar entfernt – zentraler geht es nicht. Doch nicht nur deshalb kann man das Hotel nicht verfehlen: Das liebevoll sanierte und nun mintgrün verputzte Kolonialgebäude fällt sofort ins Auge. Das gepflegte Haus bietet alle Dienstleistungen und Einrichtungen ei-

Cienfuegos

nes modernen Top-Hotels. Das Restaurant „1860" zählt zu den besseren der Stadt, die Dachterrassen-Bar im vierten Obergeschoss mit dem klingenden Namen „La Venus negra" („Die schwarze Venus") mit einem tollen Blick auf die Stadt und die Bucht ist ein idealer Ort, um den Tag bei einem Mojito ausklingen zu lassen. Das Hotel verfügt über 36 geräumige Doppel-Zimmer, elf Junior-Suiten und zwei Senior-Suiten, die allesamt mit antiken Möbeln und jeglichem Komfort wie Klimaanlage, Safe, Minibar, Radio, Satelliten-TV und Telefon ausgestattet sind. In den Badezimmern gibt es sogar ein Bidet. EZ 80 CUC, DZ 90 CUC, Junior-Suite 100 CUC, Senior-Suite 130 CUC inkl. Frühstück. Calle 31 esquina 54. ✆ 551020, comercial@union.cfg.cyt.cu, www.cubanacan.cu.

**** Jagua (28) gilt als eines der berühmtesten Hotels der Insel, was unter anderem auf seine einzigartige Lage in Punta Gorda zurückzuführen ist – die Poolanlage befindet sich direkt an der Bucht. Zum guten Ruf des umfassend renovierten Hotel-Komplexes trägt auch das renommierte Cabaret „Guanaroca" bei, das landauf, landab einen hohen Bekanntheitsgrad genießt. In dem siebenstöckigen Gebäude neben dem Palacio de Valle gibt es Konferenzräume, Geschäfte sowie eine Lobby-Bar, ein Buffet- und ein Spezialitäten-Restaurant. Die 149 Zimmer, darunter zwei Suiten, sind modern eingerichtet und mit Telefon, Safe und Satelliten-TV ausgestattet. EZ 60–74 CUC, DZ 85–105 CUC, Suite 125–150 CUC, je nach Saison. Calle 37 Nr. 1. ✆ 551003, ✆ 551245, reservas@jagua.co.cu, www.gran-caribe.com.

*** Palacio Azul (11), im Stadtteil Punta Gorda am Rande des Malecón gelegen, gilt als das Stadt-Hotel mit den kleinsten Preisen bei viel Komfort und Service. Das liebevoll sanierte Haus aus dem Jahr 1920 wurde himmelblau verputzt, wodurch es seinem Namen auch nach außen hin gerecht wird. Die nur sieben Zimmer haben eine grandiose Aussicht, sind sehr geräumig und mit Satelliten-TV, Telefon, Minibar und Safe gut ausgestattet. In dem kleinen, feinen Hotel gibt es ein Restaurant und eine 24-Stunden-Bar. EZ 47 CUC, DZ 50 CUC, Triple 62 CUC inkl. Frühstück. Calle 37 Nr. 1201 e/ 12 y 14. ✆ 555828, 555829, comercial@union.cfg.cyt.cu, www.cubanacan.cu.

** Punta La Cueva befindet sich am östlichen Ende der Bucht, 3 km außerhalb der Stadt in der Nähe des Friedhofs Tomás Acea. Die in Bungalows untergebrachten 67 Zimmer des cubanischen Islazul-Hauses, darunter drei Suiten, sind zwar einfach, aber neu renoviert und daher keine schlechte Wahl. Die Anlage verfügt über ein Restaurant, mehrere Bars, Cabaret, Swimmingpool, und es gibt sogar einen kleinen Strand. EZ 17–21 CUC, DZ 22–28 CUC, je nach Saison. Carretera Rancho Luna km 3,5, ✆ 513956-59.

** Pasacaballo, 20 km außerhalb von Cienfuegos, steht auf der dem Castillo de Jagua gegenüberliegenden Kanalseite. Der sechsstöckige Plattenbau, von dessen Dachterrasse aus man die alte Festung und – am Ende der Bucht – die Stadt Cienfuegos vor Augen hat, verfügt über 188 mittelmäßige Zimmer. Im Erdgeschoss gibt es eine kleine Cafetería und eine Diskothek, die von Mi–So geöffnet ist. Wegen der „Operación Milagro" ist das Hotel zurzeit für Touristen nicht zugänglich. Carretera Rancho Luna km 12. ✆ 548013, www.islazul.cu.

•*Casas particulares* In Cienfuegos findet man viele Casas particulares, vor allem entlang der Calle 37, dem Prado und in Punta Gorda. Die folgenden Privat-Quartiere stellen daher nur eine Auswahl dar, sind aber allesamt durchaus empfehlenswert.

Casa Norma (1) liegt direkt am Prado und damit nur einen Katzensprung von den wichtigsten Sehenswürdigkeiten entfernt. Die zwei Zimmer mit Bad, TV, Klimaanlage und Kühlschrank sind geräumig und sehr sauber. Auf einer großen Dachterrasse, die zum Relaxen einlädt, steht ein modernes Fitness-Gerät – für Muskelmänner und alle, die es werden wollen. DZ 15–20 CUC, je nach Saison. Calle 37 Nr. 6206 e/ 62 y 64. ✆ 522063, adrianabellacastillo@yahoo.com.

Casa Julio César y Mayrim (3) ist das zentral gelegene Haus des Rezeptionisten des Hotels „La Unión". Er vermietet zwei Zimmer mit Klimaanlage und eigenen Bädern. Auf Wunsch gibt es Frühstück, Mittag- und Abendessen – und wer möchte, wird von Julio César auch zu den Sehenswürdigkeiten seiner Stadt geführt. DZ 20–25 CUC, je nach Saison. Calle 37 Nr. 4424 e/ 44 y 46, ✆ 528541.

Casa Colonial (9), direkt am Prado gelegen, in einem – nomen est omen – schönen Kolonialhaus. Die beiden mit Klimaanlage ausgestatteten Gästezimmer teilen sich ein Bad am Gang. Auf Wunsch gibt es Frühstück (3 CUC) und Abendessen (7 CUC).

Provinz Cienfuegos Karte S. 399

Von einer Terrasse aus kann man das bunte Treiben auf dem Prado beobachten. DZ 20 CUC. Calle 37 Nr. 5603 e/ 56 y 58. ✆ 517221, irycolonial@yahoo.com.

Casa Arelys y Jesus (2) befindet sich nur ein paar Schritte vom Prado entfernt, und auch alle Sehenswürdigkeiten der Stadt sind in fußläufiger Entfernung. In dem wunderschönen, mintgrün verputzten Kolonialhaus mit weißen Fenstergittern gibt es zwei sehr ordentliche Gästezimmer mit Klimaanlage, Kühlschrank und separaten Bädern. Parkplätze stehen vor dem Haus zur Verfügung. Auf Wunsch wird ein reichhaltiges Frühstück serviert. DZ 20–25 CUC, je nach Saison. Calle 41 Nr. 5418, e/ 54 y 56, ✆ 512867.

Casa Oslidia Benitez (8) liegt recht zentral nahe dem Bulevar. Vermietet werden zwei einfachere Zimmer mit Klimaanlage, Kühlschrank und eigenem Bad. DZ 20–25 CUC, je nach Saison. Calle 39 Nr. 4417 e/ 44 y 46, ✆ 516730.

Casa Castaño (4), ein schönes Haus gegenüber dem Malecón, bietet Komplett-Service – sogar die Wäsche der Gäste wird gewaschen. Im Haus selbst gibt es eine kleine Bar und zwei Terrassen, auf denen man mit dem Opa der Casa herrlich über Gott und die Welt plaudern kann – sofern man des Spanischen mächtig ist. Die beiden Zimmer sind mit Klimaanlage, Kühlschrank und Bad mit Bidet ausgestattet. Und wer möchte, wird gerne bekocht. DZ 25–30 CUC, je nach Saison. Calle 37 Nr. 1824 e/ 18 y 20. ✆ 525251, lilivitlloch65@yahoo.es.

Casa Vista al Mar (27) ist ein empfehlenswertes Privat-Quartier in Punta Gorda schräg gegenüber dem Hotel „Jagua". Es gibt ein Zimmer mit eigenem Eingang, Kühlschrank, Klimaanlage und Bad. Die Terrasse, auf der man auch die Mahlzeiten einnehmen kann, befindet sich direkt am Meer. DZ 25 CUC. Calle 37 Nr. 210 e/ 2 y 4. ✆ 518378, getrudis_fernandez@yahoo.es, www.vistaalmarcuba.com.

Casa Caridad Acea Hernández (12) liegt unweit vom Malecón. Die zwei Zimmer mit Bad (Bidet!), Klimaanlage sowie Betten und Mobiliar aus der Kolonialzeit sind recht ordentlich. Auf Wunsch wird Frühstück und Abendessen serviert. DZ 25 CUC. Calle 37 Nr. 1202 e/ 12 y 14, ✆ 517615.

Unterwegs in Cienfuegos

Parque José Martí: Der frühere, inzwischen nach dem cubanischen Nationalhelden benannte Exerzierplatz, bildet zwar den absoluten Mittelpunkt der Stadt, ist aber dennoch eine Oase der Ruhe am Ende der hektischen Fußgängerzone. An seiner Westseite findet man den der cubanischen Unabhängigkeit gewidmeten Triumphbogen aus dem Jahr 1902, im Süden des Parque eine wenig spektakuläre Glorietta und im Osten die Kathedrale. Eine in der Mitte des Platzes in den Boden eingelassene Kompass-Scheibe stellt jenen Punkt dar, an dem die Gründung von Cienfuegos im Jahr 1819 vollzogen worden sein soll. Wegen der gut erhaltenen bzw. restaurierten Kolonialgebäude, die ihn umgeben, wurde der Parque Martí am 20. November 1982 zum nationalen Denkmal erklärt.
Avenidas 54 y 56, Calles 25 y 29.

Teatro Tomás Terry: Das Theater von Cienfuegos am Parque Martí ist nach jenem reichen Zuckerbaron benannt, der im Jahr 1830 als armer Einwanderer von Venezuela nach Cuba kam. Im Eingangsbereich erinnert eine Marmor-Büste an diesen Förderer der schönen Künste. In den Jahren 1887 bis 1889 erbaut und am 12. Februar 1890 mit Giuseppe Verdis „Aida" feierlich eingeweiht, sah das Haus auf seiner Bühne angeblich Stars wie Enrico Caruso, Titta Rufo, Sarah Bernhardt, Jacinto Benavente, Ernesto Lecuona sowie natürlich das Ballet Nacional de Cuba und La Ópera Nacional de Cuba. Das 1978 zum nationalen Denkmal erhobene Theater mit seinem vierrangigen Bühnensaal, unter dessen sehenswertem Deckenfresko des spanischen Malers Camilo Salaya 850 Zuschauer Platz finden, ist bis heute in einem ausgezeichneten Zustand.
Tägl. 9–18 Uhr. Eintritt inkl. Führung 1 CUC. Avenida 56 Nr. 2701 e/ 27 y 29. ✆ 513361, 511026, terry@azurina.cult.cu, www.azurina.cult.cu.

Cubas einziger Triumphbogen erinnert an die Unabhängigkeit des Landes

Catedral de la Purisima Concepción: Die zwischen den Jahren 1833 und 1869 erbaute Kirche ist eines der bedeutendsten Gebäude am Parque Martí – wenngleich im Inneren der Putz schon etwas bröckelt. Sie besitzt schöne, weitgehend erhaltene Buntglas-Fenster, die aus Frankreich importiert wurden und die zwölf Apostel zeigen. Den Hauptaltar schmückt eine große Marien-Statue.
Tägl. 7–12 Uhr, Messen Mo–Sa 7.15, So 7.15 und 10 Uhr. Calle 29 Nr. 5412 e/ 54 y 56, ✆ 525297.

Palacio Ferrer: In dem Kolonialgebäude aus dem frühen 20. Jahrhundert, das an der Westseite des Parque Martí steht, finden gelegentlich Ausstellungen und Konzerte statt. Doch auch ohne besonderes Event lohnt ein Besuch: Das Haus verfügt über einen Aussichtsturm, von dem aus man die ganze Stadt überblicken und schöne Fotos schießen kann. Wegen Baufälligkeit und der damit verbundenen Restaurierung ist das Haus zurzeit für den Publikumsverkehr gesperrt, soll nach Abschluss der Arbeiten aber wieder eröffnet werden.
Tägl. 24 Std. Eintritt frei. Avenida 54 esquina 25, ✆ 516584.

Museo Provincial: Das Museum ist im früheren Casino Español aus dem Jahr 1894 untergebracht. Das ausgestellte Porzellan und die Möbelstücke lassen erahnen, wie reich die Einwohner Cienfuegos' im 19. Jahrhundert gewesen sein müssen. Darüber hinaus gibt es Schauräume, die die Geschichte der Indios, der Stadt und ihrer Kultur beleuchten.
Di–Sa 10–18, So 9–12 Uhr. Eintritt 2 CUC. Avenida 54 esquina 27, ✆ 519722.

Palacio de Valle: Das wohl sehenswerteste Gebäude von Cienfuegos liegt ganz am Ende des Prado im Stadtteil Punta Gorda. Den im Jahr 1917 seiner Bestimmung übergebenen Palast ließ der Zuckerbaron Acisclo del Valle Blanco, damals einer der reichsten Männer des Landes, von cubanischen und ausländischen Architekten erbauen. Das zweistöckige Prunkstück weist gotische, venezianische und maurische Elemente auf, seine drei Türmchen stehen für Liebe, Macht und Spiritualität. Diktator Fulgencio Batista wollte den Palast einst in ein Casino umfunktionieren, heute beherbergt er ein nobles Restaurant und eine Bar auf der Dachterrasse. Wer nur das Gebäude besichtigen möchte, zahlt von 10–17 Uhr 1 CUC Eintritt, bekommt dafür an der Dachterrassen-Bar aber einen Cocktail. Nach 17 Uhr ist der Eintritt frei.

Tägl. 10–22 Uhr. Calle 37 Nr. 3501 esquina 0, ✆ 551226.

Cementerio de Reina: Im Westen von Cienfuegos liegt der älteste Friedhof der Stadt, der im Jahr 1839 eingeweiht wurde. Die einzige Totenstadt Cubas mit den aus Spanien bekannten Nischengräbern, die inzwischen zum nationalen Denkmal erhoben wurde, ist im neoklassizistischen Stil gehalten, viele Grabsteine sind aus Marmor gearbeitet. Die berühmteste Statue des Friedhofs am Grab der deutschen Familie Lindenmeyer trägt den Namen „La Bella Durmiente" („Die schlafende Schönheit") und erinnert an eine junge Frau, die 1907 angeblich aus Liebeskummer gestorben war. Weltweit gibt es nur zwei dieser Statuen – die andere steht im italienischen Genua.

Tägl. 7–17 Uhr. Calle 7 e/ 50 y 52.

Museo Histórico Naval: Das cubanische Schifffahrtsmuseum, 1980 eröffnet und 1987 zum nationalen Denkmal erklärt, liegt auf der Halbinsel Cayo Loco. Bekannt ist es wegen der vielen Dokumente über den 5. September 1957, als Marine-Soldaten hier einen Aufstand gegen Diktator Fulgencio Batista angezettelt hatten, der aber alsbald blutig niedergeschlagen wurde. Zudem gibt es Exponate zur Geschichte der cubanischen Kriegsmarine zu sehen, darunter Kanonen, Torpedos und Flugkörper.

Di–Sa 10–18, So 9–13 Uhr. Eintritt 1 CUC. Avenida 60 esquina 21, Cayo Loco, ✆ 519143.

„Die schlafende Schönheit"

Cementerio Tomás Acea: Wie ein großer Garten angelegt, hebt sich der 1927 gegründete Friedhof Tomás Acea deutlich von anderen cubanischen Totenstädten ab. Am Eingang steht ein von 64 griechischen Säulen eingerahmter Parthenon, dessen Baustil absolut identisch ist mit jenem des Athene-Tempels auf der Akropolis in Athen. Gleich dahinter stößt man auf ein großes Kriegerdenkmal, das den Marinesoldaten gewidmet ist, die beim Aufstand gegen das Batista-Regime am 5. September 1957 ihr Leben ließen. Durch das Gräberfeld führen breite, von Bäu-

men gesäumte Wege. Gebaut wurde der Cementerio mit dem Geld der wohlhabenden Familie Acea, die mit dem Friedhof ihrem Sohn Tomás ein Denkmal setzen wollte, der in jungen Jahren an Tuberkulose gestorben war.
Tägl. 8–18 Uhr. Eintritt 1 CUC. Avenida 5 de Septiembre km 2.

Früher eine der wichtigsten Festungen Cubas: das Castillo de Jagua

Unterwegs in der Umgebung

Castillo de Jagua

Um die Bucht von Cienfuegos, die von Christoph Kolumbus entdeckt worden war, vor Piraten zu schützen, wurde von 1740 bis 1745 an ihrem Eingang das Castillo de Nuestra Señora de los Ángeles de Jagua, kurz: Castillo de Jagua, errichtet. Zusammen mit den Verteidigungsanlagen von Havanna und Santiago de Cuba war die Trutzburg damals eine der wichtigsten der Insel. Heute wird die Festung von dem Fischerdorf Perché umgeben, das ebenfalls eine Stippvisite lohnt. Von Cienfuegos zum Castillo gibt es verschiedene Anfahrtsmöglichkeiten: Die Fähre, die in Cienfuegos an der Ecke Calle 23/Avenida 46 ausläuft (Touristenticket 0,50 CUC). Das Schiff ab dem Yachthafen Puertosol (Punta Gorda, Calle 35 e/ 10 y 11), das ausschließlich Urlaubern zur Verfügung steht und entsprechend teurer ist. Die Fähre, die unterhalb des Hotels „Pasacaballo" zur Festung übersetzt (1 CUC) – oder den eigenen (Miet-)Wagen.
Tägl. 8–16 Uhr. Eintritt 1 CUC.

Jardín Botánico

Der vom Institut für Ökologie und Systematik bewirtschaftete botanische Garten, in dem angeblich mehr als 2000 Pflanzenarten wachsen, erstreckt sich etwa 15 Kilometer östlich von Cienfuegos an der Straße nach Trinidad auf einer Fläche von fast einem Quadratkilometer, womit er zu den größten des Landes zählt. Gegründet wurde die Anlage 1901 von dem US-amerikanischen Zuckerbaron Edwin F. Atkins, der hier ursprünglich zu Studienzwecken verschiedene Zuckerrohrpflanzen züchten wollte, dann aber Tropen-Gewächse aus aller Welt sammelte. So sieht man heute unter anderem 280 verschiedene Palmen-, 20 Bambus- und verschiedene Ficusarten. Hobby-Ornithologen schätzen den Ort zudem wegen der vielen Möglichkeiten, heimische Vögel zu beobachten. Zur leichteren Orientierung werden am Parkplatz des Parks Landkarten verkauft.

Tägl. 8–16 Uhr. Eintritt 2,50 CUC, Kinder 1 CUC. Carretera Trinidad, Pepito Tey, ✆ 545115, 545334.

Rancho Luna

Der Strand von Rancho Luna liegt 14 Kilometer südlich von Cienfuegos. Mit drei Hotels, einigen Casas particulares, Tauchplätzen und Wassersportmöglichkeiten ist der kleine Ort so etwas wie das Touristenzentrum der Provinz geworden, wenngleich diese Bezeichnung etwas übertrieben ist. Geschützt durch ein ausgedehntes Korallenriff, eignet sich die Küste besonders gut zum Schwimmen.

• *Freizeit* In den **Tauchzentren** der Hotels „Club Amigo Rancho Luna" und „Faro Luna" kann man Unterwasserausflüge zu mehr als 12 Tauchplätzen buchen, an denen es Korallenbänke, Höhlen und Wracks zu entdecken gibt. Zwischen August und November besuchen zudem häufig harmlose Wal-Haie diese Gegend an der Karibik-Küste.

• *Notruf* **Polizei**, ✆ 116. **Feuerwehr**, ✆ 105. **Ambulanz**, ✆ 515019.

• *Übernachten* ***** Club Amigo Rancho Luna** ist eine große All-inclusive-Anlage direkt am Strand von Rancho Luna, mit 222 Zimmern, darunter drei Suiten und sechs Junior-Suiten. Die Anlage verfügt über das Standard-Angebot dieser Kategorie, wie Swimmingpools, Tennisplätze, Fitness-Studio, Sauna, mehrere Restaurants und Bars. Nicht-motorisierte Wassersportgeräte und Schnorchelausrüstungen stehen kostenlos zur Verfügung. Die Zimmer sind ausgestattet mit Telefon, Satelliten-TV, Safe – einige haben Meerblick, von den anderen aus schaut man in den gepflegten Garten. EZ 55 CUC, DZ 70 CUC, Suite 98 CUC. Carretera Rancho Luna km 18. ✆ 548012, 548020, 548131, rancholuna@ranluba.cfg.cyt.cu, www.cubanacan.cu.

*** Faro Luna, ein kleineres Haus direkt im Ort, aber dennoch unmittelbar am Strand gelegen, fungiert als Dependance des Hotels „Club Amigo Rancho Luna". Das Angebot, die Ausstattung der 45 Zimmer und die Preise sind daher absolut identisch. Carretera Rancho Luna. ✆ 548012, 548020, 548131, rancholuna@ranluba.cfg.cyt.cu, www.cubanacan.cu.

Casa Julio liegt mitten im Ort unweit des Hotels „Faro Luna". Die sehr nette Arztfamilie vermietet ein Zimmer mit Klimaanlage und eigenem Bad. Natürlich wird man auf Wunsch auch bekocht. DZ 20–25 CUC, je nach Saison. Playa Rancho Luna, ✆ 515744.

Casa Ana, direkt gegenüber gelegen, vermietet ein Zimmer mit separatem Bad, Klimaanlage und Kühlschrank. DZ 20–25 CUC, je nach Saison. Playa Rancho Luna, ✆ 548135.

Casa Villa Sol, ebenfalls in der Ortsmitte, verfügt über zwei Gästezimmer mit Klimaanlage, eigenem Bad und Kühlschrank. Frühstück, Mittag- und Abendessen gibt es auf Wunsch. DZ 20–25 CUC, je nach Saison. Playa Rancho Luna, ✆ 52272448.

Delfinario

Delfinarien kommen in Cuba immer mehr in Mode – in der Ortschaft Rancho Luna steht eines der neuesten. Wie in den vergleichbaren Einrichtungen des Landes müssen die Delfine und Seelöwen auch hier zweimal täglich um 10 und 14 Uhr ihre Kunststückchen machen. Natürlich kann man gegen entsprechendes Entgelt auch mit ihnen schwimmen. Und danach posieren die Meeressäuger zudem für Erinnerungsfotos und geben brav Küsschen. Wer dies nicht schätzt, kann sich in die kleine Cafetería setzen und zu akzeptablen Preisen stärken.

Do–Di 9.30–16 Uhr. Eintritt 10 CUC, Kinder 6 CUC, Fotoaufnahmen 1 CUC, Videoaufnahmen 2 CUC, Schwimmen mit Delfinen 50 CUC/Kinder 30 CUC, Kuss vom Delfin 5 CUC. Carretera Pasacaballo km 17. ✆ 548120, www.palmarescuba.com.

Guajimico

Das kleine Ferien-Dörfchen mit dem indianischen Namen ist wie geschaffen für unvergessliche Ferien an der cubanischen Karibik-Küste. Im Süden der zentralen Region Cubas genau in der Mitte zwischen Cienfuegos (42 Kilometer) und Trinidad (41 Kilometer) gelegen, ist Guajimico ein klassisches Touristen-Resort. Es gibt eine Handvoll von Cubanern bewohnte Häuschen, eine Snackbar an der Hauptstraße und die Ferien-Anlage „Villa Guajimico" – mehr nicht. Dafür hat der kleine Ort an den westlichen Ausläufern der Sierra del Escambray jede Menge Natur zu bieten, die zu Wanderungen einlädt (Vorsicht Schlangen!), sowie eine Vielzahl von Tauchplätzen inmitten einer Unterwasserlandschaft, die selbst für die „Alleskenner" unter den Tauchsportlern manche Überraschung bereithält.

Indio-Statue als Wegweiser

• *Übernachten* *** **Villa Guajimico** ist eine kleine Ferien-Anlage mit 54 Bungalows, die an die umliegende Natur angepasst wurden. Das direkt an einer Lagune der karibischen See gelegene Urlauberdörfchen ist ein ideales Ziel für Unterwassersportler – das hoteleigene Tauchboot „La Dama Azul" läuft mehrmals täglich aus. Darüber hinaus verfügt die gepflegte Anlage über eine kleine Sandbucht, an der Tretboote und Katamarane für eine Tour in der Lagune bereitliegen. Natürlich gibt es auch einen Swimmingpool, ein Geschäft, Restaurant, Snackbar und eine Dancing-Area. EZ 23–30 CUC, DZ 46–60 CUC, je nach Saison. Carretera Trinidad km 42. ✆ 540946, 540947, 540948, www.cubamarviajes.cu.

Valle de Yaguanabo

Das Yaguanabo-Tal liegt zwischen der Sierra del Escambray und der Karibik-Küste an der Straße zwischen Cienfuegos und Trinidad, 58 Kilometer südöstlich der Provinzhauptstadt. Die vom Río Yaguanabo durchflossene Landschaft ist ein Naturparadies mit weiten Weideflächen, auf denen das Vieh grast, mit dichten Wäldern, in denen die heimische Vogelwelt bestens beobachtet werden kann, und mit der Cueva Martín Infierno, die den mit 67 Metern angeblich größten Stalagmiten der Welt beherbergt. Jammerschade, dass die Höhle für spontane Individual-Touristen nicht zugänglich ist. Im Hotel „Villa Yaguanabo" kann man sich allerdings zu einer Führung anmelden.

• *Übernachten* *** **Villa Yaguanabo** liegt an der Hauptstraße zwischen Cienfuegos und Trinidad direkt an der Brücke über den gleichnamigen Fluss, der an dieser Stelle in die Karibische See mündet. Neben dem Strand gibt es nur 1 km entfernt im Valle la Iguana auch ein Naturbadebecken, das der Río Yaguanabo ausgewaschen hat. Das legere Hotel verfügt über eine Bar, ein Restaurant und 50 Zimmer, die mit Klimaanlage und Satelliten-TV ausgestattet sind. DZ 21–26 CUC, je nach Saison. Carretera Trinidad km 57, ✆ 541905

Was wäre die Provinz Villa Clara ohne die Revolution – und Ernesto Guevara de la Serna, den Mann, den sie Che nannten? Zweifellos ein lebhaftes Zentrum, schon der Universität von Santa Clara wegen, die die drittgrößte des Landes ist. Zweifellos ein Verkehrsknotenpunkt, schließlich treffen hier die Autopista, die Carretera Central und der Schienenstrang der wichtigen Eisenbahnlinie von Havanna nach Santiago de Cuba aufeinander. Zweifellos ein Naturparadies, wofür die Sierra del Escambray im Süden und die westlichsten Cayos des Archipels „Jardines del Rey" im Norden Garanten sind. So aber ist die Provinz zu einem Landstrich geworden, an dem keine Rundreise vorbeiführt – und die Provinzhauptstadt zu einer Pilgerstätte für Che-Wallfahrer im Rang von Lourdes, Mekka oder Kalkutta. Abertausende werden jedes Jahr gezählt. Von früh bis spät steuern Busse Santa Clara an und laden am Denkmal für Ernesto Che Guevara ihre Passagiere aus. Voller Ehrfurcht stehen diese in aller Regel vor der kolossalen Bronzefigur. Angestrengt versuchen sie – auch wenn des Spanischen nicht mächtig – seinen in großen Lettern auf einen Marmorblock geschriebenen Abschiedsbrief an Fidel Castro zu entziffern. Andächtig wie in einer Kathedrale ziehen sie schließlich an den letzten Ruhestätten von Che und seinen Kampfgefährten aus Bolivien vorbei. Monument und Museum datieren aus dem Jahr 1988, das Mausoleum entstand neun Jahre später, nachdem die Gebeine des berühmtesten Guerilleros der Welt in Bolivien ausgegraben und zweifelsfrei als die seinen identifiziert worden waren. Der Ort für die Gedenkstätte

Provinz Villa Clara

Santa Clara	417	Cayo Santa María	439
Embalse Hanabanilla	432	Zulueta	440
Remedios	433	Sagua la Grande	440
Caibarién	437	Baños de Elguea	441
Cayo Las Brujas und Cayo Ensenachos	438		

wurde mit Bedacht gewählt, denn hier in Santa Clara feierte Che seinen größten Triumph während der Revolution.

Obwohl also sowohl die Provinz als auch die Hauptstadt in erster Linie von den Che-Guevara-Fans leben, besitzt Villa Clara noch viele hübsche – bislang weitgehend unbekannte – Fleckchen, die ebenfalls einen Besuch lohnen. Kein Wunder: Mit einer Fläche von 7920 Quadratkilometern gehört die rund 250 Kilometer östlich von Havanna gelegene Provinz keineswegs zu den kleinen und mit ihrer Lage zwischen Gebirge und Atlantik auch nicht zu den benachteiligten Regionen der Insel. Da gibt es hoch in der Sierra del Escambray mit dem Embalse Hanabanilla beispielsweise den einzigen Bergsee Cubas, der gleichzeitig einer der größten Stauseen des Landes ist. Da gibt es außerdem die Kleinstadt Remedios an den Ausläufern des Höhenzuges Alturas de Nordeste, die als eine der ursprünglichsten der Insel gilt. Und da gibt es nicht zuletzt die Cayos im Norden mit 17 Kilometer Stränden und einer fast unberührten Natur. Dass Santa María, die größte dieser Koralleninselchen, den Beinamen „die weiße Rose der Königsgärten" trägt, sagt alles: Wie Cayo Coco durch einen befahrbaren Steindamm mit dem Festland verbunden, findet man auf dem 13 Quadratkilometer großen Eiland elf Kilometer puderfeine weiße Sandstrände, an denen man – noch – weitgehend alleine sein kann. Natürlich stehen inzwischen auch auf Santa María mehrere Hotels, die große Welle des Massentourismus hat die Insel allerdings noch nicht überrollt.

Die Geschichte

Wie die Provinz Granma und die Berge der Sierra Maestra spielt auch Santa Clara eine Rolle in der Geschichte der cubanischen Revolution – sogar eine der bedeutenderen, obwohl sich die Geschehnisse auf zwei Tage eingrenzen lassen. Die Daten kennt in Cuba jedes Kind: Am 28. Dezember 1958 begann die Schlacht um Santa Clara, tags darauf war sie entschieden und damit der endgültige Sieg der Rebellen besiegelt. Der Erfolg hatte einen Namen – einen einzigen: Ernesto Che Guevara. Seinem taktischen Geschick und seiner Kriegslist war es zu verdanken, dass die scheinbar übermächtigen Batista-Truppen vernichtend geschlagen wurden.

Die Geschichte der Provinz Villa Clara begann freilich viel, viel früher – eigentlich mit der Entdeckung Cubas durch Christoph Kolumbus. Als er im Jahr 1492 erstmals seinen Fuß auf die Insel setzte und bekanntlich der irrigen Meinung war, in West-Indien gelandet zu sein, glaubte er, das Indio-Dorf Cubanacán in der Nähe von Santa Clara sei die Heimat der Khans der Mongolei. Dies geht aus seinen Aufzeichnungen hervor, in denen von der Erkundung der asiatischen Küste die Rede ist. Etwas mehr als drei Jahrzehnte später, im Jahr 1524, gründete Konquistador-Veteran Vasco Porcallo de Figueroa, der spätere Obersthauptmann der Armee von Gouverneur Hernando de Soto, den Ort Remedios, der bis zur Gründung von Santa Clara im Jahr 1689 als Zentrum der Region fungierte. Die neue Siedlung wuchs schnell – umso mehr, als Remedios im Jahr 1692 von einem Feuer weitgehend verwüstet wurde und die Bewohner der Kleinstadt im Norden daraufhin das zentraler gelegene Santa Clara gründeten.

Hauptstadt der früheren Großprovinz Las Villas, die aus den heutigen Provinzen Sancti Spíritus, Cienfuegos und Villa Clara bestand, wurde der Verkehrsknotenpunkt allerdings erst im Jahr 1867. Und ins Licht der breiten Öffentlichkeit rückten die Provinz und ihre Hauptstadt erstmals im Dezember 1958. Damals war Comandante Ernesto Che Guevara mit seiner etwa 150 Mann starken achten Kolonne, die in Erinnerung an einen gefallenen Kameraden den Namen „Ciro Redondo" trug, auf das strategisch wichtige Santa Clara vorgerückt. Sie verfügte über sechs Maschinengewehre und gerade einmal 50 Gewehre. Dennoch begann Che mit der Belagerung von Santa Clara. Er überfiel außerhalb gelegene Kasernen, nahm das Elektrizitätswerk ein, besetzte einen Rundfunksender und teilte der Bevölkerung persönlich per Radio mit, dass die Stadt fast zur Gänze von den Rebellen erobert sei – was zu diesem Zeitpunkt so (noch) nicht stimmte. Denn zum einen waren die gut ausgerüsteten Soldaten der Garnison von Santa Clara keineswegs besiegt. Und zum anderen hatte Diktator Batista von Havanna aus einen gepanzerten Zug mit zwei Lokomotiven, 22 Waggons und 408 Soldaten, den sogenannten „Tren blindado", gen Osten beordert, der seine Männer mit Nachschub versorgen sollte. Der Zug rollte am 25. Dezember 1958 in Santa Clara ein und wurde zunächst am Fuße des Loma de Capiro am Rande der Stadt abgestellt. Während Wachtrupps in die umliegenden Hügel entsandt wurden, um ihn zu sichern, entfernten Ches Männer Schienenteile, um dem Zug den Rückweg abzuschneiden.

Darüber, was in den folgenden Tagen bis zum endgültigen Fall Santa Claras geschah, gehen die Schilderungen sehr weit auseinander. Die Version der Rebellen besagt, dass die Entsendung des „Tren blindado" mit jeder Menge Waffen und Munition an Bord Teil einer Großoffensive gewesen sei, mit der der Revolution ein für

Von Che Guevara mit Molotow-Cocktails gestoppt: der „Tren blindado"

allemal ein Ende gemacht werden sollte. Doch durch Ernesto Che Guevaras mutiges Eingreifen sei es der zahlenmäßig weit unterlegenen achten Kolonne gelungen, zunächst die Batista-Truppen vom Loma de Capiro zurückzudrängen und später den Zug mit Molotow-Cocktails anzugreifen und ihn – als er sich daraufhin in Richtung Santa Clara in Bewegung setzte – schließlich entgleisen zu lassen. Che selbst schreibt in seinem Kriegstagebuch: „Die Männer bedrängten den Zug von nahe gelegenen Punkten und Wagen aus und warfen brennende Benzinflaschen auf ihn, so dass er – aufgrund des Panzerblechs – zu einem wahren Ofen für die Soldaten wurde. In wenigen Stunden ergab sich die gesamte Mannschaft mit ihren 22 Waggons, Flugabwehrgeschützen, Maschinengewehren und einer Unmenge an Munition." Obwohl die Schlacht relativ unblutig war – es starben nur sechs Rebellen –, wird sie von der cubanischen Geschichtsschreibung sehr ausführlich behandelt. Natürlich auch deshalb, weil sich darauf der Nimbus der Unbesiegbarkeit Ernesto Che Guevaras stützt, der spätestens mit der Schlacht von Santa Clara zum Paradigma eines Guerilleros wurde.

Ein Offizier der Batista-Armee, der Arzt und Hauptmann Enrique Antonio Gómez Peréz, der damals zur Besatzung des „Tren blindado" gehörte, schilderte später zwar die Ereignisse jener Tage sehr ähnlich, die Umstände allerdings völlig konträr, was Ches Rolle und seinen angeblichen militärischen Geniestreich bei dem Gefecht in einem anderen Licht erscheinen lässt – wenn seine Beschreibung denn wahr ist. Demnach waren die Sabotage-Akte an Landstraßen und Brücken in den von den Rebellen kontrollierten Gebieten zu einem ernsthaften Problem für die Regierungsarmee geworden. Deshalb sei eine Pionier-Einheit zusammengestellt und mit dem gepanzerten Zug hertransportiert worden, um vor Ort die Schäden zu beheben. Zusätzliche Kampftruppen seien auch gar nicht notwendig gewesen, da in der Kaserne von Santa Clara mehrere tausend Mann stationiert waren und zudem einige hundert Polizisten aus der gesamten Provinz in der Stadt zusammengezogen worden waren, erzählte Gómez Peréz. Doch die Moral dieser Übermacht sei längst gebrochen gewesen, kein einziger Soldat habe für Batista sterben wollen. Und der ranghöchste Offizier im „Tren blindado", Oberst Florentino E. Rosell y Leyva, sei sogar verdächtigt worden, den Zug an die Rebellen verkauft zu haben – im wahrsten Sinne des Wortes gegen Bargeld. Hauptmann Gómez Peréz will jedenfalls beobachtet haben, wie sein direkter Vorgesetzter Rosell y Leyva das Kommando an seinen Adjutanten Gómez Calderon abgab, den Zug verließ und zusammen mit seinem Bruder, einem Kommunalpolitiker von Santa Clara, mit einer großen Aktentasche unter dem Arm in einem Auto verschwand. Seine Männer sahen ihn nie wieder. Zu dieser These würde auch passen, dass Ernesto Che Guevara später angeblich den kommandierenden Offizier des Zuges zu sprechen verlangte und Gómez Calderon gefragt haben soll, warum seine Männer vom „Tren blindado" aus beschossen würden, obwohl dies doch ausdrücklich anders vereinbart worden sei. Der Adjutant habe von einer Vereinbarung allerdings nichts gewusst, erinnerte sich Gómez Peréz. Ungeachtet dessen soll Che dem unerfahrenen Gómez Calderon erklärt haben, dass der Kampf für das Batista-Regime verloren sei und dass die Männer im Zug kämpfen und sterben oder sich ergeben könnten. Sie ergaben sich. Wie man inzwischen weiß, war Oberst Rosell y Leyva unterdessen nach Havanna zurückgekehrt, hatte seine Yacht bestiegen, war in Richtung Miami ausgelaufen, hatte in Florida ein Bauunternehmen gegründet und war dort sehr schnell sehr reich geworden.

Größte – diesmal weltweite – Aufmerksamkeit erfuhr Villa Clara noch einmal im Jahr 1962 im Rahmen der sogenannten Cuba-Krise. Als am 14. Oktober bei Sagua la Grande im Norden der Provinz von einem US-amerikanischen Aufklärungsflugzeug eher zufällig Abschussbasen für sowjetische Atomraketen des Typs SS-4 fotografiert wurden, die auch Washington hätten erreichen können, stand die Menschheit am Rande des Dritten Weltkriegs. Zwei Wochen lang drohte ein nuklearer Schlagabtausch der beiden Supermächte. Der damalige US-Verteidigungsminister Robert McNamara sagte später, dass nicht gekonntes Management, sondern schieres Glück den Start von Atomraketen verhindert hatte.

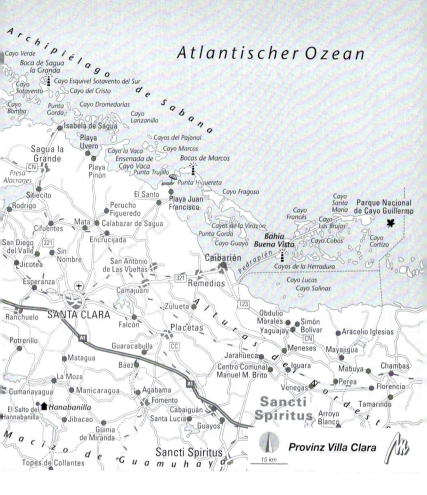

Santa Clara

Santa Clara ist eine junge Stadt. Nicht ihres Alters wegen – immerhin wurde die heutige Provinzhauptstadt bereits am 15. Juli 1689 von Bewohnern Remedios' gegründet, die die ständigen Piraten-Überfälle leid waren –, sondern der vielen Studenten wegen, die an der drittgrößten Universität des Landes eingeschrieben sind und dafür Sorgen, dass Santa Clara Fremden jung und intellektuell begegnet. Früher war dies anders. Früher, während der Kolonialzeit, waren die Stadt und ihre Bewohner erzkonservativ und auf strikte Rassentrennung bedacht. Dies ging so weit, dass in der Kirche Iglesia del Buen Viaje eigens ein Hof angelegt wurde, in dem die schwarzen Sklaven zwar der Messe beiwohnen, von dort aus aber nicht sehen konnten, wie sich ihre Herren niederknieten. Und auch im zentralen Parque Vidal gab es durch einen Zaun voneinander getrennte Zonen für Weiße

Ernesto Che Guevara – der „ewige" Revolutionär

Er ist bekannter als jeder amtierende Regierungschef, seine weltweite Popularität übertrifft selbst die des Papstes, rund um den Globus ziert sein Konterfei Fahnen, T-Shirts, Anstecknadeln – seit Jahren und für Jahre. Che, der „ewige" Revolutionär und unermüdliche Kämpfer gegen Imperialismus und Kapitalismus, ist längst zum Mythos geworden, zur Kult-Figur, zur Pop-Ikone. Und er wird es wohl immer bleiben.

Geboren wird Ernesto Rafael Guevara de la Serna am 14. Mai 1928 in der Stadt Rosario in Argentinien. Als sein Geburtsdatum wird zwar meist der 14. Juni 1928 genannt, was aber darauf zurückzuführen ist, dass seine Mutter, Celia de la Serna Llosa, von einer befreundeten Ärztin die Geburtsurkunde ändern ließ, um zu verheimlichen, dass sie bei ihrer Hochzeit bereits im dritten Monat schwanger war.

Ernesto ist von klein auf kränklich. Bereits mit zwei Jahren hat er seinen ersten Asthma-Anfall, ein Leiden, das ihn zeit seines Lebens begleiten wird. Drei Jahre später zieht die Familie nach Alta Gracia in die Berge bei Córdoba – des Klimas wegen. Im Jahr 1936, als der spanische Bürgerkrieg ausbricht, kommt Ernesto zum ersten Mal mit Politik in Berührung. Sein Onkel muss an die Front – als Kriegsberichterstatter für die Zeitung „Crítica". Wohl auch unter dem Eindruck seiner eigenen Krankheit immatrikuliert sich Ernesto Guevara in der medizinischen Fakultät der Universität von Buenos Aires. Um sich sein Studium zu finanzieren, arbeitet er im Gesundheitsamt der Stadtverwaltung und bekommt 1950 eine Stelle als Krankenpfleger bei der Handelsflotte. Erste Reisen durch Lateinamerika folgen. Im gleichen Jahr fährt er 4500 Kilometer mit einem Fahrrad durch den Norden Argentiniens, 1951 bricht er zusammen mit seinem Freund Alberto Granado zu seiner legendären Motorradreise durch Bolivien, Peru und Venezuela auf, die 2004 verfilmt wurde und unter dem Titel „Die Reise des jungen Che" (Original „The Motorcycle Diaries" bzw. „Diarios de motocicleta") in die deutschen Kinos kam. Dabei erlebt Ernesto Guevara die damalige Unterdrückung der Völker Südamerikas hautnah, und in ihm reift der Entschluss, sich für die Belange der Bevölkerung einzusetzen.

Nachdem er im Jahr 1953 den von den USA organisierten Putsch gegen die frei gewählte Regierung Guatemalas miterlebt hat, reist er nach Mexiko und lernt dort im Juli 1955 Fidel Castro kennen, der seinerseits nach seiner Haftentlassung dorthin ins Exil gegangen war. Ihm und seinen Mitstreitern, die einen bewaffneten Kampf gegen das Regime von Diktator Fulgencio Batista planen und die cubanische Bevölkerung vom Joch der Unterdrückung befreien wollen, schließt sich Ernesto Guevara zunächst als Arzt an. Als Fidel Castro und seine 81 Rebellen am 25. November 1956 mit der Yacht „Granma" von Tuxpan auslaufen, ist er dabei. Von ihnen erhält Ernesto Guevara auch jenen Spitznamen, unter dem ihn noch Jahrzehnte später die ganze Welt kennen wird: Che – eine Anrede, die in Lateinamerika und speziell in Argentinien so viel bedeutet wie Kumpel.

Che lernt schnell – erst den Guerillakampf, dann die Kriegstaktik. Am 21. Juli 1957 befördert ihn Fidel Castro zum Comandante und betraut ihn mit der Führung der vierten Kolonne. Wenige Tage später erringt er in El Hombrito seinen ersten Sieg gegen die Batista-Truppen. Als sein größter militärischer Erfolg gilt allerdings bis heute die Einnahme von Santa Clara am 29. Dezember 1958, mit der er der Revolution zum endgültigen Durchbruch verhilft.

Ches Karriere scheint vorgezeichnet zu sein. Am 7. Februar 1959 verleiht ihm Fidel Castro die cubanische Staatsangehörigkeit, am 8. Oktober des gleichen Jahres wird er Leiter der Industrieabteilung des Nationalinstituts für die Agrarreform, am 26. November Präsident der Nationalbank. Che-Anhänger erzählen sich die Anekdote, wie es dazu kam, noch heute mit einem breiten Grinsen: „Bei einer Sitzung der revolutionären Führung fragte Fidel, ob es einen ‚economista', also einen Volkswirtschaftler, in der Runde gäbe, woraufChe, der wieder einmal nur mit halbem Ohr zugehört und ‚comunista' (‚Kommunist') verstanden hatte, die Hand hob." So wurde er in das Amt befördert, wovon noch heute Banknoten aus jener Zeit mit seiner Unterschrift zeugen.

Einer der wichtigsten Tage im Leben von Ernesto Che Guevara wird der 5. März 1960 – nicht für ihn persönlich, aber für den Rest der Welt. Tags davor wird im Hafen von Havanna das Schiff „La Coubre" in die Luft gesprengt, woraufdie Regierung zum Trauermarsch auf der 17. Straße aufruft. Unter den Trauernden ist der Fotograf Alberto Korda. Auf der Rednerbühne ist Che ganze 15 Sekunden zu sehen, Korda drückt zweimal ab und schießt sein berühmtestes Foto – ein Foto für die Ewigkeit, das Che mit gedankenverlorenem, in die Ferne schweifenden Blick zeigt und das heute weltweit jedes Kind schon einmal gesehen hat.

So schnell Che Erfolge als Guerilla-Kämpfer hatte, so schnell scheitert er mit seinen Wirtschaftsreformen. Die Zucker-Produktion kommt zum Erliegen, die Getreide-Produktion halbiert sich, die Industrialisierung kommt nicht voran. Noch einmal macht er weltweit Schlagzeilen, als er am 11. Dezember 1964 die cubanische Delegation bei der Vollversammlung der Vereinten Nationen leitet. Doch sein Stern ist längst im Sinken begriffen – und er weiß es. Mit seiner Rede am 25. Februar 1965 in Algerien, in der er die Sowjetunion heftig attackiert, zerschneidet er das Tischtuch zwischen sich und Fidel Castro endgültig. Kurz darauf, am 1. April, verlässt er Cuba und hinterlässt seinen heute in Santa Clara überdimensional auf Marmor verewigten Abschiedsbrief an Fidel Castro, in dem er schreibt, dass ihn dieser Akt vor den Cubanern in einen Ausländer verwandelt.

Am 3. November 1966 reist er in Bolivien ein, um dort eine Revolution vorzubereiten. Doch er scheitert erneut, die verarmten Bauern verweigern ihm die Unterstützung. Bereits im August 1967 ist seine Truppe weitgehend aufgerieben. Anfang Oktober 1967 wird er in einem Gefecht bei La Higuera verwundet und gefangen genommen. Bei einem Verhör durch den cubanischstämmigen CIA-Agenten Felix Rodriguez gibt er zu Protokoll: „Sagt Fidel, dass die Revolution anderswo siegen wird, sagt meiner Frau, sie soll alles vergessen, wieder heiraten und glücklich sein, und sagt den Soldaten, sie sollen gut zielen."

Am 9. Oktober 1967 wird Ernesto Che Guevara von einem Feldwebel der bolivianischen Armee ohne Gerichtsverhandlung erschossen. Er wird am Rande der Startbahn des Flugplatzes von Vallegrande heimlich verscharrt. Zuvor hackt man seiner Leiche noch die Hände ab, um durch die Fingerabdrücke einen zweifelsfreien Nachweis seiner Identität zu besitzen.

und Schwarze. Heute ist der Platz eher für seine Orchester-Konzerte bekannt und für die ihn umgebenden Gebäude aus verschiedenen architektonischen Epochen – vom Neoklassizismus bis zur Postmoderne. Eines davon ist das Teatro de La Caridad, das für die Gemälde des cubanischen Künstlers Camilo Zalaya in seinem Inneren berühmt ist.

Ihren eigentlichen Glanz und ihre Berühmtheit verdankt die Stadt allerdings ihrer jüngeren Vergangenheit, in der auch ihre Hauptattraktionen – Che-Guevara-Denkmal, -Museum und -Mausoleum – entstanden. In die Geschichtsbücher ging Santa Clara nämlich durch die Schlacht am Ende der Revolution ein, in der der cubanische Volksheld dem Batista-Regime am 29. Dezember 1958 den Todesstoß versetzte. An der Spitze der achten Kolonne stellte er sich einer Übermacht bestens ausgerüsteter Regierungssoldaten entgegen, deren Kampfmoral durch den Zermürbungskrieg allerdings längst gebrochen war. Che eroberte zunächst den berühmten „Tren blindado", einen gepanzerten Zug, der die Truppen in Santa Clara mit Nachschub versorgen sollte, und schließlich die ganze Stadt. Damit war der Weg endgültig frei für die Revolution – und der Weg nach Havanna ebenfalls. Am 1. Januar 1959 floh Diktator Fulgencio Batista aus dem Land.

Deshalb fand der berühmteste Guerillero der Welt am 17. Oktober 1997 in der Stadt seines größten Triumphes während der cubanischen Revolution auch seine letzte Ruhestätte – nachdem seine Leiche nach seiner Ermordung in Bolivien am 9. Oktober 1967 zunächst am Rande der Startbahn eines Flugplatzes in Vallegrande verscharrt worden und 30 Jahre lang verborgen geblieben war. Schon zehn Jahre vorher, im Juni 1987, hatte die Bevölkerung von Santa Clara damit begonnen, in zusammengerechnet 450.000 Stunden freiwilliger Arbeit auf einer 17.556 Quadratmeter großen Fläche mitten in ihrer Stadt die Plaza del Che mit einem Denkmal und einem Museum zu errichten. Am 28. Dezember 1988, auf den Tag genau 30 Jahre nach dem Beginn der Schlacht um Santa Clara, war es mit einem feierlichen Akt eingeweiht worden. Hierher wurden schließlich auch die sterblichen Überreste von Ernesto Che Guevara überführt. An den offiziellen Trauerfeierlichkeiten nahmen eine Million Cubaner teil.

Hin & Weg

• *Bahn* **Hauptbahnhof** in der Calle Estévez Norte 323, ✆ 202895.
Verbindungen: Havanna 7x tägl. 4.22, 5.02, 7.20, 8.37, 10.09, 11.33 + 12.00 Uhr. Santiago de Cuba 3x tägl. 7.15, 12.19 + 21.01 Uhr. Bayamo 1x tägl. 22.40 Uhr. Holguín 1x tägl. 23.38 Uhr. Sancti Spíritus 1x tägl. 3.13 Uhr. Morón 3x tägl. 9.35, 19.32 + 21.20 Uhr. Cienfuegos 1x tägl. 17.20 Uhr. Los Árabos 1x tägl. 17.48 Uhr. Caibarién 2x tägl. 8.10 + 17.30 Uhr. Sagua la Grande 2x tägl. 8.50 + 16.30 Uhr. Vega Alta 2x tägl. 8.40 + 17.00 Uhr. Nuevitas 1x tägl. 5.30 Uhr.

• *Bus* Terminal in der Carretera Central km 383 e/ Independencia y Oquendo, ✆ 222523, 2922114.

Víazul-Verbindungen: Havanna 3x tägl. 3.40, 9.35 + 22.00 Uhr, 18 CUC. Santiago de Cuba 4x tägl. 0.25, 1.50, 13.55 + 19.30 Uhr über Sancti Spíritus, Ciego de Ávila, Camagüey, Las Tunas, Holguín und Bayamo, 33 CUC. Trinidad 1x tägl. 10.50 Uhr über Sancti Spíritus, 9 CUC. Varadero 2x tägl. 8.15 + 17.25 Uhr, 11 CUC.

Astro-Verbindungen: Cienfuegos 2x tägl. 7.10 + 11.20 Uhr. Havanna 3x tägl. 6.00, 13.00 + 23.50 Uhr über Los Árabos, Colón, Jovellanos und Matanzas. Matanzas 1x tägl. 12.10 Uhr über Los Árabos, Colón, Perico und Jovellanos. Varadero 1x tägl. 9.00 Uhr über Los Árabos, Colón, Perico, Jovellanos und Cárdenas. Sancti Spíritus 2x tägl. 8.25 + 17.00 Uhr über Placetas. Trinidad 1x tägl. 13.20 Uhr über Placetas und Sancti Spíritus. Morón 1x tägl. 8.10 Uhr über Placetas, Sancti Spíritus und Ciego de Ávila. Holguín

Santa Clara

Betreten auf eigene Gefahr: bewohnte Ruine in Santa Clara

jd. 2. Tag 6.00 Uhr über Placetas, Sancti Spíritus, Ciego de Ávila, Camagüey und Las Tunas. Santiago de Cuba 1x tägl. 19.00 Uhr über Placetas, Sancti Spíritus, Ciego de Ávila, Camagüey, Las Tunas und Bayamo.

Auf einen Blick

Telefon-Vorwahl: 042
(für die gesamte Provinz)

• *Apotheke* **Farmacia Campa**, tägl. 8–20.30 Uhr, Calle Independencia Este esquina Luis Estévez.

Farmacia Homeopática, tägl. 8–18 Uhr, Calle Independencia Oeste esquina Villuendas.

• *Ärztliche Versorgung* **Policlinico Docente José R. Leon Acosta**, tägl. 24 Std., Calle Sefarin García Oeste 167 e/ Alemán y Carretera Central, ✆ 202244.

Clínica Quirúrgíca Arnaldo Milián Castro, tägl. 24 Std., Calle Hospital y Doble Vía, ✆ 272016.

• *Autovermietung* **Micar**, tägl. 8–18 Uhr, Carretera Central esquina Avenida 9 de Abril, ✆ 204570.

Cubatur, tägl. 9–18 Uhr, Calle Marta Abreu 10 e/ Gómez y Villuendas, ✆ 208980, cubaturvc@enet.cu.

Havanautos, tägl. 8–18 Uhr, Motel „Los Caneyes", ✆ 205895.

Transtur, tägl. 8–18 Uhr, Hotel „Santa Clara Libre", ✆ 208177.

Rex, tägl. 9–17 Uhr, Calle Marta Abreu 162 e/ Alemán y Zayas, ✆ 222244.

• *Banken* **Banco de Crédito y Comercio**, Mo–Fr 8–14, Sa 8–11 Uhr, Calle Rafael Tristá esquina Cuba, ✆ 218115; Mo–Fr 8–15 Uhr, Parque Vidal e/ Tristá y Cuba sowie Calle Luis Estévez esquina Céspedes.

Banco Financiero Internacional, Mo–Fr 8–15 Uhr, Calle Cuba 8 esquina Tristá, ✆ 207450.

Cadeca, Mo–Sa 8–17.30, So 8–12 Uhr, Calle Rafael Tristá esquina Cuba, ✆ 205690.

Banco Popular de Ahorro, Mo–Fr 8–15.30, Sa 8–11 Uhr, Calle Cuba esquina Nicolasa und Calle Máximo Gómez esquina Barrero.

• *Internet* **Telepunto**, tägl. 8.30–21.30 Uhr, Calle Marta Abreu 55 e/ Gómez y Zayas.

Salón Juvenil Palmares, tägl. 9–18 Uhr, Calle Marta Abreu esquina Villuendas, ✆ 200974.

• *Kinder, Kinder* Der **Freizeitpark Arco Iris** (Regenbogen) ist das ideale Territorium für alle unter 15. Einem bunten Regenbogen

422 Provinz Villa Clara

gleich gibt es Autoskooter, Karts, eine kleine Eisenbahn und viele Spielmöglichkeiten. Und während sich die Kleinen austoben, können sich die Großen in einer der Cafeterías ausruhen. Tägl. 10–17 Uhr. Eintritt frei. Carretera Central Placetas km 1, ℡ 209181.

- *Notruf* **Polizei**, ℡ 116. **Feuerwehr**, ℡ 115. **Ambulanz**, ℡ 222891.
- *Postleitzahl* 50100
- *Post* Mo–Sa 8–18, So 8–12 Uhr, Calle Colón 10 e/ Parque Vidal y Machado.
- *Shopping* **Casa del Tabaco „La Veguita"** verkauft – na klar! – Zigarren aller cubanischen Marken und dazu Rum sowie Kaffee. Calle Maceo 176 e/ Jover y Berenguer, ℡ 208952.

ARTex, ein Geschäft der landesweiten Kette, hat das gleiche Angebot wie all seine Pendants: Musik-CDs, Kunsthandwerk, Ansichtskarten, Stadtpläne. Parque Vidal 5.

Fondo Cubano de Bienes Culturales bietet die ganze Bandbreite der cubanischen Musik auf CDs, dazu Töpferarbeiten und Kunsthandwerk. Calle Luis Estévez 9 e/ Parque Vidal y Independencia.

- *Taxi* **Cubataxi**, ℡ 222555, 206856. **Transtur**, ℡ 218177, 204100. **Taxi OK**, ℡ 202020.
- *Tourist-Information* **Reservaciones de Campismo**, Mo–Sa 8–18 Uhr, Calle Maceo Sur 315 e/ Avenida 9 de Abril y García, ℡ 204905.

Cubatur, tägl. 9–20 Uhr, Calle Marta Abreu 10 e/ Gómez y Villuendas, ℡ 208980, cubaturvc@enet.cu.

Havanatur, Mo–Fr 8.30–12 + 13–17.30, Sa 8.30–12.30 Uhr, Calle Máximo Gómez 9 e/ Independencia y Barreras, ℡ 204001.

Imagen y Destino, Mo–Fr 9–17 Uhr, Calle Marta Abreu 130 e/ Zayas y Alemán, ℡ 208974, imagensc@civic.inf.cu.

Islazul, Mo–Sa 8.30–18 Uhr, Calle Lorda 6, ℡ 217338.

Essen & Trinken

- *Restaurants* **La Concha (24)**, nur 400 m von der Plaza de la Revolución entfernt, ist eines der schicken In-Lokale in Santa Clara – wenn man einmal hier gegessen hat, weiß man, warum. Die Küche ist nämlich wirklich exzellent. Besonders empfehlenswert ist „Mixto de Marisco" (5 CUC), eine gemischte, aus Fisch, Shrimps und Hummer bestehende Platte, die mit Reis und Salat serviert wird. Neben verschiedenen Fisch- und Fleischgerichten stehen auch Pastagerichte und Pizzen auf der Karte (1,25–4,20 CUC). Tägl. 11–24 Uhr. Carretera Central esquina Danielito, ℡ 218124, concha@palmares.vcl.cyt.cu.

Colonial 1878 (12), das beste Peso-Restaurant der Stadt, in dem der Service ausgesprochen aufmerksam ist, wird seinem

Essen & Trinken
1 El Sabor Latino
6 Casa del Gobernador
9 Piropo
11 El Rápido
12 Colonial 1878
15 La Toscana
20 El Nuevo Artesano
21 La Cima
23 Burgue Centro
24 La Concha
27 Hostal Florida Center
28 El Castillo
30 El Marino

Nachtleben
2 Club Boulevard
5 Salón Primavera
7 Cafetería Europa
8 El Dorado
10 El Pullman
14 La Marquesina
18 El Mejunje
21 Terraza
29 El Bosque

Übernachten
3 Casa Familia Sarmiento
4 Casa Consuelo
13 Casa Orlando
16 Casa Hector
17 Casa Martha Artiles Alemán
19 Santa Clara Libre
22 Casa Chiquy
25 Casa Mercy
26 Casa Isidro y Marta
27 Hostal Florida Center

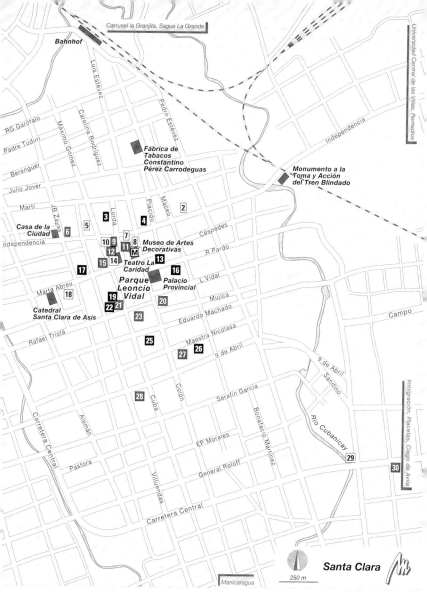

Namen in jeder Hinsicht gerecht. Es residiert nämlich in einem alten Kolonialhaus mit einem schönen Patio, in dem man die Mahlzeiten ebenfalls einnehmen kann. Während der Essenszeiten klimpert oftmals ein Klavierspieler. Die Küche kocht hauptsächlich cubanisch, es gibt panierte Schnitzel (12,30 CUP/ca. 0,50 CUC), Schweinesteaks (18,85 CUP/ca. 0,80 CUC) – und nicht nur für die kleinen Besucher „Pollo piking", eine Art „Chicken McNuggets" (21,10 CUP/ca. 0,90 CUC). Die Getränke werden in konvertiblen Pesos berechnet, für ein Bier bezahlt man 1,50 CUC, für eine Flasche

Wasser 1 CUC. Di–So 12–14 + 19–22 Uhr. Calle Máximo Gómez e/ Abreu y Independencia, ✆ 202428.

La Toscana (15), der Italiener von Santa Clara, ist mehr als eine Peso-Pizzeria. Neben Pizzen (4–16,90 CUP/ca. 0,15–0,70 CUC) gibt es nämlich beispielsweise auch Grill-Hähnchen (19,80 CUP/ca. 0,85 CUC) und andere Fleischgerichte für kleines Geld. Ein Bier kostet gerade einmal 10 CUP/ca. 0,40 CUC. Tägl. 12–12.45 + 19–22.45 Uhr. Calle Máximo Gómez esquina Marta Abreu.

El Nuevo Artesano (20) ist ein neues Restaurant am zentralen Parque Vidal, in dem man ausschließlich mit cubanischen Pesos bezahlen kann (konvertible Pesos werden nicht umgerechnet, also vorher in eine Cadeca gehen!). Die Küche ist traditionell cubanisch, es gibt Grillsteak (17 CUP/ca. 0,70 CUC), frittiertes Hähnchen (21 CUP/ca. 0,90 CUC), aber auch Spaghetti mit Schinken-Käse-Sauce (14,50 CUP/ca. 0,60 CUC). Tägl. 9.30–10.30, 11.30–14.45, 15–17 + 19–22.45 Uhr. Parque Vidal esquina Gloria, ✆ 203521.

Casa del Gobernador (6), ein bisschen vornehmer als viele der anderen Restaurants, serviert seine – zumeist – kreolischen Speisen in einem wunderschönen Kolonialgebäude. Die Preise bewegen sich im normalen Rahmen, für Hähnchen, das Nationalgericht, bezahlt man je nach Zubereitung um 7 CUC. Tägl. 8–22.45 Uhr. Calle Independencia esquina Zayas, ✆ 202273.

El Marino (30) hat alles auf der Karte, was das Meer hergibt – zu spottbilligen Peso-Preisen. Fisch gibt es im Ganzen, in Stücken, als Filet oder unter Reis gemischt für 6–8 CUP/ca. 0,25–0,35 CUC. Ein Langusten-Cocktail kostet gerade einmal 5 CUP/ca. 0,20 CUC. Tägl. 12–14.45 + 19–22.45 Uhr. Carretera Central esquina Paseo de la Paz, ✆ 205594.

La Cima (21), das Restaurant des Hotels „Santa Clara Libre" im zehnten Stockwerk hoch über den Dächern der Stadt, bietet zu einem grandiosen Panorama allabendlich ein Buffet mit kreolischen Spezialitäten (12 CUC). Man speist mit Piano-Begleitung oder zu den Klängen einer cubanischen Grupo. Ein Stockwerk darüber, in der elften Etage, findet man außerdem die Bar „Terraza", wo Snacks wie Sandwiches (1,65 CUC) und Pommes frites (2,05 CUC) gereicht werden. Tägl. 12–14.30 + 19–21.30 Uhr. Parque Vidal 6 e/ Tristá y Padre Chao, ✆ 207548.

Los Taínos gehört zur Anlage „Los Caneyes" und steht im Ruf, eines der besseren Restaurants zu sein. Für 12 CUC kann man sich am Buffet bedienen, an dem es eine breite Palette traditioneller cubanischer wie internationaler Gerichte gibt. Tägl. 12.30–14 + 19.30–22 Uhr. Avenida de los Eucaliptos y Circunvalación, ✆ 204512.

El Castillo (28) ist ein etwas einfacherer „Laden", dafür bezahlt man mit Pesos. Es gibt Schweinefleisch, Hähnchen oder Leber mit Reis zu Preisen zwischen 25 und 35 CUP/ca. 1–1,50 CUC. Als Spezialität des Hauses gilt Schweinebraten (35 CUP/ca. 1,45 CUC). Tägl. 12–15 + 18–22 Uhr. Avenida 9 de Abril Nr. 9 e/ Cuba y Villuendas.

Burgue Centro (23), der örtliche Cuba-Mac, ist ein sehr preisgünstiges Peso-Lokal, in dessen Obergeschoss man zudem eine kleine Bar findet. Für Hamburger bezahlt man 6,60 CUP/ca. 0,30 CUC, teuerstes Gericht auf der Karte ist ein Schweinesteak für 13,20 CUP/ca. 0,55 CUC. Tägl. 24 Std. Parque Vidal 31.

El Rápido (11) darf natürlich auch in Santa Clara nicht fehlen. Unweit des Parque Vidal gibt es Pizzen (0,85–1,65 CUC), Hähnchen-Viertel (1,20 CUC), Hotdogs (0,75 CUC) und kalte Getränke. Tägl. 8.15–3 Uhr. Calle Lorda 8 e/ Independencia y Abreu.

Piropo (9), einer der Ableger der landesweiten Cafetería-Kette, liegt sehr zentral am Bulevar, ist aufgrund seines äußerst spartanischen Interieurs aber sicherlich nicht die erste Wahl – selbst wenn es schnell gehen soll. Das Angebot ist wie überall bei Piropo: Snacks, Eiscreme, Getränke. Tägl. 10–22 Uhr. Calle Lorda esquina Independencia.

• *Paladares* **Florida Center (27)** ist mit Abstand das beste Privat-Restaurant der Stadt – und eigentlich der gesamten Region. In dem alten, bestens erhaltenen Kolonialhaus aus dem Jahr 1872 werden in gemütlicher Atmosphäre riesige Portionen köstlicher Gerichte serviert – hauptsächlich nach kreolischer Art (inkl. aller Beilagen 8–10 CUC). Der Chef des Hauses, Angel Rodríguez Martínez, empfiehlt besonders Fisch in Tomatensauce – wirklich ein Zungenschnalzer. Reservierung empfohlen! Tägl. 18–23 Uhr. Calle Maestra Nicolasa 56 e/ Colón y Maceo, ✆ 208161.

El Sabor Latino (1), ein kleines, privat geführtes Lokal, hat bis spätnachts geöffnet, ist allerdings der teuerste Paladar in Santa Clara. Fleisch- und Hähnchengerichte mit Reis und Salat gibt es ab 10 CUC, Seafood-Menüs (Hummer etc.) kosten 12–15 CUC. Tägl. 11–3 Uhr. Calle Esquerra 157 e/ Jover y Berenguer, ✆ 206539.

Santa Clara

*N*achtleben *(siehe* *K*arte *S. 422/423)*

La Marquesina (14) – ein Muss, wenn man nachts in Santa Clara unterwegs ist. Im Gebäude des Teatro La Caridad untergebracht, gibt es hier meist einen bunten Publikumsmix – Studenten, Einheimische, Touristen. Für sie spielt jeden Abend ab 21 Uhr eine cubanische Combo und singt – unnötigerweise unterstützt von Verstärkern – von „Guantanamera" und dem „Comandante" (Ernesto Che Guevara). Trotz Live-Musik hat die Bar recht zivile Preise, ein Bier kostet 1 CUC, Cocktails bekommt man für 2,50 CUC. Tägl. 10–2 Uhr. Calle Máximo Gómez esquina Parque Vidal, ✆ 218016.

El Dorado (8) nennt sich Piano-Bar, ist in Wirklichkeit aber eine Diskothek und – vor allem an den Wochenenden – einer der lebhaftesten Nachtclubs der Stadt, in dem es gar kein Piano gibt. Aus den Lautsprechern kommen meist die Klänge europäischer Größen des Showgeschäfts wie Eros Ramazotti & Co. Der Eintritt beträgt 3 CUC pro Person. Tägl. 22–1 Uhr. Calle Luis Estévez e/ Independencia y Céspedes.

El Mejunje (18) ist ein Geheimtipp – zumindest für Touristen. Denn die Show-Bühne, in die man seine Getränke selbst mitbringen muss, gibt es eigentlich schon seit mehr als 20 Jahren. Bei Cubanern aus dem ganzen Land steht der „Schuppen" noch immer hoch im Kurs, wird von Ausländern aber meist übersehen – wohl auch seines schäbigen, von wenig kunstvollen Graffitis verunstalteten Äußeren wegen. Schade, denn das täglich wechselnde Programm ist durchaus sehens- und erlebenswert. Montag: Musik aus den 1970er Jahren; Dienstag: Rock-Night; Mittwoch: Theater bzw. House-Musik der 1990er; Donnerstag: Nueva Trova; Freitag: Trova cubana; Samstagnachmittag: Bolero; Samstagabend: Gay-Disco; Sonntagnachmittag: Musica campesina; Sonntagabend: Musikmix. Da sich der Chef des Hauses offen zu seiner Homosexualität bekennt – für cubanische Verhältnisse eine kleine Revolution –, ist die Location natürlich auch ein beliebter Treffpunkt der Szene. Tägl. 21–1, Sa+So ab 16 Uhr. Calle Marta Abreu 12 e/ Zayas y Lubián, ✆ 282572.

Terraza (21), die Bar des Hotels „Santa Clara Libre", ist schon allein wegen ihrer Lage einen Besuch wert. Von der Dachterrasse im 11. Stockwerk des höchsten Gebäudes von Santa Clara aus liegt einem ein Lichtermeer zu Füßen. Die Drinks haben zivile Preise (Erfrischungsgetränke 0,55 CUC, Bier 1 CUC), die Musik kommt aus der Stereoanlage. Tägl. 10–2 Uhr. Parque Vidal 6 e/ Tristá y Padre Chao, ✆ 207548.

El Bosque (29), ein professionelles Varieté mit täglichen Shows und Live-Musik, liegt an der Brücke über den Río Cubanicay. Der Eintritt von 5 CUC beinhaltet drei Getränke. In der ab 8.30 Uhr geöffneten Cafetería ist der Eintritt tagsüber frei. Di–So 8.30–2 Uhr. Calle 1 esquina Carretera Central.

Club Boulevard (2) ist ein weiterer Szene-Treff in Santa Clara. Bei Shows und Live-Musik (Di–Do Eintritt 3 CUC inkl. ein Getränk, Fr–So Eintritt 5 CUC inkl. drei Getränke) wird in cubanischem Ambiente ausgiebig getanzt. An den Wochenenden ist die Location meistens gesteckt voll. Di–So 22–2 Uhr. Calle Independencia 225 e/ Maceo y Unión, ✆ 216236.

Cafetería Europa (7) liegt mitten im lebhaften Stadtzentrum und ist ein beliebter Treffpunkt der Jüngeren. Die Terrasse ist ein ideales Plätzchen für einen Drink – bevor es losgeht … Tägl. 8–2 Uhr. Calle Independencia e/ Bulevar y Estévez.

Salón Primavera (5), eine Diskothek für das jüngere Publikum, präsentiert regelmäßige Shows, die ebenso professionell sind wie die Führung des Lokals der Palmares-Kette. Der Eintritt pro Pärchen beträgt 3 CUC und beinhaltet zwei Getränke. Tägl. 22–2 Uhr. Calle Máximo Gómez 51 e/ Independencia y Martí, ✆ 203699.

El Pullman (10), eine nette, lebhafte Bar mitten im Zentrum, offeriert jede Menge Bier- und Rumsorten. Das einfache Peso-Lokal mit seinem langen Tresen, in dem auch Pizzen angeboten werden, ist recht gemütlich. Tägl. 10–24 Uhr. Calle Máximo Gómez esquina Independencia.

*Ü*bernachten *(siehe* *K*arte *S. 422/423)*

• *Hotels* ***** Villa La Granjita**, ein Urlauber-Resort 6 km nordöstlich der Stadt, liegt in einem Palmenhain. In sehr ruhiger Umgebung stehen 145 mit Stroh gedeckte, komfortable Bungalows mit Klimaanlage und Satelliten-TV. Bis zum Jahr 2008 sollen

Provinz Villa Clara

weitere 150 Häuschen entstehen. Es gibt ein Buffet-, ein À-la-carte- und ein Grill-Restaurant – alle mit sehr moderaten Preisen. Außerdem kann man sich in der Anlage am Pool entspannen (2008 soll ein zweiter gebaut werden), Ausritte unternehmen und Tiere beobachten. Es gibt jede Menge Enten – und leider noch viel mehr Moskitos. EZ 38–42 CUC, DZ 50–55 CUC, Suite 75 CUC, je nach Saison. Carretera Maleza km 2,5, ✆ 218190, 218192, ✉ 218149, reserva@granjita.vcl.cyt.cu, www.cubanacan.cu.

*** Los Caneyes ist eine Anlage im präkolumbischen Stil, die 2 km außerhalb der Stadt liegt. Das moderne Hotel-Resort verfügt über das ausgezeichnete Restaurant „Los Taínos", eine Bar, einen Nachtclub, einen Swimmingpool und alle Einrichtungen, die man von einem Haus dieser Kategorie erwarten darf. Die 95 freundlich gestalteten und in kleinen Bungalows im Rundhüttenstil untergebrachten Zimmer sind mit Klimaanlage, Satelliten-TV und Telefon ausgestattet. EZ 45–55 CUC, DZ 60–70 CUC, je nach Saison. Avenida de los Eucaliptos y Circunvalación, ✆ 204512.

** Santa Clara Libre (19) gehört zur cubanischen Islazul-Kette. Der mintgrüne, elfstöckige Hotel-Turm befindet sich mitten in der Stadt – zentraler geht's nicht, antiquierter beinahe auch nicht. An der Fassade dieses am im Jahr 1956 eröffneten, höchsten Gebäudes der Stadt sind noch heute die Einschusslöcher aus der letzten großen Schlacht der Revolution zu sehen. Auch die 145 Räume hat man seitdem offensichtlich nicht mehr renoviert. Sie sind zwar mit Klimaanlage, TV und Telefon ausgestattet, weitere Annehmlichkeiten fehlen allerdings. Außerdem streikt gelegentlich die Wasserversorgung. Berühmtestes Zimmer des Hotels ist die (einzige) Suite mit der Nummer 414. Genächtigt haben dort schon Staatspräsident Fidel Castro, der frühere Präsident von Guatemala Jacobo Arbenz, der argentinische Komponist Astor Piazzola sowie viele weitere Berühmtheiten wie etwa Jean-Paul Sartre. Das Haus verfügt über ein annehmbares Restaurant im zehnten Stockwerk und eine Panorama-Bar eine Etage darüber. EZ 44–55 CUC, DZ 59–73 CUC, Triple 79–99 CUC, je nach Saison. Parque Vidal 6 e/ Tristá y Padre Chao, ✆ 207548, ✉ 686367.

• *Casas particulares* **Hostal Florida Center (27)** gilt nicht nur – völlig zu Recht – als bestes Privat-Restaurant der Stadt, sondern ist auch als Privat-Quartier eine der Top-Adressen Santa Claras. In dem schönen Kolonialhaus aus dem Jahr 1872, in dem noch heute die aus der Türkei importierten Originalfußböden von 1912 erhalten sind, werden zwei große klimatisierte Zimmer mit TV und Minibar (u. a. mit Wein bestückt) vermietet. Der völlig eingewachsene Innenhof mit Orangenbäumen und einer Papageien-Voliere ist ein herrliches Refugium, um die Eindrücke des Tages mit einem Gläschen in der Hand Revue passieren zu lassen. Besitzer Angel Rodríguez Martínez, ein Ingenieur, der seinen Beruf aufgrund seiner florierenden Casa aber schon längst an den Nagel gehängt hat, spricht neben Spanisch auch Englisch, Französisch und Italienisch. DZ 20–25 CUC, je nach Saison. Calle Maestra Nicolasa 56 e/ Colón y Maceo, ✆ 208161.

Casa Martha Artiles Alemán (17) ist die einzige Adresse der Stadt, unter der drei Zimmer vermietet werden. Das ist zwar eigentlich nicht erlaubt (laut cubanischem Gesetz dürfen Casas particulares höchstens über zwei Gästezimmer verfügen), aber die Anästhesie-Ärztin Martha und ihr Mann Pepe, ein Mathematik- und Physiklehrer, nennen zwei Häuser ihr Eigen, womit die Vorschriften mathematisch umgangen werden. Vom Balkon und der Dachterrasse des schmucken Kolonialhauses aus hat man einen wunderbaren Blick. Man sieht sowohl den zentralen Parque Vidal als auch das Che-Memorial. Die Zimmer, die das freundliche Besitzer-Ehepaar vermietet, sind geräumig, sehr sauber (wie übrigens das ganze Haus) und verfügen über Klimaanlage und separate Bäder. Für die vorzüglichen Speisen (Frühstück 3 CUC, Abendessen 8 CUC) sorgt eine eigene Köchin, die den Gästen gerne auch Salsa-Tanzschritte beibringt. DZ 20 CUC. Calle Marta Abreu 56 e/ Villuendas y Zayas, ✆ 205008, martaartiles@yahoo.es.

Casa Chiquy (22), ein sehr sauberes und gepflegtes Privat-Quartier in zentraler Lage, ist vor allem deshalb empfehlenswert, weil Besitzerin Ana Abreu Diaz das verkörpert, was man landläufig unter einer „ehrlichen Haut" versteht. Sie vermietet zwei schöne Zimmer mit Klimaanlage und Bad, im Wohnzimmer des Hauses, das den Gästen jederzeit offen steht, gibt es TV, Video und Stereoanlage. Auch die Küche kann mitbenutzt werden, auf Wunsch wird man allerdings auch bekocht (Frühstück 3 CUC, Abendessen 6–7 CUC). Serviert wird entweder in einem kleinen Esszimmer oder auf der Terrasse. DZ 15–20 CUC, je nach Saison. Calle Villuendas 103 e/ Tristá y San Cristóbal, ℡ 215348.

Casa Isidro y Marta (26) liegt sehr ruhig und doch zentral wenige Gehminuten vom Parque Vidal entfernt. Die beiden Gästezimmer sind sauber und komfortabel, verfügen über Klimaanlage und separates Bad. Es wird ein reichhaltiges Frühstück und auch Abendessen angeboten. Außerdem gibt es eine Dachterrasse zum Entspannen. DZ 20–25 CUC, je nach Saison. Calle Maestra Nicolasa 74 e/ Colón y Maceo, ℡ 203813.

Casa Mercy (25) ist ein angenehmes Privat-Quartier, in dem man herzlich aufgenommen wird und von dem aus es nur einen Katzensprung ins Zentrum ist. Das Haus, das über zwei Zimmer mit Klimaanlage verfügt, ist picobello. Außerdem werden Wäsche- und Gastronomie-Service angeboten. Besitzer Omelio Moreno Lorenzo, der neben Spanisch auch Englisch, Französisch, Portugiesisch und Italienisch spricht, führt seine Gäste auf Wunsch gerne durch die Stadt. Und wer möchte, kann bei ihm auch Spanisch-Unterricht nehmen. DZ 20–25 CUC, je nach Saison. Calle Eduardo Machado 4 e/ Cuba y Colón, ℡ 216941, omeliomoreno@yahoo.com, www.angelfire.com/hi5/casamercysantaclara.

Casa Hector (16) befindet sich nur etwa 50 m vom Parque Vidal entfernt. Das Haus verfügt über einen gepflegten grünen Innenhof, an den die beiden geräumigen Zimmer mit Klimaanlage und Bad angrenzen. DZ 20–25 CUC, je nach Saison. Calle Rolando Pardon 8, ℡ 217463.

Casa Orlando (13), ein idealer Standort für Familien, liegt sehr zentral etwa 50 m vom Parque Vidal entfernt. Die beiden Zimmer mit Klimaanlage und großen Betten, die Señor Garcia Rodríguez schon seit zwölf Jahren vermietet, teilen sich allerdings ein Bad. Frühstück (3 CUC) und Abendessen (7 CUC) werden auf Wunsch auf der Dachterrasse serviert. Und wenn nötig, wird sogar die Wäsche der Gäste gewaschen. DZ 20–25 CUC, je nach Saison. Calle Rolando Pardo 7 e/ Parque y Maceo, ℡ 206761, orlandogr@correodecuba.cu.

Casa Consuelo (4) vermietet mitten im Zentrum zwei sehr saubere Zimmer mit Klimaanlage, Ventilator, Kühlschrank, Spiegelschrank und separatem Bad (mit Bidet). Auf Wunsch bekommt man Frühstück, Mittag- und Abendessen – serviert in einer Laube im Innenhof oder im kleinen Speisezimmer, in dem auch ein Klavier steht. DZ 15–20 CUC, je nach Saison. Calle Independencia 265 e/ Estévez y San Isidro, ℡ 202064, marielatram@yahoo.es.

Casa Familia Sarmiento (3) findet man nur einen Häuserblock vom Parque Vidal entfernt. Vermietet werden zwei frisch renovierte Zimmer mit Klimaanlage, antiken Betten, TV mit DVD-Player, gefülltem Kühlschrank und schönen Bädern. Die Devise des Hauses: Gäste gehören zur Familie. Deshalb dürfen sie die Küche (mit Mikrowellenherd) genauso benützen wie die Waschmaschine. Internet steht 24 Stunden kostenlos zur Verfügung. Wer möchte, wird dreimal täglich bekocht. DZ 20–25 CUC, je nach Saison. Calle Lorda 61 e/ Martí y Independencia, ℡ 203510, lorda61@yahoo.com, www.geocities.com/paseovedado/sarmiento.html.

Unterwegs in Santa Clara

Parque Leoncio Vidal: Der nach dem Oberst aus dem Zweiten Unabhängigkeitskrieg benannte Platz ist der Mittelpunkt der Stadt. Angelegt wurde er bereits mit Gründung von Santa Clara – damals als Exerzierplatz. Im Laufe der Jahre trug er verschiedene Namen: Plaza de Armas, Plaza Mayor, Plaza Constitucional, Plaza de Recreo und seit dem 19. Jahrhundert zu Ehren des Unabhängigkeitskämpfers, der in der ersten Schlacht um Santa Clara am 23. März 1896 fiel, Parque Vidal. Am Jahrestag der Stadtgründung, dem 15. Juli, wird hier immer eine große Fiesta gefeiert. Aber auch während des übrigen Jahres ist der zentrale Platz mit der 1929 enthüllten Büste von Leoncio Vidal, die man an seiner Westseite findet, ein beliebter Treffpunkt von Jung und Alt. Seinen Mittelpunkt bildet einen Glorietta, an der Südseite hat man der Kunst-Mäzenatin Marta Abreu de Estévez ein Denkmal gesetzt. In Bronze gegossen und auf einem Stuhl sitzend dargestellt, wird auf dem

Sockel ihre Wohltätigkeit und Großzügigkeit gepriesen. An der nordwestlichen Seite des Parque, dort, wo man auf der gegenüberliegenden Straßenseite das Teatro La Caridad sieht, steht außerdem ein Monolith aus Granit.
Calles Marta Abreu, Luis Estévez, Colón, Cuba.

Palacio Provincial: Der einstige Sitz der Provinz-Regierung, der heute die Biblioteca José Martí beherbergt, ist der prächtigste Palast am Parque Vidal. Im Jahr 1912 nach achtjähriger Bauzeit eingeweiht, sind die Einflüsse griechischer Architektur unverkennbar. Im Inneren gibt es neben der Bücherei einen großen Konzertsaal, in dem gelegentlich kulturelle Veranstaltungen über die Bühne gehen.
Mo–Fr 8–21, Sa 8–16, So 8–12 Uhr. Eintritt frei. Parque Vidal 5.

Catedral Santa Clara de Asís: In der schlichten Kirche, in der eigentlich nur die schönen Buntglasfenster sehenswert sind, empfängt die Besucher am Eingang eine große Marmorfigur. Die Namensgeberin des Gotteshauses, die Heilige Clara von Assisi, gleichzeitig die Schutzpatronin der Stadt, ist an einem Seitenaltar auf der rechten Seite dargestellt.
Tägl. 9–12 Uhr. Calle Marta Abreu 113.

Museo de Artes Decorativas: Das kleine Museum liegt mitten im Herzen der Stadt gegenüber vom Parque Vidal. Seine Schätze sind wertvolle Möbel, teures Porzellan, Gemälde und Kunstgegenstände aus dem 17. bis 20. Jahrhundert. Ein nicht unbeträchtlicher Teil davon stammt aus der Hinterlassenschaft der cubanischen Dichterin Dulce María Loynaz.
Mi, Mi, Do 9–18, Fr+Sa 13–22, So 18–22 Uhr. Eintritt 2 CUC, Fotoaufnahmen 2 CUC. Parque Vidal 27 e/ Estévez y Lorda, ✆ 205368.

Teatro La Caridad: Das der Pariser Oper nachempfundene Theater, das die den schönen Künsten sehr zugetane Marta Abreu de Estévez an der nordwestlichen Ecke des Parque Vidal erbauen ließ, wurde 1885 eröffnet. Über Jahre hinweg traten hier wirkliche Bühnen-Größen auf, etwa Enrico Caruso, Libertad Lamarque, Jorge Negrete, Rosita Fornés, Lola Flores, Chucho Valdés und Alicia Alonso mit dem cubanischen Nationalballett. Wegen seiner einmaligen Architektur wurde das Gebäude im Jahr 1981 zum nationalen Denkmal erklärt. Bemerkenswert sind auch die Deckenfresken des spanischen Malers Camilo Zelaya. Heute werden in dem Theater hauptsächlich Konzerte und Shows aufgeführt.
Tägl. 8–17 Uhr. Eintritt 1 CUC inkl. Führung, Fotoaufnahmen 1 CUC. Parque Vidal, ✆ 205548.

Casa de la Ciudad: In dem Gebäude aus dem Jahr 1856 werden die Geschichte und die Musikgeschichte von Santa Clara in all ihren Facetten beleuchtet. Außerdem gibt es Gemälde, Möbel und andere Antiquitäten aus der Kolonialzeit zu sehen. Samstags von 20 bis 23 Uhr spielt regelmäßig eine Live-Combo traditionelle cubanische Musik.
Mo 8–12, Di–Fr 8–17, Sa 13–17 + 20–23, So 17–20 Uhr. Eintritt 1 CUC, Eintritt inkl. Führung 5 CUC, Fotoaufnahmen 5 CUC. Calle Independencia esquina Zayas.

Fábrica de Tabacos Constantino Pérez Carrodeguas: Die Zigarren-Fabrik von Santa Clara genießt in Cuba einen exzellenten Ruf. In der Manufaktur, die einen ganzen Häuserblock einnimmt und die mehr als 300 Menschen beschäftigt, wird höchste Qualität produziert – für alle bedeutenden Labels wie etwa Montecristo oder Romeo y Julieta. In der angeschlossenen, gegenüberliegenden Casa del Tabaco „La Veguita", einem edlen Verkaufsladen mit einer breiten Auswahl an Zigarren, Rum und Kaffee, wird man von Marilín Morales Bauta beraten, einer der führen-

den Zigarren-Expertinnen des Landes. Dort kann man die erworbenen Puros in einem kleinen Rauchsalon im adäquaten Ambiente auch gleich probieren.
Fábrica: Mo–Fr 7–16 Uhr. Eintritt 2 CUC. Calle Antonio Maceo 181 e/ Jover y Berenguer, ✆ 202211, ueb1@abt.vc.cu. Casa del Tabaco: Mo–Fr 9.30–17.30 Uhr. Calle Antonio Maceo 176a e/ Jover y Berenguer, ✆ 208952, vequita@caracol.vcl.cyt.cu.

Museo Provincial de Historia: Das Provinz-Museum im Stadtteil Abel Santamaría, das in der ehemaligen Kaserne untergebracht ist, in der sich die Batista-Truppen am 1. Januar 1959 Ernesto Che Guevara ergaben, wartet mit einer abenteuerlichen Mischung auf. Zum einen wird anhand von Dokumenten und Schautafeln die Schlacht um Santa Clara und die Einnahme der Stadt im Detail aufgearbeitet, zum anderen ist eine Sammlung von Kunsthandwerk, Möbeln und anderen Utensilien aus dem 19. und 20. Jahrhundert zu sehen.
Mo–Fr 9–17, Sa 9–13 Uhr. Eintritt 1 CUC. Ciudad Escolar Abel Santamaría, ✆ 205041.

Monumento Comandante Ernesto Che Guevara: Das Denkmal für den größten (adoptierten) Sohn der Stadt geht auf eine Initiative der Bevölkerung von Santa Clara zurück. Unterstützt von verschiedenen cubanischen Unternehmen begannen die Einwohner mit dem Bau am 14. Juni 1987, Ches 59. Geburtstag. In etwas mehr als einem Jahr leisteten sie insgesamt 450.000 Stunden freiwilliger Arbeit und weihten den Platz, die Tribüne, das Museum und das Denkmal für Comandante Ernesto Che Guevara schließlich am 28. Dezember 1988 ein, dem 30. Jahrestag der Schlacht von Santa Clara. Die Plaza del Che, wie sie in Santa Clara genannt wird, erstreckt sich auf 17.556 Quadratmeter und fasst 80.000 Menschen. Die beiden Springbrunnen am Ende des Platzes, der hauptsächlich für politische Kundgebungen genutzt wird, sollen die beiden Schultersterne Ches symbolisieren. Der Boden des zentralen Bereichs ist mit roten, weißen und schwarzen Steinen ausgelegt. Die Tribüne misst 2000 Quadratmeter und bietet 900 Menschen Platz. Die von José de Lázaro Bencomo geschaffene, 6,80 Meter hohe und 20 Tonnen schwere Bronze-Skulptur, die auf einem sechs Meter hohen Sockel aus Marmor steht, zeigt Ernesto Che Guevara in seiner Kampfuniform, sein M-2-Sturmgewehr in der Hand nach Süden in Richtung des Hügels von San Juan in der Sierra del Escambray blickend. Auf einer 108 Quadratmeter großen Betonmauer sind die einzelnen Schlachten von Che, Fidel Castro und Camilo Cienfuegos während der Revolution aufgelistet – von der Sierra Maestra bis nach Santa Clara. Daneben ist auf einer großen Steintafel der Abschiedsbrief von Che an Fidel Castro zu lesen, bevor er Cuba verließ.

Das handschriftliche Original auf fünfeinhalb DIN-A-4-Seiten befindet sich im angeschlossenen Museum im Erdgeschoss des Komplexes. Ausgestellt sind dort viele Fotos (unter anderem aus seiner Kindheit und dem Kampf in der Sierra Maestra), Dokumente wie sein gefälschter uruguayanischer Pass auf den Namen Adolfo Mena González, mit dem er 1966 in Bolivien einreiste, und persönliche Gegenstände wie sein Arztkittel und seine medizinischen Instrumente, die er in der Sierra Maestra benutzte. Außerdem gibt es Originalbanknoten aus den Jahren 1959 bis 1961 zu sehen, als er Präsident der cubanischen Nationalbank war – unterschrieben mit „Che". In dem angeschlossenen Mausoleum ruhen seit dem 17. Oktober 1997 die sterblichen Überreste des Volkshelden und jene seiner 38 Kampfgefährten aus dem bolivianischen Guerillakrieg. Seit ihrer Eröffnung wird die Gedenkstätte alljährlich von weit mehr als 200.000 Menschen aus aller Welt besucht.

„Hasta la victoria siempre"

Fidel:

Me recuerdo en esta hora de muchas cosas, de cuando te conocí en casa de María Antonia, de cuando me propusiste venir, de toda la tensión de los preparativos.

Un día pasaron preguntando a quién se debía avisar en caso de muerte y la posibilidad real del hecho nos golpeó a todos. Después supimos que era cierto, que en una revolución se triunfa o se muere (si es verdadera). Muchos compañeros quedaron a lo largo del camino hacia la victoria.

Hoy todo tiene un tono menos dramático porque somos más maduros, pero el hecho se repite. Siento que he cumplido la parte de mi deber que me ataba a la Revolución Cubana en su territorio y me despido de ti, de los compañeros, de tu pueblo que ya es mío.

Hago formal renuncia de mis cargos en la dirección del Partido, de mi puesto de Ministro, de mi grado de Comandante, de mi condición de Cubano. Nada legal me ata a Cuba, sólo lazos de otra clase que no se pueden romper como los nombramientos.

Haciendo un recuerdo de mi vida pasada creo haber trabajado con suficiente honradez y dedicación para consolidar el triunfo revolucionario. Mi única falta de alguna gravedad es no haber confiado más en tí desde los primeros momentos de la Sierra Maestra y no haber comprendido con suficiente claridad tus cualidades de conductor y de revolucionario.

He vivido días magníficos y sentí a tu lado el orgullo de pertenecer a nuestro pueblo en los días luminosos y tristes de la crisis del Caribe. Pocas veces brilló más alto un estadista que en esos días, me enorgullezco también de haberte seguido sin vacilaciones, identificado con tu manera de pensar y de ver y apreciar los peligros y los principios.

Otras tierras del mundo reclaman el concurso de mis modestos esfuerzos. Yo puedo hacer lo que te está negado por tu responsabilidad al frente de Cuba y llegó la hora de separarnos.

Sépase que lo hago con una mezcla de alegría y de dolor, aquí dejo lo más puro de mis esperanzas de constructor y lo más querido entre mis seres queridos ... y dejo un pueblo que me admitió como un hijo; eso lacera una parte de mi espíritu. En los nuevos campos de batalla llevaré la fe que me inculcaste, el espíritu revolucionario de mi pueblo, la sensación de cumplir con el más sagrado de los deberes: luchar contra el imperialismo donde quiera que esté, esto reconforta y cura con creces cualquier desgarradura.

Digo una vez más que libero a Cuba de cualquier responsabilidad, salvo la que emane de su ejemplo. Que si me llega la hora definitiva bajo otros cielos, mi último pensamiento será para este pueblo y especialmente para tí. Que te doy las gracias por tus enseñanzas y tu ejemplo al que trataré de ser fiel hasta las últimas consecuencias de mis actos. Que he estado identificado siempre con la política exterior de nuestra Revolución y lo sigo estando. Que en dondequiera que me pare sentiré la responsabilidad de ser revolucionario Cubano, y como tal actuaré. Que no dejo a mis hijos y mi mujer nada material y no me apena: me alegra que así sea.

Que no pido nada para ellos pues el Estado les dará lo suficiente para vivir y educarse. Tendría muchas cosas que decirte a ti y a nuestro pueblo, pero siento que son innecesarias, las palabras no pueden expresar lo que yo quisiera, y no vale la pena emborronar cuartillas. Hasta la victoria siempre. ¡Patria o Muerte!

Te abraza con todo fervor revolucionario   Che

„Bis zum endgültigen Sieg"

Fidel:

In dieser Stunde erinnere ich mich an viele Dinge – als ich dich im Haus von Maria Antonia kennenlernte, als du mir vorschlugst mitzukommen, an die ganze Anspannung bei den Vorbereitungen.

Eines Tages fragten sie, wer im Falle des Todes benachrichtigt werden sollte, und allein diese tatsächliche Möglichkeit versetzte uns allen einen Schlag. Später erfuhren wir die Wahrheit, nämlich dass man bei einer Revolution entweder gewinnt oder stirbt (sofern es eine echte ist). Viele Kameraden haben wir auf dem langen Weg zum Sieg verloren.

Heute ist alles weniger dramatisch, weil wir reifer geworden sind. Aber die Ereignisse wiederholen sich. Ich fühle, dass ich meinen Teil der Aufgabe, zu dem mich die cubanische Revolution in ihrem Land verpflichtete, erfüllt habe, und ich verabschiede mich von dir, den Kameraden, dem Volk, das inzwischen auch meines ist.

Ich verzichte förmlich auf meine Ämter in der Partei, meinen Posten als Minister, meinen Dienstgrad als Kommandant, meine cubanische Staatsangehörigkeit. Nichts Gesetzliches bindet mich mehr an Cuba, nur Beziehungen anderer Art, die man nicht beenden kann wie Berufungen.

Wenn ich über mein bisheriges Leben nachdenke, glaube ich, dass ich mit genügend Redlichkeit und Hingabe gearbeitet habe, um den Triumph der Revolution zu sichern. Mein einziger Fehler von Bedeutung war, dass ich dir von den ersten Augenblicken in der Sierra Maestra an nicht noch mehr vertraut und deine Qualitäten als Führer und Revolutionär nicht klar genug erkannt habe.

Ich habe an deiner Seite großartige Tage erlebt und den Stolz unseres Volkes gespürt – in den glorreichen Tagen und den traurigen während der Karibik-Krise (Anm.: Cuba-Krise). Selten war ein Staatsmann brillanter als du in diesen Tagen. Ich bin auch stolz darauf, dir ohne zu zögern gefolgt zu sein und mich mit deiner Art und Weise identifiziert zu haben, wie du die Gefahren und Prinzipien siehst und einschätzt.

Andere Länder der Erde verlangen nach meinen bescheidenen Anstrengungen. Ich kann machen, was dir wegen deiner Verantwortung für Cuba verwehrt ist, und deshalb kommt die Stunde, in der wir uns trennen.

Du weißt, dass ich dies mit einer Mischung aus Freude und Schmerz tue. Ich lasse die reinsten meiner Hoffnungen zurück und das Liebste jener Dinge, die ich wirklich liebe ... und ich lasse ein Volk zurück, das mich wie einen Sohn aufgenommen hat. Das zerreißt einen Teil meines Geistes. Auf den neuen Schlachtfeldern trage ich den Glauben in mir, den du mir eingeschärft hast, den revolutionären Geist meines Volkes, das Empfinden, die Aufgaben mit der höchsten Ehrfurcht zu vollenden. Gegen den Imperialismus zu kämpfen, wo er auch sein mag, das stärkt und heilt jeden Kummer.

Ich sage noch einmal, dass ich Cuba aus jeder Verantwortung entlasse, ausgenommen, wo es für mich beispielgebend war. Wenn meine letzte Stunde unter einem anderen Himmel kommt, wird mein letzter Gedanke diesem Volk gehören und ganz besonders dir. Ich danke dir für die Ausbildung, die du mir hast zuteil werden lassen, und dein Beispiel, das mich treu sein lässt bis zu den letzten Konsequenzen meines Handelns. Ich habe mich mit unserer Außenpolitik immer identifiziert, und dies wird auch weiterhin so sein. Wo auch immer ich sein werde, stets werde ich die Verantwortung spüren, ein cubanischer Revolutionär zu sein, und so werde ich auch handeln. Ich bin nicht traurig, dass ich meinen Kindern und meiner Frau nichts Materielles hinterlasse. Ich freue mich, dass es so ist.

Ich bitte auch um nichts für sie, weil der Staat ihnen genügend für Leben und Ausbildung gibt. Es gäbe noch viele Dinge, die ich dir und unserem Volk sagen möchte, aber ich glaube, das ist unnötig. Worte können nicht ausdrücken, was ich gerne sagen möchte, und es lohnt sich nicht, das Papier zu vergeuden. Bis zum endgültigen Sieg. Vaterland oder Tod!

Ich umarme dich mit aller revolutionären Hingabe   Che

Wichtiger Hinweis: Da innerhalb des Museums und des Mausoleums strengstes Fotografierverbot herrscht und vor dem Betreten alle Taschen an einer Art Garderobe abgegeben werden müssen, empfiehlt es sich, Kameras von vornherein im Bus oder im Auto zu lassen. Außerdem sollte man an beiden Orten die Aufmerksamkeit der Sicherheitskräfte nicht dadurch auf sich lenken, dass man sich Notizen macht. Andernfalls kann es durchaus passieren, dass man von den allgegenwärtigen Mitarbeitern des Innenministeriums (MININT) einer zumindest zeitraubenden und nervenaufreibenden Befragung unterzogen wird. Oder man wird per Polizei-Fahrzeug sogar ins MININT-Hauptquartier in Santa Clara verfrachtet, wo man in einem Verhör detailliert darüber Auskunft geben muss, was man schriftlich festgehalten hat und welchem Zweck die Notizen dienen.

Di–Sa 8–21, So 8–18 Uhr. Eintritt frei. Avenida de los Desfiles.

Monumento a la Toma y Acción del Tren blindado: Cuba wäre nicht Cuba, hätte man an dem Ort der entscheidenden Schlacht der Revolution nicht ein monumentales Denkmal errichtet, in dessen Mittelpunkt der „Tren blindado", der gepanzerte Zug der Batista-Truppen, steht. Ein in vier der ursprünglich 22 Eisenbahn-Waggons eingerichtetes Museum erzählt anhand von Exponaten und Dokumenten die Geschichte dieses Zuges und der Schlacht um Santa Clara. Am 29. Dezember 1958 hatte der Chef-Guerillero an diesem Ort mit 23 seiner Männer den gepanzerten Zug der Regierungssoldaten mit Molotow-Cocktails angegriffen und in einen Backofen verwandelt. Den Insassen blieb nichts anderes übrig, als sich zu ergeben. In Erinnerung an dieses tollkühne Unternehmen wurde das aus den verbliebenen Waggons und stilisierten Eisenbahnschienen bestehende Denkmal exakt 13 Jahre später, am 29. Dezember 1971, eingeweiht. Im Juli 1986 stellte man an der historischen Stätte schließlich auch noch jenen Bulldozer auf, mit dem die Rebellen die Gleise hinter dem „Tren blindado" entfernt hatten, um ihm den Rückweg abzuschneiden.

Mo–Sa 9–17.30 Uhr. Eintritt 1 CUC, Führung 1 CUC, Fotoaufnahmen 1 CUC. Carretera Camajuaní e/ Línea y Puente de La Cruz.

Loma del Capiro: Etwas außerhalb des Stadtzentrums, rechts der Straße nach Camajuaní und Remedios, liegt der Hügel, von dem aus Ernesto Che Guevara und seine Mannen die feindlichen Soldaten einst vertrieben, die dem „Tren blindado" Feuerschutz geben sollten. Von einem kleinen Parkplatz führen 147 Stufen auf den Gipfel des Loma del Capiro, wo ein orgelpfeifenähnliches Stahl-Monument mit einer Plakette, die den Volkshelden im Halbprofil zeigt, an diesen Anfang der Schlacht um Santa Clara erinnert. Von hier aus sieht man unten in der Ebene nicht nur das Monumento del Tren blindado, man hat auch die ganze Stadt vor Augen – ein idealer Platz für Panorama-Aufnahmen.

Calle Campo s/n.

Unterwegs im Süden

Embalse Hanabanilla

Hoch in der Sierra del Escambray, die sich im Süden Zentral-Cubas erstreckt, liegt auf 370 Metern der einzige Bergsee der Insel – mitten im Dreieck, das die Provinzhauptstädte Cienfuegos, Sancti Spíritus und Santa Clara bilden. Der 37 Kilometer lange Embalse Hanabanilla ist allerdings nicht nur ein Natur-Idyll. Etwas mehr als 50 Kilometer südlich von Santa Clara treibt er auch das größte Wasserkraftwerk

Cubas Mitte: Ob in Santa Clara (rechts oben) oder in Cienfuegos – die cubanische Geschichte ist immer präsent

Fotos: wz

Mehr als Parolen:
Viele Schilder (Carteles) entlang der Straßen sind kleine Kunstwerke
Fotos: wz

Provinz Sancti Spíritus: Architektonisches Juwel und einzigartige Naturlandschaft – Trinidad und Topes de Collantes
Fotos: mintur (oben), wz (unten)

des Landes an und sichert die Trinkwasserversorgung weiter Teile der Provinz. Der in den nördlichen Ausläufern der Sierra zwischen den Städten Cumanayagua und Manicaragua (jeweils 21 Kilometer entfernt) gelegene Stausee ist zudem ein beliebtes Ausflugsziel für Sportfischer. Kein Wunder: Forellen sollen in dem glasklaren Wasser des Embalse besonders leicht zu fangen sein. Und mit dem „Hanabanilla", übrigens die einzige Unterkunft weit und breit, gibt es direkt am Ufer ein durchaus annehmbares Drei-Sterne-Hotel. Einziges Manko: Einen öffentlichen Personennahverkehr – und sei es nur ein einziger Bus pro Tag – sucht man vergeblich, ohne Mietwagen ist man aufgeschmissen.

• *Freizeit* Ganz in der Nähe des Hanabanilla-Stausees, wenige Kilometer hinter der Stadtgrenze von Cumanayagua, liegen die Wasserfälle des **Parque El Nicho**. Der Wanderweg dorthin (6,50 CUC Eintritt) ist gesäumt von endemischen Pflanzen.

• *Übernachten* *** **Hanabanilla** ist ein vierstöckiges Gebäude direkt am Ufer des Sees, in dem man mitten in der Abgeschiedenheit der Sierra del Escambray Ruhe und Erholung findet. Von der Bar „Mirador" im obersten Stockwerk hat man ein wunderschönes Panorama. Die 128 Zimmer sind nicht auf dem allerneuesten Stand, haben aber Klimaanlage, Kühlschrank und Balkone mit Seeblick. An der Rezeption kann man Motorboote mieten, Pferde-Ausritte buchen oder mit einem Führer zu verschiedenen Wanderungen aufbrechen. DZ 24–30 CUC, je nach Saison. ✆ 208550, 206184, 202399.

Unterwegs im Osten

Remedios

Bereits im Jahr 1515 von dem für seine an den Indios begangenen Gräueltaten bekannten Konquistador-Veteran Vasco Porcallo de Figueroa gegründet, kann man in der kleinen Stadt 42 Kilometer nordöstlich von Santa Clara bis zum heutigen Tag

Im Museo Agroindustria Azucarera dreht sich alles um Zucker

bestens erhaltene Kolonialarchitektur bewundern, die Remedios zu einer der schönsten Städte Cubas macht. Zu den wichtigsten Sehenswürdigkeiten zählen die alte Pfarrkirche Iglesia de Nuestra Señora del Buen Viaje aus dem 16. Jahrhundert, der frühere Herrschaftssitz der Familie Rojas de la Torre, in dem heute das Hotel „Mascotte" untergebracht ist, sowie die Casa von Alejandro García Caturlo. Wenngleich sich inzwischen herumgesprochen hat, dass man Remedios gesehen haben sollte, und die Stadt dadurch auch von immer mehr Touristen angesteuert wird, so erwacht sie doch immer erst am 24. Dezember zu ihrem ureigenen Leben. Dann finden die einzigartigen Parrandas statt, eine landesweit berühmte Fiesta, bei der zwei Stadtteile miteinander wetteifern, wer am besten zu feiern versteht. An den Tagen um das Weihnachtsfest ein Zimmer in Remedios zu bekommen, ist beinahe unmöglich – außer man reserviert bereits lange im Voraus und hat sehr viel Glück. Die Hotels und Casas particulares sind in aller Regel auf Jahre hinaus ausgebucht.

Begründet wurde das Spektakel am Heiligen Abend des Jahres 1820, als Bewohner des Stadtteils El Carmen ihre Nachbarn des Viertels San Salvador mitten in der Nacht mit einem Trommelwirbel an die Christmette erinnerten. Ein Jahr später revanchierten sich die Salvadorienses auf die gleiche Art. Und seitdem kommt es jedes Jahr zu diesem bunten und lauten Schlagabtausch. Seit 1971 hat man der nicht ganz ernst gemeinten Auseinandersetzung sogar feste Regeln gegeben: Beurteilt werden die Festwagen, die Straßendekorationen, die Tänzerinnen und das jeweilige Feuerwerk. Doch egal, wer gewinnt – spätestens nach den ersten Flaschen Rum wird hüben wie drüben gesungen, gelacht und gefeiert, bis der Tag anbricht. Und dann ist noch lange nicht Schluss ...

• *Feste* In der ersten März-Woche wird die **Semana de la Cultura** (Woche der Kultur) mit Konzerten und Theateraufführungen veranstaltet.
Zwischen den beiden Stadtteilen San Salvador im Westen und El Carmen im Osten Remedios' werden jedes Jahr in der Woche zwischen den Jahren die landesweit berühmten **Parrandas** ausgetragen. Das Musik-, Tanz-, Umzugs- und Feuerwerksspektakel beginnt am 24. Dezember mit der sogenannten Gran Fiesta. Von da an wird sieben Tage lang von den frühen Morgenstunden bis zum Morgengrauen gefeiert.
• *Notruf* **Polizei,** ✆ 116. **Feuerwehr,** ✆ 115. **Ambulanz,** ✆ 222891.
• *Post* Mo–Sa 8–18 Uhr, Calle José Antonio Peña esquina Romero.
• *Essen & Trinken* **Las Arcadas** gehört zum Hotel „Mascotte" und ist eines der empfehlenswertesten Restaurants in Remedios. Serviert werden schmackhafte Fleisch- und Seafoodgerichte. Es gibt auch eine kleine Bar. Tägl. 11–24 Uhr. Calle Máximo Gómez 112.
Colonial wird aufgrund seines Ambientes dem Namen durchaus gerecht – es ist in einem alten Herrenhaus mit einem prächtigen Marmorboden untergebracht. Auf der Karte des Peso-Lokals stehen Schweinefleisch- (ca. 5,50 CUP/ca. 0,22 CUC) und Hähnchengerichte (ca. 4,50 CUP/ca. 0,18 CUC). Tägl. 11–12 + 18–21.45 Uhr. Calle Independencia 25.
Portales de la Plaza ist zwar das teuerste Peso-Restaurant der Stadt, aber immer noch vergleichsweise preisgünstig. Auf den Tisch kommt Hausmannskost wie Hähnchen (25 CUP/ca. 1 CUC) oder frittiertes Schwein (33 CUP/ca. 1,35 CUC). Tägl. 11.30–12.30 + 18–21.30 Uhr. Calle Camilo Cienfuegos 3.
El Louvre am Parque Martí ist eine kleine Cafetería für den kleinen Geldbeutel. In dem im Jahr 1866 als Café, Konditorei und Restaurant eröffneten Lokal gibt es Bier für 1 CUC, Erfrischungsgetränke kosten 0,55 CUC. Große Persönlichkeiten wie General Máximo Gómez, der Kunstmaler Amelia Peláez und Gabriel García Moroto sowie die Sängerin Rita Montaner sind hier eingekehrt – vor vielen Jahren, als alles noch billiger war. Mo–Fr 7.30–24, Sa+So 7.30–1 Uhr. Calle Máximo Gómez 122 e/ Independencia y Pi Margall, ✆ 395639.
Lafe, ein Peso-Lokal, ist ebenso einfach wie seine Karte. In erster Linie kommen Sandwiches (0,80 CUP/ca. 0,03 CUC) auf den Tisch. Erfrischungsgetränke gibt es ab 0,25 CUP/ ca. 0,01 CUC. Tägl. 7–23 Uhr. Calle Máximo

Remedios 435

Gómez 130 e/ Independencia y Pi Margall.

Driver's Bar, ein zentral gelegenes Restaurant mit Bar, kocht typisch cubanisch – zu Peso-Preisen, angesichts derer man nicht viel falsch machen kann. Tägl. 11.30–14.30 + 18–21.30 Uhr. Calle José A. Peña 61, e/ Maceo y La Pastora.

Finca La Cabaña liegt 2 km außerhalb von Remedios in Richtung Caibarién und ist ein kleines Bauernhaus mitten in der Natur. Es gibt Kühe, Pferde, Schweine – und Millionen von Moskitos. Das zur Finca gehörende Restaurant *El Curujey* wird regelmäßig von dem Touristen-Dampfzug angefahren, der ab der ehemaligen Zuckerfabrik Marcelo Salado verkehrt. Spezialität des einfachen Open-Air-Lokals ist frittiertes Schweinefleisch (3,50 CUC). Natürlich gibt es aber auch das unvermeidliche Hähnchen (2 CUC). Tägl. 10–17 Uhr. Carretera Remedios km 2, ✆ 363305, vblanca@vcl.cu, www.palmares.com.

• *Nachtleben* **Bar Juvenil** ist ein beliebter Treffpunkt mitten am zentralen Parque Martí. Es gibt eine Bar mit Eisdiele, die täglich von 9–21.45 Uhr geöffnet ist. Auf der Terrasse im ersten Obergeschoss, wo im wahrsten Sinne des Wortes die Musik spielt, sind Einlass und Öffnungszeiten – sagen wir – außergewöhnlich: Di–So von 17–20 Uhr steht die Tür nur Singles offen, Fr–So von 20–2 Uhr haben nur Paare Zutritt. Der Eintritt beträgt in beiden Fällen 1 CUC. Calle Alejandro del Río 47.

Las Leyendas, einer der wenigen Orte der Stadt, wo zumindest von Mittwoch bis Sonntag die Nacht wirklich etwas los ist, bringt Show, Tanz und Trovadores auf die Bühne. Es gibt eine außergewöhnlich große Weinkarte mit Flaschen von 4,20–20,40 CUC. Rum ist dafür umso billiger – 0,30 CUC (pro Glas). Und natürlich werden auch Snacks angeboten. Mo+Di 10–18, Mi–So 10–1.45 Uhr. Calle Máximo Gómez 1124 e/ Independencia y Pi Margall.

Casa de Cultura ist mangels einer „Casa de la Trova" der Treffpunkt der einheimischen Musiker – und ihrer Zuhörer. Neben cubanischen Rhythmen stehen auch Lesungen, Tanz und Theater auf dem Programm. Offen ist das Haus den ganzen Tag über, der Eintritt ist grundsätzlich frei. Calle José A. Peña 67 e/ Maceo y La Pastora.

Unterwegs in Remedios

Parroquia de San Juan Bautista de Remedios: Die Kirche an der Südseite des Parque Martí gilt zu Recht als eine der schönsten Cubas. Die sollte man sich wirklich

• *Übernachten* ***** Mascotte** ist in einem geschichtsträchtigen Kolonialbau aus dem Jahr 1869 untergebracht. 1899 handelte General Máximo Gómez in dem Herrenhaus der Familie Rojas de la Torre mit den US-Amerikanern die Bedingungen für die Entwaffnung seiner Truppe aus. Das einzige Hotel der Stadt verfügt über 10 komfortable und saubere Zimmer mit Klimaanlage, Minibar, Safe, Satelliten-TV, Radio und Telefon. Einige haben auch einen Balkon mit Blick zum Innenhof. EZ/DZ 46 CUC inkl. Frühstück. Calle Máximo Gómez 112, ✆ 228169, 2395144, 23954671.

Hostal San Carlos ist das Beste, was einem passieren kann, wenn man in Remedios übernachten möchte. Die beiden Zimmer sind modern eingerichtet, mit Klimaanlage, Ventilator und Kühlschrank ausgestattet und sehr sauber, die Bäder haben sogar ein Jacuzzi – alle Achtung. Señora Ania ist nicht nur eine begnadete Köchin, sondern die Seele des Hauses – auf Wunsch macht sie mit ihren Gästen auch gerne Stadtführungen und gibt ihnen jene Tipps, die den Urlaub noch schöner machen. DZ 20–25 CUC, je nach Saison. Calle José A. Peña 75c, e/ Maceo y La Pastora, ✆ 395624.

Villa Colonial, wohl die Nummer zwei unter den Privat-Quartieren von Remedios, heißt nicht nur so, sondern ist auch ein schönes Kolonialgebäude. Vermietet wird zwar nur ein Zimmer, dafür aber ein besonders großes – mit einem Doppel- und einem Stockbett, Bad, Klimaanlage und Ventilator. Im schönen Innenhof steht ein großes Aquarium mit exotischen Fischen, im Speisezimmer ein noch größerer Kühlschrank nur für die Gäste. DZ 20–25 CUC, je nach Saison. Calle Antonio Maceo 43 esquina Avenida General Carillo.

Hostal El Chalet liegt mitten im Zentrum nahe am Parque Martí. Das gesamte erste Obergeschoss ist den Gästen vorbehalten. Dort findet man ein großes und ein kleines Appartement mit Klimaanlage und Ventilator, beide mit eigenem Eingang und jeweils einem eigenen Badezimmer. Außerdem gibt es eine große Terrasse, das Essen wird im Innenhof serviert, die Garage ist „for free" – was will man mehr? DZ 20–25 CUC, je nach Saison. Calle Brigadier Gonzáles 29 e/ Peña y Independencia, ✆ 393710.

ansehen! Nach zehnjähriger Bauzeit im Jahr 1550 eingeweiht, ist das Gotteshaus vor allem berühmt für seinen aus edlen Hölzern geschnitzten und vergoldeten Hauptaltar, den der Künstler Rogelio Atá geschaffen hat und den der Millionär Eutimio Falla Bonet Mitte des 20. Jahrhunderts restaurieren ließ. Absolut außergewöhnlich ist die Heiligenfigur aus dem 18. Jahrhundert im ersten Seitenaltar links des Eingangs, die eine – laut Pfarrer – im siebten Monat schwangere Maria darstellt, die – auch das erzählt der Geistliche – einen Bolero tanzt. Sehenswert sind außerdem eine lebensgroße Christus-Figur auf dem Weg zum Kalvarienberg mit dem Kreuz auf den Schultern sowie eine Kopie der Virgen de la Caridad del Cobre, der Schutzpatronin Cubas.
Mo–Fr 9–17, Sa 14–17, So 9–12 Uhr, Messe Mo–Mi 8.30, Do–Sa 20.15, So 16.30 Uhr. Calle Camilo Cienfuegos 20.

Museo de Música Alejandro García Caturla: Das Museum, das in einem jüngst renovierten Kolonialgebäude residiert, erinnert an den großen cubanischen Komponisten und gleichzeitig bedeutendsten Sohn der Stadt, der von 1920 bis zu seiner Ermordung im Jahr 1940 in Remedios lebte. Die Exponate umfassen alte Dokumente, Fotos und das vollständig erhaltene Arbeitszimmer Caturlas.
Di–Sa 9–17, So 9–12 Uhr. Eintritt 1 CUC. Calle Camilo Cienfuegos 5.

Museo de las Parrandas Remedianas: Das Haus ist seit 1980 ganz dem traditionellen Fest gewidmet, für das die Stadt landesweit berühmt ist, und verschafft einen Eindruck von dem Spektakel, auch wenn man am 24. Dezember nicht in Remedios weilt. Man erfährt viel über die Geschichte der Parrandas, sieht Fotos und Kostüme der Kampagnen der Vorjahre und bekommt auf Schautafeln sogar erklärt, wie die Feuerwerkskörper hergestellt werden, die bei der Gran Fiesta in die Luft gejagt werden.
Tägl. 9–12 + 13–18 Uhr. Eintritt 1 CUC, Fotoaufnahmen 5 CUC. Calle Máximo Gómez 71.

Museo Histórico Francisco Javier Balmaseda: Das im Jahr 1933 eingeweihte historische Museum der Stadt zeichnet die Geschichte von Remedios nach. In neun Schauräumen sind u. a. Möbel, Porzellan und Gemälde aus dem 19. Jahrhundert sowie präparierte Vögel ausgestellt.
Mo 8–12, Di–Sa 8–12 + 13–17 Uhr. Eintritt 1 CUC. Calle General Maceo 56.

Unterwegs in der Umgebung

Museo de Agroindustria Azucarera: Auf der Straße nach Caibarién stößt man fünf Kilometer hinter Remedios auf das Dorf Marcelo Salado mit seiner alten Zuckerfabrik, die im Jahr 1999 stillgelegt wurde, seit 2002 als Museo de Agroindustria Azucarera fungiert und sich im Laufe der Zeit mehr und mehr zu einem beliebten Ausflugsziel gemausert hat. In dem Museum – dem einzigen dieser Güte in Cuba – bekommt man einen umfassenden Einblick in die Entwicklung der Zuckerproduktion von der Indio-Zeit bis zur jüngsten Vergangenheit. Außerdem wird der gesamte Herstellungsprozess von Cubas weißem Gold gezeigt. Und nicht zuletzt sind für alle Eisenbahnfans sechs Lokomotiven ausgestellt, die zwischen 1904 und 1920 unter Dampf standen und den Transport von Zuckerrohr, Melasse und Endprodukt besorgten. Die sind übrigens so gut erhalten, dass sie noch heute eingesetzt werden – für kurze Fahrten zur drei Kilometer entfernten Finca „La Cabaña", wo Touristen auf einem nachgebildeten Bauernhof cubanisches Landleben hautnah erleben können.
Mo–Sa 7.30–16.30 Uhr. Eintritt 1 CUC, Fotoaufnahmen 3 CUC. Carretera Caibarién km 1.

Caibarién

Nur fünf Kilometer von der Stadtgrenze Remedios' entfernt liegt die Kleinstadt Caibarién mit dem größten Atlantik-Hafen der Provinz, in dem auch eine Fischfang-Flotte zu Hause ist. Wohl deshalb grüßt am Eingang der Stadt ein wuchtiges Krabben-Monument, das von Florencio Gelabert Pérez geschaffen und im August 1983 eingeweiht wurde. Obwohl auf den vorgelagerten Cayos Las Brujas und Santa María der Tourismus inzwischen mehr und mehr Fuß fasst, hat man sich in Caibarién von der Betriebsamkeit der Ferien-Hotels noch nicht anstecken lassen. Das mag auch daran liegen, dass Caibarién von Touristen nicht unbedingt überrannt wird. Die Gründe dafür liegen auf der Hand: Die etwas schmuddelig wirkende Kleinstadt kann mit Sehenswürdigkeiten nicht gerade prahlen – die Kirche Iglesia de la Inmaculada Concepción ist es vielleicht, die interessiert, oder der inzwischen wieder aufpolierte Malecón, mehr nicht. Wer in den All-inclusive-Resorts der etwa 40 Kilometer entfernten Koralleninseln untergebracht ist, kann in Caibarién allerdings eintauchen in die nicht ganz so rosige Realität des cubanischen Alltags und das Flair einer typischen Hafenstadt schnuppern, in der die Fischer jedem Touristen um (beinahe) jeden Preis Hummer, Garnelen und andere Schalentiere verkaufen wollen – „schwarz" natürlich.

- *Hin & Weg* Hauptbahnhof in der Avenida 3 e/ 6 y 8. Bus-Terminal in der Avenida 13 e/ 14 y 16. Beide liegen im Westen der Stadt. Astro-Verbindungen: Havanna 1x tägl. 19.00 Uhr über Remedios und Santa Clara.
- *Banken* **Banco Popular de Ahorro**, Mo–Fr 8.30–12 + 13.30–15.30, Sa 8–11 Uhr, Calle 6 Nr. 416. **Cadeca**, Mo–Sa 8–17, So 8–12 Uhr, Calle 10 e/ 9 y 11.
- *Tourist-Information* **Havanatur**, Mo–Fr 8.30–12 + 13.30–16.30, Sa 8.30–12 Uhr, Avenida 9 esquina 10.
- *Essen & Trinken* **Vicaria** findet man im Stadtzentrum unweit des Parque de la Libertad. Spezialität probieren: Fischfilet, garniert mit Langustenfleisch und überbacken mit Käse (4,50 CUC). Eine ganze Languste kostet 14,20 CUC, Hähnchen gibt es für 2,30 CUC, Sandwiches ab 1 CUC. Tägl. 10–22 Uhr. Avenida 9 esquina 10, ✆ 351085, vblanca@vcl.cu.

La Ruina – der Name ist Programm – ist in die Ruinen des früheren Hotels „Internacional", eines Gebäudes aus dem Jahre 1820, eingezogen. Spezialität sind Meeresfrüchte und Fisch vom Grill (ab 2,80 CUC). Und wenn die Tische abgeräumt sind, spielt bis weit nach Mitternacht die Musik, oftmals sogar live. Tägl. 10.30–2 Uhr. Avenida 15 esquina 6.

Cafetería Villa Blanca liegt ganz nah am Parque de la Libertad. Auf der Karte stehen Steaks, Hähnchengerichte und Meeresfrüchte. Tägl. 11–24 Uhr. Avenida 9, ✆ 363305.

- *Nachtleben* Obwohl nur ein kleines Nest, hat Caibarién dennoch eine Freiluft-Disco, die unter dem Namen **Pista de baile** bekannt ist. Vor allem an den Wochenenden steppt hier der Bär. Avenida 5 e/ 1 y 3.
- *Übernachten* *** **Villa Costa Blanca** wurde im Jahr 2006 neu eröffnet. Da es über nur zehn Zimmer mit Klimaanlage, TV und Radio verfügt, soll es nach dem Willen der cubanischen Tourismus-Manager schon bald mit dem gegenüberliegenden Hotel „Brisas del Mar" zu einem Komplex verschmolzen werden. Die Preise hat man schon aufeinander abgestimmt. EZ 26–29, DZ 34–38 CUC, je nach Saison. Mar Azul 46, ✆ 351683.

** **Brisas del Mar**, ein renoviertes Mittelklasse-Hotel, liegt am Stadtrand und hat 27 sehr moderne Zimmer mit Klimaanlage, TV und Balkonen mit Meerblick zu bieten. Direkt vor dem Haus befindet sich ein kleiner Stadt-Strand. EZ 26–29 CUC, DZ 34–38 CUC, je nach Saison. Mar Azul, ✆ 351699.

Villa Virginia, wohl die beste Wahl, wenn man schon unbedingt in Caibarién übernachten möchte, vermietet zwei nette Zimmer mit allem Komfort wie Klimaanlage, Ventilator, Kühlschrank. Und während Virginia für ihre Gäste ihre beliebte Fischsuppe kocht, kann man mit ihrem Mann Osmany einen Unterwasserspaziergang machen – er ist ausgebildeter Tauchlehrer und arbeitet auf den Cayos. Wer lieber in der Sonne liegt, kann dies entweder auf der Terrasse des Hauses tun oder an einem kleinen Strand, der nur 500 m entfernt ist. DZ 20–25 CUC, je nach Saison. Ciudad Pesquera 73, ℡ 363303, virginiaspension@aol.com, www.virginiaspension.com.

Pension de Eladio liegt nahe am Meer und dem renovierten Teil des Malecón. Es gibt zwei einfach eingerichtete Zimmer, von der Dachterrasse aus hat man einen schönen Blick auf die Stadt. Auf Wunsch gibt es Frühstück und Abendessen. DZ 20–25 CUC, je nach Saison. Avenida 35 Nr. 1016 e/ 10 y 12, ℡ 364253.

Unterwegs in Caibarién

Parque de la Libertad: Der zentrale Platz Caibariéns ist alles andere als ein Aushängeschild. Die Glorietta in seiner Mitte sieht recht mitgenommen aus, einzig die Büste von Antonio Maceo scheint man ab und zu abzubürsten.

Iglesia de la Inmaculada Concepción: Die Kirche an der Südseite des Parque de la Libertad ist vor allem wegen ihres Glockenturms einen Besuch wert. Von dort oben hat man einen großartigen Blick über die ganze Stadt bis hin zum Meer.

Malecón: Die 800 Meter lange Ufer-Promenade der Stadt, die zwischen einer Kaimauer und niedrigen Palmen verläuft, wurde komplett renoviert und ist – für Caibariéns Verhältnisse – so etwas wie ein Schmuckstück. Inzwischen gibt es sogar zwei Schirmbars, an denen man sich erfrischen kann.

Cayo Las Brujas und Cayo Ensenachos

Die Cayos Las Brujas und Ensenachos sind die ersten Koralleninseln der westlichen „Jardines del Rey". Man erreicht sie über den einige Kilometer südlich von Caibarién beginnenden Pedraplén, einen 1996 eröffneten Steindamm, der sich über insgesamt 46 Kilometer weiter bis zum Cayo Santa María zieht. Der Weg führt mitten durch die Bahía de Buenavista über 45 Brücken, so dass der Wasseraustausch zwischen den durch den Damm getrennten Meeresteilen gewährleistet ist. Zusammen mit dem noch kleineren Cayo Francés bilden die Cayos Las Brujas und Ensenachos ein wahres Insel-Paradies, in dem man sich zwangsläufig fühlen muss wie Robinson Crusoe. Ein besonderes Erlebnis ist die Playa Ensenachos, der schönste Strand dieser Cayos, an dem man mehrere hundert Meter weit ins Meer hinausgehen kann, ohne dass die Badehose nass wird. Unweit der Küste von Las Brujas lag hier noch vor ein paar Jahren das Wrack der in Kalifornien gebauten „San Pascual", die im Jahr 1933 wegen Überladung auf Grund gelaufen war. Hurrikan „Katrina" hat das Schiff, auf dem schon Ernest Hemingway zu Gast war, im August 2005 allerdings endgültig versenkt.

Dafür gibt es inzwischen eine neue „Sehenswürdigkeit", die die Occidental-Hotel-Gruppe auf Cayo Ensenachos errichtet hat und die der Öffentlichkeit erst seit Dezember 2005 offen steht: Das „Royal Hideaway Cayo Ensenachos", ein Fünf-Sterne-Haus der absoluten Extra-Klasse, wie es auf ganz Cuba kein zweites gibt. Deshalb erklärt die Rezeption auch freundlich, aber selbstbewusst, dass man eigentlich noch nicht richtig kategorisiert sei und sicherlich schon bald mehr Hotel-Sterne auf seinem Schild tragen werde. Dieser Einschätzung kann man schwerlich widersprechen. Was gegenwärtig noch fehlt, sind allerdings die Gäste. Bei Preisen von 352 CUC pro Doppelzimmer und Nacht – 403 CUC in den Suiten – ist es kein Wunder, dass sich die wenigen Touristen in der 566-Zimmer-Anlage noch verlieren. Für die Gegenwart wurde dieses Hotel aber auch nicht erbaut, erfährt man hinter vorgehaltener Hand. Wenn erst die Blockade gefallen ist und die reichen US-Amerikaner wieder nach Cuba reisen dürfen, wird sich die Situation schlagartig verändern. Occidental hat vorausgedacht ...

- *Hin und Weg* Für das Befahren des Pedraplén mit dem Auto wird am Kontrollpunkt einen Kilometer hinter der Stadtgrenze von Caibarién eine Maut von 2 CUC fällig – für die einfache Strecke.
- *Freizeit* **Marina Las Brujas** innerhalb der Hotel-Anlage der „Villa Las Brujas" organisiert Tauchausflüge, Angel-Exkursionen und Katamaran-Trips. ✆ 350013.
- *Übernachten* ***** **Royal Hideaway Cayo Ensenachos** ist nicht weniger als Luxus pur. Das Haus der Occidental-Kette ist das edelste und feinste, was Cuba derzeit zu bieten hat. Das Ende 2005 eröffnete Nobel-Hotel, das vorausschauend für die Zeit nach der Blockade für reiche US-Amerikaner errichtet wurde, verfügt – momentan, wie man sagt – über 566 Zimmer mit allen Schikanen. Die 42 Villen der Anlage sind mit Jacuzzi und Privat-Pool ausgestattet. Den Gaumen verwöhnt man in vier Restaurants – es gibt ein italienisches, ein asiatisches, ein Meeresfrüchte- und ein Buffet-Restaurant. Der Super-Luxus hat natürlich seinen Preis. EZ 263 CUC, DZ 352 CUC, Einzel-Suite 306 CUC, Suite 403 CUC. Cayo Ensenachos, ✆ 350300, ✆ 350301, reservas1@ensenachos.co.cu, www.occidentalhoteles.com.

*** **Villa Las Brujas**, ein Traum für Naturliebhaber, liegt an der Punta Periquillo direkt an einer Korallenbank am kristallklaren Meer. Die 24 rustikalen, aber sehr komfortablen Bungalows sind durch Holzstege miteinander verbunden. Die gemütlichen Zimmer – 19 mit Meerblick, 5 mit Gartenblick – verfügen über Klimaanlage, Kabel-TV und eine gefüllte Minibar. Vom Restaurant „El Fallarón" aus, in dem man einen kleinen Aussichtssturm besteigen kann, hat man immer das Meer und den einsamen Strand „La Salina" direkt unterhalb des Hotels vor Augen (nur für Hausgäste!). Spezialität sind natürlich Meeresfrüchte – gegrillt für 19 CUC. Auf einem ähnlichen Niveau befinden sich auch die Hotel-Preise. EZ 56–60 CUC ohne Meerblick, 60–65 CUC mit Meerblick, DZ 70–80 CUC ohne Meerblick, 75–85 CUC mit Meerblick, Triple 90–100 CUC ohne Meerblick, 95–105 CUC mit Meerblick inkl. Frühstück, je nach Saison. Punta Periquillo, ✆ 350199, 350023, 350024, ✆ 350099.

Cayo Santa María

Auf Cayo Santa María, der größten der westlichsten Koralleninseln der „Jardines del Rey", die nur 25 Kilometer Luftlinie von Cayo Guillermo in der Provinz Ciego de Ávila entfernt liegt, steckte der Tourismus noch vor wenigen Jahren in den Kinderschuhen. Neben unberührter Natur im Überfluss gab es ein einziges Hotel. Heute findet man auf dem 13 Quadratkilometer großen Eiland mit seinen elf Kilometer langen Stränden bereits zwei große Ferien-Resorts der Meliá-Kette vor, zwei weitere mit insgesamt 600 Zimmern waren bei den Recherchen zu diesem Reisebuch gerade in Bau. Dennoch: Wenn man ein paar Schritte geht, ist man an den puderfeinen weißen Sandstränden noch immer allein auf weiter karibischer Flur. Mittelfristig wird sich dies sicherlich ändern. Die Pläne der cubanischen Tourismus-Industrie sehen in der Endausbaustufe auch hier 10.000 Gästebetten vor. Besonders beliebt ist „die weiße Rose der Königsgärten", wie Cayo Santa María auch genannt wird, bei Unterwassersportlern, die hier 24 ausgezeichnete Tauchplätze mit Korallenbänken und jeder Menge bunter Fische vorfinden. Immer größerer Popularität erfreuen sich auch Wanderungen entlang der Küste.

- *Hin und Weg* Für das Befahren des Pedraplén mit dem Auto wird am Kontrollpunkt einen Kilometer hinter der Stadtgrenze von Caibarién eine Maut von 2 CUC fällig – für die einfache Strecke.
- *Übernachten* ***** **Meliá Cayo Santa María**, ein luxuriöses Haus direkt am Strand, das 2003 eröffnet wurde, verwöhnt seine Gäste mit jedem Komfort und sämtlichen Annehmlichkeiten. Das typische Meliá-Hotel strahlt noble Atmosphäre aus – in der Lobby sind Sitzgruppen aus Rattan um einen stilisierten Baum platziert. Das Essen nimmt man in vier verschiedenen Restaurants ein, überall findet man Bars, es gibt drei Swimmingpools, einer davon mit

Swim-up-Bar. Ein Fitness-Center mit Sauna, Basketball- und Tennisplätze sowie Tauchschule runden das Angebot ab. Die 360 Zimmer sind sehr freundlich eingerichtet und verfügen natürlich über jeglichen Komfort eines Fünf-Sterne Hauses. EZ 140–170 CUC, DZ 210–260, je nach Saison. ✆ 350500, www.solmeliacuba.com.

**** **Sol Cayo Santa María** liegt ganz am Ende des Pedraplén und ist die erste All-inclusive-Anlage, die auf der Koralleninsel eröffnet wurde. Das Haus der Meliá-Gruppe bietet alles, was man von einem Resort dieser Güte erwartet: Buffet- und Spezialitäten-Restaurants (italienisch und kreolisch), verschiedene Bars, Pools für Erwachsene und Kinder, Fitness- und Beauty-Einrichtungen, Tauchzentrum, Tennisplätze und, und, und … Die 300 Zimmer, darunter zwei Suiten, sind in kleinen Villen untergebracht und mit Klimaanlage, Minibar, Safe, Satelliten-TV mit 24 Kanälen und Telefon ausgestattet. EZ 115–142 CUC, DZ 175–225 CUC, je nach Saison. ✆ 351500, 351505, ventas1.ssm@solmeliacuba.com, www.solmeliacuba.com.

Zulueta

Das kleine Dörfchen Zulueta liegt 42 Kilometer östlich von Santa Clara an der Straße zwischen Placetas (12 Kilometer) und Remedios (14 Kilometer) – eigentlich ein winziger Punkt auf der Landkarte, den man normalerweise gerne übersieht und für den sich kein Umweg lohnt. Stünde dort im Parque Central in der Calle Martí seit dem 8. November 2000 nicht das erste Fußball-Denkmal Cubas. Da Zulueta der einzige Ort in der Provinz Villa Clara – und wohl weit darüber hinaus – ist, in dem Fußball eine lange Tradition hat (normalerweise spielt man auf Cuba Baseball), hat man sich mit dem überdimensionalen Marmor-Fußball Marke Adidas selbst ein Denkmal gesetzt. Auf einem Schild darunter wird erklärt, dass das Monument all jenen gewidmet ist, die es möglich gemacht haben, möglich machen und möglich machen werden, dass Zulueta im ganzen Land als „La cuna de fútbol" bezeichnet wird. Welche Bedeutung der Fußball in Cuba allerdings in Wirklichkeit hat, mag man daran erkennen, dass die „Wiege des Fußballs" im hintersten Winkel des Landes liegt. Wer nicht allein des Fußball-Denkmals wegen nach Zulueta kommen möchte, besucht das Dorf am besten am 31. Dezember. Denn dann werden hier – ähnlich wie in Remedios – die Parrandas gefeiert, die ebenfalls zwischen zwei Vierteln des Ortes ausgetragen werden.

Unterwegs im Norden

Sagua la Grande

Die Kleinstadt 45 Kilometer nördlich von Santa Clara entkam bislang nur einmal ihrem Schattendasein: als die Sowjets hier im Jahr 1962 Atomraketen des Typs SS-4 stationierten, damit die sogenannte Cuba-Krise auslösten und die Welt am Rande des Dritten Weltkriegs stand. Mit derem Abzug wurde es allerdings wieder ruhig in Sagua la Grande – und daran hat sich bis heute nichts geändert. Touristen verirren sich nur äußerst selten in den kleinen Ort – warum auch. Für mehr, als sich bei einem Zwischenstopp die Beine zu vertreten, bietet sich Sagua la Grande nicht an. Es gibt eine kleine Fußgängerzone mit einigen Geschäften, am zentralen Parque de la Libertad ein paar Kolonialbauten, deren Glanz längst verblichen ist, und mit der Iglesia Inmaculada Concepción eine eher unbedeutende Kirche. Einzig das ehemalige Casino Español aus dem Jahr 1908 gegenüber der Kirche in der Calle Céspedes 174 esquina Calle Padre Varela ist einen Schnappschuss wert.

Playa Ganuza

Der Strand von Ganuza liegt im Nordwesten der Provinz Villa Clara nahe der Ortschaft Sierra Morena, unweit der Straße zwischen Sagua la Grande und Cárdenas. Die 1,6 Kilometer lange Playa, von der aus man die vorgelagerten Cayos sehen kann, ist das, was man als Sommerfrische für Cubaner bezeichnen könnte. Für sie gibt es ein paar hundert Meter entfernt auch einen kleinen Campismo popular, der dem internationalen Tourismus nicht offen steht. Entlang des flach abfallenden, bis zu 30 Meter breiten Sandstrandes stehen Dutzende mit Palmwedeln gedeckte Sonnenschirme, es gibt eine kleine Peso-Snackbar mit einer großen Stereoanlage und einen Eisstand. Eine halb fertiggestellte Bauruine, die einmal ein Hotel hätte werden sollen, zeugt davon, was man mit der Playa Ganuza wohl vorgehabt hat.

Baños de Elguea

Das Heilbad Elguea mit seinen Schwefelquellen im nordwestlichen Zipfel der Provinz Villa Clara hat sich im Gesundheitstourismus einen Namen gemacht. Vor allem bei Hauterkrankungen, Arthritis und Rheuma ist der Kurort indiziert.

„Rundes Leder" aus Stein

Das an Brom, Jod, Chloriden, Radon, Natrium und Schwefel reiche Heilwasser kommt hier mit einer Temperatur von 50 Grad Celsius aus dem Boden, in den medizinischen Badeanlagen hat es allerdings meist nur 38 bis 42 Grad. Entdeckt wurde die Wirkung der Quellen angeblich im 19. Jahrhundert von einem Sklaven, den schon lange eine Hautkrankheit quälte. Nachdem er immer wieder in dem Wasser gebadet hatte, war seine Erkrankung plötzlich wie weggeflogen. Sein Besitzer, der Zuckerbaron Francisco Elguea, ließ daraufhin ein Badehaus errichten. Schon um 1890 eröffnete das erste Hotel in Holzbauweise, eigentlich eine bessere Bretterbude. Heute unterhält die Islazul-Hotel-Gruppe ein Zwei-Sterne-Haus mit vielen therapeutischen Einrichtungen.

• *Übernachten* ** **Hotel & Spa Elguea** zeichnet sich vor allem durch seine medizinischen Einrichtungen aus. Behandelt werden sowohl Atemwegserkrankungen als auch neurologische Unregelmäßigkeiten und Kreislauf-Beschwerden. Im Hotel-Bereich verfügt das Haus über alle Einrichtungen eines modernen Touristen-Hotels, wie Buffet-Restaurant, Cafetería und Bar, Auto- und Motorradvermietung, Swimmingpool, Tennisplatz und Souvenirgeschäft. Die 99 Zimmer sind zweckmäßig eingerichtet und verfügen über Klimaanlage und Satelliten-TV. EZ 30–36 CUC, DZ 40–48 CUC inkl. Frühstück, je nach Saison. ✆ 686298, 686292, elguea@islazulvc.vcl.cyt.cu

Alle Wege in Cuba führen nach Sancti Spíritus oder, genauer gesagt, in die nach dem Heiligen Geist benannte Provinz. 350 Kilometer östlich von Havanna und etwas mehr als 500 Kilometer westlich von Santiago mitten im historischen Herzen Zentral-Cubas gelegen, ist Sancti Spíritus eines der beliebtesten Ziele des Landes – und ein Verkehrsknotenpunkt obendrein. Hier, im Dreieck zwischen den Provinzen Villa Clara, Cienfuegos und Ciego de Ávila, treffen die Autopista und die Schienenwege der cubanischen Eisenbahn auf die „Hauptschlagader" des Landes, die Carretera Central.

Aus der begünstigten Lage darf man allerdings nicht schließen, dass die gleichnamige Provinzhauptstadt mit besonders vielen Sehenswürdigkeiten gespickt ist oder andere bedeutende Merkmale aufweist. Sancti Spíritus ist zweifelsohne ein lebhaftes Städtchen am Rande der Sierra del Escambray mit einer Handvoll interessanter Museen und einer vorzeigbaren Gastro-Szene – in erster Linie aber Durchgangsstation. Die Musik spielt in der Provinz anderswo: Am Embalse Zaza östlich der Hauptstadt etwa, dem größten künstlichen See des Landes, bei dessen Anlage im Jahr 1970 ganze Dörfer überflutet wurden. An der Playa Ancón, einem der schönsten Strände Cubas an der Karibik-Küste. Im Naturpark Topes de Collantes, wo man sich mitten im tropischen Regenwald unter Wasserfällen erfrischen kann.

Provinz Sancti Spíritus

Sancti Spíritus	444	Playa La Boca	470
Embalse Zaza	453	Casilda	470
Museo Nacional Camilo Cienfuegos	453	Gran Parque Natural Topes de Collantes	471
Trinidad	455	Valle de los Ingenios	474
Playa Ancón	468		

Im angrenzenden Valle de los Ingenios, in dem einst mehr als 50 Zuckerfabriken betrieben wurden. Vor allem aber in Trinidad, von der UNESCO zum Weltkulturerbe erklärt und neben Havanna und Santiago de Cuba die dritte bedeutende Säule im Städtetourismus Cubas.

Nur etwas mehr als 60 Kilometer von Sancti Spíritus entfernt, ist die kleine Stadt mit dem großen Namen der unumstrittene Star der Provinz. In keinem anderen Ort des Landes konnten so viele Paläste, Plätze und Parks aus der Kolonialzeit erhalten werden, nirgendwo sonst wird einem die kunstvolle Architektur des 18. und 19. Jahrhunderts deutlicher vor Augen geführt. Dies macht den historischen Kern von Trinidad in seiner Gänze zu einem bewohnten Freilichtmuseum allererster Güte, das auf Besucher aus aller Welt eine geradezu magische Anziehungskraft auszuüben scheint. Noch nicht einmal in der Altstadt von Havanna stolpert man über mehr Touristen als in den engen Gassen rund um die Plaza Mayor.

Die Geschichte

Auch die Geschichte der Provinz Sancti Spíritus ist eigentlich die Geschichte Trinidads. Denn die Bedeutung dieser zentralen Region des Landes stand und fiel von Beginn an mit der wirtschaftlichen Kraft seiner „heimlichen" Hauptstadt. Zwar wurde die nominelle Provinzhauptstadt ebenso wie Trinidad bereits 1514 von Diego Velázquez gegründet – man befindet sich damit in der einzigen Provinz Cubas mit zwei sogenannten Villas –, doch aus dem Schatten ihrer großen „kleinen Schwester" konnte Sancti Spíritus, die Stadt, bis heute nicht heraustreten.

Zuerst war es das Gold, das in der Küstenregion gefunden wurde und Trinidad zu Ruhm verhalf. Dann, nachdem Hernán Cortez, der spätere Eroberer Mexikos, den Landstrich durch eine Rekrutierungsaktion für seinen Feldzug beinahe entvölkert hatte, waren es Felle und Tabak, die Trinidad Reichtum verschafften. Und schließlich war es der Zucker, der der Provinz ein ganzes Jahrhundert lang ihren Wohlstand sicherte. Er wurde von französischen Einwanderern produziert, die Haiti nach einem Sklavenaufstand Hals über Kopf verlassen hatten und daraufhin im nordöstlich von Trinidad gelegenen Valle de los Ingenios mehr als 50 kleine Zuckerfabriken aufbauten. Es dauerte nicht lange, bis das „weiße Gold" sowohl Leder als auch Tabak als bedeutendste Handelsware abgelöst hatte. Um das Jahr 1850 wurde bereits ein Drittel von Cubas Zucker in der Region angebaut, geerntet und verarbeitet – eine nicht versiegen wollende Geldquelle sprudelte und spülte Trinidad mehr und mehr nach oben.

Das Ende kam jäh: Während der Unabhängigkeitskriege wurden die Zuckerrohrplantagen zerstört, die Produktion kam vollständig zum Erliegen, und als sich im späten 19. Jahrhundert der Zuckeranbau nach Westen in Richtung Cienfuegos und Matanzas verlagerte, blieb Trinidad nur noch seine ruhmreiche Vergangenheit. Von ihr zehren Stadt und Provinz bis zum heutigen Tag. Und mit ihr ist es schließlich auch gelungen, auf die Bühne der Welt zurückzukehren. Inzwischen sind es die Touristen, mit denen Trinidad Kasse macht. Von Havanna und Santiago einmal abgesehen, steht keine andere Stadt Cubas so sehr im Fokus von Reiseveranstaltern aus aller Welt. Und als müssten die Vereinten Nationen dazu ihren Segen geben, hat die UNESCO Trinidad und dem Valle de los Ingenios im Jahr 1988 auch noch den Stempel Weltkulturerbe aufgedrückt. Völlig zu Recht übrigens!

Sancti Spíritus

Böse Zungen behaupten, Sancti Spíritus – 1976 zur Provinzhauptstadt erkoren – sei eine weitgehend touristenfreie Zone, allenfalls Durchgangsstation für Reisegruppen auf dem Weg zu den wahren Sehenswürdigkeiten der Provinz, allen voran Trinidad, die „Perle Cubas". Und auch Sir Winston Churchill, der Anfang des 20. Jahrhunderts als junger Kriegsberichterstatter in die Stadt kam, bezeichnete Sancti Spíritus später in seinem Buch „My early Life" als einen „Ort zweiter Klasse". Tatsache ist allerdings, dass die Ortschaft am Río Yayabo zu den sieben Villas gehört, also zu den ersten Städten in Cuba, die von Diego Velázquez um 1514 gegründet wurden. Und Tatsache ist auch, dass man die lange Geschichte von Sancti Spíritus noch heute auf Schritt und Tritt sehen und erleben kann. Schließlich wurden die bestens erhaltene Iglesia Parroquia del Espíritu Santo, die pittoresken Häuschen im Callejón del Llano und die alte Brücke über den Río Yayabo nicht

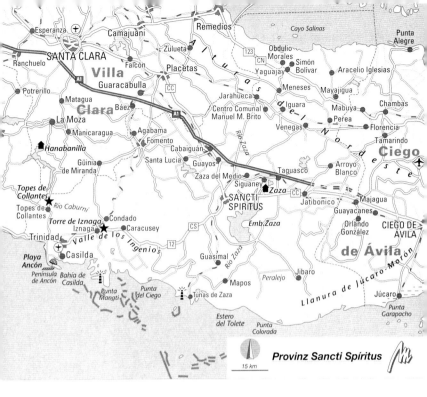

umsonst zu nationalen Denkmälern erklärt. Selbst was die jüngere Geschichte anbelangt, ist Sancti Spíritus nicht ganz bedeutungslos. Immerhin unterstellte die Stadt während der Revolution Hunderte von Freiwilligen dem Befehl Ernesto Che Guevaras und wurde nach 1959 Operationszentrum Fidel Castros bei seinem Kampf gegen die Konterrevolutionäre in den Bergen der Sierra del Escambray.

Wen weder alte Kirchen noch teilweise schön renovierte Kolonialbauten oder Reminiszenzen an die Revolutionsgeschichte überzeugen, sollte dennoch einen kurzen Abstecher einplanen. Schon wegen eines kleinen, aber außergewöhnlichen Museums: Die Fundación de la Naturaleza y El Hombre (Stiftung „Die Natur und der Mensch") dokumentiert darin akribisch die Expedition des cubanischen Geographen und Schriftstellers Antonio Nuñez Jiménez. Der paddelte 1987 zusammen mit 26 Begleitern in drei Einbaum-Kanus ein Jahr lang von Ecuador bis zu den Bahamas, um nachzuvollziehen, wie die Indios aus der Gegend der Amazonas-Quellen Cuba und die umliegende Inselwelt vor 8000 Jahren erreichten und besiedelten. Und die Fundación de la Naturaleza y El Hombre ist nur eines von mehreren Museen in Sancti Spíritus, die es sich zu besuchen lohnt.

Hin & Weg

● *Bahn* **Bahnhof** in der Calle Jesús Menéndez, ✆ 29228.
Verbindungen: Havanna 1x tägl. um 21.00 Uhr, 13,50 CUC. Reservierungen ab 18.00 Uhr, allerdings können pro Tag nicht mehr als vier Plätze von Touristen belegt werden. In Richtung Santiago de Cuba gibt es keinen Zug.

446 Provinz Sancti Spíritus

- *Bus* **Terminal** an der Carretera Central km 388 e/ Circunvalación Norte y Carretera Jíbaro, ✆ 24142.

Víazul-Verbindungen: Havanna 3x tägl. 2.20, 8.15 + 20.40 Uhr über Santa Clara, 23 CUC. Santiago de Cuba 5x tägl. 2.00, 3.10, 9.45, 15.15 + 20.50 Uhr über Ciego de Ávila, Camagüey, Las Tunas, Holguín und Bayamo, 28 CUC. Trinidad 2x tägl. 5.35 + 12.20 Uhr, 6 CUC. Varadero 2x tägl. 6.25 + 16.05 Uhr über Santa Clara, 17 CUC.

Astro-Verbindungen: Santa Clara 2x tägl. 6.00 + 14.00 Uhr über Placetas. Camagüey 1x tägl. 7.00 Uhr über Ciego de Ávila und Florida.

Auf einen Blick

Telefon-Vorwahl: 041
(für die gesamte Provinz außer dem Gran Parque Natural Topes de Collantes, dort gilt die 042)

- *Apotheke* **Farmacia** im Hotel „Los Laureles", tägl. 8–15 Uhr, Carretera Central km 383, ✆ 27345, 27016.
- *Ärztliche Versorgung* **Hospital Camilo Cienfuegos**, tägl. 24 Std., Calle Bartolomé Masó, ✆ 24017.
- *Autovermietung* **Micar**, Mo–Sa 9–18 Uhr, Calle Honorato 60 e/ Independencia y Quintín Banderas, ✆ 28257.
- *Banken* **Cadeca**, Mo–Sa 8.30–17.30, So 8.30–12 Uhr, Calle Independencia 31.
- *Feste* Ende Juli feiert man – vornehmlich im Stadtzentrum – eine Woche lang **Karneval**. Dabei gibt es nicht nur hübsche Kostüme zu sehen, auch die Schaufenster der Geschäfte werden zu diesem Anlass geschmückt.
- *Internet* **Etecsa**, tägl. 8–20 Uhr, Calle Cervantes (am Parque Serafín Sánchez in einem der typischen Etecsa-Container) und in der Calle Independencia 14.
- *Notruf* **Polizei**, ✆ 116. **Feuerwehr**, ✆ 115. **Ambulanz**, ✆ 24462.
- *Postleitzahl* 60100
- *Post* Mo–Sa 8–20, So 8–12 Uhr, Calle Independencia 8.
- *Shopping* Die meisten Geschäfte findet man in der **Calle Independencia** (Fußgängerzone). **„El Monje"** bietet Kunsthandwerk und T-Shirts an. Mo–Sa 9–18, So 9–12 Uhr. Calle Cervantes e/ Gómez y Independencia (am Parque Serafín Sánchez).
- *Taxi* **Cubataxi**, ✆ 22133. **Transtur**, ✆ 3939.
- *Tourist-Information* **Cubatur**, Mo–Sa 9–12 + 14–18 Uhr, Calle Máximo Gómez 7 e/ Guardiola y Calderón, ✆ 28518.

Essen & Trinken (siehe Karte S. 448/449)

- *Restaurants* **Quinta de Santa Elena (12)**, ein großes, auf internationalen Tourismus eingerichtetes Restaurant, residiert in einem alten Kolonialgebäude am Ufer des Río Yayabo. Es werden viele verschiedene Fleischgerichte angeboten. Spezialitäten sind „Ropa vieja" („alte Kleidung"), ein Rindfleisch-Geschnetzeltes, zu dem Reis gereicht wird (4,95 CUC), und „Pollo á la Quinta", ein Hähnchen im eigenen Saft mit Gemüse und Reis (4,15 CUC). Ebenfalls zu empfehlen ist der Cocktail „Santa Elena" (Orangensaft mit Havana Club 7 años und Havana Club añejo blanco) für 2,20 CUC. Tägl. 10–22 Uhr. Calle Padre 4 e/ Llano y Manolico Diaz, ✆ 28167.

Mesón de la Plaza (9) liegt wenige Meter von der Iglesia Parroquia del Espíritu Santo entfernt und ist das wohl bekannteste Speiselokal von Sancti Spíritus, in dem sowohl Cubaner als auch Touristen gerne einkehren. Die Küche ist landestypisch, das Essen ein Gedicht, das Interieur rustikal, das Personal sehr aufmerksam – was will man mehr? Der Chefkoch empfiehlt auf seiner sehr umfangreichen Karte „Garbanzo Mesonero", eine Art cubanischen Eintopf mit Kartoffeln, Speck, Wurst, Bohnen und vielen anderen Zutaten, der in Tonschalen serviert wird (2 CUC), sowie „Ternera de la Villa", ein Rindfleisch-Frikassee mit Mais (6,50 CUC) – und diesen Empfehlungen kann man guten Gewissens folgen. Tägl. 11–21 Uhr. Calle Máximo Gómez 34, ✆ 28546, mesonplaza@enet.cu.

Gran Café El Central (4) ist ein relativ neues, gepflegtes Peso-Restaurant am Anfang der Fußgängerzone (vom Parque Serafín Sánchez kommend). In einem alten Kolonialgebäude werden Fischgerichte ab 7,20 CUP/ca. 0,30 CUC (die Spezialität des Hauses) sowie Schweinesteaks um 12 CUP/ca. 0,50 CUC serviert. Tägl. 7–11, 12–14.45, 15–17.30 + 18.30–21.30 Uhr. Calle Independencia e/ García y Agramonte, ✆ 24495.

Sancti Spíritus 447

Shanghai (7) schimpft sich China-Restaurant, weil auf der Karte neben den üblichen Hähnchen- und Schweinefleisch-Variationen auch Chop Suey (8 CUP/ca. 0,30 CUC) und Frühlingsrollen (2,70 CP/ca. 0,11 CUC) stehen. Dennoch: Das Lokal ist recht ordentlich und lohnt vor allem dann einen Besuch, wenn man für „'nen Appel und 'n Ei" essen möchte. Tägl. 12–14.45 + 19–21.45 Uhr. Calle Independencia 2 e/ García y Agramonte, ℅ 21061.

El Conquistador (10), ein sehr einfaches, dafür aber auch sehr preisgünstiges Peso-Restaurant in der Innenstadt, kocht kubanisch. Serviert werden in erster Linie Fleischgerichte, deren Preise um 12 CUP/ca. 0,50 CUC liegen. Bier (Tínima) kostet 10 CUP/ca. 0,40 CUC, Erfrischungsgetränke sind für 0,90 CUP/ca. 0,03 CUC zu haben. Tägl. 12–14 + 18–21 Uhr. Calle Ignacio Agramonte 52 e/ Gómez y Independencia, ℅ 26803.

Yayabo, das Restaurant des Hotels „Rancho Hatuey", ist so mittelmäßig wie teuer. Sowohl mittags als auch abends gibt es „Buffet criolla" mit jeweils einem Fisch- und einem Fleischgericht – das war's. Dafür zahlt man 10 CUC. Tägl. 12–14.30 + 19–22 Uhr. Carretera Central km 383, ℅ 283115, 283121, comercial@rhatuey.co.cu.

• *Paladares* **El Sótano** (Der Keller) **(11)** befindet sich in einer Seitenstraße zwischen der Brücke über den Río Yayabo und dem Bahnhof in einer Tiefparterre. Auf einer kleinen Terrasse direkt am Fluss wird „comida criolla" serviert, also Hähnchen und Schwein. Außerdem gibt es drei Pastagerichte – mit Käse, mit Schinken oder mit beidem. Das Essen ist nicht ganz billig, je nachdem, was auf den Tisch kommt, werden 5–17 CUC berechnet. Zur leichteren Orientierung, da der Paladar recht versteckt liegt: Aus dem Stadtzentrum kommend, nimmt man nach der Puente Yayabo die erste Gasse rechts. Nach etwa 100 m ist man am Ziel. Tägl. 11–24 Uhr. Calle Eduardo Chibas 18 e/ Menéndez y 26 de Julio, ℅ 25654.

Popi (13) liegt im gleichen Stadtviertel wie „El Sótano" und ist der einfachere der beiden Paladares. Gekocht wird ebenfalls kreolisch, vorwiegend mit Hähnchen- und Schweinefleisch. Für ein Menü mit allem Drum und Dran zahlt man 5 CUC. Zu dem Privat-Restaurant zweigt man unmittelbar nach der Brücke über den Río Yayabo links ab. Da kein Schild auf das Popi hinweist, muss man im Zweifelsfall fragen. Tägl. 12–21 Uhr. Calle Eduardo Chibas 10 e/ 1ra del Este y Menéndez.

Nachtleben (siehe Karte S. 448/449)

Casa de la Trova (3) hat auch schon bessere Zeiten gesehen, ist aber dennoch eine der angenehmeren Unterhaltungsmöglichkeiten in Sancti Spíritus. Immer freitags sendet die Radiostation der Provinz von hier aus die Single-Show „Pirin pin pin". Der Eintritt für Touristen beträgt 3 CUC, Einheimische bezahlen 3 CUP/ca. 0,12 CUC, ein Glasche Rum und eine Flasche Cola kosten 60 CUP/ca. 2,50 CUC. Neben dem Eingang gibt es ein kleines Souvenirgeschäft, in dem man auch Kleidung (Jeans, Hemden, T-Shirts etc.) erstehen kann. Tägl. 9–24, Sa 9–1 Uhr. Calle Máximo Gómez e/ Parque y Castillo.

Cafetería Los Barrilitos (2) wird hauptsächlich samstags wach, wenn die Schönen der Nacht auf die Piste gehen und in der Disco abtanzen. Die Preise für Getränke, die man sich an einer langen, gemauerten Bar holt, sind nicht der Rede wert. Für ein Bier zahlt man 5 CUP/ca. 0,20 CUC, für Cocktails nicht viel mehr, Snacks kosten um 4 CUP/ca. 0,15 CUC, Zigarren um 7 CUP/ca. 0,30 CUC. Tägl. 7–21.40, Sa 19.30–2 Uhr. Calle Independencia, ℅ 21641.

Übernachten (siehe Karte S. 448/449)

• *Hotels* ***** Plaza del Rijo (5)**, mitten im Zentrum am Parque Serafín Sánchez gelegen, ist ein kleines, aber sehr feines und sauberes Haus. Es gibt 27 Zimmer mit Klimaanlage, Kabel-TV, Minibar, Telefon und Safe. Das Hotel verfügt über ein Restaurant und eine Bar mit Terrasse, von wo aus man bei einem „Delicias del Rijo", einem mit Rotwein aufgegossenen Frucht-Cocktail (7,15 CUC), das Treiben auf dem zentralen Platz von Sancti Spíritus beobachten kann. EZ, DZ und Suite kosten einheitlich 46 CUC. Calle Independencia 2 esquina Avenida de los Mártires, ℅ 27102, comercial@hostateles.co.cu.

*** Hostal del Rijo (8), die Dependance des Hotels „Plaza del Rijo", befindet sich in der ehemaligen Residenz des Arztes Don Rudesindo García Rijo aus dem Jahr 1818. Der Standard ist identisch mit dem des

Haupthauses. Es gibt 16 Zimmer (eines davon als Suite eingerichtet), ein kleines Restaurant und eine Snackbar. Die Preise sind ebenfalls einheitlich, für EZ, DZ und Suite werden 46 CUC verlangt. Calle Honorato del Castillo 12, ✆ 28588, aloja@hostateles.co.cu.

*** **Villa Los Laureles** liegt am Ortsausgang in Richtung Santa Clara an der Carretera Central und ist eine Oase der Ruhe. Die 78 Zimmer, die sich in kleinen, über die Anlage verteilten Häuschen befinden, sind modern eingerichtet und mit Klimaanlage, Kabel-TV und Minibar ausgestattet. Die Hotel-Anlage selbst verfügt über zwei Restaurants, zwei Bars, Swimmingpools für Erwachsene und Kinder, Apotheke, Shop, Autovermietung und Karaoke-Bar, die Di–So geöffnet ist. Das um das Wohl seiner Gäste sehr bemühte Personal spricht Englisch, Italienisch und Französisch. EZ 26–30 CUC, DZ 34–38 CUC, Triple 42–47 CUC, je nach Saison. Carretera Central km 383, ✆ 27016, recepcion@loslaureles.co.cu.

*** **Rancho Hatuey** ist eine Anlage der cubanischen Islazul-Kette, die auf der anderen Straßenseite der Carretera Central direkt gegenüber der Villa „Los Laureles" mitten im Grünen liegt. Damit wären alle Vorzüge des 77-Zimmer-Resorts auch schon beschrieben, denn die kleinen, einstöckigen Bungalows, in denen sich jeweils zwei Gästezimmer befinden, bedürften dringend einer „Verjüngungskur". Woher die drei Sterne kommen? Wahrscheinlich daher, dass in den Badezimmern, wo schon mal Wasser durch die Decke kommt oder man sich in Gegenwart von Fröschen rasiert, ein Bidet vorhanden ist. In der Anlage gibt es einen ebenfalls nicht mehr ganz taufrischen Pool (tägl. 10–16 Uhr) mit einer Bar (tägl. 10–23 Uhr). Die Mahlzeiten nimmt man im hoteleigenen Restaurant „Yayabo" ein oder – wenn man vielleicht doch ein bisschen mehr Abwechslung sucht – besser in einem Lokal im Stadtzentrum. Gesamteindruck: Es gibt viel zu tun … EZ 55 CUC, DZ 74 CUC. Carretera Central km 383, ✆ 283115, 283121, comercial@rhatuey.co.cu.

•*Casas particulares* **Casa Los Espejos** ist eine Wohlfühl-Unterkunft, wozu Besitzerin Rebeca Albedo Olmo einen entscheidenden Beitrag leistet. In dem Haus, das etwas ab vom Schuss liegt, gibt es zwei Zimmer, die beide über Klimaanlage, Kühlschrank, TV, separates Bad, Balkon und Terrasse verfügen. Gemütlich ist auch der wie ein kleines Restaurant mit einer noch kleineren

Bar gestaltete Speiseraum, in dem auf Wunsch Frühstück, Mittag- und Abendessen – vorzugsweise Fischgerichte – serviert werden. Wirklich schade, dass das Privat-Restaurant nur Hausgästen vorbehalten ist. DZ 20 CUC. Calle Socorro 56 e/ Céspedes y Martí, ✆ 25095, editamix@mixmail.com.

Casa Las Américas (1) gehört zweifellos zur gehobenen Kategorie von Privat-Quartieren in Sancti Spíritus, was auch am Stil von Hausherr Pedro Rubén Hernández Castro liegt, der früher Rektor der Technischen Universität von Cienfuegos war. Nahe an der Altstadt gelegen, bietet das gepflegte Haus zwei Zimmer, die modern eingerichtet und mit jedem Komfort – in den Badezimmern gibt es sogar Bidets – ausgestattet sind. Ferner verfügt die Casa über eine große Terrasse, die auch den Gästen zugänglich ist und wo man auf Schaukelstühlen mitten im Grünen sitzt. Natürlich werden Speisen angeboten, Spezialität des Hauses ist mit Schinken und Oliven gespickter Truthahn für 8 CUC. Außerdem steht eine Garage mit drei Stellplätzen zur Verfügung. Und man spricht außer Spanisch auch Englisch und einen Hauch von Italienisch. DZ 25 CUC. Calle Bartolomé Masó 157 e/ Cuba y Cuartel, ✆ 22984

Casa José Luis liegt am Ortseingang in der Nähe des Busbahnhofs. Die beiden Zimmer sind zweckmäßig eingerichtet, haben Klimaanlage, Kühlschrank und TV, das größere auch Tisch und Stühle. Wie in den meisten Casas werden Speisen angeboten. Für die Gäste gibt es eine Garage für zwei Autos. DZ 20 CUC. Calle Cuba 32 e/ Terminal de Ómnibus y Feria Agropecuaria, ✆ 333755.

Casa El Cazador befindet sich in unmittelbarer Nachbarschaft der „Casa José Luis" und ist eigentlich die schönere von beiden. Die zwei Zimmer haben eigene Eingänge, ein kleines Bad, sind klimatisiert sowie mit Esstisch und Kühlschrank ausgestattet. Auf Wunsch wird man typisch cubanisch bekocht. Den Gästen steht eine große Terrasse zur Verfügung. Parkplätze gibt es direkt vor der Haustüre. DZ 20 CUC. Carretera Central 209 e/ Terminal de Omnibus y Feria Agropecuaria, ✆ 334716.

Casa El Guajiro (6) findet man mitten im Stadtzentrum, wenige Schritte vom Parque Serafín Sánchez entfernt. Die beiden Zimmer des alten Kolonialgebäudes sind recht einfach, verfügen allerdings über TV, Klimaanlage und Balkon. Geschlafen wird in Metallbetten aus dem Jahr 1955, wie Besitzer Rafael Quiñones nicht ohne Stolz erzählt. Natürlich werden auch Speisen angeboten (Abendessen 5 CUC), die auf der Dachterrasse serviert werden. DZ 15–20 CUC, je nach Saison. Calle Máximo Gómez 9 (altos) e/ Cervantes y Honorato, ✆ 27626.

Hostal Los Pinos liegt direkt an der stark befahrenen Carretera Central unweit des Stadtzentrums. Die beiden Zimmer sind zweckmäßig eingerichtet, haben Klimaanlage, Ventilator, Kühlschrank und eine kleine Stereoanlage. Für das Sonnenbad gibt es einen kleinen Innenhof, in dem schon mal die Wäsche hängt. Gekocht wird traditionell, die Gerichte kosten 8–9 CUC. DZ 25 CUC. Calle Bartolomé Masó 157 Norte e/ Mirto Milián y Coronel Legón, ✆ 29314.

Unterwegs in Sancti Spíritus

Puente Yayabo: Das Wahrzeichen der Stadt ist noch heute der ganze Stolz ihrer Einwohner. Zwischen den Jahren 1815 und 1825 von den Spaniern errichtet, gilt das Bauwerk als landesweit einzige erhaltene Brücke aus der Kolonialzeit. Deshalb wurde sie auch zum nationalen Denkmal erklärt. Weniger denkwürdig ist allerdings die „braune Brühe", die unter ihr hindurchfließt – Wäscheklammer nicht vergessen.
Calle Jesús Menéndez y Calle 26 de Julio.

Teatro Principal: Das Theater an der Yayabo-Brücke wurde am 15. Juli 1839 feierlich eröffnet, womit es eine der ältesten Bühnen Cubas ist – und das sieht man. Das blau-weiß verputzte Gebäude, für dessen Dachkonstruktion das Holz angeblich aus den 20 Kilometer entfernten Wäldern der Sierra del Escambray nach Sancti Spíritus geschleppt worden sein soll, ist – um es mit einem Wort zu sagen – unspektakulär. Dafür extra einen Umweg zu machen, wäre vertane Zeit.
Calle Jesús Menéndez 102 e/ Padre Quintero y Puente.

Museo de Arte Colonial: Etwas oberhalb des Teatro Principal gelegen, nimmt das Museum eine Alleinstellung für sich in Anspruch. Bei seiner Eröffnung im Jahr 1967 war es das erste seiner Art in Zentral-Cuba. Im Jahr 1744 erbaut, befand sich das imposante Gebäude bis 1961 im Besitz der Zuckerbarone aus dem Hause Iznaga, ehe es nach einer aufwändigen Renovierung der Öffentlichkeit zugänglich gemacht wurde. Zu den Exponaten gehören viele sehr gut erhaltene Möbelstücke aus dem 19. Jahrhundert, massive französische Barockspiegel aus dem 18. Jahrhundert sowie das – angeblich – älteste Klavier Cubas.
Mo–Sa 10–17, So 8–12 Uhr. Eintritt 2 CUC. Calle Placido 74 Sur e/ Guairo y Jesús Menéndez.

Eine der ältesten Kirchen Cubas

Iglesia Parroquia del Espíritu Santo: Die von den Einheimischen nur kurz „La Mayor" („Die Große") genannte Kirche liegt ein Stückchen weiter auf dem Weg. Das Gotteshaus, das zu den ältesten und besterhaltenen des Landes gehört, wurde insgesamt viermal neu errichtet bzw. erweitert: 1514, als Sancti Spíritus ursprünglich gegründet wurde; 1522, als die Stadt an das Ufer des Río Yayabo verlegt wurde; 1612, nachdem sie niedergebrannt worden war; und schließlich 1680 anlässlich einer Visite von Bischof Almendárez. Dabei erhielt sie auch ihren dreistöckigen Turm, der im 17. Jahrhundert als der höchste in Cuba galt. Im Inneren besitzt die Kirche eine geschnitzte Decke aus cubanischen Edelhölzern sowie eine blaue, reich verzierte Altar-Einfassung. Einziges Manko: Die Kirche ist oft geschlossen.
Calle Jesús Menéndez 1 e/ Honorato y Agramonte.

Fundación de la Naturaleza y El Hombre: Die namhafte Stiftung, deren Zentrale sich in Havanna befindet und die auch in Nueva Gerona (Isla de la Juventud) eine Niederlassung hat, betreibt am Parque Maceo das interessanteste Museum von Sancti Spíritus. In allen Details wird hier die außergewöhnliche Expedition von Antonio Nuñez Jiménez dokumentiert. Der Geograph und Schriftsteller, der zu den bedeutendsten Forschern und Naturwissenschaftlern Cubas zählt, wollte im Jahr 1987 ergründen, wie die Indios Mittel- und Südamerikas einst auf die Inseln der Karibik gekommen waren und diese besiedelt hatten. Dazu brach er zusammen mit 26 Begleitern in drei Einbaum-Kanus am Río Napo in Ecuador auf und paddelte bis nach San Salvador auf den Bahamas. Die Entdeckungsreise führte Nuñez Jiménez und seine Gefährten innerhalb von zwölf Monaten vorbei an 20 Ländern bzw. Insel-Staaten. Insgesamt legten sie in ihren 13 Meter langen und eine Tonne schweren Booten – unterstützt von mehr als 400 Helfern – 17.422 Kilometer zurück.
Mo–Fr 9–17, Sa 9–12 Uhr. Eintritt 0,50 CUC. Calle Cruz Pérez 1, ✆ 28342, funatss@enet.cu.

Iglesia de Nuestra Señora de la Caridad: Die im Jahr 1717 eingeweihte Kirche gegenüber der Fundación, in der Serafín Sánchez getauft wurde, bildet das Zentrum des nördlichen Teils der Altstadt. Das Gotteshaus selbst ist nichts Besonderes, aber, wenn man sowieso schon in der Nähe ist, zumindest einen kurzen Blick wert.
Calle Céspedes 207 Norte.

Parque Serafín Sánchez: Der nur vier Blocks weiter südlich gelegene Park bildet den Mittelpunkt von Sancti Spíritus. Auf Hunderten von älteren Metallstühlen rauchen Großväter ihre Zigarren, tauschen Liebespaare Zärtlichkeiten aus, plaudern Schüler nach dem Unterricht – ein idealer Ort, um die Stadt auf sich wirken zu lassen und das cubanische Alltagstreiben zu beobachten.
Calles Independencia, Gómez, García y Luz Caballero.

Museo Casa Natal de Serafín Sánchez: Das Geburtshaus des Generals der cubanischen Widerstandsbewegung liegt ein paar Straßenzüge nördlich des nach ihm benannten Parks. In acht Sälen werden das Leben und der Kampf des großen Sohnes der Stadt dokumentiert. Serafín Sánchez (1846–1896) nahm an allen Unabhängigkeitskriegen teil und fiel im November 1896 in der Schlacht am Paso de Las Damas in der heutigen Provinz Villa Clara.
Di–Sa 8.30–17, So 8–12 Uhr. Eintritt 0,50 CUC. Calle Céspedes 112 e/ País y Fajardo.

Museo Provincial: Das Provinz-Museum zeigt eine bunte Mischung historischer Sammlungen zu den Themenbereichen Sklaverei, Unabhängigkeitskriege und Revolution. Besondere Aufmerksamkeit verdienen die Ausstellungsräume, die der Numismatik und dem Sport in der Provinz gewidmet sind – beides sind Spezialgebiete des Museums.
Mo–Do 9–18, Sa 9–18 + 20–22, So 8–12 Uhr. Eintritt 1 CUC. Calle Máximo Gómez 3 e/ Solano y Guardiola.

Galería de Arte: Die interessante Kunstgalerie ist im ehemaligen Haus von Oscar Fernández Morera (1890–1946) untergebracht und zeigt in einer ständigen Ausstellung etwas mehr als 60 Werke des bekanntesten Malers der Stadt, darunter auch ein Selbstbildnis. Außerdem gibt es Räume für Wechsel-Ausstellungen, in denen verschiedene junge Künstler digitale Kunst präsentieren.
Di–Do 8.30–12.30 + 13–17, Fr+Sa 14–22, So 8.30–12 Uhr. Eintritt frei. Calle Independencia 35 e/ Avenida de los Mártires y Agramonte.

El Cañonazo: Die sogenannte Casa de Comisiones, also ein cubanischer Secondhandladen, ist voll von Antiquitäten und Krimskrams. Das Angebot besteht aus Schuhen, Möbeln, Lampen, aber auch Kurzwaren und Kleidung. Wahrscheinlich kein Geschäft, in dem man als Tourist einkauft, gesehen haben sollte man es aber auf jeden Fall.
Mo–Sa 9–16 Uhr. Calle Independencia 6, e/ Solano y Muñoz.

La Biblioteca: Das ehemalige Erholungszentrum am Parque Serafín Sánchez wurde von Fidel Castro nach dem Ende der Revolution als eines der ersten Häuser von Sancti Spíritus enteignet. Heute ist darin die Stadtbücherei untergebracht, die ihre Schriften gerne auch an Ausländer ausleiht – was allerdings nur dann Sinn macht, wenn man der spanischen Sprache mächtig ist.
Mo–Do 8.30–21, Fr 9–21, Sa 8.30–16, So 8.30–13 Uhr. Eintritt frei. Calle Máximo Gómez 1 Norte e/ Solano y Guardiola.

Casa de Tomás Alvarez de los Ríos: Das wahrscheinlich außergewöhnlichste Haus der ganzen Stadt gehört einem betagten Journalisten und Schriftsteller, der in sei-

Museo Nacional Camilo Cienfuegos

nem Leben mehrfach persönlich mit Fidel Castro in Kontakt gekommen ist. Auf jedem einzelnen der etwa 4000 Ziegel seiner Hausmauer hat Tomás Alvarez de los Ríos mit Ölfarbe Zitate berühmter Persönlichkeiten aus aller Welt geschrieben, darunter auch solche von Einstein und Marx. Für einen Besuch braucht man Zeit, der liebenswürdige alte Herr hat viel zu erzählen und freut sich über jeden einzelnen Gast.
Carretera Central 109.

Unterwegs in der Umgebung

Embalse Zaza

Der Embalse Zaza fünf Kilometer südöstlich von Sancti Spíritus ist mit 127 Quadratkilometern der größte Stausee Cubas und gleichzeitig einer der mächtigsten Lateinamerikas. Als man ihn im Jahr 1970 anlegte, wurde eine ganze Landschaft geflutet und ihre Infrastruktur zerstört. Einzelne blattlose Palmenstämme, stumme Fabrikkamine und rostende Brücken ragen noch heute aus dem bis zu 60 Meter tiefen Wasser und erinnern daran, dass hier einmal Menschen ihre Dörfer hatten. Heute tummeln sich am und im Embalse Zaza hauptsächlich Angler, Forellen – und Moskitos.

• *Übernachten* ** **Zaza** liegt auf einer kleinen Anhöhe am nördlichen Ufer des Sees und ist in erster Linie Anlaufstelle für Angler, die mit ihren Booten schon frühmorgens auf Tour gehen. Das nicht mehr ganz taufrische Haus (Islazul-Gruppe) bietet 124 renovierungsbedürftige Standard-Zimmer mit Klimaanlage, Satelliten-TV und Telefon an. In der Anlage gibt es zwei Restaurants, mehrere Bars, eine Cafetería und zwei Swimmingpools für Erwachsene und Kinder, die von der Musikanlage einer Poolbar beschallt werden. Von der Bar „Mirador" (tägl. 10–23 Uhr) im fünften Stock des Gebäudes genießt man einen herrlichen Blick auf den See und auf die Ausläufer der Sierra del Escambray. EZ 27–30, DZ 36–40, Triple 40–45 CUC, je nach Saison. Finca San José km 5,5, ✆ 27015, hzaza@esiss.co.cu.

Unterwegs im Norden

Museo Nacional Camilo Cienfuegos

Der Norden von Sancti Spíritus hat Besuchern nicht besonders viel zu bieten und ist jener Teil, den man eher links liegen lässt – wenn man von Remedios in der Provinz Villa Clara nach Morón in der Provinz Ciego de Ávila unterwegs ist. Zumindest einen Halt sollte man allerdings machen – in Yaguajay 32 Kilometer südöstlich von Caibarién. Dort erinnern seit 1989 eine fünf Meter große Bronzefigur und ein kleines Museum an den neben Ernesto Che Guevara wohl größten Volkshelden des Landes: Camilo Cienfuegos. Fidel Castro hat über ihn einmal gesagt: „Camilo ist ein Mann des Volkes, und es sollte für alle ein Trost sein, dass es im cubanischen Volk viele Männer gibt wie ihn, in denen Camilo weiterlebt." Ein Ausspruch, der in schwarzen Lettern an der hellen Marmorwand hinter dem Denkmal prangt.

Hier in Yaguajay schlug Camilo Cienfuegos, der Comandante der dritten Kolonne der Revolutionsarmee, seine wichtigste Schlacht – oder zumindest jene, die Eingang in die Geschichtsbücher gefunden hat. Nach einem harten Kampf und einer mehrtägigen Belagerung nahm Cienfuegos mit seinen 72 Rebellen damals die hiesige Garnison der Batista-Truppen ein, was ihm den Beinamen „Held von Yaguajay" einbrachte.

„Eine Blume für Camilo"

„40 Tage Marsch. Die Südküste und ein Kompass sind unsere einzigen Führer. In den letzten beiden Wochen wateten wir ausschließlich durch knietiefes Wasser und Schlamm. Um Hinterhalte zu vermeiden, sind wir nur nachts unterwegs. Während der vergangenen 31 Tage, in denen wir die Provinz Camagüey durchquerten, aßen wir gerade elf Mal. Um den größten Hunger zu stillen, mussten wir ein Pferd schlachten – obwohl wir die meisten unserer Tiere bereits verloren hatten."

Das Kriegstagebuch des Kommandanten der dritten Kolonne der Revolutionsarmee, Camilo Cienfuegos, ist ein erschütterndes Dokument der Entbehrungen, die der Guerillaführer und seine Rebellen auf ihrem Weg nach Havanna erdulden mussten. Ihre missliche Lage tat ihrer Moral allerdings keinen Abbruch. Nachdem sie in der damaligen Provinz Las Villas verschiedene Kämpfe erfolgreich bestanden hatten, belagerten sie über mehrere Tage hinweg die Militär-Kaserne von Yaguajay und zwangen den Garnisonskommandeur am 31. Dezember 1958 schließlich zur Aufgabe. Nach dem Sieg von Ernesto Che Guevara in Santa Clara wenige Tage zuvor war nach einem zweijährigen Kampf in den Bergen der Sierra Maestra erstmals auch der Durchbruch in der Ebene geschafft worden und damit für die Revolution der Weg frei in die Hauptstadt. Dort zog der „Held von Yaguajay" kurz darauf mit seinen Truppen ein, entwaffnete mehr als 10.000 Soldaten des Batista-Regimes und rollte für Fidel Castro quasi den roten Teppich aus.

Der am 6. Februar 1932 in Calabazar de Sagua als Sohn spanischer Anarchisten geborene Camilo Cienfuegos Gorriarán war neben Fidel Castro und Ernesto Che Guevara zweifellos die wichtigste Figur der cubanischen Revolution. Wie Che hatte er sich Castro in Mexiko angeschlossen, wie Che war er auf der „Granma", wie Che stieg er zum Comandante der Revolutionsarmee auf – am 16. April 1958. Und dennoch unterschieden sich die Haupt-Protagonisten der cubanischen Revolution in einem gravierenden Punkt: Camilo Cienfuegos war kein Kommunist.

Der Volksheld, dessen Markenzeichen ein breitkrempiger Cowboyhut war, kam am 28. Oktober 1959 unter mysteriösen Umständen ums Leben. Er war nach Camagüey geflogen, um dort den Militärgouverneur der Provinz, seinen Freund Huber Matos, zu verhaften, nachdem dieser bei Fidel Castro in Ungnade gefallen war. Beim Rückflug verschwand Cienfuegos' kleine Cessna plötzlich von den Radarschirmen und wurde trotz einer groß angelegten Suchaktion nie mehr gefunden. Gerüchten zufolge, die vor allem von Exil-Cubanern gestreut wurden, soll Cienfuegos auf Befehl Castros hin umgebracht worden sein, nachdem er dem Máximo Líder in einem persönlichen Gespräch vorgeworfen hatte, auf Cuba eine neue Diktatur zu errichten – freilich eine reine Spekulation.

Die Popularität von Camilo Cienfuegos nahm durch seinen frühen mysteriösen Tod nur noch zu. Bis heute werfen cubanische Kinder an seinem Todestag, der inzwischen zu einem nationalen Feiertag erklärt wurde, eine Blume ins Meer, begleitet von dem Spruch „Una flor para Camilo" – „Eine Blume für Camilo".

Die Vorgänge um die damaligen Gefechte am Ende der Revolution werden in dem etwa einen Kilometer nördlich des Ortszentrums liegenden Museum fein säuberlich dokumentiert. Gezeigt werden aber nicht nur Exponate, die mit der vom 22. bis 31. Dezember 1958 wütenden Schlacht um Yaguajay in Verbindung stehen wie etwa das Mikrofon, mit dem Camilo Cienfuegos die Regierungssoldaten zur Kapitulation aufforderte. Ausgestellt sind auch viele Gegenstände aus dem Leben des in ganz Cuba verehrten Helden, zum Beispiel alte Briefmarken und Banknoten mit dem Konterfei Cienfuegos', einige seiner Uniformen und Kampfanzüge, Steckbriefe, die ihn zusammen mit Ernesto Che Guevara zeigen, und die Stadtschlüssel von Zulueta, die man ihm am 19. April 1959 überreichte, als er zum Ehrenbürger des kleinen Ortes ernannt wurde.

Schräg gegenüber von Museum und Denkmal, vor dem Krankenhaus „Docente General", das inzwischen in die Gebäude der früheren Kaserne eingezogen ist, wacht der zu einem kleinen Panzer umgebaute Traktor mit dem Namen „Dragon I", der in der Schlacht zum Einsatz kam.

Mo–Sa 9–16, So 9–13 Uhr. Eintritt 1 CUC. Plaza Municipal Comandante Camilo Cienfuegos, ✆ 52689, 53554, museocc@yag.co.cu.

Trinidad

Welche verbalen Saltos wurden nicht schon gemacht, um Trinidad zu beschreiben: lebendiges Freilichtmuseum, architektonisches Juwel, Cubas Schmuckkästchen an der Karibik-Küste und, und, und ... Und jede einzelne dieser Beschreibungen ist zutreffend. Denn Trinidad mit seinen gepflasterten Straßen, seinen romantischen Innenhöfen und seiner kolonialen Atmosphäre muss man einfach gesehen haben. Und das hat sich inzwischen herumgesprochen. Trinidad gehört zu den meistbesuchten Städten des ganzen Landes. Mit Ausnahme der Altstadt von Havanna gibt es nirgendwo sonst ein größeres Ensemble kolonialer Bauwerke und einen Stadtkern mit größerem historischen Wert, der zudem mit so viel Liebe restauriert wurde. Das erkannte auch die UNESCO an, als sie Trinidad 1988 zusammen mit dem vor seiner Haustüre gelegenen Valle de los Ingenios zum Weltkulturerbe erklärte.

Die am besten erhaltene Kolonialstadt Cubas, die in ihrer Gesamtheit eine Sehenswürdigkeit ist, hat allerdings nicht nur sich selbst zu bieten. Die rund 70.000 Einwohner sind auch stolz auf ihre vielen Museen. Und in der Tat gilt Trinidad als die Stadt Cubas mit der größten Museumsdichte pro Kopf. Im Einzelnen bieten sich für einen Besuch an: das Museo Histórico Municipal, das Museo Romántico, das Museo de Arquitectura Trinitaría, das Museo de Arqueología Guamuhaya, das Museo Nacional de la Lucha contra Bandidos und das Museo de Alejandro de Humboldt – und eines ist sehenswerter als das andere.

Obwohl es deshalb jeden Morgen auf den Parkplätzen am Rande des historischen Zentrums nur so wimmelt von Reisebussen, die ihre Passagiere für ein paar Stunden in die Museumsstadt entlassen, lebt Trinidad nicht nur von, sondern vor allem auch mit den Touristen. Die Fremden sind längst fester Bestandteil des Straßenbildes, auch wenn sich die Einheimischen durch sie manchmal vorkommen müssen wie Statisten in einem Dokumentarfilm. Die im Maschinengewehr-Stakkato klickenden Fotoapparate ihrer meist kurzbehosten Besucher nehmen sie in aller Regel gar nicht mehr wahr, sondern treffen sich lieber am Rande der Altstadt im Parque Céspedes und gehen ihrer Lieblingsbeschäftigung nach – Vögeln. Zu ihrer

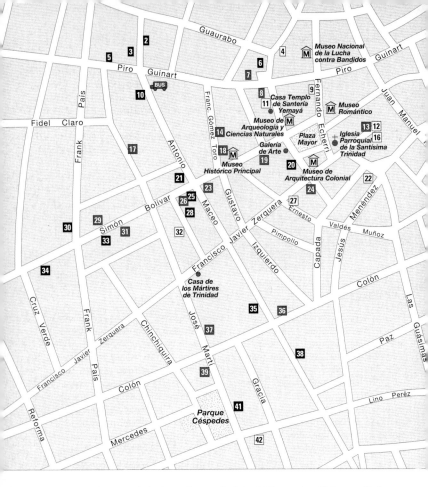

Eigenart gehört nämlich die außergewöhnliche Liebe zu den kleinen gefiederten Haustieren, die sie in ihren verzierten Käfigen spazieren tragen, eben so, wie man andernorts seinen Hund ausführt.

Die Geschichte

Trinidad wurde am 23. Dezember 1514 von Diego Velázquez als La Villa de la Santísima Trinidad (Die Stadt der Heiligsten Dreifaltigkeit) gegründet. Es war – nach Baracoa und Bayamo – der dritte Ort, den der erste Gouverneur Cubas aus der Taufe hob, um die Insel zu kolonialisieren. Vier Jahre später erreichte Hernán Cortéz Trinidad, wo der spätere Eroberer Mexikos eine schlagkräftige Truppe für seine Expeditionen rekrutierte, die so viel Leid über die Ureinwohner Mittelamerikas bringen sollten. Obwohl die Stadt zu den ersten auf Cuba gehörte, war sie damals auf dem Landweg mehr schlecht als recht zu erreichen, weswegen man lange Zeit auf eine Blütezeit warten musste. Aufgrund von Goldvorkommen wurde Trinidad im Jahr 1704 von jamaikanischen Seeräubern unter Charles Gant geplündert, in

den Jahren danach auch von anderen Freibeutern überfallen und war bis in das späte 18. Jahrhundert hinein eher ein Hort von Piraten, Schmugglern und Kriminellen. Daneben bestimmten Rinderzucht und Tabakanbau die kärgliche Landwirtschaft, Sklaven und Waren aller Art mussten mühsam über das Meer aus dem britisch kontrollierten Jamaika eingeführt werden. Dies änderte sich erst Ende des 18. Jahrhunderts, als der zwischenzeitlichen Hauptstadt des Departamento Central eine glückliche Fügung in die Hände spielte. Denn zu jener Zeit erhoben sich in der Folge der Französischen Revolution auch die Sklaven von Haiti, dem damaligen Zentrum der karibischen Zuckerindustrie. Die aus Frankreich stammenden Zuckerbarone mussten daraufhin das Land verlassen, wurden in Trinidad aufgenommen und brachten ihr gesamtes Wissen um die Herstellung des „weißen Goldes" mit. Nordöstlich der Stadt, im Valle de los Ingenios, gründeten sie mehr als 50 kleine Zuckermühlen, und schon bald ersetzte Zucker die lange Zeit wichtigsten Handelsgüter Leder und Salzfleisch. Mitte des 19. Jahrhunderts produzierte die Region rund um Trinidad mit mehr als 80.000 Tonnen pro Jahr bereits ein Drittel des gesamten cubanischen Zuckeraufkommens.

Provinz Sancti Spíritus

Nach den fetten Jahren folgten mit dem Ausbruch der Unabhängigkeitskriege die mageren. Die Zuckerrohrplantagen wurden verwüstet, Trinidad fiel in einen Dornröschenschlaf und wachte auch nicht auf, als die Spanier Ende des 19. Jahrhunderts endgültig aus Cuba vertrieben waren. Zuckerindustrie und -handel hatten sich nach Westen bewegt und verhalfen jetzt den Provinzen Cienfuegos und Matanzas zu Reichtum. Trinidad blieben die hochherrschaftlichen Paläste, die gepflasterten Straßen, die barocken Kirchtürme und die mit roten Ziegeln gedeckten Häuser, die noch heute so sind, wie sie damals waren – als wäre die Zeit stehengeblieben. Welchen Wert die Stadt damit besaß, erkannte man auf Cuba bereits im Jahr 1950, als Trinidad zum nationalen Denkmal erklärt wurde. Die akribische Restaurierung begann allerdings erst nach der Revolution und wurde am 8. Dezember 1988 bei der Sitzung der UNESCO-Welterbekommission in Brasilien mit der Verleihung des Titels „Weltkulturerbe" gekrönt.

Hin & Weg

- *Bahn* **Hauptbahnhof „Estación de Toro"** in der Calle Línea, ℡ 93348.
Verbindungen: Meyer 4x tägl. 5.00, 9.00, 13.00 + 17.20 Uhr über Iznaga im Valle de los Ingenios (angeblich nur für Cubaner). Der sogenannte „Tren de Vapor" (por el Valle de los Ingenios) fährt – von einer alten Dampflok gezogen – die gleiche Strecke 1x tägl. um 9.30 Uhr, 10 CUC (Hin- und Rückfahrt), Kinder 5 CUC.
- *Bus* **Terminal** in der Calle Piro Guinart 224 e/ Maceo y Izquierdo, ℡ 92404, 94448.

Víazul-Verbindungen: Santiago de Cuba 1x tägl. 8.00 Uhr über Sancti Spíritus, Ciego de Ávila, Camagüey, Las Tunas, Holguín und Bayamo, 33 CUC. Varadero 1x tägl. 14.25 Uhr über Sancti Spíritus und Santa Clara, 20 CUC. Havanna 2x tägl. 7.45 + 15.15 Uhr über Cienfuegos, 25 CUC.
Astro-Verbindungen: Cienfuegos 3x tägl. 5.45, 9.00 + 14.35 Uhr. Santa Clara 1x tägl. 17.15 Uhr über Sancti Spíritus und Placetas.
- *Schiff* **Marina Cayo Blanco** in der Carretera Maria Aguilar, Península Ancón, ℡ 96205, 96205.

Auf einen Blick

- *Apotheke* **Farmacia Internacional**, tägl. 8–20 Uhr, Calle Lino Peréz 103 e/ Zerquera y Cárdenas.
- *Ärztliche Versorgung* **General Hospital**, tägl. 24 Std., Calle Antonio Maceo 6, ℡ 93201.
Servimed Clínica Internacional Cubanacán, tägl. 24 Std., Calle Lino Pérez 103 e/ Zerquera y Cárdenas, ℡ 96240.
- *Autovermietung* **Transtur**, Calle Antonio Maceo 129 esquina Zerquera (im Cubatur-Büro), ℡ 96257.
Cubacar, Calle Lino Pérez 366 e/ Maceo y Codanía, ℡ 96317.
- *Banken* **Banco de Crédito y Comercio**, Mo–Fr 8–15 Uhr, Calle José Martí 264 e/ Colón y Zerquera, ℡ 92405.
Cadeca, Mo–Sa 8–15, So 8–12 Uhr, Calle José Martí 164 e/ Parque Céspedes y Cienfuegos, ℡ 96263.
- *Feste* Das Kulturspektakel **Semana de la Cultura Trinitaria** findet jährlich im Januar statt. Die **Fiesta San Juan** wird zu Ehren des Heiligen am 24. Juni begangen, dauert drei Tage und ist mit dem Straßenkarneval verbunden.
- *Freizeit* **Reitstall Elvis Valmaseda**, im Angebot sind Ausritte in das Valle de los Ingenios. Calle Muñoz 1a e/ Martí y Ribero, ℡ 93907.
Tanzstunden (Salsa, Merengue, Cha-Cha-Cha, Rumba) erteilt Mireya Medina Rodríguez. Calle Antonio Maceo 472 e/ Bolívar y Zerquera, ℡ 93994, mire_trini@hotmail.com, miretrini@yahoo.es.
- *Internet* **Etecsa**, tägl. 7–23 Uhr, Calle Lino Pérez esquina Francisco Pettersen. **Cafetería Las Begonias**, tägl. 9–21.30 Uhr, Calle Antonio Maceo 473 esquina Simón Bolívar.
- *Notruf* **Polizei**, ℡ 116. **Feuerwehr**, ℡ 115. **Ambulanz**, ℡ 24462.
- *Postleitzahl* 62600
- *Post* Mo–Sa 8–18 Uhr, Calle Antonio Maceo 418 e/ Colón y Zerquera.
- *Shopping* **Taller Instrumentos Musicales** verkauft neben jeder Menge CDs auch in Handarbeit hergestellte Profi-Instrumente.

Calle Jesús Menéndez 127a, ℡ 94348, karakaitu@yahoo.es.

In der **Galería Comercial** gibt es verschiedene Geschäfte, darunter einen Laden mit Geschenkartikeln, eine Parfümerie und ein Lebensmittelgeschäft. Calle José Martí e/ Zerquera y Colón.

Casa del Habano verkauft – wie der Name schon sagt – verschiedene Rum- und Zigarrensorten, die Auswahl ist prächtig. Calle Antonio Maceo e/ Francisco y Zerquera.

Cubanische Rhythmen auf Band und CDs gibt es in der **Casa de la Música**. Plaza Mayor. Mitbringsel (Fotos, T-Shirts, Kunsthandwerk) kauft man am besten im **Bazar Trinidad**. Calle Antonio Maceo e/ Francisco y Zerquera.

Fondo Cubano de Bienes Culturales hat ein breites Spektrum von Kunsthandwerk im Angebot. Calle Simón Bolívar 418.

Märkte, in denen an Ständen allerlei Krimskrams, Souvenirs und in Handarbeit gefertigte Tischdecken feilgeboten werden, findet man in den Calles Ernesto Valdés Muñoz und Francisco Goméz Toro.

- *Taxi* **Veracuba**, ℡ 96317. **Cubataxi**, ℡ 92214. **Transtur**, ℡ 96404. **Taxi OK**, ℡ 96317. **Turistaxi**, ℡ 92479.
- *Tourist-Information* **Cubanacán**, Calle José Martí esquina Zerquera, ℡ 96142. **Cubatur**, Calle Antonio Maceo 447 esquina Zerquera, ℡ 96314. **Havanatur**, Calle Lino Pérez 366, ℡ 96390.

Essen & Trinken (siehe Karte S. 456/457)

- *Restaurants* **Plaza Mayor (24)** liegt mitten in der Stadt, wäre wohl aber auch gut besucht, wenn man nicht förmlich darüber stolpern würde – allein der Speisen wegen. Ob am internationalen Buffet (12–15 Uhr) oder à la carte (15–22 Uhr), es gibt vom Sandwich über Salate bis zum Hummer praktisch alles, was das Herz begehrt. Spezialität des Hauses ist ein mit Langusten-Streifen belegtes Hähnchenfilet für 15 CUC. Tägl. 12–22 Uhr. Calle Rubén Martínez Villena 15 esquina Zerquera, ℡ 96470.

Trinidad Colonial (36) steht für traditionelle cubanische Küche. In der eleganten „Casa Bidegaray" aus der Kolonialzeit, in dem das Restaurant untergebracht ist, werden große Portionen serviert – Fischgerichte dominieren. Als Spezialität des Hauses gilt das Fischfilet „Trinidad Colonial" (6,95 CUC), der Chef empfiehlt aber auch sein „Mixto Langosta y Camarones" (Languste und Garnelen) zu 16 CUC. Tägl. 11.30–22 Uhr. Calle Antonio Maceo 402 esquina Colón, ℡ 96473.

Mesón del Regidor (19) ist eine der Hauptanlaufstellen für Bustouristen und Tagesgäste – und dennoch preisgünstig. Spezialität sind gegrillte Fischfilets (8,65 CUC) und gegrillte Garnelen (9,40 CUC) – beides inkl. Tischwein und Kaffee. Tägl. 10–22 Uhr. Calle Simón Bolívar 424 e/ Muñoz y Villena, ℡ 96572, 96573.

El Jigüe (7), benannt nach dem Jigüe-Baum vor der Tür, ist so etwas Ähnliches wie der „Wienerwald" von Trinidad: Es gibt Hähnchen in allen erdenklichen Variationen. Besonders empfehlenswert: „Pollo al Jigüe" (5,95 CUC), ein gebackenes Hähnchen nach Art des Hauses. Tägl. 10.30–22.30 Uhr. Calle Rubén Martínez Villena 79 esquina Guinart, ℡ 96476.

Don Antonio (14) hat eine reichhaltige Karte, auf der man neben Fleisch und Fisch auch vegetarische Speisen findet. Der Chef empfiehlt sein „Pollo de la Casa" (7,50 CUC) und sein mit Käse überbackenes Fischfilet „Ola Ola" (8,50 CUC). Das edle Lokal verfügt auch über einen schönen Innenhof. Tägl. 9–17 Uhr (Nebensaison) bzw. 9–22 Uhr (Hauptsaison). Calle Gustavo Izquierdo 118 e/ Bolívar y Guinart, ℡ 96548.

Plaza Santa Ana (40) ist das Restaurant des Geschäftszentrums gegenüber der verfallenen Kirche gleichen Namens. Serviert wird entweder in einem feinen Speisesaal oder in einem Laubengang im Freien. Als Spezialität gilt das Bistec „Santa Ana", eine Art Cordon bleu (4,65 CUC). Aus der supersauberen Küche kommen aber auch Meeresfrüchte und Fischgerichte, für ein Fischfilet zahlt man 5,95 CUC, gegrillte Garnelen kosten 5,85 CUC. Im Obergeschoss des ehemaligen Gefängnisses befindet sich eine kleine, ebenfalls sehr gepflegte Bar, von der aus man einen schönen Blick auf die Plaza Santa Ana hat. Die Auswahl an Weinen ist für cubanische Verhältnisse beachtlich. Es gibt Tropfen aus Frankreich, Spanien und Chile, die Flasche ab 6,50 CUC. Restaurant tägl. 9–17.30 Uhr, Bar tägl. 9–22 Uhr. Calle Camilo Cienfuegos esquina Mendoza, ℡ 92364.

Parrillada de la Casa de la Música (13) gehört zu dem gleichnamigen Musik-Tempel oberhalb der Plaza Mayor. Bedient von

Musik, Tanz und Hahnenkampf – eine traditionelle Fiesta campesina

Kellnern in Schwarz-Weiß, isst man im klimatisierten Speisesaal der Villa aus der Kolonialzeit oder auf der Terrasse im idyllischen Innenhof. Die noble Umgebung hat allerdings ihren Preis. Beispielsweise bezahlt man für eine Languste mit Beilagen 26 CUC und damit doppelt so viel wie in vergleichbaren Restaurants. Tägl. 10–22 Uhr. Calle Francisco Javier Zerquera 3, ✆ 96623, 96622.

Ruinas de Lleoncio (18) bietet die übliche kreolische Küche, das Essen – serviert auf einer Terrasse im Freien – ist allerdings durchaus zu empfehlen. Probieren sollte man Schweinesteak in Tomatensauce (3,50 CUC). Daneben gibt es Fischfilet (5,65 CUC), Garnelen (6,50 CUC), aber auch Hamburger (1,75 CUC). Tägl. 9–22.45 Uhr. Calle Gustavo Izquierdo 104 e/ Bolívar y Guinart, ✆ 96217.

Las Begonias (26), eine kleine Cafetería, über die man wegen ihrer zentralen Lage immer irgendwie stolpert, bietet Snacks, Getränke und Eiscreme an. Da die Kundschaft fast ausschließlich aus Touristen besteht, langt man bei den Preisen kräftig hin. Sandwiches kosten 3,80–5,25 CUC – eigentlich unverschämt. Immerhin: Das angeschlossene Internet-Café ist das beste in Trinidad. Tägl. 9–21.30 Uhr. Calle Antonio Maceo 473 esquina Simón Bolívar.

Cremería (23) direkt gegenüber der Cafetería „Las Begonias" ist im Grunde genommen eine Eisdiele, serviert aber auch kalte Getränke. Man sitzt entweder mit Blick auf die Calle Maceo, eine der Hauptstraßen Trinidads, oder – schöner – im Innenhof. Tägl. 9–22 Uhr. Calle Maceo esquina Bolívar.

Vía Reale (8), der beste Italiener der Stadt, serviert – natürlich – Pasta und Pizza. Die Preise liegen um 5 CUC. Darüber hinaus gibt es landestypische Gerichte in allen Variationen. Tägl. 9–17 Uhr. Calle Rubén Martínez Villena 74 e/ Guinart y Girón.

Tosca (37) ist die zweite Möglichkeit, in Trinidad Pizza zu essen – zu noch günstigeren Preisen. Denn hier kann man im zweitägigen Wechsel auch mit Pesos bezahlen, d. h., zwei Tage lang stehen die Preise in Moneda nacional auf der Karte, die nächsten zwei Tage in CUC. Also aufpassen, an welchem Tag man das Tosca besucht! An den Peso-Tagen kosten die Pizzen 3–5 CUP/ ca. 0,12–0,20 CUC, Schweinefleischgerichte um 13 CUP/ca. 0,55 CUC. Tägl. 7–21.45 Uhr. Calle José Martí 226 e/ Colón y Peréz, ✆ 93648.

La Bodeguíta Trinitaría (39), eine eher einfache Snackbar nahe am Parque Céspedes, verkauft Hamburger und Sandwiches, Getränke und Cocktails. Von 21–24 Uhr tritt täglich eine Live-Band auf, um die Gäste mit traditioneller cubanischer Musik zu unterhalten. Tägl. 24 Std. Calle Colón 262 e/ Martí y Cadahía.

Trinidad

• *Paladares* **Estela (31)** liegt direkt an der Plaza Mayor und serviert sehr opulente Mahlzeiten. In einem kleinen, rückwärtigen Garten bedient freundliches Personal. Und egal, ob Schwein vom Rost, Hähnchen aus der Fritteuse oder Fisch aus der Pfanne – alle Menüs kosten 8 CUC. Tägl. 19–23 Uhr. Calle Simón Bolívar 557 e/ Márquez y Monteller, ✆ 94329.

La Coruña (17), das Privat-Restaurant eines netten älteren Ehepaars, existiert schon seit 1994 – das spricht für sich. In einem kleinen Innenhof, in dem es nur begrenzt Sitzplätze gibt, wird typisch cubanisch gekocht – auf Hähnchen- und Schweinefleisch-Basis. Ein komplettes Menü kostet 8 CUC. Tägl. 11–23 Uhr. Calle José Martí 430 e/ Claro y Escobar.

Sol y Son (29) ist eines der bekanntesten Privat-Restaurants in Trinidad – kein Wunder, das Essen ist eine Wucht und das Ambiente ebenso. Man speist in einem wunderschönen Innenhof zu Preisen von 6–8 CUC, auf der Karte stehen Nudel-, Hähnchen-, Schweinefleisch- und Fischgerichte. Tägl. 12–14 + 19.30–23 Uhr. Calle Simón Bolívar 283 e/ País y Martí.

Nachtleben (siehe Karte S. 456/457)

Casa de la Trova (22) ist das berühmteste Musiklokal Trinidads und zieht deshalb auch immer wieder hervorragende Künstler an – ein Selbstläufer. Weit mehr als zwölf Stunden täglich treten Trovadores, Bolero-Sänger und Son-Gruppen schon fast wie am Fließband auf. Während tagsüber, wenn viele Ausflügler in das Lokal strömen – wohl wegen des „Buena Vista Social Club"-Effekts –, eher ältere Semester am Mikrofon stehen und der Eintritt frei ist, spielen des Abends jüngere Musiker für einen Eintritt von 1 CUC. Auch alle übrigen Preise sind recht zivil – Bier gibt es für 1 CUC, Cocktails für 2,50 CUC. In der Casa de la Trova sind außerdem zwei Souvenirläden untergebracht, in denen man u. a. die eben gehörte Musik auf CD kaufen kann. Tägl. 9–2 Uhr. Calle Fernando Echerri 29 esquina Menéndez, ✆ 96445.

Casa de la Música (12) oberhalb der Plaza Mayor ist der Ort in Trinidad, wo – beinahe – den ganzen Tag über im wahrsten Sinne des Wortes die Musik spielt. Sänger und Musiker geben sich ab 10 Uhr vormittags die Klinke in die Hand – und treten zum Teil kostenlos auf. Um 22 Uhr steigt täglich eine sehenswerte Show. Die sogenannte „Piano-Bar" des Hauses, im Grunde nichts anderes als eine Diskothek, hat von 22–6 Uhr morgens geöffnet, Eintritt pro Pärchen 3 CUC. Tägl. 10–6 Uhr. Calle Francisco Javier Zerquera 3, ✆ 96623, 96622.

Escalinata (16), neben der Iglesia Parroquial de la Santísima Trinidad an der Plaza Mayor mitten auf der großen Treppe zur „Casa de la Música" gelegen, bietet jeden Abend ein Live-Spektakel, das Touristen wie Einheimische gleichermaßen anzieht. Oftmals gibt es nicht einmal mehr für die Kellner ein Durchkommen. Und obwohl täglich ab 22 Uhr verschiedene Salsa-Bands auftreten, halten sich die Getränkepreise der zur „Casa de la Música" gehörenden Bar in Grenzen – für ein Bier bezahlt man gerade einmal 1 CUC. Tägl. 10–2 Uhr. Calle Juan Manuel Márquez, ✆ 93414.

Las Ruinas del Teatro Brunet (32) ist das Überbleibsel des 1840 eingeweihten Theaters, das alsbald der Mittelpunkt der örtlichen Kultur-Szene wurde und berühmte Künstler wie Adelina Valti und Juventino Rosas sah, ehe im Jahr 1901 das Dach des Hauses einstürzte. Auch als Ruine ist der einstige Prunkbau noch Schauplatz kultureller Events, wenngleich anderer Dimension: Tagsüber kann man Tanzstunden, Gitarren- oder Trommelunterricht nehmen, ab 16 Uhr gibt es in der Regel Live-Musik und ab 22 Uhr ein Show-Programm bzw. Sa+So die auch beim einheimischen Publikum beliebte „Noche cubana". Der Eintritt ist grundsätzlich frei, und auch die Getränkepreise bewegen sich eher am unteren Ende der Skala: nichtalkoholische Erfrischungsgetränke kosten 0,55 CUC, Bier 1 CUC und Cocktails 2,50 CUC. Tägl. 10–1 Uhr. Calle Antonio Maceo e/ Bolívar y Zerquera.

Disco La Ayala (1) befindet sich etwas außerhalb des Zentrums in einer Höhle hinter der Eremita de Popa und gehört zum Hotel „Las Cuevas". Die Höhlen-Disse, in der der Discjockey hoch oben wie in einem Adlernest sitzt und auf seine zappelnden Gäste herabblickt, muss man einfach gesehen haben – vor allem samstags, wenn der Musiktempel in aller Regel rappelvoll und schon eine halbe Stunde nach Einlass kein Sitzplatz mehr zu bekommen ist. Im Eintritt von 3 CUC ist ein Getränk enthalten. Di–So 22–2.30 Uhr. Finca Santa Ana, ✆ 96615.

Provinz Sancti Spíritus

Palenque de los Congos Reales (9) bietet täglich Salsa, Son und afrocubanische Rhythmen – live oder vom Plattenteller. So, Mi, Do + Fr gibt es von 22–23 Uhr eine Tanzshow des Conjunto Folklórico de Trinidad und anderen Gruppen, Eintritt dann 1 CUC. Tägl. 9–24 Uhr. Calle Fernando Echerri esquina Menéndez, ✆ 94512.

Casa Fischer (42) – der Name stammt von dem ehemaligen deutschen Hausbesitzer – ist die etwas jüngere Ausgabe der „Casa de la Trova". Die Musik der Bands ist moderner, die sehenswerten Tanzshows sind frecher. Das Programm wechselt wie der Eintritt (Mo–Mi 0,50 CUC, Do–So 1 CUC inkl. Getränk) jeden Tag: dienstags hört man Trovadores, mittwochs cubanische Folklore, donnerstags Musik aus den 70er Jahren, freitags sieht man Shows, samstags und sonntags wird aus der Casa Fischer eine Diskothek. Mo–Fr 10–1, Sa+So 10–3 Uhr. Calle Lino Pérez 306 esquina Martí.

Club Amigos de las Parrandas (11) ist Cuba, wie es leibt und lebt. Für die Musik unter freiem Himmel sorgt meist die Combo „Los Pinos", alles Herren im Rentenalter, die Wim Wenders „Buena Vista Social Club" entsprungen sein könnten und fast ebenso gut drauf sind wie Compay Segundo und seine Mannen. Getränke muss man selbst mitbringen, Eintritt wird auch nicht fällig, allerdings freut man sich immer über ein kleines Trinkgeld. Gespielt wird täglich nach Lust und Laune der Musiker bzw. nach den Wünschen des Publikums, in der Regel von 10–16, aber nicht länger als 20 Uhr, „weil wir doch nicht mehr so jung sind", wie die sympathischen Son-Opas gerne – fishing for compliments – erzählen. Calle Rubén Martínez Villena 59 e/ Bolívar y Guinart.

Casa de la Cultura Julio Cueva Díaz (27) richtet die verschiedensten kulturellen Events aus – darunter auch regelmäßige Kunstausstellungen heimischer Maler sowie Konzerte. An den Vormittagen kann man Tanz- und Percussionunterricht nehmen, an den Abenden, vor allem samstags, gibt es regelmäßig Live-Musik bei freiem Eintritt. So–Fr 8–17, Sa 8–1 Uhr. Calle Zerquera 406 esquina Muñoz.

Taberna La Canchánchara (4) ist ein beliebter Treffpunkt, in dem man sich mit der Spezialität des Hauses, dem Canchánchara – ein Mix aus „aguardiente" (= Rum nach der ersten Destillation), Honig und Zitronensaft – stärken kann. Oft kommen auch Musiker in die Touristen-Bar und packen spontan ihre Instrumente aus. Tägl. 9.30–20 Uhr. Calle Rubén Martínez Villena 78 e/ Ciro Redondo y Guinart, ✆ 96231.

Übernachten (siehe Karte S. 456/457)

● *Hotels* ***** **Iberostar Gran Hotel Trinidad (41)**, das einzige Fünf-Sterne-Haus in Trinidad und Umgebung, ist das, was man heutzutage als Boutique-Hotel bezeichnet. Das in Lindgrün und Weiß gehaltene Kolonialgebäude liegt im Herzen der Stadt unmittelbar am Parque Céspedes. Das noble Haus, das im Februar 2006 eröffnet wurde und in dessen Lobby ein Springbrunnen plätschert, bietet 40 Zimmer an, davon vier Suiten. Alle sind mit Klimaanlage, Ventilator, Telefon, Satelliten-TV, Minibar und Safe ausgestattet und haben große Badezimmer sowie Balkon oder Terrasse. Im Hotel selbst gibt es den kompletten international üblichen Service. EZ 115–125 CUC, DZ 150–190 CUC inkl. Frühstück, je nach Saison. Calle José Martí 262 e/ Pérez y Colón, ✆ 96073, 96075, ✆ 96077, recepcion@iberostar.trinidad.co.cu, www.iberostar.com.

*** **Las Cuevas (15)** liegt etwas außerhalb des Zentrums nahe der Ermita de Popa an der Straße nach Sancti Spíritus und bietet damit den gleichen herrlichen Blick auf die Stadt und das Meer wie die dafür bekannte ehemalige Einsiedelei. Die 109 Zimmer sind alle in kleinen Bungalows untergebracht, mit Klimaanlage, Telefon, Satelliten-TV, Radio und Safe ausgestattet und verfügen über eine Terrasse. In der Anlage selbst gibt es Swimmingpool, Tennisplatz, Beautysalon, Restaurant, Coffee-Shop und den sehenswertesten Nachtclub der Stadt: Die Diskothek „La Ayala" wurde in einer natürlichen Höhle eingerichtet. EZ 59 CUC, DZ 75 CUC, Triple 101 CUC inkl. Frühstück. Finca Santa Ana, ✆ 96133, 96134, ✆ 96161, www.horizontes.cu.

** **Finca Maria Dolores** befindet sich 1 km außerhalb der Stadt an der Straße nach Cienfuegos am Ufer des Río Guaurabo mitten in der Pampa und spielt diese Stärke gerne aus. Denn zum Angebot des Hauses gehören nicht nur ein Swimmingpool, eine Bar und ein Restaurant, man kann vielmehr

Trinidad

auch Ausritte unternehmen, Kühe melken oder Hahnenkämpfen beiwohnen. Außerdem rühmt sich die Finca damit, die authentischsten kreolischen Speisen der Region zu servieren. Die 45 Zimmer befinden sich im Haupthaus (20) sowie in kleinen, sauberen Bungalows (25), sind freundlich eingerichtet und verfügen über Klimaanlage, Satelliten-TV und Telefon. In den Bungalows gibt es darüber hinaus eine Kitchenette und einen kleinen Wohnbereich. EZ 30–32 CUC, DZ 40–42 CUC, je nach Saison. Carretera Cienfuegos km 1,5, ✆ 96481, ✆ 96410.

• *Casas particulares* In Trinidad ein Privat-Quartier zu finden, ist alles andere als schwierig. Denn zumindest im historischen Stadtzentrum ist beinahe jedes zweite Haus eine Casa particular. Aufgrund des Überangebots sollte man mit den Vermietern auf jeden Fall über den Preis verhandeln und – unabhängig von der Saison – nicht mehr als 20 CUC pro Zimmer und Nacht bezahlen. Sofern man nicht von einem Jinetero zu der jeweiligen Casa geführt wird, wofür die Besitzer eine Provision bezahlen müssen, die sie letztlich auf ihre Gäste umlegen, dürfte dies auch jederzeit möglich sein.

Casa Bastida (21), ein zweistöckiges Gebäude aus dem Jahr 1830, gehört einer der ältesten Familien Trinidads. Bis 1959 betrieben die Bastidas hier eine Apotheke, von 1994 an war es drei Jahre lang ein Privat-Restaurant, heute ist es eine Casa particular, in der zwei Zimmer vermietet werden. Der größere Raum verfügt über einen Balkon zur Stadt, der kleinere über ein Fenster zur Küste. Beide Zimmer haben Klimaanlage, antike Betten und uralte Holzdecken. Speisen und Getränke werden auf Wunsch in einer Gartenlaube serviert. Außerdem gibt es eine Dachterrasse mit einem sagenhaften Blick auf die Stadt und die umliegenden Berge. DZ 20–25 CUC, je nach Saison. Calle Antonio Maceo 537 e/ Bolívar y Guinart, ✆ 96686.

Hostal Sandra y Victor (10), ein sehr modernes Haus mit zwei großen Zimmern, liegt recht zentral – alle Sehenswürdigkeiten befinden sich in fußläufiger Entfernung. Die freundlich eingerichteten Zimmer im Obergeschoss haben separate Bäder und sonnige Balkone. Außerdem gibt es eine Dachterrasse mit Traum-Panorama. Auf Wunsch werden die Gäste gerne bekocht, im Erdgeschoss, in dem die Besitzer wohnen, gibt es ein kleines Esszimmer. DZ 25–30 CUC, je nach Saison. Calle Antonio Maceo 613a e/ Girón y Guinart, ✆/✆ 96444, hostalsandra@yahoo.com, www.sandra.trinidadphoto.com.

Hostal Mireya (28) ist eine ganz besondere Casa. Denn hier kann man nicht nur – sehr zentral – wohnen, hier kann man auch tanzen lernen. Besitzerin Mireya Medina Rodríguez ist nämlich eine „Profesora de baile", also eine Tanzlehrerin. Für alle, die Salsa, Merengue, Cha-Cha-Cha oder Rumba noch nicht beherrschen und die Schritte üben möchten, gibt es keine bessere Wahl, zumal Mireya pro Unterrichtsstunde gerade einmal 5 CUC verlangt. Das Gästezimmer des Hauses hat den üblichen Standard (Klimaanlage, Kühlschrank, eigenes Bad), auf Wunsch wird man bekocht (komplettes Menü 7 CUC). DZ 20–25 CUC, je nach Saison. Calle Antonio Maceo 472 e/ Bolívar y Zerquera, ✆ 93994, mire_trini@hotmail.com, miretrini@yahoo.es.

Hostal Zobeida Rodríguez (25), eine der Top-Adressen in Trinidad: Das von außen eher klein und unscheinbar wirkende Haus ist im Inneren nicht nur eine sehr schmucke Casa, sondern wirklich riesig. Und das Angebot für Gäste auch: Die beiden Zimmer haben einen eigenen Eingang, sind mit modernen Rattan- bzw. Holzbetten ausgestattet und verfügen über Klimaanlage, Kühlschrank und eigene Bäder. Im Haus gibt es insgesamt drei Terrassen, die den Gästen zur Verfügung stehen. DZ 25 CUC inkl. Frühstück für zwei Personen. Calle Antonio Maceo 619 e/ Girón y Guinart, ✆/✆ 94162, zobeidaguez@yahoo.es.

Hostal Académico La Merced (35) befindet sich in einem wunderschönen Kolonialhaus in der Calle Maceo, einer der Hauptstraßen der Stadt. Es gibt zwei geräumige Zimmer, die über Klimaanlage, Kühlschrank und TV verfügen. Die Speisen werden in einem kleinen Restaurant serviert, das nur den Gästen des Hauses offen steht. DZ 20 CUC. Calle Antonio Maceo 381 e/ Colón y Peréz, ✆ 96369, ✆ 96230.

Hostal La Rioja (30) liegt so zentral im Herzen Trinidads, dass alle Sehenswürdigkeiten nur ein paar Schritte entfernt sind. Für alle, die dennoch einen fahrbaren Untersatz möchten, stehen in der Casa allerdings auch Fahrräder zur Verfügung. Vermietet werden zwei ansprechende Zimmer mit Klimaanlage, Ventilator und Bad mit Wanne. Die Besitzer sprechen neben Spanisch

Provinz Sancti Spíritus — Karte S. 445

auch Französisch, Englisch und Italienisch. Frühstück gibt es für 3 CUC, das Abendessen kostet 7–10 CUC. DZ 15–25 CUC, je nach Saison. Calle Frank País 389 e/ Bolívar y Zerquera, ✆ 93879.

Hostal Maritza (2) findet man am Rand des historischen Stadtzentrums nahe dem Busbahnhof. In dem Haus einer Lehrerin werden zwei saubere Zimmer vermietet, jedes mit Klimaanlage, Bad und TV. Auf dem Dach gibt es zwei Terrassen mit Meerblick. Frühstück (4 CUC) und Abendessen (7 CUC) werden auf Wunsch serviert. DZ 20–25 CUC, je nach Saison. Calle Antonio Maceo 654 e/ Girón y Benítez, ✆ 93958.

Hostal Martha Martínez (3) vermietet unmittelbar neben dem Busbahnhof ein Zimmer mit Klimaanlage, Kühlschrank und separatem Bad. Das Haus verfügt über zwei Terrassen, auf denen auf Wunsch auch das Essen serviert wird – übrigens ein sehr empfehlenswertes, der Hausherr ist von Beruf Küchenchef. DZ 15–25 CUC, je nach Saison. Calle Piro Guinart 243 e/ Suyama y Independencia, ✆ 94364, yipsyh@yahoo.es, www.personales.com/cuba/havana/hostal marthatrinidad/.

Casa Victoria y Rafael (6) liegt gegenüber der „Casa de la Trova" im Herzen Trinidads. Das Gästezimmer des Kolonialhauses ist zwar etwas einfacher, aber durchaus komfortabel. Ausgestattet mit Klimaanlage, Ventilator und eigenem Bad, ist es sicherlich nicht die schlechteste Wahl. Dies umso weniger, als Victoria eine ausgezeichnete Köchin ist und ihr Sohn Rafael nicht nur hervorragende Mojitos mixt, sondern aufgrund seines Studiums an der Universität in Leipzig auch noch Deutsch spricht. DZ 25–30 CUC, je nach Saison. Calle Fernando Hernández Echerri 26 e/ Zerquera y Menéndez, ✆ 93154.

Casa Hostal El Fausto (34) liegt in der Calle Simón Bolívar, die auch „Ocho de Trinidad" („die Achte von Trinidad", also die achte Straße) genannt wird und in der das wirkliche cubanische Leben tobt. Nahe dem Bus-Terminal kann man von der Dachterrasse des Hauses aus alles hautnah miterleben. Die beiden sehr sauberen und modern eingerichteten Zimmer haben separate Bäder und WCs. Frühstück und Abendessen werden gerne zubereitet. Und wenn eine größere Gruppe nach Trinidad kommt – kein Problem: In der Casa nebenan lebt die Tochter des Hauses mit ihrem Mann und vermietet ebenfalls zwei Zimmer mit identischem Service. DZ 15–25 CUC, je nach Saison. Calle Simón Bolívar 220 e/ Pereira y País, ✆ 93466.

Casa Hostal Carlos Sotolongo (20) befindet sich mitten im historischen Stadtzentrum an der Plaza Mayor. Vermietet werden zwei große Zimmer – eines im Kolonialstil, eines modern eingerichtet – mit separatem Bad, Klimaanlage und Ventilator. Das Haus hat eine Terrasse und einen eingewachsenen Innenhof mit Bananenstauden, in dem man herrlich entspannen kann. DZ 20–25 CUC, je nach Saison. Calle Rubén Martínez Villena 33 e/ Bolívar y Zerquera, ✆ 94169.

Hostal Sara Sanjuán (33), ein gepflegtes Privat-Quartier im Stadtzentrum unweit des Busbahnhofs, verfügt über zwei Zimmer mit Klimaanlage und separaten Bädern. Im Innenhof gibt es eine sehr schöne Terrasse, auf der auch die Speisen serviert werden. Den Gästen steht ein eigener Parkplatz für drei Autos zur Verfügung. DZ 20–25 CUC, je nach Saison. Calle Simón Bolívar 266 e/ País y Martí, ✆ 93997.

Casa Balbina (38) ist eine empfehlenswerte Unterkunft zwischen dem Parque Céspedes und der Plaza Mayor mit einem begrünten Patio, in dem auch das Essen (Frühstück 3 CUC, Abendessen 8–10 CUC) serviert wird. Die beiden Zimmer sind mit Klimaanlage und eigenen Bädern ausgestattet. DZ 20–25 CUC, je nach Saison. Calle Antonio Maceo 355 e/ Peréz y Colón, ✆ 92585.

Casa María Antonia Téllez (5) vermietet in einem schönen Kolonialhaus zwei Zimmer mit Klimaanlage. Beide Räume teilen sich ein Bad. Speisen gibt es optional, Marías Sohn ist Küchenchef im Top-Restaurant „Plaza Mayor" und greift seiner Mutter beim Kochen gerne unter die Arme. DZ 20–25 CUC, je nach Saison. Calle Piro Guinart 159 e/ País y Maceo, ✆ 92562.

Unterwegs in Trinidad

Plaza Mayor: In den meisten von den Spaniern gegründeten Städten gibt es einen zentralen Platz, um den sich die wichtigsten Einrichtungen gruppieren. In Trinidad ist dies die Plaza Mayor, die in den Jahren nach 1514 zwar immer wieder verändert wurde, sich heute aber so präsentiert wie schon während des 19. Jahrhunderts, als die Kathedrale, die Herrenhäuser und Paläste der Zuckerbarone Brunet, Padrón, Ortíz und Sánchez-Iznaga errichtet wurden. In diese Kolonialhäuser sind allerdings längst Museen eingezogen. Die Plaza selbst wurde mit vier kleinen Gärten aufpoliert, die von weiß gestrichenen Zäunen umgeben sind. In ihre Mitte hat man eine griechische Statue gestellt, an einem Eingang weist inzwischen zudem eine Tafel der UNESCO auf den Status der Stadt als Weltkulturerbe hin.

Calles Fernando Hernández Echerri, Simon Bolívar, Francisco Javier Zerquera, Ruben Martínez Villena.

Iglesia Parroquial de la Santísima Trinidad: Die Kirche der Heiligen Dreifaltigkeit, die im Jahr 1892 eingeweiht wurde und die man in Trinidad nur „Parroquial Mayor" („große Pfarrkirche") nennt, ist im Inneren recht schlicht im viktorianisch-gotischen Stil gehalten. Wunderschön aus italienischem Marmor gearbeitet ist der Altar, der der Virgen de la Misericordia, der Jungfrau der Barmherzigkeit, gewidmet ist. Hauptattraktion der Kirche, mit deren Bau man bereits im Jahr 1817 begann und die am nordöstlichen Ende der Plaza Mayor angeblich an jener Stelle steht, an der schon im Jahr 1620 ein Gotteshaus errichtet worden war, ist allerdings eine Christus-Figur. Der sogenannte „Cristo de Veracruz", der im 18. Jahrhundert in Spanien geschnitzt wurde und eigentlich nach Veracruz in Mexiko transportiert werden sollte, wird von den Cubanern in hohem Maße verehrt. Welchen Stellenwert der afrocubanische Santería-Kult hat, wird durch zwei Heiligen-Figuren deutlich, die die Christus-Figur flankieren und auch in der Naturreligion eine Rolle spielen. Um die einzige fünfschiffige Kirche Cubas ranken sich allerdings noch andere Gerüchte: So soll das Fehlen eines Turmes darauf zurückzuführen sein, dass sich der Pfarrer damals mit dem Geld für den Turmbau nach Spanien „abgesetzt" hat.

Tägl. 10.30–13 Uhr. Calle Fernando Hernández Echerri e/ Bolívar y Zerquera.

Museo Romántico: Das Museum an der nordwestlichen Ecke der Plaza Mayor ist im ehemaligen Palast des Zuckerbarons Nicolás Brunet y Muñoz untergebracht und ein beredtes Zeugnis für den Reichtum Trinidads im 18. Jahrhundert. In dem hochherrschaftlichen Kolonialgebäude aus dem Jahr 1740, das seit 1974 als Museum fungiert, sieht man in 14 Räumen antike Möbelstücke, darunter einen in Frankreich gefertigten Kleiderschrank, der ohne Nägel und Schrauben zusammengebaut wurde, Einlegearbeiten aus Perlmutt, ein mit Muscheln besetztes Bronzebett, teuerstes Porzellan aus Meißen – all das eben, womit sich die Aristokratie zu jener Zeit gerne umgab.

Di–So 9–17 Uhr. Eintritt 2 CUC, Fotoaufnahmen 1 CUC, Videoaufnahmen 5 CUC. Calle Fernando Hernández Echerri 52 esquina Simón Bolívar, ✆ 94363.

Museo de Arqueología y Ciencias Naturales: An der südwestlichen Ecke der Plaza Mayor, im ehemaligen Palast der Familie des Zuckerbarons Padrón aus dem 18. Jahrhundert, befindet sich das Museum der Archäologie und der Naturwissenschaften, in dessen Ausstellungsräumen seit 1976 eine breite Palette von Exponaten gezeigt wird – von der vorkolonialen Kultur bis zur heimischen Flora und Fauna. Wie in so vielen Museen Cubas gibt es auch präparierte Tiere zu sehen, eine mehr als 2000 Jahre alte Begräbnisstätte und Felszeichnungen aus der Indio-Zeit sowie die Reste von Skeletten. Einen Kontrast dazu stellt eine vollständig erhaltene Küche aus dem 19. Jahrhundert dar. Nicht ohne Stolz wird außerdem darauf hingewiesen, dass Alexander von Humboldt während seiner Cuba-Reise im Jahr 1801 in dem Gebäude übernachtete. Schließlich gilt Humboldt wegen seiner Forschungen auf den Gebieten der Geologie, der Flora und der Fauna in Cuba als zweiter Entdecker des Landes.

Fr–Mi 9–17 Uhr. Eintritt 1 CUC. Calle Simón Bolívar 457, ✆ 93420.

Provinz Sancti Spíritus

In der Töpferwerkstatt Alfarero

Galería de Arte: An der Südseite der Plaza Mayor gelegen, beschäftigt sich die Kunstgalerie hauptsächlich mit dem Schaffen der heimischen Szene. Ausgestellt sind Goldschmiedekunst, Keramiken, Skulpturen und Klöppelarbeiten. Von den Fenstern im oberen Stockwerk hat man einen wunderschönen Blick auf den Platz.
Tägl. 9–17 Uhr. Eintritt frei. Calle Rubén Martínez Villena 43 esquina Bolívar.

Museo de Arquitectura Colonial: In dem früheren Palast der Familie Sánchez-Iznaga an der südöstlichen Seite der Plaza Mayor, der 1738 erbaut und 1836 restauriert wurde, zeigt das Architektur-Museum seit 1979 alte Landkarten und Modelle heimischer Architektur aus dem 18. und 19. Jahrhundert. Dokumentiert wird auch die Baugeschichte der Stadt. Und nicht zuletzt gibt es eine Sammlung von Haustüren zu sehen.
Sa–Do 9–17 Uhr. Eintritt 1 CUC, Kinder frei. Calle Ripalda 83 e/ Cristo y Real de Jigüe, ✆ 93208.

Museo Histórico Principal: Auch die museale „Sahneschnitte" Trinidads ist in einem Kolonialgebäude untergebracht. Erbaut von José Mariano Borell, wurde es ab 1830 von dem Zuckerbaron Justo Germán Cantero bewohnt, nachdem dieser in zweiter Ehe die Cousine Borells, Maria del Monserrate de Lara, geheiratet hatte. Cantero soll seinen Reichtum nicht nur auf die Erträge seiner Zuckermühle gegründet haben, sondern auch dadurch zu Geld gekommen sein, dass er einen alten Sklavenhändler vergiftete und danach dessen steinreiche Witwe ehelichte, die alsbald ebenfalls unter mysteriösen Umständen ums Leben kam. Das 1980 eröffnete Museum erzählt die Geschichte Trinidads von den Anfängen der Stadt bis zur Gegenwart, einzelne Räume sind Waffen aus verschiedenen Ländern und der Historie der Sklaverei gewidmet. Von der Turmspitze des Gebäudes aus liegt einem die ganze Stadt zu Füßen.
Sa–Do 9–17 Uhr. Eintritt 2 CUC, Fotoaufnahmen 1 CUC, Videoaufnahmen 5 CUC. Calle Simón Bolívar 423 e/ Gómez y Izquierdo, ✆ 94460.

Museo Nacional de la Lucha contra Bandidos: Hinter den Mauern eines früheren Klosters, das dem Heiligen Franz von Assisi geweiht war, dokumentiert das Museum den Kampf der Revolutionsarmee gegen die in der Sierra del Escambray operierenden Konterrevolutionäre in den Jahren 1960 bis 1965. Zwischen 1770 und 1813 erbaut, wurden Konvent und Kirche Anfang des 20. Jahrhunderts völlig zerstört – nur der Glockenturm, der heute als eines der Wahrzeichen Trinidads gilt, blieb damals verschont. Im Jahr 1930 wurde das Kloster wieder aufgebaut und dient seit 1984 als Museum. In dem von der cubanischen Regierung „Verschwörerhaus" genannten Gebäude sind viele Dokumente, Fotografien, Landkarten, Waffen und persönliche Gegenstände der Revolutionstruppen aus den Gefechten mit den „Contras" ausgestellt. In den fünf Ausstellungsräumen widmet sich das Museum außerdem der Geschichte der Piraterie. Von dem zugänglichen Originalglockenturm aus hat man einen herrlichen Blick auf die Stadt und die Berge der Sierra del Escambray.

Di–So 9–17 Uhr. Eintritt 1 CUC. Calle Fernando Hernández Echerri esquina Guinart, ✆ 94121.

Casa Templo de Santería Yemayá: In dem Gotteshaus des afrocubanischen Santería-Kults, das jederzeit und für jedermann offen steht, gibt es unter anderem einen Altar, der Yemayá, der Gottheit des Meeres, gewidmet ist. Tempel-Vorsteher Israel Bravo Vega erklärt Besuchern gerne seine Religion. Und auf Wunsch geben die anderen Santéros auch eine „Consulta", bei der sie nicht nur die Zukunft vorhersagen, sondern auch die Gegenwart analysieren. Wenn immer man die Möglichkeit hat, sollte man den Templo am 19. März besuchen, an dem das Fest Yemayás mit einer von Trommeln begleiteten Prozession begangen wird – und an dem der Gottheit riesige Torten geopfert werden.

Tägl. 8–18 Uhr. Eintritt frei. Calle Rubén Martínez Villena 59 e/ Bolívar y Guinart.

Ermita de Nuestra Señora de la Candelaria de la Popa: Die an den Hängen des 180 Meter hohen Hügels Cerro de la Vigía nördlich des Stadtzentrums gelegene Kirche, von der heute nur noch eine Ruine übrig ist, gilt als die älteste Trinidads. Ihre Bekanntheit verdankt sie einer Marien-Statue, die einer Legende nach mit einem Schiff im Meer versank, worauf sich die Figur selbst befreit haben soll und schließlich an Land gespült wurde. Die Ermita erreicht man nach einem etwa 15-minütigen Fußmarsch, der von der im Herzen der Stadt gelegenen „Casa de la Trova" aus bergauf führt. Einfacher zu finden ist sie allerdings, wenn man zunächst das Hotel „Las Cuevas" an der Straße nach Sancti Spíritus ansteuert. Auch von dort ist man etwa 15 Minuten zu Fuß unterwegs. Für die Anstrengung entschädigt ein toller Blick bis zur Playa Ancón.

Calle Simón Bolívar.

Plaza Santa Ana: Auf dem Platz nordöstlich der Altstadt stehen die Ruinen der früheren Iglesia de Santa Ana, in deren halb verfallenem Turm noch heute die schweren Bronze-Glocken hängen, sowie das im Jahr 1844 eröffnete königliche Gefängnis der spanischen Besatzungstruppen. Das Gefängnis wurde allerdings längst zu einem kleinen, aber modernen Geschäftszentrum umgebaut. Hier findet man einen Souvenirladen, in dem neben CDs auch Instrumente verkauft werden, ein Restaurant, das seine Tische in einem Laubengang aufgestellt hat, sowie eine Bar im Obergeschoss mit einer großen Auswahl von Weinen aus Frankreich, Spanien und Chile (Flasche ab 6,50 CUC). Auf der Plaza davor befindet sich in einem kleinen Park neben ein paar Sitzbänken eine Marmor-Büste, die an Isidoro de Armenteros y Muñoz erinnert, einen der ersten toten Helden der Unabhängigkeitskämpfe.

Calle Camilo Cienfuegos esquina Mendoza.

Taller Alfarero: Die kleine Töpferwerkstatt von Azariel Santander Alcántara, der für seine Arbeiten regelmäßig Preise einheimst, liegt südlich der Plaza Santa Ana in der Nähe der Straße zur Playa Ancón. In dem Familienbetrieb, in dem man jederzeit willkommen ist, kann man sich in aller Ruhe umsehen, Señor Alcántara und

seinem Sohn über die Schulter schauen – und sehr günstig einkaufen. Hergestellt und angeboten werden kunsthandwerkliche Tongegenstände von der Blumenvase bis zum Aschenbecher, vom Wandteller bis zum Windspiel. Stolz erzählt man, dass etwa 80 Prozent aller Trinidad-Besucher auch in den Taller Alfarero kommen. Vielleicht sind es nicht ganz so viele, lohnenswert ist eine Besichtigung aber allemal.
Tägl. 8–20 Uhr. Eintritt frei. Calle Andrés Berro 9 e/ Santamaría y Mella, ℡ 93203.

Parque Céspedes: Der südlich des Zentrums gelegene Park ist ein beliebter Treffpunkt der Einheimischen und vor allem am Abend stets bevölkert. An der südwestliche Ecke steht die kleine Kirche San Francisco de Paula (Mo–Fr 8–13 + 14–18, Sa 8–13, So 10 Uhr Messe), ein eher schlichtes Gotteshaus ohne besondere Highlights, das man nicht unbedingt gesehen haben muss.
Calles Francisco Pettersen, José Martí, Lino Peréz, Ansemo Rodriguéz.

Casa de los Mártires de Trinidad: Das kleine Museum, das im Jahr 1979 eröffnet wurde, ist im früheren Wohnhaus des Widerstandskämpfers José Mendoza García untergebracht. Erinnert wird darin an 72 Bewohner der Stadt, die während der Revolution, im Kampf gegen die Konterrevolutionäre und im Krieg in Angola fielen.
Tägl. 9–17 Uhr. Eintritt 1 CUC. Calle Zerquera 254 e/ Maceo y Martí.

Unterwegs in der Umgebung

Playa Ancón

Außer von der üppigen Natur und dem kolonialen Flair wird Trinidad auch durch seine Nähe zur Karibischen See begünstigt. Nur elf Kilometer südlich der Stadtgrenze gibt es mit der Playa Ancón einen Strand, der zu den schönsten der cubanischen Südküste zählt. Hier, wo einst die Schiffe der Eroberer landeten, erstreckt sich der feine, weiße Sand entlang des türkisfarbenen Meeres auf einer Länge von

Noch nicht vom Massentourismus überschwemmt: die Playa Ancón

Playa Ancón 469

vier Kilometern. Gesäumt von einer schmalen Sandbank, ist die Halbinsel Ancón mit ihren bis zu fünf Meter hohen Korallenriffen, Tunneln und Höhlen ein ideales Ziel für Unterwassersportler und Schnorchler. Insgesamt gibt es 21 Tauchplätze, an denen man die seltene Schwarze Koralle ebenso findet wie eine breite Palette von Schwämmen und eine ganze Heerschar bunt leuchtender Fische. Doch nicht nur Taucher zählen zu den Gästen der Playa Ancón. Auch traditionelle „Sonnenanbeter" und Rucksack-Touristen, die für ein paar Tage „abhängen" wollen, haben die kleinen Fischerdörfer Casilda und La Boca ins Herz geschlossen. Kein Wunder: Die Strände sind hier, anders als in Varadero oder in Guardalavaca, noch nicht vom Massentourismus überschwemmt, und die kleinen, gemütlichen Privat-Unterkünfte machen den wenigen großen Hotel-Resorts erfolgreich Konkurrenz.

• *Freizeit* In der **Marina Marlin**, wenige hundert Meter vom Hotel „Ancón" entfernt, kann man Tauchgänge (30 CUC), -kurse (60–300 CUC), Hochseefischen (4 Std. für 4 Angler 400 CUC), Katamaran-Ausflüge (ab 15 CUC) und Motorboote (2 Std./60 CUC) buchen. Tauchern und Schnorchlern besonders zu empfehlen ist Cayo Blanco, ein Inselchen rund 20 km südöstlich der Playa Ancón, wo man auch die seltene Schwarze Koralle zu Gesicht bekommt. Touren dorthin bietet die Marina Marlin für 30 CUC bzw. 40 CUC inkl. Mittagessen und Open Bar an. Tägl. 9–16.30 Uhr. ✆ 96205, marinastdad@enet.cu.

• *Guten Appetit* **Grill Caribe** ist eine der wenigen Möglichkeiten, an der Playa Ancón außerhalb der Hotel-Restaurants zu essen. 3 km östlich des Hotels „Ancón" an einem ruhigen Strandabschnitt gelegen, hat sich das Freiluft-Lokal auf Fisch- (ab 7,50 CUC) und Seafoodgerichte (Hummer ab 12,50 CUC) spezialisiert. Besonders empfohlen wird „Tesoro de Mar", eine Kombination aus Languste, Shrimps und Fisch, für 15 CUC. 9–22.30 Uhr. Peninsula Ancón, ✆ 96241.

Grill Las Caletas, zwischen Casilda und La Boca an der Abzweigung zu den Hotels „Ancón" und „Brisas del Mar" gelegen, ist ein etwas kleineres und etwas einfacheres Restaurant als der „Grill Caribe", hat allerdings das gleiche Angebot zu beinahe identischen Preisen. Tägl. 8–22.30 Uhr. Peninsula Ancón.

• *Übernachten* ****** Brisas del Mar** ist das luxuriöseste Hotel an der Playa Ancón bzw. zumindest das mit den meisten Sternen. Denn Luxus, vielleicht noch gepaart mit Service-Orientierung, ist eigentlich etwas anderes. Die Küche des Buffet-Restaurants, in dem das Frühstück eingenommen sowie Mittag- und Abendessen angeboten werden, ist monoton, die Kellner wirken gelegentlich gelangweilt. Gute Noten verdient lediglich das À-la-carte-Restaurant „La Vigía", wo die Speisenvielfalt groß und das Personal sehr aufmerksam ist. Das Hotel selbst ist eine typische, eher durchschnittliche Ferien-Anlage am Meer, wie es davon weltweit Tausende gibt. Die 241 Zimmer, darunter zwölf Junior-Suiten, des 2001 eröffneten Hotels sind modern eingerichtet und verfügen über Telefon, Satelliten-TV und Safe. Im Resort gibt es drei Bars, Geschäfte, eine Internet-Ecke, Tennisplätze und allabendlich eine Show des Animationsteams, von dem übrigens einige Mitglieder für die cubanische Staatssicherheit arbeiten und ihre Gäste aushorchen – also erst denken, dann reden! EZ 75 CUC, DZ 130 CUC, Suite 182 CUC. Carretera María Aguilar, ✆ 96500, 96507, ✆ 96565, reservas@brisastdad.co.cu, www.cubanacan.cu.

*** Club Ancón liegt unmittelbar neben dem „Brisas del Mar", ist mit 279 Zimmern (acht Suiten) geringfügig größer, hat allerdings nur drei Sterne. Das siebenstöckige All-inclusive-Hotel ist ein preisgünstiger Standort für eine Kombination aus Strand- und Stadturlaub, zumal es einen Shuttle-Bus gibt, der die Gäste regelmäßig innerhalb von nur 15 Minuten nach Trinidad bringt. Die Anlage verfügt über ein Buffet-, drei Spezialitäten-Restaurants, mehrere Bars, Diskothek und die üblichen Einrichtungen eines Ferien-Resorts. Die Zimmer sind mit Klimaanlage, Telefon, Kabel-TV und Safe ausgestattet, im älteren Teil des Hotels aber nicht mehr taufrisch. DZ ab 65 CUC, je nach Saison. Carretera María Aguilar, ✆ 96123, 96127, ✆ 96121, reservas@ancon.co.cu, www.grancaribe.cu.

*** Costa Sur gehört zur cubanischen Horizontes-Kette und ist ein einfacheres, aber 2006 neu renoviertes Hotel an der Playa María

Aguilar. In dem hauptsächlich von kanadischen Rucksack-Touristen frequentierten Haus gibt es ein Buffet- und ein italienisches Spezialitäten-Restaurant, vier Bars, einen Nachtclub, Swimmingpool, Geschäfte und eine Tourist-Info. Von den 131 klimatisierten Zimmern mit Satelliten-TV und Telefon befinden sich 111 im Haupthaus und 20 (zusätzlich mit Minibar ausgestattete) in kleinen Bungalows. EZ ab 51 CUC, DZ ab 75 CUC, je nach Saison. ✆ 96174, ✆ 96173, reservas@costasurlor.co.cu, www.horizontes.cu.

Playa La Boca

Das kleine Dorf La Boca an der gleichnamigen Bucht, etwa zehn Kilometer südlich von Trinidad und sieben Kilometer östlich der Playa Ancón gelegen, ist in erster Linie ein Ferienort für Cubaner. An dem kleinen Sandstrand und dem ansonsten eher steinigen bis felsigen Küstenabschnitt sorgen Ausländer schon allein durch ihre Anwesenheit für Aufsehen. Mehr als die Handvoll, die in den durchaus akzeptablen Casas particulares von La Boca untergebracht sind, halten sich hier normalerweise nämlich nicht auf. An der Hauptstraße, die durch den Ort führt, gibt es eine Strandbar, ein paar Stände, an denen Snacks, Eis und Getränke verkauft werden, und etwa ein halbes Dutzend Händler, die ihre Tische aufgeschlagen haben und dort von Bonbons bis zum Einweg-Rasierer alles verkaufen, was der cubanische Tourist in seinen Ferien offenbar braucht.

• *Übernachten* **Hostal Rancho Florida** liegt direkt am Meer zwischen den beiden kleinen Buchten der Playa La Boca. Für kleines Geld hat man auf der Veranda immer das Gefühl, an seinem Privat-Strand zu sitzen – grandiose Sonnenuntergänge inklusive. Trinidad und die Playa Ancón sind nur zehn Taxi-Minuten entfernt, und für besonders Abenteuerlustige besorgt Hausherr Eloy Acosta gerne auch Fahrräder. Ein weiterer Pluspunkt der gastfreundlichen Casa ist die Küche – die Portionen sind selbst bei größtem Hunger nicht zu schaffen. Außerdem wird regelmäßig der Kühlschrank aufgefüllt – mit Wasser, Bier oder was immer man auch möchte. Das Zimmer selbst ist normal ausgestattet und sehr sauber, im Bad gibt es sogar ein Bidet. DZ 25 CUC. Calle Real 78, Playa La Boca, ✆ 93535, hostalranchoflorida@yahoo.es.

Hostal Villa Sonia ist eine sehr annehmbare Casa particular direkt an der Playa La Boca mit ausgesprochen freundlichen Vermietern. Die beiden Zimmer mit Blick auf den Strand sind nett eingerichtet, verfügen über separate Bäder und eine sehr schöne Terrasse mit weißen Metall-Schaukelstühlen und einer Hängematte. Die Küche ist empfehlenswert, das Frühstück fürstlich. DZ 20–25 CUC, je nach Saison. Avenida del Mar 11, Playa La Boca, ✆ 92923.

Hostal Vista al Mar vermietet mitten in der Ortschaft zwei einfache Zimmer, eines mit drei Betten, eines mit Doppelbett, die mit Klimaanlage und Ventilator ausgestattet sind. Das Gemeinschaftsbad ist ausschließlich für die Gäste gedacht, genauso wie die Terrasse mit Esstisch, Hängematten und Schaukelstühlen – die Familie von Besitzer Manolo Menéndez lebt im Nebenhaus. Natürlich werden auch alle Speisen und Getränke angeboten. DZ 20–25 CUC, je nach Saison. Calle Real 47, Playa La Boca, ✆ 93716, 94134,

Casilda

Für den Ort Casilda, in dessen Hafen die Fischfangflotte von Trinidad zu Hause ist, spricht zweierlei: die Nähe zu Trinidad (vier Kilometer) und zur Playa Ancón (sieben Kilometer) sowie die hübschen Casas particulares, die allerdings nicht preisgünstiger sind als die Konkurrenz in der Weltkulturerbe-Stadt selbst. Ansonsten ist das Straßendorf, das entlang der Calle Real und der parallel dazu verlaufenden Eisenbahnlinie errichtet wurde, noch nicht einmal eine Stippvisite wert. Nur an einem einzigen Tag im Jahr wird das verschlafene Nest zum Leben erweckt, wenn traditionell am 17. August mit der Fiesta de Santa Elena eine Art

Karneval gefeiert wird. Dann gibt es Verkaufsstände mit allerlei Krimskrams – und natürlich jede Menge Rum.

• *Übernachten* **Casa Ana y Jörg** bietet in einem sehr empfehlenswerten Häuschen einen außergewöhnlichen Komplett-Service. Kein Wunder: Jörg ist Deutscher und weiß daher, was seine Gäste aus ihrer europäischen Heimat gewöhnt sind und erwarten. Natürlich ist die Villa voll klimatisiert, es gibt einen Swimmingpool im Garten, Internet-Zugang, Abhol-Service von den Flughäfen in Havanna, Varadero und Holguín, Mietwagen-Vermittlung und, und, und ... DZ 20 CUC, Frühstück 3 CUC/Person, Mittag-/Abendessen 7 CUC/Person. Calle Real 145, Casilda, ✆ 95200, joergundana@gmx.net, www.trinidadcuba.de.vu.

Casa Villa Dalia ist ein blitzsauberes Quartier am Ortsrand von Casilda – nach Trinidad sind es nur ein paar Kilometer. Das moderne Zimmer ist klimatisiert, mit einem Einbauschrank ausgestattet und verfügt über einen – gefüllten! – Kühlschrank. Im wunderschön begrünten Innenhof gibt es einen großen Grill, auf dem für die Gäste gelegentlich Steaks aufgelegt werden. DZ 15–20 CUC, je nach Saison. Calle Real 158 e/Iglesia y Perla, Casilda, ✆ 95382, juanjmayor@yahoo.es.

Casa El Rubio wurde nach dem Spitznamen von Besitzer Rafael Albalat Sariol benannt, der in seiner Jugend strohblond war. Die beiden Zimmer der hübschen Casa particular sind mit Klimaanlage und Kühlschrank ausgestattet. Da Rafael über ein eigenes Fischerboot verfügt, kommen regelmäßig fangfrische Meeresfrüchte auf den Tisch. Die Gäste schätzen allerdings auch seine selbst gepressten Fruchtsäfte, die auf der Terrasse kredenzt werden. DZ 20–25 CUC, je nach Saison. Calle Iznaga 125 e/Perla y Norte (Hinweisschild an der Hauptstraße Calle Real!), Casilda, ✆ 95386, www.hicuba.com.

Gran Parque Natural Topes de Collantes

Nördlich von Trinidad beginnt die mächtige Sierra del Escambray, die sich über eine Länge von 90 Kilometern von der Provinz Cienfuegos bis vor die Tore von Sancti Spíritus erstreckt. Den Gebirgszug, den die Indios Sierra de Guamuhaya nannten, kennzeichnen steile Gipfel, weite Täler, verzweigte Höhlensysteme,

Unvergessliche Begegnungen mit Mensch und Natur: Topes de Collantes

kristallklare Flussläufe und pittoreske Wasserfälle, die zu ihren Füßen kleine Seen bilden. In dem nebeligen Gewächshausklima gedeiht eine üppige Naturlandschaft, wachsen riesige Koniferen und gigantische Farne, sind Dutzende endemischer Pflanzen- und Tierarten heimisch geworden. Einen ersten Eindruck von der einzigartigen Naturlandschaft gewinnt man zehn Kilometer nördlich von Trinidad am Mirador Topes de Collantes, einer zweistöckigen Aussichtsplattform. Hat man die 139 Treppenstufen erst einmal hinter sich, eröffnet sich ein grandioses Panorama von der karibischen See mit der Playa Ancón im Süden bis zu den höchsten Gipfeln der Sierra im Norden.

Mitten in diesem immergrünen Paradies liegt 18 Kilometer nördlich von Trinidad auf 800 Metern Höhe der Gran Parque Natural Topes de Collantes, ein Ort von außergewöhnlicher Schönheit und großem wissenschaftlichen Wert für die cubanischen Biologen, Zoologen und Ökologen. In dem kühlen Mikroklima, dessen Temperatur im Jahresmittel bei 21 Grad Celsius und dessen Luftfeuchtigkeit bei 80 Prozent liegt, wuchert die Natur quasi im Zeitraffer-Tempo. Farbenprächtige Orchideen, undurchdringliche Bambus-Wälder und meterhohe Regenwald-Pflanzen, die anderswo auf der Welt als Miniatur-Ausgabe im Blumentopf auf dem Fensterbrett stehen, machen einen Besuch zu einem unvergesslichen Erlebnis. Nicht versäumen sollte man dabei einen Abstecher zum „Salto del Caburní", dem bekanntesten Wasserfall des Schutzgebietes, der sich aus 62 Metern Höhe kaskadenartig über eine Felswand in ein ausgewaschenes Becken ergießt, das – nach einem etwa 45-minütigen Fußmarsch durch den Dschungel – zu einem Bad einlädt. Oder man wandert im Parque Guanayara, einem Teil des Naturparks, zu dem eigentlich wesentlich schöneren „Salto El Rocio". Hier wie dort befindet man sich mitten im cubanischen Dschungel – in einer Umgebung, die jedem Tarzan-Film zur Ehre gereichen würde.

Topes de Collantes ist allerdings nicht nur eine einmalige Naturlandschaft, sondern auch eine Art Kurort, der im Jahr 1937 von Diktator Fulgencio Batista gegründet wurde, als er die Straße von Santa Clara nach Trinidad bauen ließ. Damals begann man gleichzeitig, hier, mitten in der Wildnis der Sierra del Escambray, ein riesiges Monstrum in Grau aus dem Boden zu stampfen, das heute als „Kurhotel" fungiert – unter diesem Namen. Zunächst wurde der Bau aber nicht vollendet, weil Batista sieben Jahre später die Präsidentschaftswahlen verlor. Erst als er im Jahr 1952 erneut an die Macht kam, wurde das Prestige-Objekt weitergebaut und nach zwei Jahren als Tuberkulose-Sanatorium eröffnet. Mit dem Beginn der Revolution wurde das Haus geschlossen, danach diente es den Konterrevolutionären als Versteck, 1989 schließlich eröffnete die staatliche cubanische Gaviota-Kette das Kurhaus als Wellness-Hotel wieder. Daneben gibt es ein Informationszentrum, in dessen Vorplatz eine gigantische Sonnenuhr eingelassen ist, und mit dem „Serrano", dem „Los Pinos" und dem „Los Helechos" noch drei weitere Hotels, von denen allerdings nur Letzteres ausländischen Touristen offen steht. Mehr Bettenkapazität ist allerdings auch nicht nötig. Denn ohne Mietwagen ist es ein schier hoffnungsloses Unterfangen, in den Naturpark zu gelangen. Und selbst mit: Man muss schon ein geübter Autofahrer sein, um nach Topes de Collantes zu kommen, denn viele Steigungen der steilen Passstraße sind nur im ersten Gang zu bewältigen.

• *Freizeit (Wanderungen)* Der Parque Guanayara, 15 km von der Ortschaft Topes de Collantes entfernt, stellt wohl die schönste Seite des Naturparks dar. Dort führt der Weg mit dem einprägsamen Namen „Centinelas del Río Melodioso" („Die Wache des wohlklingenden Flusses") mitten durch den Urwald zum Wasserfall „El Ro-

Gran Parque Natural Topes de Collantes

cio" („Der Tau"). Dort wartet auch der Naturpool „El Venado" („Der Hirsch") und lädt zu einem Bad in kristallklarem Wasser ein. Am Ende des leichten Rundwanderweges wird das Abenteuer in dem kleinen wie einfachen, aber dennoch empfehlenswerten Restaurant „La Gallega" bei kreolischen Köstlichkeiten perfekt.

Der wohl beliebteste Wanderweg führt in dem in der Ortschaft Topes de Collantes beginnenden **Parque Caburní** vom gleichnamigen Bungalow-Dorf aus vorbei an einer Vielzahl endemischer Pflanzen und einmaliger Felsformationen zum „Salto de Caburní", dem Wahrzeichen dieses Teils der Sierra del Escambray. Bis zu diesem „Geschenk von Mutter Natur", das sich aus einer Höhe von 62 m kaskadenartig über Felsen in viele kleine Seen und schließlich in ein Naturbadebecken ergießt, geht man etwa 45 Minuten – immer bergab. Dies bedeutet gleichzeitig, dass der Weg zurück auf der rund 2,5 km langen Strecke einige Kondition erfordert. Dies umso mehr, als Steigungen bis zu 45 Prozent zu bewältigen sind. Glücklicherweise gibt es am Ende des Weges die kleine Bar „El Gallito", wo man seinen Flüssigkeitshaushalt wieder in Ordnung bringen kann.

Im **Parque Vegas Grande**, der unterhalb des Hotels „Los Helechos" beginnt und sich entlang des Río Vegas Grande ausdehnt, taucht man ein in die Welt üppiger Farne. Mehr als 300 verschiedene Arten wachsen hier – und mittendrin der angeblich größte Mahagoni-Baum Cubas. Der etwa 2 km lange Weg endet am Wasserfall „Salto de Vegas Grande", der an seinem Fuß ein natürliches Becken geschaffen hat, in dem man sich nach einer knappen Stunde Marsch durch das nicht immer einfache Gelände abkühlen kann. In einem kleinen Häuschen, das einst die Frau von Diktator Fulgencio Batista erbauen ließ, ist heute das Restaurant „Mi Retiro" untergebracht, das nach dem schweißtreibenden Abenteuer zu einer Stärkung einlädt.

Nur 5 km vom Informationszentrum entfernt liegt der **Parque Codina**, in dem der hufeisenförmig angelegte Wanderweg „Encantos de Codina" („Der Zauber von Codina") seinem Namen alle Ehre macht. Dunkle Höhlen wie die „Cueva del Altar", leuchtende Orchideen-Felder und undurchdringliche Bambus-Wälder kennzeichnen dieses wunderschöne Fleckchen Erde. Auf dem leicht zu bewältigenden Pfad kommt man auch an einer früheren Kaffeeplantage vorbei und überquert den Fluss Caburní auf Baumstämmen.

Der von Menschenhand weitgehend unberührte Urwald des Schutzgebietes **Parque Javira**, das bis an die Grenzen Trinidads heranreicht, ist bekannt für seine Vogelwelt. Eine Vielzahl endemischer Arten hat sich hier niedergelassen. Im kristallklaren Wasser der Flüsse kann man schwimmen.

In der gleichen Ecke, nur 5 km westlich von Trinidad an der Straße nach Cienfuegos, liegt der Eingang des **Parque Cubano**. Ein großes Ranchhaus mit dem Namen „Los Almendros" („Die Mandelbäume") und der Wanderweg „Cimarrones de Javira" („Die entflohenen Sklaven von Javira") verbinden die Naturschönheiten mit der Geschichte. Und so wild der Name auch klingen mag, so wenig wild ist die Tour – eine leichtere Übung, zumal man sich am Javira-Wasserfall erfrischen kann.

30 km nördlich von Topes de Collantes findet man in der Nähe des Hanabanilla-Stausees die Wasserfälle des **Parque El Nicho**. Auf dem Wanderweg wird man von der endemischen Vogel- und Pflanzenwelt durch einen unvergesslichen Tag begleitet.

Kartenmaterial für alle Wanderungen und Eintrittskarten für das Wegenetz (6,50 CUC Eintritt pro Park) bekommt man im **Informationszentrum** von Topes de Collantes am Eingang des Naturschutzgebietes. Dort findet man auch Guides, die durch die verschiedenen Teile der Parks führen. Tägl. 8–17 Uhr. ✆ (042) 540231, topescom@ip.etecsa.cu.

● *Übernachten* **** **Kurhotel Escambray** – es heißt wirklich so – ist ein graues Betonmonstrum inmitten unberührter Natur. Das sechsstöckige Haus mit 210 Zimmern wird von der Gaviota-Kette geführt, war früher Tuberkulose-Sanatorium, ist heute Wellness-Hotel bzw. zu einem Teil Kur-Krankenhaus und hat nicht nur wegen seiner Einrichtungen und Behandlungsmethoden viele Stammkunden gefunden. Kein Wunder: So deplatziert es in Topes de Collantes auch wirken mag, zentraler kann man in dem Naturschutzgebiet kaum nächtigen. EZ 30–35 CUC, DZ 40–50 CUC, je nach Saison. ✆ (042) 540304, ✆ (042) 540228.

*** **Los Helechos**, eine kleine, einfachere Anlage unterhalb des „Kurhotels", verfügt über ein Thermal-Hallenbad, Sauna und Dampfbad, Swimmingpool, Bowlingbahn und Geschäfte. Abends vergnügt man sich

Einst die Heimat von mehr als 50 Zuckermühlen: das Valle de los Ingenios

in einer Diskothek, die an Klassenfeten in Tanzschulen der 70er Jahre erinnert. Die 74 Zimmer sind recht einfach, aber immerhin sauber. EZ 35–40 CUC, DZ 45–50 CUC, je nach Saison. ✆ (042) 540180, 540189, ✆ (042) 520288.

*** Villa Caburní ist ein Bungalow-Dorf am Beginn des Wanderweges zum „Salto del Caburní". In der kleinen, aber gemütlichen Anlage gibt es mitten in der Wildnis 29 Häuschen mit jeweils zwei Zimmern, Bad und kleiner Küche. Die Villa Caburní wird von der Rezeption des Hotels „Los Helechos" verwaltet – Preise, Telefon- und Fax-Nummer sind identisch.

Valle de los Ingenios

Das Tal der Zuckermühlen, das von der UNESCO im Jahr 1988 zusammen mit Trinidad zum Weltkulturerbe erklärt wurde, ist nur wenige Autominuten von der Stadt entfernt. Inmitten tropischer Wildnis kann man hier noch immer die Zuckerrohrplantagen und einige Ruinen jener Zuckermühlen (span. Ingenios) aus dem 19. Jahrhundert sehen, die dem Landstrich einst so viel Reichtum bescherten, von dem bis heute die Herrenhäuser zeugen, die die Aristokratie damals errichtete. Eines davon ist die Casa Grande an der Guaimaro-Mühle mit italienischen Fresken, kunstvoll geschnitzten hölzernen Treppengeländern und Rundbogen-Fenstern. Ein anderes ist die Casa Guachinango, eine ehemalige Hazienda, die Don José Mariano Borell Ende des 18. Jahrhunderts bauen ließ und die heute ein Restaurant beherbergt. Und ein Drittes ist die Casa Iznaga, die Hauptsehenswürdigkeit des Valle de los Ingenios oder – wie es auch genannt wird – des Valle de San Luis.

Der kleine Ort Manaca Iznaga liegt 15 Kilometer nordöstlich von Trinidad an der Straße nach Sancti Spíritus und wurde von Pedro Iznaga im Jahr 1795 gegründet, nachdem er durch den Sklavenhandel zu Geld gekommen war und alsbald als reichster Mann Cubas galt. Und Iznaga wusste, was er seinem Ruf schuldete: Zehn

Valle de los Ingenios 475

Jahre später ließ er etwa 50 Meter von seinem Landsitz entfernt einen 43,5 Meter hohen Turm errichten, von dem aus die Sklaven auf den nahen Zuckerrohrfeldern überwacht werden konnten. Drei Glocken waren darin aufgehängt – die größte rief die Leibeigenen zur Arbeit, die mittlere signalisierte die Pausen und die kleinste mahnte das tägliche Gebet an.

Bis heute erzählt man sich allerdings eine Legende, derzufolge der Anlass für den Bau des Turms ganz anders und eigentlich recht banal gewesen sein soll: Es habe sich nämlich um einen Wettstreit zwischen den Söhnen Iznagas, Pedro José und Alejo, gehandelt, bei dem es – wie könnte es anders sein – um eine schöne Mulattin ging, in die beide verliebt gewesen seien, heißt es. Da der Vater des Mädchens keinen der Iznaga-Erben benachteiligen wollte, beschloss er, demjenigen von ihnen seine Tochter zur Frau zu geben, der imstande war, das größere Bauwerk errichten zu lassen. Alejo gab daraufhin den Turm in Auftrag, der mit seinen 43,5 Metern im 19. Jahrhundert als höchstes Bauwerk Cubas galt. Sein Bruder Pedro José wiederum ließ einen Brunnen bauen, der auf exakt das gleiche Maß kam – 43,5 Meter, in die andere Richtung, versteht sich. So musste der Vater des Mädchens am Ende doch eine Wahl treffen. Er entschied sich für Alejo als Schwiegersohn, weil der Turm seiner Meinung nach von größerer Bedeutung war – schließlich konnte man von ihm aus die Sklaven auf den Feldern im Auge behalten …

Seiner Tochter tat er damit offensichtlich keinen großen Gefallen, denn das Mädchen soll sich bald nach der Hochzeit mit Alejo in dem Turm erhängt haben. Wie es wirklich war, bleibt ein Geheimnis der Geschichte. Fest steht allerdings, dass man den Torre de Iznaga noch heute besteigen (tägl. 9–17 Uhr, Eintritt 1 CUC) und – sind die 136 Stufen erst einmal überwunden – von oben die ganze Landschaft bis nach Trinidad überblicken kann.

Nicht minder schön ist das Panorama, das man vom Mirador del Valle de los Ingenios auf dem Loma del Puerto fünf Kilometer hinter der Stadtgrenze von Trinidad genießt. Von der 192 Meter hohen Aussichtsplattform aus liegt einem das ganze Tal mit all seinen kleinen Zuckermühlen zu Füßen – oder das, was von ihnen übrig ist. Denn die Mühlen mit ihren riesigen Zahnrädern, die Lagerhäuser für das geschnittene Zuckerrohr, die Quartiere für das Heer von Sklaven und die meisten Herrenhäuser wurden während der beiden Unabhängigkeitskriege weitgehend zerstört oder sind verfallen. Nur das Zuckerrohr wächst noch immer in der mit Königspalmen gespickten, zeitlos schönen Hügellandschaft.

Diese erreicht man heute übrigens auch mit dem sogenannten „Tren de Vapor", einem von einer Dampflokomotive gezogenen kleinen Zug, der Trinidad täglich um 9.30 Uhr am Bahnhof „Estación de Toro" verlässt und das kleine Dörfchen Meyer in der Sierra del Escambray ansteuert (Hin- und Rückfahrt 10 CUC/Kinder 5 CUC). Manaca Iznaga und die Casa Guachinango liegen auf seiner Strecke …

• *Essen & Trinken* **Restaurant Manaca Iznaga** ist wenige Meter vom Torre de Iznaga entfernt im ehemaligen Herrenhaus des Zuckerbarons untergebracht und serviert hauptsächlich kreolische Speisen. Schweinesteaks mit Salat, frittierten Kochbananen und Reis beispielsweise gibt es für 8,15 CUC. Sehr empfehlenswert sind die frisch gepressten Fruchtsäfte (1,50 CUC). Tägl. 9–17 Uhr. Manaca Iznaga.

Bar Mirador del Valle de los Ingenios an der gleichnamigen Aussichtsplattform hat einen ganz besonderen Cocktail im Angebot: Der „Guamuhaya" aus Rum und dem Zuckerrohrsaft Guarapo ist angeblich typisch für diesen Ort (2,50 CUC). Daneben gibt es natürlich auch andere Getränke und kleine Speisen für wenig Geld. Tägl. 9–19 Uhr. Carretera Sancti Spíritus km 5, Loma del Puerto, www.palmarescuba.com.

Der Erfolg der zentralen Provinz Ciego de Ávila, die sich an der Taille Cubas vom Archipel Sabana-Camagüey im Norden bis nach Júcaro im Süden erstreckt, hat einen Namen: Los Jardines del Rey oder die Gärten des Königs. Den idyllisch gelegenen Koralleninseln gab Cubas erster Gouverneur, Diego Velázquez, im Jahr 1514 diesen Namen zu Ehren seines Königs Fernando V. von Spanien. Die wertvollsten Juwelen dieses Schatzes stellen Cayo Coco und Cayo Guillermo dar. Und sie sind es auch, denen die eher unscheinbare Gegend um die noch unscheinbarere Provinzhauptstadt nicht nur ihren Bekanntheitsgrad, sondern auch ihre gegenwärtige Blüte verdankt. Ciego de Ávila gilt als die prosperierendste und eine der wohlhabendsten Provinzen Cubas.

Kein Wunder: Das landwirtschaftliche Zentrum der Insel, das lange Zeit als verschlafen galt, hat schon vor Jahren die Zeichen der Zeit erkannt, sich mehr und mehr dem internationalen Tourismus geöffnet und erntet inzwischen mehr Devisen als Zuckerrohr. Der Grund für diesen wirtschaftlichen Erfolg ist nicht nur das von Tauchsportlern so hoch gelobte, 465 Kilometer lange Korallenriff, das die „Königsgärten" umgibt und nach Australiens Great Barrier Reef als das zweitgrößte der Erde gilt. Der Grund dafür ist auch die weitgehend unberührte Naturlandschaft an der Atlantik-Küste und eine artenreiche Tierwelt, wie man sie in Cuba kaum ein zweites Mal findet. Garniert mit den höchsten Sanddünen der Karibik, Stränden

Provinz Ciego de Ávila

Ciego de Ávila	478	Laguna de la Leche	496
Los Jardines del Rey	487	Laguna de la Redonda	498
Cayo Coco	487	El Pueblo Holandés de Turiguanó	498
Cayo Guillermo	491	Florencia	498
Sitio La Güira	492	Loma de Cunagua	499
Parque Natural El Bagá	493	La Trocha Júcaro-Morón	500
Morón	494	Los Jardines de la Reina	501

wie aus dem sprichwörtlichen Bilderbuch und einer – für cubanische Verhältnisse – perfekt funktionierenden Ferien-Hotellerie, gibt es kaum einen besseren Ort für einen gelungenen Pauschal-Urlaub. Über eines muss man sich als Tourist allerdings im Klaren sein: Cubanern wird man in Cayo Coco und Cayo Guillermo – mit Ausnahme des Hotelpersonals – nicht begegnen. Ihnen ist der Zugang zu einem der schönsten Fleckchen ihres Landes strikt verwehrt.

Das Kontrast-Programm erlebt man in der knapp 100 Kilometer südlich der Cayos gelegenen Hauptstadt, die der Provinz ihren Namen gab und wohl eine der letzten Oasen ist, in der man unverfälschte cubanische Lebensart kennenlernen kann. Dazwischen, in der Nähe der Stadt Morón, stößt man auf die Laguna de la Leche, mit einer Ausdehnung von 66 Quadratkilometern und einem Volumen von 100 Millionen Kubikmetern Wasser der größte natürliche See Cubas und das Zuhause mehrerer Flamingo-Kolonien. Und ganz im Süden der Provinz an der Karibik-Küste liegen, quasi als Pendant zu den Gärten des Königs, die Jardines de la Reina, die Gärten der Königin. Mit ihren 70 Kilometer langen Korallenformationen gelten sie ebenfalls als eines der besten Tauchreviere der Welt.

Die Geschichte

Die Geschichtsschreibung der Provinz Ciego de Ávila beginnt mit der Eroberung der Insel durch die Spanier. Damals, im Jahr 1513, erforschte der Stellvertreter von Diego Velázquez, Pánfilo de Narváez, mit einer Expedition die bewaldeten Ebenen südlich der Jardines del Rey, wo er auf den Indianerstamm des Kaziken Ornofay stieß. Über dessen Schicksal ist nichts bekannt. Aber wahrscheinlich erging es ihm so wie den meisten Indios, die den Eroberern freundlich begegneten und danach in aller Regel brutal niedergemetzelt wurden. Mit den Korsaren und Piraten, denen die kleinen Koralleninseln etwa ab Mitte des 16. Jahrhunderts als Zufluchtsorte dienten, hatten die Spanier kein so leichtes Spiel. Letztlich wurden aber auch die meisten von ihnen gefangen genommen und hingerichtet.

Eine große Rolle spielte Ciego de Ávila während des Ersten Unabhängigkeitskrieges, als die spanischen Besatzer zwischen Morón im Norden und Júcaro im Süden auf einer Länge von 68 Kilometern die sogenannte Trocha de Júcaro a Morón errichteten, eine Verteidigungsanlage mit 43 Festungen, die insgesamt 20.000 Soldaten aufnehmen konnte. Damit sollte verhindert werden, dass die Aufständischen weiter in den Westen vordringen konnten. Im Jahr 1875 gelang der Rebellenarmee unter Führung der Generäle Máximo Gómez und Antonio Maceo dennoch der Durchbruch – ein Erfolg, den Ernesto Che Guevara und Camilo Cienfuegos mit ihren Kolonnen 83 Jahre später bei den legendären Märschen in den Westen auf ihre eigene Weise wiederholten.

Am 7. November 1976 wurde Ciego de Ávila aus der Provinz Camagüey herausgelöst und erhielt seine Selbstständigkeit. Und seitdem geht es mit der kleinen Provinz wirtschaftlich steil bergauf: In den 1980er Jahren verband man die Cayos im Norden, die bis dahin nur per Schiff zu erreichen waren, zunächst über eine 17 Kilometer lange Dammstraße, den sogenannten Pedraplén, mit dem Festland. Danach legte man von Morón aus eine 140 Kilometer lange Wasserleitung auf die Inseln. Und schon im November 1993 weihte Fidel Castro persönlich das erste Hotel auf Cayo Coco ein. Zehn Jahre später nahm schließlich auch der „Aeropuerto Internacional Jardines del Rey" seinen Betrieb auf, wodurch den Charter-Touristen der lange Transfer von Ciego de Ávila erspart wurde und wodurch letztlich wiederum die Übernachtungszahlen explodierten. Gab es auf den Cayos um die Jahrtausendwende rund 3400 Gästezimmer, so nähert man sich inzwischen schon der 5000er-Marke.

Ciego de Ávila

Obgleich Provinzhauptstadt, hat Ciego de Ávila Besuchern nicht viel zu bieten und ist eigentlich ein weißer Fleck auf der touristischen Landkarte Cubas: keine großartigen Kolonialgebäude, keine außergewöhnlichen Museen, keine Geschichte, die es sich zu erzählen lohnt. Aber vielleicht macht gerade dies den Reiz der Stadt an der Carretera Central aus. Hier ist Cuba nämlich noch Cuba, sind die Menschen unaufdringlich, ist die Atmosphäre authentisch. Dennoch: Ciego de Ávila ist nur dann einen Halt wert, wenn man sich auf dem Weg von Havanna nach Santiago de Cuba oder zu den Cayos im Norden die Füße vertreten will. Dann steuert man am besten den Parque Martí in der Ortsmitte an und lässt sich treiben – 30 Minuten, vielleicht eine Stunde. Danach kann man mit Fug und Recht von sich behaupten, Ciego de Ávila gesehen zu haben.

Außen wie innen ein koloniales Schmuckstück: das Teatro Principal

Die Sehenswürdigkeiten, die diese Bezeichnung kaum verdienen, befinden sich alle in fußläufiger Entfernung dieses zentralen Platzes. An der Südseite findet man das gelb getünchte Rathaus und die Iglesia San Eugenio de La Palma, die dem Schutzpatron der Stadt geweiht ist, an der Ostseite das rosafarben verputzte Museo de Artes Decorativas und an der Westseite die Büste von Nationalheld José Martí, die im Schatten eines hässlichen Plattenbaus steht, dessen Name „Doce Planta" nicht mehr aussagt, als dass das Gebäude zwölf Stockwerke besitzt. Das schönste und einzig wirklich sehenswerte Gebäude Ciego de Ávilas liegt ein paar Schritte weiter in der Calle Jaoquín de Agüero: das im Jahr 1927 erbaute Teatro Principal. Vier griechische Portal-Säulen scheinen das hellblaue Gebäude zu bewachen, als wüssten sie, dass es außer mit Treppenaufgängen aus feinstem Carrara-Marmor und Lüstern aus edelstem Kristall mit einer Akustik aufwartet, die zu den besten des Landes zählt. Doch nicht nur dies: Das Ensemble ist weit über die Provinzgrenzen hinaus für seine mutigen Inszenierungen bekannt und hat damit auch den Ruf Ciego de Ávilas als Theaterstadt begründet.

In ihren Anfangsjahren sprach man gar nicht so gut über die Stadt, was auch an ihrem Namen abzulesen ist: Ciego (wörtl. Blinder) nennt man eine savannenartige Tiefebene, die von Wäldern umgeben ist, so dass den Bewohnern der Weitblick abgeht – Hinterwäldler eben, genau wie die Einwohner der anderen cubanischen Ciegos wie Ciego Montero, Ciego Corojo oder Ciego de Víamontes. Der zweite Namensbestandteil ist vermutlich auf den Gutsbesitzer Jácome de Ávila zurückzuführen, dem der Gemeinderat von Puerto Príncipe, dem heutigen Camagüey, im Jahr 1538 erlaubte, mit Kind und Kegel – und seinen Sklaven – an die westliche Grenze der Provinz überzusiedeln. Dort soll er die Hazienda „San Antonio de La Palma" gegründet haben, die man noch heute als Finca „La Palma" im Stadtgebiet findet. 1577 wurde der volle Name Ciego de Ávila dann erstmals urkundlich erwähnt.

Provinz Ciego de Ávila

Hin & Weg

- *Bahn* **Bahnhof** in der Calle Iván Job. Verbindungen: Havanna 1x tägl. 7.10 Uhr, 15,50 CUC. Morón 1x tägl. 6.20 Uhr, 0,95 CUC. Havanna unregelm. 1.15, 2.20 Uhr, 15,50 CUC (Tren regular), 22 CUC (Tren especial). Santiago de Cuba unregelm. 21.40 Uhr, 15,50 CUC (Tren regular), 21 CUC (Tren especial).
- *Bus* **Terminal** an der Carretera Central extremo Este, ✆ 225109.
Víazul-Verbindungen: Havanna 3x tägl. 1.00, 6.55 + 18.35 Uhr über Sancti Spíritus und Santa Clara, 27 CUC. Santiago de Cuba 5x tägl. 3.15, 4.30, 10.50, 16.35 + 22.10 Uhr über Camagüey, Las Tunas, Holguín und Bayamo, 24 CUC. Trinidad 1x tägl. 4.15 über Sancti Spíritus, 9 CUC. Varadero 1x tägl. 5.10 Uhr über Sancti Spíritus und Santa Clara, 19 CUC.
Astro-Verbindungen: Camagüey 3x tägl. 5.00, 10.30 + 16.00 Uhr über Florida. Manzanillo jd. 2. Tag 7.30 Uhr über Florida, Camagüey, Las Tunas, Bayamo und Yara. Niquero jd. 2. Tag 8.00 Uhr über Florida, Camagüey, Las Tunas, Manzanillo und Media Luna. Santiago de Cuba 1x tägl. 6.00 Uhr über Florida, Camagüey, Las Tunas, Holguín und Bayamo. Havanna 2x tägl. 11.30 + 20.25 Uhr über Sancti Spíritus.

Auf einen Blick

> Telefon-Vorwahl: 033
> (für die gesamte Provinz)

- *Apotheke* **Farmacia del Hospital**, tägl. 24 Std., Calle Máximo Gómez e/ Cuarta y Ramírez (gegenüber vom Hospital Provincial), ✆ 225173.
- *Ärztliche Versorgung* **Hospital Provincial**, Calles Máximo Gómez, Cuarta, Serafín Sánchez y Hernández, ✆ 224015.
- *Autovermietung* **Cubacar**, Mo–Sa 9–12 + 13–17 Uhr, Calle Libertad e/ Castillo y Maceo (schräg gegenüber vom Hochhaus „Doce Planta").
- *Banken* **Cadeca**, Mo–Sa 8–18, So 8–13 Uhr, Calle Independencia 118 e/ Reyes y Maceo, ✆ 266615.
Banco Financiero Internacional, Mo–Fr 8–15 Uhr, Calle Honorato de Castillo esquina Agüero.
Banco de Crédito y Comercio, Mo–Fr 8–15 Uhr, Calle Independencia 152 esquina Reyes; Mo–Fr 8–15 Uhr, Calle Independencia esquina Maceo.
Banco Popular de Ahorro, Mo, Mi, Do, Fr 8–15.30, Di 12–19, Sa 8–11 Uhr, Calle Libertad 10 e/ Castillo y Marcial Gómez; Mo–Sa 8–19 Uhr, Calle Independencia e/ Maceo y Reyes; Mo–Fr 8–15.30, Sa 8–11 Uhr, Calle Independencia esquina Reyes.
- *Feste* Seit 1945 feiert man immer in der zweiten Mai-Hälfte eine Woche lang den sogenannten **Blumen-Karneval** mit viel Musik und noch mehr Rum. Er gilt als einer der sehenswertesten des Landes.
- *Internet* **Telepunto**, tägl. 8.30–19.30 Uhr, Calle Joaquín de Agüero e/ Maceo y Castillo.
- *Notruf* **Polizei**, ✆ 116. **Feuerwehr**, ✆ 115. **Ambulanz**, ✆ 185.
- *Postleitzahl* 65100
- *Post* Tägl. 8–20 Uhr, Carretera Central esquina Maceo Sur, ✆ 222341.
- *Shopping* Die **Calle Independencia** ist die Haupteinkaufsstraße mit den meisten (Devisen-)Geschäften, vor allem für Bekleidung.
La Victoria, ein größeres Warenhaus mit zwei Läden links und rechts der Straße, führt Parfümerieartikel, Möbel, Haushaltswaren und Spielzeug. Mo, Di, Do, Sa 9–17, Mi+Fr 11–19, So 9–12 Uhr. Calle Independencia.
Centro Comercial Reina Azul hat Lebensmittel und Rum, aber auch Parfüms und Elektronik im Angebot. Mo–Sa 9–17, So 9–12 Uhr. Calle Independencia.
La Americana ist ein Geschäft für Damenmoden, Schuhe und Haushaltswaren. Mo–Fr 9–16 Uhr. Calle Independencia esquina Castillo.
La Época, ein Souvenirladen der ARTex-Kette, ist auf die Bedürfnisse von Touristen ausgerichtet und bietet CDs, Souvenirs, Musikinstrumente, Kunsthandwerk und Kleidung an. Mo–Sa 9–17, So 9–12 Uhr. Calle Independencia e/ Castillo y Maceo.
El Tropico verkauft Kosmetika, Kleidung und Schuhe. Mo–Fr 9–17, Sa 10–18, So 9–12 Uhr. Calle Independencia 72 e/ Castillo y Maceo.
La Venecia hat eine bunte Mischung in den Regalen, die von Heimelektronik über

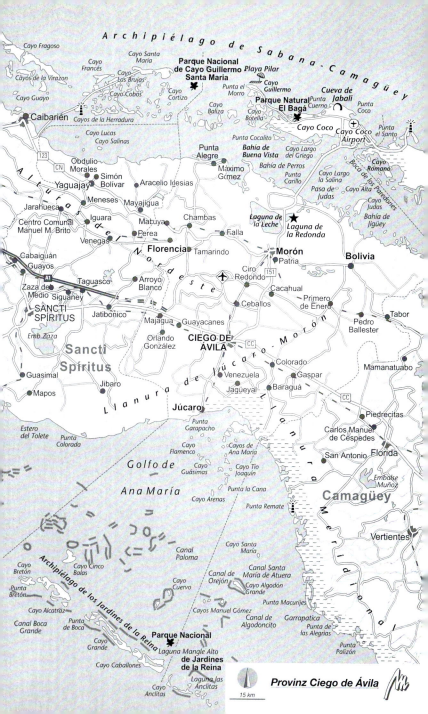

Bekleidung bis hin zu Parfümerieartikeln reicht. Mo–Sa 9–17, So 9–12 Uhr. Calle Independencia 71 e/ Castillo y Maceo.

Photo Service ist als Anlaufstelle zu empfehlen, wenn Filme fehlen, Batterien benötigt werden oder die Speicherkarte streikt. Mo–Sa 9–21, So 9–12 Uhr. Calle Maceo esquina Independencia.

La Mezquita liegt etwas abseits und führt hauptsächlich Bekleidung und Kosmetika. Mo–Sa 9–17, So 9–12 Uhr. Calle Joaquín de Agüero esquina Maceo.

El Encanto neben der Zigarrenfabrik Carlos Rodríguez Cariaga bietet Elektronik, Haushaltswaren und Kosmetika an. Mo, Di, Fr, Sa 9–17, Di+Do 11–19, So 9–11 Uhr. Calle Maceo.

- *Taxi* **Cubataxi**, ℅ 266666, 203642. **Transtur**, ℅ 266229.
- *Tourist-Information* **Infotur**, Mo–Sa 9.15–12 + 13–17.30 Uhr, Calle Honorato de Castillo esquina Libertad (im „Doce Planta" am Parque Martí), www.infotur.cu, www.cubatravel.cu.

Havanatur, tägl. 9–12 + 13–17 Uhr, schräg gegenüber vom „Doce Planta", Calle Libertad e/ Castillo y Maceo, ℅ 266339.

Essen & Trinken (siehe Karte S. 485)

- *Restaurants* **Don Pepe (17)**, ein mit Fotos aller früheren Pepes (Pepe bedeutet in diesem Zusammenhang Schönling) der Stadt dekoriertes Lokal, sollte man einfach gesehen haben. Besonders empfehlenswert, weil gut und äußerst preiswert, ist die Spezialität des Hauses, gebratener Schweinshaxn. Dafür zahlt man – wie übrigens für alle Hauptgerichte – 11,90 CUP/ca. 0,50 CUC. Bier (Mayabe) kostet 18 CUP/ca. 0,75 CUC, Fruchtsäfte 1,40 CUP/ca. 0,05 CUC. Tägl. 12–14 + 20–23.45 Uhr, Reservierungen ab 10 Uhr. Calle Independencia 103 e/ Maceo y Reyes, ℅ 223713.

El Colonial (12), in dem die Einrichtung dem Namen in jeder Beziehung Rechnung trägt, gehört ebenfalls zu den Restaurants der ersten Kategorie. Der Küchenchef empfiehlt Bohneneintopf (9,90 CUP/ca. 0,40 CUC) und als Nachtisch Fruchtbombe (1 CUP/ca. 0,04 CUC). Die Preise für die Getränke sind ebenfalls nicht der Rede wert: Ein Bier kostet 10 CUP/ca. 0,40 CUC, Fruchtsäfte 1,20 CUP/ca. 0,05 CUC. Tägl. 18, 20 + 22 Uhr, Reservierungen ab 9 Uhr. Calle Independencia 110 e/ Maceo y Reyes, ℅ 223595.

La Confronta (19) ist ein nettes, typisch cubanisches Peso-Restaurant mit viel einheimischer Kundschaft, in dem man angesichts der (Spott-)Preise von den wackligen Stühlen zu fallen droht. Für ein Schweinesteak vom Grill nimmt man 20 CUP/ca. 0,83 CUC, für ein Kotelett 15 CUP/ca. 0,63 CUC, der Nachtisch (zu empfehlen ist frischer Milchreis, wenn es ihn gerade gibt) schlägt mit 1 CUP/ca. 0,04 CUC zu Buche. Die Getränkepreise bewegen sich ebenfalls an der untersten Grenze, für ein Bier werden 18 CUP/ca. 0,75 CUC fällig. Eine Reservierung ist dringend anzuraten, andernfalls muss man in Kauf nehmen, am Bar-Tresen zu essen. Tägl. 12–17 + 19–3 Uhr, Reservierungen ab 9 Uhr. Calle Marcial Gómez esquina Agüero, ℅ 200931, 212720.

La Moderna (18), ein rein vegetarisches Lokal, serviert jedes Hauptgericht mit Gemüse-Begleitung. Als Spezialität gilt Gemüsereis für 3,25 CUP/ca. 0,13 CUC. Als Appetizer wird Ensalada fría, kalter (Nudel-)Salat, für 3 CUP/ca. 0,12 CUP gereicht, als Dessert gibt es Reiskuchen für 1,10 CUP/ca. 0,04 CUC. Die Preise für Bier und Erfrischungsgetränke liegen auch weit unterhalb der Schmerzgrenze. Tägl. 12–14.40 + 19–22 Uhr. Calle Honorato del Castillo e/ Agüero y Independencia, ℅ 200934.

La Taberna bietet in zentraler Lage nahe dem Parque Martí viele Gerichte mit geräuchertem bzw. gepökeltem Fleisch wie zum Beispiel „Jamon ahumado", eine Art Kasseler für 19,50 CUP/ca. 0,81 CUC, oder „Pollo ahumado" (gepökeltes Hähnchen) für 32,65 CUP/ca. 1,35 CUC. Bier und Erfrischungsgetränke gibt es für 10 CUP/ca. 0,40 CUC. Di-So 11–14 + 18–22.30 Uhr. Calle Honorato de Castillo e/ Libertad y Máximo Gómez, ℅ 201464.

Café Postal „Don Jácome" ist eine rustikale Schänke schräg gegenüber vom Restaurant „La Confronta" mit sechs Holztischen und Sitzbänken, in der man zu Peso-Preisen Getränke und kleine Speisen bekommt. Schweinesteaks kosten zwischen 10 und 20 CUP/ca. 0,40–0,80 CUC, Hamburger 11,20 CUP/ca. 0,46 CUC, Bier gibt es für 18 CUP/ca. 0,75 CUC, Limonaden für 10 CUP/ca. 0,40 CUC und Fruchtsäfte für 1 CUP/ca. 0,04 CUC. Mi–Mo 11–23 Uhr. Calle Marcial Gómez esquina Agüero.

Ciego de Ávila 483

Tía María, ein nettes kleines Lokal mit einer Bar im Obergeschoss, in dem mit Moneda nacional bezahlt werden kann, serviert eine breite Palette von Gerichten, die sich hauptsächlich um Hähnchen- und Schweinefleisch drehen. Als Spezialität des Hauses gelten das „Pollo parmesano", ein mit Käse überbackenes Hähnchenschnitzel für 13,50 CUP/ca. 0,55 CUC, sowie das „Pollo Tía María" für 18 CUP/ca. 0,75 CUC. Eine Reservierung ist unbedingt erforderlich. Di–So 12–15, 16–19 + 20–23 Uhr. Calle Independencia e/ Maceo y Reyes, ✆ 211550.

La Fonda (6) ist ein neueres Restaurant, in dem das Personal zumindest in Sachen Freundlichkeit noch viel lernen muss. Im Angebot sind kreolische und cubanische Gerichte wie frittiertes Hähnchen (2 CUC) oder das traditionelle „Ropa vieja" (3,50 CUC). Daneben gibt es täglich vier Tellergerichte für jeweils 1,50 CUC. Man bekommt die üblichen Getränke, Wein wird auch glasweise für 1,05–1,50 CUC ausgeschenkt. Tägl. 6–18 Uhr. Calle Honorato de Castillo esquina Máximo Gómez, ✆ 266186.

El Rápido (10) bietet an einer Ecke des zentralen Parque Martí rund um die Uhr seine Snacks wie Spaghetti (1,55 CUC), Hähnchen (1,25 CUC) und Sandwiches (1,10–1,65 CUC) an. Bier kostet 1 CUC, nichtalkoholische Erfrischungsgetränke sind ab 0,55 CUC zu haben. An einer kleinen Theke gibt es außerdem das Nötigste für den täglichen Bedarf. Tägl. 24 Std. Calle Libertad esquina Castillo.

Coppelia (16) verkauft auch in Ciego ihr Peso-Eis – hier in einem vergleichsweise modernen Ambiente. Will man dabei sein, sollte man früh dran sein, denn schon weit vor der Öffnung des Terrassenlokals bilden sich vor dem Eingang lange Schlangen. Tägl. 10–15.30 + 17–22 Uhr. Calle Independencia esquina Reyes.

Cafetería El Sótano (14) im Erdgeschoss des Hochhauses „Doce Planta" am Parque Martí ist nicht sehr groß, dafür sehr sauber und ganz sicher der richtige Ort für eine kurze Pause. Neben dem üblichen Getränkeangebot zu zivilen Preisen gibt es auch kleine Snacks: „Lasagne à la Bolognese" für 2,80 CUC beispielsweise oder Cannelloni mit Schinken für 1,80 CUC. Tägl. 10–22 Uhr. Calle Honorato de Castillo e/ Independencia y Libertad.

• *Paladares* **El Flamingo (3)** ist zwar ein (sehr sauberer) Paladar, nimmt von seinen Gästen aber ausschließlich Devisen. Gegenüber dem Provinzkrankenhaus gelegen, ist das Lokal dennoch meist proppenvoll. Die Küche ist typisch cubanisch – für Schweineschnitzel, Grill-Hähnchen oder gebratenes Kotelett, die mit Reis oder Pommes frites, Brot mit Butter oder Mayonnaise gereicht werden, zahlt man 8 CUC, die Getränkepreise liegen durchwegs bei 1 CUC. Tägl. 12–24 Uhr. Calle Calendario Agüero 234 e/ Ramírez y Hernández, ✆ 225429.

Nachtleben (siehe Karte S. 485)

Casa de la Trova „Miguel Angel Luna" (9) ist eine außergewöhnliche Location. Untergebracht in einem Holzhäuschen, ist die Heimat der cubanischen Folklore eher eine kleine Bühne als ein Abendlokal. Trotzdem bekommt man natürlich seinen Drink, wenn am Wochenende bei einem Eintritt von 1 CUC die Trovadores und Musikgruppen auftreten. Fr–So 21–1 Uhr. Calle Libertad 130 esquina Reyes, ✆ 215962.

Casa de Cultura (13) residiert in einem Kolonialgebäude aus dem Jahr 1911 und bietet allabendlich ein abwechslungsreiches Unterhaltungsprogramm, das von Live-Musik über Disco-Klänge und klassische Konzerte bis hin zu Theateraufführungen und Filmvorführungen reicht. Das detaillierte Programm entnimmt man einer Hinweistafel am Eingang, Beginn ist meist um 20 bzw. 21 Uhr. Tagsüber kann man in dem Kulturzentrum Kunstausstellungen besuchen. Tägl. 8–22 Uhr. Calle Independencia 76 e/ Castillo y Maceo, ✆ 223974.

Patio ARTex (11) ist ein typisch cubanisches „Centro nocturno", also ein Nachtlokal mit Live-Gruppen, Disco-Musik, Shows und Unterhaltungsprogramm. Je nach Angebot beträgt der Eintritt ab 1 CUC. Werden ab 3 CUC verlangt, beinhaltet der Preis ein Getränk. Di–So 9–2 Uhr. Calle Libertad e/ Maceo y Castillo, ✆ 267680.

Discoteca El Colibrí (4) lässt jeden Tag die viel zitierte Sau raus, den Bären steppen und Teens, Twens und sonstige Tanzwütige zu Salsa-Klängen und Pop sich rütteln und schütteln. Die Preise bewegen sich im Rahmen, Bier kostet 1 CUC, Erfrischungsgetränke weniger, der Eintritt beträgt Mo–Fr 1 CUC, Sa 5 CUC für Paare inkl. Getränke für 4 CUC, So 3 CUC für Paare inkl. Getränke für 2 CUC. Mo–Sa 10–19 (nur Barbetrieb) + 22–3 Uhr, So 16–22 Uhr Matinee. Calle Máximo Gómez esquina Castillo, ☎ 266219.

Discoteca La Batanga (1) ist der Tanz-Tempel des Hotels „Ciego de Ávila" und dort im obersten Stockwerk untergebracht. Unter das sehr junge einheimische Publikum mischen sich Touristen eher selten. Die Eintrittspreise variieren an den verschiedenen Wochentagen: Mo–Fr 2 CUC pro Pärchen inkl. Getränke für 1 CUC, Sa 3 CUC pro Pärchen inkl. Getränke für 2 CUC, So 5 CUC pro Pärchen inkl. Getränke für 4 CUC. Wer mehr Durst hat, zahlt für jedes weitere Getränk einheitlich 1 CUC. Mo–Sa 21–2, So 17–21 Uhr. Carretera Ceballo 2, ☎ 228013.

Übernachten

• *Hotels* ***** Santiago Havana (20)** ist sicherlich nicht die Nummer eins der Hotellerie Ciegos, auch weil es unmittelbar an der Carretera Central liegt. Die 76 Zimmer, in denen es kein warmes Wasser gibt, sind mit Satelliten-TV und Telefon, sechs davon auch mit einer Minibar ausgestattet. Das Haus verfügt über ein Restaurant, eine Cafeteria und eine Bar. EZ 22–27 CUC, DZ 30–36 CUC, je nach Saison. Calle Honorato de Castillo esquina Carretera Central, ☎ 225703.

*** Ciego de Ávila (1) liegt etwas außerhalb der Stadt, ist aber die bessere Wahl. In den 117 Zimmern gibt es Satelliten-TV, Telefon und Kühlschrank, in der Anlage selbst eine schön gestaltete Lobby, Restaurant, Cafetería, Bar, Swimmingpool sowie die stark frequentierte Diskothek „La Batanga". EZ 26–29 CUC, DZ 34–38 CUC, Triple 44–49 CUC, je nach Saison. Carretera Ceballo, ☎ 228013.

• *Casas particulares* **Casa Wuilma (2)**, zentrumsnah gegenüber dem Parque Jagüey, einem der kleinen, aber schönen Parks der Stadt, gelegen, ist eines der sehr empfehlenswerten Privat-Quartiere in Ciego de Ávila. Die beiden klimatisierten Zimmer verfügen über einen eigenen Eingang, eine Wohnküche mit Kühlschrank, Videorecorder sowie jeweils ein separates Bad mit WC und eine Terrasse. Obwohl sich die Gäste selbst verpflegen können, bietet Hausherrin Wuilama Albiso Bermúdez auch Frühstück, Mittag- und Abendessen an. DZ 20 CUC. Calle Maceo 217 e/ Bembeta y Mármol, ☎ 225477.

Casa Juan (5) befindet sich mitten in der Stadt und gehört einem überdurchschnittlich verdienenden Ärzte-Ehepaar, was man sofort sieht: Das (eine) Zimmer ist modern eingerichtet, hat eine Terrasse, Küche, Badezimmer sowie einen eigenen Eingang und ist mit Kühlschrank und Klimaanlage ausgestattet. Frühstück, Mittag- und Abendessen werden zwar angeboten, man kann aber auch selbst kochen. Für die Gäste steht eine Garage zur Verfügung. DZ 25 CUC. Calle Martí 106 e/ Máximo Gómez y Sánchez, ☎ 225676.

Casa Reinaldo (8), ein kleines, grünes Häuschen, befindet sich in einer zentralen und dennoch ruhigen Lage. Besitzer Reinaldo Bermúdez Cruz (Spitzname Lulu) vermietet darin ein (fast) eigenständiges Appartement mit Schlafzimmer, Küche, Bad und WC sowie einer netten, überdachten Terrasse zum Hinterhof. Natürlich gibt es eine Klimaanlage, Kühlschrank und sogar TV und Videorecorder. Man kann in der Küche selbst kochen, sich aber auch bekochen lassen – angeboten werden sämtliche Mahlzeiten. Appt. 20–25 CUC, je nach Saison. Calle Máximo Gómez 85 e/ Delgado y López, ☎ 200126.

Casa Maria Luisa (7) liegt zwar zentrumsnah, allerdings an einer viel befahrenen Straße (Hinweisschild!) und ist Lärmempfindlichen daher weniger zu empfehlen. Das moderne Haus verfügt über zwei große, sehr saubere Zimmer mit allem, was man zum (Über-)Leben braucht: Doppelbett, Kühlschrank, Klimaanlage sowie separates Bad und WC. Zum Luftschnappen und Sonnenbaden gibt es einen eingewachsenen Innenhof. Frühstück und andere Mahlzeiten werden serviert, do it yourself ist aber auch jederzeit möglich. DZ 20 CUC. Calle Máximo Gómez 74 e/ Castillo y Maceo, ☎ 208649.

Casa Martha (15) verfügt über zwei kleine, aber komfortable Zimmer mit Bad, Klimaanlage, Kühlschrank, TV und einer reizenden Terrasse mit schönen Gartenmöbeln. Das Haus, das in der Nähe des Zentrums nahe der „Unión Árabe" liegt, ist sehr geschmackvoll eingerichtet, sauber und gemütlich. Frühstück, Mittag- und Abendessen kommen direkt aus Marthas Küche – wenn man will. DZ 20 CUC. Calle José María Agramonte 19a e/ Independencia y Agüero, ☎ 201327.

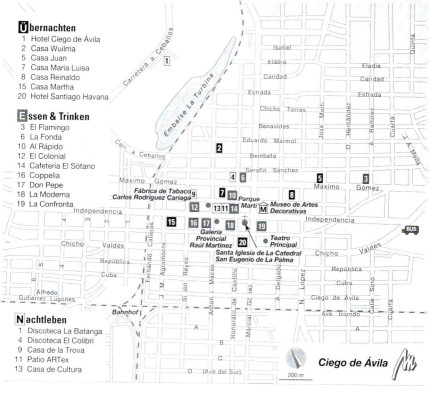

Übernachten
1. Hotel Ciego de Ávila
2. Casa Wuilma
5. Casa Juan
7. Casa Maria Luisa
8. Casa Reinaldo
15. Casa Martha
20. Hotel Santiago Havana

Essen & Trinken
3. El Flamingo
6. La Fonda
10. Al Rápido
12. El Colonial
14. Cafeteria El Sótano
16. Coppelia
17. Don Pepe
18. La Moderna
19. La Confronta

Nachtleben
1. Discoteca La Batanga
4. Discoteca El Colibri
9. Casa de la Trova
11. Patio ARTex
13. Casa de Cultura

Unterwegs in Ciego de Ávila

Parque Martí: Der Mittelpunkt von Ciego de Ávila schart die meisten der wenigen Sehenswürdigkeiten der Stadt um sich. In seiner Mitte findet man auf einer kleinen, im Jahr 1925 errichteten Säule eine Büste, die – na klar! – Jose Martí zeigt. Ringsherum laden Bänke dazu ein, sich ein wenig auszuruhen und das geschäftige Treiben zu beobachten.

Calles Marcial Gómez, Castillo, Independencia y Libertad.

Museo de Artes Decorativas: Das rosafarben verputzte Kolonialgebäude an der Ostseite des Parque Martí hat eine wechselvolle Geschichte hinter sich. Im Jahr 1930 erbaut, fungierte es zunächst als Centro Asturiano, war von 1990 bis 1995 eine Diskothek und wurde erst 2002 komplett renoviert. Seitdem entfaltet es vor allem im Inneren seine alte Pracht und ist eigentlich sehenswerter als die Sammlung, die es beherbergt. Die umfasst nämlich wieder einmal „nur" cubanisches Kunsthandwerk, hochwertiges Porzellan und antike Möbelstücke, die in acht nach Jahrhunderten geordneten Räumen gezeigt werden.

Mo–Sa 8–22, So 12–22 Uhr. Eintritt 1 CUC, Fotoaufnahmen 1 CUC, Videoaufnahmen 3 CUC. Calle Marcial Gómez 2 e/ Independencia y Libertad.

Santa Iglesia de La Catedral San Eugenio de La Palma: Die arg mitgenommene und äußerlich unscheinbare Kirche an der Südseite des Parque Martí liegt direkt neben dem Rathaus und ist dem Schutzpatron der Stadt geweiht, der in Stein ge-

Und sie rollen und rollen und rollen: fleißige Hände in der Tabakfabrik

hauen über dem Hauptportal prangt. Im Jahr 1951 an jener Stelle erbaut, an der bereits im 18. Jahrhundert eine kleine Holzkapelle errichtet worden war, ist die Kathedrale heute die einzige katholische Kirche von Ciego de Ávila. Der nüchterne, schmucklose Innenraum ist ausgerichtet auf ein großes Holzkreuz, das auf einem hellen Granitsockel steht und den Hochaltar darstellt.
Mo–Fr 8–16, Sa+So 8–12 Uhr, Messen Mo, Mi, Fr 20, Di+Do 17.30, So 8.30 + 20 Uhr. Calle Independencia 3 Oeste e/ Marcial Gómez y Castillo.

Teatro Principal: Im Jahr 1927 erbaut und 1980 aufwändig restauriert, ist das Theater das bemerkenswerteste Gebäude in Ciego de Ávila. Hellblau getüncht und mit weißen Portal-Säulen sowie Simsen versehen, lässt es schon von außen erahnen, was Besucher drinnen erwartet – Kolonialarchitektur pur mit Marmortreppen und -skulpturen, Kristallüstern und -spiegeln. In diesem schicken Rahmen wurde am 5. Mai 1963 auch das erste Militär-Komitee der Stadt ins Leben gerufen. Heute ist das Theater eher für die revolutionären Stücke seines Ensembles bekannt.
Eintritt (zu Aufführungen) 5 CUC, Studenten 2,50 CUC. Calle Joaquín de Agüero 13 e/ Marcial Gómez y Castillo, ✆ 222086.

Galería Provincial Raúl Martinez: Die Kunstgalerie in einer der Hauptgeschäftsstraßen wird für Wechsel-Ausstellungen von Künstlern aus der gesamten Provinz genutzt. Im Grunde genommen ist sie aber nur für den Fall zu empfehlen, dass man in Ciego de Ávila die Zeit totschlagen muss.
Mo–Sa 8–22, So 8–16 Uhr. Eintritt frei. Calle Independencia 65 e/ Maceo y Castillo.

Fábrica de Tabaco Carlos Rodríguez Cariaga: Die Tabakfabrik, in der man den mehr als 100 Frauen bei der Herstellung von Zigarren über die Schulter schauen kann, liegt unweit des Zentrums. Im Jahr 1961 gegründet, wurde die Fabrik nach einem Tabakpflanzer der damaligen Zeit benannt. Der Tabak, der hier verarbeitet wird, stammt hauptsächlich aus dem Anbaugebiet von Florencia in der nordwestlichen Ecke der Provinz Ciego de Ávila.
Mo–Fr 7.30–17, jeden 2. Sa 7.30–17 Uhr. Eintritt 2 CUC. Calle Maceo 17 e/ Libertad y Independencia, ✆ 211160.

Unterwegs im Norden

Los Jardines del Rey

Als Christoph Kolumbus Cuba entdeckte und in der Bucht von Bariay – oder war es vielleicht doch vor Baracoa? – Anker werfen ließ, soll er die Aufzeichnungen in seinem Logbuch am 28. Oktober 1492 mit folgenden Worten begonnen haben: „Ich habe keinen schöneren Ort je gesehen ..." Was hätte er wohl erst geschrieben, wenn er auf den Inseln des Archipels Sabana-Camagüey gelandet wäre, dem der spanische Eroberer und spätere erste Gouverneur der Insel, Diego Velázquez, mehr als 20 Jahre danach den Namen Los Jardines del Rey, die Gärten des Königs, gab?

Von den rund 400 zu den „Königsgärten" zählenden Korallen-Inseln präsentieren sich den (Pauschal-)Touristen vor allem Cayo Coco und Cayo Guillermo mit weißen, von Palmen gesäumten und teilweise unberührten Traumstränden, wie man sie sonst nur von Ansichtskarten oder aus der Werbung kennt. Eingebettet in eine intakte Naturlandschaft mit einer unvergleichlichen biologischen Vielfalt und einer artenreichen Tierwelt, die zumindest in Cuba ihresgleichen sucht, sind die Cayos – Varadero-Fans mögen verzeihen – das Top-Reiseziel des Landes, wenn es um Badeurlaub geht.

Schon allein die Anfahrt zum Archipel ist ein optischer Genuss – in den man leider nicht kommt, wenn man auf dem Internationalen Flughafen „Jardines del Rey" landet und damit von Anfang an mittendrin ist. Auf dem 17 Kilometer langen Pedraplén, der Dammstraße durch die Bahía de Perros, die in den 1980er Jahren gebaut wurde, um die Cayos für den Tourismus zu erschließen, geht es vorbei an Scharen fischender Pelikane und in der Sonne dösender Flamingos, die hier einen idealen Lebensraum vorfinden. Kein Wunder: Die Temperaturen auf den kleinen Inseln im Atlantik liegen das ganze Jahr über zwischen 24 und 28 Grad, das Meer ist ständig mindestens 25 Grad warm und die durchschnittliche Zahl der täglichen Sonnenstunden pendelt von 11,5 bis 13.

Die Gärten des Königs haben nur einen Haken: ihre geographische Lage nur drei Seemeilen vom Canal Viejo de Bahama, einem internationalen Schifffahrtskorridor, entfernt. Seine Nähe und die damit verbundenen Fluchtmöglichkeiten sind wohl der triftigste Grund dafür, dass Cubanern der Zugang zu den Cayos unmöglich gemacht wird und selbst das Hotelpersonal nur nach eingehenden Überprüfungen der Personalien den Kontrollposten am Beginn des Pedraplén passieren darf. Der Begriff bedeutet übersetzt nichts anderes als „steiniger Weg" – für die einheimische Bevölkerung ist er es allemal.

Cayo Coco

Cayo Coco ist mit einer Fläche von 370 Quadratkilometern die größte Insel der Jardines del Rey, die viertgrößte des Landes und das Hauptziel für Touristen auf dem Archipel Sabana-Camagüey. Die neun Strände haben eine Gesamtlänge von 22 Kilometern, und die meisten davon sind „virgen", wie die Cubaner sagen, also unberührt – wie übrigens auch der Großteil der Natur ringsum. Nicht umsonst findet man auf Cayo Coco mehr als 360 verschiedene Pflanzen- und rund 200, teilweise endemische Tierarten. Zu ihnen zählt auch der weiße Ibis, der auf Cuba wegen seines an das Fruchtfleisch einer Kokosnuss erinnernden Gefieders Coco genannt wird und dem die Insel ihren Namen verdankt.

Wenn es immer wieder heißt, Cayo Coco sei ausschließlich ein Ziel für die klassische Hotel-Klientel, so ist dies nur die halbe Wahrheit. Natürlich gibt es auch Unterkunftsmöglichkeiten für den kleinen Geldbeutel – im Sitio La Güira etwa, wo man für ein Zimmer zwischen 20 und 25 CUC pro Nacht bezahlt oder auf dem Campismo popular Cayo Coco, wo man ein gemauertes Häuschen für vier Personen selbst in der Hauptsaison schon ab 12 CUC pro Tag bekommt. Dennoch: Die dominierende Stellung haben die All-inclusive-Resorts der Vier- und Fünf-Sterne-Kategorie, von denen es inzwischen acht Stück mit über 3200 Gästezimmern gibt. Aus diesem Grund ist das kulinarische Angebot außerhalb der Ferien-Anlagen ebenso dürftig wie das Nachtleben. Beides beschränkt sich mehr oder weniger auf die Cueva del Jabalí, ein Restaurant und eine Diskothek, etwa fünf Kilometer außerhalb der Hotel-Zone in Richtung Cayo Guillermo. Spezialität der „Wildschwein-Höhle" ist – wie könnte es anders sein – Wildschweinbraten.

Alles andere als armselig ist hingegen die Unterwasserwelt von Cayo Coco. Die 57 Tauchplätze entlang des mehr als 30 Kilometer langen und bis zu 40 Meter in die Tiefe reichenden Korallenriffs gehören zum Besten, was Cuba Tauchern und Schnorchlern zu bieten hat. Der hohe Erhaltungsgrad dieses Ökosystems spiegelt sich auch in der Artenvielfalt unter Wasser wider, die das Gefühl vermittelt, sich in einem gigantischen Aquarium mit Riffhaien, Barracudas und Meeresschildkröten zu befinden. Zu den bei Tauchern besonders beliebten Stellen gehören „Casasa", wo man regelmäßig Rochen begegnet, „La Jaula", wo Schwämme in besonders großer Vielfalt vorkommen, und „Coloradas", wo in Tunnel- und Höhlen-Systemen viele Papageien- und Engelsfische zu Hause sind.

Hin & Weg

- *Flugzeug* Internationaler Flughafen „Jardines del Rey", ✆ 309165, 309106, cocodr@enet.cu. Verbindungen: Inlandsflüge von Aerocaribbean, ✆ 309106. Deutsche Airlines haben Cayo Coco inzwischen nicht mehr im Flugplan.
- *Taxi* Am Flughafen und an den Hotels (auf Anforderung in den Rezeptionen) stehen jederzeit Taxen bereit, die in der Regel 0,40 CUC pro Kilometer berechnen. Bei längeren Strecken oder (Halb-)Tagesausflügen kann man auch einen Fix-Preis aushandeln.
- *Mietwagen* Für das Befahren des Pedraplén wird am Kontrollposten der Polizei auf der Isla de Turiguanó Maut erhoben: 2 CUC pro Fahrzeug.

Auf einen Blick

- *Ärztliche Versorgung* **Clínica Internacional** im Hotel „Tryp Club Cayo Coco", ✆ 301202. **Hospital de Morón**, Calle Zayas esquina Libertad (in Morón), ✆ 3530, 335680.
- *Autovermietung* Wagen werden in allen Hotels angeboten.
- *Banken* **Banco Financiero Internacional** im Hotel „Tryp Club Cayo Coco", ✆ 301252. Devisen-Umtausch ist aber grundsätzlich auch an allen Hotel-Rezeptionen möglich.
- *Freizeit* **Fallschirmspringen und Fliegen:** Der Rumbos Aeroclub Cayo Coco hat sein Hauptquartier direkt neben dem Hotel „Sol Cayo Coco" und verschafft seinen Kunden einen anderen Blickwinkel auf die Inselwelt. Tandem-Fallschirmsprünge kosten 40 CUC/Sprung, Parasailing 40 CUC/15 Min. und Flüge mit dem „Ultraligero" („Ultraleichtflugzeug") 30 CUC/10 Min. Neuestes Angebot: Kitesurf-Kurse auf Cayo Guillermo für 250 CUC. Das komplette Equipment wurde aus Deutschland importiert. ✆ 301431, auch in allen Hotels buchbar.

  Tauchen: Tauchbasen und -schulen gibt es im Hotel „Meliá Cayo Coco" (Blue Diving), ✆ 308180, 308179, managerblue@enet.cu, www.bluediving.com, und im Hotel „Tryp Club Cayo Coco" (Centro Buceo), ✆ 301376.

  Wellness/Thalassotheariepie: Hydro-Massagen, Strahl-Duschen etc. bietet das Centro de Talasoterapia direkt neben dem Hotel

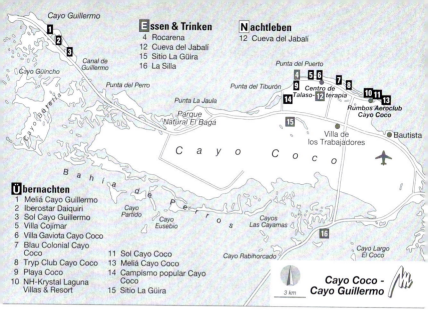

"Villa Gaviota Cayo Coco". ✆ 301230, director@servimed.cav.cyt.cu.

Ausflugsbusse verkehren 5x täglich von 9 bis 18 Uhr von den Hotels zur Cueva El Jabalí, zum Sitio La Güira, zum Parque Natural El Bagá und nach Cayo Guillermo.

• *Internet* In den meisten Hotels gegen Gebühr verfügbar.

• *Notruf* **Polizei**, ✆ 116. **Feuerwehr**, ✆ 115. **Ambulanz**, ✆ 185.

• *Postleitzahl* 69400

• *Post* Correo Bautista, ✆ 308112.

• *Shopping* Außer den kleinen Geschäften in den Hotels gibt es auf Cayo Coco keinerlei Einkaufsmöglichkeiten. Dort erhält man allerdings fast alles, was man in Cuba unbedingt kaufen muss: Rum, Zigarren, T-Shirts mit Che-Konterfei … Nette Souvenirs halten oftmals auch die Marktstände bereit, die von Einheimischen auf dem Gelände der Hotels betrieben werden.

• *Taxis* **Transtur**, ✆ 301175. **Veracuba**, ✆ 308197.

• *Tourist-Information* **Infotur** am Eingang zum Aeropuerto Internacional „Jardines del Rey", ✆ 309109, aeroinfotjr@enet.cu.

Cubanacán im Hotel „Tryp Club Cayo Coco", ✆ 301215, 301216, transfer@viajes.cav.cyt.cu, director@viajes.cav.cyt.cu.

Havanatur im Hotel „Sol Cayo Coco", ✆ 266342, 301329, 301371, palfredo@cimex.com.cu, victorm@cimex.com.cu.

Im **Internet** findet man Informationen auf der Homepage der Jardines del Rey www.jardinesdelrey.cu.

Essen & Trinken

• *Restaurants* **Rocarena** (4) ist ein beliebter Aussichtspunkt am Ende der Hotel-Zone in Richtung Cayo Guillermo mit Bar und Restaurant. Die Küche ist international ausgerichtet, Spezialität sind – natürlich – Meeresfrüchte. Tägl. 12–23 Uhr. ✆ 301409.

Sitio La Güira (15), das Restaurant des Museumsdorfs an der Straße nach Cayo Guillermo, kocht traditionell cubanisch. Es gibt Schweinefleischgerichte und Hähnchen, meist mit „Arroz congrí", dem traditionellen Reis mit Bohnen. Tägl. 9–23 Uhr. Carretera Cayo Guillermo km 10, ✆ 301208.

La Silla (16), ein Parador am Ende des Pedraplén in Richtung Cayo Coco, hat verschiedene Fisch-Spezialitäten (Filet ab 6,70 CUC) auf seiner Karte. Cocktails kosten zwischen 1,50 und 2 CUC. Außerhalb des Restaurants gibt es einen Aussichtsturm, von dem aus man einen wunderbaren Blick auf den Pedraplén und das Meer hat. Tägl. 24 Std. Carretera Cayo Coco km 18, ✆ 301167.

Cueva del Jabalí (Wildschweinhöhle) **(12)** macht seinen Namen zum Programm der Küche: Am liebsten und am besten kocht man Wildschweinbraten. Tägl. 12–24 Uhr. Punta Las Coloradas, ✆ 301206.

Nachtleben (siehe Karte S. 489)

Cueva del Jabalí (12) ist der einzige empfehlenswerte Nachtclub auf Cayo Coco, wenn man den Diskotheken in den Hotels einmal entfliehen will. Durch seine Lage am Rande der Hotel-Zone halten sich auch die Taxikosten in Grenzen. Die Höhle bietet allerdings auch nicht mehr als die Animateure in den All-inclusive-Resorts – Live-Shows auf der Bühne und Musik aus der Konserve. Der Eintritt beträgt 1 CUC, Mi+Fr 10 CUC inkl. aller Getränke. Tägl. 9–17 + 22.30–2 Uhr. ✆ 301206.

Übernachten (siehe Karte S. 489)

• *Hotels* ******* Meliá Cayo Coco (13)** liegt am Ende der Hotel-Zone von Cayo Coco und ist das erste Haus am Platz. Das Meliá ist ein Hotel für Paare und Singles ab 18 Jahren, Familien mit Kindern werden freundlich an andere Hotels der Meliá-Gruppe, etwa das „Sol Cayo Coco", verwiesen. Entsprechend ruhig ist es in der gepflegten Anlage. Die 250 Zimmer, von denen 62 in kleinen einstöckigen Häusern direkt in der Lagune untergebracht sind, die man nur über Stege erreicht, verfügen alle über Klimaanlage, Satelliten-TV und Minibar. Es gibt eine Grillbar, Buffet- und vier Spezialitäten-Restaurants, eine Poollandschaft, Geschäfte und eine Autovermietung. EZ 145–315 CUC, DZ 220–485 CUC, je nach Saison und Kategorie. ✆ 301180, melia.cayo.coco@solmelia.com, ventas1.mcc@solmeliacuba.com, jefe.reservas.mcc@solmeliacuba.com, www.solmeliacuba.com.

***** Blau Colonial Cayo Coco (7) ist ein im Stil eines kolonialen Dorfes angelegtes Resort. Rezeption, Restaurants, Touristikbüro und Autovermietung sind alle rund um einen zentralen Platz zu finden, die 458 Zimmer mit Klimaanlage, Satelliten-TV und Minibar in kleinen Häusern in der Anlage verteilt. Es gibt Swimmingpools mit Süß- und Salzwasser, Fitness-Studio und Diskothek. EZ 96–173 CUC, DZ 170–220 CUC, je nach Saison. ✆ 301311, dircomercial@blau-hotels.com.

***** NH-Krystal Laguna Villas & Resort (früher „El Senador") **(10)** wurde durch seine Renovierung deutlich aufgewertet, die Klientel – hauptsächlich Kanadier – ist freilich die alte geblieben. Das 690-Zimmer-Resort im Bungalowstil etwas oberhalb der Lagune an einem 600 m langen hoteleigenen Strand und verfügt über eine Reihe von Buffet- und Spezialitäten-Restaurants, Bars und vier Swimmingpools, einer davon für Kinder. Von der Lobby aus hat man einen herrlichen Blick auf die gesamte Anlage. Die Zimmer sind alle mit Klimaanlage, Satelliten-TV, Minibar und Safe ausgestattet. Am Strand kann man Wassersportgeräte ausleihen, es gibt ein Fitness-Studio, einen medizinischen Service, Läden, Tourist-Information und Autovermietung. EZ 98–123 CUC, EZ–Suite 160–195 CUC, DZ 119–155 CUC, DZ-Suite 242–298 CUC, je nach Saison. ✆ 301470, 301070, comercial@el.senador.tur.cu, www.el-senador.com (E-Mail- und Internet-Adresse laufen noch unter dem früheren Namen „El Senador").

**** Tryp Club Cayo Coco (8) gehört zur Meliá-Gruppe und ist mit 972 Zimmern die größte Anlage in Cayo Coco. Das Familien-Hotel bietet zwölf Bars, drei Buffet- und fünf À-la-carte-Restaurants, in denen es auch Meeresfrüchte gibt, zwei Coffee-Shops, eine Piano-Bar sowie eine Diskothek. Außerdem findet man in der Anlage zwei Swimmingpools mit Bereichen für Kinder, Läden, Fotofachgeschäft, Friseur und eine Auto- und Motorrollervermietung. Am Strand, an dem man von dem freundlichen Personal des Hauses bedient wird, kann man kostenlos nichtmotorisierte Wassersportgeräte wie Surfbretter und Katamarane ausleihen. Die Zimmer verfügen alle über Klimaanlage, Satelliten-TV, Safe, Minibar und Telefon. Nicht unwichtig: Im Tryp Club ist auch die Clínica Internacional untergebracht. EZ 115–235 CUC, DZ 175–380 CUC, je nach Saison und Kategorie, Kinder bis 2 Jahre nächtigen gratis, von 3 bis 12 Jahren zahlen sie die Hälfte. ✆ 301311, 301300, ventas1.tcc@solmeliacuba.com, www.solmeliacuba.com.

**** Sol Cayo Coco (11) ist eine ebenfalls zur Meliá-Gruppe gehörende, familienfreundliche Anlage mit 270 Zimmern, alle

ausgestattet mit Klimaanlage, Minibar mit Mineralwasser, Kabel-TV und Safe. Innerhalb des Resorts findet man ein Fitness-Center mit Gymnastikraum, Sauna, Massage und Friseur, ein Amphitheater für die abendlichen Shows und – vor dem Haupteingang – die Disco, die auch Gästen anderer Hotels offen steht. Medizinischer Service, Läden und eine Autovermietung runden das Angebot ab. EZ 115–270 CUC, DZ 175–365 CUC, je nach Saison und Kategorie. ✆ 301280,
sol.cayo.coco@solmeliacuba.com,
ventas1.scc@solmeliacuba.com,
www.solmeliacuba.com.

**** Playa Coco (9) liegt außerhalb der Hotel-Zone an der Straße nach Cayo Guillermo und verfügt über 306 Zimmer, davon 18 Suiten, alle mit Satelliten-TV, Telefon, Radio, Klimaanlage, Minibar, Safe und eigenem Balkon. Das Hotel, in dem es Buffet- und À-la-carte-Restaurants sowie Lobby-, Snack- und Poolbar gibt, bietet außerdem Internet-Service, Auto-, Motorroller- und Fahrradvermietung, Animationsprogramm, Kinderspielplatz, Touristikbüro, medizinischen Service, Tagungsräume, Damen- und Herrenfriseur, Massagesalon und chemische Reinigung. Sportlich interessierte Gäste können sich am Strand kostenlos nicht-motorisierte Wassersportgeräte ausleihen, es gibt außerdem eine Tennisplatz und eine Minigolfbahn. EZ 99–140 CUC, DZ 138–222 CUC, je nach Saison und Kategorie. ✆ 302250, comercial@playacoco.co.cu,
www.gaviota-grupo.com.

**** Villa Cojimar (5) wurde vor elf Jahren errichtet und seitdem nicht mehr renoviert. Das sieht man! Woher die vier Sterne kommen, wissen die cubanischen Hotel-Götter, mehr als drei verdient das Haus ganz sicher nicht. Die 220 Zimmer wurden auch schon lange nicht mehr hergerichtet, verfügen aber dennoch alle über Klimaanlage, Satelliten-TV und Minibar. In der Anlage selbst gibt es mehrere Restaurants und Bars, Tourist-Information und Autovermietung. EZ 43,50–117 CUC, DZ 115–175 CUC, je nach Saison. ✆ 301712, ventas@cojimar.gca.tur.cu.

***+ Villa Gaviota Cayo Coco (6) ist mit 48 Zimmern das kleinste Haus auf Cayo Coco, wird aber exklusiv von einem kanadischen Reiseveranstalter belegt und ist damit in Deutschland nicht buchbar. Die Zimmer sind alle klimatisiert und haben Satelliten-TV, das Hotel selbst bietet Restaurant, Cafeteria und Bar sowie Tennisplätze, Swimmingpool und Spielsalon. Direkt daneben liegt das „Centro de Talasoterapia". EZ 40–95 CUC, DZ 105–200 CUC, je nach Saison. ✆ 302180, 302185,
carpeta@villagaviota-grupo.co.cu,
www.gaviota-grupo.com.

• *Casas particulares* **Sitio La Güira (15)**, das Museumsdorf von Cayo Coco, vermietet in zwei Hütten insgesamt vier sehr einfache Zimmer. Es gibt keine Klimaanlage, die beiden preisgünstigeren Räume teilen sich ein Badezimmer, die beiden teureren sind jeweils mit Bad ausgestattet. Eine telefonische Vorreservierung ist nicht möglich, wer zuerst kommt, mahlt zuerst, und wer zuletzt kommt, kann immer noch auf den nahen Campingplatz ausweichen. DZ 20–25 CUC, je nach Kategorie. Carretera Cayo Guillermo km 10, ✆ 301208.

• *Campingplatz* **Campismo popular Cayo Coco (14)** liegt direkt am Meer an der Straße zwischen Cayo Coco und Cayo Guillermo und verfügt über 64 gemauerte Häuschen für jeweils vier Personen, die auch an Touristen vermietet werden. Die Hütten sind sehr billig, dafür aber auch nicht mehr als ein Dach über dem Kopf. In der Anlage gibt es verschiedene Freizeit-Einrichtungen und ein kleines, ebenfalls sehr einfaches Restaurant. Hütte für vier Personen 11–28 CUC, je nach Kategorie und Saison. Carretera Cayo Guillermo km 14, ✆ 301105.

Cayo Guillermo

siehe Karte S. 489

Der „kleine Nachbar" von Cayo Coco, der 35 Kilometer westlich davon liegt, hat sich bis heute einen gewissen Geheimtipp-Charakter bewahrt. Nur 13 Quadratkilometer groß, gibt es auf Cayo Guillermo gerade einmal drei Hotels und drei Sandstrände von insgesamt sechs Kilometern Länge. Der zweifellos schönste davon ist die Playa Pilar, die man von Cayo Guillermo aus über eine sechs Kilometer lange Schotterpiste erreicht und zu der zweimal täglich (9 und 14 Uhr) auch ein kleiner Touristenzug fährt, der an allen Hotels Halt macht und Urlauber für 5 CUC an das Ende der Ferien-Welt der Jardines del Rey kutschiert. An dem Naturstrand gibt es nicht mehr als ein paar Liegestühle und Sonnenschirme (je 1 CUC) sowie eine kleine, als Bar fungierende Bretterbude mit Veranda, an der man sich mit Snacks und Getränken versorgen kann. Benannt ist die Playa nach der Yacht von Ernest Hemingway, der hier regelmäßig zum Hochseefischen auslief und Cayo Guillermo wohl nicht zuletzt deshalb auch in seinem Roman „Inseln im Strom" verewigte. Noch heute ist Cayo Guillermo eine Top-Adresse für Sportfischer, weil sich hier in den Tiefen des Meeres besonders viele Schwertfische tummeln. Der zweite außergewöhnliche Strand Cayo Guillermos ist die Playa El Medio mit ihren Sanddünen, die sich bis zu 20 Meter hoch auftürmen und als die höchsten des gesamten karibischen Raumes gelten. Zu ihr zweigt man etwa auf halber Strecke zur Playa Pilar nach rechts ab und kann sie eigentlich gar nicht verfehlen.

- *Freizeit* **Ausflugsbusse** verkehren 5x täglich von 9 bis 18 Uhr von den Hotels zur Cueva El Jabalí, zum Sitio La Güira, zum Parque Natural El Bagá und nach Cayo Coco.
- *Internet* In den meisten Hotels gegen Gebühr verfügbar.
- *Übernachten* ***** **Meliá Cayo Guillermo (1)** ist der Platzhirsch in der kleinen Hotel-Zone von Cayo Guillermo. Das einzige Fünf-Sterne-Haus auf der kleinen Insel verfügt über 309 Zimmer (darunter fünf Junior-Suiten und zwei Suiten), die alle mit Klimaanlage, Satelliten-TV, Minibar, Balkon oder Terrasse ausgestattet sind. Innerhalb der Anlage gibt es fünf Restaurants und eine Grillbar, Swimmingpool, Sauna, Fitness-Raum, Tennisplatz und eine Disco. Außerdem kann man sich am Strand Surfbretter, Kanus und Katamarane ausleihen. In der Lobby findet man ferner eine Auto- und Motorradvermietung. EZ 150–315 CUC, DZ 235–485 CUC, je nach Saison. ✆ 301680, melia.cayo.guillermo@solmelia.es, reservas1.mcg@solmeliacuba.com, www.solmeliacuba.com.
**** **Sol Cayo Guillermo (3)** liegt direkt neben dem Meliá – gehört ja schließlich zur Gruppe – und ist ein freundliches Familien-Hotel mit 270 klimatisierten Zimmern, die alle Balkon oder Terrasse haben und mit Satelliten-TV und Safe ausgestattet sind. Es gibt drei Restaurants mit internationaler Küche, eine Grillbar, eine 24-Stunden-Bar und eine Diskothek. Das Haus verfügt zudem über einen Kinderclub, Geschäfte, Auto- und Motorradvermietung. EZ 120–180, DZ 185–255, je nach Saison. ✆ 301760, 301761, sol.cayo.guillermo@solmeliacuba.com, ventas1.scg@solmeliacuba.com, reservas1.scg@solmeliacuba.com, www.solmeliacuba.com.
**** **Iberostar Daiquiri (2)**, ein von führenden deutschen Reiseveranstaltern mehrfach ausgezeichnetes Haus, bietet 312 Zimmer mit jedem Komfort: Klimaanlage, Satelliten-TV, Telefon, Minibar, Balkon oder Terrasse. Im Resort gibt es ein Strand-Restaurant, ein Buffet-Restaurant und ein mexikanisches Spezialitäten-Restaurant, Bars, Pools, Auto- und Fahrradvermietung, Bank, Geschäfte und eine Boutique. Besonders groß ist das in dem All-inclusive-Angebot enthaltene Sportangebot: Tennis, Billard, Tischtennis, Beach-Volleyball, Surfen, Segeln und – einmal pro Woche – Tauch-Unterricht am Pool. EZ 110–130 CUC, DZ 160–200 CUC, je nach Saison. ✆ 301650, info@iberostarcaribe.com, www.iberostar.com.

Sitio La Güira

Wenn man wissen möchte, wie die Bevölkerung von Cayo Coco zu Beginn des 20. Jahrhunderts gelebt hat, kommt man um einen Besuch des Sitio La Güira nicht herum. Der Ort – wie das Wort Sitio übersetzt heißt – liegt zehn Kilometer von der Hotel-Zone entfernt an der Straße nach Cayo Guillermo und ist die Nachbildung einer Köhlersiedlung, von denen es auf Cayo Coco ursprünglich sehr viele gab. Bei einem Rundgang durch die Anlage erfährt man viel über die Geschichte der Insel und das karge Leben seiner Bewohner in früheren Zeiten. Die verschiedenen Hütten kann man nicht nur besichtigen, sondern auch mieten. Bei begleiteten Wanderungen auf dem zum Sitio gehörenden Naturlehrpfad oder Ausritten in die

Rekonstruktion einer früheren Köhlersiedlung: der Sitio La Güira

umliegenden Mangrovenwälder (5 CUC) erlebt man beinahe die gesamte Breite der Fauna und Flora Cayo Cocos und lernt zudem die Baumfrucht kennen, nach der der Ort benannt ist. Der grünen, orangengroßen Güira sagt man zweierlei Wirkungen nach: Zum einen soll sie bei Unfruchtbarkeit von Frauen, zum anderen bei Erkältungen von Kindern helfen – wirklich ein tolles Zeug!

Tägl. 9–23 Uhr. Eintritt 2 CUC (inkl. Getränk). Carretera Cayo Guillermo km 10, ✆ 301208.

Parque Natural El Bagá

Fährt man von Cayo Coco nach Cayo Guillermo, kommt man genau auf halber Strecke zwangsläufig ins Staunen, wenn der zwar geteerte, aber enge und mit Schlaglöchern gespickte Weg plötzlich für einige Kilometer zu einer komfortablen, vierspurigen Straße wird. An diesem Punkt befindet man sich nirgendwo anders als auf dem Rollfeld des früheren Flughafens von Cayo Coco, das – weil eben schon entsprechend ausgebaut – kurzerhand in die Landstraße integriert wurde. Dort liegt auch der Parque Natural El Bagá, dessen Besucherzentrum in der ehemaligen Abfertigungshalle residiert und dessen Aussichtsturm nichts anderes ist als der einstige Tower.

Der Naturpark selbst, durch den verschiedene Wanderwege führen und dessen wildromantische Landschaft fasziniert, präsentiert beinahe die gesamte Artenvielfalt der cubanischen Flora und Fauna. Bei den Touren, die man per pedes, zu Pferde, mit Fahrrädern oder – aufgrund der Vielzahl von kleinen Seen innerhalb des Parks – auf Booten und vor allem auch auf eigene Faust unternehmen kann, erlebt man unter anderem Schildkröten, Krokodile, Leguane und Wildschweine (alle in Gehegen gehalten). Berühmt ist El Bagá, dessen Name von einer im Park wachsenden, apfelartigen Frucht herrührt, deren Genuss bei Magenschmerzen empfohlen wird, aber vor allem für seine Vogelwelt: Ob Adler oder Kolibris, Flamingos oder Ibisse, sie alle nisten in dem Naturpark oder nützen ihn zumindest als Rastplatz. Selbst der taubengroße Tocororo, aufgrund seines blau-weiß-roten Gefieders der Nationalvogel Cubas, kann hier beobachtet werden.

Mo–Sa 9.30–16.30 Uhr. Eintritt je nach Tour 5–10 CUC, Vogelbeobachtung 18 CUC, Fliegenfischen 70 CUC (jeweils inkl. Begrüßungscocktail). Carretera Cayo Guillermo, ✆ 301063, 301064, 301065, bagá_comercial@fica.inf.cu.

Morón

Wenn man als Tourist seinem „goldenen Käfig" auf den Jardines del Rey entfliehen und das Land erleben möchte, wie es wirklich ist, liegt nichts näher als Morón – im wahrsten Sinne des Wortes. Etwas mehr als 60 Kilometer sind es von den Cayos über den Pedraplén und eine gut ausgebaute Landstraße bis nach Cuba. Der im Jahre 1750 von den Nachkommen farbiger Sklaven aus dem Raum Sancti Spíritus und Seefahrern aus Spanien gegründete, aber erst 1827 an seinen heutigen Platz verlegte Ort ist zwar eher unspektakulär, wartet aber zumindest mit zwei Besonderheiten auf: Zum einen wird man von einer durchaus sehenswerten Architektur mit teilweise europäischen Einflüssen überrascht – Letzteres ist angesichts der Wurzeln der ersten Siedler allerdings nicht unbedingt verwunderlich. Zum anderen findet man am ersten Kreisverkehr aus Richtung Ciego de Ávila ein außergewöhnliches Denkmal, das den Hahn von Morón, das Wahrzeichen der Stadt, darstellt, um den sich eine lange Geschichte und viele Geschichten ranken. Die von der berühmten cubanischen Bildhauerin Rita Longa im Jahre 1955 geschaffene und 1981 erneuerte Bronze-Skulptur kann mittels Lautsprechersystem sogar krähen und macht von ihrer Fähigkeit täglich um 6 Uhr morgens und um 6 Uhr abends auch Gebrauch.

Ein wirkliches Schmuckstück ist Moróns Bahnhof, der 1923 erbaut wurde und damit zu den ältesten des Landes zählt. Neben seiner Fassade ist es vor allem sein „Innenleben" mit Buntglasfenstern in der Decke, das zu faszinieren vermag. Und auch das wirkliche Leben draußen vor der Tür, wo Pferdekutschen und Bici-Taxen in Reih und Glied auf Kundschaft warten und wo die Camiónes, für den Personen-Transport umgebaute Lastwagen und Sattelzüge, immer neue Menschenmengen ausspucken, ist sehenswert. Das ist Cuba! Einen zumindest kurzen Besuch lohnt zudem das kleine Museo Municipal in der Calle Martí – schon des sogenannten „Ídolillo de Barro" wegen. Auf den jahrhundertealten, aus Ton gefertigten Kopf einer indianischen Gottheit ist man in Morón besonders stolz.

Seinen Namen verdankt die Stadt übrigens Ramon Morón, einem Nachfahren von Don Pedro de Morón, der wiederum zu den Gründungsvätern Camagüeys zählte und ursprünglich im spanischen Morón de Frontera in der Nähe von Sevilla zu Hause war. Nicht zuletzt deshalb kam im Jahr 1988 ein Urlauber aus dem spanischen Morón auch auf die Idee, eine Städtepartnerschaft zu initiieren, die 1996 in Andalusien schließlich feierlich besiegelt wurde.

• *Hin & Weg* **Bahn**: Bahnhof in der Calle Martí. Verbindungen: Ciego de Ávila 3x tägl. 6.20, 12.15 + 16.15 Uhr, 0,90 CUP/ca. 0,03 CUC.

Bus: Terminal für Regionalbusse unmittelbar vor dem Bahnhof. Verbindungen: Ciego de Ávila 8x tägl. 5.35, 7.30, 8.20, 10.20, 11.30,13.00 + 15.00 Uhr, 1 CUP/ca. 0,04 CUC. Terminal für Astro-Busse in der Calle Martí 412, 100 m vom Bahnhof entfernt. Verbindungen: Havanna 1x tägl., 24 CUC. Camagüey 1x tägl., 5,50 CUC. Santiago de Cuba 1x tägl., 7,50 CUC.

Taxi: Taxistand vor dem Bahnhof.

Morón

- *Ärztliche Versorgung* **Hospital de Morón** mit angeschlossener Apotheke, tägl. 24. Std., Calle Zayas esquina Libertad, ✆ 3530, 335680.
- *Autovermietung* **Cubacar** im Hotel Morón, tägl. 8–20 Uhr, Avenida Tarafa.
- *Feste* Immer im August gibt es an der Laguna de la Leche den **Carnaval acuático**, zu dem ganz Morón an das Ufer von Cubas größtem Süßwassersee kommt. Und an den Tagen nach dem 15. September steigt im Zentrum rund um den Hauptbahnhof und den Parque Martí eine Woche lang der normale **Karneval** der Stadt.
- *Notruf* **Polizei**, ✆ 116. **Feuerwehr**, ✆ 115. **Ambulanz**, ✆ 185.
- *Postleitzahl* 67210
- *Post* Mo–Sa 8–18 Uhr, Calle Martí 324 e/ Sánchez y San José.
- *Essen & Trinken* **La Genovesa** ist ein kleines Restaurant in der Hauptstraße von Morón mit vier Tischen. Die Küche ist typisch cubanisch, als Spezialitäten gelten Schweineschnitzel für 9,25 CUP/ca. 0,40 CUC und Kotelett für 15 CUP/ca. 0,60 CUC. Tägl. 18–23 Uhr. Calle Martí 368 e/ Daniel y Antuñas, ✆ 505325.

Restaurant Florida bietet die üblichen cubanischen Gerichte wie Hähnchen mit Reis und frittierten Kochbananen. Für Touristen gibt es eine eigene Karte, in der die Preise in CUC ausgewiesen sind. Cubaner zahlen mit Pesos. Tägl. 18.30–21.30 Uhr. Calle Martí e/ Varona y Céspedes, ✆ 504554.

Paraíso Palmeras ist ein Devisen-Lokal, in dem die Speisekarte kaum Wünsche offenlässt: Schwein, Rind, Huhn, Meeresfrüchte, Fisch – besonders zu empfehlen ist allerdings die Paella des Hauses. Di–So 12–14 + 19–23 Uhr. Calle Martí 382 e/ Daniel y Antuñas, ✆ 502213.

Restaurant Morón, ein Peso-Lokal im Stadtzentrum mit einer kleinen Bar, überzeugt mit seinen verschiedenen Schweinefleischgerichten. Der Küchenchef empfiehlt seinen Schmorbraten (8,90 CUP/ca. 0,37 CUC) – nicht zu Unrecht. Die Getränkepreise sind ebenfalls niedrig, wenngleich man Touristen gelegentlich mit Devisen bezahlen lässt. Tägl. 12.30–14 + 18–23 Uhr. Calle Martí esquina Callejas, ✆ 503849.

- *Nachtleben* **Discoteca La Casona**, den Mittelpunkt des spärlichen Nachtlebens von Morón, findet man im gleichnamigen Hostal gegenüber dem Bahnhof. Der Eintritt beträgt 1 CUC, die Getränke sind – wenn überhaupt – nicht viel teurer. Tägl. 22–2, So ab 16 Uhr. Calle Cristóbal Colón 41, ✆ 502584.

Casa de La Trova befindet sich unweit des Stadtzentrums und bietet Live-Musik cubanischer Gruppen (Eintritt zwischen 1 und 5 CUC) oder Traditionelles vom Plattenteller (Eintritt frei). So–Fr 9–24, Sa 9–2 Uhr. Calle Libertad 74 e/ Martí y López.

- *Übernachten* ** **Morón** (früher „Carrusel") gehört zur cubanischen Islazul-Kette und ist – mangels Masse, und nur deswegen – das erste Haus am Platz. Am Ortseingang in der Nähe des Hahn-Monuments gelegen, verfügt es über 144 Zimmer mit Klimaanlage, Satelliten-TV, Telefon und Gartenblick. Es gibt zwei Restaurants (Buffet und à la carte), verschiedene Bars, Swimmingpool, Tourist-Info und Internet-Café (5 CUC/Std.). EZ 28–33 CUC, DZ 36–42 CUC, Triple 49–55 CUC, je nach Saison. Avenida Tarafa, ✆ 502230, hmrrpp@hmoron.cav.cyt.cu.

* **San Fernando** ist eine Dependance des Hotels „Morón" und liegt auch ganz in dessen Nähe. Die Gäste der neun, eher einfachen Zimmer können den kompletten Service des Haupthauses in Anspruch nehmen. EZ 23 CUC, DZ 28–42 CUC, Triple 36 CUC, je nach Kategorie und Saison. Carretera Ciego de Ávila esquina San Fernando, ✆ 502584.

* **Hostal La Casona** findet man im Zentrum gegenüber vom Bahnhof. Die Herberge hat nur sieben Zimmer (jeweils mit Bad, Klimaanlage, Kühlschrank, TV), einen Swimmingpool, der gegen Gebühr auch Nicht-Gästen offen steht, sowie die beste, weil einzige Diskothek in der Innenstadt von Morón. EZ 20 CUC, DZ 26 CUC, Triple 32 CUC. Calle Cristóbal Colón 41, ✆ 502584.

Casa Luaces befindet sich mitten im Zentrum. Die Eigentümer Iraida Espinosa und Bernardo Luaces vermieten dort ein einfaches, aber sauberes Zimmer mit Klimaanlage. Die Gäste werden auf Wunsch gerne bekocht, die typisch cubanischen Gerichte kosten zwischen 6 und 10 CUC. DZ 25 CUC. Calle Narciso López 261 e/ Libertad y Callejas, ✆ 505315.

Casa Gina zählt sicherlich zu den besten Privat-Quartieren im Herzen von Morón. Es gibt zwei große Zimmer – eines mit Doppelbett, das andere mit zwei Einzelbetten –, die über Klimaanlage und separate Badezimmer verfügen. Die Terrasse des Hauses lädt zum Sonnenbaden oder auch nur zum Verschnaufen ein. Die Preise für ihre Speisen, z. B. in Salz gebackene Fische, macht Señora Gina Margarita Sierra von den finanziellen Möglichkeiten ihrer Gäste abhängig – und von deren Freundlichkeit, ob sie sich ans Klavier setzt und für sie spielt oder nicht. DZ 25 CUC. Calle Callejas 89 e/ Martí y Castillo, ✆ 503798.

Casa Raquel ist ein ebenfalls in der Stadtmitte gelegenes, aber etwas einfacheres Haus, in dem ein Zimmer mit Klimaanlage, Ventilator, Kühlschrank, TV und Telefon vermietet wird. Gäste dürfen die Küche mitbenützen, Speisen werden zu Preisen zwischen 6 und 10 CUC aber auch serviert. DZ 20–25 CUC, je nach Saison. Calle Rodrigo 45 e/ Marina y López, ✆ 503108.

Casa Carmen, ein hübsches, zentrumsnah gelegenes Haus, offeriert ein Fremdenzimmer mit den üblichen Ausstattungsmerkmalen wie Klimaanlage, Kühlschrank, TV, Telefon etc. Parkplätze gibt es ganz in der Nähe. DZ 25 CUC. Calle Serafina 4 e/ Daniel y Antuñas, ✆ 505438.

Casa Dra. Mirta ist das zentral gelegene Haus einer Ärztin, die Gästen ein Zimmer mit Klimaanlage, Ventilator, Kühlschrank, TV, Telefon und einem kleinen, aber gemütlichen Bad zur Verfügung stellt. Man kann in der Gemeinschaftsküche zwar selbst zum Kochlöffel greifen, sollte aber besser die Gerichte der Señora probieren – ihre Kürbiscremesuppe beispielsweise. DZ 20 CUC. Calle Dimas Daniel 19 e/ Castillo y Serafina, ✆ 503036, mirta@cubatur.cu.

Unterwegs in Morón

Museo Municipal: Das Stadtmuseum beschäftigt sich mit den verschiedenen Epochen der cubanischen Vergangenheit. Sehenswert sind vor allem die vielen Gebrauchsgegenstände der Indios wie z. B. Mörser aus Stein und Keramikgefäße. Einen Blick verdienen auch die verschiedenen Steinmalereien. Die Hauptattraktion ist allerdings der sogenannte „Ídolillo de Barro", ein aus Ton gefertigter Kopf einer Indio-Gottheit.
Mo–Di 9–17, Mi–Sa 8–20, So 8–12 + 18–20 Uhr. Eintritt 1 CUC. Calle Martí 374.

El Gallo de Morón: Das Symbol für die Macht des Volkes und den Widerstand findet man inmitten des Kreisverkehrs nahe dem Hotel „Morón". Die fotogene Bronze-Skulptur der cubanischen Bildhauerin Rita Longa ist bereits die zweite Auflage des Wahrzeichens der Stadt, nachdem der erste Hahn von Morón im Jahr 1960 zerstört worden war.
Avenida Tarafa y Carretera Ciego de Ávila.

Unterwegs in der Umgebung

Laguna de la Leche

Cubas größter Süßwassersee liegt unmittelbar an der nördlichen Stadtgrenze von Morón. Der bei Cubanern – vor allem am arbeitsfreien Sonntag – sehr beliebte und bei Touristen wenig bekannte Landstrich unweit der Cayos beherbergt auch das Tierschutzgebiet „Aguachales de Falla", in dem ganze Kolonien von Flamingos brüten und das von vielen anderen Wasservögeln regelmäßig als Rastplatz genutzt wird. Die Laguna de la Leche selbst hat ein Fassungsvermögen von knapp 100 Millionen Kubikmetern und ist mit einer Ausdehnung von 66 Quadratkilometern ein Dorado für Sportfischer, die hier nach Barschen und Karpfen angeln. Der Name des Sees rührt von der milchigen Trübung der Wasseroberfläche her, die dann zu Tage tritt, wenn Wind und Wellen die vielen auf dem Boden abgelagerten Gips- und Kalkpartikel aufwirbeln.

Gleich am Anfang der Laguna steht auf Pfählen das Restaurant „La Atarraya", das nur über einen Steg zu erreichen ist. Dort kann man sowohl drinnen als auch auf der Veranda sitzen und bei den Spezialitäten des Hauses, einer „Paella Valenciana"

Der Hahn von Morón

Das Wahrzeichen des Ortes, das Morón schließlich auch den Beinamen „Stadt des Hahns" einbrachte, geht zurück auf seine spanischen Gründer, von denen einige aus dem andalusischen Morón de Frontera stammten und aus ihrer Heimat eine Legende mitbrachten. Derzufolge wurde Morón de Frontera im 16. Jahrhundert von einem Bürgermeister regiert, der die Einwohner ausbeutete und unterdrückte. Immer wieder aufkeimende Kritik der Bevölkerung konterte er regelmäßig mit der Bemerkung, er sei schließlich der „Hahn von Morón", und wo es einen Hahn gebe, könne kein zweiter krähen ... Eines Tages hatten die Bürger allerdings endgültig genug von den fortwährenden Ungerechtigkeiten, unter denen sie zu leiden hatten. Sie marschierten gemeinsam zum Rathaus, verprügelten den Amtsträger, jagten ihn nur mit einem Hemd bekleidet aus ihrem Ort und warfen ihm am Stadttor einen gerupften Hahn nach – mit dem Schmähruf, er sei jetzt ein Hahn ohne Federn, der nicht mehr krähen könne, sondern nur noch Gackern wie ein Huhn. Noch heute sagt man in Cuba über eine Person, die alles verloren hat, sie sei ohne Federn wie der Hahn von Morón.

Mitte der 1950er Jahre kam der Journalist, Anwalt und Stadt-Historiker Benito Llanes durch diese Geschichte auf die Idee, dem „Hahn von Morón" ein Denkmal zu setzen, das die Macht des Volkes symbolisieren sollte. Diesen Gedanken machten sich die Politiker der damaligen Zeit sofort zu Eigen, ließen eine Bronze-Skulptur schaffen und platzierten diese am 11. September 1955 im Parque General Batista. Mit dem Sieg der Revolution im Jahr 1959 wurde allerdings alles zerstört, was nur im Entferntesten an den verhassten Diktator erinnerte – auch der nach ihm benannte Park. Den Bronze-Hahn stellte man zunächst vor dem Rathaus auf, ehe er am 12. Februar 1960 vollends zerstört wurde.

Erst bei einer Versammlung des Stadtrats am 1. April 1981 erinnerte man sich der eigentlichen Wurzeln des Hahn-Denkmals als Symbol des Widerstands und gab erneut ein Kunstwerk in Auftrag, das schließlich am 2. Mai 1982 feierlich enthüllt wurde. Heute steht es auf der Straße nach Ciego de Ávila zum Nachbarort blickend inmitten einer Verkehrsinsel.

Wegen seiner Ausrichtung spricht man seitdem in der Provinzhauptstadt scherzhaft auch vom „Hahn von Ciego" und begründet dies so: „Uns ruft er zu, aber Morón zeigt er nur sein Hinterteil!"

(5 CUC) oder einem Fischfilet (3 CUC), die herrliche Natur auf sich wirken lassen. Achtung: Auch wenn die Preise auf der Karte in CUP angegeben sind, müssen Touristen mit CUC bezahlen.

Restaurant La Atarraya: Di–So 12.30–20 Uhr, ✆ 503849.

Laguna de la Redonda

Touristenbusse weisen den Weg, eine Live-Combo spielt am Eingang die bekannten cubanischen Weisen – kein Zweifel, die Laguna de la Redonda ist *das* Tagesausflugsziel für Urlauber von den Cayos. Der „Runde See", der 14 Kilometer nördlich von Morón an der Straße nach Cayo Coco inmitten des Feuchtgebiets „Gran Humedal del Norte" liegt, ist eigentlich ein ausgezeichnetes Jagd- und Angelrevier. Nirgendwo sonst in Cuba findet man eine größere Forellen-Population als in diesem Gewässer, heißt es. Vor allem die begehrte Trucha negra (schwarze Forelle) soll hier weit verbreitet sein, weshalb passionierte Angler offensichtlich gerne bereit sind, 70 CUC für eine Tageskarte zu bezahlen (ein halber Tag kostet die Hälfte). Für Normal-Touristen ist der Spaß allerdings deutlich günstiger: Eine Bootsrundfahrt auf dem See schlägt für vier Personen mit 16 CUC zu Buche.

Tägl. 8–20 Uhr. Carretera de Turiguanó km 18, ✆ 302489.

El Pueblo Holandés de Turiguanó

Das Pueblo Holandés, das sich 20 Kilometer nördlich von Morón und 45 Kilometer südlich von Cayo Coco auf der zu den Jardines del Rey zählenden Isla de Turiguanó befindet, ist ein in holländischen Stil gehaltenes Bauerndorf, das Celia Sánchez im Jahr 1960 für die Campesinos der damals von der Außenwelt weitgehend abgeschnittenen Insel erbauen ließ. Die Revolutionärin, die zuerst Sekretärin und später Lebensgefährtin von Fidel Castro war, hatte in den 1950er Jahren die Niederlande besucht und Gefallen an den spitzgiebeligen Fachwerkhäusern gefunden, die man hier nachzubilden versuchte. Als Zeichen der Dankbarkeit für ihr Engagement weist am Eingang des Dorfes noch heute ein großes Transparent mit einem Bildnis von Celia Sánchez auf die „Flor Autóctona de la Revolución Cubana" („Bodenständige Blume der cubanischen Revolution") hin.

In den 53 Häusern des Pueblo Holandés, das bis in die 1980er Jahre hinein nur per Boot zu erreichen war und erst durch den Bau der Dammstraße nach Cayo Coco mit dem Festland verbunden wurde, leben heute 185 Personen, die für cubanische Verhältnisse bestens versorgt sind: Es gibt einen Arzt, ein Geschäft, eine Casa de la Cultura und sogar einen eigenen Omnibus, der dreimal täglich nach Morón verkehrt.

Florencia

Das kleine Florencia, 45 Kilometer westlich von Morón und 19 Kilometer südlich von Chambas inmitten des einzigen Tabakanbaugebietes der Provinz Ciego de Ávila gelegen, war der erste Ort, der am Ende der Revolution von den Kämpfern Fidel Castros vollständig befreit wurde. Am 7. Oktober 1958 noch hatte Camilo Cienfuegos mit seiner Kolonne die Gegend auf dem Weg nach Yaguajay durchquert, wovon ein Denkmal auf dem Weg zum Campismo Boquerón zeugt. Neun Wochen später, am 14. Dezember, hatten Batistas Gefolgsleute Florencia bis auf den letzten Mann geräumt. Heute präsentiert sich der Ort an den Ausläufern der Alturas del Nordeste als ruhiges Fleckchen mit dörflichem Charakter, in dem die Zeit stillzustehen scheint. Rund um den vor Florencia zur Trinkwasserver-

Beim Campismo Boquerón: Hier kreuzte Camilo Cienfuegos die Straße

sorgung aufgestauten Río Chambas erstreckt sich eine wunderschöne Naturlandschaft, die mit Königspalmen nur so gespickt ist. In dieser Abgeschiedenheit ein paar Tage „abzuhängen", vielleicht zu fischen – in dem Stausee soll es fast ebenso viele Forellen geben wie an seinen Ufern Moskitos – und die Ruhe des cubanischen Landlebens zu genießen, wäre zwar eine nette Abwechslung, ist in der Praxis allerdings nur schwer zu realisieren. In Florencia selbst gibt es weder ein Hotel noch eine Casa particular, und der nahe gelegene Campingplatz nimmt Touristen ebenfalls nur als Tagesgäste auf.

Loma de Cunagua

Der Loma de Cunagua, der sich inmitten der flachen Landschaft 20 Kilometer östlich von Morón an der Landstraße in das Zuckerohrdorf Bolivia erhebt, verdient den Begriff Bergrücken wie kein anderer. Das an seinem Fuß von Feldern und kleinen Farmen umgebene Naturschutzgebiet, das eine Fläche von 27,5 Quadratkilometern einnimmt, steigt bis zu einer Gipfelhöhe von 364 Metern an und ist die Heimat zahlreicher Vögel. Immer wieder sieht man Sittiche, Papageien, Carpinteros, eine cubanische Spechtart, und mit etwas Glück auch den Tocororo, der aufgrund seines blau-weiß-roten Gefieders, den Farben der cubanischen Nationalflagge, auf der Insel den gleichen Stellenwert genießt wie der Weißkopf-Seeadler in den USA. Darüber hinaus leben in dem Rückzugsgebiet zahlreiche Reptilien wie die endemischen Santa-María-Schlangen, die bis zu zwei Meter lang werden können, und die rattenähnlichen Jutías, die in fast allen Gebirgswäldern des Landes heimisch geworden sind. Auf dem zweieinhalb Kilometer langen Trail mit dem viel versprechenden Namen „Los Tocororos", den man bequem in eineinhalb bis zwei Stunden bewältigt und den man nur mit einem Führer begehen darf (und nur mit ausreichendem Mückenschutz in Angriff nehmen sollte!), hat man die größten

Chancen, sie zu Gesicht zu bekommen. Nach der Anstrengung wartet etwa fünf Kilometer hinter dem täglich von 6 bis 18 Uhr geöffneten Tor zu dem Naturschutzgebiet (Eintritt 1 CUC) ein rustikales Restaurant, das cubanische Hausmannkost bietet und in dem man für 10 CUC pappsatt wird. Wander-Safaris am Loma de Cunagua kann man in den Hotels von Cayo Coco und Cayo Guillermo buchen, einen Führer aber auch direkt am Eingang anheuern (Zufahrt nur aus Richtung Morón beschildert!).

Unterwegs im Süden

La Trocha Júcaro-Morón

Die Trocha, eine befestigte Verteidigungslinie zwischen den Ortschaften Júcaro an der Karibik-Küste und Morón nahe der Atlantik-Küste, wurde von den spanischen Kolonialtruppen zwischen 1871 und 1875 angelegt, um zu verhindern, dass die Rebellen um Carlos Manuel de Céspedes den im Osten des Landes ausgebrochenen Unabhängigkeitskrieg auch in den Rest des Landes tragen konnten. Die Idee dazu hatte General Blas de Villate y la Hera, gleichzeitig Graf von Valmaseda, der mit Erlaubnis des ständigen Vertreters der spanischen Krone von Sklaven und chinesischen Einwanderern auf einer Länge von 68 Kilometern 17 kleine Festungen anlegen ließ, die in der ersten Ausbaustufe insgesamt 5000 Soldaten aufnehmen konnten und mit zehn Artilleriegeschützen bestückt waren. Der Schutzwall, der im 19. Jahrhundert als größte spanische Verteidi-

Einst der größte spanische Schutzwall in der Karibik: die Trocha

gungsanlage galt und inzwischen als bedeutendstes militärisches Bauwerk in der Karibik eingestuft wird, verfehlte allerdings seinen Zweck. Den Aufständischen gelang es immer wieder, das Hindernis zu überwinden. In den Jahren 1875 und 1876 durchbrach allein General Máximo Gómez mit seinen Leuten sechsmal die spanische Trocha, von der heute nur noch Ruinen stehen. Am besten in Augenschein nehmen kann man die kleinen, weitgehend verfallenen Bunker zwischen Ciego de Ávila und Júcaro, wo der ehemalige Schutzwall keine 50 Meter neben der heutigen Landstraße verläuft. Mehr als die Reste der quadratischen Außenmauern, um die herum Zuckerrohr wächst, bekommt man allerdings nicht mehr zu sehen.

Carretera Ciego de Ávila-Júcaro, Carretera Ciego de Ávila-Morón.

Los Jardines de la Reina

Das maritime Naturparadies vor der cubanischen Karibik-Küste, das zu Ehren der spanischen Königin Isabella den Namen Los Jardines de la Reina (Die Gärten der Königin) trägt, ist für die Unterwassersportler unserer Tage das „Galápagos der Karibik". Der Vergleich verwundert nicht: Das 240 Kilometer lange Korallenriff, in dem kommerzieller Fischfang strengstens untersagt und in dem die maximal Anzahl von Tauchern auf jährlich 300 beschränkt ist, zählt zu den fünf größten der Welt und nicht zuletzt aufgrund der strikten Reglementierung auch zu den jungfräulichsten der gesamten Karibik. Das Archipel, das den Küsten der Provinzen Ciego de Ávila und Camagüey vorgelagert ist, wird von Dutzenden unbewohnter und unberührter Inseln gebildet, von denen selbst die größten nicht mehr als Stecknadelköpfe auf den Seekarten sind. In ihrer Mitte befindet sich ein 144 Kilometer langer und 32 Kilometer breiter Meeres-Naturpark, in dem sich eine von Schwämmen und Korallen bewachsene Seewildnis mit riesigen Schulen kleiner Fische ausdehnt, die karibik-, wenn nicht sogar weltweit ihresgleichen sucht. Dazwischen: viele Wracks, unter ihnen selbst spanische Galeonen aus dem 17. Jahrhundert, bis zu 200 Kilogramm schwere Barsche und jede Menge anderer Großfische vom Riff- über den Wal- bis hin zum Hammerhai. An exakt 50 Tauchplätzen, die über die gesamte Länge der Inselkette verstreut und mit Bojen gekennzeichnet sind, kann man ihnen nahe kommen. Einzige Übernachtungsmöglichkeit auf den Jardines de la Reina ist das Hotel-Schiff „Tortuga", das 87 Kilometer vor der cubanischen Küste in einer Bucht vor Anker liegt und zu dem man u. a. von der Marina Náutica Azulmar in Júcaro (✆ 98104) aus in einer vierstündigen Motorbootfahrt gelangt.

• *Übernachten* **Hotel-Schiff Tortuga**, das 87 km südlich von Cuba an einem Kai ankert, bietet auf einer Gesamtfläche von etwa 500 Quadratmetern sieben Kabinen, darunter auch einige mit drei und vier Betten. Jeder Raum ist mit Klimaanlage und eigener Dusche/WC ausgestattet. Die neunköpfige Mannschaft versorgt ihre Gäste dreimal täglich mit schmackhaften Mahlzeiten.

Für Taucher stehen u. a. zwei Kompressoren und drei Tauchboote zur Verfügung. Ein einwöchiger Aufenthalt (jeweils Sa–Fr) mit 15 Tauchgängen kostet inkl. Land- und See-Transfer ab Havanna bzw. Júcaro sowie Vollpension an Bord 1430 Euro. Cuba-Diving, ✆ (09131) 9706771 (in Deutschland), www.cuba-diving.de.

Camagüey ist mit einer Fläche von fast 16.000 Quadratkilometern Cubas größte Provinz, gleichzeitig das größte Weideland, der größte Rindfleisch-Lieferant der Insel und wohl eine ihrer authentischsten Ecken. Die gleichnamige Provinzhauptstadt ist mit 315.000 Einwohnern die drittgrößte des Landes und wird – wie übrigens die gesamte Provinz – von Touristen dennoch meist links liegen gelassen. Das mag in ihrer geographischen Lage begründet sein – etwa 500 Kilometer von Havanna und 300 Kilometer von Santiago de Cuba entfernt im Herzen der Insel und fernab aller Einfallsschneisen gelegen, stolpert man als Fremder eben nicht zufällig über Camagüey. Die Folgen sind keineswegs negativ: Überall findet man unberührte Natur, viele einsame Landstriche und insgesamt mehr als 120 Kilometer Strände, die förmlich dazu einladen, die Hektik des Alltags zu vergessen.

Einer davon ist die Playa Santa Lucía an der Atlantik-Küste, ein 21 Kilometer langer cremefarbener Sandstrand, an dem einige Hotel-Ketten ihre All-inclusive-Anlagen hochgezogen haben. Nur einen Steinwurf davon entfernt liegt mit der Playa Los Cocos ein reizvolles Ziel für einen Tagesausflug, an dem man seine persönliche Robinsonade erleben kann. Und auch die zum Archipel Sabana-Camagüey gehörenden Cayos Sabinal und Romano westlich von Santa Lucía garantieren Einsamkeit inmitten unverfälschter Landschaften – wenn man sie denn überhaupt erreicht. Ein Muss für Naturliebhaber ist die Sierra de Cubitas, ein 260 Kilometer langer Höhenzug, nördlich von Camagüey zwischen der Provinzhauptstadt und

Provinz Camagüey

Camagüey	503	Playa Santa Lucía	524
Minas	522	Playa Los Cocos	527
Nuevitas	523	Florida	529
Cayo Sabinal	524	Guáimaro	529

Cayo Romano gelegen. In den ausgedehnten Mahagoni- und Zedern-Wäldern stellten Ornithologen die größte Population des cubanischen Nationalvogels Tocororo fest und fanden ein Heer von Kolibris, darunter auch den seltenen Zunzuncito (Hummel-Kolibri), einen der kleinsten Vögel der Welt. Die Flora, die in dieser Region Cubas mehr als 300 verschiedene Pflanzenarten hervorbringt, ist nicht minder üppig. An der Karibik-Küste im Süden gehört die östliche Hälfte der „Jardines de la Reina" („Gärten der Königin") zur Provinz Camagüey. Die Ansammlung von mehr als 600 kleinen Koralleninseln erstreckt sich auf eine Länge von 160 Kilometern. Die lebendige Unterwasserwelt, in der zahlreiche Schwammarten wachsen und in der es ungezählte Bänke der weltweit vom Aussterben bedrohten Schwarzen Koralle gibt, ist bei Tauchern und Schnorchlern besonders beliebt.

Und wer den Spuren der einzigartigen Geschichte des Landes folgen möchte, wird in Camagüey ebenfalls nicht enttäuscht. Ob in der Provinzhauptstadt selbst oder in dem ganz im Osten an der Grenze zur Provinz Las Tunas gelegenen Städtchen Guáimaro, wo Carlos Manuel de Céspedes im Jahr 1869 zum ersten Präsidenten der Republik Cuba ausgerufen wurde – überall findet man beredte Zeugnisse der Unabhängigkeitskriege und der Revolution.

Camagüey

Vielleicht hat sie nicht den Stil Havannas und vielleicht auch nicht die Leichtigkeit Santiagos, auf jeden Fall aber hat die Stadt zwischen den kleinen Flüssen Tínima und Hatibonico Flair – und davon jede Menge. In der labyrinthisch angelegten Altstadt geht man durch ein Gewirr verwinkelter Straßen und Gassen, stolpert völlig unerwartet über wunderschöne Plätze aus der Kolonialzeit, stößt auf eine lebhafte Kunstszene, die landesweit ihresgleichen sucht, und findet – für Cuba keineswegs üblich – gleich eine ganze Reihe von Kirchen.

Acht sind es insgesamt (dazu noch einmal so viele Kapellen), und eine ist sehenswerter als die andere. Und in jenen, die im Reigen der Schönen noch nicht ganz mithalten können, wird saniert und restauriert. Seit dem Besuch von Papst Johannes Paul II. im Januar 1998 macht der cubanische Staat dafür nämlich wieder Gelder locker. Doch Camagüey gilt in Cuba nicht nur als die Stadt der Kirchen. Camagüey ist auch die Stadt der Tinajones, jener bauchigen Tongefäße, in denen man ab dem 16. Jahrhundert Regenwasser auffing; die Stadt, in der angeblich das reinste Spanisch auf Cuba gesprochen wird; die Stadt des Unabhängigkeitskämpfers Ignacio Agramonte und die Stadt der Legenden. Nicht zuletzt rühmt sich Camagüey, die Stadt mit den schönsten Frauen zu sein, was allerdings auch Santiago de Cuba, Bayamo, Trinidad und ... – welche cubanische Stadt eigentlich nicht? – für sich in Anspruch nehmen. Einen kleinen Unterschied gibt es dennoch: Spricht man im Volksmund von einer „Camagüeyana" bedeutet dies nicht zwangsläufig, dass die Schöne aus Camagüey kommt, auf jeden Fall aber, dass sie verdammt gut aussieht.

Nein, eine verschlafene Kolonialstadt ist Camagüey beileibe nicht, auch wenn sie vielleicht auf den ersten Blick den Eindruck kleinbürgerlicher Beschaulichkeit vermittelt. Beim genaueren Hinsehen wird man schon bald die faszinierende Atmosphäre entdecken, die der historische Stadtkern ausstrahlt, der zu den größten und besterhaltenen der gesamten Insel zählt. Auf drei Quadratkilometern ballen sich rund 4000 Gebäude, zum Teil mit romantischen Innenhöfen, die ebenfalls einen Blick lohnen.

Und sehr schnell wird man auch feststellen, dass Camagüey mit seiner im Jahr 1975 gegründeten Universität und den vielen – auch ausländischen – Studenten nicht zu Unrecht als eines der kulturell-wissenschaftlichen Zentren des Landes gilt. Wohl auch deshalb tragen die Einheimischen allen sozialistischen Denkmustern zum Trotz eine gewisse Weltoffenheit zur Schau und machen damit das „Tor zu Cubas Osten" zu einer der sympathischsten Städte des Landes.

Die Geschichte

Ursprünglich hieß Camagüey einmal Santa María del Puerto del Príncipe und lag 90 Kilometer nordöstlich, wo man heute das Städtchen Nuevitas findet. Dort jedenfalls wurde die Siedlung als eine der ersten an der Nordost-Küste der Insel im Februar 1514 von Gouverneur Diego Velázquez im Namen der spanischen Krone gegründet. Mit der Wahl dieses Platzes hatte der Statthalter, dem die Gründungen von sechs weiteren Villas, also den ersten Städten in Cuba, zugeschrieben werden, allerdings wenig Glück. Moskito-Plagen, miserable Bodenverhältnisse und regelmäßige Überfälle von Piraten und Indianern vertrieben die Bewohner schon zwei Jahre später in die Gegend von Florida an das Ufer des Caonao. Doch auch dort war

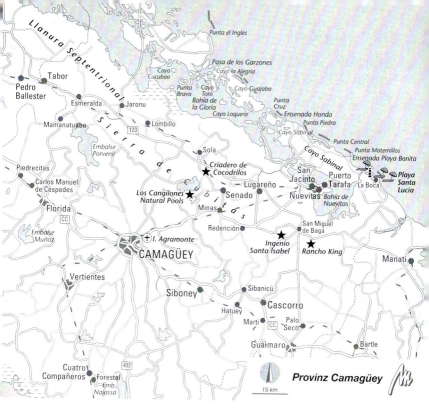

man vor den Seeräubern nicht sicher, weshalb Santa María del Puerto del Príncipe im Jahr 1528 schließlich an seinem heutigen Standort an der Straße von Sancti Spíritus nach Bayamo zwischen den Flüsschen Tínima und Hatibonico verlegt und völlig neu aufgebaut wurde. Um sich vor neuerlichen Überfällen zu schützen, legte man das Städtchen dabei nach einem völlig konfusen Plan mit einem regelrechten Labyrinth von Straßen und Gassen an – im Glauben, man selbst könnte sich bei neuerlichen Angriffen schnell in Sicherheit bringen, und in der Hoffnung, mögliche Eindringlinge würden sich darin ebenso schnell verirren. Diese Rechnung hatte man allerdings ohne den Wirt gemacht: Im Jahr 1668 nahm der „Fluch der Karibik", der englische Pirat Henry Morgan, Santa María del Puerto del Príncipe ein, 1679 der französische Korsar François de Granmont, der zu jener Zeit unter seinem Alias „Capitán Sonda" in der Karibik Angst und Schrecken verbreitete.

Nachdem man den Namen der Siedlung im Laufe der Zeit auf Puerto Príncipe verkürzt hatte, besann man sich erst nach dem Ende der spanischen Kolonialherrschaft im Jahr 1903 seiner eigentlichen Wurzeln und benannte die Stadt nach Camagüebax, jenem Häuptling, der die Indios in diesem Gebiet angeführt hatte und der von den Spaniern grausam ermordet worden war. Dessen Name wiederum beruht auf dem Taíno-Wort „Camagua", mit dem die Ureinwohner einen wild wachsenden Strauch bezeichneten, der noch heute überall im cubanischen Flachland zu finden ist.

506 Provinz Camagüey

Der tägliche Klatsch der Camagüeyanas – ein Stuhl ist noch frei …

Nicht geändert hat sich in all den Jahren das Gassengewirr Camagüeys. Als fiele die Orientierung dadurch nicht ohnehin schon schwer genug, benutzen die Einheimischen obendrein noch gerne die alten vorrevolutionären Straßennamen: San Estéban statt Oscar Primelles, Estrada Palma statt Agramonte, Santa Rita statt El Solitario, Francisquito statt Quiñones, San José statt José Ramón Silva, San Fernando statt Bartolomé Masó, Pobre statt Padre Olallo, Rosario statt Enrique Villuendas … Wie soll sich ein Tourist auf Stippvisite da zurechtfinden?

In einer dieser Straßen wurde im Jahr 1833 der berühmte Arzt Carlos Juan Finlay geboren, der später beweisen konnte, dass Moskitos für die Übertragung des Gelbfiebervirus verantwortlich sind. Und auch Cubas Dichter-Fürst Nicolás Guillén, dem durch seine „Poesía negra" zumindest in der lateinamerikanischen Welt viel Ehre zuteil wurde, erblickte hier 1902 das Licht der Welt – nur zwei von einer ganzen Reihe namhafter Persönlichkeiten, die Camagüey hervorbrachte.

Hin & Weg

- *Bahn* **Bahnhof** in der Calle Avellaneda gegenüber dem Hotel „Plaza", ✆ 292633. Verbindungen: Havanna 7x tägl. 19–40 CUP/ca. 0,80–1,60 CUC, je nach Zugklasse. Santiago de Cuba 5x tägl., 11–23 CUP/ca. 0,45–0,95 CUC, je nach Zugklasse. Guantánamo 1x tägl., 13 CUP/ca. 0,55 CUC. Bayamo/Manzanillo 1x tägl., 6,50 CUP/ca. 0,25 CUC. Holguín 1x tägl., 11 CUP/ca. 0,45 CUC. Santa Clara 1x tägl., 13 CUP/ca. 0,55 CUC.

- *Bus* **Terminal** an der Carretera Central Oeste esquina Calle Perú, ✆ 271668, 27034, 270396.

Víazul-Verbindungen: Havanna 6x tägl. 3.20, 4.55, 12.05, 16.50, 23.10 + 23.25 Uhr über Ciego de Ávila, Sancti Spíritus und Santa Clara, 33 CUC. Santiago de Cuba 6x tägl. 0.10, 2.05, 5.15, 6.30, 13.35 + 18.35 über Las Tunas, Holguín und Bayamo, 18 CUC. Trinidad 1x tägl. 2.25 Uhr über Ciego de Ávila und Sancti Spíritus, 15 CUC. Varadero 1x tägl. 3.20 Uhr über Ciego de Ávila, Sancti Spíritus und Santa Clara, 25 CUC.

Astro-Verbindungen: Ciego de Ávila 3x tägl. 7.40, 13.30 + 18.40 Uhr über Florida.

Camagüey

Sancti Spíritus 1x tägl. 13.00 Uhr über Florida und Ciego de Ávila. Cienfuegos jd. 2. Tag 16.30 Uhr über Florida, Ciego de Ávila und Sancti Spíritus. Havanna 3x tägl. 10.00, 15.20 + 21.40 Uhr über Florida, Ciego de Ávila und Sancti Spíritus. Matanzas jd. 2. Tag 22.20 Uhr über Florida, Ciego de Ávila, Sancti Spíritus, Santa Clara, Colón, Perico und Jovellanos. Holguín 1x tägl. 15.35 Uhr. Las Tunas 2x tägl. 3.45 + 9.00 Uhr. Bayamo 1x tägl. 13.25 Uhr über Las Tunas. Guantánamo 1x tägl. 17.00 Uhr über Las Tunas und Bayamo. Baracoa jd. 2. Tag 6.00 Uhr über Las Tunas, Bayamo und Guantánamo. Santiago de Cuba 2x tägl. 9.00 + 14.30 Uhr über Las Tunas und Bayamo. Manzanillo 1x tägl. 8.30 Uhr über Las Tunas, Bayamo und Yara.

• *Flugzeug* Internationaler Flughafen „Ignacio Agramonte" an der Carretera Nuevitas km 8, ℡ 261010, 281564. Verbindungen: Außer der cubanischen Fluggesellschaft Cubana de Aviación landen nur kanadische und schwedische Ferienflieger.

Auf einen Blick

Telefon-Vorwahl: 032
(für die gesamte Provinz)

• *Apotheke* **Farmacia**, tägl. 9–17 Uhr, Calle Ignacio Agramonte 447 e/ Recio y República (gegenüber Infotur).

• *Ärztliche Versorgung* **Policlínico Rodolfo Ramírez Esquival**, tägl. 24 Std., Calle Ignacio Sánchez esquina Agüero, ℡ 281481

• *Autovermietung* **Cubacar**, Mo–Fr 8–12 und 13–17, Sa 8–12 Uhr, Calle Ignacio Agramonte 448 e/ República y Recio, ℡ 298947.

• *Banken* **Cadeca**, Mo–Sa 8–18, So 8–13 Uhr, Calle República 353 esquina San Estéban.

Banco de Crédito y Comercio, Mo–Fr 8–14, Sa 8–12 Uhr, Plaza de los Trabajadores; Mo–Fr 8–14, Sa 8–12 Uhr, Calle República e/ Finlay y Agramonte.

Banco Financiero Internacional, Mo–Fr 8–15 Uhr, Calle Independencia 221 e/ Agüero y Martí.

Banco Popular de Ahorro, Mo–Fr 8–15.30, Sa 8–11 Uhr, Calle República e/ San Estéban y Finlay; Mo–Sa 8–19 Uhr, Calle Salvador Cisneros esquina Agüero.

• *Feste* Immer um den 2. Februar finden eine Woche lang die **Kulturtage Camagüeys** statt, weil die Stadt im Jahr 1514 als Santa María del Puerto del Príncipe angeblich an diesem Tag gegründet wurde. Ende Juni wird eine Woche lang **Karneval** gefeiert. Ende Juli bis Ende August gibt es regelmäßige **Freiluft-Festivals** in den Straßen und auf den Plätzen der Altstadt mit viel Musik und Tanz. Am 20. Oktober begeht man den **Tag der cubanischen Kultur**.

• *Freizeit* **Casino Campestre**, der Stadtpark, bietet neben viel Natur einen kleinen Zoo, Grotten, Höhlen, kleine Bars und Restaurants, in denen auch Touristen mit Pesos bezahlen können. Vorsicht: Mit Einbruch der Dunkelheit mutiert der Park zur „Rotlichtmeile".

Oxio-Club ist ein Freizeit-Zentrum mit Swimmingpool, Spielsalon, Billardtisch (3 CUC/Std.), Bowlingbahn (1 CUC/20 Bälle), Restaurant und Cafetería (Eintritt 5 CUC, Kinder 2,50 CUC, beides inkl. Getränk). Mo–Fr 22–5, So 10–24 Uhr, Pool Mo–Fr + So 10–18 Uhr. Calle República 283 e/ San Estéban y Finlay, ℡ 285301.

• *Internet* **Infotur**, Mo–Fr 8–12 + 13–17, Sa 8–12 Uhr, Calle Ignacio Agramonte 448 e/ Recio y Independencia, ℡ 298947. **Internet-Cafe im Hotel „Colón"**, Calle Republica 472 e/ San Jose y San Martín, ℡ 283346, 283380.

• *Kinder*, Kinder **Vergnügungspark** im „Copacabana"-Komplex (Eintritt 0,50 CUP, 0,02 CUC) mit Minigolfplatz (5 CUP/0,20 CUC) und einem Simulator mit sechs verschiedenen Computer-Spielen (1 CUC). Tägl. 9–17 Uhr. Carretera central esquina María del Rosario.

• *Notruf* **Polizei**, ℡ 116. **Feuerwehr**, ℡ 115. **Ambulanz**, ℡ 298700/292860.

• *Postleitzahl* 70100

• *Post* Mo–Sa 8.30–18, So 8.30–12 Uhr, Calle Ignacio Agramonte 461 e/ Cisneros y Independencia.

• *Shopping* Die **Calle Maceo** und die **Calle República** sind die Haupteinkaufsstraßen der Stadt mit jeder Menge (Devisen-)Geschäften und einem breiten Warenangebot.

El Globo bietet Parfümerieartikel, Haushaltswaren, Lebensmittel und Spirituosen an. Mo–Sa 8.30–18.30, So 8.30–13 Uhr. Calle Maceo e/ Agramonte y General Gómez.

La Yarda liegt gegenüber und führt ein breites Sortiment vom Kleiderbügel bis zum Putzlappen zu Einheitspreisen von 1, 3, 5 und 10 CUC. Mo–Sa 9–17, So 9–12 Uhr. Calle Maceo e/ Agramonte y General Gómez.

Tienda Caracol gehört zum „Gran Hotel" und ist nicht zuletzt deshalb einer der teuersten Läden in Camagüey. Angeboten werden hochwertige Kleidung und Schuhe. Tägl. 10–18 Uhr. Calle Maceo e/ Agramonte y General Gómez.

Casa Casilda hat im Erdgeschoss Heimelektronik, Kosmetika sowie Lebensmittel und in der 1. Etage Markenkleidung und Boutiqueware im Angebot. Mo–Sa 9–17, So 9–12 Uhr. Calle Maceo e/ Agramonte y General Gómez.

El Encanto ist eines der größten Geschäfte der Stadt. Das Sortiment erstreckt sich von Kosmetika über Damen-, Herren- und Kinderbekleidung bis hin zu Elektro- und Elektronikartikeln. Mo–Sa 9–17, So 9–12 Uhr. Calle Maceo e/ Agramonte y General Gómez.

Boutique Futurama Modas, der wohl edelste Laden in Camagüey, führt französische Parfüms wie Dior etc., Markenbekleidung und teure Schuhe – alles nur vom Feinsten. Mo–Sa 10–18, So 10–12 Uhr. Calle Maceo e/ Agramonte y General Gómez.

El Sol gehört zu den Souvenirgeschäften der landesweit operierenden ARTex-Gruppe und bietet auch in Camagüey Kunsthandwerk, T-Shirts und Ansichtskarten an. Mo–Sa 9–17, So 8.50–12 Uhr. Calle Maceo e/ Agramonte y General Gómez.

Photo Service verkauft alles, was der Foto-Amateur braucht – und mehr. Neben Filmen, Batterien und Speicherkarten gibt es nämlich auch Uhren und kalte Getränke. Tägl. 8.30–20.30 Uhr. Calle General Gómez e/ Maceo y Independencia.

Centro Comercial Alemán hat Kosmetika, Damen- und Herren-Konfektion sowie Elektroartikel im Programm. Mo–Sa 9–17, So 9–12 Uhr. Plaza Maceo e/ Independencia y Maceo.

La Oriental bietet eine bunte Mischung aus Möbeln, Stereoanlagen und Haushaltswaren an. Mo–Sa 9–17, So 9–12 Uhr. Calle Maceo esquina Plaza Maceo.

ARTex Fonorama verkauft alle gängigen Souvenirs vom T-Shirt bis zur Salsa-CD. Mo–Sa 9–17, So 8.50–12.35 Uhr. Calle Ignacio Agramonte e/ República y Recio.

Galería Colonial führt Zigarren, Kaffee und Rum, darunter auch den „Havana Club 15 años" für 85 CUC. In drei weiteren Geschäften des Komplexes findet man Kosmetika, Souvenirs und Bekleidung. Mo–Sa 10–18, So 10–14 Uhr. Calle Ignacio Agramonte 406 e/ República y Recio.

Complejo La Bigornia verfügt neben einer Cafetería auch über ein Sportartikelgeschäft, das mit Markenware aufwartet. Mo–Sa 10–18.45, So 9–12 Uhr.

Centro Comercial Calle Cuba, eine Art Warenhaus, verkauft modernste Elektronik, Kleidung, Schuhe, Haushaltswaren und Lebensmittel. Als „Ausstellungsstück" steht sogar eine Flasche „Johnnie Walker Blue Label" in der Vitrine – für 196,10 CUC. Mo–Sa 9–17, So 9–13.30 Uhr. Carretera Central e/ Cuba y La Caridad.

- *Taxi* **Cubataxi**, ✆ 281247, 298721. **Transtur**, ✆ 271015.
- *Tourist-Information* **Infotur**, Mo–Fr 8–12 + 13–17, Sa 8–12 Uhr, Calle Ignacio Agramonte 448 e/ Recio y República, ✆ 298947.

Galería Colonial, Mo–Sa 9–17 Uhr, Calle Ignacio Agramonte 406 e/ República y Recio, ✆ 285939.

Hotel „Plaza", Mo–Sa 8–12 + 13–17 Uhr, Calle Van Horne 1 e/ Avellaneda y República, ✆ 283551.

Cubatur, Mo–Sa 9–17 Uhr, Calle Ignacio Agramonte 421, ✆ 284785.

„Shoppingmeile" Calle Maceo

Camagüey

Essen & Trinken (siehe Karte S. 510/511)

• *Restaurants* **La Campana de Toledo (20)**, das berühmteste Restaurant in Camagüey, in dem sich der Chef persönlich um seine Gäste kümmert, bietet gepflegte Atmosphäre, einen gut bestückten Keller mit Weinen aus Spanien, Südafrika und Chile sowie eine umfangreiche Speisekarte – auch in Englisch. Spezialität in der „Glocke von Toledo", die übrigens im idyllischen Innenhof aufgestellt ist: „Boliche mechado", eine Art gespickter Schmorbraten für 7,30 CUC (inkl. Beilagen). Ebenfalls empfehlenswert sind die Fischgerichte für 6–8,50 CUC. Tägl. 10–22 Uhr. Plaza San Juan de Dios 18, ☎ 95888.

Parador de los Tres Reyes (22), im gleichen Gebäude untergebracht, ist der „kleine Bruder" der großen „Glocke" und hat auch etwas günstigere Preise. Für „Lacon ahumado" („gepökelter Schinken"), die Spezialität des Hauses, bezahlt man 5,30 CUC, den Hamburger „Tres Reyes" bekommt man schon für 2 CUC, Shrimps mit Gemüse gibt es für 7 CUC und Reis mit Hähnchenfleisch für 3,50 CUC. Tägl. 10–22 Uhr. Plaza San Juan de Dios 18.

El Ovejito (12), eines der am stärksten frequentierten Restaurants der Stadt, sieht vor allem Touristen. Das Lokal mit offiziell 40 Sitzplätzen, in dem aber auch schon bis zu 60 Gäste gezählt wurden, verfügt über einen Empfang, eine Bar und einen klimatisierten „Salon de Protocolo". Auf der Speisekarte ist der Name Programm: Spezialität ist gefülltes Lamm (Ovejito), zu dem Pommes frites oder auf Wunsch Reis gereicht werden (6,65 CUC). Beliebt sind auch der Krabben-Cocktail (2,60 CUC) und mit Langustenfleisch gefüllte Enchilladas (4,20 CUC). Die Preise für Getränke sind in einem Restaurant dieser Güte eher unterdurchschnittlich: Limonaden kosten 0,55 CUC, Säfte 0,80 CUC, Biere 1 CUC. Di–So 12–21.45 Uhr. Plaza del Carmen.

El Bodegon Don Cayetano (7) ist eine typische American Bar cubanischen Zuschnitts mit Freisitz. In rustikalem, aber nicht ungemütlichem Ambiente gibt es eine breite Auswahl an Pizzen (1,85–2,80 CUC) und Getränken (Bier 1 CUC, Havanna Club 7 años 0,80 CUC). Tägl. 12–24 Uhr. Callejon de la Soledad 256 (Seitenstraße der Calle República), ☎ 291961.

Don Ronquillo (10) serviert seine Speisen in einem überdachten, aber ventilierten Innenhof. Der Weinkeller ist fast ausschließlich mit südamerikanischen Tropfen bestückt, das Personal freundlich, das Preisniveau eher am unteren Ende der Skala (Mailänder Schnitzel oder Hähnchen ca. 5 CUC) angesiedelt. Tägl. 12–24 Uhr. Calle Ignacio Agramonte 406 e/ República y Recio, ☎ 285239.

Dimar, ein Ableger der landesweiten Kette von Fisch- und Meeresfrüchte-Restaurants, bringt direkt an der Carretera Central all das auf den Tisch, was im Wasser lebt. In etwas steriler Atmosphäre empfiehlt der Chef seine „Mariscada Principeña" für 8,50 CUC, ein Mix aus Fischen und Schalentieren. Ein Tipp sind auch die Langusten (9,95 CUC) und die Garnelen (2,50–2,95 CUC). Fisch kostet zwischen 1,50 und 4,20 CUC. Die Karte überzeugt außerdem durch die relativ umfangreiche Weinauswahl (3,60–16 CUC pro Flasche), auf der sogar Cidre zu finden ist. Tägl. 24 Std. Carretera Central Oeste e/ Puente Caballero Rojo y Punte de la Caridad, ☎ 256674.

La Bigornia serviert unter freiem Himmel kalte Drinks und schnelle Snacks, alles zu sehr günstigen Preisen. Für ein Hähnchen-Schnitzel mit Pommes frites nimmt man 2,20 CUC, für einen Hotdog mit Pommes 1,60 CUC, Pastas und Pizzen kosten zwischen 1,10 und 1,85 CUC. An der Bar gibt es für alle, die durchhalten wollen oder müssen, auch „Red Bull" für 3,15 CUC. So–Do 10–22 Uhr, Fr+Sa 10–23 Uhr. Calle República 394 esquina Correa Camagüey.

Ragazza ist eine einfache Peso-Terrassenbar schräg gegenüber vom „Gran Hotel" und für einen Imbiss immer gut. Hamburger gibt es für 4,30–7,45 CUP/ca. 0,18–0,30 CUC, Pizzen für 5–7 CUP/ca. 0,20–0,30 CUC, Bier kostet 10 CUP/ca. 0,42 CUC. Tägl. 24 Std. Calle Maceo e/ Agramonte y General Gómez.

El Rápido „La Marina" serviert das, was seine Pendants im ganzen Land auf den Tisch bringen: Hamburger, Sandwiches, Hähnchen, Pommes etc. zu kleinen Preisen. Tägl. 9–21 Uhr. Calle Maceo esquina General Gómez.

Coppelia weiß auch in Camagüey, was Schleckermäuler wünschen. Meist wohin lange Schlangen den Weg zum preisgünstigsten Eis der Stadt – eine Kugel kostet

510   Provinz Camagüey

gerade einmal 0,80 CUP/ca. 0,03 CUC und damit für europäische Verhältnisse eigentlich nichts. Mo–Fr 9.30–21, Sa 10–22, So 12–1 Uhr. Calle Maceo e/ Agramonte y General Gómez.

• *Paladares* **Papito Riso** (alias Restaurante La Terraza) ist der berühmteste Paladar der Stadt und auch bei der einheimischen Bevölkerung äußerst beliebt, was u. a. auf das angenehme Ambiente und die vernünftigen Preise zurückzuführen ist. Man sitzt im ersten Obergeschoss auf einer Art großem, überdachten Balkon, tafelt zu cubanischen Balladen und schaut den vielen bunten Fischen im Aquarium zu. Auf den Tisch kommen Schweinesteaks (2,20–2,60 CUC), Truthahn- oder Kaninchenfrikassee (2,60 CUC), Reisgerichte (ca. 3 CUC) und Salate (0,85 CUC). Übrigens: Fragt man nach dem offiziellen Namen La Terraza, wird man Achselzucken ernten. Unter Papito Riso kennt das Lokal hingegen die ganze Stadt. Tägl. 11–2 Uhr. Calle Santa Rosa 8 e/ San Martín y Santa Rita, ✆ 298705.

El Retorno (2) zählt zu den besten Privat-Restaurants Camagüeys, in dem auch Touristen mit Pesos bezahlen können. Die Gerichte sind nicht nur lecker, sondern auch etwas fürs Auge – und preisgünstig sind sie zudem. Bei Europäern besonders beliebt: „Frijoles dormidos" („Schlafende Bohnen"), serviert mit Fleisch, verschiedenen frittierten Gemüsen und gemischtem Salat (50 CUP/ca. 2,10 CUC). Spezialität des Hauses ist der „Hamburguesa golden special" mit Schweinefleisch, Hammelfleisch, Schinken und Käse (60 CUP/ca. 2,50 CUC). Darüber hinaus werden Grillspieße (60 CUP/ca. 2,50 CUC) und gefüllte Schweinesteaks (50 CUP/ca. 2,10 CUC) angeboten. Desserts, meist Pudding, gibt es schon für 8 CUP/ca. 0,40 CUC. Ebenso preiswert sind die Getränke: Bier 28 CUP/ca. 1,20 CUC, Limonade 16 CUP/ca. 0,70 CUC, Fruchtsäfte 18 CUP/ca. 0,75 CUC. Tägl. 12–24 Uhr. Calle Bellavista 115 e/ Sánchez y Betancourt.

El Califa (19) ist eines der teureren Privat-Restaurants der Stadt, allerdings sind die Portionen kaum zu schaffen. Aus der Küche kommt u. a. das beliebte „Bistec uruguayo", das mit Arroz congrí, Erbsen und Salat serviert wird (8 CUC), und das „Pollo à la Golden Blue" mit den gleichen Beilagen (9 CUC). Für Getränke (Bier, Limonade etc.) nimmt man einheitlich 1,50 CUC. Tägl. 11–24 Uhr. Calle San Clemente 46 e/ Cisneros y San Juan de Dios.

Übernachten
1 Casa Mirian
3 Puerto Principe
4 Plaza
5 Colón
6 Casa Caridad
8 Casa Eliza Baez
9 Casa Lucy
11 Casa Eva y Carlos
13 Hospedaje Colonial Los Vitrales
18 Casa Alfredo y Milagros

Nachtleben
10 Discoteca El Colonial
15 El Cambio
16 La Volanta
17 Casa de la Trova
23 Discoteca El Copacabana

Essen & Trinken
2 El Retorno
7 El Bodegón Don Cayetano
10 Don Ronquillo
12 El Ovejito
14 El Cardenal
16 La Volanta
19 El Califa
20 La Campana de Toledo
21 La Tinajita
22 Parador de los Tres Reyes

El Cardenal (14) liegt mitten im Stadtzentrum und ist ein eher einfacherer, äußerst preisgünstiger Paladar mit kleiner Speisekarte. Als Spezialität des Hauses wird das „Bistec cardenal" genannt, ein Schweineschnitzel mit Schinken und Käse für 55 CUP/ca. 2,30 CUC, das mit Reis und Salaten

der Saison serviert wird. Einheitlich sind die Getränkepreise: Ob Bier, Fruchtsäfte oder Mineralwasser, alles kostet 1 CUC. Tägl. 11–24 Uhr. Calle Martí 309 e/ Hospital y San Francisco, ✆ 296925.

La Tinajita (21) hat eine lange, bunte Geschichte hinter sich. Anfangs ein kleines Milchgeschäft und später chemische Reinigung, wurde es schließlich zu einer Bar umgebaut und ist seit 1963 ein Paladar. In die Säulen im Innenhof sind die Namen aller Straßen Camagüeys eingeritzt. Man serviert vorzugsweise „Rollo de Tasajo", eine Art Dörrfleisch-Roulade für 6 CUP/ca. 0,25

Eine der schönsten Ecken Camagüeys: die Plaza San Juan de Dios

CUC, zu der Maniok und Trockenobst gereicht werden. Erfrischungsgetränke kosten das Gleiche, Bier 10 CUP/ca. 0,40 CUC. Tägl. 12–24 Uhr. Calle Cristo 177 e/ Bembeta y Santa Catalina, ✆ 296323.

La Volanta (16) gilt in Camagüey als Aushängeschild, wenn es um die traditionelle kreolische Küche der Stadt geht – entsprechend sind die Gerichte. Als Spezialität gilt die „Paella de vegetales", also eine Gemüse-Paella, die allerdings auch Fleisch enthält (15 CUP/ca. 0,62 CUC). Die Getränke sind ebenfalls äußerst günstig, Limonaden kosten wie die Biere 6 CUP/ca. 0,25 CUC. Innerhalb des Restaurants findet man auch die Bar „Tres Leones", an der Cocktails wie Mojito oder Daiquiri schon für 2,70 CUP/ca. 0,11 CUC zu haben sind. In der Bar und dem lauschigen Innenhof wird an jedem Wochenende eine bunte Show präsentiert. Tägl. 12–24 Uhr, Innenhof am Wochenende 20.30–2 Uhr, Reservierungen tägl. 10–12 Uhr. Calle Independencia 154 e/ Martí y Luaces, ✆ 291974.

Nachtleben (siehe Karte S. 510/511)

Camagüey erwacht – von wenigen Ausnahmen abgesehen – eigentlich erst am Wochenende zum Leben, wenn vor allem samstagabends in der Calle República unter freiem Himmel bei der sogenannten „Noche camagüeyana" regelmäßig die Salsa-Post abgeht. Ob Jung oder Alt, es wird gefeiert, getanzt, getrunken und gelacht, bis der Teer schmilzt. Und weil die improvisierten Konzerte cubanischer Live-Bands Einheimische wie Touristen in Massen anziehen, stellen viele Restaurants ihre Tische gleich auf die Straße. Schneller kann man mit den Camagüeyanos nicht in Kontakt kommen!

Casa de la Trova (17) liegt sehr zentral im Herzen der Stadt. Für einen Eintritt von 2 CUC (inkl. Getränk) sitzt man in einem wunderschön begrünten Patio unter freiem Himmel und lauscht – meist zusammen mit anderen Touristen – den Sones, Boleros und Guarachas cubanischer Trovadores und Grupos. An den Wochenenden empfiehlt es sich, pünktlich zu sein, wenn man einen Sitzplatz ergattern will. Di–So 21–1 Uhr. Calle Salvador Cisneros 171 e/ Martí y Cristo, ✆ 91357.

El Cambio (15) ist eine urgemütliche Rum-Bar, die von dem international renommierten Künstler Oscar Rodríguez La Seria gestaltet wurde. Die Getränkepreise in dem kleinen Lokal, das in Anlehnung an die berühmte Hemingway-Kneipe in Havanna gerne als die „Bodeguita del Medio" Camagüeys bezeichnet wird, sind recht zivil. Biere kosten um 1 CUC, Cocktails zwischen 1,50 und 3 CUC, eine Flasche Rum (Havanna Club 7 años) 11,25 CUC. Tägl. 12–24 Uhr. Calle Martí

Camagüey

152 esquina Independencia (unmittelbar am Parque Ignacio Agramonte).

La Volanta (16), eigentlich ein renommiertes Privat-Restaurant, mutiert an den Wochenenden mit seiner Bar „Tres Leones" und seinem Innenhof regelmäßig zu einem Zentrum des Nachtlebens. Für die nötige Stimmung sorgt ein Cabaret mit einer bunten Show. Dazu gibt es Cocktails zu Spottpreisen – auch Touristen können mit Pesos bezahlen. Mojitos oder Daiquiris werden für 2,70 CUP/ca. 0,11 CUC serviert, Biere – meist das einheimische Tínima – gibt es für 6 CUP/ca. 0,25 CUC. Sa+So 20.30–2 Uhr, Reservierungen 10–12 Uhr. Calle Independencia 154 e/ Martí y Luaces, ☎ 291974.

Cafetería Las Ruinas hat zwar rund um die Uhr geöffnet, richtig heimelig wird es in der unter einem Blätterdach gelegenen Freiluft-Bar aber erst abends, wenn die Stereoanlage sanftere Töne anschlägt. Die Getränke werden in Devisen berechnet, kosten aber nicht die Welt. Tägl. 24 Std. Plaza Maceo.

Club Ecos serviert Getränke sowie Snacks und wird von den Camagüeyanos abends gerne als erste Station genutzt, bevor sie die Nacht zum Tag machen. Tägl. 10–2 Uhr. Calle Ignacio Agramonte e/ Recio y Independencia.

Discoteca El Colonial (10) in der „Galería Colonial" ist Freiluft-Bar und Musik-Tempel in einem. An den Wochenenden gibt es Shows und Animation. Im Eintritt von 2 CUC wochentags und 3 CUC an den Wochenenden ist ein Gratis-Bier enthalten, freitags ist der Eintritt frei. Neben alkoholischen Getränken und Softdrinks wird auch cubanisches Fastfood wie etwa Grill-Hähnchen mit Pommes angeboten. Mo–Fr 17–20 Uhr, Sa+So 21–2 Uhr. Calle Ignacio Agramonte 406 e/ República y Recio.

Discoteca Copacabana (23), die wohl bekannteste „Disse" der Stadt, bietet die ganze Woche über ein buntes Programm: Mo–Do gibt es Animation, Fr+Sa Live-Shows, sonntags Mitmach-Spielchen. Im Eintritt von 3 CUC ist von Mo–Fr ein Bier inkludiert. In der angeschlossenen Snackbar „El Patio Copacabana" (10–22 Uhr) werden kleine Speisen wie Grill-Hähnchen (1,60 CUC), Hähnchenschnitzel und Schweineschnitzel mit Pommes frites (1,75 CUC), Chicken-Nuggets (0,15 CUC), Spaghetti mit Käse (1,25 CUC) und mit Schinken (1,60 CUC) serviert. Auch die Getränkepreise bringen einen nicht um: Die Flasche Havanna Club kostet 18 CUC, Erfrischungsgetränke 1 CUC und ein Bier 1,20 CUC. Tägl. 22–2 Uhr, Einlass bis 1.30 Uhr, Reservierungen bis 23 Uhr. Carretera Central esquina María del Rosario, ☎ 253858.

Übernachten *(siehe Karte S. 510/511)*

• Hotels   ***** Gran Hotel** ist nach der Schließung des Hotels „Camagüey" im Rahmen der „Operación Milagro" das erste Haus am Platz und wird seinem Namen durchaus gerecht. Mitten im Stadtzentrum gelegen, verfügt das im Jahr 1939 errichtete Gebäude über einen kleinen, aber zweckerfüllenden Swimmingpool, eine Terrassen-Bar mit Traumpanorama im 6. Obergeschoss, ein mit antikem Mobiliar eingerichtetes Restaurant in der 5. Etage und einen schönen Innenhof mit vier kleinen Tischen. Die 72 Zimmer sind mit Klimaanlage, Satelliten-TV, Minibar, Radio, Telefon und Safe ausgestattet und haben natürlich alle ein eigenes Bad. EZ 38–50 CUC, DZ 52–58 CUC, je nach Saison. Calle Maceo 67 e/ Agramonte y General Gómez, ☎ 292093, 292094, 292314, @ 293933, reserva@hgh.camaguey.cu.

** Plaza (4) steht direkt gegenüber vom Hauptbahnhof, hat sicherlich schon bessere Tage gesehen und verdient bestimmt nicht mehr als die zwei Hotel-Sterne, die es hat. Die 77 Zimmer sind sauber, aber eher einfach, haben allerdings Bad und Klimaanlage. Das Hotel-Restaurant „El Dorado" bietet durchschnittliche internationale und cubanische Küche (tägl. 7–21 Uhr), in der Snackbar „El Vitral", eine typisch cubanische Cafetería, sitzt man auf Plastikstühlen (tägl. 24 Stunden). EZ 22 CUC, DZ 30 CUC, Triple 35 CUC. Calle Van Horne 1 e/ República y Avellaneda, ☎ 282413, 282435, 282457.

** Colón (5) ist ein sehr zentral gelegenes und edles Hotel, dessen Architektur Barock und Neoklassizismus gekonnt vereint. Auf seinem Schild trägt es – weiß der Himmel warum – zwar nur zwei Sterne, wird von der cubanischen Hotel-Vereinigung aber völlig zu Recht regelmäßig ausgezeichnet. Seinem Namen (Colón = Kolumbus) wird das Haus vor allem in der holzgetäfelten Lobby gerecht, wo an den Wänden die Landung des berühmten Entdeckers auf Cuba dargestellt ist. Die 47 Zimmer sind eher klein, bieten aber viel Komfort wie Klimaanlage, Satelliten-TV,

Provinz Camagüey

Radio und Telefon. Im romantischen Innenhof kann man unter Bananenstauden zu den Klängen einer Live-Combo dinieren oder an der Bar „Patio" (tägl. 15–23 Uhr) den Schlummer-Trunk nehmen. EZ 30 CUC, DZ 37 CUC inkl. Frühstück. Calle República 472 e/ San José y San Martín, ✆ 283346, 283380, rrppcolon@yahoo.es, www.islazul.cu.

** Puerto Principe (3), ein Haus der cubanischen Islazul-Kette aus dem Jahr 1943, das in einem gediegenen Viertel Camagüeys (allerdings etwas ab vom Schuss) liegt, verfügt über 79 zweckmäßig eingerichtete, kleine Zimmer mit noch kleinerer Nasszelle. Von der Dachterrasse aus hat man einen phantastischen Blick über ganz Camagüey. Innerhalb des Hotels gibt es auch die Bar „Tínima" und das Cabaret „Panorama" mit etwa 100 Sitzplätzen. Keine Sorge: In den Zimmern hört man davon nichts. EZ 21–23 CUC, DZ 28–32 CUC, Triple 36–42 CUC, je nach Saison. Avenida de los Mártires 60 e/ Agüero y Sánchez, ✆ 282403, 282490, 282469, juancarloshperez@yahoo.es.

•*Casas particulares* **Casa Alfredo y Milagros (18)**, ein modernes Haus, liegt nur einen Katzensprung von der berühmten „Casa de la Trova" entfernt mitten im Herzen Camagüeys und trotzdem ruhig. Die Besitzer haben sich mit Haut und Haar ihren Gästen verschrieben. Über das übliche Maß hinaus bieten sie tägliche Zimmerreinigung, Wäsche-Service, chemische Reinigung und Taxi-Service an. Die Casa verfügt über einen gemütlichen Innenhof, in dem man relaxen und auch Frühstück und Abendessen (traditionelle cubanische Küche) einnehmen kann. Die zwei Zimmer mit Bad, Klimaanlage, Ventilator und Kühlschrank sind einfach, aber liebevoll eingerichtet und sehr geräumig. Die Tochter des Hauses spricht neben Spanisch auch Englisch, Französisch und Italienisch. DZ 25 CUC. Calle Cisneros 124 esquina Lamar, ✆ 297436.

Casa Caridad (6), ein sehr gemütliches Privat-Quartier mit zwei wunderschönen Zimmern (ein Doppel- und ein Zwei-Bett-Zimmer), befindet sich direkt im Zentrum Camagüeys. Im begrünten Innenhof (mit Hollywood-Schaukel) nimmt man das Frühstück ein oder genießt nachmittags den Kaffee. Die beiden Zimmer sind mit Bad, Klimaanlage und Kühlschrank ausgestattet. Gekocht wird cubanisch, Spezialität des Hauses ist ein Gemüseeintopf mit Reis und Salaten der Saison (7 CUC). DZ 20–25 CUC, je nach Saison. Calle Oscar Primelles 310 e/ Masó y Padre Olallo, ✆ 291554.

Casa Eliza Baez (8) ist zwar eines der einfacheren Häuser, was die Familie mit ihrer Freundlichkeit aber mehr als wettmacht. Sehr zentral nahe der Plaza de los Trabajadores gelegen, ist es in der Casa dennoch verhältnismäßig ruhig. Das Doppelzimmer mit zusätzlicher Schlafcouch ist einfach, aber modern eingerichtet, klimatisiert und verfügt über ein eigenes Bad. Die Gäste können selbst kochen, die Besitzerin offeriert aber auch Frühstück, Mittag- und Abendessen. DZ 15–25 CUC, je nach Saison. Calle Astillero 24 e/ San Ramón y Lugareño, ✆ 292054.

Casa Lucy (9), im Stil der 1940er Jahre mit vielen Antiquitäten eingerichtet, befindet sich an einer wenig befahrenen Straße. Die Besitzer, die selbst in Hotels beschäftigt sind und u. a. Deutsch sprechen, vermieten zwei sehr schöne Appartements. Jedes verfügt über ein Wohn- und Schlafzimmer mit Bad, Kühlschrank, TV, Stereoanlage und Terrasse. Im Garten gibt es eine Hollywood-Schaukel, Hängematten, Sonnenschirme und eine Bar, an der alle Arten von Cocktails angeboten werden. DZ 25 CUC. Calle Alegría 23 e/ Agramonte y Montera, ✆ 283701.

Hospedaje Colonial Los Vitrales (13), ein aufwändig restaurierter Kolonialbau aus dem 19. Jh., in dem früher ein katholisches

Bahnhofsnah: Hotel Plaza

Nonnenkloster untergebracht war, gehört heute dem Architekten Rafael Requejo Barreto. Fenster, Türen, Gewölbe und die Marmorböden mit venezianischen Mosaiken erinnern noch immer an die ursprüngliche Verwendung des Gebäudes. Das direkt im Zentrum der Stadt, aber dennoch ruhig gelegene Haus mit familiärer Atmosphäre verfügt über drei Doppelzimmer (Zustellbett möglich), jedes ausgestattet mit Bad, Radiorecorder, Kühlschrank und Telefon. Die Küche ist exzellent, das Essen wird in drei unterschiedlichen Speisezimmern serviert (zwischen 7 und 8 CUC). Die Gäste können allerdings auch selbst den Kochlöffel schwingen. DZ 25 CUC. Calle Avellaneda 3 e/ Gómez y Martí, ✆ 295866.

Casa Mirian (1) stammt aus der Kolonialzeit und liegt unweit des Museo Ignacio Agramonte in dem angesehenen Stadtviertel La Vigía. Die sehr gastfreundliche Besitzerin bietet dort auch ein Appartement mit eigener Terrasse. Die Zimmer sind einfach, aber gemütlich eingerichtet, alle mit eigenem Bad, Klimaanlage, Ventilator und Kühlschrank. DZ 25 CUC (auch im Appt.). Avenida de los Mártires 157 e/ Betancourt y Sanguily, ✆ 281222, 285882.

Casa Eva y Carlos (11) befindet sich im Stadtviertel La Caridad, einer der schönsten Ecken Camagüeys. Die geräumigen Zimmer sind modern eingerichtet und mit Klimaanlage, Ventilator, TV und Kühlschrank ausgestattet. Die Gäste können selbst kochen, die Hausfrau serviert aber auch gerne ihr „Pollo frito" (5 CUC). Die Casa verfügt zudem über einen kleinen Garten, Parkplätze für zwei Autos gibt es ganz in der Nähe. DZ 15–25 CUC, je nach Saison. Calle Pancho Agramonte 168 e/ Cuba y Callejón del Cura, ✆ 281791.

Unterwegs in Camagüey

Parque Ignacio Agramonte: Der ehemalige Exerzierplatz Camagüeys, dessen Namensgeber die Besucher hoch zu Ross begrüßt, liegt im Herzen der Altstadt. Die Statue des Nationalhelden und Stadt-Heiligen auf dem von Ruhebänken aus Marmor gesäumten Platz wurde im Jahr 1912 enthüllt. An den vier Ecken des Parks wurden Königspalmen gepflanzt, die jeweils an einen der berühmten Widerstandskämpfer der Unabhängigkeitskriege erinnern, die hier am 12. August 1851 von den Spaniern exekutiert wurden: Joaquín de Agüero, Tomás Betancourt y Zayas, Fernando de Zayas y Cisneros und Miguel Benavides. Tafeln vor jeder Palme erzählen ihre Geschichte.

Calles Cisnero, Luaces, Independencia y Martí.

Catedral Metropolitana (früher Santa Iglesia Catedral Nuestra Señora de la Candelaria): Das größte Gotteshaus von Puerto Príncipe, wie Camagüey damals noch hieß, wurde im 17. Jahrhundert an der Südseite des Parque Ignacio Agramonte errichtet, im 19. Jahrhundert umgebaut und im Jahr 1998 anlässlich des Besuchs von Papst Johannes Paul II. generalsaniert. Während der Unabhängigkeitskriege als Militärkaserne zweckentfremdet, spielte die Kathedrale danach auch im afrocubanischen Götterglauben eine wichtige Rolle, da die Nuestra Señora de la Candelaria der Santería-Gottheit Oyá, der Königin des Totenreichs, entspricht. In der dreischiffigen Kirche fallen eine fein gearbeitete Holzdecke und der Originalfußboden aus dem 19. Jahrhundert auf. Anstelle von Seitenaltären wurden Nischen in das Mauerwerk eingelassen, in denen Heiligen-Figuren stehen. Bei einer Besichtigung kann man auch den Turm der Kathedrale besteigen, von dem aus man einen schönen Blick auf die Stadt genießt.

Tägl. 8–11 Uhr, Messen Mo–Fr 20, Sa 7, So 9 Uhr. Turmbesteigung 1 CUC. Calle Cisneros 168 e/ Martí y Luaces.

Museo Casa Natal de Ignacio Agramonte: Das Geburtshaus des berühmten Freiheitskämpfers, Rinderzüchters und Rechtsanwalts (1841–1873), der im Ersten Unabhängigkeitskrieg die Revolte gegen die Spanier in Camagüey und Umgebung anführte, hat eine wechselvolle Geschichte zu erzählen. Nach Agramontes Tod richteten die Besatzer hier gleichsam aus Rache zunächst eine Markthalle und später eine Gastwirtschaft ein, ehe das Haus im Jahr 1973 schließlich zu einem Museum umgewidmet wurde. Heute verfolgt das Kolonialgebäude an der Plaza de los Trabajadores die Spuren des Stadt-Helden Nummer eins mit vielen Erinnerungsstücken aus seinem persönlichen Besitz, darunter Waffen und Briefe. Sehenswert sind auch die vielen Originalmöbel aus der Mitte des 19. Jahrhunderts. Im Patio findet man zudem große Tinajones, die mit Regenwasser gefüllt sind. Also Vorsicht: Eine unbedachte Verwendung kann zu Nebenwirkungen führen.

Di–Sa 9–17 Uhr, So 8–12 Uhr. Eintritt 2 CUC. Calle Ignacio Agramonte 459 e/ Cisneros y Independencia.

Das Geheimnis der Tinajones

Die Wahrzeichen Camagüeys findet man an jeder Ecke: Die Tinajones, jene bauchigen, teilweise mannshohen Tonkrüge, die man in Camagüey ab dem 16. Jahrhundert herstellte und für die die Stadt im Herzen Cubas bis heute landesweit berühmt ist. Da die Zentralebene der Insel während der Kolonialzeit unter chronischem Wassermangel litt, begann man damals, in den Tinajones Regenwasser aufzufangen und frisch zu halten. Nicht zuletzt deshalb wurde der Reichtum einer Familie in jenen Tagen auch an der Zahl ihrer Tinajones gemessen. Später benutzte man die Tongefäße zur Konservierung von Wein, Öl und anderen Flüssigprodukten.

Eingangs des 20. Jahrhunderts soll es in Camagüey mehr als 16.000 Tinajones gegeben haben, von denen allerdings nur noch rund 2500 existieren. Inzwischen sind die meisten Tinajones, die auf Plätzen und in Gärten als Fotomotive dienen, Nachbildungen, die Mitte der 70er Jahre hergestellt wurden. Besonders schöne Originalstücke findet man noch im Klostergarten der Iglesia de la Soledad, einer der ältesten und schönsten Kirchen Camagüeys.

Natürlich ranken sich in der „Stadt der Legenden" verschiedene Mythen auch um die großen Tonkrüge: Eine erzählt von einem Widerstandskämpfer im Ersten Unabhängigkeitskrieg, der seinen kranken Sohn in der Stadt besuchte und seiner Verhaftung durch die Spanier nur dadurch entgehen konnte, dass er sich tagelang in einem Tinajon versteckt hielt.

Eine andere besagt, dass sich jeder Fremde, der Wasser aus einem der Tongefäße trinkt, unsterblich in Camagüey verlieben und immer wieder in die Stadt am Río Hatibonico zurückkehren wird.

Iglesia Nuestra Señora de la Merced: Die beeindruckendste Kolonialkirche Camagüeys an der Plaza de los Trabajadores war einstmals das größte Gotteshaus des Landes. Ab 1748 in nur acht Jahren erbaut, musste die dreischiffige Basilika im Laufe seiner Geschichte zweimal komplett erneuert werden: zunächst genau 100 Jahre nach der Grundsteinlegung, dann noch einmal 1909, nachdem sie von einem Brand arg in Mitleidenschaft gezogen worden war. Im Inneren der Kirche sollte man unbedingt einen Blick auf den kunstvoll bemalten, im neugotischen Stil geschaffenen Hauptaltar werfen. Die größte Attraktion der Basilika ist allerdings ein Sarg aus purem Silber in ihren Katakomben. Der „Santo Sepulcro" wurde im Jahr 1762 von dem reichen Kaufmann, Zuckerbaron und Sklavenhalter Manuel de Agüero in Auftrag gegeben und von dem mexikanischen Kunstschmied Juan Benítez Alfonso aus 22.000 eingeschmolzenen Silbermünzen gegossen. In ihm ließ Agüero seinen einzigen Sohn bestatten, der bei einem Messer-Duell mit seinem besten Freund ums Leben gekommen war. Auslöser der Auseinandersetzung war – wie könnte es anders sein – eine Frau, in die die beiden jungen Männer verliebt waren. In der Nähe des „Santo Sepulcro", am Ende einer schmalen Treppe, stößt man auch auf eine mysteriöse Krypta aus dem Jahr 1814, die das Überbleibsel eines großen unterirdischen Friedhofs sein soll. Tipp für Fotofreunde: In den Kreuzgängen des angeschlossenen Nonnenklosters stehen verschiedene gut erhaltene Original-Tinajones.

Tägl. 8.30–12 Uhr, Messen Mo–Sa 17, So 9+18 Uhr. Plaza de los Trabajadores 4 e/ Agramonte y Popular, ✆ 292783.

Teatro Principal: Das größte Theater von Camagüey mit seiner von Palmen gesäumten Freitreppe aus Marmor, den bodenlangen Spiegeln, den kunstvollen Buntglasfenstern und den riesigen Kronleuchtern im Foyer, dessen Grundstein am 18. August 1848 gelegt wurde, ist eines der schönsten Gebäude der Stadt. Erst recht sehens- und erlebenswert ist es, wenn das weltberühmte „Ballet de Camagüey" wieder einmal ein „Heimspiel" hat. Dort, wo einst Enrico Caruso sein Publikum zu Begeisterungsstürmen hinriss, ist das im Jahr 1967 gegründete Ballett heute unumstrittener Star auf der Bühne – wenn es gerade zu Hause und nicht auf einer seiner zahlreichen Gastspielreisen in aller Welt unterwegs ist.

Tägl. 7–19 Uhr (in der vorstellungsfreien Zeit). Eintritt (zu Aufführungen) 2–4 CUC. Calle Padre Valencia 64 e/ Lugareño y Mendez.

Plaza San Juan de Dios: Die zu den attraktivsten Ecken Camagüeys zählende Plaza ist die einzige der Stadt aus der Kolonialzeit, die zur Gänze im Originalzustand erhalten ist. Neben den bunten Häuschen an seinem Rand steht auf dem Platz auch das Hospital de San Juan de Dios, ein nationales Denkmal aus dem Jahr 1728, mit einem wunderschönen, maurisch gestalteten Innenhof. Bis zum Beginn des 20. Jahrhunderts wurde das Hospital von Padre José Ollalo geleitet, der bei der Bevölkerung Camagüeys noch heute hohes Ansehen genießt und für sein Wirken inzwischen seliggesprochen wurde. Im Lauf der Jahre diente das Hospital de San Juan de Dios verschiedensten Zwecken, war Aufbahrungsort der Leiche von Ignacio Agramonte, nachdem er im Jahr 1873 in einer Schlacht gefallen war, Militärkrankenhaus während der Unabhängigkeitskriege, Weiterbildungsanstalt für Lehrer und letzte Zuflucht für die Bewohner der Stadt während des großen Hurrikans von 1932. All das erfährt man bei einem Rundgang durch das heutige Museum, bei dem man unbedingt auch den Turm besteigen sollte, von wo aus man einen schönen Blick über die Dächer von Camagüey hat.

Museum: Di–Sa 8.30–16.30, So 8.30–13 Uhr. Eintritt 1 CUC. Plaza San Juan de Dios e/ San Juan de Dios y San Rafael.

Iglesia de Nuestra Señora de La Soledad: Die Kirche wurde im Jahr 1775 an der Stelle erbaut, wo bereits seit 1697 eine kleine Ermita aus Holz stand, weshalb sie als das älteste Gotteshaus Camagüeys gilt. In ihr wurde auch der „Held der Stadt", Ignacio Agramonte, getauft und getraut. Besonders sehenswert sind die Fresken aus dem 18. Jahrhundert, die sich in den Mauerbögen unterhalb der dunklen Holzdecke befinden, sowie der im Originalzustand erhaltene Fußboden. Bekannt ist die Iglesia überdies für ihre umfangreiche Sammlung von Heiligen-Figuren, darunter Standbilder von Antonius von Padua, von Franz von Assisi, der Heiligen Barbara und der Schutzpatronin Cubas, der Nuestra Señora de la Caridad del Cobre.
Tägl. 6.30–23 Uhr, Messen Di, Do+Sa 7, Mi+Fr 7+17, So 7+10 Uhr. Calle República 254 esquina Agramonte, ✆ 292392.

Plaza del Carmen: Der wohl am schönsten gestaltete Platz Camagüeys mit den pastellfarbenen Kolonialhäuschen an seinem Saum wurde als Fußgängerzone ausgewiesen, ehe man ihn mit mehreren lebensgroßen Bronze-Figuren schmückte und ihm damit einen ganz eigenen Charakter verlieh. Die im Jahr 1999 von den örtlichen Denkmalpflegern in Auftrag gegebenen Plastiken stellen unter anderem einen Zeitungsleser, einen alten Mann mit einem Tinajones-Karren und im Kreis sitzende Frauen beim täglichen Klatsch dar, die so vom Alltag in der Stadt erzählen – und natürlich begehrte Fotomotive sind. Die Iglesia Nuestra Señora del Carmen aus dem Jahr 1825, zu der sich die Plaza del Carmen hin öffnet, ist nicht minder sehenswert. Die Barockkirche mit dem daneben liegenden früheren Kloster des Ursulinen-Ordens ist das einzige Gotteshaus Camagüeys mit zwei Türmen.
Calle Hermanos Agüero e/ Honda y Carmen.

Original und „Double"

Necrópolis: Der älteste Friedhof des Landes ist gleichzeitig der einzige, der mit einem Platz, der Plazuela del Cristo, und einer Kirche, der Iglesia Santo Cristo del Buen Viaje, verbunden ist. In den vielen mit Kacheln versehenen Gräbern liegen unter anderem die Märtyrer Fernando de Zayas y Cisneros und Tomás Betancourt y Zayas begraben. Touristen müssen sich vor einem Besuch im Friedhofsbüro anmelden – und bezahlen. Fakultativ kann man dort auch einen Führer anheuern.
Tägl. 7–11.30 Uhr. Eintritt 1 CUC, Fotoaufnahmen 2 CUC, Videoaufnahmen 5 CUC. Calle 20 de Mayo 174 e/ Bembeta y Desengaño.

Museo Provincial Ignacio Agramonte: In der ehemaligen spanischen Kavallerie-Kaserne aus dem 19. Jahrhundert zwei Häuser neben dem Hotel „Puerto Pincipe" wurde erst 1955 ein Museum eingerichtet, das mit seinem Namensgeber allerdings

Nicht nur für Freiheitskämpfer: einer der ältesten Friedhöfe des Landes

absolut nichts zu tun hat. Die Sammlung, mit insgesamt 87.615 Stücken eine der größten ihrer Art in Cuba, widmet sich vielmehr 35 Themenbereichen wie beispielsweise Geschichte, Naturgeschichte, schöne Künste und Philatelie. Natürlich gibt es die für diese Art von Museum in Cuba typischen präparierten Tiere zu sehen – und außerdem einige Original-Tinajones. Bei regelmäßigen Wechsel-Ausstellungen werden ferner die Werke cubanischer Künstler präsentiert.

Di–Sa 10–17.30, So 10–13 Uhr. Eintritt 2 CUC, Führung 1 CUC, Fotoaufnahmen 1 CUC. Avenida de los Mártires 5 e/ Rotario y Sánchez.

Casa Natal de Nicolás Guillén: Das Geburtshaus des großen mulattischen Dichters, der hier am 10. Juli 1902 das Licht der Welt erblickte und 1989 in Havanna verstarb, ist ein Kulturzentrum, das Leben und Werk des Künstlers beleuchtet. Guillén, der in Camagüey einen Teil seiner Kindheit verbrachte, zählt zu den renommiertesten Poeten des Landes und ist in ganz Lateinamerika berühmt für seine Gedichte, in denen er immer wieder die Lebensbedingungen der schwarzen cubanischen Bevölkerung zum Thema machte. Er war Gründungsmitglied des nationalen Schriftsteller- und Künstlerverbandes und wurde unter anderem von der früheren Sowjetunion mit dem Lenin-Friedenspreis ausgezeichnet. In der permanenten Ausstellung werden Fotografien und persönliche Erinnerungsstücke, Originalschriftstücke und Zeitungsartikel Guilléns gezeigt. Darüber hinaus finden in dem Gebäude gelegentlich Dichterlesungen und Konzerte statt.

Mo–Fr 8–16.30 Uhr. Eintritt frei. Calle Hermanos Agüero 58 e/ Cisneros y Príncipe, ✆ 293706.

Quinta de Amalia Simoni: In dem Geburtshaus der Frau von Ignacio Agramonte, in dem das Paar auch einige glückliche Jahre verbrachte, gibt es in verschiedenen Ausstellungsräumen viele Originaleinrichtungsgegenstände aus dem 17. und 18. Jahrhundert zu sehen. Ausgefallenes Mobiliar, kostbares Porzellan und mächtige Kristallüster machen seinen ganz besonderen Glanz aus. Im Jahr 2000 zum

Museum erklärt, unterzog man das rosafarbene Gebäude mit seinen dorischen Säulen und Arkaden allerdings zunächst einer umfassenden Renovierung, ehe man es am 30. Mai 2005 der Öffentlichkeit zugänglich machte. Besondere Beachtung verdient der Garten der Villa, in dem eine riesige Ceiba (Kapok-Baum) steht. Einer Legende zufolge geht ein Wunsch in Erfüllung, wenn man nachts einmal um den mystischen Baum herumgeht.
Tägl. 10–17 Uhr. Eintritt 1 CUC. Calle General Gómez 608.

Mercado Agropecuario El Río: Der tägliche Bauernmarkt gilt als einer der lebhaftesten in ganz Cuba. Auch wenn man nichts für den täglichen Bedarf benötigt, lohnt sich ein Bummel immer. Die bunten Stände, an denen Obst, Gemüse und Fleisch verkauft werden, sind zumindest ein erstklassiges Fotomotiv. Und sollte man wirklich einmal etwas Außergewöhnliches benötigen, alles kein Problem. Rings um den Mercado blüht der Schwarzmarkt. Aus Tragetaschen heraus wird alles Mögliche angeboten – von Bikinis bis zum Fahrradreifen.
Calle Matadero e/ Lugareño y Calvó.

Casa Carlos Juan Finlay: Das kleine Museum dokumentiert auf Schautafeln das Leben und die medizinische Forschung des berühmten Arztes, der hier am 3. Dezember 1833 zur Welt kam. Finlay machte sich in der zweiten Hälfte des 19. Jahrhunderts einen Namen, als er zunächst den Zusammenhang zwischen Klimaverhältnissen und dem Auftreten von Gelbfieber herausarbeitete und dann den Nachweis führte, dass der Krankheitserreger durch Moskitos übertragen wird. Seine Empfehlung, Gelfieber-Epidemien durch die Bekämpfung der allgegenwärtigen Plagegeister einzudämmen, stieß bei der cubanischen Ärzteschaft zunächst auf taube Ohren. Erst 1881 und damit 20 Jahre nach seiner Entdeckung besann man sich eines Besseren und setzte seine Forschungsergebnisse in die Tat um. Außer den Schautafeln, auf denen auch der Stammbaum der Familie Finlays zu sehen ist, zeigt das Museum eine Landkarte mit all jenen Orten, an denen der bedeutende Arzt unterrichtete.
Mo–Sa 9.30–17 Uhr. Eintritt 1 CUC. Calle Cristo 5 e/ Lugareño y Cisneros.

Parque de las Leyendas: In dem kleinen Park an einer belebten Kreuzung, in dem es nur ein paar von einer Ziegelmauer abgeschirmte Ruhebänke gibt, werden auf terracottafarbenen Tonfliesen die Legenden der Stadt und des Landes erzählt. So erfährt man etwas über die Tinajones, über den Indio-Häuptling Camagüebax, auf den der Name Camagüeys zurückgeführt wird, und über Dolores Rondón, die einst die Liebe des Friseurs und Dichters Agustín de Moya zurückgewiesen und lieber einen spanischen Offizier geheiratet hatte. Als sie in Armut gestorben war, ließ dieser an ihrem Grab dennoch eine Inschrift anbringen, derzufolge sie für ihn unsterblich sei – schön romantisch. Den Parque unbedingt besuchen – schließlich gilt Camagüey in Cuba auch als die „Stadt der Legenden".
Calles Plazuela, República, Tunicú y Malecón del INRA.

Casino Campestre: Das innerstädtische Naherholungsgebiet am Río Hatibonico, in dem auch ein kleiner zoologischer Garten eingerichtet wurde, ist angeblich der größte Stadtpark des Landes. Unter uralten Bäumen, darunter eine mächtige, am 20. Mai 1902 gepflanzte Ceiba (Kapok-Baum), die manchmal zur Santería-Kultstätte mutiert, findet man viele schattige Ruhebänke, gelegentlich gibt es auch Konzerte. Zahlreiche Standbilder und Büsten erinnern an die VIPs der cubanischen Geschichte. Ein Denkmal ehrt den ersten Nonstop-Flug über den Atlantik vom spanischen Sevilla nach Camagüey, den die beiden Piloten Capitán (Hauptmann)

Mariano Barberán und Teniente (Oberleutnant) Joaquín Collar im Juni 1933 an Bord des Flugzeugs „Cuatro Vientos" („Vier Winde") unternahmen. Nachts sollte man um die „grüne Lunge" Camagüeys allerdings eher einen großen Bogen machen, denn mit Einbruch der Dunkelheit machen sich Prostituierte, Zuhälter und Spanner breit.
Calle Javier de la Vega, Avenida Camagüey, Carretera Central.

Casa Jesús Suárez Gayol: In dem Haus des Revolutionärs, der in Bolivien zusammen mit Ernesto Che Guevara kämpfte und am 10. April 1967 fiel, findet man eine lückenhafte Dokumentation über den Kampf gegen das Batista-Regime, die Revolution und das Ende von Che Guevara und seiner Gefolgsleute auf dem südamerikanischen Subkontinent. Die Sammlung umfasst Waffen, Uniformen, Dokumente und Folterwerkzeuge der Gegenseite. Am Ende der Führungen erhält jeder Besucher als Geschenk das Buch „Historia de las luchas revolucionarias" („Die Geschichte der Revolutionskämpfe"), eine der beiden Schriften aus der Feder von Ernesto Che Guevara. Der Direktor spricht zwar vom zweitwichtigsten Museum Camagüeys, tatsächlich ist ein Besuch aber nur glühenden Che-Verehrern zu empfehlen.
Tägl. 9–17 Uhr. Eintritt 1 CUC. Calle República 69 e/ Luaces y Pobre, ℡ 297744.

Iglesia Sagrado Corazón de Jesús: Die an einen Dom erinnernde Kirche kann zwar nicht auf eine große Geschichte verweisen, zählt aber dennoch zu den schönsten Camagüeys. Das im Jahr 1920 im gotischen Stil erbaute Gotteshaus brilliert mit einem wunderschönen Altar und einer Kanzel aus Marmor. Genauso sehenswert sind die bunten Kirchenfenster, die biblische Szenen und Heilige darstellen – sie wurden in Deutschland gefertigt.
Tägl. 8–12 Uhr, Messen Mi 20.15, So 9 + 15 Uhr. Calle Luaces 3 (am Parque de la Juventud).

Iglesia de la Caridad: Die im Jahr 1734 errichtete Kirche gehört zu den ältesten Gebäuden der Stadt und ist an Schlichtheit kaum zu überbieten. Die Hauptattraktion des kleinen gelben Gotteshauses ist eine schön gearbeitete Statue der Nuestra Señora de la Caridad del Cobre, die über dem Hochaltar angebracht ist. Die Seitenwände sind mit einem kunstvoll gestalteten Kreuzweg geschmückt. Andere Sehenswürdigkeiten gibt es nicht.
Mo–Sa 9–17 Uhr, Messen Di–Fr 20, So 7, 9.30 + 19 Uhr. Avenida Libertad e/ Coronel Bringa y Sociedad Patriótica.

Plaza de la Revolución: Der am Rande der Stadt gelegene Aufmarsch- und Versammlungsplatz gehört sicherlich zu den schöneren Plazas, die landesweit an den Triumph der Revolution erinnern. Unter einem großen Denkmal, das den Stadt-Helden Ignacio Agramonte darstellt, sind feine Reliefs gearbeitet, die Fidel Castro an einem Rednerpult, Camilo Cienfuegos beim Einzug in Camagüey und ein wenig gelungenes Konterfei von Ernesto Che Guevara mit stupsiger Schnapsnase zeigen. Proppenvoll ist der Platz aber nicht nur an den Nationalfeiertagen, auch wenn gelegentlich cubanische Salsa-Größen wie La Charanga Habanera auftreten, gibt es kein Durchkommen.
Avenida 26 de Julio y Calle Van Horne.

Unterwegs im Norden

Minas

Knapp 30 Kilometer nordwestlich von Camagüey auf der Strecke nach Nuevitas gelegen, weist das kleine Dorf keinerlei Sehenswürdigkeiten auf und hat dennoch etwas ganz Besonderes zu bieten: Minas ist die Heimat der einzigen Saiteninstrumentenfabrik in ganz Lateinamerika. Der 1976 gegründete Betrieb fertigt handgearbeitete Violinen und neuerdings auch Gitarren. Die monatliche Produktion der 27 Instrumentenbauer liegt derzeit bei 25 Geigen und 50 Gitarren, die in den Musikschulen und Musikhochschulen Mittelamerikas ihre Verwendung finden. Von dem Touristenzentrum Santa Lucía aus verkehren mit den sogenannten „Los Cocodrilos" inzwischen Busse nach Minas, die täglich Besucher in den Ort und in die Fabrik karren.

Die Fábrica de Instrumentos Musicales ist leicht zu finden: Von Camagüey kommend, zweigt man im Zentrum von Minas rechts ab, überquert die Bahngleise und erreicht nach ein paar hundert Metern die Fabrik, die linker Hand liegt. Man wird sehr freundlich und unaufdringlich aufgenommen, die Arbeiter sind den Umgang mit Touristen gewöhnt und lassen sich deshalb auch gerne bei der Arbeit über die Schulter schauen und fotografieren. Im Eingangsbereich der barackenartigen Werkstätten hängen hinter Glas neben den Bildern von Fidel Castro und Ignacio Agramonte die ersten vier Violinen, die in den Werkstätten gefertigt wurden. Innerhalb des Betriebsgeländes gibt es auch ein kleines Geschäft, in dem man die handgefertigten Instrumente zu sehr günstigen Preisen erstehen kann.

Fábrica de Instrumentos Musicales: Mo–Sa 8–11 und 13–17 Uhr. Carretera Nuevitas km 37, ✆ 96232.

Unterwegs in der Umgebung

Los Cangilones del Río Máximo: Die Cangilones del Río Máximo knapp 15 Kilometer nordöstlich von Minas sind ein beliebtes Ausflugsziel am Rande der Sierra de Cubitas. Ursprünglicher als hier kann das Land kaum sein, an wenigen anderen Orten erlebt man Cuba unverfälschter. Pferdegespanne bestimmen das Bild auf den Straßen, hohe Königspalmen säumen den Weg, die weite Hügellandschaft lässt das Auge immer wieder schweifen. Inmitten dieses ungezähmten Terrains hat der Río Máximo im Lauf der Jahrtausende Wasserbecken in die Kalksteinwände gegraben und sich so teilweise selbst kanalisiert. Seit dem Jahr 1982 gibt es unweit dieser Cangilones (Wasserkübel) den gleichnamigen Campismo popular mit gemauerten Häuschen, von denen zehn auch an Touristen vermietet werden.

Zu den Cangilones führen zwei Wege, die beide unbeschildert und daher sehr schwer zu finden sind. Von Minas kommend, zweigt man in dem Dorf Senado links ab, stößt nach etwa fünf Kilometern auf den Weiler Cahidige, wo man nach links auf eine Sandpiste einbiegt, der man über elf Kilometer folgt und auf der man sich an allen Abzweigungen links hält. Nicht minder kompliziert ist die Anfahrt vom Touristenzentrum Santa Lucía aus: Man nimmt in San Miguel de Bagá die Landstraße nach Esmeralda, zweigt in der Ortschaft Sola nach links in Richtung Minas ab und biegt kurz hinter El Colorado nach rechts auf die Sandpiste ein, die nach 14 Kilometern an den Cangilones endet.

Alles Handarbeit – in der Saiteninstrumentenfabrik von Minas

Criadero de Cocodrilos: Auf die Krokodilfarm Criadero de Cocodrilos stößt man 16 Kilometer nördlich von Minas, wenn man in dem Dörfchen Senado links abzweigt und der Landstraße in die Sierra de Cubitas immer geradeaus folgt. Ein Schild am Straßenrand weist auf die Krokodilfarm hin, die im Juni 1985 eröffnet wurde, um zur Arterhaltung der cubanischen Krokodile beizutragen und sie in ihrer natürlichen Umgebung heranwachsen zu lassen. Folglich bekommt man in der Aufzuchtstation, was Criadero wörtlich übersetzt bedeutet, „Krokos" in allen Formaten zu sehen. Innerhalb der Anlage kann man darüber hinaus im Rahmen einer Führung ein nachgebautes Taíno-Dorf besichtigen. Im Eintrittspreis von 5 CUC ist außerdem ein Begrüßungscocktail, eine Stippvisite in einer unterirdischen Indio-Höhle sowie der Besuch einer Show enthalten, bei der versucht wird, den Besuchern afrocubanische Kultur nahezubringen.
Tägl. 8–17 Uhr. Eintritt 5 CUC. Carretera Camagüey km 50, ℡ 274994, 42531.

Nuevitas

Um die kleine Hafenstadt Nuevitas, die 66 Kilometer nordöstlich von Camagüey und 77 Kilometer südwestlich der Strände von Santa Lucía zu finden ist, kann man getrost einen Bogen machen – man verpasst rein gar nichts. Das einzige Hotel des Ortes, das zur Islazul-Kette gehörende „Caonaba", ist ziemlich heruntergekommen, die beiden lokalen Strände, die Playa Cuatro Vientos und die Playa Santa Rita, wo man sich auf Liegeflächen aus Beton unter Sonnenschirmen aus Beton Urlaubsbräune holen kann, sind ebenfalls nicht sehr einladend und verwöhnten Sonnenanbetern wohl nur schwer vermittelbar. Und auch die einzige Sehenswürdigkeit Nuevitas', das Museo Histórico Municipal, hat nicht viel mehr zu bieten als einige für den Laien nichtssagende Dokumente zur Stadtgeschichte.

Wenn es überhaupt einen Grund gibt, in Nuevitas Station zu machen, dann noch am ehesten wegen der sogenannten Los Tres Ballenatos. Auf den drei kleinen Inseln in der Bahía de Nuevitas leben Hunderte von Leguanen sowie die „Anoris ballenatus", eine Eidechsenart, die weltweit nur dort vorkommt.

- *Hin & Weg* **Bahn**: Bahnhof in der Calle Lugareño e/ Martí y Doll. Verbindungen: Camagüey 1x tägl. 7.00 Uhr, So um 13.00 Uhr, 2,30 CUP/ca. 0,10 CUC. **Bus**: Terminal vor dem Bahnhof. Verbindungen: Camagüey 2x tägl. 8.30 + 16,30 Uhr, 2,35 CUC.
- *Übernachten* * **Caonaba** liegt, aus Richtung Camagüey kommend, am Ortseingang von Nuevitas auf einer kleinen Anhöhe, von der aus man die gesamte Bahía de Nuevitas überblicken kann. Das zur cubanischen Islazul-Gruppe gehörende Haus bedürfte dringend einer Renovierung, die 48 Zimmer, von denen nur zehn für Touristen offenstehen, sind entsprechend. Das hoteleigene Cabaret ist täglich von 21–1.45 Uhr geöffnet, die Bar „Terraza" von 10–21 Uhr. EZ 20–24 CUC, DZ 26–32 CUC, je nach Saison. Calle Albaisa esquina Martí, ✆ 44803, recepcion@caonaba.co.cu.

Cayo Sabinal

Die Koralleninsel nördlich von Nuevitas gehört mit ihrer 30 Kilometer langen Küstenlinie zu den größeren des Archipels Sabana-Camagüey. Unmengen von Vögeln, darunter auch Flamingos, nützen die dichte Vegetation in den Sümpfen und entlang der Sandstrände, um in der Abgeschiedenheit des Eilandes ihre Nester zu bauen und ihre Jungen aufzuziehen. Auf Cayo Sabinal sind sie in absoluter Sicherheit, denn außer einem Millionenheer von Moskitos gibt es weit und breit nichts, was sie von ihrem Brutgeschäft abhalten könnte – nicht einmal Menschen. Und das verwundert nicht: Der nur knapp eineinhalb Meter breite Pfad, der 25 Kilometer westlich von San Miguel de Bagá nach rechts abzweigt, ist selbst mit einem Geländewagen nur im Schritttempo zu befahren. Wer es dennoch wagt und ohne Achsbruch schafft, muss sich – als wäre die Strecke nicht schon Strafe genug – an einer Brücke erst einmal „filzen" lassen und darf dann dafür auch noch 5 CUC bezahlen, um auf die sieben Kilometer lange Dammstraße vorgelassen zu werden. Sie war eine der ersten, mit der die Koralleninseln im Norden an das Festland angebunden wurden – und ist damit eine jener, mit der man der Umwelt den größten Schaden zufügte. Hat man auch sie bewältigt, eröffnet sich freilich eines der wohl letzten Paradiese dieser Welt – nur die Hürden dafür sind einfach viel zu hoch.

Playa Santa Lucía siehe Karte S. 526

Der Touristenmagnet der Provinz ist ohne Zweifel die Playa Santa Lucía, etwa 120 Kilometer nordöstlich von Camagüey an der Atlantik-Küste gelegen. Der von Palmen gesäumte Strand zählt mit seinen 21 Kilometern zu den längsten des Landes, das vorgelagerte Korallenriff gilt gar als eines der größten der westlichen Hemisphäre. Taucher schätzen die reiche Unterwasserwelt, in der es mehr als 50 Korallenarten, darunter auch die geschützte Schwarze Koralle, zu entdecken gibt. Komplettiert werden die Tiefsee-Abenteuer durch viele Schiffswracks, von denen einige aus dem 19. Jahrhundert stammen. Selbst der berühmte französische Meeresforscher Jacques Cousteau soll hier einst auf die Suche nach Haien, Delfinen, Meeresschildkröten, Seekühen und Barracudas gegangen sein.

Geht es nach den Verantwortlichen der cubanischen Tourismusindustrie, so soll Santa Lucía schon bald in einem Atemzug mit Varadero, Cayo Coco und Guardalavaca genannt werden, wenn über Ferien in All-inclusive-Resorts gesprochen wird. Mit seinen fünf teilweise modernen Hotels, den Nachtclubs und den vielen Open-

Playa Santa Lucía 525

Mit 21 Kilometern einer der längsten Strände Cubas: Playa Santa Lucía

Air-Bars entlang der Hauptstraße ist Santa Lucía auf dem besten Weg dahin – aber noch lange nicht am vorgegebenen Ziel angekommen. Sucht man heute als Tourist nach dem perfekten Pauschal-Urlaub inmitten eines Postkarten-Idylls mit wogenden Palmen, weißem Puderzucker-Strand und türkisfarbenen Meer, blättert man in den Katalogen vielleicht doch eher weiter und sucht unter „C" wie Cayo Coco oder unter „G" wie Guardalavaca.

• *Hin & Weg* Da in Santa Lucia alles auf Pauschal-Touristen ausgerichtet ist, die von den internationalen Flughäfen in Camagüey und Holguín per Transfer in ihre Hotels und nach Ende der Ferien auf dem gleichen Weg wieder zurückgebracht werden, ist es äußerst schwierig, die Gegend auf eigene Faust zu erkunden. Züge verkehren gar nicht, Busse für das Hotel-Personal nur zu den jeweiligen Wohnorten, Touristenbusse ausschließlich im Transfer-Verkehr zu den Airports. Man kann allerdings versuchen, mitgenommen zu werden, und dies möglicherweise mit einem kleinen Trinkgeld fördern. Wer's probieren möchte: Den **Transfer-Service** erreicht man unter ✆ 336291, 365303 oder 365333. Auf Nummer Sicher geht man allerdings nur mit einem Mietwagen.

• *Apotheke* **Farmacias** in allen Hotels mit Ausnahme des „Caracol".

• *Ärztliche Versorgung* **Clínica Internacional**, Residencial Playa Santa Lucía, ✆ 336203.

• *Autovermietung* **Havanautos** im Hotel „Brisas", ✆ 365355. **Transtur** im Hotel „Gran Club Santa Lucía", ✆ 365260.

• *Banken* **Cadeca** in jedem Hotel.

• *Freizeit* Das **Diving Center „Sharks Friends"**, das Tauchkurse und Tauchexkursionen im nahen Korallenriff anbietet, befindet sich an der Hotelmeile neben dem Hotel „Brisas". Man spricht Englisch, Italienisch und Französisch. ✆ 365182, marlin@sunnet.stl.cyt.cu.

• *Internet* In allen Hotels gegen Gebühr verfügbar – einzige Ausnahme ist das Hotel „Escuela".

• *Kinder, Kinder* Am Ende der Hauptstraße, der Avenida Turística, gibt es zwischen den Hotels „Mayanabo" und „Escuela" eine **Area infantil** mit Kinderkarussells.

• *Postleitzahl* 74250

• *Post* Wird in jedem Hotel angenommen und weitergeleitet.

• *Taxi* **Cubataxi**, ✆ 336464.

• *Tourist-Information* **Cubatur**, Avenida Turística, ✆ 336106. Auskünfte erhält man darüber hinaus an den Hotel-Rezeptionen.

• *Nachtleben* Aufgrund des in Santa Lucía fast durchgängig praktizierten All-inclusive-Systems gibt es außerhalb der Hotels nur

Übernachten

1 Escuela
2 Brisas
3 Mayanabo
5 Gran Club Santa Lucía
6 Caracol

Nachtleben

4 Club Mar Verde
5 Discoteca La Jungla

Playa Santa Lucía

700 m

sehr eingeschränkte Unterhaltungsmöglichkeiten: hauptsächlich in den Freiluft-Bars entlang der Hauptstraße, in denen man aufgrund der Lautstärke der Musik aber oft sein eigenes Wort nicht versteht. Wenn überhaupt, dann steigen die Fiestas meist in den Anlagen hinter (für Cubaner) verschlossenen Toren.

Discoteca La Jungla (5) gehört zum Hotel „Gran Club Santa Lucía", ist aber nicht ausschließlich Hotel-Gästen vorbehalten. Im Eintritt von 5 CUC (nur für Nicht-Gäste) sind alle Getränke enthalten. Tägl. 23–3 Uhr. Avenida Turística, ✆ 336109, ℻ 365153, aloja@clubst.stl.cyt.cu.

Club Mar Verde (4) an der Avenida Turística verfügt über Piano-Bar, Live-Bühne und gilt als die schönste Abend-Location in Santa Lucía. Da man auch mit der Landeswährung bezahlen kann, ist der Club äußerst preisgünstig, weshalb wiederum viele Einheimische zu den Gästen zählen. Tägl. 23–3 Uhr. Avenida Turística, ✆ 336205.

• *Übernachten* ****** Brisas (2)** (früher Cuatro Vientos) ist das erste Haus am Platz, nicht nur seines Mega-All-inclusive-Angebots wegen. Das luxuriöse Familien-Hotel verfügt über 412 mit jeglichem Komfort ausgestattete Zimmer, darunter acht Suiten, und bietet all das, wovon Pauschal-Urlauber in aller Regel träumen: Buffet- und À-la-carte-Restaurants, 24-Stunden-Bar, Animation, Wassersport, Fitness-Raum, Sauna, Miniclub, Cocktail-, Tanz- und Spanisch-Kurse. EZ 75 CUC, DZ 120 CUC, Triple 168 CUC. Avenida Turística, ✆ 336317, 336140, ℻ 365142, aloja@brisas.stl.cyt.cu, www.cubanacan.cu.

***+ Gran Club Santa Lucía (5), eine weitläufige Anlage mit 252 Zimmern in 38 Bungalows und Appartement-Häusern, wurde von einem großen deutschen Reiseveranstalter mehrfach ausgezeichnet. Die 12 Coral- und 88 Junior-Suiten verfügen alle über Terrasse oder Balkon und haben meist Meerblick, unter den 152 Standard-Zimmern gibt es 32 mit Verbindungstür. Alle Gästezimmer sind mit Satelliten-TV, Klimaanlage, Safe, Telefon und Minibar ausgestattet. In dem Hotel-Resort selbst gibt es fünf Restaurants, darunter eine italienische Pizzeria, fünf Bars und die hoteleigene Diskothek „La Jungla". EZ 70–90 CUC, DZ 120–160 CUC, Triple 199,50 CUC, je nach Kategorie und Saison. Avenida Turística, ✆ 336109, ℻ 365153, aloja@clubst.stl.cyt.cu.

*** Mayanabo (3) ist einer dieser typischen All-inclusive-Schuppen mit internationalem Publikum, das schon am Vormittag dafür sorgt, dass die Barkeeper alle Hände voll zu tun haben. In dem frisch renovierten Haus, das zur Club-Amigo-Kette gehört, gibt es 225 Zimmer (darunter 12 Suiten) mit Meer- oder Gartenblick, die über Satelliten-TV, Telefon und Safe verfügen. In der Anlage findet man verschiedene Bars, Restaurants, Tennisplätze und einen Fahrrad-Verleih. EZ 57 CUC, DZ 90 CUC, Triple 126 CUC. Avenida Turística, ✆ 366184, ℻ 365295, aloja@mayanabo.co.cu, ventas@mayanabo.co.cu, www.cubanacan.cu.

*** Caracol (6), ein kleineres, aber feines Haus, bietet 150 Mini-Suiten, die in hübschen zweistöckigen, schneckenartig angeordneten Gebäuden untergebracht sind. In dem gerade renovierten Hotel, das ebenfalls zur Club-Amigo-Gruppe gehört, gibt es ein Buffet- und mehrere Spezialitäten-Restaurants, einen Fahrrad-, Motorrad- und Autoverleih, eine Tauchschule sowie jede Menge sportlicher Aktivitäten. EZ 65 CUC, DZ 100 CUC, Triple 135 CUC. Avenida Turística, ✆ 365158-365160, 336302, 336303, ℻ 365217, aloja@caracol.stl.cyt.cu, www.cubanacan.cu.

** Escuela (1), das kleinste, einfachste und preisgünstigste Haus in Santa Lucía, ist im Gegensatz zu allen anderen kein All-inclusive-Hotel. Die 30 Zimmer sind zweckmäßig eingerichtet, teilweise mit Rattan-Möbeln. Es gibt eine Open-Air-Bar und ein Restaurant, Diskothek oder Pool sucht man allerdings vergeblich. Dafür liegt die „Schule für Hotellerie und Tourismus", in der man auch schon einmal von Auszubildenden bedient wird, direkt am Meer. DZ 35 CUC pro Pers. inkl. HP. Avenida Turística, ✆ 336310, 336410, 336222, ✆ 365166, ariel@ehtstl.co.cu, uvarens2003@yahoo.es.

Playa Los Cocos

Wer den Hotel-Burgen entfliehen will, hat dazu in Santa Lucía ein gute Gelegenheit. Am nordwestlichen Ende der Playa, acht Kilometer von der Hotelmeile entfernt, liegt mit der Playa Los Cocos ein breiter, naturbelassener Strand wie aus dem Bilderbuch. Hat man die von Schlaglöchern übersäte Schotterpiste, die normalerweise nur mit Geländewagen zu befahren ist, erst einmal hinter sich, ist man weitgehend alleine. An der Playa Los Cocos ist der Name Programm: Schatten spendende Kokospalmen stehen in Reih und Glied, der weiße Sand könnte aus einem Zuckerstreuer stammen, das Wasser hat jenes Türkis, das man sonst nur von Ansichtskarten kennt. Mit dem „Bucanero" und dem „Bocana" gibt es an dem Traumstrand auch zwei Restaurants und eine Bar, so dass man sich nicht die Mühe machen muss, zu den Essenszeiten an die Fleischtöpfe der Hotels zurückzukehren. Von Santa Lucía aus verkehrt mehrmals täglich ein zu einem Touristenzug umgebauter Traktor mit drei Waggons zur Playa Los Cocos, der an allen Hotels hält und für 1 CUC Fahrgäste mitnimmt.

• *Essen & Trinken* **Bucanero** ist das feinere der beiden Strand-Restaurants und verfügt neben einer Bar sogar über einen sauber gedeckten klimatisierten Speisesaal. Spezialität sind – natürlich – Meeresfrüchte. Für eine Languste bezahlt man

Einsam, aber keineswegs verlassen: Playa Los Cocos

stolze 22,50 CUC, Garnelen kosten zwischen 8 und 10,50 CUC. Daneben gibt es Pasta (5–9,50 CUC) und Sandwiches (3 CUC). Für Limonaden und Bier wird 1 CUC fällig. Mehrmals wöchentlich findet zur „Puesta del Sol" („Sonnenuntergang") eine „Noche Bucanero" mit Strandfeuer, Tanzkurs, Cocktails und Dinner statt – ganz touristisch eben. Im Preis von 25 CUC ist ein Getränk inkludiert. Tägl. 9–23 Uhr. Playa Los Cocos, ✆ 335226.

Bocana liegt ca. 100 m vom „Bucanero" entfernt und ist etwas einfacher und neuer – was man allerdings nicht sieht. Der Chef empfiehlt seine Platte mit Fisch und Meeresfrüchten für 12,50 CUC, daneben gibt es aber auch Schweinesteaks für 4 CUC und Hähnchen für 2,80 CUC. Langusten kosten wie beim „großen Nachbarn" 22,50 CUC. Tägl. 9–22.45 Uhr. Playa Los Cocos, ✆ 365455.

Alle Räder stehen still... - in der Ingenio Santa Isabel

Unterwegs in der Umgebung

Ingenio Santa Isabel: Die einzigen Überbleibsel der alten Zuckermühle von Santa Isabel, die knapp 40 Kilometer südwestlich der Playa Santa Lucía liegt, sind der Kamin sowie das eiserne Räderwerk, das die Produktionsstätte früher angetrieben hat. Einen Foto-Stopp ist die Ingenio am Ufer des Río Saramaguacán dennoch wert, zumal man praktisch über sie fällt, wenn man die Hauptstraße von Santa Lucía nach Minas befährt. Am Eingang zu der Industrie-Ruine gibt es außerdem einen kleinen Imbissstand, an dem Sandwiches, Hotdogs, Hamburger und als Spezialität der „Cocktail Ingenio" zum Preis von 1,65 CUC angeboten werden.

Rancho King: Auf Ausflüge zu Pferde, Kutschfahrten und Rodeo-Reiten hat sich die King-Ranch 35 Kilometer südwestlich von Santa Lucía spezialisiert. Das Hauptgebäude, die Casa principal, wurde im Jahr 1952 von einem wohlhabenden US-Amerikaner gebaut, nach der Revolution enteignet, diente von 1960 bis 1962 als Gästehaus des cubanischen Landwirtschaftsministeriums und ist nun seit 1992

Jardines del Rey: ▲▲
Cayo Coco und Cayo Guillermo lassen Urlauberherzen höherschlagen ▲
Fotos: mintur

Provinz Ciego de Ávila: Das einstige landwirtschaftliche Zentrum der Insel hat sich längst dem internationalen Tourismus geöffnet

Fotos: mintur (unten), wz (alle übrigen)

Provinz Camagüey: Fernab aller Einfallsschneisen liegen die Schöne (Camagüey) und das Meer (Playa Santa Lucía)

Fotos: mintur (oben), wz (unten)

Provinz Las Tunas: Im Tor zu Cubas Osten ist das Leben ein langer, ruhiger Fluss – ob in der Provinzhauptstadt oder an der Playa Corella
Fotos: wz

Rancho, Rodeo-Piste und Restaurant mit typisch cubanischer Küche. Reiten kann man für 3 CUC/Std., Kutschfahrten für Senioren und Kinder kosten den gleichen Betrag. In den Hotels von Santa Lucía werden allerdings auch Pauschal-Pakete für 15 CUC angeboten, in denen Reiten, Rodeo, Restaurantbesuch und Transfer inkludiert sind.

Tägl. 7–17 Uhr. Carretera Nuevitas km 35, ✆ 48115.

Unterwegs im Westen

Florida

Florida ist ein Straßendorf an der Carretera Central, etwas mehr als 30 Kilometer von Camagüey entfernt auf der Strecke nach Ciego de Ávila gelegen, das von der nationalen Durchgangsstraße lebt und an ihrem Rand mehr oder weniger dahinvegetiert. Die Zuckerfabrik, Hauptarbeitgeber des kleinen Ortes, streckt ihre drei dicken Schornsteine wie Zigarrenstumpen in den Himmel, Pferdegespanne, Bici-Taxen und Radfahrer bestimmen das Straßenbild, es gibt zwei Tankstellen, eine Bank und ein nach dem Dorf benanntes Hotel – mehr nicht. Vor allem in den ungeteerten Seitenstraßen des Vororts von Camagüey wird deutlich, dass hier die Armut zu Hause ist. Nicht viel ansehnlicher ist der Strand des Ortes, die Playa de Florida, die 35 Kilometer entfernt an der Karibik-Küste liegt und hauptsächlich von Einheimischen zum Angeln genutzt wird. Da muss man ebenfalls nicht unbedingt hin!

• *Übernachten* ** **Florida** liegt an der Carretera Central am Ortsausgang in Richtung Ciego de Ávila und wird von Reisegruppen gerne als preisgünstige Zwischenstation angesteuert. Das Haus verfügt über 74 einfache, aber saubere Zimmer mit Klimaanlage, Kühlschrank und TV, einen Swimmingpool mit Bar, ein Restaurant und eine Snackbar, die von 10–24 Uhr geöffnet ist. EZ 24 CUC, DZ 32 CUC. Carretera Central km 536, ✆ 54670, informatico@hflorida.co.cu.

Unterwegs im Osten

Guáimaro

Wer heute auf der Carretera Central durch die unscheinbare Kleinstadt in der Provinz Camagüey nahe der Grenze zu Las Tunas fährt, wird kaum auf die Idee kommen, dass hier eines der bedeutendsten Kapitel der cubanischen Geschichte geschrieben wurde: In Guáimaro begann Cuba, eine Nation zu sein. In der ersten konstituierenden Versammlung der „Republik in Waffen" wurde am 10. April 1869 die erste cubanische Verfassung verabschiedet, die die legislative Gewalt des Parlaments über die Exekutive des Präsidenten stellte. Gleichzeitig wurde jeder Bürger Cubas als „völlig frei" erklärt, was in erster Linie auf die vielen Sklaven abzielte. Protagonisten waren unter anderem der große Sohn Camagüeys, Ignacio Agramonte, der bei der Versammlung zum Parlamentssekretär gewählt wurde, und der „Vater des Vaterlandes", Carlos Manuel de Céspedes, den man zum ersten Präsidenten der Republik Cuba ausrief. An den Akt, mit dem man ein Zeichen gegen die spanische Unterdrückung setzte, erinnert seit dem Jahr 1940 im Parque Constitución ein Denkmal, an dessen Sockel Bronze-Plaketten mit den Porträts von de Céspedes, Agramonte, Nationalheld José Martí sowie der Generäle der Unabhängigkeitskriege, Máximo Gómez, Calixto García und Antonio Maceo, angebracht sind.

Provinz Camagüey
Karte S. 505

Las Tunas, das „hässliche Entlein" unter Cubas Provinzen, liegt irgendwo im Nirgendwo. Eingequetscht zwischen Camagüey im Westen, Holguín im Osten und Granma im Süden muss sich die kleine (und arme) Provinz an ihren schier übermächtigen Nachbarn messen lassen – und kann es eigentlich nicht. Nein, vom Schicksal verwöhnt wird Las Tunas bestimmt nicht. Bis heute wird der erst im Jahr 1847 aus dem Herrschaftsbereich von Bayamo herausgelöste Landstrich von der Landwirtschaft dominiert, bis heute ist die landesweit defizitäre Zuckerproduktion eine Haupteinkommensquelle. Für Touristen, die Geld in die Region bringen könnten, ist Las Tunas kaum von Interesse, weder in historischer noch in kultureller Hinsicht. Berührungspunkte ergeben sich meist nur bei der Durchreise von West nach Ost, von Havanna nach Santiago de Cuba.

Dabei hat Las Tunas etwas zu bieten, mit dem keine andere Provinz aufwarten kann: Dörfer, in denen man Augenzeuge des wirklichen cubanischen Lebens werden kann, und menschenleere Strände, die noch nicht einmal von Reiseveranstaltern entdeckt wurden. Die Nordküste der Provinz ist ein beredtes Beispiel dafür: Ob an der Playa La Herradura, an der Playa Llanita oder an der Playa Las Bocas – Tourismus ist im Vokabular der Einheimischen ein selten gebrauchtes Wort. Wie

Provinz Las Tunas

Las Tunas	532	Playa Corella	541
Puerto Padre	538	Playa Llanita	541
Playa Covarrubias	539	Playa Las Bocas	541
Playa Herradura	540		

auch: Bis Anfang 2006 gab es hier in den Privat-Häusern noch nicht einmal Telefon. Trotzdem haben inzwischen drei Familien den Schritt in die Selbstständigkeit gewagt und ihre Häuser ausgebaut, die sie nun der Handvoll Fremden, die sich hierher verirren, als Casas particulares vermieten.

Bereits einen Schritt weiter ist die Playa Covarrubias, wo vor wenigen Jahren mitten in der Wildnis das erste Vier-Sterne-All-inclusive-Resort eröffnet wurde. 40 Kilometer rund um die Ferien-Anlage gibt es zwar nichts, dafür direkt vor der Haustür einen der einsamsten Strände des ganzen Landes. Der Weg von Las Tunas scheint also vorgezeichnet. Auch hier soll letztlich der (Massen-)Tourismus Einzug halten und die Provinz irgendwann einmal zu einem schönen Schwan machen – irgendwann.

Las Tunas

Auf der Umgehungsstraße im Süden kann man an Las Tunas auf dem Weg nach Santiago de Cuba ganz einfach vorbeifahren. Und vielleicht verpasst man noch nicht einmal viel, wenn man die Stadt des bekannten cubanischen Schriftstellers Juan Cristóbal Napoles Fajardo, „Cucalambé" genannt, nicht gesehen hat. Vielleicht aber doch ... Besonders herzliche Menschen beispielsweise, die sich über jeden Fremden noch ehrlich freuen können. Besonders reizvolle Casas particulares etwa, die in Ermangelung einer großen Zahl von Hotelzimmern wie Pilze aus dem Boden schießen. Oder ein paar wenige kleine, aber interessante Museen, die viel vom cubanischen Nationalstolz erahnen lassen. Auf jeden Fall aber die Möglichkeit, einzutauchen in eine Provinzhauptstadt, die eher die Bezeichnung Dorf verdient, in dem Cuba noch Cuba ist.

Las Tunas war nie von großer Bedeutung – nicht bei der Gründung im Jahr 1752, nicht während der Unabhängigkeitskriege, in denen sie 1897 niedergebrannt wurde, noch nicht einmal in der zweiten Hälfte des vergangenen Jahrhunderts, als die Stadt ein Handelsplatz für die Viehzüchter der näheren Umgebung war. So richtig erwachsen geworden und in das Bewusstsein Cubas gerückt ist Las Tunas eigentlich erst 1976 mit ihrer Ernennung zur Provinzhauptstadt. Dennoch ist die Stadt noch immer geruhsam, hie und da vielleicht verschlafen, auf jeden Fall aber einen Besuch wert – zumindest für eine Stippvisite.

Hin & Weg

- *Bahn* **Bahnhof** in der Avenida Camilo Cienfuegos (nur 100 m vom Stadion Julio Antonio Mella entfernt), ✆ 48146. Verbindungen: Havanna 1x tägl. 2.44 Uhr, 23 CUC. Santiago de Cuba 1x tägl. 2.00 Uhr, 7 CUC.
- *Bus* **Terminal** in der Calle Francisco Varona 240, ✆ 43060. **Víazul-Verbindungen**: Havanna 3x tägl. 2.45, 14.40 + 21.05 Uhr über Camagüey, Ciego de Ávila, Sancti Spíritus und Santa Clara, 39 CUC. Santiago de Cuba 5x tägl. 2.10, 7.25, 8.30, 15.35 + 20.35 Uhr über Holguín und Bayamo, 11 CUC. Trinidad 1x tägl. 0.15 Uhr über Camagüey, Ciego de Ávila und Sancti Spíritus, 22 CUC. Varadero 1x tägl. 1.15 Uhr über Camagüey, Ciego de Ávila, Sancti Spíritus und Santa Clara, 33 CUC. **Astro-Verbindungen**: Camagüey 2x tägl. 1.00 + 6.00 Uhr. Havanna 3x tägl. 8.00, 19.30 + 23.00 Uhr über Camagüey, Ciego de Ávila und Sancti Spíritus. Holguín 2x tägl. 7.00 + 13.30 Uhr. Santiago de Cuba 1x tägl. 5.00 Uhr über Bayamo.

Auf einen Blick

> Telefon-Vorwahl: 031
> (für die gesamte Provinz)

- *Ärztliche Versorgung* **Hospital Provincial Doctor Ernesto Che Guevara**, tägl. 24. Std., Avenida 2 de Diciembre 1 esquina Carlos J. Finlay, ✆ 45012, 45013.
- *Autovermietung* **Cubacar**, Calle Francisco Varona 306 e/ Ortiz y García.
- *Banken* **Cadeca**, Mo–Sa 8–17.30, So 8–12 Uhr, Calle Colón 141 e/ Vega y Varona, ✆ 46382. **Banco de Crédito y Comercio**, Mo–Fr 8–15, Sa 8–11 Uhr, Calle Vicente García 69.
- *Feste* In der 2. Mai-Hälfte feiert man an der Plaza Cornito (am Ortseingang aus Richtung Camagüey) eine Woche lang die **Jornada Cucalambeana**. U. a. gibt es Schönheitswettbewerbe, zu dem jeder Bezirk der Provinz seine „Miss" entsendet. Der **Karneval** von Las Tunas findet in der 2. September-Hälfte statt.
- *Internet* **Telepunto**, Calle Francisco Vega 237 e/ Ortiz y García, ✆ 46216, Karten für 15 Min./6 CUC.
- *Notruf* **Polizei**, ✆ 116. **Feuerwehr**, ✆ 115. **Ambulanz**, ✆ 42073.
- *Postleitzahl* 75100

Las Tunas 533

Allgegenwärtig – auch in Las Tunas: Ernesto Che Guevara

- *Post* Mo–Sa 8–20 Uhr, Calle Vicente García 6 e/ Varona y Vega, ✆ 43863.
- *Shopping* Die Einkaufsmeile mit jeder Menge Devisen-Geschäften ist die **Calle Vicente García** direkt im Stadtzentrum.
- *Taxi* **Cubataxi**, ✆ 42036, 48945. **Transtur**, ✆ 46844.

Essen & Trinken *(siehe Karte S. 536/537)*

- *Restaurants* **La Bodeguita (17)**, eines der besseren Speise-Restaurants der in Las Tunas eher begrenzten Auswahl, ist rustikal, aber nett eingerichtet. Aus der umfangreichen Speisekarte stechen besonders Tortilla mit Meeresfrüchten (5,80 CUC) und Languste auf italienische Art (11 CUC) heraus. Der Weinkeller ist einigermaßen sortiert, eine Flasche kostet 4,10–13 CUC. Tägl. 11–23 Uhr. Calle Francisco Varona 303 e/ Ortíz y García, ✆ 371536.

La Cadena (12) ist ein einfaches Restaurant, in dem es zwar keine Tischdecken, dafür aber große Portionen cubanischer Fleischspezialitäten gibt (ab 16 CUP/ca. 0,65 CUC), was natürlich viele Einheimische anzieht. Zudem sind die Preise weit unten angesiedelt, Getränke etwa kosten um 10 CUP/ca. 0,40 CUC. Tägl. 7–23 Uhr. Calle Lucas Ortíz e/ Vegas y Santana.

Rey Mar (19) ein sehr preisgünstiges Spezialitäten-Restaurant für Fischgerichte und Meeresfrüchte, liegt neben dem Museo Provincial und gegenüber des Parque Vicente García in der Stadtmitte. Spezialität des Hauses ist gebackenes Fischfilet mit Schinken-Käse-Füllung (10 CUP/ca. 0,40 CUC). Bier gibt es ab 5 CUP/ca. 0,20 CUC, Cocktails ab 2 CUP/ca. 0,10 CUC). Tägl. 7–22.45 Uhr. Calle Francisco Varona 302 e/ García y Guardia, ✆ 44923.

Venecia (18) punktet mit einem Freisitz auf dem großen Balkon, von wo aus man den Parque Vicente García vor Augen hat und das Treiben auf der Hauptstraße beobachten kann. Der Küchenchef des netten Peso-Lokals empfiehlt Kaninchen auf kreolische Art (inkl. Beilagen 25 CUP/ca. 1,10 CUC). Die Getränkepreise bewegen sich um 10 CUP/ca. 0,40 CUC. Tägl. 11–23 Uhr. Calle Francisco Varona 300 e/ García y Guardia, ✆ 49703.

El Chino (16), der örtliche Chinese, ist dem Andrang nach zu schließen offenbar das Stammlokal vieler Einheimischer. Kein Wunder: Service wird großgeschrieben, die Preise sind klein. Die Frühlingsrolle kostet 10 CUP/ca. 0,40 CUC, filetiertes Geflügel auf Gemüse 16 CUP/ca. 0,65 CUC, das lokale

534 Provinz Las Tunas

Tínima-Bier 10 CUP/ca. 0,40 CUC, lediglich für „Cristal" und „Bucanero" (1 CUC) verlangt man Devisen. Mo–Fr 15–23 Uhr. Calle Lucas Ortíz, ✆ 48636.

Don Juan (20), ein hübsches, kleines Lokal am Rande des Parque Vincente García, ist zumindest für ein schnelles Glas Wein (2 CUP/ca. 0,08 CUC) und ein paar Häppchen gut. Wer mehr möchte – kein Problem, die Küche ist darauf eingestellt. Spezialitäten sind Schinkensteak (15 CUP/ca. 0,62 CUC) und geräuchertes Hähnchen (24 CUP/ca. 1 CUC). Dazu eine Flasche Wein (50 CUP/ca. 2,10 CUC), und es kann weitergehen … Fr–Mo 9–24, Sa –2.45 Uhr. Calle Francisco Varona 297 e/ Joaquín de Agüero y Heredia.

Cafetería Piropo Dos Gardenias (13) ist keine schlechte Wahl, wenn es schnell gehen soll oder man nur eine Kleinigkeit einnehmen will. Das Lokal ist zwar einfach eingerichtet, aber sauber und klimatisiert. Es gibt Sandwiches (1,50 CUC) und Pizzen (2 CUC). Bier kostet 1 CUC, Limonaden 0,55 CUC. Tägl. 8–22.30 Uhr. Calle Francisco Varona 306 e/ Ortíz y García.

Cafetería Cubanitas (21), schräg gegenüber dem Bus-Terminal gelegen, ist der richtige Ort für den „kleinen Hunger". In dem Lokal mit gerade einmal 24 Sitzplätzen gibt es schnelle Sandwiches (1 CUC), Hähnchen (1,35 CUC) und Pizzen (0,90 CUC). Auch die Getränke kosten nicht die Welt – Bier 1 CUC, Limonade 0,55 CUC, Kaffee 0,30 CUC. Tägl. 19–23.45 Uhr. Calle Francisco Varona e/ Menocal y Avenida Aurora, ✆ 46257.

• *Paladares* **La Roca (2)** ist ein einfaches, aber durchaus empfehlenswertes Privat-Restaurant im Zentrum der Stadt. Das Personal ist sehr aufmerksam, das Essen – ausschließlich cubanische Gerichte – schmackhaft, die Preise mehr als akzeptabel. Für 5 CUC bekommt man ein vollständiges Menü. Tägl. 11–2 Uhr. Calle Lucas Ortíz 108 e/ Quesada y Villalón.

La Bamba (8), ein kleiner, feiner und sehr sauberer Paladar, ist eine gute Adresse, wenn man kreolische Küche liebt. Serviert wird in zwei schön eingerichteten Gastzimmern mit gerade einmal 12 Plätzen – warten lohnt sich aber. Das „Bistec de Cerdo condimentado" etwa, ein Schweinesteak mit Spezialgewürz (40 CUP/ca. 1,70 CUC), ist ein Genuss. Bier und Erfrischungsgetränke haben einen Einheitspreis: 25 CUP/ca. 1,10 CUC. Tägl. 12–22 Uhr. Avenida Frank País 52 y 2 de Diciembre.

El Balcán (6) hat sich auf Grillgerichte spezialisiert. Besonders beliebt ist das Hähnchensteak vom Rost, gleichzeitig die Spezialität des kleinen Privat-Restaurants, das auch über eine Terrasse verfügt. Dazu gibt es die übliche Getränkepalette. Bezahlen kann man sowohl in CUP als auch in CUC. Tägl. 24 Std. Calle Fernando Suárez 14 e/ País y González, ✆ 49312.

Nachtleben (siehe Karte S. 536/537)

Cabildo San Pedro Lucumí (15) ist ein kleines allabendliches Vergnügungslokal mit viel cubanischer Musik. Im Flaschenschrank der Bar stehen „die üblichen Verdächtigen", die Preise sind mehr als zivil, zumal man mit Pesos bezahlen kann. Der Eintritt ist frei. Tägl. ab 21 Uhr. Calle Francisco Varona 324 e/ Guardia y Ortíz.

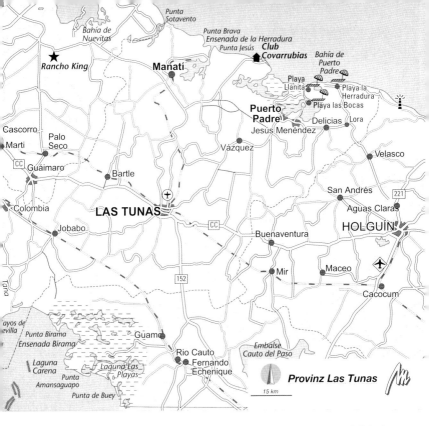

El Salón Rojo (5), die große, schummrige Musik-Bar im Zentrum, liegt schräg gegenüber dem Parque Maceo. Dieses Centro nocturno wird hauptsächlich von Cubanern besucht, was auch an den Getränkepreisen abzulesen ist: Cocktails kosten 2–4 CUP/ca. 0,08–0,15 CUC, Bier 5–10 CUP/ca. 0,20–0,40 CUC, ein Flasche Rum 60 CUP/ca. 2,50 CUC. Eintritt pro Pärchen 5 CUP/ca. 0,04 CUC. Di–So 21–2 Uhr. Calle Lucas Ortíz 60 e/ Quesada y Maceo.

Piano Bar (11), eine kleine Tages- und Nachtbar, lässt nur Paare ein. Eintritt wird nicht kassiert, dafür sind die Getränke einen Hauch teurer: Für den Daiquiri zahlt man 4,45 CUP/ca. 0,18 CUC, für einen Cubanito 7,45 CUP/ca. 0,30 CUC, für einheimisches Flaschenbier 10 CUP/ca. 0,40 CUC. Die bei Touristen beliebten Biersorten „Cristal" und „Bucanero" erhält man nur gegen Devisen für 1 CUC. Tägl. 11–2 Uhr. Calle Lucas Ortíz, ☏ 49380.

Cafetería El Mesón (14), in der man tagsüber seinen „Café con leche" schlürft, wacht eigentlich erst auf, wenn es Nacht wird in Las Tunas. Dann gibt es hier viel laute Musik und noch mehr Menschen – hauptsächlich Einheimische. Und dies, obwohl man für das Vergnügen Devisen zücken muss. Allerdings halten sich die Preise in Grenzen: Snacks wie frittiertes Hähnchen oder Hähnchenschnitzel kosten 2–2,25 CUC, Bier oder Limonade 1 CUC. Tägl. 8–2 Uhr. Calle Lucas Ortíz 326 e/ Angel Guerra y Teniente Peito.

Übernachten (siehe Karte S. 536/537)

• *Hotels*   *** **Las Tunas (22)**, das einzige Touristen-Hotel der Stadt und vornehmlich von Reisegruppen angesteuert, liegt etwas außerhalb des Zentrums. Das Haus verfügt über 142 Zimmer, davon 4 Suiten, die alle mit Kabel-TV und Minibar ausgestattet

Provinz Las Tunas

sind. In der Anlage gibt es vier Bars, zwei Restaurants, einen Nachtclub, der sonntags zu einer Matinee auch nachmittags geöffnet ist, sowie einen Swimmingpool. EZ 18–23 CUC, DZ 24–30 CUC, Suite 36–40 CUC, je nach Saison. Avenida 2 de Diciembre. ✆ 45014, 45169.

Casas particulares Aufgrund des Mangels an Hotelzimmern schießen in Las Tunas Casas particulares wie Pilze aus dem Boden. Anders als in anderen Städten Cubas sind die Privatzimmer-Vermieter hier nicht nur an den oft versteckt angebrachten blauen oder grünen Dreiecken zu erkennen, die die Casas als legale Touristen-Unterkünfte ausweisen. In Las Tunas schreien einem in der Regel Hinweisschilder mit der Aufschrift „Room for rent" förmlich entgegen. Die meisten Casas particulares findet man in der Calle Lucas Ortíz und in der Parallelstraße, der Calle Lico Cruz, in der Stadtmitte.

Casa Nancy Salas Pérez (1), eines der besseren Privat-Quartiere im Herzen der Stadt, bietet ein großes Zimmer mit moderner Einrichtung und allem Komfort, den man in einer Casa particular erwarten darf: Klimaanlage, Ventilator, Kühlschrank, Bad. Frühstück und Abendessen gibt es optional. DZ 20–25 CUC, je nach Saison. Calle Martí 122 (altos) e/ Maceo y Quesada, ✆ 342770.

Casa Elizabeth Rivero Mancebo (3) – hier ist der Gast König. Das Gästezimmer ist mit Klimaanlage und Ventilator ausgestattet, man findet eine gefüllte Minibar, Radiorecorder mit CD-Player und ein supermodernes Bad, das manchem Hotel zur Ehre gereichen würde. Verpflegung bekommt man auf Wunsch. DZ 20–25 CUC, je nach Saison. Calle Lico Cruz 87 (altos) e/ Villalón y Gómez, ✆ 347952.

Casa Yolanda (10), zentral gelegen und eines der gemütlichsten und saubersten Privat-Quartiere der Stadt, verfügt über zwei Zimmer, die beide mit Klimaanlage, Ventilator, TV, Kühlschrank, Esstisch und separaten Bädern ausgestattet sind. In einem steht ein großes Doppelbett, im zweiten zudem ein Zustellbett. Die Küche bietet die üblichen Hähnchengerichte (7 CUC), man kann sich dort aber auch selbst versorgen. Außerdem gibt es eine Garage mit drei Stellplätzen und eine Terrasse. DZ 20 CUC. Calle Lucas Ortíz 101 e/ Villalón y Coronel Fonseca, ✆ 43641.

Casa Nela (10) im Obergeschoss des gleichen Gebäudes wie die „Casa Yolanda" gehört Señora Yolandas Tochter Marianela Santiago und ist ebenfalls eine sehr angenehme Bleibe. Das Zimmer ist geschmackvoll eingerichtet und mit Klimaanlage, Ventilator, TV, Kühlschrank, Stereoanlage und großem Bett ausgestattet. Die Terrasse und die Garage teilen sich die Gäste der beiden Casas. DZ 20 CUC. Calle Lucas Ortíz 101 (altos) e/ Villalón y Coronel Fonseca, ✆ 43259.

Casa Ana (9), ebenfalls in der zentrumsnahen Calle Ortíz gelegen, bietet zwei Zimmer, eines davon ist ein kleines Appartement mit Wohn- und Essbereich. Die Räume sind sehr großzügig, haben Klimaanlage, Kühlschrank, separate Badezimmer, in denen man sich umdrehen kann, und eine kleine Küche. Zudem verfügt das Haus

Nachtleben
 5 El Salón Rojo
 11 Piano Bar
 14 Cafetería El Mesón
 16 Cabildo San Pedro Lucumí

über eine schöne Terrasse, auf der auf Wunsch auch Speisen serviert werden – zum Beispiel Hähnchen aus der Fritteuse für 5 CUC. DZ 10–18 CUC, App. 20–25 CUC, je nach Saison. Calle Lucas Ortíz 120 e/ Villalón y Quesada, ✆ 42288.

Casa Mayra (4) hat wohl die am schönsten eingerichteten Gästezimmer von Las Tunas. Die beiden Räume schmücken geschmackvolle Rattan-Möbel und kunstvolle Schnitzereien. Kein Wunder: Mayras Vater ist einer der bekanntesten Maler und Bildhauer der Stadt. Die Zimmer sind sehr geräumig, picobello sauber und modern, was im Übrigen auch für die Bäder gilt. Aus der Küche kommen – wenn man will – cubanische Gerichte, ein komplettes Menü kostet 7–8 CUC. DZ 25 CUC. Calle Lico Cruz 93 e/ Villalón y Gómez, ✆ 43868.

Casa Mirta (7) vermietet zwei Zimmer, eines davon mit separatem Eingang im oberen Stockwerk. Die Räume des gepflegten Hauses verfügen über Bad, Klimaanlage und einen mit Getränken gefüllten Kühlschrank. In ihre Küche lässt Señora Mirta Mancebo Peréz niemanden, dafür bekocht sie ihre Gäste vorzüglich. Frühstück kostet pauschal 3 CUC, das Abendessen 6 CUC. Für die Gäste gibt es eine Garage, in der Platz für drei Autos ist. DZ 20 CUC. Calle Lico Cruz 87 e/ Villalón y Gómez, ✆ 47952.

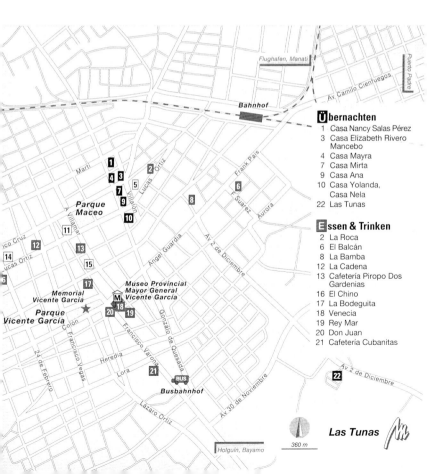

Unterwegs in Las Tunas

Memorial a los Mártires de Barbados: Das Museum für die Märtyrer von Barbados sollte man gesehen, seine Geschichte gehört haben. Noch heute brandmarken die Führerinnen den Anschlag von damals voll Inbrunst, tiefster Überzeugung – und übrigens völlig zu Recht – als barbarischen Akt der CIA: Damals, am 6. Oktober 1976, war eine DC 8 der cubanischen Fluggesellschaft Cubana de Aviación in Venezuela gestartet, um 73 Passagiere auf die Insel zu bringen. Darunter befanden sich 57 Cubaner und unter diesen die 26-köpfige Jugend-Nationalmannschaft im Fechten, die in Caracas an den 4. Panamerikanischen Meisterschaften teilgenommen hatte. Mit an Bord war der Exil-Cubaner und CIA-Agent Luis Posada, der unter seinem Sitz eine Bombe versteckt und die Maschine bei der routinemäßigen Zwischenlandung auf Barbados verlassen hatte. Als der Flug CU-455 nach dem Start wieder an Höhe gewann, explodierte der Sprengkörper und riss alle Passagiere und Besatzungsmitglieder in den Tod. Das Museum, das im Haus des ehemaligen Florettfechters Carlos Miguel Leyva Gonzales untergebracht ist, der seinerzeit zu den Opfern gehörte, erzählt eben jene Geschichte und dokumentiert sie – mit Flugzeugteilen der DC 8, Schriftstücken und Fotos. Ausgestellt sind ferner Schulzeugnisse Leyvas, seine Fechtbekleidung, seine Medaillen – und eine Ansichtskarte an seine Eltern. Er hatte sie wenige Tage vor seinem Tod in Venezuela geschrieben.
Tägl. 8–19 Uhr. Eintritt frei. Calle Lucas Ortiz e/ Mártires de Barbados y Río, ✆ 47213.

Museo Provincial Mayor General Vicente García: Untergebracht im ehemaligen Rathaus aus dem Jahr 1920, berichtet das Provinz-Museum von der Geschichte Las Tunas' und von den Helden der Unabhängigkeitskriege. Ausgestellt sind unter anderem Bajonette und Säbel von Vicente García aus dem Ersten Unabhängigkeitskrieg sowie Orden von Carlos Manuel de Céspedes. Außerdem gibt es Räume, in denen Möbel dieser Zeit gezeigt werden. Das alles ist nicht wirklich berauschend, aber einen Abstecher wert – wenn man Zeit hat.
Mo–Do 9–17, Fr–Sa 14–22, So 8–12 Uhr. Eintritt 1 CUC. Calle Francisco Varona.

Parque Vicente García und Memorial Vicente García: Park und Denkmal bilden das Stadtzentrum und erinnern an den Eintritt von Las Tunas in den Ersten Unabhängigkeitskrieg im Oktober 1868 unter dem Kommando von Generalmajor Vicente García. Die Anlage selbst ist nicht mehr als ein Treffpunkt für die Einheimischen.
Calle Francisco Varona esquina García.

Unterwegs im Norden

Puerto Padre

Puerto Padre ist ein schnuckeliges, kleines Hafenstädtchen am Atlantik, 48 Kilometer nordöstlich von Las Tunas und 43 Kilometer südöstlich der Playa Covarrubias. Großartige Sehenswürdigkeiten hat der Ort zwar nicht zu bieten, doch direkt am Meer gibt es immerhin einen Malecón und auf einer Verkehrsinsel der Calle General Máximo Gómez einen wirklichen „Kodak-Point": Das meistfotografierte Motiv Puerto Padres ist eine Bronzefigur von Don Quijote, vor der sich eine Windmühle dreht. Entlang der Hauptstraße, die ihren Namen in der Stadtmitte ablegt und sich fortan Calle Libertad nennt, stehen viele sehr gut erhaltene Kolonial-

Hat die Jahrhunderte überdauert: die Festung Fuerte de la Loma

häuser, die Besucher zur Hauptattraktion des Ortes geleiten. Die alte Festung Fuerte de la Loma – was so viel bedeutet wie Festung auf dem Hügel – wurde von den Spaniern 1875 erbaut und hat die Jahre weitgehend unbeschadet überdauert.
Fuerte de la Loma: Di–Sa 8.30–16, So 10.30–13 Uhr. Eintritt 1 CUC.

Playa Covarrubias

Die Playa Covarrubias liegt 83 Kilometer nördlich von Las Tunas mitten im cubanischen Nichts. Dies bekommen Besucher auch zu spüren, wenn sie versuchen, auf eigene Faust zu dem vielfach und zu Recht empfohlenen Strand zu gelangen. Denn die drei Abzweigungen, die zur Playa Covarrubias führen, sind durchwegs unbeschildert, und dies, obwohl dort das einzige All-inclusive-Hotel weit und breit steht. Egal, wie auch immer man den Ort anfährt, über Parada im Osten oder – noch übler – über Manatí im Westen, irgendwie wähnt man sich immer am Ende der Welt, ehe man urplötzlich inmitten der Wildnis auf das Luxus-Hotel stößt. Der Strand selbst ist ein Traum in Weiß: vier Kilometer lang, einsam, unberührt – nur der Wind ist ein ständiger Gast. Und trotz aller Robinson-Gefühle, die hier vielleicht aufkommen mögen, ist man nicht alleine, wenn man nicht will. In der Anlage tummeln sich immer 300 bis 400 Urlauber, zumeist trinkfreudiges kanadisches Publikum – Anschluss garantiert.

• *Übernachten* ****** Villa Covarrubias** ist ein relativ neues, modernes All-inclusive-Resort der Gran-Caribe-Kette, das seine Gäste an einer der schönsten Playas der Provinz Las Tunas im Luxus schwelgen lässt. Unmittelbar am feinen Sandstrand gelegen, hält das Hotel 180 Zimmer mit Meerblick bereit, alle ausgestattet mit Klimaanlage, Telefon, Satelliten-TV, Safe und Minibar, Bäder mit Bidet. In der gepflegten Anlage gibt es ein Buffet-Restaurant, drei Bars und eine abseits gelegene

Diskothek. Sportlich Ambitionierte finden Swimmingpools, Tennisplätze, Fitness-Studio und am Strand alle möglichen Wassersportgeräte. Geschäfte, Tourist-Info, Autovermietung und Internet-Café (8 CUC/Std.) runden das Angebot ab. EZ 70, DZ 90, Suite 153 CUC. Playa Covarrubias. ✆ 55530, ℻ 55352, 55376, valentin@villacovarrubias.co.cu, www.gran-caribe.com.

Playa Herradura

Tiefer kann man kaum in das Land eintauchen als an der Playa Herradura. Fernab aller Touristenströme liegt der Strand (und das gleichnamige Dorf) 82 Kilometer nordöstlich von Las Tunas und 36 Kilometer nordöstlich von Puerto Padre in beinahe völliger Abgeschiedenheit. Betriebsamkeit und Hektik – Fehlanzeige. Hier ist das Leben wirklich ein ruhiger, langer Fluss. Dies haben bislang nur sehr wenige (Individual-)Urlauber entdeckt. Seit dem Jahr 2005 gibt es drei Casas particulares, allerdings kein Restaurant, keine Bar, nichts. Dafür aber einen Strand, der wie gemalt ist: weiß, naturbelassen, fotogen – genauso wie das Meer, das in der flachen Bucht türkisfarben schimmert.

• *Übernachten* Außer dem **** **All-inclusive-Hotel** „**Villa Covarrubias**" gibt es an den Playas im Norden nur drei Casas particulares, die sich erst in jüngster Zeit in der Ortschaft Playa Herradura etabliert haben.

Casa Villa Mevis ist ganz einfach zu finden: Sie ist das einzige Haus an der Playa Herradura mit zwei Stockwerken, das Obergeschoss ist den Gästen vorbehalten. Dort gibt es ein Zimmer mit Klimaanlage, Ventilator, Kühlschrank, TV sowie eine kleine Dachterrasse mit Meerblick. Frühstück, Mittag- und Abendessen werden angeboten, als Spezialität seiner Casa nennt Pedro Hidalgo Ochoa Meeresfrüchte und gefüllten Tintenfisch (3 CUC). DZ 20 CUC. Playa Herradura 112.

Casa Casero, ein blau-weiß verputztes Häuschen mit zwei Löwen-Figuren als „Begrüßungskomitee" am Gartentor, ist gerade einmal 100 m vom Strand entfernt. Vermietet werden zwei Zimmer, eines mit Klimaanlage, eines mit Ventilator, beide mit separaten Bädern. Für 10 CUC pro Tag be-

Keine Staus, keine Hektik: die Playa Herradura

kocht Señora Lourdes Infantes Ramírez, die auch Deutsch spricht, ihre Gäste morgens und abends. DZ 20 CUC, HP 10 CUC/Person. Playa Herradura 99.

Casa Villa Rocío, in der Ortsmitte gelegen, ist ein hübsches Privat-Quartier mit freundlichen Vermietern, die ein großes und ein kleineres Zimmer anbieten. Die Räume sind klimatisiert, zudem mit Ventilator ausgestattet und verfügen über große Betten und separate Badezimmer. Odaysy Morguera Fuentes offeriert ebenfalls sämtliche Mahlzeiten, den Preis dafür macht sie von den Wünschen der Gäste abhängig. DZ 15–20 CUC, je nach Saison. Playa Herradura 185.

Playa Corella

Nur acht Kilometer westlich der Playa Herradura stößt man auf die Playa Corella, einen Bilderbuch-Strand, der der viel zitierten Bacardi-Werbung entsprungen sein könnte. Die flach ins Meer abfallende Bucht ist von großen Kokospalmen gesäumt, die in Reih und Glied angetreten sind, um das ständige Defilee von Wind und Wellen abzunehmen. Kein Zweifel: Die Playa Corella ist der schönste Strand an der Nordküste der Provinz von Las Tunas. Dies ist offensichtlich auch den Cubanern bewusst, die ausgerechnet hier – für sich – einen Campingplatz errichtet haben. Für Touristen gilt „off limits", wie für die Cubaner an so vielen anderen Stränden ihres Landes.

„Bacardi"-Strand Playa Corella

Playa Llanita

Weiter auf dem Weg nach Westen kommt man drei Kilometer nach der Playa Corella an die Playa Llanita – ebenfalls ein Schmuckstück, ebenfalls unberührt, ebenfalls ein Hideaway. Viele scheinen sich allerdings nicht verstecken zu wollen, denn oftmals trifft man hier keine einzige Menschenseele. Vielleicht liegt das auch daran, dass der Strand deutlich ungeschützter ist als seine Nachbarn und damit windanfälliger, vielleicht aber auch ganz einfach daran, dass es keine Übernachtungsmöglichkeiten gibt.

Playa Las Bocas

Zwei Kilometer nach der Playa Llanita erreicht man das Ende der Straße – und das Ende der Welt, zumindest in diesem Winkel Cubas. An der Playa Las Bocas deuten ein Dutzend fest installierter Sonnenschirme mit glasfaserverstärkten Hüten darauf hin, dass wohl ab und zu Badegäste an den Strand kommen. Meist ist er allerdings ebenso menschenleer wie die kleine Bar davor mit dem treffenden Namen „Mar azul", blaues Meer. Das Wasser ist hier nämlich wirklich so sauber, als liefe es zu Hause aus der Leitung

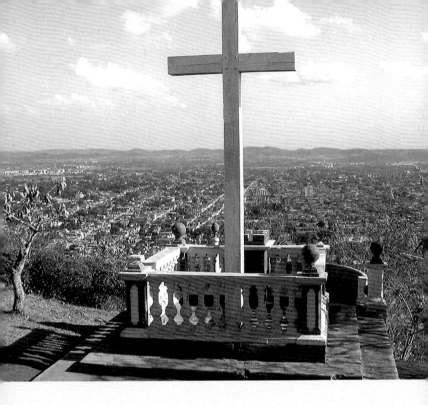

Die Provinz Holguín – wo soll man anfangen, wo aufhören, wenn man von ihr erzählt? Am besten wohl bei der fast unerschöpflichen Vielfalt, die sie ihren Besuchern bietet: Landschaften, die malerischer kaum sein können. Strände, die zu den schönsten der Insel gehören. Und eine Provinzhauptstadt, die tatsächlich einen Mittelpunkt darstellt – geschichtlich wie kulturell. Kann man nicht das ganze Land bereisen, sollte die nach ihrer Bevölkerungszahl drittgrößte und nach ihrer Ausdehnung viertgrößte Provinz Cubas deshalb auf der Prioritätenliste ganz oben stehen. Wenige andere Gegenden ermöglichen eine perfektere Mischung von Strandurlaub, Studienreise und Städtetrip, nirgendwo sonst kann man Land und Leute besser kennenlernen – und gleichzeitig genügend Zeit am Meer verbringen.

Den meisten Touristen bleibt dieses Erlebnis vorenthalten. Sie landen auf dem Internationalen Flughafen „Frank País", werden in ihre Luxus-Herbergen an den Traumstränden im Norden transferiert und nach zwei Wochen wieder in den Flieger gesetzt – Ende der Vorstellung. Doch das ist nicht Holguín, so schön der Küstenabschnitt zwischen der Playa Pesquero und der Playa Guardalavaca auch sein mag. Mit viel Glück haben sie den Indio-Friedhof Chorro de Maíta, den größten

Provinz Holguín

Holguín	545	Parque Bariay	570
Playa Guardalavaca	560	Gibara	570
Museo Chorro de Maíta	564	Banes	574
Aldea Taína	564	Birán	577
Playa Esmeralda	564	Mayarí	579
Acuario Cayo Naranjo	567	Pinares de Mayarí	579
Playa Pesquero und		Cayo Saetía	580
Playa Turquesa	567	Playa Corinthia	581
Bioparque Rocazul	569	Moa	581
Playa Blanca	569		

seiner Art auf den Antillen, gesehen und vielleicht in Bariay erfahren, dass hier Christoph Kolumbus am 28. Oktober 1492 zum ersten Mal seinen Fuß auf cubanischen Boden setzte – eine Tatsache, die allerdings auch Baracoa in der Provinz Guantánamo für sich reklamiert.

Das unbekanntere, aber keineswegs uninteressantere Holguín haben sie nicht entdeckt. Die dichten Kiefernwälder in Pinares del Mayarí mit Dutzenden von endemischen Pflanzen und einer Vielzahl von Tierarten etwa und die Sierra de Cristal, wo der cubanische Kaffee wächst. Oder die Kinderstuben von Fidel Castro bei Birán und – Ironie des Schicksals – die seines ärgsten Widersachers, Diktator Fulgencio Batista, in Banes, an den man sich verständlicherweise heute weniger erinnern möchte. All dies ist ihnen verborgen geblieben, obwohl gerade in dieser breiten Palette der eigentliche Reiz der Provinz Holguín liegt.

Die Geschichte

„Ich habe keinen schöneren Ort je gesehen. Die Ufer der beiden Flüsse sind von blühenden Bäumen gesäumt, die ganz anders aussehen als die Bäume in der Heimat. Sie sind von Blüten und Früchten der verschiedensten Arten behangen, zwischen denen zahllose, gar kleine Vögelein ihr süßes Gezwitscher vernehmen lassen. Es gibt eine Unmenge Palmen, die einer anderen Gattung angehören als jene von Guinea und Spanien. Sie sind mittelgroß, haben an den unteren Enden keine Zellfasern, aber sehr breite Blätter, mit denen die Eingeborenen die Dächer ihrer Behausung bedecken. Diese Insel ist wohl die schönste, die Menschenaugen je gesehen haben ..." Mit diesen Worten beschrieb Christoph Kolumbus Cuba in seinem Logbuch, nachdem er am 28. Oktober 1492 in der Bucht von Bariay an Land gegangen war. Ob der Seefahrer hier auch tatsächlich zum ersten Mal cubanischen Boden betrat, ist zwar wissenschaftlich nicht ganz gesichert, aber zumindest sehr wahrscheinlich. Denn neben seiner blumigen Schilderung beschrieb der Entdecker auch einen Berg, der sich recht eindeutig zuordnen lässt: „Der Gipfel, der hoch und eckig, einer Insel gleich in der Landschaft steht, hat die Form eines Reitsattels." Und damit konnte er nur die Silla de Gibara meinen und nicht, wie die „Konkurrenz" in Baracoa behauptet, den El Yunque, einen klassischen Tafelberg mit ebenem Plateau. Jammerschade, dass man Kolumbus nicht mehr fragen kann ...

Absolut sicher ist indes, dass er kurzerhand 13 Eingeborene auf seinem Schiff mitnahm, als er Cuba wieder verließ, um die „Wilden" am spanischen Hofe vorzuführen. Fest steht auch, dass damals weit mehr als 200.000 Indios – von dem Seefahrer so benannt, weil er sich bekanntlich in Indien wähnte – das Land bevölkerten. 50 Jahre später waren nur noch etwa 4000 von ihnen am Leben. Die Entdeckung der Neuen Welt war auch hier mit einem unbeschreiblichen Massenmord durch die Konquistadoren verbunden. Der schlimmste von ihnen: Diego Velázquez, der spätere erste Gouverneur der Insel. 1510 wurde er von der spanischen Krone mit der Eroberung Cubas beauftragt, nur vier Jahre später hatte er das Land mit unglaublicher Brutalität unterworfen. An ihn erinnern bis heute die Villas, die sieben ersten Städte auf

Erinnert an die Entdeckung

Cuba, die unter seiner Ägide gegründet wurden und deshalb noch immer besonderes Ansehen genießen: Baracoa, Bayamo, Camagüey, Trinidad, Sancti Spíritus, Santiago de Cuba und Havanna.

An Kolumbus bzw. seine Entdeckung Cubas gedenkt man indes unter anderem mit einer großen gelben Boje in der Bucht von Bariay, die angeblich den Ankerplatz seines Schiffes markiert. Das monumentale Denkmal unweit dieses Ortes, das die cubanische Künstlerin Caridad Romas Mosquera anlässlich des 500-jährigen Jubiläums der Entdeckung Amerikas schuf, wurde erst 1992 errichtet. Und wer es zu lesen vermag, bekommt möglicherweise eine Ahnung davon, warum man sich auf Cuba vielleicht gar nicht so gerne an den Seefahrer erinnert. Wenngleich auf einem Gedenkstein zu lesen ist, dass sich am 28. Oktober 1492 zwei Welten gegenseitig entdeckten, so kommt aufgrund der Installation des Werks die Intention der Künstlerin dennoch klar zum Ausdruck: Griechische Säulenbögen, die die Alte Welt symbolisieren, dringen keilförmig ein in ein Rund indianischer Götterstatuen.

Holguín

Was München für Deutschland, ist Holguín für Cuba. In keiner anderen Stadt des Landes wird mehr Bier gebraut. „Mayabe", „Cristal" und das bei Touristen besonders beliebte „Bucanero" – all die bekannten, weil überregional verbreiteten Marken kommen aus der Stadt, die damit trotzdem nicht für sich wirbt. Noch immer wird auf der Insel mehr Rum getrunken, und so lange sich daran nichts ändert, wird Holguín wohl weiterhin die „Stadt der Parks" bleiben. Vier Stück gibt es davon allein in der Altstadt, wenngleich der Begriff Park wohl in jedem Einzelfall zu hoch gegriffen ist. Denn in aller Regel handelt es sich dabei um geteerte, gepflasterte, jedenfalls befestigte Plätze, auf denen man – mindestens – ein Denkmal, ein paar Bäume und noch mehr Ruhebänke gepflanzt hat. Und fertig ist der Park ... Dennoch: Die Park-Plätze der Stadt sind ein absolutes Muss. Nirgendwo tobt mehr cubanisches Leben, nirgendwo wird mehr geweint, gelacht, getrunken und getanzt, nirgendwo kommt man schneller in Kontakt mit den Einheimischen.

Das Herz der Stadt schlägt am Parque Calixto García, nicht nur seiner Lage, sondern vor allem auch der vielen Geschäfte, Kneipen, Museen und Galerien wegen, die sich in den Kolonialbauten rund um dieses Zentrum Holguíns niedergelassen haben. Zudem stellt das um das Denkmal des berühmten Generals gruppierte Rund aus Marmorbänken den Mittelpunkt der Fußgängerzone dar, die regelmäßig von Scharen bummelnder Passanten überschwemmt wird. Das Highlight Holguíns ist dies aber dennoch nicht. Das liegt wesentlich höher – im wahrsten Sinne des Wortes. 461 schweißtreibende Treppen führen zum Loma de la Cruz, von wo aus die Stadt wie eine Märklin-Landschaft wirkt und man ein herrliches Panorama genießt. Immer am 3. Mai während der „Romerías de Mayo" pilgern Tausende von Wallfahrern auf den Kreuzberg, um an den Tag zu erinnern, an dem die Heilige Helena das Kreuz gefunden haben soll, an dem Jesus starb. Natürlich handelt es sich dabei um eine Legende. Wahr ist indes, dass man alle Sünden abgebüßt hat, bis man den Gipfel erklommen hat. Im Angesicht des Kreuzes hat man dann einen Wunsch frei, heißt es. Aber auch das ist wohl eine Legende.

546 Provinz Holguín

Hin & Weg

- **Bahn** Bahnhof in der Calle Vidal Pita 3 e/ Libertad y Maceo, ✆ 422331.
Verbindungen: Havanna 2x tägl. 1.03 + 18.15 Uhr. Antilla 1x tägl. 16.50 Uhr. Las Tunas 1x tägl. 8.25 Uhr. Santiago de Cuba 3x tägl. 5.52, 14.40 + 17.50 Uhr. Guantánamo 1x tägl. 14.40 Uhr. Santa Clara 1x tägl. 9.43 Uhr.
- **Bus** Terminal an der Carretera Central 19 e/ 20 de Mayo y Independencia. ✆ 422111, 474016.
Viazul-Verbindungen: Havanna 3x tägl. 1.30, 13.25 + 19.50 Uhr über Las Tunas, Camagüey, Ciego de Ávila, Sancti Spíritus und Santa Clara, 44 CUC. Santiago de Cuba 4x tägl. 2.10, 8.30, 16.45 + 20.35 Uhr über Bayamo, 7 CUC. Trinidad 1x tägl. 23.00 Uhr über Las Tunas, Camagüey, Ciego de Ávila und Sancti Spíritus, 26 CUC. Varadero 1x tägl. 0.00 Uhr über Las Tunas, Camagüey, Ciego de Ávila, Sancti Spíritus und Santa Clara, 38 CUC.
Astro-Verbindungen: Las Tunas 2x tägl. 9.00 + 15.30 Uhr. Bayamo 1x tägl. 8.10 Uhr. Santiago de Cuba 2x tägl. 4.45 + 11.00 Uhr über Bayamo. Guantánamo 1x tägl. 5.20 Uhr über Bayamo. Manzanillo 1x tägl. 6.30 Uhr über Bayamo und Yara. Camagüey 1x tägl. 10.00 Uhr. Havanna 2x tägl. 7.30 + 20.00 Uhr über Camagüey, Ciego de Ávila und Sancti Spíritus. Santa Clara jeden 2. Tag 6.00 Uhr über Las Tunas, Camagüey, Ciego de Ávila, Sancti Spíritus und Placetas. Moa 2x tägl. 7.00 + 16.00 Uhr über Mayarí.

- **Flugzeug** Internationaler Flughafen „Frank País", Carretera Central, Vía Bayamo km 15, ✆ 462512, 462534, 425707. Verbindungen: Condor fliegt immer donnerstags von München und freitags von Frankfurt nach Holguín (Winterflugplan). Im Sommer startet der Flieger – ebenfalls immer freitags – nur von Frankfurt aus. ✆ (01805) 767757. Inlandsflüge mit Cubana de Aviación, Calle Martí esquina Libertad, ✆ 468111.

Auf einen Blick (siehe Karten S. 548/549 und S. 553)

Telefon-Vorwahl: 024
(für die gesamte Provinz)

- **Apotheke** **Farmacia Internacional** im Hospital Docente Vladimir Ilich Lenin, tägl. 8–16.30 Uhr, Avenida Lenin 2, ✆ 462011.
- **Ärztliche Versorgung** **Hospital Docente Vladimir Ilich Lenin**, tägl. 8–16.30 Uhr, Avenida Lenin 2, ✆ 462011.
- **Autovermietung** **Micar**, tägl. 9–17 Uhr, Calle Libertad esquina Martí, ✆ 468559.
- **Banken** **Cadeca**, Mo–Sa 8.30–17, So 8.30–12 Uhr, Calle Libertad 205 e/ Martí y Luz Caballero, ✆ 488503.
Banco Popular de Ahorro, Mo–Sa 8–19 Uhr, Calle Maceo esquina Aguilera.
Banco Financiero Internacional, Mo–Fr 8–15 Uhr, Calle Libertad e/ Frexes y Aguilera.
- **Feste** Um den 18. Januar findet alljährlich die **Kulturwoche** „Semana de la Cultura" statt. Ab dem 3. Mai feiert man eine Woche lang die **Romerías de Mayo**. Alljährlich um den 20. Oktober steht die **Fiesta de la Cultura Iberoamericana** auf dem Programm.
- **Freizeit** Bowlingbahn „**La Bolera**" gegenüber vom Parque Infantil, tägl. 10–2 Uhr, Calle Habana 8, ✆ 468812.
- **Internet** **Etecsa**, Calle Martí 122 e/ Gómez y Mártires, ✆ 461102, sowie in allen Hotels gegen Gebühr verfügbar.
- **Kinder, Kinder** Einen **Parque Infantil** mit Schaukeln, Rutschen, Klettergerüsten und Karussells (zum Anschieben) gibt es nördlich des Parque Céspedes in Richtung

Loma de la Cruz. Nachdem man offensichtlich davon ausgeht, dass Erwachsene die Spielgeräte nicht benützen, ist der Eintritt für sie frei, Kinder zahlen 0,20 CUP/ca. 0,008 CUC, also eigentlich nichts. Calle Maceo e/ Habana y Cajigal.

• *Notruf* **Polizei**, ✆ **106. Feuerwehr**, ✆ **105. Ambulanz**, ✆ **104**.

• *Postleitzahl* 80100

• *Post* Tägl. 9–17 Uhr, Calle Libertad e/ Frexes y Martí.

• *Shopping* Die **Calle Libertad** ist zwischen dem Parque Peralta und dem Parque Calixto García als Fußgängerzone ausgewiesen, in der sich viele Geschäfte niedergelassen haben.

ARTex am Parque García führt Musik-CDs, Souvenirs, Ansichtskarten und Bücher. Mo–Sa 9–12 + 12.30–17, So 9–12 Uhr. Calle Libertad 193 A.

El Encanto hat einen bunten Waren-Mix von Kleidung über Elektronik bis hin zu Parfümerieartikel und Lebensmitteln. Mo-Sa 9–17, So 8.30–12.30 Uhr. Calle Libertad 213.

Tienda Mona Lisa im gleichnamigen Centro Cultural ist ganz auf Touristen eingestellt. Angeboten werden CDs, Instrumente, Souvenirs, T-Shirts und Kunsthandwerk sowie Fächer und Porzellanteller mit Malereien cubanischer Künstler. Mo–Sa 8.30–17, So 9–14 Uhr. Callejón de Mercado 1, ✆ 421057.

Librería führt ausschließlich – meist spanische – Bücher. Mo–Sa 8–12 + 12.30–16.30 Uhr. Calle Frexes 151.

Photo Service verkauft nicht nur Fotozubehör, sondern auch Kosmetika, Getränke und Lebensmittel. Mo-Sa 9–22, So 9–18 Uhr. Calle Frexes 234.

Las Maravillas bietet Unterhaltungselektronik, Haushaltswaren und Parfums an. Mo-Sa 8.30–19, So 9–13 Uhr. Calle Frexes 137.

Luz de Yara (32) am Parque García ist das größte Kaufhaus der Stadt. Auf drei Etagen gibt es nahezu das komplette „Kaufhof"-Sortiment von Kleidung über Spielwaren und Sportartikel bis zu Lebensmitteln. Beachtlich ist die riesige Rum- und Spirituosenabteilung im Erdgeschoss. Tägl. 8.30–20.30 Uhr. Calle Maceo 160.

La Hogareña hat eine abenteuerliche Mischung von Kleidung, Möbeln und Parfümerieartikeln im Angebot. Mo-Sa 8.30–19.30, So 8.30–12.30 Uhr. Calle Maceo 113.

Caracol, ein kleiner Laden, führt Kleidung und Kosmetika. Mo–Sa 9–17 Uhr. Calle Maceo 103.

Idearte bietet Gemälde und Kunsthandwerk feil. Tägl. 10–19 Uhr. Calle Libertad e/ Frexes y Aguilera.

Modas Praga verkauft Kleidung, europäische Marken-Sportschuhe und Kosmetik. Mo–Sa 8.30–19.30, So 8.30–13.30 Uhr. Calle Aricochea esquina Maceo.

• *Taxi* **Cubataxi**, ✆ 423290, 468294. **Transtur**, ✆ 424187.

• *Tourist-Information* **Havanatur**, Calle Frexes 172 e/ López y Lemus, ✆ 468091.

Essen & Trinken (siehe Karten S. 548/549 und 553)

• *Restaurants* **Salon 1720 (24)** gehört sicherlich zu den feinsten Adressen der Stadt, wenn nicht des Landes. Neben dem gepflegten Speiserestaurant „Los Parques" verfügt das Haus über zwei separate Bars, die mit ihren rustikalen Holztresen und schmiedeeisernen Stühlen ebenfalls Eindruck machen, sowie blitzsaubere Toiletten- und Waschräume mit Marmorbecken. In den Räumen mit weiß gedeckten Tischen, edlem Rattan-Mobiliar und dekorativen Gemälden an den Wänden kommen selbst Gourmets auf ihre Kosten – bei einer hausgemachten Zwiebelsuppe für 2,15 CUC etwa oder bei den „Tres Reyes" (Rindersteak, Schweinesteak, Hähnchensteak) für 7,95 CUC. Tägl. 12.30–23 Uhr, Bar „El Marañon" 11–23 Uhr, Bar „El Jigüe" 18–5 Uhr. Calle Frexes 190 esquina Miró, ℡ 468150.

Colonial 1545 (44) ist ein sehr gepflegtes Speiserestaurant an der Westseite des Parque Peralta, in dem sehr auf Etikette Wert gelegt wird. In kurzen Hosen und Badesandalen etwa findet man keinen Einlass. Die Küche kocht traditionell, Spezialitäten sind Schweinesteak à la crema (24 CUP/ca. 1 CUC), Hähnchen-Cordon-bleu (28 CUP/ca. 1,15 CUC) und Naturschnitzel (20 CUP/ca. 0,85 CUC). Tägl. 12–16 + 18–22 Uhr. Calle Maceo esquina Luz Caballero.

Loma de la Cruz (1) liegt auf dem berühmten gleichnamigen Kreuzeshügel und ist eigentlich schon aufgrund des Traum-Panoramas einen Besuch wert. Doch es kommt noch besser – zumindest, wenn man aufs Geld schauen muss. Denn in dem netten Restaurant bezahlt man mit Pesos, für ein Hähnchen oder eine Portion Schweinefleisch gerade einmal 25 CUP/ca. 1 CUC. Auch die Getränke zum Essen über den Dächern von Holguín werden in Landeswährung berechnet. Weil sich die Örtlichkeit nicht nur zum Dinieren eignet, sondern auch für eine Sundowner eine Top-Adresse ist, gibt es neben dem Restaurant eine kleine Bar, die rund um die Uhr geöffnet hat. Tägl. 12–21 Uhr. Carretera Loma de la Cruz km 1, ℡ 464821.

Dimar (43), ein auf Meeresfrüchte spezialisiertes Restaurant, liegt schräg gegenüber der Plaza de la Marqueta. Besonders verlockend sind die „Dos Delicias" („Zwei Köstlichkeiten"), eine Platte mit Hummer und Shrimps für 19,95 CUC, die gleichzeitig das teuerste Menü darstellt. Andere Gerichte wie etwa Garnelen kosten 4,65 CUC, Vorspeisen wie ein Langusten-Cocktail 2,65 CUC. Ein zweites Lokal mit der Seafood-Kette mit identischem Angebot befindet sich an der Carretera Central esquina Aricochea. Tägl. 10–23 Uhr. Calle Mártires 133 esquina Luz Caballero, ℡ 421167.

Taberna Pancho (9) liegt östlich des Stadtzentrums im Viertel Nuevo Holguín zwischen den Hotels „El Bosque" und „Pernik" und gehört zu Letzterem. Das saubere Lokal mit dem langen Tresen, das gerne auch von cubanischen Hochzeitsgesellschaften gebucht wird, kocht ordentlich und macht nicht arm. Die Hauptgerichte – u. a. Würstchen vom Grill, Schweinesteaks und Gehacktes – kosten alle einheitlich 3 CUC, Bier gibt es für 1,50 CUC, Erfrischungsgetränke für 0,70 CUC. Die Speisekarte wurde offenbar von einem Philosophen geschrieben: „Si bebe para olvidar, pague antes de tomar" ist darauf zu lesen, was so viel heißt wie: „Wenn man trinkt, um zu vergessen, bezahlt man besser vorher." Tägl. 18–22 Uhr. Avenida Jorge Dimitrov. ℡ 481868, www.hotelpernik.com.

Finca Mayabe, wenige hundert Meter oberhalb des Hotels „Mirador de Mayabe" gelegen, bietet den schönsten Blick über das Mayabe-Tal. Auf der wie eine altcubanischer Bauernhof gestalteten Anlage, in der es auch ein kleines Museum gibt, kann man das Landleben früherer Zeiten kennenlernen und viele Tiere wie Hühner, Enten und Puten sehen. Natürlich kommt man in erster Linie aber zum Essen auf die Finca, die traditionelle cubanische Gerichte serviert, zum Beispiel Schweinefleisch im eigenen Saft (3,35 CUC) oder Brathähnchen (3,45 CUC). Für größere Gruppen legt man auch gerne ein ganzes Spanferkel auf den Grill. Erfrischungsgetränke kosten 0,60 CUC, Bier 1 CUC, Wein ab 15 CUC/Flasche. Tägl. 12–16 Uhr. Alturas de Mayabe km 8,5, ℡ 468581.

Dragon Rojo (7), ein China-Restaurant cubanischer Prägung, das auch ein paar Tische im Freien hat, liegt an einer viel befahrenen Kreuzung im nördlichen Stadtzentrum. Das Peso-Lokal bietet zwar auch kreolische Küche, vorwiegend gibt es aber Fernöstliches wie Chop Suey mit Schweinefleisch (13 CUP/ca. 0,55 CUC) oder das Nudelgericht Chow Mein ebenfalls mit Schweinefleisch (12 CUP/ca. 0,50 CUC). Dazu werden Cocktails für 5,50 CUP/ca. 0,23 CUC serviert. Tägl. 12–22 Uhr. Calle Libertad esquina Carretera Gibara.

Taberna El Canto (31), ein rustikales Peso-Restaurant, bietet die üblichen kreolischen Gerichte wie frittiertes Hähnchen (ab 12,50 CUC/ca. 0,52 CUC), mit Käse gefülltes Schweineschnitzel (21 CUP/ca. 0,90 CUC) oder geräucherten Vorderschinken (25 CUP/ca. 1,05 CUC). Außergewöhnlich bestückt

Holguín 551

ist der Weinkeller, neben cubanischen Tropfen für 190 CUP/ca. 7,90 CUC (0,375-Liter-Flasche) bekommt man auch original italienischen Chianti Classico, (0,7-Liter-Flasche) für 375 CUP/ca. 15,60 CUC. Tägl. 12–24 Uhr. Calle Martí esquina Morales Lemus.

Casa del Cheff (45), gemeint ist Chefkoch Ramón Carbonell Fernández, ist ein nettes Restaurant mit Grillbar. Aus der Küche kommen verschiedenste Schweinefleisch-Variationen wie gegrilltes Schweinesteak (2 CUC) oder Hähnchen, in der panierten Form für 3 CUC. Gelegentlich ergänzen Fisch und Meeresfrüchte das Angebot. Restaurant Mo–Sa 12–19 Uhr, Grillbar Di–So 18–24 Uhr. Calle Luz Caballero 93 e/ Mártires y Gómez, ✆ 462262.

Pizzeria Roma (16), unschwer als Italiener zu erkennen, serviert vorwiegend Spaghetti mit Käse und Schinken (2,50 CUP/ca. 0,11 CUC) und Pizza (4 CUP/ca. 0,16 CUC). Nachdem der cubanische Rotwein oftmals gewöhnungsbedürftig ist, trinkt man besser Bier – serviert im Halb-Liter-Glaskrug. Tägl. 12–22.45 Uhr. Calle Maceo esquina Agramonte, ✆ 423040.

Casa de los Ahumados (17), ein kleines Restaurant, das sich wie die „Taberna Cazador" im gleichen Gebäude oberhalb der „Pizzeria Roma" befindet, macht seinen Namen zum Programm: Im „Räucherhaus" dominieren die Gerichte frisch aus dem Rauch. Der Küchenchef empfiehlt z. B. geräucherte Lende (8,80 CUP/ca. 0,36 CUC) – wie könnte er auch anders. Getränke kosten 5–10 CUP (ca. 0,20–0,40 CUC). Tägl. 12–15.45 und 18–22.45 Uhr. Calle Agramonte 100 (altos) e/ Mártires y Maceo.

Taberna Cazador (18) ist so etwas Ähnliches wie der „Würstl-Toni" von Holguín. Bevor man abends auf die Piste geht oder davon kommt, gibt es Würstchen in verschiedenen Variationen, die Spezialität schlechthin ist „Embutido de butifarra" – katalanische Bratwurst (2,50 CUP/ca. 0,11 CUC). Dazu wird ein frisch gezapftes Cerveza (4 CUP/ca. 0,16 CUC) serviert. Eigentlich muss man die Taverne aber auch nicht verlassen, von Mo–Do gibt es jeden Abend Musik aus der Stereoanlage, Fr–So treten Live-Bands auf. Mo–Mi 12–22, Do–So 12–2 Uhr. Calle Agramonte 100 (altos) e/ Mártires y Maceo.

La Begonia (38) ist eines der meistfrequentierten (Touristen-)Lokale am Parque Calixto García, was unter anderem durch seine zentrale Lage begründet ist. Zudem gibt es unter der Laube des Open-Air-Lokals immer genügend Schatten. Die vielen Jineteras, die sich hier regelmäßig aufhalten, kommen allerdings aus anderen Gründen in die luftige Cafetería ... Getränke kosten 1–2 CUC, Sandwiches 1,95–2,90 CUC, die Haus-Spezialität, ein überbackenes Hähnchenschnitzel mit Pommes frites, 2,90 CUC. Tägl. 8–2 Uhr. Calle Maceo 176 e/ Frexes y Martí.

Las 3 Lucias (30), ein schlichtes Peso-Café, gibt sich mit vielen Plakaten und Fotos aus Kinostreifen den Anstrich einer Filmkneipe. An Getränken werden starker Kaffee und verschiedene Cocktails serviert, an Speisen vornehmlich Sandwiches. Rum-Fans können hier die Sorte „Bariay" probieren, ein regionales Label, das es im Westen der Insel und auch in Havanna nicht zu kaufen gibt, das allerdings deutlich teurere Marken geschmacklich weit in den Schatten stellt. Tägl. 7–15 + 16–1 Uhr. Calle Mártires e/ Frexes y Aguilera.

Jazz-Club (26), Restaurant, Cafetería und Bar an der nordöstlichen Ecke des Parque García, wirkt etwas steril. Spezialität des Hauses ist Hähnchenschnitzel vom Grill (18 CUP/ca. 0,75 CUC). Daneben gibt es Schweinefleischgerichte (um 20 CUP/ca. 0,85 CUC) und Snacks (5 CUP/ca. 0,20 CUC). Bier wird in Devisen abgerechnet, kostet aber auch nicht mehr als 1–1,20 CUC. Restaurant und Cafetería tägl. 12–22.45 Uhr, Bar tägl. 14–4 Uhr. Calle Libertad esquina Frexes, ✆ 424710.

La Malagueña (40), eine kleine, einfache, aber irgendwie gemütliche Peso-Bar, findet sich nahe am zentralen Parque Calitxto García. Obwohl man hier eher auf einen Drink vorbeikommt, wird auch gekocht – kreolisch versteht sich. Empfehlenswert ist die Schweineroulade à la Malagueño (28 CUP/ ca. 1,15 CUC), gleichzeitig das teuerste Gericht auf der Karte. Daneben gibt es natürlich Hähnchen, Hähnchen und manchmal auch – Hähnchen ... Tägl. 12–24 Uhr. Calle Martí 129.

La Bodeguita de Holguín (22) gehört zur cubanischen „Doña Yulla"-Kette und bringt kreolische Küche für den kleinen Geldbeutel auf den Tisch. Schweinefleisch- und Hähnchengerichte oder verschiedene Spieße kosten etwa 25 CUP/ca. 1 CUC – garniert mit Reis (4 CUP/ca. 0,15 CUC) und Salat (2 CUP/ca. 0,08 CUC) hat man für umgerechnet 1,25 CUC gespeist. Die Getränke werden zwar in Devisen abgerechnet, schlagen aber auch mit nicht mehr als

1 CUC zu Buche. Tägl. 11–24 Uhr. Calle Aguilera 249 esquina Mártires.

Taberna Mayabe (20), ein rustikal eingerichtetes Lokal mit Freisitz in der Fußgängerzone, serviert zu Peso-Preisen beispielsweise frittiertes Hähnchen (12,50 CUP/ca. 0,52 CUC) oder geräuchertes Lendensteak (15 CUP/ca. 0,62 CUC). Di–So 12–24 Uhr. Calle Libertad esquina Aguilera, ✆ 461543.

El Coctelito (19) ist ein „Durstlöscher" wenige Schritte vom Parque García entfernt. In der kleinen, aber netten Peso-Bar gibt es Bier ab 10 CUP/ca. 0,41 CUC, Rum für 3 CUP/ca. 0,12 CUC sowie Cocktails für 5–8 CUP/ca. 0,20–0,33 CUC. Zum Essen werden Kleinigkeiten wie etwa Sandwiches gereicht. Tägl. 12–24 Uhr. Calle Libertad 153 e/ Aguilera y Arias.

La Cubita (23), eine – inzwischen moderne – Cafetería in der Fußgängerzone, ist eine Institution in Holguín. Die Getränke sind supergünstig (Kaffee 0,50 CUP/ca. 0,02 CUC, Limonaden 10 CUP/ca. 0,40 CUC, Bier 18 CUP/ca. 0,75 CUC), die Speisen machen auch nicht arm. Serviert werden u. a. Tortillas (4 CUP/ca. 0,15 CUC), belegte Brötchen (5 CUP/ca. 0,20 CUC) und frittiertes Hähnchen (ab 12,50 CUP/ca. 0,52 CUC). Tägl. 24 Std. Calle Libertad e/ Frexes y Aguilera.

Cafetería Cristal (39) ist für schnelle Kleinigkeiten immer gut. Auf der Karte stehen Pizza (1,30 CUC), Spaghetti (1,30 CUC) und frittierte Hähnchenteile (2,25 CUC). Dazu wird das übliche Getränkeangebot serviert. Tägl. 24 Std. Calle Libertad esquina Martí, ✆ 421041.

Piropo El Parque (34) residiert in einem Kolonialgebäude an der Ostseite des Parque Calixto García und bietet drinnen wie draußen (Tische auch im Freien) kühle Getränke und Snacks wie Sandwiches und Pizza zu Mini-Preisen. Tägl. 8.30–2 Uhr. Calle Libertad 189, ✆ 468588.

El Rápido (29), in einer Seitenstraße vom Parque García gelegen. Das Angebot ist wie überall – Burger, Hotdogs, Sandwiches, Eiscreme und dazu kühle Getränke. Tägl. 7–1 Uhr. Calle Frexes 214.

Cremería Guamá (41), ein großer cubanischer Eissalon am Parque Peralta, ist aufgebaut wie ein Lokal der berühmten Coppelia-Kette. Heißt: Schlange stehen, unter einer begrenzten Anzahl von Sorten auswählen, mit Pesos bezahlen – exakt 0,60 CUP/ca. 0,02 CUC für eine Kugel. Tägl. 10–22 Uhr. Calle Luz Caballero esquina Libertad, ✆ 462722.

Sodería El Framboyan (28) ist eine kleine Eisdiele mit ein paar Tischen unter freiem Himmel. Neben Eisbechern in den verschiedensten Geschmacksrichtungen (ab 0,75 CUC) werden auch Getränke und Süßigkeiten verkauft. Tägl. 8–22 Uhr. Calle Maceo esquina Frexes.

Dulcería La Crema (25), eine heiße Adresse, wenn einem der Sinn nach Süßem steht, verkauft eine breite Palette von Kuchen und Torten. In dem kleinen Laden gibt es daneben auch Lebensmittel und Rum. Mo–Sa 7–22, So 7–21 Uhr. Calle Libertad e/ Frexes y Aguilera.

Doñaneli (46), eine Bäckerei und Konditorei südöstlich des Parque Peralta, verkauft tausend süße Sachen. Ein Hit ist die Schoko-Torte für 3,85 CUC. Tägl. 6.30–13 + 13.30–21.30 Uhr. Calle Libertad 287.

• *Paladares* **La Ternura (15)**, der einzige empfehlenswerte Paladar in Holguín, liegt zwar etwas abseits des unmittelbaren Zentrums, ihn zu suchen und aufzusuchen, lohnt allerdings. Das professionell geführte Privat-Restaurant liegt im ersten Obergeschoss eines kleinen Einfamilienhauses, wo man mit etwas Glück den einen Tisch auf dem Balkon ergattern kann. Wenn nicht – kein Beinbruch, der Salon ist ebenfalls nett eingerichtet. Serviert werden kreolische Gerichte, Spezialität des Hauses ist ein paniertes Cordon bleu mit Reis, frittierten Bananen und Salat (120 CUP/ca. 5 CUC) sowie verschiedene Tortillas (24 CUP/ca. 1 CUC). Getränke wie Bier und Limonade kosten ebenfalls 24 CUP/ca. 1 CUC, Cocktails wie ein Cuba libre 30 CUP/ca. 1,25 CUC. Tägl. 18–24 Uhr. Calle José Antonio Cardet 293 (altos) e/ Cables y Angel Guerra, ✆ 421223.

Nachtleben (siehe Karten S. 548/549 und 553)

Casa de la Trova „El Guayabero" (37), ganz zentral am Parque Calixto García gelegen, ist sicherlich eine gute Wahl für den Abend – also, warum in die Ferne schweifen … Für 1 CUC Eintritt gibt es viel gute cubanische Musik und ausgezeichnete Cocktails (ab 2 CUC). Mi–Mo 18.30–1, Sa bis 2 Uhr. Calle Maceo e/Frexes y Martí.

Casa de la Cultura (36) neben der „Casa de la Trova" an der Westseite des Parque Calixto García genießt zwar nicht den Ruf der berühmteren Nachbarin, ist aber keinen

Holguín 553

Deut schlechter. An den Öffnungstagen gibt es neben verschiedenen Ausstellungen jeweils ab 17 oder 18 bzw. 20 oder 21 Uhr Live-Musik, abhängig von der Gruppe. Wer (bei freiem Eintritt) spielt, erfährt man an der Programmtafel am Eingang. An den Wochenenden gibt es immer vormittags Aktivitäten für Kinder. Di–So 7–23 Uhr. Calle Maceo 172.

Club 80 (35), ein Peso-Nachtclub mitten im Herzen von Holguín, der nicht vor 4 Uhr morgens schließt, hat sage und schreibe 40 Cocktails auf der Karte. Die werden zur Musik serviert, die manchmal von Live-Gruppen, manchmal von der Stereoanlage kommt. Kleine Hürde: „Solisten" unter den Nachtschwärmern finden keinen Einlass, Zutritt haben nur Pärchen. Im Eintritt von 15

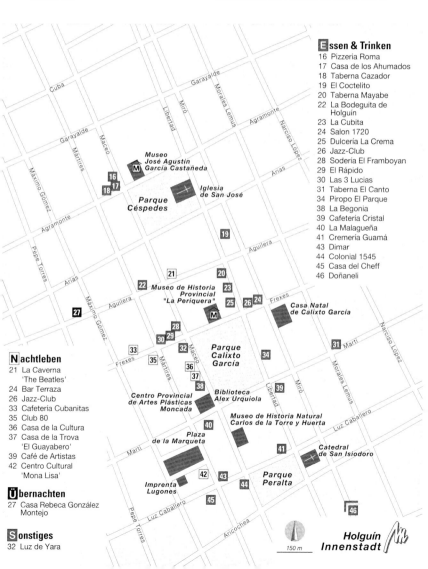

E ssen & Trinken
- 16 Pizzeria Roma
- 17 Casa de los Ahumados
- 18 Taberna Cazador
- 19 El Coctelito
- 20 Taberna Mayabe
- 22 La Bodeguita de Holguín
- 23 La Cubita
- 24 Salon 1720
- 25 Dulcería La Crema
- 26 Jazz-Club
- 28 Sodería El Framboyan
- 29 El Rápido
- 30 Las 3 Lucias
- 31 Taberna El Canto
- 34 Piropo El Parque
- 38 La Begonia
- 39 Cafetería Cristal
- 40 La Malagueña
- 41 Cremería Guamá
- 43 Dimar
- 44 Colonial 1545
- 45 Casa del Cheff
- 46 Doñaneli

N achtleben
- 21 La Caverna 'The Beatles'
- 24 Bar Terraza
- 26 Jazz-Club
- 33 Cafetería Cubanitas
- 35 Club 80
- 36 Casa de la Cultura
- 37 Casa de la Trova 'El Guayabero'
- 39 Café de Artistas
- 42 Centro Cultural 'Mona Lisa'

Ü bernachten
- 27 Casa Rebeca González Montejo

S onstiges
- 32 Luz de Yara

Holguín Innenstadt
150 m

CUP/ca. 0,62 CUC für Zwei sind Getränke für 10 CUP/ca. 0,41 CUC enthalten. Mo 20–4, Di–So 16–4 Uhr. Calle Mártires esquina Frexes, ✆ 424322.

Centro Cultural „Mona Lisa" (42) an der Plaza de la Marqueta hat sich mit Haut und Haaren der (cubanischen) Musik verschrieben. Tagsüber kommt sie von CDs, abends ab 22 Uhr von Live-Bands – der Eintritt ist in beiden Fällen frei. Das gilt auch für die Matinee am Sonntag ab 17 Uhr. Wer wann auftritt, erfährt man an einer Tafel am Eingang. Di–So 10–1 Uhr. Callejón de Mercado 1, ✆ 421057.

La Caverna „The Beatles" (21), im Jahr 2005 eröffnet, steht ganz im Zeichen der Pilzköpfe aus Liverpool. Für sie hat man rechts neben dem Eingang auch einen Tisch „geopfert", an dem vier Plastiken von John, Paul, George und Ringo sitzen. Bei freiem Eintritt gibt es in der Kneipe jeden Abend von 23–24 Uhr Live-Musik. Davor und danach dreht man die Stereoanlage auf. Getränke wie Bier, Rum und Cocktails werden in Pesos abgerechnet und sind damit entsprechend günstig. Tägl. 16–2 Uhr. Calle Maceo 107 esquina Aguilera.

Jazz-Club (26) – da spielt die (einschlägige) Musik. Jeden Abend treten in der im Obergeschoss gelegenen Bar des Komplexes bei freiem Eintritt Pianisten, Saxophonisten oder kleine Orchester auf. Die Getränkepreise sind zivil, Bier kostet 1 CUC, eine Flasche Wein ab 1,60 CUC, die Flasche Rum ab 2,40 CUC. Tägl. 14–3 Uhr. Calle Libertad esquina Frexes, ✆ 424710.

Bar Terraza (24), befindet sich im renommierten Komplex „Salon 1720" und dort auf der Dachterrasse. Über den Dächern von Holguín spielt allabendlich entweder eine Live-Band oder es gibt Musik von der Stereoanlage. An den etwa 20 Tischen werden bestens gemixte Cocktails serviert – nicht ganz billig, aber schon wegen der Location ein Erlebnis. Tägl. 20–2 Uhr. Calle Frexes 190 esquina Miró, ✆ 468150.

Café de Artistas (39) an der südöstlichen Ecke des Parque Calixto García ist die im Obergeschoss gelegene Diskothek des Cristal-Komplexes. Ab 21 Uhr wird in diesem Hotspot des Nachtlebens von Holguín abgetanzt – meist über die Sperrstunde hinaus. Im Eintritt von 5 CUC pro Pärchen ist ein Getränk für jeden enthalten. Fr–Mi 21–2 Uhr. Calle Libertad esquina Martí, ✆ 421041.

Cafetería Cubanitas (33) ist ein nettes Plätzchen in zentraler Lage für einen Drink zwischendurch. Zu Bier und Cocktails (zwischen 1 und 3 CUC) gibt es jeden Abend Musik, die jedoch ausschließlich von der Stereoanlage kommt. Tägl. 8.30–2 Uhr. Calle Frexes 228, ✆ 468056.

Cabaret Nocturno, ein typisch cubanischer Groß-Nachtclub mit etwas einfallslosem Namen, liegt an der Ausfallstraße in Richtung Las Tunas. In dem 400 Personen fassenden Cabaret macht man ganz auf „Tropicana", fährt also jede Menge Tänzerinnen auf, die zu heißen Rhythmen viele Federn und noch mehr nackte Haut zeigen. Nach den jeweils zweistündigen Shows, die um 23 Uhr beginnen, kann man in der Disco-Time das Parkett dann selbst erobern. Im (vernünftigen) Eintrittspreis von 14 CUC pro Paar ist ein Getränk für jeden enthalten. Mi–Mo 21–2 Uhr. Carretera Central km 2,5, ✆ 425185.

Übernachten (siehe Karte S. 548/549 und 553)

• *Hotels* *** **Mirador de Mayabe** liegt zwar 7 km außerhalb der Stadtgrenze, ist aber trotz dieses kleinen Mankos das schönste Hotel von Holguín. Die 20 sehr sauberen und modern ausgestatteten Zimmer mit Bad, Klimaanlage, Kabel-TV, Minibar und Föhn sind in Bungalows untergebracht, die 2005 neu renoviert wurden. Auch die Anlage selbst ist tipptopp. Es gibt ein Buffet- und ein À-la-carte-Grill-Restaurant, eine Bar und einen Swimmingpool mit Traumblick über das Mayabe-Tal. EZ 35–45 CUC, DZ 48–60 CUC, Suite 67–84 CUC inkl. Frühstück, je nach Saison. Alturas de Mayabe km 8, ✆ 422160.

*** **Pernik (10)** befindet sich etwas außerhalb vom Stadtzentrum in Nachbarschaft zum Hotel „El Bosque", ist allerdings die bessere Wahl – auch wenn es von außen vielleicht nicht so aussieht, weil das etwas ältere dreistöckige Hotelgebäude doch eher an einen „Kasten" erinnert. Das Haus verfügt über 200 Zimmer, von denen acht berühmten Malern, Sängern und Schriftstellern Cubas gewidmet und entsprechend eingerichtet sind. Alle Zimmer verfügen über Klimaanlage, Radio, Satelliten-TV, Telefon und separates Bad, 70 davon auch über Kühlschrank und Safe. In der Anlage gibt es Restaurants, Bars, Swimmingpool,

Holguín

Geschäfte, Internet-Café, Tourist-Info und Autovermietung. EZ 35–45 CUC, DZ 48–60 CUC, je nach Saison. Avenida Jorge Dimitrov y Plaza de Revolución. ✆ 481011, 📠 481667, reservas@hotelpernik.cu, www.hotelpernik.cu.

*** **El Bosque (11)** ist eine renovierungsbedürftige Hotel-Anlage mit 69 Bungalows am Stadtrand. Die Zimmer sind mit Klimaanlage, Telefon, Satelliten-TV und Haartrockner ausgestattet. In dem von Cubanern stark frequentierten Haus gibt es einen Swimmingpool mit Sprungbrett, Poolbar, Cafetería und ein Buffet-Restaurant – Hauptgänge darf man sich dort nur ein einziges Mal holen, Salat, Früchte und Desserts dagegen so oft man möchte. EZ 35–45 CUC, DZ 45–60 CUC, Triple 55–67 CUC, Suite 58–70 CUC, je nach Saison. Avenida Jorge Dimitrov, ✆ 481140.

•*Casas particulares* **Casa Lumar (6)**, ein schönes Haus an der Nordseite des Parque Infantil, vermietet zwei Zimmer mit Bad, Klimaanlage und Kühlschrank. Für die Gäste stehen eine Garage und eine Terrasse zur Verfügung, Frühstück und Abendessen gibt es auf Wunsch. DZ 20–25 CUC, je nach Saison. Carretera Gibara 578 e/ Libertad y Maceo. ✆ 423261, luz@cristal.hlg.sld.cu.

Villa Lopez (4), eine von der Straße etwas zurückgesetzte Casa, vermietet ein vollständiges Appartement mit Bad und Klimaanlage, Esszimmer und separatem Eingang. In dem ruhigen, nur von dem älteren Besitzerehepaar bewohnten Haus können die Gäste selbst kochen, die Waschmaschine benützen und auf zwei Terrassen die Sonne genießen. DZ 20–25 CUC, je nach Saison. Calle Maceo 50 e/ 16 y 18, ✆ 471129 (Nachbar).

Casa La Palma (3) ist eine im Jahr 1945 im Neokolonial-Stil erbaute Villa, in der zwei 24 m² große Zimmer vermietet werden, die mit Bad und Klimaanlage ausgestattet sind. Vor einer großen Kopie von Leonardo da Vincis „Letztem Abendmahl" und einer Che Guevara-Büste erzählt Señor Interián Salermo gerne von seinem Sohn, von dem die beiden Kunstwerke stammen. Und auch sonst ist der gesprächige Herr jederzeit mit Rat und Tat bei der Hand. DZ 20–25 CUC, je nach Saison. Calle Maceo 52 A e/ 16 y 18, ✆ 424683.

Villa Liba (5) liegt in fußläufiger Entfernung zwischen dem Stadtzentrum und dem Loma de la Cruz. Vermietet werden zwei Zimmer mit großen Betten, Bad, Klimaanlage, Ventilator und Telefon. Frühstück und Abendessen gibt es auf Bestellung. DZ 25–30 CUC, je nach Saison. Calle Maceo 46 esquina 18, ✆ 423823.

Villa Mary (2), eine nette Casa nahe dem Parque de Diversiones, bietet zwei Zimmer mit separatem Eingang, eines davon hat sogar ein kleines Wohnzimmer. Neben Klimaanlage und Ventilator verfügen die Räume über sehr große Bäder, im Wohnzimmer des Hauses steht für die Gäste ein eigener Kühlschrank zur Verfügung. Außerdem gibt es eine Garage sowie eine Terrasse mit Grill. DZ 25–30 CUC, je nach Saison. Calle Maceo 22 e/ 16 y 18, ✆ 423228.

Casa Nereida Verdecia (8), vier Blocks vom Parque García entfernt, vermietet ein Zimmer mit Bad und Klimaanlage. Den Gästen steht eine kleine Küche zur Verfügung, Speisen werden nämlich nicht angeboten. DZ 20–25 CUC, je nach Saison. Calle Máximo Gómez 61 esquina Garayalde, ✆ 471085.

Casa Rebeca González Montejo (27), sehr zentral gelegen, bietet in familiärer Atmosphäre ein Zimmer mit Bad, Klimaanlage und Ventilator. Frühstück wird gerne zubereitet, zum Abendessen wird man auf die nahen Restaurants verwiesen. DZ 15–25 CUC, je nach Saison. Calle Aguilera 188 (altos) e/ Gómez y Torres, ✆ 427897.

Villa Flori (13) ein schönes Häuschen, fünf Gehminuten vom zentralen Parque García entfernt, vermietet zwei geräumige Zimmer mit Bad, Klimaanlage, TV und Kühlschrank. Speisen gibt es auf Wunsch. DZ 15–25 CUC, je nach Saison. Calle José A. Cardet 192 e/ Arias y Aguilera, ✆ 422575.

Casa Walquiria (14) ist ein nettes Privat-Quartier in zentraler Lage (Schild an der Straße). Die beiden Gästezimmer sind mit Bad, Klimaanlage, Ventilator und Kühlschrank ausgestattet. Frühstück gibt es optional für 3 CUC. DZ 20–25 CUC, je nach Saison. Calle Aguilera 210 e/ Rastro y Cardet, ✆ 462800.

Casa Betty (12) vermietet sehr zentrumsnah ein geräumiges Zimmer, das mit einem Doppel- und einem Einzelbett für ein Paar mit Kind optimal geeignet ist. Ausgestattet ist der Raum mit Bad, Klimaanlage, Ventilator, Kühlschrank und Stereoanlage. DZ 15–20 CUC, je nach Saison. Calle Aguilera 204 e/ Torres y Cardet, ✆ 422752.

Unterwegs in Holguín

Wenngleich die sechs Parks, für die Holguín landesweit bekannt ist, eher großen Plätzen denn tatsächlichen Grünanlagen gleichen, ein Spaziergang durch oder über sie lohnt allemal. Dies umso mehr, als die Anlagen sozusagen auf einem Weg liegen und zudem stets von Sehenswürdigkeiten flankiert werden. Eine gute Gelegenheit, Holguín zu entdecken ...

... in den Parks und auf den Plätzen

Parque Peralta: Der kleine Park gegenüber der Catedral de San Isidoro ist benannt nach General Julio Grave de Peralta (1834–1872), der mit dem Ausbruch des Ersten Unabhängigkeitskriegs in Holguín den Kampf gegen die spanischen Besatzungstruppen anführte. Die Marmorstatue in seiner Mitte, die den Namensgeber zeigt, wurde 1912 enthüllt. An der Westseite des Platzes, der ursprünglich nach dem Schutzheiligen der Stadt, dem Heiligen Isidoro, benannt war und auch als Parque de las Flores bekannt ist, findet man über der Straße ein großes Wandrelief aus Bronze. Auf kunstvolle Weise sind darauf die Kolonisierung Cubas und der Widerstand der Indios gegen die spanischen Eroberer dargestellt.
Calles Libertad, Aricochea, Maceo y Luz Caballero.

Parque Calixto García: Den Platz, der die eigentliche Stadtmitte und das Geschäftszentrum von Holguín darstellt, erreicht man nach einem kurzen Spaziergang durch die als Fußgängerzone ausgewiesene Calle Libertad. Der frühere Exerzierplatz der spanischen Truppen wurde 1912 zu Ehren jenes Mannes umbenannt, der an allen Unabhängigkeitskriegen teilgenommen und entscheidend zum Sieg über die Kolonialmacht beigetragen hatte. Der große Park, dessen Mittelpunkt Garcías Standbild aus weißem Carrara-Marmor bildet, ist umgeben von Restaurants und Cafés, Geschäften und Museen. In einer Ecke findet man zudem ein kleineres Denkmal, das allen Müttern von Holguín gewidmet ist.
Calles Maceo, Martí, Libertad y Frexes.

Parque Céspedes: Der nach dem „Vater des Vaterlandes" benannte Park liegt noch ein Stückchen weiter nördlich in Richtung Loma de la Cruz und ist eine der ruhigeren Ecken der Stadt. Die großen Bäume der im späten 18. Jahr-

Peralta – der Held Holguíns

hundert geschaffenen Anlage machen sie vor allem in den Sommermonaten zu einem beliebten Treffpunkt der älteren Bevölkerung, die den Platz auch als Parque San José bezeichnet – wegen der gleichnamigen Kirche an seinem östlichen Ende.
Calles Libertad, Arias, Agramonte y Maceo.

Parque de Diversiones: Der „Vergnügungspark" befindet sich in der Platzfolge nach dem Parque Peralta, dem Parque Calixto García und dem Parque Céspedes am weitesten im Norden – und spricht am wenigsten an. Denn im Grunde genommen ist der 1979 angelegte Park nichts anderes als ein großer Kinderspielplatz. Links und rechts des Eingangs stehen zwei große Giraffenfiguren, in der Anlage selbst gibt es Schiffschaukeln, Karussells, eine Mini-Eisenbahn und ein Riesenrad. Für Besucher, die mit Kindern unterwegs sind, führt an dem Parque kein Weg vorbei, alle anderen können ihn sich sparen.
Fahrgeschäfte tägl. 14–19 bzw. 15–19 Uhr, je nach Saison. Calle Maceo.

Plaza de la Marqueta: Den Großteil des westlich zwischen dem Parque Calixto García und dem Parque Peralta gelegenen Platzes nimmt die alte Konzerthalle ein, in der trotz der seit Jahren laufenden Restaurierung regelmäßig Aufführungen stattfinden. Drum herum hat man die Sanierungen bereits weitgehend abgeschlossen und mit jeder Menge Skulpturen und Veranstaltungsorten, in denen ausschließlich traditionelle cubanische Musik erklingt, ein kulturelles Zentrum geschaffen.
Calle Mártires esquina Callejón de Mercado.

Plaza de la Revolución: Plätze der Revolution gibt es in Cuba fast so viele wie Provinzhauptstädte – die Plaza de la Revolución im Osten Holguíns ist allerdings etwas ganz Besonderes. Denn im Zentrum der besseren Wiese, auf der Großkundgebungen und politische Aufmärsche stattfinden, steht das Mausoleum von General Calixto García, einem der größten Feldherren der Unabhängigkeitskriege. Am 11. Dezember 1980, 82 Jahre nach seinem Tod, war seine Asche aus den USA in die Stadt überführt worden, in der er geboren wurde und aufgewachsen war. Eine große Platte aus dunklem Marmor, auf der ein kleines, mit drei Sternen verziertes Türmchen steht, markiert die Stelle seiner letzten Ruhestätte. Ein paar Schritte weiter östlich findet man den „Bosque de los Héroes", den „Wald der Helden", in dem man mehrere Denkmäler aufgestellt hat. Eines davon erinnert an die 1906 verstorbene Lucía Íniguez Landín, die Mutter von General García, die zeitlebens einen großen Einfluss auf ihren Sohn hatte – zum Wohle des Landes, wie man offenbar meint. Allerdings schmeichelt ihr die Plastik mit den kantigen Gesichtszügen und den nach unten gezogenen Mundwinkeln nicht wirklich. Hundert Meter links davon stößt man auf das Denkmal für die Helden des blutigen Weihnachtsfestes (span. Monumento al Héroes de las Pascuas Sangrientas). Es erinnert an den 23. und 24. Dezember 1956, als 23 Revolutionäre von den Soldaten Batistas erschossen wurden. Auf einer Bronzetafel sind alle ihre Namen vermerkt. Noch ein Stückchen weiter im Wald steht das Denkmal für Jesús Menéndez, der sich für die Rechte der Arbeiter auf den Zuckerrohrfeldern stark gemacht hatte, deshalb den Beinamen „General des Zuckerrohrs" trug und der 1948 in Manzanillo in der heutigen Provinz Granma von dem später wegen Mordes verurteilten Hauptmann Joaquín Casillas mit einem Degen erstochen worden war.
Mausoleo: Eintritt 1 CUC, Fotoaufnahmen 1 CUC, Videoaufnahmen 1 CUC. Avenida Aniversario esquina Jorge Dimitrov.

... und in der Stadt

Catedral de San Isidoro: Die dem Schutzpatron der Stadt gewidmete Hauptkirche Holguíns hat eine lange Geschichte. Am 3. April 1720 feierlich eingeweiht, wurde das ursprünglich aus Holz errichtete Kirchlein nur zehn Jahre später von einem festen Bauwerk ersetzt. Damals installierte man auch eine Art Pfarrbüro, in dem alle Geburten, Hochzeiten und Todesfälle in Büchern festgehalten wurden, die heute das bedeutendste Erbe des alten Gotteshauses darstellen. Während des Ersten Unabhängigkeitskrieges, als die Stadt unter dem Oberbefehl von Peralta stand, wurde hier am 17. November 1868 zum ersten Mal in der Geschichte Holguíns die cubanische Flagge gehisst, während des Zweiten, des sogenannten „Notwendigen Krieges", diente die Kirche den Spaniern als Lazarett. Das heutige Gebäude stammt aus der ersten Hälfte des 19. Jahrhunderts und wurde 1979 von Papst Johannes Paul II. zur Kathedrale erhoben, die 1994 noch einmal von Grund auf restauriert wurde. Bei seiner Cuba-Visite im Januar 1998 schaute das Kirchenoberhaupt nicht in Holguín vorbei, obwohl man im vergitterten Pfarrgarten eine Bronzefigur des damaligen katholischen Oberhirten aufgestellt hat, die ihm sicherlich gefallen hätte. Noch sehenswerter ist allerdings der alte, hellblau bemalte Altar in einem Seitenschiff der Kirche, der der Überlieferung nach ursprünglich in der früheren Iglesia Parroquial Mayor de San Salvador von Bayamo stand und nach dem Brand der Stadt von Sklaven in das 74 Kilometer entfernte Holguín getragen worden sein soll. Unter einer kunstvoll geschnitzten Holzdecke platziert, zeigt ein kleines Gemälde an seiner Spitze einen Pelikan, der die Flügel schützend über seine Jungen ausbreitet.
Tägl. 7.30–20 Uhr. Calle Libertad e/ Luz Caballero y Aricochea, ✆ 422107 (Pfarrbüro).

Museo de Historia Natural Carlos de la Torre y Huerta: Das Kleinod für Hobby-Biologen und -Ornithologen liegt unweit des Parque Calixto García. Hinter Glas ist eine bunte Palette präparierter Tiere zu sehen, darunter eine Vielzahl von Vögeln. Glanzstück des Museums sind rund 4000 Häuschen der cubanischen Polymita-Buntschnecke in allen Farben und Größen – die landesweit größte Sammlung dieser Art. Nicht viel größer als die Schneckenhäuser sind die ausgestellten Kolibris und der – angeblich – kleinste Frosch der Welt.
Mo–Sa 9–22, So 9–21 Uhr. Eintritt 1 CUC. Calle Maceo 129 e/ Martí y Luz Caballero.

Centro Provincial de Artes Plásticas Moncada: Die angesehenste Galerie der Stadt, in der vorwiegend einheimische Künstler ihre Werke zeigen, findet man an der südwestlichen Ecke des Parque Calixto García. Allerdings sind die Räume nur geöffnet, wenn Ausstellungen oder Musikveranstaltungen stattfinden oder Theaterstücke aufgeführt werden.
Eintritt ab 1 CUC. Calle Maceo 180 esquina Martí.

Biblioteca Alex Urquiola: Die Bibliothek teilt sich das Gebäude mit dem Centro Provincial de Artes Plásticas Moncada und beherbergt die größte Buchsammlung Holguíns. Wenngleich es ausschließlich spanischsprachige Literatur auszuleihen gibt, sind Touristen jederzeit willkommen.
Mo–Fr 8–21.30, Sa 8–16.30, So 8–13 Uhr. Eintritt frei. Calle Maceo 178 e/ Frexes y Martí.

Museo de Historia Provincial „La Periquera": Das Museum ist nicht nur wegen seiner Exponate das bedeutendste der Stadt, sondern auch wegen der Geschichte des Gebäudes. Zwischen 1860 und 1868 von den Spaniern als Kaserne genutzt, hieß es im Volksmund bald nur noch „La Periquera", der Wellensittich-Käfig – wegen der bunten Uniformen der Soldaten, die davor Wache schoben. Calixto García und

General Máximo Gómez ließen das Haus im Dezember 1872 stürmen und befreiten Holguín damit von dem Joch der Spanier. 1976 wurde „La Periquera" in ein Museum umfunktioniert und drei Jahre später zum nationalen Denkmal erklärt. Dazwischen war es für kurze Zeit auch das Gemeindeamt, worauf noch immer ein großes Schild mit der Aufschrift „Casa Consistorial" hinweist. Heute ist hier u. a. die „Hacha de Holguín" ausgestellt, eine Axt der Taíno, die man 1860 in der Umgebung der Stadt fand und die seitdem als Wahrzeichen der Provinz gilt. Besonders stolz ist man allerdings auf die Ausstellungsstücke aus der Zeit der Revolution – darunter eine mit Silberelementen beschlagene Pistole von Camilo Cienfuegos und der Patronengurt von Ernesto Che Guevara.

Tägl. 8.30–21.30 Uhr. Eintritt 1 CUC. Calle Frexes 198 e/ Maceo y Libertad.

Casa Natal de Calixto García: Das Geburtshaus von Calixto García ist dem Leben und den Heldentaten des größten Sohns der Stadt gewidmet, der Holguín einst von den spanischen Besatzern befreit hatte und am 11. Dezember 1898 in Washington gestorben war. Die Sammlung zeigt viele Gegenstände aus seinem Besitz und dem seiner Mutter sowie Erinnerungsstücke aus den vielen Schlachten, an denen er teilgenommen hatte. Der Stolz auf García, der zumindest in „seinem" Museum gerne als Generalísimo bezeichnet wird, ist deshalb so groß, weil er zu den wenigen Cubaner zählt, die an allen drei Befreiungskämpfen beteiligt waren: dem Zehnjährigen Krieg von 1868 bis 1878, dem von José Martí so bezeichneten „Notwendigen Krieg" von 1895 bis 1898 und dazwischen auch an dem sogenannten „Guerra chiquitica", dem Blitz-Krieg, im Jahr 1879.

Di–Sa 9–21, So 9–18 Uhr. Eintritt 1 CUC, Fotoaufnahmen 1 CUC. Calle Miró e/ Frexes y Martí.

Iglesia de San José: Die unscheinbare Kirche am östlichen Rand des Parque Céspedes strahlt zwar nicht den Glanz der Kathedrale aus, ist aber dennoch mehr wert als nur ein schnelles Foto. Der Innenraum des 1842 fertiggestellten Gotteshauses wurde aus zweifarbigen Steinblöcken gemauert, ist sonst aber eher schlicht. Auch der Hauptaltar ist nicht mehr als ein schwerer Holztisch. Mehr Beachtung verdienen die Seitenaltäre. Der linke ist mit einem goldenen Tabernakel geschmückt, der rechte der Nuestra Señora de la Caridad del Cobre geweiht. Sehenswert ist im hinteren Bereich des linken Seitenschiffes auch ein Glassarg mit einer Figur des toten Jesus, hinter dem eine Blut weinende Madonna steht.

Tägl. 6.45–12 + 17.30–19 Uhr, Messen werktags 7 und 18, So 7, 9 und 18 Uhr. Calle Libertad 116 e/ Arias y Agramonte.

Museo José Agustín García Castañeda: Das winzige, nur aus einem einzigen Raum bestehende Museum ist dem Denkmalpfleger, Anwalt und Archäologen José Agustín García Castañeda gewidmet, der in Bronze gegossen auf einem Schaukelstuhl in einer Ecke der Ausstellung sitzt. An den berühmten Einwohner Holguíns, der in diesem Haus lebte, erinnern einige persönliche Gegenstände, Fotos, Diplome und Medaillen.

Tägl. 8.30–16.30 Uhr. Eintritt frei. Calle Agramonte 190 esquina Maceo, ✆ 462121.

Loma de la Cruz: Der „Hügel des Kreuzes" im Norden Holguíns ist der Höhepunkt jedes Stadtrundgangs – im wahrsten Sinne des Wortes: 461 Stufen der 1950 erbauten Treppe führen auf den 275 Meter hohen Aussichtspunkt, von wo aus Besuchern die Stadt und weite Teile des Umlands zu Füßen liegen. Nicht umsonst diente der Hügel den Spaniern während der Unabhängigkeitskriege als Beobachtungsposten. Auch viele Cubaner kommen gern hierher, aber nicht allein des grandiosen Panoramas wegen, sondern in erster Linie, um an dem Kreuz zu beten.

Immer am 3. Mai findet während der „Romerías de Mayo" eine große Wallfahrt zum Loma de la Cruz statt, an der regelmäßig Hunderte von Pilgern teilnehmen. Damit wird an jenen Tag erinnert, an dem die Heilige Helena, die Mutter von Konstantin dem Großen, der Legende nach das Kreuz gefunden haben soll, an dem Jesus gestorben war.

Calle Gonzalez Valdez e/ Libertad y Maceo (Beginn der Treppen).

Imprenta Lugones: In der kleinen Buchdruckerei an der Plaza de la Marqueta ist die Welt von Johannes Gutenberg noch heute hautnah zu erleben. Die Schriftsetzer arbeiten wie anno dazumal mit Blei, Buchdrucker produzieren ihre Kunstwerke mit scheinbar vorsintflutlichen Maschinen, die in Europa längst auf dem Schrottplatz oder bestenfalls im Museum gelandet wären. In dem kleinen Betrieb ist man hingegen richtiggehend stolz darauf, Bücher nach Altväter Sitte herzustellen und erklärt Besuchern auch gerne die einzelnen Produktionsschritte.

Mo–Fr 8–16.30 Uhr. Eintritt frei. Callejón de Mercado 5 e/ Gómez y Mártires, ✆ 424041.

Fábrica de Órganos: Cubas einzige Orgelfabrik ist in einer unscheinbaren Werkhalle an der Landstraße nach Gibara untergebracht. Hier fertigen die 22 Arbeiter fünf Orgeln pro Jahr – alle in mühevoller Handarbeit. In den Handel kommen die aus wertvollen Hölzern hergestellten Groß-Instrumente für 20.000 CUC, umgerechnet etwa 15.000 Euro. Welch ausgezeichneten Klang die Orgeln aus Holguín besitzen, kann man bei verschiedenen Festivitäten in der Stadt feststellen, bei denen sie gespielt werden. Leichter haben es die Gäste der Hotels an der Playa Pesquero, wo eine der fünf Orgelgruppen Holguíns regelmäßig auftritt.

Mo–Fr 7–12 + 12.30–15.30 Uhr. Eintritt frei. Carretera Gibara 301, cpmhlg@baibrama.cult.cu.

Museo del Deporte Calixto García: Das kleine Sport-Museum beherrscht die Lobby des 1979 eingeweihten Baseball-Stadions von Holguín. In zehn Glasvitrinen sind nicht nur Memorabilien örtlicher Sportler zu sehen, sondern auch Medaillen, Trikots und andere Utensilien landesweit bekannter Größen. Eines der wertvollsten Exponate ist der Amateur-WM-Gürtel des cubanischen Leichtgewichts-Boxers Mario („Super-Mario") Kindelán, den dieser 2001 in Belfast/Nordirland gewann.

Di–Fr 8–17, Sa + So 8–12 Uhr. Eintritt frei. Avenida Aniversario esquina Avenida de los Libertadores.

Monumento Ernesto Che Guevara: Das Denkmal für die Legende Ernesto Che Guevara steht am östlichen Eingang der Stadt in einem kleinen Park an der Landstraße nach Mayarí. Die außergewöhnliche, in drei Teilen gearbeitete Plastik zeigt den Volkshelden knapp über dem Erdboden schwebend sowie links und rechts davon seine kommende bzw. gehende Silhouette. Damit soll sein Eintritt in den Revolutionskampf, seine Präsenz in Cuba in den Jahren danach und sein Verlassen des Landes im Jahr 1965 versinnbildlicht werden.

Avenida de los Libertadores y Carretera Mayarí.

Unterwegs im Norden

Playa Guardalavaca

Will man Sonne, Sand und Meer genießen, so sind die Playa Guardalavaca und ihre Nachbarstrände ein ganz heißer Tipp. Anders als in den Bettenburgen von Varadero in der Provinz Matanzas und anders als im Touristen-Ghetto von Cayo Coco in der Provinz Ciego de Ávila kann man hier zwar den Luxus der All-inclusive-Re-

Playa Guardalavaca

sorts genießen, ist aber mitten in Cuba, wenn man nur vor die Hoteltür tritt – und nicht in einem Marionetten-Theater. Dennoch lebt das 55 Kilometer nordöstlich der Provinzhauptstadt Holguín gelegene Guardalavaca ausschließlich für die und von den Urlaubern. Bevor nach dem Sieg der Revolution die ersten Hotel-Anlagen entstanden, gab es hier zwar schon die Traumstrände, sonst aber nur Weideland für das Vieh – was auch der Name der Gegend belegt. „Guarda la vaca!" („Pass auf die Kuh auf!"), rief man den Hütejungen zu, die die Herden beim Grasen bewachen sollten. Denn an der Nordküste konnten jederzeit Piraten und Korsaren auftauchen, und die machten bekanntlich alles zu Hackfleisch. Heute passiert das Gegenteil: Die Touristen, der überwiegende Teil aus Kanada, der Rest meist aus dem deutschsprachigen Europa, bescheren der Gegend und ihren Bewohnern bescheidenen Reichtum. Damit das so bleibt, hat man für sie rund um die Ferienzentren verschiedene Attraktionen geschaffen, Naturparks angelegt, Sehenswürdigkeiten ge- oder ausgebaut. Dabei sind eigentlich schon die in Buchten gelegenen, meist von Felsen begrenzten und von Palmen gesäumten Strände Grund genug, um nach Guardalavaca zu kommen. Noch schöneres findet man in Cuba nämlich kaum.

Auf einen Blick

- *Apotheke* **Farmacia Internacional** neben der Clínica Internacional, tägl. 24 Std., Calle 1ra.
- *Ärztliche Versorgung* **Clínica Internacional** neben dem Hotel „Villa Cabañas", tägl. 24 Std., Calle 1ra, ℘ 30312.
- *Autovermietung* **Cubacar**, Playa Guardalavaca, ℘ 30134. **Havanautos** im Centro Comercial „Los Flamboyanes", ℘ 30223.
- *Bank* **Banco Financiero Internacional** im Centro Comercial „Los Flamboyanes", Mo–Fr 9–15 Uhr.
- *Freizeit* **Recreación aería-terrestra** schräg hinter dem Centro Comercial „Los Flamboyanes" bietet Ausflüge zu Lande und in der Luft an. Reiten ist auch ohne Führer möglich und kostet 5 CUC/Std., Parasailing 15 CUC (Verhandlungssache). Tägl. 9–17 Uhr. ℘ 30267.
Ausflugsbusse verkehren im Drei-Stunden-Rhythmus von den Hotels zu Playa Guardalavaca, Playa Esmeralda, Playa Pesquero und Playa Turquesa zum Parque Bariay, zur Aldea Taína und zum Bioparque Rocazul. Die Tickets (5 CUC) löst man direkt beim Fahrer. Über Abfahrtszeiten und die einzelnen Stationen informieren die blau-roten Schilder an den Haltestellen vor den Hotels.
- *Internet* In allen Hotels gegen Gebühr verfügbar.
- *Notruf* **Polizei**, ℘ 106. **Feuerwehr**, ℘ 105. **Ambulanz**, ℘ 104.
- *Shopping* **Photo Service** im Centro Comercial „Los Flamboyanes". Tägl. 9.30–21 Uhr.

Casa del Habano im Centro Comercial „Los Flamboyanes" hat die größte Auswahl an cubanischen Zigarren. Tägl. 9–13 + 13.30–17.30 Uhr.
Glamour, eine kleine Boutique im Centro Comercial „Los Flamboyanes", führt Kleidung, Kosmetika und Schuhe (adidas). Mo–Fr 9.30–17.30, Sa 9–17.30, So 9–13 Uhr.
Tienda Los Flamboyanes im gleichnamigen Einkaufszentrum hat Kleidung, Schuhe, T-Shirts, Parfümerie-Artikel und (europäischen) Schmuck in den Regalen. Tägl. 9.30–17.30 Uhr.
Pabellónes Caracol, drei Pavillons neben dem Centro Comercial „Los Flamboyanes", haben Getränke, Spirituosen und Zigarren, T-Shirts (die größte Auswahl in Guardalavaca) sowie Kosmetika, Souvenirs und Ansichtskarten im Angebot. Tägl. 9–21 Uhr.
Feria Artesanal del Bulevar ist ein großer, gut sortierter Markt, an dessen zahlreichen Ständen Kunsthandwerk, T-Shirts, Schmuck, naive Gemälde, Strickkleider und Sandalen verkauft werden. Tägl. 9–17 Uhr.
Centro Comercial Guardalavaca ist das alte Einkaufszentrum des Orts, in dem einige Geschäfte Lebensmittel und Souvenirs anbieten. Mo–Sa 9.30–17.30 Uhr. Calle 1ra.
Caracol, ein moderner Laden neben der „Feria Artesanal del Bulevar", verkauft alles, was Urlauber brauchen – von Sonnencreme bis Schwimmreifen. Tägl. 9–21.45 Uhr. Calle 1ra.
- *Taxi* **Cubataxi**, ℘ 30290, 20860. **Transgaviota**, ℘ 30166. **Transtur**, ℘ 30134.

Provinz Holguín

- *Tourist-Information* **Cubatur**, tägl. 8–12 + 13–20 Uhr, hinter dem Centro Comercial „Los Flamboyanes" in einem rot-weißen Bungalow. **Asistur**, Mo–Fr 8.30–17, Sa 8.30–12 Uhr, im Centro Comercial Guardalavaca, ℡ 30148. **Cubanacán**, tägl. 8–20 Uhr, in den Bungalows Guardalavaca des Hotels „Club Amigo", ℡ 30114. **Havanatur**, tägl. 8–20 Uhr, im Centro Comercial „Los Flamboyanes", ℡ 30260.

Essen & Trinken/Nachtleben

- *Essen & Trinken* **El Cayuelo**, knapp 1 km hinter dem Hotel „Brisas" in Fahrtrichtung Banes, ist ein nettes, rustikales Restaurant, auf dessen Terrasse man mit Meerblick speist. Die Küche setzt ganz auf jene Meeresfrüchte, die man in den benachbarten All-inclusive-Resorts nicht oder nur selten bekommt. Dafür lässt man die Touristen allerdings etwas tiefer in die Tasche greifen. Eine Languste kostet 26,50 CUC, eine halbe immer noch 16,35 CUC und Garnelen 9,25 CUC. Tägl. 9.30–22.30 Uhr. Carretera Banes, ℡ 30736.
El Ancla befindet sich genau entgegengesetzt am anderen Ende der Playa Guardalavaca auf einer Plattform direkt über dem Meer. Auch hier werden vorwiegend Fisch und Meeresfrüchte serviert. Spezialität des Hauses ist die „Grillada El Ancla", eine Platte mit einer halben Languste, Garnelen und Fischfilets (23,50 CUC). Die Preise für eine Flasche Wein beginnen bei 9 CUC. Tägl. 11–22 Uhr. Playa Guardalavaca, ℡ 30381.
El Delfín, das günstigste der direkt am Strand von Guardalavaca gelegenen Restaurants, hat in erster Linie Fisch und Meeresfrüchte auf der Karte. Eine Languste kostet akzeptable 16,35 CUC, eine „Marinada del Chino" (Garnelen und Fisch mit Salat) 6,95 CUC. Tägl. 9–22 Uhr.
Club La Roca liegt zwischen dem Hotel „Villa Cabañas" und dem Centro Comercial Guardalavaca auf einem Felsvorsprung über dem Strand. In dem Terrassen-Restaurant mit dem unbezahlbaren Blick auf die Bucht und das Meer machen die Preise für Speisen und Getränke nicht arm. Der Chef empfiehlt diverse Hähnchen-Variationen (3,50–4,50 CUC), es gibt aber auch Thunfisch (3,55 CUC) und anderes Meeresgetier. Tägl. 7–10, 12–15 + 18–21 Uhr. Calle 1ra, ℡ 30314, 30764.
Playa, die frühere „Pizza Nova", gibt noch immer den Italiener und serviert vorwiegend Pizza (2,75–7,75 CUC) und Pasta (3,85–5,95 CUC). Der einfache Rundbau mit Kunststoff-Gartenstühlen ist allerdings eher für eine kurze Strandpause als für ein Dinner geeignet. Tägl. 11.30–21.30 Uhr. Calle 1ra, ℡ 30137.
El Rápido im Centro Comercial „Los Flamboyanes" serviert „die üblichen Verdächtigen" – Pizza, Hamburger, Hotdog etc. Tägl. 24 Std.
- *Nachtleben* **Club La Roca**, zum Hotel-Komplex „Villa Cabañas gehörend, verwandelt sich an den Wochenenden zum Nachtclub, der auch von vielen Einheimischen besucht wird. Sobald das Restaurant schließt, gibt es Shows und Disco-Musik unter freiem Himmel. Im Eintritt (6 CUC/Paar) sind Getränke für 5 CUC enthalten. Do–So 22–4 Uhr. Calle 1ra, ℡ 30314, 30764.

Übernachten

- *Hotels* ****** Brisas (1)**, die Nummer eins in Guardalavaca in puncto Luxus und Komfort, liegt am nördlichen Ende der Playa; die All-inclusive-Anlage besteht aus Haupthaus (eröffnet 1994) und einem Bungalow-Dorf (eröffnet 1999). Die insgesamt 437 Zimmer (231 im Zentralgebäude, 206 in den Villen, darunter 80 Mini-Suiten) sind modern eingerichtet und alle mit Bad, Klimaanlage, Satelliten-TV, Minibar, Safe und Telefon ausgestattet. Es gibt vier Restaurants, eine Snackbar, acht Bars, eine Diskothek, zwei Swimmingpools, Sportmöglichkeiten ohne Ende (auch nichtmotorisierter Wassersport ist kostenfrei) sowie weitere Annehmlichkeiten wie Fitness-Center, Sauna, Beautysalon, Autovermietung, Wechselstube und Geschäfte. Nicht-Hotelgäste können alle Einrichtungen per Tagespass (25 CUC) nutzen, der bis 18 Uhr gültig ist. EZ 106–141 CUC, DZ 152–204 CUC, Triple 209–280 CUC im Hotel, je nach Lage und Saison, EZ 121–151 CUC, DZ 172–214 CUC, Triple 236–294 CUC, Mini-Suite 190–230 CUC in den Bungalows, je nach Saison. Playa Guardalavaca, Calle 2da N. 1. ℡ 30218, ℡ 30162, reserva@brisas.gvc.cyt.cu, www.brisasguardalavaca.com, www.cubanacan.cu.

Übernachten
1. Brisas
2. Club Amigo Atlantico
3. Paradisus Rio de Oro
4. Villa Cabañas
5. Sol Rio de Luna y Mares
6. Grand Playa Turquesa
7. Playa Pesquero
8. Playa Costa Verde
9. Blau Costa Verde
10. Villa Don Lino

Playas im Norden

*** **Club Amigo Atlántico (2)**, ein aus mehreren Komplexen zusammengewürfeltes All-inclusive-Resort, beherrscht die Playa Guardalavaca beinahe allein. Die mittelprächtige Monster-Anlage hat sage und schreibe 747 Zimmer, darunter 12 Mini-Suiten und 8 Suiten, die mit Bad, Klimaanlage, Telefon, Satelliten-TV und Safe ausgestattet sind. Es gibt verschiedene Buffet- und Spezialitäten-Restaurants, jede Menge Bars, Pools, einen Schönheitssalon, 24-Stunden-Wechselstube, Tourist-Info, Kinderclub, Spielzimmer und Geschäfte. Auch ohne die Aktivitäten des Animationsteams kommt bestimmt keine Langeweile auf – u. a. sind zahlreiche Sportmöglichkeiten und Leihfahrräder im Angebot. EZ 69–92 CUC, DZ 99–137 CUC, Triple 141–195 CUC, je nach Saison. Playa Guardalavaca. ☏ 30180, ☏ 30200, booking@clubamigo.gvc.cyt.cu, www.cubanacan.cu.

** **Villa Cabañas (4)**, die einfachste Unterkunft des Touristenzentrums, liegt in dem – angesichts dessen, was sie alles nicht bietet – zum Beispiel warmes Wasser – verhältnismäßig teuer. In der typisch cubanischen Bungalow-Anlage neben der Clínica Internacional gibt es 31 einfache Zimmer mit Bad, Klimaanlage, Kabel-TV und Telefon, zum Essen wird man an die Restaurants des Ortes verwiesen. EZ 50 CUC, DZ 67 CUC inkl. Frühstück. Playa Guardalavaca, Calle 1ra. ☏ 30314, 30164, ☏ 431121, reservas@vcabanas.co.cu.

• *Casas particulares* **Villa La Escondida**, das einzige offizielle Privat-Quartier nahe der Playa Guardalavaca, liegt in dem 5 Minuten bzw. 8 km entfernten Dorf Cañadon an der Landstraße nach Banes. In dem hübschen Häuschen werden zwei unabhängige Zimmer mit Bad, Klimaanlage, Ventilator und Musikanlage vermietet. Alle Mahlzeiten gibt es auf Wunsch. DZ 25 CUC. Cañadon, ☏ 52841321, 52932225 (mobil).

Museo Chorro de Maíta

Das sechs Kilometer südöstlich von Guardalavaca in den Hügeln von Yaguajay nahe der Landstraße nach Banes gelegene Museum ist ein archäologisches Schatzkästchen. Cubanische Wissenschaftler haben hier einen Taíno-Friedhof mit mehr als 108 Skeletten und Skelettteilen ausgegraben, der als der größte und bedeutendste der Antillen gilt. In dem 1990 eröffneten Museum, das man um die Begräbnisstätte herum gebaut hat, führt ein Panoramabalkon um das Gräberfeld, von wo aus die meist in der traditionellen Hock- bzw. Fötusstellung begrabenen Überreste der Indios bestens zu sehen sind. Ein besonders großes Skelett schreibt man einem Spanier zu, der offensichtlich unter den Taíno lebte. Da einige der Eingeborenen wie er nach christlicher Sitte auf dem Rücken liegend und mit über der Brust gekreuzten Armen beerdigt wurden, schließt man nicht aus, dass es sich bei dem Fremden um einen Missionar gehandelt haben könnte, der einen Teil der Indios bekehrt hatte. Hinweisschilder bei den Skeletten korrespondieren mit den jeweiligen Grabbeigaben, die man in separaten Schaukästen ausgestellt hat. Darunter befinden sich unter anderem Scherben von Tongefäßen, Schmuck aus Gold und Korallen sowie Werkzeuge.

Mo 9–13, Di–So 9–17 Uhr. Eintritt 2 CUC (zusammen mit Aldea Taína 5 CUC). Fotoaufnahmen 1 CUC, Videoaufnahmen 5 CUC. Yaguajay. ✆ 30201, banes@baibrama.cult.cu, cppchlg@baibrama.cult.cu.

Aldea Taína

Um nicht nur das Sterben der Taíno zu dokumentieren, sondern auch das Leben der Ureinwohner zu zeigen, hat man gegenüber vom Museum Chorro de Maíta ein komplettes Indio-Dorf mit Strohhütten nachgebaut. Mit Dutzenden von – fotogenen – Tonfiguren wurden im Freien wie auch innerhalb der Behausungen Alltagsszenen nachgestellt, wie etwa eine Zusammenkunft des Ältestenrats, bei der rund um die Tabakgottheit Cohiba eine Art Friedenspfeife geraucht wird, oder die Heilung einer kranken Frau durch den Medizinmann der Siedlung. Auf dem zentralen Dorfplatz sieht man, wie eine Gruppe junger Frauen, begleitet von zwei Musikern mit Flöte und Muschelpfeife, um den Häuptling herumtanzt – angeblich ein Fruchtbarkeitsritus, der damit endete, dass sich der Stammesfürst eines der Mädchen für den Geschlechtsakt aussuchen durfte.

Mo 9–13, Di–So 9–17 Uhr. Eintritt 3 CUC (zusammen mit Museo Chorro de Maíta 5 CUC). Fotoaufnahmen 1 CUC, Videoaufnahmen 5 CUC. Yaguajay. ✆ 30201, banes@baibrama.cult.cu, cppchlg@baibrama.cult.cu.

Playa Esmeralda

Die vier Kilometer südwestlich von Guardalavaca gelegene Playa Esmeralda wird dominiert von zwei großen Hotel-Resorts – dem Komplex „Sol Río de Luna y Mares" und dem Fünf-Sterne-Ultra-All-inclusive-Haus „Paradisus Río de Oro", von dem man nicht zu Unrecht behauptet, es sei eines der besten Hotels in ganz Cuba. Wer einmal das Glück – und das nötige Kleingeld – hatte, in der Luxus-Anlage der spanischen Meliá-Kette zu logieren, wird diese Aussage sicher bedenkenlos unterschreiben. Beide Hotels befinden sich an den wahrscheinlich schönsten Badebuchten der gesamten Nordküste, haben diese allerdings vollkommen in Beschlag genommen. Das bedeutet, dass die Bilderbuchstrände ausschließlich Hausgästen vor-

Originalgetreu nachgebautes Taíno-Dorf: Aldea Taína

behalten sind und allen anderen Touristen kein Zutritt gewährt wird. Kleiner Trost: Auch an anderen Küstenstreifen findet man puderfeinen weißen Sand. Und: Außer den Stränden hat die Playa Esmeralda nicht wirklich viel zu bieten. Die zum „Paradisus-Resort" gehörende, aber öffentlich zugängliche Golf-Driving-Range ist eine ungepflegte Wiese, der mitten im Wald gelegene Mini-Zoo tatsächlich „mini" und der ein Kilometer lange Öko-Pfad „Las Guanas" zwar ein Naturerlebnis, aber gleichzeitig Moskito-Gebiet und mit einem Eintritt von 6 CUC zudem gnadenlos überteuert.

• *Freizeit* Die zum Hotel „Paradisus Río de Oro" gehörende **Golf-Driving-Range** verdient ihren Namen nur bedingt und hat mit einer Übungsanlage für Golfer so viel gemein wie eine Kuhweide mit einem Grün. Immerhin gibt es einen Schatten spendenden Unterstand, und Rangefee wird auch nicht fällig – ein Trinkgeld für den „Greenkeeper", der von Golf allerdings nicht die geringste Ahnung hat, genügt. Tägl. 9–18 Uhr. Carretera Playa Esmeralda.

Ausflugsbusse verkehren im Drei-Stunden-Rhythmus von den Hotels von Playa Guardalavaca, Playa Esmeralda, Playa Pesquero und Playa Turquesa zum Parque Bariay, zur Aldea Taína und zum Bioparque Rocazul. Die Tickets (5 CUC) löst man direkt beim Fahrer; über Abfahrtszeiten und die einzelnen Stationen informieren die blau-roten Schilder an den Haltestellen vor den Hotels.

• *Internet* In allen Hotels gegen Gebühr verfügbar.

• *Taxi* **Cubataxi**, ✆ 30290, 20860. **Transgaviota**, ✆ 30166. **Transtur**, ✆ 30134.

• *Essen & Trinken* **El Conuco de Mongo Viña**, eine ehemalige Farm, auf der Besitzer Mongo Viña Bananen und Süßkartoffeln anbaute und die, nachdem er sich zur Ruhe gesetzt hatte, seit 1992 als cubanisches Landgasthaus fungiert, liegt mitten im Wald. An der Straße zwischen den Hotels „Sol Río de Luna y Mares" und „Paradisus Río de Oro" zweigt man in Richtung Mini-Zoo ab, passiert diesen nach etwa 500 m und ist nach weiteren 500 m am Ziel. In rustikalem Ambiente kommen hier kreolische Gerichte (alle ca. 4 CUC) und als Spezialität Hähnchen vom Drehgrill (8 CUC) auf den Tisch. Es gibt aber auch Meeresfrüchte wie Hummer (25 CUC) und Shrimps (8,50 CUC), obwohl diese schon einen gewissen Stilbruch darstellen. Tägl. 9–18 Uhr.

Provinz Holguín

- *Übernachten* ***** **Paradisus Río de Oro (3, s. Karte S. 563)** gehört zum Besten, was Cubas Hotellerie zu bieten hat. Die Top-Anlage, die auch einen weltweiten Vergleich nicht scheuen muss, bietet ausschließlich Junior-Suiten (292) und Suiten (6) an – und für alle, denen das immer noch zu popelig ist, außerdem zwei Gartenvillen mit eigenem Swimmingpool, Privat-Sauna, Jacuzzi und Butler-Service. In dem weitläufigen Ultra-All-inclusive-Resort werden die Gäste mit permanent verkehrenden Elektro-Caddies zu den Zimmern, an den Strand oder in die Restaurants chauffiert, von denen drei direkt am Meer liegen (für die Badegäste) und sechs verteilt in der Anlage – darunter ein 24-Stunden-À-la-carte-Restaurant mit mediterranen Spezialitäten und ein japanisches Restaurant, in dem man nicht nur ausgezeichnete Sushis bekommt, sondern auch Fleischgerichte vom Teppanyaki-Grill. Völlig überflüssig zu erwähnen, dass sowohl die Gästezimmer als auch die gesamte Anlage über alle, wirklich alle Annehmlichkeiten verfügen, die man von einem Ferien-Hotel dieser Güte erwartet. Sogar einen eigenen Hochzeitspavillon gibt es, natürlich ganz in Weiß und natürlich direkt am Meer – für alle, die sich nicht nur in das Hotel verlieben. EZ-Junior-Suite 203–370 CUC, DZ-Junior-Suite 333–630 CUC, EZ-Suite 278–380 CUC, DZ-Suite 408–592 CUC, Villa 1203–1509 CUC (pro Tag), je nach Saison. Playa Esmeralda. ✆ 30090, ✆ 30095, jefe.ventas.pro@solmeliacuba.com, www.solmelia.com.
- **** **Sol Río de Luna y Mares (5, s. Karte S. 563)**, aus den ehemals selbstständigen Hotels „Sol Club Río de Luna" und „Meliá Río de Mares" bestehend, ist mit heute 464 Zimmern, darunter acht Suiten, dennoch kein Mega-Komplex. Vielmehr kommt in der weitläufigen All-inclusive-Anlage mit ihrem langen Strandabschnitt das Gefühl auf, in einem kleinen, feinen Ferien-Resort untergekommen zu sein. Die Zimmer sind gut ausgestattet, haben ein modernes Bad, Klimaanlage, Satelliten-TV, Minibar und Balkon mit Meer- oder Gartenblick. Kulinarisch kann man sich in dessen Restaurants verwöhnen lassen, darunter neben zwei Buffet- auch ein mexikanisches, ein italienisches, ein cubanisches und ein mediterranes Spezialitäten-Lokal. Recht eintönig sind die allabendlichen Shows im Amphitheater (wer eine gesehen hat, hat alle gesehen) dafür geht danach in der Diskothek „La Niña" am Strand die Post umso mehr ab. Wenn dort zu flotten Rhythmen der Cuba libre in Strömen fließt, ist die vorangegangene Langeweile schnell verflogen. EZ 110–130 CUC, DZ 167–213 CUC, Suite 269–306 CUC, je nach Saison. Playa Esmeralda. ✆ 30030-34, 30060-64, ✆ 30035, 30065, sol.rio.luna.mares@solmeliacuba.com, www.solmeliacuba.com.
- **Birancito** ist ein einzelner, zum Delfinarium gehörender Bungalow, der 2 km südlich der Playa Esmeralda auf einer kleinen Insel mitten in der Bahía de Naranjo liegt. Dort werden nahe dem Acuario zwei Zimmer mit Bad, Klimaanlage, Kabel-TV und Minibar vermietet. Für alle, die ohnehin die Absicht haben, die Delfinshow zu besuchen, ist das hübsche Häuschen zumindest für eine Nacht eine echte Alternative. Denn im Übernachtungspreis sind die Vorführung wie auch ein Bad mit den Meeressäugern (Normalpreis 100 CUC) ebenso enthalten wie Vollpension im Restaurant „Cayo Naranjo". DZ 150 CUC. Bahía de Naranjo, Carretera Guardalavaca km 48. ✆ 30446, 30132, 30434, ✆ 30433, comerc@bahiaueh.co.cu.

Las Guanas

Der Wanderpfad, dessen Ausgangspunkt nur wenige Meter neben dem Hotel „Sol Río de Luna y Mares" an der Playa Esmeralda liegt, ist Teil des Schutzgebietes „El Peñón de la Bahía de Naranjo" und damit auch des Naturparks Cristobal Colón. Auf dem 160.000 Quadratmeter großen Areal, durch das der ein Kilometer lange Weg führt, sollte ursprünglich eine gigantische Hotel-Anlage entstehen, was das cubanische Umweltministerium in letzter Minute verhindern konnte. Heute führt der Las-Guanas-Trail, der nach den bis zu 30 Meter hohen, nur noch hier wachsenden Bäumen benannt ist, durch absolut unberührte Natur. Entlang des sauber angelegten Pfades sind 127 verschiedene Pflanzenarten zu sehen, darunter 14 endemische, sowie mit etwas Glück auch viele Zugvögel, da sich diese Ecke der Provinz mitten im sogenannten Gibara-Korridor befindet –

eine beliebte Durchgangsstation auf dem Flug in wärmere Gefilde. Womit man in jedem Fall Bekanntschaft macht, sind Hundertschaften von Moskitos. Der an einer Aussichtsplattform direkt über der Playa Esmeralda endende Trail führt mitten durch ihre Brutstätten. Unterwegs werden Flora und Fauna immer wieder auf Drehschildern erklärt – in Frageform. Mit der ersten Frage wird man schon an der Hütte konfrontiert, an der der Pfad beginnt: „Wer fügt der Umwelt den größten Schaden zu?", heißt es dort sinngemäß. Und wer die Tafel wendet, blickt in einen Spiegel – witzig und wahr.

Tägl. 8–18 Uhr. Eintritt 6 CUC, Kinder 3 CUC. Carretera Playa Esmeralda.

Mini-Zoo Playa Esmeralda

Der Tierpark wird seinem Namen ganz und gar gerecht. Mitten im Wald des Naturschutzgebiets Cristobal Colón gibt es gerade einmal 40 Kleinstgehege, in denen Krokodile, Schlangen und Vögel eingepfercht sind. Auf den Mini-Zoo stößt man, wenn man von der Straße zwischen den Hotels „Sol Río de Luna y Mares" und „Paradisus Río de Oro" nahe der Golf-Driving-Range abzweigt (Hinweisschild) und auf einem Waldweg etwa 500 Meter in die „Prärie" vordringt.

Tägl. 8–17 Uhr. Eintritt 2 CUC, Kinder 1 CUC. Carretera Playa Esmeralda.

Acuario Cayo Naranjo

Das fünf Kilometer südlich der Playa Guardalavaca und einen Kilometer von der Playa Esmeralda entfernte Acuario bietet die gleichen Shows wie alle Einrichtungen dieser Art: Dressierte Seelöwen und Delfine machen ihre Kunststückchen, das Publikum freut sich, und weil es so schön war, geht man mit den Meeressäugern anschließend eine Runde schwimmen. Anders als andere Delfinarien befindet sich die Touristenattraktion allerdings nicht an Land, sondern auf einer kleinen Insel in der Bucht von Naranjo, zu der die Besucher per Boot gefahren werden. Und anders als an anderen Orten ist das Acuario nur Teil eines großen Ganzen. Denn daneben kann man von der Basis auch zu Tageskreuzfahrten mit Groß-Katamaranen auslaufen (tägl. 9.15 Uhr), Motorboote mieten sowie Tauch- und Angelausflüge buchen. Reservierungen in allen Hotels der Playas Guardalavaca, Esmeralda, Pesquero und Turquesa.

Tägl. 9–16.30 Uhr. Show 12 Uhr, Eintritt 42 CUC, Kinder 21 CUC inkl. Bootstransfer und Willkommensdrink, 100/50 CUC inkl. Bootstransfer, Willkommensdrink und Schwimmen mit Delfinen. Bahía de Naranjo, Carretera Guardalavaca km 48. ✆ 30446, 30132, 30434, ✆ 30433, comerc@bahiaueh.co.cu.

Playa Pesquero und Playa Turquesa

So bezaubernd die Strände der Playas Pesquero und Turquesa auch sind, ihre Lage im Nirgendwo der Nordküste ist ein klares Manko. 48 Kilometer sind es bis in die Provinzhauptstadt Holguín, immerhin noch 18 Kilometer bis nach Guardalavaca. Nach dem Abendessen mal eben ausschwärmen zum Shopping in das größere Touristenzentrum kostet Zeit – und Geld (fürs Taxi). So verbringen die meisten Urlauber ihre Ferien vorwiegend in den Hotel-Anlagen, von denen es an der überschaubaren Playa Pesquero drei und an der etwas ruhigeren Playa Turquesa eines gibt. Natürlich bieten die Vier- und Fünf-Sterne-Häuser alle denkbaren Annehmlichkeiten, von Land und Leuten sieht man allerdings recht wenig.

- *Freizeit* **Ausflugsbusse** verkehren im Drei-Stunden-Rhythmus von den Hotels von Playa Guardalavaca, Playa Esmeralda, Playa Pesquero und Playa Turquesa zum Parque Bariay, zur Aldea Taína und zum Bioparque Rocazul. Die Tickets (5 CUC) löst man direkt beim Fahrer. Über die Abfahrtszeiten und die einzelnen Stationen informieren die blau-roten Schilder an den Haltestellen vor den Hotels.
- *Internet* In allen Hotels gegen Gebühr verfügbar.
- *Taxi* **Cubataxi**, ✆ 30290, 20860. **Transgaviota**, ✆ 30166. **Transtur**, ✆ 30134.
- *Übernachten* ***** **Playa Pesquero (7, s. Karte S. 563)**, eine gigantische 944-Zimmer-All-inclusive-Anlage, deren Gebäude sich um den Hotel-Kern mit Restaurants und Swimmingpools gruppieren, ist die absolute Luxus-Herberge des gleichnamigen Strandes. Seiner Devise, für jeden Gast etwas zu bieten, wird das Haus in jeder Hinsicht gerecht: Es gibt einen Baby- und einen Miniclub für die ganz Kleinen, ein Sportcenter mit Tennisplätzen, Squashhalle, Bogenschießstand und Billard für die etwas Größeren und Erwachsenen sowie Jacuzzis, Sauna und Massagesalon für die etwas ältere Kliental. Darüber hinaus bietet das Animationsteam Wander- und Fahrradausflüge, Wassergymnastik und viele andere Aktivitäten an – langweilig wird es jedenfalls nie. Den Hunger stillt man in fünf Restaurants, den Durst an diversen Bars – und in einem Biergarten. Die wirklich schönen Zimmer sind natürlich mit allem Komfort wie Klimaanlage, Satelliten-TV, Minibar, Bügelbrett und -eisen, CD-Player, Kaffeemaschine und Internet-Anschluss ausgestattet. EZ 125–175 CUC, DZ 200–280 CUC, Superior-EZ 138–188 CUC, Superior-DZ 220–300 CUC, EZ-Suite 175–225 CUC, DZ-Suite mit einem Schlafzimmer 280–360 CUC, DZ-Suite mit zwei Schlafzimmern 320–400 CUC, je nach Saison. Playa Pesquero. ✆ 30530, ✉ 30535, jefe.ventas@ppesquero.tur.cu, www.gaviota-grupo.com.

**** **Playa Costa Verde** (früher Breezes) **(8, s. Karte S. 563)**, ein All-inclusive-Resort, das die Herzen aller Sportler höher schlagen lässt, befindet sich auf einem 140.000 Quadratmeter großen Areal, das an einem der schönsten Strandabschnitte liegt. Neben vier Tennisplätzen (mit Pro) verfügt die Anlage über Basketball- und Badminton-Platz sowie ein Fitness-Center. Nichtmotorisierte Wassersportmöglichkeiten (Katamarane, Kajaks etc.) sind ebenso enthalten wie Leihfahrräder. Das Essen nimmt man entweder im Buffet-Restaurant ein oder in einem der vier Spezialitäten-Restaurants, die kreolische, karibische, italienische und japanische Küche bieten. Getränke bekommt man rund um die Uhr an diversen Bars und in einer „Pinte" namens „The Beer Corner". Die 480 Zimmer mit Bad, Klimaanlage, Safe, Telefon, CD-Player, Bügeleisen und -brett, Kaffeemaschine, Minibar sowie Balkon oder Terrasse befinden sich in 31 zweistöckigen Gebäuden, die harmonisch an die Landschaft angepasst sind. In den Superior-Zimmern und den Suiten steht bei der Ankunft darüber hinaus eine Flasche Rum im Kühlschrank, die Minibar wird jeden Tag gefüllt, und ein Abendessen mit Hummer-Menü ist ebenfalls im Preis drin. EZ 100–150 CUC, DZ 80–115 CUC/Person, Triple 76–110 CUC/Person, Superior-EZ 110–160 CUC, Superior-DZ 90–125/Person, Superior-Triple 86–119 CUC/Person, EZ-Suite 130–180 CUC, DZ-Suite 110–150 CUC/Person, Triple-Suite 105–143 CUC/Person, je nach Saison. Playa Pesquero. ✆ 30520, ✉ 30525, sales@playacostaverde.co.cu, www.gaviota-grupo.com.

**** **Blau Costa Verde (9, s. Karte S. 563)**, eine gepflegte All-inclusive-Ferien-Anlage der spanischen Hotel-Kette, punktet mit einer großzügigen Poollandschaft, an deren Rändern mit Palmenwedeln gedeckte Sonnenschirme zu einem Nickerchen einladen. Für die Aktiveren gibt es Sportmöglichkeiten von A wie Aerobic bis Z wie Zielschießen (mit Bogen und Pistolen). Wer sich intellektuell betätigen will, findet beim Spanisch-Unterricht Abwechslung. Für das gastronomische Angebot sorgen fünf Restaurants, von denen eines, das „Mar y Sol", nachts zur Diskothek wird, in der bis 2 Uhr morgens zu heißen Rhythmen abgetanzt wird. Die 250 Zimmer sind mit Telefon, Safe, Klimaanlage, Minibar (wird täglich gefüllt, auch mit Bier) und Satelliten-TV ausgestattet, alle haben Balkon oder Terrasse. In der Anlage gibt es Geldwechsel-Möglichkeit, Geschäfte, Internet-Ecke, Auto- und Motorradvermietung sowie Wellness-Center und Friseur. EZ 102–151 CUC, DZ 164–242 CUC, Triple + 15%, je nach Saison. Playa Pesquero. ✆ 35010, ✉ 30515, info@blau-cv.co.cu, www.blauhotels.com.

**** **Grand Playa Turquesa (6, s. Karte S. 563)**, ein 2003 eröffnetes All-inclusive-Haus der Occidental-Gruppe, ist (noch) das einzige Hotel an dem ruhigen Strand. Besonders auffällig sind die verschiedenen, durch eine Kaskade miteinander verbundenen Swimmingpools. Großen Wert legt man auf die kleinen Gäste bis acht Jahre, für die drei auch englisch- und französischsprachige Betreuer zur Verfügung stehen, die jeden Abend zur Mini-Disco bitten. Apropos: Disco gibt es nach der täglichen Folklore-Show natürlich auch für die Großen, aber nur bis 23 Uhr für unter 16-Jährige – eine weise Entscheidung. Das Essen nimmt man in fünf Lokalitäten ein – neben einem internationalen Buffet-Restaurant werden auch cubanische, italienische, asiatische und gegrillte Spezialitäten angeboten. Und für ausreichend flüssige Nahrung sorgen sechs Bars. Die insgesamt 520 Superior-Zimmer sind mit Duschbad, Telefon, Klimaanlage, Safe, Minibar (wird einmal wöchentlich aufgefüllt), Satelliten-TV sowie Bügeleisen und -brett ausgestattet, alle haben Balkon oder Terrasse. EZ 150 CUC, DZ 200 CUC, Triple 50 CUC (für die 3. Person). Playa Turquesa. ✆ 30540, ✆ 30545, jreservas@occidentalturquesa.co.cu, comercial@occidentalturquesa.co.cu.

Bioparque Rocazul

Der Naturpark an der Straße zur Playa Pesquero ist die jüngste Errungenschaft der Tourismusindustrie an den Stränden im Norden von Holguín. Im April 2005 eröffnet, bietet das fast fünf Quadratkilometer große Areal so viel Abwechslung, dass man hier einen ganzen Tag verbringen kann und dann wahrscheinlich immer noch nicht alles gesehen hat. Den Mittelpunkt des zum Naturschutzgebiet Cristobal Colón gehörenden Parks, dessen Name von den blau schimmernden Steinen herrührt, die man in dieser Gegend gefunden hat, bildet der 92 Meter hohe Loma El Templo (Tempelberg). Auf seinen Gipfel führt ein drei Kilometer langer Wanderweg (ca. 1 Std.), auf dem man Hirsche, Jutías, Antilopen und Zebras zu sehen bekommt, die man auf der Halbinsel in der Bucht von Naranjo touristenwirksam angesiedelt hat. Ein zweiter Trail, der Sendero Rocazul (ebenfalls ca. 3 km/1 Std.), den man wie den Pfad auf den Tempelberg auch mit Mountainbikes oder hoch zu Ross bewältigen kann, hat die Punta Lancone zum Ziel. Der dortige Strand mit seinem dunklen Sand eignet sich bestens zum Schnorcheln und zum Schwimmen.

Daneben findet man auf dem Gelände des Parks einen sehenswerten Kaktusgarten, die Finca „Monte Bello", einen alten cubanischen Bauernhof mit Kaffee-, Guave-, Bananen-, Mango- und Papaya-Pflanzen, sowie eine Straußenfarm, auf der man sieben Prachtexemplare bewundern kann, die sich von den Besuchern nur allzu gern füttern lassen. Wer es ruhiger angehen möchte, kann sich ein Ruderboot leihen und zum Angeln in die Bahía de Naranjo hinauspaddeln. Nach den mehr oder weniger großen Anstrengungen gibt es an drei Bars Erfrischungen, wie etwa den (fast) alkoholfreien Cocktail „Rocazul", eine Eigenkreation aus Limonade mit einem Schuss Curaçao.

Tägl. 8.30–17 Uhr. Wandern 1 Std. 8 CUC, 2 Std. 10 CUC, Reiten 1 Std. 16 CUC, 2 Std. 18 CUC, 3 Std. 20 CUC, Mountainbikes 15 CUC/Std., Ruderboot 15 CUC/Std., Angeln 20 CUC/2 Std., Kinder zahlen die Hälfte. Fotoaufnahmen 1 CUC, Videoaufnahmen 2 CUC. Carretera Playa Pesquero. ✆ 30833, 30850, biotur@pncolon.co.cu, www.parquecristobalcolon.cu.

Playa Blanca

Der Strand mit dem klingenden Namen liegt zwölf Kilometer nördlich der Ortschaft Rafael Freyre und damit 37 Kilometer von Guardalavaca entfernt. Am anderen Ende der Bucht von Bariay sieht man den mit einer Boje markierten Punkt, an dem Christoph Kolumbus am 28. Oktober 1492 vor Anker ging und zum ersten Mal seinen Fuß auf cubanischen Boden setzte. Warum er sich dafür den gegenüber liegenden westlichen Küstenstreifen ausgesucht hat, wird man nie erfahren, warum die Playa Blanca eine weitgehend touristenfreie Zone ist, liegt dagegen auf der Hand. Abgesehen von ein paar halb verfallenen Hütten, mit Palmenzweigen gedeckten Sonnenschirmen am Strand und einer schäbigen Mini-Promenade mit Steintischen und -stühlchen unter schattigen Bäumen, gibt es hier rein gar nichts, was auch nur halbwegs von Interesse sein könnte. Noch nicht einmal die zum überwiegenden Teil steinige Küste lohnt einen Besuch.

• *Übernachten* *** **Villa Don Lino (10, s. Karte S. 563)** ist eine einfache, preisgünstige Hotel-Anlage 2 km östlich der Playa Blanca. Die 36 hauptsächlich von kanadischen Urlaubern gebuchten Zimmer befinden sich in Bungalows, die mit Bad, Klimaanlage und TV ausgestattet sind. In dem kleinen Resort gibt es ein Buffet-Restaurant, zwei Bars, einen Swimmingpool, Wechselstube und Geschäft. Die Zimmer 1 bis 18 haben Meerblick, von den anderen aus schaut man in den Garten. EZ 60 CUC, DZ 80 CUC inkl. All inclusive (nur Hauptsaison), EZ 50 CUC, DZ 60 CUC inkl. Frühstück (nur Nebensaison). Playa Blanca km 7,5. ✆ 30308, 30310, 30307, reservas@donlino.co.cu.

Parque Bariay

„Das schönste Fleckchen Erde, das ein menschliches Auge je gesehen hat", so Christoph Kolumbus in seinem Logbuch, befindet sich sieben Kilometer außerhalb des Städtchens Rafael Freyre am Westufer der Bucht von Bariay. Hier gingen am 28. Oktober 1492 die drei Kolumbus-Schiffe „Santa María", „Niña" und „Pinta" vor Anker, hier ging der Seefahrer und Entdecker wenig später an Land – in dem Glauben, in Indien gelandet zu sein. Eine große, gelbe Boje markiert genau jene Stelle, an der sein Flaggschiff gelegen haben soll. Um der Landzunge einen touristischen Anstrich zu verleihen, hat man zudem ein kleines Taíno-Dorf nachgebaut. Die eigentliche Sehenswürdigkeit ist allerdings ein Denkmal, das von cubanischen Künstlern anlässlich der 500. Wiederkehr der Landung von Kolumbus geschaffen und exakt am 28. Oktober 1992 enthüllt wurde. Das „Monumento al Medio Milenio" („Denkmal zum halben Jahrtausend"), das unter der Regie der Bildhauerin Caridad Romas Mosquera aus Holguín entstand, symbolisiert mit seinen weißen griechischen Arkaden, die auf tonfarbene indianische Götter-Statuen treffen, die Begegnung der Alten mit der Neuen Welt. Das am Ende des Parks gelegene Denkmal, den Landeplatz von Kolumbus und die übrigen Einrichtungen erreicht man mit Pferdekutschen (im Eintrittspreis enthalten).

Tägl. 9–17 Uhr. Eintritt 8 CUC, Kinder 4 CUC, Fotoaufnahmen 1 CUC, Videoaufnahmen 2 CUC. Bahía de Bariay. ✆ 30766, comercial@pncolon.co.cu, www.parquecristobalcolon.cu.

Gibara

Obwohl Christoph Kolumbus schon 1492 die Gegend an der Nordküste der heutigen Provinz Holguín entdeckt und in seinem Logbuch die „Silla de Gibara" („Sattel von Gibara") auch exakt beschrieben hatte („Der Gipfel eines nahen Berges, der hoch und eckig, einer Insel gleich in der Landschaft steht, hat die Form eines Reitsattels"), wurde die Stadt erst 325 Jahre später, am 16. Januar 1817, gegründet. Dann ging es allerdings Schlag auf Schlag. Benannt nach dem Jibá-Baum, der noch heute entlang der beiden Flüsse Gibara und Cacoyugüín zu finden ist, entwickelte sich der 34 Kilometer nördlich von Holguín gelegene Ort rasch zu einem wichtigen Umschlaghafen an der Atlantik-Küste. Der florierende Handel machte Gibara attraktiv, spanische Aristokraten ließen sich nieder, prächtige Kolonialbauten schossen aus dem Boden und selbst einfache Fischer verdienten genug, um ihre Häuser

„Die weiße Stadt" im Norden der Provinz: Gibara

weiß zu tünchen, was der Stadt schon bald den Beinamen „La Villa Blanca" („Die weiße Stadt") einbrachte. Wie überall, wo es etwas zu holen gab, hatte man in der Folge auch in Gibara mit Piratenüberfällen zu kämpfen, wie überall schützte man sich vor ihnen mit Festungen – in diesem Fall mit dem Fuerte Fernando VII seitlich der Hafeneinfahrt und dem Fort El Cuartelón auf dem Hügel Los Caneyes. In der Festung residiert heute eines der bekanntesten Restaurants der Stadt, das Fort eine Ruine, die man sich wegen des einmaligen Panoramas allerdings nicht entgehen lassen sollte. Auch wenn der Hafen Anfang des 20. Jahrhunderts mit dem Einzug der Eisenbahn mehr und mehr an Bedeutung verlor, so ist der Glanz noch immer vorhanden – latent, aber immerhin. Vor allem die Gebäude rund um den Parque Calixto García, dem zentralen Platz der Stadt, oder die Calle Independencia, eine der Hauptstraßen, erzählen von der einstigen Blüte Gibaras.

- *Banken* **Banco de Crédito y Comercio**, Mo–Fr 9–15 Uhr, Calle Independencia 26. **Banco Popular de Ahorro**, Mo–Fr 8–12 + 13.30–15.30, Sa 8–11 Uhr, Calle Independencia 65.
- *Feste* In der Woche nach dem Osterfest ist Gibara Schauplatz des renommierten **Internationalen Low Budget-Filmfestivals**, in dessen Mittelpunkt die Casa de la Cultura steht, wo die verschiedenen Streifen gezeigt werden und die Jury-Sitzungen stattfinden.
- *Notruf* **Polizei**, ✆ 106. **Feuerwehr**, ✆ 105. **Ambulanz**, ✆ 104.
- *Postleitzahl* 82100
- *Post* Mo–Sa 8–20, So 8–12 Uhr, Calle Independencia 15.
- *Shopping* **Villa Blanca** führt ein breites Sortiment von Kleidung über Unterhaltungselektronik bis hin zu Parfümerieartikeln und Getränken. Mo–Sa 9–17, So 8.30–12.30 Uhr. Calle Independencia esquina Parque García.
La Sirenita verkauft Kleidung und Schuhe sowie Haushaltswaren und Getränke. Mo–Sa 8.30–17, So 8.30–13 Uhr. Calle Independencia.
La Victoria ist ein Lebensmittelmarkt, der auch verschiedene Haushaltsartikel im Angebot hat. Mo–Sa 9–17, So 9–12 Uhr. Calle Independencia 21.
Asociación de Artesanos Artistas bietet Kunsthandwerk einheimischer Künstler. Mo–Fr 8–12 + 14–17, Sa 8–12 Uhr. Calle Independencia 53

- *Essen & Trinken* **El Faro** residiert in der ehemaligen Festung „Fernando VII" beim Parque de las Madres. Das neu renovierte Lokal ist zwar auf Busgruppen eingerichtet, weshalb meist schon ab 14 Uhr Live-Bands und kleinere Orchester für cubanische Rhythmen sorgen, aber auch Spontan-Gäste finden immer einen Platz. Die Küche ist kreolisch ausgerichtet (Hähnchen, Schweinefleisch etc.), die eigentliche Spezialität sind aber die diversen Fischgerichte und Meeresfrüchte. Hauptgang rund 10 CUC. Tägl. 12–24 Uhr. Plaza del Fuerte, ℡ 34596.

El Caribe, eine einfache Peso-Cafetería, befindet sich an der Westseite des Parque Calixto García. Speisen – in erster Linie Pizza – gibt es für 3 CUP/ca. 0,12 CUC, Bier und Limonaden für 10 CUP/ca. 0,40 CUC. Tägl. 24 Std. Calle Independencia esquina Luz Caballero.

El Mirador de Gibara liegt auf dem Hügel Los Caneyes nahe der Ruinen der früheren Festung „El Cuartelón" – Traumblick garantiert. Weniger traumhaft ist das Peso-Lokal selbst, das in spartanischem Ambiente hauptsächlich Meeresfrüchte (25 CUP/ca. 1 CUC) serviert. Besser man nimmt im Freisitz der angeschlossenen Bar Platz und genießt bei einem Mojito die Aussicht. Tägl. 9–22 Uhr, Bar 24 Std. Avenida Lenin 94.

- *Nachtleben* **Casa de la Cultura**, in einem sehenswerten Gebäudekomplex untergebracht, bietet ein monatlich wechselndes Programm, das sich von Kunstausstellungen über Lesungen bis zu Tanz- und Musikdarbietungen erstreckt. Über die aktuellen Veranstaltungen informiert die Anschlagtafel am Eingang, der Eintritt ist grundsätzlich frei. Während des immer im April stattfindenden Internationalen Low Budget-Filmfestivals werden hier die verschiedenen Streifen gezeigt und die Jury-Sitzungen abgehalten. Tägl. 8–22 Uhr. Calle Joaquín Aguero 103 e/ Independencia y Sartorio, ℡ 34300.

El Colonial schimpft sich Kulturzentrum, fungiert tagsüber als Open-Air-Cafetería, erwacht aber eigentlich erst abends zum Leben. Immer ab 21 Uhr spielen Live-Gruppen traditionelle cubanische Rhythmen, zu denen im Terrassenlokal Bier und Cocktails serviert werden. Tägl. 10–24 Uhr. Calle Luz Caballero.

Hostal Vitral – wenn auch nicht am Meer gelegen, ist das Haus sicherlich eines der schönsten Privat-Quartiere Gibaras. Durch die vielen im Original erhaltenen Buntglasfenster wirkt die alte Kolonialvilla hell und freundlich. Die beiden Gästezimmer verfügen über Bad, Klimaanlage und Ventilator, auf dem Dach findet man eine riesige Terrasse mit Hängematten. Essen – zu moderaten Preisen – gibt es auf Wunsch. DZ 20–25 CUC, je nach Saison. Calle Independencia 36. ℡ 34469, escalona@cristal.hlg.sld.cu.

La Gran Vía, ein Kolonialgebäude direkt am Meer, bietet zwei schöne Zimmer mit Bad, Klimaanlage und Ventilator. TV-Gerät und Kühlschrank stehen außerhalb der Räumlichkeiten zur Verfügung. Speisen werden auf Wunsch zubereitet. DZ 20–25 CUC, je nach Saison. Calle Rabí 31 e/ Céspedes y Sartorio, ℡ 34595.

Villa Boquerón liegt direkt an der gleichnamigen Bucht am Malecón in der Nähe des Denkmals für Camilo Cienfuegos. Señor Isidro Rodríguez López vermietet zwei Zimmer, jeweils mit Doppelbett, Bad, Klimaanlage und Ventilator. Von der Dachterrasse aus hat man einen wunderschönen Blick auf das Meer. DZ 15–25 CUC, je nach Saison. Calle Rabí 53 e/ Peralta y Luz Caballero. ℡ 34403, 34548, sales@cristal.hlg.sld.cu, boqueron.travelblog.fr.

Hostal Las Brisas, eine supersaubere Casa mit Meerblick, vermietet zwei Zimmer mit modernen Bädern (Eckduschwanne) und Klimaanlage. Den Gästen steht eine eigene Garage zur Verfügung. Essen, das auf Wunsch auf der Terrasse serviert wird, gibt es optional. Im Haus wird neben Spanisch auch Englisch und Französisch gesprochen. Calle Peralta 61 e/ Mora y Mariana Grajales. ℡ 34211, ℡ 52270778 (mobil), hostallasbrisas.gibara@yahoo.fr, roomforrent.travelblog.fr.

Casa Las Terrazas liegt mitten im Stadtzentrum, nur wenige Schritte vom Parque Calixto García entfernt. Señora Elida Claro Albuernes vermietet in ihrem schmucken Häuschen zwei Zimmer mit Bad, Klimaanlage und Ventilator. Für das Auto der Gäste steht eine eigene Garage zur Verfügung. Ein zusätzliches Bonbon ist die Dachterrasse mit Meerblick. DZ 20–25 CUC, je nach Saison. Calle Calixto García 40 e/ Mora y Céspedes, ℡ 34461.

Villa Caney, ein altes Kolonialgebäude in sehr zentraler und trotzdem absolut ruhiger Lage, hat zwei saubere Zimmer mit Bad und Klimaanlage. Erholung verspricht der wunderschön begrünte Innenhof. Neben dem Speiseraum, in dem Frühstück (3 CUC) und Abendessen (7–12 CUC) serviert werden, gibt es eine kleine Bar, an der man u. a. hervorragende Cocktails bekommt. DZ 20–25 CUC, je nach Saison. Calle Sartorio 36 e/ Peralta y Luz Caballero, ✆ 34552.

Hostal Horizonte findet man nahe der alten Festung „El Cuartelón" am westlichen Ende der Calle Independencia. Das Zimmer ist mit Bad, Klimaanlage und Kühlschrank ausgestattet. Neben einer großen Terrasse mit herrlichem Blick über die Stadt steht den Gästen auch eine kleine Küche zur Verfügung – Speisen werden nämlich nicht angeboten. DZ 20–25 CUC, je nach Saison. Calle Independencia 107 e/ Agramonte y Cavada. ✆ 34495, 5352907755@sms.cubacel.com.

Unterwegs in Gibara

Parque Calixto García: Gibaras zentraler Platz, gleichzeitig der Mittelpunkt des kulturellen Lebens der Stadt, wird zum einen beherrscht von der Kirche San Fulgencio aus dem Jahr 1852, deren niedrige, von roten Kuppeln gekrönte Türmchen an seiner Nordseite aufragen, und zum anderen von einer Freiheitsstatue in seinem Zentrum. Die von italienischen Bildhauern geschaffene, auf einem weißen Sockel stehende Figur reckt wie ihr Pendant in New York die Fackel der Freiheit in den Himmel, hält aber anders als „Miss Liberty" in ihrer Linken eine Schriftrolle, auf der das Datum 25. Juli 1898 vermerkt ist. Damit wird an jenen Tag erinnert, an dem die cubanische Widerstandsarmee unter dem Kommando von Oberst Cornelio Rojas zum Ende des Zweiten Unabhängigkeitskriegs die Stadt vom Joch der spanischen Besatzungstruppen befreite.
Calle Luz Caballero y Independencia.

Museo de Historia Natural: Das Naturkunde-Museum ist mit seiner Sammlung von Fossilien und präparierten Tieren eines von vielen – auf den ersten Blick. Bei näherer Betrachtung stellt man jedoch fest, dass die in sieben Räumen präsentierten 2863 Ausstellungsstücke eine fast vollständige Kollektion der cubanischen Fauna darstellen. Prunkstück des Museums ist das riesige Skelett eines weiblichen Buckelwals, der sich 1978 nahe der Playa „Los Bajos" in Fischernetzen verfangen hatte und qualvoll verendet war. Das Gewicht des etwa zwölf Jahre alten, 10,70 Meter langen Meeressäugers soll Experten zufolge 15 bis 18 Tonnen betragen haben.
Mo 13–17, Di–Sa 9–14 + 13–17, So 9–12 Uhr. Eintritt 1 CUC, Führung 1 CUC, Fotoaufnahmen 1 CUC, Videoaufnahmen 5 CUC. Calle Luz Caballero 23.

Museo del Arte Colonial: Das größte und gleichzeitig bedeutendste Museum der Stadt ist in einem Kolonialpalast untergebracht, der 1872 von Atanasio Calderón de la Barca aus dem nordspanischen Santander errichtet wurde. Die wertvolle Sammlung, die elf Ausstellungsräume einnimmt, umfasst zahlreiche Originalmöbel aus dem 19. Jahrhundert, darunter auch Stücke aus der englischen Kunsttischlerei Chippendale. Daneben besitzt das Haus eine umfangreiche Gemäldegalerie (eines der Werke zeigt Gibara während der Kolonialzeit) sowie mehr als 600 Stücke aus der französischen Porzellan-Manufaktur von Limoges. Interessant sind auch eine vollständig erhaltene Küche, in der einst auf einem Holzkohleherd gekocht wurde, sowie ein hölzerner Kühlschrank, der – natürlich – ohne Strom betrieben werden konnte. Beredtes Zeugnis vom enormen Reichtum der spanischen Kolonialherren legen im Inneren des Gebäudes die kunstvollen Buntglasfenster ab, die als die größten der cubanischen Ostprovinzen gelten.
Mo–Sa 8–12 + 13–17, So 8–12 Uhr. Eintritt 2 CUC, Führung 1 CUC (nur spanisch), Fotoaufnahmen 1 CUC, Videoaufnahmen 5 CUC. Calle Independencia 19, ✆ 34687.

Museo de Historia Municipal: Die im gleichen Gebäude untergebrachte Sammlung des historischen Museums beschäftigt sich mit der Stadtgeschichte. Fotos und

Schriftstücke dokumentieren die Entwicklung Gibaras seit seiner Gründung, verschiedene persönliche Gegenstände von Politikern, Sportlern und Künstlern machen deutlich, welche Prominenz die Stadt hervorgebracht hat. Zudem geht das Museum in seinen acht Schauräumen auch auf die vorkoloniale Zeit ein, aus der Skelettteile und Artefakte der Indios gezeigt werden.

Di–Sa 8–12 + 13–17, So 8–12 Uhr. Eintritt 1 CUC, Kinder 0,50 CUC, Führung 1 CUC, Fotoaufnahmen 1 CUC. Calle Independencia 19.

El Cuartelón ist eine der beiden Festungen, die zum Schutz vor Piratenüberfällen angelegt wurden. Hoch oben auf dem Hügel Los Caneyes konnte man weit aufs Meer hinausschauen und die Kanonen rechtzeitig in Stellung bringen. Die sind inzwischen zwar abhandengekommen, und auch von der einstigen Wehranlage stehen nur noch die aus einfachen Ziegelsteinen gemauerten Bögen einer früheren Kolonnade. Der grandiose Blick über die Bucht bis hin zur „Silla de Gibara" auf der einen und weit über die Atlantik-Küste auf der anderen Seite ist allerdings geblieben und lohnt den kurzen Aufstieg.

Avenida Lenin.

Cueva de los Panaderos: Ins Reich der Stalagmiten (aus dem Boden wachsende Tropfsteine) und der Stalaktiten (von der Decke hängende Tropfsteine) begibt man sich bei einem Ausflug in die Höhlen, die die Hügel von Gibara durchziehen. Zwar sind seit dem Jahr 2001 nur zwei Kilometer der Cueva de los Panaderos für die Öffentlichkeit zugänglich, aber schon dieses kleine Stück reicht für ein außergewöhnliches Abenteuer. Könnern bietet sich dort die Möglichkeit zum Höhlentauchen. Da der Eingang zur Cueva völlig versteckt am westlichen Stadtrand liegt und ein Alleingang in dem Labyrinth außerdem viel zu gefährlich wäre, ist es nicht nur untersagt, sondern auch nicht empfehlenswert, ohne Führer aufzubrechen. Den findet man in Person von René Tejeda Miguez, der die Unterwelt Gibaras wie seine Westentasche kennt und Interessierten für 5 CUC gerne zeigt.

Calle Calixto García 38 e/ Sartorio y Céspedes, ✆ 34461.

Playa Caletones: Der Hausstrand von Gibara mit feinstem weißen Sand liegt 18 Kilometer westlich der Stadt nahe der Punta La Vigía. Eine besondere Note verleihen dem vor allem an Wochenenden oftmals dicht bevölkerten Küstenstreifen die Süßwasserseen und ausgewaschenen Naturpools, die so tief sind, dass sogar Tauchgänge möglich sind.

Carretera Playa Caletones km 18.

Unterwegs in Richtung Osten

Banes

Was Braunau am Inn für Deutschland und Österreich, ist Banes für das heutige Cuba: der Geburtsort des schlimmsten Tyrannen, den das Land je erlebt hat – in diesem Fall Diktator Fulgencio Batista. Darüber spricht man allerdings nur ungern, zumindest in Banes selbst. Viel lieber erzählt man, dass der angehende Rechtsanwalt Fidel Castro hier am 12. Oktober 1948 in der Iglesia de Nuestra Señora de la Caridad seine erste Frau, Mirta Díaz Balart, heiratete. Die turmlose Kirche, die eher einem Kolonialpalast gleicht als einem Gotteshaus, und das Museo Indocubano, das über eine der bedeutendsten archäologischen Sammlungen Cubas verfügt, sind auch die einzigen, wirklichen Sehenswürdigkeiten von Banes. In die 32 Kilometer

Banes

südöstlich von Guardalavaca und 48 Kilometer nördlich von Cueto gelegene Stadt kommt man allerdings auch nicht zum Sightseeing. Banes ist vielmehr ein günstiger Standort, wenn man an den nahen Playas Morales, Puerto Rico oder Guardalavaca Urlaub machen und in preiswerten Privat-Quartieren übernachten möchte. Davon gibt es hier nämlich genug.

- *Bank* **Cadeca**, Mo–Sa 8–18, So 8–13 Uhr, Avenida Cárdenas.
- *Notruf* **Polizei**, ✆ 106. **Feuerwehr**, ✆ 105. **Ambulanz**, ✆ 104.
- *Postleitzahl* 82300
- *Shopping* **El Radar** verkauft Kleidung und Parfümerieartikel. Calle General Marrero 324 (neben El Rápido).
- *Essen & Trinken* **El Latino**, das erste Haus am Platz, bietet in einigermaßen gepflegter Atmosphäre eine breite Speisenpalette. Man kocht italienisch (Pizza und Pasta) und cubanisch (Hähnchen, ab 1,95 CUC). Empfehlenswert sind Fischgerichte und Meeresfrüchte (um 4 CUC). Tägl. 9–2 Uhr. Avenida José Martí e/ General Marrero y Cárdenas, ✆ 82298.

El Conejito, eines der beliebtesten Restaurants der Stadt, wird seinem Namen gerecht – Spezialität des Hauses ist Kaninchen. Daneben gibt es diverse typisch cubanische Gerichte wie etwa Schweinekotelett. Menü rund 30 CUP/ca. 1,25 CUC. Mo–Fr 8–20.40, Sa+So 8–23 Uhr. Calle General Marrero e/ Céspedes y Martí.

Cafetería Vicaria, ein nettes Terrassenlokal an der Hauptstraße, serviert überwiegend einfache und schnelle Speisen wie Sandwiches und Tortillas. Auf der Karte stehen aber auch frittiertes Hähnchen (2,60 CUC), Schweinesteak (3,15 CUC) und als teuerstes Gericht grillte Garnelen (3,85 CUC). Tägl. 24 Std. Calle General Marrero 730, ✆ 82803.

Ranchón El Paraíso findet man ganz in der Nähe der Cafetería Vicaria. Anders als dort bezahlt man hier allerdings mit Pesos. In dem zur Straße hin offenen Restaurant gibt es u. a. Schinkensteak (13 CUP/ca. 0,55 CUC) und das unvermeidliche Hähnchen (25 CUP/ca. 1 CUC). Tägl. 11–24 Uhr. Calle General Marrero e/ Céspedes y Bayamo.

Hotel Bani ist trotz seines Namens nur ein Restaurant, in dem vorwiegend kreolische Gerichte wie Hähnchen oder Schweinesteaks auf den Tisch kommen. Allerdings versucht das einfache Peso-Lokal, sich einen chinesischen Anstrich zu geben, was die Spezialität des Hauses, Schinkensteak à la Peking (12,50 CUP/ca. 0,50 CUC), verrät. Ein komplettes Menü kostet umgerechnet ca. 1 CUC. Mo–Fr 12.30–20.40, Sa+So 12.30–21.40 Uhr. Calle General Marrero 340, ✆ 83588.

Oasis, ein früheres Motel, fungiert inzwischen nur noch als Restaurant, in dem cubanisch gekocht wird. Für ein komplettes Menü zahlt man 20–25 CUP/ca. 0,85–1 CUC. Tägl. 7–20.40 Uhr. Carretera Veguita 3305. ✆ 83425, 83403, 83447.

El Rápido findet man im Stadtzentrum – das Angebot besteht wie in allen Lokalen der Kette aus Fastfood, Eis und Getränken. Tägl. 24. Std. Calle General Marrero 322.

- *Nachtleben* **Casa de la Cultura** residiert im ehemaligen Casino Español, an das noch heute die am Eingang in den Boden eingelassenen Buchstaben „CE" erinnern. In dem an seiner gelben Fassade und den zwölf abgewetzten Säulen leicht zu erkennenden Gebäude werden Kunstausstellungen, Lesungen, Musik und Theater geboten. Das aktuelle Programm ist einer „Zettelwirtschaft" am Eingang zu entnehmen. Tägl. 9–23 Uhr. Calle General Marrero 330.

Café Cantante ist zwar nicht das, was man als „Muss" des Nachtlebens bezeichnen könnte, doch zumindest einmal die Woche Treffpunkt cubanischer Musiker – und ihrer Zuhörer. Eintritt frei. So 15–19 Uhr. Calle General Marrero 320.

- *Übernachten* **Casa Nancy Bacallaó** – eine Top-Adresse in Banes. Die Herzlichkeit und Hilfsbereitschaft der Señora ist kaum zu überbieten, das Zimmer mit schönem Bad, Klimaanlage, Deckenventilator und Schrank sehr sauber, die Verpflegung (5 CUC für ein komplettes Menü) ausgezeichnete cubanische Hausmannskost. DZ 15–20 CUC, je nach Saison. Reparto Silva, Calle Roble 85 e/ 7ma y 8va, ✆ 83243, 83648.

El Castillito befindet sich im Westen der Stadt an der Hauptstraße nach Guardalavaca. In dem schönen Häuschen wird ein Zimmer mit Bad und Klimaanlage vermietet. Außerdem steht den Gästen eine Garage zur Verfügung, und bekocht werden sie auch. DZ 15–20 CUC, je nach Saison. Carretera Veguita 3718, ✆ 82102.

Casa Dr. Antonio Ricardo García liegt im zentrumsnahen Stadtteil Quiñonez, wo der Arzt ein komfortables Zimmer mit Bad und

Klimaanlage offeriert. Den Mietwagen können die Gäste in einer eigenen Garage abstellen, Speisen gibt es auf Wunsch. DZ 15–20 CUC, je nach Saison. Calle Canales 1527 e/ H y Gómez. ✆ 84305, antonio.ricardo @cristal.hlg.sld.cu.

Campismo Puerto Rico Libre liegt am gleichnamigen Strand, auf den man 14 km östlich von Banes stößt. An ausländische Touristen werden sechs einfache Bungalows mit Bad für jeweils maximal vier Personen vermietet. In der hauptsächlich von Cubanern besuchten Anlage direkt am Meer gibt es ein Restaurant, eine Cafetería, eine laut beschallte Tanzfläche, Bibliothek, Spielezimmer und TV-Saal. Bungalow 34,50 CUP/ ca. 1,45 CUC. Playa Puerto Rico, ✆ 96918.

Unterwegs in Banes

Museo Indocubano: Das in ganz Cuba bekannte Museum ist die größte Sehenswürdigkeit, die Banes zu bieten hat. Die – angeblich – weltweit kompletteste Sammlung über die Indios, die in vier Ausstellungsräumen präsentiert wird, besteht aus Tongefäßen und Steinwerkzeugen, Schmuckstücken aus Gold und Silber sowie jeder Menge Schädelknochen bis hin zu einem vollständigen Taíno-Skelett. Die bedeutendsten Exponate sind das „Ídolo de Oro", eine kleine goldene Statue, die in der Nähe von Banes ausgegraben wurde, sowie das „Ídolo de Banes", ein ebenfalls kleines, aus einer Jakobsmuschel gefertigtes Götterbild.
Di–Do 9–17, Fr/Sa 9–17 + 19–21, So 8–12 + 19–21 Uhr. Eintritt 1 CUC, Führung 1 CUC, Fotoaufnahmen 1 CUC. Calle General Marrero 305.

Locomotora El Panchito: Im Außenbereich des Museo Indocubano kommen Eisenbahnfans auf ihre Kosten. Dort hat man neben einer nachgebauten Höhlenbehausung der Taíno jene Lokomotive aus dem Jahr 1888 aufgestellt, die den ersten Zug von Banes in das Dorf Dumois zog. Die kleine Dampf-Lok, die man – warum auch immer – auf den Namen „El Panchito" („gesalzene Erdnuss") taufte, wurde von der Firma H. K. Porter & Co. in Pennsylvania/USA hergestellt und in Cuba zum Bananen-Transport eingesetzt.
Di–Do 9–17, Fr/Sa 9–17 + 19–21, So 8–12 + 19–21 Uhr. Eintritt frei. Calle General Marrero 305.

Iglesia de Nuestra Señora de la Caridad: Die Kirche an der Ostseite des Parque Martí ist erst auf den zweiten Blick als Gotteshaus auszumachen, denn der ockerfarbene Klotz ohne Turm erinnert eher an eine herrschaftliche Residenz aus der Kolonialzeit. Die Hauptkirche von Banes, die auch im Inneren kein wirkliches Schmuckstück ist, kommt nur deshalb in der Geschichte Cubas vor, weil Fidel Castro hier am 12. Oktober 1948 seine erste Frau, Mirta Díaz Balart, heiratete – unter spektakulären Umständen. Der Vater der Braut, ein Anwalt, der für die United Fruit Sugar Company arbeitete, musste die Trauung nämlich eingesperrt in der Sakristei der Kirche verfolgen. Da er mit der Heirat nicht einverstanden war, hatte er Fidel Castro im Vorfeld mit vorgehaltener Waffe dazu aufgefordert, seine Tochter in Ruhe zu lassen. Nachträglich wurde er bestätigt: Die Ehe wurde im Jahr 1954 geschieden.
Parque Martí.

Casa Natal de Fulgencio Batista: Das Geburtshaus von Diktator Fulgencio Batista im Stadtteil Mariana Grajales wurde nach dem Sieg der Revolution ebenso dem Erdboden gleichgemacht wie ein Denkmal zu Ehren seiner Mutter, das daneben am Ende eines Musikpavillons stand. Zu Zeiten Batistas mussten sich dort vor der Büste von Carmen Zaldívar alle Musikgruppen der Stadt fotografieren lassen und auf dem Podium Konzerte geben, weil der Diktator den Ehrgeiz hatte, aus „seinem" Viertel ein Vorzeigeobjekt zu machen. Aus diesem Grund ließ er hier auch eine Schule bauen, eine Bibliothek einrichten und einen Kinderspielplatz anlegen. Heute erinnert in dem Stadtteil, in dem einst viele Emigranten aus Jamaika lebten, überhaupt nichts mehr an den „Schlächter von Havanna". Auf dem Grundstück in der Calle Corales 6219, wo er das Licht der Welt erblickte, steht inzwischen neben einem riesigen Ficus die äußerst spartanische Peso-Cafetería „Mariana Grajales". Batistas Eltern, Belisario Batista (1871–1931) und Carmen Zaldívar (1886–1916), liegen auf dem nahen Cementerio Sur begraben – ganz hinten.

Museo Histórico: Das unscheinbare Museum beherbergt eine bunt zusammengewürfelte Sammlung. Die acht Ausstellungsräume zeigen Exponate zu den Themen Archäologie, dekorative Kunst, Fauna (präparierte Tiere) und Unabhängigkeitskriege.

Di–Do 8–12 + 13–17, Fr–So 8–12, 13–17 + 19–21 Uhr. Eintritt 1 CUC inkl. Führung (auch engl.), Fotoaufnahmen 1 CUC, Videoaufnahmen 1 CUC. Calle Thelma Esperance 515, ✆ 83555.

Playa Morales: Der Hausstrand von Banes liegt zwölf Kilometer östlich der Stadt. Die etwa zwei Kilometer lange Bucht mit weißem Sand und glasklarem Wasser fällt sehr flach ins Meer ab. Öffentliche Restaurants oder Bars gibt es in dem Fischerdorf nicht, was den Einheimischen natürlich entgegenkommt. Sie verkaufen Touristen für wenig Geld Getränke und Speisen – verbotenerweise auch Meeresfrüchte, was in der Abgeschiedenheit der Playa aber keinen zu interessieren scheint.

Birán

Birán ist ein winziges Nest, 21 Kilometer südlich von Cueto und acht Kilometer östlich von Marcané gelegen, in dem der frühere Revolutionsführer, spätere Regierungschef und langjährige Staatspräsident Fidel Castro am 13. August 1926 das Licht der Welt erblickte – offiziell jedenfalls. Verschiedene Autobiografen gehen davon aus, dass er als Jugendlicher sein Geburtsdatum fälschte, um sich einen früheren Besuch des Jesuitenkollegs in Santiago de Cuba zu ermöglichen. Doch egal, ob 1926 oder ein Jahr später – fest steht, dass er auf der Finca „Manacas", zwei Kilometer außerhalb des Dorfkerns, als unehelicher Sohn des galizischen Einwanderers Ángel Castro Argiz und der Hausgehilfin Lina Ruz González aus der Provinz Pinar del Río geboren wurde. Sein Vater hatte sich vom schlecht bezahlten Bediensteten der spanischen Armee über eine Stelle in einer Zuckerfabrik bis zum Besitzer einer eigenen Zuckerrohrplantage hochgearbeitet, deren Mittelpunkt die Finca „Manacas" war und auf der zuletzt rund 200 Angestellte arbeiteten. Dort, mitten unter den einfachen Leuten, die für seinen Vater die Felder bestellten und das Zuckerrohr schnitten, wuchs Fidel Castro auf – und er, der Sohn des Großgrundbesitzers, solidarisierte sich alsbald mit ihnen. Mit 13 Jahren soll der junge Fidel sogar versucht haben, die Arbeiter seines Vaters zu einem Streik zu bewegen, erzählt man sich jedenfalls.

Natürlich ranken sich viele solcher Legenden um die Person Fidel Castro. Die Führer, die die Besucher heute durch das Anwesen der Castros geleiten, kennen sie alle. Bis man zu ihnen vordringt, muss man – zumindest als ausländischer Tourist – allerdings erst eine mühsame Prozedur über sich ergehen lassen, für die uniformierte Agenten der cubanischen Staatssicherheitsbehörde verantwortlich sind. Pässe werden kontrolliert, Touristenkarte bzw. Visum verglichen, Nummern und Namen notiert – man könnte fast meinen, der Staatspräsident würde noch immer auf der Finca leben. Klar, dass man das Gelände nicht auf eigene Faust erkunden kann. Die Führungen beginnen am Grab von Ángel Castro und Lina Cruz, in dem auch Fidel Castros Großeltern mütterlicherseits ruhen. Der Grabstein ist schlicht, die Statue eines Engels wacht darüber, frische Blumen liegen auf der Marmorplatte.

Wallfahrtsort für Fidel-Fans: die Finca „Manacas" bei Birán

Ebenso einfach ist der kleine Holzschuppen, der als Schule diente und in dem Fidelito Lesen und Schreiben lernte. Natürlich saß er in der ersten Reihe – wo sonst? Auf seinem Platz steht die Glocke, die die Kinder zum Unterricht rief, an den Wänden hängen ein Gemälde, das Nationalheld José Martí zeigt, und viele Fotos des Máximo Líder – auch von seinem letzten Besuch auf der Finca im Jahr 2003, als er noch einmal auf seiner Schulbank Platz nahm. In dem gelb angestrichenen Herrenhaus der Familie, in dem man unter anderem die Schlafgemächer von Lina Ruz und Ángel Castro sowie die Zimmer seiner Schwestern besichtigen kann (Fotografierverbot!), fallen das für damalige Verhältnisse sehr moderne Bad – mit blauem Porzellanwaschbecken und Bidet – und eine bestens ausgestattete Küche auf. Kein Wort erfährt man davon, dass hier ursprünglich Ángel Castros erste Frau, Doña María Luisa, am Herd stand, die das Anwesen verließ, nachdem ihr Mann die Haushälterin Lina Ruz González geschwängert hatte. Stattdessen wird man wie selbstverständlich in das Geburtshaus von Fidel Castro einen Steinwurf weiter geführt, ohne dass die in der Luft liegende Frage beantwortet wird, warum er eigentlich nicht im Haus seines Vaters zur Welt kam.

In allen Gebäuden auf dem Gelände – scheinbar hatte hier jedes Mitglied der Familie Castro Ruz sein eigenes Häuschen – sind die Originaleinrichtungen erhalten. Und überall hängen Fotos von Fidel Castro – mit seiner Familie, mit dem früheren französischen Staatspräsidenten François Mitterand, mit Literatur-Nobelpreisträger Ernest Hemingway, mit seiner Sekretärin und späteren Lebensgefährtin Celia Sánchez und natürlich mit seinen Kampfgefährten Raúl Castro, Camilo Cienfuegos und Ernesto Che Guevara. Zusammengetragen und in der kleinen Casa seiner Großmutter ausgestellt hat man auch viele der Geschenke, die Castro bei Staatsbesuchen oder zu Geburtstagen bekommen hatte: einen Basketball, einen Baseball-

handschuh, Uhren, Vasen, chinesisches Porzellan und einen Bierkrug mit Zinndeckel. Außerdem sieht man dort eine Fotografie des Elternhauses von Ángel Castro im galizischen Lugo und – hinter Glas – ein paar Steine, die angeblich davon stammen.
Tägl. 9–17 Uhr. Eintritt 10 CUC inkl. Führung (auch franz.), Fotoaufnahmen 10 CUC. Finca Manacas.

Mayarí

Es gibt genau vier Gründe, die typische cubanische Kleinstadt anzusteuern, die 23 Kilometer südwestlich von Cayo Saetía am Fuße des Bergregenwaldes der Sierra del Cristal liegt: um zu tanken, um (im Falle des Falles) die Reifen wechseln zu lassen, um Geld zu tauschen. Oder, um auf den Spuren von Buena-Vista-Social-Club-Idol Compay Segundo zu wandeln, der im Refrain von „Chan Chan", dem weltberühmten Ohrwurm der Formation, „von Alto Cedro nach Marcané geht, in Cueto ankommt und sich weiter nach Mayarí begibt" (span. „De Alto Cedro voy para Marcané, llego a Cueto, voy para Mayarí"). Weitere Gründe, in das unscheinbare Städtchen zu kommen, gibt es nicht, was sich offenbar herumgesprochen hat: Hotels, Casas particulares oder Restaurants (die diesen Begriff verdienen) sucht man nämlich vergeblich.

Pinares de Mayarí

Wenige Kilometer südlich der kleinen, auf Touristen nur bedingt eingerichteten Stadt Mayarí beginnt mit den in der Hochebene von Nipe (span. Altiplanicie de Nipe) gelegenen Pinares de Mayarí einer der größten zusammenhängenden Kiefernwälder Cubas. Das Hochland, in dem ein Großteil des cubanischen Kaffees gedeiht, ist ein Paradies für Wanderer und Naturfreunde – und für alle, die Ruhe und Erholung in der Abgeschiedenheit der Berge suchen. Die Temperaturen in dem bis auf 600 Meter Höhe reichenden Gebiet sind das ganze Jahr über angenehm, in den Wintermonaten von November bis Februar wird es zumindest abends aber ziemlich kühl, weshalb Pullover oder Jacke auf jeden Fall ins Gepäck gehören. Tagsüber herrscht dagegen meist prächtiges Wanderwetter, wenn man beispielsweise zu den zehn Kilometer von der Stadt Mayarí entfernten Saltos del Guayabo aufbricht, zwei Wasserfällen, die 240 Meter bzw. 300 Meter in die Tiefe stürzen. Von der Aussichtsplattform einer kleinen Finca mitten im Wald (tägl. 7–16 Uhr) führt der Weg (Eintritt 2 CUC inkl. Führung, auch engl.) an Ananasfeldern vorbei über 1200 Meter bis zum Fuß der Kaskaden (Hinweg ca. 35 Min., Rückweg ca. 50 Min.). Ein ähnliches Erlebnis verspricht ein Besuch der ebenfalls an der Schotterpiste nach Mayarí gelegenen Finca „Los Exoticos" (Eintritt 5 CUC), wo in großen Freiland-Gehegen schwarze Antilopen, kanadische Damhirsche und nordische Rentiere gehalten werden. Der Blumengarten „La Placha" (Eintritt 3 CUC) hält mit seiner ganzen Blüten- und Pflanzenpracht dagegen. Hier wachsen Kaffee, Grapefruits und Ananas in Hülle und Fülle.

Das Schönste kommt aber noch: 23 Kilometer hinter der Ortschaft Mayarí bzw. 13 Kilometer nach dem Ausgangspunkt zu den Guayabo-Fällen stößt man auf das Hotel „Villa Pinares de Mayarí", einer Mischung aus Blockhaus und Almhütte, mit Restaurant, Bar und Swimmingpool – eine geniale Option, denn eigentlich möchte man gar nicht mehr weg von den Pinares de Mayarí. Und wenn doch, sollte man auf jeden Fall den Weg zurück in die Stadt Mayarí nehmen. Auf der anderen Seite des Berges in das Dorf Julio Antonio Mella abzufahren, ist ein halsbrecherischer

Provinz Holguín

Ritt. Der Pfad, der allenfalls mit geländegängigen Fahrzeugen zu bewältigen ist, gleicht dem ausgetrockneten, mit Geröll übersäten Bett eines steilen Gebirgsbachs.

• *Übernachten* **Villa Pinares de Mayarí**, ein Hotel, das man in Cuba auf 600 m Seehöhe gar nicht vermutet, liegt mitten im Kiefernwald der Hochebene von Nipe und stellt sich auf den ersten Blick wie ein Resort in den bayerischen Bergen dar – zwanglos, rustikal, halb Blockhaus, halb Almhütte. Die 29 Appartements mit jeweils zwei Schlafzimmern mit Doppelbetten und einem kleinen Wohnbereich sind mit Bad, TV und Kühlschrank ausgestattet und haben eine kleine Terrasse. Die Anlage verfügt über ein fast überdimensioniertes Restaurant, eine kleine Bar und einen Swimmingpool. App. 36–40 CUC, je nach Saison. Pinares de Mayarí. ☎ 53308, reservas@vpinares.ci.cu.

Cayo Saetía

Die Insel am Eingang zur Bahía de Nipe ist ein Stück Afrika mitten in Cuba. In dem 42 Quadratmeter großen Naturpark leben Zebras ebenso in freier Wildbahn wie Büffel, Antilopen oder Strauße. Dort wo Touristen heute wie selbstverständlich mit Kameras bewaffnet – und bei entsprechendem Kleingeld in Ausnahmefällen auch mit Gewehren – auf Safari gehen, galt für sie noch vor ein paar Jahren „off limits". Der Park wurde in der zweiten Hälfte des 20. Jahrhunderts nämlich ursprünglich für Staatsgäste aus den sozialistischen Bruderländern und hochrangige Parteifunktionäre angelegt, die auf der schwer zugänglichen Insel ihrer Jagdleidenschaft nachgehen konnten. Die zum Abschuss frei gegebenen Tiere führte man eigens aus jenen Ländern Afrikas ein, die Fidel Castro bei seinen Reisen auf den „Schwarzen Kontinent" zwischen 1960 und 1970 besucht hatte. Die beschwerliche Anfahrt von der Carretera Mayarí–Levisa über eine 13 Kilometer lange Schlaglochpiste, die an einer Zugbrücke endet, ist zwar ebenso geblieben wie die exotische Fauna – Schüsse fallen heute allerdings eher selten. Längst preist man Cayo Saetía als Ziel für Öko-Touristen und Naturliebhaber an, die in Safari-Jeeps durch die Landschaft kutschiert werden oder zu Fuß auf Vogelbeobachtung gehen können. Neben der heimischen Vogelwelt bekommt man dabei speziell in den Monaten November bis Februar auch viele Zugvögel zu Gesicht, die den Archipel als Winterquartier oder Zwischenstation nutzen. Neben der außergewöhnlichen Tierwelt ist die Insel auch für ihre zwölf Strände mit puderfeinem Sand bekannt, von denen Tauchsportler und Schnorchler zu einem nahen Korallenriff aufbrechen können. Während für Gäste des Hotels „Villa Cayo Saetía" der Eintritt in den Naturpark frei ist, müssen Tagesausflügler am Kontrollpunkt an der Zugbrücke 10 CUC pro Person entrichten.

Jagdrevier und Safaripark

- *Übernachten* ****** Villa Cayo Saetía** liegt 21 km abseits der Landstraße von Mayarí nach Levisa – 13 km sind es bis zum Kontrollpunkt an der Zugbrücke, von dort noch einmal 8 km bis zum Hotel. In dem kleinen Resort gibt es zwölf klimatisierte Bungalows mit Bad, Satelliten-TV, Minibar, Safe und Telefon. Das angeschlossene Restaurant serviert neben traditioneller cubanischer Küche auch Fisch und Meeresfrüchte sowie einiges von dem, was draußen vor der Tür herumläuft – Straußen-Steak etwa. EZ 83–89 CUC, DZ 124–138 CUC, Triple 179–199 CUC inkl. HP, je nach Saison. Cayo Saetía. ☏ 96900, 96901, comercial@cayosaetia.co.cu.

Playa Corinthia

Der 42 Kilometer östlich von Cayo Saetia und 68 Kilometer westlich von Moa an der Nordküste der Provinz gelegene Strand ist ein karibischer Traum – auch wenn er genau genommen am Atlantik liegt. Der schmale, weiße und meist menschenleere Sandstreifen, der sich über Kilometer am glasklaren Wasser entlangzieht, fällt ganz flach ins Meer ab, ein vorgelagertes Korallenriff verhindert, dass Treibgut angespült wird, nur eine zurückgelassene Bierdose zeugt davon, dass hier jemand schon einmal die absolute Einsamkeit genossen haben muss. Ist das nicht genau das, wovon europäische Großstädter träumen? Um an der Playa Corinthia der Zivilisation zu entfliehen, muss man allerdings auf eine ihrer Errungenschaften zurückgreifen. Denn ohne eigenes Transportmittel führt kein Weg in dieses Paradies. Mit einem fahrbaren Untersatz ist es aber ganz einfach zu finden: Von Mayarí kommend, zweigt man auf der Landstraße nach Sagua de Tánamo 14 Kilometer hinter Levisa links ab und ist nach acht Kilometern am Ziel. Die Straße endet an einem aufgelassenen Campingplatz, von wo ein schmaler Pfad direkt zum Strand führt. Übrigens: Wer mehr als einen Tag an dem Traumstrand verbringen und sich eine weitere Anfahrt ersparen möchte, findet im nahen Dorf Donsella auch einige Privat-Zimmer.

Moa

In Moa, einer hässlichen und schmutzigen Industriestadt im äußersten Osten nahe der Grenze zur Provinz Guantánamo, findet man nicht nur das größte Nickel-Abbaugebiet Cubas, sondern auch das überflüssigste Straßenschild des ganzen Landes: „Fotografieren verboten" heißt es darauf, was unweigerlich die Frage aufwirft, wovon man hier allen Ernstes Fotos schießen sollte. Wer nicht gerade Bergbau-Ingenieur ist, den die altertümliche Nickel-Hütte „Ernesto Che Guevara" interessieren könnte, oder Umweltschützer, den angesichts der anthrazit- und orangefarbenen Emissionen des Schmelzofens das blanke Entsetzen packt, gibt es in Moa weder etwas abzulichten noch etwas zu entdecken, was nur ansatzweise den Begriff Sehenswürdigkeit verdient. Ganz ehrlich: Angesichts der grünen und gelben Leitungen, die im Osten der Stadt überirdisch entlang der Hauptstraße verlegt sind, und deren unzählige Lecks den Gestank von faulen Eiern verbreiten, mag man sich nicht einmal die Füße vertreten. Dies umso weniger, als es in den von den Bergwerken weiter entfernten Vierteln nicht viel besser ist. Wie auch: Die Abgase haben die ganze Stadt rotbraun eingefärbt, die an Schwermetallen reichen Böden die Vegetation weitgehend verkümmern lassen und zumindest partiell eine Art Mondlandschaft geschaffen.

- *Übernachten* ***** Miraflores** im Stadtteil gleichen Namens ist angesichts fehlender Urlauber auf Geschäftsreisende ausgerichtet, nimmt aber natürlich auch Touristen auf, wenn sich wirklich welche in die Stadt verirren sollten. Die 144 Zimmer sind modern eingerichtet und mit Bad, Klimaanlage, Kabel-TV sowie Minibar ausgestattet. Im Haus findet man ein Buffet-Restaurant, drei Bars, einen Swimmingpool, Wechselstube und Autovermietung. EZ 55 CUC, DZ 94 CUC inkl. Frühstück. Avenida Calixto García. ☏ 66103, 66125, ✆ 66332.

Granma ist sicherlich eine der berühmtesten Provinzen des Landes. Nicht seiner Strände wegen – so viele gibt es hier im bergigen Südosten der Insel nicht. Und auch nicht wegen seiner wirtschaftlichen Bedeutung – wie in anderen Teilen Cubas dominieren Zuckerrohranbau und Viehzucht. Es ist vielmehr die reiche Geschichte Granmas, die die Provinz so einzigartig macht: die Unabhängigkeitskriege gegen die spanische Kolonialmacht, die Revolution gegen das verhasste Batista-Regime – alle bedeutenden historischen Entwicklungen nahmen hier ihren Anfang, weshalb die Provinz an der Karibik-Küste auch als „Wiege der cubanischen Nation" bezeichnet wird. All dies erfüllt die Bewohner Granmas bis heute mit großem Stolz und macht sie, die seit jeher als besonders rebellisch gelten, noch immer zu den glühendsten Anhängern Fidel Castros. „Comen candela", sagt man über sie. „Sie essen eine Kerze" – oder frei übersetzt, in ihnen lodert das Feuer, das Feuer der Revolution. Sichtbar wird dies in Granma an allen Ecken und Enden. In keiner anderen Provinz Cubas stehen an den Straßenrändern so viele Schilder mit den Konterfeis von Revolutionären, nirgendwo sonst so viele Transparente mit ihren Parolen. Auf dem Weg nach Pilón wird sogar darauf hingewiesen, an welchen Stellen die einzelnen Gruppen der Aufständischen nach ihrer Landung an der Playa Las Coloradas die Straße gekreuzt haben.

Provinz Granma

Bayamo	585	Cinco Palmas	602
Yara	594	Niquero	603
Gran Parque Nacional Sierra Maestra	594	Parque Nacional Desembarco del Granma	603
Manzanillo	596	Pilón	604
La Demajagua	601	Marea de Portillo	604
Media Luna	601	Dos Ríos	605

Granma, benannt nach der berühmten Yacht Fidel Castros und nicht umgekehrt, steht allerdings nicht allein für die wechselvolle Geschichte des Landes. Die zwischen dem Golf von Guacanayabo und der Sierra Maestra eingebettete Provinz ist auch ein immergrünes Paradies. Zwei Nationalparks (Parque Nacional Desembarco del Granma und Gran Parque Nacional Sierra Maestra), der längste Fluss Cubas (Río Cauto, 343 Kilometer) sowie der dritthöchste Berg der Insel (Pico Bayamesa, 1730 Meter) machen Granma zu einem idealen Terrain für Wanderer, die hier eine Vielzahl von Wegen und Trails inmitten unberührter Natur vorfinden. Womit Granma indes nicht dienen kann, ist ein urbanes Zentrum. Erst 1975 zur Eigenständigkeit gelangt, als die ursprüngliche Provinz Oriente in Las Tunas, Holguín, Guantánamo, Santiago de Cuba und Granma aufgeteilt wurde, fungiert Bayamo – wohl auch wegen der Historie – zwar als Hauptstadt. Eine tragende Rolle im täglichen Leben der Provinz spielt sie allerdings nicht. Vielmehr steht Manzanillo, die bedeutendste Hafenstadt der Region, durchaus gleichberechtigt neben ihr.

Die Geschichte

„Wie kann man über die Geschichte Cubas sprechen, ohne gleichzeitig über die Vergangenheit der Provinz Granma zu reden?", fragte Fidel Castro einst in einer seiner Reden. Tatsache ist, man kann es nicht. Hier begann Cubas Erster Unabhängigkeitskrieg gegen die spanische Krone, als Carlos Manuel de Céspedes am 10. Oktober 1868 auf seiner Zuckerrohrplantage „La Demajagua" die Sklaverei abschaffte. Hier starb Nationalheld José Martí, als er am 19. Mai 1895 während des Zweiten Unabhängigkeitskriegs gleich in seiner ersten Schlacht bei Dos Ríos von spanischen Truppen niedergeschossen wurde. Hier hatte die Revolution ihren Ausgangspunkt, als Fidel Castro am 2. Dezember 1956 an der Playa Las Coloradas mit 81 seiner Getreuen landete. Und hier stand in den Bergen der Sierra Maestra fast zwei Jahre lang auch die Comandancia de la Plata, von wo aus die Rebellen ihren bewaffneten Kampf gegen Diktator Fulgencio Batista organisierten – und am 1. Januar 1959 schließlich auch gewannen.

Doch der Reihe nach: Etwa Mitte des 19. Jahrhunderts hatte sich auf Cuba eine einheimische Oberschicht gebildet, die sogenannten Criollos. Die Cubaner spanischer Abstammung, die allerdings schon auf der Insel geboren worden waren, strebten zunächst nicht einmal nach völliger Unabhängigkeit, sondern hauptsächlich nach mehr Handelsfreiheit und politischer Autonomie. Man gewährte sie ihnen nicht, weswegen die Criollos letztlich zu dem Schluss kamen: „Man kann Spanien nicht überzeugen, man kann es nur besiegen!" Carlos Manuel de Céspedes, den man später mit dem Titel „Vater des Vaterlandes" ehren sollte, machte am 10. Oktober 1868 den Anfang. Er ließ die 53 Sklaven seiner Zuckerrohrplantage „La Demajagua" frei und verkündete in seiner als „Grito de Yara" bekannt gewordenen Rede die Unabhängigkeit des Landes. „Cuba atmet, um eine große und zivilisierte Nation zu sein, die ihren freundschaftlichen Arm und ihr brüderliches Herz allen übrigen Völkern öffnet", hieß es in seinem Manifest. Nur zehn Tage später nahm Céspedes mit einem zusammengewürfelten Haufen von Rebellen – hauptsächlich Schwarze, denen die Freiheit geschenkt worden war – Bayamo ein. Ob des schnellen Erfolgs gegen die Kolonialtruppen machte sich Euphorie breit, die allerdings nicht lange anhielt. Schon am 12. Januar 1869 wurde die inzwischen auf 500 Mann angewachsene Armee der Aufständischen am Río Cauto von einer Übermacht spanischer Soldaten vernichtend geschlagen. Céspedes floh nach Bayamo und ließ die Stadt mit Unterstützung ihrer Bewohner in Flammen aufgehen, damit sie nicht in die Hände des Feindes fiel. Gerade einmal zwölf Häuser blieben von dem Feuer verschont, darunter sein Geburtshaus und die heutige „Casa de la Trova". Als zehn Tage später die spanische Armee einrückte, fand sie Bayamo in Schutt und Asche. Insgesamt währte der Krieg gegen die Kolonialmacht mit vielen Schlachten und noch mehr Toten ein ganzes Jahrzehnt, weshalb er auch unter dem Namen „Zehnjähriger Krieg" in die Geschichtsbücher einging. Allein, er war umsonst. 1878 mussten die Rebellen aufgeben und hatten nichts erreicht. Erst 17 Jahre später sollte sich das Schicksal wenden, als die Cubaner unter Führung von José Martí und den Generälen des Ersten Unabhängigkeitskriegs, Antonio Maceo und Máximo Gómez, erneut zu den Waffen griffen. Nur drei Jahre später stand ihr Sieg – letztlich mit Hilfe der USA – fest. Martí, der die Streitkräfte maßgeblich zum Aufstand bewegt hatte, erlebte all das nicht mehr. Er starb drei Monate nach Ausbruch des Zweiten Unabhängigkeitskriegs in einem Gefecht bei Dos Ríos – doch seine

Unvergessen: Am 17. Dezember 1956 kreuzte hier Raúl Castro den Weg

Träume lebten weiter. Heute ist José Martí Cubas größter Nationalheld, und nicht wenige meinen, dass er wohl so sterben musste.

1953 erklomm ein anderer Held die Bühne der Geschichte: Fidel Castro Ruz. Erst klagte er Diktator Fulgencio Batista bei Gericht – erfolglos – wegen Verfassungsbruchs an, dann führte er am 26. Juli des gleichen Jahres mit dem Sturm auf die Moncada-Kaserne von Santiago de Cuba einen Putschversuch an. Castro wurde gefangen genommen, vor Gericht gestellt, kam ins Gefängnis, ging schließlich ins Exil nach Mexiko. Wie die Generäle der Unabhängigkeitskriege hatte auch er erst bei seinem zweiten Anlauf Erfolg. Mit der Motoryacht „Granma" landete er am 2. Dezember 1956 zusammen mit 81 Getreuen an der Playa Las Coloradas, konnte trotz erheblichen Widerstands der Batista-Truppen in die Berge der Sierra Maestra fliehen und begann mit Unterstützung seines Bruders Raúl Castro, mit Ernesto Che Guevara und Camilo Cienfuegos den bewaffneten Kampf gegen seinen Erzfeind. Je häufiger die Nadelstiche wurden, die die Guerilleros dem Regime in Havanna versetzten, desto größer wurde ihre Unterstützung im Volk. Und als die Armee schon Mitte 1957 ihren Außenposten in dem Rebellengebiet aufgeben musste, war der Bann gebrochen. Der Sieg der Revolution war nicht mehr aufzuhalten. In der Silvesternacht 1958 floh der Diktator aus dem Land, einen Tag später hatten die Revolutionäre die Kontrolle über die ganze Insel gewonnen.

Bayamo

Bayamo, erst im Jahr 1975 zur Hauptstadt der Provinz Granma erhoben, ist ein überraschend untouristischer Ort, was umso mehr verwundert, als er gleich in mehrfacher Hinsicht Geschichte geschrieben hat: Im November 1513 wurde Bayamo von Gouverneur Diego Velázquez als zweite Stadt in Cuba gegründet. Mit der

586 Provinz Granma

Catedral del Santisimo Salvador de Bayamo-Manzanillo aus dem Jahr 1740 hat der Ort die zweitälteste Kirche des Landes in seinen Mauern. Am 11. Juni 1868, also vier Monate, bevor Carlos Manuel de Céspedes zu den Waffen griff und der „Zehnjährige Krieg" ausbrach, wurde hier erstmals die „La Bayamesa", die heutige Nationalhymne Cubas, gespielt. Am 20. Oktober 1868 rief man Bayamo als Hauptstadt der entstehenden Republik aus. Am 8. November 1868 wurde hier die erste Nationalflagge Cubas gesegnet, von Céspedes' Frau aus ihren eigenen Kleidern genäht. Und im Januar 1869 setzten die Bewohner Bayamos ein weiteres geschichtsträchtiges Zeichen: Als Erste in Cuba stellten sie auf dem zentralen Platz ein Schild mit der Aufschrift „Plaza de la Revolucíon" auf – ehe sie ihre Stadt anzündeten, um sie nicht in die Hand des Feindes fallen zu lassen. Als die Spanier zehn Tage später einmarschierten, fanden sie nicht viel mehr vor als dieses stumme Zeichen des Widerstands. In den Museen Bayamos – vor allem im Museo Municipal, der Casa Natal de Carlos Manuel de Céspedes – wird all dies akribisch dokumentiert. Doch nicht nur die Geschichte der Unabhängigkeitskriege spielt in ihnen eine Rolle, auch die Revolution und selbst die jüngste Vergangenheit Cubas kommen nicht zu kurz. So öffnete hier Anfang 2006 das erste Wachsfigurenkabinett des Landes seine Tore und präsentiert in einem kleinen Raum seine handgearbeiteten Kunstobjekte – unter anderem Compay Segundo, eines der wohl beliebtesten Mitglieder des legendären „Buena Vista Social Club".

Und für alle, die einfach nur durch die Gassen schlendern, vielleicht ein bisschen shoppen oder in Cafeterías sitzen und das quirlige Treiben auf Straßen und Plätzen auf sich wirken lassen möchten – bittesehr: Auch dafür ist Bayamo der richtige Platz. Die Calle General García wurde inzwischen zur blitzblanken Fußgängerzone und Einkaufsmeile umgestaltet, in der es auch einen „todo por un precio"-Laden gibt, in dem jede Menge Krimskrams zum Einheitspreis von 1 oder 3 CUC verkauft wird. Auf den marmornen Ruhebänken des Parque Céspedes, wo sich Schüler nach dem Unterricht zu einem Plausch und ihre Väter nach getaner Arbeit zu einer Partie Domino treffen und wo man wohl am tiefsten in den cubanischen Alltag eintauchen kann, ist immer ein Plätzchen frei. Und in der „grünen Lunge" der Stadt, dem bei den Cubanern ebenfalls sehr beliebten Parque Granma am Río Bayamo, kann man fernab aller Hektik und Betriebsamkeit auf zwei Quadratkilometern am Flussufer oder in einem der Cafés

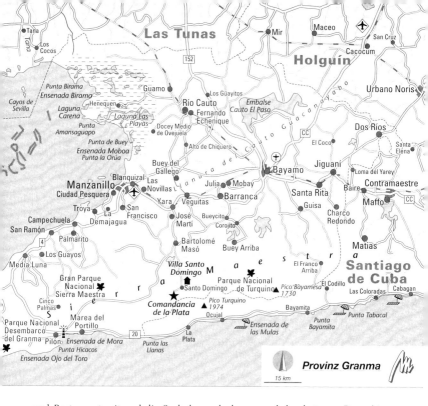

Provinz Granma

15 km

und Restaurants sitzend die Seele baumeln lassen und durchatmen. Denn hier hat auch die Vergangenheit ausnahmsweise einmal Pause – ausnahmsweise.

Hin & Weg

- *Bahn* Bahnhof in der Calle Línea, ✆ 423-012. Verbindungen: Havanna 1x tägl. 19.40 Uhr, 22,50 CUC. Santiago de Cuba 1x tägl. 16 Uhr, 4,05 CUC.
- *Bus* Terminal an der Carretera Central 501 esquina Felino Figueredo, ✆ 424036.
Víazul-Verbindungen: Havanna 3x tägl. 0.10, 11.10 + 17.25 Uhr über Holguín, Las Tunas, Camagüey, Ciego de Ávila, Sancti Spíritus und Santa Clara, 44 CUC. Santiago de Cuba 5x tägl. 0.10, 4.45, 10.00, 11.20 + 18.10 Uhr, 7 CUC. Trinidad 1x tägl. 21.45 Uhr über Holguín, Las Tunas, Camagüey, Ciego de Ávila und Sancti Spíritus, 26 CUC. Varadero 1x tägl. 22.40 Uhr über Holguín, Las Tunas, Camagüey, Ciego de Ávila, Sancti Spíritus und Santa Clara, 42 CUC.

Astro-Verbindungen: Havanna 2x tägl. 20.00 + 21.30 Uhr über Camagüey, Ciego de Ávila und Sancti Spíritus. Santiago de Cuba 3x tägl. 5.30, 6.50 + 13.50 Uhr. Holguín 1x tägl. 6.20 Uhr. Guantánamo 1x tägl. 5.50 Uhr. Camagüey 1x tägl. 8.00 Uhr über Las Tunas.

Auf einen Blick

Telefon-Vorwahl: 023
(für die gesamte Provinz)

- *Apotheke* **Farmacia Principal Municipal**, tägl. 24. Std., General García 53.
- *Ärztliche Versorgung* **Casa de Efectos Médicos y Medios Ópticos** (Außenstelle der Clínica Internacional de Santiago de

Provinz Granma

Cuba), Mo–Sa 8–12 Uhr, Calle General García 161 e/ Figueredo y Lora, ℡ 429596.
Hospital Carlos Manuel de Céspedes, tägl. 24 Std., Carretera Central km 1, ℡ 425012.
- *Banken* **Banco Popular de Ahorro**, Mo–Fr 8–15.30, Sa 8–11 Uhr, Calle General García esquina Figueredo.
Cadeca, Mo–Sa 8–17, So 8–12 Uhr, Calle Saco 101 e/ General García y Mármol, ℡ 427222.
Banco de Crédito y Comercio, Mo–Fr 8–15, Sa 8–10 Uhr, Calle General García esquina Saco.
- *Internet* **Etecsa**, tägl. 9–22 Uhr, Calle Céspedes esquina Maceo.
- *Notruf* **Polizei**, ℡ 116. **Feuerwehr**, ℡ 115. **Ambulanz**, ℡ 426121.
- *Postleitzahl* 85100
- *Post* Tägl. 8–20 Uhr, Calle Libertad 2 e/ Maceo y Figueredo, ℡ 423690.
- *Taxi* **Cubataxi**, ℡ 424313, 424513.
- *Tourist-Information* **Oficina de Campismo popular**, Mo–Sa 8–12 + 14–17 Uhr, Calle General García 112 e/ Saco y Figueredo. ℡ 424200, infor@grm.co.cu.
Islazul, Mo–Fr 8–12 + 14.30–17, Sa 8.30–12 Uhr, Calle General García 207 e/ Masó y Lora. ℡ 423273, 426989, ℡ 423273, dgranm@islazul.grm.tur.cu, comercial@islazul.grm.tur.cu.

Essen & Trinken (siehe Karte S. 591)

- *Restaurants* **Restaurant 1513 (13)**, am Ende der Fußgängerzone gelegen, ist ein großes cubanisches Peso-Lokal (ca. 60 Sitzplätze), in dem auch Touristen mit nationaler Währung bezahlen können. Die Karte ist umfangreich, aber je später der Abend, desto mehr Gerichte sind „aus". Eine der Spezialitäten des Hauses ist ein paniertes Schnitzel (7,60 CUP/ca. 0,30 CUC). Am besten man ordert zwei davon – die Portionen sind nicht groß. Dafür ist der Mojito (5 CUP/ca. 0,20 CUC) ein „Riese". Tägl. 7–8.30, 12–15 + 18.30–22 Uhr. Calle General García e/ Figueredo y Lora, ℡ 422939.

La Sevillana (12), ein sehr gepflegtes Lokal, was auch durch das Outfit der Kellner (schwarze Hose, weißes Hemd, Fliege) signalisiert wird, ist auf spanische Küche spezialisiert. Dementsprechend steht Paella mit Meeresfrüchten, Fleisch und Gemüse (22 CUP/ca. 0,90 CUC) ganz oben auf der Karte. Eine Flasche Rotwein kostet 50 CUP/ca. 2,10 CUC, Bier ab 10 CUP/ca. 0,40 CUC. Tägl. 12–14 + 18–22 Uhr. Calle General García e/ Figueredo y Lora, ℡ 421471.

La Casona (7) ist eine gemütliche Peso-Pizzeria direkt an der Kathedrale. Die Pizzen, etwa die mit Schinken und Salami (23 CUP/ca. 0,95 CUC), sind klein, weshalb es sich empfiehlt, vorher eine Portion Spaghetti (20 CUP/ca. 0,85 CUC) zu nehmen. Die Getränkepreise bewegen sich im normalen Rahmen, Bier gibt es ab 10 CUP/ca. 0,40 CUC, der Mojito kostet 5,50 CUP/ca. 0,20 CUC. Die Pizzeria ist vor allem abends oft bis auf den letzten Platz besetzt. Wartezeit einplanen! Tägl. 6.45–10, 12–16 + 18–24 Uhr. Plaza del Himno.

Vegetariano (11), ein vegetarisches Restaurant an der Einkaufsmeile im Stadtzentrum, hat den Reis erfunden – zumindest den „Arroz à la Bayamesa". Die Spezialität mit Gemüse und Mayonnaise (2,75 CUP/ca. 0,10 CUC) ist recht üppig, aber schmackhaft. Da zu passt die zweite Empfehlung des Hauses, ein Kräuter-Cocktail (span. Coctel de Hierbas) zu 3 CUP/ca. 0,12 CUC. Tägl. 7–8.30, 12–14.40 + 18–21.40 Uhr. Calle General García e/ Figueredo y Lora.

La Cubana (16) gilt als eines der beliebtesten und besten Restaurants der Stadt, liegt allerdings etwas außerhalb vom Zentrum an der Carretera Central gegenüber vom Bus-Terminal. Spezialität des Italieners ist – wie könnte es anders sein – Lasagne (4 CUP/ca. 0,15 CUC). Daneben gibt es natürlich auch Pizza und diverse Nudelgerichte. Die Getränkepreise liegen – wie fast überall in Bayamo – bei 10 CUP/ca. 0,40 CUC für ein Bier, ein Mojito kostet 5,50 CUP/ca. 0,20 CUC. Tägl. 7–8, 12–13, 19–20.30 + 21–22.30 Uhr. Reservierung empfohlen. Carretera Central, ℡ 424375.

El Bayan (17) ist das gepflegte und hübsch eingerichtete Restaurant des gleichnamigen Komplexes mit Eisdiele und Diskothek, in dem sich die Gäste – vorwiegend Cubaner – die Klinke in die Hand geben. Das Lokal bietet überwiegend italienische Küche, besonders zu empfehlen ist „Gripella Italiana", in Teig gebackene Würstchen, die auf einem Bett aus grünem Salat serviert werden (4 CUP/ca. 0,15 CUC). Wegen des Andrangs unbedingt reservieren! Di–So 12–13.30, 18–20, 21–22.45 Uhr, Eisdiele Di–So 9–17 Uhr. Carretera Central km 1. ℡ 481698, 485215.

La Bodega (8) an der Plaza del Himno mitten im Zentrum ist Restaurant, Bar und Nachtclub in einem. Das große Lokal (ca. 100

Plätze) wird wegen seiner Lage und der Tatsache, dass man nur mit Devisen bezahlen kann, fast ausschließlich von Touristen besucht. Geboten werden vorwiegend Fleischgerichte, u. a. Rindersteaks (2,55 CUC). Dazu gibt es nationale und importierte Biere sowie Weine aus Spanien und Südamerika. Tägl. 10.30–1.30 Uhr. Plaza del Himno 122.

La Victoria (5), ein typisch cubanisches Peso-Restaurant, ist direkt am zentralen Parque Céspedes zu finden. Die Küche ist landestypisch, es gibt viel Fleisch, viel Reis und viel Salat. Die Preise sind sehr zivil, für umgerechnet 2 CUC sind Hunger und Durst mehr als gestillt. Tägl. 19–22.45 Uhr. Calle General García esquina Maceo, ℅ 422531.

La Luz (15) gilt als beste und bestbesuchte Eisdiele der Stadt. Letzteres ist wohl auch darauf zurückzuführen, dass sie inmitten der Fußgängerzone liegt. Fast 12 Stunden täglich gibt es in der Cremería Eisspezialitäten aller möglichen (und unmöglichen) Geschmacksrichtungen – und dies für Pesos. Nicht zuletzt deshalb sind die 48 Plätze meist besetzt. Tägl. 10–21.40 Uhr. Calle General García 214 e/ Masó y Lora.

• *Paladares* **Polinesia (2)**, liegt etwas versteckt unweit der „Casa de la Trova", ist es allerdings wert, gefunden zu werden. Das kleine und wohl beste Privat-Restaurant der Stadt hat u. a. „Pollo Polinesia" auf der Karte, eine Hähnchenroulade mit Schinkenfüllung, sowie diverse andere Fleischgerichte. Für ein Menü mit allem drum und dran, das man auf der Dachterrasse des Hauses einnimmt, zahlt man grundsätzlich 100 CUP/ca. 4,10 CUC. Dazu gibt es die üblichen Getränke zu den üblichen Preisen. Tägl. 10–3 Uhr. Calle Parada 125 e/ Pio Rosado y Capotico.

Sagitario (3) befindet sich in Zentrumsnähe und verfügt über einen Patio mit Strohdach, in dem auch der kleine Gastbereich (3 Tische) untergebracht ist. Obwohl ein Paladar, kann man die – überteuerten – Speisen nur mit Devisen bezahlen. Ein mit Schinken und Käse gefülltes „Kotelett Imperial" etwa kostet 8 CUC. Tägl. 12–24 Uhr. Calle Marmól 107 e/ Avenida Aguilera y Maceo, ℅ 422449.

Nachtleben (siehe Karte S. 591)

Cabaret El Bayan (17), der Musik-, Show- und Abtanz-Bereich des großen Bayan-Komplexes an der Carretera Central, in dem es auch ein gepflegtes Restaurant und eine Eisdiele gibt, ist ein Muss in Bayamos Nachtleben – schon der „Ofertas" wegen, von denen es drei verschiedene gibt und die man auch als Tourist in Pesos bezahlen kann: Angebot Nr. 1 kostet 28 CUP/ca. 1,15 CUC und beinhaltet Eintritt, zwei Portionen Hähnchen und eine Flasche Wein. In „Oferta" Nr. 2 zu 98 CUP/ca. 4,10 CUC ist der Eintritt, ebenfalls zwei Portionen Pollo und acht (!) Flaschen Bier enthalten. Package Nr. 3 zu 120 CUP/ca. 5 CUC schließt den Eintritt, zwei Hähnchenportionen, eine Flasche Rum und eine Flasche Cola ein. Das alles gilt nur für Paare! Singles müssen einen Aufschlag von 1 CUC bezahlen. Fürs Auge gibt es darüber hinaus eine – mittelmäßige – Show und für die Ohren viel Musik aus der Konserve. Fr–So 21–2 Uhr. Carretera Central km 1, ℅ 423102, 423124, 423146.

Piano Bar (14), an der zentralen Einkaufsmeile in der Stadtmitte gelegen, ist ein etwas ruhigeres Abend-Vergnügen. Gespielt werden vorwiegend cubanische Ohrwürmer, serviert werden u. a. diverse (budgetschonende) Cocktails: Für einen Daiquiri zahlt man 5 CUP/ca. 0,20 CUC, für einen „Blanca Nieve" („Weißer Schnee") 6 CUP/ca. 0,25 CUC. Tägl. 14–2 Uhr. Calle General García 205 e/ Masó y Lora, ℅ 424027.

La Bodega (8), ebenfalls eine sehr empfehlenswerte Location, ist nur einen Katzensprung vom Parque Céspedes entfernt an der Plaza del Himno. Unter der Woche kommt die Musik vom Band, am Wochenende oftmals von einer Live-Formation. Außerdem wird von Fr–So eine Show geboten. Paare zahlen 5 CUC Eintritt, bekommen dafür aber eine Flasche Rum (añejo blanco), eine Flasche Cola, einen Teller mit Häppchen und Kartoffelchips. Spezialität des Hauses ist der sogenannte „Café Mambí", ein mit Honig gesüßtes Kakaogetränk. Nicht erschrecken: Sobald man von der Tasse trinkt, stimmen die Kellner das Lied „Mama Inés" an – das gehört in der Bodega einfach dazu ... Tägl. 21–1 Uhr. Plaza del Himno 122.

Casa de la Trova (4) ist sicherlich das beste Lokal der Stadt, um cubanische Live-Bands zu erleben. Im Innenhof des alten Gebäudes, das als eines der wenigen den großen Brand von 1869 überstand, sitzt man schattig unter einem Dach aus Palmzweigen an rustikalen Holztischen und lauscht den Balladen der Troubadoure und Gruppen – am besten bei einem Bayamo-Cocktail.

Die Eigenkreation aus Orangen- und Mandarinensaft sowie Rum mit Papaya-, Bananen- und Guave-Stückchen (3 CUC) ist eine willkommene Erfrischung an heißen Nachmittagen, an denen der Eintritt immer frei ist. Für die Abende hat der Chef des Hauses, Julio César Aguilera Villa, der übrigens fließend Deutsch, Englisch, Französisch und Holländisch spricht, ein All-inclusive-Paket geschnürt: Eintritt, Musik und alle Getränke für 15 CUC. Tägl. 9–17.30 + 21–1 Uhr. Calle Maceo 111 e/ Martí y Marmól.

Übernachten

- *Hotels* ** **Royalton (6)**, ein gepflegtes Haus aus dem Jahr 1940 direkt im Zentrum am Parque Céspedes, ist sicherlich eine gute Wahl, verfügt allerdings nur über 33 Zimmer. Diese sind modern eingerichtet und mit Klimaanlage, Minibar, TV und eigenem Balkon ausgestattet. Es gibt ein auch von Nicht-Hotel-Gästen gut besuchtes Restaurant, eine Bar auf der Dachterrasse und eine weitere neben dem Freisitz im Erdgeschoss, in der so manch Nacht für Nacht viele Cubaner tummeln. EZ 21–26 CUC, DZ 27–33 CUC, Suite 30–36 CUC, je nach Saison. Calle Maceo 53. ✆ 422290, 422224, ✆ 424792, hroyalton@islazul.grm.tur.cu, www.hroyalton.islazul.grm.tur.cu.

** **Villa Bayamo (18)** liegt an der Carretera Central und ist nicht zuletzt deshalb auch mehr Motel als Hotel. Das einfache und für das schmale Angebot zu teure Haus ist weder für lärmempfindliche noch für anspruchsvolle Gäste wirklich geeignet. Und wer sich für die Stadt interessiert, ist hier ebenfalls falsch, weil das Haus doch etwas ab vom Schuss liegt. In der Anlage gibt es ein Restaurant, mehrere Bars und einen Swimmingpool. Die 12 Zimmer und 10 Bungalows sind klimatisiert und verfügen über Minibar und Satelliten-TV. EZ 27–33 CUC, DZ 36–40 CUC, je nach Saison. Carretera Manzanillo km 5,5. ✆ 423102, 423124, 423146, vbayamo@islazul.grm.co.cu.

** **Escuela Telégrafo (10)** ist neu renoviert, jetzt mintgrün angestrichen und liegt sehr zentral in unmittelbarer Nähe zur Fußgängerzone. Das 1925 gegründete Haus ist gleichzeitig Hotel- und Tourismusfachschule, weshalb man oftmals von besonders aufmerksamen Studenten bedient wird. Es gibt zwei Restaurants, eine Lobby- und eine Disco-Bar. Die 12 Zimmer, davon eine Suite, sind mit schönen alten Möbeln eingerichtet und verfügen alle über Altstadtblick, Minibar und Kabel-TV – haben allerdings einen möglicherweise entscheidenden Haken: Es gibt nur kaltes Wasser. EZ 15 CUC, DZ 20 CUC, Suite 30 CUC. Calle José Antonio Saco 108 e/ García y Marmól. ✆ 425510, 427372, 427373, 427374, ✆ 427389, directora@ehtgr.co.cu, reservas@ehtgr.co.cu, www.ehtgr.co.cu.

- *Casas particulares* **Casa de la Amistad** ist mit großem Abstand das beste Privat-Quartier der Stadt und wohl auch weit darüber hinaus. Gabriel Téllez Oliva weiß (wie übrigens auch sein Bruder Adrián, der in Manzanillo eine Casa betreibt), wie man Touristen verwöhnt. Im Obergeschoss seines zentral gelegenen Hauses vermietet er ein Appartement mit allen Schikanen. Es gibt sogar eine Haussprechanlage, über die man in der Küche Speisen und Getränke ordern kann. Darüber verfügt das Appartement neben einem eigenen Eingang über ein großzügiges Wohnzimmer, zwei modern eingerichtete Schlafzimmer, zwei Bäder, eine große Küche mit Ess-Ecke sowie eine kleine Dachterrasse. Die Gäste können sich also jederzeit selbst versorgen, werden auf Wunsch aber auch kulinarisch verwöhnt – z. B. mit der Spezialität des Hauses, paniertem Fisch auf uruguayische Art (7 CUC), oder gegrilltem Spanferkel (8 CUC). Gabriel spricht neben Spanisch und Englisch auch ein bisschen Deutsch und Italienisch. App. 20–25 CUC, je nach Saison. Calle Pio Rosado 60 e/ López y Ramírez, gabytellez2003@yahoo.es.

Casa Juan, ein überdurchschnittliches Privat-Quartier in Zentrumsnähe, vermietet ebenfalls ein komplettes Appartement mit Wohn- und Schlafzimmer, kleiner Küche, separatem Bad und einem kleinen Balkon zur Straße. Die Räume sind groß und modern eingerichtet, die Vermieter sehr entgegenkommend, die optionalen kreolischen Speisen vorzüglich. Parkplätze gibt es auf der Straße direkt vor dem Haus. App. 20–25 CUC, je nach Saison. Calle Pío Rosado 64 e/ López y Ramírez, ✆ 423324.

Casa Vivian ist ein modernes Haus nahe dem Stadtzentrum an einer Hauptstraße, wovon man in den Räumen allerdings wenig merkt. Besitzerin Vivian Sam Garcés bietet ihren Gästen ein komplettes Appartement, das modern, sehr geräumig und

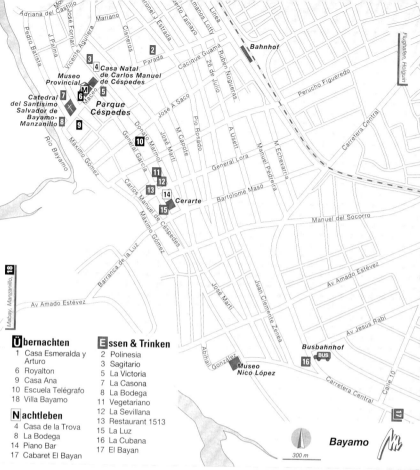

Übernachten
1. Casa Esmeralda y Arturo
6. Royalton
9. Casa Ana
10. Escuela Telégrafo
18. Villa Bayamo

Nachtleben
4. Casa de la Trova
8. La Bodega
14. Piano Bar
17. Cabaret El Bayan

Essen & Trinken
2. Polinesia
3. Sagitario
5. La Victoria
7. La Casona
8. La Bodega
11. Vegetariano
12. La Sevillana
13. Restaurant 1513
15. La Luz
16. La Cubana
17. El Bayan

Bayamo

auch ausgesprochen sauber ist. Es verfügt über einen Wohnraum, ein Schlafzimmer mit Doppelbett, Küche, Bad und kleinen Balkon. Señora Vivian kocht sehr gerne und gut, was man spätestens bei ihrem „Pollo à la Baracoa" (7 CUC) merkt. App. 20 CUC. Calle Zenea 257 (altos) e/ Saco y Hechevarría, ✆ 424800.

Casa Ana (9) findet man mitten im Zentrum, nur wenige Schritte von der Kathedrale und dem Parque Céspedes entfernt – daher kann es nachts schon mal laut werden. In dem schmucken Kolonialhaus gibt es zwei Zimmer unterschiedlicher Größe, die beide mit Klimaanlage, TV und Kühlschrank ausgestattet sind – das größere verfügt zudem über Stereoanlage und Videorecorder. Frühstück (5 CUC) und Abendessen (7–9 CUC) sind sehr reichlich. Insgesamt ist das Haus keine schlechte Wahl, wenngleich es die Besitzer mit ihrer Geschäftstüchtigkeit vielleicht manchmal etwas übertreiben. DZ 20–30 CUC, je nach Kategorie. Calle Céspedes 4 e/ Maceo y Canducha, ✆ 425323.

Casa Esmeralda y Arturo (1), unweit der Stadtmitte, ist eines der einfacheren Quartiere, für einen Kurzaufenthalt aber durchaus geeignet. Die beiden klimatisierten Zimmer sind zwar nicht riesig, aber sehr sauber und verfügen über einen kleinen Balkon. Bekocht wird man z. B. mit dem „Filet Esmeralda", gebratenes Schweinefleisch mit Schinken und Gemüse (6 CUC). Außerdem gibt es einen kleinen Fahrradverleih (5 CUC/Tag). DZ 20 CUC. Calle Zenea 56 e/ Soler y Capote. ✆ 424051, monchy500@yahoo.es.

Unterwegs in Bayamo

Parque Céspedes: Der auch Plaza de la Revolución genannte Platz ist der Dreh- und Angelpunkt Bayamos – zentraler geht's nicht. Einige der wichtigsten Sehenswürdigkeiten der Stadt wie das Geburtshaus von Carlos Manuel de Céspedes und das Provinz-Museum säumen ihn, andere wie die Kathedrale und der Hymnen-Platz sind nur einen Steinwurf davon entfernt. Der Park selbst wird eingerahmt von Ruhebänken aus Marmor, die unter großen, Schatten spendenden Bäumen stehen. An seiner Südseite befindet sich eine Statue vom Céspedes, dem größten Sohn der Stadt, an seiner Nordseite eine Büste von Pedro „Perucho" Figueredo, dem Schöpfer der cubanischen Nationalhymne. Auf in Marmor gefassten Bronzetafeln rechts und links des Denkmals sind sowohl die Noten als auch der Text der „La Bayamesa" verewigt: „Al combate corred bayameses ..." – „Auf in den Kampf, ihr Leute von Bayamo ..."
Calles General García, Maceo, Palma y Marmól.

Casa Natal de Carlos Manuel de Céspedes: In dem Gebäude, das das wohl bedeutendste Museum Bayamos beherbergt, wurde am 18. April 1819 der „Vater des Vaterlandes", wie er später genannt werden sollte, geboren. Hier verbrachte Céspedes einen Teil seiner Kindheit. Hierher kehrte er 1869 zurück, nachdem seine Rebellenarmee am 12. Januar am Río Cauto von 1500 spanischen Soldaten aufgerieben worden war, um gemeinsam mit den Bewohnern von Bayamo die Stadt in Schutt und Asche zu legen. Sein Geburtshaus blieb von dem großen Feuer wie durch ein Wunder verschont. 1968 wurde das Haus als Museum eröffnet und zeigt seitdem historische Dokumente und viele Originalmöbelstücke aus dieser Zeit.
Di–Fr 9–17, Sa 9–14 und 20–22, So 10–13 Uhr. Eintritt 1 CUC, Fotoaufnahmen 1 CUC, Videoaufnahmen 5 CUC. Calle Maceo 57 e/ Palma y Marmól.

Museo Provincial: Das Museum unmittelbar neben dem Geburtshaus von Céspedes konzentriert sich ganz auf die Geschichte der Unabhängigkeitskriege und der Revolution. Schon im Foyer ist ein Brief von Fidel Castro an Aurelio Lorente, den Führer einer Guerilla-Gruppe, zu sehen. Die Exponate umfassen neben einem Messer von Ernesto Che Guevara, einer Gips-Büste von Antonio Maceo und einer Tischglocke von Céspedes aus dem Jahr 1868 auch viele Macheten und Uniformen der Generalität des Befreiungskampfes. Ausgestellt ist auch ein Brief mit dem Text der Nationalhymne Guatemalas, den der Dichter José Joaquín Palma Ilazo de la Vega im Jahr 1878 schrieb. Die schönsten Stücke aber sind verschiedene Holzmosaiken, darunter eine Gitarre, die aus 19.109 kleinen Teilen zusammengesetzt wurde.
Di–Fr 9–12 und 13–17, Sa 10–13 und 17–21, So 17–21 Uhr. Eintritt 1 CUC. Calle Maceo 55 e/ García y Palma, ✆ 424125.

Catedral del Santisimo Salvador de Bayamo-Manzanillo (früher Iglesia Parroquial Mayor de San Salvador): Im Jahr 1740 eingeweiht, ist die Kirche die zweitälteste Cubas und gleichzeitig das historisch interessanteste Bauwerk der Stadt. Allerdings ist von dem ursprünglichen Gotteshaus nicht mehr viel übrig. Allein eine Figur des Heiligen Salvador, die heute einen Seitenaltar ziert, sowie die Capilla de la Dolorosa aus dem Jahr 1733 überstanden das große Feuer von 1869 unbeschadet. In jener Kapelle, deren Kassettendecke aus dunklem Holz gearbeitet ist, wurde hinter dem handgeschnitzten, vergoldeten Hauptaltar erst 2005 bei Restaurationsarbeiten Cubas ältestes Fresko entdeckt, das Besuchern allerdings nicht zugänglich gemacht werden soll. In der Ende des 19. Jahrhunderts wieder aufgebauten Kirche selbst zeigt ein Wandgemälde des dominikanischen Künstlers Luis Desangles aus dem Jahr 1919 an einem zum Altarraum führenden Bogengewölbe die Segnung der ersten cubanischen Nationalflagge vom 8. November 1868. Und an ihrer der Plaza del Himno zugewandten Außenmauer besagt die Inschrift einer Marmortafel, dass Pedro „Perucho" Figueredo hier am 11. Juni 1868 während des Fronleichnamsfests von einem zwölfköpfigen Orchester erstmals die „La Bayamesa", einen Kriegsmarsch, intonieren ließ. Der bei dem Gottesdienst anwesende spanische Gouverneur, Teniente Coronel Julian Udaeta, soll ob dieser Frechheit bass erstaunt gewesen sein. Unter dieser kurzen Schilderung sind die Namen der zwölf Musiker aufgelistet, die diese Provokation inszenierten – zusammen mit den Instrumenten, die sie dabei spielten.

Tägl. 9–12 + 15–17 Uhr. Calle José Joaquín Palma 130.

Premierenort der „La Bayamesa"

Museo Nico López: Die Gedenkstätte für den Revolutionär Nico López liegt außerhalb des Zentrums im Südwesten der Stadt und ist im Offizierskasino der früheren Kaserne „Carlos Manuel de Céspedes" untergebracht. Diese Garnison griff López am 26. Juli 1953 zusammen mit 25 Aufständischen an – zeitgleich mit Fidel Castros Überfall auf die Moncada-Kaserne in Santiago de Cuba. Damit sollte verhindert werden, dass die Batista-Truppen im Falle eines Erfolgs von Castro Unterstützung aus dem nahen Bayamo bekämen. Doch auch López scheiterte. Im Gegensatz zu Fidel Castro konnte er allerdings entkommen, floh nach Guatemala und lernte dort Ernesto Che Guevara kennen, den er 1955 in Mexiko mit Castro bekannt machte. López war auch an Bord der Yacht „Granma", überlebte die Landung in Cuba aber nur sechs Tage. Am 8. Dezember 1956 wurde er von Batistas Guardia Rural im Haus eines Campesinos aufgespürt und erschossen. Diese Geschichte erzählt das Museum und zeigt viele historische Fotos und Dokumente, persönliche Gegenstände und Kleidung von López sowie eine Postkarte an seine Eltern, die er 1954 in Mexiko abgeschickt hatte.

Di–Fr 9–12 + 13–17, Sa 12–20, So 8–12 Uhr. Eintritt 0,50 CUP/ca. 0,02 CUC. Calle Avigail Gonzalez 57 e/ Prolongación General García y Serafín Sánchez.

Cerarte: Das neueste Museum der Stadt ist in seiner Art einmalig im ganzen Land und – glaubt man den Verantwortlichen – schon bald ein cubanisches Wachsfigurenkabinett à la Madame Toussant. Jedenfalls stehen in dem (einen) Ausstellungsraum durchaus sehenswerte, von Hand gearbeitete Skulpturen aus Cera (Wachs), die ihren bereits verblichenen Vorbildern zum Verwechseln ähnlich sehen – Compay Segundo etwa, das legendäre Mitglied des „Buena Vista Social Club", oder Carlos Puebla, der Schöpfer des weltberühmten Liedes „Hasta siempre, Comandante".

Mo–Fr 9–13 + 14–17, Sa 18–22 Uhr. Eintritt frei. Calle General García 221 e/ Masó y Lora.

Unterwegs in Richtung Süden

Yara

Umgeben von Zuckerrohr- und Reisfeldern, liegt der kleine Ort Yara an der Hauptstraße zwischen Bayamo (31 Kilometer) und Manzanillo (16 Kilometer). In dem „Nest" gibt es absolut nichts, was nur halbwegs von Interesse sein könnte, und vermutlich würde sich heute auch niemand an diesen Punkt auf der Landkarte erinnern – wäre da nicht Carlos Manuel de Céspedes gewesen. Der „Vater des Vaterlandes" focht nämlich ausgerechnet hier, wo die Ausläufer der Sierra Maestra in die Tiefebene von Guacanayabo übergehen, am 11. Oktober 1868 seine erste Schlacht im Befreiungskrieg gegen die spanischen Kolonialtruppen. Nur einen Tag, nach dem er auf seiner Zuckerrohrplantage „La Demajagua" südlich von Manzanillo seine Sklaven freigelassen hatte, wurde hier das Blut der ersten Rebellen vergossen. Für das Cuba der Widerstandskämpfer und Revolutionäre Grund genug, Yara einen gebührenden Platz in den Geschichtsbüchern einzuräumen. Doch nicht nur deshalb: Der Ort ist auch landesweit bekannt für den „Grito de Yara", den „Schrei von Yara", jener Rede, in der Céspedes die Unabhängigkeit des Landes von Spanien erklärte. Heute erinnert daran eine Bronzetafel am Céspedes-Denkmal im Céspedes-Park.

- *Bank* **Banco Popular de Ahorro**, Mo–Fr 8–12 + 14–16 Uhr, Calle Carlos Manuel de Céspedes 93 e/ Grito de Yara y 10 de Octubre.
- *Post* Mo–Sa 8–20 Uhr, Calle Carlos Manuel de Céspedes 95 e/ Grito de Yara y 10 de Octubre.
- *Essen & Trinken* **Danubio**, ein Restaurant mit zwei Bars und zusätzlich einer sogenannten Video-Bar, die sich dadurch auszeichnet, dass darin den ganzen Tag der Fernseher läuft, liegt direkt am Parque Céspedes. Über dem Eingang prangt ein Schild mit der Aufschrift „El pueblo es el jefe de la revolución" („Das Volk ist der Chef der Revolution"), also so ein ähnlicher Satz wie „Wir sind das Volk". Wer eine kurze Pause einlegen will, nichts wie rein – das Lokal ist das annehmbarste in der näheren Umgebung und das Angebot auf der Karte ist auch in Ordnung. Bezahlt wird in nationaler Währung. Tägl. 7–9, 12–14 + 18–21 Uhr. Calle Carlos Manuel de Céspedes 86 e/ Grito de Yara y 10 de Octubre.

Unterwegs in Yara

Museo Municipal de Yara: Das Museum widmet sich den geschichtsträchtigen Ereignissen vom 11. Oktober 1868, zeigt Fotos der Rebellen um Carlos Manuel de Céspedes und einige ihrer Ausrüstungsgegenstände.

Mo–Fr 8–12 + 14–18, Fr–So 18–22 Uhr. Eintritt 1 CUC. Calle Grito de Yara 107 e/ Céspedes y Avenida Martí.

Gran Parque Nacional Sierra Maestra

Der Nationalpark Sierra Maestra, der zwölf Kilometer südlich von Yara am Rande der Ortschaft Bartolomé Masó beginnt, ist ein Naturparadies wie aus dem sprichwörtlichen Bilderbuch. Mit seinem schier undurchdringlichen Dschungel, glasklaren Bächen und wilden Gebirgen, Schluchten und Höhlen gehört er sicherlich zu den schönsten des Landes. In dem mehr als 230 Quadratkilometer großen Areal, in dem die Temperaturen selten über die 25-Grad-Marke steigen und tägliche Regengüsse für immergrüne Wälder sorgen, leben reihenweise Pflanzen und Tiere, die man sonst nirgendwo auf der Welt findet. Und über all dieser Wildnis, durch die

Gran Parque Nacional Sierra Maestra

einige wenige, von Schlaglöchern übersäte Straßen oder gar nur Schotterpisten führen, die jeden noch so steilen Alpenpass vergessen machen, thront der Pico Turquino, mit 1974 Metern der höchste Berg Cubas.

Eben jene Abgeschiedenheit und Unwirtlichkeit nützten die Revolutionäre, als sie am 2. Dezember 1956 unmittelbar nach ihrer Landung an der Playa Las Coloradas zersprengt wurden und vor Batistas Guardia Rural fliehen mussten. In dem unwegsamen Gelände der Sierra Maestra konnten ihnen die schwer bewaffneten Soldaten nicht folgen. Nachdem die einzelnen Gruppen unter Führung von Fidel Castro, seinem Bruder Raúl sowie Camilo Cienfuegos und Ernesto Che Guevara zwischen dem 16. und 21. Dezember bei Cinco Palmas – eher zufällig – wieder zusammengetroffen waren, rückten sie noch weiter in den Dschungel der Regenwälder vor – zerlumpt, verletzt, von den Strapazen gezeichnet. In der Nähe des heutigen Ortes Santo Domingo, 20 Kilometer südlich von Bartolomé Masó, errichteten sie ihr Hauptquartier, die Comandancia de la Plata, die für Monate ihr Zuhause werden sollte und von wo aus sie ihren bewaffneten Kampf gegen das Batista-Regime organisierten.

Noch heute stehen Kommandoposten, Feldlazarett und das „Studio" von „Radio Rebelde", jenem Sender, über den die – wie man heute wohl sagen würde – PR-Strategen Castros erfolgreich Werbung für die gemeinsame Sache machten und über den die Revolution in die kleinste Hütte getragen wurde. Obwohl historisch hochinteressant, hält sich die Zahl der Touristen, die die Comandancia besuchen, in Grenzen. Zum einen ist der Fußmarsch von Santo Domingo, wo inzwischen ein hübsches Zwei-Sterne-Hotel der Islazul-Kette steht, nichts für Flachland-Tiroler, zum anderen muss man erst einmal dorthin gelangen. Die Straße verläuft extrem steil, auf den letzten fünf Kilometern ist ein Höhenunterschied von mehr als 700 Metern zu überwinden. Und hat man dies alles auf sich genommen, darf man dann in Castros ehemaligem Hauptquartier noch nicht einmal fotografieren ... Dennoch: Fotos hin, Geschichte her – allein die atemberaubende Natur der Sierra Maestra mit ihren majestätischen Höhenzügen, den Hunderten von Grüntönen in ihren Wäldern und der unendlichen Stille lohnt den Weg über Stock und Stein.

● *Freizeit* Verschiedene **Wander-Touren**, bei denen man, von einheimischen Führern begleitet, den Nationalpark erkunden kann, können im Hotel „Villa Santo Domingo" gebucht werden. Eine Tour verläuft entlang des Río Yara (3½ km, 3 CUC), eine andere querfeldein zur nahe gelegenen landwirtschaftlichen Kooperative „Batalla de Santo Domingo" (1½ km, 4 CUC), von wo das Hotel auch Obst und Gemüse bezieht. Die bekannteste Route führt auf den Pico Turquino, mit 1974 m Cubas höchster Berg (18 km, 16 CUC inkl. Verpflegung zzgl. Eintritt für den Nationalpark). Darüber hinaus kann man natürlich auch die „Comandancia de la Plata" besuchen (8½ km, 10 CUC zzgl. Eintritt für den Nationalpark), die „Comandancia del Che" (25 km mit Lkw, 9 CUC inkl. Getränke) oder die Zuckerfabrik von Bartolomé Masó (16 km mit Lkw, 4 CUC).

Das **Besucherzentrum** für den Gran Parque Nacional Sierra Maestra (tägl. 7.30–18 Uhr), in dem man viel über die historisch bedeutenden Orte des Nationalparks, seine höchsten Gipfel, seine Flora und Fauna erfährt, liegt wenige hundert Meter hinter der „Villa Santo Domingo". Dort zahlt man auch den Eintrittspreis: 11 CUC für die „Comandancia de la Plata" (tägl. bis 14 Uhr, Fotoaufnahmen verboten!), 33 CUC für den Pico Turquino.

● *Übernachten* ★★ **Villa Santo Domingo**, mitten im Nationalpark am Río Yara gelegen, ist der ideale Ausgangspunkt für Wanderungen im Gebiet um die „Comandancia de la Plata". Die 1982 errichtete Anlage verfügt über ein Restaurant, eine gemütliche Bar, einen kleinen Spielsalon, Grillplatz und Autoverleih, wo einen Jeep mieten kann (7 CUC), wer sich die Strapazen des Aufstiegs zum ehemaligen Hauptquartier Fidel Castros nicht antun möchte. Die 20 Bungalows des Hotels sind modern ein- und hübsch hergerichtet, jeder ist mit

Klimaanlage, Minibar, Satelliten-TV und Telefon ausgestattet. EZ 29–32 CUC, DZ 34–37 CUC, je nach Saison. Carretera La Planta km 16. ✆ 565613, 56563557, 565568, vstdomingo@islazul.grm.tur.cu, www.islazul.cu.

Villa Balcón de la Sierra ist eine einfachere, etwas heruntergekommene Unterkunft zwischen der Ortschaft Bartolomé Masó und Santo Domingo. Im Grünen gelegen, gibt es in dem Haus der Islazul-Kette einen kleinen Swimmingpool, ein Restaurant und eine auf einer Anhöhe gelegene Bar mit Freisitz, sozusagen der „Balkon der Sierra", von dem aus man tatsächlich einen schönen Blick auf die Berge genießen kann. Die 18 Bungalows sind mit Klimaanlage, Minibar, Satelliten-TV und separaten Badezimmern ausgestattet. EZ 40–44 CUC, DZ 51–58 CUC, Triple 69–79 CUC, je nach Saison. Avenida Masó. ✆ 565535, 565513, 595180, vbalcon@islazul.grm.tur.cu, www.islazul.cu.

Unterwegs im Westen

Manzanillo

Als touristenfreie Zone kann man Manzanillo zwar nicht bezeichnen, aber die Zahl der Fremden, die sich in die beschauliche Hafenstadt am Golf von Guacanayabo verirren, ist dennoch kaum der Rede wert. Und das verwundert, denn Manzanillo kommt der Vorstellung von einer typisch cubanischen Ortschaft doch sehr nahe: gerade noch überschaubar, ein bisschen angestaubt, von hilfsbereiten Menschen bewohnt, mit ein paar Sehenswürdigkeiten bestückt, aber nicht überladen. Die Antwort auf die Frage, warum all dem zum Trotz nicht viele Touristen den Weg in die freundliche Kleinstadt finden, mag sein, dass die wahren Schauplätze der Geschichte nicht in ihren Mauern zu finden sind, sondern in ihrer Umgebung. Doch eben dies sollte eigentlich Grund dafür sein, genau hier Station zu machen: Im Westen stößt man nach weniger als 60 Kilometern auf Bayamo, im Süden nach zehn Kilometern auf „La Demajagua", nach 46 Kilometern auf Media Luna, nach 74 Kilometern auf Cinco Palmas und nach 85 Kilometern auf den Parque Nacional Desembarco del Granma mit der Playa Las Coloradas, wo am 2. Dezember 1956 Fidel Castro mit seinen 81 Revolutionären landete, um die Insel zu erobern.

Außer der Tatsache, dass Manzanillo schon wegen seiner zentralen Lage ein idealer Ausgangspunkt für die Erkundung des Umlands ist, verweist man in der Stadt auch nicht ohne Stolz darauf, dass in ihr Musikgeschichte geschrieben wurde: 1920 begann hier eine Fábrica de Instrumentos Musicales Drehorgeln zu bauen. 1965, nachdem Ernesto Che Guevara seine cubanische Staatsbürgerschaft abgelegt und das Land verlassen hatte, komponierte hier Carlos Puebla sein weltberühmtes Lied „Hasta siempre, Comandante". 1972 wurde hier zudem die Nueva Trova kreiert. Die Orgel-Fabrik produziert ihre Instrumente bis heute in der Calle Maceo esquina Masó, und auch die Nueva Trova erklingt noch immer. Nur der unvergessene Sänger der Revolution, dessen Namen in Cuba jedes Kind kennt, ist bereits gestorben und auf dem Friedhof von Manzanillo begraben. Ganz anders als sein größter Erfolg: Das Loblied auf jenen Mann, der nicht nur landes-, sondern weltweit revolutionäre Ideen verkörpert, ist vielleicht für die Ewigkeit bestimmt ...

In Manzanillo gibt es aber nicht nur akustische, sondern durchaus auch optische Erlebnisse. Die maurische Glorietta im Parque Céspedes ist so eines, die Iglesia de la Purísima Concepción mit ihrem kunstvoll geschnitzten und vergoldeten Altar ein anderes. Die Hauptattraktion der Stadt ist allerdings das Celia-Sánchez-Monument, das sich fast an der gesamten Calle Caridad entlangzieht und mit dem Man-

Manzanillo 597

zanillo der Frau gedenkt, die in cubanischen Schriften gern als „effektive Mitarbeiterin des Präsidenten" bezeichnet wird. Tatsächlich war sie zunächst Fidel Castros Sekretärin, später ein enge Vertraute und schließlich seine Lebensgefährtin – immer aber eine überzeugte Revolutionärin.

Hin & Weg

- *Bahn* Bahnhof an der Plaza Jesús Menéndez e/ José Menéndez Gómez y Villuendas, ✆ 57512. Verbindungen: Havanna 1x tägl. 17.20 Uhr, 27,50 CUC. Santiago de Cuba 1x tägl. 14.15 Uhr, 5,75 CUC.
- *Bus* Terminal an der Carretera Central km 64, ✆ 52727. Astro-Verbindungen: Holguín 1x tägl. 11.45 Uhr über Yara und Bayamo. Camagüey 1x tägl. 15.10 Uhr über Yara, Bayamo und Las Tunas. Ciego de Ávila jeden 2. Tag 17.35 Uhr über Yara, Bayamo, Las Tunas, Camagüey und Florida. Santiago de Cuba 2x tägl. 14.30 + 19.10 Uhr über Bayamo. Havanna 2x tägl. 20.00 + 21.30 Uhr über Camagüey, Ciego de Ávila und Sancti Spíritus.

Auf einen Blick

- *Apotheke* **Farmacia de Turno Permanente**, tägl. 24 Std., Calle Martí esquina Masó.
- *Ärztliche Versorgung* **Hospital Celia Sánchez Manduley**, tägl. 24 Std., Calle Camilo Cienfuegos esquina Carretera Campechuela, ✆ 54011.
- *Banken* **Cadeca**, Mo–Sa 8.30–18, So 8–13 Uhr, Calle Martí 186 e/ Figueredo y López, ✆ 57125.
Banco de Crédito y Comercio, Mo–Fr 8.30–15.30, Sa 8–12 Uhr, Calle Merchán esquina Saco.
- *Kinder, Kinder* Der **Parque infantil Bartolomé Masó**, ein kleiner zoologischer Garten mit Spiel- und Klettergeräten sowie einigen Karussells, findet sich direkt am Malecón (Eintritt 0,20 CUP/ca. 0,008 CUC). Tägl. 9–17 Uhr. Avenida 1ro de Mayo e/ Aguilera y López.
- *Notruf* **Polizei**, ✆ 116. **Feuerwehr**, ✆ 115. **Ambulanz**, ✆ 426121.
- *Postleitzahl* 87510
- *Post* Mo–Sa 8.30–17 Uhr, Calle Martí 265, ✆ 52122.

Essen & Trinken (siehe Karte S. 598/599)

El Golfo (4) ist der Tipp, wenn man gut und günstig Fisch und Meeresfrüchte essen möchte. Direkt am Malecón gelegen, verfügt das Lokal über eine kleine Terrasse mit Meerblick, auf der der zubereitete Tagesfang zu Peso-Preisen serviert wird: Garnelen auf Reis und Gemüse etwa für 12,50 CUP/ca. 0,52 CUC. Die Getränke kosten 3–18 CUP/ca. 0,12–0,75 CUC. Tägl. 12–21 Uhr. Avenida 1ro de Mayo e/ Aguilera y López, ✆ 52603.

Pizzeria Genova (2) findet man in einer Seitenstraße im Zentrum gegenüber der Iglesia de la Purísima Concepción. Das kleine, gemütliche Lokal hat sich auf italienische Küche spezialisiert. Spaghetti mit Schinken und Käse gibt es für 13,50 CUP/ca. 0,55 CUC, eine Schinken-Pizza für 10 CUP/ca. 0,40 CUC. Auch die Getränke sind alles andere als teuer: Bier kostet 10 CUP/ca. 0,40 CUC, ein Mojito 5 CUC/ca. 0,20 CUC. Tägl. 7–21.40 Uhr. Calle José Miguel Gómez e/ Doctor Codina y Saco, ✆ 53057.

Yang Tze (5), ein chinesisches Spezialitäten-Restaurant direkt am zentralen Parque Céspedes, öffnet schon zum Frühstück und hat im Grunde all das auf der Karte, was man gerne beim Chinesen isst. Chop suey mit Hähnchenfleisch zum Beispiel (6,55 CUP/ca. 0,27 CUC) oder gebratenen Reis (3,75 CUP/ca. 0,15 CUC). Wenn der Nachschub funktioniert, wird auch Wein angeboten, Bier (10 CUP/ca. 0,40 CUC) gibt es immer. Tägl. 7–9, 12–14.20 + 18.30–21.20 Uhr. Calle Merchán e/ Masó y Maceo, ✆ 53057.

Cafetería Piropo El Kikirí (7), ein blitzsauberer Schnell-Imbiss in der Stadtmitte mit sehr freundlichem Personal, serviert Kleinigkeiten wie Sandwiches, Hamburger oder „Ensalada de Kikirí", einen riesigen Salatteller für 1,85 CUC – und natürlich die übliche Getränkepalette. Tägl. 10–22 Uhr. Calle Martí e/ Maceo y Saco, ✆ 577813.

Cremería La Suiza (8) ist die bessere der beiden nebeneinander liegenden Eisdielen am Parque Céspedes. Im Angebot: Eiscreme

598   Provinz Granma

in fast allen Geschmacksrichtungen, die Kugel zu 2,20 CUP/ca. 0,10 CUC. Im benachbarten „El Néctar" ist das Eis zwar noch billiger, doch das schmeckt man auch … Tägl. 11–22 Uhr. Calle Martí e/ Maceo y Masó.

Nachtleben

La Cueva del Pirata (3) ist die Location schlechthin, wenn man sich in dem „Nest" die Nacht um die Ohren schlagen will. An der innerstädtischen Küstenstraße direkt neben dem Restaurant „El Golfo" gelegen, hält die Piraten-Höhle das, was der Name verspricht. Die Bar, die nachts zur Diskothek wird, ist klein, schummrig und zumindest abends oftmals voll. Und sie macht nicht arm, auch wenn man viel Durst hat: Das nicht unbedingt zu empfehlende Cerveza „Clara", ein Helles, gibt es schon für 3 CUP/ca. 0,12 CUC, das wesentlich bessere „Hatuey" kostet 10 CUP/ca. 0,40 CUC. Und für 6,75 CUP/ca. 0,30 CUC gibt's eine Flasche cubanischen Wein. Tägl. 11–23 Uhr. Avenida 1ro de Mayo e/ Aguilera y López, ✆ 53158.

Casa de la Trova (6), mitten im Zentrum am Parque Céspedes gelegen, bietet das, was auch ihre großen Schwestern in Bayamo oder Santiago de Cuba präsentieren: Sones, Boleros und Trovas von örtlichen Sängern und Musikgruppen. Specials gibt es Di und Do mit der „Noche de Bolero" und dem „Concierto de Trova". Insgesamt gesehen sicher einer der besten Orte, um am Abend cubanische Atmosphäre zu schnuppern. Tägl. 20–24, Sa bis 2 Uhr. Calle Merchán 213 esquina Masó.

Costa Azul (1), eine große Open-Air-Disco direkt am Meer, ist an den Wochenenden ein beliebter Treffpunkt von Cubanern. Die Shows sind sehenswert, der Eintritt kaum der Rede wert: Pärchen zahlen 40 CUP/ca. 1,66 CUC. Fr–So 20–2 Uhr. Avenida 1ro de Mayo e/ Aguilera y López.

Übernachten
 9 Casa Yordy
10 Casa Adrián y Tonia
11 Casa Villa Luisa
12 Guacanayabo

Essen & Trinken
 2 Pizzeria Genova
 4 El Golfo
 5 Yang Tze
 7 Cafetería Piropo El Kikirí
 8 Cremería La Suiza

Nachtleben
 1 Costa Azul
 3 La Cueva del Pirata
 6 Casa de la Trova

Übernachten

• *Hotels* *** **Guacanayabo (12)**, das einzige Hotel der Stadt, verfügt über 112 Zimmer, davon 8 Suiten, die mit Klimaanlage, Minibar und TV ausgestattet sind. In der kleinen Anlage gibt es ein Restaurant, drei Bars, eine Cafetería, Nachtclub und Swimmingpool. EZ 17–20, DZ 18–24, Suite 28–36 CUC, je nach Saison. Avenida Camilo Cienfuegos, ✆ 54012, 57788, ✉ 577782.

• *Casas particulares* **Casa Adrián y Tonia (10)** direkt am Celia-Sánchez-Denkmal ist das, was man mit guten Gewissens als Fünf-Sterne-Casa bezeichnen kann. Adrián Téllez Oliva hat sich – wie sein Bruder Gabriel, der in Bayamo ein Privat-Quartier anbietet – für seine Gäste allerhand einfallen lassen. Das Wohlfühl-Zimmer ist sehr modern eingerichtet, verfügt über separaten Eingang, Klimaanlage, Ventilator, Kühlschrank, Waschmaschine und Dachterrasse mit einem

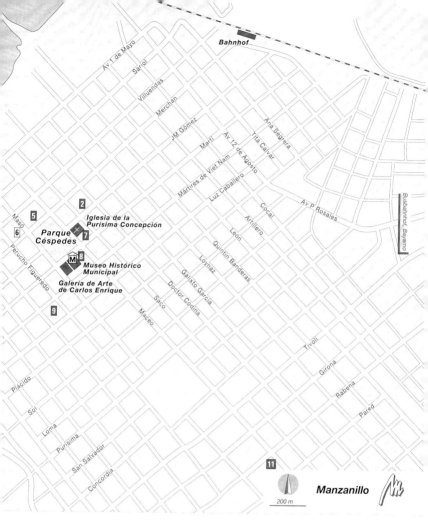

winzigen Pool, von der aus man einen herrlichen Blick über die Stadt genießt. In Tonias Küche dürfen die Gäste selbst zum Kochlöffel greifen, auf Wunsch werden die Speisen aber auch zubereitet. Wem dies nicht genügt, geht ein paar Schritte in ein benachbartes Privat-Restaurant, mit dem Adrián einen speziellen Deal für seine Gäste ausgehandelt hat: Auch unangemeldet gibt es für sie immer einen Tisch – und auf denselben kommt nur das Beste. DZ 25 CUC. Calle Mártires de Viet-Nam 49 e/ Caridad y San Silvestre, ✆ 53028, ✆ (05) 2909601 (mobil).

Casa Villa Luisa (11), ein modernes Haus mit einem großen Gästezimmer, liegt etwas außerhalb des Zentrums im Viertel Los Altos de Maceo. Der Raum verfügt über Klimaanlage, Kühlschrank, TV, Videorecorder und ein separates Badezimmer. Im Garten gibt es einen Swimmingpool und eine lauschige Sitzecke, wo die junge und sehr aufmerksame Besitzerin Luisa Mariana González Agüero auf Wunsch auch Speisen serviert – Fischfilet etwa (7 CUC). DZ 25 CUC. Calle Rabena 172 e/ Maceo y Masó, ✆ 52738.

Casa Yordy (9) liegt sehr zentral und ist ein einfacheres Privat-Quartier, was die Vermieter mit ihrer Herzlichkeit aber mehr als

Sonnenblumen für die „Blume der Revolution": das Celia Sánchez-Denkmal

wett machen. Das hübsche, sehr geräumige Zimmer ist mit Klimaanlage sowie Kühlschrank ausgestattet und verfügt außerdem über ein separates Bad. Señora Caridad Romero Áreas kocht nicht nur ausgezeichnet cubanisch (Menü 7–10 CUC), auf Wunsch wäscht und bügelt sie auch die Wäsche der Gäste. DZ 20–25 CUC, je nach Saison. Calle Figueredo 121 e/ Mártires de Viet-Nam y Luz Caballero, ✆ 52127.

Unterwegs in Manzanillo

Monumento Celia Sánchez: Das Denkmal für die Revolutionärin und einstige Lebensgefährtin Fidel Castros wurde erst 1988 errichtet und ist seitdem ohne Zweifel die bedeutendste Sehenswürdigkeit der Stadt. Die blitzsaubere, mit roten Bodenfliesen belegte Treppe, die zwischen den Calles Martí und Luz Caballero steil den Berg hinaufführt, ist von bunten Wandkeramiken unterbrochen, rechts und links liegen kleine Häuser mit ebenerdigen Balkonnischen, die die Verstecke der Widerstandskämpferin während der Revolution symbolisieren. Am Ende der Stufen findet man ein großes Keramikrelief mit Sonnenblumen und weißen Friedenstauben – dazwischen im Profil das Gesicht von Celia Sánchez. In einem Häuschen nebenan, an dessen Außenmauer groß der Name Celia prangt, ist ein kleines Besucherzentrum untergebracht.

Mo–Fr 8–12 + 14–18, Sa 8–12 Uhr. Calle Caridad e/ Martí y Luz Caballero.

Parque Céspedes: In der Mitte des zentralen Stadtplatzes steht die berühmte Glorietta mit wunderschönen maurischen Mosaiken, die 1924 feierlich eingeweiht und 1999 restauriert wurde und an den Löwenhof der Alhambra im spanischen Granada erinnern soll. An den vier Ecken des Parks wurden neben arabischen Sphingen die Büsten von Martí, Mechán, Maceo und Masó aufgestellt. Nach den Helden der Unabhängigkeitskriege sind auch die vier Straßen benannt, die von dem zentralen Platz weg durch die Stadt führen. Eingerahmt wird der

Provinz Holguín: Nachdem Christoph Kolumbus in Bariay (unten) gelandet war,

Provinz Granma: In Dos Ríos (oben links), der Sierra Maestra (oben rechts)
und der Gegend um Manzanillo (unten) wurde Geschichte geschrieben
Fotos: mintur (oben rechts), wz (alle übrigen)

Provinz Santiago de Cuba: Heiligtum Cubas und „Heiligtum" der UNESCO –
die Wallfahrtskirche El Cobre (oben) und das Castillo del Morro (unten)

Fotos: mintur

Provinz Guantánamo:
Mitten im tropischen Regenwald liegt mit Baracoa die älteste Stadt Cubas
Fotos: wz

Park von alten Kolonialhäusern mit Arkaden, in denen Cafés, Restaurants, Geschäfte, Museen und Kunstgalerien untergebracht sind.
Calles Martí, Mechán, Maceo y Masó.

Museo Histórico Municipal: Das 1979 eröffnete Stadtmuseum befindet sich an der Ostseite des Parque Céspedes in einem Kolonialgebäude aus dem Jahr 1893. Dokumentiert werden das kulturelle Erbe Manzanillos und die wichtigsten geschichtlichen Ereignisse von den Unabhängigkeitskriegen bis zur Revolution. Ausgestellt sind Originalschriften, Fotografien und jede Menge andere Zeugnisse des Befreiungskampfs.
Mo–Fr 9–12 + 14–18, Sa+So 9–12 + 18–22 Uhr. Eintritt frei. Calle Martí e/ Masó y Maceo.

Galería de Arte Carlos Enrique: Die Galerie direkt neben dem Museo Histórico Municipal stellt Gemälde und Plastiken aus. Das Angebot wechselt monatlich, meist zeigt man die Arbeiten von Künstlern aus Bayamo und – gelegentlich auch – aus Manzanillo.
Tägl. 9–17 Uhr. Eintritt frei. Calle Martí e/ Masó y Maceo.

Iglesia de la Purísima Concepción: Die Kirche aus dem Jahr 1887, deren Türme sich an der Nordseite des Parque Céspedes erheben, wurde gerade von innen und von außen frisch renoviert und damit wieder zu einem echten Schmuckstück. Besonders sehenswert ist der kunstvoll vergoldete Hauptaltar, gleichzeitig die bedeutendste Sehenswürdigkeit im Innenraum des Gotteshauses.
Calle Maceo e/ Martí y Merchán.

La Demajagua

Die frühere Zuckerrohrplantage von Carlos Manuel de Céspedes, zehn Kilometer südlich von Manzanillo in Richtung Media Luna gelegen und inzwischen vom Museo Histórico zum Parque Nacional aufgestiegen, ist trotz dieser Karriere das geblieben, was sie seit Beginn des 20. Jahrhunderts immer war: ein National-Heiligtum und Wallfahrtsort. Kein Wunder: Schließlich legte hier in La Demajagua der „Vater des Vaterlandes" am 10. Oktober 1868 mit der Freilassung seiner 53 Sklaven jenes Feuer, das 30 Jahre später zur Unabhängigkeit Cubas von Spanien führen sollte. Die Grundmauern der kleinen Zuckerfabrik von Céspedes mit dem großen eisernen Räderwerk, das die Mühle einst angetrieben hat, sind noch heute zu sehen. Und auch die Glocke, die die Sklaven jahrelang zur Arbeit gerufen hatte, ihnen an jenem denkwürdigen Tag die Freiheit verkündete und damit zugleich den gemeinsamen Kampf von Schwarzen und Weißen für Freiheit und Unabhängigkeit einläutete, ist im Original erhalten. Welche Bedeutung der Ort für das Land hat, mag man auch daran ablesen, dass der erste cubanische Kosmonaut, Arnaldo Tamayo Mendez, bei seinem Weltraumflug im Jahr 1980 Erde von La Demajagua bei sich trug. Und auf dieser Erde, die er aus dem Orbit wieder mit zurückbrachte, pflanzte er hier am 8. Januar 1981 eine Königspalme, die heute gegenüber dem Monument mit der Glocke von La Demajagua steht.
Mo–Sa 8–17, So 8–13 Uhr. Eintritt 1 CUC.

Media Luna

Die kleine Ortschaft zwischen Manzanillo (46 Kilometer) und Niquero (21 Kilometer) lebte lange Jahre von ihrer großen Zuckerfabrik – bis diese 2006 geschlossen wurde. Geblieben ist ihr seitdem nur noch ihre Vergangenheit – und die heißt Celia Sánchez. Die Revolutionärin, Weg- und Lebensgefährtin von Fidel Castro wurde hier am 9. Mai 1920 geboren. An diesen wohl größten Tag Media Lunas erinnert ein Museum, das in dem kleinen grünen Gebäude untergebracht ist, in dem Celia Sánchez einst das Licht der Welt erblickte, und das die wichtigsten Stationen im Leben der Widerstandskämpferin dokumentiert. Ein pyramidenartiges Denkmal hat man der berühmtesten Tochter des Ortes auch im zentralen Parque Céspedes gesetzt – mit verschränkten Beinen sitzt sie dort auf einem Stein, den Blick nach unten gerichtet. Daneben stehen die unvermeidlichen Büsten von Carlos Manuel de Céspedes und José Martí. Im Zentrum des Parks stößt man auch auf einen kleinen Pavillon, der mit der wesentlich kunstvolleren Glorietta von Manzanillo allerdings nicht konkurrieren kann.

Museo Casa Natal Celia Sánchez Manduley Mo–Sa 9–17, So 9–13 Uhr. Eintritt 1 CUC. Calle Raúl Podio 111.

Cinco Palmas

Cinco Palmas, nicht mehr als eine Handvoll Häuser, an denen nur ein blaues Schild mit roter Schrift darauf hinweist, dass der Ort während der Revolution eine Rolle spielte, liegt 28 Kilometer südöstlich von Media Luna abseits aller Hauptverkehrswege mitten im Regenwald der Sierra Maestra – ein perfektes Versteck. Dort kam Fidel Castro am 16. Dezember 1956 an, nachdem er 14 Tage davor mit der „Granma" an der Playa Las Coloradas gelandet war. Die Revolutionäre waren kurz danach unter heftigen Beschuss der Armee Bastistas gekommen, 66 Rebellen waren im Kugelhagel gestorben, die restlichen 16 in alle Winde versprengt worden. Die Männer, die der Campesino Adrian Garcia Viltres an diesem Tag auf seinem Grundstück aufgriff, waren am Ende ihrer Kräfte, ausgehungert und zerlumpt. Und dennoch war ihm sofort klar, um wen es sich handelte: „Fidel trug einen Stern auf der Mütze und seine Ausdrucksweise war die eines großen Führers", erinnerte er sich später. Der Campesino brachte die kleine Gruppe zu seinem Nachbarn Ramon „Mongo" Perez, einem Mitglied der Sozialistischen Partei, der sie verpflegte, einkleidete und mit neuen Waffen versorgte.

Eher zufällig erreichten zwei Tage später, am 18. Dezember 1956, weitere Männer den kleinen Ort. Fidel Castro, dem man davon berichtete und der zu diesem Zeitpunkt noch nicht wusste, wer und wie viele seiner Kampfgenossen überlebt hatten, war skeptisch und vorsichtig – selbst als sich der Anführer der Gruppe als sein Bruder ausgegeben hatte. Erst als Raúl Castro einem Mittelsmann seinen mexikanischen Führerschein gezeigt hatte und er damit zweifelsfrei identifiziert war, feierten die beiden Brüder ein freudiges Wiedersehen. Drei Tage später, am 21. Dezember 1956, stießen schließlich Camilo Cienfuegos und Ernesto Che Guevara mit ihren Männern nach Cinco Palmas vor – die verbliebenen Revolutionäre waren wieder vereint, der Kampf konnte beginnen.

An diese denkwürdigen Tage und das Wiedersehen an dem von fünf Palmen umgebenen Platz erinnert heute ein Gedenkstein, der inzwischen inmitten eines großen Zuckerrohrfeldes liegt und den man deshalb ohne Führer auch nicht finden kann. Keine hundert Meter davon entfernt hat man den Campesinos, ohne deren Hilfe die Revolution möglicherweise gescheitert wäre, ein Denkmal gesetzt, so wie es Raúl Castro am 19. Dezember 1956 für den Fall des Sieges versprochen hatte. Und dort findet man auch die Steinplatte, auf die die Rebellen aus Dankbarkeit ihre Unterschrift gesetzt hatten, ehe sie am 25. Dezember 1956 Cinco Palmas verließen und sich noch tiefer in die Wildnis der Sierra Maestra zurückzogen.

Nach dem Ende des bewaffneten Kampfs kamen Fidel und Raúl Castro mehrfach an den Ort ihres historischen Wiedersehens zurück, wovon Fotos an den Wänden eines kleinen Museums zeugen, das zugleich als Wohnhaus von Führer Ramón Piña dient. In dem hellblau gestrichenen Haus steht noch der Originaltisch, an dem die Revolutionäre einst gesessen hatten – und an dem Piñas Familie heute ihre Mahlzeiten einnimmt.

Niquero

In der Kleinstadt Niquero, etwa auf halbem Weg zwischen Media Luna und Cabo Cruz, dem südlichsten Zipfel der Insel, ist man endgültig in der cubanischen Wirklichkeit angekommen. Es gibt zwei Tankstellen, die aber keinen Treibstoff an Touristen abgeben, weil sie nur Normalbenzin führen, das an Ausländer nicht verkauft werden darf. Es gibt eine uralte Zuckerfabrik, deren Lärm die Gassen erfüllt und deren Rauch wie eine Glocke über dem Städtchen hängt. Und schließlich – hat man das dichte Gewühl von Radfahrern und Fußgängern erst einmal durchdrungen – findet sich im Zentrum auch noch ein Zwei-Sterne-Hotel, das an Schlichtheit schwer zu überbieten ist: Jeder Gast erhält ein halbes Stück Seife, eine Ration Toilettenpapier und bezahlt im Restaurant für das Essen dieselbe Summe wie die Einheimischen – allerdings in konvertiblen Pesos und mithin etwa das 24-fache. Wenig sehenswert ist auch der obligatorische Parque Martí mit einem Pavillon in seiner Mitte. Also am besten: durchfahren!

- *Ärztliche Versorgung* **Hospital Gelasio Calaña**, tägl. 24 Std., Carretera Bélic, ✆ 592626, 592627.
- *Banken* **Banco de Niquero**, Mo–Fr 8–17 Uhr, Calle Martí 103.
Banco Sucursal, Mo–Sa 9–17 Uhr, Calle Céspedes 90.
- *Post* Mo–Sa 8.30–16.30 Uhr, Calle Martí.
- *Übernachten* ** **Niquero** ist eine sehr schlichte Bleibe im Stadtzentrum und mit zwei Sternen gnadenlos überbewertet. Die 26 Zimmer mit kleinen Balkonen zur Straße verfügen über Klimaanlage, TV sowie Telefon und sind zwar sauber, bedürften aber dringend der Renovierung. Im Restaurant gibt es keine Speisekarte, die Kellner geben vor, was man zu essen hat, lassen allenfalls die Wahl zwischen Rind- und Schweinefleisch. Sehr freundlich ist das Hotel-Personal – ob an der Rezeption oder auf den Etagen. Wenn es (wieder einmal) kein Wasser gibt, läuft das Zimmermädchen sogar in ihr eigenes Haus, um den Gästen einen Eimer voll zu holen. EZ 16–22 CUC, DZ 20–28 CUC, je nach Saison. Calle Martí 100. ✆ 592367, 592498, hniquero@islazul.grm.tur.cu, www.hniquero.islazul.grm.tur.cu.

Parque Nacional Desembarco del Granma

Einer der Höhepunkte jeder Pilgerfahrt auf den Spuren der cubanischen Revolution ist der Parque Nacional Desembarco del Granma, der 17 Kilometer südlich von Niquero beginnt. „Si salimos llegamos, si llegamos entramos y si entramos triunfamos!" – „Wenn wir aufbrechen, kommen wir auch an. Wenn wir ankommen, gehen wir auch an Land. Und wenn wir an Land gehen, siegen wir auch", hatte Fidel Castro seinen 81 Kampfgenossen am 24. November 1956, dem Vorabend des Auslaufens der „Granma" in Tuxpan/Mexiko, gesagt. Nachdem das Schiff mit schwerem Gerät heillos überladen und zunächst bei Niquero auf Grund gelaufen war, kamen sie schließlich an – am 2. Dezember 1956, genau hier an der Playa Las Coloradas. Sie wurden bereits erwartet. Batistas Armee war gewarnt worden und hatte 28 Kilometer weiter im Landesinneren bei Alegría de Pío einen Hinterhalt gelegt. 66 Rebellen starben im Dauerfeuer der Soldaten, nur 16 konnten entkommen, darunter Fidel und Raúl Castro, Camilo Cienfuegos und Ernesto Che Guevara. Die

Wege, die die kleinen Gruppen der Überlebenden danach einschlugen und die Orte, an denen sie in Kampfhandlungen verwickelt waren, dokumentiert das schlichte Museo Las Coloradas am Eingang des Nationalparks. Dort sind auch einige wenige Ausrüstungsgegenstände der Revolutionäre ausgestellt. Davor steht – überdacht – ein Duplikat der legendären „Granma", das Original befindet sich im Revolutionsmuseum in Havanna.

Doch nicht deshalb wurde der Nationalpark 1999 von der UNESCO zum Weltnaturerbe erklärt, sondern wegen seiner einzigartigen Flora und Fauna. Auf den 326 Quadratkilometern des Parks findet man mehr als 500 Pflanzenarten, darunter Kakteen, die mehr als ein halbes Jahrtausend „auf dem Buckel" haben, und viele endemische Blumen. Ein Dorado ist das Gebiet auch für Ornithologen. Über 170 Vogelarten wurden bei einer jüngsten Begehung gezählt – vom Kolibri bis zum Seeadler. Am besten taucht man in die Natur auf dem Sendero Arqueológico Natural „El Guafe" ein, einer Art Lehrpfad, der sieben Kilometer hinter dem Museum beginnt und über zwei Kilometer durch die Wildnis führt.

Zwei Kilometer unterhalb liegt das kleine Fischerdorf Cabo Cruz, das den südlichsten Punkt Cubas darstellt. Mehr Karibik geht nicht – wenngleich der Ort mit seinem 33 Meter hohen Leuchtturm aus dem Jahre 1871 alles andere vermittelt als eben dieses Flair.

Tägl. 8–18 Uhr. Eintritt Museum 1 CUC, Museum und Nationalpark 5 CUC, „El Guafe" 3 CUC, Museum, Nationalpark und „El Guafe" 8 CUC, Führer 5 CUC.

• *Übernachten* **Campismo Las Coloradas**, ein kleiner Camping vor den Toren des Nationalparks, steht in den Sommermonaten auch Touristen offen. Die 28 gemauerten Häuschen sind einfach, aber sauber. Übernachtung 50 CUP/ca. 2,10 CUC/Pers. ✆ 578256.

Pilón

Der kleine Küstenort 36 Kilometer südöstlich von Niquero und 13 Kilometer westlich der Ferien-Hotellerie von Marea de Portillo spielt für Touristen im Süden der Provinz eine nicht unwesentliche Rolle: Er verfügt über eine Tankstelle. Die Zuckerfabrik wurde 2002 im Rahmen der Industriereform geschlossen. Der Zentralpark mit einer Büste von – richtig – José Martí ist einer von vielen. Und das kleine Museo Municipal, das an Celia Sánchez erinnert, die hier von 1940 bis zur Ankunft Fidel Castros an der Playa Las Coloradas im Jahr 1956 gelebt hatte, stellt auch nur einige wenige „Devotionalien" aus.

Museo Municipal de Pilón: Mo–Sa 9–17 Uhr. Eintritt 1 CUC. Calle Conrado Benitez 24.

Marea de Portillo

Das Hotel-Dorf Marea de Portillo 13 Kilometer östlich von Pilón ist einmalig in Cuba, und dies sogar in doppelter Hinsicht: Zum einen gibt es hier den einzigen schwarzen Sandstrand der Insel, zum anderen gilt Marea de Portillo in den Wintermonaten als der wärmste Punkt des Landes. Mehr Gründe, nach Marea de Portillo zu kommen, gibt es aber eigentlich nicht. In der näheren Umgebung findet sich keine einzige Sehenswürdigkeit, die diese Bezeichnung verdienen würde. Und selbst wer einen reinen Badeurlaub verbringen möchte, ist an anderen Stränden Cubas sicher besser aufgehoben.

• *Übernachten* **★★★★ Farallón del Caribe**, wie das Nachbar-Resort „Marea de Portillo" ein Haus der cubanischen Club Amigo-Kette, ist die teuerste Wahl in dem kleinen Ferienort. Das neuere, auf einem kleinen Hügel liegende Hotel bietet fünf Bars, zwei Restaurants und einen hübschen Swimmingpool, von dem aus man die Gipfel der

Sierra Maestra im Auge hat. EZ 50–55, DZ 76–90, je nach Saison. Carretera Granma km 12,5. ✆ 597081, ℻ 597080, comercial@hfarcar.cyt.cu, www.cubanacan.cu.

*** **Marea de Portillo**, ein typisches All-inclusive-Ferien-Resort direkt am Strand, ist fest in der Hand kanadischer Rentner. Das blitzsaubere Haus mit verschiedenen Bars und Restaurants hat 270 Gästezimmer und 56 Bungalows mit Meer- oder Gartenblick, die mit allem Komfort ausgestattet sind. In der Anlage gibt es ein Tauchzentrum, Autovermietung und medizinischen Rund-um-die-Uhr-Service. Mit der Cayo Blanco gehört auch eine kleine vorgelagerte Halbinsel mit weißem Sandstrand zum Hotel. EZ 45–50, DZ 66–80 CUC, je nach Saison. Carretera Granma km 12,5. ✆ 597102, 597103, ℻ 597080, comercial@marea.co.cu, www.cubanacan.cu.

*** **Villa Turística Punta Piedra** liegt zwischen Pilón und der Hotel-Zone von Marea de Portillo direkt am Strand. Das frisch renovierte Haus, eine preisgünstige Variante zu den Resorts von Marea de Portillo, verfügt über 13 Zimmer, jedes mit Klimaanlage, Telefon und Meerblick. Es gibt ein kleines Restaurant, Pool und Nightlife in der Hotel-Disco. EZ 17 CUC, DZ 28 CUC, Suite 30 CUC. Carretera Granma, ✆ 597062.

Unterwegs im Osten

Dos Ríos

Schon die gepflegte Anlage rund um das von einem niedrigen, kunstvollen schmiedeeisernen Metallzaun umgebene Denkmal von Dos Ríos weist auf dessen außergewöhnliche Bedeutung hin: Hier, 45 Kilometer nordöstlich von Bayamo und 20 Kilometer nordöstlich von Jiguaní, starb am 19. Mai 1895 der Nationalheld Cubas, José Martí. Es war die allererste Schlacht gegen die Spanier, in die der Denker und Lenker des Unabhängigkeitskampfs nach seinem Exil in den USA und seiner Rückkehr nach Cuba gezogen war. Die kleine Gruppe von Männern, die Martí angeführt hatte, versuchte noch, ihrem von einem Schuss getroffenen Kommandanten zu Hilfe zu eilen, wurde von der Übermacht der spanischen Truppen aber zurückgeschlagen. Martí starb, wurde am 27. Mai 1895 in Santiago de Cuba zu Grabe getragen – und wird als Symbol der Freiheitsliebe des Landes wohl ewig präsent sein. Es gibt kaum eine Schule oder andere öffentliche Gebäude, vor der nicht seine Büste steht, in kaum einer Stadt ist nicht zumindest eine Straße, meist sogar der zentrale Platz nach ihm benannt. An dem Ort, an dem er im Kampf fiel, erinnert indes ein Obelisk aus weißem Marmor, neben dem die cubanische Nationalflagge gehisst ist, an den „Apostel" der cubanischen Unabhängigkeitsbewegung. Am Sockel des Denkmals sind Tafeln angebracht, die Geburts- und Todestag Martís in Erinnerung rufen, sowie auch jenen Mann erwähnen, auf dessen Initiative hin das Monument entstand: José R. Estrada war durch das ganze Land gezogen, um Geld zu sammeln, das den Grundstock für den Bau des Martí-Denkmals bildete.

Monumento: Carretera Jiguaní km 21

Geburtsort einer Legende

Keine Frage: Die Provinz Santiago ist die „Perle des Ostens". Eingebettet zwischen den Höhenzügen der immergrünen Sierra Maestra und den Meerestiefen der immertürkisen Karibischen See, liegt sie rund 800 Kilometer von Havanna entfernt, sonnt sich in ihrem Dasein als Gegenpol zum angeblich spröderen Westen des Landes und scheint über jeden einzelnen Kilometer froh zu sein, der sie von der Hauptstadt Havanna trennt. Nein, mit den Habaneros, denen man nicht ohne ein gewisses Selbstbewusstsein übertriebene Arroganz vorwirft, möchte man in dieser lebenslustigen Ecke der Insel möglichst wenig zu tun haben – was allein aufgrund der geographischen Lage und der mangelhaften Transport-Situation meist auch gelingt.

Beides sowie die besondere Mentalität ihrer Landsleute in diesem östlichen Zipfel Cubas machten sich auch Fidel Castro und seine Rebellen zunutze, als sie nach ihrer Landung an der Playa Las Coloradas am 2. Dezember 1956 von der unwegsamen Sierra Maestra aus die Revolution ins ganze Land trugen. Bei der für ihr feuriges Temperament bekannten Bevölkerung rannten sie mit ihrer Idee, Diktator Fulgencio Batista zu stürzen, offene Türen ein – mehr jedenfalls, als sie es in anderen Landesteilen wohl vermocht hätten. Nicht zuletzt deshalb war es auch die Provinzhauptstadt Santiago de Cuba, in der der spätere Staatspräsident auf dem Balkon des Rathauses am 1. Januar 1959 zuerst den Sieg der Revolution verkündete. Das Ayuntamiento (Rathaus) der Stadt steht deshalb noch heute auf dem Programm jeder Sightseeing-Tour – neben einem guten Dutzend von Museen, der legendären Casa de la Trova, dem Cementerio Santa Ifigenia und einer Reihe von Denkmälern.

Provinz Santiago de Cuba

Santiago de Cuba	608	La Granjita Siboney	645
Castillo del Morro		Playa Siboney	646
San Pedro de la Roca	640	Gran Parque Natural Baconao	647
El Cobre	641	Uvero	653
La Gran Piedra	644		

Dennoch: Santiago de Cuba lässt sich keinesfalls nur auf die Hauptstadt reduzieren. Wie in einigen anderen Provinzen ist es auch hier die Umgebung, die mindestens ebenso viele Reize besitzt wie das vermeintliche touristische Highlight. Die vergleichsweise bescheidenen Strände sind es zwar nicht, für die man eigens nach Santiago reisen muss. Dafür begeistern die grandiosen Landschaften umso mehr – entlang der Karibik-Küste, wo die Panoramastraße in Richtung Westen tatsächlich zwischen Bergen und Meer verläuft, und in der weitgehend unberührten Sierra Maestra, wo inmitten der Wildnis des tropischen Regenwaldes die höchsten Gipfel des Landes bis auf 1974 Meter aufsteigen.

Tagesausflüge lohnen auch der 18 Kilometer nordwestlich der Stadt gelegene Wallfahrtsort El Cobre mit dem Nationalheiligtum Cubas, der im wahrsten Sinne des Wortes vergötterten Statue der Virgen de la Caridad, oder der Gran Parque Natural Baconao, der 1987 von der UNESCO als Biosphärenreservat ausgewiesen wurde. Schon fast ein Muss ist der Gran Piedra, der 23 Kilometer östlich von Santiago in der gleichnamigen Sierra auf 1234 Meter Seehöhe zu finden ist und der zu den weltweit größten Monolithen zählt. In seiner Ausdehnung wird er nur noch vom Mount Augustus und dem Ayers Rock – beide in Australien – übertroffen.

Santiago de Cuba

„Rebelde ayer, hospitalaria hoy, heroica siempre", lautet die großspurige Devise der mit rund einer halben Million Einwohner zweitgrößten Stadt Cubas, was auf Deutsch so viel bedeutet wie, dass man einst rebellisch war, heute gastfreundlich ist und stets heldenhaft sein wird. Ein hehrer Spruch und – mit Verlaub – ein leeres Versprechen: Denn wie weit es in Santiago de Cuba mit der Gastfreundschaft wirklich her ist, weiß man als Tourist spätestens zehn Minuten nachdem man das Auto oder den Bus verlassen hat und zu Fuß unterwegs ist – spätestens. Denn in keiner – ganz langsam: k-e-i-n-e-r – anderen cubanischen Stadt gibt es mehr Nepper, Schlepper, Bauernfänger, Bettler und Kleinkriminelle als hier. Ihre bevorzugten Opfer: na wer wohl? Also: den Schmuck im Hotel-Safe lassen, das Geld am besten in den Brustbeutel stecken, das Auto auch tagsüber nur auf bewachten Parkplätzen abstellen – oder ganz einfach all die Verhaltensmaßregeln für Touristen in Dritte-Welt-Ländern beherzigen, die man zwar kennt, die man normalerweise aber meist zu Recht ignoriert. Dass man in Santiago – vorsichtig formuliert – etwas anders tickt, wird auch im Rest Cubas bestätigt und mit Kopfschütteln zur Kenntnis genommen. Warum das so ist? Achselzucken. In den Adern der Mischung aus indianischer Urbevölkerung, spanischen Besatzern, französischen Einwanderern und afrikanischen Sklaven fließt möglicherweise ein ganz besonderer Saft, sucht man nach einer Erklärung. Nicht umsonst sei man im Osten der Insel schon immer etwas rebellischer gewesen als anderswo und Santiago de Cuba nicht zuletzt auch deshalb die „Wiege der Revolution", hört man.

Dieser berechtigte Ruf der Stadt, der aufgrund des besonderen Engagements seiner Bürger in den Unabhängigkeitskriegen zudem ein Jahrhundert später, im Jahr 1984, der Ehrentitel „Ciudad heroica" („Heldenstadt") verliehen wurde, lässt sich an zwei geschichtsträchtigen Daten festmachen – am 26. Juli 1953 und am 1. Januar 1959, dem eigentlichen Anfang und dem Ende der Revolution. Am 26. Juli 1953 nahm Fidel Castro mit seinem kühnen Überfall auf die Moncada-Kaserne den bewaffneten Kampf gegen die Batista-Diktatur auf, fünfeinhalb Jahre später, am 1. Januar 1959, stand er auf dem Balkon des Rathauses und verkündete einer jubelnden Menge den endgültigen Sieg der Rebellen. Mit der Sammlung in der nach dem cubanischen General der Befreiungskriege, Guillermo Moncada, benannten ehemaligen Garnison und dem Museo de la Lucha Clandestina wird diese Zeit denn auch gleich in zwei Einrichtungen ausführlich dokumentiert.

Santiago, deren Name sich von St. Jago (Jakobus), dem Schutzpatron des spanischen Königs Ferdinand II. ableitet, steht allerdings nicht nur für Blut und Tränen, Krieg und Revolution. Die „karibischste aller cubanischen Städte" versteht es auch, zu feiern – und wie. Bestes Beispiel dafür ist der traditionelle Karneval, der Santiago immer Ende Juli lang in einen Rum(ba)-Rausch versetzt und in einen wahren Hexenkessel verwandelt. Tausende bilden dann die sogenannten Congas, ziehen dicht gedrängt in einem stampfenden Rhythmus durch die Straßen, werden von afro-cubanischen Trommeln, Schlaghölzern und Rasseln aufgepeitscht – eine zügellose Party, bei der alles fließt: der Schweiß, der Rum und vor allem das Bier.

Im Gegensatz dazu ist es an den übrigen Tagen des Jahres vergleichsweise ruhig, wenngleich auch dann zumindest in den Abendstunden selbst die kleinste Gasse mit Musik und Gesang erfüllt wird. Dann nehmen sich die Santiagueros regelmäßig eine Auszeit vom sozialistischen Alltag und sorgen in der berühmtesten Casa de la Trova des Landes und auf den vielen anderen Bühnen erfolgreich dafür, dass Santiago die „Hauptstadt der cubanischen Musik" bleibt.

Die Geschichte

Santiago de Cuba hat nicht nur Vergangenheit, Santiago de Cuba ist Vergangenheit – eine Vergangenheit, die bis heute lebendig ist. Die Tragweite der historischen Ereignisse, in die die östliche Metropole involviert war, und die Personen, die in ihr Geschichte schrieben, füllen Bücher.

Santiago de Cuba wurde vom Statthalter des spanischen Königs Ferdinand II., Diego Velázquez, am 25. Juli 1515 als eine der sieben Villas, der ersten Städte der Insel, gegründet. Der spätere Gouverneur des Landes fand schnell Gefallen an der Stadt, ihres Naturhafens wegen – vor allem aber aufgrund der Gold- und Kupfervorkommen in der Umgebung, die man alsbald entdeckte. In kürzester Zeit entwickelte sich Santiago zu einem regen Handelszentrum, in dem sich Velázquez selbst eine Residenz errichten ließ, die die Zeiten

Die Stadt der Helden

bis heute überdauert hat und als ältestes Wohnhaus Cubas gilt. Auf sein Anraten hin rief die Krone Santiago im Jahr 1522 auch zur Hauptstadt der Kolonie aus – ein Status, den sie bis 1607 innehatte, ehe sie von Havanna abgelöst wurde. Obwohl das Gold in den Bergen rund um die Stadt bald ausgebeutet war, hatte es Santiago in den ersten Jahren nach seiner Gründung dennoch zu Wohlstand und Reichtum gebracht, was wiederum Piraten und Korsaren auf den Plan rief. Im Jahr 1554 griff zunächst Jacques de Sores die Stadt an, wenige Wochen später wurde sie von François de Clerc geplündert, den man wegen eines Holzbeins auch Jambe de Bois oder Pata de Palo nannte – der französische wie auch der spanische Spitzname zielten auf die Behinderung Clercs ab. Bis die nächste Welle der Gewalt nach Santiago schwappte, dauerte es mehr als ein Jahrhundert. Im Oktober 1662 nahm Christopher Mings in Begleitung seines Musterschülers Henry Morgan den Hafen ein. Er blieb nur fünf Tage – fünf Tage, nach denen den Einwohnern nicht mehr geblieben war als ihr Leben und nach denen Santiago erneut in Flammen stand. Nur drei Jahre später kehrte Mings zurück, diesmal mit dem Holländer Edward Mansveldt an seiner Seite, der seine Zelte in Jamaika aufgeschlagen hatte. Erneut wurde die Stadt oder das, was nach seinem letzten Überfall davon übrig war, in Schutt und Asche gelegt. Nachdem König Philipp II. von Spanien inzwischen den

Bau der Festung San Pedro de la Roca, oder kurz „El Morro", in Auftrag gegeben hatte, die im Jahr 1643 fertiggestellt und peu à peu zu einer der größten Wehranlagen des Landes mit vier Bastionen ausgebaut worden war, blieben in der Folgezeit – von den genannten Ausnahmen abgesehen – zwar die Übergriffe der Freibeuter aus, dafür wurde Santiago von Schicksalsschlägen anderer Natur heimgesucht. In den Jahren 1675 und 1679 sowie 1852 und 1932 zerstörten Erdbeben zahlreiche Gebäude der Stadt, darunter auch die neue Kathedrale.

Santiago, die den Titel „Hauptstadt" inzwischen an Havanna verloren hatte, dafür aber zur Kapitale der Ostprovinzen ernannt worden war, erholte sich auch davon. Eine neue Blüte setzte allerdings erst ein, als 1791 das nahe Haiti in der Folge der Französischen Revolution von einem Sklavenaufstand überzogen wurde und sich die aus Frankreich stammenden Farmer nach Cuba flüchteten. Ihr Know-how um den Anbau von Kaffee, Baumwolle und Zuckerrohr brachten sie zwar ebenso mit wie ihr Kapital, was aber fehlte, waren die (billigen) Arbeitskräfte, da die Indios zu dieser Zeit von den Spaniern schon weitgehend ausgerottet worden waren. So erhielt Santiago zwei Jahre später die Genehmigung zum Sklavenhandel, worauf alsbald Hunderte von Schiffen aus Westafrika mit ihrer menschlichen Fracht im Hafen von Santiago einliefen – eine Tatsache, die die Stadt bis heute prägt und die dafür verantwortlich ist, dass in Santiago der Anteil der dunkelhäutigen Bevölkerung landesweit am höchsten ist.

Der „Bronze-Titan" in Stein

Die durch die afrikanischen Einflüsse impulsivere Mentalität der Einwohner wird auch dafür verantwortlich gemacht, dass man hier, im Osten der Insel, gegen die aus der weit entfernten Hauptstadt regierende spanische Kolonialmacht zuerst aufbegehrte. Man wollte seine Reichtümer nicht länger den Herren in Havanna überlassen und war bereit, dafür Blut zu vergießen. Nicht zuletzt deshalb fanden rund um Santiago auch die meisten Schlachten des Befreiungskampfes statt, oft genug angeführt vom größten Sohn der Stadt – Antonio Maceo, der einzige Mulatte unter den Generälen der Widerstandsarmee, den man wegen seiner Hautfarbe „Bronze-Titan" nannte. Auch die entscheidenden Gefechte des Zweiten Unabhängigkeitskriegs, in denen die Spanier endgültig geschlagen wurden, sind eng mit dem Namen der Stadt verbunden. Die Mambíses, wie sich die

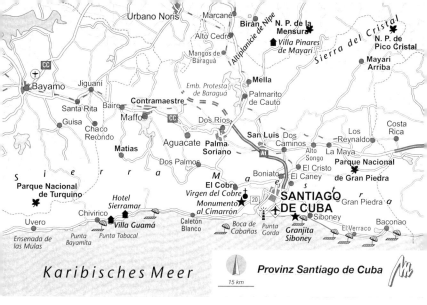

Freiheitskämpfer nach einem Schimpfwort der Besatzer für die Cubaner stolz nannten, hatten 1898 die Spanier im Grunde genommen bereits geschlagen. Und auch Santiago stand kurz vor dem Fall, als sich Mitte des Jahres die Vereinigten Staaten in den schon entschiedenen Krieg einmischten, um die Pfründe in ihrem „Hinterhof" zu sichern und den Sieg für sich reklamieren zu können. Am 1. und 2. Juli des Jahres nahmen sie unter Führung des späteren US-Präsidenten Theodore „Teddy" Roosevelt und General William R. Shafter mit Artillerie-Batterien den strategisch wichtigen Hügel von San Juan im Osten der Stadt ein, einen Tag später rieben sie in der Seeschlacht von Santiago auch noch die spanische Flotte auf.

Was folgte war die Kapitulation der Spanier – und eine Reihe unerträglicher Demütigungen für die Cubaner, die ein regelrechtes Trauma auslösten: Die von den Rebellen bereits eingesetzte Regierung wurde von den Amerikanern einfach ignoriert. Der cubanischen Befreiungsarmee unter General Calixto García, die Santiago von der Landseite her belagert hatte, wurde von den US-Truppen der Zugang in die befreite Stadt verwehrt. Bei der offiziellen Übergabe der Insel in Havanna wurde nicht die cubanische Flagge, sondern das amerikanische Sternenbanner aufgezogen. Und von den Friedensverhandlungen in Paris war die cubanische Seite gleich ganz ausgeschlossen. Cuba wurde um seinen bitter erkämpften Sieg schlichtweg betrogen – am 1. Januar 1899 erhielten die USA formell die Hoheit über die Insel. Ironie des Schicksals, dass Cuba auf den Tag genau 60 Jahre später, am 1. Januar 1959, doch noch zu seinem Recht kommen sollte. Die Revolution hatte zu diesem Zeitpunkt über die von den USA gestützte „Marionette" Fulgencio Batista gesiegt und Fidel Castro verkündete vom Balkon des Rathauses von Santiago nicht nur den Triumph, sondern zog gleichzeitig eine historische Parallele, als er ausrief: „Dieses Mal werden die Mambíses in Santiago de Cuba Einzug halten!"

Vorausgegangen waren fünfeinhalb Jahre neuerlichen Kampfes. Nachdem sich Batista 1952 kurz vor den für ihn bereits verloren geglaubten Präsidentschafts- und

Parlamentswahlen an die Macht geputscht und den Urnengang damit verhindert hatte, organisierte der junge Rechtsanwalt Fidel Castro, der für die liberale Partei der „Orthodoxen" kandidieren sollte, den bewaffneten Widerstand: In einer fast selbstmörderischen Aktion griff er am 26. Juli 1953 zusammen mit 131 Männern und Frauen aus dem orthodoxen Lager die Moncada-Kaserne in Santiago an, damals die zweitgrößte Garnison des Landes. Primäres Ziel der schlecht ausgerüsteten Rebellen war es, sich mit Waffen für den weiteren Kampf gegen das Batista-Regime zu versorgen. Außerdem wollte Castro den Führern der politischen Opposition gegenüber, die nur einen Monat vorher in Kanada Strategien für den Sturz des Diktators beraten hatten, mit der Einnahme der Kaserne und der damit verbundenen Kontrolle über den Osten der Insel seine Machtansprüche anmelden. Der Plan misslang, militärisch gesehen wurde der Überfall auf Moncada ein Fiasko, sechs Angreifer wurden erschossen, die meisten anderen in den folgenden Tagen festgenommen, hingerichtet oder zu Tode gefoltert. Castro selbst, der ob der Kühnheit des Angriffs schlagartig landesweite Popularität erlangte, wurde vor Gericht gestellt. Es wurde ein Schauprozess, in dem das Todesurteil von Anfang an feststand. Fidel Castro, der sich selbst verteidigte, war der Ausgang des Verfahrens bewusst. Sein in freier Rede gehaltenes Plädoyer beendete er mit dem berühmt gewordenen Zitat: „Verurteilt mich, das ist bedeutungslos, die Geschichte wird mich freisprechen."

Er wurde verurteilt – zum Tod. Kurz vor seiner Hinrichtung wandelte das Regime den (bestellten) Richterspruch auf Intervention von katholischen Priestern und auf öffentlichen Druck hin allerdings in eine 15-jährige Zuchthausstrafe um, abzusitzen in der berüchtigten Strafanstalt der Isla de Pinos, der heutigen Isla de la Juventud, was in der Regel ebenfalls einem Todesurteil gleichkam und ein Sterben auf Raten bedeutete. Nicht für Fidel Castro. Nur 19 Monate nach dem Prozess erließ Diktator Fulgencio Batista eine General-Amnestie, bei der auch die „Moncadistas" freikamen.

Während Fidel Castro daraufhin zwei Monate später ins Exil nach Mexiko ging, formierten sich seine im Land gebliebenen Anhänger in Reminiszenz des Angriffs auf die Moncada-Kaserne in der „Bewegung 26. Juli" („Moviemiento 26 de julio", kurz: „M-26-7"), die in Abwesenheit ihres Anführers von Frank País und seinem Bruder Josue geleitet wurde und vorwiegend im Untergrund agierte. Die Gruppe „M-26-7" organisierte in Santiago auch den Aufstand vom 30. November 1956, der von der Landung der Yacht „Granma" an der Playa Las Coloradas drei Tage später ablenken sollte, unterstützte die Revolutionäre danach in den Bergen der Sierra Maestra und stand an Fidel Castros Seite, als dieser am Abend des 1. Januar 1959 auf dem Balkon des Ayuntamiento von Santiago erschien und zum gefeierten Helden Cubas wurde.

*H*in & *W*eG

- *Bahn* **Hauptbahnhof** am Paseo de Martí esquina Jesús Menéndez, ✆ 622836.
Verbindungen: Havanna 4x tägl. 10.30, 17.35, 21.50 + 23.10 Uhr über Combinado, Cacocun, Las Tunas, Camagüey, Ciego de Ávila, Guayos, Santa Clara und Matanzas, (Tren especial 72 CUC), (Tren regular 30 CUC). Santa Clara 1x tägl. 6.35 Uhr über Combinado, Cacocun, Las Tunas, Camagüey, Ciego de Ávila und Guayos (20 CUC). Guantánamo 1x tägl. 7.50 Uhr. Manzanillo 2x tägl. 6.25 + 8.30 Uhr. Contramaestre 2x tägl. 9.30 + 16.00 Uhr. Holguín 1x tägl. 7.20 Uhr. Antilla 1x tägl. 15.00 Uhr.

- *Bus* **Terminal** in der Avenida de los Libertadores esquina Yarayo, ✆ 628484 (Víazul), 623050 (Astro).
Víazul-Verbindungen: Havanna 4x tägl. 9.00,

Santiago de Cuba

15.15, 18.00 + 22.00 Uhr über Bayamo, Holguín, Las Tunas, Camagüey, Ciego de Ávila, Sancti Spíritus und Santa Clara (51 CUC). Trinidad 1x tägl. 19.30 Uhr über Bayamo, Holguín, Las Tunas, Camagüey, Ciego de Ávila und Sancti Spíritus (33 CUC). Baracoa 1x tägl. 7.45 Uhr über Guantánamo (15 CUC). Varadero 1x tägl. 20.15 Uhr über Bayamo, Holguín, Las Tunas, Camagüey, Ciego de Ávila, Sancti Spíritus und Santa Clara (49 CUC).
Astro-Verbindungen: Bayamo 3x tägl. 9.10, 10.30 + 17.10 Uhr. Holguín 2x tägl. 10.10 + 18.00 Uhr über Bayamo. Las Tunas 1x tägl. 10.30 Uhr über Bayamo. Camagüey 2x tägl. 7.00 + 18.00 Uhr über Bayamo und Las Tunas. Nuevitas 1x tägl. 6.00 Uhr über Bayamo, Las Tunas und Manatí. Pilón 1x tägl. 6.10 Uhr über Bayamo, Manzanillo und Media Luna. Manzanillo 2x tägl. 8.00 + 14.00 Uhr über Bayamo und Manzanillo. Niquero jeden 2. Tag 7.10 Uhr über Bayamo, Manzanillo und Media Luna. Puerto Padre jeden 2. Tag 5.20 Uhr über Bayamo und Holguín. Ciego de Ávila 1x tägl. 17.45 Uhr über Bayamo, Holguín, Las Tunas, Camagüey und Florida. Matanzas 1x tägl. 20.40 Uhr über Bayamo, Holguín, Camagüey, Ciego de Ávila, Santa Clara, Colón, Perico und Jovellanos. Cienfuegos 1x tägl. 16.00 Uhr über Bayamo, Holguín, Las Tunas, Camagüey, Florida, Ciego de Ávila und Sancti Spíritus. Santa Clara 1x tägl. 16.00 Uhr über Bayamo, Las Tunas, Camagüey, Ciego de Ávila, Sancti Spíritus und Placetas. Havanna 3x tägl. 5.00, 14.30 + 19.30 Uhr über Bayamo, Camagüey, Ciego de Ávila und Sancti Spíritus. Guantánamo 4x tägl. 9.00, 12.10, 15.00 und 15.40 Uhr. Baracoa jeden 2. Tag 6.50 Uhr über Guantánamo. Moa jeden 2. Tag 7.20 Uhr.

● *Flugzeug* **Internationaler Flughafen „Antonio Maceo"**, Carretera Morro, ✆ 691014. Inlandsflüge mit Aerocaribbean, Calle San Pedro e/ Heredia y San Basilio, ✆ 687255; Aerogaviota, Calle 17 Nr. 53, ✆ 641243; Cubana de Aviación, Calle José A Saco 253 esquina San Pedro, ✆ 651577-79.
Internationale Flüge nach Santiago de Cuba gibt es von Deutschland, Österreich und der Schweiz aus nicht.

● *Schiff* **Marina Santiago de Cuba**, Calle 1ra A Nr. 4, Punta Gorda, ✆ 6691446, 6686314, ✆ 6686108.

Auf einen Blick

Telefon-Vorwahl: 022
(für die gesamte Provinz)

● *Apotheke* **Farmacia Internacional** im Hotel „Santiago", tägl. 24 Std., Calle José A. Saco 402 sowie in der Clínica Internacional, tägl. 24 Std., Avenida Raúl Pujol esquina 10, ✆ 642589.

● *Ärztliche Versorgung* **Clínica Internacional**, tägl. 24 Std., Avenida Raúl Pujol esquina 10, ✆ 642589. **Hospital Provincial Clínico Quirúrgico**, Avenida de los Libertadores, ✆ 626571-79. **Policlínico Camilio Torres**, Calle Heredia 358 e/ Reloj y Calvario.

● *Autovermietung* **Cubacar**, tägl. 9–12 + 13–18 Uhr, Calle Heredia 201 esquina General Lacret (im Komplex des Hotels „Casa Granda").

● *Banken* **Banco de Crédito y Comercio**, Mo–Fr 8–17, Sa 8–11 Uhr, Calle General Lacret esquina Aguilera.
Banco Popular de Ahorro, Mo–Fr 8–15.30 Uhr, Calle Aguilera 458 (an der Plaza de Dolores).
Banco de Crédito y Comercio, Mo–Fr 8–18, Sa 8–11 Uhr, Calle José A. Saco esquina Valiente.
Cadeca, Mo–Sa 8.30–18, So 8.30–12 Uhr, Calle Aguilera 508 e/ Reloj y Rabí.

● *Feste* Santiago feiert im Grunde genommen das ganze Jahr über: Mitte Mai steht das **Festival de Baile** (Tanz-Festival) auf dem Programm. Die **Fiesta de San Juan** wird traditionell am 24. Juni begangen. Ebenfalls Ende Juni stehen die **Boleros de Oro** auf der Party-Liste, gefolgt von der **Fiesta del Caribe** mit Theater und Vorträgen sowie Anfang Juli von der **Fiesta del Fuego** (Feuer-Fest), bei der Musik und Tanz im Vordergrund stehen. Der **Karneval**, für den Santiago landesweit berühmt ist, beginnt immer am Wochenende vor dem 25. Juli. An das **Festival de Pregón** im September, das man in traditionellen Trachten begeht, schließt sich Anfang Oktober das **Festival de la Trova** an. Den Reigen der Festivitäten beschließt Ende November das **Internationale Chor-Festival**, das in der „Sala de Conciertos Dolores", der früheren Iglesia de Nuestra Señora de los Dolores, an der gleichnamigen Plaza stattfindet.

● *Internet* In allen Hotels gegen Gebühr verfügbar.

Übernachten

- 2 Villa Santiago
- 3 Casa Gallart
- 4 Casa Cary y Tony
- 6 Casa Lilita
- 8 Meliá Santiago de Cuba
- 9 Las Américas
- 10 Casa Rafael González Martínez
- 13 San Juan
- 14 Casa Ariel Martínez Cuevas
- 15 Casa Dulce María Hung

Essen & Trinken

- 5 El Zunzun
- 7 Café Palmares
- 8 Pizza Nova
- 11 La Maison
- 12 El Rápido Los Algarrobos
- 16 Salón Tropical
- 17 Coppelia La Arboleda

Nachtleben

- 1 Teatro Heredia
- 13 La Terraza San Juan
- 18 Casa de las Tradiciónes

Santiago de Cuba

- *Kinder, Kinder* Im kleinen **Vergnügungspark** am Loma de San Juan, der 1985 errichtet wurde, gibt es ein antikes Riesenrad, ein angerostetes Karussell und eine angestaubte Cafetería – bei allen drei gilt „Benutzung auf eigene Gefahr", schließlich kennt man auf Cuba weder TÜV noch Lebensmittelpolizei. Carretera Siboney km 1,5.
- *Notruf* **Polizei**, 116. **Feuerwehr**, 115. **Ambulanz**, 623300, 635300.
- *Postleitzahl* 90100
- *Post* Tägl. 9–19 Uhr, Calle Aguilera 519 esquina Clarin.
- *Shopping* **Boutique Casa Granda**, Klamottenladen des gleichnamigen Hotels, verkauft neben Damenbekleidung auch Souvenirs. Tägl. 9–12 + 13–18 Uhr. Calle Heredia 201 esquina General Lacret.
ARTex hat Souvenirs, CDs, Postkarten, Stadtpläne, Bücher, Instrumente und Unterhaltungselektronik im Sortiment. Tägl. 8–20 Uhr. Calle Heredia e/ General Lacret y Peña.
Galería Oriente bietet in einer ständigen Ausstellung Gemälde und Keramiken von Künstlern aus Santiago zum Kauf an. Di–So 9–21 Uhr. Calle General Lacret 653 e/ Heredia y Aguilera, ✆ 657399, 657501.
Galería La Confronta verkauft Arbeiten cubanischer Maler und Bildhauer. Mo–Fr 10–18, Sa 10–14 Uhr. Calle Heredia 266 esquina Carnicería.
Bazar ARTex führt Souvenirs, CDs und Bekleidung. Tägl. 9–24 Uhr. Calle Heredia 304 (beim Lokal „El Patio ARTex").
El Siglo ist ein kleines Shopping-Center in der Haupteinkaufsstraße José A. Saco (alter Name: Enramada) mit breitem Angebot von Kosmetik- bis Sportartikeln, von Kleidung bis Möbeln. Mo–Sa 9–17, So 9–12 Uhr. Calle José A. Saco.
Novedades verkauft Kinder-, Damen- und Herrenbekleidung. Mo–Sa 9–12 + 13–18 Uhr. Calle José A. Saco.
El Trianón hat Kosmetika, Kleidung, Schuhe und Spielwaren im Angebot. Mo–Sa 9.10–17.10, So 9.10–12 Uhr. Calle José A. Saco.
Tienda de la Música ist ein CD-Laden, der auch Musikinstrumente im Sortiment hat. Mo–Sa 9–17 Uhr. Calle José A. Saco (gegenüber dem „Gran Hotel").
La Bombonera, ein Supermarkt, versorgt mit Getränken und Lebensmitteln. Mo–Sa 9.10–17.10, So 9.10–12 Uhr. Calle Aguilera (Nähe Parque Céspedes).
El Encanto ist eines der Geschäfte für Haushaltsartikel und Unterhaltungselektronik. Mo–Sa 9–12 + 13–18, So 9–12 Uhr. Calle José A. Saco.
La California, ein Gemischtwarenladen, hat ein buntes Sortiment von Kosmetika bis Stereoanlagen. Mo–Sa 9.10–17.10, So 9.10–12 Uhr. Calle José A. Saco.
21 de Abril bietet T-Shirts, Parfümerieartikel und allerlei Krimskrams. Mo–Sa 9–17, So 9–12 Uhr. Calle José A. Saco.
Tiendas Meridiano am östlichen Ende der Plaza Dolores hat Haushaltsartikel und -geräte, Kosmetika und Getränke im Angebot. Mo–Sa 9–17, So 9–12 Uhr. Calle Aguilera.
- *Taxi* **Cubataxi**, ✆ 651038, 651039, 624328. **Panataxi**, ✆ 687000.
- *Tourist-Information* **Cubatur**, tägl. 8–20 Uhr, Calle General Lacret 601 esquina Heredia (gegenüber vom Hotel „Casa Granda").

Essen & Trinken *(siehe Karten S. 614/615 und 618/619)*

- *Restaurants* **El Morro**, das Restaurant neben der gleichnamigen Festung, ist zwar ein reines Touristenlokal, aufgrund seiner Lage an der Steilküste direkt über der Karibischen See aber schon beinahe ein Muss. In der Taverne, von der aus man ein grandioses Panorama genießt, gibt es Duo-Menüs – Rindfleisch-Geschnetzeltes und Fisch, Schweinefleisch und Fisch oder Hähnchen und Fisch – zu denen Brot, Butter, Gemüse, Reis, Pommes frites oder frittierte Bananen, gemischter Salat, Dessert und Kaffee gereicht werden (einheitlich 10 CUC). Von den Künsten der Küche – die ihr Handwerk wirklich versteht – hat sich im Jahr 2000 übrigens auch Ex-Beatle Paul McCartney überzeugt. Sein Besteck und sein Teller hängen eingerahmt neben der Bar. Tägl. 12–21 Uhr (Hauptsaison), 12–17 Uhr (Nebensaison). Carretera Morro km 8,5, ✆ 691576.
El Zunzún (5), eines der eleganteren Restaurants der Stadt, das in einer schönen Villa im Landhausstil residiert, besticht nicht nur durch sein äußeres Erscheinungsbild, sondern auch durch seine extravagante Speisenkarte. Der Küchenchef empfiehlt seine „Medallón de Crustáceos" („Medallons von Krustentieren"), für die man stolze 21 CUC hinblättert. Ausgelöste Meeres-

Santiago de Cuba 617

früchte sind etwas günstiger (15 CUC), das traditionelle „Ropa vieja" gibt es zu einem Normalpreis (6 CUC). Tägl. 12–23 Uhr. Avenida Manduley 159 esquina 7, ℡ 640175.

La Maison (11), ein feines Restaurant im gleichnamigen Komplex, der zudem aus einer Boutique, der Cafetería „Las Arecas" und der „Patio-Bar" besteht, serviert von Pasta (ab 1,25 CUC) bis Hummer (20 CUC) eine breite Palette internationaler Speisen. Abends wird das Dinner regelmäßig mit Live-Musik untermalt, tagsüber wird man per Stereoanlage berieselt. Restaurant und Bar tägl. 18–1.15 Uhr, Cafetería tägl. 9.10–1.15 Uhr, Boutique tägl. 9.10–17 Uhr. Avenida Manduley esquina 1, ℡ 641117.

Pizza Nova (8) im Hotel „Meliá" mit Blick auf den Patio ist die wohl beste Wahl, wenn man in Santiago italienisch essen möchte. Die umfangreiche Speisekarte reicht von Mailänder Schnitzel (11 CUC) über Hähnchen mit Parmesan (9 CUC) bis hin zu Gnoccis (6,75 CUC). Die Pizzen aber sind die eigentliche Wucht: Es gibt kleine für 6–15 CUC, die in Europa wohl als normal angesehen würden, und große für 12,50–22,50 CUC, bei denen es sich um wahre „Wagenräder" handelt. Die schafft kein Mensch – jede Wette. Als Dessert wird u. a. Mandeltorte mit Eis und Amaretto (3 CUC) angeboten – hmmm. Tägl. 12–23 Uhr. Avenida de Las Américas esquina M, ℡ 687070.

Café Palmares (7), ein Gartenlokal schräg gegenüber vom Hotel „Meliá", bietet viele schattige Sitzplätze und ist eine preisgünstige Alternative zu den höherpreisigen Restaurants der Nobel-Herberge. Das Angebot ist zwar vergleichweise einfach, der kleine Hunger kann mit Sandwiches (1,50–2,50 CUC), Hähnchen (1,80–3 CUC) und Schweinesteaks (2,35 CUC) aber allemal gestillt werden. Tägl. 24 Std. Calle M e/ Avenida de las Américas y 6, ℡ 686210.

El Rápido Los Algarrobos (12), in einem kleinen Grünstreifen an der Avenida Raúl Pujol gelegen, verfügt über einen überdachten Freisitz – vor allem für ein Bierchen an schwülen Sommerabenden gar nicht übel. Das Angebot ist natürlich Rápido-typisch mit Sandwiches, Tüten-Chips, Eis, Süßigkeiten und einer ordentlichen Getränkeauswahl (alles unter 2 CUC). Tägl. 24 Std. Avenida Raúl Pujol e/ 7 y 9.

Coppelia La Arboleda (17) ist ebenso beliebt wie das Pendant in Havanna – also Schlange stehen! Eis, Kuchen und Erfrischungsgetränke zahlt man in Pesos, die Tische des Cafés an der viel befahrenen Avenida Victoriano Garzón stehen unter Schatten spendenden Betonpilzen. Di–So 9–16 + 16.20–23.20 Uhr. Avenida de los Libertadores esquina Garzón, ℡ 620435.

Libertad (20), das ordentliche, aber leicht sterile Restaurant im Hotel gleichen Namens, hat eine der längsten Speisekarten der Stadt. Das Angebot reicht von Pizza und Spaghetti über Hähnchen, Rind- und Schweinefleisch bis hin zu Meeresfrüchten. Besonders empfehlenswert ist „Mariscada Libertad", eine Platte mit Garnelen, Languste und Fisch, für (vernünftige) 6 CUC. Tägl. 7–23 Uhr. Calle Aguilera 658 e/ Placido y Marte, ℡ 628360.

Don Antonio (25), das wohl edelste Lokal an der Plaza de Dolores, ist nett eingerichtet, nicht überteuert und bietet eine breite Palette von Speisen, die im Restaurant wie auch auf dem Freisitz an der Plaza serviert werden. Neben traditioneller kreolischer Küche gibt es fangfrische Fische und Meeresfrüchte von 6,50 CUC (gegrillte Garnelen) bis 14,50 CUC (ausgelöste Languste). Unbedingt probieren sollte man das mit Käse überbackene Fischfilet „Don Antonio" (8 CUC) – begleitet von den leisen Klängen eines Live-Trios. Tägl. 11–23 Uhr. Plaza de Dolores, ℡ 652307.

La Perla de Dragón (24) ist der Chinese an der Plaza de Dolores. Nachdem in dem Mittelklasselokal die Klimaanlage stets auf Hochtouren läuft, nimmt man besser an den Tischen auf der Plaza Platz. Die Speisen sind preisgünstig und schmackhaft – Spezialität ist „Grillada Chun Wa", eine Grillplatte mit Hähnchen, Fisch und Garnelen, die mit Reis und Salat serviert wird (7 CUC). Chop Suey mit Garnelen kostet 4,75 CUC. Tägl. 11–23 Uhr. Plaza de Dolores, ℡ 653082.

La Teressina (23), ein nettes italienisches Restaurant an der Plaza de Dolores, zu dem das Interieur (weiße Stühle mit grünem Plüschbezug) nicht ganz passt, hat nicht nur Pizza (1,80–4,30 CUC) auf der Karte, sondern beispielsweise auch Saltimboca (4 CUC), Shrimps (um 5 CUC) und Hähnchen à la Teressina (2,80 CUC). Die Portionen sind ordentlich, vor dem Verzehr von Rindfleischgerichten sollte man allerdings den Sitz seiner dritten Zähne prüfen. Tägl. 12–23 Uhr. Plaza de Dolores, ℡ 686484.

La Taberna de Dolores (30) bedient seine Gäste an der gleichnamigen Plaza in einem schönen Innenhof, in dem an einem Holzkohlengrill u. a. Schweinefleisch gebrutzelt wird. Daneben gibt es in dem rustikalen Restaurant diverse Hähnchen-Variationen. Komplette Menüs schlagen mit 6–8 CUC zu Buche – allerdings bestellt man besser gleich zwei, wenn man wirklich satt werden möchte. Die Portionen sind nämlich alles andere als groß. Tägl. 12–16 + 18–0.45 Uhr. Calle Aguilera 468 e/ Reloj y Calvario, ✆ 623913.

Mar Irit (27) an der Westseite der Plaza de Dolores hat sich zwar auf Meeresfrüchte spezialisiert, bietet allerdings auch kreolische Gerichte wie Schweinesteaks und Hähnchen. Bezahlt wird in dem einfachen, aber sauberen Lokal mit Pesos – Hauptgerichte kosten zwischen 20 CUP/ca. 0,80 CUC und 25 CUP/ca. 1 CUC. Tägl. 12–23.45 Uhr. Calle Calvario e/ Aguilera y José A. Saco.

Matamoros (28) liegt direkt neben dem „Mar Irit" und ist das deutlich schönere der beiden Restaurants. Die Atmosphäre ist gemütlich, die Einrichtung rustikal, nur die Empfehlung des Küchenchefs mutet auf den ersten Blick etwas abenteuerlich an: Hähnchen mit Garnelen, er nennt es „Grillada Matamoros" (4,50 CUC). Beim Probieren stellt man allerdings schnell fest, dass die Kombination gar nicht so abwegig ist. Tägl. 12–23 Uhr. Calle Calvario esquina Aguilera, ✆ 686459.

Cafetería Las Enramadas (26) an der nordwestlichen Ecke der Plaza de Dolores ist eher für eine kurze Verschnaufpause geeignet als zum Dinieren. Als Snacks gibt es Sandwiches (2–2,50 CUC) und Hähnchen (2 CUC), an Getränken werden Limonaden (0,70 CUC) und Bier (1 CUC, Becks 1,30 CUC) serviert. Am Abend ist das Terrassen-Lokal oft von Cubanern bevölkert, die hier ihre ersten Drinks nehmen, bevor sie auf die Piste gehen. Tägl. 24 Std. Plaza de Dolores, ✆ 652205.

1900 (46) erwartet seine Gäste in der ehemaligen Privatresidenz der Familie Bacardí – das Interieur mit Kristallüstern und antiken Möbeln spiegelt noch immer eine gewisse Eleganz wider. Aus der Küche kommen traditionelle cubanische Gerichte wie gegrilltes Hähnchen (5 CUC), Fischfilet (7 CUC) oder Garnelen (8 CUC) – jeweils serviert mit Reis, frittierten Bananen und Salat. Vorsicht: Touristen wird gerne zunächst die Speisekarte mit den günstigen Peso-Preisen vorgelegt, beim Bezahlen dann aber zu einem überhöhten Kurs in Devisen abgerechnet. Di–So 12–16 + 18–23.45 Uhr. Calle

Nachtleben
19 Los Dos Abuelos
21 La Iris
30 La Taberna de Dolores
32 Cafetería Isabelica
36 Casa de la Música
37 Club 300
39 El Patio ARTex
40 Casa de la Cultura
41 Bar Casa Granda
42 Casa de la Trova
44 Casa de los Estudiantes
53 Anteneo

San Basilio 354 e/ Carnicería y San Félix, ✆ 623507.

San Basilio (38), das Restaurant des gleichnamigen Hotels, ist zwar ebenso klein wie die hübsche Herberge (5 Tische), hat aber genauso viel Flair. Neben Hähnchen-Cordon-bleu (3,75 CUC) und einem gegrillten Vogel dieser Spezies (2,50 CUC) finden sich auf der Karte auch ein paar außergewöhnliche Gerichte wie „Pescado San Basilio", ein Fischfilet mit einer Soße aus tropischen Früchten (5,85 CUC). Tägl. 7.30–21.30 Uhr. Calle San Basilio 403 e/ Calvario y Carnicería, ✆ 651702.

El Baturro (33), ein Peso-Restaurant mit Bar, liegt sehr zentral in einer der Hauptstraßen der Altstadt und ist für den kleinen Hunger und den kleinen Geldbeutel durchaus zu empfehlen. Serviert werden ausnahmslos cubanische Gerichte von verschiedenen Hähnchen-Variationen (12,50–25

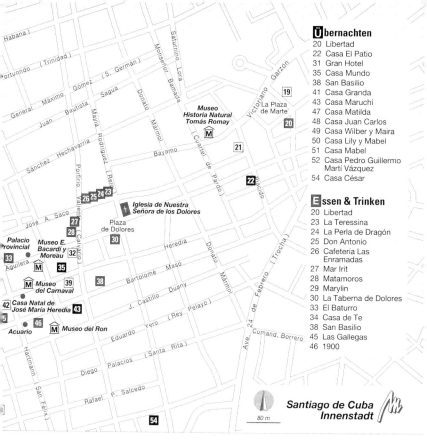

CUP/ca. 0,52–1 CUC) über gebratenes Schweinefleisch (18 CUP/ca. 0,75 CUC) bis hin zu Fisch (18,50 CUP/ca. 0,75 CUC). Die Cocktails, die an einem langen, antiken Tresen gemixt werden, sind ebenfalls nicht teuer, werden aber in Devisen (rund 2 CUC) berechnet. Tägl. 12–23.45 Uhr. Calle Aguilera esquina San Félix, ✆ 629697, 623933.

Marylin (29), eine rund um die Uhr geöffnete Peso-Cafetería im Herzen der Altstadt, serviert zwar auch Snacks wie etwa Spaghetti (16 CUP/ca. 0,65 CUC), hat allerdings eher das Zeug zu einer Zwischenstation – tagsüber für Shopper, nachts für Disco-Hopper. Limonaden gibt es für 10 CUP/ca. 0,40 CUC, Bier für 18 CUP/ca. 0,75 CUC, eine Flasche Rum für 57 CUP/ca. 2,40 CUC. Calle General Lacret esquina Saco, ✆ 654575.

Casa de Té (34) an der nordöstlichen Ecke des Parque Céspedes hat sich auf Heißgetränke (Kaffee, Tee, Schokolade) spezialisiert, serviert aber auch Erfrischungsgetränke, Bier und Snacks. Di–So 9–21 Uhr. Calle Aguilera esquina General Lacret.

• *Paladares* **Las Gallegas (45)**, ein Privat-Restaurant im Zentrum, ist eine wirklich gute Wahl: Das Essen schmeckt ausgezeichnet, die Portionen sind reichlich, die Preise vernünftig, der Service freundlich – was will man mehr? Spezialität des Hauses ist Lamm, es gibt aber auch cubanische Hausmannskost. So oder so kosten alle Menüs inkl. Reis, frittierten Bananen und Salat einheitlich 8 CUC. Kleiner Tipp am Rande: Auf dem Balkon des im 2. Obergeschoss liegenden Lokals gibt es zwei nette Zweiertische. Tägl. 13–23 Uhr. Calle San Basilio 305 (altos) e/ General Lacret y San Félix, ✆ 624700.

Salón Tropical (16) liegt etwas versteckt am Stadtrand im Viertel Santa Bárbara, lohnt aber, gefunden zu werden, denn das kulinarische Angebot ist ein Genuss. Die Speisekarte wechselt zweimal wöchentlich, donnerstags und freitags kocht man italienische Spezialitäten, die sich keineswegs auf Pasta und Pizza beschränken, an den anderen Tagen werden traditionelle cubanische Gerichte und Gegrilltes aufgetischt. Die Preise sind annehmbar – für Menüs mit Schweine- oder Rindfleisch als Hauptgang zahlt man 4–6 CUC, mit Fisch 7,50 CUC. Tägl. 13–24 Uhr. Calle Luis Fernández Marcané 310 e/ 9 y 11, ✆ 641161.

Nachtleben (siehe Karten S. 614/615 und 618/619)

Casa de la Trova (42) wurde 1986 eröffnet und gilt als die berühmteste ihrer Art in ganz Cuba. Also: ein absolutes Muss! Die Auftritte von Solisten, Gruppen und Orchestern beginnen bereits mittags (für die Tagesausflügler), richtig rund geht es aber eigentlich erst abends, wenn normalerweise nicht nur das Haus voll ist, sondern auch auf dem Gehsteig davor getanzt wird (von den Cubanern, die sich den Eintritt nicht leisten mögen). In der Casa gibt es zudem ein kleines Geschäft, das neben Souvenirs auch CDs und Kleidung verkauft (tägl. 11–20 Uhr). Eintritt von 12–20.45 Uhr 1 CUC, ab 21 Uhr 3–5 CUC, je nach Künstler(n). Das täglich wechselnde Programm ist der Tafel am Eingang zu entnehmen. Tägl. 12–1 Uhr. Calle Heredia 208 e/ General Lacret y San Félix, ✆ 652689.

Casa de los Estudiantes (44) ist der Ort, an dem man sich zum Tanz (abends) oder Tanzunterricht (tagsüber) trifft. Gelegentlich tritt in dem nahe der „Casa de la Trova" gelegenen Kulturzentrum auch das aus Santiago stammende und landesweit bekannte Ballett-Ensemble „Folclórico Cutumba" auf. Ausstellungen mit Werken einheimischer Künstler runden das Angebot ab. Das Wochenprogramm findet man an einer Wand links hinter der Eingangstür. Mo–Do 9–18, Fr–So 9–1 Uhr. Calle Heredia 204 e/ General Lacret y San Félix, ✆ 627804.

El Patio ARTex (39) liegt ebenfalls in der Calle Heredia, wenige Schritte von der „Casa de la Trova" und der „Casa de los Estudiantes" entfernt. Wenn einem also dort die Musik nicht gefällt oder die Bude wieder einmal rappelvoll ist – einfach weiterbummeln, denn auch hier treten schon nachmittags (16–19 Uhr) und natürlich auch abends (21–2 Uhr) Live-Gruppen auf. Während der Eintritt am Nachmittag frei ist, zahlt man am Abend 2 CUC. Zur meist traditionellen cubanischen Musik werden Cocktails und Bier serviert, als Mitternachtssnack gibt es diverse Kleinigkeiten. Tägl. 11–2 Uhr. Calle Heredia 304 e/ Calvario y Carnicería.

Bar Casa Granda (41), die Lobby-Bar im Erdgeschoss des gleichnamigen Hotels mit Blick auf den Parque Céspedes, ist nicht zuletzt wegen ihrer zentralen Lage jeden Abend brechend voll. Manchmal spielen Live-Trios, manchmal unterhält ein Zauberer die Gäste, zu denen viele Cubaner zählen. Schade ist nur, dass zu dieser Zeit die Bar auf der Dachterrasse des Hauses, die tagsüber so wunderbare Ausblicke bietet, nicht ebenfalls geöffnet ist. Tägl. 9–1 Uhr. Calle Heredia 201 esquina General Lacret, ✆ 653021, 652645.

Casa de la Cultura (40), neben dem Hotel „Casa Granda" in den Räumen des früheren „Club San Carlos" untergebracht, unterhält allabendlich mit Musik, Theater, Tanzdarbietungen oder Lesungen. Was man sich ansehen oder anhören kann, ist auf einer Programmtafel am Eingang zu erfah-

„Wohnzimmer" der Troubadoure

Santiago de Cuba

ren. Do–So gibt es in aller Regel Rumba-Abende, klassische Konzerte oder traditionelle cubanische Musik – bei freiem Eintritt. Tägl. 9–22 Uhr. Calle General Lacret 651 e/ Aguilera y Heredia, ℡ 625710.

Anteneo (53) residiert im früheren „Colegio de Abogados", der Anwaltskammer Santiagos, und bietet in dem schönen, aber leider halb verfallenen Kolonialpalast Musik für Jung und Alt. Immer donnerstags steht die „Noche de Bolero" speziell für das gesetztere Publikum auf dem Programm, an den übrigen Tagen wechseln sich moderne und traditionelle Live-Bands ab. Den Eintritt (5 CUP/ca. 0,20 CUC) bezahlt man ebenso in Pesos wie die Getränke. Do–So 21–2 Uhr. Calle Santo Tomás 755, ℡ 652322.

Casa de la Música (36) gehört wie die Nachtlokale gleichen Namens in Havanna zur cubanischen Egrem-Gruppe, die sozusagen das anspruchsvolle Nightlife des Landes managt. Folge: Das Programm ist nahezu identisch. Zuerst gibt es allabendlich ab 22 Uhr eine Show mit Live-Musik verschiedenster Gruppen, danach volle Dröhnung mit Disco- oder House-Musik. Eintritt 5–10 CUC, je nach Bekanntheitsgrad der Formation. Wer auftritt, erfährt man an einem Aushang am Eingang. Immer sonntags gibt es zudem von 15–19 Uhr eine Matinee mit Musik von gestern für die etwas älteren Semester. Tägl. 22–2.30 Uhr. Calle Corona 566 e/ Aguilera y Saco, ℡ 652227

Casa de las Tradiciones (18), eine heimelige Anlaufstelle, wenn es Nacht wird in Santiago, ist mit Fotos und Postern von Künstlern förmlich tapeziert. Ganz witzig ist auch der aus halbierten Weinfässern bestehende Bartresen. Live-Musik gibt es grundsätzlich ab 21 Uhr (Eintritt 2 CUC), Sa und So von 11.30–15 Uhr wird zudem zu sogenannten Matinees geladen. Mi–Mo 11.30–24 Uhr. Calle General Rabí 154, ℡ 653892.

Club 300 (37) zählt zu den besten Adressen, wenn man sich abends unters (cubanische) Volk mischen will. Bis 20 Uhr fungiert das Lokal als Cafetería, ab 22 Uhr verwandelt es sich in eine meist proppenvolle Disco, in der es auch Karaoke-Abende und Live-Musik gibt. Für die Putzstunde dazwischen wird kurzzeitig geschlossen. Eintritt Di–Do 2 CUC, Fr–So 3 CUC (jeweils inkl. einem Getränk). Cafetería tägl. 12–20 Uhr, Diskothek Di–So 22–2 Uhr. Calle Aguilera 302 e/ General Lacret y San Félix, ℡ 653532.

La Iris (21) ist ein typisch cubanisches Centro nocturno nahe der Plaza de Marte, in dem ab 22 Uhr zunächst Live-Bands und Humoristen auftreten, die später von den Gästen – Einheimische wie Touristen gleichermaßen – mit Karaoke-Gesängen und Tanz abgelöst werden. Sonntags gibt es bereits ab 15 Uhr Musik. Im Untergeschoss findet man außerdem eine kleine 24-Stunden-Cafetería. Tägl. 22–2 Uhr. Calle Aguilera 617 e/ Bernada y Placido, ℡ 654910.

Cafetería Isabelica (32) – ein absolutes Muss, wenn es eine typisch cubanische Kneipe sein soll. Das einfache Lokal nahe der Plaza de Dolores mit seinen Holztischen und der schummrigen Atmosphäre ist Cuba wie es leibt und lebt. Getrunken wird überwiegend Bier (18 CUP/ca. 0,75 CUC) und Rum (60 CUP/ca. 2,50 CUC pro Flasche!), gezahlt wird mit Pesos, gespielt Son und Salsa – oft schon tagsüber, auf jeden Fall aber abends. Ebenfalls empfehlenswert: starker cubanischer Kaffee mit einem kräftigen Schuss Rum. Tägl. 7–23 Uhr. Calle Aguilera 552 esquina Calvario.

La Taberna de Dolores (30), in Santiago auch unter dem Namen „Bodegón" bekannt, ist nicht nur ein nettes Speiselokal, sondern allabendlich ab 20 Uhr auch eine Bühne für Son-Sänger und Trovadores. Die ausgezeichneten Cocktails der Bar (um 3 CUC), die zur Live-Musik serviert werden, machen aus dem Hör-Erlebnis auch eines für den Gaumen. Tägl. 18–0.45 Uhr. Calle Aguilera 468 e/ Reloj y Calvario, ℡ 623913

Los Dos Abuelos (19), der „Buena Vista Social Club" von Santiago, hält, was der Name (Die zwei Großväter) verspricht. In dem begrünten Innenhof an der Plaza de Marte spielen jeden Abend ab 22 Uhr traditionelle, oft mit mehr als zwei „Großvätern" besetzte Gruppen Live-Musik vom Feinsten (Eintritt 2 CUC). Dazu gibt es eine breite Getränkeauswahl. Tagsüber wird der schattige Patio als Cafetería genutzt. Tägl. 7–2 Uhr. Calle Pérez Carbo 5 e/ Esariol y José A. Saco, ℡ 623302.

Teatro Heredia (1) schräg gegenüber der Plaza de la Revolución Antonio Maceo bringt an den Wochenenden klassisches Schauspiel auf die Bühne. Das genaue Programm entnimmt man einem Aushang am Info-Counter. Die Vorstellungen beginnen Fr und Sa um 20.30, So um 17 Uhr. Eintritt 5 CUC, Plätze auf dem Balkon 3 CUC. Avenida de las Américas e/ Independencia y Avenida de los Desfiles, ℡ 643178, 643190.

La Terraza San Juan (13), das Cabaret des Hotels „San Juan", präsentiert jeden Abend ab 22 Uhr eine witzige Open-Air-Show mit Tänzerinnen, Sängern, Humoristen und Zauberern, bei der man rundum gut unterhalten wird (Eintritt 1 CUC). Die Getränkepreise sind mit 1 CUC für Limonaden und Bier erfreulich niedrig. Nach dem Spektakel gibt es Disco-Musik bis zum Abwinken. Tägl. 20–1 Uhr. Carretera Siboney km 1,5, ✆ 687200.

Tropicana Santiago, die „Zwillingsschwester" des gleichnamigen Nachtlokals in Havanna, liegt 2 km nordöstlich der Plaza de la Revolución an der Autopista. Vielleicht nicht ganz so formell wie in der Hauptstadt, bieten die langbeinigen Tänzerinnen unter freiem Himmel ein sehr freizügiges Feuerwerk aus Musik, Licht und viel nackter Haut. Trotz der ziemlich happigen Eintrittspreise von bis zu 45 CUC ist das Haus regelmäßig ausverkauft. Nach dem Ende der um 22 Uhr beginnenden Varieté-Shows öffnet der „Club Tropical", die Diskothek des Cabaret-Komplexes (Eintritt 5 CUC pro Paar), in dem die Besucher dann selbst das Parkett stürmen können. Tägl. 21–2 Uhr. Autopista Nacional km 1,5. ✆ 642579, 687020, ✆ 646573.

Cabaret San Pedro del Mar liegt unmittelbar neben dem Hotel „Balcón del Caribe" und ist die Mini-Ausgabe des legendären „Tropicana". Die Tatsache, dass das Nachtlokal nicht dessen Dimension hat, spiegelt sich auch in den Eintrittspreisen wider, die mit 8 CUC/Person sehr vernünftig ausfallen. Trotzdem steht die Show der des Star-Ensembles kaum nach – hier wie dort gibt es viele langbeinige Grazien mit viel Federschmuck und wenig Stoff zu sehen. Die etwa 90-minütige Show beginnt um 22 Uhr, danach geht die Disco-Post ab ... Sa–Mi 20–2 Uhr. Carretera Morro km 7,5. ✆ 691287, 694037.

Rancho Club ist das Cabaret des gleichnamigen Hotels und hat für die Besucher ein attraktives Paket geschnürt. Für 10 CUC Eintritt pro Paar gibt es zwei Essen (frittiertes Hähnchen etc.), eine Flasche Rum, zwei Bier und zwei Cola – wenn das nicht günstig ist. Dazu wird eine Bühnen-Show präsentiert, bevor man zu Discoklängen selbst abtanzen kann. Mi–So 21.30–1 Uhr. Carretera Central km 4,5. ✆ 633280, 633202.

Übernachten (siehe Karten S. 614/615 und 618/619)

• *Hotels* ***** **Meliá Santiago de Cuba (8)**, die absolute Nummer eins der Stadt hinsichtlich Größe und Luxus, ist von seinem äußeren Erscheinungsbild ein wenig gewöhnungsbedürftig. Mit seiner Glasfront und den vielen bunten Farben, die die Fassade zieren, wird es sicherlich keinen Preis für gelungene Architektur bekommen – aber man wohnt ja schließlich drinnen. Und dort macht das Meliá dem Ruf der Hotel-Kette alle Ehre. Sowohl Lobby als auch Restaurants und Zimmer sind hochmodern und tipptopp. Insgesamt gibt es vier Lokalitäten (unbedingt die „Pizza Nova" ausprobieren!), drei Swimmingpools, Sauna, Fitness-Raum und viele Geschäfte. Die 302 Zimmer, darunter 30 Junior-Suiten und drei Suiten, sind geräumig und mit allen Annehmlichkeiten ausgestattet. EZ 67–80 CUC, EZ-Junior-Suite 84–99 CUC, DZ 74–87 CUC, DZ-Junior-Suite 91–106 CUC, Triple 105–124 CUC, Triple-Junior-Suite 130–151 CUC, je nach Saison. Avenida de Las Américas esquina M. ✆ 687070, ✆ 687170, reservas1.msc@solmeliacuba.com, www.solmeliacuba.com.

**** **Casa Granda (41)** ist wohl die beste Wahl, auch wenn es in Santiago höher kategorisierte Hotels gibt. Mitten in der Stadt direkt am Parque Céspedes gelegen, bietet das aufwändig restaurierte Haus aus den 1920er Jahren 59 schicke Zimmer, darunter drei Junior-Suiten. Das Hotel hat ein Buffet- und ein À-la-carte-Restaurant, eine Snackbar im Erdgeschoss, in der man abends in der Regel kaum einen Platz findet, und eine weitere Bar auf der Dachterrasse, auf der man unbedingt einen Drink nehmen sollte, auch wenn man nicht in dem Haus logiert – allein des Panoramas wegen. EZ 63–78 CUC, DZ 96–112 CUC, Suite 116–132 CUC, je nach Saison. Calle Heredia 201 esquina General Lacret. ✆ 653021-24, ✆ 686035, reserva@casagran.gca.tur.cu, www.gran-caribe.com.

*** **Las Américas (9)**, der etwas angestaubte Hotel-Kasten schräg gegenüber der Nobel-Herberge „Meliá", liegt recht nah an den Sehenswürdigkeiten wie der Plaza de la Revolución oder der Moncada-Kaserne. Das Haus verfügt über zwei Restaurants und zwei Bars, die Cafetería hat rund um die Uhr geöffnet. Daneben gibt es einen Swimmingpool sowie alle touristisch relevanten Einrichtungen. Die 70 Zimmer, darunter zwei Suiten, sind einfach, aber zweck-

Santiago de Cuba

mäßig ausgestattet und haben Bad, Klimaanlage, Telefon, Satelliten-TV und Safe. EZ 44–53 CUC, DZ 58–69 CUC, Suite 84–100 CUC, je nach Saison. Avenida de Las Américas esquina General Cebreco. ✆ 642011, ✆ 687075, comerc@hamerica.hor.tur.cu.

*** **San Juan (13)** findet man am Stadtrand in der Nähe des gleichnamigen Hügels, an dem der Zweite Unabhängigkeitskrieg vorentschieden wurde, und dort inmitten einer Dschungellandschaft. Immer wieder beschleicht einen das Gefühl, jeden Moment müsste Tarzan an einer Liane vorbeigleiten – erst recht, wenn im benachbarten Zoo die Löwen brüllen. Die Lage der Anlage bedeutet allerdings auch, dass die Zimmer bei Ameisen ebenso beliebt sind wie bei den Gästen. Und – ganz ehrlich – auch nach Schlangen sollte man regelmäßig Ausschau halten, die sich gern in die hohlen Treppengeländer für ein Nickerchen zurückziehen. Trotzdem sind die Bungalows, in denen sich jeweils vier Gästezimmer befinden, eine gute Wahl. Das Hotel verfügt über mehrere Restaurants, zwei Bars, eine davon am Swimmingpool, und eines der unterhaltsamsten Cabarets in Santiago. Die 100 Zimmer sind ordentlich eingerichtet und haben Bad, Klimaanlage, Radio, Satelliten-TV, Minibar, Safe sowie Balkon oder Terrasse. EZ 44–53 CUC, DZ 58–69 CUC, Triple 78–93 CUC, Suite 84–100 CUC, je nach Saison. Carretera Siboney km 1,5. ✆ 687200, ✆ 687017, jcarpeta@sanjuan.co.cu.

*** **Villa Santiago (2)**, am östlichen Rand von Santiago im Stadtteil Vista Alegre gelegen, ist Ziel von Busgruppen und Individual-Touristen, die über einen Mietwagen verfügen – allen anderen ist es aufgrund seiner Entfernung von den Sehenswürdigkeiten und vom Zentrum nicht zu empfehlen. Die 49 großzügigen Zimmer mit Bad, Klimaanlage, Satelliten-TV, Telefon, Minibar und einer kleinen Kochecke befinden sich in 14 Bungalows. Über die Anlage verteilt sind Restaurant, Cafetería, Snackbar, Bar und Swimmingpool. Außerdem gibt es ein Geschäft, Tourist-Info und Internet-Ecke. EZ 40–50 CUC, DZ 50–60 CUC, Triple 10 CUC (für die dritte Person), je nach Saison. Avenida Manduley 502 e/ 19 y 21. ✆ 641598, 641368, ✆ 687166, comercial@gaviota.co.cu.

*** **Versalles** befindet sich im Stadtviertel gleichen Namens zwischen dem Internationalen Flughafen „Antonio Maceo" und dem Stadtzentrum (jeweils ca. 3,5 km). Neben Restaurant, Cafetería und zwei Bars verfügt das Haus auch über einen Nachtclub, Swimmingpool, Geschäfte und viele andere obligatorische Einrichtungen. Die 62 Zimmer sind kategoriegerecht mit Klimaanlage, Satelliten-TV, Telefon, Safe und Minibar ausgestattet. EZ 45–50 CUC, DZ 65–72 CUC inkl. Frühstück, je nach Saison. Carretera Morro km 1. ✆ 691016, ✆ 686039, comercial@hotelversalles.co.cu.

*** **Balcón del Caribe** liegt 7 km außerhalb von Santiago in der Nähe des Internationalen Flughafens und der Festung El Morro direkt an der Karibik-Küste – wenn man einen fahrbaren Untersatz hat, schon allein deshalb eine Überlegung wert. In der aus Haupthaus und Bungalows bestehenden Anlage gibt es ein internationales Restaurant, Cafetería, Bar und einen Swimmingpool, dem die türkis schimmernden Wellen der Karibischen See zu Füßen liegen. Die 72 Zimmer, darunter zwei Suiten, und die 20 Bungalows (mit Meerblick) sind nicht luxuriös, aber sauber und zweckmäßig eingerichtet. Sie verfügen über Bad, Klimaanlage, Minibar, Telefon und Satelliten-TV. EZ 34–43 CUC, DZ 48–59 CUC, Suite 64–79 CUC inkl. Frühstück, je nach Saison. Carretera Morro km 7,5. ✆ 691011, ✆ 692398, carpeta@bcaribe.scu.cyt.cu.

** **San Basilio (38)**, wohl eines der kleinsten, ganz sicher aber nicht das schlechteste Hotel der Stadt. Untergebracht in einem wunderschön restaurierten Kolonialgebäude, verfügt das Haus, das von deutschen Reiseveranstaltern sicherlich unter dem Begriff Flair-Hotel geführt werden würde, über acht geschmackvoll eingerichtete Zimmer mit Bad, Klimaanlage, TV und Minibar, die sich um einen begrünten Innenhof gruppieren. So hübsch wie das Gebäude selbst ist auch das Hotel-Restaurant, in dem es zwar nur fünf Tische gibt, auf denen allerdings erstklassige Speisen serviert werden. DZ 49 CUC inkl. Frühstück. Calle San Basilio 403 e/ Calvario y Carnicería. ✆ 651702, 651887, comercial@hostalsb.scu.cyt.cu.

** **Libertad (20)** ist ein Mittelklasse-Hotel direkt an der Plaza de Marte und liegt damit recht zentral am östlichen Eingang zur Altstadt. Von den nur 17 Zimmern sind einige innen liegend, haben also keine Fenster. Auch die Einrichtung der Räumlichkeiten ist sehr einfach. Das Beste an dem Haus ist das gleichnamige Restaurant, das eine der umfangreichsten Speisekarten Santiagos bietet. Um dort zu essen, muss man aber nicht zwangsläufig in dem Hotel wohnen... EZ 26–32 CUC, DZ 32–38 CUC, je nach Saison. Calle Aguilera 658 e/ Placido y Marte. ℅ 628360, reserva@libertad.tur.cu.

** Gran Hotel (31) – ein seltsamer Name für ein eher einfaches Haus, das gerade einmal über 15 Zimmer verfügt. Dennoch: Die Lage ist fast unschlagbar, das Hotel befindet sich mitten in der Haupteinkaufsstraße José A. Saco, alle Sehenswürdigkeiten der Altstadt sind in wenigen Minuten zu Fuß zu erreichen. Das Haus, das gleichzeitig als Hotelfachschule fungiert, hat ein Restaurant, eine Cafetería und eine Bar. Die Zimmer sind „basic", haben aber immerhin Bad, Klimaanlage, Telefon und TV. EZ 26 CUC, DZ 32 CUC, Triple 37 CUC. Calle José A. Saco 312 esquina San Félix, ℅ 653028, 653020.

** Rancho Club steht 4 km außerhalb des Stadtzentrums auf den Hügeln der Altos de Quintero an der Landstraße nach El Cobre. Die Anlage ist zwar nicht die neueste, die 30 Zimmer sind – eingerichtet mit Klimaanlage, Kabel-TV und Minibar – aber durchaus akzeptabel. Es gibt ein Restaurant, eine Cafetería und einen Swimmingpool, allesamt mit schönem Blick auf Santiago. Von Mi-So öffnet das Cabaret des Hauses – zu (fast) unschlagbaren Preisen. EZ 26–32 CUC, DZ 34–38 CUC inkl. Frühstück, je nach Saison. Carretera Central km 4,5, ℅ 633280, 633202.

• *Casas particulares* **Casa Mabel (51)** ist sicherlich eine der schönsten Casas particulares von Santiago mit absoluter Privatsphäre. Das Appartement mit eigenem Eingang hat neben dem Schlafraum auch ein Wohnzimmer und eine kleine Küche. Von der Dachterrasse aus, auf der man auch die Mahlzeiten einnehmen kann, genießt man einen herrlichen Blick über die Dächer der Altstadt bis hin zur Bucht. App. 25–30 CUC, je nach Saison. Calle Padre Pico 354 e/ San Basilio y Santa Lucía. ℅ 655317, rfiolp@yahoo.es.

Casa Lily y Mabel (50), ein sehr empfehlenswertes Quartier mit vielen deutschen Gästen, bietet zwei Zimmer mit Klimaanlage, Ventilator und Kühlschrank, von denen sich eines im Erdgeschoss, das andere in der ersten Etage befindet. Wer möchte, bekommt Frühstück und Abendessen. DZ 15–20 CUC, je nach Saison. Calle Corona 753 (altos) e/ Santa Rita y Santa Lucía, ℅ 695926.

Casa Gallart (3) im vornehmen Stadtviertel Vista Alegre ist eines der wenigen Schmuckkästchen unter den Privat-Quartieren. In der schönen Kolonialvilla werden zwei Zimmer mit Klimaanlage, Ventilator, Stromrecorder, Radiorecorder und – nicht unwichtig – 220-Volt-Stromversorgung angeboten. In den Bädern gibt es Bidets und freistehende Badewannen. Ebenso reizend sind der Frühstücksraum (kein Abendessen!) und der Innenhof. DZ 20–25 CUC, je nach Saison. Calle 6 Nr. 302 esquina 11. ℅ 643307, maydepedro@yahoo.es.

Casa César (54) ein modernes Haus, fünf Gehminuten von der Plaza de Dolores entfernt, gewährt von der Dachterrasse einen Blick von der Bucht bis zum Gran Piedra. César, Chefkellner im „Café Palmares", und Galia, eine Ukrainerin, die 1992 in Cuba hängenblieb, vermieten zwei sehr schöne und saubere Zimmer mit Klimaanlage, Ventilator, Stereoanlage, Wandschränken und modernen Bädern. Im Wohnzimmer des Hauses müssen sich vor allem Österreicher wie zu Hause fühlen, denn die Fototapete zeigt eine Berglandschaft – allerdings eine aus der Ukraine, gegen das Heimweh von Galia. DZ 15–20 CUC, je nach Saison. Calle San Carlos 456 (altos) e/ Reloj y Calvario, ℅ 620282.

Casa Ariel Martínez Cuevas (14) ist ein auffallend schönes Gebäude am Anfang der Avenida Raúl Pujol. Das geräumige Gästezimmer steht dem Haus in nichts nach, es verfügt über ein großes Bad, Klimaanlage, Kommode und Wandschrank. Frühstück gibt es auf Wunsch. Das Auto kann in einer eigenen Garage abgestellt werden. DZ 20–25 CUC, je nach Saison. Avenida Raúl Pujol 102, ℅ 644145.

Casa Juan Carlos (48) findet man in einer kleinen, sehr ruhigen Seitengasse ohne Durchgangsverkehr unterhalb des Balcón de Velázquez. Der sehr freundliche Besitzer bietet ein schönes Zimmer mit Klimaanlage, Ventilator, Kühlschrank und Radiorecorder, das zudem über einen eigenen Eingang verfügt. DZ 20–25 CUC, je nach Saison (verhandelbar). Calle Lino Boza 69 e/ Padre Pico y San Basilio, ℅ 620372.

Casa Dulce María Hung (15) gegenüber der Moncada-Kaserne vermietet ein Zimmer, das vor allem einen großen Vorteil hat – es ist völlig unabhängig vom Haus der Familie und hat einen eigenen Eingang. Das moderne Zimmer ist mit Klimaanlage, Ventilator, TV, Kühlschrank und Bad ausgestattet. DZ 20–25 CUC, je nach Saison. Calle Trinidad 25 e/ Moncada y Libertadores. ℅ 624866, ernestoco8@hotmail.com.

Casa Pedro Guillermo Martí Vázquez (52), ein wunderschönes Kolonialgebäude mit Säulen im Wohnzimmer und einem kleinen Patio, vermietet zwei Zimmer mit Bad, Klimaanlage und Ventilator. Eines ist zudem mit einem TV-Gerät ausgestattet, das andere hat dafür einen Kühlschrank. Auf Wunsch werden die Gäste morgens und abends „abgefüttert". DZ 20–25 CUC, je nach Saison. Calle Corona 805 e/ San Carlos y Santa Rita. ✆ 620101, juan@santiagocaribe.com.

Casa Rafael González Martínez (10), eine freundliche, gepflegte Casa gegenüber vom Haupteingang des Tierparks, bietet in einem schmucken Bungalow zwei Zimmer mit Bad, Klimaanlage, Kühlschrank und Kitchenette. Kleiner Haken: Das Haus liegt etwas außerhalb – wenn man abends in die Altstadt möchte, ist man auf ein Taxi angewiesen. DZ 20–25 CUC, je nach Saison. Avenida Raúl Pujol 251 e/ 9 y 11, ✆ 644140

Casa Lilita (6) befindet sich gegenüber der Einfahrt zum Hotel „San Juan" im Stadtteil Vista Alegre und ist daher nur dann zu empfehlen, wenn man über einen fahrbaren Untersatz verfügt. Das Haus selbst ist sehr schön und modern eingerichtet, das Gästezimmer ebenso. Es hat ein eigenes Bad, Klimaanlage und Kühlschrank. Frühstück wird gerne zubereitet, zum Abendessen wird man auf die Restaurants in der Nähe verwiesen. DZ 15–20 CUC, je nach Saison. Avenida Raúl Pujol 315 e/ 11 y 13, ✆ 642800.

Casa El Patio (22), untergebracht in einer netten, alten Kolonialvilla nahe der Plaza de Marte, vermietet zwei komfortable Zimmer mit Bad, die über Klimaanlage, Ventilator, eines davon auch über einen Kühlschrank verfügen. Mit Vorliebe bekocht Señora Miriam ihre Gäste auch – am liebsten dreimal täglich. DZ 15–20 CUC, je nach Saison. Calle Aguilera 606 e/ Barnada y Plácido, ✆ 624723.

Casa Cary y Tony (4), ein sehr sauberes, nahe dem Hotel „Meliá" gelegenes Haus, verfügt über zwei Gästezimmer mit Bad, Klimaanlage, Kühlschrank und TV. Frühstück und Abendessen wird auf Wunsch gern zubereitet, in der näheren Umgebung findet man allerdings auch viele Restaurants. DZ 20–25 CUC, je nach Saison. Calle Terraza 101 e/ C y 5ta, ✆ 641493.

Casa Mundo (35) ist ein schönes, sehr zentral gelegenes Privat-Quartier, die beiden Gästezimmer, die mit Klimaanlage, Ventilator und Bad ausgestattet sind, könnten allerdings etwas heller sein. Beide Zimmer teilen sich einen Kühlschrank, im Wohnzimmer gibt es ein Fernsehgerät mit Satelliten-TV (Vox etc.). Auf Wunsch werden die Gäste bekocht. DZ 20–25 CUC, je nach Saison. Calle Heredia 308 e/ Pío Rosado y Calvario. ✆ 624097, co8kz@yahoo.es.

Casa Maruchi (43) vermietet im 1. Obergeschoss eines älteren Gebäudes zwei ganz ordentliche Zimmer mit Bad, die über Klimaanlage, Ventilator, TV, Radio und Kühlschrank verfügen. Das zentral gelegene Haus hat Balkon und Terrasse. Frühstück und Abendessen serviert Señora Maruchi optional. DZ 20–25 CUC, je nach Saison. Calle San Basilio 402 (altos) e/ Carnicería y Calvario, ✆ 620284.

Casa Matilda (47) zeichnet eine familiäre Atmosphäre aus. Das große Zimmer mit eigenem Bad ist einfach, aber bequem und hat Klimaanlage, einen großen Spiegel und einen Balkon zur Straße. Frühstück und Abendessen kann jederzeit bestellt werden. DZ 15–20 CUC, je nach Saison. Calle Herdia 59 App. B (altos) e/ Corona y Padre Píco, ✆ 620741.

Casa Wilber y Maira (49) liegt nur ein paar hundert Meter von Parque Céspedes entfernt im Herzen der Stadt und trotzdem sehr ruhig. Vermietet wird ein Zimmer mit Klimaanlage und Bad. Speisen gibt es auf Wunsch. DZ 20–25 CUC, je nach Saison. Calle Lino Boza 70 e/ Padre Píco y San Basilio, ✆ 656154.

Unterwegs in Santiago

Rund um den Parque Céspedes

Parque Céspedes: An dem Platz in der Mitte der Altstadt schlägt das Herz von Santiago. Mit dem Rathaus, dem früheren Haus von Gouverneur Diego Velázquez und der Kathedrale befinden sich rund um den quadratischen Park einige der wichtigsten Sehenswürdigkeiten, weshalb hier den ganzen Tag über Touristenbusse ihre Fracht ausspucken, was wiederum Cubaner anzieht, die Musik machen, Klamotten „abstauben" möchten oder stumm die Hand aufhalten. Romantisch

626 Provinz Santiago de Cuba

Noch heute ein Aussichtspunkt: der Balcón de Velázquez

wird es allerdings erst, wenn die Tagesausflügler längst wieder in ihren Unterkünften sind, die Laternen sanftes Licht verströmen und von der Terrasse des nahen Hotels „Casa Granda" die Klänge der Live-Gruppen zu den steinernen Ruhebänken getragen werden, die zu dieser Zeit meist dicht bevölkert sind. Angelegt wurde der nach Carlos Manuel de Céspedes, dem ersten Präsidenten der „Republik unter Waffen" benannten Park, in dem ein Gedenkstein an den „Grito de Yara" vom Oktober 1868 und an die erste Verfassung Cubas vom April 1869 erinnert, bereits im 16. Jahrhundert. Seitdem trug er die verschiedensten Namen, war zunächst die Plaza de Armas, danach die Plaza Mayor und die Plaza de la Constitución, schließlich Plaza de la Reina und Plaza de Isabel II. Was sich in all den Jahren nicht geändert hat: Der Platz war immer das politische, religiöse und administrative Zentrum Santiagos. Den denkwürdigsten Auftritt erlebte der Parque Céspedes wohl am 1. Januar 1959, als Fidel Castro auf dem Balkon des Rathauses an seiner Nordseite erschien und den Sieg der Revolution verkündete.
Calles Heredia, Aguilera, General Lacret, Félix Peña.

Catedral de Nuestra Señora de la Asunción: Die der Himmelfahrt Marias geweihte Kathedrale ist eines der Wahrzeichen von Santiago. Am 15. August 1810 mit der Grundsteinlegung begonnen und acht Jahre später feierlich eröffnet, ist sie das letzte Glied in einer Reihe von Kirchen, die an dem Platz an der Südseite des Parque Céspedes errichtet wurden, die allerdings immer wieder durch Erdbeben zerstört oder von Piraten niedergebrannt wurden. Nachdem Papst Leo X. Santiago 1520 zum Bischofssitz erklärt hatte, wurde noch im gleichen Jahr das erste Gotteshaus – damals aus Holz – errichtet, kurz danach von einem Feuer aber auch schon wieder zerstört. Den nächsten Bau nahm Bischof Michaele Ramirez de Salamanca 1522 in Angriff. Von den dafür vorgesehenen 50.000 Dukaten musste man 1555, wenige Monate vor der endgültigen Fertigstellung der – anders als heute – in Ost-

West-Ausrichtung gebauten Kathedrale, dem Freibeuter Jacques de Sores allerdings einen nicht unerheblichen Teil überlassen. Er hatte die Stadt eingenommen und war nur mit dem Geld zu überreden, die Kirche nicht erneut zu zerstören. Im Jahr 1662 hatte man weniger Glück. Der Pirat Christopher Mings ließ nicht nur das Gotteshaus in Flammen aufgehen, er raubte auch die Kirchenglocken. Die zweite Kathedrale wurde im Februar 1674 eingeweiht, vier Jahre später von einem gewaltigen Erdbeben aber schwer beschädigt. Den Rest erledigte kurz danach ein Hurrikan. Die Santiagueros hatten einfach kein Glück mit ihrer Hauptkirche. Immer wieder verfügten die Bischöfe Neuerrichtungen, immer wieder fielen die meist noch nicht einmal fertiggestellten Sakralbauten neuen Naturkatastrophen zum Opfer. Erst die heutige, am 24. April 1818 eingeweihte Kathedrale überdauerte die Zeit. Auch sie litt zwar unter verschiedenen Erdbeben wie etwa jenem im August 1852, wurde dabei aber nur leicht in Mitleidenschaft gezogen. Nachdem Papst Leo XIII. der Kathedrale 1882 den Titel Basilika verliehen hatte und sie 1922 in der Amtszeit von Erzbischof Felice Ambrosio Guerra aufwändig restauriert worden war, wurde sie 1958 per Präsidentenbeschluss Nr. 93 auch noch zum Nationaldenkmal erklärt. Heute dehnt sich das Gotteshaus mit der 34 Meter hohen Fassade in seinem Inneren auf einer Fläche von 4260 Quadratmetern aus. Unter der kunstvollen Rokoko-Decke der fünfschiffigen Kirche ist vor allem der Kreuzweg sehenswert, der auf Ölgemälden dargestellt wird. Unter der Kathedrale soll angeblich Diego Velázquez begraben liegen, Hinweise darauf wie etwa einen in den Boden eingelassenen Grabstein findet man allerdings nicht.

Mi–Mo 8.30–12 + 17–20 Uhr. Messe Mo–Fr 18.30 Uhr, Sa 17 Uhr, So 9 + 18.30 Uhr. Calle Heredia e/ Santo Tomás y General Lacret, ℡ 628502.

Museo Arquidiocesano: Das Museum der Erzdiözese Santiago de Cuba ist das einzige des Landes, das in einer ständigen Ausstellung Sakral- und Liturgie-Gegenstände zeigt und zudem nicht dem Staat, sondern der Kirche gehört. Untergebracht in zwei Räumen an der Ostseite der Catedral de Nuestra Señora de la Asunción sind Bischofsstühle und anderes sakrales Mobiliar zu sehen, wie etwa Altarstühle und Beichtstühle aus der Kolonialzeit, Statuen von Heiligen und wertvolle Monstranzen. Sehenswert ist auch die Gemäldegalerie mit den Porträts der Bischöfe und Erzbischöfe Santiagos. Außerdem verfügt das Museum über eine einzigartige Dokumentation sakraler Musik.

Mo–Sa 9.30–17.30 Uhr. Eintritt 1 CUC, Fotoaufnahmen 1 CUC. Calle General Lacret e/ Heredia y San Basilio, ℡ 754596.

Ayuntamiento: Das Rathaus von Santiago de Cuba an der Nordseite des Parque Céspedes mit seinem Laubengang entlang der Calle Aguilera spielt in der jüngeren Geschichte Cubas eine nicht unbedeutende Rolle. Vom mittleren der drei zum Park hin gewandten Balkone verkündete Fidel Castro am 1. Januar 1959 den Sieg der Revolution und die Flucht von Diktator Fulgencio Batista. Das Gebäude selbst stammt aus dem Jahr 1950, nachdem das ursprüngliche Ayuntamiento 1932 von einem Erdbeben zerstört worden war. Für den Neubau benutzte Baumeister Francisco Prat Puig allerdings die Originalpläne aus dem Jahr 1788, in dem Gouverneur Juan Bautista Vaillant die Errichtung des Rathauses in Auftrag gegeben hatte. Damit entstand eine originalgetreue Kopie des früheren Gebäudes. Heute sind in dem Haus einige Büros der Provinzregierung untergebracht, weshalb das Ayuntamiento für Touristen nicht zugänglich ist.

Calle Aguilera e/ Peña y General Lacret.

Museo de Ambiente Histórico Cubano: Das Museum an der Westseite des Parque Céspedes gehört zu den meist besuchten Sehenswürdigkeiten von Santiago de Cuba, was nicht allein an der außergewöhnlichen Sammlung, sondern auch und vor allem an dem Gebäude selbst liegt. Es wurde zwischen 1516 und 1519 vom ersten Bürgermeister der Stadt, dem späteren Eroberer von Mexiko, Hernán Cortéz, erbaut, war das Wohnhaus des ersten Gouverneurs von Cuba, Diego Velázquez, gilt als ältestes Haus des Landes und zählt zu den fünf ältesten aus Stein errichteten Gebäuden des gesamten amerikanischen Kontinents. Während das Erdgeschoss damals als Handelszentrum diente, in dem Velázquez und Cortéz – Letzterer war zu jener Zeit auch Sekretär des Gouverneurs – ihr Kontor hatten, waren im Obergeschoss die Wohnräume untergebracht. Von der Pracht, mit der sie eingerichtet waren, kann man sich noch heute ein Bild machen. Mobiliar aus edelstem Mahagoni-, Zedern- und Ebenholz, das zum Teil aus Schenkungen und auch aus Kirchen stammt, lässt den Reichtum erahnen, zu dem Velázquez durch die Eroberung Cubas gekommen war. Daneben ist Kristall und Geschirr ausgestellt, sind Keramiken und Gemälde zu sehen, mit denen der Gouverneur sein Heim schmückte. Das fast vollständig im Originalzustand erhaltene Gebäude wurde 1970 nach fünfjähriger Renovierung der Öffentlichkeit zugänglich gemacht und gilt seitdem als einziges Museum des Landes, in dem die Entwicklung der cubanischen Architektur vom 16. bis zum 19. Jahrhundert nachvollzogen werden kann. Daneben fungiert das Haus aber auch als Kulturzentrum, in dem von Dienstag bis Sonntag jeweils um 10 Uhr Orchester und Gruppen auftreten, die cubanische Musik des 19. Jahrhunderts zum Besten geben. Zudem treten mittwochs und freitags jeweils um 14 Uhr die „Divas" auf, eine weibliche A-capella-Formation.

Mo–Do 9–13 + 14–16.30, Fr 14–16.30, Sa 9–13 + 14–16.30, So 9–13 Uhr. Eintritt 2 CUC inkl. Führung, Fotoaufnahmen 1 CUC, Videoaufnahmen 5 CUC. Calle Felix Peña 612 e/ Aguilera y Heredia, ✆ 752652.

Rund um die westliche Altstadt

Museo de la Lucha Clandestina: Das Museum des Untergrundkampfs, so die deutsche Übersetzung des Namens, widmet sich im Wesentlichen der Geschichte der „Bewegung 26. Juli" oder kurz „M-26-7". Die nach dem Datum des Überfalls auf die Moncada-Kaserne im Jahr 1953 benannte Widerstandsgruppe setzte sich aus Anhängern Fidel Castros zusammen, die während seiner Inhaftierung und seines Exils in Mexiko den Kampf gegen das Batista-Regime weiterführten. Auf das Konto der „M-26-7" ging auch der Aufstand vom 30. November 1956 in Santiago, der von der Landung der Yacht „Granma" an der Playa Las Coloradas zwei Tage später ablenken sollte. Dabei griffen die Rebellen unter Führung von Frank País auch das Hauptquartier der Polizei an, das exakt an der Stelle stand, an der sich heute das Museum befindet. Nachdem sie es mit Molotow-Cocktails beworfen hatten, brannte es damals bis auf die Grundmauern nieder. Bei der Attacke und dem anschließenden Feuergefecht waren die drei Widerstandskämpfer José Tey, Otto Parellada und Antonio Aloma erschossen worden. An sie erinnert eine am 14. Juni 1959 installierte Wandplastik am oberen Ende der Treppen in der Calle Padre Pico, die zur Polizeizentrale führte. Nach dem Sieg der Revolution wurde das Gebäude – in der Kolonialzeit Sitz des Quartiermeisters der spanischen Truppen – nach Originalplänen wieder aufgebaut und als Museum eingerichtet.

In der auf zwei Stockwerke verteilten Sammlung wird der Untergrundkampf anhand von Fotos und Dokumenten geschildert, werden außerdem Uniform-Teile so-

Santiago de Cuba 629

wie Waffen gezeigt. Daneben ist eine alte Druckerpresse ausgestellt, mit der die Rebellen ihre Flugblätter herstellten, man sieht eine (entschärfte) Bombe, die mit einem Wecker gezündet werden sollte, sowie einen Brandsatz in einer Malzbierflasche der Marke „Hatuey". Im Obergeschoss, von dem man übrigens einen wunderschönen Blick auf die Bucht von Santiago hat, dokumentiert das Museum die Anfänge des Revolutionskampfes in der Sierra Maestra. Neben einem Modell der „Granma" und einer großen Landkarte mit den Stationen des Siegeszuges werden auch Bomben präsentiert, die Ernesto Che Guevara in der „Comandancia de la Plata" per Hand fertigte. Interessantes Detail am Rande: Gegenüber dem Haupteingang des Museums in der Calle General Jesús Rabí Nr. 6 steht in einem winzigen Park das Häuschen, in dem Fidel Castro zwischen 1931 und 1933 lebte, als er in Santiago zur Schule ging.

Di–So 9–17 Uhr. Eintritt 1 CUC inkl. Führung, Fotoaufnahmen verboten. Calle General Jeús Rabí 1 e/ Santa Rita y San Carlos, ℡ 624689.

Balcón de Velázquez: Der Zweck der nach dem Gründer Santiagos benannten Plattform westlich der Kathedrale hat sich in fast 500 Jahren Stadtgeschichte nicht geändert: Zwischen den Jahren 1539 und 1550 errichtet, diente der Aussichtspunkt dazu, die in den Hafen einlaufenden Schiffe zu beobachten – und gegebenenfalls zu beschießen. Heute genießen Touristen die herrliche Aussicht auf die Bucht und schießen manchmal auch – Fotos. Im Eingangsbereich dieser ersten Festungsanlage Santiagos informiert eine gerahmte Chronik über die wichtigsten Daten der Stadtgeschichte.

Di–So 9–21 Uhr. Eintritt frei, Fotoaufnahmen 1 CUC. Calle Corona esquina San Basilio.

Maqueta de la Ciudad: Das detailgetreue Modell von Santiago de Cuba im Maßstab 1:1000 vermittelt eine Idee von der eigentlichen Größe der Stadt, wie man sie sonst vielleicht nur von der Terrasse des Hotels „Rancho Club" aus bekommt. Unter den Tausenden von Miniatur-Gebäuden des 2004 eröffneten Schauraums sind sämtliche Sehenswürdigkeiten zu erkennen – vom Parque Céspedes bis zur Plaza de la Revolución Antonio Maceo.

Di–So 9–21 Uhr. Eintritt 1 CUC. Calle Corona esquina San Basilio, ℡ 652179.

Antiguo Carcel Provincial: Das ehemalige königliche Gefängnis von Santiago, das im November 1845 eröffnet wurde, liegt zwei Häuserblocks westlich vom Parque Céspedes und war oft die letzte Station im Leben vieler Unabhängigkeitskämpfer und Revolutionäre. Auch Fidel Castro wurde hier eingeliefert, nachdem er am 26. Juli 1953 die Moncada-Kaserne überfallen hatte und wenige Tage später in den Bergen der Sierra Maestra festgenommen worden war. Allerdings befand er sich nur ein paar Stunden zum Verhör in den Räumen des Gefängnisses, wovon Schwarz-Weiß-Fotos zeugen, die die Wände in der „Sala Historia" im Obergeschoss schmücken. Dort findet man auch die einfache Holzbank, auf der Fidel Castro warten musste, ehe man das Protokoll anfertigte.

Tägl. 8–17.30 Uhr. Eintritt frei, Fotoaufnahmen 1 CUC. Calle Aguilera 131 esquina Padre Pico, ℡ 629806.

Iglesia de Nuestra Señora del Carmen: In der Kirche aus dem 18. Jahrhundert befindet sich die Gruft von Estéban Salas Montes de Oca, dem – im deutschsprachigen Raum würde man sagen – Domkapellmeister der Kathedrale von Santiago, der im Juli 1803 verstarb und als einer der Urväter der cubanischen Musik gilt. Auf den Tag genau 190 Jahre nach seinem Tod würdigte man ihn mit einer Gedenktafel an der Außenmauer des Gotteshauses. Die in ihrem Inneren nüchterne Kirche ist

allerdings nur etwas für Frühaufsteher, da sie täglich morgens ab 7 Uhr lediglich für eine kurze Andacht geöffnet wird. Extra dafür aus den Federn zu hüpfen, lohnt sich angesichts des doch sehr spartanischen Interieurs eher nicht.
Calle Félix Peña 505 e/ Hechevarría y José A. Saco.

Casa Natal de Antonio Maceo: Das unscheinbare Geburtshaus des größten Sohnes von Santiago am nordwestlichen Rand der Altstadt, in dem Antonio Maceo am 14. Juni 1845 das Licht der Welt erblickte, ist natürlich ganz dem Leben, Wirken und Kampf des großen Generals gewidmet. Unter den fünf Ausstellungsräumen befindet sich auch das Geburtszimmer Maceos, das im Originalzustand erhalten ist. Aus dem Familien-Stammbaum geht hervor, dass der „Bronze-Titan" – er wurde wegen seiner mulattischen Abstammung so genannt – zusammen mit vierzehn Brüdern aufwuchs, von denen auch José Maceo und Tomás Maceo im Widerstand gegen die Spanier kämpften. Daneben werden in dem kleinen weiß-blau getünchten Häuschen viele Fotos, Schriftstücke und Waffen gezeigt, die mit seinem Leben in Beziehung stehen.
Mo–Sa 9–17 Uhr. Eintritt 1 CUC. Calle Los Maceos 207 e/ Corona y Rastro, ✆ 623750.

Casa Natal de Hermanos País: Das Andenken an Frank und Josue País wird in ganz Cuba und natürlich erst recht in ihrer Heimatstadt bis heute hochgehalten. In Abwesenheit von Fidel Castro führten die beiden die Bewegung „M-26-7" und organisierten am 30. November 1956 auch den Aufstand in Santiago, der von der Landung der Yacht „Granma" an der Playa Las Coloradas ablenken sollte. Frank País, nach dem übrigens auch der Internationale Flughafen von Holguín benannt ist, war daraufhin vor Gericht gestellt, dort allerdings freigesprochen worden. Acht Monate später, am 30. Juli 1957, wurde er von der Staatspolizei ermordet – wie wenige Wochen davor schon sein Bruder. Das Museum erzählt diese Geschichte anhand von Fotos, Dokumenten und Kleidungsstücken. Außerdem sieht man bei einem Rundgang das Originalmobiliar des Hauses aus jenen Tagen.
Mo–Sa 9–17 Uhr. Eintritt 1 CUC inkl. Führung (auch engl. und franz.), Fotoaufnahmen verboten. Calle General Banderas 226 e/ Habana y Los Maceos.

Parque Alameda: Der im Jahr 1840 angelegte Platz, eigentlich nicht mehr als eine breite, betonierte Fläche, liegt ganz im Westen der Altstadt unmittelbar an der Bucht von Santiago. Für Skater sicherlich gut, für Spaziergänger allenfalls bedingt geeignet, ist der Parque zumindest keinen Umweg wert.
Avenida Jesús Menendez e/ Terminal de Cruceros y García.

Rund um die Calle Heredia

Casa Natal de José María Heredia: Das Geburtshaus des großen cubanischen Dichters, in dem dieser am 31. Dezember 1803 das Licht der Welt erblickte, widmet sich in drei Räumen hauptsächlich dem Leben und Wirken Heredias. Es gibt nur einige wenige Ausstellungsstücke aus der Zeit, als er hier zu Hause war, was nicht verwundert, da er bereits im zarten Alter von zweieinhalb Jahren mit seinen Eltern nach Santo Domingo in der heutigen Dominikanischen Republik übersiedelte. Obwohl Heredia, als dessen berühmtestes Werk sein Gedicht „Oda al Niágara" angesehen wird, später zwar nach Cuba, nicht aber nach Santiago zurückkehrte, gilt er dennoch als einer der großen Söhne der Stadt. Neben seinem künstlerischen Ruf verdankt er dies auch seinem intellektuellen Widerstand gegen die spanische Besatzungsmacht: Nachdem er sich 1821 in Matanzas als Rechtsanwalt niedergelassen und zwei Jahre später einen seiner Gedicht-

Santiago de Cuba 631

bände veröffentlicht hatte, bezichtigte ihn die Kolonialregierung der Konspiration. Heredia musste fliehen, ging in die USA ins Exil und starb am 7. Mai 1839 in Toluca in Mexiko.

Di–Sa 9–19, So 9–14 Uhr. Eintritt 1 CUC (inkl. Führung), Fotoaufnahmen 1 CUC, Videoaufnahmen 5 CUC. Calle Heredia 260 e/ Carnicería y San Félix, ✆ 625350.

Museo del Carnaval: Die lange Tradition des ältesten Karnevals von Cuba, die bis in die Anfänge der Kolonialzeit zurückreicht, wird in dem bunten Museum in der Calle Heredia lebendig. Dem Ruf der Stadt, die für sich in Anspruch nimmt, die „fünfte Jahreszeit" landesweit am ausgelassensten zu feiern, wird die eher nüchterne Sammlung zwar nicht gerecht, die Exponate geben aber durchaus einen guten Überblick über das Spektakel, das immer um den 25. Juli die Straßen Santiagos in einen Hexenkessel verwandelt. Neben Schwarz-Weiß-Fotografien und Zeitungsartikeln, die das enthusiastische Treiben dokumentieren, zeigen aufwändige Kostüme, riesige Köpfe aus Pappmaché und Bilder von kunstvoll geschmückten Festwagen, wie ernst die Santiagueros den Spaß nehmen.

Die Geschichte des berühmtesten Karnevals in Cuba reicht bis zum Ende des 17. Jahrhunderts zurück, als die herrschende Klasse immer am Namenstag des Apostels Jakobus (25. Juli), dem Schutzpatron Spaniens und Santiagos, mit einem Gottesdienst und einer Prozession huldigte. Die afrikanischen Sklaven feierten während dieser Zeit regelmäßig ihre Orichas – mit ausgelassener Musik und lautstarken Gesängen. Schnell wurde das kunterbunte Spektakel zu einer festen Einrichtung, an dem sich im Laufe der Jahre auch mehr und mehr der Landadel mit seinen Leibeigenen beteiligte, so dass man die Feiern schließlich auf die Namenstage der heiligen Christina (24. Juli) und der heiligen Anna (26. Juli) ausweitete. Heute ist der Karneval in Santiago eine zügellose Party mit Conga-Paraden und Festumzügen, die sieben Tage lang beinahe rund um die Uhr gefeiert wird – immer beginnend am Wochenende vor dem 25. Juli. Wer nicht die Möglichkeit hat, das wilde Treiben live zu erleben, sollte sich das Museum keinesfalls entgehen lassen, um wenigstens einen vagen Eindruck davon zu bekommen, was man verpasst. Eine leise Ahnung davon bekommt man zudem bei den im Eintrittspreis enthaltenen Folklore-Aufführungen im Innenhof des Museums, die täglich um 16 Uhr stattfinden und etwa eine Stunde dauern.

Mo 14–17, Di–So 9–17 Uhr. Eintritt 1 CUC, Führung 1 CUC, Fotoaufnahmen 1 CUC, Videoaufnahmen 5 CUC. Calle Heredia 303 e/ Carnicería y Calvario, ✆ 626955.

Museo del Ron: Im Gegensatz zu dem gleichnamigen Museum in Havanna, das eigentlich eher als Sammlung der Fundación Destilería Havana Club anzusehen ist, wird hier die Geschichte des cubanischen Nationalgetränks Nummer eins allgemeiner behandelt. In sieben Räumen des einstmals vom Verwalter der Rum-Dynastie Bacardí, Mariano Gómez, bewohnten Kolonialgebäudes aus dem Ende des 19. Jahrhunderts wird der Herstellungsprozess bis ins letzte Detail veranschaulicht. Bei einem Rundgang sieht man unter anderem viele alte Maschinen aus dem vergangenen Jahrhundert, die zur Rum-Gewinnung eingesetzt wurden. Eine Besichtigung endet üblicherweise an einer Bar mit einem Gläschen „Anejo".

Mo–Sa 9–17 Uhr. Eintritt 2 CUC inkl. Führung (auch deutsch, engl. und franz.), Fotoaufnahmen und Degustation. Calle San Basilio 358 e/ San Félix y Carnicería.

Acuario: Das Aquarium Santiagos ist eine recht dürftige Einrichtung. In dem (einen) Ausstellungsraum gibt es gerade einmal zehn kleine Zimmer-Aquarien, in denen Fische aus Süd- und Zentralamerika, Asien und Cuba ein armseliges

Dasein fristen. Offensichtlich um die Besucher länger als zehn Minuten zu halten, hat man eine Cafetería eingerichtet, die die Visite allerdings auch nicht lohnenswerter macht.
Di–So 10–18 Uhr. Eintritt 1 CUC. Calle San Basilio 352 esquina San Félix, ✆ 620370.

Museo Emilio Bacardí y Moreau: Der neoklassizistische Palast mit der spektakulären Säulenfassade in der schmalen Gasse Pío Rosado beherbergt nicht nur die älteste Sammlung in ganz Cuba (gegründet 1899), sondern gleichzeitig eines der bedeutendsten Museen von Santiago. Der kunstsinnige und schwerreiche Rumfabrikant, der nach Ausrufung der Republik gleichzeitig als erster Bürgermeister der Stadt fungierte, sammelte alles, was ihm unter die Finger kam – solange es wertvoll, ausgefallen und nach seinem Geschmack war. Geld spielte für ihn keine Rolle, und so kann das von ihm eigens für seine Privat-Sammlung errichtete Gebäude, das 1928 eingeweiht und nach einer Renovierung am 25. Juli 1995 anlässlich des 480. Jahrestages der Stadtgründung wiedereröffnet wurde, heute neben einer umfangreichen Waffen-Galerie auch zahlreiche Werke europäischer und cubanischer Künstler präsentieren. Daneben werden archäologische Funde aus aller Welt gezeigt, von denen Bacardí einige Stücke eigenhändig von seinen Reisen nach Ägypten mitbrachte. In den insgesamt 16 Ausstellungsräumen, die sich auf drei Stockwerke erstrecken, sind darüber hinaus Exponate aus der Zeit der Unabhängigkeitskriege und persönliche Gegenstände wichtiger Protagonisten zu sehen, wie etwa der Federhalter von Nationalheld José Martí oder der Sattel, in dem General Antonio Maceo in die Schlachten ritt. Sogar die Druckmaschine, mit der Carlos Manuel de Céspedes einstmals die Zeitung „El Cubano Libre" herstellte, kaufte Bacardí auf und verleibte sie seiner Sammlung ein.
Di–Sa 9–17, So 9–13 Uhr. Eintritt 2 CUC inkl. Führung (nur vormittags), Fotoaufnahmen 1 CUC. Calle Pío Rosado esquina Aguilera, ✆ 628402.

Palacio Provincial: Noch spektakulärer als das Museo Bacardí ist der ebenfalls im klassizistischen Stil erbaute Palast auf der anderen Straßenseite der Calle Aguilera. Mit seiner fein gearbeiteten, rosafarbenen Fassade und den sechs griechischen Säulen auf einem Balkon, die das Hochportal tragen, ist das aufwändig restaurierte Gebäude aus dem Jahr 1920 das schönste, was Santiago architektonisch zu bieten hat. Regelrecht sensationell wirkt es nachts, wenn es von Scheinwerfern im wahrsten Sinne des Wortes ins beste Licht gerückt wird. Leider ist der Palacio Provincial nicht von innen zu besichtigen. Er ist Sitz der Provinzregierung und für Touristen daher nicht zugänglich.
Calle Aguilera 355.

Rund um die Plaza de Dolores und die Plaza de Marte

Plaza de Dolores: Der frühere Marktplatz zwischen dem Parque Céspedes und der Plaza de Marte ist heute eine Art Meeting-Point in Santiago. Dafür sorgen die zahlreichen Restaurants und Bars, die den Platz umgeben, und die schattigen Ruhebänke. Sie gruppieren sich um ein Standbild von Francisco Vicente Aguilera aus dem Jahr 1912, unter Carlos Manuel de Céspedes immerhin Vizepräsident der Republik. Nach ihm ist auch die Straße benannt, die vom Kreuzfahrt-Terminal vorbei an der Plaza de Dolores bis zum Stadtviertel Santa Bárbara führt. Am östlichen Ende der Plaza findet man in der ehemaligen Iglesia de Nuestra Señora de los Dolores die „Sala de Conciertos Dolores".
Calles Aguilera, Calvario, Reloj

Santiago de Cuba   633

Iglesia de Nuestra Señora de los Dolores: Die Kirche aus dem 17. Jahrhundert an der Ostseite der gleichnamigen Plaza hat seit einem Großbrand im Jahr 1974 als Gotteshaus ausgedient. Weil sie es mit eigenen Mitteln nicht sanieren konnte, überließ die Geistlichkeit Santiagos das Gebäude im Rahmen einer Schenkung der Stadt, die es aufwändig renovierte. Seit 1989 wird die ehemalige Kirche unter dem Namen „Sala de Conciertos Dolores" als Bühne für Kammermusik- und Sinfoniekonzerte genutzt. Außerdem findet in dem wegen seiner hervorragenden Akustik geschätzten Saal alljährlich das Internationale Chor-Festival statt. Wertvollstes Stück des Konzerthauses ist eine Rieger-Kloss-Orgel, von der die namhafte tschechische Manufaktur nur 400 Stück produzierte. Das Konzertprogramm – Aufführungen gibt es jeweils Fr, Sa und So – findet man in einem Schaukasten am Seiteneingang in der Calle Aguilera, Eintritt einheitlich 5 CUC.

Calle Aguilera esquina Reloj, ✆ 624723, 652356.

Plaza de Marte: Die kleine Plaza am Beginn der Avenida Victoriano Garzón, die quasi den östlichen Eingang zu den Gassen der Altstadt darstellt, wurde Ende des 18. Jahrhunderts als Exerzierplatz für die spanischen Truppen angelegt und trägt deshalb auch den Namen des römischen Kriegsgottes Mars. In der ersten Hälfte des 19. Jahrhunderts wurde der Bereich zudem für Exekutionen von Straftätern genutzt, ehe der Galgen 1883 endgültig abgebaut wurde. Obwohl der Platz am 12. Juni 1899 offiziell in Plaza de la Libertad umbenannt wurde, ist er im Alltag Santiagos ausschließlich unter seiner alten Bezeichnung bekannt. Heute ist die Plaza de Marte ein beliebter Treffpunkt, an dem eine Büste von Nationalheld José Martí, ein Denkmal für Camilo Cienfuegos und eine Siegessäule stehen – mit einer Jakobinermütze an ihrer Spitze und vier Kanonen zu ihren Füßen. Den Grundstein dafür legte am 2. Mai 1902 der erste Präsident Cubas nach der Unabhängigkeit, Tomás Estrada Palma, feierlich enthüllt wurde sie nur 18 Tage später vom Gouverneur der damaligen Provinz Oriente, General Francisco Sánchez Hechavarría. Um sie herum gruppiert sich eine ganze Reihe von Sitzbänken, die sicherlich zu den ungesündesten in ganz Santiago gehören – der Platz ist inzwischen der Mittelpunkt eines wichtigen Verkehrsknotens und deshalb zumindest tagsüber ständig in Abgaswolken gehüllt.

Avenida Victoriano Garzón, Calles Aguilera y José A. Saco.

Museo Historia Natural Tomás Romay: In der früheren Markthalle nahe der Plaza de Marte, die seit 1976 als Naturkundemuseum dient, ist all das ausgestellt, was in den Regenwäldern, Feuchtwiesen und Gewässern Cubas kreucht und fleucht – präpariert versteht sich. Mit einer Vielzahl an Schmetterlingen und anderen Insekten, Amphibien, Reptilien, Vögeln, Säugetieren sowie getrocknetem Meeresgetier ist die auf 13 Ausstellungsräume verteilte Sammlung ein Dorado für Hobby-Biologen. Wer sich nicht zu diesem Personenkreis zählt, verpasst nichts, wenn er das Museum links liegen lässt.

Mo 14.30–17.30, Di–Fr 8–17 Uhr, Sa 8–14 Uhr. Eintritt 1 CUC. Calle José A. Saco 601 esquina Barnada.

Rund um die Moncada-Kaserne

Cuartel Moncada: Wenige hundert Meter nördlich des Eiscafés „Coppelia" befindet sich zwischen der Avenida Victoriano Garzón und dem Paseo de Martí mit der Moncada-Kaserne die bedeutendste Sehenswürdigkeit von Santiago. In der nach dem General des cubanischen Widerstands und Oberbefehlshaber der damaligen

634 Provinz Santiago de Cuba

Provinz Oriente, Guillermo Moncada, benannten Garnison wurde am 26. Juli 1953 ein neues Kapitel in der Geschichte Cubas aufgeschlagen, das für die Zukunft des Landes bis zur Gegenwart ausschlaggebend sein sollte. Fidel Castro selbst sorgte dafür, dass der Name der Kaserne und jenes Datum untrennbar mit seiner Person und der Revolution verbunden sind und immer sein werden. Denn am 26. Juli 1953, als in der Stadt der Karneval tobte, überfiel der junge Rechtsanwalt und spätere Staatspräsident zusammen mit 131 Getreuen diesen zweitgrößten Armee-Stützpunkt des Landes und gab damit die Initialzündung für den bewaffneten Kampf gegen die Diktatur. Die Attacke wurde zwar zu einem katastrophalen Fehlschlag, bei dem 19 Soldaten getötet wurden, sechs Rebellen sofort starben und die meisten anderen Angreifer innerhalb der folgenden 48 Stunden festgenommen, zu Tode gefoltert oder hingerichtet wurden – und dennoch bedeutete der Überfall den Anfang vom Ende des Regimes von Fulgencio Batista. Nach dem Sieg der Revolution ließ Fidel Castro die Kaserne in eine Schule umwandeln, die 1960 eingeweiht wurde. Im Jahr 1967, genau am 26. Juli (wann sonst?), öffnete das Museum seine Pforten. Davor hatte man die Garnison instand gesetzt und dabei auch die bei der Aktion entstandenen Einschusslöcher in der Fassade des Gebäudes freigelegt, die nach dem Angriff verspachtelt worden waren.

Das „Museo 26 de julio" ist natürlich zum überwiegenden Teil den Ereignissen dieses denkwürdigen Tages gewidmet. Anhand eines Modells wird detailliert erläutert, wie der damalige Überfall ablief. Man sieht, dass der Angriff nicht nur frontal geführt wurde, sondern die Kaserne von den Rebellen – zumindest kurzzeitig – ins Kreuzfeuer genommen wurde. Raúl Castro hatte sich mit seiner Gruppe im nahen Justizpalast verschanzt, Fidel Castros Stellvertreter Abel Santamaría mit seinen Leuten im heute nicht mehr existierenden Hospital Civil „Saturnino Lora" Stellung bezogen. Was unmittelbar nach dem militärischen Fiasko passierte, dokumentieren Fotografien von toten Kämpfern, die in ihrem Blut liegen, und von grausam entstellten Leichen, die von Batistas Schergen zu Tode gefoltert wurden. Santamaría stach man in Anwesenheit seiner Schwester Haydée die Augen aus, ihren Verlobten Boris Luis Santa Coloma – sein zwei Wochen vor dem Moncada-Überfall geborener Sohn war später der letzte Presseattaché der cubanischen Botschaft in Ost-Berlin – kastrierte man, anderen Angreifern zertrümmerte man mit Gewehrkolben die Gesichter, ehe man sie erschoss. Andere Fotos zeigen die Überlebenden: Fidel Castro beispielsweise nach seiner Festnahme und nach seiner Haftentlassung vor dem Zuchthaus auf der Isla de Pinos, der heutigen Isla de la Juventud. Eine eher untergeordnete Rolle spielt in dem Museum die Landung der Yacht „Granma" dreieinhalb Jahre nach dem Angriff, die die zweite Phase des – nunmehr erfolgreichen – Kampfes gegen die Diktatur einläutete. Allerdings stammt aus dieser Zeit der größte Teil der Exponate, darunter Uniformen und Gewehre der Revolutionäre sowie ein roter Strickpullover und ein Rucksack aus Beständen der US-Army, die Fidel Castro in der Sierra Maestra benutzt hatte.

Di–Sa 9.10–18, So 9.10–13 Uhr. Eintritt 2 CUC, Fotoaufnahmen 1 CUC, Videoaufnahmen 5 CUC. Avenida Moncada e/ Trinidad y Martí.

Parque Histórico Abel Santamaría: Der dem Stellvertreter Fidel Castros beim Überfall auf die Moncada-Kaserne gewidmete Park wurde just an der Stelle angelegt, an dem sich früher das Krankenhaus „Saturnino Lora" befand, das Abel Santamaría mit einem Stoßtrupp eingenommen und von dem aus er den Hof der Garni-

Santiago de Cuba 635

Inzwischen eine Grundschule: die berühmte Moncada-Kaserne

son mit Maschinengewehrfeuer belegt hatte. An den Widerstandskämpfer, dem nach dem Angriff und seiner Festnahme von den Soldaten Batistas die Augen ausgestochen wurden und der wenig später unter der Folter starb, erinnert ein auf einer viereckigen Säule ruhendes Betonquadrat, in das seine Gesichtszüge und jene von Nationalheld José Martí eingemeißelt sind. Auf einer Seite trägt der Klotz die pathetische Inschrift „Morir por la patria es vivir" („Für das Vaterland zu sterben bedeutet zu leben").

An der nordwestlichen Ecke des betonierten Platzes erinnert das Museo Abel Santamaría in sieben Ausstellungsräumen anhand von Fotos und Dokumenten an das Leben des Rebellen und auf Schautafeln mit geschichtlichen Daten an den seinerzeitigen Überfall und seine Folgen. Nicht unerwähnt bleibt natürlich, dass der Prozess gegen Fidel Castro und seine Gefolgsleute in der Krankenpflegeschule des nicht mehr existierenden Hospitals stattfand und der „Máximo Líder" dort auch jene Verteidigungsrede hielt, die durch seine letzten Worte „La historia me absolverá" („Die Geschichte wird mich freisprechen") Berühmtheit erlangte.

Museo Abel Santamaría: Mo–Sa 9–17. Eintritt 1 CUC. Calle Trinidad esquina Nueva, ✆ 624119.

Palacio de Justicia: In dem Justizgebäude, das zusammen mit der Moncada-Kaserne und dem Parque Histórico Abel Santamaría ein Dreieck bildet, und das während des Angriffs auf die Garnison von Raúl Castro eingenommen worden war, wird heute noch Recht gesprochen. An die Rolle des Gebäudes während des Überfalls erinnert nur eine Kupfertafel am Haupteingang, die auch darüber Auskunft gibt, dass im Schwurgerichtssaal des Gerichtshofes zwischen dem 21. September und dem 4. Oktober 1953 viele Rebellen und eine Reihe ihrer Kampfgefährten aus Bayamo verurteilt wurden.

Avenida de los Libertadores esquina H.

Der Überfall auf Moncada

Man schreibt den 26. Juli 1953, es ist vier Uhr morgens. Überall wird gesungen und gelacht, die Menschen tanzen auf den Straßen, der Rum fließt in Strömen – Karneval in Santiago. Zwölf Kilometer östlich der Stadtgrenze lacht zu dieser Stunde niemand. Es ist die Zeit, als Fidel Castro in der Granjita Siboney, einem kleinen Farmhaus, vor 135 Rebellen tritt und seinen Plan erläutert, in den bis dahin nur sein Bruder Raúl und sein Stellvertreter in der Widerstandsbewegung, Abel Santamaría, eingeweiht waren. In einer Stunde werde man die Moncada-Kaserne – damals die zweitgrößte Garnison des Landes mit weit mehr als tausend Soldaten – überfallen, um sich für den weiteren Kampf gegen das Batista-Regime zu bewaffnen, sagt er ihnen. Die Männer im ersten Wagen würden die Torwachen überrumpeln, die Hauptgruppe danach die Kaserne stürmen und die Soldaten im Schlaf überraschen. Zwei andere Kommandos sollten unterdessen auf den Dächern des Justizpalastes und des Krankenhauses „Saturnino Lora" in Stellung gehen und von dort den Armee-Stützpunkt ins Kreuzfeuer nehmen. Nach der geglückten Aktion sollten die Polizeistation, die Zentrale der Küstenwache und der Kriegshafen angegriffen werden. Schließlich werde man den Radiosender besetzen, um die Bevölkerung informieren und die Massen mobilisieren zu können. Zeitgleich würden in Bayamo 26 Rebellen unter Führung von Nico López die Céspedes-Kaserne einnehmen und die Nachschublinien unterbrechen, so seine Strategie.

Fulgencio Batista hatte den Zorn Fidel Castros auf sich gezogen, nachdem er sich am 10. März 1952, drei Monate vor den für ihn verloren geglaubten Präsidentschafts- und Parlamentswahlen, an die Macht geputscht und damit den Urnengang verhindert hatte. Der 25-jährige Castro hatte sich damals für die anti-kommunistische Partei der „Orthodoxen", die der Philosophie José Martís anhing, um einen Sitz im Abgeordnetenhaus beworben und war aussichtsreich im Rennen gelegen. Und so einfach wollte er sich nicht ausbooten lassen: Zunächst reichte er wegen des Staatsstreichs Anklage gegen Batista ein und forderte wegen des Bruchs der Verfassung von 1940 dessen sofortige Inhaftierung – womit er natürlich keinen Erfolg hatte. Da ihm der legale Weg versperrt war, ging er in den Untergrund, scharte bis Anfang 1953 rund 1200 kampfbereite Männer und Frauen, meist Anhänger seiner Partei, um sich und organisierte den bewaffneten Widerstand gegen das Regime.

Jetzt, da er den Kampfgefährten seine Absichten kundgetan hatte, stand er an einem Scheidepunkt in seinem Leben. „Wie 1868 und 1895 lautet hier in der Provinz Oriente auch diesmal die Parole Freiheit oder Tod", spielte Fidel Castro auf die Anfänge der beiden Unabhängigkeitskriege an. „Das Unternehmen ist ohne Zweifel gefährlich. Ich möchte daher, dass sich nur Freiwillige daran beteiligen. Noch ist Zeit, sich zu entscheiden. Einige werden ohnehin zurückbleiben müssen, weil wir nicht genügend Waffen besitzen. Alle, die entschlossen sind, in den Kampf zu ziehen, mögen einen Schritt vortreten", beendete er seine Ansprache. 131 machten diesen Schritt, der für die meisten von ihnen den Tod bedeutete.

Schon eine Stunde später setzt sich der aus 26 amerikanischen Limousinen bestehende Tross in Bewegung, wenige Minuten danach erreicht er die Stadt. Während die Trupps von Raúl Castro und Abel Santamaría den Gerichtshof und das Hospital im Handstreich nehmen, sieht sich das Gros schnell mit unerwarteten Problemen konfrontiert. Es gelingt zwar noch, den Posten an Tor 3 wie geplant zu überwältigen, als jedoch völlig unerwartet eine Militärstreife auftaucht und Alarm auslöst, gerät die Situation außer Kontrolle. Binnen Sekunden entwickelt sich eine Schießerei, von der die ganze Kaserne geweckt wird – der Überraschungseffekt ist dahin. Ein Stoßtrupp der Rebellen dringt trotzdem bis zum Schlafsaal vor und nimmt eine Reihe schlaftrunkener Soldaten fest, findet allerdings weder Waffenkammer noch Funkstation, erfährt also auch nichts vom Misserfolg der Verbündeten in Bayamo. Die den Angreifern sowohl an Zahl als auch an Waffen weit überlegenen Militärs gewinnen schnell die Überhand. Als Castro sieht, dass der Kampf unter diesen Bedingungen einen kollektiven Selbstmord bedeutet, ordnet er den Rückzug an. Während sein Bruder Raúl mit seinen Männern den Justizpalast daraufhin umgehend verlässt, haben die Kämpfer im Krankenhaus zu diesem Zeitpunkt längst jeden Überblick verloren. Sie feuern weiterhin in den Kasernenhof – bis es zu spät ist. Minuten später werden sie festgenommen und ermordet, ihr Anführer Abel Santamaría zuerst geblendet und dann zu Tode gefoltert. Innerhalb der folgenden 48 Stunden widerfährt den meisten anderen Rebellen das gleiche traurige Schicksal.

Nur 32 von ihnen, darunter auch Fidel und Raúl Castro, gelingt es, vorübergehend unterzutauchen. Doch auch sie werden schließlich entdeckt – Fidel Castro am 1. August in den Bergen der Sierra Maestra. Nachdem es ob der Grausamkeiten der Batista-Truppen zu einem Aufschrei unter der Bevölkerung gekommen war und der damalige Erzbischof von Santiago, Enrique Pérez Serantes, dem Regime abgerungen hatte, die noch flüchtigen Moncada-Angreifer vor ein ordentliches Gericht zu stellen, beginnt Ende September in Santiago der Prozess, bei dem die Urteile von Anfang an feststehen. Während man seine Komplizen für zehn Jahre und seinen Bruder Raúl für dreizehn Jahre ins Gefängnis steckt, soll Fidel Castro hingerichtet werden. Dieser Ausgang des Verfahrens ist dem jungen Anwalt bewusst, als er am 16. Oktober zu seinem Schlusswort ansetzt. Er spricht mehr als drei Stunden. Sein Plädoyer, in dem er die katastrophalen Verhältnisse in Cuba anprangert und Diktator Batista als den schlimmsten Tyrannen in der Geschichte des Landes bezeichnet, wird zu einem flammenden Appell für Freiheit und Gerechtigkeit. Er endet mit dem berühmt gewordenen Zitat „Verurteilt mich, das ist bedeutungslos, die Geschichte wird mich freisprechen".

Seine Rhetorik nützt ihm freilich nichts – Fidel Castro wird zum Tode verurteilt. Erst aufgrund des öffentlichen und politischen Drucks wandelt das Regime den Richterspruch in eine 15-jährige Zuchthausstrafe um, zu verbüßen in der berüchtigten Strafanstalt der Isla de Pinos, der heutigen Isla de la Juventud – normalerweise auch ein Todesurteil. Er bleibt allerdings nur 19 Monate im Gefängnis. Im Mai 1955 unterzeichnet Batista ein Amnestie-Dekret, durch das auch die „Moncadistas" vorzeitig auf freien Fuß gesetzt werden.

Bei seiner Haftentlassung ist Fidel Castro im ganzen Land bekannt und längst kein ambitionierter Nachwuchs-Politiker mehr, sondern inzwischen ein Schwergewicht mit Ausstrahlung und Charisma. Bis zu seinem größten Triumph sollte es trotzdem noch fast vier Jahre dauern.

Rund um Vista Alegre

Museo de la Imagen: Das 1992 in Santiagos Nobel-Viertel Vista Alegre eröffnete Museum beleuchtet detailliert die Geschichte von Fotografie, Kino, Radio und Fernsehen. In den vier Ausstellungsräumen findet man eine (fast) komplette Sammlung von Kodak-Kameras ab dem Jahr 1888 ebenso wie Spionage-Kameras aus dem Zweiten Weltkrieg. Apropos Drittes Reich: Sogar eine Fernsehkamera, die bei den Olympischen Spielen 1936 in Berlin benutzt wurde, hat man aufgetrieben und nach Cuba gebracht. Zur Sammlung dieses in ganz Lateinamerika einzigartigen Museums gehört ferner eine Stummfilm-Kamera aus dem Jahr 1897, die erste in Cuba eingesetzte TV-Kamera, der erste Übertragungswagen des cubanischen Fernsehens, Carbon-Mikrofone, Phonographe von Thomas Alva Edison mit geschlossenen Zylindern sowie ein altes, noch funktionsfähiges Grammophon aus jener Zeit. Komplettiert wird die Sammlung von Fotografien von Fidel Castro – schließlich ist man in Cuba.
Mo–Sa 9–17 Uhr. Eintritt 1 CUC. Calle 8 Nr. 106 e/ 3ra y 5ta.

Casa de las Religiones Populares: In dem etwas versteckt liegenden Häuschen erfährt man alles über den afro-cubanischen Santería-Kult und die anderen von den afrikanischen Sklaven ins Land gebrachten Naturreligionen, wie etwa Regla de Palo. Mit etwas Glück kann man sogar Oricha- und Voodoo-Zeremonien erleben oder an spiritistischen Sitzungen teilnehmen. Das religiöse Zentrum ist zudem Mitveranstalter des Festivals del Caribe, das man in Santiago immer Anfang Juli feiert.
Mo–Sa 9–18 Uhr. Eintritt 1 CUC, Führung 1 CUC. Calle 13 Nr. 206 esquina 10. ✆ 643609, 643114, 643115.

Casa del Caribe: Das nur einen Katzensprung von der Casa de las Religiones Populares entfernt liegende Haus ist sozusagen die Dependance des religiösen Zentrums. In ihr sind die Verwaltung untergebracht und Räumlichkeiten für Kunstausstellungen eingerichtet.
Tägl. 8–17 Uhr. Eintritt 2 CUC. Calle 13 Nr. 154 esquina 8, ✆ 642285.

Centro Cultural Africano Fernando Ortiz: Das nach dem bekanntesten cubanischen Völkerkundler benannte Kulturzentrum widmet sich der Erforschung der afrikanischen Kultur in Cuba. Die Sammlung, die sich in erster Linie auf Kunst und Kunsthandwerk des „Schwarzen Kontinents" beschränkt, ist zwar klein, aber durchaus sehenswert – zumindest für Freunde der afro-cubanischen Kultur. Innerhalb der Einrichtung gibt es auch eine umfangreiche Bibliothek zum Thema.
Mo–Fr 9–17 Uhr. Eintritt 1 CUC. Avenida Manduley 106 esquina 5ta.

Palacio de Pioneros: Das Gebäude der jungen Pioniere ist ein wunderbar restaurierter Palast aus der Kolonialzeit. In der linken Ecke des Gartens hat man ein MiG-Kampfflugzeug aufgestellt, das während der Invasion in der Schweinebucht eingesetzt war. Heute darf mit dem nach dem russischen Konstrukteur Mikojan-Gurewitsch benannten Jet, der als das meistgebaute Strahlflugzeug der Welt gilt und noch immer bei rund 50 Luftstreitkräften auf vier Kontinenten im Einsatz ist, der revolutionäre Nachwuchs spielen. Leider kann man das Gelände nicht betreten, wenigstens ein Blick durch den Zaun aber ist erlaubt.
Avenida Manduley esquina Hermanos Marcano.

Parque Zoológico: Den Tiergarten von Santiago könnte man – boshaft – als Spiegelbild der cubanischen Gesellschaft bezeichnen. Denn so wie viele Menschen fristen hier auch die Zoo-Bewohner ein trostloses Dasein – in einfachen, teilweise verrosteten, jedenfalls viel zu kleinen Gehegen. Auf dem fast 200.000 Quadratmeter großen Gelände nahe dem Loma de San Juan werden insgesamt rund 1900 bedauernswerte Tiere 90 verschiedener Arten gezeigt – von Löwen, Tigern und Leoparden über Büffel, Zebras und Affen bis hin zu Schwänen, Enten und Flamingos. Aufgrund seiner Ausdehnung ist der Park zwar für einen längeren Spaziergang unter schattigen Bäumen zu empfehlen, für wirkliche Tierfreunde ist er aber denkbar ungeeignet.

Di–So 10–17 Uhr. Eintritt 1 CUC. Avenida Raúl Pujol.

Loma de San Juan: Der Hügel, auf dem am 1. und 2. Juli 1898 die entscheidende Schlacht des Zweiten Unabhängigkeitskrieges stattfand, liegt im Osten der Stadt auf dem Weg nach Baconao. Unter Führung des späteren US-Präsidenten Theodore Roosevelt und General William R. Shafter fügte hier die 1. US-Kavallerie, bei der nur Roosevelt selbst beritten war, und das ausschließlich aus Schwarzen bestehende 10. Kavallerie-Regiment den Spaniern eine empfindliche Niederlage zu. Nachdem sie tags darauf bei der Seeschlacht von Santiago auch noch große Teile ihrer Flotte verloren, mussten die Spanier bald darauf endgültig kapitulieren. Später sagte Roosevelt staatstragend, dass der 1. Juli 1898 der Tag gewesen sei, an dem die Sonne der Freiheit erstmals über cubanischem Boden geschienen habe. An die Schlacht und die dabei auf beiden Seiten gefallenen Soldaten erinnert eine parkähnliche Anlage, in deren Mitte ein alter Wachturm steht, der von restaurierten Kanonen und Artillerie-Geschützen umgeben ist. Auf Bronzetafeln sind die Ereignisse der beiden Kriegstage nachzulesen, die mit dem Loma de San Juan verbunden sind.

Eintritt frei. Carretera Siboney km 1,5.

Rund um die Plaza de la Revolución Antonio Maceo

Der für militärische Aufmärsche und politische Großkundgebungen konzipierte Platz im Norden Santiagos wird dominiert von dem am 14. Oktober 1991 von Fidel Castro höchstpersönlich enthüllten monumentalen Denkmal für Antonio Maceo, dem General der Unabhängigkeitskriege und größten Sohn der Stadt. Das gigantische Reiterstandbild zeigt den „Bronze-Titan" – Maceo erhielt diesen Beinamen wegen seiner Hautfarbe, er war der einzige Mulatte in der militärischen Führung der Mambíses – mit seiner linken Hand zum Kampf auffordernd. Neben seinem sich aufbäumenden Pferd ragen 23 riesige Stahlmacheten aus der Erde, die daran erinnern sollen, mit wie viel Blut der Boden Cubas während des Unabhängigkeitskampfes getränkt wurde. Im Souterrain des auf einer Marmorplattform stehenden Denkmals befindet sich die „Sala Exposición Holográfico", ein kleines Museum mit Hologrammen, die unter anderem den Ring, den Revolver, die Machete und den Federhalter von Antonio Maceo zeigen. Neben dem Eingang brennt zu seinen Ehren eine ewige Flamme, die gegenüberliegende Wand zieren Zitate von Maceo und Martí.

Museum: Di–Sa 9–17, So 9–13 Uhr. Eintritt 1 CUC inkl. Führung (auch engl.), Fotoaufnahmen verboten. Avenida de Las Américas esquina Los Libertadores.

Rund um den Cementerio Santa Ifigenia

Wenn man in Santiago der Geschichte des Landes hautnah begegnen will, führt an dem 1868 eingeweihten Friedhof im Nordwesten der Stadt kein Weg vorbei. Obwohl die Totenstadt ursprünglich in erster Linie für die Helden des Ersten Unabhängigkeitskrieges – und die gerne verschwiegenen Opfer einer Gelbfieber-Epidemie – angelegt worden war und mit ihren knapp 100.000 Quadratmetern nur einen Bruchteil der Größe des Cementerio de Cristóbal Colón in Havanna besitzt, so fanden hier doch deutlich mehr Persönlichkeiten ihre letzte Ruhe. Die Namen auf den rund 8000 Gräbern, von denen sich etwa 7000 in privater Hand befinden, lesen sich wie das „Who's who" der cubanischen Unabhängigkeitskriege und der Ära Fidel Castro: Carlos Manuel de Céspedes, der „Vater des Vaterlandes" und erste Präsident der „Republik unter Waffen", Mariana Grajales und María Cabrales, Mutter bzw. Ehefrau von „Bronze-Titan" Antonio Maceo, Tomás Estrada Palma, Cubas erster Präsident nach der Unabhängigkeit, Emilio Bacardí y Moreau, Sohn des Gründers der weltberühmten Rumfabrik, und – seit 2003 – auch Compay Segundo, „Seele" des „Buena Vista Social Club". Die Liste der illustren Prominenz aus Politik, Wirtschaft und Kunst, die zumeist unter kunstvollen Grabsteinen und in Mausoleen aus weißem Marmor oder poliertem Granit ruht, ließe sich beinahe beliebig erweitern.

Natürlich wurden auf dem Cementerio Santa Ifigenia auch eine Reihe von Helden des Widerstandskampfes und der Revolution bestattet – in Ehrengräbern versteht sich. Neben den letzten Ruhestätten von elf Generälen aus den Unabhängigkeitskriegen, über denen die cubanische Nationalflagge weht, gibt es eine ganze Reihe von Ruhestätten der Rebellen der „Bewegung 26. Juli", die – vom Batista-Regime hingerichtet oder zu Tode gefoltert – meist schon in jungen Jahren ihr Leben gelassen hatten, wie etwa Frank und Josue País. Um deutlich zu machen, für welche Sache sie starben, wurde an ihren Gräbern zusätzlich die schwarz-rote Fahne mit der weißen „26" aufgezogen. Das berühmteste Grabmal des Friedhofs ist allerdings das Mausoleum von Nationalheld José Martí. In dem am 30. Juni 1951 eingeweihten Ehrengrab ruht der Leichnam des am 19. Mai 1895 gefallenen Denkers und Lenkers des Widerstands gegen die spanischen Besatzer am Fuße eines 24 Meter hohen, sechseckigen Granitturms, in dessen Mitte eine überdimensionale Statue Martí in Denkerpose zeigt. Die Wachablösung der dreiköpfigen Ehrengarde an seiner Ruhestätte findet alle 30 Minuten zu den aus Lautsprechern übertragenen Klängen von „Elegía a Martí" statt, komponiert von Juan Almeida, einem der Revolutionäre der ersten Stunde, der schon an dem Überfall auf die Moncada-Kaserne beteiligt war und nach dem Sieg über Batista das Amt des Vizepräsidenten des Staatsrates innehatte.

Tägl. 7–17 Uhr. Eintritt 1 CUC inkl. Führung (auch engl.), Fotoaufnahmen 1 CUC, Videoaufnahmen 5 CUC. Avenida Raúl Peroso, ✆ 632723.

Unterwegs in der Umgebung

Castillo del Morro San Pedro de la Roca

Wie eine mittelalterliche Ritterburg aus dem Legoland liegt – neun Kilometer südlich der heutigen Stadtgrenze – die bestens erhaltene Festungsanlage an der Ostseite des Eingangs zur Bucht von Santiago. König Philipp II. von Spanien hatte sie Anfang des 17. Jahrhunderts in Auftrag gegeben, nachdem sich zwischen 1619 und 1635 mehrere Stadt-Gouverneure wegen der nicht enden wollenden Piraten-Überfälle an ihn gewandt hatten. 1638 legten der italienische Militär-Ingenieur Giovanni Bautista Antonelli jun., dessen Vater ein ähnliches Fort in Havanna gebaut hatte, und der damalige Regent Santiagos, Don Pedro de la Roca y Borja, nach dem die Festung schließlich benannt wurde, den Grundstein zu der Anlage. Schon fünf Jahre später waren die Arbeiten abgeschlossen und die

Kanonen installiert, bereit, auf jedes Schiff zu feuern, das sich der Stadt in feindlicher Absicht näherte. Die uneinnehmbare Festung mit Zugbrücke, tiefen Gräben und hohen Mauern hoch oben über der Hafeneinfahrt verfehlte ihre Wirkung nicht. Die Piraten mieden Santiago fortan wie der Teufel das Weihwasser – bis auf den englischen Freibeuter Christopher Mings. 1662 segelte er zusammen mit seinem Musterschüler Henry Morgan völlig unbehelligt in die Bucht ein, weil – wie sich später herausstellte – die Wachen geschlafen hatten. Innerhalb von nur fünf Tagen war die Stadt geplündert und die mächtige Wehranlage gefallen. Bis zum Jahr 1767 wurde die Festung von verschiedenen Baumeistern immer wieder erweitert und modernisiert. 1840 errichtete man zudem einen Leuchtturm, 1883 legte man einen kleinen Friedhof an. Vorübergehend als Gefängnis genutzt, wurde das Castillo von 1962 an unter Leitung von Dr. Francisco Prat Puig penibel restauriert. Die mühevolle Kleinarbeit lohnte sich: 1978 wurde „El Morro" als Museum wiedereröffnet, 1979 als Nationaldenkmal ausgewiesen und 1997 von der UNESCO zum Weltkulturerbe erklärt.

In den sieben Ausstellungsräumen der mit Abstand größten und schönsten Festungsanlage des Landes bekommt man auf Schautafeln und anhand von Exponaten einen detaillierten Überblick über die Historie des Castillos. Dokumentiert wird auch die Geschichte der Piraterie in der Karibik sowie die letzte Seeschlacht des Spanisch-Cubanisch-Amerikanischen Krieges, die am 3. Juli 1898 unmittelbar vor der Bucht Santiagos ausgefochten und bei der die spanische Flotte vernichtend geschlagen wurde. Besichtigen kann man auch die ehemaligen Gefängniszellen, in denen Bronze-Büsten verschiedener Persönlichkeiten aufgestellt wurden – mit Ausnahme von Don Emilio Bacardí Moreau und Dominica Moncada alles Generäle der Unabhängigkeitskriege. Wertvollstes Exponat ist ein Originalbrief von Nationalheld José Martí an General Bartolomé Masó, handgeschrieben auf dem Papier des New Yorker Broadway-Hotels „Astor House", der in einem gläsernen Schaukasten ausgestellt ist.

Nicht minder interessant ist die mächtige Festung mit ihren beinahe labyrinthisch angelegten Bastionen selbst. Dies umso mehr, als sich von ihren verschiedenen Höfen und Plattformen ein unvergleichlicher Ausblick bietet, der von der Karibik-Küste über die Bucht von Santiago bis zur Sierra Maestra reicht.

Tägl. 9–19 Uhr. Eintritt 4 CUC inkl. Führung (auch engl.), Fotoaufnahmen 1 CUC, Videoaufnahmen 1 CUC. Carretera del Morro km 7,5, ✆ 691569.

El Cobre

Das kleine Dorf, 18 Kilometer nordwestlich von Santiago an der Carretera Central in Richtung Bayamo gelegen, ist Cubas bedeutendster Wallfahrtsort – und das seit dem Anfang des 17. Jahrhunderts. Damals, im Jahr 1606, entdeckten Juan und Rodrigo de Hoyos sowie Juan Moreno, zwei Indios und ein schwarzer Sklave, die mit ihrem Holzkahn zum Fischfang ausgelaufen waren, in der Bucht von Nipe an der Nordküste nahe von Mayarí ein Stück Holz, das auf den Wellen trieb. Um ihre Netze nicht zu beschädigen, zogen sie es aus dem Wasser und stellten dabei fest, dass es sich um eine Marien-Figur handelte, die die Aufschrift „Yo soy la Virgen de la Caridad" („Ich bin die Jungfrau der Barmherzigkeit") trug. Kaum hatten sie die Madonna an Bord geholt, soll das Meeresrauschen plötzlich verstummt und der Ozean wie ein Spiegel gewesen sein, erzählten sie später. Die eigentliche Bedeutung ihres Fundes blieb ihnen allerdings zunächst verborgen.

Erst als die Statue fünf Jahre später in das Dorf El Cobre gebracht wurde, erkannte ein Einsiedler ihren für Gläubige unschätzbaren Wert. 1684 wurde in El Cobre schließlich das erste, sehr einfache Gotteshaus errichtet, in der die Virgen de la Caridad angebetet werden konnte.

Immer wieder standen vor dem Antlitz der Marien-Figur wichtige Personen der cubanischen Geschichte. 1868 betete Carlos Manuel de Céspedes vor der Statue für die Freiheit des Landes, am 12. August 1898 fand nach dem endgültigen Sieg über die Spanier zu Füßen der Muttergottes-Statue im Beisein der Generäle Agustín Cebreco und Calixto García ein Dankgottesdienst statt, 1915 flehten vor dem Altar die Veteranen der Unabhängigkeitskriege darum, dass die Virgen de la Caridad del Cobre zur Schutzpatronin Cubas erklärt werden möge, was Papst Benedikt XV. kurze Zeit später, im Mai 1916, auch per Dekret verfügte. Die heutige Kirche von El Cobre, die seit Dezember 1977 der vom Vatikan verliehene Titel „Kleine Basilika" schmückt, wurde am 8. September 1927 offiziell eingeweiht. Seitdem wird die Marien-Figur mit ihrem goldenen Gewand und dem Sternenkranz um ihr Haupt immer an diesem Tag an der Spitze einer langen Prozession durch die Straßen des kleinen Dorfes getragen. Sonst steht die Virgen de la Caridad in der schlichten Kirche, in der jeder Schmuck fehlt, um die ganze Aufmerksamkeit dem Altar aus weißem Marmor widmen zu können, in einer im Hochaltar eingelassenen Glasvitrine. Nur einmal verließ sie ihre Kirche zu einer etwas längeren Reise: Am 24. Januar 1998 brachte man sie zur Messe mit Papst Johannes Paul II. auf die Plaza de la Revolución Antonio Maceo nach Santiago de Cuba, wo das damalige Oberhaupt der katholischen Kirche auf die Knie sank, um die Marien-Statue anzubeten.

Bedeutendster Wallfahrtsort Cubas und National-Heiligtum: El Cobre

Obwohl im Hochaltar der Kirche thronend, kann man der Figur in der Iglesia de Nuestra Señora de la Caridad del Cobre ebenso nahe sein wie damals der Heilige Vater. In dem architektonisch geschickt angelegten Gotteshaus führen vom Vorraum aus nämlich zwei kurze Treppen nach oben, wo sich ein weiterer, kleinerer Gebetsraum öffnet und wo der Marien-Schrein den Altar bildet. Rechts und links davon stehen viele Blumen von Gläubigen – hauptsächlich gelbe Sonnenblumen, weil man der Virgen de la Caridad diese Farbe vor allem in der afro-cubanischen Santería-Religion zuordnet, in der sie als Ochún eine bedeutende Rolle spielt. Wenn „Cachita", wie man sie in Cuba volkstümlich nennt, am Jahrestag der Kirchenweihe aus der Basilika getragen wird, säumen deshalb nicht nur Katholiken ihren Weg, sondern mindestens ebenso viele Santería-Anhänger, die diesen Tag sehr ausgelassen begehen – schließlich gilt sie ihnen als Gottheit der Liebe und des Tanzes.

Mehr über das Seelenleben der Gläubigen, die jedes Jahr zu Tausenden nach El Cobre pilgern, um die Virgen de la Caridad anzubeten, erfährt man in einem kleinen Raum vor bzw. hinter dem eigentlichen Gotteshaus, in dem in Vitrinen all die Dinge ausgestellt sind, die man der Nationalheiligen gewidmet hat: Baseballs, Sport-Trikots, Olympische Goldmedaillen und Pokale findet man darin ebenso wie Spielzeugautos, abgeschnittene Haarsträhnen, handschriftliche Briefe – und dazwischen eine Tafel von „amnesty international", auf der die Namen von politischen Gefangenen in Cuba stehen. Die Gaben der Besucher füllen inzwischen auch einen auf Anfrage zugänglichen Kellerraum, in dem das wohl berühmteste Stück der Sammlung zu sehen ist. Nachdem Fidel Castro aus der Sierra Maestra zurückgekehrt war und die Revolution gesiegt hatte, überließ seine Mutter Lina Ruz der Kirche als Zeichen der Dankbarkeit eine kleine, goldene Partisanenfigur. Ein zweites, ebenso wertvolles Geschenk bekommt man dagegen auch dort nicht mehr zu Gesicht: die Literaturnobelpreis-Medaille, die Ernest Hemingway 1954 für seinen Roman „Der alte Mann und das Meer" erhalten und der Virgen de la Caridad del Cobre gewidmet hatte. Sie wurde 1986 von einen Hemingway-Fan gestohlen, der allerdings kurz darauf festgenommen werden konnte. Die Medaille liegt seitdem im Tresor des Pfarrhauses.

Tägl. 6.30–18 Uhr. Messen Mo, Di, Do, Fr, Sa 8 Uhr, So 8, 10 und 16 Uhr.

Monumento al Cimarrón

Das Denkmal, das an den Sklavenaufstand aus dem Jahr 1731 erinnert, liegt einen Kilometer hinter der Ortschaft El Cobre auf dem Gelände der früheren Kupfermine. Der Tagebau, der bereits 1558 in Betrieb genommen und in dem bis 2001 Kupfer abgebaut wurde, ist der älteste in ganz Lateinamerika. Das im Jahr 1997 errichtete Monument erreicht man in gut zehn Fußminuten über einen schmalen Pfad, auf dem man vom Wächter über die Anlage begleitet wird und dabei von ihm alles über die Geschichte der Kupfermine erfährt. Er macht dies übrigens kostenlos – aber nach einem Trinkgeld fühlt er sich anerkannt und man sich selbst auch nicht schlecht.

Carretera de la Mina del Cobre.

Unterwegs im Osten

La Gran Piedra
siehe Karte S. 648/649

Der 25 Kilometer östlich von Santiago in der Sierra Maestra liegende und nur über eine 13 Kilometer lange Serpentinen-Straße zu ereichende Gran Piedra („Großer Stein") ist aufgrund seiner Masse sogar im „Guinness-Buch der Rekorde" vermerkt. Mit seiner Ausdehnung – 51 Meter lang, 26 Meter hoch, 30 Meter breit – und seinem Gewicht – rund 70.000 Tonnen – rangiert er hinter dem Mount Augustus und dem Ayers Rock (beide in Australien) auf Platz drei der größten Monolithen der Welt. Vom Motel „Gran Piedra" aus führen 452 Stufen auf den in 1234 Meter Höhe liegenden Gipfel (Eintritt 1 CUC). Entlang des Weges, den man leicht in 20 Minuten bewältigt, wächst im üppigen Grün des Nebelwaldes eine Vielzahl bunter Orchideen. Allein 222 Arten von Farngewächsen, von denen über 20 Prozent endemisch sind, haben Biologen in dem Gebiet außerdem gezählt. Und auch die Tierwelt scheint sich in dem kühlen Feuchtklima pudelwohl zu fühlen. Mehr als 900 Tierarten leben auf dem Berg, darunter auch der cubanische Nationalvogel Tocororo und der Zunzuncito (Hummel-Kolibri), mit einer Größe von sechseinhalb Zentimetern und einem Gewicht von zwei Gramm der kleinste Vogel der Welt. Die Chancen, sie zu Gesicht zu bekommen, sind an wenigen Orten größer. Woran man sich sicherlich erfreuen kann, ist oben auf dem Felsen das grandiose Panorama – der Blick reicht von Santiago bis Baconao. An klaren Tagen soll man in der Ferne sogar Haiti und Jamaika entdecken können. In den Herbstmonaten kommen auch immer wieder Ornithologen der Universität von Santiago auf diese von „Mutter Natur" geschaffene Aussichtsplattform. Von keinem anderen Punkt aus kann man den Flug der Zugvögel, die zu dieser Zeit Nordamerika verlassen und auf ihrer Route in wärmere Gefilde Cuba überqueren, besser beobachten.

● *Übernachten* ** **Gran Piedra (1)** liegt am Ende der 13 km langen Serpentinen-Straße, die in der Ortschaft Guásimas von der Carretera Baconao abzweigt. Die 22 Zimmer des Motels der cubanischen Horizontes-Gruppe befinden sich in kleinen Bungalows, die mit Bad, Satelliten-TV, Radio, Safe und Minibar ausgestattet sind. Restaurant, Bar und ein Souvenirshop sind in einem eigenen Gebäude (am Parkplatz) untergebracht, wo man auch einen Eintritt von 1 CUC entrichten muss, wenn man die 452 Stufen auf den Felsen hinaufsteigen will. EZ 30–34 CUC, DZ 38–42 CUC, je nach Saison. Carretera Gran Piedra km 14. ✆ 686147, villa@gpiedra.scu.cyt.cu.

Unterwegs auf dem Gran Piedra

Museo La Isabelica: Die ehemalige Kaffeeplantage zwei Kilometer hinter dem Motel „Gran Piedra" wurde von französischen Siedlern gegründet, die Haiti im Zuge der Sklavenaufstände im Jahr 1791 Knall auf Fall verlassen mussten und ihr Glück daraufhin in Cuba suchten. Insgesamt emigrierten damals 30.000 Franzosen von der Nachbarinsel und wurden in der neuen Heimat aufgrund ihrer Kenntnisse und Fertigkeiten schnell steinreich. Der frühere Besitzer des Cafetal Isabelica macht da keine Ausnahme. Davon zeugt das bestens erhaltene Herrenhaus, in dessen Obergeschoss man anhand des Originalmobiliars einen Eindruck von seinem Lebensstil bekommt. Ein Stockwerk darunter, wo einstmals die Kaffeebohnen getrocknet wurden, sind verschiedene altertümliche Gerätschaften ausgestellt, die zur Bestellung der Plantage dienten. Aufgrund des guten Erhal-

Einer der größten Monolithen der Welt: der Gran Piedra (1234 m)

tungszustands und der historischen Bedeutung der Anlage wurde sie im Jahr 2000 von der UNESCO zum Weltkulturerbe erklärt.
Tägl. 8–16 Uhr. Eintritt 1 CUC, Fotoaufnahmen 2 CUC, Videoaufnahmen 5 CUC. Carretera Gran Piedra km 16.

Jardín Botánico: Der kleine botanische Garten, zu dem ein schmaler Weg einen Kilometer unterhalb des Motels „Gran Piedra" abzweigt, ist ein grünes Paradies – gespickt mit vielen bunten Blüten. In dem feuchten Mikroklima auf 1000 Meter Höhe wachsen Gardenien neben Hortensien, Flamingo-Blumen neben Orchideen. Einen Namen gemacht hat sich der Blumengarten aber vor allem mit seinen Strelitzien (Paradiesvogelblume), die hier in vielen Variationen zu finden sind – darunter sogar die seltene weiße Paradiesvogelblume (lat. Strelitzia nicolai).
Tägl. 8–16 Uhr. Eintritt 1 CUC. Carretera Gran Piedra km 13.

La Granjita Siboney

Das kleine Bauernhaus zwölf Kilometer außerhalb der Stadtgrenze von Santiago ist mit dem Überfall auf die Moncada-Kaserne am 26. Juli 1953 untrennbar verbunden. Hier scharte Fidel Castro seine Kampfgefährten um sich, hier liefen die letzten Vorbereitungen des Angriffs ab, von hier aus setzte sich der Tross aus 26 amerikanischen Limousinen in Bewegung, um cubanische Geschichte zu schreiben. Was an den Tagen und Stunden vor der denkwürdigen Attacke passierte, wird in dem blitzsauber renovierten Häuschen haarklein dokumentiert. In fünf Ausstellungsräumen werden viele schriftliche Unterlagen präsentiert sowie Fotos und persönliche Gegenstände der Revolutionäre.
Mo 9–13, Di–So 9–17 Uhr. Eintritt 1 CUC inkl. Führung (auch engl.), Fotoaufnahmen 1 CUC, Videoaufnahmen 5 CUC. Carretera Siboney km 13, ℡ 39168.

Museo de la Guerra Hispano-Cubano-Norteamericano

Das wenige Meter von der Granjita Siboney entfernte Museum widmet sich ganz dem Zweiten Unabhängigkeitskrieg (1895–1898), in dem die spanische Besatzungsmacht endgültig geschlagen werden konnte und Cuba seine Freiheit erlangte. Anhand von statistischen Daten, Landkarten und Schlachtplänen erfährt man alle Details über den Ablauf der bewaffneten Auseinandersetzung, an deren Ende bekanntlich US-amerikanische Truppen unter Führung des späteren Präsidenten Theodore „Teddy" Roosevelt eingriffen und den Spaniern den Todesstoß versetzten. Neben Dokumenten, Kopien und Fotos sind in den drei großen Schauräumen auch Kanonen, Handfeuerwaffen und Macheten zu sehen, mit denen die cubanische Befreiungsarmee unter den Generälen Máximo Gómez, Antonio Maceo und Calixto García in den Krieg gezogen war.

Mo–Sa 9–17 Uhr. Eintritt 1 CUC. Carretera Siboney km 13,5, ✆ 39119.

Playa Siboney

Der von Kokospalmen gesäumte Hausstrand von Santiago, der nur 14 Kilometer östlich der Provinzhauptstadt liegt, ist vor allem an den Wochenenden dicht bevölkert, wenn die Santiagueros regelmäßig Kind und Kegel einpacken und zum Baden ans Meer fahren. Obwohl die Sandbucht allenfalls als durchschnittlich zu bewerten ist, mischen sich inzwischen viele Touristen unter die Einheimischen – mit der Folge, dass in Siboney mehr und mehr Privat-Quartiere angeboten werden. Schon beinahe ein Muss ist die Ortschaft für alle „Buena Vista Social Club"-Fans, denn in Siboney wurde am 18. November 1907 Máximo Francisco Repilado Múñoz, alias Compay Segundo, geboren, der hier bis zu seinem 14. Lebensjahr zu Hause war. In seinem Elternhaus residiert heute das Restaurant „La Rueda", in dem ein großes, handsigniertes Porträt an den berühmten Musiker erinnert.

• *Essen & Trinken* **La Rueda** ist ein großes Terrassenlokal mit sauber gedeckten Tischen, das sich auf kreolische Küche und Meeresfrüchte spezialisiert hat. Komplette Menüs kosten 8–11 CUC. Auch nach seinem Tod am 14. Juli 2003 kommt in dem Geburtshaus von Compay Segundo immer am 18. November die Familie des „Buena Vista Social Club"-Stars zusammen, um den Geburtstag des Sängers und Musikers zu feiern. Tägl. 10–22 Uhr. Carretera Siboney, ✆ 39325.

• *Übernachten* **Cabañas Siboney**, ein kleiner Komplex mit fünf einfachen Bungalows, liegt direkt am Sandstrand. Die mit Bad, Klimaanlage, Kühlschrank, TV und einer kleinen Küche ausgestatteten Häuschen werden allerdings nur in der Hochsaison vermietet. Die Rezeption findet man einige hundert Meter von der Anlage entfernt in der Avenida Serrano – im Erdgeschoss des zweiten Hauses nach der Kreuzung in der Ortsmitte. DZ 40 CUC. Avenida Serrano, ✆ 39261.

Casa Marillis Piña vermietet ein komplettes und komplett unabhängiges Appartement mit separatem Eingang und viel Komfort. Die Ausstattung umfasst Klimaanlage, Kühlschrank, einen großzügigen Schlafraum und eine kleine Küche mit Gasherd. DZ 20–25 CUC, je nach Saison. Avenida Serrano 37,5 e/ 5ta y 7ma, ✆ 39246.

Casa Mayelin Millares liegt strandnah und bietet ein nettes Appartement mit Bad, Klimaanlage, einer kleinen Küche und einer großen Terrasse an. Auf Wunsch gibt es Frühstück und Abendessen – vorzugsweise Meeresfrüchte. DZ 20–25 CUC, je nach Saison. Avenida Serrano 47, ✆ 39434.

Casa Ledy ist ein etwas einfacheres Privat-Quartier, aber trotzdem ganz in Ordnung. Das Gästezimmer verfügt über ein großes Bad, Klimaanlage, Ventilator, Kühlschrank und einen Balkon mit Meerblick. Wer möchte, wird gerne bekocht – mangels der gastronomischen Vielfalt im Ort sicherlich eine Überlegung wert. Avenida Serrano 39,5, ✆ 39237.

Mehr als 200 Arten von Kakteen gedeihen im Jardín de Cactus

Gran Parque Natural Baconao

siehe Karte S. 648/649

Der nach der kleinen, rund 45 Kilometer östlich von Santiago de Cuba liegenden Ortschaft Baconao benannte Naturpark nimmt eine Fläche von 800 Quadratkilometern ein. Wegen der zahlreichen endemischen Pflanzen, darunter viele äußerst seltene Kakteen, und der einzigartigen Vogelwelt wurde das gesamte Gebiet im Jahr 1987 von der UNESO als Biosphärenreservat ausgewiesen und steht seitdem unter strengem Schutz. Trotzdem findet man entlang der etwas mehr als 30 Kilometer langen Landstraße von Siboney bis zur Mündung des Río Baconao nicht die erwartete Wildnis vor. Vielmehr dringt man in eine wunderschöne Naturlandschaft ein, die eingerahmt wird von den östlichen Ausläufern der Sierra Maestra auf der einen und der Karibischen See auf der anderen Seite. Dazwischen liegen einige wenige Hotel-Resorts, kleine Strände, ein paar Museen und eine Handvoll anderer Sehenswürdigkeiten, die für Abwechslung im Ferienalltag sorgen. Dennoch: Für den klassischen Badeurlaub ist die zumeist felsige Küste entlang des Naturparks allenfalls zweite Wahl. Viel eher ist das Gebiet ein ideales Ziel für einen Tagesausflug.

• *Übernachten* *** **Los Corales** und **Carisol (4)**, zwei Häuser der cubanischen Club Amigo-Kette, bilden inzwischen einen Hotelkomplex, der sich entlang der Playa Cazonal, dem schönsten Strandabschnitt innerhalb des Naturparks Baconao, erstreckt. Das All-inclusive-Resort verfügt über alle gängigen Einrichtungen von Ferienanlagen dieses Formats – Animation, Sportmöglichkeiten, Geschäfte, Kinderclub, Swimmingpools und, und, und ... In beiden Häusern gibt es Buffet- und Spezialitäten-Restaurants, die von den Gästen hüben wie drüben genutzt werden können. Die 310 Zimmer – 144 im Los Corales und 166 im Carisol – sind sehr modern eingerichtet, mit Telefon, Satelliten-TV sowie Safe ausgestattet und haben Meer- oder Gartenblick. Gern gesehen sind auch Tagesgäste, die gegen Gebühr sämtliche Einrichtungen und Buffet-Restaurants nützen können. EZ 70–75 CUC, DZ 100–105 CUC, je nach Saison;

648 Provinz Santiago de Cuba

Tagespass 20 CUC, Kinder bis 12 Jahre 10 CUC. Carretera Baconao km 44. ✆ 356121, 356122, 356115, ℻ 356177, comercial@carisol-loscorales.co.cu, www.cubanacun.cu.

*** **Bucanero (2)**, eine überschaubare All-inclusive-Anlage 25 km östlich von Santiago zwischen Siboney und dem Valle de la Prehistoria, hat zwar nur ein winziges Fleckchen Sandstrand, macht dieses Manko aber mit einem großen Swimmingpool direkt an der Karibik-Küste wieder wett. Außerdem findet man nur 2 km von dem Hotel entfernt mit der Playa Juraguá eine große Bucht mit feinstem Sand. Im Resort selbst gibt es alle Standard-Einrichtungen, die man in dieser Preislage erwarten darf, wie Fitness-Center, Shop, Solarium etc. sowie zwei Restaurants (Buffet und à-la-carte) und mehrere Bars. Das Animationsteam treibt mit den Gästen viel Sport, gibt aber auch Tanz- und Spanisch-Unterricht. Die 200 Zimmer verfügen über Klimaanlage, Telefon, Kabel-TV, Safe und Balkon oder Terrasse. EZ 63–84 CUC, DZ 90–120 CUC, Triple 108–144 CUC, je nach Saison. Carretera Baconao. ✆ 686363-67, ℻ 686070, reserva@hbucanero.co.cu, www.gran-caribe.com.

*** **Costa Morena (3)** ist ein etwas einfacheres, dafür auch preisgünstiges All-inclusive-Resort knapp 35 km östlich von Santiago zwischen der Playa Verraco und der Playa Sigua, das auch von cubanischen Urlaubern gern aufgesucht wird. Die Anlage bietet zwei Restaurants, vier Bars, zwei Swimmingpools, einer davon ist ein Naturbecken im Meer, sowie viele Sporteinrichtungen. Da die Küste vor dem Hotel felsig ist, bringt man die Gäste auf Wunsch zweimal täglich zur nahen Playa Verraco mit einem etwa 400 m langen Sandstrand. Die 115 ordentlichen Zimmer sind mit Klimaanlage, Kabel-TV, Telefon sowie Safe ausgestattet und haben alle Meerblick. EZ 44–53 CUC, DZ 58–69 CUC, je nach Saison. Carretera Baconao km 33,5. ✆ 356126, 356326, 356160, corena@cmorena.ciges.inf.cu.

Übernachten
1. Gran Piedra
2. Bucanero
3. Costa Morena
4. Los Corales und Carisol

● *Kinder, Kinder* Der **Vergnügungspark „El Mundo de la Fantasía"** am westlichen Ende der Playa Sigua ist nur Unerschrockenen ernsthaft zu empfehlen. Das stark heruntergekommene und baufällige „Disneyland für Arme" betritt man am besten nur mit Schutzhelm. Dass dafür Eintritt verlangt wird, ist eigentlich eine Frechheit. Tägl. 9–17 Uhr. Eintritt 1 CUC, Kinder 0,50 CUC. Carretera Baconao km 35,5. ✆ 356202.

Unterwegs im Gran Parque Natural Baconao

Valle de la Prehistoria: Die 227 Mammuts, Säbelzahn-Tiger, Saurier und andere Urtiere aus Kunststoff und Pappmaché, die man auf dem zwei Quadratkilometer großen Gelände an der Landstraße nach Baconao kurz hinter der Abzweigung nach Siboney in die Prärie gepflanzt hat, wirken zwar reichlich deplatziert, können aber zumindest für sich in Anspruch nehmen, ihren einstmals lebenden Vorbildern täuschend ähnlich zu sehen. Zwölf Künstler aus Santiago haben die Entwürfe für die

Monster geliefert, die dann von den Insassen des früheren Gefängnisses im nahen Damahayabo geschaffen wurden.

Tägl. 8–16.45 Uhr. Eintritt 1 CUC, Kinder 0,50 CUC, Fotoaufnahmen 1 CUC, Videoaufnahmen 5 CUC. Carretera Baconao km 9,5.

Museo Nacional de Transportes: In der Ausstellung einen Kilometer nach dem Valle de la Prehistoria in Richtung Baconao muss jedem Automobilisten zwangsläufig das Herz aufgehen. Auf dem Freigelände stehen 36 Originaloldtimer vom Ford-A-Modell aus dem Jahr 1929, das einstmals Fidel und Raúl Castros Mutter Lina Ruz lenkte, bis zu Ami-Schlitten aus den 1950er Jahren, darunter auch der Cadillac des berühmten cubanischen Sängers Benny Moré und der Chevi, mit dem Raúl Castro einst zum Überfall auf die Moncada-Kaserne fuhr. In drei Ausstellungsräumen ist zudem eine Sammlung von 2500 Miniatur-Karossen zu sehen – von den Anfängen des Automobils bis zur Gegenwart.

Tägl. 8–17 Uhr. Eintritt 1 CUC, Fotoaufnahmen 1 CUC, Videoaufnahmen 2 CUC. Carretera Baconao km 8,5, ✆ 39197.

Playa Daiquiri: An dem zwei Kilometer vom Museum entfernten Küstenstreifen, an dem der gebürtige Italiener und Hauptmann der US-Army, Giacomo Pagliuchi, den weltberühmten Cocktail erfand, landeten am 22. Juni 1898 die amerikanischen Truppen unter General William R. Shafter, um sich in die Auseinandersetzung zwischen Spaniern und Cubanern einzumischen und im „Hinterhof" der USA für klare Verhältnisse zu sorgen – obwohl oder gerade weil die cubanische Befreiungsarmee bereits kurz vor ihrem Sieg über die Besatzungsmacht stand. In den Jahren 1912 und 1917 gingen hier noch einmal US-Marines an Land, um in Santiago und Guantánamo eine Reihe von Aufständen niederzuschlagen. Heute können Normalsterbliche den grauen Sandstrand nicht mehr betreten – seit das Hotel „Villa Daiquiri" nur noch cubanische Armeeangehörige aufnimmt, ist das Gelände als Militärzone ausgewiesen.

Comunidad Artística „Los Mamoncillos": In der aus 15 Häusern bestehenden Künstlerkolonie, die unmittelbar an das zehn Kilometer hinter der Abzweigung zur Playa Daiquiri liegende Dorf Verraco angrenzt, leben ausschließlich Maler, Bildhauer und Töpfer. In den Galerien und Studios, in denen die Künstler auch wohnen, kann man den Männern und Frauen nicht nur bei der Arbeit über die Schulter schauen, sondern auch recht günstig einkaufen.
Tägl. 8–20 Uhr. Eintritt frei. Carretera Baconao km 27,5.

Playa Verraco: Die Bucht an der Straße nach Baconao ist sozusagen der Hausstrand des sechs Kilometer entfernten Drei-Sterne-Hotels „Costa Morena", das über keine eigene Sandbucht verfügt und seine Gäste deshalb zweimal täglich mit einem Shuttle-Bus hierher bringt. Die Folge: An dem etwa 400 Meter langen Küstenstreifen, an dem Bäume und Büsche für ausreichend Schatten sorgen, haben geschäftstüchtige Cubaner inzwischen eine kleine Strandbar und eine Cafetería eröffnet, um sich ein paar Pesos zu verdienen – konvertible, versteht sich.
Carretera Baconao km 27,5.

Jardín de Cactus: Etwa einen Kilometer hinter dem Hotel „Costa Morena" liegt linker Hand der schön angelegte Kaktusgarten. Auf dem insgesamt 40.000 Quadratmeter großen Gelände gedeihen mehr als 200 Arten. Bei einer Führung erfährt man nicht nur interessante Details über die teilweise baumhohen Gewächse, man kann auch viele Vögel beobachten, die den Garten zu ihrem Zuhause gemacht haben.
Tägl. 8–17 Uhr. Eintritt 1 CUC. Carretera Baconao km 34,5.

Playa Sigua: Die zehn Kilometer von Baconao entfernte Bucht mit ihrem dunklen Kiesstrand ist ein wahres Idyll. An dem naturbelassenen Küstenstreifen, an dem Bäume relativ viel Schatten spenden, ist man in aller Regel alleine. Das mag auch daran liegen, dass es keine Strandbar oder Ähnliches gibt – von einem Restaurant ganz zu schweigen. Also: Wer hier in die glasklaren karibischen Fluten steigen will, muss wirklich alles selbst mitbringen, die nächstgelegene Verpflegungsstation gibt es erst wieder im zwei Kilometer entfernten Acuario.
Carretera Baconao km 35,5.

Acuario Baconao: Das Meeres-Aquarium zwischen den Hotels „Costa Morena" und „Club Amigo Carisol" bietet zwar dieselben Delfin- und Seelöwen-Shows wie die vergleichbaren Einrichtungen in Guardalavaca (Provinz Holguín) oder Rancho Luna (Provinz Cienfuegos), allerdings zu deutlich günstigeren Preisen. Hier wie dort kann man auch mit den Delfinen schwimmen – ein großartiges Gefühl. Neben den Becken mit den Meeressäugern und einer Reihe von Aquarien gibt es auch ein kleines Museum, das sich den Themen Archäologie, Biologie und Unterwasserwelt widmet.
Di–So 9–17 Uhr, Shows 10.30 + 15 Uhr. Eintritt 7 CUC, Kinder 5 CUC, Schwimmen mit Delfinen 39 CUC, Kinder 35 CUC. Carretera Baconao km 37,5, ✆ 356156.

Gran Parque Natural Baconao 651

Playa Cazonal: Der mit Abstand schönste Strandabschnitt des Naturparks befindet sich unmittelbar bei den Hotels „Los Corales" und „Carisol". Der breite, golden leuchtende Sandstreifen zieht inzwischen mehr und mehr Surfer und Schnorchler an, die die Küste mit dem vorgelagerten Korallenriff über und unter Wasser erkunden. Allen, die neben dem Strand auch noch ein bisschen Hotelkomfort genießen möchten, bietet das „Los Corales" All-inclusive-Tagespässe an (20 CUC, Kinder bis 12 Jahre 10 CUC).
Carretera Baconao km 44.

Museo Mesoamericano: Skulpturen aus der Zeit der Taíno, der Maya und der Azteken zeigt das Freilichtmuseum wenige Schritte vom Hotel „Los Corales" entfernt an der Landstraße nach Baconao. Bei der überwiegenden Zahl der Exponate handelt es sich um Kopien, angeblich sollen aber auch einige Originale aus Mexiko darunter sein. Die blühenden Kakteen und Naturhöhlen bilden einen perfekten Rahmen für die ausgestellten Figuren. Mit dem Begriff Mesoamerika bezeichnet man ein Siedlungsgebiet in Mittelamerika, dessen Kulturen sich durch hohes kunsthandwerkliches Niveau auszeichneten und die auch ein Kalenderwesen entwickelten.
Tägl. 8–17 Uhr. Eintritt frei. Carretera Baconao km 44,5.

Laguna Baconao: Der 15 Quadratkilometer große und bis zu sieben Meter tiefe See zwischen der Playa Cazonal und der Ortschaft Baconao ist ein übersichtliches Erholungsgebiet, das in erster Linie von den Urlaubern der nahe liegenden Hotels, Mietwagen-Touristen und Busausflüglern besucht wird. Neben der Besichtigung eines Criadero de Cocodrillos, einer Aufzuchtstation, in der es allerdings gerade einmal acht Exemplare der Panzerechsen und einen Käfig mit Jutías (Baumratten) gibt (Eintritt frei), kann man die Lagune per Ruderboot (1 CUC/Person/Std.) oder Tretboot (3 CUC/Person/Std.) erkunden. Auf einem Trail ist

Indio-Skulpturen zwischen Naturhöhlen: das Museo Mesoamericano

zudem eine kurze Wanderung möglich, bei der man viele endemische Vögel zu Gesicht bekommt. Das kleine Restaurant „Casa Rolando" direkt am Criadero lädt danach zur Stärkung ein.
Tägl. 9–16.30 Uhr. Carretera Baconao km 47,5, ℡ 350004.

Unterwegs im Westen

Die Küstenstraße zwischen Santiago de Cuba und Pilón in der Provinz Granma gehört zu den spektakulärsten Routen, die Cuba zu bieten hat – und hinsichtlich ihres Zustands zugleich zu den schlechtesten im Land. Auf der von Schlaglöchern übersäten Fahrbahn ist höchste Konzentration vonnöten und ein gewisses Talent zum Slalomfahren. Außerdem sollte man sein an europäische Straßen gewohntes Zeitgefühl für Entfernungen schnell vergessen – mehr als eine Strecke von 50 Kilometern pro Stunde ist auf keinen Fall drin. Dafür muss man allerdings ganz tief in der Adjektiv-Kiste kramen, um die Landschaft, die man durchquert, auch nur halbwegs treffend zu beschreiben: wunderbar, traumhaft, atemberaubend ... Wie auch immer: Es ist ein echtes Erlebnis, das man so schnell nicht vergisst. Was die Fahrt noch schöner macht: Entlang der Straße kommt man an vielen kleinen Buchten vorbei, teilweise mit Sandstrand, stets mit glasklarem, türkisfarbenem Wasser. Wer Handtuch und Badehose dabei hat, kann also immer wieder Zwischenstopps einlegen – und wer nicht, ebenfalls. In aller Regel ist man mutterseelenallein. Für Pausen eignen sich die Ortschaften Chivirico 69 Kilometer westlich von Santiago und Uvero 90 Kilometer westlich der Provinzhauptstadt – beide nicht berauschend, aber immerhin gibt es Peso-Bars und Einkaufsmöglichkeiten.

● *Freizeit* **Marlin Marina y Nautico**, das Tauchzentrum des Hotels „Brisas Sierra Mar", hält auch für Nicht-Taucher eine Reihe interessanter Angebote bereit. So gibt es beispielsweise die Katamaran-Tour „Die Eroberung der Bucht von Santiago" mit einem Schnorchel-Stopp beim Wrack eines im Zweiten Unabhängigkeitskrieg vor mehr als 100 Jahren versenkten spanischen Kriegsschiffs – inkl. aller Getränke, einem Mittagessen in Buffetform und Spaß-Garantie für 55 CUC. Außerdem stehen eine „Sea-Fari" zur Cayo Damas (36 CUC) und eine „Sunset-Tour" mit Musik und Drinks (16 CUC) auf dem Programm. Wer Hochseefischen ausprobieren will, zahlt für eine vierstündige Tour 200 CUC für das ganze Schiff, zumindest für Gruppen eine überlegenswerte Offerte. Tauchern – ihrer eigentlichen Klientel – bietet die Marina einen Open-Water-Kurs (fünf Tauchgänge inkl. Zertifikat) für 310 CUC an, ein Kurs für Fortgeschrittene kostet 250 CUC, und wer die Unterwasserwelt nur hin und wieder erkunden möchte, zahlt pro Tauchgang 30 CUC und für die Leih-Ausrüstung 5 CUC. Carretera Chivirico km 60, ℡ 29110979.

● *Übernachten* **★★★★ Brisas Sierra Mar** ist nicht nur das schönste Ferien-Hotel der gesamten Provinz Santiago de Cuba, sondern weit darüber hinaus. Von seinem umfangreichen Angebot und seinem durchdachten Konzept können sich viele andere All-inclusive-Resorts eine Scheibe abschneiden – landesweit, vor allem in Varadero. Zu den Alleinstellungsmerkmalen gehört zum Beispiel das kleine Öko-Restaurant „Curujey" (fünf Tische), für das Salate und Gemüse selbst angebaut werden, oder die Tatsache, dass man den Tischschmuck für alle Lokale im eigenen Garten züchtet. Einmalig ist auch die Lage – wie der Name schon sagt – zwischen den Bergen der Sierra Maestra und dem Meer, 59 km westlich der Stadtgrenze von Santiago und 10 km östlich von Chivirico.
In dem Komplex, der sich an ein 20 m hohes Steilufer schmiegt und zu seinen Füßen einen 4 km langen Sandstrand besitzt, gibt es außergewöhnlich viele Sportmöglichkeiten, sogar Powerwalking wird angeboten, kostenlose Leih-Fahrräder für Ausflüge in die Umgebung und einen Streichelzoo mit Meerschweinchen für die Kleinen. Auch bei der Gestaltung der insgesamt 200 Zimmer hat man an die Familien gedacht – 46 davon haben eine Zwischentür. Insgesamt bieten sowohl die Räumlichkeiten als

auch das Resort selbst alle Annehmlichkeiten, die man für einen gelungenen Urlaub braucht. EZ 82–104 CUC, DZ 59–74 CUC/Person, Triple 54–68 CUC/Person, je nach Saison. Carretera Chivirico km 60. ✆ 29110, ✆ 29116, sierrmar@smar.scu.cyt.cu, www.cubanacan.cu.

**** Brisas Los Galeones hat sich im Gegensatz zum Hotel „Brisas Sierra Mar" auf Singles und Paare spezialisiert. Für junge Urlauber unter 16 Jahren ist das Haus tabu. Das Angebot ist allerdings nahezu identisch, es gibt sogar einen regelmäßigen Transfer zu und von dem Schwester-Hotel, so dass die Gäste auch alle Einrichtungen des größeren Resorts nützen können. Denn hinsichtlich der Kapazität spielt das direkt in der Ortschaft Chivirico auf einem Hügel am Meer gelegene Los Galeones in einer anderen Liga: Es gibt nur 34 Zimmer, darunter zwei Suiten, die allerdings mit jedem Komfort ausgestattet sind – wie die Anlage selbst auch. EZ 82–94 CUC, DZ 59–69 CUC/Person, Suite 71–77 CUC/Person, je nach Saison. Carretera Chivirico. ✆ 26160, ✆ 29116, galeones@smar.scu.cyt.cu, www.cubanacan.cu.

* Guamá liegt an der herrlichen Küstenstraße 68 km westlich von Santiago und 3 km östlich von Chivirico. Das war's dann auch schon mit der Herrlichkeit. Das aus acht Bungalows bestehende Motel, wie sich die Absteige großspurig schimpft, ist Europäern wohl nur in der größten Not zu empfehlen. Um es kurz zu machen: unterstes Niveau. Und was die Sache nicht besser macht: Das Personal ist auch nicht unbedingt das allerfreundlichste. Das einzige, was vielleicht versöhnen kann, ist der Preis. HP 15 CUC, VP 21 CUC/Person. Carretera Chivirico, ✆ 26124, 26127.

Campismo Caletón Blanco befindet sich 27 km westlich der Stadtgrenze von Santia-

Fidels erste Schlacht

go an einem Strandabschnitt, an dem viele Bäume für Schatten sorgen. Die mit 22 Bungalows und einer Kapazität von 78 Personen überschaubare Anlage bietet ein Restaurant, Cafetería, Bar, eine sogenannte „Pista de Baile", also eine Open-Air-Disse (für Schwerhörige), sowie ein Naturbadebecken im Meer und viele Sportmöglichkeiten. Außerdem gibt es einen einfachen, aber großen Kinderspielplatz. Viele der Gäste sind Einheimische, was den Aufenthalt zumindest unterhaltsam macht. Die Bungalows sind recht spartanisch eingerichtet, haben aber eigene Bäder und Klimaanlagen – und sind für einen Spottpreis zu haben. DZ 13–14 CUC/Person, je nach Saison. Carretera Caletón Blanco km 30, ✆ 326126.

Uvero

Das Städtchen 90 Kilometer westlich von Santiago und 21 Kilometer westlich von Chivirico ist eigentlich nur für Touristen von Interesse, die auf den Spuren der Revolution durchs Land ziehen. Denn hier gewannen die Rebellen unter Führung von Fidel Castro am 28. Mai 1957 ihre erste Schlacht gegen die Truppen Batistas. Die Revolutionäre, von denen bei dem Gefecht sieben starben, hatten den Posten der Soldaten damals von den Bergen her angegriffen, ein Stoßtrupp sich zudem in ihren Rücken geschlichen – die Soldaten hatten keine Chance. An den denkwürdigen Tag, wohl den größten in der Geschichte Uveros, erinnert ein Denkmal mit einer Bronzeplatte. Errichtet wurde es in der Ortsmitte in einem kleinen Park, der auf beiden Seiten von jeweils 19 Königspalmen begrenzt wird.

Die Provinz Guantánamo – ein Wort aus der Taíno-Sprache, das so viel bedeutet wie „Land der Flüsse" (gemeint sind die Ríos Guaso, Jaibo und Bano) – ist aufgrund von zwei Marginalien der Weltgeschichte nach Havanna die wohl bekannteste Gegend Cubas. Zum einen verdankt sie diesen Ruhm ihrer Bucht, der Bahía de Guantánamo oder – wie man sie in den USA nennt – der Guantanamo Bay. Seit dem Jahr 1903 ist sie die weltweit einzige Bastion der Vereinigten Staaten auf sozialistischem Terrain und in jüngster Zeit vor allem durch das Gefangenenlager für afghanische Taliban-Kämpfer und Mitglieder von Terror-Organisationen wie Al Qaida und Jemaah Islamiya in aller Munde. Zum anderen verschaffte ihr das Lied „Guantanamera" größte Popularität: 1928 hatte es Joseito Fernández komponiert, 1962 war die Melodie von dem cubanischen Musiker Héctor Angulo mit den Textzeilen aus José Martís „Versos sencillos" („Einfache Verse") versehen worden, und nur ein Jahr später hatte der amerikanische Folksänger Pete Seeger dem Ohrwurm bei seinem Auftritt in der New Yorker „Carnegie Hall" endgültig zum Durchbruch verholfen. Was daraus wurde, war Anfang des 21. Jahrhunderts unter anderem in deutschen Fußballstadien bei Spielen der Nationalmannschaft hören, als das Publikum den Gassenhauer mit dem Refrain „… es gibt nur ein' Rudi Völler" sang.

Provinz Guantánamo

Guantánamo	656	Playa Duaba		680
La Farola	666	Playa Maguana		681
Baracoa	667	Parque Nacional		
Boca de Yumurí	679	Alejandro de Humboldt		681
El Yunque	679			

Auch wenn das alles längst Vergangenheit ist, so lebt diese Guajira doch fort – zumindest in Cuba gibt es wohl keine Gruppe, die sie nicht in ihrem Repertoire hat.

Wegen der „zweiten cubanischen Nationalhymne" braucht man also nicht in die fast 1000 Kilometer von Havanna entfernte Provinz zu kommen. Und auch wegen des US-Marinestützpunkts in den äußersten Osten des Landes zu reisen, wäre glatte Zeitverschwendung. Denn nachdem der Ort Caimanera für normalsterbliche Touristen zum Sperrgebiet erklärt und der dortige Aussichtspunkt „Malones" geschlossen wurde, bekommt man die Militärbasis weder zu Gesicht noch kann man sie gar betreten. Was einen Besuch der Provinz Guantánamo dennoch so lohnenswert macht, sind die überwältigenden Naturlandschaften – vor allem jene entlang der Passstraße „La Farola" und jene rund um Baracoa mit dem Tafelberg El Yunque. Nirgendwo in Cuba ist die Vegetation üppiger, der Bergregenwald tropischer, die Ortschaften malerischer als an diesem Zipfel des Landes.

Die Geschichte

Die Provinz Guantánamo war aufgrund ihrer strategisch günstigen Lage immer das Einfallstor Cubas: Erst kamen die Spanier in Gestalt von Christoph Kolumbus und Diego Velázquez, die die indianische Urbevölkerung töteten oder versklavten und das Land im Namen der Krone ausbeuteten. Dann wurde der äußerste Osten Cubas im Verlauf des sogenannten „War of Jenkins' Ear" (1739–1742) Schauplatz eines Landemanövers britischer Truppen, die von hier aus den Hafen von Santiago de Cuba einnehmen wollten – was wegen des unpassierbaren Landwegs schon im Anfangsstadium scheiterte. 50 Jahre später strandeten an der Küste Guantánamos rund 30.000 Franzosen, meist Kaffee- und Zuckerbarone, die das nahe Haiti nach einem Aufstand ihrer Sklaven fluchtartig hatten verlassen müssen. Und schließlich besetzte 1898 zum Ende des Zweiten Unabhängigkeitskriegs, der als Spanisch-Cubanisch-Amerikanischer Krieg in die Geschichtsbücher Eingang fand, die Armee der Vereinigten Staaten die Bucht von Guantánamo, befreite Cuba vom Joch der europäischen Kolonialmacht und zwang es unter das eigene – zunächst jedenfalls.

Während man die Spanier erst nach fast vier Jahrhunderten und die Engländer schon nach etwas mehr als vier Monaten wieder los wurde, blieben sowohl Franzosen als auch Amerikaner in Cuba – die einen zum Vorteil des Landes, die anderen zu seinem Leidwesen. Daran hat sich bis heute nichts geändert: Nach dem Pariser Frieden vom 10. Dezember 1898, der die Niederlage der Spanier besiegelte und Cuba zwar die Unabhängigkeit von seinen europäischen Besatzern, gleichzeitig aber die wirtschaftliche und politische Abhängigkeit von seinen amerikanischen „Befreiern" brachte, blieb dem Land keine Wahl. Am 23. Februar 1903 vereinbarte die verfassungsgebende Versammlung Cubas mit den USA einen Leihvertrag über die von ihnen besetzte Bucht von Guantánamo. Darin wurde das knapp 120 Quadratkilometer große Gebiet für 99 Jahre an die Vereinigten Staaten abgetreten – wobei der Pachtvertrag nach amerikanischer Lesart nur dann enden sollte, wenn dem beide Seiten zustimmten. Und natürlich stimmten die USA nicht zu, als die Vereinbarung im Jahr 2002 auslief. Nirgendwo sonst auf der Welt könnten sie die von ihnen als „unlawful combatants" („ungesetzliche Kämpfer") bezeichneten Islamisten fernab jeder amerikanischen Gerichtsbarkeit besser internieren, nirgendwo sonst ungestrafter gegen Völker- und Menschenrechte verstoßen.

Guantánamo

Guantánamo – die um das Jahr 1822 gegründete Stadt, der die Provinz ihren Namen verdankt – ist touristisches Niemandsland. Kein Wunder: Die zwischen den Flüssen Guaso, Jaibo und Bano liegende Hauptstadt, die unter anderem durch die nahe US-Marinebasis bekannt ist, hat weder Flair noch Charme – und wenn überhaupt, dann den eines Hinterhofs. Die Straßen sind farblos, die meisten Gebäude in einem beklagenswerten Zustand, die Menschen für cubanische Verhältnisse auffallend zurückhaltend. Dass man zum Abzählen der Sehenswürdigkeiten, die diesen Begriff allerdings nur bei äußerster Großzügigkeit verdienen, keine zehn Finger braucht, und dass man keine Handvoll halbwegs vernünftiger Restaurants findet, passt irgendwie ins Bild. In der Folge machen selbst von cubanischen Guides geführte Reisegruppen meist einen weiten Bogen um die Stadt – ein Teufelskreis. Ihn zu durchbrechen fällt der Stadt schwer. Denn selbst beim besten Willen hat man nach längstens einem Tag alles gesehen und wird ohne großes Bedauern feststellen müssen, dass Guantánamo sein Dasein als weißer Fleck auf der touristischen Landkarte nicht zu Unrecht fristet.

Guantanamera – die (inoffizielle) Hymne Cubas

Nicht Compay Segundos „Chan Chan", nicht Carlos Pueblas „Hasta siempre, Comandante" und auch nicht die „La Bayamesa", die offizielle Nationalhymne, werden so sehr mit Cuba in Verbindung gebracht wie ein Lied – „Guantanamera". Joseito Fernández, ein Musiker, Sänger und Entertainer aus Havanna, schrieb die Melodie im Jahr 1928 und baute sie fortan in sein tägliches Programm „El suceso del día" („Das Ereignis des Tages") beim Radiosender CMQ ein. Die Komposition war eine Guajira, eine cubanische Liedform, zu der man Texte frei improvisierte. Fernández war darin ein Meister. Bis zu 50 neue Verse ließ er sich von Tag zu Tag einfallen – angelehnt an aktuelle Nachrichten, Sportereignisse, Klatsch und Tratsch aus den Kneipen Havannas. Noch heute benutzt man auf Cuba den Ausdruck „Cuidado, que te van a cantar la Guantanamera", was wörtlich übersetzt heißt „Vorsicht, sie werden dir die Guantanamera singen" und sinngemäß bedeutet „Pass auf, sie werden über dich reden".

Erst 1962, zu Zeiten der Cuba-Krise, fügte der cubanische Arrangeur Héctor Angulo dem Ohrwurm Textzeilen aus José Martís „Versos sencillos" („Einfache Verse") hinzu, was wiederum den amerikanischen Sänger und Friedensaktivisten Pete Seeger dazu veranlasste, das Lied zu Ehren Martís in sein Repertoire aufzunehmen. Er kombinierte die in Spanisch geschriebenen Originalzeilen des cubanischen Nationalhelden mit gesprochenem englischen Text und machte aus Guantanamera eine Hymne für die Friedensbewegung. Ein Jahr später, am 8. Juni 1963, trug er sie bei seinem Konzert in der New Yorker „Carnegie Hall" vor. Es war das erste Mal, dass „Guantanamera" außerhalb von Cuba gespielt wurde.

José Martís Text lautet im spanischen Original:

Yo soy un hombre sincero, de donde crecen las palmas, y antes de morirme quiero echar mis versos de alma.

Mi verso es de un verde claro, y de un carmín encendido. Mi verso es un ciervo herido que busca en el monte amparo.

Cultivo una rosa blanca, en julio como en enero, para el amigo sincero que me da su mano franca.

Con los pobres de la tierra quiero yo mi suerte echar. El arroyo de la sierra me complace más que el mar.

Und in der deutschen Übersetzung:

Ich bin ein ehrlicher Mann von dort, wo die Palmen wachsen, und bevor ich sterbe, möchte ich mir diese Zeilen von der Seele singen.

Mein Vers ist von hellem Grün und von leuchtendem Rot. Mein Vers ist ein verletzter Hirsch, der Schutz im Gebirge sucht.

Ich züchte eine weiße Rose im Juli wie im Januar für den ehrlichen Freund, der mir offen seine Hand reicht.

Mit dem Ärmsten des Landes möchte ich mein Schicksal teilen. Der Bach in den Bergen erfreut mich mehr als das Meer.

Provinz Guantánamo

Hin & Weg

- *Bahn* **Hauptbahnhof** in der Calle Pedro A. Pérez 2, ✆ 325718.
Verbindungen: Caimanera 6x tägl. 5.40, 8.10, 10.50, 14.40, 17.00 + 20.40 Uhr. Mátires de la Frontera 4x tägl. 4.40, 11.05, 13.45 + 18.30 Uhr. Achtung: Nach Caimanera und Mátires de la Frontera werden Touristen nur mit einem Passierschein der Inmigración in Guantánamo, Calle 1 e/ 14 y 15 Norte, befördert! San Anselmo 3x tägl. 4.50, 11.25 + 17.45 Uhr. Yayal 2x tägl. 7.50 + 19.15 Uhr. Honduras 2x tägl. 8.35 + 15.55 Uhr. Manuel Tames 1x tägl. 11.55 Uhr. Züge nach Havanna (über Holguín) verkehren unregelmäßig.
- *Bus* **Terminal** an der Carretera Santiago de Cuba km 2,5, ✆ 325588, 329413.
Astro-Verbindungen: Santiago de Cuba 4x tägl. 6.00, 9.30, 11.20 + 13.20 Uhr. Baracoa 3x tägl. 5.00, 9.00 + 14.00 Uhr. Holguín 1x tägl. 12.30 Uhr über Bayamo. Havanna 2x tägl. 15.00 + 19.30 Uhr über Bayamo, Camagüey, Ciego de Ávila und Sancti Spíritus. Bayamo 1x tägl. 10.40 Uhr. Camagüey 1x tägl. 7.00 Uhr über Bayamo und Las Tunas.

Auf einen Blick

> Telefon-Vorwahl : 021
> (für die gesamte Provinz)

- *Apotheke* **Farmacia Principal Municipal**, tägl. 24 Std., Calle Calixto García esquina Aguilera.
- *Ärztliche Versorgung* **Hospital Agostinho Neto**, tägl. 24 Std., Carretera El Salvador km 1.
- *Autovermietung* **Transtur** im Hotel „Guantánamo", Calle 13 Norte esquina Ahogadas, ✆ 381090.
- *Banken* **Cadeca**, Mo–Sa 8–17.30, So 8–12 Uhr, Calle Pedro A. Pérez e/ Masó y Giro und Calle Calixto García esquina Prado.
Banco Popular de Ahorro, Mo–Sa 8–19 Uhr, Calle Los Maceos e/ Masó y Giro.
- *Internet* **Etecsa**, tägl. 7–22.30 Uhr, Calle 15 Norte esquina Ahogados.
- *Kinder, Kinder* Im **Parque Infantil** gegenüber vom Instituto Politécnico (Eintritt 0,20 CUP/ca. 0,01 CUC) gibt es Karussells, ein Riesenrad und Rutschen sowie ein paar Tiergehege mit Vögeln, Affen und einem (bedauernswerten) Löwen. Di–Fr 9–12 + 15–18, Sa+So 9–19 Uhr. Calle Los Maceos e/ Pinto y Varona.
- *Notruf* **Polizei**, ✆ 116. **Feuerwehr**, ✆ 115. **Ambulanz**, ✆ 104.
- *Postleitzahl* 95100
- *Post* Mo–Sa 8–20, So 8–12 Uhr, Calle Pedro A. Pérez (neben der Casa de la Cultura, gegenüber vom Parque Martí).
- *Shopping* **La nueva Republica** ist ein Gemischtwarenladen mit bunter Angebotspalette, die von Mode über Kosmetika bis zu Unterhaltungselektronik reicht. Mo–Sa 10–18, So 9–12 Uhr. Calle Pedro A. Pérez 909.
Cabalgata verkauft Schuhe und Drogerieartikel. Mo–Sa 9–17, So 9–12 Uhr. Calle Pedro A. Pérez 905.
La Sucursal hat Kosmetikartikel, Kleidung, Lebensmittel und Getränke im Angebot. Mo–Sa 9–17, So 9–12 Uhr. Calle Calixto García esquina Giro.
Cuba Si ist ein gut sortierter Lebensmittelmarkt. Mo–Sa 9–17, So 9–12 Uhr. Calle José Martí 964.
Fondo de Bienes Culturales an der Ostseite des Parque Martí verkauft Kunsthandwerk. Mo–Fr 8.30–16.30, Sa 8.30–13 Uhr. Calle Calixto García 855.
- *Taxi* **Cubataxi**, ✆ 323636.

Essen & Trinken (siehe Karte S. 661)

- *Restaurants* **La Ruina (18)** ist wohl das beste Restaurant der Stadt, sowohl hinsichtlich des Ambientes mit uralten Säulen, die eine Holzbalkendecke tragen, als auch in Bezug auf die Qualität der Speisen. Die Küche ist cubanisch-spanisch orientiert, neben den obligatorischen Hähnchen in verschiedenen Variationen (1,50–4,30 CUC) gibt es Spießchen mit Schweinefleisch (4 CUC) und diverse Fischfilets (2–2,50 CUC). Der Empfehlung des Chefs, „Pollo grillé con jamon y queso", ein mit Schinken und Käse überbackenes Hähnchensteak (4,30 CUC), kann man vertrauen – wirklich köstlich. Tägl. 12–2 Uhr. Calle Calixto García esquina Giro. ✆ 355142, 359565.

Provinz Guantanamo

Avallaneda (22), ein Restaurant-Komplex, besteht aus zwei Peso-Lokalen, die sich dadurch unterscheiden, dass in einem Rindfleischgerichte serviert werden und im anderen nicht. Sonst ist das Angebot völlig identisch: Es gibt Hähnchen-Variationen (5,60–7,20 CUP/ca. 0,23 CUC–0,30 CUC), paniertes Schweineschnitzel (12,30 CUP/ca. 0,50 CUC) und als Spezialität eben „Bistec de res en cazuela" („Rindersteak aus dem Schmortopf") für 8,65 CUP/ca. 0,35 CUC. Der durchaus gepflegten Atmosphäre wegen werden Gäste mit Träger-T-Shirts oder Shorts höflich, aber bestimmt abgewiesen. Mi–Mo 12–15.45 + 18–22.40 Uhr. Calle Calixto García esquina Varona, ☏ 324644.

Ensueños (1), das jüngste Speiserestaurant der Stadt, liegt in der Nähe des Hotels „Guantánamo" und zieht von dort auch die meisten Gäste an, was aufgrund des spartanischen Hotel-Speisesaals kein Wunder ist. In dem schicken Lokal mit 25 Plätzen gibt es Schweinefleischgerichte, Hähnchen und Fisch – alles zu Preisen von maximal 3 CUC. Angeschlossen ist eine kleine Coctelería. Di–So 12–15 + 19–22 Uhr. Calle Ahogados esquina 15 Norte, ☏ 381601.

Vegetariano (13), eines der neueren Restaurants der Stadt, wirkt mit seinen verspiegelten Fensterscheiben etwas steril und unterkühlt, was nicht allein an der kräftig blasenden Klimaanlage liegt. Wie der Name schon sagt, gibt es zu sehr günstigen Peso-Preisen vorwiegend Salate und fleischlose Reisgerichte. Tägl. 12–14.30 + 17–22.30 Uhr. Calle Pedro A. Pérez esquina Crombet.

Casa de Bocadito (16) hat sich auf – gut geraten! – Bocaditos spezialisiert. Die belegten Brötchen gibt es in verschiedensten Variationen und mit unterschiedlichsten Belägen von 1 CUP/ca. 0,04–8 CUP/ca. 0,33 CUC. Erfrischungsgetränke stehen mit 10 CUP/ca. 0,40 CUC auf der Karte. Tägl. 7–22.30 Uhr. Calle Flor Crombet e/ García y Pérez.

El Patio (8) fungiert tagsüber als Cafetería, in der Gebäck und italienische Snacks (Pizza und Pasta) angeboten werden. Ab Donnerstag erwacht das kleine Lokal abends dann zum Leben, wenn ab 21 Uhr Disco-Musik und Karaoke auf dem Programm stehen (Eintritt 1 CUC pro Paar). Tägl. 9–18 Uhr, Do–So 21–2 Uhr. Calle Aguilera e/ Los Maceos y García, ☏ 388351.

Cafetería Oroazul (9), eine kleine Snackbar, macht auf Italiener. Neben Pizza (1,20–1,40 CUC) und Spaghetti (1,25–1,70 CUC) gibt es aber auch das unvermeidliche Hähnchen (1,50–2 CUC). Tägl. 8–2 Uhr. Calle Los Maceos esquina Aguilera, ☏ 328351.

Salón Rosado (23) wird seinem Namen dadurch gerecht, dass an den Fenstern rosafarbene Gardinen hängen. Das Peso-

Restaurant ist sehr einfach, sehr cubanisch, doch kurze Hosen und Sandalen werden von dem wenig freundlichen Personal nicht akzeptiert. Die Küche ist stramm auf kreolisch getrimmt, Spezialität des Hauses ist Brathähnchen für 30 CUP/ca. 1,25 CUC. Tägl. 7–23 Uhr. Calle Pedro A. Pérez e/ 1 Sur y Avenida Camilo Cienfuegos.

El Rápido (14), der Cuba-Mac, stillt auch in Guantánamo den kleinen Hunger in Rekordzeit – mit billigen Sandwiches, Hamburgern, Hotdogs und frittierten Hähnchenteilen. An einer kleinen Lebensmitteltheke gibt es von Mayonnaise bis Rum alles, was der Cubaner so gerne mag. Tägl. 10–22 Uhr. Calle Los Maceos esquina Crombet.

Casa del Café (19) ist ein landestypisches Kaffeehaus, in dem sich das Angebot auf heiße Getränke – es gibt auch Tee – und Zigaretten beschränkt. Kassiert wird in Pesos, für eine kleine Tasse ausgezeichneten cubanischen Kaffees zum Beispiel 0,35 CUP/ca. 0,01 CUC, also weniger als ein Euro-Cent. Tägl. 24 Std. Calle Pedro A. Pérez e/ Masó y Giro.

Coppelia (21) gehört zu der Kette der landesweiten Eissalons und verkauft in einem etwas heruntergekommenen Etablissement Eis, Gebäck, Bonbons und Erfrischungsgetränke. Wie in den anderen gleichnamigen Lokalen bezahlt man auch hier in Landeswährung. Tägl. 10–22 Uhr. Calle Pedro A. Pérez esquina Varona.

• *Paladares* **La Cubanita (12)**, das einzige Privat-Restaurant in Guantánamo, ist sicherlich nicht das Paradepferd seiner Zunft: klein (drei Tische), einfach, wenig sauber. In dem Lokal kommt ausschließlich kreolische Küche auf den Tisch, Spezialität des Hauses ist Schweinesteak, das mit Reis, frittierten Bananen und Salat serviert wird – für ein paar cubanische Pesos. Mi-Mo 11–24 Uhr. Calle José Martí 864 esquina Crombet, ✆ 327923.

Nachtleben

La Ruina (18) ist nicht nur das empfehlenswerteste Speiselokal Guantánamos, sondern an Wochenenden auch ein beliebter Treff zu nächtlicher Stunde. Dann gibt es in dem rustikal eingerichteten Lokal immer ab 21 Uhr Shows, Tanz und Live-Musik einheimischer Gruppen – bei einem Bierchen vom Fass (0,5 l für 1,20 CUC) und Erfrischungsgetränken (0,60 CUC) ein günstiges Vergnügen. Fr-So 21–2 Uhr. Calle Calixto García esquina Giro. ✆ 355142, 359565.

Casa de la Trova (15) ist vielleicht ein bisschen einfacher als andernorts, aber urgemütlich. Teilweise treten schon mittags Musiker auf, abends gibt es auf jeden Fall cubanische Rhythmen zu hören (Eintritt je nach Gruppe 1–5 CUP/ca. 0,04–0,20 CUC). Auch Bier, Rum und Cocktails werden in Pesos berechnet und sind damit entsprechend günstig. Di–So 9–3 Uhr. Calle Pedro A. Pérez esquina Crombet.

Casa de Promociones Musicales „La Guantanamera" (17), die „Casa de la Música" Guantánamos, hat recht unregelmäßige Öffnungszeiten. Mal gibt es abends Auftritte, mal Matineen, mal gar nichts ... Das Programm entnimmt man am besten dem Aushang an der Eingangstür des aus dem Jahr 1931 stammenden Gebäudes. Calle Calixto García 904 e/ Crombet y Giro.

Casa de la Cultura (11) residiert im früheren Casino Español direkt am Parque Martí, der von den Mega-Boxen des Kulturzentrums auch regelmäßig ohrenbetäubend beschallt wird. Neben Musik werden Tanz, Theater und Lesungen angeboten. Das Programm ist an der Eingangstür angeschlagen. Tägl. 9–23 Uhr. Calle Pedro A. Pérez e/ Crombet y Aguilera, ✆ 326391.

Noche Tropical (1) liegt gleich um die Ecke vom Hotel „Guantánamo" und ist daher speziell für dessen Gäste eine willkommene abendliche Abwechslung. In dem Terrassenlokal oberhalb des kleinen Restaurants „Ensueños" gibt es günstige Cocktails (um 3 CUC) und die ganze andere Getränkepalette, garniert mit Musik aus der Stereoanlage. Tägl. 8–23 Uhr. Calle Ahogados esquina 15 Norte.

Club Nevada (20) ist ein nächtlicher Musik-Tempel, in dem meist Disco-Rhythmen zu hören sind, nur gelegentlich treten auch Live-Bands auf. Obwohl man bereits um 20 Uhr öffnet, macht ein Besuch (Eintritt 4 CUC) erst zu deutlich späterer Stunde Sinn, will man sich nicht alleine vergnügen. Tägl. 20–2 Uhr. Calle Pedro A. Pérez 1008 e/ Masó y Marmol, ✆ 355447.

Kumora (10), auch mehr eine Location für das jüngere Publikum, bietet Disco-Sound, zu dem auf Fernsehgeräten Musikvideos laufen. Der Eintritt ist frei. Mo–Fr + So 17–24, Sa 17–2 Uhr. Calle Aguilera e/ Los Maceos y García.

Übernachten (siehe Karte S. 661)

- *Hotels* ** **Guantánamo (2)** ist das beste Hotel der Stadt – weil es das einzige ist. Im Ernst: Das Haus liegt ruhig am Rande der Plaza de la Revolución, ist einige Kilometer vom Zentrum entfernt und verdient sicherlich nicht mehr als die zwei Sterne, die es besitzt. Die 124 Zimmer, neben denen es noch 12 Bungalows für jeweils drei Personen gibt, sind sauber, mit Bad, Klimaanlage und TV ausgestattet, aber leicht abgewohnt. Das Frühstück (kein Buffet) ist so spartanisch, wie das Restaurant sozialistisch ist. Ingesamt ist das Hotel für eine Übernachtung akzeptabel und seinen Preis wert – aber keinen Cent mehr. EZ 20–23 CUC, DZ 24–30 CUC, Triple 31–39 CUC, Suite 35–41 CUC, je nach Saison. Calle 13 Norte esquina Ahogadas. ✆ 381090, ✉ 382406.

- *Casas particulares* **Casa Elise Castillo Osoria (7)**, ein nettes Häuschen in zentrumsnaher Lage, vermietet zwei Zimmer mit Bad, Klimaanlage, Ventilator und Kühlschrank. Neben einer Dachterrasse verfügt die Casa über einen großen, sonnigen Innenhof, in dem auf Wunsch auch alle Speisen serviert werden. DZ 20–25 CUC, je nach Saison. Calle Calixto García 766 e/ Prado y Jesús del Sol, ✆ 323787.

Casa La Foster (6) liegt im Herzen der Altstadt, ist aber nicht nur deshalb eine gute Wahl. Die beiden Gästezimmer sind schön und sehr sauber – wie übrigens das ganze Haus – und verfügen über Bad, Klimaanlage, Ventilator, TV mit Video, Radiorecorder und Wandschrank. Zudem haben sie einen eigenen Eingang. Wer möchte, darf in der Küche von Señora Lissett gerne selbst Hand anlegen und danach auf der Dachterrasse genüsslich speisen. DZ 15–20 CUC, je nach Saison. Calle Pedro A. Pérez 761 e/ Jesús del Sol y Prado, ✆ 325970.

Casa Ramón Revé Durand (5) ist ein zentral gelegenes Privat-Quartier, in dem zwei saubere Zimmer vermietet werden, die mit Bad, Klimaanlage und Kühlschrank ausgestattet sind. Zudem gibt es eine schöne Dachterrasse zum Seele-baumeln-lassen. Auf Wunsch werden die Gäste bekocht – auf kreolische Art. DZ 15–20 CUC, je nach Saison. Calle Pedro A. Pérez 670 A e/ Paseo y López, ✆ 322159.

Casa Campos (4) nahe dem Parque Martí bietet ein sehr geräumiges Zimmer mit Klimaanlage, großem Schrank und einem Bad mit Bidet. Auf Wunsch gibt es die komplette Speisenpalette von Frühstück (3 CUC) bis Abendessen (5 CUC). DZ 20 CUC. Calle Calixto García 718 e/ Jesús del Sol y López.

Casa Amable (3) macht seinem Namen (Liebenswürdig) nicht allzu viel Ehre, Señora Amable könnte nämlich durchaus freundlicher sein. Dennoch: Die zwei Zimmer sind in Ordnung. Es gibt ein Bad mit Bidet, Klimaanlage, Kühlschrank, TV, Musikanlage und –optional – die komplette Verpflegung. DZ 15–20 CUC, je nach Saison. Calle Calixto García 669 esquina López. ✆ 323525, pfrl@infosol.gtm.sld.cu.

Unterwegs in Guantánamo

Parque Martí: Auch in Guantánamo bildet ein großer Platz das Stadtzentrum, auch in Guantánamo ist er – wie in so vielen anderen Städten des Landes – nach José Martí benannt. Was ihn von den anderen Parks oder Plätzen des Landes unterscheidet, die ebenfalls dem Nationalhelden gewidmet sind, ist eine Marmor-Statue des früheren Bürgermeisters von Guantánamo, Pedro Agustín Pérez, aus dem Jahr 1928, der während seiner Amtszeit ein Zeichen für die cubanische Emanzipation setzte: Er sorgte dafür, dass alle Straßen der Stadt die Namen von Widerstandskämpfern tragen. Mit dem Parque Martí, der 1889 ursprünglich als Plaza de Armas angelegt worden war, fing er an. Heute ist der Platz im Herzen der Altstadt ein beliebter Treffpunkt für Jung und Alt, an dem man zu einer Partie Domino zusammenkommt, den neuesten Klatsch erfährt oder – beschallt von der ohrenbetäubenden Musik der nahen „Casa de la Cultura" – einfach nur wortlos flirtet. Daneben stellt der Park aber auch den Mittelpunkt des kulturellen Lebens dar – mit der von drei weiß-blauen Bögen umspannten Bühne an seiner Ostseite, auf der zur allgemeinen Unterhaltung immer wieder Musikgruppen auftreten, und mit der Catedral Santa Catalina de Riccis aus dem Jahr 1863, die eigentlich nicht mehr ist als eine Pfarrkirche. Natürlich wurde auch dem Namensgeber ein Denkmal gesetzt – an der Nordseite des Gottesschaues im Jahr 1953 zum 100. Geburtstag von José Martí.

Calles Pedro A. Pérez, Calixto García, Flor Crombet, Francisco Vicente Aguilera.

Catedral Santa Catalina de Riccis: Die schlichte Pfarrkirche aus dem Jahr 1863, die man an der Nordseite des Parque Martí findet, wurde vom damaligen Oberhaupt der Katholiken, Papst Johannes Paul II., am 24. Januar 1998 im Rahmen der Papst-Messe in Santiago de Cuba zur Kathedrale erhoben. Der dreischiffige Innenraum wird nur von einem geschnitzten Kreuzweg geschmückt, von einer kunstvollen Holzdecke hängen vier Kristalllüster, den Altar bildet ein grober Marmorblock mit einer Figur der Heiligen Catalina, hinter der man moderne weiße und gelbe Stoffbahnen aufgezogen hat – mehr nicht. Nur ein Grabstein unmittelbar hinter dem Hauptportal weist darauf hin, dass die Kirche eine lange Geschichte hat. Er trägt den Namen des ersten Pfarrers und Schullehrers von Guantánamo, José Andrés Rodríguez Luna, der im Oktober 1841 verstorben war. Der aus Baracoa stammende Priester hatte 1836 mit dem Bau des ersten Gottesschaues der Stadt begonnen, dessen Vollendung sechs Jahre später aber nicht mehr erlebt. Nachdem sich die Kirche alsbald in einem fürchterlichen Zustand befunden hatte, entschloss man sich, das Gebäude abzureißen und von Grund auf neu zu errichten. Bei dieser Gelegenheit baute man auch den Turm, an dem man im ersten Obergeschoss eine Uhr und ein Stockwerk darüber die Glocken anbrachte. 1960 wurde die Kathedrale komplett restauriert und entkernt, bei den Arbeiten blieben damals nur die Außenmauern und der Turm stehen.

Tägl. 8–12 + 16–20 Uhr. Parque Martí.

Palacio de Salcines: Die frühere Residenz des Architekten José de Jesús Leticio Salcines y Morlote ist einer der schönsten und besterhaltenen Paläste der Stadt. Auf der Spitze des Gebäudes im Neo-Rokoko-Stil aus den 1920er Jahren mit seinen Bögen, Balkonen und Balustraden steht mit der Figur „La Fama" ein Werk des italienischen Künstlers Amerigo Chini, das längst zum Wahrzeichen Guantánamos geworden ist. Ihre Trompete sollte der Stadt Gutes wie Schlechtes verkünden. Nach Salcines' Tod wurde der Prunkbau zunächst als Hauptpostamt genutzt, seit der Sanierung im Jahr 1999 findet man im Erdgeschoss eine kleine Kunstgalerie und ein Stockwerk darüber das Museo de Artes Decorativas, das überwiegend Porzellangeschirr und -figuren sowie Möbelstücke aus der ersten Hälfte des 20. Jahrhunderts zeigt.

Di–Do 8–12 + 14–17, Fr 8–12 + 17–21, Sa 17–21 Uhr. Eintritt 1 CUC, Führung 1 CUC, Fotoaufnahmen 3 CUC, Videoaufnahmen 5 CUC. Calle Los Maceos 804 e/ Prado y Aguilera, ✆ 324704.

Wahrzeichen Guantánamos

Biblioteca Pública José Policarpo Pineda Rustán: Die öffentliche Bibliothek ist zumindest für Leseratten und an der Stadt Interessierte einen Besuch wert. Denn neben einer umfangreichen Sammlung von Büchern, die außer Haus verliehen werden, kann man auch in alten Zeitungen blättern, die ab dem Jahr 1885 archiviert wurden. In dem angestaubten Gebäude – Mitte des vergangenen Jahrhunderts die Stadthalle Guantánamos – erinnert eine im Treppenhaus in den Boden eingelassene Steinplatte mit der Aufschrift „Patria ó muerte. Venceremos" („Vaterland oder Tod. Wir werden siegen") auch an seine frühere Zusatz-Funktion als Gerichtsgebäude. Nach dem Sieg der Revolution wurden hier einige der Gefolgsleute Batistas abgeurteilt.
Mo–Fr 9–22, Sa 9–17, So 9–13 Uhr. Eintritt frei. Calle Los Maceos 915 esquina Giro.
✆ 323352, 325067, 325483, bppineda@lib.gtmo.cult.cu.

Plaza del Mercado: Der Bauernmarkt, der sich zwei Straßenzüge östlich des Parque Martí befindet, ist im großen Innenhof eines rosafarbenen Kolonialpalastes untergekommen. Obwohl auch daran der Zahn der Zeit gewaltig nagt, ist das Gebäude mit seinen Kuppeln, auf denen Kronen sitzen, eines der auffälligsten der Stadt. Selbst wenn man weder Zwiebeln noch Yucca-Wurzeln braucht, lohnt ein kurzer Rundgang schon allein des geschäftigen Treibens wegen, von dem es in Guantánamo sonst viel zu wenig gibt.
Di–Sa 7–19, So 8–13 Uhr. Calle Los Maceos esquina Prado.

Pabellón Guantánamo: In den Räumlichkeiten des kleinen Kulturzentrums im Herzen der Altstadt gibt es immer etwas zu sehen – mal sind es Kunstausstellungen, mal die Feria del Libro, die traditionellen cubanischen Tage des Buches, mal ist es auch eine Hochzeitsgesellschaft, die den Pabellón für die Feier anmietet. Entsprechend der Aktivitäten variieren die Öffnungszeiten, in der Regel ist das Haus aber von 11 bis 17 Uhr zugänglich.
Calle Pedro A. Pérez esquina Giro, ✆ 322208.

Der US-Militärstützpunkt Guantanamo Bay

Die Marinebasis in Guantanamo Bay oder „Gitmo", wie sie die US-Soldaten kurz nennen, ist eines der letzten Überbleibsel des „Kalten Krieges". Und was für eines: Das 117,6 Quadratkilometer große Gebiet, von dem 49,4 Quadratkilometer cubanisches Festland sind und der Rest auf den Militärhafen entfallen, ist besser gesichert als Fort Knox im Bundesstaat Kentucky, wo die USA ihre Goldreserven eingelagert haben. Die weltweit einzige Bastion der Vereinigten Staaten auf sozialistischem Grund und Boden ist von tiefen Gräben, einem 28 Kilometer langen und drei Meter hohen elektrisch geladenen Zaun mit 44 Wachtürmen und dem größten Minenfeld der Erde umgeben. Sowohl die US-Army auf der einen als auch die cubanische Revolutionsarmee auf der anderen Seite haben entlang der Demarkationslinie rund um den Militärstützpunkt einen Gürtel mit mehr als 70.000 Personen- und Panzerminen verlegt.

Dabei wollten die Amerikaner mit ihrer Präsenz auf der Insel doch eigentlich nur die Unabhängigkeit des Landes sichern helfen – sagten sie jedenfalls, als sie im Jahr 1898 dazu beigetragen hatten, die spanischen Kolonialherren aus Cuba hinauszuwerfen. Deshalb stimmte die verfassungsgebende Versammlung in Havanna am 23. Februar 1903 im Rahmen des sogenannten Platt-Zusatzartikels auch einem Pachtvertrag zu, in dem die Bahía de Guantánamo für 99 Jahre gegen eine jährliche Gebühr von 2000 US-Dollar (ab 1938 waren es 4085 US-Dollar) an die USA abgetreten wurde. Tatsächlich wollten die Vereinigten Staaten von der tiefen und deshalb für U-Boote und große Schiffe bestens geeigneten Bucht allerdings weiterhin die Karibische See kontrollieren und den gerade im Bau befindlichen Panama-Kanal vor möglichen Angriffen schützen.

Nach dem Sieg der Revolution war Fidel Castro die permanente Präsenz der Großmacht natürlich ein Dorn im Auge oder, wie er es bezeichnete, „ein Stachel im Fleisch der cubanischen Souveränität" – erst recht, als die Beziehungen zwischen beiden Ländern alsbald abgebrochen wurden. Nachdem alle Appelle und Aufforderungen an die USA, das Land an Cuba zurückzugeben, ungehört verhallt waren, koppelte die Revolutionsregierung den Stützpunkt in den 1960er Jahren kurzerhand vom Strom- und Wassernetz ab. Doch auch mit dieser Maßnahme waren die US-Truppen nicht zu vertreiben. Fortan wurde die Marinebasis von Schiffen und Flugzeugen versorgt, schließlich sogar ein Elektrizitätswerk gebaut und eine Meerwasserentsalzungsanlage errichtet, die ausreichend Trinkwasser für die Enklave liefert. Inzwischen genießen die rund 7000 Soldaten und ihre Familien in „Gitmo" alle Annehmlichkeiten einer amerikanischen Kleinstadt: Es gibt Supermärkte, zwei Open-Air-Kinos, Baseball- und Golfplätze, ein Krankenhaus, einen eigenen Radiosender und sogar eine Filiale von McDonald's. Geschätzte 40 Millionen US-Dollar lässt sich die Regierung in Washington das Prestige- und Provokationsobjekt alljährlich kosten – obwohl es seinen ursprünglichen Zweck längst nicht mehr erfüllt.

Wohl auch deshalb kamen die USA in der Folge der Luftangriffe des 11. September 2001 und dem daraufhin beginnenden „Krieg gegen den Terror" auf die Idee, Guantanamo Bay einer neuen Bestimmung zuzuführen. Bereits am 11. Januar 2002 errichtete man innerhalb des Militärstützpunkts das Internierungslager Camp X-Ray – benannt nach dem Buchstaben X im Buchstabieralphabet der NATO. Da es allerdings nur 300 Gefangene aufnehmen konnte, wurde es schon Ende April desselben Jahres von dem wesentlich größeren Lager Camp Delta abgelöst. Über 1000 Personen aus mehr als 40 Ländern wurden 2002 nach der US-Invasion in Afghanistan hierher verbracht – angeblich alles Taliban-Kämpfer und Mitglieder der islamischen Terror-Organisationen Al Qaida und Jemaah Islamiya. Da sie als „unlawful combatants" („ungesetzliche Kämpfer") eingestuft wurden, versagte man ihnen den Status von Kriegsgefangenen und hielt sie jahrelang ohne Gerichtsverfahren fest. Erst nach erschütternden Berichten humanitärer Organisationen über Folter und Selbstmorde, nach massiven öffentlichen Protesten in den USA und nach Interventionen der UN-Menschenrechtskommission begannen Anfang 2007 die ersten Prozesse gegen die Inhaftierten – in Guantanamo Bay, vor einem Militärtribunal, ohne Verteidiger, unter Ausschluss der Öffentlichkeit.

Museo Provincial: Eine Sammlung, die von der Archäologie bis zur Ethnologie und von der Numismatik bis zur Kunst reicht, präsentiert das 1989 eröffnete Provinz-Museum, das im ehemaligen Gefängnis von Guantánamo untergebracht ist. Das hübsch renovierte Gebäude aus dem Jahr 1862, dessen Fenster im Hof noch heute schwere Eisengitter zieren, ist deshalb mindestens ebenso interessant wie die Exponate selbst – zumal diese kunterbunt zusammengewürfelt sind. Da stehen Waffen neben antiken Einrichtungsgegenständen, Kristallgefäße neben Vitrinen mit alten Geldscheinen und – was die Breite der Palette deutlich macht – im Eingangsbereich eine funktionstüchtige Harley-Davidson, mit der während der Revolution Depeschen transportiert wurden. Einen Blick sind auch die Fotos von der US Naval Base wert, vor allem jenes, das einen jungen amerikanischen Soldaten zeigt, der vor den cubanischen Wachen auf der anderen Seite des Zauns seine Hose herunterlässt.

Mo 12–18, Di–Sa 8.30–12 + 14.30–18 Uhr. Eintritt 1 CUC inkl. Führung (auch engl.), Fotoaufnahmen 5 CUC, Videoaufnahmen 5 CUC. Calle José Martí 804 esquina Prado, ✆ 325872.

Plaza de la Revolución Mariana Grajales: Der am 26. Juli 1985 von Fidel Castro höchstpersönlich freigegebene Aufmarschplatz ist nach der Mutter von General Antonio Maceo benannt, die gleichzeitig als „Mutter aller Cubaner" gilt. Die verschiedenen bis zu 15 Meter hohen Granitsäulen mit dem eingemeißelten Konterfei von Mariana Grajales und der Staue des Unbekannten Soldaten stellen die einzelnen Abschnitte des Unabhängigkeitskampfs und der Revolution dar. Neben den Namen der jeweiligen Protagonisten prangen darauf auch deren pathetische Leitsätze wie etwa „tierra ó sangre" („Erde oder Blut"). Das große Feld gegenüber dem Hotel „Guantánamo" ist alljährlich Schauplatz der Massenkundgebungen am 1. Mai, dem auch in Cuba begangenen „Tag der Arbeit", und am 26. Juli, dem Jahrestag des Überfalls auf die Moncada-Kaserne. Dazwischen gibt es regelmäßig Open-Air-Konzerte bekannter cubanischer Gruppen wie etwa Los Van Van.

Calles 11 Norte e/ 2 y 3 Oeste.

Unterwegs in der Umgebung

Zoológico de Piedras: Den Skulpturenpark, der 23 Kilometer nördlich von Guantánamo in den Bergen bei der Ortschaft Boquerón de Yateras liegt, erreicht man über das kleine Dorf Jamaica. Auf dem zwei Quadratkilometer großen Gelände einer ehemaligen Kaffeeplantage eröffnete der einheimische Bildhauer Angel Iñigo Blanco 1977 einen Tiergarten, in dem alle Bewohner aus Stein gehauen sind. Insgesamt schuf der Künstler 426 Skulpturen, beispielsweise Löwen und Tiger, Affen und Wildschweine, Schlangen und Krokodile. Ein gepflasterter Weg, der die gepflegte Anlage erschließt und für den man etwa eineinhalb Stunden benötigt, führt an allen Arbeiten Blancos vorbei. Nachdem sich der Bildhauer inzwischen altersbedingt zurückgezogen hat, setzt sein Sohn Angel Iñigo Pérez das Werk fort. Nach einem Rundgang lädt das Restaurant „Las Piedras" zu einem Imbiss oder Getränk ein. Um nach Boquerón de Yateras fahren zu dürfen, benötigt man eine Genehmigung der Inmigración in Guantánamo (Calle 1 Oeste e/ 14 y 15 Norte) – warum, wissen die Götter.

Tägl. 8–17 Uhr. Eintritt 1 CUC, Fotoaufnahmen 1 CUC, Videoaufnahmen 5 CUC. Boquerón de Yateras.

Unterwegs im Osten

La Farola

Die Passstraße mit dem seltsamen Namen – Farola bedeutet wörtlich übersetzt Lichtmast – zweigt in der Ortschaft Cajobabo, 95 Kilometer östlich von Guantánamo, in die Berglandschaft der Sierra del Purial ab und führt auf knapp 50 Kilometern über die Höhenzüge der Cuchillas de Baracoa, ehe sie in Cubas ältester Stadt endet. Schon gleich am Anfang werden Autofahrer auf Hinweistafeln aufgefordert, die Bremsen des Fahrzeugs zu überprüfen und nicht schneller als 30 Stundenkilometer zu fahren. Obwohl die bestens ausgebaute Straße, auf der zwei Reisebusse bequem aneinander vorbeikommen, sicherlich ein höheres Tempo erlaubt, würde man sich selbst unvergesslicher Eindrücke berauben, wenn man aufs Gaspedal drückt. Der üppige Bergregenwald und die grandiose Landschaft, in der Nadelbäume neben Palmen wachsen und Blätterkakteen die Felswände hinaufklettern, ist einfach zu spektakulär, um die Gebirgsstraße nur als Mittel zum Zweck zu benutzen. Immer wieder laden Parkbuchten und kleine Aussichtsplattformen dazu ein, eine Pause einzulegen und den herrlichen Blick bis zur Karibik-Küste zu genießen. Immer wieder bieten Händler am Straßenrand ihre Waren feil, verkaufen selbst gefertigte Ketten aus Polymita-Schneckenhäusern, handgeschöpfte Schokolade und Kakao, Mandarinen und die nur in dieser Ecke des Landes wachsenden „Plátanos manzanos", kleine, rote Bananen mit festem Fruchtfleisch und süßlichem Geschmack.

Panorama-Route „La Farola"

„La Farola" war das erste Großprojekt in Cuba nach dem Sieg der Revolution. Ingenieur Luis Pérez Cid benötigte mit seinen Bauarbeitern allerdings nur zwei Jahre (1964–1965), um die über Bergrücken und den Alto de Cotilla als höchstem Punkt führende Straße fertigzustellen. 1982 fand auf der Strecke erstmals das Radrennen „Premio Internacional La Farola" („Internationaler Preis von La Farola") statt, das der damals noch für die DDR startende Bernd Drogan gewann. Nach der achten Auflage musste die Tour aufgrund der Mittelknappheit während der cubanischen „Sonderperiode" abgesagt werden. Sie wurde seitdem nicht wieder aufgenommen.

Baracoa

In Guantánamo ist es wie in einigen anderen Landesteilen Cubas: Ginge es nach der Attraktivität der Städte, ihrer historischen Bedeutung und der sie umgebenden Naturschönheiten, müssten Provinzen wie Pinar del Río oder Sancti Spíritus eigentlich nach Viñales bzw. Trinidad – und Guantánamo eben nach Baracoa benannt sein. Denn so sehr die beiden anderen Orte die Glanzpunkte des Westens

und der Mitte Cubas darstellen, so sehr setzt Baracoa im äußersten Osten Maßstäbe. Gegen die auf Anhieb sympathische Kleinstadt mitten im tropischen Regenwald erscheint das offizielle politische und administrative Zentrum rund 140 Kilometer weiter westlich bestenfalls wie eine „graue Maus". Die älteste Stadt Cubas, die von Diego Velázquez am 15. August 1511 an jener Stelle gegründet wurde, an der Christoph Kolumbus am 27. November 1492 zum zweiten Mal cubanischen Boden betreten hatte, ist deshalb auch Anziehungspunkt für Touristen aus aller Welt – ohne allerdings touristisch zu sein. Die wenigen Hotels sind vergleichsweise klein, die Casas particulares deutlich in der Überzahl, die Sehenswürdigkeiten ebenso wenig überlaufen wie die naturbelassenen Strände, die Landschaften weitgehend unberührt und die Menschen mit einer natürlichen Freundlichkeit gesegnet. Mit einem Satz: In Baracoa ist die Welt noch in Ordnung.

Ein wesentlicher Grund dafür ist die Abgeschiedenheit der Stadt jenseits der Hügelkette der Cuchillas de Baracoa. Bis zur Fertigstellung der Passstraße „La Farola" im Jahr 1965 war Baracoa eigentlich nur auf dem Luft- oder Seeweg zu erreichen und blieb so von den meisten „Errungenschaften" der Neuzeit verschont. Eben deshalb hat sich die Stadt bis heute ihren unvergleichlichen Charme bewahrt, den man bei einem Bummel durch die kleinen Gassen auf Schritt und Tritt verspürt. Einen nicht unerheblichen Beitrag dazu, dass Baracoa einen festen Platz auf jeder Cuba-Rundreise hat, leistet aber auch die die Stadt umgebende Natur: Nirgendwo sonst im Land wachsen die roten Apfelbaum-Bananen (span. Plátanos manzanos), die jede „Chiquita" geschmacklich in den Schatten stellen. Nirgendwo sonst gedeihen so viele Kakaopflanzen, deren Früchte eine kleine Fabrik zur besten Schokolade des Landes verarbeitet. Nirgendwo sonst wird – vorwiegend von der Landbevölkerung – aus dem geriebenen Mark der zu Tausenden wachsenden Kokosnüsse besseres Cucurucho hergestellt. Die süße Spezialität, deren weitere Bestandteile Bienenhonig, Früchte und (jede Menge) Zucker sind, ist zwar eine Kalorienbombe, aber eine köstliche. Entlang der „La Farola" und auf dem Weg zum Humboldt-Nationalpark wird sie an kleinen Ständen immer wieder für ein paar Pesos angeboten.

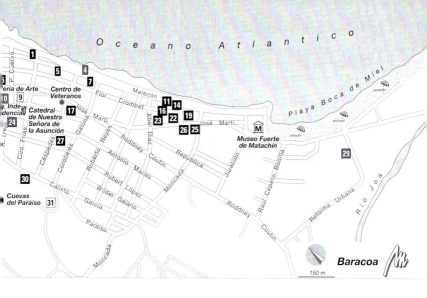

Die Geschichte

Baracoa liegt bis heute mit Bariay in der Provinz Holguín im Clinch: Wo landete Christoph Kolumbus zuerst? In welcher Bucht setzte er erstmals seinen Fuß auf cubanischen Boden? Für die Rivalität zwischen den beiden Orten sorgte Kolumbus selbst, der in sein Logbuch freilich nicht eintragen konnte, er sei in Baracoa oder in Bariay vor Anker gegangen, weil es diese Ortsnamen noch nicht gab. So beschrieb der Entdecker, was er sah – und was man am spanischen Hofe gerne hörte: „Ich habe keinen schöneren Ort je gesehen. (...) Die Ufer der beiden Flüsse sind von blühenden Bäumen gesäumt. (...) Der Gipfel eines nahen Berges, der hoch und eckig, einer Insel gleich in der Landschaft steht, hat die Form eines Reitsattels." So exakt die Beschreibung des Seefahrers auf den ersten Blick auch anmutete, so ungenau war sie auf den zweiten, weil sie sowohl auf Bariay als auch auf Baracoa zutraf: Denn in beide Buchten münden zwei Flüsse, in der Nähe beider Buchten gibt es mit der Silla de Gibara und dem El Yunque einen hohen, eckigen Berg. Allerdings hat tatsächlich nur die Gesteinsformation in der Nähe von Bariay die Form eines Sattels. Für des Rätsels Lösung sorgen aber auch die überlieferten geschichtlichen Daten, aufgrund derer feststeht, dass Kolumbus mit seinen drei Schiffen „Santa María", „Niña" und „Pinta" am 28. Oktober 1492 zunächst in der Bucht von Bariay vor Anker ging und erst ein paar Wochen später nach Baracoa segelte, wo er am 27. November 1492 ankam und am 1. Dezember 1492 in der von ihm Puerto Santo genannten Bucht das aus Spanien mitgebrachte Santa Cruz de la Parra (Das Heilige Kreuz des Weinstocks) aufstellte.

Bis die Eroberer wieder nach Baracoa kamen, vergingen allerdings Jahre. Kolumbus musste erst nach Spanien zurückkehren und am Hofe vom Erfolg seiner Expedition berichten, ehe Diego Velázquez, der sich damals auf Española (später Hispaniola, heute Dominikanische Republik und Haiti) niedergelassen hatte, Ende des Jahres 1510 den Auftrag bekam, die Insel im Namen der Krone einzunehmen. Nachdem er mit 300 Mann in der Bucht von Guantánamo gelandet war, zog er landeinwärts.

Vor ihm hatte sich bereits der Taíno-Häuptling Hatuey mit 400 seiner Krieger, ebenfalls von Española kommend, auf den Weg nach Cuba gemacht, um die dort lebende Urbevölkerung vor den Spaniern zu warnen. Obwohl die Indios den Feind also erwarteten, war ihr Widerstand innerhalb von nur vier Monaten gebrochen. Der überlegenen Militärtechnik und der grenzenlosen Brutalität der Eindringlinge hatten sie nichts entgegenzusetzen. Am 15. August 1511 gründete Velázquez die erste Stadt in Cuba und gab ihr den Namen Nuestra Señora de la Asunción de Baracoa, den noch heute die Kathedrale des Ortes trägt. In der Folgezeit war Baracoa gleichzeitig die Hauptstadt der spanischen Kolonie – bis 1522, als es Velázquez nach Santiago de Cuba zog und das Königshaus auf sein Anraten auch den Verwaltungssitz dorthin verlegte. Dennoch blieb Cubas erste Siedlung aufgrund ihrer Lage über Jahrhunderte hinweg ein wichtiger Außenposten, über den ein nicht unbedeutender Teil des Handels abgewickelt wurde, was wiederum Piraten und Schmuggler anzog. Um sich vor ihnen zu schützen, wurden zwischen den Jahren 1739 und 1742 drei Festungen angelegt – der Fuerte de Matachín und der Fuerte de La Punta an der Seite beider Buchten sowie der Fuerte de Seboruco auf dem Hügel El Paraíso, in dem heute das Hotel „El Castillo" residiert. Den „Ritterschlag" erhielt Baracoa am 20. September 1838, als Königin María Cristina von Habsburg der Stadt ihr Wappen verlieh – mit einer Aufschrift, die bis heute in jeder Hinsicht Gültigkeit besitzt. Sinngemäß heißt es darauf: „Ich bin die Kleinste, aber ich werde immer die Erste sein."

Hin & Weg

- *Bus* **Terminal** in der Avenida Los Mártires esquina Martí, ✆ 643880, 643090.
Víazul-Verbindungen: Santiago de Cuba 1x tägl. 14.15 Uhr über Guantánamo, 15 CUC.
Astro-Verbindungen: Santiago de Cuba jeden 2. Tag 14.30 Uhr. Guantánamo 3x tägl. 5.00, 9.00 + 14.00 Uhr. Havanna 1x tägl. 19.30 Uhr über Guantánamo, Bayamo, Camagüey, Ciego de Ávila, Sancti Spíritus und Santa Clara. Camagüey 1x tägl. 8 Uhr über Las Tunas.
- *Flugzeug* **Internationaler Flughafen „Gustavo Rizo"**, Carretera Aeropuerto km 4, ✆ 642580, 642216. Inlandsflüge durch Cubana de Aviación, Calle Maceo 181, Mo–Fr 8–12 + 14–18 Uhr, ✆ 645374.

Auf einen Blick

- *Apotheke* **Farmacia** in der Clínica Internacional, tägl. 24 Std., Calle José Martí 237 esquina Reyes, ✆ 641038.
- *Ärztliche Versorgung* **Clínica Internacional**, tägl. 24 Std., Calle José Martí 237 esquina Reyes, ✆ 641038.
- *Autovermietung* **Víacar** im Hotel „Porto Santo", Carretera Aeropuerto km 3, ✆ 643590, 643546.
- *Banken* **Cadeca**, Mo–Sa 8–18, So 8–13 Uhr, Calle José Martí 241.
Banco Popular de Ahorro, Mo–Fr 8–15, Sa 8–11 Uhr, Calle José Martí 166.
- *Feste* Immer in der 1. Aprilwoche feiert Baracoa seinen **Karneval** und erinnert dabei an die Landung von General Antonio Maceo am 1. April 1895 an der Playa Duaba.
- *Internet* **Etecsa**, tägl. 8.30–19.30 Uhr, Calle Maceo (am Parque Independencia).
- *Notruf* **Polizei**, ✆ 116. **Feuerwehr**, ✆ 115. **Ambulanz**, ✆ 104.
- *Postleitzahl* 97310
- *Post* Mo–Sa 8–20 Uhr, Calle Maceo 136.
- *Shopping* **Tienda de Arte** und **Fondo Cubano de Bienes Culturales**, beide im ARTex Centro Cultural, verkaufen Kunsthandwerk, Souvenirs und Ansichtskarten. Mo–Fr 9–17, Sa 8–12 Uhr. Calle Maceo 120, ✆ 643627, 643071.
Casa Pedro bietet allerlei Krimkrams, von Gemälden über Tonschmuck bis zu den in Cuba so beliebten Holzkästchen. Tägl. 9–19 Uhr. Calle Calixto García 46.
La Primada führt Kleidung, Elektro-Artikel, Kosmetika und Schuhe. Mo und Mi–Sa 8.30–16.30, Di 11–19, So 8.30–11.30 Uhr. Calle José Martí esquina Frías.
ARTex hat vor allem Souvenirs im Angebot, z. B. CDs und T-Shirts mit cubani-

schen Motiven. Mo–Sa 9–21, So 9–12 Uhr. Calle José Martí esquina Céspedes.

Las Novedades verkauft Waren des täglichen Gebrauchs sowie Kleidung und Parfümerieartikel. Mo–Sa 9–17, So 9–12 Uhr. Calle José Martí 217.

La Ferretera ist eine Anlaufstelle für Selbstversorger – es gibt Lebensmittel und Rum, daneben Kleidung, Schuhe und Kosmetika. Mo–Sa 8.30–16.30, So 8.30–12 Uhr. Calle José Martí 206.

• *Tourist-Information* **Cubatur**, tägl. 8–20 Uhr, Calle Maceo 147.

Essen & Trinken (siehe Karte S. 668/669)

• *Restaurants* **Duaba (28)**, das Restaurant des Hotels „El Castillo", serviert in gediegenem Ambiente die typische Küche Baracoas, d. h. Fleisch und Fisch in Kokosnusssoße. Eine der Köstlichkeiten ist der „Pescado de Santa Barbara" (7,95 CUC), ein Fischfilet, das auf eine besondere Art zubereitet wird. Für Busgruppen wird oftmals ein leckeres Buffet aufgebaut (8–10 CUC). Tägl. 12–22 Uhr. Loma del Paraíso, ✆ 645165.

La Habanera (20) gehört zu dem kleinen Hotel gleichen Namens und genügt durchaus auch gehobenen Ansprüchen. Die Atmosphäre ist gepflegt, die Karte vielseitig, das Essen lecker. Besonders empfehlenswert ist „Pescado à la Baracuesa", Fisch in Kokossoße (6 CUC). Tägl. 12–21 Uhr. Calle Maceo 134 e/ Maraví y País, ✆ 645225.

La Punta (2), in der gleichnamigen Festung aus dem 18. Jh. an Rande der Bucht von Baracoa untergebracht, bietet vorwiegend kreolische Gerichte (Menüs um 5 CUC). Aufgrund seiner Lage abseits der Altstadt herrscht nicht immer Hochbetrieb, weshalb das Lokal auch für einen Sundowner in ruhiger Umgebung bestens geeignet ist. Spätestens ab 21 Uhr ist es allerdings mit der Ruhe vorbei, denn dann startet das bunte Cabaret-Programm. Tägl. 10–24 Uhr. Avenida Los Mártires e/ Malecón y García.

El Parque (24), wie der Name schon sagt, direkt am Parque Independencia gelegen, ist eine Cafetería mit einer begrünten Terrasse, in der rund um die Uhr kleine Snacks (Spaghetti, Pizza etc.) und kühle Getränke serviert werden. An Wochenenden (Fr–So) gibt es ab 21 Uhr zudem Live- oder Disco-Musik. Tägl. 24 Std. Calle Maceo esquina Trejo, ✆ 645224.

Caracol (4) liegt direkt in der Mitte des Malecón und ist ein nettes, durchaus modern eingerichtetes Peso-Restaurant. Die Küche kocht landestypisch, es gibt vorwiegend Hähnchen, gebratenes Schweinefleisch und Fisch, wozu Reis und Salat serviert werden. Etwas merkwürdig, aber typisch für Lokale, in denen mit cubanischen Pesos bezahlt wird, sind die Öffnungszeiten. Tägl. 7–9.30, 12–14.30, 15–17 + 18–22.30 Uhr. Malecón e/ Céspedes y Galona.

485 Aniversario (10), ein Restaurant mit Bar und Diskothek, dessen Name an den 485. Jahrestag der Stadtgründung von Baracoa erinnert, ist bei genauer Betrachtung nichts Halbes und nichts Ganzes: Aus der Küche kommen halbwegs vernünftige cubanische Gerichte (Hähnchen, Schweinefleisch, Fisch mit Reis und Salat etc.), alle ca. 3 CUC, die „Disse" (Eintritt 1 CUC) ist nicht unbedingt das Zentrum des Nachtlebens, allein die Bar lohnt einen kurzen Abstecher – bei Getränken kann man allerdings auch nicht viel falsch machen. Restaurant tägl. 12–14 + 15–23 Uhr, Diskothek Di–So 21–2 Uhr, Bar 24 Std. Calle Maceo 141, ✆ 643446.

Baracoa (12) zählt zwar zu den einfacheren Restaurants der Stadt, ist dafür aber auch entsprechend preisgünstig. Die Hauptgerichte aus der kreolisch orientierten Küche – Hähnchen, Schweinefleisch, das Übliche eben – kosten alle um die 3 CUC. Tägl. 24 Std. Calle Maceo 129 e/ País y Maraví, ✆ 643146.

Casa del Chocolate (13) ist ein einfaches Café und doch etwas ganz Besonderes: Nirgendwo sonst bereitet man den rund um Baracoa wachsenden Kakao besser zu als hier. Wem die Spezialität der Stadt zu süß ist, kann sich – ebenfalls für ein paar Centavos – Kaffee oder Tee, Bier oder Limonade servieren lassen. Tägl. 7–22 Uhr. Calle Maceo 121 e/ Maraví y País.

El Rápido (29) – keine Stadt ohne Cuba-Mac. In Baracoa findet man das Fastfood-Lokal am südöstlichen Ende der Altstadt neben der Tankstelle. Das Angebot ist das gleiche wie andernorts: Pizzen, Hamburger, Hotdogs, Eiscreme, Drinks für kleines Geld. Tägl. 24 Std. Calle José Martí.

• *Paladares* **Colonial (8)**, mittlerweile der einzige verbliebene Paladar in Baracoa, ist aufgrund seiner Alleinstellung stets gut besucht. Besonders empfehlenswert sind die diversen Fischgerichte, z. B. Tintenfisch in

Kokossoße (8 CUC). Unbedingt probieren sollte man auch Tetí, winzige Fischlein, die es allerdings nicht das ganze Jahr über gibt. Tägl. 11–23 Uhr. Calle José Martí 123, ℅ 645391.

Nachtleben (siehe Karte S. 668/669)

El Patio (15), eine Terrassen-Cafetería im Erdgeschoss des „ARTex Centro Cultural", ist tagsüber gut für eine Verschnaufpause und abends für traditionelle cubanische Musik. Bei freiem Eintritt und zu hervorragenden Mojitos (3 CUC) spielen täglich von 21–23 Uhr verschiedene Gruppen. Das Programm bzw. den Namen der Band entnimmt man einem Aushang am Eingang. Tägl. 10–24 Uhr. Calle Maceo 120, ℅ 645197.

La Terraza (15) ist ebenfalls im „ARTex Centro Cultural" untergebracht, allerdings im 1. Obergeschoss und eher eine Show-Bühne (Eintritt 1 CUC). Das aus Comedy und Varieté bestehende Programm beginnt immer um 21 Uhr, daran anschließend gibt es lautstarke Disco-Musik bis zum Abwinken. Tägl. 21–2 Uhr. Calle Maceo 120.

Casa de la Cultura (21), das Kulturzentrum der Stadt, bietet ein kunterbuntes, aber durchwegs interessantes Programm. Tagsüber gibt es beispielsweise Son-, Salsa- und Cha-Cha-Cha-Kurse (5 CUC/Std.) oder Trommelunterricht (5 CUC/Std.), jeden Abend ab 21 Uhr Live-Musik bei freiem Eintritt. Freitags findet traditionell die „Noche afrocubano" statt. Die Kunstgalerie kann während der Öffnungszeiten des Gebäudes von früh bis spät besucht werden. Tägl. 8–2 Uhr. Calle Maceo 124 e/ País y Maraví, ℅ 642364.

Casa de la Trova Victorino Rodríguez (9) in der Nähe des Parque Independencia ist, anders als die gleichnamigen Einrichtungen in anderen Städten, weniger Abendlokal als (einfache) Bühne. Man sitzt auf Stühlen – ohne Tische – im Kreis und lauscht den Sones und Guarachas der oftmals betagten Musiker. Auf Getränke muss man natürlich nicht verzichten, die gibt es an der Bar. Tägl. 21–2 Uhr. Calle Maceo e/ Frías y Cuevo.

El Ranchón (31) auf dem Loma del Paraíso fungiert zwar auch als 24-Stunden-Restaurant, ist aber in erster Linie eine Location zum Abtanzen. Immer ab 21 Uhr gibt es Disco- oder Live-Musik (Eintritt pro Paar 5 CUP/ca. 0,20 CUC). Fußgänger müssen sich ihr erstes Bier hart verdienen und sind gut beraten, nicht zu tief ins Glas zu schauen: Von der Calle Calixto García führen 143 Treppenstufen bis zu dem Lokal, das allerdings auch mit dem Auto über eine unbeleuchtete Holperpiste zu erreichen ist. Tägl. 24 Std., Loma del Paraíso, ℅ 643268.

Übernachten (siehe Karte S. 668/669)

• *Hotels* ***** El Castillo (28)**, das man in der früheren Festung Seboruco aus dem 18. Jh. eingerichtet hat, ist die Top-Adresse in Baracoa. Seinen Ruf verdankt das Haus zum einen der gepflegten Anlage sowie dem ausgezeichneten Restaurant „Duaba" und zum anderen der tollen Lage auf dem Loma del Paraíso – auf der einen Seite liegt die Stadt zu Füßen, auf der anderen Seite ist der Tafelberg El Yunque zum Greifen nah. Die 34 komfortablen Zimmer sind mit Bad, Klimaanlage, Satelliten-TV, Safe und Telefon ausgestattet. Im Hotel gibt es neben dem Speiselokal auch Cafetería und Bar sowie Motorrollervermietung, Souvenirgeschäft und Tourist-Info. EZ 40–42 CUC, DZ 54–58 CUC, Triple 74–78 CUC inkl. Frühstück, je nach Saison. Loma del Paraíso, ℅ 645165, ✉ 355519, comercial@gavbcoa.co.cu.

*** Porto Santo (18), 3 km außerhalb des Stadtzentrums an der Straße zum Internationalen Flughafen „Gustavo Rizo" gelegen, ist fast ausschließlich Ziel von Busgruppen oder Individual-Touristen, die über einen eigenen fahrbaren Untersatz verfügen. Doch auch ohne ist man nicht ganz verloren, vor dem Hotel warten immer jede Menge Bici-Taxis. Das gepflegte Haus liegt direkt an der Bucht von Baracoa und dort nahe jener Stelle, an der Christoph Kolumbus am 1. Dezember 1492 das Santa Cruz de la Parra aufstellte. Eine Replik oberhalb des kleinen Hotel-Strands erinnert daran. Die 60 ordentlichen Zimmer mit Bad, Klimaanlage, Safe, Telefon und Satelliten-TV sind in einstöckigen Gebäuden untergebracht. In der Anlage gibt es einen Swimmingpool, Restaurant, Cafetería und Bar sowie Autovermietung, ein Geschäft und eine Tourist-Info. EZ 40–42 CUC, DZ 54–58 CUC, Triple 74–78 CUC, Suite 64–68 CUC, je nach Saison. Carretera Aeropuerto km 3. ℅ 643590, 643546, ✉ 355518, comercial@gavbcoa.co.cu.

Baracoa 673

*** Villa Maguana an der gleichnamigen Playa, 20 km westlich von Baracoa an der Straße nach Moa, gehört organisatorisch zu den Hotels „El Castillo" und „Porto Santo". Wer die absolute Ruhe sucht (und einen Mietwagen hat), ist in der 2007 von vier auf 16 Zimmer erweiterten Anlage goldrichtig. Die kleine, idyllisch gelegene Sandbucht steht ausschließlich den Hotelgästen zur Verfügung, und auch sonst tritt man sich bei maximal 32 Urlaubern nicht auf die Füße. Die topmodernen Zimmer sind mit Klimaanlage, Satelliten-TV und Safe ausgestattet und haben alle einen Balkon mit Meerblick. Im Haus gibt es ein Restaurant und eine Bar. EZ 55–60 CUC, DZ 70–75 CUC, je nach Saison. Carretera Moa km 21. ✆ 641204, 641205, ✆ 355518, comercial@gavbcoa.co.cu.

*** La Habanera (20), sehr zentral gelegen, nur wenige Schritte vom Parque Independencia entfernt, ist ein kleines, aber gepflegtes Haus. Die zehn Zimmer sind mit Bad, Klimaanlage, TV und Minibar ausgestattet. Im Haus gibt es mit dem gleichnamigen Restaurant ein sehr annehmbares Speiselokal. DZ 49 CUC inkl. Frühstück. Calle Maceo 134 e/ Maraví y País. ✆ 645225, larusa@enet.cu.

* La Rusa (1), ein einfaches Hotel direkt am Malecón, ist nach der früheren russischen Besitzerin Magdalena Menassés Rovenskaya benannt, einer Tänzerin, Pianistin und Sopranistin, die in den 1920er Jahren nach Cuba kam und in Baracoa hängenblieb. Das Hotel, das sie 1953 unter dem Namen „Miramar" eröffnete, sah seitdem schon viel Prominenz – Fidel Castro und Ernesto Che Guevara übernachteten hier ebenso wie Primaballerina Alicia Alonso und Schauspieler Errol Flynn. Das Haus verfügt über 12 Zimmer, die mit Bad und Klimaanlage ausgestattet sind, sonst aber wenig Komfort bieten. DZ 49 CUC inkl. Frühstück. Calle Máximo Gómez 161. ✆ 643011, ✆ 642337, larusa@enet.cu.

Campismo El Yunque befindet sich 7 km außerhalb der Stadt (auf der Carretera Moa nach 3 km links in Richtung Finca „Duaba" abzweigen!). Das idyllisch gelegene Hüttendorf war bei Redaktionsschluss noch im Bau, soll aber später einmal über 20 einfache Bungalows verfügen. Geplant ist auch ein kleines Restaurant. Wenn der Campingplatz fertiggestellt ist, dürfte er ein idealer Ausgangspunkt für Wanderungen auf und um den El Yunque sein. Das Informationszentrum, von dem aus man mit Führern zum Tafelberg aufbrechen kann, befindet sich unmittelbar vor der Einfahrt zum Campismo. Carretera Moa km 3, ✆ 645262.

Kolumbus-Denkmal in Baracoa

• *Casas particulares* **Casa Josefina Guilarte (14)**, ist ein gemütliches Privat-Quartier mit viel Herzlichkeit und einer grandiosen Küche. Das Zimmer ist nicht zu groß, aber sehr sauber – wie übrigens das ganze Haus. Es ist ausgestattet mit Bad und Klimaanlage, hat einen kleinen Freisitz im Innenhof und eine große Dachterrasse mit Meerblick. Frühstück, Mittag- und Abendessen kann man jederzeit bestellen und sollte dies auch unbedingt tun: Besser kann man in Baracoa nicht essen. DZ 15–20 CUC, je nach Saison. Calle Flor Crombet 269, ✆ 641173.

Casa Lourdes (11), ein sehr schönes, direkt am Malecón gelegenes Haus, verfügt über zwei blitzblanke Zimmer, eines davon mit kleiner Wohnecke. Ausgestattet sind die Räume mit Bad, Klimaanlage und Kühlschrank, auf dem die Señora für die Gäste schon einmal Weinflaschen bereitgestellt hat. Frühstück, Mittag- und Abendessen gibt es auf Wunsch. DZ 15–20 CUC, je nach Saison. Malecón 72 e/ Blanco y Díaz, ✆ 643712.

Provinz Guantánamo

Casa Yancy y Noel (19) zeichnet sich durch einen begrünten Innenhof mit Papageien-Voliere aus, an den zwei etwas dunkle, aber schöne Zimmer angrenzen. Die Räume des zentrumsnah gelegenen Hauses verfügen über Bad, Klimaanlage und Ventilator. DZ 15–25 CUC, je nach Saison. Calle Martí 304. ✆ 643529, 643194, casayancynoel@hotmail.com.

Casa Williams Montoya Sánchez (23) ist der „Zweitwohnsitz" von Pepe Zullo. Jedenfalls erholt sich der italienische Starkoch mehrmals im Jahr in dem netten Häuschen und greift dabei gelegentlich selbst zum Kochlöffel. Das große Speisezimmer der Casa ist auch wie geschaffen für ein Festmahl. Vermietet werden zwei Zimmer mit modernen Bädern und Klimaanlagen, eines mit Doppelbett, das andere mit zwei Einzelbetten. In einem kleinen Innenhof gibt es einen Holzkohlengrill, den der freundliche Besitzer gerne anschürt, wenn seinen Gästen der Sinn nach saftigen Steaks steht. DZ 15–20 CUC, je nach Saison. Calle Martí 287. ✆ 642793, williamsbaracoa@yahoo.com.

Casa Juan Maresma Azaharez (22) findet man ebenfalls in einer der beiden Hauptstraßen der Stadt. Vermietet wird ein geräumiges Zimmer mit zwei großen Betten, Bad, Klimaanlage und Ventilator. Die Küche – Frühstück, Mittag- und Abendessen gibt es optional – ist hervorragend. DZ 15–20 CUC, je nach Saison. Calle Martí 292 e/ Diáz y Blanco. ✆ 641173, riestra.farm@toa.gtm.sld.cu.

Casa Miriam Montoya (26), nur 200 m vom Strand entfernt, bietet ein Zimmer mit zwei Kingsize-Betten, einem schönen, modernen Bad und Klimaanlage. Die Speisen, die auf Wunsch zubereitet werden, nimmt man entweder in einem kleinen Speisezimmer oder auf der Terrasse ein. DZ 15–20 CUC, je nach Saison. Calle Martí 301 e/ Moncada y Blanco, ✆ 643529.

Casa Neida Cuenca Prada (7) vermietet in einer ruhigen Seitenstraße von Baracoa ein Gästezimmer mit Klimaanlage, Ventilator und Balkon mit Meerblick. Das Bad befindet sich außerhalb des Zimmers. Essen gibt es auf Wunsch. DZ 15–20 CUC, je nach Saison. Calle Flor Crombet 194 e/ Céspedes y Galano, ✆ 643178, viviana@toa.gtm.sld.cu.

Villa Haydee (5), direkt am Malecón in der Nähe des Hotels „La Rusa" gelegen, vermietet ein schnuckeliges Appartement mit vielen Annehmlichkeiten wie beispielsweise einem eigenen Eingang. Sowohl Schlaf- als auch Wohnzimmer verfügen über Klimaanlage und Ventilator, es gibt eine Stereoanlage, eine Terrasse mit Meerblick und ein schönes Badezimmer. App. 15–20 CUC, je nach Saison. Malecón 43 (altos) e/ Frías y Céspedes. ✆ 643164, 643750.

Casa Rafael Navarro (17) bietet in seinem gepflegten Haus ein schönes Gästezimmer, das mit Bad, Klimaanlage und Ventilator ausgestattet ist. Von der Dachterrasse mit Garten- und Liegestühlen genießt man einen herrlichen Blick über die Dächer von Baracoa bis zum Meer auf der einen und den Bergen auf der anderen Seite. Frühstück, Mittag- und Abendessen werden auf Wunsch zubereitet. DZ 15–20 CUC, je nach Saison. Calle Félix Ruene 29 e/ Céspedes y Galano. ✆ 643441, tola@toa.gtm.sld.cu, microbiologia@toa.gtm.sld.cu.

Casa Norge y Nelida (16) hat im Obergeschoss ein komplettes Appartement mit separatem Eingang. Das moderne Gästezimmer ist mit Bad und Klimaanlage ausgestattet, die Dachterrasse bietet einen schönen Blick auf die Bucht. Speisen gibt es auf Bestellung. DZ 15–20 CUC, je nach Saison. Calle Flor Crombet 265 A e/ Blanco y Diáz. ✆ 643218, eugenioop@toa.gtm.sld.cu.

Casa Rosa Cantillo Chavez (30), ein paar Schritte abseits des Zentrums am Fuße des Loma del Paraíso gelegen, vermietet ein Gästezimmer mit Bad, Klimaanlage, Kühlschrank und eigenem Eingang. Empfehlenswert ist die Küche, Señora Chavez arbeitete 15 Jahre in der Küche des Hotels „El Castillo". DZ 15–20 CUC, je nach Saison. Calle Calixto García 136 e/ Céspedes y Frías, ✆ 642473.

Casa Tropical (6), ein früherer Paladar mitten im Stadtzentrum ganz in der Nähe des Parque Independencia, vermietet zwei Zimmer mit Bad, Klimaanlage und Minibar. Wenngleich man das Privat-Restaurant aufgegeben hat, so genießt die Küche noch immer einen ausgezeichneten Ruf – einfach ausprobieren. DZ 15–25 CUC, je nach Saison. Calle José Martí 175, ✆ 643437.

Casa Walter (27) war bis vor einigen Jahren ebenfalls noch ein Privat-Restaurant, fungiert inzwischen aber auch nur noch als Casa particular. In dem am Rand der Altstadt gelegenen Haus gibt es zwei Gästezimmer mit großen Bädern, Klimaanlage, Ventilator, TV und Kühlschrank. Beide Zimmer teilen sich ein Wohn- und ein Esszimmer. Die Speisen kann man allerdings auch auf zwei Terrassen mit Meerblick einnehmen. DZ 15–20 CUC, je nach Saison. Calle Rubert López 47 e/ Céspedes y Galano, ✆ 642346.

Casa María Dorkis Domínguez Galano (3) residiert in einem schönen Kolonialgebäude und vermietet dort zwei geräumige Zimmer mit Bad und Dusche, Klimaanlage und jeweils zwei großen Betten. Die Mahlzeiten werden im begrünten Innenhof oder auf einem Balkon mit Meerblick serviert. DZ 15–20 CUC, je nach Saison. Calle Flor Crombe 58 e/ Coliseo y 24 de Febrero, ✆ 643451.

Casa José Oliveras Durán (25) liegt in einer der Hauptstraßen der Stadt und mithin sehr zentral. Im Obergeschoss des alten Kolonialgebäudes werden zwei Zimmer mit Bad, Klimaanlage und Meerblick vermietet. Frühstück, Mittag- und Abendessen gibt es auf Wunsch. DZ 15–25 CUC, je nach Saison. Calle José Martí 343, ✆ 742110.

Unterwegs in Baracoa

Parque Independencia: Der kleine Platz, der die Stadtmitte Baracoas darstellt, ist schon beinahe der Vorhof der Kathedrale Nuestra Señora de la Asunción, die sich wackelig und baufällig an seiner Ostseite erhebt. Unmittelbar vor dem geschlossenen Hauptportal – man betritt die Kirche durch einen Seiteneingang – erinnert eine Büste an den Kaziken Hatuey, der in Cuba als erster Rebell Amerikas verehrt wird. Die Spanier waren seiner in Baracoa habhaft geworden, hatten ihn daraufhin nach Yara überstellt und am 2. Februar 1512 auf einem Scheiterhaufen hingerichtet. Am anderen Ende des Parks findet man einen Brunnen mit einer römischen Säule aus weißem Marmor, um die drei stilisierte Figuren mit Waschschüsseln in den Armen stehen. Insgesamt hat man auf dem Platz 25 Sitzgelegenheiten aufgestellt, die die Bezeichnung Ruhebänke allerdings nur bedingt verdienen, denn der Parque Independencia ist nicht nur das absolute Zentrum der Stadt, sondern auch der unumstrittene Mittelpunkt des städtischen Lebens. Egal, zu welcher Stunde man vorbeikommt, alleine ist man hier nie.
Calle Maceo y Frías.

Catedral de Nuestra Señora de la Asunción: Die der Himmelfahrt Marias geweihte Kathedrale sollte man besuchen, solange sie noch steht – der bauliche Zustand des Gotteshauses, das in seiner heutigen Form Anfang des 19. Jahrhunderts errichtet wurde, ist beängstigend: An den Außenmauern bröckelt der Putz, die Wände im Inneren zeigen tiefe Risse, das Dach ist mit Holzstangen abgestützt, um ein Einstürzen zu vermeiden. Halbwegs erhalten ist einzig der Altarraum, der den größten religiösen Schatz ganz Lateinamerikas beherbergt – das Santa Cruz de la Parra (Das Heilige Kreuz des Weinstocks). Der Überlieferung zufolge soll es Christoph Kolumbus mitgebracht haben, als er am 27. November 1492 mit seinen Schiffen in der Bucht von Baracoa vor Anker ging. Vier Tage später, am 1. Dezember, habe er das Kreuz in den Sand am Strand der Bahía gesteckt, heißt es. Tatsächlich haben belgische Wissenschaftler von der Universität in Brüssel anhand historischer Unterlagen und einer „coal 14 method" genannten Karbonmessung festgestellt, dass das Relikt authentisch ist – und mithin das einzige erhaltene der insgesamt 29 Kreuze, die Kolumbus auf seiner ersten Entdeckungsreise an jenen Orten hinterließ, an denen er an Land ging. Nachdem Pilger als Andenken an ihre Wallfahrt immer wieder kleine Stückchen des Holzkreuzes abgeschnitten und mitgenommen hatten und es dadurch im Lauf der Jahrhunderte kleiner und kleiner geworden war, fasste man die Enden schließlich mit Silber ein, stellte es auf einen silbernen Sockel und sperrte es in einer Glasvitrine ein. Diese findet man heute links vom Hauptaltar der Kathedrale auf einem schmiedeeisernen Tischchen mit Marmorplatte.
Di–Sa 9–12 + 14–16 Uhr. Messen Di–Fr 17.30, Sa 20, So 10 Uhr. Parque Independencia.

Provinz Guantánamo

ExpoTaller „La Musa": Die kleine Kunstgalerie von Guillermo Orlando Piedra, der selbst malt, aber auch die Werke von Kollegen ausstellt, zeigt hauptsächlich naive Kunst und Gemälde mit cubanischen Motiven. Die Ausstellungsräume dienen gleichzeitig als Atelier, in dem man den Künstlern bei ihrer Arbeit über die Schulter schauen kann.
Tägl. 9–22 Uhr. Eintritt frei. Calle Maceo 127.

Galería de Arte: Die Kunstgalerie am zentralen Parque Independencia ist ausschließlich eine Verkaufsausstellung (für Touristen). Angeboten wird viel naiver Kitsch, den man sich zu Hause wohl kaum ins Wohnzimmer hängt – wer künstlerisch anspruchsvolle Werke sucht, macht also besser einen großen Bogen um das kleine Atelier.
Di–Do 9–12 + 16–21, Fr–So 9–12 + 16–22 Uhr. Eintritt frei. Calle Maceo 145, ✆ 641011.

Museo Fuerte de Matachín: Die Festung am südöstlichen Ende des Malecón war die zweite der drei Wehranlagen Baracoas, die zwischen den Jahren 1739 und 1742 errichtet wurden. Ihre ursprüngliche Aufgabe war es, den Strand und die Boca de Miel zu schützen. Nachdem man den Piraten der Karibik das Handwerk gelegt hatte, wurde das Bollwerk um das Jahr 1850 zu einer Kaserne der spanischen Armee umfunktioniert. Aus dieser Zeit stammen auch das Pulvermagazin und der Brunnen der Anlage. Anfang des 20. Jahrhunderts diente die Festung schließlich als Behausung für Obdachlose, weshalb sie im Volksmund zu jener Zeit „Castillo maldito" („Verfluchte Burg") genannt wurde. Das heutige Museum zog im Oktober 1981 ein. Neben Exponaten, die die Historie Baracoas beleuchten, erstreckt sich die in fünf Räumen untergebrachte Sammlung auf Ausstellungsstücke von der Indio-Zeit bis zu den Unabhängigkeitskriegen. Dokumentiert wird zudem die Geschichte der Piraterie und der Sklaverei. Für Waffennarren gibt es fünf Säbel aus dem Jahr 1895 und im Außenbereich jede Menge alter Kanonen zu sehen.
Tägl. 8–18 Uhr. Eintritt 1 CUC inkl. Führung (auch deutsch, engl. und franz.), Fotoaufnahmen 1 CUC, Videoaufnahmen 5 CUC. Calle José Martí esquina Malecón, ✆ 642092.

Fuerte de Seboruco: Die Burg auf dem Hügel El Paraíso wurde, wie die beiden anderen Verteidigungsanlagen der Stadt, Mitte des 18. Jahrhunderts zum Schutz vor Piratenüberfällen angelegt. Anders als die Forts Matachín und La Punta diente das burgähnliche Gebäude aufgrund seiner Lage allerdings hauptsächlich als Aussichtsposten. Und der ist das beeindruckende Bauwerk, in dem inzwischen das feine Hotel „El Castillo" residiert, bis heute. Auch wer nicht dort nächtigt, sollte sich den großartigen Blick bis zum Meer nicht entgehen lassen. Bevor einem allerdings das Panorama den Atem raubt, tun dies möglicherweise die 97 Treppenstufen, die von der Calle Calixto García auf den Burgberg führen.
Loma del Paraíso.

Fuerte de La Punta: Die Befestigungsanlage wurde am strategisch wichtigsten Punkt der Stadt angelegt – an der Einfahrt in die Bucht von Baracoa. Obwohl ihr damit im Verteidigungsfall eine bedeutende Rolle zukam, war sie die unscheinbarste der drei Festungen, woran sich nichts geändert hat. Das kleine, gedrungene Bollwerk früherer Zeiten fällt im Stadtbild kaum auf, was unter anderem daran liegt, dass es sich am nördlichen Ende des Malecón fernab des Zentrums versteckt. Mit dieser Lage kämpft auch das Restaurant, das in das alte Gemäuer eingezogen ist, obwohl es angesichts der umfangreichen Karte, der schmackhaften Speisen und des lebendigen Cabaret-Programms (ab 21 Uhr) jederzeit einen Besuch wert ist.
Avenida Los Mártires e/ Malecón y García.

Baracoa

Plaza de la Revolución: Der Aufmarsch- und Kundgebungsplatz Baracoas gilt als der kleinste seiner Art in ganz Cuba – und der unspektakulärste ist er obendrein. Am westlichen Ende des Malecón gelegen, kündet lediglich ein kleines betoniertes Podium von der Bedeutung der Plaza. Ein klein wenig Glanz verleiht der einfachen Tribüne eine gelungene Statue des Kaziken Hatuey, der mit einem Speer in der Rechten auf die Versammlungsteilnehmer blickt – sofern vorhanden.
Avenida Los Mártires e/ Malecón y García.

Centro de Veteranos: Jede Menge Orden und Kleidungsstücke hinter Glas erinnern in dem Haus der cubanischen „Kriegerkameradschaft" an die Veteranen des Revolutionskampfes und des Angola-Krieges. In den Vitrinen sind außerdem diverse Uniformteile ausgestellt, an den Wänden hängen Schwarz-Weiß-Fotos von Fidel Castro und den großen Generälen der Unabhängigkeitskriege – Máximo Gómez, Antonio Maceo, Flot Crombet und Guillermo Moncada.
Mo–Fr 8–12 + 14–18 Uhr, nach Anmeldung auch Sa. Eintritt frei. Calle José Martí 216, ✆ 644205, 643139.

Cuevas del Paraíso: Die Höhlen auf dem Loma del Paraíso beherbergen Baracoas außergewöhnliches archäologisches Museum– außergewöhnlich wegen seiner Lage in zwei Höhlen, die einst von den Indios als Behausung genutzt wurden, außergewöhnlich aber vor allem wegen seiner Exponate, ausnahmslos Originalstücke, die bei Ausgrabungen in der Stadt und der näheren Umgebung ans Tageslicht befördert wurden. Die Ausstellungsstücke stammen aus der Zeit der Taíno, die um das Jahr 1100 n. Chr. auf die Insel gekommen waren und sich im Osten Cubas niedergelassen hatten, während die Siboney in der Mitte und der Stamm des Guanahatabey im Westen des Landes siedelten. Da die Taíno bereits Ackerbau betrieben, fanden die Archäologen zahlreiche Werkzeuge und Steinäxte, die auch bei kriegerischen Auseinandersetzungen zum Einsatz kamen. Neben Ídolos und Cemies, beides Arten von Götzenfiguren, denen bei rituellen Handlungen Opfer gebracht wurden, gehören vier aus Korallenstein gefertigte Penisse zu den herausragenden Stücken der Sammlung. Man geht davon aus, dass sie sich einst an Fruchtbarkeit symbolisierenden Standbildern befunden haben. Besonders interessant sind auch die Skelett-Reste des Taíno-Kaziken Guamá, den man in der typischen Fötushaltung bestattet hatte.
Mo–Fr 8–17, Sa+So 8–13 Uhr. Eintritt 2 CUC inkl. Führung (auch engl. und franz.). Loma del Paraíso. ✆ 643862, willy@toa.gtm.sld.cu.

Playa Boca de Miel: Der Hausstrand von Baracoa, an dem der Río Miel (Honigfluss) ins Meer mündet, liegt traumhaft am Rande des bis in die Stadt reichenden Regenwaldes. Schnell ausgeträumt hat man allerdings, wenn man die Bucht hinter dem Baseball-Stadion aufsucht. Denn Treibgut und Plastikabfälle vergellen jegliche Badefreuden. Die Legende, die sich um den Fluss rankt, mag man daher nur schwer glauben. Ihr zufolge soll ein Taíno-Mädchen vor vielen, vielen Jahren so sehr um seinen Liebsten geweint haben, dass seine Tränen das Wasser steigen ließen. Davon tief bewegt, habe sich der Mann, der die Stadt eigentlich verlassen wollte, anders entschieden, sei geblieben und habe das Mädchen geheiratet, heißt es. Daraus leitete man später ab, dass jeder, der im Río Miel schwimmt, immer wieder an seine Mündung zurückkehrt. Wie gut, dass es auch noch andere Gründe gibt, nach Baracoa zu kommen ...

Zoológico Cacique Guamá: In dem Tierpark von Baracoa wird man schon am Eingang von einem tönernen Nilpferd in Originalgröße begrüßt. Drinnen gibt es weniger

Hatuey – der erste Rebell Amerikas

Hatuey, ein Häuptling der Taíno auf der Insel Española (später Hispaniola, heute Dominikanische Republik und Haiti), gilt als der erste Bewohner der Neuen Welt, der den Kampf mit den spanischen Kolonialherren aufnahm. Nachdem er all die Gräueltaten der Konquistadoren erlebt hatte, in seinem eigenen Land der Widerstand gegen die übermächtigen Eindringlinge aber längst gebrochen war, machte er sich mit 400 Kriegern auf den Weg nach Cuba. Wenigstens den Brüdern im Westen sollte es nicht so ergehen wie dem eigenen Volk. Er wollte sie warnen und in den Kampf führen, so die Spanier denn auch dorthin kämen. Er berichtete von Raub, Vergewaltigungen, Morden – und davon, dass sich „diese Feiglinge hinter Eisen verstecken, das die Waffen der Indios nicht durchdringen können". Die Taíno in Cuba, die bis zu diesem Zeitpunkt von den Eroberern noch weitgehend unbehelligt geblieben waren, schenkten Hatuey jedoch kaum Glauben und schlossen sich ihm nur vereinzelt an – dabei war der Feind schon im Anmarsch. 300 Mann hatte Diego Velázquez bei sich, als er Anfang des Jahres 1511 in der Bucht von Guantánamo Anker warf, in Richtung Baracoa landeinwärts zog und dabei eine regelrechte Blutspur hinterließ. Es dauerte gerade einmal vier Monate, bis die Indios und mit ihnen Hatuey geschlagen waren.

Nachdem man den Häuptling gefangen genommen hatte, überstellte man ihn der spanischen Gerichtsbarkeit in Yara in der heutigen Provinz Granma, wo er zum Tod auf dem Scheiterhaufen verurteilt wurde. Einer Legende nach soll ihn dort ein katholischer Priester gefragt haben, ob er in seiner letzten Stunde nicht doch noch zum Christentum übertreten wolle, um in den Himmel zu kommen. Darauf soll Hatuey gefragt haben, wohin die Spanier nach ihrem Tod kämen. Als der Priester erwiderte, dass diese auch in den Himmel kämen, habe der Kazike gesagt haben, er ginge lieber in die Hölle als mit solch grausamen Menschen ewig zusammen sein zu müssen.

Neben einer Vielzahl von Statuen und Büsten, die den stolzen Krieger zeigen, und einem Bronze-Relief am Portal des Capitolio in Havanna, das seine Verbrennung darstellt, lebt in Cuba auch der Name des ersten Rebellen Amerikas fort – auf den Bierflaschen der nach ihm benannten Marke Hatuey.

Überraschungen. Zu sehen sind Löwen, Hyänen, Affen, Krokodile und viele Vögel – insgesamt 117 verschiedene Tierarten, von denen fast 20 Prozent nur in Cuba vorkommen. Für Führungen durch den Zoo ist eine Anmeldung erforderlich.

Di–So 9–16 Uhr. Eintritt 20 CUP/ca. 0,85 CUC. Carretera Guantánamo, ✆ 643409.

Unterwegs in der Umgebung

Boca de Yumurí

In das 22 Kilometer westlich von Baracoa idyllisch gelegene Fischerdorf Boca de Yumurí führt eine schmale Straße, auf der man sich mitten im tropischen Regenwald befindet. Es geht vorbei an winzigen, oft nur aus ein paar Häusern bestehenden Ortschaften, an üppigen Bananenplantagen, einsamen Buchten und herrlichen Stränden mit dunklem Sand – und insgeheim hofft man, dass die Fahrt nie enden möge. Dennoch: Dort wo der Fluss Yumurí ins Meer mündet – nichts anderes besagt der Name der Siedlung – ist man definitiv am Ende Cubas angekommen. Zwar führt eine elende Holperstrecke weiter bis zur Punta de Maisí, dem östlichsten Punkt der Insel. Aber zum einen ist die Schotterpiste selbst mit einem Allradfahrzeug nur von Könnern zu bewältigen, zum anderen ist das dortige Terrain mit dem Leuchtturm aus dem Jahr 1862, von dem aus man angeblich bis Haiti schauen kann, militärisches Sperrgebiet – Zutritt unmöglich. Doch auch aus einem anderen Grund tut man gut daran, in Boca de Yumurí zu bleiben: Die Landschaft ist ein einziger karibischer Traum. Wer sie näher erkunden möchte, kann mit einem Motorboot flussaufwärts fahren (2 CUC/Person) oder mit einheimischen Führern auf einem Rundwanderweg den Regenwald durchstreifen (ca. 3 Std.) und sich danach von den Frauen der Fischer für kleines Geld ein köstliches Mittagessen zubereiten lassen. Sie alle findet man in der Regel an der die Flussmündung überspannenden Brücke mitten im Ort, wo zudem Souvenirs wie etwa die bunten Polymita-Schneckenhäuser und selbst gefertigter Schmuck angeboten werden.

El Yunque

Der wuchtige Tafelberg, der förmlich über der Landschaft westlich von Baracoa schwebt, ist der Rest eines Gebirges, das die Gegend vor Millionen von Jahren dominierte. Während sein Fundament aus Tuffstein-Fels besteht, ist das 575 Meter hohe Massiv selbst aus Kalkstein. Die Lage des Hochplateaus über dem Regenwald mit seiner hohen Luftfeuchtigkeit hat im Laufe der Zeit dazu geführt, dass auf der leicht abfallenden Ebene des Gipfelbereichs eine bunte Vielfalt meist endemischer Pflanzen heimisch geworden ist und sich viele seltene Vögel wie etwa der Tocororo oder der Jamaika-Rabe niedergelassen haben.

Einzutauchen in die Flora und Fauna des ‚Amboss', wie der Name wörtlich übersetzt lautet, wird den Besuchern leicht gemacht. Das kleine Informationszentrum vor der Einfahrt zum Campismo „El Yunque", von wo aus man mit Führern zu Wanderungen aufbrechen kann, liegt nur sieben Kilometer außerhalb der Stadt (auf der Carretera Moa nach drei Kilometern links in Richtung Finca „Duaba" abzweigen und auf der Schotterpiste noch einmal vier Kilometer geradeaus fahren) und ist leicht zu finden. Den etwa fünf Kilometer langen, langsam ansteigenden Weg auf den Tafelberg (13 CUC/Person) bewältigt man leicht in zwei (Aufstieg) bzw. eineinhalb Stunden (Abstieg). Am Ende wartet der „Charco de la Piña", ein vom Río Duaba ausgewaschenes Naturbadebecken, in dem man sich erfrischen kann. Etwas einfacher zu bewältigen ist der Wanderweg „La Cascada" (8 CUC/Person), dessen Ausgangspunkt ebenfalls das Informationszentrum ist. Am Ende des zweieinhalb Kilometer langen Pfades (einfach rund 45 Minuten) wartet ein neun Meter hoher Wasserfall, zu dessen Füßen es ebenfalls einen Naturpool gibt. Gebucht werden können die Wanderungen entweder vor Ort oder in allen Hotels von Baracoa.

Finca Duaba

Das ehemalige Bauernhaus des Besitzers einer Kakaoplantage liegt auf halber Strecke zwischen der Carretera Moa und dem Campismo „El Yunque" und ist daher ein ideales Plätzchen, wenn man sich nach einer Wanderung auf den Tafelberg stärken oder auch nur cubanisches Landleben abseits touristischer Zentren kennenlernen möchte. Die ökologisch orientierte Finca demonstriert gerne, mit welch einfachen Mitteln die Campesinos früher Kakao herstellten. Außerdem kann man im glasklaren, nur 150 Meter entfernten Río Duaba schwimmen und sich danach auch noch kulinarisch verwöhnen lassen. Die Farm ist bekannt für ihr Spanferkel vom Spieß (5,50 CUC) – eine cubanische Spezialität, die Urlauber sonst viel zu selten vorgesetzt bekommen.

Playa Duaba

Die Playa Duaba, fünf Kilometer außerhalb von Baracoa nahe der Carretera Moa, ist nicht irgendein Strand: Hier landeten am 1. April 1895 die Generäle Antonio Maceo und Flor Crombet mit ihren Leuten, um in den Zweiten Unabhängigkeitskrieg zu ziehen, woran seit dem Jahr 2000 ein Gedenkstein erinnert. Trotz der historischen Bedeutung des Ortes ist der Küstenstreifen mit seinem dunklen Sand sehr ungepflegt. Vom Meer stammt jede Menge Treibgut, von den – meist einheimischen – Badegästen fast ebenso viel Plastikmüll. Also, wenn überhaupt: kurz hin, schnell weg.

Carretera Moa km 5 (bei der Fischzuchtanlage rechts abbiegen!).

Rancho Toa

Die kleine, mehr als nur touristisch angehauchte Ranch liegt vier Kilometer jenseits der Stadtgrenze von Baracoa zwischen der Carretera Moa und dem Río Toa. Vor allem Busgruppen auf Cuba-Rundreise steuern die „Finca turística", wie sie sich selbst nennt, immer wieder gerne an. Zum einen kann man von hier aus zu Rafting-Touren (17 CUC/Person) auf dem drittlängsten Fluss der cubanischen Nordküste aufbrechen, zum anderen den Río auch ganz gemütlich per Ruder- oder Tretboot (jeweils 3 CUC/Person/Std.) erkunden. Naturliebhaber schätzen die Gegend, die zum UNESCO-Biosphärenreservat Cuchillas de Toa gehört, vor allem wegen seiner Artenvielfalt. Unter anderem findet man in dem zu 94 Prozent aus Gebirge bestehenden Schutzgebiet den Cuba-Schlitzrüssler, einen von seiner Gestalt her seltsam anmutenden Insektenfresser, der im Jahr 1907 vorschnell für ausgestorben erklärt worden war. Und auch der seltene, vom Aussterben bedrohte Elfenbeinspecht kann hier noch immer beobachtet werden. Nach interessanten Begegnungen oder körperlichen Betätigungen tischt die Finca traditionell cubanisch auf. Für größere Gruppen brät man auf dem Holzkohlengrill gerne ein ganzes Schwein (8 CUC/Person), zu dem die Beilagen nicht auf Tellern, sondern in aus Bambusstämmen gefertigten Schalen mit Löffelchen aus Bambusholz serviert werden. Letztere darf man als Souvenir behalten.

Carretera Moa km 4, ✆ 645224.

Playa Maguana

Der Strand 20 Kilometer westlich von Baracoa, dem das nahe gelegene Hotel „Villa Maguana" seinen Namen verdankt, ist zwar schmal, aber mit goldgelbem Sand gesegnet und zumindest teilweise von Palmen gesäumt. Wie fast überall an der Küste bieten auch hier Fischer den Besuchern an, ihren frischen Fang für wenig Geld in die Pfanne zu hauen – meist ein wahrer Genuss. Wer dennoch lieber auf Nummer Sicher gehen möchte, ist auch in dem gepflegten Hotel-Restaurant gerne gesehen – und hat bei dieser Gelegenheit die Möglichkeit, in der schönsten Bucht der Playa Maguana zu schwimmen, die sonst nur den Gästen des Hauses vorbehalten ist.

Carretera Moa km 21.

Parque Nacional Alejandro de Humboldt

Der nach dem deutschen Forscher und Entdecker benannte Nationalpark, der sich zwischen Baracoa (33 Kilometer) und Moa (30 Kilometer) auf einer Fläche von fast 700 Quadratkilometer erstreckt, wurde erst 1996 ausgewiesen und schon fünf Jahre später von der UNESCO zum Weltnaturerbe erklärt. Dies nicht zuletzt deshalb, weil der Park sozusagen den Kern des Biosphärenreservats Cuchillas de Toa darstellt. Mit seinen mehr als 1000 Pflanzenarten und über 200 verschiedenen Farngewächsen, von denen rund 70 Prozent endemisch sind, verfügt der Park über die vielfältigsten Vegetationsformen des gesamten karibischen Raumes. Mehr noch: Laut UNESCO gibt es weltweit auf tropischen Inseln kein zweites Gebiet mit einer derartigen biologischen Fülle, die von urzeitlichen Baumfarnen und cubanischen Kiefern bis zu Teak- und Mahagoni-Bäumen reicht.

Alles Wissenswertes erfährt man in einem kleinen Besucherzentrum an der Bahía de Taco direkt an der Straße nach Moa. Dort, wo die Berliner Humboldt-Universität ihrem Namensgeber am 24. September 2000 ein Denkmal gesetzt hat, ist auch der Ausgangspunkt für Exkursionen in die unberührte Natur. Während der Weg „El Recreo" (3 Std./10 CUC/Person), dessen Name („Die Erholung") schon darauf hindeutet, dass es eher gemächlich zugeht, sich auf drei Kilometern am Río Taco entlangschlängelt und dabei nur leicht ansteigt, ist der Pfad zum „Balcón de Iberia" (5 Std./10 CUC/Person) schon eine Herausforderung. Auf den sieben Kilometern des Weges, der in die bedeutendste Naturlandschaft des Parks führt, sind teilweise steile Passagen zu bewältigen. Für die Anstrengungen wird man allerdings an einem Wasserfall entschädigt, der ein Becken ausgewaschen hat, das zur Abkühlung einlädt. Direkt am Besucherzentrum kann man zudem zu einer Fahrt in die Mangroven der Bahía de Taco aufbrechen (1½ Std./5 CUC/Person), für die ausschließlich Boote mit Elektromotor eingesetzt werden. Damit soll vermieden werden, dass die Manatí-Kolonie in der Bucht allzu sehr gestört wird.

Carretera Moa km 33

Etwas Spanisch

Wer sich in Cuba außerhalb von Metropolen und Provinzhauptstädten bewegt, kommt ohne ein bisschen Spanisch nicht sehr weit. Die Landbevölkerung spricht kaum Englisch – von Deutsch ganz zu schweigen. Da Cubaner aber Touristen in aller Regel sehr freundlich und hilfsbereit begegnen, reicht oftmals auch die Gebärdensprache aus, um zumindest ein Zimmer zu mieten oder ein Essen zu bestellen. Damit man aber nicht ausschließlich auf „Hände und Füße" angewiesen ist, will der folgende Sprachführer einen kleinen Beitrag dazu leisten, wenigstens in Standard-Situationen besser zurechtzukommen – und auch all jenen Hilfestellung geben, die bereits über spanische Grundkenntisse verfügen. Denn das Spanisch Cubas unterscheidet sich in einigen Wörtern, Begrifflichkeiten und Floskeln doch gravierend vom Hochspanisch (castellano), wie es an den Volkshochschulen gelehrt wird. So heißen Autoreifen in Cuba beispielsweise *neumáticos* und nicht *ruedas*, Streichhölzer *fósforos* und nicht *cerillas*, Stadtpläne *mapas* und nicht *planos*.

Aussprache

- **c**: vor a, o, u und Konsonanten wie k (caliente = kaliente), vor e und i wie engl. th (cero = thero)
- **ch**: wie tsch (mucho = mutscho)
- **h**: ist stumm (helado = elado)
- **j**: wie ch (rojo = rocho)
- **ll**: wie j (calle = caje), manchmal auch wie lj
- **ñ**: wie nj (año = anjo)
- **qu**: wie k (queso = keso)
- **v**: wie leichtes b (vaso = baso), manchmal wie leichtes süddeutsches
- **w**: (vino = wino)
- **y**: wie j (yo = jo)
- **z**: wie engl. th (zona = thona)

Etwas Spanisch

Zahlen

¼ *un cuarto*	13 *trece*	50 *cincuenta*
½ *un medio*	14 *catorce*	60 *sesenta*
0 *cero*	15 *quince*	70 *setenta*
1 *un/una*	16 *dieciséis*	80 *ochenta*
2 *dos*	17 *diecisiete*	90 *noventa*
3 *tres*	18 *dieciocho*	100 *ciento, cien*
4 *cuatro*	19 *diecinueve*	200 *doscientos*
5 *cinco*	20 *veinte*	300 *trescientos*
6 *seis*	21 *veintiuno (-ún)*	500 *quinientos*
7 *siete*	22 *veintidós*	1000 *mil*
8 *ocho*	23 *veintitrés*	2000 *dos mil*
9 *nueve*	30 *treinta*	5000 *cinco mil*
10 *diez*	31 *treinta y uno*	10.000 *diez mil*
11 *once*	32 *treinta y dos*	100.000 *cien mil*
12 *doce*	40 *cuarenta*	1.000.000 *un millón*

Basics

Grüße

Guten Morgen	*Buenos días*	Tschüss	*Hasta luego (= bis dann)*
Guten Tag (bis zum Abend)	*Buenas tardes*	Wir sehen uns	*Nos vemos*
Guten Abend/gute Nacht	*Buenas noches*	Auf Wiedersehen	*Adiós*
		Ciao	*Chao*
Hallo	*Hola (sehr gebräuchlich)*	Gute Reise	*Buen viaje*

Small Talk

Wie heißt Du?	*¿Cómo te llamas?*	Verstehst du?	*¿Comprendes/ entiendes?*
Ich heiße ...	*Me llamo ...*		
Angenehm/sehr erfreut (bei Vorstellung)	*Encantada/encantado, mucho gusto*	Ich verstehe (nicht)	*(No) comprendo/ entiendo*
		Langsamer, bitte	*Despacio, por favor*
Woher kommst du?	*¿De dónde eres?*	Wie geht's?/Wie geht es Ihnen?	*¿Qué tal? (bei Freunden), ¿Cómo estas?*
Ich komme aus ...	*Soy de ...*		
... Deutschland	*Alemania*	(Sehr) gut und Dir?	*(Muy) bién ¿y tú?*
... Österreich	*Austria*	In Ordnung/passt so/ o.k. (auch als Frage sehr gebräuchlich)	*¿Vale?, ¡vale!, bueno*
... Schweiz	*Suiza*		
Sprechen Sie/ sprichst du ... ?	*¿Hablas ...?*		
... Deutsch/Englisch/ Französisch/ Italienisch	*... alemán/inglés/ francés/italiano*	Wie schön!	*¡Qué bueno!*
		Das gefällt mir	*Me gusta esto*
Ich spreche kein Spanisch	*No hablo español*	logisch	*claro*

684 Etwas Spanisch

Minimal-Wortschatz

Können Sie/kannst du mir sagen, wo ...	¿Podrías decirme dónde está ...?	Du	tú
		Sie	usted
		Mädchen	chica/niña
Ja	sí	Junge	chico/niño
Nein	no	Frau	señora
Bitte	por favor	junge Frau	señorita
Vielen Dank	muchas gracias	Herr	señor
Entschuldigung	perdón	blau	azul
Verzeihung	disculpa	grün	verde
groß/klein	grande/pequeño	rot	rojo
gut/schlecht	bueno/malo	schwarz	negro
heiß/kalt	caliente/frío	weiß	blanco
oben/unten	arriba/abajo	verboten	prohibido
viel/wenig	mucho/poco		
Ich	yo		

Fragen & Antworten

Gibt es ...	¿Hay?	weil	porque
Haben Sie ...?	¿Tienes ...?	Wie/wie bitte?	¿Cómo?
Ich möchte ...	Quisiera ...	Wissen Sie…?	¿Sabes ...?
Ich weiß nicht ...	Yo no sé	Wo ist ... ?	¿Dónde está ...?
Ist es möglich/kann ich?	¿Es posible?	Wo?	¿Dónde?
Um wie viel Uhr?	¿A qué hora?	Woher?	¿De dónde?
Warum?	¿Por qué?	Wohin?	¿Ádonde?
Was kostet das?	¿Cuánto cuesta esto?		

Orientierung

Wo ist ...?	Donde está ...?	geradeaus	todo recto
Ist es weit?	¿Está lejos?	hier	aquí
die nächste Straße	la próxima calle	dort	allí, ahí
links	izquierda	Adresse	Dirección
rechts	derecha	Stadtplan	Mapa de la ciudad

Zeit

vormittag(s)	(por la) mañana	Tag	día
nachmittag(s)	(por la) tarde	jeden Tag	todos los días
abend(s)	(por la) noche	Woche	semana
heute	hoy	Monat	mes
morgen	mañana	Jahr	año
übermorgen	pasado mañana	stündlich	cada hora
gestern	ayer	Wann?	¿Cuándo?
vorgestern	anteayer		

Jahreszeiten

Frühling	primavera	Herbst	otoño
Sommer	verano	Winter	invierno

Monate

Januar	enero	Juli	julio
Februar	febrero	August	agosto
März	marzo	September	septiembre
April	abril	Oktober	octubre
Mai	mayo	November	noviembre
Juni	junio	Dezember	diciembre

Uhrzeit

Stunde	hora	Wie viel Uhr ist es?	¿Qué hora es?
Um wie viel Uhr?	¿A qué hora?		

Unterwegs

Wie viel Kilometer sind es von hier bis ...?	¿Cuántos kilómetros son de aquí a ...?	Fahrkarte	boleto/tarjeta
		Flughafen	aeropuerto
		Hafen	puerto
Ich möchte bitte aussteigen!	¡Quisiera salir, por favor!	Haltestelle (Bus)	parada
		hin und zurück	ida y vuelta
Abfahrt	salida	Information	información
Ankunft	llegada	Kilometer	kilómetro
Autobus	autobús/guagua	Reisebüro	agencia de viajes
Bahnhof	estación (de ferrocarril)	Reservierung	reservación
		Schiff	barco
das (nächste) Flugzeug	el (próximo) avión	Telefon	teléfono
		Straße	calle
(der nächste) Bus	(el próximo) autobús	Landstraße	carretera
		Autobahn	autopista
Deck	cubierta	Weg	camino
Fähre	ferry		

Auto/Zweirad

Ich möchte ...	quisiera ...	Kann ich hier parken?	¿Puedo aparcar aquí?
Wo ist ... ?	¿dónde está ... ?	Normal-Benzin	(gasolina) regular
... die nächste Tankstelle	... el próximo servi	Super-Benzin	(gasolina) especial
Bitte prüfen Sie, ob ...	Por favor, controla si ...	Diesel	gasóleo/gasoil
		(1/20) Liter	(un/veinte) litro(s)
Ich möchte mieten (für einen Tag)	Quisiera alquilar (para un día)	Auto	coche/carro
		Anlasser	starter
(Die Bremse) ist kaputt	(Los frenos) está(n) roto(s)	Auspuff	escape
		Batterie	batería
Wie viel kostet es (am Tag)?	¿Cuánto cuesta (un día)	Bremse	frenos

686   Etwas Spanisch

Ersatzteil	pieza de recambio
Keilriemen	correa
kleben	pegar
kontrollieren	controlar
Kühler	radiador
Kupplung	embrague
Licht	luces
Motor	motor
Öl	aceite
Reifen	neumático
Reparatur	reparación
Stoßdämpfer	amortiguador
Werkstatt	taller
Ampel	semáforo
Autobahn	autopista
Baustelle	obras
Einbahnstraße	dirección única
Kreuzung	crucero
Motorrad	moto
Parken	aparcar
Straße gesperrt	carretera cortada
Umleitung	desvío

Bank/Post/Telefon

Ich möchte Geld tauschen	Quisiera cambiar dinero
Bank	banco
Brief	carta
Briefkasten	buzón
Briefmarke	estampilla
E-Mail	correo electrónico
Geld	dinero
Karte	tarjeta
Päckchen	pequeño paquete
Paket	paquete
per Luftpost	por avión
Postamt	oficina de correos
Postkarten	postales
Reiseschecks	cheques de viaje
Telefon	teléfono
Telegramm	telegrama

Übernachten

Haben Sie ...?	¿Tienes ...?
Gibt es ...?	¿Hay ...?
Wie viel kostet es (das Zimmer)?	¿Cuánto cuesta (la habitación)?
Ich möchte mieten (...)	Quisiera alquilar (...)
für 5 Tage	para cinco días
Kann ich sehen ...?	¿Puedo ver ...?
Kann ich haben ...?	¿Puedo tener ...?
ein (billiges/gutes) Hotel	un hotel (barato/bueno)
Haben Sie nichts billigeres?	¿No tienes algo más barato?
Bett	cama
Campingplatz	campismo
Doppelzimmer	habitación doble
Einzelzimmer	habitación sencilla
Handtuch	toalla
Haus	casa
Hoch-/Nebensaison	temporada alta/baja
Klimaanlage	aire acondicionado
Küche	cocina
reinigen	limpiar
Privatquartier	casa particular
Reservierung	reservación
Toilette	baño
Wasser (heiß/kalt)	agua (caliente/fría)
Zimmer	habitación
mit ...	con ...
ohne ...	sin ...
... Dusche/Bad	... ducha/baño
... Frühstück	... desayuno

Im Restaurant/In der Bar

Haben Sie ... ?	¿Tienes ... ?
Ich möchte ...	Quisiera ...
Wie viel kostet ... ?	¿Cuánto cuesta ... ?
Die Rechnung (bitte)	La cuenta (por favor)
Speisekarte	lista/carta de comidas
zum Mitnehmen	para llevar
Aschenbecher	cenicero
Backhendl	pollo empanado

Etwas Spanisch 687

Dose	*lata*	Obst	*frutas*
Eiscreme	*helado*	Omelett	*tortilla*
Eiswürfel	*cubito de hielo*	Pommes frites	*papas fritas*
Erdbeere	*fresa*	Pudding	*flan*
Erdnuss	*maní*	Reis	*arroz*
fett	*graso*	Rindfleisch	*carne de res*
Fisch	*pescado*	Rührei	*huevo revuelto*
Fleisch	*carne*	Salat	*ensalada*
Forelle	*trucha*	Schinken	*jamón*
Gabel	*tenedor*	Schweinefleisch	*carne de cerdo*
gebraten	*asado*	Seehecht	*merluza*
geräuchert/gepökelt	*ahumado*	Senf	*mostaza*
Grill/Grillplatte	*parilla*	Serviette	*servilleta*
Hähnchen	*pollo*	Shrimps	*camarones*
Hammel	*carnero*	Soße	*salsa*
Kartoffel	*papa*	Spanferkel	*lechón*
Kotelett	*chuleta*	Spiegelei	*huevo frito*
Krebs	*cangrejo*	Steak	*bistec*
Kugel	*bolita*	Suppe	*sopa*
Kuh	*vaca*	Teelöffel	*cucharilla*
Lachs	*salmón*	Thunfisch	*atún*
Lamm	*cordero*	Tisch	*mesa*
Languste	*langosta*	Torte	*tarta*
Likör	*licor*	Trinkhalm	*pajilla*
Löffel	*cuchara*	Truthahn	*pavo*
Mandel	*almendra*	Vorspeise	*entremés*
Messer	*cuchillo*	Wildschwein	*jabalí*
Muschel	*concha*	Zahnstocher	*palillo*
Nachtisch	*postre*	Zwiebel	*cebolla*

Getränke

(Glas) Bier	*(caña de) cerveza*	Rotwein	*vino tinto*
Glas/Flasche	*vaso/botella*	Rum	*ron*
Hauswein	*vino de la casa*	Saft	*jugo*
Kaffee	*café*	süß/trocken	*dulce/seco*
koffeinfrei	*descafeinado*	Tee	*té*
Limonade	*refresco*	Wasser	*agua*
Milch	*leche*	Weißwein	*vino blanco*
Milchkaffee	*café con leche*	Zucker	*azúcar*
Mineralwasser (mit/ohne Kohlensäure)	*agua con/sin gas*		

Shopping

Was kostet ...?	*¿Cuánto cuesta ...?*	Kann ich probieren?	*¿Puedo probar?*
Haben Sie ...?	*¿Tienes ...?*	Es gefällt/schmeckt mir	*Me gusta*
Geben Sie mir bitte ...	*Dame ... por favor*	Ich nehme es	*Me lo llevo*
Wo ist die ...Abteilung?	*¿Dónde está la sección de ... ?*	1 Pfund (= 1/2 Kilo)	*medio kilo*

688 Etwas Spanisch

1 Kilo/Liter	un kilo/litro	Knoblauch	ajo
100 Gramm	cien gramos	Konditorei	pastelería
(Damen-)Friseur	peluquería	Kuchen	dulces
Bäckerei	panadería	Marmelade	mermelada
Bluse	blusa	Metzgerei	carnicería
Brille	gafas	Milch	leche
Brot	pan	Öl	aceite
Brötchen	bollo	Orange	naranja
Buchhandlung	librería	Pfeffer	pepe
Butter	mantequilla	Pullover	jersey
Ei(er)	huevo(s)	Rock	falda
Essig	vinagre	Salz	sal
geöffnet	abierto	Schuhe	zapatas
Geschäft	tienda	Seife	jabón
geschlossen	cerrado	Shampoo	champú
Hemd	camisa	Sonnenöl	bronceador
Honig	miél	Streichhölzer	fósforos
Hose	pantalones	Supermarkt	supermercado
Jacke	chaqueta	Tomaten	tomates
Joghurt	yogur	T-Shirt	pulover
Käse	queso	Wurst	salchicha
Kleidung	vestidos	Zeitschrift	periódico
klein/groß	pequeño/grande	Zeitung	diario
Klopapier	papel higiénico	Zucker	azúcar

Hilfe & Krankheiten

Hilfe!	¡Ayuda!	Ich habe ...	yo tengo ...
Helfen Sie mir bitte	Ayúdame por favor	Ich möchte ein ...	Quiero una ...
Ich habe Schmerzen (hier)	Me duele (aquí)	Medikament gegen ...	medicina contra ...
Gibt es hier ...?	¿Hay aquí ...?	... Durchfall	diarrea
Ich habe verloren ...	He perdido ...	... Fieber	fiebre
		... Grippe	catarro
Haben Sie ... ?	¿Tienes ... ?	... Halsschmerzen	dolor de garganta
Wo ist (eine Apotheke)?	¿Dónde está (una farmacia)?	... Kopfschmerzen	dolor de cabeza
		... Magenschmerzen	dolor de estómago
Wann hat der Arzt Sprechstunde?	¿A qué hora está la consulta?	... Schnupfen	catarro, resfriado
		... Sonnenbrand	quemadura del sol
Ich bin allergisch gegen ...	Soy alérgico a...	... Verstopfung	estreñimiento
		... Zahnschmerzen	dolor de dientes
Ich möchte (ein) ...	Quisiera (un/una) ...	Arzt	médico
... Abführmittel	laxante	Deutsche Botschaft	embajada alemana
... Aspirin	aspirina		
... die Pille	la píldora	Krankenhaus	hospital
... Kondome	preservativos	Polizei	policía
... Penicillin	penicilina	Tourist-Information	oficina de turismo
... Salbe	pomada	Unfall	accidente
... Tabletten	pastillas	Zahnarzt	dentista
... Watte	algodón		

1000 Reisen und ein Ziel: Intensiver*leben*

Studiosus-Reisen: Sehenswürdigkeiten, Kultur, Märkte, Strände und die Menschen. Fordern Sie jetzt kostenlos unsere aktuellen Kataloge an.

Per Telefon 00 800/24 01 24 01
(Gebührenfrei für D, A und CH)
Oder Internet www.studiosus.com

Studiosus

Fliegen auf...

Vielfalt.

Weltweite Ziele und noch mehr Service:

schon ab € **29***

*One-way Preise zzgl. 21 € bis 62 € Treibstoffzuschlag und 9 € bis 20 € Condor Service Charge bei Buchung über www.condor.com

Register

A

Acuario Cayo Naranjo 567
Adot, Amelia Goyri de 266
Adressen 106
Aerocaribbean 72
Aerotaxi 72, 73
Agramonte, Ignacio 515, 529
AIDS 116
Airport-Tax 71
Alcántara, Azariel Santander 467
Aldea Taína 564
Alea, Tomás Gutiérrez 60, 260
Almiquí (Schlitzrüssler) 21
Alonso, Alicia 196, 271
Alto Cedro (P 6) 579
Álvarez, Santiago 60
Angeln 110
Anhalter 86
Antiguo Cafetal Angerona (E 2) 298
Antonelli, Giovanni Bautista 223
Apotheken 115
Arbeiten in Cuba 106
Architektur 57
Artemisa (E 2) 298
Astro 75
Aura Tiñosa (Aasgeier) 90
Ausreise 71
Autofahren in Cuba 84
Autopista 87

B

Babalú Ayé 54
Bacardí, Emilio 198, 632
Bacuranao 309
Báez, Francisco Javier 55
Bahn 73
Bahnhöfe 74
Banes (Q 5) 574
Baños de Elguea (I 1) 441
Baños Romanos 161
Baracoa (S 6) 296, 667
Bariay (Rum-Marke) 96
Bartolomé Masó (O 6) 595
Batabanó (F 2) 303
Batista, Fulgencio 38, 199, 257, 333, 472, 576
Baumratte (Jutía) 21
Bayamo (O 6) 585

Bejucal (F 2) 301
Bevölkerung 52
Bici-Taxen 82
Bienenelfe 24
Bienes Culturales 71
Bildungswesen 30
Bioparque Rocazul 569
Birán (Q 6) 577
Boca Ciega 313
Boca de Guamá (H 3) 391
Boca de Yumurí (S 6) 679
Bodenschätze 33
Bolívar, Simón 211, 269
Botschaften 107
Brando, Marlon 259
Bucanero (Bier-Marke) 97
Buena Vista Social Club 61, 62
Bush, George W. 44, 259
Busse 75
Busterminals 76

C

Cabarets 98
Caibarién (K 2) 437
Callejón del Llano 444
Camagüey (Provinz) 503

Camagüey (Stadt) (M 4) 504
  Plaza San Juan de Dios 517

Campismos populares 105
Canchánchara 96, 462
Caney (Rum-Marke) 96
Cárdenas (H 1) 384
Carpentier, Alejo 54, 59
Carpintero 499
Carretera Central 90
Casas de la Música 98
Casas de la Trova 65, 98
Casas del Habano 122
Casas particulares 102
Castillo de Jagua (I 3) 409
Castillo de las Nubes 161
Castillo de Morrillo 358
Castillo del Morro San Pedro de la Roca 640
Castro, Fidel 39, 200, 211, 333, 576, 577, 602, 627, 636
Castro, Raúl 40, 602, 636
Cayo Coco (L 2) 19, 487
Cayo Ensenachos 438
Cayo Guillermo (L 2) 491

Cayo Jutías (C 2) 151
Cayo Largo (G 4) 338
Cayo Las Brujas (K 2) 19, 438
Cayo Levisa (D 2) 152
Cayo Sabinal (N 4) 524
Cayo Saetía (Q 5) 580
Cayo Santa María (K 2) 439
Ceiba (Kapok-Baum) 20
Cementerio Santa Ifigenia 639
Central Australia (H 2) 390
Céspedes, Carlos Manuel de 36, 529 592, 594, 640
Charterflüge 68
Chávez, Hugo 44
Christen 53
Chruschtschow, Nikita 41
Churchill, Sir Winston 444
Ciego de Ávila (Provinz) 477
Ciego de Ávila (Stadt) (L 3) 478
Ciego Montero 96
Cienfuegos (Provinz) 397
Cienfuegos (Stadt) (I 3) 398
  Palacio de Valle (I 3) 407

Cienfuegos, Camilo 40, 453, 454, 498, 602
Cinco Palmas (N 7) 602
Clinton, Bill 44
Coco-Taxen 82
Cojímar (F 1) 306
Colón (H 2) 388
Comida criolla 91
Comités de Denfensa de la Revolución (Komitees zur Verteidigung der Revolution) 26
Condor 68
Cooder, Ry 62, 281
Cortázar, Octavio 61
Cortez, Hernán 444
Cristal (Bier-Marke) 97
Cuba libre 96
Cuba-Krise 41
Cubana de Aviación 72
CUC (Peso cubano convertible) 114
Cuchillas de Baracoa (S 6) 667
Cueto (Q 6) 577, 579
Cueva del Indio (D 2) 147
Cueva Saturno 360

692 Register

Cuevas de Bellamar (G 1) 358
Cuevas de Punta del Este (E 4) 55, 337
CUP (Peso cubano) 114

D

Daiquiri 96
Danzón 63
Devisen-Restaurants 92
Díaz-Torres, Daniel 61
Dinos Pizza 95
Diplomatische Vertretungen 107
Dos Ríos (P 6) 605
Drogen 120

E

Echeverría, José Antonio 388
Einkaufen 122
Einreise 70
El Cacahual 299
El Cobre (P 7) 641
El Mégano 310
El Palenque de los Cimarrones 147
El Rápido 95
El Rincón (F 1) 300
El Yunque (S 6) 679
Embalse Hanabanilla (J 3) 432
Escaleras de Jaruco 23, 88
Espada y Landa, Juan José Díaz de (Bischof) 203, 207
Espinosa, Julio García 60
Essen in Cuba 91

F

Fallschirmspringen 110
Fastfood-Cafeterías 95
Fauna 19
Feiertage 114
Fernández, Joseito 65
Ferrer, Ibrahim 61, 266
Feste 107
Festivals 107
Figueredo, Pedro 593
Film 60
Finca 292
Finca El Abra 332
Finlay, Juan 217, 520
Flagge 25
Flora 19, 20
Florencia (K 3) 498
Florida (Provinz Camagüey) (M 4) 529
Flughäfen 73

Fotos 109
Frachtschiffe 70
Frauen auf Reisen 109
Freizeit 110

G

Galerías de Paseo 123
García, Calixto 37, 269, 557, 559, 611
Gedenktage 114
Geld 114
Geographie 16
Geschichte 35
Gesellschaft 50
Gesundheitswesen 30, 115
Getränke 96
Gibara (P 5) 570
Gleichberechtigung 52
Golf 110
Gómez, Máximo 37, 201, 263, 266, 501
Gonzáles, Fernando 28
González, Elián 44, 258, 384, 385
González, René 28
Gorbatschow, Michail 43
Gran Caverna de Santo Tomás (C 2) 148
Gran Parque Nacional Sierra Maestra (N 7) 23, 594
Gran Parque Natural Baconao 647
Gran Parque Natural Topes de Collantes (I3) 22
Granma (Provinz) 583
Guáimaro (N 5) 529
Guajimico 411
Guanabacoa (F 1) 304
Guanabo (F 1) 314
Guanahatabey (Indiokultur) 35
Guantánamo (Provinz) 655
Guantánamo (Stadt) (R 6) 656
Guantanamo Bay (US-Militärstützpunkt) 664
Guarapo 98
Guayasamín, Oswaldo 212
Guerrero, Antonio 28
Guevara, Ernesto Che 39, 212, 224, 418, 429, 560, 602
Guillén, Nicolás 59, 519
Güira 20

H

Handy 127
Hatuey (Taíno-Häuptling) 678
Havanna (Provinz) 295

Hemingway, Ernest 181, 186, 188, 289, 292, 306
Heredia, José María 58, 630
Hernández, Gerardo 28
Hochseefischen 110
Holguín (Stadt) (P5) 545
Holmes, Antonio Guiteras 141, 359
Hotels 100
Humboldt, Alexander von 215, 465
Hummel-Kolibri (Zunzuncito) 24

I

Impfungen 116
Industrie 33
Infante, Guillermo Cabrera 59
Ingenio Santa Isabel 528
Inlandsflüge 72
Innerkaribische Flüge 69
Internet 117
Isla de la Juventud (E 4) 55, 319

J

Jibacoa (G 1) 315
Jiménez, Antonio Núñez 282, 330, 337, 445, 451
Jineteras/Jineteros 119, 120
Jorrín, Enrique 139
Juárez, Benito 213, 269
Júcaro 476
Jutía (Baumratte) 21

K

Kapok-Baum (Ceiba) 20
Katholiken 53
Kennedy, John F. 40, 395
Klima 16
Kolonialzeit 35
Kolumbus, Christoph 35, 204, 544, 668
Komitees zur Verteidigung der Revolution (Comités de Denfensa de la Revolución) 26
Kommunistische Partei Cubas (Partido Comunista de Cuba) 26
Krankheiten 116
Kreuzfahrtschiffe 70
Kriminalität 118
Kultur 54
Kunst 55

Havanna (Stadt) (F1)

Acuario del Centro Histórico 215
Acuario Nacional de Cuba 283
Avenida de los Presidentes 269
Buena Vista Social Club 287
Calle Obispo 202
Callejón de Hamel 237
Cámara Oscura 216
Capitolio Nacional 194
Casa Alejandro de Humboldt 215
Casa Benito Juárez 213
Casa de África 213
Casa de Carmen Montilla 214
Casa de la Obra Pía 213
Casa de las Américas 270
Casa de Lombillo 204
Casa de los Árabes 212
Casa de Simón Bolívar 211
Casa del Conde Lombillo 217
Casa del Marqués de Aguas Claras 205
Casa del Marqués de Arcos 205
Casa Museo de Asia 211
Casa Natal de José Martí 221
Castillo de la Real Fuerza 208
Castillo de los Tres Reyes del Morro 223
Castillo de San Salvador de la Punta 201
Catedral de la Virgen María de la Concepción Inmaculada 203
Cementerio de Cristóbal Colón 265
Centro (Bezirk) 226
Centro Cultural de la Torriente Brau 217
Centro de Arte Contemporáneo Wifredo Lam 207
Centro de Arte La Casona 217
Centro de Desarrollo de las Artes Visuales 217
Colina Lenin 225
Convento de la Inmaculada Concepción 237
Coppelia 260
Cueva Tagananá 258
Droguería Johnson 203
Edificio Bacardí 198
El Barrio Chino 238
El Cristo de La Habana 224
El Templete 209
Embajada de Rusia (F 2) 281
Estación Central de Ferrocarriles 220
ExpoCuba 292
Fábrica de Tabaco H. Upmann 268
Fábrica de Tabaco La Corona 265
Fábrica de Tabacos Partagás 239
Farmacia Museo La Reunión 218
Farmacia Taquechel 203
Fortaleza San Carlos de la Cabaña 224
Fuente de la India 195
Fuente de Neptuno 209
Fundación de la Naturaleza y El Hombre 282
Fundación Guayasamín 212
Galería Ciudades del Mundo 260
Galería de Arte Amelia Peláez 290
Galería de Arte Diago 217

Galería Habana 271
Galería La Acacia 197
Galería Orígines 197
Geschichte 168
Gran Teatro de La Habana 196
Havanna del Este (Bezirk) 222
Havanna-Vieja (Bezirk) 170
Hospital Hermanos Ameijeiras 237
Hotel Habana Libre 259
Hotel Nacional de Cuba 257
Iglesia de Nuestra Señora de la Merced 220
Iglesia de Nuestra Señora de Regla 226
Iglesia de San Felipe Neri 218
Iglesia de San Francisco de Paula 220
Iglesia del Espíritu Santo 219
Iglesia del Sagrado Corazón de Jesús 239
Iglesia del Santo Ángel Custodio 200
Iglesia del Santo Cristo del Buen Viaje 218
Iglesia Jesús de Miramar 281
Iglesia y Convento de Nuestra Señora de Belén 219
Iglesia y Convento de San Francisco de Asís 214
Iglesia y Convento de Santa Clara de Asís 219
Jardín Botánico Nacional 291
La Coubre (Bahnhof) 73
La Muralla 221
Malecón 235
Maqueta de La Habana 283
Maqueta de la Habana Vieja 211
Marina Hemingway 289
Memorial José Martí 264
Miramar (Bezirk) 271
Monumento a las Victimas del Maine 259
Monumento Calixto García 269
Monumento Celia Sánchez Manduley 290
Monumento Julio Antonio Mella 262
Monumento Máximo Gómez 201
Monumento Sebastián Francisco de Miranda Rodríguez 201
Mural Histórico-Cultural 210
Museo 28 de Septiembre 202
Museo Antropológico Montané 261
Museo Armería 9 de Abril 211
Museo Casa de Abel Santamaría 260
Museo Compay Segundo 281
Museo de Arqueología 209
Museo de Arte Colonial 205
Museo de Automóvil 212
Museo de Historia Natural 262
Museo de la Alfabetización 288
Museo de la Cerámica 213
Museo de la Comandancia 224

Museo de la Danza 270
Museo de la Orfebrería 210
Museo de la Pintura Mural 203
Museo de la Revolución 199
Museo de los Bomberos 198
Museo de los Orichas 195
Museo de Naipes 216
Museo del Aire 288
Museo del Chocolate 214
Museo del Ministerio del Interior 280
Museo del Ron 215
Museo del Tabaco 211
Museo Ernest Hemingway 292
Museo Histórico de las Ciencias Carlos J. Finlay 217
Museo Municipal 226
Museo Nacional Cerámica Contemporanéa Cubana 209
Museo Nacional de Artes Decorativas 270
Museo Nacional de Bellas Artes 197
Museo Nacional de Historia Natural 210
Museo Nacional de la Música 200
Museo Napoleónico 263
Museo Numismático 202
Museo Postal Cubano 264
Pabexpo 288
Palacio de las Convenciones 288
Palacio de los Capitanes Generales 207
Palacio de los Matrimonios 198
Palacio del Segundo Cabo 208
Palacio Velasco 202
Parque Almendares 268
Parque Antonio Maceo 236
Parque Central 196
Parque de la Fraternidad 195
Parque de Locomotoras 220
Parque de los Mártires 201
Parque John Lennon 268
Parque Lenin 290
Parque Zoológico 269
Parque Zoológico Nacional 292
Parques de Zapata y de Ghandi 280
Parroquia Nuestra Señora del Carmen 237
Plaza Antiimperialista José Martí 258
Plaza de Armas 207
Plaza de Carlos Tercero 239
Plaza de la Revolución 263
Plaza de San Francisco de Asís 214
Plaza Vieja 215
Prado (Paseo de Martí) 198
Quinta Avenida 279
Quinta de los Molinos 263
Regla (Bezirk) 225
Sanctuario Diócesano de la Virgen de la Caridad 239
Taller Experimental de Gráfica 207
Universidad de La Habana 261
Vedado (Bezirk) 240

L

La Bayamesa (Nationalhymne) 24
La Demajagua (E 4) 601
La Farola (S 6) 666
La Fé (E 4) 335
La Gran Piedra (Q 7) 644
La Granjita Siboney (Q 7) 645
La Jungla de Jones 335
La Libreta (Lebensmittelkarte) 51
La Trocha Júcaro-Morón 500
Labañino, Ramón 28
Lage, Carlos 46
Laguna de la Leche (L 3) 496
Laguna de la Redonda (L 3) 498
Laguna Grande (C 3) 154
Lam, Wifredo 56, 207
Landschaft 16
Landwirtschaft 32, 33
Las Terrazas (E 2) 161
Las Tunas, Provinz (O 5) 531

Las Tunas (Stadt) (O 5) 532
Memorial a los Mártires de Barbados 538

Lechón 92
Lesben 122
Linienflüge 68
Literatur 58
Loma de Cunagua 499
Loma de la Cruz (P 5) 559
Loma de San Juan 639
Longa, Rita 494
López, Nico 593, 636
Los Amarillos 85
Los Cangilones del Río Máximo 522
Los cinco Héroes (The Miami Five) 28
Los Jardines de la Reina (K 5) 501
Los Jardines del Rey 487
Loynaz, Dulce María 59, 142

M

Maceo, Antonio 37, 236, 299, 610, 630, 639
Machado, Gerardo 38, 194
Madera, Jilma 224
Mambo 64
Manaca Iznaga (J 4) 474
Manatí (Seekuh) 20
Maniok (Yuca) 91
Manzanillo (N 6) 596
Marcané (P 6) 577, 579
Marea de Portillo 604
María La Gorda (B 3) 18, 155
Mariel (E 1) 296
Mariposa 20
Martí, José 37, 58, 59, 221, 222, 264, 332, 605
Massenorganisationen 26
Matanzas (Provinz) 345

Matanzas (Stadt) (G1) 347
Castillo de San Severino 355
Teatro Sauto 354

Mayabe (Bier-Marke) 97
Mayarí (Q 5) 579
Media Luna (N 7) 601
Medien 120
Mella, Julio Antonio 38, 262, 329
Mendez, Arnaldo Tamayo 288, 601
Menocal, Armando García 56
Menschenrechte 27
Mercados agropecuarios 91
Mietwagen 83
Milanés, Pablo 65
Minas (N 4) 522
Moa (R 5) 581
Mobiltelefone 127
Mojito 97
Moncada-Kaserne 39, 633, 636
Montilla, Carmen 214
Morales, Evo 45
Moré, Benny 63, 286
Morón (L 3) 494
Mulata (Rum-Marke) 96
Mural de la Prehistoria (C 2) 148
Museo Chorro de Maíta (Q 5) 564
Musik 61

N

Nachtleben in Cuba 98
Nationalhymne (La Bayamesa) 24
Natur 19
Niquero (N 7) 603
Nueva Gerona (E 3) 321
Nueva Trova 65
Nuevitas (N 4) 523
Nummernschilder 85
Ocampo, Sebastián de 168
Ochoa, Eliades 65
Oliva, Pedro Pablo 56, 142
Operación Milagro 101
Opposition 27
Orichas 53, 195
Ortíz, Don Fernando 132

P

País, Frank 612, 628, 630
Paladares 93
Palma Rubia (D 2) 152
Palma, Tomás Estrada 38, 640
Parasailing 110
Parken 90
Parque Bariay 570
Parque La Güira (D 2) 158
Parque Nacional Alejandro de Humboldt (R 6) 681
Parque Nacional Ciénaga de Zapata 390
Parque Nacional Desembarco del Granma (N 7) 603
Parque Nacional Marino Punta Francés 337
Parque Nacional Viñales 22
Parque Natural Ciénaga de Lanier (E 4) 336
Parque Natural El Bagá (L 2) 493
Parque Natural Escaleras de Jaruco 316
Península de Guanahacabibes (B 3) 154
Península de Zapata (G 3) 390
Pérez, Miguel Failde 63
Peso cubano (CUP) 50, 114
Peso cubano convertible (CUC) 50, 114
Peso-Lokale 93
Pico Turquino (O 7) 595
Pilón (N 7) 604
Pinar del Río (Provinz) (D 2) 131
Pinar del Río (Stadt) (D 2) 132
Pinares de Mayarí (Q 6) 23, 579
Piropo 95
Playa Bailén (C 3) 153
Playa Bibijagua (E 3) 334

Register

Playa Blanca (P 5) 569
Playa Boca de Galafre (C 3) 153
Playa Boca de Miel 677
Playa Caletones (P 5) 574
Playa Corella 541
Playa Corinthia (Q 5) 18, 581
Playa Covarrubias (O 4) 539
Playa Duaba 680
Playa El Coral 360
Playa El Salado 296
Playa Esmeralda (Q 5) 19, 564
Playa Ganuza 441
Playa Girón (H 3) 393
Playa Guardalavaca (Q 5) 560
Playa Herradura (P 4) 540
Playa Larga (H 3) 392
Playa Las Bocas (O 4) 541
Playa Las Coloradas 39, 603
Playa Llanita 541
Playa Los Cocos (O 4) 527
Playa Maguana (S 6) 681
Playa Morales (Q 5) 577
Playa Paraíso 334
Playa Pesquero (P 5) 566, 567
Playa Rancho Luna (I 3) 410
Playa Santa Lucía (O 4) 524
Playa Siboney 646
Playa Turquesa 567
Playas del Este (F 1) 308
Politik 24, 25
Polizeikontrollen 86
Polymita-Buntschnecke 22
Ponchera 84
Posada, Luis 538
Post 121
Presidio Modelo (E 3) 333
Protestanten 53
Provinz Holguín 543
Puebla, Carlos 65, 593, 596
Pueblo Holandés de Turiguanó (L 3) 498
Puente Bacunayagua 88
Puerto Esperanza (C 2) 150
Puerto Padre (O 4) 538

Q/R

Quince 53
Radfahren 111
Rafael Freyre (P 5) 570
Rancho King (N 4) 528
Rancho Luna 410
Rassismus 52
Rautenkrokodil 21
Reisegepäck 71
Reisekrankenversicherung 116
Reisezeit 122
Reiten 111
Rejas 58
Religion 53
Remedios (J 2) 433
Restaurants 92
Río Canímar 359
Río Yayabo 444
Ríos, Tomás Alvarez de los 452
Rodríguez, Silvio 65
Romañach Guillén, Leopoldo 56
Romeu, Antonio María 64
Ropa vieja 92
Roque, Felipe Pérez 46

Routen

Guantánamo – Baracoa 89
Pinar del Río – Viñales 88
Santiago de Cuba – Pilón 89
Trinidad – Sancti Spíritus 88
Trinidad – Topes de Collantes 88
Yara – Santo Domingo 89

Rum 96, 124
Rumba 63

S

Saavedra, José Vilalta de 196
Sagua la Grande (J 2) 41, 440
Salsa 64
Salto del Caburní 472
Salto El Rocio 472
San Antonio de los Baños (E 2) 55, 302
San Diego de los Baños (D 2) 157
San Martín, Ramón Grau 38
Sánchez, Celia 212, 266, 498, 596, 600, 602
Sánchez, Serafín 452
Sancti Spíritus (Provinz) 443, 444
Sancti Spíritus (Stadt) (K 3) 444
Santa Clara (J 3) 417
Santa María del Mar (F 1) 311
Santamaría, Abel 260, 634, 636
Santería 53
Santiago de Cuba (Provinz) 607
Santiago de Cuba (Stadt) (Q 7) 608
Santiago de las Vegas (F 1) 300
Santo Domingo (O 7) 595
Schlitzrüssler (Almiquí) 21
Schnorcheln 112
Schwarzmarkt 124
Schweinebucht, Invasion in der 40
Schwule 122
Seekuh (Manatí) 21
Segeln 111
Segundo, Compay 61, 237, 281, 579, 593, 640
Shopping 122
Siboney (Indiokultur) 35
Siboney (Rum-Marke) 96
Sierra de Cubitas 502
Simoni, Amalia 519
Sitio La Güira 492
Solás, Humberto 60
Son 62
Sonderperiode 43
Soroa (E 2) 159
Souvenirs 122
Sport 31, 110
Sprachcaffe 112
Sprache 125
Sprachkurse 125
Staat 24
Stevenson, Teófilo 31
Straßenschilder 86
Stromspannung 125
Studiosus Reisen GmbH 72

T

Tabío, Carlos 260
Taíno (Indiokultur) 35
Tankstellen 85
Tanzen 112
Tarará (F 1) 310
Tauchen 112
Taxen 81
Telefonieren 125
Tercero, Carlos 123
The Miami Five (Los cinco Héroes) 28
Tinajones 516
Tocororo 499

Torriente Brau, Pablo de la 217
Tourismus 32
Tourist-Information 127
Trinkgeld 127
Tropicanas (Cabaret) 99
Trova 64

U

Übernachten in Cuba 99
Umwelt 19
Unabhängigkeitskriege 36
Unfälle mit dem Auto 87
Uvero (O 7) 653

V

Valdés, Zóe 59
Valle de Viñales (D 2) 142
Valle de Yaguanabo 411
Valle de Yumurí (G 1) 356

Varadero (H 1) 360
 Cayo Blanco 383
 Cayo Piedras del Norte 383
 Cueva de Ambrosio 383
 Reserva Ecológica Varahicacos 383

Varela, Carlos 65
Varela, María Elena Cruz 58
Velázquez, Diego 35, 168, 303, 444, 476, 628, 668
Versicherungen 116
Víazul 75
Villa Clara (Provinz) 413
Viñales (D 2) 142
Vorwahlnummern 126

W

Wandern 113
Wappen 25

Wenders, Wim 62, 281
Wetter 16
Wind 16
Wirtschaft 32

Y

Yachten 69
Yaguajay (K 3) 453
Yara (O 6) 594
Yuca (Maniok) 91

Z

Zeitunterschied 127
Zigarren 123
Zoológico de Piedras 666
Zugverbindungen 75
Zulueta (J 3) 440
Zunzuncito (Hummel-Kolibri) 24

Was haben Sie entdeckt?

Haben Sie in einem gemütlichen Paladar gegessen, in einer empfehlenswerten Casa particular übernachtet oder sich an einem besonders schönen Strand gesonnt?

Für Tipps, Anregungen, aber auch Kritik sind wir immer dankbar.

Schreiben Sie an:

Wolfgang Ziegler
Stichwort „Cuba"
c/o Michael Müller Verlag
Gerberei 19
91054 Erlangen
E-Mail: wolfgang.ziegler@michael-mueller-verlag.de